# Das 20. Jahrhundert
in Wort, Bild, Film und Ton

---

Die 40er Jahre

Das 20. Jahrhundert
in Wort, Bild, Film und Ton

Die 40er Jahre

CORON EXCLUSIV®

*Ein Teil des Textes und der Bilder dieses Bandes sind aus der niederländischen Ausgabe
»Decennium Serie – de jaren 40« mit freundlicher Genehmigung des
Verlags Oosthoek's Uitgeversmaatschappij B.V. Utrecht/Heideland-Orbis, Hasselt,
übernommen worden und für den deutschen Sprachraum bearbeitet worden.*

Lizenzausgabe für
CORON VERLAGSGESELLSCHAFT MBH, STUTTGART
Mit freundlicher Genehmigung der Bertelsmann Lexikon Verlag GmbH, Gütersloh
© der Lizenzausgabe:
CORON VERLAGSGESELLSCHAFT MBH, STUTTGART 1999

Alle Rechte vorbehalten

Tonträger und Phonobox SONO-SYSTEM AG, CH-Montlingen/SG
(Erfinder Dr. h. c. Erich Döring, CH-9442 Berneck – USA pat. 4 425 098)

Einband Cabra-Lederfaser,
Peyer & Co. GmbH, Leonberg, Chemische Werke Salamander GmbH, Türkheim

Gesamtherstellung
Mohndruck Graphische Betriebe GmbH, Gütersloh
Printed in Germany
ISBN 3-577-10334-5

# VORWORT

Die Erfolge, Katastrophen und Tragödien des 20. Jahrhunderts, Freud und Leid aus unserer jüngsten Geschichte, die großen Ereignisse aus Politik, Wirtschaft, Kultur und Gesellschaft sind in dem vorliegenden Werk zusammengefaßt. Erstmals im deutschen Sprachraum ist dabei der Ton voll in das Buch integriert. Durch eine Vielzahl von – in dieser Kombination erstmals zugänglichen – Informationen will diese Reihe die Entwicklung und das Besondere des 20. Jahrhunderts verstehbar machen. Dem Benutzer wird hiermit eine faszinierende, multimediale Gesamtdarstellung der Zeitgeschichte geboten.

Mitten durch die 40er Jahre scheint sich das Ende des 2. Weltkriegs wie ein tiefer Schnitt zu ziehen, das Jahr 1945 scheint das Ende einer Epoche zu markieren und zugleich ein völliger Neubeginn zu sein. So haben es damals viele empfunden. Das direkte Betroffensein von Krieg und Tod, Unterdrückung und Vernichtung, von tiefer seelischer und materieller Not wich für viele fast schlagartig dem Erlebnis von Befreiung und Frieden. Wenn damals von einem Neubeginn, von der Gnade und der Chance der »Stunde Null« gesprochen wurde, an die sich viele Hoffnungen knüpften, so war das nach dem Geschehen der vergangenen Jahre und Jahrzehnte verständlich. Heute wissen wir von der Kontinuität der Geschichte. Es ist uns deutlich geworden, wie fest und tief alle wichtigen Entwicklungslinien und Ereignisse der ersten Nachkriegszeit nicht nur in den Jahren des Krieges, sondern vielfach auch in weiter zurückliegenden Epochen verwurzelt sind. Diese enge Verknüpfung wurde schon in den 40er Jahren in vielfältiger Weise erkennbar: Der Kalte Krieg ist die unmittelbare Folge der Interessengegensätze der verbündeten Mächte, die nichts als die gemeinsame Abwehr deutscher und japanischer Expansion geeinigt hatte. Die japanische Besetzung großer Teile Südostasiens gab dem Unabhängigkeitsstreben der Kolonialgebiete starke Impulse. Die Gründung des Staates Israel hängt ebenso mit der zionistischen Vorgeschichte wie mit der nationalsozialistischen Judenverfolgung direkt zusammen. Die Erforschung der höheren Schichten der Atmosphäre mit Hilfe von Raketen gründet sich auf die Entwicklung der deutschen V2. Der erwachende Wunsch nach übernationaler politischer und wirtschaftlicher Zusammenarbeit vor allem in Westeuropa ist nicht denkbar ohne das im 2. Weltkrieg offenbar gewordene Scheitern nationalstaatlicher Politik. Das gleiche gilt für die Festigung und tiefere Verankerung der parlamentarischen Demokratie in vielen Ländern nach den vorangegangenen Erfahrungen mit der aggressiven Diktatur des Nationalsozialismus und angesichts des nach 1945 fortbestehenden stalinistischen Totalitarismus.

Das gesamte Geschehen wurde nach Zeit, Thematik und Raum geordnet, woraus sich die Gliederung der Bände in drei Teile ergibt:
- Chronologie
- Ereignisse und Tendenzen
- Die Länder der Erde von A–Z

Im Teil <u>Chronologie</u> werden alle wichtigen nationalen und internationalen Ereignisse des Jahrzehnts – vom 1. Januar 1940 bis zum 31. Dezember 1949 – in ihrer zeitlichen Abfolge dargestellt.

Im Teil <u>Ereignisse und Tendenzen</u> werden jene Entwicklungen genauer beleuchtet, die die 40er Jahre geprägt haben – im politischen Leben, in der Gesellschaft, Wirtschaft, Wissenschaft und Technik, in der Kultur und im Sport. So entsteht eine umfassende Darstellung, die die wichtigsten Strömungen dieser Zeit begreifbar macht.

Im Teil <u>Die Länder der Erde von A–Z</u> wird für jeden Staat der Erde ein Abriß der politischen und wirtschaftlichen Entwicklung zusammen mit der chronologischen Darstellung der wichtigsten Ereignisse gegeben.

Ein umfangreiches alphabetisches Register ermöglicht den raschen Zugang zu sämtlichen Einzelinformationen.

Der <u>Tonteil</u> enthält auf zwölf transparenten, seitengroßen, fest eingebundenen Folien je sechs Tonprogramme, 72 kleine Schallplatten also, jede fast vier Minuten lang. Jedem dieser Tonprogramme sind ein Textkommentar und ein charakteristisches Bild zugeordnet.
Der Tonteil ist vollkommen in das Gesamtwerk integriert. Die Tondokumente, die mit großer Sorgfalt aufgrund ihrer historischen Bedeutung in deutschen und ausländischen Tonarchiven ausgewählt wurden, sind zu Tonprogrammen und thematischen Gruppen zusammengefaßt, so daß sie auch für sich allein abgehört werden können. Im Text wird durch eine große Zahl von Verweisen auf die Tonprogramme hingeführt, ebenso enthält auch das Register entsprechende Hinweise.
Die Tonprogramme gewinnen ihren Wert und ihre Aussagekraft gerade dadurch, daß die meisten der an den historischen Geschehnissen beteiligten Personen, deren Stimmen man hier hört, nicht mehr leben. So wird durch die Tondokumente nicht nur Information vermittelt, sondern oft auch die Atmosphäre der Zeit lebendig und das Wesen der Handelnden deutlich erkennbar.

*Der Verlag*

# INHALT

## Wort und Bild

5 Vorwort

8 Mitarbeiter

9 Quellen der Tondokumente und Fotos

10 **Chronologie 1940–1949**

12 1940 Der Feldzug im Westen
24 1941 Der Krieg erfaßt die Welt
37 1942 »Endlösung« beschlossen
52 1943 Stalingrad und »Totaler Krieg«
67 1944 Die Invasion in der Normandie
81 1945 Der Zusammenbruch Deutschlands und Japans
97 1946 Das Urteil von Nürnberg
112 1947 Die Festigung der sowjetischen Macht in Osteuropa
124 1948 Die Gründung des Staates Israel
139 1949 Zwei Staaten in Deutschland

154 **Ereignisse und Tendenzen in den 40er Jahren**

156 Kriegszeit und Nachkriegszeit
– Prof. Dr. Karl Dietrich Bracher

159 **1. Mensch und Natur**
159 Natur und Krieg im Wechselspiel
– Werner Ludewig
163 Naturkatastrophen

164 **2. Staat und Gesellschaft**
164 Gegner und Widerstand im nationalsozialistischen Machtbereich
– Werner Röder
165 Die »Weiße Rose« gegen Hitler
166 Die Rote Kapelle
167 Leben im Krieg
168 Leben in Trümmern
169 Die deutsche Politik und der Widerstand in den besetzten Gebieten
– Hans Umbreit
171 Heydrichs Tod und die Vergeltung
172 Der Warschauer Aufstand
173 Kirche und Ökumene in den 40er Jahren
– C. P. van Andel, W. L. Boelens, F. Selleslagh
174 Karl Barth
175 Kardinal Graf von Galen
176 1945: ein Wendepunkt für Mission und Bekehrung
177 Die Heiligen gehen in die Hölle
177 Dietrich Bonhoeffer
178 Bischöfe vor dem Richter
178 Schintoismus nicht mehr Staatsreligion
179 Die Judenverfolgung
– W. Velema
179 Judenverfolgung ein Geheimnis?
180 Adolf Eichmann: ein neuer Mördertyp
181 Rudolf Höss und Auschwitz
182 Untergetaucht – Anne Frank
182 Das Warschauer Ghetto
184 Raoul Wallenberg
184 Die Juden in der Sowjetunion
– W. Velema
185 Das Jüdische Antifaschistische Komitee
186 Flucht und Vertreibung nach dem 2. Weltkrieg
– Hans Sarkowicz
188 Die Nürnberger Prozesse
– Prof. Dr. Ossip K. Flechtheim
191 Entnazifizierung
192 Kriegsverbrecherprozeß von Tokio

194 **3. Politik**
194 Koalitionen, Konstellationen und Charakter des 2. Weltkriegs in Europa und Asien
– Prof. Dr. Jost Dülffer
194 Gründe für den 2. Weltkrieg – auf dem Weg in die Katastrophe
195 Mai – Juni: Belgien und Frankreich
196 Die Wende auf dem nordafrikanischen Kriegsschauplatz
197 Pearl Harbor
198 Kriegsopfer
200 Die Schlacht um Midway
202 Die Schlacht bei Stalingrad
202 Die Ardennenoffensive
203 Luftkrieg gegen das Deutsche Reich
204 D-Day, 6. Juni 1944
205 Die Schlacht im Atlantik
207 Die V-Waffen
207 Auf dem Weg zu Atomdiplomatie und Rüstungswettlauf
208 Gipfelkonferenzen der Alliierten
208 Die Welt wird neu geordnet
– Prof. Mr. B. V. A. Röling
209 Die Aufteilung Osteuropas
209 Der Eiserne Vorhang
210 Völkerbundsmandate und UN-Treuhandgebiete
210 Vetos als politische Waffe
211 Von der Komintern zum Kominform
212 Tito und der Titoismus
213 Der Brüsseler Pakt
214 Die OEEC
214 Der Europarat
215 Krieg und Unabhängigkeit
– Prof. Dr. J. Bank
215 Sukarno und die Unabhängigkeit Indonesiens
216 Mahatma Gandhi
218 Der Weg zum Staat Israel
– Werner Ludewig
223 Entstehung von Bundesrepublik Deutschland und DDR
– Prof. Dr. Andreas Hillgruber
225 Die Luftbrücke und Berliner Blockade
226 Grundgesetz

229 **4. Wirtschaft**
229 Kriegswirtschaft und Wiederaufbau
– Barbara Veit, Jochen Kölsch
230 Fremdarbeiter und Deportation
231 Libertyschiffe
232 Trümmerfrauen
233 Demontage
234 Care
235 Schwarzmarktzeit
236 Die Währungsreform
237 Die Energieversorgung im militärischen und im privaten Bereich
– Dr. Ir. A. W. J. Mayer
237 Künstliche Herstellung von Öl durch Kohleverflüssigung
238 Synthetisches Benzin durch das Fischer-Tropsch-Verfahren
239 Die Wiederbelebung des internationalen Zahlungsverkehrs
– Drs. J. G. Morreau

| | | | |
|---|---|---|---|
| 241 | **5. Wissenschaft und Technik** | | **Tonprogramme** |
| 241 | Deutsche an der Wiege der Raumfahrt – P. L. L. Smolders | | |
| 242 | Durchbrüche in der Kernphysik – Prof. Dr. J. A. Goedkoop | 49 | 1. Krieg gegen Norwegen<br>2. Westfeldzug I<br>3. Westfeldzug II |
| 243 | Elektronische Forschung – E. H. Blanken | | 4. Schlacht um England<br>5. Die Südostfront |
| 244 | Radar | | 6. Krieg in Afrika |
| 244 | Neue Erkenntnisse in der Medizin – Drs. J. M. Keppel Hesselink | 65 | 7. Führerkult<br>8. Kulturkrieg |
| 245 | DDT – Möglichkeiten und Risiken | | 9. Märsche und Lieder |
| 246 | Begründung der Kybernetik – Prof. Dr. Karl Steinbuch | | 10. NS-Film<br>11. Wunschkonzert |
| 250 | Verkehrsunfälle in den 40er Jahren | | 12. Sport I |
| 251 | **6. Kunst und Kultur** | 89 | 13. »Endlösung« |
| 251 | Kunst als Propaganda im Dritten Reich – Prof. Dr. Alphons Silbermann | | 14. Exil<br>15. 20. Juli 1944 |
| 253 | Entartete Kunst – Kulturpolitik im Dritten Reich | | 16. Luftkrieg<br>17. Propaganda I |
| 254 | Die Baukunst nach der Zerstörung – Ir. J. Meuwissen | | 18. Propaganda II |
| 256 | Der Architekt Hitlers | 105 | 19. Frankreich |
| 257 | In der bildenden Kunst bricht die Zukunft an | | 20. England<br>21. USA |
| | – Pierre Janssen | | 22. Sowjetunion |
| 258 | Ein Skandal in der Kunstwelt | | 23. Die Achse |
| 259 | Deutsche Literatur – Silke Grothues | | 24. Die besetzten Gebiete |
| 260 | Wolfgang Borchert | 129 | 25. »Lebensraum im Osten« |
| 261 | Literaturnobelpreisträger | | 26. Stalingrad |
| 263 | Jean Paul Sartre | | 27. D-Day |
| 263 | Theater in Deutschland – André Rutten | | 28. Berlin<br>29. Das Ende<br>30. Die Sieger im Osten |
| 266 | Der Tanz in den 40er Jahren – L. Utrecht | 145 | 31. Pazifik I<br>32. Pazifik II |
| 268 | Der Film in den 40er Jahren – Prof. Dr. Peter Pleyer | | 33. Atombombe<br>34. Die Konferenzen |
| 272 | Der italienische Neorealismus | | 35. Flucht und Vertreibung |
| 273 | Gewinner der Goldenen Palme von Cannes | | 36. Nürnberger Prozeß |
| 274 | Gewinner der wichtigsten Oscars | 248 | 37. Amerikanische Besatzungspolitik |
| 275 | Der Schwarze Film | | 38. Entnazifizierung |
| 276 | Eine schwierige Zeit für die klassische Musik – R. van der Leeuw | | 39. Demontage<br>40. Hunger, Kälte, Trümmer<br>41. Schwarzer Markt |
| 277 | Der Jazz – Durchbruch des Bebop – Rudy Koopmans | 264 | 42. Sport II<br>43. Parteien |
| 278 | Duke Ellington beherrscht den Swing | | 44. Währungsreform |
| 279 | Die leichte Musik in den 40er Jahren – Skip Voogd | | 45. Der Südweststaat<br>46. Parlamentarischer Rat |
| 279 | Schlager im und nach dem Krieg | | 47. Gründung der BR Deutschland I |
| 279 | Das Echo der Lili Marleen | | 48. Gründung der BR Deutschland II |
| 280 | Wer starb? | 304 | 49. UNO |
| 281 | **7. Sport** | | 50. NATO<br>51. Berlin-Blockade I |
| 281 | Neubeginn nach 1945 – C. de Veene | | 52. Berlin-Blockade II<br>53. Spaltung Berlins I |
| 282 | London 1948: Fanny Blankers-Koen, die »fliegende Hausfrau« | | 54. Spaltung Berlins II |
| 282 | Rudolf Harbig | 328 | 55. E-Musik<br>56. Nachkriegsschlager |
| 283 | Joe Louis – »der Braune Bomber« | | 57. Theater |
| 283 | Fußball in Deutschland – Heinz Dieter Bulka/Werner Ludewig | | 58. Nachkriegsfilm<br>59. Literatur nach 1945 |
| 285 | V. Olympische Winterspiele, Sankt Moritz 1948 | | 60. Kabarett |
| 285 | XIV. Olympische Sommerspiele, London 1948 | 344 | 61. SBZ: Parteien<br>62. Bodenreform in der SBZ |
| 287 | Leichtathletik- und Schwimm-Weltrekorde | | 63. Aktivistenbewegung<br>64. »Marsch ins Sozialistische Lager«<br>65. Gründung der DDR I |
| 288 | **Die Länder der Erde von A–Z** | | 66. Gründung der DDR II |
| 394 | Register | 368 | 67. Österreich I<br>68. Österreich II<br>69. Schweiz I<br>70. Schweiz II<br>71. Indien/Pakistan<br>72. Israel |

# MITARBEITER

Redaktionelle Leitung: Werner Ludewig

## TEXT UND BILD

Redaktion: Heinz Dieter Bulka

Redaktionelle Mitarbeit und Kurzbeiträge:
Ingrid Bulka, Dr. Helmut Hake, Dr. Andreas Jaschinski, Susanne Lücking, Rita Ludewig, Hans-Georg Michel, Karl Römer, Peter Wassen, Inge Weißgerber, Martin Wendland

Übersetzung von Beiträgen aus dem Niederländischen:

Chronologie: Hans-Georg Michel, Peter Wassen

Entwicklungstendenzen und Hauptereignisse: Maria Csollány

Die Länder der Erde: Waltraud Hüsmert

## TONTEIL

Redaktion: Margarete Schwind

Redaktionelle Mitarbeit: Angelika Geese

Autoren der Tonprogramme: Christiane Adam, Hans Baum, Dr. Konrad Franke, Claudia Sautter, Rüdiger Schablinski, Siegfried Schuller

Begleittexte zu den Tonprogrammen: Hans Baum, Angelika Geese, Margarete Schwind, Arno Sommer, Wolfgang Weismantel

Sprecher der Tonprogramme: Hans Daniel

Tonmeister: Toning. Gerhart Frei

Bilddokumentation: Max Oberdorfer

Layout: Georg Stiller

Herstellung: Günter Hauptmann und Martin Kramer

# HINWEISE ZUR BENUTZUNG DES TONTEILS

Alle Tonprogramme bestehen aus Original-Tondokumenten, die soweit sie der Erklärung bedürfen, moderiert sind. Die historischen Tonaufnahmen unterliegen der jeweils zeitbedingten Aufnahmetechnik und den speziellen Aufnahmebedingungen vor Ort. Aus Gründen der Authentizität sind die Tondokumente originalgetreu wiedergegeben.

Hinweise dieser Art auf den Randspalten führen den Leser zu den Tonprogrammen hin. Die erste Zahl nennt die Textseite, auf der die Tonfolie beim Abspielen liegen muß; die zweite Zahl gibt die Nummer des Tonprogramms an.

Zum Abspielen muß die Folie stets auf der Textseite, nicht auf der Bildseite der den jeweiligen Tonprogrammen gewidmeten Doppelseite liegen. Das ist in der ersten Hälfte des Bandes (Tonprogramme 1–36) die jeweils rechte, in der zweiten Hälfte des Bandes (Tonprogramme 37–72) die jeweils linke Seite.

# TONQUELLEN

Die Tonprogramme dieses Bandes entstanden in Zusammenarbeit mit den im folgenden genannten Sendern, Firmen und Institutionen:

Ariola: 40c, 43b, 47abd, 48abcde
BBC: 14c
CBS: 32d, 33df
Chronos-Film: 15ef
Deutsche Grammophon: 57d
Deutsches Rundfunkarchiv: 1bcde, 2adefg, 3abcef, 4, 5, 6, 7bc, 8bce, 10cd, 12e, 13, 14abde, 15abcd, 16, 17, 18, 19, 20, 21abce, 22bcd, 23, 24, 25acdefgh, 26, 27aef, 28, 29, 30, 31cd, 32abce, 34abde, 35, 36, 37, 38, 39, 40ab, 41, 43acd, 44, 45, 46, 47c, 48f, 49cdefgh, 50abcdef, 63ac, 64abc, 65, 66, 67abe, 68cd, 69bc, 71, 72abce
Deutsche Wochenschau: 1a, 2bc, 12abcd, 27bd, 42def
EMI ELECTROLA: 11abd
Eterna: 9h
Ex-Libris: 69ag, 70a
Historisch Archief NOS (Nederlandse Omroepstichting): 3d, 7a, 21d, 31ab, 33a, 72d
Imperial War Museum: 31e, 33bce, 34c
Norddeutscher Rundfunk: 42bc, 57abc
Polydor: 56
Preiser: 67cdfg, 68abe
Privatarchiv Klettner: 42a
RIAS: 7d, 8adf, 9abcdefg, 10b, 11cef, 22a, 49ab, 50g, 51, 52, 53, 54, 55, 57e, 58, 59, 60, 61, 62, 63bde, 64d
Schweizerische Radio- und Fernsehgesellschaft: 69def, 70bcd
Transit Film: 10aef

In einigen wenigen Fällen konnte der Rechteinhaber nicht ermittelt werden.

Für die verständnisvolle Hilfe bei der Suche nach Tondokumenten danken wir besonders dem Deutschen Rundfunkarchiv, Frankfurt am Main, Herrn Walter Roller und Frau Elisabeth Lutz, sowie dem RIAS Berlin und Herrn Herbert Pomade.

# BILDQUELLEN

Farbe: ABC-Press, Amsterdam – Camera Press (1) – Jaeger (1)– Magnum (1); ADN-Zentralbild, Berlin (1); Anefo, Amsterdam – Lintas (1); ANP-Foto, Amsterdam (5); Archiv d. Sozialen Demokratie, Friedr.-Ebert-Stiftung, Bonn (1); The Associated Press GmbH, Frankfurt (2); Beeldbank en Uitgeefprojekten BV, Amsterdam (4); Bertelsmann LEXIKOTHEK Verlag GmbH, Gütersloh (1); Bertelsmann Publishing Group, New York (1); Bildarchiv Preußischer Kulturbesitz, Berlin (43); H. Bredewold, Leiden (3); EUPRA GmbH, München (2); Fox Photos Ltd., London (1); Giraudon, Paris (5); Haags Gemeentemuseum, 's Gravenhage (1); Het Laatste Nieuws, Brüssel (1); Robert Hunt Library, London (7); Imperial War Museum, London (12); Jahr-Verlag KG, Hamburg (3); Keystone Press Agency, London (2); The Kobal Collection, London (2); Koninjklik Museum voor Schone Kunsten, Brüssel (1); Konrad-Adenauer-Stiftung, St. Augustin (4); Lintas Nederland b.v., Rotterdam – T. v. d. Reijken (1); W. Löwenhardt, Amsterdam (1) – Huf (1); H. Mulder (5); Museum Boymans van Beuningen, Rotterdam (1); Oosthoek Archief, Utrecht (3); Paul Popper Ltd., London (51); Presse- u. Informationsamt der Bundesregierung, Bundesbildstelle, Bonn (1); Sem Presser, Amsterdam (11); Rijksinstitut voor Oorlogsdocumentatie, Amsterdam (1); roebild, Frankfurt (1); Spaarnestad Uitgeverij, Haarlem (3); Süddeutscher Verlag Bilderdienst, München (4); Prof. Dr. Rolf Steininger, Innsbruck (2); Topham Picture Library, London (1); Ullstein Bilderdienst, Berlin (3); United Press International Photo Library, New York (12); Agentschap Van Parys, Brüssel (1);

Schwarzweiß: ABC-Press, Amsterdam (2); ADN-Zentralbild, Berlin (9); Ambassade du Luxemburg, Bonn/aus dem Privatbesitz der Großherzoglichen Familie aus Luxemburg (1); Anefo, Amsterdam (2) – Spaarnestad (1); Archiv der Sozialen Demokratie, Friedr.-Ebert-Stiftung, Bonn (3); The Associated Press GmbH, Franfkurt (36); Nico Baayens, Lisse (1); W. de Beauclair, Reichelsheim (1); Belga NV I.P.C. fotodienst, Brüssel (3); Bertelsmann LEXIKOTHEK Verlag GmbH, Gütersloh (13); The Bettmann Archive, New York (1); Bildarchiv Preußischer Kulturbesitz, Berlin (87); Botschaft des Staates Israel, Bonn (1); Dt. Inst. f. Filmkunde, Frankfurt (2); A. Diel, Großkratzenburg (1); dpa, Frankfurt (4); Eupra GmbH, München (14); Filmmuseum, Amsterdam (1); Archiv Gerstenberg, Wietze (2); Government Press Office, Jerusalem (1); Gütersloher Verlagshaus Gerd Mohn, Gütersloh (1); Privatbesitz v. Haeften, Tutzing (1); Hanns Hubmann, Kröning (7); Robert Hunt Library, London (11); Imperial War Museum, London (5); Bildagentur Jürgens, Köln (2); Archiv Dr. Karkosch, Gilching (1); KNA, Frankfurt (1); Keystone Bildarchiv, Hamburg (2); Keystone Press Agency, London (16); Koninjklik Museum van het Leger en van Krijgsgeschiedenis, Brüssel (1); Library of Congress, Washington (1); Marineschule Mürwick, Flensburg (1); Sammlung Menninger, Lüdge-Niese (1); Münchner Stadtmuseum (2); National Archives, Washington (5); Navorsings- en studiecentrum (4); Neue Westfälische, Bielefeld (1); New York Times Photo, Paris (1); Philips Persdienst, Eindhoven (1); Paul Popper Ltd., London (12); Sem Presser, Amsterdam (1); A. Richter, München (1); Rijksinstitut voor Oorlogsdocumentatie, Amsterdam (1); Ringier Dokumentationszentrum, Zürich (8); roebild, Frankfurt (2); W. Saeger, Berlin (1); Spaarnestad Uitgeverij, Haarlem (9); Süddeutscher Verlag Bilderdienst, München (112); Suhrkamp, Frankfurt (1); Schauspielhaus, Zürich (1); Stadtarchiv Hildesheim (1); Topham Picture Library, London (5); Ullstein Bilderdienst, Berlin (46); Votava, Wien (1); Ad Windig, Callantsoog – Spaarnestad (1).

© COSMOPRESS, Genf. Reproduktionsgenehmigungen für Abbildungen künstlerischer Werke von Mitgliedern und Wahrnehmungsberechtigten der Verwertungsgesellschaften S.P.A.D.E.M./Paris, S.A.B.A.M./Brüssel, BEELDRECHT/Amsterdam, V.A.G.A./New York, S.I.A.E./Rom wurden erteilt durch die Verwertungsgesellschaft BILD-KUNST/Bonn.

*Die erste Hälfte des Jahrzehnts steht im Zeichen des Krieges.
Noch lange nach seinem Ende bieten weite Teile Europas einen trostlosen Anblick.*

**Chronologie • 1940-1949**

# 1940

## Januar

*5. 1. Großbritannien
Die britische Regierung droht Norwegen mit bewaffneter Intervention. Streitpunkt ist die Verschiffung von Eisenerz aus norwegischen Häfen ins Deutsche Reich. Hier ein norwegisches Transportschiff vor Anker (oben).*

*4. 1. Finnland/UdSSR
Sogenannter Winterkrieg zwischen Finnland und der UdSSR. Eine von finnischen Truppen vernichtete sowjetische Militärkolonne (unten).*

**1. Montag**
Großbritannien. König George VI. unterzeichnet ein Gesetz, durch das alle Männer zwischen 19 und 28 Jahren zum Militärdienst verpflichtet werden.

**2. Dienstag**
Finnland/UdSSR. Die finnische Regierung gibt bekannt, daß sowjetische Truppen in einer Stärke von 55 000 Mann an der Ostgrenze eingeschlossen sind.

**3. Mittwoch**
Deutsches Reich. Feldmarschall Hermann Göring übernimmt die Leitung der Kriegswirtschaft.
Finnland/UdSSR. Finnische Flugzeuge werfen über Leningrad Flugblätter mit Fotos von schlecht ausgerüsteten und halberfrorenen sowjetischen Soldaten ab.

**4. Donnerstag**
Finnland/UdSSR. Östlich von Suomussalmi wird die eingeschlossene 44. sowjetische Schützendivision vernichtet.

**5. Freitag**
Großbritannien. Die britische Regierung warnt Norwegen davor, daß die Royal Navy in norwegische Hoheitsgewässer eindringen werde, wenn weiterhin deutsche Schiffe die Gelegenheit hätten, Eisenerz zu laden.

**8. Montag**
Großbritannien. Butter, Fleisch und Zucker werden rationiert.

**10. Mittwoch**
Belgien. Eine deutsche Kuriermaschine muß bei Mechelen (Belgien) notlanden. Die von den belgischen Behörden sichergestellten Kurierunterlagen enthalten Angaben über eine geplante deutsche Offensive gegen Belgien und die Niederlande.

**11. Donnerstag**
In Frankreich werden die Lebensmittel rationiert. Der Freitag wird zum fleischlosen Tag erklärt. Montags und dienstags darf kein Rind-, Kalb- und Lammfleisch verkauft werden.

**12. Freitag**
Finnland/UdSSR. Sowjetische Flugzeuge bombardieren die finnischen Städte Turku, Lahti und Helsinki.

**14. Sonntag**
Japan. Ministerpräsident Nobujuko Abe tritt mit seinem Kabinett zurück. Der Kaiser beauftragt den neutralistischen Politiker Mitsumasa Yonai mit der Bildung einer neuen Regierung.

**15. Montag**
Belgien lehnt die Forderung nach Durchmarsch alliierter Truppen durch belgisches Hoheitsgebiet ab.

**17. Mittwoch**
Finnland/UdSSR. Eine Kältewelle mit den niedrigsten Temperaturen seit 20 Jahren sorgt für einen Stillstand der Kriegshandlungen. In Viipuri werden −54°C, in Moskau −49°C erreicht.

**20. Samstag**
Großbritannien. Marineminister Churchill fordert die neutralen Staaten auf, sich den Alliierten anzuschließen.

**21. Sonntag**
Finnland. Das Kriegsministerium stellt eine Fremdenlegion mit 11 500 Freiwilligen aus 26 Ländern auf.

**23. Dienstag**
Polen. In Paris wird der Komponist und Politiker Ignacy Jan Paderewski zum Vorsitzenden des polnischen Exilparlaments gewählt.

**25. Donnerstag**
Britisch-Indien. In Bombay beginnt Mahatma Gandhi einen vierundzwanzigstündigen Hungerstreik, um die Aufmerksamkeit der Weltöffentlichkeit auf die indische Forderung nach Unabhängigkeit zu lenken.
Großbritannien. Deutsche Flugzeuge bombardieren die Shetland-Inseln.

**26. Freitag**
Finnland/UdSSR. Sowjetische Truppen durchbrechen die Mannerheimlinie auf der Karelischen Landenge.
USA/Japan. Der am 26. 7. 1939 von den USA gekündigte japanisch-amerikanische Handelsvertrag aus dem Jahre 1911 läuft aus.

**27. Samstag**
Birma. Zusammenstöße zwischen Hindus und Moslems in Rangun fordern einen Toten und 46 Verletzte.
Deutsches Reich. Hitler gibt an das OKW die Weisung, Pläne für den Überfall auf Dänemark und Norwegen auszuarbeiten (»Fall Weserübung«). Entsprechende Planun-

gen der Alliierten hatten bereits am 16. 1. begonnen.

**30. Dienstag**
Japan/UdSSR. In Tokio werden die sowjetisch-japanischen Verhandlungen über den Grenzverlauf zwischen der Äußeren Mongolei und der Mandschurei abgebrochen.

# Februar

**1. Donnerstag**
Finnland/UdSSR. Sowjetische Truppen beginnen in Karelien und am Ladogasee eine Offensive.

**2. Freitag**
China. Japanische Truppen besetzen Pinjang, eine Schlüsselposition in der Provinz Guangxi.
Kanada. James Bertram Collip von der McGill-Universität in Montreal gibt bekannt, daß er ein Mittel gegen die Zuckerkrankheit entdeckt habe, das oral eingenommen werden kann.

**3. Samstag**
Großbritannien. Die deutsche Luftwaffe bombardiert Küstenziele zwischen Tyne und Norfolk und versenkt dabei 14 Schiffe.

**7. Mittwoch**
Paraguay. Staatspräsident José Estigarribia eignet sich nach wachsender Kritik an seiner Amtsführung diktatorische Vollmachten an.

**10. Samstag**
Frankreich. Das Parlament spricht der Regierung für ihre militärpolitischen Entscheidungen das Vertrauen aus.

**11. Sonntag**
Costa Rica. Rafael Angel Calderón wird zum Staatspräsidenten gewählt.
Finnland/UdSSR. Sowjetische Streitkräfte beginnen im Abschnitt von Viipuri, die finnische Armee aus der »Mannerheim-Linie« zu drängen.

**12. Montag**
Deutsches Reich/UdSSR. Beide Länder unterzeichnen in Moskau ein neues Wirtschaftsabkommen. Es sichert dem Deutschen Reich Getreide- und Erdöllieferungen.
Deutsches Reich. Bei den ersten Deportationen werden Stettiner Juden nach Lublin transportiert.

**14. Mittwoch**
Großbritannien. Die Nordsee-Handelsflotte wird bewaffnet.
Palästina. Der britische Kolonialminister Malcolm Macdonald gibt bekannt, daß die Quote für jüdische Einwanderer auf absehbare Zeit nicht erhöht werden soll.

**15. Donnerstag**
Deutsches Reich. Das Oberkommando der Kriegsmarine erklärt, daß britische Handelsschiffe nunmehr nach der britischen Maßnahme des Vortages als Kriegsschiffe behandelt werden.
Das Oberkommando der Wehrmacht protestiert gegen das Vorgehen der SS in Polen (auch → S. 179).

**16. Freitag**
Norwegen. Die »Altmark«, das Begleitschiff des Panzerschiffes »Graf Spee«, wird unter Verletzung der norwegischen Seehoheit und Neutralität im Jössing-Fjord von dem britischen Zerstörer »Cossack« geentert. Über 300 britische Kriegsgefangene, die sich auf der »Altmark« befinden, werden befreit.

**17. Samstag**
Schweden. Die Regierung lehnt eine militärische Unterstützung Finnlands ab.

**21. Mittwoch**
Frankreich. Das Institut Pasteur meldet die Entwicklung eines Impfstoffes, der für die Dauer eines Jahres Schutz gegen Pocken und Gelbfieber gewährt.

**22. Donnerstag**
Tibet. In Lhasa wird der sechsjährige La Mu Ton Tschu feierlich als vierzehnter Dalai Lama inthronisiert.

**25. Sonntag**
Skandinavien. Auf der Außenministerkonferenz in Kopenhagen erklären Norwegen, Schweden und Dänemark ihre Neutralität im finnisch-sowjetischen Krieg.

**26. Montag**
Italien. Der US-amerikanische Unterstaatssekretär Sumner Welles trifft in Rom ein, um Möglichkeiten für eine Friedensregelung in Europa zu erkunden.
Österreich. In Wien stirbt der erste Bundespräsident Österreichs, Michael Hainisch, im Alter von 81 Jahren.

**27. Dienstag**
Finnland/UdSSR. Moskau meldet den ersten militärischen Erfolg seit Weihnachten an der nordfinnischen Front bei Petsamo (Petschenga).

**28. Mittwoch**
Finnland/UdSSR. Die UdSSR stellt Finnland ein 48stündiges Ultimatum, einen sowjetischen Friedensplan anzunehmen. Sowjetische Truppen rücken bis auf 10 km an Viipuri heran.
Großbritannien. Die »Queen Elizabeth«, das größte Passagierschiff der Welt, läuft von Liverpool zu seiner Jungfernfahrt aus. Am 7. 3. erreicht sie ungefährdet New York.

# März

**1. Freitag**
Finnland/UdSSR. Sowjetische Truppen dringen in die Außenviertel von Viipuri ein.

**2. Samstag**
Deutsches Reich. Hitler empfängt in Berlin den US-amerikanischen Unterstaatssekretär Sumner Welles, der im Auftrage von US-Präsident Roosevelt die europäischen Hauptstädte bereist und die Chancen für eine Friedensregelung erkunden soll. Die Unterredung bleibt ohne konkrete Ergebnisse.

**3. Sonntag**
Finnland/UdSSR. Sowjetische Truppen besetzen Viipuri.
Norwegen und Schweden verweigern einem alliierten Expeditionskorps den Durchzug nach Finnland über ihre Territorien.

**6. Mittwoch**
Finnland/UdSSR. Neue sowjetische Friedenspläne werden von der schwedischen Regierung an Finnland weitergeleitet.

**7. Donnerstag**
Finnland. Der Oberbefehlshaber der Armee, Feldmarschall Carl Gustaf von Mannerheim, befürwortet Verhandlungen mit der UdSSR, nachdem ein Fünftel der finnischen Streitkräfte ausgeschaltet ist.

**8. Freitag**
Finnland/UdSSR. Eine finnische Delegation unter der Führung von Ministerpräsident Risto Ryti reist zu Friedensverhandlungen nach Moskau.

**10. Sonntag**
Italien. Mussolini empfängt den deutschen Außenminister von Ribbentrop in Rom und erklärt seine Bereitschaft, Italien in absehbarer Zeit an Deutschlands Seite in den Krieg zu führen.

**11. Montag**
Brasilien. Staatspräsident Getúlio Vargas erklärt, daß sein Land in bezug auf den Krieg in Europa neutral bleiben will.

**12. Dienstag**
Finnland/UdSSR. In Moskau wird der finnisch-sowjetische Friedensvertrag unterzeichnet. Finnland muß die Karelische Landenge und Teile Ostkareliens abtreten, Hangö an die UdSSR verpachten und Transitrechte im Gebiet um Petsamo gewähren.

**14. Donnerstag**
Finnland. In den an die UdSSR abgetretenen Gebieten beginnt die Evakuierung der finnischen Bevölkerung.

*27. 1. Deutsches Reich
Adolf Hitler*

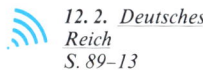
27. 1. Deutsches Reich
S. 49–1

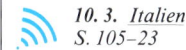
12. 2. Deutsches Reich
S. 89–13

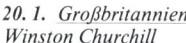
10. 3. Italien
S. 105–23

*20. 1. Großbritannien
Winston Churchill*

20. 3. *Britisch-Indien*
*Mahatma Gandhi*

20. 3. *Britisch-Indien*
S. 368–71

27. 3. *Deutsches Reich*
S. 89–13

1. 4. *Deutsches Reich*
S. 368–67

9. 4. *Skandinavien*
S. 49–1

9. 4. *Skandinavien*
Deutsche Truppen überfallen Norwegen.

**15. Freitag**
Deutsches Reich. Zum ersten Mal erscheint die Wochenzeitung »Das Reich«; sie wird von Propagandaminister Joseph Goebbels herausgegeben.
Finnland/UdSSR. Das finnische Parlament billigt den Friedensvertrag vom 12. 3.

**16. Samstag**
Schweden. Auf ihrem Landsitz Mårbacka (Värmland) stirbt die Schriftstellerin Selma Lagerlöf im Alter von 81 Jahren. 1909 erhielt sie den Nobelpreis für Literatur.

**17. Sonntag**
Deutsches Reich. Fritz Todt, der Generalinspekteur für das deutsche Straßenwesen, wird zum Reichsminister für Bewaffnung und Munition ernannt.

**18. Montag**
Deutsches Reich/Italien. Hitler und Mussolini treffen sich am Brenner. In dem zweieinhalbstündigen Gespräch erklärt Mussolini sich bereit, die freundschaftlichen Beziehungen zu Großbritannien und Frankreich abzubrechen.

**20. Mittwoch**
Britisch-Indien. Der indische Nationalkongreß wählt Mahatma Gandhi zum Führer der Befreiungsbewegung gegen Großbritannien.
Frankreich. Das Kabinett Daladier kommt aufgrund der heftigen Kritik des Senats an der Kriegspolitik der Regierung zu Fall. Paul Reynaud bildet eine neue Regierung.

**21. Donnerstag**
China. Wang Jingwei wird Staatspräsident der von Japan abhängigen chinesischen Nanking-Regierung.
Frankreich. Ministerpräsident Reynaud bildet einen fünfköpfigen Kriegsrat.

**24. Sonntag**
Vatikan. In seiner Osterbotschaft verurteilt Papst Pius XII. den Bruch von Verträgen und den Mangel an Menschlichkeit bei den kriegführenden Staaten.

**25. Montag**
Großbritannien. Die Regierung erklärt, alle legalen Mittel in Bewegung setzen zu wollen, um deutschen Schiffen den Abtransport von norwegischem Eisenerz unmöglich zu machen.

**27. Mittwoch**
Deutsches Reich. SS-Reichsführer Himmler befiehlt die Errichtung des Konzentrationslagers Auschwitz. Es ist zunächst für polnische politische Häftlinge gedacht und wird am 14. 6. eröffnet.
Finnland. Risto Ryti bildet ein neues Kabinett. Die Evakuierung von rd. 100 000 Menschen aus den an die UdSSR abgetretenen Gebieten wird offiziell um Mitternacht beendet.

**28. Donnerstag**
Norwegen. Das alliierte Oberkommando beschließt entgegen der britischen Erklärung vom 25. 3., ab 5. 4. die norwegischen Gewässer zu verminen und Stützpunkte in Norwegen zu besetzen.

**29. Freitag**
USA. US-Präsident Roosevelt gibt bekannt, die Reise von Sumner Welles habe gezeigt, daß die Chance auf Frieden in Europa gering sei.

**31. Sonntag**
Frankreich/Großbritannien. Beide Regierungen bestimmen Jean Monnet zum Vorsitzenden der gemeinsamen Kommission für die Koordination der Kriegsproduktion.

# April

**1. Montag**
Deutsches Reich. Das Ostmarkgesetz wird erlassen. Damit ist die Eingliederung Österreichs in das Deutsche Reich abgeschlossen.

**2. Dienstag**
Ägypten. Der Vorsitzende der Wafd-Partei, Mustafa al Nahas Pascha, fordert, daß die britischen Truppen unmittelbar nach Kriegsende abgezogen und alle Streitpunkte mit Großbritannien geregelt werden sollen.

**3. Mittwoch**
Finnland. Unterrichtsminister Antti Kukkonen gibt bekannt, daß sein Land nicht mehr als Gastgeber für die Olympischen Sommerspiele 1940 in Frage komme.

**5. Freitag**
Skandinavien. Die Alliierten verschieben ihr Vorhaben, die norwegischen Gewässer zu verminen, auf den 8. 4.

**7. Sonntag**
Finnland/UdSSR. Beide Länder nehmen wieder diplomatische Beziehungen zueinander auf.

**8. Montag**
Skandinavien. Trotz norwegischer Proteste verminen britische Kriegsschiffe die norwegischen Hoheitsgewässer.

**9. Dienstag**
Skandinavien. Deutsche Truppen fallen in Dänemark und Norwegen ein (»Unternehmen Weserübung«). Das Unternehmen gelingt trotz schwerer Verluste (bis 13. 4. drei Kreuzer, zehn Zerstörer und ein U-Boot).
Nach dem deutschen Angriff begeben sich der norwegische König Haakon und das Parlament nach Hamar. Der Norweger Vidkun Quisling, Vorsitzender der faschistischen »Nasjonal Samling«, ernennt sich in einer Radioansprache zum Chef einer neuen Regierung.

**12. Freitag.**
Skandinavien. Die Alliierten erklären die dänische Handelsflotte zu Feindeigentum und hindern dänische Schiffe daran, ausländische Häfen zu verlassen.

**14. Sonntag**
Skandinavien. Britische und französische Truppen landen in den norwegischen Städten Narvik und Namsos und am 16. 4. in Åndalsnes.

**15. Montag**
Deutsches Reich. Das Deutsche Rote Kreuz eröffnet die Sammlungen des Kriegshilfswerks.

Skandinavien. Ein Landungsversuch der Alliierten bei Narvik wird von deutschen Truppen zurückgeschlagen.

**17. Mittwoch**
Österreich. In Wien stirbt die Schauspielerin und Freundin von Kaiser Franz Joseph, Katharina Schratt, im Alter von 84 Jahren.

**18. Donnerstag**
China. Die japanische Armee meldet einen Sieg über chinesische Truppen in der nordöstlichen Provinz Shanxi.

**22. Montag**
Skandinavien. Die schwedische Regierung protestiert in Berlin dagegen, daß deutsche Bombenflugzeuge neutrales schwedisches Territorium überfliegen.

**24. Mittwoch**
Norwegen. Hitler ernennt Josef Terboven zum »Reichskommissar für die besetzten norwegischen Gebiete«. Es wird eine deutsche Zivilverwaltung eingerichtet.
Vatikan. Papst Pius XII. appelliert in einer Botschaft an den italienischen Diktator Mussolini, Italien nicht in den Krieg eintreten zu lassen.

**25. Donnerstag**
Griechenland. Auf Leukas stirbt der deutsche Archäologe Wilhelm Dörpfeld im Alter von 86 Jahren.

**26. Freitag**
Belgien. König Leopold III. lehnt ein Rücktrittsgesuch von Ministerpräsident Hubert Pierlot wegen der gespannten internationalen Lage ab.
Deutsches Reich. In Heidelberg stirbt der Chemiker und Nobelpreisträger (1931) Carl Bosch im Alter von 65 Jahren. Er brachte das von Fritz Haber entwickelte Verfahren zur Gewinnung von Ammoniak in großtechnischem Maßstab zum Einsatz (auch → S. 238).

**27. Samstag**
Skandinavien. Das alliierte Oberkommando beschließt, seine Truppen aus Süd- und Mittel-Norwegen zu evakuieren.

**30. Dienstag**
Skandinavien. Die von Oslo nach Norden und von Trondheim nach Süden vorrückenden deutschen Truppen vereinigen sich bei Dombås.

# Mai

**2. Donnerstag**
Skandinavien. Die alliierten Truppen räumen ihre Stützpunkte in Mittel- und Südnorwegen. König Haakon flieht mit seiner Familie nach Großbritannien.

**4. Samstag**
Deutsches Reich. Rudolf Höß wird als Kommandant mit dem Aufbau des Konzentrationslagers Auschwitz beauftragt (auch → S. 181).

**5. Sonntag**
Skandinavien. In London wird eine norwegische Exilregierung unter der Leitung von Ministerpräsident Johan Nygaardsvold gebildet.

**8. Mittwoch**
China. Japanische Truppen durchbrechen die chinesische Verteidigungslinie Hubei-Henan.

**9. Donnerstag**
Belgien. Der Militärattaché in Berlin warnt seine Regierung vor einem bevorstehenden deutschen Angriff.
Deutsches Reich. Hitler gibt die Euthanasie rückwirkend zum 1. 9. 1939 frei.
Niederlande. Der Militärattaché in Berlin, Major Sas, warnt die Regierung telefonisch vor einem bevorstehenden deutschen Angriff.
Skandinavien. Britische Truppen besetzen Island.

**10. Freitag**
Frankreich. Auf die Nachricht vom Beginn der deutschen Offensive rücken französische und britische Truppen über die französisch-belgische Grenze vor.
Großbritannien. Neville Chamberlain tritt von seinem Amt als Premierminister zurück. Sein Nachfolger wird Winston Churchill.

*10. 5. Westfront*
*Foto vom deutschen Aufmarsch in Belgien.*

*10. 5. Westfront*
*Übersicht über die Kämpfe der ersten Kriegstage in Belgien, Nordfrankreich und den Niederlanden.*

## Mai 1940

**28. 5. Belgien**
Nach 18 Tagen kapituliert die belgische Armee; der Befehlshaber der Wehrmacht in Belgien, General Walter von Reichenau (links), im Gespräch mit dem belgischen General Derousseaux über die Formalitäten bei der Unterzeichnung der Kapitulationsurkunde.

🔊 **10. 5. Westfront** S. 49–2

🔊 **13. 5. Großbritannien** S. 105–20

**4. 6. Westfront**
Die Evakuierung des britischen Expeditionsheeres aus dem völlig zerstörten Dünkirchen ist vollzogen. Das Material mußte zurückgelassen werden.

rung vor. In einer Rede erklärt er, er habe nichts als »Blut, Mühsal, Schweiß und Tränen« anzubieten, um den Krieg zu beenden.
Niederlande. Königin Wilhelmina begibt sich auf Wunsch der Regierung nach London ins Exil. Einen Tag später folgt die Regierung.
Westfront. Deutsche Truppen durchqueren an Sedan vorbei die Maginot-Linie (»Operation Sichelschnitt«).

**14. Dienstag**
Belgien. Ministerpräsident Pierlot appelliert an König Leopold, die belgischen Truppen nach Frankreich zurückzuziehen. Der König lehnt dies ab.
Hongkong. Die britischen Behörden geben bekannt, daß sich Frauen und Kinder wegen eventueller Evakuierungsmaßnahmen registrieren lassen sollen.
Westfront. In Unkenntnis begonnener Kapitulationsverhandlungen bombardiert die deutsche Luftwaffe Rotterdam.

**15. Mittwoch**
Westfront. Um 11 Uhr 45 wird in Rijsoord die Kapitulation der niederländischen Armee unterzeichnet.

**16. Donnerstag**
Frankreich. Die französische Regierung erklärt, Paris nicht verlassen zu wollen.
Westfront. Im Gebiet zwischen Sambre und Maas wird die französische 9. Armee geschlagen. General Giraud wird bei La Capelle gefangengenommen.

**17. Freitag**
Westfront. Deutsche Truppen besetzen Antwerpen. Zwischen Maas und Sambre, bei Montcornet, schlagen deutsche Truppen einen Panzerangriff General de Gaulles zurück.

**18. Samstag**
Belgien. Das Kabinett beschließt, das Land zu verlassen. König Leopold weigert sich, dem Beispiel zu folgen. Vier Minister sollen beim König bleiben.
USA. Robert Lorenzon demonstriert ein Fernsehsystem mit Farbausstrahlung.
Westfront. Um 18 Uhr wird Brüssel den Deutschen übergeben.

**19. Sonntag**
Frankreich. General Louis Maxime Weygand wird Oberbefehlshaber der alliierten Truppen und der französischen Armee, Marschall Henri Pétain wird neuer Verteidigungsminister.
Niederlande. Arthur Seyß-Inquart wird zum »Reichskommissar für die Niederlande« ernannt.

**21. Dienstag**
Westfront. Deutsche Truppen ste-

Niederlande. Königin Wilhelmina verurteilt die deutsche Aggression. Außenminister van Kleffens reist nach London, um die Alliierten um Hilfe zu bitten.
Westfront. In den frühen Morgenstunden überschreiten deutsche Truppen die Grenzen der Niederlande, Belgiens, Luxemburgs und Frankreichs (»Fall Gelb«). Die Luftwaffe greift u. a. die Städte Brüssel, Antwerpen, Calais, Boulogne und verschiedene Flughäfen an. Deutsche Fallschirmjäger versuchen, strategisch wichtige Punkte bei Rotterdam, Dordrecht, Maastricht sowie die Moordijk-Brücke unter Kontrolle zu bringen. Zahlreiche Kampfhandlungen werden von der IJssel-Grebbe-Linie gemeldet (auch → S. 195).

**11. Samstag**
Großbritannien. Premierminister Churchill bildet ein Kriegskabinett, das die Eröffnung eines Bombenkriegs gegen das deutsche Hinterland beschließt.

**13. Montag**
Großbritannien. Winston Churchill stellt seine Koalitionsregie-

hen 100 km vor Paris und vor der französischen Küste. Es wird mit der Evakuierung der Pariser Bevölkerung begonnen.

**22. Mittwoch**
Westfront. Die Panzerdivisionen von General Guderian erreichen Außenbezirke von Boulogne und Calais an der Kanalküste.

**23. Donnerstag**
Westfront. Die belgischen Truppen räumen Gent. Die deutsche Luftwaffe bombardiert die Häfen von Dünkirchen und Dover.

**24. Freitag**
Westfront. Die deutschen Truppen nehmen Calais ein.

**26. Sonntag**
Belgien. Ministerpräsident Pierlot und die Minister Paul Henri Spaak, Léon Denis und Arthur Vanderpoorten begeben sich über Großbritannien nach Paris.
Westfront. Lord John Gort erhält den Befehl, sich mit seinem Expeditionskorps nach Dünkirchen zurückzuziehen. Gegen Abend wird mit der Evakuierung des britischen Expeditionskorps (»Operation Dynamo«) begonnen.

**27. Montag**
Großbritannien. Stafford Cripps wird britischer Sonderbotschafter in Moskau.
Westfront. Unter Angriffen der deutschen Luftwaffe sammeln sich mehrere Hunderttausend alliierte Soldaten zur Evakuierung aus Dünkirchen.
König Leopold III. teilt dem britischen General John Gort mit, daß eine Kapitulation der belgischen Armee unvermeidlich sei.
Deutsche Panzereinheiten unter Erwin Rommel umzingeln bei Rijsel die Hälfte des französischen Heeres, das sich aus Belgien zurückgezogen hat.

**28. Dienstag**
Belgien. König Leopold III. unterzeichnet die Kapitulation der belgischen Armee und begibt sich in deutsche Kriegsgefangenschaft. Die belgische Regierung unter Hubert Pierlot erklärt sich zur Exilregierung.
Skandinavien. Britische, französische und polnische Truppen besetzen die norwegische Hafenstadt Narvik.
Westfront. An der britischen Küste sammeln sich rd. 850 Schiffe, um das bei Dünkirchen eingeschlossene Expeditionskorps zu evakuieren.

**29. Mittwoch**
Westfront. Deutsche Truppen besetzen mit Ausnahme eines 80 km langen Küstenstreifens östlich und westlich von Dünkirchen die französische Kanalküste.

**30. Donnerstag**
Deutschland/Italien. Benito Mussolini läßt Adolf Hitler wissen, daß Italien an deutscher Seite am Krieg teilnehmen werde.

**31. Freitag**
Westfront. General Alexander von Falkenhausen wird zum Oberbefehlshaber der deutschen Truppen in Belgien, Nordfrankreich und Luxemburg ernannt.

# Juni

**1. Samstag**
Westfront. Hitler erteilt den Befehl, die niederländischen Kriegsgefangenen freizulassen.

**2. Sonntag**
Skandinavien. Die deutsche Luftwaffe bombardiert Narvik.

**3. Montag**
Skandinavien. Die alliierten Truppen beginnen mit dem Rückzug aus Narvik.
Westfront. Die deutsche Luftwaffe bombardiert Paris. Nach deutschen Aussagen sollte der Flughafen getroffen werden.

**4. Dienstag**
Kanada. Premierminister Mackenzie King unterstellt die kanadischen Streitkräfte britischem Oberbefehl.
Westfront. In den frühen Morgenstunden verläßt der letzte Zerstörer mit Vizeadmiral Jean-Marie Abrial und 382 französischen Soldaten an Bord den Hafen von Dünkirchen. Damit ist die »Operation Dynamo« beendet. Rd. 338 000 britische und französische Soldaten sind vor den deutschen Truppen in Sicherheit gebracht. Das Kriegsmaterial muß jedoch zurückgelassen werden.

**5. Mittwoch**
Westfront. Mit dem Vorstoß der Heeresgruppe B gegen die Somme in Richtung auf die untere Seine beginnt die zweite Phase des deutschen Westfeldzuges.

**6. Donnerstag**
Belgien. Großbritannien erkennt die Exilregierung Pierlot an.

**8. Samstag**
Skandinavien. Die Evakuierung alliierter Truppen bei Narvik wird beendet.
Bei der norwegischen Insel Jan Mayen werden der britische Flugzeugträger »Glorious« und zwei Zerstörer von den deutschen Schlachtschiffen »Scharnhorst« und »Gneisenau« versenkt.

**10. Montag**
Italien. Mussolini erklärt Frankreich und Großbritannien den Krieg.
Skandinavien. Die norwegischen Truppen im Norden des Landes kapitulieren.

**11. Dienstag**
Belgien. Die belgische Exilregierung wird von den USA anerkannt.
Frankreich. Die Regierung verläßt Paris und begibt sich nach Tours.
Mittelmeer/Ostafrika. Die italienische Luftwaffe bombardiert die britischen Flottenstützpunkte auf Malta und in Aden.

**13. Donnerstag**
USA. Präsident Roosevelt gibt den Bau von 22 Kriegsschiffen in Auftrag.
Westfront. Paris wird zur offenen Stadt erklärt. Der britische Premierminister Churchill fordert von den Franzosen härteren Widerstand.

**14. Freitag**
Frankreich. Die Regierung weicht nach Bordeaux aus. Ministerpräsident Reynaud appelliert an US-Präsident Roosevelt, sich nicht länger aus dem Kriegsgeschehen herauszuhalten.
Tanger. Spanische Truppen besetzen die internationale Zone, »um die Neutralität des Gebietes zu wahren«.
Westfront. Paris wird kampflos von deutschen Truppen eingenommen.

**16. Sonntag**
Baltische Staaten. Sowjetische Truppen besetzen Estland und Lettland. Die Regierungen beider Länder werden abgesetzt.
Frankreich. Die französische Regierung lehnt den Plan des britischen Premierministers Churchill ab, zwischen Großbritannien und Frankreich eine Union zu bilden. Paul Reynaud tritt darauf von seinem Amt als Ministerpräsident zurück. Marschall Pétain bildet eine neue Regierung mit General Weygand als Verteidigungsminister. Über die spanische Botschaft richtete Pétain ein Waffenstillstandsgesuch an Hitler. Brigadegeneral Charles de Gaulle geht nach Großbritannien ins Exil.

**18. Dienstag**
Deutsches Reich. Britische Bomberverbände greifen Hamburg und Bremen an.
Frankreich. General Charles de Gaulle, selbsternannter »Führer der Freien Franzosen« im Londoner Exil, ruft in einer Radioansprache auf, den Krieg unter seiner Führung fortzusetzen.
Westfront. Die letzten britischen Truppenverbände verlassen Frankreich. Hitler trifft Mussolini in München, um über das französische Waffenstillstandsgesuch zu beraten.

**19. Mittwoch**
Westfront. Deutsche Truppen nehmen Cherbourg und Brest ein.

**20. Donnerstag**
Westfront. Deutsche Truppen besetzen die französischen Städte Nantes, Vichy und Lyon.

**21. Freitag**
Frankreich. Der deutsche Dichter Walter Hasenclever (49) begeht beim Herannahen der deutschen Truppen im Internierungslager Les Milles Selbstmord.
Polen. In London nimmt die aus Frankreich geflohene polnische Exilregierung ihren neuen Sitz.
Rumänien. König Carol II. eignet sich diktatorische Vollmachten an.

**22. Samstag**
Frankreich. Marschall Pétain wird Regierungschef des südlichen, unbesetzten bzw. von den Deutschen wieder zu räumenden Teiles von Frankreich, später mit Vichy als Regierungssitz.
Westfront. Die italienische Armee

*14. 6. Westfront*
*Paris ist in deutsche Hände gefallen. Hier eine Militärkolonne in der Stadt.*

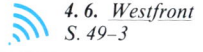
*4. 6. Westfront*
*S. 49–3*

*22. 6. Westfront*
*Hitler mit seinem Stab vor dem Eisenbahnwaggon im Wald von Compiègne.*

## Juli 1940

*29. 6. Schweiz*
Paul Klee: »Analyse verschiedener Perversitäten«.

*22. 6. Frankreich S. 49–3*

*30. 6. Westfront*
Deutsche Truppen haben auch die britischen Kanalinseln besetzt. Ein englischer Polizist im Gespräch mit einem deutschen Offizier.

eröffnet an der Alpenfront eine Offensive gegen Frankreich.
Im Wald von Compiègne wird um 18.50 von General Charles Huntzinger das deutsch-französische Waffenstillstandsabkommen am selben Ort und im selben Eisenbahnwaggon, in dem am 11. 11. 1918 der Waffenstillstand am Ende des 1. Weltkrieges geschlossen wurde, unterzeichnet. Es sieht die Besetzung Frankreichs nördlich der Linie Genf-Tours sowie der französischen Atlantikküste bis zur spanischen Grenze vor.

**23. Sonntag**
Großbritannien. Die britische Regierung widerruft ihre Anerkennung der französischen Regierung Pétain.

**24. Montag**
Westfront. Frankreich unterzeichnet in Rom einen Waffenstillstandsvertrag mit Italien.

**25. Dienstag**
Frankreich. Hitler unternimmt in den frühen Morgenstunden eine Rundfahrt durch Paris.
Völkerbund. Die letzten 89 Angestellten des Völkerbundes in Genf werden entlassen.

**27. Donnerstag**
Großbritannien. General de Gaulle kündigt die Bildung einer französischen Freiwilligenarmee in Großbritannien an.
Die britische Regierung verhängt eine Blockade Europas vom Nordkap bis Spanien.

**28. Freitag**
Großbritannien. Die britische Regierung erkennt Charles de Gaulle als »Führer der Freien Franzosen« an.
Rumänien. König Carol II. tritt nach einem Ultimatum die Nordbukowina und Bessarabien an die UdSSR ab.

**29. Samstag**
Mittelmeer. Der italienische Luftmarschall und Generalgouverneur von Libyen Italo Balbo (44) kommt bei einem britischen Angriff auf Tobruk ums Leben, als sein Flugzeug von der italienischen Luftabwehr versehentlich abgeschossen wird.
Schweiz. In Muralto stirbt der Maler und Graphiker Paul Klee im Alter von 60 Jahren (auch → S. 280).

**30. Sonntag**
Westfront. Deutsche Truppen besetzen an diesem und am folgenden Tag die Kanalinseln Jersey, Guernsey und Alderney, die bereits am 21. 6. von den britischen Truppen geräumt worden waren.

# Juli

**3. Mittwoch**
China. Japanische Truppen riegeln den Landzugang zwischen Hongkong und dem Festland ab.
Großbritannien. Britische Streitkräfte beschlagnahmen französische Flottenverbände in britischen Häfen und vernichten oder beschädigen einen Teil des im Hafen Mers el Kébir bei Oran liegenden französischen Flottengeschwaders, um einen angeblich drohenden deutschen Zugriff zu verhindern. Fast 1300 französische Soldaten sterben. Ein weiterer Angriff erfolgt am 6. 7.

**4. Donnerstag**
Frankreich. Die Regierung unter Marschall Pétain bricht die diplomatischen Beziehungen zu Großbritannien ab.
In Rumänien wird eine neue, deutschfreundliche Regierung gebildet.

**5. Freitag**
Hongkong. 2000 britische Frauen und Kinder werden evakuiert.
Schweden. Die Regierung gestattet den Transport von deutschen Gütern und unbewaffneten Truppen mit der schwedischen Eisenbahn.

**6. Samstag**
Deutsches Reich. Hitler zieht als Sieger des Westfeldzuges triumphal in Berlin ein.
Japan. Angesichts der hohen Kriegslasten verbietet die Regierung die Produktion von Luxusgütern.

**7. Sonntag**
Rumänien. Kulturminister Sima verbietet das öffentliche Auftreten jüdischer Schauspieler und Musiker.

**8. Montag**
Westafrika. Britische Kriegsschiffe beschädigen das unfertig in Dakar liegende französische Schlachtschiff »Richelieu«.

**9. Dienstag**
Mittelmeer. Britische und italienische Kriegsschiffe liefern sich schwere Gefechte. Das italienische Schlachtschiff »Giulio Cesare« wird stark beschädigt.

**10. Mittwoch**
Großbritannien. Der Luftkrieg über Großbritannien beginnt mit deutschen Luftangriffen auf britische Geleitzüge im Kanal.

**11. Donnerstag**
Frankreich. Die Regierung verlegt ihren Sitz nach Vichy. Die Verfassung wird außer Kraft gesetzt, Präsident Albert Lebrun tritt zurück; sein Nachfolger wird Marschall Pétain.

**12. Freitag**
Luftfahrt. Zwischen San Francisco und Auckland (Neuseeland) wird der Luftpostverkehr aufgenommen.
Spanien. General Franco erklärt, daß Spanien nicht in den Krieg eintreten werde.

**14. Sonntag**
Frankreich. Umbildung des Regierungsapparates und Entlassungen von Beamten.

Kuba. Fulgencio Batista wird zum Staatschef gewählt. Bereits seit 1933 regierte er praktisch durch Strohmänner.

**16. Dienstag**
Deutsches Reich. Hitler gibt die »Weisung Nr. 16« zur Vorbereitung einer Invasion Großbritanniens (»Unternehmen Seelöwe«), die am 21. 9. beginnen soll. Vorher soll die deutsche Luftwaffe die Luftherrschaft über dem Kanal erkämpfen.

**18. Donnerstag**
China. Auf japanischen Druck hin schließt Großbritannien die Birmastraße und erschwert damit den Nachschub der Armee Tschiang Kaischeks.

**19. Freitag**
Deutsches Reich. Hitler richtet in einer Reichstagsrede einen »Friedensappell« an Großbritannien.
Großbritannien. General Sir Alan Brooke wird Oberbefehlshaber der Streitkräfte für die Heimatverteidigung.

**21. Sonntag**
Baltische Staaten. Nachdem eine Woche zuvor unter Aufsicht sowjetischer Streitkräfte in Estland, Lettland und Litauen kommunistische Parlamente gewählt wurden, werden diese Länder zu Sowjetrepubliken erklärt.
Deutsches Reich. Hitler läßt im Generalstab des Heeres eine Studie für einen Feldzug gegen die UdSSR entwerfen.
Japan. Prinz Fumimaro Konoye bildet ein neues Kabinett unter Ausschluß aller politischen Parteien. Yosuke Matsuoka wird Außenminister und General Hideki Tojo Kriegsminister.
Sport. Der FC Schalke 04 wird durch ein 1:0 gegen den Dresdner SC Deutscher Fußballmeister. In der Schweiz holt Servette Genf den Titel.

**22. Montag**
Großbritannien. Der britische Außenminister Lord Halifax weist Hitlers »Friedensappell« vom 19. 7. zurück.

**23. Dienstag**
ČSR. Die britische Regierung erkennt die Londoner Exilregierung unter Eduard Beneš an.

**24. Mittwoch**
Mittelmeer. Die italienische Luftwaffe bombardiert Haifa.

**25. Donnerstag**
Das Deutsche Reich und die Türkei schließen ein neues Handelsabkommen.
Schweiz. General Henri Guisan appelliert bei einer Rede auf der Rütli-Wiese an den Widerstandswillen der Schweizer.

**26. Freitag**
Mittelmeer. Die italienische Luftwaffe bombardiert den britischen Stützpunkt Gibraltar.
Völkerbund. Generalsekretär Joseph Avenol legt aufgrund des Krieges in Europa sein Amt nieder.

**29. Montag**
Großbritannien. Die deutsche Luftwaffe greift Schiffe im Hafen von Dover und Ziele in Südengland an. Die Briten werten dies als Vorspiel einer deutschen Invasion.

**31. Mittwoch**
Großbritannien. Das Kriegskabinett beschließt eine Blockade Frankreichs und seiner Kolonien.

# August

**1. Donnerstag**
Japan. Die Regierung gibt eine Erklärung ab, in der die Errichtung einer neuen Ordnung in Südostasien verkündet wird.

**2. Freitag**
Deutsches Reich. Hermann Göring gibt der Luftwaffe den Auftrag, das Verteidigungssystem der britischen Luftwaffe innerhalb von vier Tagen zu zerstören.

**4. Sonntag**
Ostafrika. Ohne nennenswerte Gegenwehr ziehen italienische Truppen in Britisch-Somaliland ein.

**5. Montag**
Großbritannien/USA. Der erste regelmäßige Luftpostdienst zwischen beiden Ländern beginnt.

**7. Mittwoch**
Deutsches Reich. Hitler ernennt Baldur von Schirach zum Reichsstatthalter und Gauleiter von Wien.
Großbritannien. Das Kabinett billigt die Aufstellung eines Heeres der Freien Franzosen durch General de Gaulle.

**9. Freitag**
China. Bei einem schweren japanischen Bombardement auf Chongqing wird das Haus von Tschiang Kaischek zerstört.

**11. Sonntag**
Großbritannien. Deutsche Flugzeuge bombardieren die Küste zwischen Dover und Portland.

**13. Dienstag**
Großbritannien. Deutsche Bomberflugzeuge beginnen mit ihren Angriffen auf englische Städte – sogenannter »Adlertag« mit rd. 1000 Einsätzen.

**14. Mittwoch**
Italien. Die britische Luftwaffe bombardiert die Städte Mailand und Turin.

**17. Samstag**
China. Die letzten britischen Trup-

*3. 7. Großbritannien
Ein französischer Flottenverband im Kriegshafen von Oran wird von den Briten angegriffen.*

 6. 7. Deutsches Reich S. 65–7

 25. 7. Schweiz S. 368–69

 13. 8. Großbritannien S. 49–4

*6. 7. Deutsches Reich
Hitler wird begeistert in Berlin empfangen.*

## September 1940

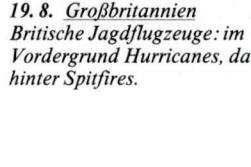

19. 8. *Großbritannien*
*Britische Jagdflugzeuge: im Vordergrund Hurricanes, dahinter Spitfires.*

20. 8. *Mexiko*
*Die letzte Aufnahme von Trotzki.*

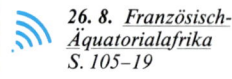

26. 8. *Französisch-Äquatorialafrika*
*S. 105–19*

pen werden aus Nordchina abgezogen.
Großbritannien. Die deutsche Seekriegsleitung erklärt die totale Blockade Großbritanniens.

**18. Sonntag**
Ostafrika. Die britischen Streitkräfte räumen mit Berbera ihren letzten Stützpunkt in Britisch-Somaliland. Die italienischen Streitkräfte beherrschen somit ein Gebiet von Eritrea bis zur Grenze von Kenia.

**19. Montag**
Großbritannien. Die deutsche Luftwaffe beginnt den systematischen Angriff auf Flughäfen rund um London, erleidet aber große Verluste.

**20. Dienstag**
China. Japanische Brandbomben zerstören rd. 25 000 Häuser in Chongqing.
Mexiko. In Coyoacán wird auf Lew Trotzki (60), einen der führenden Köpfe der russischen Oktoberrevolution, ein Attentat verübt, an dessen Folgen er am Tage darauf stirbt. 1929 wurde er aus der UdSSR ausgewiesen.

**21. Mittwoch**
Rumänien muß die Süddobrudscha an Bulgarien abtreten.

**22. Donnerstag**
China. Mit dem Abzug der britischen Truppen aus Schanghai endet der nahezu hundertjährige britische Einfluß.
Japan/USA. Japan ruft 40 Mitglieder aus seiner Botschaft in den USA, darunter auch Botschafter Kensuki Horinutschi, zurück.

**23. Freitag**
Großbritannien. Die deutsche Luftwaffe fliegt ihren ersten Nachtangriff auf London.

**24. Samstag**
Deutsches Reich. In Berlin stirbt der Fernsehpionier Paul Nipkow im Alter von 80 Jahren.
Großbritannien. Die deutsche Luftwaffe bombardiert 24 Stunden lang RAF-Einrichtungen.

**26. Montag**
Französisch-Äquatorialafrika. Der Tschad schließt sich den Freien Franzosen unter General de Gaulle an.

**28. Mittwoch**
Deutsches Reich. Die britische Luftwaffe bombardiert zum zweiten Mal innerhalb weniger Tage Berlin.

**30. Freitag**
Rumänien. Im Zweiten Wiener Schiedsspruch wird Rumänien zur Abtretung Nordsiebenbürgens und des Szekeler Zipfels an Ungarn gezwungen. Die Achsenmächte garantieren die neu festgelegte rumänische Grenze.

# September

**1. Sonntag**
Völkerbund. Sean Lister tritt die Nachfolge des zurückgetretenen Generalsekretärs Avenol an.

**2. Montag**
Großbritannien/USA. Im Tausch gegen 50 ältere Zerstörer werden den USA Stützpunkte in Westindien überlassen.

**3. Dienstag**
Rumänien. Ministerpräsident Jon Gigurtu tritt mit seiner Regierung zurück.

**4. Mittwoch**
Rumänien. Die Verfassung wird außer Kraft gesetzt und das Parlament aufgelöst. König Carol II. ernennt General Ion Antonescu als Marschall zum Regierungschef mit besonderen Vollmachten.

**5. Donnerstag**
Ägypten. Die italienische Luftwaffe wirft, nach Angriffen auf Port Said am 28. 8., Bomben auf Suez.

**6. Freitag**
Frankreich. Marschall Pétain bildet sein Kabinett um. General Maxime Weygand erhält den Auftrag, die »freifranzösischen« Bewegungen in den Kolonien zu unterbinden.
Rumänien. König Carol II. dankt zugunsten seines Sohnes Michael ab. Die territorialen Konzessionen der letzten zwei Monate haben seine Position unhaltbar gemacht. Die tatsächliche Macht liegt bei Marschall Antonescu.

**7. Samstag**
Großbritannien. Die deutsche Luftwaffe beginnt einen verschärften Luftkrieg gegen Großbritannien. 65 Tage lang werden ununterbrochen Nachtangriffe gegen London geflogen, die Tausende Menschen das Leben kosten.

**8. Sonntag**
Bolivien. Das Parlament verabschiedet ein Gesetz, wonach jüdischen Immigranten die Einreise verwehrt wird.
Deutsches Reich. Hermann Göring übernimmt die Leitung der Luftangriffe gegen Großbritannien von Frankreich aus.

11. 9. *Großbritannien*
*Auch die St.-Pauls-Kathedrale wird bei den schweren deutschen Luftangriffen auf London beschädigt.*

Paraguay. Staatspräsident José Estigarribia (52) kommt bei einem Flugzeugunglück ums Leben.

**11. Mittwoch**
Großbritannien. Schwere deutsche Luftangriffe auf London fordern zahlreiche Opfer unter der Zivilbevölkerung.

**12. Donnerstag**
Frankreich. Spielende Kinder entdecken bei Montignac in der Dordogne eine Höhle mit Felszeichnungen aus dem Jungpaläolithikum, die »Höhle von Lascaux«.
Großbritannien. Bei Luftangriffen wird der Buckingham-Palast schwer beschädigt. Die königliche Familie bleibt jedoch unversehrt.

**13. Freitag**
Nordafrika. Italienische Truppen beginnen von Libyen aus eine Offensive gegen Ägypten.
Ostafrika. Italienische Truppen dringen von Äthiopien aus nach Kenia ein.

**15. Sonntag**
Großbritannien. Im Verlauf der Luftschlacht um England zeigt sich, daß die britische Abwehr noch funktionsfähig ist. Gegenüber 56 deutschen werden lediglich 26 britische Flugzeuge abgeschossen.

**16. Montag**
Kanada. Alle Männer zwischen 21 und 24 Jahren werden zum Militärdienst einberufen.
USA. Die allgemeine Wehrpflicht wird eingeführt.

**17. Dienstag**
Deutsches Reich. Hitler beschließt, das für den 21. 9. vorgesehene »Unternehmen Seelöwe« »bis auf weiteres« zu verschieben, weil es nicht gelungen ist, die britische Luftwaffe auszuschalten.
Nordafrika. Die italienische Offensive scheitert nach 90 Kilometern bei Sidi Barrani.

**19. Donnerstag**
Französisch-Westafrika. In Dakar verstärkt die Vichy-Regierung ihre Militäreinheiten, um eine Landung gaullistischer Streitkräfte zu verhindern.

**21. Samstag**
Australien. Robert Menzies wird als Premierminister wiedergewählt.

**23. Montag**
Deutsches Reich. Die britische Luftwaffe setzt 119 Bomber für einen Angriff auf Berlin ein.

**24. Dienstag**
Französisch-Westafrika. Trotz britischer Unterstützung wird ein Landungsversuch freifranzösischer Streitkräfte abgewehrt. Als Vergeltung greifen vichy-französische Flugzeuge Gibraltar an.

**25. Mittwoch**
Norwegen. In einer Radiorede teilt Reichskommissar Joseph Terboven mit, daß der König und das Parlament abgesetzt und alle politischen Parteien außer der Nasjonal Samling Vidkun Quislings verboten seien. Es wird ein 13 Mitglieder zählender Rat der Staatskommissare eingesetzt.

**26. Donnerstag**
Indochina. Japanische Truppen gehen bei Haiphong an Land, ohne auf Gegenwehr zu stoßen.

**27. Freitag**
Deutsches Reich/Italien/Japan. Zwischen den drei Ländern wird der Dreimächtepakt geschlossen, in dem Japan die Führung Deutschlands und Italiens in Europa anerkennt, Deutschland und Italien die Führung Japans im asiatischen Raum respektieren.
Frankreich. An der französisch-spanischen Grenze in Port Bou begeht der deutsch-jüdische Essayist und Literaturkritiker Walter Benjamin (48) auf der Flucht vor der Gestapo Selbstmord.
Rumänien. Alle jüdischen Bauernhöfe werden enteignet.

**29. Sonntag**
Großbritannien. Nach Regierungsangaben sind seit Beginn der Schlacht um England 2167 deutsche Flugzeuge abgeschossen worden.

**30. Montag**
Deutsches Reich. Die britische Luftwaffe greift Industriegebiete in Magdeburg, Hannover, Stuttgart und Bitterfeld an.

# Oktober

**1. Dienstag**
Frankreich. Die britische Luftwaffe bombardiert deutsche Hafenanlagen an der Kanalküste.

**3. Donnerstag**
Großbritannien. Neville Chamberlain scheidet aus der Regierung aus. Sein Nachfolger als Innenminister wird John Anderson.

**4. Freitag**
Deutsches Reich/Italien. Hitler und Mussolini treffen sich am Brennerpaß. Dabei steht die Frage im Mittelpunkt, wie Vichy-Frankreich im Krieg gegen Großbritannien eingesetzt werden könne.

**7. Montag**
Deutsches Reich. Deutsche Truppen werden nach Rumänien verlegt.
Frankreich. Im besetzten Gebiet müssen sich alle Juden innerhalb von 18 Tagen melden.

**9. Mittwoch**
Frankreich. Die Vichy-Regierung beschließt die Aufstellung einer neuen Armee aus Freiwilligen.

**12. Samstag**
Deutsches Reich. Hitler verschiebt das »Unternehmen Seelöwe« auf das Frühjahr 1941.
USA. In Florence (Arizona) kommt der Cowboyfilmstar Tom Mix (40) bei einem Autounfall ums Leben.

**13. Sonntag**
Deutsches Reich. Der Gauleiter von Westpreußen, Albert Forster, erklärt Westpreußen als ersten der vier Ostgaue für »judenfrei«.

**14. Montag**
Großbritannien. Beim bisher schwersten Nachtangriff bombardiert die deutsche Luftwaffe 63 Londoner Distrikte.

**15. Dienstag**
Großbritannien. Die deutsche Luftwaffe wirft 70 000 Brandbomben auf London ab.

**17. Donnerstag**
Mittelmeer. Deutsche Flugzeuge greifen Alexandria (Ägypten) an.

**18. Freitag**
Frankreich. Die Vichy-Regierung schließt Juden von Berufen in Presse, Rundfunk und Unterricht sowie aus der Armee aus (auch → S. 179).

**21. Montag**
Mexiko. Die Regierung kündigt Öllieferungsverträge mit Japan auf.

**22. Dienstag**
China. Armee-Einheiten und Guerillatruppen greifen japanische Stellungen im Norden des Landes auf einer Breite von 2000 km an.
Deutsches Reich. 7500 Juden aus der Pfalz, dem Saarland und aus Baden werden ins unbesetzte Frankreich abgeschoben.
Frankreich. In Montoire trifft der

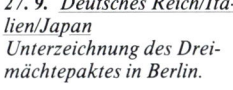
27. 9. Deutsches Reich/Italien/Japan
Unterzeichnung des Dreimächtepaktes in Berlin.

27. 9. Frankreich
Walter Benjamin

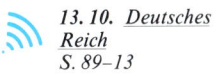
13. 10. Deutsches Reich
S. 89–13

# November 1940

23. 10. *Spanien*
*Hitler und Franco treffen sich an der spanisch-französischen Grenze.*

14. 11. *Großbritannien*
*Der bis dahin schwerste deutsche Luftangriff zerstört nahezu die gesamte Innenstadt von Coventry einschließlich der Kathedrale aus dem 14. Jh.; 554 Menschen werden getötet.*

stellvertretende französische Ministerpräsident Pierre Laval mit Hitler zusammen, der ihn zu einer engeren Zusammenarbeit Frankreichs mit dem Deutschen Reich auffordert.

### 23. Mittwoch
Spanien. Bei einem Treffen zwischen Hitler und dem spanischen Staatschef Franco in Hendaye an der französisch-spanischen Grenze scheitert Hitler bei seinen Bemühungen, Spanien zum Kriegseintritt zu bewegen.
USA. Die Boeing-Werke liefern die ersten B-17-Bomber (die »fliegenden Festungen«) an die Luftwaffe aus.

### 24. Donnerstag
Belgien. Camille Gutt, Hubert Pierlot, Albert De Vleeschauwer und Paul Henri Spaak bilden in London eine Exilregierung.
Frankreich. Hitler trifft sich mit Marschall Pétain in Montoire. Sein Wunsch, Frankreich stärker in den Krieg gegen Großbritannien einzubeziehen, stößt auf Zurückhaltung.

### 25. Freitag
Skandinavien. Mit Unterstützung der Luftwaffe rücken deutsche Truppen nach Nord-Norwegen vor.

### 27. Sonntag
USA. Die Weltausstellung geht zu Ende.

### 28. Montag
Balkan. Italienische Truppen greifen Griechenland an.
Frankreich. Pierre Laval wird Außenminister der Vichy-Regierung.
Italien. Hitler trifft in Florenz mit Benito Mussolini zusammen.

### 29. Dienstag
Kreta. Auf Ersuchen der griechischen Regierung landen britische Truppen auf der Insel.

### 31. Donnerstag
China. Nach dem Fall von Nanning ziehen sich die japanischen Truppen aus der Provinz Guangxi zurück.

# November

### 1. Freitag
China. Über 200 US-amerikanische Staatsbürger verlassen Schanghai.

### 3. Sonntag
Balkan. Griechische Truppen beginnen eine Gegenoffensive gegen die von Albanien aus vorgedrungenen italienischen Truppen.

### 4. Montag
Frankreich. In Montauban stirbt der spanische Schriftsteller und Politiker Manuel Azaña y Diez im Alter von 60 Jahren. Nach Abschaffung der Monarchie (1931) war er mehrmals spanischer Ministerpräsident und 1936 Präsident der Republik.
Tanger. Die Internationale Verwaltung wird aufgehoben. Der Befehlshaber der spanischen Besatzungsmacht übernimmt die Regierung als Vertreter des Hohen Kommissars für Spanisch-Marokko.

### 5. Dienstag
Balkan. Griechische Truppen erobern die albanische Stadt Korçë (Koritza).
Seekrieg. Der deutsche Schwere Kreuzer (Panzerschiff) »Admiral Scheer« versenkt den Hilfskreuzer »Jervis Bay« und sechs Handelsschiffe.
USA. Präsident Roosevelt wird für eine dritte Amtsperiode wiedergewählt. Er schlägt seinen Gegner Wendell Willkie mit einem Stimmenvorsprung von 10%.

### 6. Mittwoch
Hawai. In einer Volksabstimmung stimmt Hawaii für den Anschluß an die USA, der aber nicht verwirklicht wird.

### 9. Samstag
Französisch-Äquatorialafrika. Nach der Einnahme von Lambaréné (Gabun) rücken freifranzösische Streitkräfte zur Hafenstadt Libreville vor.
Großbritannien. In Heckfield stirbt der Führer der Konservativen und ehemalige Premierminister Arthur Neville Chamberlain im Alter von 71 Jahren.

### 10. Sonntag
Deutsches Reich. Danzig und Dresden werden von der britischen Luftwaffe bombardiert.

### 11. Montag
Gabun. Die französische Kolonie stellt sich auf die Seite von General de Gaulle.
Italien. Bei einem Angriff britischer Trägerflugzeuge auf den Hafen von Tarent wird der Kern der italienischen Flotte schwer getroffen; das Schlachtschiff »Conte di Cavour« sinkt, die Schlachtschiffe »Littorio« und »Caio Duilio« werden schwer beschädigt.

### 12. Dienstag
Deutsches Reich/UdSSR. Der sowjetische Vorsitzende des Rats der Volkskommissare (Ministerpräsident) Wjatscheslaw Molotow besucht Berlin. Mit Hitler und Reichsaußenminister Ribbentrop bespricht er Bedingungen über einen Beitritt der UdSSR zum Dreimächtepakt. Die Gespräche enden ergebnislos.

### 14. Donnerstag
Balkan. Die griechische Armee drängt die italienischen Truppen über die griechisch-albanische Grenze zurück.
Großbritannien. Ein schwerer, zehnstündiger Luftangriff zerstört nahezu das ganze Zentrum der mittelenglischen Stadt Coventry (554 Tote). Die Kathedrale aus dem 14. Jh. wird ebenfalls zerstört.

### 17. Sonntag
Deutsches Reich/Bulgarien. König Boris bespricht mit Hitler in Berchtesgaden einen möglichen Beitritt Bulgariens zum Dreimächtepakt.
Frankreich. General Maurice Gustave Gamelin und die ehemaligen Premierminister Léon Blum und Edouard Daladier werden von der Vichy-Regierung verhaftet. Sie werden für den Eintritt Frankreichs in den Krieg und damit für die französische Niederlage verantwortlich gemacht.

## Dezember

**1. Sonntag**
Norwegen. Die Richter des Obersten Gerichtshofes treten aus Protest gegen die nationalsozialistische Umgestaltung der Justiz von ihrem Amt zurück.

**2. Montag**
Großbritannien. Die deutsche Luftwaffe bombardiert Bristol.

**6. Freitag**
Italien. Der Chef des Generalstabes, Marschall Pietro Badoglio, wird entlassen. Sein Nachfolger wird General Ugo Cavallero.

**7. Samstag**
Deutsches Reich/Spanien. General Franco lehnt in einem Gespräch mit Abwehrchef Admiral Wilhelm Canaris einen Kriegsbeitritt Spaniens endgültig ab. Daraufhin verzichtet Hitler auf die vorbereitete Eroberung Gibraltars (»Unternehmen Felix«).
Frankreich. Die Vichy-Regierung entzieht General de Gaulle die französische Staatsbürgerschaft.

**10. Dienstag**
Mittelmeer. Britische Truppen erobern Sidi Barrani (Ägypten) zurück und nehmen 38 000 italienische Soldaten gefangen.
Nobelpreise. Wegen des Krieges werden keine Nobelpreise vergeben.

**13. Freitag**
Frankreich. Marschall Pétain entläßt Pierre Laval aus all seinen Funktionen. Er wird wegen des Verdachts, einen Staatsstreich geplant zu haben, inhaftiert. Sein Nachfolger wird Pierre Flandin.

**14. Samstag**
Argentinien/Uruguay. Beide Länder schließen ein gemeinsames Verteidigungsabkommen gegen nichtamerikanische Angreifer.

**16. Montag**
Deutsches Reich. Die britische Luftwaffe bombardiert Mannheim.

**17. Dienstag**
Frankreich. Der deutsche Gesandte Otto Abetz ersucht Marschall Pétain um die Freilassung von Pierre Laval.

**18. Mittwoch**
Deutsches Reich. Hitler erläßt die Weisung Nr. 21 (»Fall Barbarossa«), mit der die Wehrmacht darauf vorbereitet werden soll, »auch vor Beendigung des Krieges gegen England Sowjetrußland in einem schnellen Feldzug niederzuwerfen«.

**19. Donnerstag**
Finnland. Risto Ryti wird zum Staatspräsidenten gewählt. Sein aus Gesundheitsgründen zurückgetretener Vorgänger Kyosti Kallio (67) stirbt einige Stunden später in Helsinki.

**20. Mittwoch**
Großbritannien/USA. Beide Länder vereinbaren eine Waffenstandardisierung und den Austausch technischer Kenntnisse.
Ungarn tritt dem Dreimächtepakt bei.

**21. Donnerstag**
Deutsches Reich. Das Ende der Aussiedlung der Volksdeutschen aus Bessarabien und der Nordbukowina wird bekanntgegeben.
Palästina. Über 1800 illegale jüdische Einwanderer werden auf zwei Schiffen festgehalten. Sie sollen in eine britische Kolonie gebracht werden, damit britische Militärinteressen in Palästina nicht durch arabische Unruhen gestört werden.

**22. Freitag**
Deutsches Reich. Hitler empfängt in Berlin den rumänischen Staatschef Antonescu.

**23. Samstag**
Rumänien tritt dem Dreimächtepakt bei.

**24. Sonntag**
Die Slowakei tritt dem Dreimächtepakt bei.

**25. Montag**
Palästina. Das französische Schiff »Patria« mit rd. 1800 jüdischen Flüchtlingen an Bord sinkt im Hafen von Haifa nach einer Explosion, durch die die Flüchtlinge die Zurückweisung des Schiffes verhindern wollten.
UdSSR. Die UdSSR fordert als Voraussetzung für einen Beitritt zum Dreimächtepakt den Rückzug deutscher Truppen aus Finnland, das Zugeständnis, daß Bulgarien zur sowjetischen Einflußsphäre gehört, Stützpunkte an den Dardanellen und die Abtretung von Südsachalin durch Japan.

**28. Donnerstag**
Deutsches Reich. Die britische Luftwaffe bombardiert Köln.

**29. Freitag**
China. Der Zug, in dem japanische und chinesische Vertreter nach Nanking zur Unterzeichnung eines Friedensvertrages mit der von Japan abhängigen Regierung Wang Jingwei reisen, wird von Guerillakämpfern in die Luft gesprengt.
Deutsches Reich. General Paulus beginnt im Oberkommando des Heeres mit Planspielen zu einem Feldzug gegen die UdSSR.

**21. Samstag**
USA. In Hollywood stirbt der Romanschriftsteller Francis Scott Key Fitzgerald im Alter von 44 Jahren. Sein bekanntestes Werk ist der Roman »Der große Gatsby«.

**22. Sonntag**
Großbritannien. Anthony Eden wird Außenminister als Nachfolger von Lord Halifax, der britischer Botschafter in Washington wird.

**24. Dienstag**
Mittelmeer. Die britische Luftwaffe bombardiert Tripolis (Libyen) und versenkt zwei italienische Schiffe.

**25. Mittwoch**
Rumänien. Aus Ungarn wird gemeldet, daß in den letzten Tagen rd. 150 000 deutsche Wehrmachtsangehörige mit dem Zug über Ungarn nach Rumänien transportiert worden sind.

**27. Freitag**
Argentinien. Nach Protesten des italienischen Botschafters wird die Aufführung von Charlie Chaplins Film *Der große Diktator* verboten.

**29. Sonntag**
Großbritannien. Schwere deutsche Luftangriffe verursachen über 1500 Großbrände in London.

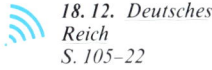

*18. 12. Deutsches Reich S. 105–22*

*22. 12. Großbritannien Außenminister Anthony Eden (links) besucht Manöver des britischen Heeres.*

**1941**

*Deutsches Propagandabild Ende 1941.
Die Straßenschilder sollen zeigen, daß nun nahezu
ganz Europa von deutschen Truppen besetzt ist.*

# 1941

## Januar

**1. Mittwoch**
Deutsches Reich. Die britische Luftwaffe bombardiert drei Stunden lang Bremen.

**3. Freitag**
Mittelmeer. Australische Truppen greifen die westlich der libysch-ägyptischen Grenze gelegene Stadt Bardiya an und erobern sie am 5. 1.

**4. Samstag**
Frankreich. In Paris stirbt der Philosoph und Nobelpreisträger Henri Bergson im Alter von 81 Jahren.

**8. Mittwoch**
Großbritannien. In Nyeri (Kenia) stirbt der Gründer der Pfadfinderbewegung, Lord Robert Baden-Powell, im Alter von 83 Jahren.

**10. Freitag**
Deutsches Reich/UdSSR. In Moskau wird ein bis zum 1. 8. 1942 befristetes deutsch-sowjetisches Wirtschaftsabkommen unterzeichnet.

**11. Samstag**
Deutsches Reich. Hitler befiehlt in der Weisung Nr. 22, daß deutsche Truppen in die Kämpfe im Mittelmeerraum eingreifen sollen.

**13. Montag**
Niederlande. Auf Befehl von Reichskommissar Seyß-Inquart müssen sich alle Juden registrieren lassen.
Schweiz. In Zürich stirbt der irische Schriftsteller James Joyce im Alter von 58 Jahren (auch → S. 280).
USA. In New York stirbt der Philosoph, Mathematiker und Schachweltmeister (1894–1921) Emanuel Lasker im Alter von 72 Jahren.

**14. Dienstag**
Deutsches Reich/Rumänien. Der rumänische Staatschef Antonescu sagt Hitler Unterstützung für einen Krieg gegen die UdSSR zu.

**18. Samstag**
Deutsches Reich/Italien. Hitler und Mussolini erörtern auf dem Obersalzberg (oberhalb von Berchtesgaden) die Lage im Mittelmeerraum. Die italienische Kriegführung muß sich fortan deutschen strategischen Überlegungen unterordnen.
USA. Demonstranten entfernen vom Eingang des deutschen Konsulats in San Francisco die Hakenkreuzfahne.

**19. Sonntag**
Ostafrika. Britische Truppen beginnen eine Offensive gegen die italienischen Truppen in Eritrea und Äthiopien.

**20. Montag**
USA. Präsident Roosevelt tritt seine 3. Amtszeit an.

**21. Dienstag**
Bulgarien. Die ersten Maßnahmen gegen Juden werden angekündigt.
Rumänien. General Antonescu schlägt einen Umsturzversuch der Eisernen Garde nieder.

**22. Mittwoch**
Mittelmeer. Britische und australische Truppen erobern die libysche Hafenstadt Tobruk und nehmen rd. 14 000 italienische Soldaten gefangen.

**24. Freitag**
Frankreich. Marschall Pétain bildet einen 188 Mitglieder zählenden Nationalrat.

**27. Montag**
Italien. Einem Kommuniqué zufolge ist Außenminister Graf Galeazzo Ciano (der Schwiegersohn von Staatschef Mussolini) wieder in den aktiven Militärdienst bei der Luftwaffe eingetreten.

**29. Mittwoch**
Griechenland. In Athen stirbt Regierungschef Ioannis Metaxas im Alter von 69 Jahren. Metaxas war seit 1936 Führer einer autoritären Regierung. Sein Nachfolger wird Alexandros Koryzis.

**30. Donnerstag**
Mittelmeer. Britische Truppen erobern die libysche Stadt Derna.

*4. 1. Frankreich*
*Henri Bergson*

20. 1. USA
S. 105–21

*13. 1. USA*
*Emanuel Lasker*

*8. 1. Großbritannien*
*Karikatur von Baden-Powell (zweiter von links) aus der Zeit des Burenkrieges.*

# Februar 1941

*22.1. Mittelmeer*
*Britische Soldaten nehmen die Besatzung eines italienischen Panzers gefangen.*

*14.2. Mittelmeer*
*S. 49–6*

## Februar

**2. Sonntag**
Kanada. Premierminister Mackenzie gibt bekannt, daß die kanadischen Streitkräfte in Übersee verdoppelt werden sollen.

**4. Dienstag**
China. Japanische Heereseinheiten landen an der Küste der Provinz Guangdong, um chinesische Nachschublinien abzuschneiden.
Sport. In Cortina d'Ampezzo finden die Skiweltmeisterschaften statt. Die überragende Teilnehmerin ist die Deutsche Christl Cranz, die den Abfahrtslauf und die alpine Kombination gewinnt.

**6. Donnerstag**
Mittelmeer. Britische und australische Truppen erobern unter General Sir Archibald Wavell Benghasi, die Hauptstadt der Cyrenaica.

**7. Freitag**
Mittelmeer. Die italienische 10. Armee kapituliert bei Beda Fomm. Die Cyrenaica ist damit in britischer Hand.

**8. Samstag**
Bulgarien/Deutsches Reich. Die Generalstäbe schließen ein Geheimabkommen, das deutschen Truppen für einen Angriff auf Griechenland den Durchzug durch Bulgarien erlaubt.

**9. Sonntag**
Frankreich. Pierre Flandin tritt von seinem Amt als Außenminister der Vichy-Regierung zurück. Admiral François Darlan wird sein Nachfolger.

**10. Montag**
Großbritannien/Rumänien. Die britische Regierung bricht die diplomatischen Beziehungen zu Rumänien ab, weil das Land deutschen Truppen als Aufmarschgebiet dient.
Ostafrika. Von Kenia aus beginnt eine britische Offensive gegen Italienisch-Somaliland.

**11. Dienstag**
Frankreich. In einem Pariser Gefängnis begeht der österreichische sozialdemokratische Politiker Rudolf Hilferding (63), Mitbegründer und Theoretiker des Austromarxismus, Selbstmord.

**12. Mittwoch**
Mittelmeer. General Erwin Rommel trifft in Tripolis ein, wo er den Befehl über das »Deutsche Afrika-Korps« übernimmt.
UdSSR. General Georgij Schukow wird Generalstabschef der Roten Armee.

**13. Donnerstag**
Niederlande. In Amsterdam wird unter David Cohen und Abraham Asscher ein Judenrat eingerichtet.
Spanien. Alfons XIII. tritt seinen Thronanspruch an seinen Sohn Juan ab.

**14. Freitag**
Mittelmeer. Die ersten deutschen Einheiten landen in Tripolis.
Ostafrika. Britisch-südafrikanische Truppen erobern unter der Führung von General Cunningham die in Italienisch-Somaliland gelegene Hafenstadt Kismanio.

**18. Dienstag**
Malaya. Australische Truppen landen in Singapur und verstärken die Besatzung der Halbinsel Malakka.

**19. Mittwoch**
Deutsches Reich. In Wien werden rd. 10 000 Juden festgenommen und nach Polen deportiert.

**21. Freitag**
Frankreich. François Darlan bildet ein neues Kabinett.

**22. Samstag**
Generalgouvernement. Der deutsche Konzern IG-Farben beschließt die Errichtung der Buna-Werke bei Auschwitz.
Niederlande. Bei einer Razzia in Amsterdam werden 400 Juden festgenommen. Sie werden in die Konzentrationslager Buchenwald und Mauthausen deportiert.
Seekrieg. Die deutschen Schlachtschiffe »Scharnhorst« und »Gneisenau« versenken im nördlichen Atlantik fünf britische Schiffe.

**23. Sonntag**
Griechenland bittet Großbritannien erneut um militärische Unterstützung.

**24. Montag**
Großbritannien. Die Regierung beschließt, weitere Truppen nach Griechenland zu entsenden.

**25. Dienstag**
Ostafrika. Britische Truppen neh-

*11.2. Frankreich*
*Rudolf Hilferding*

*22.2. Niederlande*
*Bei Razzien in Amsterdam werden Hunderte von Juden zusammengetrieben und in Konzentrationslager deportiert (rechts).*

men Mogadischu, die Hauptstadt von Italienisch-Somaliland, ein.

**28. Freitag**
Italien. In Rom stirbt Alfons XIII., 1902–1931 König von Spanien, im Alter von 54 Jahren.

# März

**1. Samstag**
Bulgarien. Ministerpräsident Bogdan Filow unterzeichnet in Wien den Dreimächtepakt. Damit gehört Bulgarien zu den Achsenmächten.
Generalgouvernement. SS-Reichsführer Himmler besichtigt das Lager Auschwitz und befiehlt den Aufbau des Nebenlagers Birkenau (auch → S. 181).

**2. Sonntag**
Balkan. Die deutsche 12. Armee marschiert in Bulgarien ein und rückt zur griechischen Grenze vor.

**3. Montag**
China. Japanische Heereseinheiten landen im Süden an der Küste der Provinz Guangdong auf einer Breite von rd. 390 km.
Norwegen. Fünf britische Zerstörer führen ein erfolgreiches Kommando-Unternehmen gegen die Lofoten durch, zerstören Fischverarbeitungsanlagen, versenken ein deutsches Vorpostenboot und sieben Handelsschiffe und machen 215 Gefangene.
Türkei. Die Regierung kündigt den Freundschafts- und Nichtangriffspakt mit Bulgarien auf.

**4. Dienstag**
Balkan. Von Ägypten abgezogene britische Truppen landen in Griechenland.

**5. Mittwoch**
Deutsches Reich. In Genf stirbt der Historiker und Friedensnobelpreisträger Ludwig Quidde im Alter von 82 Jahren.

**7. Freitag**
Ostafrika. Britische Truppen beenden die Eroberung von Italienisch-Somaliland.

**8. Samstag**
Seekrieg. Der britische Zerstörer »Wolverine« versenkt das U-Boot »U47« unter Kapitänleutnant Günther Prien (auch → S. 205).

**9. Sonntag**
Balkan. Italienische Truppen beginnen in Albanien eine neue Offensive gegen griechische Einheiten, die bis zum 16. 3. dauert.

**11. Dienstag**
USA. Das Leih- und Pachtgesetz tritt mit der Unterzeichnung durch Präsident Roosevelt in Kraft.

**12. Mittwoch**
Deutsches Reich. Die Royal Air Force bombardiert Kiel, Berlin und Mannheim. Die deutsche Luftwaffe bombardiert Birmingham.

**15. Samstag**
Türkei. Staatspräsident Ismet Inönü läßt Hitler wissen, daß sein Land keine territorialen Ambitionen hege, aber fest entschlossen sei, Unabhängigkeit und territoriale Integrität zu verteidigen.

**16. Sonntag**
Belgien. Die faschistische VNV organisiert in Brüssel eine Großveranstaltung, in deren Verlauf ihr Führer Staf de Clercq zur Kollaboration mit den Deutschen aufruft (auch → S. 171).
Seekrieg. Die deutschen Schlachtschiffe »Scharnhorst« und »Gneisenau« versenken 16 Schiffe der Alliierten.

**17. Montag**
Ostafrika. Britische Truppen erobern die äthiopische Stadt Jijiga sowie den Hafen von Berbera im italienisch besetzten Britisch-Somaliland.
UdSSR. In einem sowjetischen Straflager stirbt der Erzähler und Vertreter der sog. revolutionären Romantik Isaak Emmanuilowitsch Babel im Alter von 46 Jahren.

**20. Donnerstag**
Großbritannien. Die deutsche Luftwaffe bombardiert Plymouth.

**23. Sonntag**
Britisch-Indien. Japanische Heeresverbände besetzen die Andamanen im Südosten des Golfes von Bengalen.
Ostafrika. Das gesamte Protektorat Britisch-Somaliland ist wieder in britischer Hand.

**24. Montag**
Mittelmeer. Das Deutsche Afrika-Korps erobert unter General Rommel El-Aqeila (Libyen).

**25. Dienstag**
Jugoslawien tritt dem Dreimächtepakt bei.

**27. Donnerstag**
Deutsches Reich/Japan. Der japanische Außenminister Yosuke Matsuoka unternimmt eine Reise durch das Großdeutsche Reich. Hitler teilt ihm mit, daß im Moment nicht an einen direkten Angriff auf Großbritannien gedacht werde.
Jugoslawien. Wegen des Beitritts zum Dreimächtepakt wird die deutschfreundliche Regierung von Ministerpräsident Dragiša Cvetković gestürzt. Prinzregent Paul geht ins Exil. Prinz Peter wird König, General Dušan Simović Regierungschef des neuen Kabinetts. Hitler befiehlt daraufhin gleichzeitig mit dem bereits geplanten Angriff auf Griechenland einen Blitzfeldzug gegen Jugoslawien.

**28. Freitag**
Großbritannien. In Lewis (Sussex) begeht die Schriftstellerin Virginia Woolf (58) Selbstmord.

**29. Samstag**
Balkan. Bei einer Seeschlacht am Kap Matapan (Südpeloponnes) versenken die Briten die italienischen schweren Kreuzer »Pola«, »Fiume« und »Zara«. Das Schlachtschiff »Vittorio Veneto« wird schwer beschädigt.

**31. Montag**
Mittelmeer. Unter General Rommel beginnt eine deutsch-italienische Gegenoffensive in der Cyrenaica.

*9. 3. Balkan*
*Mussolini (rechts) an der Front in Albanien, wo italienische Truppen zu einer Offensive gegen Griechenland antreten.*

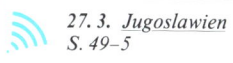
*27. 3. Jugoslawien S. 49–5*

*31. 3. Mittelmeer*
*General Erwin Rommel, Befehlshaber der deutschen Truppen in Nordafrika: Hier ein typisches Propagandabild von »Wüstenfuchs« Rommel.*

April 1941

# April

**1. Dienstag**
Ostafrika. Britische Truppen nehmen Asmara, die Hauptstadt von Eritrea, ein.

**2. Mittwoch**
Balkan. An den Grenzen Ungarns und Rumäniens zu Jugoslawien werden deutsche Truppen zusammengezogen.

**3. Donnerstag**
Ungarn. Ministerpräsident Pál Teleki begeht wegen der deutschen Forderung, Ungarn in einen Krieg gegen Jugoslawien einzubeziehen, Selbstmord. Ungarn hatte 1940 einen Nichtangriffspakt mit Jugoslawien geschlossen.

▷
*10. 4. Balkan*
*Überfall deutscher Truppen: Eine Panzereinheit durchquert ein jugoslawisches Dorf.*

*4. 4. Deutsches Reich*
*S. 65–10*

**4. Freitag**
Deutsches Reich. Der Film »Ohm Krüger« mit Emil Jannings in der Titelrolle wird uraufgeführt (auch → S. 268).
Irak. Durch einen Staatsstreich kommt die deutschfreundliche Regierung Raschid Ali al Ghailani an die Macht.
Mittelmeer. Deutsche Truppen nehmen Benghasi (Libyen), die Hauptstadt der Cyrenaica, ein.

**5. Samstag**
Deutsches Reich. Die He 280, das erste zweistrahlige Flugzeug der Welt, wird General Ernst Udet vorgeführt.
Jugoslawien/UdSSR. In Moskau wird ein Freundschaftsvertrag zwischen beiden Ländern unterzeichnet.

**6. Sonntag**
Balkan. Deutsche Truppen greifen Jugoslawien und Griechenland an.
Frankreich. Bei einem britischen Luftangriff auf den Hafen von Brest wird das deutsche Schlachtschiff »Gneisenau« schwer beschädigt.
Ostafrika. Britische und südafrikanische Streitkräfte erobern die äthiopische Hauptstadt Addis Abeba.

**7. Montag**
Großbritannien/Ungarn. Die britische Regierung bricht die diplomatischen Beziehungen zu Ungarn ab, weil Ungarn als Operationsbasis für deutsche Truppen diene.
Schweiz. Die Gewerbefreiheit wird aufgehoben.

**8. Dienstag**
Deutsches Reich/UdSSR. Die Familien der sowjetischen Handelsvertretung verlassen Berlin.

**9. Mittwoch**
Balkan. Deutsche Panzerverbände nehmen die griechische Stadt Saloniki ein.
Mittelmeer. Das Deutsche Afrika-Korps unter der Führung von General Rommel erobert die libysche Stadt Bardiya.

**10. Donnerstag**
Balkan. Deutsche Truppen besetzen Zagreb und Laibach.
Jugoslawien. Der Führer der rechtsradikalen Ustascha-Bewegung Ante Pavelič proklamiert mit deutscher Unterstützung den faschistischen Staat Kroatien. Das Land muß an Italien einen Teil der dalmatinischen Küste abtreten, erhält aber Bosnien und Herzegowina.

**11. Freitag**
Balkan. Ungarische und italienische Truppen beteiligen sich an der Besetzung Jugoslawiens.
Niederlande. Die deutsche Besatzungsmacht beschlagnahmt jüdisches Vermögen.

**12. Samstag**
Balkan. Belgrad wird von deutschen Truppen eingenommen.

**13. Sonntag**
Japan/UdSSR. Beide Länder unterzeichnen in Moskau einen Nichtangriffspakt.

**14. Montag**
Frankreich. In Paris kommt es zum ersten Mal zu Verhaftungen von Juden (rd. 3600).
Jugoslawien. Der faschistische Staat Kroatien wird von Deutschland und Italien formell anerkannt.

**15. Dienstag**
Haiti. Die Nationalversammlung wählt Elie Lescot, Botschafter in Washington, zum Präsidenten.

**17. Donnerstag**
Balkan. Die jugoslawische Armee kapituliert. König Peter und die Regierung Simovič gehen nach London ins Exil.

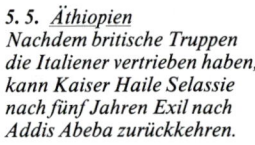

*5. 5. Äthiopien*
*Nachdem britische Truppen die Italiener vertrieben haben, kann Kaiser Haile Selassie nach fünf Jahren Exil nach Addis Abeba zurückkehren.*

**18. Freitag**
Griechenland. Ministerpräsident Alexandros Koryzis begeht in Athen beim Anmarsch der deutschen Truppen Selbstmord.

**19. Samstag**
Balkan. Bulgarische Truppen rücken nach Jugoslawisch-Makedonien ein. Nach Meldungen des Oberkommandos der Wehrmacht sind der Berg Olympos und die Stadt Larissa genommen.
Irak. Britische Truppen landen in Basra, um die Ölfelder zu sichern.
Schweiz. In Zürich wird Bertolt Brechts Schauspiel »Mutter Courage« uraufgeführt.

**20. Sonntag**
Balkan. Die deutsche und die italienische Regierung treffen Absprachen über die Aufteilung Jugoslawiens.
Deutsches Reich. Hitler ernennt Alfred Rosenberg zum Reichsminister für die besetzten Ostgebiete.
Griechenland. Nach dem Selbstmord von Ministerpräsident Koryzis ernennt sich König Georg II. selbst zu dessen Nachfolger und stellt sich an die Spitze einer Militärregierung.

**23. Mittwoch**
Balkan. In Saloniki wird der Vertrag über die Kapitulation Griechenlands unterzeichnet.

**24. Donnerstag**
Japan. Kaiser Hirohito ratifiziert offiziell den sowjetisch-japanischen Nichtangriffsvertrag, nachdem er vom Kronrat einstimmig gebilligt wurde.

**26. Samstag**
Ostafrika. Britische Truppen besetzen die äthiopische Stadt Dessie.

**27. Sonntag**
Balkan. Deutsche Truppen besetzen Athen.

**28. Montag**
Balkan. Die letzten britischen Truppen verlassen das griechische Festland.

**30. Mittwoch**
Balkan. Mit der Einnahme des Peloponnes ist die deutsche Besetzung des griechischen Festlands abgeschlossen.
Deutsches Reich. In einem Geheimbefehl legt Hitler den Beginn des Angriffs auf die UdSSR (»Fall Barbarossa«) auf den 22. 6. fest.

# Mai

**1. Donnerstag**
Mittelmeer. Das britische Hauptquartier in Cairo meldet, daß deutsche und italienische Truppen den äußeren Verteidigungsring der libyschen Festung Tobruk durchbrochen haben.

**3. Samstag**
Jugoslawien. Italien annektiert einen Teil Sloweniens mit der Hauptstadt Laibach.

**5. Montag**
Äthiopien. Nach fünfjährigem Exil kehrt Kaiser Haile Selassie nach Addis Abeba zurück.

**6. Dienstag**
Irak. Britische Streitkräfte besiegen die bei Habbaniya zusammengezogenen irakischen Truppen.
UdSSR. Stalin übernimmt die Nachfolge Molotows als Vorsitzender im Rat der Volkskommissare und wird damit auch Regierungschef.

**9. Freitag**
Deutsches Reich. Rd. 400 Flugzeuge der britischen Luftwaffe bombardieren Bremen und Hamburg.
Frankreich. Die deutschen Besatzungsbehörden wenden die Nürnberger Rassegesetze auch auf Frankreich an und untersagen »Ariern« jeden Kontakt mit Juden.

**10. Samstag**
Deutsches Reich. Rudolf Heß, der »Stellvertreter des Führers«, fliegt auf eigene Faust zu Vermittlungsgesprächen nach Großbritannien und landet mit dem Fallschirm bei Glasgow, wo er von den Briten festgenommen wird. In Deutschland wird parteiamtlich bekanntgegeben, er sei zu einem Flug gestartet, »von dem er bis zum heutigen Tag nicht mehr zurückgekehrt ist«. Er habe »Spuren einer geistigen Zerrüttung« gezeigt und sei »Opfer von Wahnvorstellungen« geworden.
Jugoslawien. Die nationalistisch-königstreuen Četniks unter Draža Mihajlovič beginnen mit Widerstandsaktionen gegen die Deutschen.

**11. Sonntag**
Deutsches Reich. Die Tankstellen an den Reichsautobahnen verkaufen auch Holz für Generatorkraftfahrzeuge.
Irak/UdSSR. Die UdSSR will mit der irakischen Regierung diplomatische Beziehungen anknüpfen.

**13. Dienstag**
Deutsches Reich. Martin Bormann übernimmt als Nachfolger von Rudolf Heß die zur »Parteikanzlei« umgewandelte Dienststelle »Stellvertreter des Führers«.
Irak. Der im Exil lebende Großmufti von Jerusalem, Hadsch Amin al Husaini, ruft alle Moslems auf, sich dem Irak im Kampf gegen die Briten anzuschließen.

**17. Samstag**
Mittelmeer. Deutsche Truppen erobern Sollum an der libysch-ägyptischen Grenze.

**18. Sonntag**
Deutsches Reich. In Berlin stirbt der Nationalökonom Werner Sombart im Alter von 78 Jahren.

**19. Montag**
Ostafrika. Der Hauptteil der italie-

*10. 5. Deutsches Reich*
*Rudolf Heß*

*10. 5. Deutsches Reich*
*Das Wrack der Messerschmitt-Maschine, mit der Heß nach Großbritannien flog.*

*19. 4. Schweiz*
*S. 328–57*

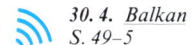
*30. 4. Balkan*
*S. 49–5*

*18. 5. Deutsches Reich*
*Werner Sombart*

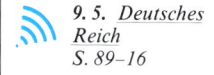
*9. 5. Deutsches Reich*
*S. 89–16*

*13. 5. Deutsches Reich*
*Martin Bormann*

## Juni 1941

**23. 5. Sport**
Spannender Augenblick aus dem Boxkampf um die Weltmeisterschaft im Schwergewicht zwischen Joe Louis und Buddy Baer: Baer hat Louis durch die Seile geschlagen. Louis gewinnt den Kampf durch Disqualifikation seines Gegners.

**4. 6. Niederlande**
Wilhelm II. mit seinen Söhnen beim Holzhacken in Doorn im Exil.

**23. Freitag**
Sport. In Washington verteidigt Joe Louis zum 17. Mal seinen Boxweltmeistertitel im Schwergewicht. Sein Herausforderer Buddy Baer wird disqualifiziert, da sich sein Manager weigert, vor der 7. Runde den Ring zu verlassen.

**24. Samstag**
Seekrieg. Das deutsche Schlachtschiff »Bismarck« und der Schwere Kreuzer »Prinz Eugen« treffen südwestlich von Island auf einen britischen Flottenverband. In einem Gefecht wird der britische Schlachtkreuzer »Hood« versenkt und das Schlachtschiff »Prince of Wales« beschädigt. Auch die »Bismarck« wird leicht beschädigt.

**25. Sonntag**
Griechenland. König Georg II., Kronprinz Peter sowie Mitglieder der Regierung fliehen von Kreta nach Cairo.

**27. Dienstag**
Balkan. Deutsche Streitkräfte erobern Chania auf Kreta.
Seekrieg. Nach Beschädigung durch britische Flugzeuge und Flotteneinheiten versenkt sich das manövrierunfähige Schlachtschiff »Bismarck« rd. 800 km westlich von Brest selbst. Von über 2200 Besatzungsmitgliedern überleben 115. Mit dem Verlust der »Bismarck« ist der Krieg der deutschen Überwasserflotte gegen den Seeverkehr der Alliierten praktisch beendet.

**28. Mittwoch**
Balkan. Nach schweren Gefechten ziehen sich die britischen Streitkräfte von Kreta zurück.

nischen Streitkräfte in Äthiopien unter der Führung des Herzogs von Aosta kapitulieren. Damit ist der größte Teil von Äthiopien in britischer Hand. 230 000 italienische Soldaten werden gefangengenommen.

**20. Dienstag**
Balkan. Deutsche Fallschirmjäger landen auf Kreta. Der Flughafen Maleme wird erobert.

**22. Mittwoch**
Irak. Die britischen Truppen nähern sich Bagdad bis auf 30 km. Sie treiben die rd. 12 000 Mann starke irakische Armee vor sich her.

**30. Freitag**
Deutsches Reich. In allen Schulen wird die Lateinschrift verbindlich.
Irak. Die irakische Regierung Ghailani begibt sich nach Iran ins Exil.
Rumänien. Exkönig Carol II. und seine Geliebte Magda Lupescu kommen nach ihrer Flucht aus Europa in Havanna auf Kuba an.

**31. Samstag**
Irak. Britische Truppen nehmen Bagdad ein. Die irakische Armee bittet um Waffenstillstand.

# Juni

**1. Sonntag**
Balkan. Ganz Kreta ist von deutschen Truppen besetzt. Die deutschen Truppen haben etwa 6500 Mann verloren, die Briten fast 17 000 Mann und zahlreiche Kriegsschiffe, u. a. drei Kreuzer und sechs Zerstörer, hauptsächlich durch Luftangriffe.

**4. Mittwoch.**
Niederlande. In Doorn (Prov. Utrecht) stirbt Wilhelm II., der letzte deutsche Kaiser, im Alter von 82 Jahren.
Den Juden wird der Zugang zu Badeanstalten und Pferderennbahnen untersagt.

**6. Freitag**
China. Japanischen Verlautbarungen zufolge sind seit der Frühjahrsoffensive im Süden der Provinz Shanxi 50 000 chinesische Soldaten getötet und 25 000 gefangengenommen worden.
Deutsches Reich. Das Oberkommando der Wehrmacht erläßt den »Kommissarbefehl«, nach dem im Rußlandfeldzug gefangengenommene sowjetische Kommissare »nach durchgeführter Aussonderung zu erledigen« seien.

**8. Sonntag**
Nahost. Britische und freifranzösische Truppen rücken unter der Führung von General Sir Henry Maitland Wilson nach Syrien ein.

**10. Dienstag**
Nahost. Das britische Oberkommando gibt bekannt, daß die briti-

**6. 6. China**
Eine Karikatur aus dem niederländischen Untergrund über japanische Aggression in China.

schen und freifranzösischen Streitkräfte 20 km vor der syrischen Hauptstadt Damaskus stehen.

**12. Donnerstag**
Deutsches Reich/Rumänien. Hitler empfängt Staatschef Antonescu, der eine rumänische Beteiligung am Rußlandfeldzug zusagt.

**14. Samstag**
Deutsches Reich. Hitler gibt in Berlin dem Oberkommando der Wehrmacht die letzten Anweisungen für den Angriff auf die UdSSR (»Fall Barbarossa«).
Japan/UdSSR. Beide Länder schließen ein Handelsabkommen.

**15. Sonntag**
Kroatien tritt dem Dreimächtepakt bei und gehört damit zu den Achsenmächten.

**16. Montag**
USA. Alle deutschen Konsulate werden geschlossen.

**18. Mittwoch**
Deutsches Reich/Türkei. Beide Länder schließen einen zehnjährigen Freundschaftsvertrag.

**21. Samstag**
Nahost. Freifranzösische Truppen erobern Damaskus.

**22. Sonntag**
Ostfront. Das Deutsche Reich greift ohne Kriegserklärung die UdSSR an. Italien, Rumänien und am 23. 6. auch die Slowakei erklären der Sowjetunion den Krieg. Unterstützt vom Großteil der rumänischen Armee rücken deutsche Truppen vor. Die Luftwaffe bombardiert die Städte Kiew, Kaunas, Sewastopol, Odessa und Minsk.
Sport. Durch ein 4:3 über Schalke 04 wird Rapid Wien deutscher Fußballmeister (auch → S. 283). In der Schweiz heißt der Titelträger FC Lugano.

**23. Montag**
Ostfront. Deutsche Truppen erobern die Städte Brest-Litowsk, Kaunas und Lomza.
UdSSR. Das Kommando über die Rote Armee erhält Marschall Semjon Timoschenko.

**25. Mittwoch**
Finnland. Die sowjetische Luftwaffe greift Finnland an.

**26. Donnerstag**
Finnland/UdSSR. Der UdSSR wird der Krieg erklärt. Als »Waffengefährte« (nicht als Verbündeter) Deutschlands tritt Finnland in den Krieg ein.

**27. Freitag**
Jugoslawien. Das Zentralkomitee der Kommunistischen Partei richtet unter Josip Broz Tito ein Partisanenhauptquartier ein.
Ostfront. Deutsche Truppen erobern Riga und Minsk.
Ungarn tritt in den Krieg gegen die UdSSR ein.

**29. Sonntag**
Deutsches Reich. Hermann Göring wird für den Fall des Todes von Hitler als dessen Nachfolger vorgesehen.
USA. In New York stirbt der polnische Pianist, Komponist und Vorsitzende des polnischen Exilparlaments, Ignacy Jan Paderewski, im Alter von 80 Jahren.

**30. Montag**
Deutsches Reich. Hitler begibt sich in das ostpreußische Hauptquartier »Wolfsschanze«, 14 km von Rastenburg in Ostpreußen entfernt. Er zeigt sich weniger in der Öffentlichkeit.
Ostfront. Lemberg wird von deutschen Truppen besetzt.
UdSSR. Ein Oberster Verteidigungsrat wird gebildet. Ihm gehören u. a. an: Lawrentij Berija, Nikolaj Bulganin, Georgij Malenkow, Anastas Mikojan, Wjatscheslaw Molotow, Josif Stalin und Kliment Woroschilow.

# Juli

**1. Dienstag**
Frankreich. Der schwere Kreuzer »Prinz Eugen« wird bei einem britischen Bombardement auf den Hafen von Brest beschädigt.
Ostfront. Deutsche Truppen nehmen Riga ein. Die Panzergruppe 2 unter General Guderian überquert die Beresina.

**2. Mittwoch**
Ostfront. In der ukrainischen Stadt Lemberg werden mehrere tausend Juden von Angehörigen der SS-Einsatzgruppe C ermordet.

**3. Donnerstag**
UdSSR. Stalin erklärt, bei der Verteidigung der Sowjetunion müsse das Prinzip der »verbrannten Erde« angewendet werden, und ruft zum Partisanenkampf in den besetzten Gebieten auf.

**4. Freitag**
Ostafrika. In der äthiopischen Provinz Galla Sidamo kapituliert der italienische Oberbefehlshaber, General Pietro Gazzera, mit seinen Armee-Einheiten.

**7. Montag**
Island. US-amerikanische Truppen landen auf Island.

**8. Dienstag**
Ostfront. In den besetzten baltischen Ländern müssen Juden einen gelben Stern tragen.

**10. Donnerstag**
Deutsches Reich/USA. Die Vereinigten Staaten weisen die deutschen Konsulatsangehörigen aus.

**12. Samstag**
Großbritannien/UdSSR. Beide Länder unterzeichnen ein Abkommen über gegenseitige Hilfeleistungen, das einen Separatfrieden mit Deutschland ausschließt.

**13. Sonntag**
Spanien. Einheiten der spanischen »Blauen Division« werden über Bordeaux an die Ostfront verlegt.

**14. Montag**
Syrien. Zwischen den Vichy-Truppen einerseits und den Briten und Freifranzosen andererseits wird ein Waffenstillstand geschlossen, der Syrien den Briten und Freifranzosen überläßt. Die Vichy-Truppen erhalten freien Abzug.

**15. Dienstag**
Ostfront. Deutsche Truppen erobern Smolensk.

**16. Mittwoch**
Deutsches Reich. Hitler regelt in einem Erlaß die Verwaltung der neubesetzten Ostgebiete. Reichsleiter Alfred Rosenberg wird als Reichsminister für die besetzten Ostgebiete mit Sitz in Berlin eingesetzt. Erich Koch wird Reichskommissar für die Ukraine, Erich Lohse Reichskommissar von Li-

*22. 6. Ostfront*
*Nach dem Angriff auf die UdSSR: Deutsche Soldaten mit einem erbeuteten Porträt Stalins.*

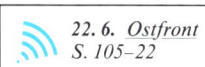
*22. 6. Ostfront*
*S. 105–22*

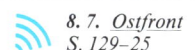
*8. 7. Ostfront*
*S. 129–25*

# August 1941

15. 7. *Ostfront*
Hinter der vorrückenden Front verrichten die Einsatzgruppen ihre blutige Arbeit. Kommissare, Juden, »Zigeuner« und des Widerstandes Verdächtige werden ermordet.

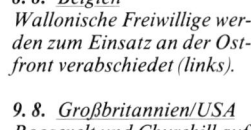

8. 8. *Belgien*
Wallonische Freiwillige werden zum Einsatz an der Ostfront verabschiedet (links).

9. 8. *Großbritannien/USA*
Roosevelt und Churchill auf der »Prince of Wales« (rechts).

# August

**1. Freitag**
Deutsches Reich. In München tauchen Klebezettel mit der Aufschrift »Bluthund Hitler verrecke!« auf (auch → S. 164).
USA. Die Regierung verkündet ein Öl-Embargo für alle »Aggressoren«. Davon ist insbesondere Japan betroffen.

**2. Samstag**
UdSSR/USA. Im Rahmen des Leih- und Pachtgesetzes kommen die ersten Materiallieferungen in der UdSSR an.

**3. Sonntag**
Deutsches Reich. Der Bischof von Münster, Graf von Galen, predigt gegen die Ermordung (»Euthanasie«) von Geisteskranken.
Ostfront. Unter General Paul von Kleist und General Karl von Stülpnagel kesseln deutsche Truppen bei Uman sowjetische Verbände ein.

**5. Dienstag**
Ostfront. Rumänische Truppen belagern Odessa.

**6. Mittwoch**
Ostfront. Die Kesselschlacht von Smolensk endet mit der Gefangennahme von 300 000 sowjetischen Soldaten.

**7. Donnerstag**
Britisch-Indien. In Santiniketan (Bengalen) stirbt der indische Dichter, Philosoph und Nobelpreisträger Rabindranath Tagore im Alter von 80 Jahren.
Ostfront. Deutsche Truppen stoßen zum Finnischen Meerbusen vor.
UdSSR. Stalin übernimmt selbst das Amt des Oberbefehlshabers der Roten Armee.

**8. Freitag**
Belgien. Das erste Kontingent bel-

tauen, Estland und Weißrußland (zusammen Ostland) und Wilhelm Kube Generalkommissar in Weißrußland mit Sitz in Minsk.

**18. Freitag**
Japan. Fürst Konoye bildet ein neues Kabinett, in dem vier Generäle und drei Admiräle Ministerposten innehaben. Außenminister Matsuoka wird durch Kitschiro Hiranuma ersetzt.
UdSSR. Josif Stalin fordert in einer persönlichen Botschaft vom britischen Premierminister Winston Churchill die Bildung einer zweiten Front im Westen oder Norden Europas.

**20. Sonntag**
UdSSR. Stalin übernimmt das Amt des Volkskommissars für Verteidigung.

**21. Montag**
Ostfront. Die deutsche Luftwaffe bombardiert zum ersten Male Moskau.

**22. Dienstag**
Jugoslawien. In Slowenien beginnen Partisanen erste bewaffnete Aktionen.

**25. Freitag**
Indochina. Japanische Truppen rücken in Süd-Indochina ein.

**28. Montag**
Deutsches Reich. Der Bischof von Münster, Clemens August Graf von Galen, stellt Strafantrag gegen das Euthanasieverfahren (auch → S. 175).
Finnland/Großbritannien. Beide Länder brechen ihre diplomatischen Beziehungen ab.
Ostfront. Deutsche und rumänische Truppen besetzen Bessarabien.

**30. Mittwoch**
Indochina. In Saigon kommen 14 japanische Truppentransportschiffe mit 130 000 Soldaten an Bord an.

**31. Donnerstag**
Deutsches Reich. Reichsmarschall Göring beauftragt SS-Gruppenführer Heydrich mit der Vorbereitung der »Endlösung der Judenfrage«.

gischer Freiwilliger aus der Wallonischen Legion Léon Degrelles begibt sich von Brüssel nach Deutschland. Es soll im Februar 1942 an der Ostfront eingesetzt werden.
Ostfront. Die Wehrmacht beginnt ihre »Schlußoffensive« gegen die UdSSR. Das Oberkommando der Wehrmacht meldet die Vernichtung der 6. und 12. Sowjet-Armee in der Ukraine.

**9. Samstag**
Großbritannien/USA. Premierminister Churchill und Präsident Roosevelt kommen auf den Kriegsschiffen »Prince of Wales« und »Augusta« in der Argentia-Bucht vor Neufundland zu einer Gipfelkonferenz zusammen.

**11. Montag**
Iran. Stalin droht mit einer Intervention der UdSSR, wenn die von ihm als Agenten betrachteten Deutschen nicht ausgewiesen würden. Ein Einmarsch stünde in Übereinstimmung mit dem sowjetisch-iranischen Vertrag aus dem Jahre 1921.

**12. Dienstag**
Deutsches Reich. Britische Bombenflugzeuge greifen Köln an.
Großbritannien/USA. An Bord des Kreuzers »Augusta« beenden Premierminister Churchill und Präsident Roosevelt eine mehrtägige Konferenz. Sie verkünden ein Acht-Punkte-Programm, das später die Grundlage der »Atlantik-Charta« wird.

**13. Mittwoch**
UdSSR. Für polnische Kriegsgefangene wird eine Amnestie unter der Bedingung erlassen, daß sie sich bereit erklären, in einer polnischen Armee gegen Deutschland zu kämpfen. Den Oberbefehl übernimmt formell der polnische General Anders.

**14. Donnerstag**
Deutsches Reich. In Auschwitz kommt Pater Maximilian Kolbe (47) ums Leben. Er ging als KZ-Häftling freiwillig in den Tod, um einem Mithäftling und Familienvater das Leben zu retten (auch → S. 173).

**16. Samstag**
Großbritannien/UdSSR. Beide Länder schließen in Moskau ein Handels- und Kreditabkommen.

**17. Sonntag**
Ostfront. Deutsche Truppen überqueren den Dnjepr und erobern Nikolajew, den wichtigsten sowjetischen Flottenstützpunkt am Schwarzen Meer.

**19. Dienstag**
Ostfront. Nach Meldungen des Oberkommandos der Wehrmacht ist das ganze Gebiet westlich des Dnjepr von deutschen Truppen besetzt.

**23. Samstag**
Ostfront. Hitler erläßt die geheime Weisung, daß die Einnahme der Ukraine und der Krim Vorrang vor einem Angriff auf Moskau haben muß. Das Oberkommando des Heeres war gegenteiliger Ansicht.

**25. Montag**
Deutsches Reich/Italien. Mussolini trifft sich mit Hitler in dessen Hauptquartier bei Rastenburg, um die Lage an der Ostfront zu besprechen.
Iran. Britische und sowjetische Truppen marschieren in den Iran ein.
Ostfront. Deutsche Truppen unter Feldmarschall von Kleist besetzen Dnjepropetrowsk und erobern damit den letzten von der Roten Armee besetzten Brückenkopf am Westufer des Dnjepr südlich von Kiew.

**27. Mittwoch**
Frankreich. Der einundzwanzigjährige Paul Colette verübt auf Pierre Laval und Marcel Déat ein Attentat, das die beiden mit den Deutschen kollaborierenden Politiker jedoch überleben.

**28. Donnerstag**
Iran. Ministerpräsident Ali Furanghi, der vom Schah an die Spitze einer neuen Regierung bestellt wurde, gibt am 4. Tage des britisch-sowjetischen Einmarsches dem Heer den Befehl, das Feuer einzustellen.
Ostfront. Hitler und Mussolini besuchen Uman in der Ukraine.

# September

**1. Montag**
Deutsches Reich. Die Polizeiverordnung über die »Kennzeichnung der Juden im Reichsgebiet« wird erlassen.

**3. Mittwoch**
Frankreich. Das erste Regiment der »Französischen Freiwilligen-Legion« wird an die Ostfront verlegt.
Generalgouvernement. An sowjetischen Kriegsgefangenen werden in Auschwitz die ersten Vergasungen mit Zyklon B vorgenommen.

**4. Donnerstag**
Italien. Alle ausländischen Zeitungen werden verboten.
Ostfront. Die deutsche Artillerie beginnt mit der Beschießung Leningrads.
Seekrieg. Nördlich von Island wird der US-Zerstörer »Greer« von dem deutschen U-Boot »U 652« erfolglos mit einem Torpedo beschossen, nachdem er ein britisches Flugzeug beim Angriff auf das U-Boot unterstützt hat. Als Reaktion darauf verkündet der Präsident die »shoot-on-sight-order«, nach der ohne Vorwarnung auf deutsche Schiffe geschossen werden soll.

**5. Freitag**
Ostfront. Deutsche Truppen schließen die Besetzung Estlands ab.

**6. Samstag**
Japan. Der Kronrat nimmt in einem Beschluß über die Interessen der »Nationalen Politik« das Risiko eines Krieges gegen die USA und Großbritannien in Kauf, wenn die Verhandlungen mit den USA nicht bis zum 10. 10. zu einem befriedigenden Abschluß gebracht werden können.

**7. Sonntag**
UdSSR. Die Regierung ordnet die Deportation der Wolga-Deutschen nach Sibirien an.

**8. Montag**
Deutsches Reich/Ungarn. Der ungarische Reichsverweser von Horthy trifft zu einem Besuch in Hitlers Hauptquartier »Wolfsschanze« ein.
Ostfront. Mit der Einnahme von Schlüsselburg durch deutsche Truppen ist die Stadt Leningrad

*25. 8. Deutsches Reich/ Italien*
*Mussolini besucht Hitler in dessen Hauptquartier. Von links nach rechts: Mussolini, Generaloberst Alfred Jodl, Hitler, Feldmarschall Wilhelm Keitel und Marschall Ugo Conte Cavallero.*

 12. 8. Großbritannien/USA
S. 304–49

 25.8. Deutsches Reich/Italien
S. 105–23

## Oktober 1941

*27. 9. »Reichsprotektor in Böhmen und Mähren« Reinhard Heydrich*

*18. 10. Japan General Hideki Tojo*

*18. 10. Japan Richard Sorge*

von allen Landverbindungen abgeschnitten.

**11. Donnerstag**
Ostfront. Marschall Georgij Schukow übernimmt von Marschall Woroschilow das Kommando über die sowjetischen Truppen bei Leningrad. Er soll die Front bei Leningrad stabilisieren.

**14. Sonntag**
Deutsches Reich. Auf Fehmarn wird der erste Spatenstich für die Vogelfluglinie getan.
Ostfront. Deutsche Truppen stehen 25 km vor Leningrad.

**15. Montag**
Deutsches Reich. Die Raketenversuche bei Peenemünde bekommen die Dringlichkeitsstufe SS.
Ostfront. Admiral Canaris protestiert bei Feldmarschall Keitel gegen die Behandlung sowjetischer Kriegsgefangener.

**16. Dienstag**
Iran. Schah Reza Pahlewi verzichtet zugunsten seines Sohnes Mohammed Reza auf den Thron und geht nach Südafrika ins Exil. Britische und sowjetische Truppen rücken in die Hauptstadt ein. Damit steht der Iran dem alliierten Nachschub in die UdSSR zur Verfügung.
Ostfront. Deutsche Truppen riegeln das Gebiet um Kiew ab. Vier sowjetische Armeen sind eingekesselt.
Der Chef des Oberkommandos der Wehrmacht, Feldmarschall Keitel, ordnet an, daß bei Widerstand gegen die deutsche Besatzungsmacht für jeden getöteten Deutschen 50–100 sowjetische Kriegsgefangene erschossen werden sollen.

**19. Freitag**
Deutsches Reich. Der Judenstern wird eingeführt.
Ostfront. Deutsche Truppen nehmen Kiew ein. 665 000 sowjetische Soldaten geraten bis zum 26. 9. in Kriegsgefangenschaft.

**22. Montag**
Griechenland. König Georg II. begibt sich mit seinen Ministern nach London.
Ostfront. Deutsche Truppen erreichen das Asowsche Meer.

**25. Donnerstag**
Balkan. Der Kommandeur der italienischen 2. Armee, General Ambrosio, meldet, daß die Besetzung der entmilitarisierten dalmatinischen Küste abgeschlossen ist.

**27. Samstag**
Tschechoslowakei. SS-Obergruppenführer Reinhard Heydrich amtiert als Reichsprotektor in Böhmen und Mähren. Offiziell ist er Stellvertreter des beurlaubten Konstantin von Neurath.

**29. Montag**
Italien. Die britische Luftwaffe bombardiert Genua, Turin und andere Ziele im Norden.
Ostfront. Nach Sabotageakten in Kiew treiben SS-Einsatzkommandos bei Babi Jar 35 000 Juden zusammen und erschießen sie.

# Oktober

**2. Donnerstag**
Frankreich. Paul Colette, der am 27. 8. in Versailles ein Attentat auf Pierre Laval und Marcel Déat verübt hatte, wird in Paris zum Tode verurteilt. Das Urteil wird in eine lebenslange Gefängnisstrafe umgewandelt.
Ostfront. Unter General Fedor von Bock beginnt die Heeresgruppe Mitte den Angriff auf Moskau (»Unternehmen Taifun«).

**3. Freitag**
Frankreich. In Paris werden sechs Synagogen durch Sprengstoffanschläge zerstört.
Vatikan. Papst Pius XII. spricht sich gegen Sterilisation und rassistische Ehevorschriften aus.

**4. Samstag**
Ostfront. Sowjetische Truppen beginnen eine Gegenoffensive in der Ukraine, um die deutschen Einheiten, die die Krim besetzen wollen, auszuschalten.

**5. Sonntag**
Japan/Polen. Japan bricht die diplomatischen Beziehungen zur polnischen Exilregierung in London ab.

**6. Montag**
Australien. Unter Premierminister John Curtin kommt wieder eine Labour-Regierung an die Macht.

**8. Mittwoch**
China. Nach japanischen Berichten haben die chinesischen Truppen vom Mittellauf des Yangzi Jiang aus eine Offensive begonnen.

**11. Samstag**
Grönland. US-amerikanische Truppen richten meteorologische Stationen auf Grönland ein.
UdSSR. Die Regierung ordnet an, alle Frauen und Kinder, die nicht in der Waffenindustrie arbeiten, aus Moskau zu evakuieren.

**13. Montag**
China. Japanische Truppen erobern die Stadt Yichang zurück, nachdem sie drei Tage von chinesischen Einheiten besetzt gehalten worden war.
UdSSR. Die Regierung ordnet an, die Ministerialbürokratie aus Moskau nach Kujbyschew zu evakuieren.

**15. Mittwoch**
Ostfront. Deutsche und rumänische Truppen nehmen Odessa ein. Sowjetische Truppen räumen Kalinin. In Moskau werden Barrikaden errichtet.

**16. Donnerstag**
Japan. Ministerpräsident Konoye tritt zurück. Sein Nachfolger wird der bisherige Kriegsminister Hideki Tojo. Die US-amerikanisch-japanischen Beziehungen erreichen einen neuen Tiefpunkt.

**17. Freitag**
Jugoslawien. In Užice wird das Serbische Komitee zur Befreiung des Volkes gegründet.

**18. Samstag**
Japan. General Hideki Tojo bildet ein neues Kabinett. Er wird nicht nur Ministerpräsident, sondern auch Kriegs- und Innenminister sowie Stabschef des Heeres.
Der sowjetische Spion Richard Sorge wird in Tokio verhaftet.

**19. Sonntag**
Ostfront. Stalin erklärt für Moskau und die umliegende Region den Belagerungszustand.
Deutsche Truppen besetzen Taganrog am Asowschen Meer.

**20. Montag**
Ostfront. Deutsche Truppen stehen 60 km vor Moskau.
Die Kesselschlacht von Wjasma und Brjansk endet mit der Gefangennahme von 673 000 sowjetischen Soldaten.
UdSSR. Die Regierung verlegt ihren Sitz nach Kujbyschew an der Wolga.

**21. Dienstag**
Frankreich. Der deutsche Kommandeur im besetzten Frankreich, General von Stülpnagel, läßt als Vergeltung für die Ermordung eines deutschen Offiziers am 20. 10. fünfzig französische Geiseln erschießen.
Großbritannien/Mexiko. Beide Länder nehmen ihre 1938 unterbrochenen diplomatischen Beziehungen wieder auf.

**23. Donnerstag**
Deutsches Reich. Die Auswanderung von Juden wird verboten.
UdSSR. Generalstabschef Georgij Schukow übernimmt das Kommando der Verteidigungsfront um Moskau. Der bisherige Kommandeur Timoschenko übernimmt das Kommando der Südfront.

**24. Freitag**
Ostfront. Deutsche Truppen nehmen Charkow und Bjelgorod am Donez ein.

**25. Samstag**
Frankreich. In Montpellier stirbt der Maler Robert Delaunay (56).

**27. Montag**
Ostfront. Deutsche Truppen brechen auf die Krim durch.

**28. Dienstag**
Ostfront. Durch die Schlechtwetterperiode unterstützt, führen sowjetische Truppen einen Gegenangriff westlich von Moskau.

**31. Freitag**
Balkan. Nach Angaben eines jugoslawischen Gewährsmanns in London bekämpfen 80 000 serbische Partisanen die italienischen und deutschen Truppen.

# November

**2. Sonntag**
Jugoslawien. Zusammen mit deutschen Truppen gehen Mitglieder der Četnik-Bewegung gegen Partisanenstellungen bei Užice (Serbien) vor; in Jugoslawien beginnt ein Bürgerkrieg.

**3. Montag**
Tschechoslowakei. Reichsprotektor Reinhard Heydrich erklärt seine Kampagne, den tschechischen Widerstand zu brechen, für abgeschlossen.

**6. Donnerstag**
Deutsches Reich. Der Schauspieler Uwe Gottschalk und seine jüdische Ehefrau begehen Selbstmord.
Palästina. Der von den britischen Behörden ausgewiesene Großmufti von Jerusalem, Hadsch Amin al-Husaini, kommt über Rom nach Berlin.
UdSSR/USA. Maxim Litwinow wird sowjetischer Botschafter in den USA.

**8. Samstag**
Deutsches Reich. Reichsmarschall Hermann Göring ordnet den Einsatz sowjetischer Kriegsgefangener zur Zwangsarbeit in Deutschland an. Das Oberkommando der Wehrmacht läßt eine Flaschensammlung durchführen, um die Versorgung der Soldaten mit Getränken sicherzustellen.

**11. Dienstag**
Philippinen. Manuel Quezón gewinnt mit deutlicher Mehrheit die Präsidentschaftswahlen.

**13. Donnerstag**
China. Einem chinesischen Gewährsmann zufolge haben sich 130 bis 140 japanische Kriegsschiffe und über 100 Truppentransportschiffe für einen Angriff auf Indochina in der Nähe der Insel Hainan gesammelt.

**14. Freitag**
Seekrieg. Der britische Flugzeugträger »Ark Royal« wird östlich von Gibraltar von dem U-Boot »U 81« versenkt.

**16. Sonntag**
Hongkong. Die britische Garnison wird verstärkt.
Ostfront. Mit der Einnahme von Kertsch ist mit Ausnahme der Festung Sewastopol die gesamte Halbinsel Krim von deutschen Truppen besetzt.
In Berlin wird bestätigt, daß die Offensiven gegen Moskau und Leningrad wegen des Winterwetters festgefahren sind.

**17. Montag**
Deutsches Reich. In Berlin begeht Generaloberst Ernst Udet (45) Selbstmord. Udet errang im 1. Weltkrieg 62 Luftsiege. Als Generalluftzeugmeister im Reichsluftfahrtministerium (seit 1935) sah er sich außerstande, die Kampfkraft der Luftwaffe aufrechtzuerhalten.

**18. Dienstag**
Deutsches Reich. Auf dem Gut Ober-Zibelle bei Muskau (Niederlausitz) stirbt der Physiker, Chemiker und Nobelpreisträger Walter Nernst im Alter von 77 Jahren.

**19. Mittwoch**
Mexiko/USA. Beide Länder schließen einen Handelsvertrag, der eine Entschädigung der Vereinigten Staaten für die 1938 von Mexiko verstaatlichten Ölraffinerien vorsieht.

**20. Donnerstag**
Mittelmeer. Die britische 8. Armee rückt 130 km auf libysches Gebiet vor und nähert sich Tobruk.

**21. Freitag**
Ostfront. Deutsche Truppen nehmen vorübergehend Rostow am Don ein.

**23. Sonntag**
Mittelmeer. Britische Truppen erobern Bardiya und Sidi Omar Nuovo in Libyen.

**24. Montag**
Böhmen und Mähren. Die ersten Massentransporte in das Konzentrationslager Theresienstadt beginnen.

**25. Dienstag**
Iberische Halbinsel. Das seit 1755 schwerste Erdbeben sucht die spanische und portugiesische Küste, Madeira und die Azoren heim.
Mittelmeer. Das britische Schlachtschiff »Barham« wird vor Sollum (Libyen) durch das deutsche U-Boot »U 331« versenkt (auch → S. 205).

**26. Mittwoch**
Japan/USA. US-Außenminister Cordell Hull überreicht dem japanischen Sonderbotschafter Nomura eine »10-Punkte-Note«, die dieser zurückweist.

Libanon. Der Libanon erklärt sich unter dem Schutz der Briten und Freien Franzosen für unabhängig.
Ostfront. Sowjetische Truppen erobern Rostow zurück. Die deutschen Truppen müssen sich auf die Mius-Linie zurückziehen.
Pazifik. Unter Admiral Tschuitschi Nagumo läuft die japanische Flotte nach Pearl Harbor (Hawaii) aus.

**27. Donnerstag**
Ostafrika. Nach Berichten aus Cairo und Rom hat Gondar (Nordäthiopien), der letzte italienische Stützpunkt in Ostafrika, unter General Nani nach siebenmonatiger Belagerung kapituliert.

**28. Freitag**
Ostfront. Deutsche Truppen erreichen den Moskwa-Wolga-Kanal.

**30. Sonntag**
Mittelmeer. Britischen Militärberichten zufolge sind Stoßtrupps fast 500 km tief in die Libysche Wüste in Richtung auf den Golf der Großen Syrte vorgedrungen.
In Singapur wird der Ausnahmezustand verkündet.

# Dezember

**1. Montag**
Japan. Der Kronrat entscheidet sich endgültig für einen Krieg gegen die USA.
Ostfront. Generalfeldmarschall von Bock meldet dem Oberkommando der Wehrmacht, daß »die Kraft der Truppe völlig erschöpft sei«.

**2. Dienstag**
Ostfront. Trotz gegenteiliger Befehle setzt die 1. Panzerarmee ihren Rückzug im Gebiet von Rostow fort.

**3. Mittwoch**
Ostfront. Sowjetische Einheiten

*5. 12. Ostfront*
*Nachdem die Initiative lange auf deutscher Seite gelegen hatte, wählt die Rote Armee den Winter für den ersten großen Gegenschlag. Hier sowjetische Soldaten an der Front bei Moskau.*

*17. 11. Deutsches Reich
Ernst Udet*

*30. 11. Mittelmeer
S. 49–6*

# Dezember 1941

*8. 12. Japan*
*US-Präsident Roosevelt unterzeichnet mit Trauerflor um den Arm die Kriegserklärung an Japan.*

7. 12. Pazifik
S. 145–31

werfen an der Südfront deutsche Truppen bis nach Taganrog zurück. Die 4. Armee südwestlich von Moskau weicht hinter die Nara zurück.

**4. Donnerstag**
Ostfront. Finnische Truppen erobern Hangö.

**5. Freitag**
Deutsches Reich/Japan. Hitler stimmt einem geheimen deutsch-japanischen Beistandspakt für den Kriegsfall gegen die USA zu. Ein Separatfrieden eines Partners wird ausgeschlossen.
Ostfront. Die Rote Armee beginnt vor Moskau eine Gegenoffensive und beendet damit den am 15. 11. neu begonnenen deutschen Vorstoß. Auf einer Frontlänge von 320 km werden die deutschen Truppen zurückgedrängt.

**6. Samstag**
Großbritannien erklärt Finnland, Rumänien und Ungarn den Krieg.

**7. Sonntag**
Deutsches Reich. Hitler unterzeichnet den »Nacht-und-Nebel-Erlaß«, der Todesurteile und Deportationen in Konzentrationslager für Widerstandskämpfer in den besetzten Gebieten vorsieht.
Pazifik. Der US-amerikanische Flottenstützpunkt Pearl Harbor (Hawaii) wird überraschend von der japanischen Trägerflotte angegriffen. Eine Anzahl von veralteten Schlachtschiffen wird versenkt oder außer Gefecht gesetzt, die US-amerikanische Kriegsflotte jedoch nicht für längere Zeit gelähmt, weil die Flugzeugträger den Hafen verlassen hatten. Mit dem Angriff auf Pearl Harbor hat der Krieg eine weltweite Dimension bekommen (auch → S. 197).

**8. Montag**
Japan. Die USA, Großbritannien und zahlreiche weitere Länder erklären Japan den Krieg.
Ostfront. Hitler beschließt, neue Offensiven an der Ostfront auf das Frühjahr zu verschieben. Damit ist »Barbarossa« gescheitert.
Pazifik. Japan greift eine Reihe von Zielen im Pazifik an: Hongkong, Singapur, Guam, die Midway-Inseln und Luzón (Philippinen). Auf Luzón wird ein Großteil der dort stationierten US-amerikanischen Luftwaffeneinheiten vernichtet. Japanische Truppen landen an der Ostküste der Halbinsel Malakka.

**9. Dienstag**
Pazifik. Die japanische Luftwaffe bombardiert den US-amerikanischen Luftwaffenstützpunkt Nichols bei Manila (Philippinen). Japanische Truppen landen auf den Gilbert- und Ellice-Inseln.

**10. Mittwoch**
Australien. Mit einem Wahlsieg für Liberale und Country Party geht eine achtjährige Regierungsperiode der Labour Party zu Ende.
Mittelmeer. Britische Truppen besetzen das belagerte Tobruk.
Pazifik. Die Japaner erobern Guam und landen im Norden von Luzón.
Seekrieg. Die zwei britischen Schlachtschiffe »Prince of Wales« und »Repulse« werden von der japanischen Marine-Luftwaffe östlich von Malakka versenkt.

**11. Donnerstag**
Deutsches Reich. In einer Rede vor dem Reichstag erklärt Hitler den USA den Krieg. Er bezeichnet US-Präsident Roosevelt dabei als »Gangster«.
Italien. In Rom erklärt Mussolini vor einer Menge von 150 000 Menschen den USA den Krieg.
Pazifik. Ein erster japanischer Landungsversuch auf der Insel Wake scheitert.
Thailand. Regierungschef Songgram schließt ein Bündnis mit Japan.

**12. Freitag**
Pazifik. Japanische Truppen landen im Süden von Luzón.

**15. Montag**
Ostfront. Deutsche Truppen ziehen sich aus Kalinin zurück.

**16. Dienstag**
Pazifik. Japanische Truppen landen auf Borneo.

**18. Donnerstag**
Mittelmeer. Die Streitkräfte der Achsenmächte unter General Rommel ziehen sich auf breiter Front zurück. Der Flughafen Derna, rd. 275 km von der ägyptischen Grenze entfernt, wird von den Briten erobert.

**19. Freitag**
Australien. Robert G. Menzies bildet eine neue Koalitionsregierung.
Deutsches Reich. Generalfeldmarschall von Brauchitsch legt aus »Gesundheitsgründen« den Oberbefehl über das Heer nieder, den Hitler selbst übernimmt.
Mittelmeer. Italienische Torpedoreiter beschädigen im Hafen von Alexandria die britischen Schlachtschiffe »Queen Elizabeth« und »Valiant« schwer.

**20. Samstag**
Philippinen. Die Japaner landen starke Verbände auf Mindanao.

**22. Montag**
Pazifik. Der US-amerikanische Marinestützpunkt Wake, 3200 km westlich von Honolulu, fällt in japanische Hände.
Philippinen. Mit Unterstützung von Marine und Luftwaffe landen weitere 80 000 bis 100 000 Japaner auf der Insel Luzón.

**23. Dienstag**
Mittelmeer. Das Afrikakorps räumt die libysche Stadt Benghasi.

**25. Donnerstag**
Hongkong. Nach 16tägigen Kämpfen kapituliert die Kronkolonie vor den Japanern.
Ostfront. Generaloberst Guderian wird von Hitler seines Postens enthoben.

**27. Samstag**
Philippinen. Die japanische Luftwaffe unternimmt schwere Bombardements auf die Hauptstadt Manila.

**29. Montag**
Britisch-Indien. Mahatma Gandhi tritt vom Vorsitz der Kongreßpartei zurück, nachdem diese seiner Meinung nach den Weg des gewaltlosen Widerstands und des zivilen Ungehorsams verlassen hat. Sein Nachfolger wird Jawaharlal Nehru.

**30. Dienstag**
Britisch-Indien. Der Kongreß stimmt einer Unterstützung Großbritanniens im Krieg gegen Japan zu.
UdSSR. In Moskau stirbt der Maler El Lissitzkij im Alter von 51 Jahren.

**31. Mittwoch**
Philippinen. Japan fordert die Kapitulation der US-amerikanischen Streitkräfte auf den Inseln und weigert sich, Manila als offene Stadt anzuerkennen.

*Ein Häftling aus Auschwitz begeht Selbstmord, um den Qualen des Vernichtungslagers ein Ende zu setzen.*

**1942**

# 1942

## Januar

*1. 1. Internationales*
*S. 304–49*

*20. 1. Deutsches Reich*
*S. 89–13*

*14. 1. Malaya*
*Sehr rasch erobert die japanische Armee große Teile Südostasiens. Hier (links) Kaiser Hirohito.*

**1. Donnerstag**
Internationales. In Washington unterzeichnen Vertreter von 26 Ländern, die sich mit den Achsenmächten im Krieg befinden, die Atlantik-Charta. Sie wird zur Grundlage der UN-Charta (auch → S. 210).

**2. Freitag**
Mittelmeer. Die eingeschlossene deutsch-italienische Garnison in der libyschen Stadt Bardiya kapituliert.
Philippinen. Japanische Armee-Einheiten nehmen die Hauptstadt Manila ein.

**4. Sonntag**
China. Japanische Truppen erobern Poklo, 120 km östlich von Canton, und nähern sich Hongkong bis auf 60 km.
Ostfront. Sowjetische Truppen erobern Borowsk, 75 km südwestlich von Moskau, zurück.

**6. Dienstag**
Ostfront. Sowjetische Truppen landen an zwei Stellen auf der Krim, an der Westküste und an der Ostküste bei Jalta.

**7. Mittwoch**
Mittelmeer. General Rommel räumt Adjedabiya (Libyen) im Schutz eines Sandsturms.

**8. Donnerstag**
Ostfront. Nach heftigen sowjetischen Angriffen von drei Seiten brechen die deutschen Truppen die Belagerung der Festung Sewastopol vorläufig ab.

**11. Sonntag**
Malaya. Japanische Truppen nehmen die Hauptstadt Kuala Lumpur ein.
Niederländisch-Indien. Mit Landungen japanischer Truppen auf Borneo und auf Celebes beginnt der Angriff auf Niederländisch-Indien.

**14. Mittwoch**
Malaya. Japanische Truppen haben nun acht von neun Staaten besetzt. Nur der an Singapur angrenzende Staat Johore ist noch in britischer Hand.

**15. Donnerstag**
Ostfront. Der Oberbefehlshaber der Heeresgruppe Nord, Ritter von Leeb, reicht seinen Abschied ein. Sein Nachfolger wird Generaloberst Küchler. Der Oberbefehlshaber der Heeresgruppe Süd, Generalfeldmarschall von Reichenau, erleidet einen Schlaganfall, an dem er zwei Tage später stirbt. Seine Nachfolge tritt Generalfeldmarschall von Bock an, der bis zum 14. 12. 1941 die Heeresgruppe Mitte führte.

**16. Freitag**
Birma. Japanische Truppen greifen von Thailand aus Birma an.

**17. Samstag**
Mittelmeer. Britische Truppen erobern den Halfajapaß, den letzten Stützpunkt der Achsenmächte in Ägypten. Rd. 5500 deutsche und italienische Soldaten geraten in Kriegsgefangenschaft.

**18. Sonntag**
Deutsches Reich/Italien/Japan. Die Achsenmächte vereinbaren eine Trennung ihrer Operationsgebiete.

**20. Dienstag**
Deutsches Reich. Auf der sog. Wannseekonferenz in Berlin wird unter dem Vorsitz des Chefs des Reichssicherheitshauptamtes, Reinhard Heydrich, die systematische Ausrottung der Juden und die »Endlösung der Judenfrage in Europa« beschlossen.

**21. Mittwoch**
Mittelmeer. Eine Gegenoffensive des deutschen Afrika-Korps von General Rommel gewinnt in der Cyrenaica verlorenen Boden zurück.

**22. Donnerstag**
Niederländisch-Indien. Die Ölfelder und Raffinerien von Balikpapan an der Ostküste Borneos werden beim Anmarsch japanischer Truppen in Brand gesteckt.

**23. Freitag**
Pazifik. Japanische Truppen landen bei Rabaul, der Hauptstadt von New Britain (Bismarckarchipel).

**26. Montag**
Großbritannien. Die ersten US-Truppen für Europa treffen in Nordirland ein.
Pazifik. Die japanischen Truppen landen auf den Salomonen.

**27. Dienstag**
Ecuador/Peru. Der brasilianische Außenminister Oswaldo Aranha gibt bekannt, daß der über 125 Jahre andauernde Grenzstreit zwischen beiden Ländern beigelegt ist. Darüber wird zwei Tage später in Rio de Janeiro ein Vertrag unterzeichnet.

**29. Donnerstag**
Pazifik. US-Truppen treffen auf den britischen Fidschi-Inseln ein.
Mittelmeer. Deutsche Truppen erobern Benghasi.

**31. Samstag**
Malaya. Die britischen Truppen ziehen sich auf die Festung Singapur zurück.

# Februar

**1. Sonntag**
Chile. Der proamerikanische Volksfrontführer Juan Antonio Ríos Morales wird zum Staatspräsidenten gewählt.
Norwegen. Reichskommissar Terboven beauftragt den Führer der faschistischen »Nasjonal Samling«, Vidkun Quisling, mit der Bildung einer Regierung. Die Londoner Exilregierung bezeichnet sich als einzige legale norwegische Regierung.

**2. Montag**
Ägypten. Ministerpräsident Husain Pascha tritt mit seinem Koalitionskabinett angeblich wegen seines schlechten Gesundheitszustandes zurück.

**4. Mittwoch**
Ägypten. Britische Panzer umzingeln das königliche Palais in Cairo und zwingen König Faruk, Mustafa al Nahas Pascha, den Führer der Wafd-Partei, zum Ministerpräsidenten zu ernennen.

**6. Freitag**
Norwegen. Alle Jungen und Mädchen werden zur Mitgliedschaft in der am Vortage gegründeten nationalsozialistischen Jugendorganisation verpflichtet.

**7. Samstag**
Singapur. Japanische Truppen landen an der Westküste der Insel, nachdem sie die Insel Ubin am östlichen Eingang der Straße von Johore kampflos eingenommen haben.

**8. Sonntag**
Deutsches Reich. Der Reichsminister für Bewaffnung und Munition, Fritz Todt, kommt bei einem Flugzeugabsturz ums Leben. Noch am gleichen Tag ernennt Hitler Albert Speer zu dessen Nachfolger.
Mittelmeer. 60 km westlich von Tobruk bei El-Gazala kommt die Gegenoffensive des Afrika-Korps unter General Rommel zum Stehen.

**10. Dienstag**
Singapur. Japanische Truppen in Stärke von 100 000 Mann schnüren den Gürtel um die eingeschlossenen britischen Truppen immer enger.

**11. Mittwoch**
Niederländische Antillen. Die USA entsenden Truppen nach Curaçao und Aruba, um die Verteidigung der Erdölanlagen zu unterstützen.

**12. Donnerstag**
Niederländisch-Indien. Japanische Truppen erobern die Hauptstadt von Borneo, Bandjarmasin.
Seekrieg. Die im französischen Hafen Brest stationierten und häufigen britischen Luftangriffen ausgesetzten Schlachtschiffe »Scharnhorst« und »Gneisenau« sowie der Schwere Kreuzer »Prinz Eugen« brechen durch den Kanal zu deutschen Häfen durch.

**15. Sonntag**
Singapur kapituliert vor den Angriffen der japanischen Truppen.

**18. Mittwoch**
Niederländisch-Indien. Japanische Truppen landen auf Bali.

**19. Donnerstag**
Australien. Japanische Luftstreitkräfte führen einen schweren Angriff auf den nordaustralischen Hafen Darwin durch.
Niederländisch-Indien. Japanische Truppen landen auf Timor.

**20. Freitag**
Deutsches Reich. Es wird angeordnet, rd. 627 000 »Ostarbeiter« nach Deutschland zu schaffen.

**21. Samstag**
Uruguay. Präsident Alfredo Baldomir löst das Parlament auf, verschiebt die für den 29. 3. vorgesehenen Wahlen auf unbestimmte Zeit und läßt nach Angriffen auf die Regierung durch Anhänger der Achsenmächte Heereseinheiten in die Hauptstadt Montevideo einmarschieren.

**23. Montag**
Brasilien. In Petropolis bei Rio de Janeiro begeht der österreichische Schriftsteller Stefan Zweig (60) mit seiner Frau Selbstmord.

**26. Donnerstag**
Palästina. Die jüdische Bevölkerung legt ihre Arbeit nieder, um den Tod von 400 jüdischen Flüchtlingen zu betrauern, die mit dem Schiff »Struma« im Schwarzen Meer auf eine Mine liefen.

**27. Freitag**
Niederländisch-Indien. Bei der Schlacht in der Javasee (bis 1. 3.) wird eine alliierte Flotte von fünf Kreuzern und neun Zerstörern unter dem niederländischen Admiral Karel Doorman von japanischen Verbänden vernichtet. Doorman kommt bei der Versenkung des Kreuzers »De Ruyter« ums Leben.

# März

**1. Sonntag**
Norwegen. Alle sieben Bischöfe der Staatskirche treten zurück, weil deutsche Truppen die Kathedrale von Trondheim betreten haben und alle Jugendlichen im Alter von 10 bis 18 Jahren Mitglieder der nationalsozialistischen Jugendorganisation werden sollen.
Niederländisch-Indien. Japanische Truppen in Stärke von 60 000 Mann landen an verschiedenen Stellen auf Java.
Schweiz. Der Bundesrat ordnet die Rationierung von Brot, Fleisch und Milch an.

**3. Dienstag**
Deutsches Reich. In Berlin wird der Film *Der große König* (Regie: Veit Harlan) über Friedrich den Großen uraufgeführt.
Niederländisch-Indien. Japanische Truppen nehmen Batavia ein. Zuvor werden die Hafenanlagen von niederländischen Truppen zerstört.

**6. Freitag**
Birma. Japanische Truppen nehmen die Hauptstadt Rangun ein.

**8. Sonntag**
Deutsches Reich. Feldmarschall Gerd von Rundstedt löst Feldmarschall Erwin von Witzleben als Oberbefehlshaber im Westen ab.
Niederländisch-Indien. Nachdem die Japaner angedroht haben, Bandung zu bombardieren, kapitulieren die niederländischen Streitkräfte auf Java.

**9. Montag**
Deutsches Reich. In Stuttgart stirbt der Gründer der Robert Bosch GmbH, Robert Bosch (70).
Niederländisch-Indien. Die Königlich-Niederländisch-Indische Armee ergibt sich den japanischen Streitkräften. 93 000 Soldaten gehen in japanische Kriegsgefangenschaft.

**12. Donnerstag**
Niederländisch-Indien. Japanische Truppen landen in Sabang (Ostsumatra).

**13. Freitag**
Rumänien. Die Deportation von 110 000 rumänischen Juden wird angeordnet.

*15. 2. Singapur*
*Bei der schnellen Eroberung Singapurs kommen 60 000 britische Soldaten in japanische Kriegsgefangenschaft.*

1. 2. Norwegen
S. 105–24

15. 2. Singapur
S. 145–31

3. 3. Deutsches Reich
S. 65–10

*9. 3. Deutsches Reich*
*Robert Bosch*

## April 1942

*16. 3. Deutsches Reich
Rund zweieinhalb Millionen der sowjetischen Kriegsgefangenen sterben an Hunger, Kälte und Erschöpfung. Tausende von gefangenen Kommissaren und Soldaten jüdischer Herkunft werden aufgrund des sog. »Kommissarbefehls« sofort ermordet.*

23. 3. Pazifik
S. 145–31

**14. Samstag**
Neuseeland. Die Regierung erhöht das Alter für die allgemeine Dienstpflicht von 46 auf 50 Jahre; auch Frauen sollen eingezogen werden dürfen.

**16. Montag**
Deutsches Reich. Der Reichsminister für die besetzten Ostgebiete, Alfred Rosenberg, erklärt sein Befremden über die Maßnahmen Erich Kochs, des Reichskommissars der Ukraine, der Gefangene ohne Prozeß in großer Zahl liquidieren ließ.
Das SS-Wirtschaftsverwaltungs-Hauptamt übernimmt die Verwaltung der Konzentrationslager.
Das Vernichtungslager Belzec wird errichtet.

**17. Dienstag**
Niederländisch-Indien. Die Europäer in Padang (Sumatra) werden unter Hausarrest gestellt; der Nationalistenführer Achmed Sukarno wird aus Fort de Kock, wo er interniert war, freigelassen.

**20. Freitag**
USA. General Wainwright folgt General Douglas MacArthur als Befehlshaber der auf den Philippinen stationierten US-Truppen und verlegt sein Hauptquartier auf die Insel Corregidor. MacArthur soll in Australien die Koordination der alliierten Truppen im pazifischen Raum übernehmen.

**21. Samstag**
Deutsches Reich. Hitler ernennt Fritz Sauckel, den Gauleiter von Thüringen, zum Generalbevollmächtigten für den Arbeitseinsatz. Er soll den Einsatz »sämtlicher verfügbarer Arbeitskräfte einschließlich der angeworbenen Ausländer und der Kriegsgefangenen« leiten.

**23. Montag**
Pazifik. Japanische Truppen besetzen die Andamanen-Inseln im Golf von Bengalen.

**24. Dienstag**
Großbritannien. In einem der schwersten Luftangriffe seit 1941 greifen deutsche Sturzkampfflugzeuge (»Stukas«) Dover, Portland und Newhaven an.
Philippinen. Die japanischen Truppen beginnen ihren Angriff auf die Halbinsel Bataan westlich von Manila, wo die verbliebenen US-Streitkräfte konzentriert sind.

**28. Samstag**
Niederländisch-Indien. Die niederländischen Truppen in Nord- und Zentralsumatra kapitulieren.

**28./29. Samstag/Sonntag**
Deutsches Reich. Die britische Luftwaffe führt mit einem Angriff auf Lübeck das erste Flächenbombardement auf eine deutsche Großstadt durch. 320 Menschen kommen ums Leben.

**31. Dienstag**
Ostfront. Mit der Schlammperiode kommen die Winteroperationen der Roten Armee zum Stehen. Entscheidende Durchbrüche konnten nicht erzielt werden.

# April

**1. Mittwoch**
Ceylon. Japanische Flottenverbände beginnen mit Operationen im Seegebiet um Ceylon, um die britische »Eastern Fleet« zu vernichten. Da sich diese dem Kampf entzieht, können die Japaner nur einen leichten Flugzeugträger und zwei schwere Kreuzer versenken.
Neuguinea. Von Niederländisch-Indien aus beginnen japanische Truppen, innerhalb von drei Wochen die Nordküste der Insel zu besetzen, ohne auf größeren Widerstand zu stoßen.

**3. Freitag**
Birma. Die US-Luftwaffe fliegt Angriffe auf japanische Stützpunkte auf den Andamanen-Inseln im Golf von Bengalen. Ferner wird die Hauptstadt Rangun angegriffen. Zwei Drittel des buddhistischen Wallfahrtsortes Mandalay werden durch japanische Luftangriffe zerstört.

**5. Sonntag**
Deutsches Reich. Mit der »Weisung Nr. 41 für die Kriegsführung« legt Hitler die Ziele für die deutsche Sommeroffensive im Osten fest. Das Hauptgewicht bei den Operationen soll auf den Kaukasus gelegt werden.

**6. Montag**
Britisch-Indien. Die japanische Luftwaffe bombardiert zum ersten Mal Madras, Kakinada und Vishakhapattanam.

**9. Donnerstag**
Philippinen. Nach dreimonatigen heftigen Kämpfen auf der Halbinsel Bataan kapitulieren US-amerikanische und philippinische Streitkräfte vor den Japanern. 70 000 Soldaten und 10 Generäle geraten in japanische Gefangenschaft.

**12. Sonntag**
Philippinen. Japanische Bomber unternehmen zum zwölften Mal einen Angriff auf die von US-Truppen besetzte Festungsinsel Corregidor, ohne gegen das starke Abwehrfeuer erfolgreich sein zu können.

**15. Mittwoch**
Rumänien. Amerikanische Flugzeuge greifen die Ölfelder von Ploeşti an.
Schweiz. In Genf stirbt der österreichische Schriftsteller Robert Musil im Alter von 61 Jahren. Sein Hauptwerk ist der dreiteilige Roman *Der Mann ohne Eigenschaften* (1930–1943).

**16. Donnerstag**
Frankreich. Unter deutschem Druck ernennt Marschall Pétain Pierre Laval erneut zum Ministerpräsidenten der Vichy-Regierung. François Darlan wird zum Oberbefehlshaber der Vichy-Streitkräfte ernannt.

**17. Freitag**
Deutsches Reich. Bei einem Tagesangriff bombardiert die britische Luftwaffe Augsburg.
Der im Mai 1940 in deutsche Kriegsgefangenschaft gekommene General Henri Honoré Giraud flieht aus der Festung Königstein und begibt sich über die Schweiz nach Frankreich.

**18. Samstag**
Japan. Unter der Führung von General James H. Doolittle wird von dem US-amerikanischen Flugzeugträger »Hornet« aus der erste Luftangriff auf Tokio gestartet.
Kuba. Staatspräsident Batista unterzeichnet eine Verordnung, nach der alle Vertreter der Achsenmächte das Land verlassen müssen.

**20. Montag**
Frankreich. In einer Rundfunkansprache tritt Pierre Laval für eine Versöhnung mit Deutschland ein.

**23. Donnerstag**
Großbritannien. In der Kathedrale von Canterbury wird William Temple als 96. Erzbischof von Canterbury und Primas der anglikanischen Kirche geweiht.

**24. Freitag**
Deutsches Reich. Die britische Luftwaffe bombardiert die Hafenstadt Rostock.

**26. Sonntag**
Deutsches Reich. Hitler läßt sich vom Reichstag zum Obersten Gerichtsherrn erklären.

**28. Dienstag**
Birma. Die britisch-chinesischen Truppen werden an allen Fronten von japanischen Einheiten, die sich der Birmastraße nähern, zurückgedrängt.

**29. Mittwoch**
Birma. Die britischen Truppen ziehen sich aus Mandalay zurück.
Schweiz. Ein Militärgericht verurteilt die Führer der faschistischen Nationalen Front in Abwesenheit zu fünf Jahren Haft.

# Mai

**1. Freitag**
Generalgouvernement. Das Vernichtungslager Sobibor wird eingerichtet.

**2. Samstag**
Birma. Japanische Heereseinheiten erobern die fast völlig zerstörte Stadt Mandalay. Auch das königliche Palais wird verwüstet.

**3. Sonntag**
Niederlande. Im Konzentrationslager Sachsenhausen werden 72 Widerstandskämpfer der Organisation OD erschossen.
Juden werden zum Tragen des gelben Sterns verpflichtet.

**4. Montag**
Deutsches Reich. Die britische Luftwaffe bombardiert Hamburg.
Seekrieg. Deutsche Kriegsschiffe beschädigen den britischen Kreuzer »Edinburgh«, der eine sowjetische Goldladung für Großbritannien und die USA an Bord hatte, so schwer, daß er von den Briten selbst versenkt werden muß.

**5. Dienstag**
Birma. Japanische Truppen rücken über die Birmastraße nach Norden vor, überqueren den Fluß Nam Mao und dringen in die chinesische Provinz Junnan ein.
Madagaskar. Beim Flottenstützpunkt Diego-Suarez landen britische Truppen, um einer angeblich drohenden japanischen Invasion zuvorzukommen. Sie brechen innerhalb von zwei Tagen den Widerstand der vichy-französischen Militäreinheiten.
Philippinen. Japanische Truppen beginnen mit der Landung auf der Felseninsel Corregidor, die von 48 000 US-amerikanischen und philippinischen Soldaten verteidigt wird.

**6. Mittwoch**
Philippinen. Die US-amerikanischen und philippinischen Truppen auf der Felseninsel Corregidor kapitulieren vor den japanischen Streitkräften. Am Tage darauf kapitulieren die restlichen US-amerikanischen Truppen auf den Philippinen.

**8. Freitag**
Ostfront. Auf der Krim beginnen deutsche Truppenverbände die Sommeroffensive und greifen die Halbinsel Kertsch an.
Pazifik. Bei der »Seeschlacht im Korallenmeer« verlieren sowohl die Alliierten (Flugzeugträger »Lexington«) als auch die Japaner mehrere Schiffe und zahlreiche Flugzeuge. Japan muß den Plan aufgeben, bei Port Moresby im Süden von Neuguinea zu landen.

**9. Samstag**
Ostfront. Die Rote Armee unter Marschall Timoschenko greift mit starken Verbänden im Südabschnitt der Ostfront an, um Charkow zurückzuerobern.

**11. Montag**
Palästina. In New York endet die Biltmore-Konferenz führender Zionisten. David Ben Gurion führt den Beschluß herbei, daß in Palästina ein jüdischer Staat gegründet werden soll.
Seekrieg. Deutsche U-Boote versenken in den Mündungen von St.-Lorenz-Strom und Mississippi US-amerikanische Handelsschiffe.

**16. Samstag**
Dominikanische Republik. General Rafael Leónidas Trujillo y Molina wird als einziger Kandidat bei den Präsidentschaftswahlen zum Staatspräsidenten gewählt.
Ostfront. Das Eisenerzzentrum Kertsch im Osten der Krim fällt in deutsche Hände.

**17. Sonntag**
Deutsches Reich. Das Mutterschutzgesetz tritt in Kraft.

**19. Dienstag**
Ostfront. Die Heeresgruppe Süd unter Generalfeldmarschall von Bock beginnt bei Charkow eine Gegenoffensive.

**20. Mittwoch**
Birma. Das gesamte Land ist in japanischer Hand.
Deutsches Reich. Die Haustierhaltung wird den Juden verboten.

**22. Freitag**
Deutsches Reich. Zum ersten Mal tagt der »Kreisauer Kreis«, eine Gruppe von Widerstandskämpfern, benannt nach dem Besitz Kreisau (Schlesien) von Helmuth James Graf von Moltke.

**23. Samstag**
Deutsches Reich. Reichsernährungsminister Darré wird entlassen und durch Herbert Backe ersetzt.

**24. Sonntag**
Ostfront. Deutschen Truppen gelingt die Einkesselung großer sowjetischer Truppenverbände südlich von Charkow.

**26. Dienstag**
Großbritannien/UdSSR. Der sowjetische Außenminister Molotow fordert in London von Premierminister Churchill die Errichtung einer zweiten Front in Westeuropa. Churchill lehnt dies für 1942 ab, weil die Westalliierten für eine Invasion militärisch noch zu schwach seien.
Mittelmeer. Unter General Rommel beginnt eine deutsch-italienische Offensive auf britische Stellungen bei Bir Hakeim (Libyen).

**27. Mittwoch**
Tschechoslowakei. In der Nähe von Prag unternehmen sieben tschechische Widerstandskämpfer einen Attentatsversuch auf den deutschen Reichsprotektor Reinhard Heydrich (auch → S. 171).

**28. Donnerstag**
China. Die Hauptstadt der Provinz Zhejiang, Hangzhou, wird von japanischen Truppen eingenommen.

**29. Freitag**
Frankreich. Juden werden zum Tragen eines gelben Sterns an ihrer Kleidung verpflichtet.

**30. Samstag**
Ostfront. Die Kesselschlacht um Charkow endet mit einem Sieg der deutschen Truppen. 200 000 sowje-

*29. 4. Birma*
*Japanische Infanterie vor Bohrtürmen im Erdölgebiet bei der Stadt Mandalay.*

*8. 5. Pazifik*
*S. 145–32*

## Juni 1942

4. 6. *Pazifik*
S. 145–32

12. 6. *Deutsches Reich*
S. 89–13

▷
28. 5. *China*
Flüchtende Einheiten des chinesischen Heeres.

4. 6. *Stiller Ozean*
Die Schlacht bei Midway ist in erster Linie eine Auseinandersetzung zwischen Flugzeugen und Schiffen. Hier greift ein amerikanisches Sturzkampfflugzeug ein japanisches Schiff an (links).

10. 6. *Böhmen und Mähren*
Als Vergeltung für das Attentat auf Reinhard Heydrich vernichtet die SS das Dorf Lidice. Die männliche Bevölkerung wird sofort erschossen, Frauen und Kinder werden deportiert, das Dorf selber dem Erdboden gleichgemacht (rechts).

tische Soldaten geraten in deutsche Kriegsgefangenschaft.

**31. Sonntag**
Deutsches Reich. 1000 britische Bomber bombardieren Köln.
Großbritannien. Als unmittelbare Antwort auf die britische Bombardierung Kölns greift die deutsche Luftwaffe Canterbury an.

# Juni

**1. Montag**
Tschechoslowakei. In Prag werden als Vergeltung für das Attentat auf Heydrich erneut 27 Tschechen hingerichtet. Damit ist die Zahl der Erschießungen auf 108 gestiegen.

**2. Dienstag**
Deutsches Reich. Insgesamt 1036 Flugzeuge der britischen Luftwaffe bombardieren die Krupp-Fabriken in Essen und andere Ziele im Ruhrgebiet.

**4. Donnerstag**
Tschechoslowakei. Reichsprotektor Reinhard Heydrich stirbt an den Folgen des Attentats vom 27. 5.
Finnland. Hitler besucht Marschall Mannerheim anläßlich seines 75. Geburtstages in Südfinnland.
Pazifik. In der dreitägigen See- und Luftschlacht bei Midway verlieren die US-Amerikaner nur einen, die Japaner hingegen vier ihrer besten Flugzeugträger sowie einige weitere Kriegsschiffe. Damit ist die Überlegenheit Japans gebrochen und eine Wende im Pazifikkrieg eingetreten (auch → S. 200).

**5. Freitag**
Ostfront. Deutsche Truppen greifen Sewastopol auf der Krim an.

**8. Montag**
Australien. Japanische Klein-U-Boote dringen in den Hafen von Sydney ein, ohne großen Schaden anzurichten.
Seekrieg. Das Unternehmen »Rösselsprung« wird beschlossen. Der Murmansk-Geleitzugverkehr soll mit Überwasserstreitkräften bekämpft werden.

**10. Mittwoch**
Tschechoslowakei. Als Vergeltung für den Tod Reinhard Heydrichs wird auf Anordnung Hitlers das Dorf Lidice vernichtet. Der Ort wird dem Erdboden gleichgemacht, die Männer erschossen, die Frauen in Konzentrationslager gebracht (auch → S. 171).
Mittelmeer. Freifranzösische Truppen räumen die Festung Bir Hakeim. Am folgenden Tag wird sie von deutschen Truppen gestürmt.

**12. Freitag**
Deutsches Reich. Himmler genehmigt den »Generalplan Ost«, der die Unterjochung der Völker Osteuropas vorsieht.

**13. Samstag**
Australien. 27 japanische Bombenflugzeuge, die von 15 Jagdflugzeugen geschützt werden, greifen den Flughafen von Darwin an.

**18. Donnerstag**
Tschechoslowakei. Die Widerstandskämpfer, die das Attentat auf Reinhard Heydrich verübt haben, werden in einer Prager Kirche aufgespürt. Nach einem aussichtslosen Feuergefecht mit der SS begehen sie Selbstmord.

**19. Freitag**
Tschechoslowakei. Alois Elias, der ehemalige Ministerpräsident des Protektorats Böhmen und Mähren, wird hingerichtet.

Juli 1942

**21. Sonntag**
Mittelmeer. General Rommel erobert mit deutschen und italienischen Truppen die Festung Tobruk. 25 000 Briten geraten in Kriegsgefangenschaft.

**22. Montag**
Deutsches Reich. Für die Eroberung Tobruks wird Erwin Rommel zum Generalfeldmarschall ernannt.

**23. Dienstag**
Deutsches Reich. Die Aktion »Kampf dem Kohlenklau« läuft an (auch → S. 167).
Mittelmeer. Die Truppen von Feldmarschall Rommel versuchen die britische Verteidigungslinie an der ägyptisch-libyschen Grenze zu durchbrechen.

**25. Donnerstag**
USA. Generalmajor Eisenhower übernimmt das Oberkommando über die US-Truppen in Großbritannien.

**26. Freitag**
Deutsches Reich. Über 1000 Bomber der britischen Luftwaffe bombardieren 75 Minuten lang Bremen.

**28. Sonntag**
Ostfront. Östlich von Kursk und Charkow beginnt die deutsche Sommeroffensive.

**29. Montag**
Mittelmeer. Das Afrika-Korps von Feldmarschall Rommel macht in der Schlacht bei Mersa Matruh, an der Nordküste Ägyptens, 6000 britische Kriegsgefangene.

**30. Dienstag**
Mittelmeer. Britische Truppen räumen Ed-Daba, 200 km westlich von Alexandria (Ägypten).

# Juli

**1. Mittwoch**
China. Japanische Truppen beenden mit der Einnahme der letzten Eisenbahnlinie, die noch in chinesischer Hand war, der Hangxhou-Nanchang-Linie, die Eroberung des chinesischen Eisenbahnnetzes.
Generalgouvernement. Das Vernichtungslager Treblinka wird eingerichtet.
Ostfront. Der Marinestützpunkt Sewastopol wird endgültig von der 11. Armee eingenommen. Ihr Befehlshaber Erich von Manstein wird zum Generalfeldmarschall befördert.

**2. Donnerstag**
Mittelmeer. Das Afrika-Korps unter Feldmarschall Rommel wird durch eine britische Gegenoffensive bei El Alamein zum Stehen gebracht.

**4. Samstag**
Seekrieg. Bis zum 13. 7. gehen bei tagelangen Angriffen deutscher Flugzeuge und Unterseeboote 24 Schiffe des alliierten Konvois PQ17, der nach Archangelsk unterwegs ist, unter.

**5. Sonntag**
Ostfront. Deutsche Truppen erreichen den Don, nachdem die sowjetische Verteidigungslinie zwischen Charkow und Kursk durchbrochen wurde. Die sowjetischen Truppen ziehen sich zurück.
Sport. Durch ein 2:0 über Vienna Wien wird Schalke 04 deutscher Fußballmeister. In der Schweiz gewinnt Grasshoppers Zürich den Titel.

**7. Dienstag**
Ostfront. Deutsche Truppen erobern Woronesch. Damit sind sie in diesem Frontabschnitt bereits 100 km tiefer auf sowjetisches Territorium eingedrungen als bei den Operationen des Jahres 1941.

**9. Donnerstag**
Mittelmeer. In der Schlacht bei El Alamein (Ägypten) wird das Afrika-Korps unter Feldmarschall Erwin Rommel nach Norden zurückgedrängt.

**10. Freitag**
Türkei. Staatspräsident Inönü billigt eine Kabinettsumbildung. Der neue Ministerpräsident Saraçoğlu wird auch Außenminister.

**11. Samstag**
Neuguinea. US-amerikanische

*22. 6. Deutsches Reich
Erwin Rommel (links) mit italienischen Offizieren.*

*22. 6. Deutsches Reich
S. 49–6*

*5. 7. Sport
S. 65–12*

*1. 7. China
Japanische Soldaten auf einer chinesischen Lokomotive. Das gesamte chinesische Eisenbahnnetz ist nun in japanischer Hand.*

# August 1942

**4. 7.** _Seekrieg_
Innen- und Außenaufnahmen eines deutschen U-Bootes. Booten dieses Typs gelingt es, den alliierten Konvoi PQ 17 nahezu völlig zu zerstören.

**26. 7.** _Ostfront_
Immer weiter dringen deutsche Truppen auf sowjetisches Gebiet vor. Rechts Hitler mit Jodl und Keitel (hinten) in seinem Hauptquartier an der Ostfront, links deutsche Infanterie an der Donfront.

Truppen erreichen die Hauptstadt von Papua, Port Moresby.

**12. Sonntag**
Ostfront. Die Heeresgruppe Nord schließt die Ausräumung des »Wolchow-Kessels« ab. Dabei gerät der Kommandeur der 2. sowjetischen Stoßarmee, General Andrej Wlassow, in deutsche Kriegsgefangenschaft.

**15. Mittwoch**
Deutsches Reich. Hitler empfängt den früheren irakischen Ministerpräsidenten al-Ghailani.

**17. Freitag**
Ostfront. Deutsche Truppen erobern die ukrainische Industriestadt Woroschilowgrad, rd. 150 km nördlich von Rostow.

**19. Sonntag**
Deutsches Reich/Italien. Hitler trifft Mussolini in Feltre. Es ist das letzte Zusammentreffen vor Mussolinis Sturz.
Ostfront. Sowjetischen Truppen gelingt es, den deutschen Vormarsch auf Rostow und Stalingrad aufzuhalten.

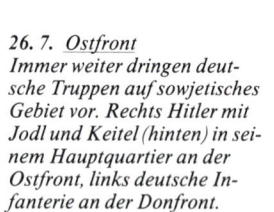

**22. Mittwoch**
Generalgouvernement. Aus dem Warschauer Ghetto beginnt der Abtransport von 300 000 Juden in die Vernichtungslager Belzec und Treblinka.

**23. Donnerstag**
Frankreich. Auf deutschen Druck schließt Pierre Laval in der Judenfrage einen Kompromiß. Er stimmt der Deportation ausländischer und staatenloser Juden zu; Juden mit französischer Staatsangehörigkeit sollen unbehelligt bleiben.
Ostfront. Hitler ändert den Operationsplan vom April so ab, daß statt des vorgesehenen Nacheinanders nun ein gleichzeitiger Vorstoß auf Stalingrad, Leningrad und den Kaukasus stattfinden soll.

**25. Samstag**
Ostfront. Deutsche Truppen erobern Rostow.

**26. Sonntag**
Ostfront. Deutsche Truppen überschreiten den Don bei Rostow.

**27. Montag**
Deutsches Reich. Rd. 600 Flugzeuge der britischen Luftwaffe werfen 175 000 Brand- und Sprengbomben über Hamburg ab.

**28. Dienstag**
Mittelmeer. Die britische 8. Armee stellt ihre Angriffe auf das Afrika-Korps bei El Alamein vorläufig ein.

**29. Mittwoch**
Ostfront. Trotz heftigen sowjetischen Widerstands dringen deutsche Truppen in den Kaukasus ein.

**31. Freitag**
Ostfront. Deutsche, rumänische und slowakische Truppen überschreiten den Don auf einer 225 km breiten Front.

# August

**1. Samstag**
Ostfront. Deutsche Truppen erobern Salsk, einen Eisenbahnknotenpunkt der Linie Stalingrad–Kaukasus.

**4. Dienstag**
Belgien. Die Deportationen von Juden beginnen.

**5. Mittwoch**
Ostfront. Deutsche Truppen überqueren den Kuban und besetzen Woroschilowgrad.

**7. Freitag**
Pazifik. US-amerikanische Armee-Einheiten landen auf den Salomoneninseln Guadalcanal und Tulagi. Sie treffen auf erbitterten japanischen Widerstand.

**8. Samstag**
Britisch-Indien. Die Kongreßpartei fordert die Briten zum sofortigen Verlassen des Landes auf.

Gleichzeitig wird der gewaltlose Widerstand als legitimes Mittel für das Erreichen der Unabhängigkeit bezeichnet.

**9. Sonntag**
Britisch-Indien. Die Führer der Kongreßpartei Mahatma Gandhi, Jawaharlal Nehru und Maulana Abu Kalam Azad werden in Bombay verhaftet.

Ostfront. Deutsche Truppen erobern das Ölgebiet von Majkop, dessen Anlagen von den zurückweichenden sowjetischen Truppen unbrauchbar gemacht worden sind, und besetzen Krasnodar, die Hauptstadt des Kubandistriktes.
Pazifik. In einer nächtlichen Seeschlacht bei der Salomoneninsel Savo versenkt eine japanische Flotte ohne größere eigene Verluste die Kreuzer »Canberra« (Australien), »Astoria«, »Quincy« und »Vincennes« (USA).

**11. Dienstag**
Ostfront. Die Kesselschlacht von Kalatsch wird von deutschen Truppen siegreich beendet.

**12. Mittwoch**
Mittelmeer. In Moskau beginnen viertägige Gespräche zwischen Josif Stalin (UdSSR), Averell Harriman (USA) und Winston Churchill (Großbritannien) über die Bildung einer zweiten Front in Nordafrika.

**13. Donnerstag**
Mittelmeer. General Bernard Law Montgomery wird als Nachfolger von General Ritchie zum Oberbefehlshaber der britischen 8. Armee in Ägypten ernannt.

**15. Samstag**
Polen. General Sikorski gibt die Aufstellung einer Einheit Panzertruppen bekannt.

**16. Sonntag**
Polen. Der Arzt Janusz Korczak trennt sich nach der Auflösung seines jüdischen Kinderheimes nicht von seinen Kindern. Er wird zusammen mit ihnen im Vernichtungslager Treblinka umgebracht.

**17. Montag**
Frankreich. Zum ersten Mal finden US-amerikanische Luftangriffe in Westeuropa statt. »Fliegende Festungen« bombardieren Ziele in Nordfrankreich.

**19. Mittwoch**
Frankreich. Ein alliiertes Kommandounternehmen auf die Hafenstadt Dieppe mißglückt. Von den beteiligten 5000 Kanadiern werden 3500 getötet bzw. verwundet.
Ostfront. Der Oberbefehlshaber der deutschen 6. Armee, General Friedrich Paulus, gibt den Befehl zum Angriff auf Stalingrad.

**20. Donnerstag**
Frankreich. Rd. 500 Flugzeuge der Alliierten greifen bei Tage Ziele in Nordfrankreich an.

**21. Freitag**
Ostfront. Mitglieder der 1. Gebirgsjägerdivision hissen auf dem Elbrus die deutsche Kriegsflagge.

**22. Samstag**
USA. In New York stirbt der in Rußland geborene Tänzer und Choreograph Michail Fokine (62).

**25. Dienstag**
Großbritannien. Bei einem Flugzeugunglück in Schottland kommt Prinz George Edward Alexander Edmund, Herzog von Kent und jüngster Bruder von König George VI., der in der Luftwaffe als Offizier dient, ums Leben.

**27. Donnerstag**
Deutsches Reich. Englische Bürger werden von den Kanalinseln deportiert.
Ostfront. Eine sowjetische Offensive bei Schlüsselburg bindet die für die Einnahme Leningrads bereitgestellten deutschen Streitkräfte.
Wissenschaft. Forscher der Universität Oxford geben die Entwicklung des Antibiotikums Penicillin bekannt.

**29. Samstag**
China. Chinesische Truppen beginnen an der Bahnlinie Kanton–Hankow, 60 km von Hankow entfernt, eine Offensive.
Deutsches Reich. Die britische Luftwaffe bombardiert Nürnberg und Saarbrücken.

**31. Montag**
Deutsches Reich. Die kommunistisch orientierte Widerstandsgruppe »Rote Kapelle« wird von der Gestapo zerschlagen (auch → S. 166).

*9. 8. Britisch-Indien*
*Mahatma Gandhi (rechts) im Gespräch mit Jawaharlal Nehru. Wegen antibritischer Resolutionen der Kongreßpartei werden beide inhaftiert (links).*

*15. 8. Polen*
*General Władysław Sikorski mit seinem Stab in seinem Londoner Hauptquartier (rechts).*

8. 8. Britisch-Indien
S. 368–71

*27. 8. Wissenschaft*
*Eine Penicillinkultur. Das neue Heilmittel soll vor allem in den Feldlazaretten wertvolle Dienste leisten.*
◁

19. 8. Ostfront
S. 129–26

*16. 8. Polen*
*Janusz Korczak mit einigen der ihm anvertrauten Kinder (Aufnahme um 1940).*

*13. 9. China*
*Im Kampf gegen die Japaner erzielen die Chinesen einige Erfolge. Hier japanische Kriegsgefangene.*

*24. 9. Deutsches Reich*
*Franz Halder*

*7. 9. Schweiz*
*S. 368–69*

*11. 10. Pazifik*
*US-Marinesoldaten landen auf Guadalcanal.*

# September

**2. Mittwoch**
Ostfront. Deutsche Truppen durchbrechen den Verteidigungsring um Stalingrad an zwei Stellen.

**3. Donnerstag**
Spanien. Staatschef Franco löst Serrano Suner als Außen- und General Valera als Kriegsminister ab.

**4. Freitag**
Großbritannien. Die Polizei verhaftet bei Feuergefechten in Nordirland (Ulster) insgesamt 144 Personen, die der verbotenen IRA zugerechnet werden. In London findet die erste Sitzung des deutschen Exil-PEN-Clubs statt.

**5. Samstag**
Ungarn. Die sowjetische Luftwaffe bombardiert zum ersten Mal Budapest.

**6. Sonntag**
Ostfront. Deutsche und rumänische Truppen besetzen Noworossijsk, den wichtigsten sowjetischen Kriegshafen am Schwarzen Meer.

**7. Montag**
In der Schweiz treten verschärfte Bestimmungen über die Behandlung von Flüchtlingen in Kraft.

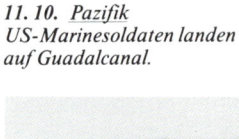

**9. Mittwoch**
Ostfront. Aufgrund des schleppenden Fortgangs der Operationen an der Ostfront kommt eine Führungskrise im deutschen Heer offen zum Ausbruch. Hitler entläßt den Oberbefehlshaber der Heeresgruppe A, Generalfeldmarschall Wilhelm List, und übernimmt selbst die Führung der Heeresgruppe. Die erwogene Entlassung von Wilhelm Keitel (Chef des Oberkommandos der Wehrmacht) und Alfred Jodl (Chef des Wehrmachtsführungsstabes) unterbleibt.

**10. Donnerstag**
Madagaskar. Britische Land-, See- und Luftstreitkräfte greifen die Westküste der Insel an, nachdem Übergabeverhandlungen mit dem vichy-französischen Generalgouverneur Armand Annet gescheitert sind.

**12. Samstag**
Atlantik. Das deutsche U-Boot U 156 unter Kapitänleutnant Werner Hartenstein versenkt den britischen Truppentransporter »Laconia«, auf dem sich 1800 italienische Kriegsgefangene befinden. Zur Rettung Schiffbrüchiger aufgetaucht fahrende deutsche U-Boote werden später von US-amerikanischen Bomberflugzeugen angegriffen. Admiral Dönitz verbietet daraufhin alle Rettungsmaßnahmen.

**13. Sonntag**
China. Chinesische Truppen erobern die Städte Pukjang 45 km nordöstlich und Kufang 10 km westlich von Hangzhou, der Hauptstadt der Provinz Zhejiang, von den Japanern zurück.

**14. Montag**
Ostfront. Die sowjetischen Truppen ziehen sich weiter zurück auf neue Verteidigungslinien bei Mosdok, tief im Kaukasus.

**15. Dienstag**
Pazifik. Östlich der Salomonen versenkt ein japanisches U-Boot den US-amerikanischen Flugzeugträger »Wasp«; das Schlachtschiff »North Carolina« wird beschädigt.

**18. Freitag**
Frankreich. Der deutsche Kommandant von Paris, General Otto von Stülpnagel, ordnet die Hinrichtung von 116 angeblich kommunistischen Terroristen als Vergeltung für Anschläge auf die deutsche Besatzungsmacht an.

**23. Mittwoch**
Madagaskar. Britische Truppen nehmen die Hauptstadt Tananarive ein und bilden eine Militärregierung.
Rumänien. Durch einen Regierungsbeschluß erhält Staatschef Ion Antonescu erweiterte diktatorische Vollmachten.

**24. Donnerstag**
Deutsches Reich. Nach vorangegangenen heftigen Kontroversen entläßt Hitler den Generalstabschef des Heeres, Generaloberst Franz Halder. Sein Nachfolger wird General der Infanterie Kurt Zeitzler.

**25. Freitag**
UdSSR. Der bisher größte Konvoi mit britischem Kriegsmaterial erreicht die sowjetischen Häfen Murmansk und Archangelsk.

**27. Sonntag**
Ostfront. In zähen Kämpfen rücken deutsche Truppen, unterstützt von Sturzkampfflugzeugen, weiter in Stalingrad vor.

**28. Montag**
Ostfront. Deutsche Truppen beschießen Schiffe auf der Wolga, dem Verbindungsweg zwischen Stalingrad und Kaspischem Meer.

**29. Dienstag**
Argentinien. Die Abgeordnetenkammer nimmt eine Resolution für einen Abbruch der diplomatischen Beziehungen zu den Achsenmächten an.

**30. Mittwoch**
Norwegen. Bei Razzien des SD in Trondheim werden 24 Mitglieder der norwegischen Widerstandsorganisation »Milorg« getötet.

# Oktober

**1. Donnerstag**
Deutsches Reich. Die Konzentrationslager im Reichsgebiet werden »judenfrei« gemacht; die Häftlinge kommen in der Mehrzahl nach Auschwitz.
Mittelmeer. Nach einer dreiwöchigen Kampfpause greifen britische Truppen das Zentrum der Verteidigungslinie der Achsenmächte bei El Alamein (Ägypten) an.

**4. Sonntag**
Deutsches Reich. Hermann Göring gibt bei einer Rede anläßlich des Erntedankfestes im Berliner Sportpalast bekannt, daß die Versorgung der Deutschen zu Lasten der besetzten Gebiete gesichert werde.
Madagaskar. Britische Truppen erobern den Eisenbahnknotenpunkt Antsirabe.

**5. Montag**
Ostfront. Drei deutsche Divisionen mit 100 Panzern beginnen, unterstützt durch die Luftwaffe, eine neue Offensive im nördlichen Frontabschnitt bei Stalingrad.

**7. Mittwoch**
Pazifik. US-amerikanische Aufklärungsflugzeuge melden, daß die Ja-

paner die Aleuteninseln Attu und Agattu geräumt und sich auf die Insel Kiska zurückgezogen haben.

### 9. Freitag
UdSSR. In der Roten Armee wird die Funktion des Kommissars abgeschafft. Seine Aufgabe wird von den jeweiligen Offizieren übernommen.

### 10. Samstag
Indochina. Alle vietnamesischen Exilregierungen bilden eine Einheitsfront.
Ostfront. Die sowjetischen Truppen in Stalingrad graben sich ein, nachdem die deutsche Artillerie begonnen hat, die Stadt mit weittragenden Geschossen zu beschießen.

### 11. Sonntag
Pazifik. Die Schlacht am Kap Esperance beginnt. Rd. 65 Flugzeuge der japanischen Luftwaffe greifen, unterstützt von drei schweren Kreuzern und zwei Zerstörern, die Salomoneninsel Guadalcanal an. Der japanische Flottenverband erleidet schwere Verluste.

### 12. Montag
Mittelmeer. In einer zweitägigen Luftschlacht bei Malta verlieren die Achsenmächte 39 Flugzeuge.

### 13. Dienstag
Pazifik. US-amerikanische Verstärkungen landen auf Guadalcanal.

### 14. Mittwoch
Australien/UdSSR. Beide Länder beschließen den Austausch diplomatischer Vertretungen.

### 16. Freitag
Kuba nimmt als erstes lateinamerikanisches Land diplomatische Beziehungen zur UdSSR auf.

### 17. Samstag
Pazifik. Alliierte Bomber greifen die Salomoneninsel Buka, ferner Rabaul, die Hauptstadt des Bismarckarchipels, sowie japanische Stützpunkte auf Neuguinea an.

### 18. Sonntag
Deutsches Reich. Mit der »Weisung 46 a« erläßt Hitler die Grundlage für den sog. Kommandobefehl. Danach »sind alle bei sog. Kommandounternehmen in Europa oder in Afrika von deutschen Truppen gestellten Gegner, auch wenn es sich äußerlich um Soldaten in Uniform oder Zerstörungstrupps mit oder ohne Waffen handelt, im Kampf oder auf der Flucht bis auf den letzten Mann niederzumachen«.

### 20. Dienstag
Frankreich. Der Führer der Vichy-Regierung, Pierre Laval, ruft dazu auf, sich freiwillig zum Arbeitseinsatz in Deutschland zu melden.

### 23. Freitag
Belgien. In Genf stirbt Staf de Clercq, der Führer der faschistischen VNV, im Alter von 52 Jahren. Hendrik Elias wird sein Nachfolger.
Mittelmeer. Die Schlacht um El Alamein beginnt. In einer Großoffensive rückt die britische 8. Armee gegen die deutsch-italienische Panzerarmee vor.

### 24. Samstag
Ostfront. Zwei deutsche Infanteriedivisionen und 80 Panzer greifen Stalingrad an. Der verlustreiche Angriff kostet die Wehrmacht 1500 Soldaten und 17 Panzer.

### 26. Montag
Chile. In Santiago brechen Straßenkämpfe zwischen Anhängern der Alliierten und Anhängern der Achsenmächte aus.
Ostfront. Deutsche und rumänische Truppen nähern sich Tuapse am Schwarzen Meer.

### 27. Dienstag
Mittelmeer. Britische und alliierte Truppen dringen bei El Alamein tief in die deutschen und italienischen Stellungen ein.
Pazifik. Nach der Flugzeugträgerschlacht bei den Santa-Cruz-Inseln versenken japanische Zerstörer den schwerbeschädigten US-Träger »Hornet«.

### 28. Mittwoch
Ostfront. Am 68. Tag der Schlacht von Stalingrad erobern die deutschen Truppen zwei Straßenzüge, wobei 2400 deutsche Soldaten den Tod finden (auch → S. 202).

### 30. Freitag
Madagaskar. Britische Truppen erobern Fianarantsoa, die bedeutendste Stadt im Süden der Insel.

### 31. Samstag
Großbritannien. In einem der schwersten Luftangriffe der letzten zwei Jahre bombardieren rd. 30 Flugzeuge der deutschen Luftwaffe bei Tageslicht Canterbury.

# November

### 1. Sonntag
Deutsches Reich. In Berlin begeht der Komponist Hugo Distler (54) Selbstmord.

Pazifik. US-amerikanische Marinesoldaten überschreiten, gedeckt durch die Luftwaffe, den Fluß Matanikau auf Guadalcanal und greifen japanische Einheiten auf deren Rückzug an.

### 2. Montag
Mittelmeer. In der Schlacht um El Alamein (Ägypten) leitet Feldmarschall Rommel einen weiträumigen Rückzug ein, der vom Oberkommando der Wehrmacht erst nachträglich gebilligt wird.

### 3. Dienstag
Mittelmeer. Britischen Panzern unter General Montgomery gelingt bei El Alamein ein großer Durchbruch in die Stellungen der Achsenmächte.

### 4. Mittwoch
Mittelmeer. Die deutsch-italienischen Truppen ziehen sich nach 12 Tage andauernden Land- und Luftkämpfen durch den westlichen Wüstenteil zurück.

### 5. Donnerstag
Madagaskar. Zwischen den britischen Angreifern und den Verteidigungstruppen der Vichy-Regierung kommt es zu einem Waffenstillstand.

### 6. Freitag
Deutsches Reich. Der Reichsführer SS Himmler ordnet an, daß an der Universität Straßburg eine Sammlung jüdischer Schädel und Skelette angelegt wird.

### 8. Sonntag
Algerien. General Henri Giraud von den Freien Franzosen ruft in Algier die französischen Siedler dazu auf, mit den Alliierten gegen die Achsenmächte zu kämpfen.
Mittelmeer. Unter General Eisenhower landen US-amerikanische Invasionstruppen in Französisch-Nordafrika (»Operation Torch«). Ziel ist die Einnahme von Casablanca, Oran und Algier, um dem Afrika-Korps den Rückzug abzuschneiden. Gegen Abend ergibt sich Algier den US-Amerikanern. Damit ist eine zweite Front gegen die deutschen Truppen entstanden. Die bei Matruh (Ägypten) eingeschlossenen deutsch-italienischen Truppen kapitulieren vor den alliierten Truppen. Die übrigen Truppenteile ziehen sich zurück.

### 9. Montag
Dänemark. Die Regierung von Staatsminister Vilhelm Buhl tritt

*26. 10. Ostfront*
*Bei Tuapse: Leonid Breschnew überreicht als politischer Kommissar einem Soldaten das Parteibuch der KPdSU.*

*28. 10. Ostfront*
*S. 129–26*

*8. 11. Mittelmeer*
*S. 49–6*

**1. Krieg gegen Norwegen**
*Deutsche Fallschirmjäger springen über Narvik ab.*

**2. Westfeldzug I**
*Deutsche Offiziere besichtigen einen Bunker der Maginot-Linie.*

**3. Westfeldzug II**
*Deutsche Truppen erobern Dünkirchen – eine Aufnahme des siegreichen Militärs.*

**4. Krieg gegen England**
*Bürgermeister und Bischof von Coventry vor der zerstörten Kathedrale.*

**5. Die Südostfront**
*Deutsches Kampfflugzeug vom Typ Me 110 über der Akropolis in Athen.*

**6. Krieg in Afrika**
*General Erwin Rommel bei einer Einsatzbesprechung mit italienischen Generälen.*

1. **Krieg gegen Norwegen**
   a) Deutsche Wochenschau-Meldung
   b) A. Hitler
   c) V. Quisling
   d) F. Werfel
   e) V. Quisling

2. **Westfeldzug I**
   a) Deutsche Wochenschau-Meldung
   b) Deutsche Wochenschau-Meldung
   c) Deutsche Wochenschau-Meldung
   d) Meldung des Großdeutschen Rundfunks
   e) Bericht des Oberkommandos der deutschen Wehrmacht
   f) P. Reynaud
   g) Meldung des Großdeutschen Rundfunks

3. **Westfeldzug II**
   a) Drahtfunk-Meldung
   b) C. de Gaulle
   c) Frankreich-Fanfare/Rundfunksprecher
   d) Reportage
   e) A. Hitler
   f) Meldung des Großdeutschen Rundfunks

4. **Krieg gegen England**
   a) A. Hitler
   b) A. Hitler
   c) W. Churchill
   d) Luftangriff auf London
   e) H. Fritzsche
   f) J. Goebbels
   g) A. Hitler
   h) England-Fanfare
   i) V1-Einschlag

5. **Die Südostfront**
   a) Meldung des Oberkommandos der Wehrmacht
   b) A. Hitler
   c) PK-Bericht
   d) A. Hitler

6. **Krieg in Afrika**
   a) A. Hitler
   b) Kriegsbericht
   c) E. Rommel
   d) Offizier

## 1. Hitlers Endziele

1940, zum Jahreswechsel, hatten die Deutschen schon eine Schlacht gewonnen: Polen war besiegt. Hitler und Stalin hatten die Beute geteilt. Das letzte Ziel revisionistischer deutscher Außenpolitik war erreicht: die »Schmach von Versailles« – Polen und den Korridor – gab es nicht mehr.

Aber der Krieg ging weiter, nicht allein, weil England und Frankreich eine weitere deutsche Expansion nicht hinnehmen wollten, sondern weil Hitler seit Beginn seiner Karriere als Politiker ein »Endziel« verfolgte: die Herrschaft der deutschen Herrenrasse über die ganze Welt. Die Zerschlagung Polens war nur ein erster Schritt; ein bis zum Ural reichendes deutsches Kontinentalimperium sollte Sprungbrett für die Herausforderung der Seemächte England und USA sein. Auf die Sicherung der Zufuhr schwedischen Eisenerzes über den norwegischen Hafen Narvik nach Deutschland richtete sich der Angriff auf Norwegen und Dänemark – »Unternehmen Weserübung« genannt. Militärstrategisch sollten außerdem Englands Zufahrtswege über den Nordatlantik durch deutsche Stützpunkte bedroht werden.

## 2. Der Blitzkrieg . . .

Hätte sich Polen Hitlers Druck ebenso gebeugt wie ein Jahr zuvor die Tschechoslowakei: die Franzosen wären zuerst niedergerungen worden, denn nach seinem Kriegs- und »Lebensraum«-Konzept sollte das »Dritte Reich« bei seinem »eigentlichen« Krieg im Osten den Rücken frei haben. So mußte Frankreich zunächst zusehen, wie Polen kapitulierte, Norwegen und Dänemark besetzt wurden – »drôle de guerre«, Sitzkrieg nannten es die Franzosen.

Sie sollten rasch erfahren, was die Deutschen mit »Blitzkrieg« meinten: Ohne Kriegserklärung waren am 10. Mai 1940 deutsche Truppen in Belgien, Holland und Luxemburg eingebrochen. In neutrale Staaten. Nach fünf Tagen mußte die holländische Armee kapitulieren, am 16. Mai waren die belgischen Festungen überrannt, Brüssel und Antwerpen besetzt. Den schnellen deutschen Panzerverbänden gelang der »Sichelschnitt« durch die Ardennen: Die alliierte Maasfront zerbrach, deutsche Panzer standen bei Dünkirchen und umzingelten französische Divisionen und die britische Expeditionsarmee.

## 3. . . . und seine Opfer

Als »Wunder von Dünkirchen« feierten die Engländer Anfang Juni 1940 die gelungene Evakuierung von mehr als 200 000 Briten und 100 000 Franzosen über den Ärmelkanal. Hitler hatte am 24. Mai überraschend den Befehl gegeben, die deutschen Panzer anzuhalten. Wollte er Material schonen? Der Luftwaffe den Sieg überlassen? Oder England eine Brücke zur Verständigung bauen?

Nur eines steht fest: Die Franzosen hatten wenig zu feiern. Ihre Fronten brachen, in Paris paradierten die Sieger, der Führer diktierte unter demütigenden Umständen in Compiègne die Waffenstillstandsbedingungen. »Freiheit, Gleichheit, Brüderlichkeit«, die Parole der Republik, galt nun nicht mehr: Das Land wurde geteilt, die Armee geschlagen, Hunderttausende obdachlos, andere verschleppt in deutsche Lager und Fabriken. Die neue Losung – »Arbeit, Familie, Vaterland« – tröstete nur die, denen Kollaboration das Überleben eher zu sichern schien als Widerstand. Hitler und seine Blitzkriegstrategie waren auf dem Gipfel ihres Ansehens – ein Geheimrezept für weitere Siege?

## 4. »Unternehmen Seelöwe«

Der »Führer« war fast sicher: Beeindruckt von der französischen Niederlage und der deutschen Kriegstüchtigkeit würde England die Waffen strecken, die deutsche Herrschaft über Europa anerkennen und Frieden mit dem »Großgermanischen Reich« machen. Wie schon bei Wilhelm II. war der Wunsch Vater des Gedankens. Seit Churchills Unterhausrede am 10. Mai 1940 war bekannt: England kämpft weiter; Blut, Schweiß und Tränen werden einer drohenden deutschen Invasion trotzen.

Mit »Blitzkrieg« war der Insel nicht beizukommen; ausgearbeitete Pläne gab es nicht, dafür Uneinigkeit zwischen Heer und Marine. Seit Sommer 1940 flog die Luftwaffe schwere Angriffe gegen Südengland, um die Landung der Truppen zu ermöglichen. Göring, ruhmbegierig, ließ auch Stadtzentren bombardieren – erfolglos: Englischer Überlebenswille und die Jagdabwehr waren stärker. Erfolglos waren auch die – vorerst noch wenigen – deutschen U-Boote.

Erst im Frühjahr 1941 bläst Hitler den Landungsplan endgültig ab. England war nicht mit dem schnellen Schlag einer Invasion zu überwinden.

## 5. Vom Balkan tief ins Mittelmeer . . .

Jedoch schien die Eroberung von Malta, Gibraltar und Suez geeignet, England zu verwunden, in die Knie zu zwingen. Im Oktober 1940 versucht Hitler, Franco zum Angriff auf Gibraltar zu bewegen. Der Caudillo weicht aus, Hitler tobt – umsonst.

Fünf Tage nach dem Treffen der beiden Bürgerkriegskameraden überraschte Mussolini die Welt mit dem Angriff auf Griechenland. Sein Traum: das ganze Mittelmeer italienisch – »mare nostro«, wie zu Zeiten des römischen Weltreichs. Balkan- und östlicher Mittelmeerraum gerieten in Bewegung. England, die Garantiemacht Griechenlands, brauchte nicht einmal massiv einzugreifen. Die italienische Streitmacht wurde bald von den Griechen zurückgedrängt. Deutsche Truppen mußten zu Hilfe eilen.

Am 6. April 1941 begann der deutsche Krieg gegen Griechenland, gleichzeitig gegen Jugoslawien, das aus der Achse ausgeschert war. Wenig später kapitulierten die Armeen der beiden Länder. Die Achsenmächte hatten erheblich an Terrain gewonnen. Der Suezkanal schien zum Greifen nah, der Weg nach Indien offen.

## 6. . . . und bis in die Wüste Afrikas

Die Italiener hatten in Nordafrika schwere Rückschläge erlitten, die Cyrenaica an die Briten verloren. Erwin Rommels Afrika-Korps sollte helfen.

Rommel war, anders als seine italienischen Kollegen, ein kluger Stratege: beliebt, charismatisch, zäh; innerhalb von zwei Wochen hatten seine Truppen fast die ganze Cyrenaica zurückerobert. Im Juli 1942 stand Rommel bei El Alamein, 100 Kilometer vor Alexandria.

Hitze, Wassermangel, Sand – mörderische Bedingungen für die Deutschen. Treibstoff, Material und Lebensmittel mußten eingeflogen werden, und Rommels dringende Bitten um Verstärkung wurden in Berlin nicht beantwortet: Afrika war für Hitler ein Nebenkriegsschauplatz.

Der britischen Gegenoffensive vom Oktober 1942 bei El Alamein konnten die Truppen der Achsenmächte nicht standhalten. Als die Alliierten Mitte November in Algerien und Marokko landeten, hieß das »Zweifrontenkrieg«. Entgegen der Maxime »Halten um jeden Preis« kapitulierte das Afrika-Korps im Mai 1943.

**Dezember 1942**

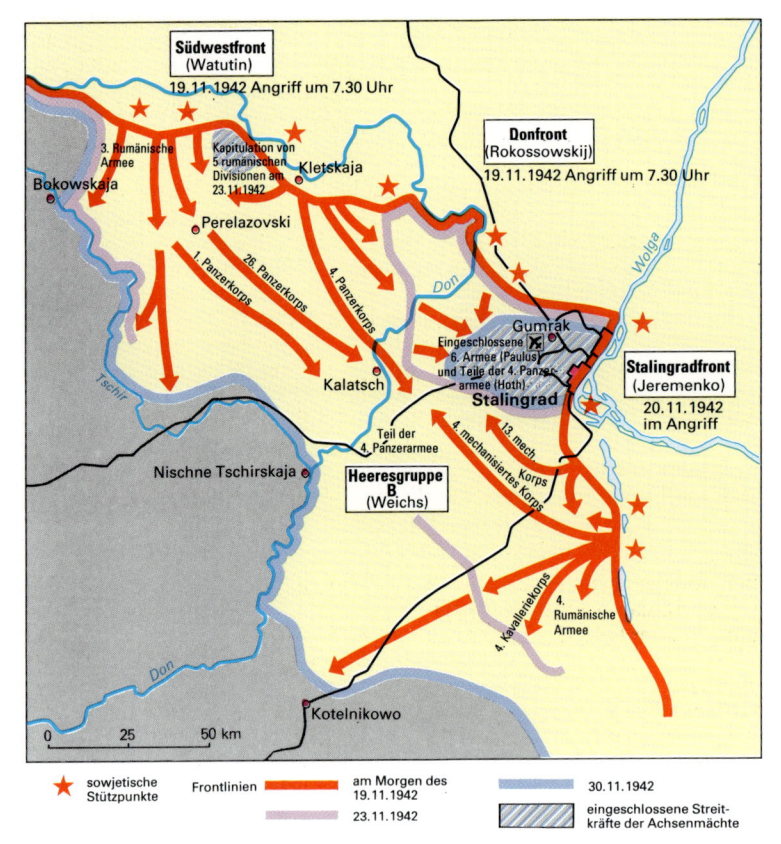

**20. 11.** *Ostfront*
*Die Schlacht bei Stalingrad erfährt eine entscheidende Wende, als sowjetische Armeen von Norden und Süden angreifen. Die deutsche 6. Armee und rumänische Verbände (insgesamt 330 000 Mann) werden dadurch eingekesselt.*

**13. 11.** *Pazifik*
S. 145–32

zurück. Außenminister Scavenius bildet ein neues Kabinett.
Mittelmeer. General Eisenhower gibt bekannt, daß der französische General Giraud von den Freien Franzosen eine französisch-nordafrikanische Armee gegen die Achsenmächte in Nordafrika bilden wird.

**10. Dienstag**
Frankreich. Marschall Pétain entzieht Admiral Jean Francois Darlan, der in Algerien von General Eisenhower zum Hochkommissar ernannt worden ist, den Oberbefehl über die Streitkräfte und übernimmt ihn formell selbst.
Madagaskar. General Paul de Gentilhomme, Mitglied der Regierung der Freien Franzosen unter General de Gaulle, wird zum Hohen Kommissar ernannt.

**11. Mittwoch**
Frankreich. Die deutsche Wehrmacht besetzt den bisher noch unbesetzten Teil Frankreichs (Vichy-Frankreich).

**12. Donnerstag**
Frankreich. Drei deutsche Panzerdivisionen erreichen die Mittelmeerküste. Einheiten der deutschen Luftabwehr besetzen alle Flughäfen im Süden.
Korsika. Nachdem Vichy-Frankreich von deutschen Truppen besetzt ist, landen italienische Truppen auf Korsika.
Mittelmeer. US-amerikanische Armee-Einheiten besetzen Bône (Algerien), 90 km westlich der tunesischen Grenze. Britische Truppen nehmen Tobruk (Libyen) ein.

**13. Freitag**
Pazifik. In einer Seeschlacht bei Guadalcanal erleiden beide Seiten schwere Verluste: Die Japaner verlieren die Schlachtschiffe »Hiei« und »Kirishima«, einen Kreuzer und drei Zerstörer, die Amerikaner zwei Kreuzer und sieben Zerstörer. Entscheidend ist die Vernichtung der japanischen Transportflotte.

**15. Sonntag**
Mittelmeer. Britische Truppen rücken, unterstützt von US-amerikanischen Panzereinheiten, von Algerien aus nach Tunesien ein. Vor einem eilig zusammengezogenen deutsch-italienischen Truppenkontingent von rd. 10 000 Mann kommen sie zum Stehen.

**17. Dienstag**
Algerien. Der US-amerikanische Präsident Roosevelt ruft dazu auf, Admiral Darlan als vorläufiges Oberhaupt der französischen Besitzungen in Nordafrika anzuerkennen. Marschall Pétain hatte ihn am Tage zuvor aller Ämter enthoben.

**18. Mittwoch**
Mittelmeer. US-amerikanische, britische und freifranzösische Truppen dringen von verschiedenen Stellen aus in Tunesien ein. Inzwischen befindet sich der Hauptteil der deutsch-italienischen Truppen weiter auf dem Rückzug nach El Aqeila.
Ostfront. Der größte Teil Stalingrads ist von deutschen Truppen besetzt. Die sowjetischen Armee-Einheiten verteidigen sich auf drei voneinander getrennten Brückenköpfen.

**20. Freitag**
Birma. Die bisher größte von Britisch-Indien gestartete US-amerikanische Flugzeugstaffel bombardiert den von Japanern besetzten Eisenbahnknotenpunkt Mandalay.
Mittelmeer. Britische Truppen erobern Benghasi (Libyen).
Ostfront. Drei sowjetische Armeen beginnen im Süden Stalingrads und in der Kalmüken-Steppe eine großangelegte Gegenoffensive.

**21. Samstag**
Italien. Der Angriff von einigen hundert Bombern der britischen Luftwaffe auf Turin ist das bisher schwerste Bombardement einer italienischen Stadt.

**22. Sonntag**
Ostfront. Sowjetische Truppen erobern im Zuge ihrer Offensive im Nordwesten und Südwesten Stalingrads Kalatsch am Don zurück.
Sport. In Preßburg schlägt die deutsche Fußballnationalmannschaft die Slowakei mit 5:2. Bis zum Jahre 1950 ist dies das letzte Länderspiel der Nationalmannschaft.

**23. Montag**
Ostfront. Die sowjetischen Truppen unter General Schukow umzingeln die deutsche 6. Armee. Rund um Stalingrad erobern sie verschiedene Stellungen (auch → S. 202).

**26. Donnerstag**
Thailand. Nach einem 2250 km langen Flug bombardieren 9 US-amerikanische Bomberflugzeuge die von den Japanern besetzte Erdölraffinerie in Bangkok. Es ist der erste amerikanische Angriff auf Thailand.

**27. Freitag**
Frankreich. Deutsche Truppen besetzen Toulon. Im Hafen versenkt sich die aus 60 Kriegsschiffen bestehende Flotte zum größten Teil selbst.

**29. Sonntag**
Ostfront. Sowjetische Truppen brechen am östlichen Ufer des Don durch die deutschen Verteidigungsstellungen.
Uruguay. Juan José Amézaga wird zum Präsidenten gewählt und Nachfolger von General Alfredo Baldomir.

# Dezember

**1. Dienstag**
Birma. US-amerikanische Bomberflugzeuge greifen die Hauptstadt Rangun und die Andamanen an.
Deutsches Reich/Italien. Mussolini rät Hitler zur Beendigung des Krieges gegen die UdSSR.
Pazifik. Die US-amerikanische

Marine wehrt einen neuen japanischen Landungsversuch auf Guadalcanal ab.

**2. Mittwoch**
USA. In Chicago gelingt dem Physiker Enrico Fermi die erste Erzeugung von Atomenergie durch Kettenreaktion bei der Uranspaltung in einem Reaktor.

**3. Donnerstag**
Ostfront. Durch die ungünstige Wetterlage wird die Versorgung der in Stalingrad eingeschlossenen 6. Armee stark behindert.

**4. Freitag**
Italien. US-amerikanische Bomberflugzeuge greifen Neapel an.

**6. Sonntag**
Niederlande. In einer Radioansprache aus London stellt Königin Wilhelmina die Überprüfung der Beziehungen zwischen Mutterland und Kolonien in Aussicht.

**7. Montag**
Deutsches Reich. In Düsseldorf, Essen und Wuppertal werden von der Gestapo zahlreiche Jugendliche, die zu den »Edelweißpiraten« gehören, festgenommen.

**11. Freitag**
Deutsches Reich. In Berlin begeht der Schriftsteller Jochen Klepper (39) mit seiner von den Nazis bedrohten »jüdischen« Frau und seiner Tochter Selbstmord.

**12. Samstag**
Ostfront. Die deutsche 4. Panzerarmee unter Generaloberst Hoth beginnt bei Kotelnikowo, 150 km südwestlich von Stalingrad, eine Gegenoffensive, um die Verbindung zur 6. Armee wiederherzustellen.

**14. Montag**
Mittelmeer. Feldmarschall Rommel zieht sich mit seiner Armee von der Marsa-el-Brega-Stellung zur Buwerat-Stellung im Westen der Großen Syrte zurück. Damit wird eine Einkreisung der deutsch-italienischen Truppen vereitelt.

**15. Dienstag**
Pazifik. Nach zweitägigen Luftangriffen auf Buin auf der Insel Bougainville (Bismarckarchipel) und Munda auf New Georgia (Salomonen) bricht die US-amerikanische Luftwaffe den japanischen Widerstand.

**16. Mittwoch**
Deutsches Reich. Hitler befiehlt die Einweisung aller in Deutschland lebenden Zigeuner in Konzentrationslager.

**18. Freitag**
Deutsches Reich. Bei einem Gespräch mit dem italienischen Außenminister Ciano lehnt Hitler dessen Vorschlag zu einer Verständigung mit der UdSSR strikt ab.

**19. Samstag**
Ostfront. Die als Entsatz gedachte 4. Panzerarmee kommt bis auf 48 km an Stalingrad heran, bleibt dann aber stecken.

**21. Montag**
Ceylon. Der Nationalkongreß billigt eine Resolution, in der Großbritannien aufgefordert wird, dem Land nach Beendigung des Krieges die Unabhängigkeit zu verleihen.

**22. Dienstag**
Deutsches Reich. In Berlin-Plötzensee werden 11 Mitglieder der Spionageorganisation »Rote Kapelle« hingerichtet, u. a. Arvid Harnack und Harro Schulze-Boysen (auch → S. 166).
Generalgouvernement. Mitglieder einer jüdischen Jugendorganisation verüben Bombenanschläge auf einige von deutschen Offizieren besuchte Cafes in Krakau.

**23. Mittwoch**
Ostfront. In Moskau wird die Gefangennahme von rd. 164 000 und der Tod von rd. 8000 deutschen Soldaten im Zuge der sowjetischen Offensive am Don bekanntgegeben.

**24. Donnerstag**
Algerien. In Algier wird Admiral Jean François Darlan (61) von einem Gaullisten ermordet. Darlan war zunächst Oberbefehlshaber der Streitkräfte der Vichy-Regierung, unterstützte jedoch später die Alliierten.
Deutsches Reich. Auf dem Versuchsgelände für Raketengeschosse in Peenemünde (Insel Usedom) wird der erste V1-Flugkörper getestet.

**25. Freitag**
Mittelmeer. Britische Truppen erobern den Hafenort Sirte (Libyen), rd. 350 km östlich der Hauptstadt Tripolis.

**26. Samstag**
Algerien. General Henri Honoré Giraud wird in Algier zum französischen Hohen Kommissar in Afrika ernannt. Der Mörder von Admiral Darlan wird in Algier hingerichtet.

**29. Dienstag**
Ostfront. Sowjetische Truppen erobern Kotelnikowo, 150 km südwestlich von Stalingrad.

**30. Mittwoch**
Chile. Auf Ersuchen von Staatspräsident Juan Antonio Rías beschließt das Parlament, alle Beziehungen zu den Achsenmächten abzubrechen.
Großbritannien. In London stirbt der Diplomat Sir Neville Henderson im Alter von 60 Jahren. 1937 bis 1939 war Henderson britischer Botschafter in Berlin. Bei Ausbruch des Krieges überreichte er der deutschen Regierung die britische Kriegserklärung.

*27. 11. Frankreich*
*Um zu verhindern, daß die Schiffe in deutsche Hände fallen, sprengt sich ein großer Teil der französischen Flotte in Toulon selbst in die Luft.*

*11. 12. Deutsches Reich*
*Jochen Klepper*

*14. 12. Mittelmeer*
*Die deutschen Truppen liefern in Nordafrika hartnäckige Rückzugsgefechte. Hier nimmt eine britische Hurricane einen deutschen Panzerwagen unter Feuer.*

**1943**

*Die Niederlage von Stalingrad leitet den Zusammenbruch an der Ostfront ein. Generalfeldmarschall Paulus geht in die Kriegsgefangenschaft.*

# 1943

## Januar

**1. Freitag**
USA. Das US-amerikanische Nachrichtenmagazin *Time* wählt den sowjetischen Partei- und Regierungschef Josif Stalin zum »Mann des Jahres 1942«.

**3. Sonntag**
Ostfront. Die Rote Armee beginnt eine Offensive im Kaukasus. Sowjetische Truppen erobern den Eisenbahnknotenpunkt Mosdok, 100 km nordwestlich des Ölgebietes von Grosnyj.

**4. Montag**
Ostfront. Sowjetische Truppen erobern den Eisenbahnknotenpunkt Tschernichowskij, 160 km von Stalingrad entfernt.

**7. Donnerstag**
USA. Die schwarze Sopranistin Marian Anderson durchbricht die Politik der Rassentrennung, indem sie in der ausverkauften Constitution Hall in Washington auftritt.

**8. Freitag**
Ostfront. Der sowjetische General Konstantin Rokossowskij fordert General Paulus zur Kapitulation der deutschen 6. Armee auf, die Hitler untersagt.

**10. Sonntag**
Deutsches Reich/Rumänien. In seinem Hauptquartier »Wolfsschanze« empfängt Hitler den rumänischen Regierungschef Marschall Ion Antonescu, der ihm weitere Unterstützung im Krieg gegen die UdSSR zusichert.

**13. Mittwoch**
Neuguinea. Die alliierte Luftwaffe greift den Hafen von Lae an.

**14. Donnerstag**
Großbritannien/USA. In der marokkanischen Stadt Casablanca eröffnen der britische Premierminister Churchill und der US-amerikanische Präsident Roosevelt eine zwölftägige Konferenz, auf der die Achsenmächte zur »bedingungslosen Kapitulation« aufgefordert werden. Zugleich wird der Termin für eine Invasion auf Sizilien für das Frühjahr 1943 festgesetzt, eine Invasion in Westeuropa auf 1944 verschoben. Die französischen Generäle de Gaulle und Giraud besprechen mit Roosevelt die Verwaltung der französischen Kolonien.
Ostfront. Munitionsmangel bei den deutschen Truppen führt in Stalingrad dazu, daß stellenweise mit blanker Waffe gekämpft werden muß.

**16. Samstag**
Irak. Die Regierung erklärt dem Deutschen Reich, Italien und Japan den Krieg.

**17. Sonntag**
Deutsches Reich. Die britische Luftwaffe bombardiert zum ersten Mal seit November 1941 Berlin.
Ostfront. Sowjetische Truppen erobern den Eisenbahnknotenpunkt Millerowo an der Linie Rostow–Moskau, rd. 200 km nördlich von Rostow.

**18. Montag**
Polen. Systematische Deportationen lösen im Warschauer Ghetto erste Widerstandshandlungen gegen die Deutschen aus.
Ostfront. Sowjetische Truppen durchbrechen mit der Rückeroberung von Schlüsselburg den Belagerungsring um Leningrad.

**20. Mittwoch**
Mittelmeer. Britische Truppen erobern Homs und Tarhuna, 60 km von Tripolis entfernt. Das deutsche Afrika-Korps räumt Tripolis.

**22. Freitag**
Ostfront. Sowjetische Truppen besetzen Salsk, 160 km südöstlich von Rostow, und drohen, damit den deutschen Truppen im Kaukasus jede Verbindung abzuschneiden.

**23. Samstag**
Mittelmeer. Britische Truppen erobern Tripolis. Seit ihrem Aufbruch aus El Alamein drei Monate zuvor haben sie damit 1800 km zurückgelegt.
Ostfront. Sowjetische Truppen erobern Armavir.
Die telegrafische Bitte von General Paulus um die Genehmigung zu Übergabeverhandlungen in Stalingrad lehnt Hitler ab.

**25. Montag**
Mittelmeer. Deutsch-italienische Truppen besetzen die Marethlinie in Südtunesien.
Ostfront. Sowjetische Truppen teilen den Kessel von Stalingrad in zwei Hälften.

**26. Dienstag**
Ostfront. Sowjetische Truppen er-

*14. 1. Großbritannien/USA*
*US-Präsident Roosevelt und der britische Premierminister Churchill während der Konferenz von Casablanca.*

*18. 1. Polen*
*Aufnahme aus dem Warschauer Ghetto. Die Nahrungsmittelversorgung ist schlecht, Leichen liegen auf den Straßen. Als die deutschen Behörden mit systematischen Deportationen beginnen, regt sich in kleinen Gruppen Widerstand.*

## Februar 1943

obern Woronesch, 16 km östlich des Don.

**30. Samstag**
Deutsches Reich. Wegen Meinungsverschiedenheiten mit Hitler über die weitere Verwendung der Überwasserflotte wird der Oberbefehlshaber der Kriegsmarine, Großadmiral Erich Raeder, durch den Befehlshaber der U-Boote, Admiral Karl Dönitz, ersetzt. Dönitz wird zum Großadmiral befördert.
Ostfront. Sowjetische Truppen erobern die Ölfelder von Majkop im Kaukasus zurück.

**31. Sonntag**
Italien. Mussolini ersetzt Stabschef Ugo Cavallero durch Vittorio Ambrosio.
Ostfront. Der gerade zum Feldmarschall ernannte Generaloberst Friedrich Paulus kapituliert mit den Resten der 6. Armee und der 4. Panzerarmee im südlichen Kessel von Stalingrad (auch → S. 202).

*31. 1. Ostfront*
*S. 129–26*

▷ *31. 1. Ostfront*
*Der Fall von Stalingrad wird zum Wendepunkt des Krieges.*

*22. 2. Deutsches Reich*
*Christoph Probst, neben den Geschwistern Scholl ein führendes Mitglied der Weißen Rose.*

*18. 2. Deutsches Reich*
*S. 89–17*

*18. 2. Deutsches Reich*
*In einer Rede im Berliner Sportpalast kündigt Propagandaminister Joseph Goebbels den totalen Krieg an.*

# Februar

**2. Dienstag**
Ostfront. Die deutschen, italienischen und rumänischen Truppen unter General Strecker im Nordkessel von Stalingrad kapitulieren. Insgesamt werden 90 000 Soldaten und 24 Generäle gefangengenommen. Damit ist die Schlacht um Stalingrad zu Ende.

**3. Mittwoch**
Finnland. Marschall Karl Gustaf von Mannerheim erzielt in einem Gespräch mit Staatspräsident Ryti Übereinstimmung darüber, daß Finnland schnellstens aus dem Krieg ausscheiden müsse.

**5. Freitag**
Italien. Wegen der militärischen Krise bildet Mussolini seine Regierung um. Graf Ciano wird als Außenminister entlassen und Botschafter beim Vatikan. Sein Amt übernimmt Mussolini selbst.

**6. Samstag**
Deutsches Reich. Hitler genehmigt den Bunkerbau für die Reichskanzlei.

**7. Sonntag**
Ostfront. Sowjetische Truppen nehmen Asow an der Mündung des Don und schneiden damit die Verbindung zu den deutschen Verbänden bei Krasnodar ab.

**8. Montag**
Ostfront. Die 60. Sowjetarmee erobert Kursk.

**9. Dienstag**
Pazifik. Die Japaner ziehen sich von Guadalcanal zurück.

**11. Donnerstag**
Deutsches Reich. Schüler höherer Schulen werden als Luftwaffenhelfer zum Dienst bei der Flugabwehr einberufen.
USA. Präsident Roosevelt befördert Dwight D. Eisenhower, der das Kommando über die britische 8. Armee übernimmt, zum General.

**12. Freitag**
Belgien. Für die deutsche Waffenproduktion sollen alle Kirchenglocken beschlagnahmt werden.

**14. Sonntag**
Deutsches Reich. In Göttingen stirbt der Mathematiker David Hilbert im Alter von 81 Jahren.
Mittelmeer. Die deutschen Truppen unter Feldmarschall Rommel brechen, unterstützt von 150 Panzern, durch die amerikanischen Linien in Mitteltunesien.
Ostfront. Sowjetische Truppen erobern unter dem Kommando von General Malinowskij Rostow am Don und Woroschilowgrad.

**15. Montag**
Finnland. Staatspräsident Ryti wird bei den Präsidentschaftswahlen wiedergewählt.

**16. Dienstag**
Generalgouvernement. Der Reichsführer SS, Heinrich Himmler, befiehlt die Auflösung des Warschauer Ghettos.
Ostfront. Sowjetische Truppen erobern unter dem Kommando von General Golikow mit der Stadt Charkow das Industriezentrum der Ukraine zurück.

**18. Donnerstag**
Deutsches Reich. In einer Rede im Berliner Sportpalast ruft Reichspropagandaminister Joseph Goebbels den »totalen Krieg« aus.
In München werden die Geschwister Hans und Sophie Scholl, Mitglieder der Widerstandsgruppe »Weiße Rose«, beim Verteilen von anti-nationalsozialistischen Flugblättern verhaftet (auch → S. 165).

**19. Freitag**
Mittelmeer. Der deutsche Vorstoß in Mitteltunesien kommt entlang der Linie Pechon-Feriana zum Stillstand.

**20. Samstag**
Britisch-Indien. In einem Aufruf an den britischen Premierminister Churchill und den US-amerikanischen Gesandten verlangen 200 Politiker die unmittelbare Freilassung Gandhis, der seinerseits in der Zwischenzeit einen Hungerstreik begonnen hat.
Seekrieg. Der alliierte Konvoi ON 166 wird im Atlantik von deutschen U-Booten angegriffen. 14 der 48 Schiffe gehen bis zum 25. 2. verloren.

**22. Montag**
Deutsches Reich. Die Geschwister Scholl und ihr Freund Christoph Probst werden in München zum Tode verurteilt und hingerichtet.

**24. Mittwoch**
Deutsches Reich. Hitler erteilt in einem Befehl zur Disziplinargewalt in der Wehrmacht militärischen Vorgesetzten das Recht, »Ungehorsame auf der Stelle zu erschießen«.
Mittelmeer. Schwere alliierte Luftangriffe zwingen die deutschen Truppen zu einem Rückzug aus Mitteltunesien.

**März 1943**

Ostfront. Im Süden der Ostfront treten deutsche Truppen zu einer Gegenoffensive an.

### 25. Donnerstag
Indochina. Die Widerstandsorganisation Viet Minh gründet die Indochinesische Demokratische Front.

### 26. Freitag
Deutsches Reich. Der erste Transport deutscher Zigeuner erreicht das Konzentrationslager Auschwitz-Birkenau.

# März

### 2. Dienstag
Deutsches Reich. Die britische Luftwaffe wirft bei einem Nachtangriff in einer halben Stunde 900 t Bomben über Berlin ab.
UdSSR. In Moskau wird die »Union polnischer Patrioten« als kommunistische Konkurrenzorganisation zur Londoner Exilregierung Polens gegründet. Die Gründung wird jedoch erst im Mai bekanntgegeben.

### 3. Mittwoch
Britisch-Indien. Mahatma Gandhi beendet einen Hungerstreik, den er am 21. Februar begonnen hatte.
Pazifik. In der Schlacht im Bismarck-Archipel versenken alliierte Bomber acht japanische Transportschiffe und vier Zerstörer. Der größte Teil der Überlebenden wird von US-Flugzeugen und Schnellbooten mit Wasserbomben und Maschinengewehren getötet, um eine Verstärkung der japanischen Truppen bei Lae zu verhindern.
Schweiz/Deutsches Reich. General Guisan gelingt es bei einem Geheimtreffen im Emmental, SS-Brigadeführer Walter Schellenberg von der Bereitschaft der Schweiz, sich einem deutschen Angriff mit allen Mitteln zu widersetzen, zu überzeugen.
UdSSR. Der in deutsche Kriegsgefangenschaft geratene General Andrej Wlassow ruft in einem offenen Brief das sowjetische Volk auf, »das stalinistische Joch abzuschütteln«.

### 5. Freitag
Deutsches Reich. Alliierte Luftstreitkräfte bombardieren Essen. Zum 25jährigen Jubiläum der Filmgesellschaft UFA wird der Farbfilm »Münchhausen« uraufgeführt (auch → S. 268).
Mittelmeer. Britische Streitkräfte erobern Sedjenan in Nordtunesien.

### 6. Samstag
Deutsches Reich. Kurt Schumacher wird wegen seines schlechten Gesundheitszustandes aus dem KZ Dachau entlassen und nach Hannover zwangsverwiesen.
Mittelmeer. Das verstärkte Afrika-Korps von Feldmarschall Rommel greift britische Stellungen in Tunesien südlich der Marethlinie an.
UdSSR. Das Präsidium des Obersten Sowjet verleiht Stalin den Titel Marschall der Sowjetunion.

### 9. Dienstag
Deutsches Reich. Alliierte Luftstreitkräfte bombardieren Nürnberg.
Mittelmeer. Generaloberst Jürgen von Arnim löst Feldmarschall Erwin Rommel als Oberbefehlshaber des deutschen Afrika-Korps ab. Der erkrankte Rommel begibt sich zur Kur.

### 12. Freitag
Ostfront. Sowjetische Truppen erobern Wjasma, 200 km westlich von Moskau zurück.

### 13. Samstag
Deutsches Reich. Ein von Feldmarschall Günther von Kluge, Henning von Tresckow und Fabian von Schlabrendorff geplanter Anschlag auf Hitler mißglückt, da die Zündung der im Flugzeug deponierten Zeitbombe wegen großer Kälte versagt.
Generalgouvernement. Das Krakauer Ghetto wird »liquidiert«.
Nordafrika. General Giraud gibt für Nordafrika die Wiederherstellung des Rechtszustandes der 3. Republik bekannt.

### 14. Sonntag
Ostfront. SS-Truppen erobern die am 16. 2. von der Roten Armee eingenommene Stadt Charkow zurück.

### 15. Montag
Deutsches Reich. In Wien stirbt der Dramatiker und Erzähler Karl Schönherr im Alter von 76 Jahren.

### 18. Donnerstag
Mittelmeer. In Tunesien erobert die US-amerikanische 1. Division El Gettar.

### 21. Sonntag
Belgien. In einem in allen Kirchen verkündeten Brief protestieren die Bischöfe gegen die Beschlagnahme der Kirchenglocken und die Deportation Tausender belgischer Arbeiter in deutsche Fabriken.
Deutsches Reich. Der Anschlag des Obersten von Gersdorff, der sich mit Hitler im Berliner Zeughaus in die Luft sprengen wollte, kann nicht durchgeführt werden, weil Hitler das Gebäude nach kurzer Zeit verläßt.

### 23. Dienstag
Frankreich. Alliierte Luftstreitkräfte bombardieren Nantes.

*3. 3. UdSSR*
*Der in deutsche Gefangenschaft geratene sowjetische General Andrej Wlassow fordert seine Landsleute dazu auf, innerhalb der deutschen Wehrmacht gegen Stalin zu kämpfen.*

*3. 3. Schweiz/Deutsches Reich*
*S. 368–69*

*13. 4. Generalgouvernement*
*Bei dem Dorfe Katyn werden in Massengräbern die Leichen von rd. 4000 polnischen Offizieren gefunden. Nach den Ergebnissen einer Untersuchungskommission des Roten Kreuzes wurden sie 1940 während der sowjetischen Besetzung Ostpolens vom sowjetischen Geheimdienst ermordet (links).*

*14. 4. Deutsches Reich/Rumänien*
*Hitler im Gespräch mit Marschall Ion Antonescu, dem rumänischen »Conducator« (links neben Hitler).*

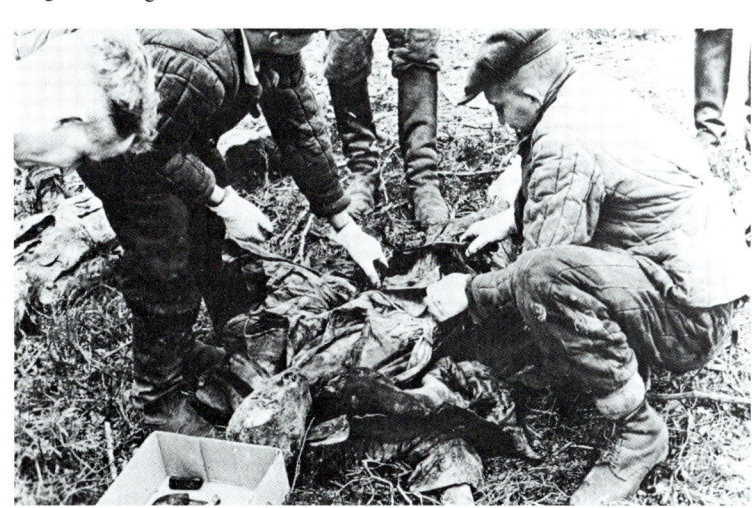

**25. Donnerstag**
Neuguinea. Die US-amerikanische Luftwaffe bombardiert Rabaul, die Hauptstadt von Papua (Insel New Britain). Die Stadt wurde zu einem großen japanischen Marine- und Luftwaffenstützpunkt ausgebaut.

**26. Freitag**
Mittelmeer. In einer Großoffensive zwingt die britische 8. Armee in Tunesien die deutschen Truppen zum Rückzug.

**28. Sonntag**
USA. In Beverly Hills (Calif.) stirbt der russische Komponist, Pianist und Dirigent Sergej Wasiljewitsch Rachmaninow im Alter von 69 Jahren.

**29. Montag**
Mittelmeer. Britische Truppen durchbrechen in Tunesien die Marethlinie und treiben die deutschen Truppen in Richtung Gabés.

**30. Dienstag**
USA. Am Broadway wird das Musical »Oklahoma« von Rodgers und Hammerstein uraufgeführt.

**31. Mittwoch**
Niederlande. Ein US-amerikanischer Luftangriff auf Rotterdam verfehlt die Werftanlagen und fordert in Wohngebieten 300 Tote. 20 000 Menschen werden obdachlos.

# April

3. 4. USA
S. 89–14

10. 4. Deutsches Reich/Italien
S. 105–23

19. 4. Generalgouvernement
S. 89–13

24. 4. Britisch-Indien
S. 368–71

**1. Donnerstag**
Italien. 100 alliierte »fliegende Festungen« bombardieren den Hafen von Cagliari und Flugplätze in Südsardinien.

**3. Samstag**
USA. In Hollywood stirbt der Filmschauspieler Conrad Veidt im Alter von 53 Jahren. Veidt verließ Deutschland 1932.

**4. Sonntag**
Deutsches Reich. Die britische Luftwaffe bombardiert Betriebe der Firma Krupp in Essen. Sie verliert dabei 21 schwere Bomber.
Mittelmeer. In Tunesien erobern die Alliierten Kap Serat, 55 km westlich vom Marinestützpunkt Bizerte.

**6. Dienstag**
Frankreich. In Versailles stirbt der Politiker Alexandre Millerand im Alter von 84 Jahren. Von 1920 bis 1924 war er Präsident der Republik.

**7. Mittwoch**
Deutsches Reich. Mit dem Besuch von Mussolini wird eine Reihe von Besuchen verbündeter Regierungschefs bei Hitler eingeleitet. Mussolini versucht Hitler zu einem »Kompromißfrieden« mit der UdSSR zu bewegen.
Später folgen Ion Antonescu (Rumänien), Miklos Horthy (Ungarn), Vidkun Quisling (Norwegen), Josef Tiso (Slowakei) und Ante Pavelič (Kroatien) als Besucher.
Mittelmeer. Die britische 8. Armee und das 2. US-Korps vereinigen sich in Tunesien; damit ist die Heeresgruppe Afrika umzingelt.

**8. Donnerstag**
Birma. Eine japanische Offensive im Norden von Akyab wird von britischen Truppen zum Stehen gebracht.

**10. Samstag**
Deutsches Reich/Italien. Hitler und Mussolini treffen sich zu ihrer 12. Besprechung seit Kriegsausbruch und beraten über Maßnahmen für den Fall einer alliierten Landung in Italien.
Mittelmeer. Britische Truppen erobern die wichtige tunesische Hafenstadt Sfax. Die Streitkräfte der Achsenmächte ziehen sich weiter auf Sousse zurück.

**12. Montag**
Mittelmeer. Britische Truppen erobern Sousse, den letzten südlich von Tunis gelegenen Hafen, der noch in den Händen der Achsenmächte war.
Neuguinea. Bei einem Luftangriff auf Port Moresby verlieren die Japaner 31 von 100 Flugzeugen.

**13. Dienstag**
Deutsches Reich. In Sehringen bei Badenweiler stirbt der Maler und Graphiker Oskar Schlemmer im Alter von 54 Jahren.
Generalgouvernement. Bei Katyn werden Massengräber entdeckt, in denen sich die Leichen von rd. 4000 durch Genickschuß getöteten polnischen Offizieren befinden. Eine Untersuchungskommission des Internationalen Roten Kreuzes kommt später zu dem Ergebnis, daß die Offiziere vor der deutschen Besetzung vom sowjetischen NKWD ermordet worden sind.

**14. Mittwoch**
Deutsches Reich/Rumänien. Hitler und Regierungschef Ion Antonescu treffen sich zu einem Gespräch über »Osteuropäische Probleme«. Antonescu versucht vergeblich, Hitler zu Kontakten mit dem Westen zu bewegen.
Mittelmeer. In Tunesien erobern britische Truppen Djebel al Ang und Heidus, 40 km westlich von Tunis.
Französische Truppen erobern Djebel Sefsuf.

**16. Freitag**
Mexiko. In Mexiko-Stadt wird der Mörder Lew Trotzkis, Jacques Monard, zu 20 Jahren Haft verurteilt. Trotzki starb am 21. 8. 1940 in Coyoacán (Mexiko).

**18. Sonntag**
Generalgouvernement. Als Reaktion auf die deutschen Feststellungen über den Massenmord in Katyn behauptet Radio Moskau, daß die polnischen Kriegsgefangenen von Deutschen ermordet worden seien.
Japan. Der Oberbefehlshaber der japanischen Flotte, Admiral Isoruku Yamamoto, wird von einer US-amerikanischen P 38 über der Salomoneninsel Bougainville abgeschossen.

**19. Montag**
Generalgouvernement. Als SS-Einheiten in das Warschauer Ghetto einrücken, um die verbliebenen 60 000 Juden in die Vernichtungslager zu deportieren, kommt es zum Aufstand.

**20. Dienstag**
Mittelmeer. Britische Truppen erobern Enfidaville und Takruna an der tunesischen Küste und setzen ihre Großoffensive gegen die Heeresgruppe Afrika fort.

**21. Mittwoch**
Japan. Mamoru Schigemitsu wird neuer japanischer Außenminister.

**23. Freitag**
Pazifik. US-amerikanische Bomber greifen Ziele auf Tarawa im Norden der Gilbert-Inseln an.

**24. Samstag**
Britisch-Indien. Mohammed Ali Dschinnah wird als Vorsitzender der Moslemliga wiedergewählt. Er warnt die britischen Behörden vor der diskriminierenden Behandlung indischer Moslems.

**26. Montag**
Britisch-Indien. Die Moslemliga nimmt eine Resolution an, in der ein eigener moslemischer Staat gefordert wird.
Polen/UdSSR. Die polnische Exilregierung in London ersucht das Internationale Rote Kreuz um eine Untersuchung des Massenmordes in Katyn. Die UdSSR bricht daraufhin die diplomatischen Beziehungen zu ihr ab.

**29. Donnerstag**
Ostfront. Die Rote Armee beginnt eine Offensive gegen deutsche Stellungen im Kubantal bei Noworossijsk.

**30. Freitag**
Deutsches Reich. Es wird mit der Errichtung des Konzentrationslagers Bergen-Belsen begonnen.
Großbritannien. In Liphook (Hampshire) stirbt die Politikerin (Sozialistin) Beatrice Webb, geb. Potter (85).

# Mai

**2. Sonntag**
Australien. Bei einem japanischen Luftangriff auf Darwin werden 30 japanische Kampfflugzeuge und 13 Bomber abgeschossen.

**4. Dienstag**
Liberia. William Tubman wird als Nachfolger von Edwin Barclay, der dieses Amt seit 1931 bekleidete, zum Präsidenten gewählt.

**6. Donnerstag**
USA. Die Marine gibt die Entdeckung eines Mittels bekannt, das Haie von Schiffbrüchigen fernhält.

**7. Freitag**
Mittelmeer. Bei der Einkreisung von Kap Bon nehmen die Alliierten 50 000 deutsche und italienische Soldaten sowie vier Generäle gefangen.

**10. Montag**
Deutsches Reich. Hitler verlängert das an diesem Tage auslaufende »Ermächtigungsgesetz« per Erlaß weiter.
Mittelmeer. Die deutschen Truppen kapitulieren bei Kap Bon. 25 000 Soldaten, unter ihnen der deutsche Generaloberst Hans-Jürgen von Arnim und der italienische General Giovanni Messe, geraten in Kriegsgefangenschaft.
Peru. Ein Brand verwüstet die Nationalbibliothek in Lima. Mehr als 100 000 seltene Bücher und 40 000 Manuskripte gehen verloren.

**11. Dienstag**
Pazifik. US-amerikanische Truppen landen auf der Aleuteninsel Attu.

**12. Mittwoch**
Großbritannien/USA. In Washington beginnt die Trident-Konferenz, an der Präsident Roosevelt und Premierminister Churchill mit ihren Stabschefs teilnehmen. Gesprächsthemen sind die Invasionen in Italien und Westeuropa sowie der Krieg mit Japan. Als Zieldatum für die »Operation Overlord« (Invasion in der Normandie) wird der 1. 5. 1944 festgesetzt.

**13. Donnerstag**
Mittelmeer. Die letzten deutsch-italienischen Truppen in Tunesien kapitulieren. Damit ist der Kampf in Nordafrika beendet. 130 000 deutsche und 120 000 italienische Soldaten sind in alliierte Gefangenschaft geraten.

**14. Freitag**
Deutsches Reich. Alliierte Verbände bombardieren Kiel.
Generalgouvernement. Während der letzten zehn Tage haben SS-Einheiten rd. 70 000 Juden im Warschauer Ghetto getötet. Von den 56 000, die sich ergaben, wurden 7000 auf der Stelle erschossen. Die übrigen werden in Vernichtungslager gebracht.

**15. Samstag**
Tunesien. General Giraud setzt Sidi Monsef Pascha als Bei von Tunis wegen seiner Zusammenarbeit mit den Achsenmächten ab und ersetzt ihn durch Sidi Lamine.
UdSSR. Stalin löst die 1919 ins Leben gerufene 3. Kommunistische Internationale (Komintern) auf.

**16. Sonntag**
Großbritannien. Die deutsche Luftwaffe bombardiert London und die Schiffswerften von Sunderland.

**17. Montag**
Deutsches Reich. 15 Lancaster-Bomber der britischen Luftwaffe fliegen Angriffe auf Möhne-, Eder- und Sorpetalsperre. Durch die ausströmenden Wassermassen werden rd. 1200 Menschen getötet.

**20. Donnerstag**
Ostfront. Sowjetische Truppen wehren eine deutsche Gegenoffensive östlich von Noworossijsk ab.

**24. Montag**
Deutsches Reich. Beim bisher schwersten Angriff der britischen Luftwaffe werden rd. 2000 t Bomben über Dortmund abgeworfen. Großadmiral Dönitz ruft alle deutschen U-Boote wegen zu hoher Verluste aus dem Nordatlantik zurück.

**25. Dienstag**
Deutsches Reich. Die »Me 262«, der erste Düsenjäger der Welt, wird zum ersten Mal erfolgreich erprobt.

**26. Mittwoch**
Deutsches Reich. 500 Flugzeuge der RAF bombardieren Munitionsdepots in Düsseldorf.

**30. Sonntag**
Sport. In Amsterdam verbessert die Niederländerin Fanny Blankers-Koen den Weltrekord im Hochsprung auf 1,71 m (auch → S. 282).

**31. Montag**
Algerien. In Algier bilden General Charles de Gaulle und der Hohe Kommissar für Nordafrika, Gene-

---

*10. 5. Mittelmeer*
*Deutsche Truppen müssen in Nordafrika kapitulieren und gehen in Gefangenschaft (links).*

*14. 5. Generalgouvernement*
*Nach wochenlangen erbitterten Kämpfen gegen die auf sich gestellten und kaum bewaffneten Juden wird der Warschauer Ghetto-Aufstand endgültig niedergeschlagen. Wer nicht sofort erschossen wird, kommt ins Konzentrationslager. Das Ghetto selbst wird dem Erdboden gleichgemacht (rechts).*

31. 5. Algerien
S. 105–19

*31. 5. Algerien*
*Henri Giraud (links) und Charles de Gaulle in Algier. Zusammen gründen sie das Französische Komitee für die Nationale Befreiung.*

## Juni 1943

ral Henri Giraud, das Komitee der Nationalen Befreiung. Es dient der Verwaltung der französischen Kolonien und der Repräsentation des französischen Volkes, bis Frankreich befreit ist.
Frankreich. Die in Alexandria (Ägypten) internierten französischen Schiffe schließen sich den Alliierten an.

# Juni

**1. Dienstag**
Frankreich. General de Gaulle fordert die Entlassung aller ehemaligen Vichy-Beamten in Nordafrika.

**3. Donnerstag**
Frankreich. In Paris wird das Schauspiel »Die Fliegen« von Jean Paul Sartre uraufgeführt (auch → S. 263).

**4. Freitag**
Argentinien. Die Armee putscht unter der Führung der Generäle Arturo Rawson und Pedro Ramírez gegen die konservative Regierung von Präsident Ramón Castillo. Rawson löst den Kongreß auf, der am 7. 6. zusammentreten soll, und übergibt an diesem Tage die Staatsgeschäfte an Ramírez.

**8. Dienstag**
Japan. Vor Hiroshima sinkt nach einer Explosion in den Munitionskammern das Schlachtschiff »Mutua«. 1222 Seeleute sterben.
Ostfront. Sowjetische Truppen festigen ihren Brückenkopf am Westufer des Mius, im Westen von Rostow, und schlagen einen deutschen Gegenangriff zurück. Ein deutscher Versuch, über den Donez zu setzen, mißlingt. Ein deutscher Angriff auf Wolchow im Osten Leningrads wird zurückgeschlagen.

**11. Freitag**
Deutsches Reich. Reichsführer SS Himmler befiehlt die »Liquidierung« aller polnischen Ghettos.
Italien. Die italienische Besatzung auf der Insel Pantelleria (zwischen Sizilien und Tunesien) kapituliert nach 20tägigem Bombardement der Insel vor den britischen Landungstruppen und den vor der Insel versammelten Seestreitkräften.

**12. Samstag**
Deutsches Reich. Zum dritten Mal trifft sich die Widerstandsgruppe »Kreisauer Kreis« zu einer zweitägigen Zusammenkunft.
Italien. Die Besatzung der westlich von Malta gelegenen Insel Lampedusa kapituliert vor den britischen Streitkräften.

**13. Sonntag**
Deutsches Reich. US-amerikanische »fliegende Festungen« bombardieren U-Boot-Basen bei Bremen und Kiel. 26 Flugzeuge werden abgeschossen, die meisten über Kiel.
Italien. Die Besatzung der Insel Linosa, 40 km nördlich von Lampedusa, ergibt sich dem Kommandanten des britischen Zerstörers »Nubian«.

**15. Dienstag**
Deutsches Reich. Schwere Bombenflugzeuge der britischen Luftwaffe greifen Oberhausen an. 18 Maschinen werden abgeschossen.

**16. Mittwoch**
Pazifik. Eine Luftschlacht über Guadalcanal führt zum Abschuß von 152 japanischen und 21 US-amerikanischen Flugzeugen.

**19. Samstag**
Deutsches Reich. Gauleiter Goebbels erklärt Berlin für »judenfrei«.
USA. Rd. 58 000 Bergarbeiter beginnen zu streiken.

**21. Montag**
Deutsches Reich. Reichsführer SS Heinrich Himmler befiehlt die »Liquidierung« aller sowjetischen Ghettos.
Generalgouvernement. Das Ghetto von Lemberg wird »liquidiert«.
Türkei. Ein Erdbeben zerstört in Adapazari 1000 Häuser und kostet rd. 1300 Menschenleben.

**22. Dienstag**
Belgien. Die alliierte Luftwaffe bombardiert die Ford-Fabriken in Antwerpen.
Deutsches Reich. 700 alliierte Bomber werfen eine Bombenlast von 2000 t über Krefeld ab.

**23. Mittwoch**
Deutsches Reich. Rd. 700 alliierte Bomber greifen zum ersten Mal seit 1940 Mülheim an der Ruhr an. Britische Aufklärungsfotos der Luftwaffenbasis Peenemünde zeigen rd. 12 m lange »Objekte mit Flossen«; sie sind horizontal auf Rampen befestigt, die sich hinter einem Erdwall befinden. Dabei handelt es sich um die spätere V1 (auch → S. 207).
Ostfront. Die Rote Armee beginnt ihre Sommeroffensive.

**26. Samstag**
Jugoslawien. M. Trifunović wird Regierungschef der Londoner Exilregierung.
USA. In New York stirbt der Serologe und Nobelpreisträger österreichischer Herkunft, Karl Landsteiner, im Alter von 75 Jahren. Landsteiner entdeckte 1901 das AB0-Blutgruppensystem und 1940 zusammen mit A. S. Wiener das Rhesus-System.

**27. Sonntag**
Sport. Das Endspiel um die deutsche Fußballmeisterschaft gewinnt der Dresdner SC (mit dem späteren Bundestrainer Helmut Schön) mit 3:0 gegen den FV Saarbrücken. In der Schweiz holt Grasshoppers Zürich den Titel.

**28. Montag**
Deutsches Reich. Die britische Luftwaffe bombardiert Köln, wobei Flächenbrände in der Stadtmitte entstehen. Auch der Kölner Dom wird getroffen. Sein linkes Querschiff wird nahezu völlig zerstört.

# Juli

**1. Donnerstag**
Italien. Britische Bomberflugzeuge greifen Ziele auf Sizilien und Sardinien an.
Der rumänische Staatschef Antonescu versucht bei einem Besuch in Rom erfolglos, Mussolini zur Aufnahme von Friedensgesprächen mit den Westmächten zu bewegen.

**4. Sonntag**
Polen. Der Ministerpräsident der polnischen Exilregierung in London, General Władysław Sikorski (62), kommt bei einem Flugzeugunglück bei Gibraltar ums Leben.

**5. Montag**
Ostfront. Mit der Operation »Zitadelle« beginnen die deutschen Truppen ihre Sommeroffensive auf den sowjetischen Frontbogen bei Kursk.

---

12. 6. Deutsches Reich
S. 89–15

28. 6. Deutsches Reich
S. 89–16

*28. 6. Deutsches Reich
Zum wiederholten Male wird Köln bombardiert. Hier der beschädigte Dom.*

**August 1943**

**6. Dienstag**
Ostfront. Mit rd. 3000 Panzern und Sturmgeschützen brechen deutsche Truppen im Frontsektor Bjelgorod an zwei Stellen durch die sowjetische Frontlinie. Tags darauf kommt die Offensive jedoch zum Stehen.
Bei Winniza werden sowjetische Massengräber, die in den Jahren 1938–1941 angelegt wurden, gefunden.

**10. Samstag**
Italien. Unter dem Oberbefehl von General Dwight D. Eisenhower landen die US-amerikanische 7. Armee unter General George Patton und die britische 8. Armee unter General Bernard Law Montgomery auf Sizilien (»Operation Husky«). Alliierte Konvois von rd. 2700 Schiffen mit 160 000 Mann an Bord steuern Sizilien von nahezu allen Häfen zwischen Gibraltar und Port Said aus an. US-amerikanische Truppen nehmen Gela und Licata, britische Truppen Syracus ein.

**11. Sonntag**
Italien. US-amerikanische Truppen erobern auf Sizilien zwei Flugplätze in der Umgebung von Gela. Britische und kanadische Truppen rücken von Kap Passero aus ins Landesinnere vor.
Schweiz. Die Schweizer Sozialdemokraten lehnen eine kollektive Aufnahme der Kommunisten in ihre Partei ab.

**12. Montag**
Ostfront. Sowjetische Truppen beginnen eine Gegenoffensive an der Nordflanke der Orelfront und durchbrechen ohne Schwierigkeiten die deutschen Linien.
UdSSR. Deutsche kommunistische Funktionäre und Kriegsgefangene gründen das »Nationalkomitee Freies Deutschland«.

**13. Dienstag**
Deutsches Reich. In München wird der Musikwissenschaftler und Psychologe Kurt Huber (49) hingerichtet. Er beteiligte sich an der Flugblattaktion der Geschwister Scholl (auch → S. 165).
Italien. Britische Truppen erobern auf Sizilien die Hafenstadt Augusta und rücken weiter auf Catania vor. Die britischen und US-amerikanischen Truppen vereinigen sich bei Ragusa.

**17. Samstag**
Ostfront. Die Rote Armee beginnt eine Offensive zur Rückeroberung des Donezbeckens.

**19. Montag**
Deutsches Reich/Italien. In der Nähe von Feltre in Oberitalien treffen sich Hitler und Mussolini.
Italien. Die alliierte Luftwaffe bombardiert zum ersten Mal Rom.

Ziele sind Eisenbahnanlagen und Flugplätze östlich und südlich des Altstadtkerns.

**20. Dienstag**
Italien. Die italienischen Truppen auf Westsizilien ergeben sich den US-amerikanischen Streitkräften. Enna wird besetzt.

**21. Mittwoch**
Vatikan. Papst Pius XII. appelliert in einer Radioansprache an die Alliierten, Rom zu schonen.

**22. Donnerstag**
Italien. US-amerikanische Truppen unter General Patton erobern Palermo.
Schweiz. Der Schweizer Bundesrat verbietet die beiden nationalsozialistischen Organisationen »Rassemblement Fédéral« und »Nationale Gemeinschaft Schaffhausen«.

**24. Samstag**
Deutsches Reich. Die Alliierten beginnen ein bis zum Monatsende andauerndes Flächenbombardement Hamburgs (»Operation Gomorrha«). Insgesamt werden 235 000 Bomben abgeworfen. 30 000 Menschen sterben. Im Hafen werden 180 000 BRT Handels- und Hafenfahrzeuge versenkt.
Italien. US-amerikanische Truppen drängen deutsche Truppen hinter eine neue Verteidigungslinie westlich des Ätna zurück.

**25. Sonntag**
Italien. Der Duce, Benito Mussolini, wird entmachtet und verhaftet. Marschall Pietro Badoglio bildet eine neue Regierung. König Victor Emanuel III. wird Oberbefehlshaber der Streitkräfte.
Trotz der Zusicherung der neuen Regierung, den Krieg an deutscher Seite fortzusetzen, rücken deutsche Truppen nach Italien ein.

**28. Mittwoch**
Italien. Mit der Auflösung des faschistischen Großrats findet die faschistische Herrschaft in Italien ihr Ende.

**29. Donnerstag**
Italien. US-amerikanische Truppen erobern die sizilianische Stadt Nicosia.

**30. Freitag**
Frankreich. Das »Nationalkomitee des freien Frankreichs« bildet ein regierungsähnliches Komitee mit General de Gaulle als Vorsitzendem. General Giraud erhält den Oberbefehl über die freifranzösischen Truppen.

# August

**1. Sonntag**
Birma. Japan erklärt Birma zum unabhängigen Staat. Staatsoberhaupt wird Ba Maw. Birma erklärt den USA und Großbritannien den Krieg.
Rumänien. Die US-amerikanische Luftwaffe bombardiert zum zweiten Mal das Erdölgebiet von Ploeşti, wo rd. 90% des Treibstoffs der deutschen Luftwaffe gefördert werden.

**2. Montag**
Generalgouvernement. Im Vernichtungslager Treblinka kommt es zu einem Häftlingsaufstand und zur weitgehenden Zerstörung der Vernichtungsanlagen.
Pazifik. Das US-amerikanische Torpedoboot PT 109 wird von einem japanischen Zerstörer gerammt und sinkt. Zu den Vermißten zählt auch der spätere US-Präsident John F. Kennedy. Sie werden am 8. 8. gerettet.

**3. Dienstag**
Ostfront. Die Rote Armee beginnt eine Offensive in Richtung Charkow.

**4. Mittwoch**
Deutsches Reich. Hitler verbietet den Eigentums- und Besitzerwechsel in der Landwirtschaft, um die Versorgung mit Nahrungsmitteln sicherzustellen.

*4. 7. Polen*
*General Władysław Sikorski*

*25. 7. Italien*
*Marschall Pietro Badoglio*

*10. 7. Italien*
*Alliierte Truppen landen auf Sizilien. Der Kampf ums Mittelmeer hat sich damit von Nordafrika nach Europa verlagert.*

## August 1943

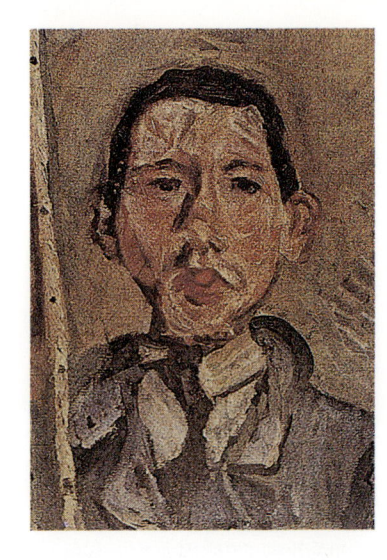

*9. 8. Frankreich*
*Chaim Soutine: Selbstporträt*

*24. 8. Kanada*
*S. 145–34*

*29. 8. Dänemark*
*S. 105–24*

*12. 8. Deutsches Reich*
*Zum ersten Male dringen Berichte über neue deutsche Raketenwaffen ins Ausland. Hier der Probestart einer V2.*

Ostfront. Sowjetische Truppen erobern die Städte Orel und Bjelgorod zurück.
Portugal. In Lissabon kommt es zu einem ersten Geheimtreffen zwischen Vertretern der Alliierten und der neuen italienischen Regierung.

**5. Donnerstag**
Deutsches Reich. In Berlin-Plötzensee werden 17 Mitglieder der Spionageorganisation »Rote Kapelle« hingerichtet, u. a. Hilde Coppi und Adam Kuckhoff (auch → S. 166).
Italien. Die sizilianische Stadt Catania fällt in britische Hand.
Schweden. Die Regierung läßt keine deutschen Truppentransporte nach Norwegen und Finnland durch schwedisches Hoheitsgebiet mehr zu.

**6. Freitag**
Deutsches Reich/Italien. Bei Verona findet eine erste Unterredung zwischen Reichsaußenminister von Ribbentrop und dem neuen italienischen Außenminister Guariglia über die Lage in Italien statt.
Ostfront. Sowjetische Truppen stoßen einen 70 km breiten Keil in die deutschen Linien in der Ukraine und schließen Charkow ein.

**9. Montag**
Deutsches Reich. Die Widerstandsorganisation »Kreisauer Kreis« erörtert zum ersten Mal die Möglichkeiten eines gewaltsamen Umsturzes des Hitler-Regimes.
Frankreich. In Paris stirbt der französische jüdische Maler russischer Herkunft Chaim Soutine (49).

**11. Mittwoch**
Deutsches Reich. Britische Flugzeuge bombardieren in der Nacht Nürnberg.
Italien. Nach den Gesprächen mit Reichsaußenminister von Ribbentrop und dem Chef des OKW Wilhelm Keitel beschließt die Regierung Badoglio, den Krieg fortzusetzen.

**12. Donnerstag**
Deutsches Reich. Nach in London veröffentlichten Agentenberichten soll es Unterschiede zwischen den Flugkörpern V1 und V2 geben.
Italien. Deutsche Truppen ziehen sich über die Straße von Messina auf das italienische Festland zurück.

**15. Sonntag**
Paraguay. General Higinio Morínigo wird Staatspräsident für eine fünfjährige Amtszeit.

**16. Montag**
Generalgouvernement. Im Ghetto von Białystok wird ein Aufstand anläßlich der Auflösung des Ghettos niedergeschlagen.
San Marino. Die Faschistenregierung wird von einer sozialistisch-kommunistischen Koalition abgelöst.

**17. Dienstag**
Deutsches Reich. Ein Sonderkommando der britischen Luftwaffe greift mit 571 Bomberflugzeugen das Raketenversuchsgelände bei Peenemünde (Insel Usedom) an.
Italien. Mit der Einnahme von Messina durch US-amerikanische Truppen sind die Kämpfe auf Sizilien beendet. Die Besatzung der Liparischen Inseln (nördlich von Sizilien) kapituliert.
Kanada. Die Konferenz von Quebec über die Strategie der westlichen Alliierten wird in Ottawa in Anwesenheit des US-amerikanischen Präsidenten Roosevelt und des britischen Premierministers Churchill offiziell eröffnet.

**19. Donnerstag**
Deutsches Reich. Bei Goldap (Ostpreußen) verübt der Chef des Generalstabs der Luftwaffe, Hans Jeschonnek (44), Selbstmord, da er glaubt, den Untergang der deutschen Luftwaffe nicht aufhalten zu können.

**21. Samstag**
Dänemark. Rd. 40 000 deutsche Soldaten werden von Norwegen nach Kopenhagen verlegt, um Aufstände, Streiks und Sabotage zu verhindern.
UdSSR/USA. Andrej Gromyko wird neuer sowjetischer Botschafter in Washington.

**23. Montag**
Ostfront. Die Rote Armee erobert erneut Charkow.

**24. Dienstag**
Kanada. Die Konferenz von Quebec wird beendet. Churchill und Roosevelt sind übereingekommen, im Mai 1944 die geplante Invasion auf das europäische Festland unter US-amerikanischem Kommando durchzuführen. Weiterhin soll Japan zur bedingungslosen Kapitulation spätestens 12 Monate nach einer deutschen Kapitulation gezwungen werden.

**25. Mittwoch**
Großbritannien. Lord Louis Mountbatten wird Oberbefehlshaber der alliierten Streitkräfte in Südostasien.

**26. Donnerstag**
Frankreich. Die USA, Großbritannien und Kanada erkennen das Komitee zur nationalen Befreiung an, ohne es als Regierung zu bestätigen.

**27. Freitag**
Frankreich. Die Gestapo verhaftet den früheren Staatspräsidenten Lebrun.

**28. Samstag**
Bulgarien. Nach einem Besuch in Berlin stirbt König Boris III. (49) an einem Herzinfarkt. Kronprinz Simeon wird als Simeon II. sein Nachfolger.

**29. Sonntag**
Dänemark. Nach zahlreichen Sabotageakten verhängt die deutsche Besatzungsmacht das Kriegsrecht. König Christian wird interniert, Regierung und Parlament werden aufgelöst. Das Heer wird entwaffnet, die dänische Kriegsflotte versenkt sich selbst. Im Untergrund formiert sich der Widerstand.

**30. Montag**
Ostfront. Sowjetische Truppen erobern Taganrog zurück.

**31. Dienstag**
Niederländisch-Indien. Die jüdische Gemeinde von Surabaja wird von den Japanern interniert.

# September

**2. Donnerstag**
USA. Der britische Premierminister Churchill führt in Washington Gespräche mit US-Präsident Roosevelt und dem Stabschef der US-amerikanischen Armee George Marshall.

**3. Freitag**
Italien. Unter der Führung von General Montgomery landen britische und kanadische Truppen an der Südspitze Italiens bei Reggio di Calabria.
In Cassibile (Sizilien) unterzeichnet General Guiseppe Castillaro eine zunächst geheimgehaltene Kapitulation und einen Waffenstillstand der italienischen Armee.

**4. Samstag**
Neuguinea. Umfangreiche alliierte Verbände landen östlich von Lae und isolieren die japanischen Stützpunkte in Lae und Salamaua.
UdSSR. Josif Stalin empfängt die drei wichtigsten Metropoliten der russisch-orthodoxen Kirche; er gibt die Zustimmung zur Wahl eines Patriarchen.

**5. Sonntag**
Neuguinea. Mit einer Landung von US-amerikanischen Fallschirmjägern wird das letzte Schlupfloch für 20 000 Japaner bei Lae und Salamaua geschlossen.
San Marino. Bei den Wahlen für den Großen Rat erhält die sozialistisch-kommunistische Koalition eine Zweidrittelmehrheit.

**6. Montag**
Ostfront. Sowjetische Truppen dringen bis in die Gegend von Pawlograd vor.

**8. Mittwoch**
Italien. In einer Rundfunkrede erklärt Regierungschef Pietro Badoglio, daß er ein Waffenstillstandsabkommen mit den Alliierten vereinbart habe, da es unmöglich sei, den ungleichen Kampf fortzuführen.
Ostfront. Sowjetische Truppen erobern Stalino.

**9. Donnerstag**
Italien. Regierungschef Badoglio informiert Hitler über die hoffnungslose militärische Lage Italiens und über den Abschluß eines Waffenstillstandsabkommens mit den Alliierten. Dies bedeutet die formelle Beendigung des Dreimächtepaktes und führt zur Besetzung Italiens durch deutsche Truppen. König Victor Emanuel und seine Familie sowie Badoglio und ein Teil der Regierung verlassen Rom und begeben sich nach Brindisi. Deutsche Truppen beginnen mit der Entwaffnung der italienischen Armee. Die italienische Kriegsflotte versucht, nach Malta zu entkommen. Dabei wird das Schlachtschiff »Roma« von der deutschen Luftwaffe versenkt. Alliierte Truppen landen bei Salerno und besetzen die Insel Ventotene.
Schweiz. Bertolt Brechts Drama *Das Leben des Galilei* wird im Schauspielhaus Zürich uraufgeführt.

**10. Freitag**
Internationales. Iran unterzeichnet die Atlantik-Charta, nachdem Deutschland der Krieg erklärt wurde.
Italien. Im Norden kapitulieren die Truppen vor den Deutschen. Deutsche Luftlandetruppen besetzen unter der Führung von Marschall Kesselring nach heftigen Kämpfen Rom.
Ostfront. Deutsche Truppen räumen Mariupol am Asowschen Meer.

**11. Samstag**
Italien. Die Hafenstadt Salerno wird nach schweren Kämpfen mit deutschen Truppen von den Alliierten besetzt.
UdSSR. Das Ghetto von Minsk wird von deutschen SS-Einheiten »liquidiert«.

**12. Sonntag**
Italien. Auf Befehl von Hitler befreit eine SS-Spezialeinheit unter SS-Hauptsturmführer Otto Skorzeny den auf dem Gran-Sasso-Massiv in den Abruzzen gefangengehaltenen Benito Mussolini. Der Duce wird nach Wien gebracht. Ein Komitee der nationalen Befreiung, dem Kommunisten, Mitglieder der Aktionspartei, Sozialisten, Liberale und Christdemokraten angehören, wird gegründet. Vorsitzender wird Ivanoe Bonomi. Das Komitee fordert den Rücktritt von König Victor Emanuel III.
Von Tarent aus rücken alliierte Truppen in Brindisi ein.
Neuguinea. US-amerikanische und australische Truppen besetzen Salamaua und drängen die Japaner nach Lae ab.
UdSSR. Der neu gewählte Patriarch Sergej (78), der Primas der russisch-orthodoxen Kirche, wird in sein Amt eingeführt.

**13. Montag**
China. Die Kuomintang ernennt Tschiang Kaischek als Nachfolger des am 1. 8. gestorbenen Lin Sen zum Präsidenten.
Italien. Der frühere Chef des Generalstabes, Graf Cavallero, begeht Selbstmord.

**15. Mittwoch**
Italien. Mussolini ruft in Salo eine republikanisch-faschistische Gegenregierung aus, die unter deutscher Oberaufsicht die Verwaltung von Nord- und Mittelitalien übernimmt.
Mittelmeer. Britische Truppen besetzen die meisten der ägäischen Inseln.

**16. Donnerstag**
Jugoslawien. Partisanen befreien Split und greifen Fiume an.
Neuguinea. Lae fällt in die Hände der Alliierten.
Ostfront. Sowjetische Truppen erobern Noworossijsk.

**17. Freitag**
Ostfront. Die Rote Armee erobert Brjansk, Eisenbahnknotenpunkt und Industriezentrum südwestlich von Moskau, zurück.

**18. Samstag**
Deutsches Reich. Großadmiral Dönitz beginnt, wieder U-Boot-Rudel im Nordatlantik im Kampf gegen die Marineverbände der Alliierten einzusetzen.

**19. Sonntag**
Italien. Alliierte und italienische Truppen zwingen die deutsche Besatzung auf Sardinien zum Rückzug nach Korsika.

**20. Montag**
Mittelmeer. Streitkräfte der Freien Franzosen landen auf Korsika.

◁
*3. 9. Italien*
Bernard Montgomery; er leitete die Invasion auf das italienische Festland.

*12. 9. Italien*
Benito Mussolini (mit Hut) inmitten der SS-Einheit, die ihn aus der Gefangenschaft auf dem Gran Sasso befreite.

**Oktober 1943**

**21. Dienstag**
Italien. Deutsche Truppen setzen beim Rückzug aus Neapel die Stadt in Brand.

**22. Mittwoch**
Norwegen. Britische Klein-U-Boote beschädigen das im Altafjord liegende deutsche Schlachtschiff »Tirpitz« schwer.
Ostfront. Der deutsche Reichskommissar von Weißrußland, Wilhelm Kube, wird bei einem Bombenanschlag getötet.

**23. Donnerstag**
Ostfront. Sowjetische Truppen erobern Poltawa, den letzten deutschen Stützpunkt in der Ukraine.
UdSSR. Die Deutschen »liquidieren« das jüdische Ghetto von Wilna in Litauen.

**25. Samstag**
Ostfront. Die Rote Armee erobert Smolensk.

**26. Sonntag**
Dänemark. Die Widerstandsbewegung ist von der bevorstehenden Deportation der Juden unterrichtet worden. Fast alle 8000 dänischen Juden gelangen nach Schweden in Sicherheit.

**27. Montag**
Italien. Britische Truppen besetzen ohne Gegenwehr den Eisenbahnknotenpunkt Foggia.
Mittelmeer. Streitkräfte der Freien Franzosen besetzen die korsische Stadt Bastia.

**28. Dienstag**
Italien. Alliierte Truppen brechen durch die deutsche Verteidigungslinie südöstlich von Neapel und erobern den Flottenstützpunkt Castellamare di Stabia.
Jugoslawien. Deutsche Truppen erobern Split zurück.

**29. Mittwoch**
Jugoslawien. König Peter II. verlegt den Sitz der Exilregierung von London nach Cairo.

*6.10. Deutsches Reich S. 89–13*

*7.10. Ostfront
Die Rote Armee beginnt ihre Herbstoffensive und wirft die deutschen Truppen auf breiter Front zurück; hier eine Einheit bei Kursk.*

# Oktober

**1. Freitag**
Deutsches Reich. Zum ersten Mal greifen alliierte Bomberverbände von Stützpunkten in Nordafrika aus Ziele im Deutschen Reich, u. a. München, an.
Italien. Die britische 5. Armee von General Mark Clark zieht in das verlassene, brennende Neapel ein.
USA. Averell Harriman wird US-Botschafter in Moskau.

**4. Montag**
Italien. Britische Truppen landen auf Amphibienfahrzeugen hinter der deutschen Verteidigungslinie und erobern Termoli an der Ostküste.

**5. Dienstag**
Mittelmeer. Die deutschen Truppen räumen Korsika.
Ostfront. Sowjetische Truppen haben das Ostufer des Dnjepr auf einer Breite von rd. 650 km nördlich von Dnjepropetrowsk besetzt.

**6. Mittwoch**
Deutsches Reich. Reichsführer SS Himmler spricht in seiner berüchtigten »Posener Rede« über die Judenvernichtung und rechtfertigt sie als wichtigste Aufgabe der SS.
Ostfront. Sowjetische Truppen schlagen bei Witebsk und Mogilew deutsche Gegenangriffe zurück.

**7. Donnerstag**
Ostfront. Die Rote Armee beginnt auf der Linie Witebsk–Schwarzes Meer ihre Herbstoffensive. Nördlich von Kiew und südlich von Krementschug bilden sowjetische Einheiten am rechten Ufer des Dnjepr Brückenköpfe.

**8. Freitag**
Mexiko. Staatspräsident Manuel Avila Camacho führt die 1928 abgeschaffte Todesstrafe für Straßenräuberei und Entführung wieder ein.

Spanien. Staatschef Franco fordert die Rückkehr der »Blauen Division« von der Ostfront. Sie wird einige Wochen später vom Oberkommando der Wehrmacht freigegeben.

**10. Sonntag**
Italien. Jugoslawische Partisanen greifen Triest an und drängen die deutsche Besatzung ins Stadtzentrum.

**11. Montag**
Jugoslawien. Partisanenverbände geben bekannt, daß sie sich bis auf 40 km Belgrad genähert haben. Sie sind bis in die Außenbezirke von Zagreb vorgedrungen.

**12. Dienstag**
Azoren. Zum Schutz der britischen Konvois räumt die portugiesische Regierung Großbritannien Stützpunkte auf den Azoren ein.
USA. In New York stirbt der Psychologe und Mitbegründer der »Berliner Schule« der Gestaltpsychologie, Max Wertheimer (63).

**13. Mittwoch**
Italien. Die Regierung Badoglio erklärt dem Deutschen Reich den Krieg.

**14. Donnerstag**
Deutsches Reich. Luftkämpfe über Schweinfurt enden mit schweren Verlusten für die US-amerikanische Luftwaffe.
Generalgouvernement. Im KZ Sobibor kommt es zu einem Häftlingsaufstand. Die überlebenden Insassen werden erschossen.
Ostfront. Sowjetische Truppen erobern Saporoschje.
Philippinen. Präsident José Laurel erklärt die Philippinen für unabhängig.

**16. Samstag**
Deutsches Reich/Albanien. Hitler läßt ein unabhängiges Albanien proklamieren.

**18. Montag**
Italien. Die alliierten Truppen rücken weiter vor und erobern Brezza.

**19. Dienstag**
UdSSR. US-Außenminister Cordell Hull und sein britischer Amtsgenosse Anthony Eden treffen sich in Moskau mit ihrem sowjetischen Amtskollegen Molotow zur Vorbereitung einer Konferenz der Großen Drei. Später treffen sie auch mit Staatschef Stalin zusammen.

**23. Samstag**
Frankreich. Vor der Kanalküste werden der britische Kreuzer »Charybdis« und der Zerstörer »Limbourne« durch deutsche Torpedoboote versenkt.
Polen. Die ersten aus Rom deportierten Juden werden in das Vernichtungslager Birkenau gebracht.

**November 1943**

**25. Montag**
Ostfront. Sowjetische Truppen erobern Dnjepropetrowsk.

**27. Mittwoch**
Norwegen. Die deutschen Besatzungstruppen riegeln die Grenze zu Schweden ab.

**29. Freitag**
Italien. Alliierte Truppen erobern Mandragone, den wichtigsten deutschen Stützpunkt am Tyrrhenischen Meer.

**30. Samstag**
Großbritannien/UdSSR/USA. Die Außenminister der Großen Drei kommen überein, daß Österreich nach dem Krieg wieder ein unabhängiger Staat werden soll.
USA. In New York stirbt der österreichische Schauspieler, Regisseur und Theaterleiter Max Reinhardt im Alter von 70 Jahren. 1938 emigrierte er in die USA.
Westfront. General Dwight D. Eisenhower wird Oberbefehlshaber der alliierten Truppen für die Frankreichinvasion.

**31. Sonntag**
Schweiz. Bei den Nationalratswahlen in der Schweiz werden die Sozialdemokraten mit 56 Sitzen stärkste Partei.

# November

**1. Montag**
Ostfront. Mit der Einnahme von Perekop und Armjansk durch sowjetische Truppen werden die deutschen Streitkräfte auf der Krim eingeschlossen.
Pazifik. In Tokio beginnt die Großostasienkonferenz, auf der Japan den asiatischen Ländern seine Politik »Asien den Asiaten« deutlich zu machen versucht.

**2. Dienstag**
USA. Das Heer gibt die Entwicklung eines Flakgeschützes mit einem Kaliber von 120 mm und einer Reichweite von 19 km bekannt.

**3. Mittwoch**
Deutsches Reich. Hitler erläßt seine letzte strategische Weisung (Weisung Nr. 51), die eine Verstärkung der deutschen Kräfte im Westen vorsieht.
Generalgouvernement. 18 000 jüdische Gefangene werden bei einem Massaker in Majdanek erschossen.

**4. Donnerstag**
Libanon. Nachdem Präsident El Khoury von Frankreich die Unabhängigkeit verlangt hat, wird er von den französischen Behörden verhaftet, aber am 21.11. wieder freigelassen.
UdSSR. In Moskau wird die 8. Sinfonie von Dmitrij Schostakowitsch, die »Stalingradsinfonie«, uraufgeführt.

**5. Freitag**
Deutsches Reich. Auf dem Transport in das KZ Dachau stirbt der Berliner Dompropst Bernhard Lichtenberg. Er war ein Gegner der NS-Ausrottungspolitik gegen die Juden.

**6. Samstag**
Ostfront. Die Rote Armee erobert die seit September 1941 von den Deutschen besetzte Stadt Kiew zurück.

**10. Mittwoch**
Weltpolitik. In Atlantic City (New Jersey) nimmt die UNRRA-Konferenz (United Nations Relief and Rehabilitation Administration), ein Hilfsaktions- und Wiederaufbau-Ausschuß, der von 43 alliierten Regierungen gegründet wurde, unter dem Vorsitz von Dean Acheson die Arbeit auf.

**11. Donnerstag**
China. Chinesische Truppen zwingen die Japaner zum Rückzug aus Zentralchina.

**12. Freitag**
Mittelmeer. Deutsche Truppen beginnen mit der Rückeroberung der ägäischen Inseln.

**13. Samstag**
Deutsches Reich. In seiner letzten Unterredung mit dem Reichsstatthalter für die besetzten Ostgebiete, Alfred Rosenberg, lehnt Hitler die Bildung einer autonomen Ukraine ab.

**17. Mittwoch**
Italien. Die Regierung Badoglio unterzeichnet einen endgültigen Waffenstillstandsvertrag nach den Vorstellungen der Alliierten.

**19. Freitag**
Deutsches Reich. Mit der bisher größten Luftflotte greifen 1000 alliierte Bombenflugzeuge Berlin und Ludwigshafen an.

**20. Samstag**
Pazifik. US-amerikanische Truppen landen auf den Gilbert-Inseln (Tarawa und Makin).

**22. Montag**
Ägypten. Auf einer Konferenz in Cairo zwischen US-Präsident Franklin D. Roosevelt, Premierminister Winston Churchill und dem chinesischen Staatschef Tschiang Kaischek wird ein gemeinsames Vorgehen gegen Japan in Birma festgelegt.

**23. Dienstag**
Italien. Die britische 8. Armee überquert den Fluß Sangro und erobert Alfadina.

**26. Freitag**
Ostfront. Sowjetische Truppen erobern mit Gomel in Weißrußland den letzten deutschen Stützpunkt östlich des Dnjepr.
Türkei. Bei einem Erdbeben kommen 4000 Menschen ums Leben, 3000 werden verletzt.

**27. Samstag**
Kolumbien. Nachdem ein deutsches U-Boot den kolumbianischen Schoner »Ruby« in der Karibik versenkt hat, erklärt Kolumbien dem Deutschen Reich den Krieg.

**28. Sonntag**
Großbritannien/UdSSR/USA. In Teheran beginnt die Konferenz der »Großen Drei« (Roosevelt, Churchill, Stalin).

**30. Dienstag**
Italien. Das Kabinett unter Marschall Pietro Badoglio erkennt dem italienischen König die Titel »König von Albanien« und »Kaiser von Äthiopien« ab.
Ostfront. Sowjetische Truppen räumen den Eisenbahnknotenpunkt Korosten, 145 km von Kiew entfernt.

*30.10. USA*
*Max Reinhardt*

*5.11. Deutsches Reich*
*Bernhard Lichtenberg*

30.10. Großbritannien/UdSSR/USA
S. 368–67

28.11. Großbritannien/UdSSR/USA
S. 145–34

*19.11. Deutsches Reich*
*Nach schweren alliierten Luftangriffen stehen obdachlose Berliner nach Lebensmitteln an.*

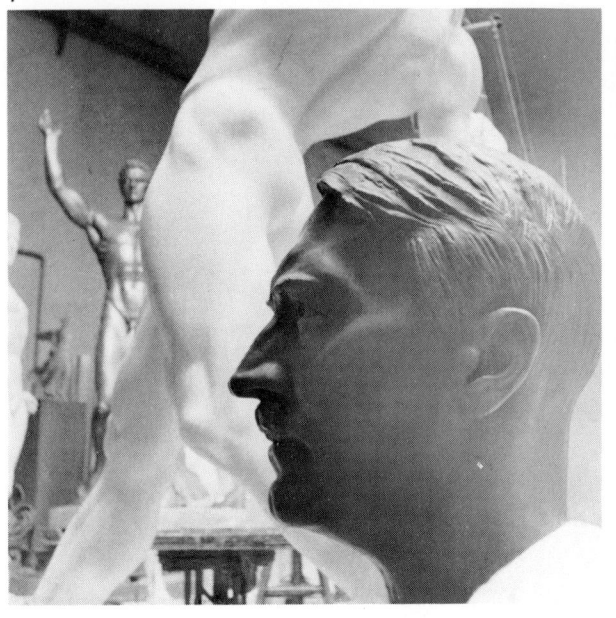

**7. Führerkult**
Gigantomanie: der Kopf des Führers vor dem »Rossehalter« und der Monumentalplastik des »Verkünders« von Arno Breker.

**8. Kulturkrieg**
Reklame im Dienst der nationalsozialistischen Machthaber.

**9. Märsche und Lieder**
Fanfarenzug der Hitlerjugend.

**10. NS-Film**
Eine Szene aus »Jud Süß« mit Ferdinand Marian und Werner Krauss.

**11. Wunschkonzert**
Szene aus dem Ufa-Film »Wunschkonzert«: Hans Brausewetter, Josef Sieber und Heinz Rühmann mit »Das kann doch einen Seemann nicht erschüttern«.

**12. Sport I**
Der Spitzensportler Max Schmeling rückte gleich bei Ausbruch des Krieges ein.

7. **Führerkult**
a) A. Seyß-Inquart
b) W. Wächter
c) Reportage
d) R. Ley

8. **Kulturkrieg**
a) J. Goebbels
b) B. von Schirach
c) H. Johst
d) A. Seyß-Inquart
e) C. Cerff
f) Deutscher Wochenschau-Bericht

## 7. Architekt der Weltherrschaft

In den eigenen vier Wänden durfte man ihn ungestraft Gröfaz nennen; bei offiziellen Jubelfeiern war dem »größten Feldherrn aller Zeiten« zu huldigen.
Sicher, manche Schlacht hatte er gewonnen, dank überlegener Kräftekonzentration, dank Blitzkrieg, dank Instinkt sogar. Doch seine entscheidenden militärischen Entschlüsse waren strategisch falsch, kosteten sinnlos Abertausenden Leben oder Freiheit.
Selbst nach Stalingrad ließ sich Hitler als Führer der Deutschen noch kultisch verherrlichen. Das Bild des Autodidakten, der sich aus Houston Stewart Chamberlain, Nietzsche, Dietrich Eckart und Darwin eine verheerende Weltanschauung von »Blut und Boden« gebraut hatte, hing in allen Amtsstuben. Er war beliebt, seine Erklärungen simpel, sein Feindbild klar. Der einzelne Mensch zählte für ihn nicht; das mythisch verklärte Volk hatte Maßstab und Werkzeug zugleich zu sein. Damit galten nur noch Rasse und lenkbare Masse, angewiesen auf den Führer, den Architekten der Weltherrschaft.

## 8. Blubo und Brausi

Der »totale Krieg« schonte nichts und niemanden. Alles war zum Kampfgebiet erklärt. Von 1936 bis 1943 schworen die »Parolen der Woche« auf nationalsozialistische Lesart ein, ab 1940 sogar verbindliche Tagesparolen ausgegeben: »Es muß bei jeder Sache festgestellt werden, die Juden sind schuld!« 1944 war das Wort »Katastrophe« auf höheren Befehl aus dem gesamten Sprachgebrauch »auszumerzen«.
»Wir treiben Propaganda mit der Wahrheit« (Hans Fritzsche, 1940). Wer Wahrheit anders definierte, wer nicht dem »Blut-und-Boden«(Blubo)- und »Brauchtum-und-Sitte«(Brausi)-Literaturideal entsprach, wurde mit Schreibverbot belegt, ins Exil vertrieben, oder es passierte Schlimmeres. Die Künste hatten dem Staat zu dienen. »Der Führer« huldigte dem Gesamtkünstler Richard Wagner bzw. dem, was er, unwidersprochen von Wagners Schwiegertochter Winifred, Leiterin der Bayreuther Festspiele von 1930 bis zum Ende des 2. Weltkriegs, für Wagners Vermächtnis hielt. In der Bildhauerei blieben Arno Breker, in Architektur und Stadtplanung Albert Speer Maßstab für die Übergröße nationalsozialistischer Triumphe.

---

9. **Märsche und Lieder**
a) »Badenweiler Marsch«
b) »Es zittern die morschen Knochen«
c) »Bomben auf Engelland«
d) »Siegfried-Line«
e) »Brüder in Zechen und Gruben«
f) »Moorsoldaten«
g) »Unsere Fahne flattert uns voran«
h) G. May

10. **NS-Film**
a) K. Söderbaum, F. Marian: »Jud Süß«
b) J. Goebbels
c) E. v. Demandowsky
d) P. Hartmann: »Bismarck«
e) H. Albers, I. Werner: »Große Freiheit Nr. 7«
f) H. Hildebrand: »Große Freiheit«

## 9. Märsche und Lieder

Nicht ohne Geschick nahmen die Nationalsozialisten kulturelle Traditionen für ihre Zwecke auf oder funktionierten sie um: Lieder der Arbeiter- und der Jugendbewegung, Märsche aus der Wilhelminischen Ära und Volksliedgut – vieles davon schien passend oder doch zumindest geeignet für ihre »Macht-Übernahme«.
Dennoch gab es auch eine Musik des Widerstands; am bekanntesten das Lied »Die Moorsoldaten«. Entstanden ist es vermutlich bereits im Sommer 1933 im KZ Börgermoor Zwo bei Papenburg; am Liedende stießen die KZ-Gefangenen ihre Spaten in den Sand. Überlebende bezeugten die Widerstandskraft, die das Bild dieser an Grabkreuze erinnernden Spaten in ihnen wachhielt.
An den Fronten entwickelten sich sogar Antikriegslieder des deutschen Landsers mittels Kontrafaktur: Schlager- und Volksliedmelodien wurden neue Texte unterlegt. Seit 1942 fand sich unter den Papieren gefallener Soldaten ein Text, der auf die Melodie des Loreley-Liedes gesungen wurde: »Ich weiß nicht, was soll es bedeuten... die Eisernen Kreuze verrosten, die hölzernen wachsen hoch...«

## 10. Film als Waffe

Mit den neuen Massenmedien Rundfunk und Tonfilm fanden die Nationalsozialisten meinungsbildende Instrumente bereitgestellt, die für ihre gleichschaltende Propaganda höchst wirksam wurden.
Dies begann nicht erst mit dem Jahr 1940, als die Wochenschauen Ufa, Fox, Tobis und Deulig zur Deutschen Wochenschau unter Goebbels zusammengeschlossen wurden und der erste deutsche Farb-Spielfilm gedreht wurde.
Ab 1942 entstand eine Reihe von sogenannten Durchhaltefilmen, in denen totalitäre Doktrin und Emotion noch ungenierter verschmolzen. Am Beispiel des schnulzigen Heldenfilms »Kolberg« von Veit Harlan, 1945 »vor Ort«, in der Atlantik-Festung La Rochelle, uraufgeführt, läßt sich einmal mehr erkennen, was aus der Vermählung von Kitsch und Tod hervorgeht. Aber auch der politische Filmkitsch für den kleinen Mann konnte der »großen Sache« längst nicht mehr weiterhelfen, obwohl bis zum Ende immer hektischer gedreht worden war und die Alliierten ein regelrechtes Nachschublager von noch nicht gezeigten Durchhaltefilmen vorfanden.

---

11. **Wunschkonzert**
a) H. Rühmann, J. Sieber und H. Brausewetter
b) E. Künneke
c) W. Strienz
d) Z. Leander
e) M. v. Schmedes
f) L. Andersen

12. **Sport I**
a) Deutscher Wochenschau-Kommentar
b) Deutscher Wochenschau-Kommentar
c) Deutscher Wochenschau-Kommentar
d) Deutscher Wochenschau-Kommentar
e) J. Goebbels

## 11. »Unter der Laterne«

»Die gute Laune ist ein Kriegsartikel. Unter Umständen kann sie nicht nur kriegswichtig, sondern auch kriegsentscheidend sein.« Der dies seinem Tagebuch anvertraut hatte, war zu Scherzen nicht aufgelegt: Reichspropagandaminister Joseph Goebbels. Nach seiner Parole diente auch der Schlager dem »totalen Krieg«.
»Das kann doch einen Seemann nicht erschüttern« versetzte nicht nur U-Boot-Besatzungen in freudige Bereitschaft, auch die anderen Waffengattungen der Wehrmacht hatten oft genug Grund, sich mit flotten Sprüchen den Rücken zu stärken. Von den als elitär geltenden Fliegerstaffeln allerdings hieß es, sie hörten auf dem Heimflug, nachdem sie »Bomben auf Engelland« geworfen hatten, lieber Jazzmusik der BBC. Aber auch der »Feind« setzte leichte Musen zur Truppenbetreuung ein, und besonders ein Lied wechselte die Fronten: »Unter der Laterne« – zuerst gesungen von Lale Andersen – wurde mit Marlene Dietrich zu »Underneath the lantern« und stärkte die Herzen vieler Soldaten.

## 12. Sport als Kampftraining

Das deutsche Volk gelte es »aufzuarten«. Doch trotz Vier-Kinder-Leitbild hielt der Trend zur Kleinfamilie unverändert an. Da die meisten Frauen und Männer nicht dem »Zuchtideal« nordischer Rassenschönheit entsprachen – im Volksspott hieß das: Blond wie Hitler, groß wie Goebbels, schlank wie Göring –, hatte vor allem die Jugend zur »Aufartung« herzuhalten.
Der Musterarier mit kerngesundem Körper sollte in Schule, HJ, Arbeitsdienst und Wehrmacht geschaffen werden. Konsequenterweise genoß die Leibesertüchtigung Vorrang noch vor den ideologiemächtigen Fächern Deutsch und Biologie: Strammstehen und Drill, Aufmärsche, Heimabende, Wehrsport mit Schießen und Geländespielen, Arbeitsfronteinsatz, SA, SS oder Wehrmacht. Die paramilitärische Funktion aller Sportlichkeiten war deutlich: Ertüchtigung und Abhärtung zur körperlichen Mobilmachung jedes einzelnen für die nationalsozialistischen Eroberungszüge. Militärische Ordnung im Sport und sportliche Wettkampfillusion an der Front waren ebenso gewollt wie die »zackige Erotik« der Sportsmaiden.

**1.12. Großbritannien/UdSSR/USA**
*Auf der Konferenz von Teheran überreicht Churchill im Namen des britischen Volkes Stalin das »Schwert von Stalingrad« als Zeichen der Anerkennung für die Verteidiger der Stadt.*

*15.12. Schweiz*
*Walter Stampfli*

# Dezember

**1. Mittwoch**
Großbritannien/UdSSR/USA. Die Konferenz von Teheran geht zu Ende. Sie stellt das erste Zusammentreffen Churchills und Roosevelts mit Stalin im 2. Weltkrieg dar. Die Westmächte sagen der UdSSR die Errichtung einer zweiten Front im Westen zu. Außerdem werden eine Besetzung Deutschlands, die Errichtung von Besatzungszonen, die Grundzüge der Friedensbedingungen und die Abgrenzung der Einflußsphären beschlossen.
Island. Laut Beschluß des Althing soll am 17. 5. 1944 die Staatsform der Republik eingeführt werden.

**2. Donnerstag**
Italien. Die deutsche Luftwaffe greift den Hafen von Bari an. Dabei vernichtet sie 19 Handelsschiffe und beschädigt 7 weitere.

**3. Freitag**
China. Nach einer zehntägigen Belagerung kapituliert die Stadt Changde vor den japanischen Truppen.
Italien. Es beginnen die Kämpfe um den Monte Cassino.

**4. Samstag**
Deutsches Reich. Bei einem Bombenangriff auf Leipzig stirbt der Politiker und Schriftsteller Carlo Mierendorff im Alter von 46 Jahren. Er war einer der führenden Köpfe der Widerstandsbewegung des Kreisauer Kreises.
Jugoslawien. Unter J. Ribar wird eine vorläufige Verwaltung für die befreiten Gebiete gebildet. General Josip Broz Tito erhält den Vorsitz des Komitees für die Nationale Verteidigung.

**5. Sonntag**
Britisch-Indien. Japanische Bombenflugzeuge greifen zum ersten Mal bei Tage und erstmals seit 11 Monaten Calcutta an.
Deutsches Reich. Hitler ordnet an, daß die »Me 262« als Jagdbomber gebaut werden soll.
Frankreich. Die alliierte Luftwaffe beginnt Luftangriffe auf die als »Skischanzen« bezeichneten Abschußrampen der V1 im Norden des Landes.

**6. Montag**
Türkei. Staatspräsident Inönü lehnt bei einem Treffen mit Roosevelt und Churchill in Cairo einen Kriegseintritt seines Landes ab.

**8. Mittwoch**
Italien. Italienische Streitkräfte kämpfen erstmals auf dem Festland an der Seite der Alliierten. Sie greifen deutsche Stellungen an der Frontlinie der US-amerikanischen 5. Armee an.

**9. Donnerstag**
Bulgarien. Die Alliierten führen einen Luftangriff auf Sofia.
China. Chinesische Truppen erobern Changde zurück.
Deutsches Reich. SS-Reichsführer Himmler sucht über schwedische Vermittler Geheimkontakte zu einem US-amerikanischen Vertreter, um über Friedensverhandlungen zu sprechen, doch der Kontakt kommt nicht zustande.

**11. Samstag**
USA. US-Außenminister Cordell Hull fordert Ungarn, Bulgarien und Rumänien auf, aus dem Krieg auszuscheiden.

**12. Sonntag**
ČSR/UdSSR. Die tschechische Exilregierung unter Edvard Beneš schließt mit der UdSSR einen Freundschafts- und Beistandspakt.
Ostfront. Eine deutsche Offensive westlich von Kiew wird von der Roten Armee zurückgeschlagen.

**13. Montag**
Deutsches Reich. Berichten aus Zürich zufolge wurden in Deutschland Raketen mit einer Reichweite von 500 km (V2) getestet.

**14. Dienstag**
Ostfront. Sowjetische Truppen erobern Tscherkassy, den letzten deutschen Stützpunkt am Mittellauf des Dnjepr.

**15. Mittwoch**
Ostfront. Die Rote Armee hat das Westufer des Dnjepr über eine Länge von 400 km (Nikopol bis Tscherkassy) zurückerobert.
Schweiz. Dr. Walter Stampfli wird für 1944 zum Bundespräsidenten gewählt.
USA. In Kansas City stirbt der Jazzmusiker Fats Waller (39).

**18. Samstag**
Italien. US-amerikanische Truppen erobern San Pietro Infine, eine Schlüsselposition auf dem Marsch nach Monte Cassino.

**19. Sonntag**
Ostfront. Eine sowjetische Offensive im Norden Weißrußlands treibt einen Keil in die deutschen Linien im Gebiet der baltischen Staaten.

**20. Montag**
Deutsches Reich. Die US-amerikanische Luftwaffe greift Bremen an.
Ostfront. Die Rote Armee greift Witebsk an.
Schweiz. In Zürich stirbt die Frauenrechtlerin und Schriftstellerin Anita Augspurg im Alter von 86 Jahren.
UdSSR. Die »Internationale« wird durch eine neue Nationalhymne ersetzt.

**21. Dienstag**
Deutsches Reich. 800 Flugzeuge der britischen Luftwaffe werfen eine Bombenlast von 2000 t über Frankfurt ab.

**26. Sonntag**
Großbritannien/UdSSR. Auf der 2. Cairoer Konferenz setzt Churchill gegen Roosevelt durch, daß die Hauptkräfte der Alliierten zunächst zur Niederwerfung Deutschlands eingesetzt werden sollen.
Seekrieg. Britische Seestreitkräfte mit dem Schlachtschiff »Duke of York« versenken im Nordmeer das deutsche Schlachtschiff »Scharnhorst«, das einen Geleitzug nach Murmansk angreifen sollte.

**27. Montag**
Italien. Deutsche Truppen räumen Ortona an der Adria.

**29. Mittwoch**
Ostfront. Sowjetische Truppen erobern den Eisenbahnknotenpunkt Korosten, 140 km nordwestlich von Kiew.

**30. Donnerstag**
Italien. Britische Truppen erreichen Pescara.

*Landung der Alliierten
in der Normandie*

**1944**

# 1944

## Januar

*23. 1. Norwegen*
*Selbstporträt Edvard Munchs*

*31. 1. Frankreich*
*Jean Giraudoux, porträtiert durch den französischen Maler Édouard Vuillard.*

**1. Samstag**
Deutsches Reich. Unter dem Oberbefehlshaber West, Feldmarschall von Rundstedt, erhält Feldmarschall Rommel den Oberbefehl über die Heeresgruppe B mit allen nördlich der Loire stehenden deutschen Truppen. Mit der Verhaftung der Grafen von Moltke und Yorck von Wartenburg wird der Kreisauer Kreis zerschlagen.
Die Reichspost führt Postleitzahlen ein.

**3. Montag**
Ostfront. Mit der Einnahme von Olewsk erreicht die Rote Armee die ehemalige Ostgrenze Polens.

**4. Dienstag**
Dänemark. Bei Silkeborg wird der von der Gestapo verhaftete Schriftsteller, Pfarrer und Widerstandskämpfer Kaj Munk (45) erschossen.

**5. Mittwoch**
Italien. Die US-amerikanische 5. Armee beginnt einen direkten Angriff auf die deutsche Winterlinie (Gustav-Linie).

**8. Samstag**
Italien. In Verona beginnt auf deutsches Drängen der Prozeß gegen sechs Mitglieder des Faschistischen Großrats, die sich gegen Mussolini gestellt haben. In dem zweitägigen Verfahren werden fünf Mitglieder zum Tode verurteilt, unter ihnen Graf Galeazzo Ciano, der Schwiegersohn Mussolinis, und Marschall De Bono. Sie werden am 11. 1. hingerichtet.

**9. Sonntag**
USA. Die Kommunistische Partei der USA löst sich auf.

**12. Mittwoch**
Frankreich. Der Generalbevollmächtigte für den Arbeitseinsatz Fritz Sauckel fordert in Paris eine Million französische Arbeitskräfte für Deutschland.

**14. Freitag**
Großbritannien. Premierminister Churchill bezeichnet die Oder-Neiße-Linie als endgültige Westgrenze Polens.
Ostfront. Sowjetische Truppen starten eine Großoffensive bei Oranienbaum und Wolchow, um Leningrad zu entlasten.

**15. Samstag**
Italien. Die US-amerikanische 5. Armee schließt mit der Eroberung des Monte Trocchio, des letzten Hindernisses vor Cassino, ihre Operationen gegen die deutsche Winterlinie ab.

**16. Sonntag**
Polen. Die sowjetische Regierung weist den polnischen Wunsch nach Verhandlungen über den polnischen Grenzverlauf zurück und wünscht keine Wiederherstellung der diplomatischen Beziehungen zwischen beiden Ländern.

**17. Montag**
USA. General Omar Bradley wird zum Befehlshaber der amerikanischen Landungstruppen ernannt.

**20. Donnerstag**
Deutsches Reich. Der Reichssender Berlin meldet die Evakuierung aller Zivilisten von der Festungsinsel und Marinebasis Helgoland.
Die britische Luftwaffe wirft 2300 t Bomben über Berlin ab.

Ostfront. Sowjetische Truppen erobern Nowgorod und schneiden westlich von Leningrad den deutschen Truppen den Zugang zum Finnischen Meerbusen ab.

**22. Samstag**
Italien. Truppen der US-amerikanischen 5. Armee landen überraschend bei Anzio und Nettuno, südlich von Rom, und bilden einen Brückenkopf.

**23. Sonntag**
Norwegen. In Ekely bei Oslo stirbt der Maler und Graphiker Edvard Munch im Alter von 80 Jahren.

**24. Montag**
Bolivien. Washington verweigert der am 19. 12. 1943 an die Macht gelangten linksgerichteten Regierung die Anerkennung und ruft seinen Botschafter aus La Paz zurück. Ebenso handelt die britische Regierung am 25. 1.
Ostfront. Sowjetische Truppen erobern Smolkowa und unterbrechen die Bahnlinie von Narva (Estland) nach Leningrad.

**26. Mittwoch**
Argentinien. Die Regierung bricht die diplomatischen Beziehungen zu Deutschland und Japan ab.

**27. Donnerstag**
Italien. Alliierte Truppen rücken gegen Rom vor und erobern Velletri.

Ostfront. Sowjetische Truppen entsetzen Leningrad, das zweieinhalb Jahre von deutschen Truppen belagert wurde.

**28. Freitag**
Italien. Das Komitee für die Nationale Befreiung eröffnet ein zweitägiges Treffen in Bari. Einstimmig wird der Rücktritt von König Victor Emanuel III. gefordert.

**29. Samstag**
Deutsches Reich. Martin Bormann, der Sekretär Hitlers, befürwortet »Ehen zu dritt«, um den Geburtenrückgang auszugleichen.

**31. Montag**
Frankreich. In Paris stirbt der französische Dramatiker und Erzähler Jean Giraudoux im Alter von 61 Jahren.

# Februar

**1. Dienstag**
Italien. Nördlich und westlich von Cassino brechen alliierte Truppen über eine Länge von 4 km durch die deutsche Gustav-Linie.
USA. In New York stirbt der niederländische Maler und Kunstschriftsteller Piet Mondrian im Alter von 71 Jahren (auch → S. 280).

**2. Mittwoch**
Ostfront. Sowjetische Truppen überschreiten die estländische Grenze nördlich von Narva.

**5. Samstag**
Naher Osten. Die Ölgesellschaft *Petroleum Reserves Corporation* meldet den Bau einer Pipeline vom Persischen Golf bis zum Mittelmeer.

**6. Sonntag**
Italien. In erbitterten Straßengefechten versuchen US-Truppen, die deutschen Truppen aus Cassino zu drängen.

**8. Dienstag**
Ostfront. Nach einer viertägigen Offensive erobern sowjetische Truppen das Manganzentrum Nikopol. Die deutschen Truppen werden vom Ostufer des Dnjepr über eine Länge von 1100 km zurückgedrängt.
Tibet. In Hsunhwa wird ein siebenjähriger Junge feierlich als 10. Pantschen-Lama geweiht.

**10. Donnerstag**
Pazifik. Wegen der US-amerikanischen Bombenangriffe werden alle japanischen Kriegsschiffe aus dem Hafen von Rabaul (New Britain) abgezogen.

**11. Freitag**
Italien. Die Alliierten übertragen der Regierung Badoglio die Zivilverwaltung von Sardinien, Sizilien und Süditalien.

**13. Sonntag**
Costa Rica. Teodore Picado Michalski wird mit großer Mehrheit zum Staatspräsidenten gewählt.

**14. Montag**
Ostfront. Sowjetische Truppen erobern den deutschen Stützpunkt Tscherkassy im Dnjeprbogen. In der Nähe eingekesselte deutsche Truppen können am 17. 2. unter schweren Verlusten ausbrechen.

**15. Dienstag**
Argentinien. Eine Gruppe Armeeoffiziere besetzt unter Oberst Perón das Außenministerium in Buenos Aires und vertreibt Außenminister Alberto Gilbert.
Italien. Die Alliierten zerstören mit massiven Bombenangriffen und Artilleriebeschuß das Kloster Monte Cassino in der fälschlichen Annahme, daß es den deutschen Truppen als Festung diene.

**16. Mittwoch**
Deutsches Reich. Beim bisher schwersten Luftangriff auf Berlin werfen Bombenflugzeuge der britischen Luftwaffe innerhalb einer halben Stunde 2500 t Bomben ab.

**17. Donnerstag**
Pazifik. US-amerikanische Truppen landen auf dem Atoll Eniwetok im äußersten Westen der Marshallinseln und machen die Insel zum Marinestützpunkt.
Einheiten der US-Marine vernichten in einem Überraschungsangriff auf den japanischen Marinestützpunkt Truk (Karolinen) 29 Schiffe und 250 Flugzeuge.

**19. Samstag**
Deutsches Reich. Die Alliierten beginnen eine fünf Tage andauernde Bombenangriffswelle auf Zentren der deutschen Flugzeugindustrie, um die deutsche Luftüberlegenheit über dem europäischen Festland zu brechen. Bei den Angriffen verliert die deutsche Luftwaffe 500 Jagdflugzeuge.
Großbritannien. Die deutsche Luftwaffe unternimmt den schwersten Angriff auf London seit Mai 1941.

**21. Montag**
Japan. Hideki Tojo wird Stabschef des Heeres. Neuer Marinestabschef wird Admiral Schigetavo Schimada.

**22. Dienstag**
Chile. Die Zerschlagung des Spionagerings des deutschen Luftwaffenattachés Ludwig von Bohlen wird gemeldet.
Niederlande. US-amerikanische Bomberverbände richten infolge von Navigationsfehlern schwere Angriffe auf Nimwegen, wo 600 Menschen sterben, Enschede und Arnheim.
Ostfront. Sowjetische Truppen erobern das Eisenerzzentrum Kriwoj Rog im Dnjeprbogen.

**24. Donnerstag**
Argentinien. Staatspräsident Pedro Ramirez tritt nach einem Militärputsch zurück, weil er eine weitere Annäherung an die Alliierten gesucht hatte.

**26. Samstag**
Jugoslawien. Meldungen zufolge hält sich der Sohn von Premierminister Churchill, Randolph, bei Tito auf, um eine engere Zusammenarbeit zwischen Tito und der Exilregierung von König Peter II. zu erreichen.

**28. Montag**
Ostfront. Nach den Ergebnissen einer sowjetischen Untersuchungskommission sind während der deutschen Besatzung Kiews rd. 195 000 Personen getötet worden.

**29. Dienstag**
Finnland/UdSSR. Die sowjetische Regierung macht Finnland ein Friedensangebot. Finnland soll die Beziehungen zum Deutschen Reich abbrechen, alle Deutschen internieren und sich auf die Grenzen von 1940 zurückziehen.

# März

**1. Mittwoch**
Italien. In Turin und anderen norditalienischen Städten kommt es zu Massenstreiks.

**3. Freitag**
Griechenland. Die Widerstandsgruppen EAM (ELAS) und EDES wollen künftig gemeinsam gegen die Deutschen operieren.

**4. Samstag**
Japan. Alle Studenten werden eingezogen, alle Vergnügungsbetriebe geschlossen.
Palästina. Der Irak läßt den US-Vizepräsidenten Henri Wallace wissen, daß eine Resolution zugunsten eines jüdischen Palästinas eine Kriegserklärung an die arabische Welt bedeute. Bereits am 1. 3. haben Ägypten, Saudi-Arabien, Syrien und der Libanon gegen Pläne zur Schaffung einer jüdischen Heimstätte in Palästina protestiert.

**5. Sonntag**
Deutsches Reich. An der Ostfront stirbt der Leichtathlet Rudolf Harbig im Alter von 30 Jahren (auch → S. 282).

**9. Donnerstag**
Jugoslawien. König Peter II. besucht von Cairo aus London, um

> 28. 2. Ostfront
> S. 129–25

> 4. 3. Palästina
> S. 368–72

> 5. 3. Deutsches Reich
> S. 65–12

**15. 3.** *Italien*
*Aufnahme von Gefechten um den Monte Cassino. Im Vordergrund ein zerstörter Shermanpanzer, im Hintergrund die Klosterruinen.*

mit der britischen Führung die Meinungsverschiedenheiten seiner Exilregierung mit den Partisanenverbänden Titos zu erörtern.

**10. Freitag**
Ostfront. Moskau meldet einen Durchbruch der am 4.–6. 3. zu einer Offensive angetretenen Roten Armee in der Ukraine, bei dem 14 deutsche Divisionen auf einer 180 km langen Front zurückgedrängt wurden.

**12. Sonntag**
Deutsches Reich. Zum ersten Male seit 1940 hält Hitler in Berlin keine Rede anläßlich des Heldengedenktages.
Finnland. Die Regierung weist die mit dem sowjetischen Friedensangebot vom 29. 2. verknüpften Forderungen zurück.

**13. Montag**
Italien. Die Regierung der UdSSR erkennt das Kabinett Badoglio an.

**14. Dienstag**
Griechenland. Die linksgerichtete Widerstandsgruppe EAM gründet das Politische Komitee der Nationalen Befreiung (PEEA).

**15. Mittwoch**
Italien. Die Alliierten bombardieren die Ruinen des Klosters Monte Cassino, in dem sich inzwischen deutsche Truppen festgesetzt haben. Bis zum 24. 3. ist das Kloster heftig umkämpft.
Pazifik. US-Truppen landen auf Manus (Admiralitätsinseln). Ende März haben sie die Insel unter Kontrolle.

**16. Donnerstag**
Ostfront. Sowjetische Truppen nehmen die Eisenbahnlinie Odessa–Schmerinka ein und teilen die deutsche Front in der Ukraine in zwei Teile.

**17. Freitag**
Birma. Unter dem Kommando von General Orde Wingate landen britische Luftlandeeinheiten in Zentral-Birma und zerstören die Eisenbahnlinie Mandalay–Myitkyina.

**19. Sonntag**
Birma. Japanische Truppen beginnen im Chindwin-Tal eine Offensive in Richtung Manipur (Britisch-Indien).
Ostfront. Sowjetische Truppen überschreiten den Dnjestr und erobern große Teile Bessarabiens.
Ungarn. Aus Mißtrauen gegen die Regierung Kallay und wegen der Bedrohung des Landes durch die Rote Armee besetzen deutsche Truppen Ungarn.

**20. Montag**
Ostfront. Die Rote Armee erobert Winniza.

**22. Mittwoch**
Britisch-Indien. Die Regierung in Delhi meldet, daß japanische Truppen die Grenze nach Manipur überschritten haben.
Ungarn. Als neuer Ministerpräsident wird der bisherige Gesandte in Berlin, Döme Sztójay, von den Deutschen eingesetzt.
Ostfront. Sowjetische Truppen erobern den Eisenbahnknotenpunkt Perwomajsk am Bug im Südwesten der Ukraine.

**23. Donnerstag**
Palästina. Bei einer Serie von Feuergefechten und Bombenanschlägen in Jerusalem, Tel Aviv und Haifa werden sechs britische Polizeiagenten durch jüdische Untergrundkämpfer getötet und 12 verletzt.

**24. Freitag**
Birma. Der britische General Orde Charles Wingate (41) kommt bei einem Flugzeugunglück ums Leben.
Italien. 335 römische Bürger werden wegen eines Anschlags auf Angehörige einer deutschen Polizeikompanie, bei dem 33 Deutsche getötet wurden, in Rom durch Genickschuß getötet.

**28. Dienstag**
Ostfront. Sowjetische Truppen erobern den Hafen Nikolajew am Schwarzen Meer.

**30. Donnerstag**
Ostfront. Tschernowitz, die Hauptstadt der Nordbukowina, wird von der Roten Armee besetzt.

# April

**1. Samstag**
Generalgouvernement. Die Massentransporte von Juden aus Südosteuropa nach Auschwitz beginnen.
Schweiz. Bei einem Angriff US-amerikanischer Bombenflugzeuge auf Ziele in Südwestdeutschland wird irrtümlich die Grenzstadt Schaffhausen bombardiert.

**2. Sonntag**
Italien. Der italienische Kommunistenführer Palmiro Togliatti kehrt aus dem Exil in der UdSSR zurück. Er spricht sich für einen gemeinsamen Kampf aller nichtfaschistischen Kräfte gegen das Deutsche Reich aus und plädiert dafür, die »Königsfrage« nach Beendigung des Weltkrieges zu behandeln.
Ostfront. Sowjetische Truppen überschreiten die rumänische Grenze.

**3. Montag**
Norwegen. Das Schlachtschiff »Tirpitz« wird im nordnorwegischen Kaafjord bei einem Angriff britischer Trägerflugzeuge schwer beschädigt.

**4. Dienstag**
Generalgouvernement. Zum ersten Mal liefern alliierte Luftaufklärer Aufnahmen des Vernichtungslagers Auschwitz.

**5. Mittwoch**
Italien. Kronprinz Umberto erklärt sich bereit, nach der Befreiung Roms als Regent für seinen Vater zu amtieren.
Ostfront. Sowjetische Truppen er-

▷
**19. 3.** *Ungarn*
*Nach der Besetzung des Landes durch deutsche Truppen werden ungarische Juden in Konzentrationslager deportiert.*

obern Kubanka, 26 km nördlich von Odessa, sowie Rasdelnaja und Kusjurgan. Damit ist 100 000 deutschen Soldaten der Rückzug abgeschnitten.

**6. Donnerstag**
Deutsches Reich. Der Zeichner E. O. Plauen (eigentlich Erich Oser) begeht nach seiner Verhaftung im Alter von 41 Jahren Selbstmord. Besonders bekannt wurde er durch die Bildserie »Vater und Sohn«.

**8. Samstag**
Ostfront. Die Rote Armee beginnt eine Offensive, die die Rückeroberung der Krim zum Ziel hat. Sowjetische Truppen erreichen im Osten des Tatarenpasses die tschechoslowakische Grenze.

**9. Sonntag**
Frankreich. Charles de Gaulle wird Oberbefehlshaber der Armee der Freien Franzosen.

**10. Montag**
Ostfront. Die seit Oktober 1941 von deutschen Truppen besetzte Stadt Odessa wird von sowjetischen Truppen zurückerobert.

**11. Dienstag**
Ungarn. Unter dem früheren Staatspräsidenten Graf Michael Károlyi bilden ungarische Exilanten in London eine Exilregierung.

**12. Mittwoch**
Italien. König Victor Emanuel III. erklärt seine Bereitschaft, nach der Befreiung Roms auf den Thron zu verzichten.
Jugoslawien. Eine Militärabordnung von Titos Partisanenarmee besucht Moskau.

**13. Donnerstag**
Ostfront. Sowjetische Truppen erobern die Hauptstadt der Krim, Simferopol, sowie die Hafenstädte Feodosia und Jewpatoria.

**14. Freitag**
Griechenland. Die ersten Juden werden von Athen aus in das Konzentrationslager Auschwitz deportiert. In Cairo bildet Regierungschef Sofoklis Venizelos eine neue Exilregierung, an der auch der aus deutscher Gefangenschaft entflohene sozialdemokratische Führer Georgios Papandreou beteiligt ist.

**16. Sonntag**
Ostfront. Die Stadt Jalta an der Südküste der Krim wird von sowjetischen Truppen eingenommen.

**17. Montag**
Großbritannien. Allen Diplomaten, außer sowjetischen und US-amerikanischen, wird das Reisen erschwert; es wird ihnen untersagt, Code-Telegramme aufzugeben.
Italien. Die Regierung Badoglio tritt zurück. König Victor Emanuel bittet Marschall Badoglio um die Bildung eines neuen Kabinetts, das alle Parteien umfaßt.

**20. Donnerstag**
Ostfront. Sowjetische Marine- und Luftwaffeneinheiten versenken vor Sewastopol 19 deutsche und rumänische Schiffe und erschweren damit die Evakuierungsbemühungen.

**21. Freitag**
Italien. Marschall Badoglio bildet ein neues Kabinett, in dem auch die Oppositionsparteien, u. a. der Kommunistenführer Palmiro Togliatti, vertreten sind.
Türkei. Auf alliierten Druck hin werden die Chromerzlieferungen an das Deutsche Reich eingestellt.

**23. Sonntag**
Neuguinea. Alliierte Truppen nehmen Hollandia ein.

**24. Montag**
China. Die Japaner beginnen eine neue Frühjahrsoffensive in der Provinz Anhui.
In Großbritannien tritt ein allgemeines Auslandsreiseverbot in Kraft.

**27. Donnerstag**
Frankreich. Die US-Luftwaffe beginnt mit Angriffen auf das gesamte Schienen- und Straßennetz im Norden des Landes.

**30. Sonntag**
Ostfront. Die sowjetische Luftwaffe bombardiert die polnische Festungsstadt Brest-Litowsk.

# Mai

**1. Montag**
Italien. Ein schwerer deutscher Angriff auf den Brückenkopf bei Anzio zwingt die britischen Truppen zum Rückzug.
Jugoslawien. Eine Militärabordnung von Titos Partisanenarmee besucht London.

**2. Dienstag**
Spanien. Unter alliiertem Druck werden die Wolframlieferungen an Deutschland eingeschränkt.

**5. Freitag**
Britisch-Indien. Die britische 14. Armee beginnt in Assam im Gebiet von Kohima eine Gegenoffensive gegen die Japaner.
Die britischen Behörden heben den Hausarrest von Mahatma Gandhi im Palast des Aga Khan in Poona auf.

**6. Samstag**
Italien. Die alliierte Luftwaffe zerstört Eisenbahneinrichtungen südlich von Florenz, um den deutschen Nachschub zu behindern.

**7. Sonntag**
Deutsches Reich. 2000 alliierte Bombenflugzeuge greifen Berlin an.
Rumänien. 1000 alliierte Bombenflugzeuge greifen Bukarest an.

**8. Montag**
ČSR. Die Exilregierung schließt mit der UdSSR ein Abkommen über die Befreiung ihres Landes durch die Rote Armee.
Ostfront. Hitler erteilt nach langem Zögern den endgültigen Befehl, die

*6. 4. Deutsches Reich »Erkenntnis der Vergänglichkeit«, von E. O. Plauen, dessen Karikaturen zum Alltag im Nationalsozialismus gehörten.*

*13. 4. Ostfront Marinesoldaten der sowjetischen Schwarzmeerflotte werden von Unterseebooten zu Sabotageakten hinter den deutschen Linien an Land gebracht.*

## Juni 1944

*25. 5. Jugoslawien
Deutsche Fallschirmjäger greifen überraschend, aber erfolglos Titos Hauptquartier an.*

6. 6. *Westfront*
S. 129–27

*4. 6. Italien
Rom ist eingenommen. Die Truppen der Alliierten ziehen in die Stadt ein.*

Krim zu räumen. Die Räumung wird am 13. 5. abgeschlossen.

**9. Dienstag**
China. Japanische Truppen überschreiten den Gelben Fluß, rücken weiter nach Süden vor und bedrohen den chinesischen Stützpunkt Luoyang in der Provinz Henan. Die Eisenbahnlinie Peking–Hangzhou fällt in japanische Hand.
Ostfront. Die Rote Armee nimmt Sewastopol ein.

**11. Donnerstag**
Italien. Die letzten Kämpfe um den Monte Cassino beginnen. Das polnische 2. Armeekorps greift unter General Anders das Kloster an, das am 18. 5. geräumt wird. Die alliierte 5. und 8. Armee stoßen durch die Gustav-Linie und machen damit den Weg nach Rom frei.

**14. Sonntag**
Jugoslawien. Partisanen erobern die adriatische Hafenstadt Starigrad (Insel Hvar).

**15. Montag**
Deutsches Reich. Feldmarschall Rommel und General von Stülpnagel erörtern die Festnahme Hitlers und seine Aburteilung durch ein deutsches Gericht.

**17. Mittwoch**
Neuguinea. Alliierte Truppen landen auf Wakde und vernichten die japanische Garnison.

**18. Donnerstag**
Italien. Alliierte Truppen erobern Formia am Golf von Gaeta. Die deutschen Truppen verlassen Gaeta. Südlich des Apennins ist die Gustav-Linie völlig aufgelöst.

**20. Samstag**
Frankreich. Die alliierte Luftwaffe bombardiert mit 6000 Flugzeugen Straßen und Brücken auf einem 250 km langen Streifen zwischen Belgien und der Bretagne. Damit soll die Invasion in dem Gebiet vorbereitet werden.

**21. Sonntag**
UdSSR. Nachfolger des am 15. 5. ermordeten Sergej als Patriarch von Moskau und Oberhaupt der russisch-orthodoxen Kirchen wird der Metropolit von Leningrad, Aleksej (67).

**23. Dienstag**
Italien. General Truscott beginnt einen Ausfallversuch aus dem Brückenkopf bei Anzio (Operation »Buffalo«).

**25. Donnerstag**
Italien. Hitler erteilt Generalfeldmarschall Albert Kesselring die Zustimmung für einen »methodischen und ökonomischen Rückzug«. Die deutsche 10. Armee unter General Vietinghoff zieht sich auf die Cäsar-Linie zurück.
Jugoslawien. Deutsche Luftlandetruppen greifen Titos Hauptquartier in Bosnien an (Unternehmen »Rösselsprung«). Marschall Tito und sein Gast Randolph Churchill (der Sohn des britischen Premierministers) können entkommen.

**27. Samstag**
Frankreich. In Paris wird Jean Paul Sartres Drama *Geschlossene Gesellschaft* uraufgeführt.
Neuguinea. Alliierte Truppen landen auf Biak.

**31. Mittwoch**
Ecuador. José María Velasco Ibarra nimmt das Angebot der durch einen Putsch an die Macht gelangten Militärjunta zur Übernahme der Präsidentschaft an.

# Juni

**1. Donnerstag**
Frankreich. Die BBC strahlt die erste Zeile von Paul Verlaines Gedicht »Chanson d'automne« als Signal für den französischen Widerstand über die bevorstehende Landung in der Normandie aus.
Irland. Die Partei von Präsident Eamon de Valéra, die Fianna Fáil, erzielt bei den Parlamentswahlen Gewinne.

**2. Freitag**
Bulgarien. Die am Vortage gebildete neue Regierung unter Iwan Bagrjanoff nimmt Geheimverhandlungen mit den Westalliierten auf.
Italien. Die Alliierten nehmen Valmontone und Velletri ein.
Kuba. Ramón Grau San Martín wird zum Staatspräsidenten gewählt. Er schlägt den Gegenkandidaten der Regierung, Carlos Saladrigas.

**3. Samstag**
Birma. Britische Truppen überschreiten den Irrawaddy und schneiden den Japanern damit den letzten Fluchtweg ab; sie sind im Norden von Myitkyina eingeschlossen.

**4. Sonntag**
Italien. Die alliierte Vorhut erreicht Rom. Die deutschen Truppen verlassen die Stadt.
Westfront. General Dwight D. Eisenhower erteilt am späten Abend den Auftrag, am 6. 6. mit der Operation »Overlord« (Landung in der Normandie) zu beginnen.

**5. Montag**
Frankreich. Die BBC strahlt, als Erkennungszeichen für den Zeitpunkt der Invasion, für den französischen Widerstand eine weitere Zeile von Paul Verlaines Gedicht »Chanson d'automne« aus. Bereits 1943 hatte die von Admiral Canaris geleitete Abwehr diesen Code entschlüsselt; da Rommel die Invasion an der engsten Stelle des Kanals erwartet, werden die Verbände in der Normandie nicht gewarnt.
Italien. Alliierte Truppen besetzen Rom. König Victor Emanuel III. verzichtet zugunsten seines Sohnes Umberto auf den Thron.

**6. Dienstag**
Portugal liefert kein Wolfram mehr an das Deutsche Reich.
Westfront. Um 0.15 Uhr landen die ersten Fallschirmjäger der US-amerikanischen 101. Fliegerdivision auf der Halbinsel Cotentin und bei St.-Germain-de-Varreville. Um 6.30 Uhr landen die ersten Einheiten der US-amerikanischen 1. Infanteriedivision an der ihnen zugewiesenen »Omaha-Beach«, wo sie schwere Verluste hinnehmen müssen. Von Briten, Kanadiern und US-Amerikanern werden Brückenköpfe gebildet. Um 15.00 Uhr ordnet Hitler einen Gegenangriff an. Die Invasion der Alliierten hat begonnen (auch → S. 204).

## 7. Mittwoch
Belgien. König Leopold III. wird als Gefangener nach Hirschstein an der Elbe gebracht.
Italien. Die US-amerikanische 5. Armee erobert Civitavecchia, 60 km nordwestlich von Rom. Einheiten der britischen 8. Armee erobern Subiaco.
Westfront. Die drei britisch-kanadischen Brückenköpfe in der Normandie werden zu einem vereinigt.

## 8. Donnerstag
Westfront. Einheiten der britischen Northumbria-Division nehmen Bayeux in der Normandie ein.

## 9. Freitag
Italien. Auf Druck der Oppositionsparteien übernimmt Ivanoe Bonomi das Amt des Ministerpräsidenten von Marschall Badoglio und bildet eine neue Regierung.
Westfront. Die US-Truppen erobern Ste.-Mère-Église und rücken weiter nach Cherbourg vor. Bei Caen leisten deutsche Einheiten erhebliche Gegenwehr.

## 10. Samstag
Finnland/UdSSR. Sowjetische Truppen starten eine Offensive gegen die finnische Stadt Viipuri.
Frankreich. SS-Einheiten ermorden 642 Einwohner des Dorfes Oradour-sur-Glane (Mittelfrankreich) wegen Unterstützung der französischen Widerstandsbewegung. Sieben Einwohner können entkommen. Das Dorf wird dem Erdboden gleichgemacht.

## 11. Sonntag
Finnland/UdSSR. Sowjetische Truppen erobern 80 Orte auf der Karelischen Landenge.

## 12. Montag
Griechenland. Die Exilregierung untersagt König Georg II. die Rückkehr nach Griechenland, solange nicht in einem Plebiszit darüber entschieden worden ist.
Westfront. Einheiten der US-amerikanischen 101. Luftlandedivision erobern Carentan, 50 km südöstlich von Cherbourg. Der britische Premierminister Churchill besucht die Front in der Normandie.

## 13. Dienstag
Frankreich. Die Exilregierungen von Polen, Belgien, Luxemburg und der ČSR erkennen das ehemalige Komitee für die Nationale Befreiung als Interimsregierung an.
Großbritannien. Die erste deutsche V1 schlägt in der Nähe des Dorfes Swanscombe an der Themse ein.

## 14. Mittwoch
Pazifik. US-Truppen landen auf der Marianen-Insel Saipan. Sie bilden einen Brückenkopf für die Landung von 150 000 Mann.
Westfront. General Charles de Gaulle besucht Bayeux.

## 15. Donnerstag
Großbritannien. Innerhalb von 14 Stunden werden 244 V1-Flugkörper auf London abgeschossen. Im Gegenzug beginnt die britische Luftwaffe eine Luftoffensive auf die Abschußrampen in Nordfrankreich.
Japan. Von chinesischen Stützpunkten aus kommen zum ersten Mal US-amerikanische B29-Bomber gegen japanische Einrichtungen zum Einsatz. Ziele sind die Yawata-Stahlfabriken.

## 17. Samstag
Island wird unabhängige Republik. Das Parlament wählt Svein Björnsson zum ersten Präsidenten.
Italien. Unter dem Kommando von General Jean de Lattre de Tassigny landen freifranzösische Truppen auf Elba, das vorher von den Deutschen geräumt wurde.

## 18. Sonntag
Sport. Mit 4:0 gewinnt der Dresdner SC in Berlin das Endspiel um die deutsche Fußballmeisterschaft gegen den LSV Hamburg (auch → S. 283). In der Schweiz wird Lausanne Sports Titelträger.

## 19. Montag
Westfront. Ein drei Tage anhaltender schwerer Sturm beschädigt den britischen künstlichen Landungshafen (»Mulberry«) bei Arromanches. Der US-amerikanische Hafen bei St.-Laurent wird völlig zerstört.

## 20. Dienstag
Finnland/UdSSR. Die Rote Armee erobert Viipuri. Damit ist Leningrad vor möglichen Angriffen geschützt. Der Finnische Meerbusen ist wieder für die sowjetische Flotte offen.
Italien. Perugia fällt in die Hand der britischen 8. Armee.
Pazifik. In der Philippinensee endet eine zweitägige Schlacht, bei der die Japaner 3 Flugzeugträger und 480 Flugzeuge verlieren. Die US-Luftwaffe verliert 130 Flugzeuge.

## 21. Mittwoch
Deutsches Reich. 2200 US-Bomber greifen Berlin an.
Finnland. Reichsaußenminister von Ribbentrop trifft in Helsinki mit Staatspräsident Ryti zusammen. Sein Vorschlag, die finnischen Streitkräfte deutschem Oberbefehl zu unterstellen, wird abgelehnt.

## 22. Donnerstag
Italien. Deutsche Truppen erobern Chiusi und gehen nördlich von Perugia zum Gegenangriff über.

## 23. Freitag
Ostfront. Mit einem Angriff auf Witebsk beginnt die Rote Armee ihre Sommeroffensive gegen die deutschen Truppen.

## 26. Montag
China. Japanische Einheiten erobern den US-Luftwaffenstützpunkt Hengyang im Südosten.
Ostfront. Witebsk wird von der weißrussischen 3. und der baltischen 1. Front eingenommen. Damit bricht die Heeresgruppe Mitte zusammen.
Westfront. Die deutschen Truppen geben den Hafen Cherbourg auf. Die Garnison kapituliert am 30. 6.

## 28. Mittwoch
China. Nördlich von Canton beginnen die Japaner eine Offensive mit dem Ziel, sich mit den aus der Provinz Henan nach Süden vorrückenden japanischen Truppen zu vereinen.
Ostfront. Sowjetische Panzereinheiten setzen nördlich von Borissow über die Beresina. Mogilew,

*6. 6. Westfront*
*D-Day: Aus der Luft und vom Meer her landen Zehntausende alliierter Soldaten an der Küste der Normandie.*

*18. 6. Sport*
*S. 65–12*

*10. 6. Frankreich*
*In Oradour-sur-Glane ermorden SS-Truppen 642 – nahezu alle – Einwohner des Dorfes.*

# Juli 1944

160 km östlich von Minsk, wird erobert.

**29. Donnerstag**
Westfront. Feldmarschall Rommel appelliert an Hitler, die deutsche 7. Armee in Richtung auf die Seine zurückzuziehen.

**30. Freitag**
Dänemark. In Kopenhagen bricht ein Generalstreik gegen die von der deutschen Besatzung angeordnete Ausgangssperre aus.

# Juli

8. 7. Pazifik
S. 145–32

20. 7. Deutsches Reich
S. 89–15

**1. Samstag**
Internationales. Im US-amerikanischen Bretton Woods (New Hampshire) beginnt eine Konferenz über Währungs-, Zahlungs- und Handelsfragen der Nachkriegszeit, an der 44 Länder teilnehmen.

**2. Sonntag**
Ostfront. Sowjetische Truppen erobern Minsk, die Hauptstadt von Weißrußland.

**3. Montag**
Italien. Freifranzösische und US-amerikanische Truppen erobern Siena.
Westfront. Wegen der Ereignisse an der Westfront läßt Hitler Feldmarschall Gerd von Rundstedt durch Feldmarschall Günther von Kluge als Oberbefehlshaber West ablösen.

**4. Dienstag**
Bolivien. Major Gualberto Villarroel wird zum Staatspräsidenten gewählt.

20. 7. Deutsches Reich
Hitler überlebt das Bombenattentat. Rechts besichtigt er mit Göring und Goebbels die durch die Explosion verwüstete Baracke in seinem Hauptquartier. Oben eine Aufnahme des Attentäters Oberst Claus Graf Schenk von Stauffenberg.

**7. Freitag**
Argentinien. Kriegsminister Juan Perón wird zum Vizepräsidenten ernannt.

**8. Samstag**
Ostfront. Sowjetische Truppen besetzen Wilna.
Pazifik. Die US-Truppen brechen den japanischen Widerstand auf Saipan und besetzen die ganze Insel. Zu den Gefallenen gehört auch der japanische Oberbefehlshaber, Vizeadmiral Nagumo, der 1941 den Angriff auf Pearl Habor leitete.

**9. Sonntag**
Britisch-Indien. Gandhi legt Mohammed Ali Dschinnah einen Plan über die Teilung Indiens in einen Hindu- und einen Moslemstaat vor.
Westfront. Britische und kanadische Truppen nehmen nach heftigen Gefechten mit Einheiten der 12. SS-Panzerdivision Caen ein.

**13. Donnerstag**
Ostfront. Die 1. ukrainische Front beginnt in Galizien eine Großoffensive gegen die deutsche Heeresgruppe Nordukraine.

**14. Freitag**
Niederländisch-Indien. Alliierte Bombenflugzeuge greifen das Erdölzentrum Bula auf der Insel Ceram an.

**16. Sonntag**
Italien. Britische Truppen überschreiten den Arno.

**17. Montag**
Westfront. Feldmarschall Rommel wird bei einem Fliegerangriff in der Nähe von Livarot schwer verletzt. Er erleidet einen Schädelbasisbruch.

**18. Dienstag**
Ungarn. Die Regierung schließt mit dem Internationalen Roten Kreuz eine Übereinkunft über die Beendigung der Judendeportationen.

**19. Mittwoch**
Italien. Einheiten der US-amerikanischen 5. Armee erobern Livorno. Polnische Truppen erobern Ancona an der Adria.

**20. Donnerstag**
Deutsches Reich. Im Führerhauptquartier »Wolfsschanze« bei Rastenburg (Ostpreußen) mißglückt das Attentat von Oberst Claus Graf Schenk von Stauffenberg auf Hitler. Er wird ebenso wie Ludwig Beck noch am gleichen Tag in Berlin ermordet, nachdem er sich nach dem Scheitern des Attentats in Berlin vergeblich um die Durchführung eines Staatsstreichs bemühte (auch → S. 166).
USA. Zum vierten Mal wird Franklin D. Roosevelt als Präsidentschaftskandidat der Demokraten nominiert.

**21. Freitag**
Pazifik. US-Truppen landen auf Guam, der größten und südlichsten Marianeninsel.

**22. Samstag**
Weltpolitik. In Bretton Woods endet die Konferenz über Währungs-, Zahlungs- und Handelsfragen. Die 44 Teilnehmerländer beschließen die Errichtung eines Internationalen Währungsfonds.
Westfront. Der britische Premierminister Churchill besucht die Truppen in der Normandie.

**23. Sonntag**
Deutsches Reich. Der »Deutsche Gruß« wird in der Wehrmacht eingeführt.
Italien. US-Truppen erobern Pisa.
Ostfront. Sowjetische Truppen besetzen die polnische Stadt Lublin.

**24. Montag**
Deutsches Reich. Die britische Luftwaffe fliegt drei Luftangriffe innerhalb weniger Tage auf Stuttgart, die große Teile der Innenstadt zerstören und mehr als 100 000 Menschen obdachlos machen.
Ostfront. Sowjetische Truppen befreien das Konzentrationslager Majdanek.
Pazifik. US-amerikanische Truppen landen auf der Marianeninsel Tinian.

**25. Dienstag**
Deutsches Reich. Joseph Goebbels, der Reichsminister für Volksaufklärung und Propaganda, wird von Hitler zum »Reichsminister für den totalen Kriegseinsatz« ernannt.
Ostfront. Die Rote Armee erreicht die Weichsel.

#### 26. Mittwoch
Iran. In Johannesburg (Südafrika) stirbt Schah Reza Pahlewi im Alter von 66 Jahren. Im September 1941 war er von den Alliierten zum Rücktritt gezwungen worden.
Polen. Das am 22. 7. gegründete und am 25. 7. nach Lublin übergesiedelte kommunistische »Komitee der nationalen Befreiung« wird von der Sowjetunion als einzige Vertretung Polens anerkannt.

#### 28. Freitag
Deutsches Reich. Kultur- und Sportveranstaltungen werden besonderen Beschränkungen unterworfen.
Ostfront. Truppen der 1. Weißrussischen Front erobern die polnischen Städte Brest-Litowsk und Przemyśl.

#### 29. Samstag
Deutsches Reich. Der »Arbeitsstab Wiederaufbauplanung zerstörter Städte« legt eine Statistik vor, nach der Köln mit 51%, Aachen, Hamburg, Kassel und Düsseldorf mit 40–50% zerstörten Wohnraums die größten Schäden aufweisen.
Ostfront. Sowjetische Truppen erreichen bei Tukkum an der Rigaer Bucht die Ostseeküste.

#### 31. Montag
Frankreich. Bei einem Aufklärungsflug über Korsika wird der Schriftsteller und Flieger Antoine de Saint-Exupéry (44) abgeschossen und findet den Tod.
Westfront. Mit der Einnahme der Stadt Avranches gelingt den US-Truppen der Durchbruch durch den Westteil der deutschen Front.

# August

#### 1. Dienstag
Finnland. Präsident Risto Ryti tritt zurück. Sein Nachfolger wird der finnische Oberbefehlshaber Carl Gustaf von Mannerheim.

Generalgouvernement. Nach der Vergasung von 4000 Zigeunern wird das Zigeunerlager in Birkenau aufgelöst.
Unter General Bór-Komorowski bricht in Warschau ein Aufstand der polnischen Untergrundarmee aus. Der Aufstand wird von SS-Truppen unter Obergruppenführer von dem Bach-Zelewski niedergeschlagen. Die vor Warschau stehende Rote Armee unterstützt die Aufständischen nicht. Sie müssen sich am 2. 10. ergeben.

#### 2. Mittwoch
Die Türkei bricht die wirtschaftlichen und diplomatischen Beziehungen zum Deutschen Reich ab.

#### 3. Donnerstag
Generalgouvernement. Das Ghetto von Łódz wird evakuiert.
Ostfront. Sowjetische Truppen überqueren 175 km südlich von Warschau die Weichsel.

#### 4. Freitag
Birma. Der letzte japanische Widerstand bei Myitkyina wird gebrochen.
Westfront. Einheiten der britischen 50. Division erobern Villers-Bocage, 30 km südwestlich von Caen. Rennes fällt in die Hand der US-amerikanischen 3. Armee.

#### 5. Samstag
Westfront. US-Truppen schneiden die Bretagne von Frankreich ab.

#### 6. Sonntag
Generalgouvernement. 27 000 Juden werden aus den Lagern östlich der Weichsel in das Gebiet des Deutschen Reiches gebracht.
UdSSR. In Moskau wird das 1917 geschlossene Theologische Institut der russisch-orthodoxen Kirche wiedereröffnet.

#### 8. Dienstag
China. Nach sechswöchiger Belagerung erobern japanische Truppen die Stadt Hangjang in der Provinz Hunan.
Deutsches Reich. Acht Hauptverschwörer werden im Zusammenhang mit dem Attentat vom 20. Juli vom Volksgerichtshof unter Vorsitz von Roland Freisler zum Tode verurteilt und durch den Strang hingerichtet. Unter ihnen befinden sich Peter Graf Yorck von Wartenburg, Feldmarschall Erwin von Witzleben und General Erich Fellgiebel.

#### 9. Mittwoch
Pazifik. Nach zwanzigtägigem Kampf bricht der japanische Widerstand auf Guam (Marianeninsel) zusammen.
Westfront. Einheiten der US-amerikanischen 3. Armee erobern Le Mans.

#### 10. Donnerstag
Japan. Die US-Luftwaffe bombardiert Nagasaki auf Kyushu.

#### 12. Samstag
Italien. In Neapel treffen sich der jugoslawische Marschall Josip Broz Tito und der britische Premierminister Winston Churchill.
Westfront. Die US-amerikanische 3. Armee nimmt Nantes und Angers ein.

#### 13. Sonntag
Italien. Florenz fällt in die Hand der Alliierten.

#### 14. Montag
USA. Bitten der Jewish Agency, die deutschen Konzentrationslager zu bombardieren, lehnt Unterstaatssekretär John McCloy mit der Begründung ab, dies könne Racheakte der Deutschen zur Folge haben.

#### 15. Dienstag
Westfront. Alliierte Truppen landen in Südfrankreich zwischen Marseille und Nizza.

#### 17. Donnerstag
Deutsches Reich. 1200 Flugzeuge der britischen Luftwaffe werfen 70 000 Brandbomben über Kiel und Stettin ab.
Frankreich. Marschall Pétain und Pierre Laval müssen auf Befehl

*8. 8. Deutsches Reich*
*S. 89–15*

◁
*24. 7. Ostfront*
*Bei der Befreiung des Konzentrationslagers Majdanek finden sowjetische Soldaten grausame Spuren der Vernichtungsmaschinerie. Der SS gelang es bei ihrem überhasteten Rückzug nicht mehr, alle Spuren zu vernichten.*

*8. 8. Deutsches Reich*
*Paul von Hase vor dem Volksgerichtshof.*

## September 1944

*18. 8. Deutsches Reich.
Ernst Thälmann im Zuchthaus.*

*25. 8. Frankreich
Paris feiert die Befreiung.
Hier eine jubelnde Menschenmenge am Place de la Concorde.*

Hitlers Vichy verlassen und nach Deutschland übersiedeln, wo sie nach Sigmaringen gebracht werden.
Westfront. Falaise wird von der kanadischen 2. Division erobert. Orléans, Dreux und Chartres werden von den Alliierten besetzt, die dort seit dem 13. 8. eingeschlossenen deutschen Verbände aufgerieben. In Südfrankreich wird ein 75 km langer Brückenkopf gebildet.
Ostfront. Die Rote Armee überschreitet von Litauen aus die Grenze zu Ostpreußen.

**18. Freitag**
Deutsches Reich. Im KZ-Buchenwald wird der KPD-Vorsitzende Ernst Thälmann (58) ermordet.
Frankreich. In Paris bricht ein Generalstreik aus.

**19. Samstag**
Deutsches Reich. Feldmarschall Günther von Kluge, dessen Truppen seit dem 13. 8. bei Falaise eingeschlossen waren, wird wegen des falschen Verdachts der Kontaktaufnahme zu den Alliierten nach Berlin beordert. Auf der Fahrt nach Berlin begeht er Selbstmord. Sein Nachfolger wird Feldmarschall Walther Model.
Westfront. Die Truppen von General Patton erreichen die Seine.

**20. Sonntag**
Frankreich. General Charles de Gaulle betritt in Cherbourg französischen Boden und begibt sich zu General Eisenhower.

**21. Montag**
Weltpolitik. In Dumbarton Oaks (USA) kommen Vertreter der USA, Großbritanniens, der Sowjetunion und Chinas zusammen, um Pläne zur Errichtung der Vereinten Nationen zu erörtern.

**22. Dienstag**
Deutsches Reich. In der »Aktion Gewitter« werden 5000 ehemalige Funktionäre der früheren Parteien verhaftet. Damit soll jede Bildung weiteren Widerstandes im Keim erstickt werden.
Frankreich. In Paris breiten sich Gefechte über die ganze Stadt aus. General Eisenhower sendet die 2. Panzerdivision von General Philippe Leclerc nach Paris.

**23. Mittwoch**
Rumänien. König Michael II. läßt Marschall Antonescu verhaften und schließt mit der UdSSR einen Waffenstillstand. Unter General Sănătescu wird eine neue Regierung gebildet.

**24. Donnerstag**
Rumänien bricht die Beziehungen zum Deutschen Reich ab und erklärt ihm am Tage darauf den Krieg.

**25. Freitag**
Frankreich. General Pierre Billotte rückt in den frühen Morgenstunden in Paris ein und richtet ein Ultimatum an den Stadtkommandanten Dietrich von Choltitz. Um 17.20 Uhr übergibt von Choltitz die Stadt und weigert sich, Hitlers Befehl zur Zerstörung von Paris auszuführen. General Charles de Gaulle kommt eineinhalb Stunden später in Paris an.

**29. Dienstag**
Jugoslawien. Auf Befehl von König Peter II. wird Draza Mihajlović abgesetzt und Josip Broz Tito als alleiniger Führer der Befreiungsarmee anerkannt.
In der Slowakei brechen Aufstände gegen die deutsche Besatzungsmacht aus.
Ungarn. Reichsverweser Nikolaus von Horthy entläßt die von den Deutschen im März eingerichtete Regierung Döme Sztójay und beauftragt General Lakatos mit der Bildung einer neuen Regierung.
Weltpolitik. Auf der Konferenz von Dumbarton Oaks wird Übereinstimmung über die Bildung der UNO, des Sicherheitsrats und eines Internationalen Gerichtshofs erzielt.

**30. Mittwoch**
Ostfront. Sowjetische Truppen erobern das Erdölgebiet von Ploeşti in Rumänien, die Hauptquelle für den deutschen Erdölnachschub.

**31. Donnerstag**
Ostfront. Die Rote Armee besetzt Bukarest.

# September

**1. Freitag**
Westfront. Kanadische Einheiten erobern Dieppe und Rouen. US-Truppen nehmen Verdun, setzten über die Maas und erreichen die belgische Grenze.

**4. Montag**
Westfront. Britische Truppen besetzen Brüssel.
Die britische 11. Panzerdivision nimmt Antwerpen.

**5. Dienstag**
Benelux. Die Exilregierungen von Belgien, den Niederlanden und Luxemburgs gründen in London eine Zollunion.
Schweiz. Es wird wegen der Kämpfe im Südosten Frankreichs eine Teilmobilisierung eingeleitet.

**6. Mittwoch**
Westfront. Die US-amerikanische 1. Armee besetzt Lüttich.

**8. Freitag**
Belgien. Die Exilregierung Pierlot kehrt von London nach Brüssel zurück.
Großbritannien. Die erste deutsche V2-Rakete wird auf London abgeschossen (auch → S. 207).
Ostfront. Sowjetische Truppen rücken in Bulgarien ein und bilden eine kommunistische Regierung unter Ministerpräsident Kimon Georgiew.
Philippinen. US-amerikanische Streitkräfte greifen die zweitgrößte Insel Mindanao an.

**9. Samstag**
Frankreich. Unter Charles de Gaulle und Georges Bidault wird eine Provisorische Regierung gebildet.

**10. Sonntag**
Westfront. Die US-amerikanische 5. Panzerdivision besetzt Luxemburg.

**11. Montag**
Kanada. In Quebec beginnt die Konferenz zwischen Churchill und Roosevelt, auf der der Morgenthau-Plan, der vorsieht, Deutschland in ein Agrarland umzuwandeln, zunächst angenommen wird. Nachdem der Plan in der amerikanischen Öffentlichkeit bekannt geworden und auf starke Ablehnung gestoßen ist, zieht Roosevelt am 22. 9. seine Unterschrift zurück.
Westfront. Einheiten der US-amerikanischen 3. Armee überschreiten die Mosel bei Trier.

**12. Dienstag**
Ostfront. Rumänien und die UdSSR schließen ein Waffenstillstandsabkommen.
Westfront. Die US-amerikanische 1. Armee überschreitet bei Aachen die Reichsgrenze.

**14. Donnerstag**
Ostfront. Polnische und sowjetische Truppen besetzen die Warschauer Vorstadt Praga.

**15. Freitag**
Balkan. Die Alliierten führen ein zwei Tage dauerndes Landeunternehmen auf der griechischen Insel Kythera durch.
Ostfront. Sowjetische Truppen rücken in die bulgarische Hauptstadt Sofia ein.

**17. Sonntag**
Westfront. Um die alliierte Offensive zu forcieren, läßt der britische General Montgomery starke Luftlandetruppen bei Grave, Nimwegen und Arnheim hinter der deutschen Front absetzen, um die Brücken über Maas, Waal und Rhein einzunehmen. Bei Nimwegen kann ein Korridor gebildet werden. Bei Arnheim schlägt das Unternehmen fehl. Die Alliierten stoßen dort auf starke Gegenwehr der 9. und 10. SS-Panzerdivision.

**19. Dienstag**
Finnland/UdSSR. Beide Länder schließen in Moskau ein Waffenstillstandsabkommen. Danach muß Finnland Karelien und den Nordmeerhafen Petsamo an die UdSSR abtreten.

**21. Donnerstag**
Italien. Griechische Truppen besetzen Rimini an der Adria.

**22. Freitag**
Ostfront. Die sowjetische Armee besetzt Reval.

**24. Sonntag**
Frankreich. In Marly-le-Roy bei Paris stirbt der französische Bildhauer und Graphiker Aristide Maillol im Alter von 82 Jahren.

**25. Montag**
Deutsches Reich. Hitler unterzeichnet einen Erlaß zur Bildung des »Deutschen Volkssturmes«, nach dem alle nicht der Wehrmacht angehörenden Männer zwischen 16 und 60 Jahren bei der Landesverteidigung eingesetzt werden können. Die politische und organisatorische Ausführung wird seinem Sekretär Martin Bormann überlassen.

**26. Dienstag**
Griechenland. In Caserta bei Neapel schließen Vertreter der griechischen Regierung und der griechischen Befreiungsbewegungen eine Übereinkunft mit griechischen Militärs. General Zervas (EDES) und General Sarafis (ELAS) unterstellen ihre Einheiten dem Befehl der Regierung der Nationalen Einheit.
Westfront. In den Niederlanden ziehen sich die britischen Truppen bei Oosterbeek über den Rhein zurück. Es wird gemeldet, daß die Operation »Market Garden« (die Schlacht um Arnheim) die Alliierten 17 000 Tote und Verwundete gekostet hat.

**27. Mittwoch**
Nach Albanien dringen sowjetische und jugoslawische Verbände ein.
Deutsches Reich. Über 1100 US-Flugzeuge bombardieren Eisenbahn- und Industrieanlagen in Köln, Mainz, Ludwigshafen und Kassel.
Schweden. Die Ostseehäfen werden für ausländische Schiffe geschlossen.

**29. Freitag**
Ostfront. Sowjetische Truppen haben auf 270 km breiter Front die tschechoslowakische Grenze erreicht.

# Oktober

**1. Sonntag**
Niederländisch-Indien. Der Führer der nationalistisch-sozialistischen Bewegung, Achmed Sukarno, beginnt im Zusammenhang mit den geplanten Unabhängigkeitsverhandlungen eine zehntägige Rundreise durch Java.
Schweiz. Der Export kriegswichtiger Güter wird eingestellt.
Westfront. Die deutsche Besatzung von Calais kapituliert.

**3. Dienstag**
Westfront. Britische Luftangriffe auf die Deiche führen zur Überflutung der niederländischen Insel Walcheren.

**4. Mittwoch**
Balkan. Britische Truppen landen auf dem griechischen Festland und besetzen Patras.
Deutsches Reich. Die Stabschefs der Westalliierten billigen einen Entwurf, der nach dem Sieg über Deutschland die Einrichtung einer Militärregierung vorsieht.

**5. Donnerstag**
Ostfront. Die Rote Armee beginnt eine Offensive gegen das Memelgebiet.

**6. Freitag**
Ostfront. Sowjetische Einheiten und das tschechoslowakische 1. Korps erobern den Duklapaß und überschreiten die ungarische Grenze.

**7. Samstag**
Generalgouvernement. Im Vernichtungslager Auschwitz versuchen Gefangene vergeblich, bei einem Aufstand die Krematorien zu sprengen. Sie werden von SS-Wachmannschaften umgebracht.
Internationales. Die Konferenz von Dumbarton Oaks wird in Washington mit der Unterzeichnung eines Dokuments beendet, in dem die Großen Vier die Gründung der UNO befürworten.

**8. Sonntag**
Arabische Liga. In Alexandria (Ägypten) wird eine panarabische Konferenz beendet. Die Teilnehmerländer Syrien, Libanon, Transjordanien, Irak und Ägypten unterzeichnen ein Protokoll über die Gründung der Arabischen Liga.

**Oktober 1944**

*7. 10. Internationales*
*S. 304–49*

*26. 9. Westfront*
*Die Schlacht um Arnheim endet mit einer Niederlage der Alliierten. Oben die unversehrte Brücke über den Rhein nach den Gefechten.*

## November 1944

Balkan. Die Alliierten erobern die griechische Insel Samos.

**9. Montag**
Ostfront. Memel wird von sowjetischen Truppen eingeschlossen.
UdSSR. Der britische Premierminister Churchill und Außenminister Eden treffen in Moskau zu Besprechungen mit Regierungs- und Parteichef Stalin über die Einflußsphären in Südosteuropa ein (auch → S. 209).

**10. Dienstag**
Balkan. Britische Truppen erreichen die von deutschen Truppen geräumte griechische Stadt Korinth.
Pazifik. Flugzeuge der 3. US-amerikanischen Flotte greifen Schiffe und Flughäfen auf Okinawa, der größten der Ryukyuinseln zwischen Taiwan und Japan, an.

**11. Mittwoch**
Ostfront. Ungarn und die UdSSR schließen einen vorläufigen Waffenstillstand.

**12. Donnerstag**
Balkan. Deutsche Truppen räumen Athen.
Westfront. US-Truppen rücken in das zu 85% zerstörte Aachen ein.

**13. Freitag**
Balkan. Unter der Führung von General Scobie besetzen britische Truppen Athen.
Ostfront. Sowjetische Truppen erobern die lettische Hauptstadt Riga.

23. 10. *Pazifik*
S. 145–32

**14. Samstag**
Deutsches Reich. In Herrlingen bei Ulm begeht Feldmarschall Erwin Rommel (52) Selbstmord. Er wurde vor die Alternative gestellt, wegen seiner Kontakte zu den Verschwörern des 20. Juli vor den Volksgerichtshof gestellt zu werden oder bei Schonung seiner Familie Selbstmord zu verüben.

23. 10. *Pazifik*
*Amerikanische Soldaten auf dem Flugzeugträger »White Plains« suchen Deckung vor den Kamikaze-Piloten.*

**15. Sonntag**
Ostfront. Sowjetische Truppen erobern Petsamo am Nördlichen Eismeer.
Ungarn. Nach Geheimverhandlungen mit den Alliierten verkündet Admiral Horthy einen Waffenstillstand. Die deutschen Behörden internieren ihn daraufhin und richten die faschistische Pfeilkreuzlerregierung unter Ferenc Szálasi ein.

**16. Montag**
Deutsches Reich. Die Brotrationen werden um 200 g auf nur 2225 g in der Woche gesenkt (auch → S. 167).

**18. Mittwoch**
Griechenland. Die Exilregierung kehrt nach Athen zurück.

**19. Donnerstag**
Birma. Britisch-indische Truppen erobern die japanische Basis Tiddim im Nordwesten des Landes.

**20. Freitag**
Frankreich. Ein Sondergericht in Marseille verurteilt Pierre Laval in Abwesenheit zum Tode.
Großbritannien/UdSSR. In Moskau einigen sich Churchill und Stalin über die Einflußsphären beider Länder. Die UdSSR soll ein Übergewicht in Rumänien, Bulgarien und Ungarn erhalten, Großbritannien in Griechenland. Für Jugoslawien ist eine gleichberechtigte Interessenaufteilung vorgesehen.
Guatemala. Heeresoffiziere stürzen die Regierung von General Federico Ponce. Sie bilden unter Hauptmann Jacobo Arbenz eine Junta.
Jugoslawien. Belgrad wird nach sechstägigen Gefechten von Partisaneneinheiten und sowjetischen Truppen besetzt.

**21. Samstag**
Westfront. Nach dreiwöchigen heftigen Gefechten übergibt der deutsche Befehlshaber von Aachen die Stadt den US-Amerikanern.

**22. Sonntag**
Ostfront. Sowjetische Truppen erreichen auf 120 km Breite die nordnorwegische Grenze. Deutsche Truppen räumen die Ostseeinseln Dagö und Ösel.

**23. Montag**
Frankreich. Die Regierung de Gaulle wird von Australien, Brasilien, Kanada, Peru, der UdSSR, den USA und Venezuela anerkannt.
Pazifik. Die Seeschlacht um den Golf von Leyte (Philippinen) beginnt. Während die in drei Formationen angreifenden Japaner bis zum 27. 10. drei Schlachtschiffe, darunter »Musashi«, das größte Kriegsschiff der Welt, vier Flugzeugträger, zehn Kreuzer und zehn Zerstörer verlieren, betragen die amerikanischen Verluste lediglich drei Flugzeugträger und drei Zerstörer. Die japanische Seemacht ist damit zerschlagen. Die Japaner setzen in dieser Schlacht erstmals erfolgreich Kamikaze-(Selbstmord-)Flieger ein.

**24. Dienstag**
Griechenland. Ministerpräsident Georgios Papandreou bildet ein neues Kabinett, in dem er selber die Ämter des Kriegs- und Außenministers bekleidet.

**25. Mittwoch**
Ostfront. Sowjetische Truppen schließen die Besetzung Rumäniens und Siebenbürgens ab.

**26. Donnerstag**
Großbritannien. In Westgate-by-the-Sea stirbt der Erzbischof von Canterbury und Primas der anglikanischen Kirche, William Temple, im Alter von 63 Jahren.
Nobelpreise. In Stockholm wird zum ersten Mal seit Kriegsbeginn wieder ein Nobelpreis zuerkannt. Den Nobelpreis für Medizin erhalten die beiden US-Amerikaner Joseph Erlanger und Herbert Spencer Gasser für die Erforschung der elektro-physiologischen Vorgänge im Nervensystem.

**28. Samstag**
Deutsches Reich. Die britische Luftwaffe wirft 4000 t Bomben über Köln ab.

**31. Dienstag**
Balkan. Die deutschen Truppen räumen Saloniki und bis zum 2. 11. den Rest des griechischen Festlands.

# November

**1. Mittwoch**
Luftfahrt. In Chicago wird die Internationale Konferenz für die Zivilluftfahrt eröffnet.

**2. Donnerstag**
Polen. SS-Reichsführer Himmler befiehlt, die Vergasungen im Vernichtungslager Auschwitz einzustellen (auch → S. 181).

**3. Freitag**
Ungarn. Die Regierung Szálasi verläßt Budapest und geht nach Wien.

**4. Samstag**
Balkan. In Griechenland verbliebene deutsche Truppen weichen über die Grenze nach Jugoslawien zurück.
Philippinen. Von Flugzeugträgern aus greifen US-Bomber den Hafen von Manila an und vernichten über 200 japanische Flugzeuge.

**5. Sonntag**
Ostfront. Die ostpreußische Stadt Goldap wird von deutschen Truppen zurückerobert.

Die Rote Armee beginnt den Artilleriebeschuß der ungarischen Hauptstadt Budapest.

**6. Montag**
Schweiz/UdSSR. Die UdSSR lehnt es ab, zur Schweiz diplomatische Beziehungen aufzunehmen.

**7. Dienstag**
Frankreich. General de Gaulle fordert für Frankreich eine eigene Besatzungszone in Deutschland.
Japan. Richard Sorge (49), Spion in sowjetischen Diensten, wird hingerichtet. Sorge, der seit 1933 in Japan lebte, unterrichtete die UdSSR 1941 vom bevorstehenden deutschen Angriff und von der Absicht Japans, nicht einzugreifen. 1941 wurde er von den Japanern verhaftet und zum Tode verurteilt.
Ostfront. Die Rote Armee festigt einen Brückenkopf am Westufer der Donau.
USA. Mit 53% der Stimmen gewinnt der Kandidat der Demokraten, Franklin D. Roosevelt, die Präsidentschaftswahlen und wird damit zum vierten Mal zum Präsidenten der USA gewählt. Sein Gegenkandidat war Gouverneur Dewey.

**8. Mittwoch**
Westfront. General Patton beginnt mit der US-amerikanischen 3. Armee eine Offensive gegen das Saargebiet.

**9. Donnerstag**
Belgien. General Eisenhower spricht vor dem Parlament in Brüssel. Er betont, daß die Widerstandsgruppen ihre Waffen abliefern müssen.
Nobelpreise. Nach der Verleihung des Nobelpreises für Medizin (26. 10.) werden erstmals seit 1939 auch wieder die übrigen Nobelpreise verliehen an: die beiden US-Amerikaner Otto Stern (1943) und Isaak Isidor Rabi (1944) für Physik; den Ungarn Georg Hevesy de Heves (1943) und den Deutschen Otto Hahn (1944) für Chemie; den Dänen Hendrik Dam und den US-Amerikaner Edward Adelbert Doisy (1943) sowie die beiden US-Amerikaner Joseph Erlanger und Herbert Spencer Gasser (1944) für Medizin und den Dänen Johannes Vilhelm Jensen (1944) für Literatur. Den Friedensnobelpreis erhält in Oslo das Internationale Komitee vom Roten Kreuz.

**10. Freitag**
China. Japanische Truppen erobern den US-amerikanischen Luftwaffenstützpunkt Guilin in der Provinz Guangxi und rücken auf Liuzhou, den letzten US-amerikanischen Luftwaffenstützpunkt in Südchina, zu.

**11. Samstag**
Albanien. Die Regierung Hodscha wird von den Alliierten anerkannt.

*9. 11. Belgien*
*General Eisenhower während seines Besuches in Brüssel.*

**12. Sonntag**
Norwegen. Im Tromsö-Fjord versenken britische Bombenflugzeuge das deutsche Schlachtschiff »Tirpitz«.

**14. Dienstag**
Großbritannien. In London verabschieden die USA, Großbritannien und die UdSSR das 2. Zonenprotokoll, das eine Zuweisung Nordwestdeutschlands an Großbritannien und Süddeutschlands (einschließlich Hessens) sowie Bremens an die USA vorsieht, und das Kontrollabkommen für Deutschland (Beschreibung des Alliierten Kontrollrats als höchste Instanz der Besatzungsmächte).
Ostfront. Sowjetische Truppen vernichten den letzten deutschen Brückenkopf am Ostufer der Donau südlich von Budapest.
In Prag gründet General Wlassow die »Russische Befreiungsarmee« zum Kampf gegen die Rote Armee.

**18. Samstag**
Westfront. Einheiten der US-amerikanischen 3. Armee überschreiten die französisch-deutsche Grenze.

**20. Montag**
Deutsches Reich. Hitler verläßt sein Hauptquartier »Wolfsschanze« und zieht sich in die Reichskanzlei in Berlin zurück.
Westfront. Die französische 1. Armee erobert die alte französische Festungsstadt Belfort und erreicht den Rhein. Metz wird von den deutschen Truppen aufgegeben.

**23. Donnerstag**
Westfront. Französische Einheiten rücken in Straßburg ein.

**24. Freitag**
Pazifik. Die US-amerikanische Luftoffensive gegen das japanische Festland beginnt.
Polen. Stanisław Mikołajczyk tritt als Ministerpräsident der Londoner Exilregierung zurück.

**26. Sonntag**
Generalgouvernement. SS-Reichsführer Himmler ordnet die Zerstörung der Krematorien in Auschwitz-Birkenau an.

**29. Mittwoch**
Albanien. Die letzten deutschen Truppen verlassen das Land.
Pazifik. Die Versenkung des erst zehn Tage vorher fertiggestellten größten japanischen Flugzeugträgers »Shinano« durch das US-Unterseeboot »Archerfish« im Seegebiet östlich von Japan bildet den Höhepunkt erfolgreicher Angriffe gegen die Reste der japanischen Flotte. U-Boote versenken im November und Dezember außer »Shinano« das Schlachtschiff »Kongo«, zwei Träger und acht Zerstörer und Torpedoboote.

# Dezember

**2. Samstag**
Westfront. Der US-amerikanischen 3. Armee gelingt bei Saarlautern der Einbruch in den Westwall.

**3. Sonntag**
Ostfront. Sowjetische Truppen besetzen die ungarische Stadt Miskolc.

**4. Montag**
Griechenland. Mit Gefechten zwischen der linksextremen griechischen Untergrundorganisation EAM (ELAS) und Regierungstruppen beginnt ein Bürgerkrieg.

**5. Dienstag**
Italien. Einheiten der britischen 8. Armee besetzen Ravenna.
Niederlande. Die Amsterdamer Börse wird geschlossen.
Schweiz. Carl Jacob Burckhardt wird als Nachfolger von Max Huber Präsident des Internationalen Roten Kreuzes.

**6. Mittwoch**
Rumänien. General Nicolai Radescu bildet eine neue Regierung.

**7. Donnerstag**
Luftfahrt. Die Internationale Kon-

*7. 11. USA*
*S. 105–21*

*24. 11. Polen*
*Stanisław Mikołajczyk, Ministerpräsident der polnischen Exilregierung.*

# Dezember 1944

*13.12. Frankreich
Wassily Kandinsky, »Hornform« (1924)*

*17.12. Deutsches Reich
Bei Malmédy werden während der Ardennenoffensive 115 amerikanische Kriegsgefangene von Einheiten der Waffen-SS ermordet. Hier einige Opfer im Schnee.*

ferenz der Zivilluftfahrt endet in Chicago mit der Gründung eines ständigen Komitees zur Regelung des internationalen Luftverkehrs.
Pazifik. Die US-Luftwaffe bombardiert von Saipan aus mit B29-Bombern Tokio und von Stützpunkten in China aus Mukden.
Westfront. Die Alliierten beginnen von Nimwegen aus eine Offensive in Richtung auf den Reichswald.

**10. Sonntag**
Frankreich/UdSSR. General de Gaulle unterzeichnet in Moskau einen gegen Deutschland gerichteten sowjetisch-französischen Bündnisvertrag mit 20 Jahren Geltungsdauer.

**13. Mittwoch**
Frankreich. In Neuilly-sur-Seine bei Paris stirbt der russische Maler Wassily Kandinsky (78).
Griechenland. Britische Truppen schalten sich in die Auseinandersetzung mit den kommunistischen Partisanen der ELAS ein.

**14. Donnerstag**
Deutsches Reich. Im Konzentrationslager Ravensbrück werden die ersten Vergasungen durchgeführt.

**16. Samstag**
USA. Bei einem Flugzeugabsturz zwischen England und Frankreich stirbt der Orchesterleiter und Posaunist Glenn Miller im Alter von 40 Jahren. Nach Einberufung zur US-Army leitete er zuletzt die »American Band of the Allied Expeditionary Forces«, die hinter der Front der Alliierten auftrat.
Westfront. Unter Führung von Generalfeldmarschall Model beginnt die Heeresgruppe B die Ardennen-Offensive im Raum zwischen Monschau und Echternach (»Operation Herbstnebel«). Nach anfänglichen Erfolgen bleiben die deutschen Kräfte vor Malmédy stecken (auch → S. 202).

**17. Sonntag**
Deutsches Reich. Bei Malmédy ermorden deutsche SS-Einheiten 115 US-amerikanische Kriegsgefangene.
Westfront. Deutsche Verbände rücken bis St. Vith und Wiltz vor.

**20. Mittwoch**
Birma. Britische Truppen erobern Kandaung.

**21. Donnerstag**
Guatemala. Juan José Arévalo Bermejo wird zum Staatspräsidenten gewählt.

**22. Freitag**
Indochina. General Giap gründet die Vietnamesische Volksarmee.
Ostfront. Die Rote Armee beginnt mit 240 000 Mann eine Winteroffensive in Lettland.

**23. Samstag**
Griechenland. Im Nordwesten des Landes brechen Kämpfe zwischen Guerillaverbänden der linksgerichteten ELAS und der rechtsgerichteten EDES aus.

**24. Sonntag**
Ungarn. Der Führer des Befreiungskomitees, Bajasi-Zsilinsky, wird von faschistischen Pfeilkreuzlern ermordet.

**25. Montag**
Westfront. Der deutsche Vormarsch wird bei Dinant endgültig zum Stehen gebracht.

**26. Dienstag**
Griechenland. Der britische Premierminister Churchill und Außenminister Eden halten sich zu Gesprächen mit Vertretern von Regierung und kommunistischen Partisanen in Athen auf.
Ostfront. Truppen der 2. und 3. Ukrainischen Front umzingeln die deutschen Truppen in Budapest und dringen in die Stadt ein.
Westfront. Unter General Patton beginnt in den Ardennen an der Südflanke der Gegenangriff der Alliierten.

**27. Mittwoch**
Ostfront. Deutsche Elitetruppen erhalten den Befehl, Budapest in Straßengefechten bis zum letzten Mann zu verteidigen.

**28. Donnerstag**
Ungarn. Die von der Roten Armee gebildete ungarische Gegenregierung in Debrecen erklärt Deutschland den Krieg.

**30. Samstag**
Frankreich. In Vézelay stirbt der Schriftsteller und Nobelpreisträger Romain Rolland im Alter von 78 Jahren.

**31. Sonntag**
Polen. Das Kommunistische Komitee für die Nationale Befreiung, das mit sowjetischer Hilfe von Lublin aus operiert, erklärt sich zur vorläufigen polnischen Regierung.

*Hiroshima nach dem Abwurf der Atombombe.*

**1945**

# 1945

## Januar

**1. Montag**
Internationales. Frankreich unterzeichnet die Atlantik-Charta.
Pazifik. US-amerikanische Truppen landen auf Mindanao.
Westfront. Die deutsche Luftwaffe greift Flugplätze der Alliierten in Nordfrankreich, Belgien und den Niederlanden an. Dabei werden 800 alliierte Flugzeuge außer Gefecht gesetzt oder zerstört.

**2. Dienstag**
Deutsches Reich. Über 1000 Bombenflugzeuge der britischen Luftwaffe bombardieren Ludwigshafen, Nürnberg und Berlin.
Pazifik. Die US-Luftwaffe greift Formosa und Okinawa an.

**3. Mittwoch**
Griechenland. Der Führer des Widerstandes, General Nikolaos Plastiras, bildet eine neue Regierung. Erzbischof Damaskinos wird griechischer Regent.

12.1. Ostfront S. 145–35

20.1. USA S. 105–21

4. 1. *Großbritannien*
*Erzbischof Geoffrey Fisher*

Westfront. Die US-amerikanische 1. Armee beginnt in den Ardennen eine Gegenoffensive in Richtung auf Houffalize.

**4. Donnerstag**
Großbritannien. Der Bischof von London, Geoffrey Fisher, wird zum Erzbischof von Canterbury und zum Oberhaupt der anglikanischen Kirche ernannt.

**6. Samstag**
Griechenland. Einheiten der kommunistischen sog. Nationalen Volksbefreiungsarmee (ELAS) verlassen Athen.
Ostfront. Deutschen Truppen gelingt ein 200 km tiefer Einbruch in die sowjetischen Linien nordwestlich von Budapest.

**7. Sonntag**
Ostfront. Deutsche Truppen erobern Esztergom, eine Festung an der Donau nordwestlich von Budapest.

**8. Montag**
Westfront. Hitler befiehlt den Rückzug der deutschen Truppen auf die Linie Dochamps-Longchamps.

**9. Dienstag**
Philippinen. US-amerikanische Truppen landen auf Luzón und erobern die Stadt Lingayen.

**11. Donnerstag**
Griechenland. Die Führer der linken Widerstandsbewegung ELAS schließen einen Waffenstillstand mit der Regierung.

**12. Freitag**
Ostfront. Sowjetische Truppen beginnen eine großangelegte Offensive an der gesamten Front. Dadurch wird eine Massenflucht der deutschen Bevölkerung nach Westen ausgelöst (auch → S. 185).

**13. Samstag**
Birma. Alliierte Truppen landen an der Küste 50 km südlich von Akyab. Die japanischen Truppen ziehen sich zurück.

**15. Montag**
Westfront. US-amerikanische Truppen erobern Houffalize und rücken auf St.-Vith vor. Damit ist die Ardennenoffensive gescheitert.

**16. Dienstag**
Deutsches Reich. Wegen des drohenden Zusammenbruchs der gesamten Ostfront verlegt Hitler sein Hauptquartier von Ziegenberg im Taunus nach Berlin.

**17. Mittwoch**
Ostfront. Sowjetische Truppen nehmen Warschau ein und rücken auf Lódz vor.
Polen. 60 000 Häftlinge aus dem KZ Auschwitz werden in das KZ Groß Rosen verlegt. 5000 kranke Häftlinge, die nicht transportfähig sind, bleiben zurück.

**18. Donnerstag**
Ungarn. Die in Debrecen residierende Gegenregierung kapituliert in Moskau gegenüber der UdSSR, Großbritannien und den USA bedingungslos. General Míklos von Dálnoki erklärt dem Deutschen Reich den Krieg.

**19. Freitag**
Ostfront. Krakau und Lódz werden von sowjetischen Truppen genommen. Truppen der 2. weißrussischen Front überschreiten die Memel und erobern Tilsit.

**20. Samstag**
USA. Franklin Delano Roosevelt wird für eine vierte Amtszeit als Präsident vereidigt. Harry S. Truman wird Vizepräsident.

**21. Sonntag**
Ostfront. Sowjetische Truppen rücken auf einer Breite von 90 km in Schlesien ein.

**22. Montag**
Deutsches Reich. In Jerusalem stirbt die expressionistische Schriftstellerin Else Lasker-Schüler im Alter von 75 Jahren.

**24. Mittwoch**
Deutsches Reich. Die Reichsbahn stellt den Verkehr von D- und E-Zügen ein.

**25. Donnerstag**
Deutsches Reich. SS-Reichsführer

Heinrich Himmler wird zum Oberbefehlshaber einer Heeresgruppe Weichsel ernannt. Er mobilisiert ein überwiegend aus Volkssturmangehörigen bestehendes Ersatzheer.
Mit den »Aachener Nachrichten« erscheint die erste deutsche Zeitung in einem von den Alliierten eroberten Gebiet.

#### 26. Freitag
Ostfront. Sowjetische Truppen erreichen bei Tolkemit die Ostsee. Damit ist Ostpreußen vom restlichen deutschen Reichsgebiet abgeschnitten.

#### 27. Samstag
Ostfront. Sowjetische Truppen befreien das KZ Auschwitz. Das ehemalige Führerhauptquartier »Wolfsschanze« bei Rastenburg (Ostpreußen) wird erobert.

#### 29. Montag
Ostfront. Sowjetische Truppen überschreiten die Grenze von Pommern. Sie stoßen bis nach Woldenberg, 190 km vor Berlin vor.

#### 30. Dienstag
Deutsches Reich. Das mit Flüchtlingen und Verwundeten überfüllte frühere KDF-Passagierschiff »Wilhelm Gustloff« wird in der Danziger Bucht von einem sowjetischen U-Boot versenkt. Dabei kommen über 5000 Menschen ums Leben.

# Februar

#### 2. Freitag
Deutsches Reich. In der Berliner Haftanstalt Plötzensee wird Carl Friedrich Goerdeler im Alter von 60 Jahren hingerichtet. Goerdeler, von 1930–1937 Oberbürgermeister von Leipzig, war ein führender Kopf der Widerstandsbewegung.

#### 3. Samstag
Deutsches Reich. US-amerikanische Flugzeuge werfen bei Angriffen auf Berlin über 2266 Tonnen Bomben ab. Bei diesen Angriffen kommt Roland Freisler, der Präsident des Volksgerichtshofes, im Alter von 51 Jahren ums Leben.

#### 4. Sonntag
Großbritannien/UdSSR/USA. In Jalta auf der Krim beginnt die Konferenz der »Großen Drei« mit dem sowjetischen Regierungs- und Parteichef Stalin als Gastgeber, dem US-amerikanischen Präsidenten Roosevelt und dem britischen Premierminister Churchill.
Philippinen. US-Truppen besetzen die Hauptstadt Manila. Die Kämpfe dauern bis zum 24. 2.

#### 5. Montag
Frankreich. General de Gaulle gibt die französischen Friedensforderungen bekannt. Er deutet dabei an, daß Frankreich sich nicht an eventuelle Beschlüsse der Konferenz von Jalta gebunden fühle.

#### 6. Dienstag
Ostfront. Sowjetische Truppen überqueren die Oder und errichten einen 80 km breiten Brückenkopf auf dem Westufer.

#### 7. Mittwoch
Belgien. Wegen der schwierigen Versorgungslage tritt die Regierung unter Ministerpräsident Hubert Pierlot zurück. Der Sozialist Achille van Acker bildet am 12. 2. eine neue Regierung.

#### 9. Freitag
Norwegen. Die deutschen Besatzungsbehörden lassen 34 Zivilisten hinrichten. Die Hinrichtungen sind eine Vergeltungsmaßnahme für den Mord an Carl Martinsen, dem Kommandanten der Leibwache des faschistischen Regierungschefs Quisling.
UdSSR. In Moskau übernimmt Walter Ulbricht den Vorsitz eines Komitees, das Prinzipien für die kommunistische Politik im Nachkriegsdeutschland erarbeiten soll.

#### 10. Samstag
Deutsches Reich. Ein sowjetisches U-Boot versenkt in der Danziger Bucht das Lazarettschiff »General Steuben«. Von den 3400 Passagieren, zum größten Teil Flüchtlinge, ertrinken rd. 3000.
Ostfront. Sowjetische Truppen erobern die ostpreußische Hafenstadt Elbing.

#### 11. Sonntag
Großbritannien/UdSSR/USA. Die Konferenz von Jalta geht zu Ende. Man erzielte Übereinstimmung über den Zeitpunkt des Kriegseintritts der UdSSR gegen Japan, über die Erhaltung des Status quo in der Äußeren Mongolei und die Annexion von Südsachalin und den Kurilen durch die Sowjetunion, ferner über die polnisch-sowjetische Grenze. Außerdem wurde die bedingungslose Kapitulation Deutschlands vorbereitet sowie die Aufteilung in vier Besatzungszonen mit einer gemeinsamen alliierten Zentralkommission in Berlin. Für den Verlauf der polnischen Westgrenze konnte keine befriedigende Lösung gefunden werden.

#### 12. Montag.
Griechenland. Auf der Konferenz von Varkiza werden die Streitigkeiten zwischen den kommunistischen Partisanen und der Regierung vorübergehend beigelegt.

#### 13. Dienstag
Deutsches Reich. Ein Bombenan-

◁
*21. 1. Ostfront*
*Sowjetische Panzer in Schlesien.*

*4. 2. Großbritannien/UdSSR/USA*
*S. 145–34*

*4. 2. Großbritannien/UdSSR/USA*
*Stalin und Churchill auf der Konferenz von Jalta.*

**März 1945**

*13. 2. Deutsches Reich
Nach dem Bombenangriff auf Dresden: In den noch rauchenden Trümmern versucht man Opfer zu identifizieren.*

*13. 2. Deutsches Reich
S. 89–16*

*12. 3. Ostfront
S. 129–28*

*7. 3. Westfront
Die Eisenbahnbrücke von Remagen fällt unzerstört in die Hände der Amerikaner.*

griff der Alliierten vernichtet Dresden. Da Dresden mit Flüchtlingen aus den Ostgebieten überfüllt ist, fallen dem Angriff zwischen 35 000 und 50 000 Menschen zum Opfer (auch → S. 203).
Ostfront. Budapest fällt nach einer Belagerung von 50 Tagen in die Hände der Roten Armee.

**15. Donnerstag**
Jugoslawien. König Peter II. und sein Kabinett verlassen Cairo und kehren nach Belgrad zurück.
Philippinen. US-amerikanischen Truppen gelingt ein Luftlandeunternehmen auf Corregidor, einer befestigten Insel in der Bucht von Manila.
Schweiz. Alle deutschen Bankguthaben werden eingefroren.

**19. Montag**
Deutsches Reich. SS-Reichsführer Heinrich Himmler versucht ohne Erfolg, über den schwedischen Grafen Folke Bernadotte als Vermittler die Möglichkeit eines Separatfriedens mit den Westmächten zu erkunden.

**21. Mittwoch**
Ostfront. Sowjetische Truppen erreichen den Zusammenfluß von Oder und Neiße, 100 km südöstlich von Berlin.

**22. Donnerstag**
Westfront. Deutsche Einheiten ziehen sich nach amerikanischen Angriffen aus dem Gebiet zwischen Saar und Mosel zurück.

**23. Freitag**
Türkei. Die Regierung erklärt dem Deutschen Reich und Japan mit Wirkung vom 1. 3. den Krieg.

**24. Samstag**
Ägypten erklärt dem Deutschen Reich den Krieg. Bei der Verlesung der Kriegserklärung wird Ministerpräsident Ahmed Maher Pascha von einem deutschfreundlichen Ägypter erschossen.

**26. Montag**
Ostfront. Die Rote Armee stößt in Pommern zur Ostsee durch.

**27. Dienstag**
Deutsches Reich. Hitler verbietet Generalfeldmarschall von Rundstedt den Rückzug der deutschen Truppen hinter den Rhein.
Philippinen. General MacArthur übergibt Präsident Sergio Osmeña die Regierungsgewalt.
Rumänien. Einheiten der Roten Armee besetzen das Hauptquartier des rumänischen Heeres und fordern von König Michael I. die Entlassung der Regierung Radescu und die Einsetzung einer der UdSSR genehmen Regierung.

**28. Mittwoch**
Internationales. Vertreter Ägyptens und der Türkei unterzeichnen die Atlantik-Charta.

# März

**1. Donnerstag**
Westfront. Einheiten der US-amerikanischen Armee rücken in Mönchengladbach ein.

**3. Samstag**
Ägypten. Auf der Konferenz von Cairo wird Übereinstimmung über ein Statut der Arabischen Liga erzielt.

**4. Sonntag**
Finnland erklärt dem Deutschen Reich den Krieg.
Ostfront. Die Rote Armee erreicht bei Kolberg in Pommern die Ostseeküste.

**6. Dienstag**
Rumänien. Unter sowjetischem Druck wird eine neue Regierung unter dem Führer der sog. National-Demokratischen Front, Petru Groza, gebildet.
Westfront. US-Einheiten besetzen Köln.

**7. Mittwoch**
Jugoslawien. Tito bildet eine vorläufige Regierung.
Westfront. Patrouillen der 9. US-amerikanischen Panzerdivision stoßen bei Remagen auf die einzig intakt gebliebene Rheinbrücke (die Ludendorff-Eisenbahnbrücke). Der deutschen Wehrmacht war es nicht gelungen, diese Brücke zu sprengen. So können die US-Amerikaner kampflos einen Brückenkopf auf dem rechten Rheinufer bilden.

**9. Freitag**
Indochina. Der französische Generalgouverneur, Admiral Jean Decoux, seine engsten Mitarbeiter und General Mordant, der Vertreter der Regierung de Gaulle, werden von den Japanern gefangengenommen. Die Truppen General Sabatiers bei Hanoi können entkommen.

**10. Samstag**
Deutsches Reich. Der deutsche Oberbefehlshaber im Westen, Feldmarschall Gerd von Rundstedt, wird durch Feldmarschall Albert Kesselring ersetzt.
Japan. 300 US-amerikanische Boeing B-29-Bomber, die von den Marianen gestartet sind, werfen 2000 Tonnen Brandbomben über Tokio ab. Ein ähnlich schwerer Angriff folgt am 14. 3. gegen Osaka.
Westfront. Alliierte Truppen erobern Wesel, den letzten deutschen Brückenkopf am linken Rheinufer.

**11. Sonntag**
Deutsches Reich. Propagandaminister Goebbels hält in Görlitz seine letzte Rede.

**12. Montag**
Ostfront. Sowjetische Truppen erobern die Festung Küstrin an der Oder, 80 km östlich von Berlin.

**14. Mittwoch**
Deutsches Reich. Reichsaußenminister Ribbentrop versucht erfolglos, über schwedische Kontakte einen Separatfrieden mit den Westmächten zu sondieren.

Kambodscha erklärt sich für unabhängig.
Pazifik. US-amerikanische Marinesoldaten hissen offiziell auf der Insel Iwo Jima auf dem Gipfel des Suribaschi das Sternenbanner. Während der Kämpfe hatten sie bereits am 23. 2. an diesem Platz eine Flagge gehißt.

**15. Donnerstag**
Guatemala. Juan José Arévalo wird als Staatspräsident vereidigt.

**16. Freitag**
Ostfront. Sowjetische Truppen beginnen mit einer Offensive gegen Wien, die bis zum 14. 4. dauern wird.

**17. Samstag**
Westfront. Die Ludendorffbrücke bei Remagen wird durch deutsche Luftangriffe zerstört. US-amerikanische Pioniertruppen haben inzwischen in der Nähe eine Pontonbrücke gebaut.

**18. Sonntag**
Ostfront. Sowjetische Truppen erobern Kolberg an der Ostseeküste. Dadurch befindet sich die Küste vom polnischen Korridor bis zum Stettiner Haff mit Ausnahme der Halbinsel Hela unter sowjetischer Kontrolle.

**19. Montag**
Deutsches Reich. Hitler befiehlt, alle Versorgungsanlagen und Industriebetriebe beim Rückzug zu zerstören, damit sie nicht dem Feind in die Hände fallen. Diese »Taktik der verbrannten Erde« wird vor allem im Osten befolgt.

**20. Dienstag**
Deutsches Reich. Himmler wird als Oberbefehlshaber der von der Roten Armee zerschlagenen Heeresgruppe Weichsel abgelöst.

**22. Donnerstag**
Ägypten. In Cairo wird die Arabische Liga offiziell gegründet. Gründungsmitglieder sind Ägypten, Irak, Jemen, Transjordanien, Libanon, Saudi-Arabien und Syrien.

**23. Freitag**
Ostfront. Sowjetische Truppen erreichen zwischen Gdingen und Danzig die Ostseeküste, dadurch wird die deutsche Verteidigungsfront gespalten.

**26. Montag**
Westfront. Sieben alliierte Armeen rücken östlich des Rheins vor. Die Auflösung der deutschen Fronten geht weiter.
Feldmarschall Montgomery untersagt allen Armeeangehörigen Kontakte mit der Zivilbevölkerung.

**27. Dienstag**
Argentinien. Auf Druck der USA erklärt Argentinien Deutschland und Japan den Krieg.
Deutsches Reich. Das Hauptquartier der Seekriegsleitung wird nach Plön verlegt.

**29. Donnerstag**
Ostfront. Sowjetische Truppen erreichen rd. 80 km südlich von Wien die österreichische Grenze.

**30. Freitag**
Deutsches Reich. In Berlin wird der Film »Das alte Lied« uraufgeführt. Es ist die letzte Filmuraufführung des Dritten Reiches.
Ostfront. Truppen der 2. Weißrussischen Front erobern zusammen mit polnischen Einheiten den Ostseehafen Danzig.

# April

**1. Sonntag**
Pazifik. 50 000 US-amerikanische Soldaten der 10. Armee landen auf Okinawa, der größten Insel des Ryukyuarchipels. An der Operation sind 1500 Schiffe beteiligt. Es ist die größte amphibische Operation während des 2. Weltkriegs in diesem Gebiet.
Westfront. Die 1. und 9. US-amerikanische Armee beenden die Einkesselung des Ruhrgebietes. Sie vereinigen sich bei Lippstadt. Hamm und Paderborn werden erobert.

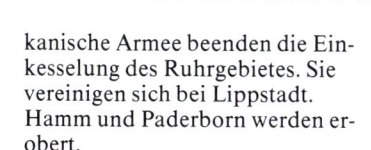

**3. Dienstag**
USA. General MacArthur wird Oberbefehlshaber der US-amerikanischen Truppen im Pazifik.
Westfront. Osnabrück und Münster fallen in die Hände der Alliierten.

**5. Donnerstag**
Die UdSSR kündigt den Neutralitätsvertrag mit Japan auf.

**6. Freitag**
Deutsches Reich. Von den 50 000 Häftlingen des Konzentrationslagers Buchenwald werden 28 000 verlegt, unter anderem nach Dachau.

**7. Samstag**
Pazifik. Der letzte intakte japani-

*10. 3. Deutsches Reich*
*Der Oberbefehlshaber an der Westfront, Feldmarschall Gerd von Rundstedt (Mitte), ergibt sich den Amerikanern (oben).*

*14. 3. Pazifik*
*Eines der bekanntesten Kriegsfotos: Amerikanische Marinesoldaten hissen die Flagge auf dem Berg Suribaschi.*

*1. 4. Pazifik*
*S. 145–32*

◁
*1. 4. Pazifik*
*Mit einem der größten Landeunternehmungen in der Kriegsgeschichte beginnt die Eroberung der japanischen Insel Okinawa durch US-Marinesoldaten.*

## April 1945

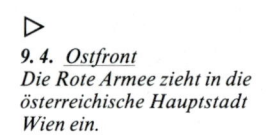

9. 4. Ostfront
Die Rote Armee zieht in die österreichische Hauptstadt Wien ein.

12. 4. USA
Harry S. Truman, der neue US-Präsident und Nachfolger des verstorbenen Roosevelt.

12. 4. USA
S. 105–21

16. 4. Ostfront
S. 129–28

27. 4. Österreich
S. 368–67

25. 4. Ostfront/Westfront
Bei Torgau an der Elbe treffen vorgeschobene Teile der 1. US-Armee und der 5. Sowjet-Garde-Armee zusammen.

sche Flottenverband greift Okinawa an und wird durch Trägerflugzeuge vernichtet. Das Schlachtschiff »Yamato«, ein Kreuzer und vier Zerstörer sinken, nur vier Zerstörer entkommen schwer beschädigt.

**9. Montag**
Deutsches Reich. im KZ Flossenbürg werden der evangelische Theologe Dietrich Bonhoeffer sowie der Admiral Wilhelm Canaris hingerichtet. Beide standen der Widerstandsbewegung nahe. Bonhoeffer war bis 1936 Leiter des evangelischen Predigerseminars der Bekennenden Kirche in Finkenwalde (auch → S. 177). Canaris leitete bis 1944 das Amt »Ausland Abwehr« im Oberkommando der Wehrmacht.
Bei einem britischen Luftangriff auf Kiel werden die Schweren Kreuzer »Admiral Scheer« und »Hipper« vernichtet.
Internationales. Juristen aus 38 Ländern kommen in Washington zusammen, um das Statut für einen Internationalen Gerichtshof zu erarbeiten.
Ostfront. Sowjetische Truppen erreichen das Zentrum von Wien. Die deutsche Besatzung von Königsberg kapituliert.

**10. Dienstag**
Westfront. Die 9. US-amerikanische Armee besetzt Hannover.

**11. Mittwoch**
Westfront. Die 2. britische Armee überschreitet bei Celle die Leine und schneidet den Verbindungsweg von Hannover nach Hamburg ab. Die 9. US-amerikanische Armee erreicht südlich von Magdeburg das rechte Elbufer.
General Pattons 3. Armee befreit das KZ Buchenwald, in dem sich noch 21 000 Insassen befinden.

**12. Donnerstag**
USA. Auf seinem Landsitz Warm Springs, Georgia, stirbt US-Präsident Franklin Delano Roosevelt im Alter von 63 Jahren. Während einer Feierstunde im Weißen Haus wird Harry S. Truman vom Obersten Bundesrichter Harlan Stone als neuer US-Präsident vereidigt.
Westfront. Alliierte Truppen besetzen Braunschweig, Essen, Erfurt, Baden-Baden und Rastatt.

**13. Freitag**
Westfront. Die 3. US-amerikanische Armee erobert Jena. Die 9. US-amerikanische Armee errichtet einen zweiten Brückenkopf auf dem Ostufer der Elbe, südlich von Wittenberg.

**14. Samstag**
Pazifik. Die US-Luftwaffe fliegt von Saipan aus mit ihren »fliegenden Festungen« (Boeing B 29) weitere Luftangriffe auf Tokio.

**15. Sonntag**
Westfront. Das Konzentrationslager Bergen-Belsen wird befreit.

**16. Montag**
Birma. Britische und britisch-indische Truppen besetzen die Hafenstadt Taungup.
Ostfront. Von Brückenköpfen an Oder und Neiße aus beginnt die Rote Armee den Schlußangriff auf Berlin.

**17. Dienstag**
Indien. Gandhi fordert für das Deutsche Reich und Japan einen straffreien Frieden.
Westfront. US-amerikanische Truppen erobern Halle und die Außenbezirke von Leipzig.

**18. Mittwoch**
Westfront. Die US-amerikanische 3. Armee unter General Patton dringt in Böhmen ein. Im Ruhrgebiet erlischt der Widerstand der deutschen Truppen.

**20. Freitag**
Deutsches Reich. Hitler feiert im Führerbunker der Reichskanzlei seinen 56. Geburtstag. Himmler und Göring besuchen ihn zum letzten Mal. Göring begibt sich anschließend nach Berchtesgaden.

**21. Samstag**
Italien. Polnische Truppen erobern Bologna.

**22. Sonntag**
Deutsches Reich. In Moritzburg bei Dresden stirbt die Graphikerin und Bildhauerin Käthe Kollwitz im Alter von 77 Jahren.
Internationales. In San Francisco treffen Delegierte aus 47 Ländern zur Gründungskonferenz der UNO ein.

**23. Montag**
Deutsches Reich. Hitler setzt Göring ab und läßt ihn von SS-Einheiten verhaften, weil Göring in einem Telegramm um Hitlers Amtsnachfolge im Sinne der Verordnung vom 29. 6. 1941 nachgefragt hatte.

**24. Dienstag**
Deutsches Reich. In Lübeck überreicht SS-Reichsführer Himmler dem schwedischen Grafen Folke Bernadotte ein Kapitulationsangebot an die Westmächte.

**25. Mittwoch**
Italien. Einheiten der 5. US-amerikanischen Armee marschieren in

Parma und Mantua ein. Bereits am 23. und 24. 4. waren Modena, Ferrara und der Kriegshafen La Spezia besetzt worden.
Ostfront/Westfront. US-amerikanische und sowjetische Truppen treffen sich bei Torgau an der Elbe.

**26. Donnerstag**
Italien. Mussolini wird bei Musso am Comer See von Partisanen gefangengenommen, als er sich in die Schweiz absetzen will.
Weltpolitik. In San Francisco findet die erste Sitzung der UNO-Gründungskonferenz statt.
Westfront. Die Armee Wenck unternimmt erfolglos den letzten Versuch, Berlin zu entsetzen.

**27. Freitag**
Österreich. Die sowjetischen Besatzungstruppen setzen eine provisorische Regierung unter dem Sozialisten Karl Renner ein.

**28. Samstag**
Italien. Mussolini und seine Geliebte Clara Petacci werden in der Nähe des Dorfes Guiliano di Mezzegra von Partisanen erschossen.

**29. Sonntag**
Deutsches Reich. Adolf Hitler heiratet seine Geliebte Eva Braun, die am 15. 4. von München nach Berlin gekommen war. Er unterzeichnet ein politisches und ein persönliches Testament. Göring und Himmler werden wegen Verhandlungen mit dem Feind ihrer Ämter enthoben und aus der NSDAP ausgestoßen. Es soll eine Regierung mit Karl Dönitz als Reichspräsident, Joseph Goebbels als Reichskanzler und Martin Bormann als Parteiminister gebildet werden.
Italien. SS-Obergruppenführer Wolff und Generaloberst von Vietinghoff-Scheel unterzeichnen die Kapitulationsurkunde für die in Italien stehenden Teile der Wehrmacht. Die Kapitulation soll am 2. 5. in Kraft treten.

**30. Montag**
Deutsches Reich. Adolf Hitler begeht zusammen mit Eva Braun im Bunker der Reichskanzlei Selbstmord. Soldaten der Roten Armee hissen um 14.30 Uhr die Rote Fahne auf dem Reichstagsgebäude. Der letzte Reichskanzler des Deutschen Reiches, Joseph Goebbels, versucht über General Burgdorf mit Marschall Schukow Waffenstillstandsverhandlungen einzuleiten.

# Mai

**1. Dienstag**
Deutsches Reich. Nach der Ablehnung von Waffenstillstandsverhandlungen durch Marschall Schukow begeht Goebbels mit seiner Ehefrau Selbstmord. Seine sechs Kinder läßt er vergiften. Die übriggebliebene Besatzung des Führerbunkers (darunter Martin Bormann) unternimmt einen Ausbruchversuch, bei dem Bormann den Tod findet. Großadmiral Dönitz bildet in Plön eine geschäftsführende Reichsregierung unter Lutz Graf Schwerin von Krosigk.
Westfront. Bei Schwerin werden rd. 18 000 Häftlinge, die aus dem KZ Sachsenhausen evakuiert worden waren, befreit.

**2. Mittwoch**
Italien. Einheiten der jugoslawischen Armee besetzen Triest.
Ostfront. Die deutschen Truppen in Berlin unter Befehl von General Helmuth Weidling kapitulieren vor der Roten Armee.

**3. Donnerstag**
Birma. Britische Truppen besetzen die Hauptstadt Rangun.
Luftkrieg. Alliierte Flugzeuge bombardieren in der Lübecker Bucht Schiffe, die Flüchtlinge aus den von der Roten Armee besetzten Gebieten transportieren. Beim Untergang des Passagierschiffes »Cap Arcona« sterben 7000 Insassen des Konzentrationslagers Neuengamme.

**4. Freitag**
Westfront. Alle deutschen Teilstreitkräfte in den Niederlanden, Nordwestdeutschland, Dänemark, Norwegen, auf Helgoland und den friesischen Inseln ergeben sich. Die offizielle Kapitulation erfolgt am 5. 5. um 8.00 Uhr.

**5. Samstag**
Italien. Aus Genua wird die Festnahme des amerikanischen Dichters Ezra Pound gemeldet, der im italienischen Rundfunk faschistische Reden hielt.
Westfront. Das KZ Mauthausen wird befreit.
Die deutsche Heeresgruppe G (rd. 300 000 Soldaten) ergibt sich den Amerikanern. Damit ist der Kampf in Bayern und im westlichen Österreich beendet.

**7. Montag**
Belgien. Die 7. US-Armee befreit

*28. 4. Italien*
*Das Ende Benito Mussolinis und seiner Geliebten Clara Petacci. Nach der Erschießung durch Partisanen werden sie in Mailand an einer Tankstelle mit den Füßen nach oben aufgehängt.*

*1. 5. Deutsches Reich*
*S. 129–29*

*30. 4. Deutsches Reich*
*Die Rote Fahne weht auf dem Reichstagsgebäude in Berlin. Bei der Aufnahme handelt es sich um eine Rekonstruktion für einen sowjetischen Propagandafilm (links).*

*30. 4. Deutsches Reich*
*Letzte Aufnahme von Hitler mit seinem Adjutanten Schaub in den Trümmern der Reichskanzlei (rechts).*

**13. »Endlösung«**
Haupttor und Todesrampe im Vernichtungslager Auschwitz-Birkenau (neuere Aufnahme).

**14. Exil**
Lion Feuchtwanger, Autor der »Wartesaaltrilogie«: Erfolg – Die Geschwister Oppermann – Exil.

**15. 20. Juli 1944**
Hans Bernd von Haeften vor dem Volksgerichtshof.

**16. Luftkrieg**
Das Gesicht der Städte, 1944. Als Beispiel: Frankfurt am Main.

**17. Propaganda I**
Chefpropagandist Joseph Goebbels, hier als Wahlkampfredner 1928 – in der »Kampfzeit«. Später wurden »demagogische« Photos wie das abgebildete nicht mehr zur Veröffentlichung freigegeben.

**18. Propaganda II**
Russische Kriegsgefangene 1942. Bis Kriegsende kamen 2,5 Millionen um, die meisten verhungerten.

## 13. Die Vernichtungslager

13. »Endlösung«
a) A. Hitler
b) R. Ley
c) R. Ley
d) A. Hitler
e) A. Hitler
f) H. Himmler
g) J. Goebbels
h) H. Himmler
i) Überlebende

»Nur eins darf man nicht zulassen: das Vergessen. Mit jedem Vergessen sterben die Gefolterten und Verbrannten ein zweites Mal«, fordert der jüdische Sozialphilosoph George Steiner.
Gleich nach 1933 verbreiteten die Nationalsozialisten ein Terrorsystem, das seine extremste Form in Lagern fand, beschönigend »Konzentrationslager« genannt: Dachau, Oranienburg, Buchenwald, Groß-Rosen, Flossenbürg, Neuengamme, Ravensbrück. Hierhin wurden politische Gegner, Angehörige religiöser Gemeinschaften, Zigeuner und vor allem Juden verschleppt; hier wurden sie gefoltert, für medizinische Experimente mißbraucht, in Fabriken ausgebeutet. In Auschwitz, Lublin-Majdanek, Sobibor, Belzec, Treblinka und Chelmno wurde nach der Besetzung Polens die planmäßige Vernichtung der Juden, ihre »Sonderbehandlung« mit Zyklon B, betrieben. Was damals »Endlösung der Judenfrage« hieß, war Massenmord, dem sechs Millionen Juden zum Opfer fielen.
Trotz Abschirmung konnte nicht verborgen bleiben, daß Millionen Menschen in die Lager transportiert wurden und nie zurückkamen.

## 14. Letzte Zuflucht

14. Exil
a) H. Fritzsche
b) E. Ludwig
c) T. Mann
d) A. Döblin
e) L. Feuchtwanger

Bertolt Brecht, 1933 vor den Nazis geflohen, schrieb: »Vertriebene sind wir, Verbannte. / Unruhig sitzen wir so, möglichst nah den Grenzen«.
Als »Wartesaal« bezeichnete Lion Feuchtwanger, auch ein Verbannter, das Exil. Für Elisabeth Weichmann, Frau eines SPD-Politikers, war das Exil »Zuflucht«, an dessen Beginn nichts als Angst stand. Sie – wie viele hunderttausend andere – hatte den »Mut zur Angst«: heimliche Flucht zunächst in die ČSR, dann nach Frankreich, schließlich in die USA. Kein Land hieß sie willkommen, kein Land nahm Rücksicht auf die Exilanten. Für viele Zurückgebliebene waren sie einfach »Verräter«, auch nach 1945.
Anpassung an Mentalitätsweisen, Verhaltensweisen und landesübliche Lebensbedingungen waren nötig. Die meisten mußten fast alles entbehren: Familie, Freunde, Vertraute; staatsbürgerliche Rechte, Wohnung, Geld. Und die Schriftsteller waren, fern vom Vaterland, ohne Muttersprache. Und trotzdem überlegten nach 1945 viele, ob sie zurückkehren sollten: Zu tief steckte die Angst vor dem Weiterleben des Nazismus in vielen Köpfen.

## 15. Widerstand

15. 20. Juli 1944
a) Frontbericht
b) A. Hitler
c) Rundfunkinterview
d) R. Ley
e) R. Freisler und H.-B. v. Haeften
f) R. Freisler und U. W. Schwerin v. Schwanenfeld

16. Luftkrieg
a) A. Hitler
b) A. Hitler
c) J. Goebbels
d) R. Ley
e) Luftangriff auf Berlin
f) Überlebender
g) A. Hitler

Zwei deutsche Staaten – zwei Traditionen: die Deutschen hüben berufen sich mehr auf den bürgerlich-kirchlich-aristokratisch-soldatischen Widerstand, auf Pfarrer Niemöller, Bischof Galen, Graf Stauffenberg und Carl Goerdeler, auf Männer, die offen ihre Stimme erhoben oder insgeheim gegen Kriegsende den Umsturz planen und vorbereiten konnten. Drüben stellt man den kommunistisch-sozialistisch-gewerkschaftlichen Widerstand heraus, der, von Anfang an verfolgt, im Untergrund oder im Exil nur wenig Möglichkeiten zu politischer Veränderung hatte.
Die historische Forschung ist inzwischen zu differenzierteren Ergebnissen gekommen und hat den alltäglichen Widerstand entdeckt: Menschen hörten ausländische Sender, erzählten sich regimefeindliche Witze, übten Sabotage im Kleinen, halfen heimlich Verfolgten – Religion, Einsicht, Schuldgefühle, Menschlichkeit mag sie dazu gebracht haben. Alle liefen Gefahr, mit dem Tod bestraft zu werden. Als »Gefangene in einem großen Zuchthaus« (Wilhelm Leuschner) wurden zwischen 1933 und 1945 schätzungsweise 32 000 Deutsche aus politischen Gründen hingerichtet.

## 16. Luftkrieg über Deutschland

In den Abendstunden des 16. März 1945 sinkt das barocke Würzburg unter dem Hagel britischer Bomben in Schutt und Asche. Binnen 20 Minuten sind 90% der Bevölkerung ohne Dach über dem Kopf, Tausende unter stürzenden Trümmern begraben. Letzte schreckliche Phase im Luftkrieg. Briten und Amerikaner bombardieren in diesen Monaten Ziele wie Dresden, Hildesheim, Paderborn, Münster, Potsdam. Allein leidtragend ist die Zivilbevölkerung.
Ursprünglich sollte die Bomberoffensive die Moral der Deutschen brechen, sie bedingungslos kapitulieren lassen. Jedoch konnten die alliierten Bomber zunächst ohne Jagdschutz bei Tag nicht operieren, waren wenig zielsicher – ausgewählte Punkte wie Bahnhöfe oder Ölraffinerien wurden selten getroffen –, verloren bei Nacht oft die Orientierung. Deshalb wandten die Alliierten die Methode des Flächenbombardements an, moralisch nicht zu rechtfertigen, militärisch wenig erträglich.
Was sie wirklich erreichten: Die Deutschen wurden anfälliger für die Propaganda des »totalen Krieges«, ihr Durchhaltewille eher gesteigert als gebrochen.

## 17. Triumph des Willens...

17. Propaganda I
a) J. Goebbels

18. Propaganda II
a) Deutscher Wochenschau-Kommentar
b) H. Himmler
c) Nachrichten aus dem Führerhauptquartier
d) A. Hitler
e) PK-Bericht
f) A. Hitler
g) BBC-Nachricht

Enthusiastische Begeisterung auf allen Gesichtern, wenn Leni Riefenstahls Kamera durch die endlosen Reihen der Parteitagsteilnehmer fährt: Interessen- und Klassengegensätze, so wird schon 1934 suggeriert, sind überwunden; die neue Volksgemeinschaft lebt.
Noch als der Krieg an keiner Front mehr zu gewinnen war, fanatisierte Goebbels mit der Parole vom »totalen Krieg« die »Volksgemeinschaft«. General Ludendorff hatte den Begriff 1916 geprägt und definiert: Krieg war Daseinsgrund des Lebens, Sinngebung des Todes. Goebbels zwölf Fragen, am 18. Februar 1943 im Berliner Sportpalast gestellt, wurden von Tausenden begeistert mit Ja beantwortet, das den Sportpalast erzittern ließ.
Darin jedoch nur die Wirkung einer raffinierten Rhetorik, den Einfluß der Propaganda zu sehen und den Erfolg der Ideologen des Dritten Reiches damit zu erklären, sie hätten damals eben die Menschen »verführt«, reicht als Ursachenbeschreibung für Gefolgschaft, Treue und Begeisterung der Menschen im Hitler-Deutschland nicht aus.

## 18. ... oder: Die Kosten der Opfer

Begeisterung für Hitler und seinen Krieg – der auch ein Krieg derer war, die an ihm verdienten – war indes mehr als nur verbale Demonstration von Einverständnis: Es gab den »Glauben« an den Führer tatsächlich. Und es gab ihn auch dann noch, als Todt und Speer als Reichsminister für Bewaffnung und Munition eine vollständige Kriegsindustrie aufbauten. Denn die deutsche Zivilbevölkerung spürte die wirtschaftliche Anspannung durch die Kriegswirtschaft weniger als die englische. Arbeitskräfte aus den besetzten Gebieten standen zur Verfügung; 1944 waren ein Fünftel aller Arbeitskräfte in Deutschland Ausländer. Als der Krieg im eigenen Land spürbar und die Niederlage absehbar war, konnten die Nazis noch immer auf den fanatischen Glauben an den Führer bauen.
Im 2. Weltkrieg wurden mehr als 40 Millionen Menschen getötet, in Europa waren mehr Zivilpersonen als Soldaten ums Leben gekommen, durch Flächenbombardements, Zwangsarbeit, Widerstand, Partisanenkrieg und Mord.

# Juni 1945

**7. 5.** *Westfront*
*Das Deutsche Reich kapituliert; in der Mitte Alfred Jodl, rechts Hans-Georg von Friedeburg.*

**23. 5.** *Deutschland*
*S. 129–29*

**26. 6.** *UNO*
*Während der Schlußsitzung der Konferenz von San Francisco unterzeichnet der Vertreter Äthiopiens die Charta der Vereinten Nationen.*

König Leopold und seine Familie in dem österreichischen Dorf Strobl.
Ostfront. Sowjetische Truppen befreien die 25 000 Häftlinge des KZ Theresienstadt.
Westfront. In Reims unterzeichnen Generaloberst Alfred Jodl und Generaladmiral Hans-Georg von Friedeburg die Urkunde über die bedingungslose Kapitulation des Deutschen Reiches in Gegenwart von General Eisenhower und Vertretern der britischen, französischen und sowjetischen Streitkräfte.

**8. Dienstag**
Deutsches Reich. In der Wehrmacht wird an Stelle des »Deutschen Grußes« wieder der militärische Gruß eingeführt.

**9. Mittwoch**
Deutsches Reich. Um 0.16 Uhr wird in Berlin-Karlshorst von Generaloberst Hans-Jürgen Stumpf, Generalfeldmarschall Wilhelm Keitel und Generaladmiral Hans-Georg von Friedeburg die Unterzeichnung der Urkunde über die bedingungslose Kapitulation des Deutschen Reiches wiederholt. Anwesend sind außerdem Sowjetmarschall Schukow und Air Chief Marshal Tedder. Hermann Göring stellt sich den US-Amerikanern. Im Laufe der nächsten Tage wird eine Vielzahl führender NS-Politiker und Militärs verhaftet.
Norwegen. Ministerpräsident Quisling wird zusammen mit einigen anderen Regierungsmitgliedern verhaftet.

**12. Samstag**
Deutsches Reich. Nach 2177 Nächten wird in München das Verdunkelungsgebot aufgehoben. Am 18. 5. wird die Straßenbeleuchtung wieder erlaubt.
Kreta. Die deutsche Besatzung der Insel (rd. 14 000 Soldaten) kapituliert.

**14. Montag**
Österreich. Die provisorische Regierung unter Karl Renner erklärt die Unabhängigkeit des Landes, bezeichnet alle nationalsozialistischen Gesetze als ungültig und löst die NSDAP auf.

**15. Dienstag**
Jugoslawien. Der Hauptteil des kroatischen Heeres, der sich der britischen 8. Armee ergeben hat, wird an Titos Partisanenverbände ausgeliefert und von diesen im Gebiet von Maribor ermordet (80 000 Soldaten und 30 000 Zivilisten, vor allem Frauen und Kinder).

**22. Dienstag**
Philippinen. Einheiten der 8. US-amerikanischen Armee erreichen Tambao auf der Insel Mindanao.

**23. Mittwoch**
Deutschland. Die von Großadmiral und Reichspräsident Dönitz eingesetzte geschäftsführende Reichsregierung unter Graf Schwerin von Krosigk wird aufgelöst und von den Alliierten verhaftet. Damit hat das Deutsche Reich faktisch aufgehört zu existieren.
Bei Lüneburg begeht Heinrich Himmler Selbstmord, nachdem er von britischen Truppen verhaftet wurde.
Großbritannien. Churchill tritt als Premierminister zurück, um Neuwahlen zu ermöglichen. Bis dahin bleibt er jedoch als Chef einer Übergangsregierung im Amt.

**26. Samstag**
Japan. Rd. 500 US-amerikanische »Fliegende Festungen« greifen von den Marianen aus Tokio an. Dabei werden 4000 t Brandbomben abgeworfen, so daß große Teile der Stadt niederbrennen.

**27. Sonntag**
Philippinen. Die US-amerikanische 6. Armee erobert Santa Fe auf der Hauptinsel Luzón.

**31. Donnerstag**
Deutschland. Die amerikanische Militärregierung löst die NSDAP auf.

# Juni

**1. Freitag**
Deutschland. Der Hamburger Hafen nimmt seinen Betrieb wieder auf.
Japan. 450 US-amerikanische Flugzeuge werfen 3000 t Bomben über Osaka ab.

**3. Sonntag**
Polen. Die Regierung ordnet an, daß alle Deutschen die Gebiete östlich von Oder und Neiße verlassen müssen.

**5. Dienstag**
Deutschland. Mit der Berliner Erklärung übernehmen die vier Siegermächte die oberste Regierungsgewalt in Deutschland. Deutschland wird unter Ausgliederung Berlins, in dem vier Sektoren gebildet werden, in vier Besatzungszonen eingeteilt.
Japan. US-amerikanische Flugzeuge bombardieren die Stadt Kobe an der Südostküste von Honschu.

**9. Samstag**
Deutschland. Die sowjetische Militäradministration wird gebildet.

**10. Sonntag**
Britisch-Nord-Borneo. In der Bucht von Brunei und auf Labuan landen australische Einheiten.
Peru. José Luis Bustamente y Rivera wird zum Staatspräsidenten gewählt.

**11. Montag**
Deutschland. Die Kommunistische Partei Deutschlands wird neu gegründet.

**12. Dienstag**
Internationales. Eine internationale Juristenkommission billigt die revidierte Fassung eines Statuts für den Internationalen Gerichtshof. Danach soll der Gerichtshof 15 Mitglieder haben, die von der Vollversammlung und dem Sicherheitsrat der UNO gewählt werden.

**13. Mittwoch**
Syrien. Die französischen Truppen verlassen das Land.

**14. Donnerstag**
Pazifik. Ein Verband von 444 US-amerikanischen »Fliegenden Festungen« (B-29-Bombern) bombardiert Nagasaki und einige umliegende Städte.

**15. Freitag**
In Berlin werden die SPD und der

Freie Deutsche Gewerkschaftsbund (FDGB) neu gegründet.

**17. Sonntag**
Deutschland. In Köln wird die rheinische CDU gegründet.

**18. Montag**
Philippinen. Auf der Insel Mindanao legen die Japaner die Waffen nieder.

**21. Donnerstag**
Pazifik. Der japanische Widerstand auf Okinawa endet nach 82 Tagen mit dem Tod der meisten Verteidiger.

**24. Sonntag**
Naher Osten. Frankreich bittet die USA um Vermittlung in der Auseinandersetzung mit Syrien und Libanon.

**26. Dienstag**
Deutschland. In Berlin wird der Gründungsaufruf der Christlich-Demokratischen Union Deutschlands (CDUD, später CDU) veröffentlicht. Zu den Mitgliedern zählen frühere Zentrumspolitiker sowie christliche Gewerkschafter.
UNO. Auf der Schlußsitzung der Konferenz von San Francisco wird die UNO von 50 Staaten aufgrund der Konferenzbeschlüsse von Moskau, Jalta und Dumbarton Oaks mit eigener Charta gegründet.

**30. Samstag**
China. Ministerpräsident Sung, der am 31. 5. Tschiang Kaischek abgelöst hat, trifft in Moskau zu Verhandlungen mit Stalin ein.

# Juli

**1. Sonntag**
Deutschland. Die britischen und US-amerikanischen Truppen räumen die von ihnen besetzten Gebiete in Sachsen, Thüringen, Brandenburg und Mecklenburg. In die geräumten Gebiete rücken sowjetische Truppen ein.
Niederländisch-Indien. Australische Truppen landen an der Ostküste von Borneo. Die japanische Gegenwehr ist gering.

**3. Dienstag**
Japan. Rd. 450 US-amerikanische B-29-Bombenflugzeuge greifen Ziele auf der Insel Schikoku an.

**4. Mittwoch**
Berlin. Die westlichen Alliierten übernehmen offiziell die drei Westberliner Sektoren.
Österreich wird in den Grenzen von 1937 wiederhergestellt und in vier Zonen aufgeteilt.

**5. Donnerstag**
Berlin. In Berlin wird die Liberal-Demokratische Partei Deutschlands (LDPD) gegründet.
USA. Staatssekretär Morgenthau tritt zurück, weil er nicht an der geplanten Potsdamer Konferenz teilnehmen darf.

**6. Freitag**
Nicaragua. Als erster Staat ratifiziert Nicaragua die UN-Charta.

**8. Sonntag**
Niederländisch-Indien. Die japanischen Truppen auf Borneo verstärken im Nordwesten von Manggar ihren Widerstand gegen die vorrückenden Australier.

**9. Montag**
China. Chinesische Truppen erobern in der Provinz Guangxi die Hauptstadt Nanning und zwei ehemalige US-amerikanische Flugplätze von den Japanern zurück.
SBZ. Die sowjetischen Besatzungsbehörden verfügen die Bildung der Länder Brandenburg, Mecklenburg-Vorpommern, Sachsen, Sachsen-Anhalt und Thüringen.

**10. Dienstag**
Japan. Beim bisher schwersten US-amerikanischen Luftangriff auf Japan greifen 600 B29-Bombenflugzeuge, 1000 Trägerflugzeuge und 300 Flugzeuge, die von verschiedenen Luftbasen auf Okinawa gestartet sind, mehrere Städte auf Honschu an.

**11. Mittwoch**
In Berlin findet die erste Sitzung der Alliierten Kommandantur statt.
Niederländisch-Indien. Niederländische und australische Einheiten besetzen die Halbinseln an der Bucht von Balikpapan auf Ostborneo.

**12. Donnerstag**
Frankreich übernimmt von den USA die Verwaltung des Saargebietes.

**13. Freitag**
Japan bittet die UdSSR um Vermittlung eines Friedens mit den Alliierten.

**15. Sonntag**
Sport. Schweizer Fußballmeister wird Grasshoppers Zürich.

**16. Montag**
USA. Die erste Zündung einer Atombombe findet bei dem Luftwaffenstützpunkt Alamogardo (New Mexico) statt. Die Bombe hat eine Sprengkraft von 20 000 t TNT.

**17. Dienstag**
Großbritannien/UdSSR/USA. In Potsdam bei Berlin beginnt die Konferenz der drei Siegermächte Großbritannien, Sowjetunion und USA. Die Verhandlungen führen Churchill, Stalin und Truman.

**19. Donnerstag**
Schweiz. In Zürich stirbt der Kunsthistoriker Heinrich Wölfflin im Alter von 81 Jahren.

**20. Freitag**
Frankreich. In Paris stirbt der Dichter und Essayist Paul Ambroise Valéry im Alter von 73 Jahren.

**22. Sonntag**
Peru. José Luis Bustamente y Rivera wird als Staatspräsident vereidigt.
Philippinen. In Manila treffen erste US-amerikanische Einheiten ein, die bis dahin in Deutschland stationiert waren.
Die Schweiz übernimmt die diplomatische Vertretung Japans.

**23. Montag**
Frankreich. In Paris beginnt der Prozeß gegen Marschall Pétain, den Präsidenten der Vichy-Regierung. Er wird des Landesverrats beschuldigt.

**24. Dienstag**
Japan. US-amerikanische Trägerflugzeuge greifen die wegen Treibstoffmangels im Hafen von Kure liegenden Reste der japanischen Flotte an. Bei diesem Angriff und einem zweiten am 28. 7. sinken u. a. drei Schlachtschiffe, ein Flugzeugträger und fünf Kreuzer. Vier Flugzeugträger werden schwer beschädigt.
USA. US-Präsident Truman beschließt den Einsatz der Atombombe gegen Japan, wenn das Land nicht bis zum 30. 7. kapituliert. Sie soll entweder über Hiroshima, Niigata oder Nagasaki abgeworfen werden.

**26. Donnerstag**
Belgien. Dem belgischen König Leopold III. wird in einer Parlamentsdebatte schweres Fehlverhalten während der deutschen Besatzungszeit vorgeworfen. Ihm wird jedoch vom Parlament das Vertrauen ausgesprochen.

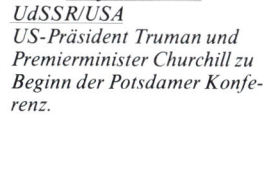

*17. 7. Großbritannien/UdSSR/USA*
*US-Präsident Truman und Premierminister Churchill zu Beginn der Potsdamer Konferenz.*

*19. 7. Schweiz*
*Heinrich Wölfflin*

*4. 7. Österreich*
*S. 368–68*

*26. 6. Deutschland*
*S. 264–43*

*26. 6. UNO*
*S. 304–49*

Großbritannien. Die Labour Party gewinnt die Unterhauswahlen. Winston Churchill wird als Premierminister durch Clement Attlee abgelöst. Neuer Außenminister wird Ernest Bevin.
USA. In Potsdam fordert US-Präsident Truman ultimativ von Japan die bedingungslose Kapitulation.

### 28. Samstag
Berlin. Clement Attlee löst Winston Churchill als britischen Verhandlungsführer auf der Konferenz von Potsdam ab.

### 30. Montag
Pazifik. Vor den Philippinen versenkt ein japanisches U-Boot den US-amerikanischen Kreuzer »Indianapolis«. Von den 1199 Besatzungsmitgliedern können nur 316 gerettet werden.

# August

*1. 8. Palästina*
*S. 368–71*

*2. 8. Berlin*
*S. 145–34*

*6. 8. Japan*
*S. 145–33*

*6. 8. Japan*
*Fotos vom ersten Atombombenabwurf. Links der Flugzeugführer des US-amerikanischen B-29-Bombers, Oberst Paul Tibbets. Daneben eine aus dem Flugzeug gemachte Aufnahme des Bombenabwurfes. Rechts Überlebende in einer völlig verwüsteten Stadt.*

### 1. Mittwoch
Österreich. Nach einer Neuordnung der Besatzungszonen besetzen die sowjetischen Truppen die Landesteile nördlich der Donau, die US-amerikanischen diejenigen südlich der Donau.
Palästina. Bei der Eröffnung des ersten Kongresses der Zionistischen Weltorganisation seit 1939 in London fordert deren Präsident, Chaim Weizmann, von der UNO, der Bildung eines jüdischen Staates in Palästina zuzustimmen (auch → S. 218).

### 2. Donnerstag
Berlin. Im Schloß Cecilienhof bei Potsdam endet die Potsdamer Konferenz mit dem »Potsdamer Abkommen«. Danach sollen die Vereinbarungen der Konferenz von Jalta durch die Bildung eines Alliierten Kontrollrats, bestehend aus den Oberkommandierenden der vier Besatzungsmächte, als der obersten Regierungsgewalt verwirklicht werden. Weiter wurde beschlossen, daß die deutschen Gebiete östlich von Oder und Neiße von Polen, der Nordteil Ostpreußens von der UdSSR verwaltet werden sollen. Die endgültige Festlegung der deutschen Grenzen wurde einem Friedensvertrag vorbehalten.

### 4. Samstag
Berlin. Der Radiosender AFN beginnt mit der Ausstrahlung seines Programms.

### 6. Montag
Japan. Über Hiroshima wird um 8.15 Uhr von einem US-amerikanischen B-29-Bombenflugzeug, der »Enola Gay«, die erste Atombombe abgeworfen. Innerhalb weniger Sekunden sterben 78 000 Einwohner, weitere 68 000 werden verletzt. Die Stadt wird zu 60% vernichtet. Die Folgeschäden sind unabsehbar.

### 8. Mittwoch
UdSSR. Die Regierung erklärt Japan den Krieg. Sowjetische Truppen beginnen gegen die japanischen Einheiten in der Mandschurei und in Nordkorea eine Offensive.

### 9. Donnerstag
Japan. Über Nagasaki wird die zweite Atombombe abgeworfen. Es gibt 40 000 Tote und 60 000 Verwundete. Ein Drittel der Stadt wird zerstört.

### 10. Freitag
Japan. Die Regierung bietet die Kapitulation an. Dabei wird vorausgesetzt, daß durch die Kapitulation nicht die Rechte Kaiser Hirohitos als des souveränen Herrschers berührt werden.
Tanger. In Paris beginnt die Konferenz über die Zukunft von Tanger. Teilnehmer sind Frankreich, Großbritannien, die UdSSR und die USA.

### 11. Samstag
Japan. US-Präsident Harry S. Truman antwortet der japanischen Regierung, daß die Alliierten eine bedingungslose Kapitulation Japans annehmen werden. Kaiser Hirohito kann vorläufig auf dem Thron bleiben, muß sich aber dem Oberkommando von General MacArthur unterstellen.
Niederländisch-Indien. Die japanischen Besatzungsbehörden übertragen die Regierung an die Nationalistenführer Achmed Sukarno und Sutan Shahrir.

### 13. Montag
Palästina. Der Zionistenkongreß in London beschließt, soviel Juden wie möglich in Palästina anzusiedeln.

### 14. Dienstag
Brit. Zone. KPD, SPD und Zentrum werden als Parteien zugelassen.
UNO. Das französische Parlament stimmt der Ratifizierung der UN-Charta zu.

### 15. Mittwoch
Frankreich. Marschall Pétain wird wegen Landesverrats zum Tode verurteilt.

### 16. Donnerstag
Japan. In einer Rundfunkansprache befiehlt Kaiser Hirohito allen japanischen Truppen, die Waffen niederzulegen.
Prinz Naruhiko Higaschi Kuni bildet eine neue Regierung, in der er selbst Ministerpräsident und Kriegsminister ist.
Polen. In Moskau wird ein Vertrag mit der UdSSR abgeschlossen, in dem die Curzonlinie (von 1920) als Grenze zwischen beiden Ländern festgelegt wird.
Außerdem soll Polen 15% der deutschen Reparationszahlungen an die UdSSR erhalten.
USA. Dean Acheson wird neuer Staatssekretär für auswärtige Angelegenheiten.

**17. Freitag**
Frankreich. General de Gaulle wandelt das Todesurteil gegen Marschall Pétain in eine lebenslange Haftstrafe um.
Indonesien. Achmed Sukarno und Mohammed Hatta rufen in Batavia (das nun Jakarta heißt) die Republik Indonesiens aus.

**20. Montag**
Österreich. In New York stirbt der Humorist und Journalist Alexander Roda Roda (73).

**21. Dienstag**
Mandschurei. Der Rest des japanischen Heeres stellt die Kampfhandlungen gegen die sowjetischen Truppen ein.

**22. Mittwoch**
Pazifik. Sowjetische Luftlandetruppen besetzen die nördlichste Kurileninsel (seit 1875 in japanischem Besitz).
Tanger. Die Konferenz in Paris beschließt, die Hafenstadt vorläufig gemäß der Konvention des Jahres 1923 unter internationale Aufsicht zu stellen.

**23. Donnerstag**
Indochina. Die kommunistische Befreiungsarmee, die am 20. 8. bereits Hanoi besetzt hatte, nimmt Hue ein. Kaiser Bao Dai dankt ab.
Österreich. US-amerikanische, britische und französische Truppen rücken in ihre Wiener Sektoren ein.
UNO. Das britische Unterhaus stimmt der Ratifizierung der UN-Charta zu.

**26. Sonntag**
Österreich. In Beverley Hills, Kalifornien, stirbt der österreichische Schriftsteller Franz Werfel im Alter von 54 Jahren.

**28. Dienstag**
Japan. Die ersten amerikanischen Besatzungstruppen landen bei Yokohama. Ein Kamikazeüberfall auf die Einheiten kann durch die Vermittlungen von Prinz Takamatsu, einem Bruder des Kaisers, abgewendet werden.
Pazifik. Sowjetische Truppen besetzen die Insel Sachalin.

**29. Mittwoch**
Deutschland. Gegen Hermann Göring, Rudolf Heß, Wilhelm Keitel und 21 weitere hohe NS-Persönlichkeiten wird Anklage wegen Kriegsverbrechen erhoben.

# September

**1. Samstag**
Hongkong. Britische Truppen landen auf dem Marinestützpunkt von Hongkong und hissen die britische Flagge.

**2. Sonntag**
Brit. Zone. In Bochum und Köln konstituieren sich die westfälische und die rheinische Christlich-Demokratische Partei. Dabei handelt es sich um Vorläuferorganisationen der späteren CDU.
Indochina. In Hanoi ruft der Führer der Nationalen Befreiungsbewegung Ho Tschi Minh die Volksrepublik Vietnam aus.
Japan. In der Bucht von Yokohama unterzeichnen der japanische Außenminister Schigemitsu sowie General Umezu an Bord des US-amerikanischen Schlachtschiffes »Missouri« die bedingungslose Kapitulation. Damit endet nach sechs Jahren der 2. Weltkrieg.

**3. Montag**
Singapur. Einheiten der britischen Flotte fahren in den Hafen ein.

**4. Dienstag**
Polen. Die Regierung löst das Konkordat mit dem Vatikan. Die Maßnahme wird damit begründet, daß 1940 deutschen Bischöfen die Verwaltung der polnischen Bistümer übertragen wurde.

**6. Donnerstag**
Pazifik. Auf einem britischen Flugzeugträger wird die Kapitulation für 85 000 japanische Soldaten auf Neuguinea und den Salomoninseln unterzeichnet.

**8. Samstag**
Äthiopien. Das Außenministerium regelt in einem Abkommen mit den Franzosen den Grenzverlauf zu Französisch-Somaliland und die gemeinsame Benutzung der Bahnlinie von Djibouti nach Addis Abeba.
Japan. US-amerikanische Truppen rücken in Tokio ein und hissen das Sternenbanner auf der US-amerikanischen Botschaft.

**10. Montag**
Japan. General MacArthur befiehlt Kaiser Hirohito, das kaiserliche Hauptquartier aufzulösen und die Presse- und Rundfunkzensur in Japan aufzuheben.
Norwegen. In Oslo wird der faschistische Regierungschef Vidkun Quisling wegen seiner Zusammenarbeit mit den deutschen Behörden zum Tode verurteilt.
SBZ. Eine Bodenreform beginnt mit Enteignungen in Sachsen.
Weltpolitik. Das Außenministertreffen der fünf Großmächte, das in Paris die seit der Potsdamer Konferenz bestehenden Streitpunkte verhandeln sollte, wird ergebnislos abgebrochen.

**11. Dienstag**
Japan. Der frühere Ministerpräsident Tojo wird nach einem mißglückten Selbstmordversuch auf Befehl von General MacArthur zusammen mit 39 weiteren hochgestellten Persönlichkeiten festgenommen.

**14. Freitag**
Japan. Ministerpräsident Kuni bittet die USA, den Angriff auf Pearl Harbor angesichts der Schrecken von Hiroshima zu vergeben.

**15. Samstag**
Österreich. In Mittersill, Salzburg, wird der Komponist und Dirigent Anton von Webern im Alter von 61 Jahren unter ungeklärten Umständen von US-amerikanischen Besatzungssoldaten erschossen.

**17. Montag**
Deutschland. In Lüneburg findet gegen Angehörige der Wachmannschaften des KZs Bergen-Belsen der erste KZ-Prozeß statt.

**18. Dienstag**
US-Zone. In Württemberg wird die Demokratische Volkspartei gegründet. Eines der Gründungsmitglieder ist Theodor Heuss.

**19. Mittwoch**
US-Zone. Die Militärregierung ordnet die Bildung der Länder Bayern, Württemberg-Baden und Groß-Hessen an.

**25. Dienstag**
Westzonen. Die Demontagen von Industriebetrieben beginnen.

*2. 9. Japan*
*In Anwesenheit General MacArthurs unterzeichnet Außenminister Schigemitsu die Kapitulationsurkunde.*

2. 9. *Japan*
S. 145–32

*15. 9. Österreich*
*Anton von Webern*

10. 9. *SBZ*
S. 344–62

25. 9. *Westzonen*
S. 248–39

**14. 9. Japan**
*Das verwüstete Hiroshima fünf Wochen nach der Detonation der Atombombe.*

**26. Mittwoch**
UdSSR. Der Oberste Sowjet befiehlt die Demobilisierung aller Offiziere und Mannschaften zwischen 32 und 42 Jahren.
Ungarn. In New York stirbt der Komponist und Pianist Béla Bartok im Alter von 64 Jahren.

**28. Freitag**
Indonesien. Zur Unterstützung der niederländischen Behörden gegen von den Japanern ausgebildete einheimische Gruppen, die sich der Wiederherstellung der niederländischen Verwaltung widersetzen, werden britische Truppen nach Jalta entsandt.

# Oktober

**1. Montag**
SBZ. Der Schulunterricht beginnt wieder. Russisch wird Pflichtfach.

**3. Mittwoch**
SBZ. Alle NSDAP-Mitglieder werden aus dem Justizdienst entfernt.

*1. 10. SBZ S. 344–64*

*4. 10. Deutschland S. 248–37*

*5. 10. Deutschland S. 264–43*

**4. Donnerstag**
Deutschland. General Eisenhower gibt den US-Truppen den Befehl, Personen mit sowjetischer Staatsangehörigkeit nicht zur Rückkehr in die UdSSR zu zwingen. Damit wird ein Teil der Zugeständnisse, die der Sowjetunion in Jalta gemacht wurden, in der US-Zone nicht verwirklicht.
Indonesien. Nationalistische Truppen erobern Bandung und Surabaja auf Java.

**5. Freitag**
Deutschland. In Wennigsen am Deister findet auf überregionaler Ebene eine Gesamtkonferenz der SPD statt. Dabei wird Kurt Schumacher zum Parteivorsitzenden gewählt. Für die Westzonen erhält das »Büro Dr. Schumacher« die organisatorische Zuständigkeit, für Berlin und die SBZ der »Berliner Zentralausschuß der SPD« unter Otto Grotewohl.

**6. Samstag**
Japan. Kidschuru Schidehara wird nach dem Rücktritt Higaschi Kunis neuer Premierminister.

**7. Sonntag**
Japan. Der Schintoismus wird als japanische Staatsreligion abgeschafft (auch → S. 178).

**8. Montag**
Westzonen. Die Alliierten erlauben die Bildung von Gewerkschaften auf gesamtstaatlicher Ebene.

**9. Dienstag**
Argentinien. Ehemalige Offiziere zwingen Vizepräsident und Arbeitsminister Perón zum Rücktritt und lassen ihn auf einer Insel im La Plata internieren.
Frankreich. Der Oberste Gerichtshof in Paris erklärt Pierre Laval der Zusammenarbeit mit dem Feind für schuldig und verurteilt ihn zum Tode. Er wird am 15. 10. hingerichtet.

**11. Donnerstag**
Palästina. Jüdische Guerillakämpfer überfallen ein britisches Ausbildungslager und erbeuten eine große Menge Waffen und Munition.
Tanger. Die spanische Verwaltung des Gebietes wird an eine Kommission aus britischen, französischen, US-amerikanischen, sowjetischen und spanischen Vertretern übertragen.

**12. Freitag**
Argentinien. Staatspräsident Edelmiro Farrell tritt zurück.

**14. Sonntag**
Westzone. Der Alliierte Kontrollrat verfügt die Beschlagnahme des I. G.-Farben-Konzerns.

**15. Montag**
Syrien. Die Regierung schließt die katholischen Schulen und legt den jüdischen Bürgern Reisebeschränkungen auf.
US-Zone. Die Militärverwaltung setzt in Großhessen eine Regierung unter dem parteilosen Karl Geiler ein.

**17. Mittwoch**
Argentinien. General Juan Perón stürzt die Junta unter General Eduardo Avalos. Er selber wird nicht Mitglied einer neuen Regierung, besetzt jedoch alle wichtigen Ämter mit seinen Anhängern.
Deutschland. US-amerikanische Militärbehörden geben bekannt, daß sie das Zentralarchiv der NSDAP in ihren Besitz gebracht haben. Darin sind umfangreiche Mitgliederlisten enthalten.
Griechenland. Der Regent, Erzbischof Damaskinos, übernimmt die Funktion des Ministerpräsidenten, nachdem alle Bemühungen, eine Regierung zu bilden, gescheitert sind. Die Regierungskrise hatte sich an Meinungsverschiedenheiten über Wahlen entzündet.

**18. Donnerstag**
Deutschland. In Berlin wird offiziell der Prozeß gegen die Hauptkriegsverbrecher eröffnet.

**19. Freitag**
Venezuela. Staatspräsident Isaias Medina Angarita wird abgesetzt. Eine siebenköpfige Junta übernimmt die Regierungsgewalt.

**20. Samstag**
Österreich. Der Alliierte Rat erkennt die Regierung Karl Renners offiziell an.

**21. Sonntag**
Frankreich. Bei den Wahlen zur Nationalversammlung werden die Kommunisten vor den Sozialisten die stärkste Partei.

**24. Mittwoch**
UNO. Die UN-Charta tritt in Kraft, nachdem die UdSSR sie als 29. Nation ratifiziert hat.
US-Zone. Die Militärregierung enthebt Fritz Schäffer in Bayern seines Ministerpräsidentenamtes. Zu seinem Nachfolger wird der Sozialdemokrat Wilhelm Hoegner ernannt. Er bildet eine Allparteienregierung.

**25. Donnerstag**
Nobelpreis. Der Medizinnobelpreis wird Sir Alexander Fleming, Sir Howard Florey und Ernst Chain für die Entdeckung des Penicillins zuerkannt.

**26. Freitag**
Indochina. Britisch-indische Trup-

pen schlagen einen Angriff vietnamesischer Einheiten auf Saigon zurück.
Westzone. Im Nürnberger Gerichtsgefängnis begeht Robert Ley, der ehemalige Leiter der Deutschen Arbeitsfront, im Alter von 55 Jahren Selbstmord. Er war vom Internationalen Militärgerichtshof angeklagt worden.

**28. Sonntag**
China. Aus kommunistischen Kreisen wird gemeldet, daß sich die Gefechte mit den Nationalchinesen auf 11 der 28 Provinzen ausgebreitet haben.

**29. Montag**
Brasilien. Staatspräsident Getúlio Vargas wird von der Armee abgesetzt.

# November

**1. Donnerstag**
Großbritannien. Die Verstaatlichung von Bergwerken, Flugzeugindustrie und Verkehrsbetrieben wird vorbereitet.

**2. Freitag**
Großbritannien. Die Regierung gibt bekannt, daß Feldmarschall Gort aus Gesundheitsgründen von seinem Amt als Hochkommissar für Palästina und Transjordanien zurückgetreten ist.
Korea. Das Zentralkomitee der vorläufigen Regierung in Soul bittet die UNO, eine Aufteilung des Landes durch die UdSSR zu verhindern und der Nation die Unabhängigkeit zu verleihen.

**5. Montag**
Deutschland. Generalleutnant Lucius D. Clay meldet nach Washington, daß in der US-Zone Nahrungsmangel herrsche.

**7. Mittwoch**
Italien. Die Regierung macht den Vorschlag, Fiume und Zara an Jugoslawien abzutreten und aus Triest einen Freistaat zu machen.

**8. Donnerstag**
China. Die Kommunisten erklären, daß die Nationalchinesen 90 Divisionen für einen Einmarsch in die Mandschurei versammelt hätten.
Palästina. Die britische Regierung ernennt Generalleutnant Sir Allan Cunningham zum neuen Hochkommissar für Palästina und Transjordanien.

**9. Freitag**
Japan. Die Regierung schafft die Wehrpflicht ab.

**11. Sonntag**
Jugoslawien. Bei Parlamentswahlen gewinnt Titos Nationale Front 96% der Stimmen. Die Oppositionsparteien haben eine Beteiligung an der Wahl abgelehnt.

**12. Montag**
Indonesien. Nach der Ablehnung eines Ultimatums zur Räumung der Stadt durch die Nationalisten greifen britische Truppen und Kriegsschiffe den Hafen Surabaja an.
Nobelpreise. Der Friedensnobelpreis wird in Oslo dem ehemaligen US-amerikanischen Außenminister Cordell Hull, einem der Initiatoren der UNO-Gründung, zuerkannt.

**14. Mittwoch**
Indonesien. Der Sozialdemokrat Sutan Schahrir wird zum ersten Ministerpräsidenten der Republik Indonesien ernannt.

**15. Donnerstag**
Nobelpreise. Der Literaturnobelpreis geht an die chilenische Schriftstellerin Gabriela Mistral; der Nobelpreis für Physik wird dem Schweizer Wolfgang Pauli zuerkannt. Den Chemienobelpreis erhält der finnische Chemiker Artturi Virtanen.

**16. Freitag**
UNO. Am Schluß einer Konferenz in London beschließen die Delegationen von 44 Staaten die Gründung der UNESCO. Ziel der Organisation ist die Förderung von Wissenschaft, Erziehung und Kultur.

**17. Samstag**
Deutschland. Das britische Militärgericht in Lüneburg fällt die Urteile im Verfahren um die Konzentrationslager Bergen-Belsen und Auschwitz. Unter den zum Tode Verurteilten befindet sich Josef Kramer, der letzte Kommandant des Konzentrationslagers Auschwitz.

**18. Sonntag**
Bulgarien. Bei den Parlamentswahlen bekommt die von den Kommunisten beherrschte »Vaterländische Front« rd. 90% der Stimmen. Die oppositionellen Parteien hatten sich nicht am Wahlkampf beteiligt.
Großbritannien. Das Oberhaus billigt die Vereinbarungen der Konferenz von Bretton Woods (auch → S. 234).

**19. Montag**
Japan. General MacArthur läßt 11 prominente Politiker und Militärs verhaften, darunter den ehemaligen Außenminister Matsuoka und General Sadao Araki.

**20. Dienstag**
Deutschland. Der Internationale Militärgerichtshof in Nürnberg eröffnet seine Verhandlungen mit dem Verlesen der Anklageschriften gegen die 24 Hauptkriegsverbrecher (auch → S. 188).

**21. Mittwoch**
Berlin. Die US-amerikanischen Behörden richten den Sender RIAS Berlin ein.
Deutschland. Der Alliierte Kon-

November 1945 95

*25. 10. Nobelpreise*
*Sir Alexander Fleming, der Entdecker des Penicillin, in seinem Laboratorium.*

*5. 11. Deutschland*
*General Lucius D. Clay*
◁

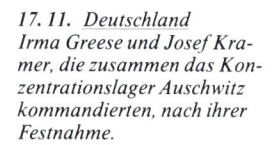

📶 *20. 11. Deutschland*
*145–36*

*17. 11. Deutschland*
*Irma Greese und Josef Kramer, die zusammen das Konzentrationslager Auschwitz kommandierten, nach ihrer Festnahme.*

21.11. Deutschland
S. 145–35

*13.12. Schweiz Karl Kobelt*

25.11. Österreich
S. 368–68

trollrat bestätigt die Umsiedlung von 6,5 Mill. Deutschen aus den deutschen Ostgebieten; damit beginnt deren Vertreibung (auch → S. 185).

**22. Donnerstag**
Griechenland. Ministerpräsident Themistokles Sofulis bildet eine neue Regierung.

**23. Freitag**
US-Zone. Die Konstituierung von Parteien auf Länderebene wird erlaubt.

**25. Sonntag**
Ecuador. Anläßlich von Gemeinderatswahlen dürfen Frauen zum ersten Mal wählen. Die Konservativen gewinnen dabei die Mehrheit der Stimmen.
Österreich. In Österreich finden Nationalratswahlen statt. Die Österreichische Volkspartei (ÖVP) von Leopold Figl erhält 49,8% der Stimmen und 85 Mandate. Die Sozialdemokratische Partei Österreichs (SPÖ) erhält 44,6% der Stimmen und 76 Mandate. Die Kommunistische Partei kann 5,42% der Stimmen und 4 Mandate gewinnen.

**28. Mittwoch**
Österreich. Die vorläufige Regierung unter Karl Renner tritt zurück.

**29. Donnerstag**
Jugoslawien. Das neue Parlament schafft die Monarchie ab. Gleichzeitig wird die Volksrepublik Jugoslawien ausgerufen.

**30. Freitag**
Berlin. Der Alliierte Kontrollrat bestätigt die Schaffung der drei Luftkorridore von und nach Berlin.
Italien. Der Christdemokrat Alcide de Gasperi wird von dem aus 6 Parteien bestehenden Nationalen Befreiungskomitee zum Ministerpräsidenten gewählt.

# Dezember

**1. Samstag**
Deutschland. Die britischen Behörden verhaften 76 Stahlunternehmer, um gegen sie wegen der Unterstützung der Nationalsozialisten eine gerichtliche Untersuchung einzuleiten.

**2. Sonntag**
Brasilien. Kriegsminister Enrico Gaspar Dutra, der Kandidat der Sozialdemokraten, wird zum Staatspräsidenten gewählt.
Japan. Im Hauptquartier von General MacArthur wird bekanntgegeben, daß 59 Generäle, Admiräle und Politiker wegen des Verdachts von Kriegsverbrechen verhaftet worden sind. Unter den Verhafteten ist auch Prinz Morisama Naschimoto, ein Neffe des japanischen Kaisers. Am 6. 12. werden neun weitere Politiker verhaftet.

**3. Montag**
Japan. Die Kommunistische Partei beendet ihren ersten Parteitag seit 19 Jahren. Sie verlangt die Abschaffung der Monarchie.
Österreich. Die britische Regierung schlägt vor, daß die 4 Besatzungsmächte die Stärke ihrer Besatzungstruppen verringern und die österreichischen Grenzen von 1937 anerkennen.

**4. Dienstag**
Österreich. Leopold Figl wird als Nachfolger Karl Renners zum Bundeskanzler gewählt.

**10. Montag**
Argentinien. In La Plata findet die kirchliche Trauung zwischen Juan Perón und Eva Duarte statt.
Indonesien. Flugzeuge der britischen Luftwaffe bombardieren das Dorf Chibadak auf Java, wo in der Nacht zuvor ein britischer Transport in einen Hinterhalt der Nationalisten gelockt worden war.

**13. Donnerstag**
Deutschland. Ein US-amerikanisches Gericht verurteilt im Prozeß gegen das Wachpersonal des Konzentrationslagers Dachau 36 Beschuldigte zum Tode und vier weitere zu langen Haftstrafen.
Naher Osten. Frankreich und Großbritannien unterzeichnen ein Abkommen über den Rückzug ihrer Truppen aus Libanon und Syrien.
Schweiz. Karl Kobelt wird zum Bundespräsidenten für 1946 gewählt.

**14. Freitag**
Deutschland. In Bad Godesberg beginnt die »Reichstagung« von CDU und CDP. Dabei wird die Bezeichnung Christlich-Demokratische Union Deutschlands (CDU) zum offiziellen Parteinamen gemacht.

**16. Sonntag**
Japan. General MacArthur weist die Regierung an, in den Schulen den Unterricht im Schintoismus zu verbieten; er verbietet ebenfalls die Weiterverbreitung der Lehre, daß der Kaiser göttlicher Abkunft sei (auch → S. 178).

**19. Mittwoch**
Indochina. Französische Kolonialtruppen gehen in Haiphong an Land.

**20. Donnerstag**
Deutschland. Die Militärgouverneure der einzelnen Zonen werden vom Alliierten Kontrollrat ermächtigt, eigenverantwortlich Kriegsverbrecherprozesse gegen Nationalsozialisten durchführen zu lassen.
Österreich. Karl Renner wird vom Nationalrat zum Präsidenten der zweiten Österreichischen Republik gewählt.

**21. Freitag**
Deutschland. Bei einer gemeinsamen Konferenz des ZK der KPD und des Zentralausschusses der SPD lehnt Kurt Schumacher die Fusion der beiden Parteien ab.
USA. Im Alter von 60 Jahren kommt der US-amerikanische General George Smith Patton bei einem Autounfall in Mannheim ums Leben.

**22. Samstag**
Brit. Zone. Die entschädigungslose Enteignung des Kohlebergbaus wird bekanntgegeben.
Jugoslawien. Großbritannien und die USA erkennen die neue föderative Volksrepublik Jugoslawien diplomatisch an. Damit hat die Monarchie ihr Ende gefunden.

**23. Sonntag**
Vatikan. Papst Pius XII. ernennt 32 neue Kardinäle aus 19 Ländern, darunter Erzbischof Josef Frings (Köln), Bischof Konrad Graf von Preysing (Berlin) und Bischof Clemens August Graf von Galen (Münster).

**24. Montag**
Internationales. Am Ende einer Außenministerkonferenz der 3 Siegermächte in Moskau wird vereinbart, Friedensverträge mit Italien, Rumänien, Bulgarien, Ungarn und Finnland abzuschließen. Diese Verträge sollen dann der französischen und chinesischen Regierung zu einer eventuellen Unterzeichnung ebenfalls vorgelegt werden.

**26. Mittwoch**
Franz. Zone. Die Saargruben werden von der Militärregierung verstaatlicht.
USA. Die Wohlfahrtsorganisation Care wird gegründet, um die Kriegsfolgen für die Zivilbevölkerung in Europa zu lindern.

**27. Donnerstag**
Internationales. In Washington unterzeichnen 28 Nationen offiziell das Abkommen von Bretton Woods vom 22. 7. 1944, das damit in Kraft tritt (auch → S. 234).

**28. Freitag**
Polen. Der Kommandant des Konzentrationslagers Majdanek, Paul Hoffmann, der für die Ermordung von 2 Millionen Juden verantwortlich gemacht wird, wird vor dem ehemaligen Krematorium des Lagers gehängt.

*Die Anklagebank während des Prozesses gegen die Hauptkriegsverbrecher in Nürnberg.*

**1946**

# 1946

## Januar

**1. Dienstag**
Japan. In seiner Neujahrsansprache erklärt Kaiser Hirohito, daß er nicht göttlicher Abkunft sei.

**2. Mittwoch**
Deutschland. Ernst Kaltenbrunner, als Nachfolger Reinhard Heydrichs Chef des Reichssicherheitshauptamtes, wird beim Nürnberger Kriegsverbrecherprozeß beschuldigt, Zeuge von Vergasungen im KZ Mauthausen gewesen zu sein und den Befehl zur Hinrichtung von Häftlingen beim Anmarsch der Alliierten gegeben zu haben.

**3. Donnerstag**
Deutschland. Der SS-Gruppenführer Otto Ohlendorf gibt als Zeuge beim Nürnberger Kriegsverbrecherprozeß an, daß die von ihm geführte Einsatzgruppe D zwischen Juni 1941 und Juni 1942 in Polen und der UdSSR rd. 90 000 jüdische Männer, Frauen und Kinder getötet habe.

**4. Freitag**
Frankreich. Der Nobelpreisträger Fréderic Joliot-Curie wird zum Hochkommissar für Atomenergie ernannt.
Polen. Das Parlament verstaatlicht die Industrie, die Banken und die Versorgungsbetriebe, erkennt Österreich und Ungarn diplomatisch an und stimmt dem Beitritt zum Abkommen von Bretton Woods vom 7. 1. 1944 zu.

**6. Sonntag**
Indochina. Bei Wahlen im Norden Vietnams siegen die Kommunisten unter Ho Tschi Minh.

**7. Montag**
Österreich. Die Regierung wird durch die USA, Großbritannien, Frankreich und die UdSSR offiziell anerkannt.
Palästina. Der Wirtschaftswissenschaftler Robert Nathan teilt der englisch-US-amerikanischen Untersuchungskommission für Palästina mit, daß Palästina in den kommenden 10 Jahren 1 125 000 Juden aufnehmen könne.
Rumänien. Auf sowjetische Anweisung werden in die kommunistisch geführte Regierung zwei bürgerliche Minister aufgenommen, um die Voraussetzung für die Anerkennung der Regierung durch die Westalliierten zu schaffen.

**9. Mittwoch**
Belgien. Ministerpräsident van Acker erklärt den Rücktritt der Regierung und schreibt für den 17. 2. Neuwahlen aus.

**10. Donnerstag**
UNO. In der Londoner Westminster Hall wird die erste Sitzung der Vollversammlung der Vereinten Nationen, an der 51 Staaten teilnehmen, unter Vorsitz des belgischen Außenministers Paul Henri Spaak eröffnet.
USA. Durch Radarwellen wird in Belmar (USA) Kontakt mit dem Mond hergestellt. Das Echo wird nach 2,4 sek. auf der Erde empfangen. Damit ist bewiesen, daß die Ionosphäre mit hohen Frequenzen durchbrochen werden kann.

**11. Freitag**
Albanien. Albanien wird Volksrepublik. Erster Regierungschef wird Enver Hoxha, der Generalsekretär der Kommunistischen Partei.

**12. Samstag**
Deutschland. Der Alliierte Kontrollrat erläßt seine erste Entnazifizierungsdirektive (auch → S. 191).
UNO. Die Vollversammlung wählt die nichtständigen Mitglieder des Sicherheitsrates: Brasilien, Polen und Australien für die Zeit von zwei Jahren, Niederlande, Ägypten und Mexiko für ein Jahr.

**15. Dienstag**
Argentinien. Die Arbeiterpartei wählt Juan Perón zum Präsidentschaftskandidaten.
US-Zone. In Bayern wird die SPD offiziell zugelassen.

**16. Mittwoch**
China. Vertreter von Nationalisten und Kommunisten kommen überein, den Umfang ihrer Streitkräfte zu verringern, was einem Waffenstillstand gleichkommt.

**17. Donnerstag**
Birma. Ba Maw, Staatspräsident während der japanischen Besatzungszeit, ergibt sich dem alliierten Hauptquartier in Tokio.
Großbritannien. Außenminister Bevin erklärt vor der UN-Vollversammlung, daß die britische Regie-

---

2. 1. Deutschland S. 145–36

7. 1. Österreich S. 368–68

12. 1. Deutschland S. 248–38

29. 1. UNO S. 304–49

*1. 1. Japan*
*Kaiser Hirohito mit Ehefrau. Auf Druck der US-amerikanischen Besatzungsmacht gibt der Kaiser seinen Anspruch auf göttliche Herkunft auf.*

rung die ehemaligen Völkerbundsmandatsgebiete Tanganjika, Kamerun und Togo unter UN-Treuhandschaft stellen will. Transjordanien soll die Unabhängigkeit gewährt werden.

**19. Samstag**
Japan. General MacArthur kündigt die Einsetzung eines internationalen Militärgerichtshofes für den Fernen Osten an, der die japanischen Hauptkriegsverbrecher aburteilen soll.

**20. Sonntag**
Frankreich. Regierungschef de Gaulle tritt wegen des Widerspruchs der KP gegen seine Politik zurück.
US-Zone. In Städten unter 20 000 Einwohnern finden Kommunalwahlen statt.

**21. Montag**
Brit. Zone. In Herford wird Konrad Adenauer zum CDU-Vorsitzenden in der britischen Zone gewählt.
Indonesien. Niederländische Truppen errichten in Bandung Barrikaden gegen die Angriffe indonesischer Nationalisten. Auch in Ostjava kommt es zu Zusammenstößen.

**22. Dienstag**
Deutschland. Die USA, die UdSSR und Großbritannien geben bekannt, daß die Reste der deutschen Kriegsmarine zu gleichen Teilen unter diesen drei Ländern aufgeteilt werden.

**24. Donnerstag**
Griechenland. Großbritannien gewährt eine Anleihe über 10 Millionen Pfund, um die Drachme zu stabilisieren. Weitere 500 000 Pfund werden als direkte finanzielle Hilfe gegeben.

**28. Montag**
Nordkorea. Vertreter der Kommunisten geben ihre Weigerung bekannt, an Beratungen über die Vereinigung von Korea unter Aufsicht der USA und der UdSSR teilzunehmen.

**29. Dienstag**
Deutschland. In Bayern und Württemberg-Baden werden Gemeinderatswahlen abgehalten.
Frankreich. Als Nachfolger des am 20. 1. zurückgetretenen Charles de Gaulle wird Félix Gouin Minsterpräsident einer vorläufigen Regierung.
Großbritannien. Das Unterhaus stimmt einer Verstaatlichung der Kohlengruben zu.
UNO. Der norwegische Außenminister Trygve Lie wird erster UN-Generalsekretär.

# Februar

**1. Freitag**
Palästina. Die Arabische Liga teilt der angloamerikanischen Untersuchungskommission für Palästina mit, daß die arabischen Staaten die Aufteilung von Palästina nicht akzeptieren und eine weitere Einwanderung von Juden nicht zulassen wollen.
Ungarn. Ungarn wird Republik. Erster Staatspräsident wird Zoltán Tildy.

**2. Samstag**
Deutschland. Der Alliierte Kontrollrat erläßt die Anweisung, die neun wichtigsten Industriezweige zu demontieren, darunter die Kunststoff-, Aluminium- und Maschinenbauindustrie.

**3. Sonntag**
UdSSR. Die Aktien der Donaudampfschiffahrtsgesellschaft werden von der Sowjetunion übernommen.
USA. Die US-amerikanische Fernsehgesellschaft CBS veranstaltet eine Farbfernsehdemonstration und kündigt an, daß eine Ausstrahlung in größerem Rahmen 1947 möglich sei.

**4. Montag**
Argentinien. Das Außenministerium gibt die Ratifikation des Abkommens von Bretton Woods (22. 7. 1944) bekannt.

**5. Dienstag**
Rumänien. Die USA und Großbritannien erkennen die kommunistisch geführte Regierung an.

**6. Mittwoch**
Sarawak. Sir Charles Brooke tritt das Gebiet als Kronkolonie an

*10. 1. UNO*
*Unter dem Vorsitz von Paul Henri Spaak (Mitte hinter dem Tisch) beginnt die erste UN-Vollversammlung. Am Mikrophon der jugoslawische Außenminister Edvard Kardelj mit Dolmetscher.*

*1. 2. Palästina*
*S. 368–72*

*29. 1. Deutschland*
*Wahllokal in München (links).*

*29. 1. UNO*
*Trygve Lie, der erste UN Generalsekretär (rechts).*

**März 1946**

*1. 2. Ungarn*
*Eine große Menschenmenge feiert vor dem Parlamentsgebäude die Ausrufung der Republik.*

9. 2. SBZ
S. 344–61

*6. 3. Indochina*
*Der französische Außenminister Georges Bidault (links) und Ho Tschi Minh während des Treffens in Paris.*

Großbritannien ab. Es war 1841 seinem Großvater vom Sultan von Brunei als unabhängiger Staat geschenkt worden.
SBZ. Im Rahmen einer umfassenden Bodenreform wurden 2,6 Millionen ha Land an Neubauern verteilt.

**9. Samstag**
SBZ. Der Gründungskongreß des Freien Deutschen Gewerkschaftsbundes (FDGB) beginnt.

**10. Sonntag**
Indonesien. Niederländische Unterhändler bieten Vertretern der Nationalisten in Jakarta für Indonesien den Status eines Commonwealth-Landes an.
US-Zone. In Reutlingen findet unter dem Vorsitz von Carlo Schmid die Gründungsversammlung der SPD für Südwürttemberg-Hohenzollern statt.

**11. Montag**
Frankreich. Der Generalstab beschließt, die Stärke der Armee auf 400 000 Mann zu reduzieren.

**13. Mittwoch**
UNO. Die Vollversammlung lehnt eine sowjetische Forderung nach Zwangsrepatriierung von Flüchtlingen ab.

**14. Donnerstag**
Großbritannien. Die Bank von England wird verstaatlicht.
Südkorea. Nationalisten unter Kim Ku und Syngman Rhee richten in Soul einen demokratischen Rat ein, nachdem am 12. 2. in Nordkorea von der UdSSR eine kommunistische Regierung eingesetzt wurde.

**15. Freitag**
Deutschland. Der sowjetische Ankläger im Nürnberger Prozeß gegen die Hauptkriegsverbrecher macht Hans Frank, den ehemaligen Generalgouverneur in Polen, für den Tod von mindestens 3 Millionen Juden verantwortlich.

**16. Samstag**
Südkorea. Linksgerichtete Parteien bilden in Soul die Koreanische Demokratische Volksfront.

**17. Sonntag**
Belgien. Die Parlamentswahlen bringen eine Mehrheit für die bisherige Regierung aus Sozialisten, Liberalen und Kommunisten. Im Senat verfehlt die Christliche Volkspartei knapp die absolute Mehrheit.

**18. Montag**
Türkei. In Istanbul stirbt Patriarch Benjamin im Alter von 78 Jahren. Er war das Oberhaupt der griechisch-orthodoxen Kirche.

**19. Dienstag**
Korea. Kim Il Sung wird Chef der nordkoreanischen Volksregierung in Phyongyang. Die linksgerichtete Demokratische Volksfront bildet eine illegale Interimsregierung in Soul.

**20. Mittwoch**
Kirchenfragen. In Genf wird eine Tagung des Weltrats der Kirchen abgehalten. Vertreter von rd. 100 protestantischen und orthodoxen Kirchen nehmen daran teil (auch →S. 178).
Österreich. Bundeskanzler Leopold Figl verspricht den österreichischen Juden die Gewährung aller Bürgerrechte und die Rückgabe ihres gestohlenen Eigentum.

**22. Freitag**
Deutschland. In Hamburg wird die Wochenzeitung »Die Zeit« gegründet.
Norwegen. Die Regierung amnestiert den Schriftsteller Knut Hamsun (86). Sie bewertet seine Unterstützung des Nationalsozialismus als Ausdruck altersbedingter Geistesschwäche.

**24. Sonntag**
Argentinien. Juan Perón gewinnt die Präsidentschaftswahlen.
China. Kommunistische Verbände marschieren an verschiedenen Stellen in die Mandschurei ein, um den Nationalchinesen die Verbindung zwischen Xinmin und Shenyang abzuschneiden.

**27. Mittwoch**
US-Zone. Die US-amerikanischen Behörden in Frankfurt geben die Verhaftung von Friedrich Flick, dem Chef des Flickkonzerns, bekannt. Der Konzern war im 2. Weltkrieg für die deutsche Armee einer der Hauptwaffenlieferanten.

**28. Donnerstag**
Ungarn. In Budapest wird der ehemalige Ministerpräsident Imrédy wegen Kollaboration mit den Nationalsozialisten hingerichtet.

# März

**1. Freitag**
Deutschland. In Bremen endet eine Konferenz der Minister- und Oberpräsidenten der britischen und US-amerikanischen Zone. Thema der Konferenz war eine mögliche Zusammenlegung der beiden Zonen.

**2. Samstag**
Deutschland. Der französische Außenminister Bidault spricht sich für eine Konferenz der vier Großmächte aus, um die endgültige Abtrennung des Rheinlandes und des Ruhrgebietes zu beraten.

**3. Sonntag**
Schweiz. Die Regierung stimmt Gesprächen mit Großbritannien, Frankreich und den USA über die Sperrung deutscher Guthaben in der Schweiz zu.

**4. Montag**
Finnland. Staatspräsident Carl Gustaf Mannerheim (78) tritt aus Gesundheitsgründen von seinem Amt zurück.
Indochina. Admiral Louis Mountbatten entläßt Indochina aus der Aufsicht des Alliierten Oberkommandos in Südostasien und beendet damit die britische Militärhilfe an die französischen Truppen.

**April 1946**

**5. Dienstag**
USA. Während einer Rede im Fultoner Westminster College (Missouri) betont Winston Churchill, daß es einen quer durch Europa verlaufenden »Eisernen Vorhang« gebe. Er fordert Großbritannien und die USA auf, gemeinsam den Kommunismus zu bekämpfen.
US-Zone. Die US-amerikanische Militärverwaltung überläßt die Entnazifizierung den deutschen Behörden. Zugleich wird ein Gesetz zur Befreiung von Nationalsozialismus und Militarismus erlassen. Dieses Gesetz sieht verschiedene Strafen für ehemalige Nationalsozialisten vor, u. a. die Beschlagnahmung des Vermögens, Entzug der bürgerlichen Ehrenrechte und Zwangsarbeit im Ausland (auch → S. 191).

**6. Mittwoch**
Indochina. Die Franzosen erzielen in Paris eine vorläufige Übereinkunft mit Vertretern der Kommunisten Ho Tschi Minhs. Sie erkennen die Volksrepublik Vietnam als autonomen Staat innerhalb der indochinesischen Föderation der Französischen Union an.

**7. Donnerstag**
Deutschland. Die UdSSR, die USA und Großbritannien geben die Beschlagnahme von 500 deutschen Handelsschiffen bekannt. Rd. 100 Schiffe bleiben in deutschem Besitz.
SBZ. Die kommunistische Organisation Freie Deutsche Jugend (FDJ) wird gegründet.

**8. Freitag**
Indonesien. Niederländische Truppen besetzen kampflos die Kleinen Sundainseln.
UdSSR. Die mit dem Vatikan verbundene Kirche der Westukrainer gibt auf staatlichen Druck ihre Verbindung zu Rom auf. In einem Brief an Stalin teilt die Synode mit, daß sie sich der russisch-orthodoxen Kirche anschließen wolle.

**9. Samstag**
Finnland. Das Parlament wählt den bisherigen Ministerpräsidenten Paasikivi als Nachfolger von General Mannerheim zum Staatspräsidenten. Paasikivi tritt für gute Beziehungen zur UdSSR ein.
Indonesien. Niederländische Verbände treffen in Jakarta ein, um die britischen und britisch-indischen Truppen abzulösen, die gegen die Nationalisten kämpfen.

**11. Montag**
Palästina. David Ben Gurion, der Vorsitzende der Jewish Agency, teilt der anglo-amerikanischen Untersuchungskommission mit, daß die Juden in Palästina sich gegen arabische Angriffe verteidigen können, wenn die britischen Truppen das Land verlassen.

**12. Dienstag**
USA. Der Kongreß verabschiedet ein Gesetz, das Präsident Truman ermächtigt, Militärberater nach Nationalchina zu entsenden und 271 Kriegsschiffe an dieses Land auszuleihen.

**13. Mittwoch**
Indonesien. Vertreter Indonesiens und der Niederlande beginnen Friedensverhandlungen.
Jugoslawien. Truppen Titos nehmen den royalistischen Partisanenführer und Konkurrenten Titos, Draža Mihailović, in seinem Versteck gefangen.
USA. Bei den Firmen General Motors und General Electric endet nach 113 Tagen ein Streik.

**16. Samstag**
Die UdSSR beginnt mit der Räumung der seit dem 11. 5. 1945 besetzten dänischen Insel Bornholm.

**18. Montag**
Vietnam. Französische Kolonialtruppen kehren nach Hanoi, der Hauptstadt der kurz zuvor von Frankreich anerkannten Demokratischen Volksrepublik Vietnam, zurück.

**19. Dienstag**
Schweiz. Die Regierung stellt die seit 1924 unterbrochenen diplomatischen Beziehungen zur UdSSR wieder her.

**22. Freitag**
Deutschland. In Münster stirbt Kardinal Clemens August Graf von Galen im Alter von 68 Jahren (auch → S. 175).
Transjordanien. Emir Abdullah schließt mit der britischen Regierung einen Vertrag, in dem dem Lande die vollständige Unabhängigkeit zugesichert wird.

**23. Samstag**
USA. US-Präsident Truman ernennt W. Averell Harriman zum Botschafter in London.

**24. Sonntag**
Frankreich. In Lissabon stirbt der Schachspieler Alexander Aljechin im Alter von 53 Jahren. Er war von 1927–1935 und seit 1937 Weltmeister.
Iran. Radio Moskau gibt bekannt, daß sowjetische Truppen drei iranische Städte geräumt haben und daß die restlichen Truppenteile innerhalb von sechs Wochen aus dem Iran abgezogen werden sollen.

**25. Montag**
Argentinien. Staatspräsident Edelmiro Farrell ordnet die Verstaatlichung der Landeszentralbank an.

**27. Mittwoch**
UNO. Der sowjetische UN-Delegierte Gromyko verläßt die Sitzung des Weltsicherheitsrates, nachdem sein Vorschlag, die Diskussion der Iran-Frage bis zum 10. 4. auszusetzen, abgelehnt wurde.

**29. Freitag**
Goldküste. Durch eine Verfassungsänderung wird das Land die erste britische Kolonie mit afrikanischer Parlamentsmehrheit.

**31. Sonntag**
Belgien. Achille van Acker bildet eine neue Regierung aus Sozialisten, Liberalen und Kommunisten, nachdem die am 10. 3. zusammengestellte sozialistische Minderheitsregierung unter Paul Henri Spaak, der jetzt Außenminister wird, gescheitert ist.

# April

**1. Montag**
Deutschland. Der Briefverkehr mit dem Ausland wird für Privatpersonen freigegeben.
Die Amts-, Landes- und Oberlandesgerichte nehmen ihre Arbeit wieder auf.
Singapur erhält den Status einer britischen Kronkolonie.
US-Zone. Die Lebensmittelrationen werden pro Person auf täglich 1200 Kalorien reduziert.

**3. Mittwoch**
Vietnam. In Da Lat beginnen Gespräche zwischen Vertretern der Franzosen und der Nationalisten über den Status Vietnams innerhalb der Französischen Union.

**4. Donnerstag**
Frankreich. Der Arzt Marcel Petiot (49), dem Raubmord an 24 Menschen zur Last gelegt wird, wird zum Tode verurteilt.

**5. Freitag**
Iran. Ministerpräsident Ghavam es Sultaneh und der sowjetische Botschafter in Teheran einigen sich darauf, daß die sowjetischen Truppen zum 6. 5. zurückgezogen werden.

**6. Samstag**
Ecuador. Die USA teilen der Regierung mit, daß die US-amerikanischen Militärstützpunkte auf den Galápagosinseln zum 1. 7. geräumt werden.

**8. Montag**
Griechenland. Der Führer der Volkspartei, Konstantinos Tsaldaris, stimmt einer politischen Zusammenarbeit mit den westlichen Alliierten zu. Er verspricht, über die Rückkehr von König Georg II. eine Volksabstimmung abzuhalten.

**10. Mittwoch**
China. Die Nationalchinesen melden, daß kommunistische Truppen

*5. 3.  US-Zone*
*S. 248–38*

*1. 4.  US-Zone*
*S. 248–40*

## Mai 1946

**22. 4.** *SBZ*
Bei einem »Vereinigungsparteitag« werden in der sowjetischen Besatzungszone die kommunistische und die sozialdemokratische Partei zusammengeschlossen. Auf dem Foto von links nach rechts: Wilhelm Pieck, Otto Grotewohl und Walter Ulbricht.

22. 4. *SBZ*
S. 344–61

**25. 4.** *Weltpolitik*
Die Außenminister der Großen Vier zu Beginn der Pariser Konferenz. Von links nach rechts: Wjatscheslaw Molotow (UdSSR), James Byrnes (USA), Ernest Bevin (Großbritannien) und Georges Bidault (Frankreich).

mit Angriffen auf die Nachschubwege in der Mandschurei begonnen haben, um die Verstärkung der nationalchinesischen Verbände zu vereiteln.
Deutschland. Der Alliierte Kontrollrat genehmigt die Bildung von Betriebsräten.
Japan. Bei den Parlamentswahlen erhält die konservative Liberale Partei die meisten Mandate. Zum ersten Mal dürfen auch Frauen wählen.
UNO. Andrej Gromyko wird zum ständigen Vertreter der UdSSR bei den Vereinten Nationen ernannt.

**12. Freitag**
Indonesien. Niederländische und britische Vertreter erzielen Übereinstimmung über den Rückzug der britischen Truppen aus Indonesien.

**14. Sonntag**
ČSR. Der Jüdische Weltkongreß protestiert gegen die Absicht der Regierung, 10 000 jüdische Flüchtlinge gegen ihren Willen in die UdSSR zu repatriieren.

**16. Dienstag**
Beneluxstaaten. Die Niederlande, Belgien und Luxemburg beschließen in Den Haag die Bildung einer Zoll- und Wirtschaftsunion.

**18. Donnerstag**
Jugoslawien. Die USA erkennen die Regierung Tito an.
Schweiz/UNO. Der Völkerbund löst sich formell auf und überträgt seine Aufgaben der UNO.
Spanien. Die UN-Vertreter Großbritanniens, Brasiliens, Chinas und Australiens sprechen sich gegen eine polnische Aufforderung zum Abbruch der diplomatischen Beziehungen zu Spanien aus.

**19. Freitag**
Frankreich. Die Verfassunggebende Versammlung verabschiedet eine neue Verfassung. Damit wird die 4. Republik ins Leben gerufen. Der Entwurf muß noch durch ein Referendum gebilligt werden.
Palästina. König Ibn Saud von Saudi-Arabien regt an, daß alle jüdischen Flüchtlinge allmählich nach Australien, Neuseeland und auf den amerikanischen Kontinent gebracht werden sollen, um das Palästinaproblem zu lösen.

**21. Sonntag**
Ägypten. Aus Cairo wird gemeldet, daß 60 000 der 100 000 britischen Soldaten das Land verlassen haben.
Großbritannien. In London stirbt der Nationalökonom John Maynard Keynes im Alter von 62 Jahren. Er war einer der maßgeblichen Mitschöpfer der internationalen Währungsordnung nach dem 2. Weltkrieg.

**22. Montag**
SBZ. Auf Druck der sowjetischen Besatzungsbehörden erfolgt am Ende eines zweitägigen Parteitages in Berlin die Vereinigung von SPD und KPD zur Sozialistischen Einheitspartei Deutschlands (SED). Gründungsvorsitzende sind Wilhelm Pieck und Otto Grotewohl.
Tirol. In einer Rede vor Tiroler Flüchtlingen in Innsbruck fordert Bundeskanzler Figl die Rückgabe Südtirols an Österreich.

**23. Dienstag**
Italien. Angehörige der Faschistischen Partei entführen den Leichnam Mussolinis von einem Mailänder Friedhof. Er wird am 12. 8 bei Pavia wieder aufgefunden.

**25. Donnerstag**
China. Nach dem Abzug der sowjetischen Truppen setzen sich kommunistische Verbände in der mandschurischen Stadt Harbin fest. Bereits am 18. 4. hatten sie Changchun besetzt, am 28. 4. nehmen sie Qiqihar ein.
Weltpolitik. In Paris beginnt eine Konferenz der Außenminister der vier Großmächte USA, UdSSR, Großbritannien und Frankreich. Die USA schlagen einen Zusammenschluß der Besatzungszonen und die dauernde Entmilitarisierung Deutschlands vor.

**26. Freitag**
Italien. Die Außenminister der vier Großmächte erzielen in Paris keine Übereinkunft über einen Friedensvertrag mit Italien.
Österreich. In Aurach, Tirol, stirbt der Philosoph Hermann Graf von Keyserling im Alter von 65 Jahren.

**29. Montag**
Japan. In Tokio beginnt der Prozeß gegen 28 hohe Militärs und Politiker wegen Kriegsverbrechen.

**30. Dienstag**
Italien. Die Außenminister der vier Großmächte kommen überein, Südtirol trotz der österreichischen Ansprüche bei Italien verbleiben zu lassen.
Palästina. Die anglo-amerikanische Untersuchungskommission für Palästina legt einen Bericht vor, in dem sie empfiehlt, für das Gebiet den britischen Mandatsstatus fallen zu lassen und es UN-Treuhandgebiet werden zu lassen. Weiter sollen möglichst bald 110 000 europäische Juden in das Land einwandern dürfen. Der Plan wird von den arabischen Staaten abgelehnt.

# Mai

**2. Donnerstag**
Argentinien. Nach antiperonistischen Demonstrationen durch Studenten stellt die Regierung sechs Universitäten unter Staatsaufsicht.

**3. Freitag**
Jugoslawien. Der stellvertretende Ministerpräsident Edvard Kardelj lehnt Grenzkorrekturen, bei denen Slawen italienischer Verwaltung unterstellt würden, ab.

**4. Samstag**
Iran. In Teheran wird bekanntgegeben, daß die Rote Armee sich von iranischem Hoheitsgebiet zurückgezogen habe.

**6. Montag**
Kolumbien. Mariano Ospina Peréz wird zum Staatspräsidenten gewählt. Er ist das erste Mitglied der Konservativen Partei in diesem Amt seit 1930.
Rumänien. Marschall Ion Antonescu, 1940–1944 Staatschef Rumäniens, wird in Bukarest wegen Landesverrats vor Gericht gestellt und am 17. 5. zum Tode verurteilt.

**7. Dienstag**
Internationales. Die Außenminister der USA, der UdSSR, Großbritanniens und Frankreichs erzielen in Paris Übereinstimmung über die Grenzen von Rumänien, Ungarn und Bulgarien zur UdSSR.
Niederlande. In Den Haag wird Anton Adriaan Mussert (50) wegen Kollaboration hingerichtet. Er war

Gründer der faschistischen Nationaal-Socialistischen Bewegung (NSB).

**9. Donnerstag**
Italien. König Victor Emanuel III., der das Land seit Juli 1900 regierte, dankt zugunsten seines Sohnes Kronprinz Umberto ab. Er geht nach Ägypten ins Exil.

**10. Freitag**
US-Zone. Auf sowjetisches Drängen hin verfügen die US Besatzungsbehörden die Auflösung der bayerischen monarchistischen Partei für König und Vaterland.

**11. Samstag**
Brit. Zone. In Hannover geht der 1. Nachkriegsparteitag der SPD für den gesamten Westzonenbereich zu Ende. Kurt Schumacher wird zum 1. Vorsitzenden gewählt.
Italien. Mit einem Konzert unter der Leitung von Arturo Toscanini, der zum ersten Mal seit 15 Jahren wieder in Italien dirigiert, wird die Mailänder Scala wiedereröffnet.

**12. Sonntag**
Ungarn. Nach Gerüchten, daß Juden angeblich ungarische Kinder rauben und töten, werden in einem Budapester Vorort drei jüdische Arbeiter gelyncht.

**13. Montag**
US-Zone. Die US-amerikanischen Militärbehörden befehlen die Zerstörung sämtlicher deutscher Militär- und NS-Gedenkstätten und die Konfiszierung aller Bücher, die den Krieg und den Nationalsozialismus verherrlichen.

**15. Mittwoch**
Palästina. Die arabische Hohe Kommission fordert die Auflösung der Jewish Agency, die für die illegale Einwanderung von Juden nach Palästina verantwortlich gemacht wird.

**16. Donnerstag**
Japan. Kaiser Hirohito ernennt den konservativen Politiker und früheren Außenminister Schigeru Yoschida zum Premierminister.

**17. Freitag**
Niederlande. Bei den ersten Parlamentswahlen nach dem Krieg wird die Katholische Volkspartei (KVP) stärkste Partei.

**18. Samstag**
US-Zone. Das US-amerikanische Hauptquartier in Frankfurt gibt bekannt, daß rd. 8 Millionen der 17 Millionen deutscher Soldaten des 2. Weltkriegs in US-amerikanischer Kriegsgefangenschaft sind.

**19. Sonntag**
Palästina. Die britischen Behörden geben 1014 jüdischen Flüchtlingen, die aus La Spezia (Italien) kommen, die Erlaubnis, in Haifa an Land zu gehen.

**20. Montag**
Großbritannien. Das Unterhaus nimmt in 3. Lesung ein Gesetz an, wonach die Steinkohlenzechen und die mit ihnen verbundenen Industrien verstaatlicht werden.

**22. Mittwoch**
ČSR. In Prag wird der ehemalige SS-Gruppenführer Frank (48) öffentlich gehängt. Frank wurde 1943 deutscher Staatsminister für das Protektorat Böhmen und Mähren. Er war von den USA an die Tschechoslowakei ausgeliefert worden.
Transjordanien wird als Staat proklamiert.

**25. Samstag**
US-Zone. Militärgouverneur Lucius D. Clay stoppt die Demontage, bis die Frage geklärt ist, ob Deutschland als wirtschaftliche Einheit behandelt werden kann.

**26. Sonntag**
ČSR. Bei den Wahlen zur Verfassunggebenden Nationalversammlung erhält die Kommunistische Partei 114 von 300 Sitzen und wird damit stärkste Fraktion.

**29. Mittwoch**
China. Nationalchinesische Truppen geben die Eroberung der mandschurischen Stadt Jilin bekannt. Bereits am 23. 5. hatten sie Changchun von den Kommunisten zurückerobert.

**30. Donnerstag**
Palästina. Die Arabische Liga teilt in Cairo mit, daß ihre Mitglieder übereinstimmend fordern, die weitere Einwanderung der Juden zu verbieten. Ferner wird die Unabhängigkeit Libyens und anderer Staaten Nordafrikas verlangt.

**31. Freitag**
Argentinien. Der gewählte Staatspräsident Perón tritt wieder in die Armee ein und wird zum Brigadegeneral befördert.

# Juni

**1. Samstag**
Rumänien. Der frühere Regierungschef Antonescu wird in Bukarest hingerichtet.

**2. Sonntag**
Frankreich. Bei den Wahlen zur neuen Nationalversammlung gewinnt die Republikanische Volksbewegung 26,3% der Stimmen und wird damit vor der Kommunistischen Partei Frankreichs stärkste Partei.

**3. Montag**
Italien. Ein zweitägiges Referendum über die Regierungsform des italienischen Staates geht zu Ende. Die Wähler sprechen sich mit knapper Mehrheit für die Umwandlung des Königreichs in eine Republik aus.
USA. Der Oberste Gerichtshof erklärt die Rassentrennung in Bussen für verfassungswidrig.

**4. Dienstag**
Argentinien. Juan Perón wird in sein Amt als Präsident eingeführt.

*29. 4. Japan*
*Blick auf die Anklagebank; ganz links der ehemalige Ministerpräsident Tojo.*

*11. 5. Brit. Zone*
*Kurt Schumacher, der Vorsitzende der SPD in den Westzonen.*

◁
*25. 5. US-Zone*
*S. 248–37*
*S. 248–39*

◁
*26. 5. ČSR*
*Bei den Parlamentswahlen erringt die Kommunistische Partei rd. ein Drittel der Stimmen.*

**19. Frankreich**
Widerstand wurde von den Kolonien aus organisiert: General Henri-Honoré Giraud nimmt eine Parade amerikanischer Truppen in Nordafrika ab.

**20. England**
Winston Churchill am Tag der deutschen Kapitulation.

**21. USA**
Antijapanische Manifestationen, verbunden mit Schrottsammlungen. Zur Belohnung gab es Küßchen der Gae Foster Girls.

**22. Sowjetunion**
Michail Kalinin 1942 vor Soldaten in Saroslawskij.

**23. Die Achse**
In Berlin wird der Abschluß des Dreimächtepakts von 1940 zwischen Deutschland, Italien und Japan verkündet. Stehend der italienische Außenminister Graf Galeazzo Ciano.

**24. Die besetzten Gebiete**
Offenen bewaffneten Aufstand gab es nur selten. In Warschau schlugen ihn SS und Wehrmacht 1943 und 1944 brutal nieder.

19. Frankreich
a) Kriegsbericht
b) P. Pétain
c) C. de Gaulle
d) Reporterbericht
e) Marseillaise

20. England
a) W. Churchill
b) W. Churchill
c) W. Churchill
d) W. Churchill

## 19. »Frankreich stirbt nicht«

Einen triumphalen Empfang bereiteten die Einwohner von Paris am 25. August 1944 den Befreiern der französischen Hauptstadt. General de Gaulle, der Held der Nation, hatte Eisenhower abgetrotzt, direkt auf Paris zu marschieren: Ein Franzose sollte Paris befreien! Gegen Hitlers Befehl hatte der deutsche Kommandant die Stadt unzerstört übergeben.
Unmittelbar nach der Besetzung Frankreichs 1940 hatte de Gaulle in London ein »National-Komitee der freien Franzosen« gegründet. Zunächst hatte er in Frankreich wenige Anhänger: Für die faschistische »Action française« und viele Gegner der Volksfrontpolitik der Vorkriegszeit bedeutete Vichy eine Chance. Zusammen mit den Alliierten und der wachsenden Widerstandsbewegung bereitete de Gaulle bis zur Invasion die militärische Befreiung vor.
Bereits im September 1944 erreichten die Alliierten die deutsche Westgrenze. Frankreich hatte unter großen Opfern die verhaßte Besatzungszeit überstanden. Als Siegermacht beharrten die Franzosen in den Nachkriegsverhandlungen unmißverständlich darauf, ihre eigenen Interessen geltend machen zu können.

## 20. Teuer bezahlter Sieg

»Ich habe nichts zu bieten als Blut, Mühsal, Tränen und Schweiß«, verkündete Premierminister Winston Churchill in seiner Regierungserklärung vom 13. Mai 1940. In der Tat hatte er damit seinen Landsleuten die ungeschminkte Wahrheit darüber gesagt, was sie bis zum Frühjahr 1945 erwarten sollten.
Nach der sogenannten Luftschlacht um England und den Bombardements englischer Städte durch deutsche Luftgeschwader wurde die britische Insel, nicht zuletzt als Ausgangspunkt der Invasion am 6. Juni 1944, zu einem Zentrum des Kampfes gegen das Deutsche Reich. Der angestrebte Sieg um jeden Preis, ermöglicht durch die gewaltigen Waffenlieferungen der USA, hatte England 1945 an den Rand des Ruins gebracht. Die ehemalige Weltmacht mußte hochverschuldet ihre Führungsrolle an die USA abgeben.
In der allgemeinen Siegesstimmung warnte Winston Churchill bereits vor einem neuen weltweiten Konflikt, den er in der Konfrontation des freien Westens mit dem Expansionsdrang der Sowjetunion heraufziehen sah.

21. USA
a) F. D. Roosevelt
b) F. D. Roosevelt
c) W. Churchill
d) H. S. Truman
e) H. S. Truman

22. Sowjetunion
a) Stalin-Lied
b) M. Kalinin
c) Radio Moskau
d) J. Stalin

## 21. Die USA entscheiden den Weltkrieg

Schließlich wandelte sich die öffentliche Meinung in den Vereinigten Staaten, als 1940 England und damit indirekt die USA durch die deutschen Kriegserfolge bedroht schienen. Die amerikanische Nation war nun bereit, ihrem Präsidenten auf dem Weg in den 2. Weltkrieg zu folgen.
Vor dem programmatischen Hintergrund der Atlantik-Charta (1941), die das Selbstbestimmungsrecht der Völker zum höchsten Ziel erklärte, unterstützten die USA den Kampf ihrer Alliierten gegen das Deutsche Reich mit Kriegsgütern im Wert von 45 Mrd. Dollar. Ihr militärisches Engagement gegen Japan und Deutschland brachte schließlich die Entscheidung an allen Fronten.
Riesenaufträge für die Rüstungsindustrie hatten die amerikanische Wirtschaft angekurbelt, während die Alliierten bei Kriegsende vor kaum lösbaren wirtschaftlichen Problemen standen.
Vom schwierigen Partner zum offenen Gegner entwickelte sich seit 1945 die Sowjetunion. Deren Expansionsdrang traten die USA 1947 mit einem Konzept der »Eindämmung« entgegen.

## 22. Der »Große Vaterländische Krieg«

Durch den Überfall Hitlers im Juni 1941 war der Sowjetstaat zeitweilig in seiner Existenz bedroht gewesen. In höchster Not einte Stalins Aufruf zum »Großen Vaterländischen Krieg« alle Kräfte zur Verteidigung. Kein Land mußte seine Befreiung mit mehr Opfern bezahlen als die Sowjetunion. Opferbereitschaft der Bevölkerung, materielle Hilfe und militärische Entlastung durch die USA und Großbritannien ermöglichten es, die unschätzbaren Reserven des riesigen Flächenstaates zu mobilisieren.
Im Frühjahr 1944 erreichte die Rote Armee auf ihrem unaufhaltsamen Vormarsch die vor dem deutschen Angriff von 1941 bestehenden Grenzen, im Herbst 1944 überschritt sie die deutsche Reichsgrenze. Für die NS-Greueltaten mußte jetzt die meist unschuldige deutsche Zivilbevölkerung büßen.
Für Stalin bedeutete der Sieg über Deutschland nicht nur einen militärischen, sondern auch einen politischen Erfolg: Das weite Vordringen der Roten Armee in Mitteleuropa schuf Tatsachen, die für eine Nachkriegsordnung unverrückbar waren.

23. Die Achse
a) J. v. Ribbentrop
b) B. Filow
c) B. Mussolini
d) A. Hitler

24. Die besetzten Gebiete
a) C. Hull
b) A. Seyß-Inquart
c) J. Terboven
d) R. Ley
e) Rundfunknachricht

## 23. Die Achse

Den Begriff »Achse« hatte Mussolini 1936 geprägt: die Verständigung zwischen Italien und Deutschland sei keine Schnittlinie, sondern eine Achse, um die sich die übrigen Staaten Europas gruppieren könnten. Die Achse war für Hitler trotz dieser lockenden Perspektiven kein Ersatz für das Bündnis mit England; und sie hat sich nie wirklich zu dem Festlandsdegen entwickelt, wie es die von den beiden Diktatoren pompös inszenierten Schauspiele militärischer Macht hatten glauben machen wollen. Ihr »sacro egoismo« verhinderte koordiniertes Vorgehen. Mussolini und Hitler hatten kaum gemeinsame außenpolitische Ziele; darüber konnte auch die antibolschewistische Ideologisierung der Achse nicht hinwegtäuschen. Und Mussolinis Antisemitismus war als Kitt zu halbherzig.
1940 wurde das deutsch-japanisch-italienische Bündnis geschlossen. Japan, 1918/19 unter den Siegern, war zu den auf Umsturz der Weltordnung gerichteten Mächten Deutschland und Italien gewechselt und machte mit dem Überfall auf Pearl Harbor den Krieg zum Weltkrieg.

## 24. Herren und Heloten

Ob die anderen Völker »verrecken vor Hunger, das interessiert mich nur insoweit, als wir sie als Sklaven für unsere Kultur brauchen«, erklärte Heinrich Himmler 1943 vor SS-Führern. Öffentlich wurde der Herrschaftsanspruch der »arischen Herrenrasse« weniger drastisch formuliert, aber kompromißlos durchgesetzt. Wegen ihrer angeblichen rassischen Mängel galten neben den Juden die Osteuropäer als »minderwertige« Völker. Soweit sie nicht ausgerottet oder vertrieben werden sollten, hatten sie als ungebildete Arbeitsvölker der »Herrenrasse« zu dienen. SS-Einsatzgruppen töteten zwischen 1941 und 1943 im Windschatten der Ostfront willkürlich etwa eine Million Menschen, überwiegend Juden. Nur die als sogenannte Endlösung 1942 beschlossene systematische Judenvernichtung übertraf noch diese Terrortaten.
Unmenschliche Gewalt sollte Ideologie und Machtanspruch der Nazis in den besetzten Gebieten durchsetzen. Mit brachialen Methoden zerschlugen sie jede Opposition, jeden Widerstand, aber sie fanden auch Kollaborateure, die bereit waren, ihr Volk zu verraten.

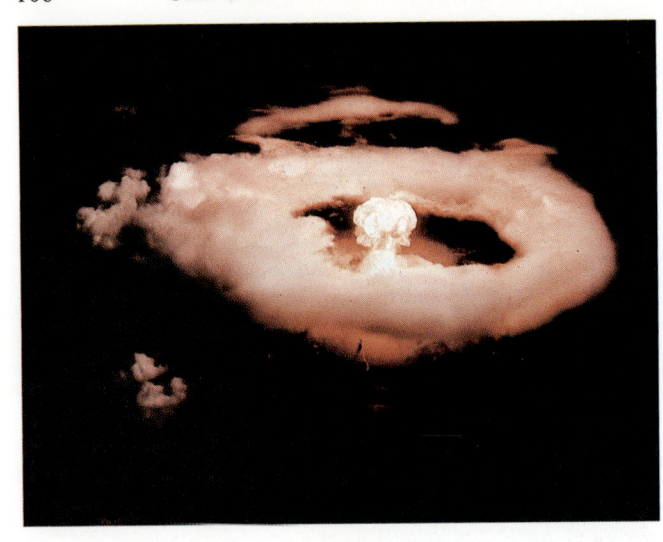

## Juli 1946

*1. 7. USA
Mit einem grellen Lichtblitz explodiert über der Insel Bikini eine amerikanische Atombombe.*

*3. 7. ČSR
Klement Gottwald, der neue (kommunistische) Ministerpräsident.*

**6. Donnerstag**
Deutschland. In Agnetendorf in Schlesien stirbt der Schriftsteller Gerhart Hauptmann im Alter von 83 Jahren (auch → S. 280).

**7. Freitag**
Birma. In Rangun demonstrieren 50 000 Menschen für die Unabhängigkeit.

**9. Sonntag**
Thailand. König Rama VIII. wird unter mysteriösen Umständen tot in seinem Palast in Bangkok aufgefunden.

**12. Mittwoch**
Arabische Liga. In Syrien endet eine zehntägige Konferenz, an der 10 Mitglieder der Liga teilnehmen und auf der eine Resolution verabschiedet wird, die verschärfte Boykottmaßnahmen gegen jüdische Waren und die Strafbarkeit des Landverkaufs an Juden vorsieht.

**14. Freitag**
Frankreich. Die Nationalversammlung wählt den Sozialisten Vincent Auriol zum Präsidenten.

**15. Samstag**
China. Vertreter der Kommunisten in Nanjing geben bekannt, daß sie ein Abkommen mit den Nationalchinesen getroffen haben, das Hauptquartier der Waffenstillstandskontrollkommission in Changchun, der Hauptstadt der Mandschurei, zu errichten.
Internationales. In Paris beginnt die zweite Runde der Außenministerkonferenz der USA, der UdSSR, Großbritanniens und Frankreichs. Über die Zukunft Deutschlands wird keine Einigung erzielt.

**16. Sonntag**
Britisch-Indien. Der britische Vizekönig Wavell lädt 14 Vertreter aller gesellschaftlichen und religiösen Gruppierungen zur Bildung einer Regierung ein. Die Einladung wird jedoch von den Sikhs und der Kongreßpartei abgelehnt.

**17. Montag**
Japan. Josef B. Keenan, der US-Hauptankläger beim Internationalen Militärtribunal für den Fernen Osten, gibt bekannt, daß gegen Kaiser Hirohito aus politischen Gründen keine Anklage erhoben werde.
Thailand. Das Parlament ermächtigt die Regierung, die Grenzfrage mit Französisch-Indochina vor den UN-Sicherheitsrat zu bringen.

**18. Dienstag**
Palästina. Jüdische Extremisten entführen fünf britische Offiziere in Tel Aviv. Sie wollen damit zwei Mitglieder der Untergrundorganisation Irgun Zwai Leumi befreien, die wegen eines Überfalls auf ein britisches Militärlager zum Tode verurteilt wurden.

**19. Mittwoch**
Frankreich. Die Nationalversammlung wählt den Führer der MRP, Georges Bidault, zum Regierungschef.

**22. Samstag**
Britisch-Indien. Der am 20. 6. in Kaschmir festgenommene Stellvertretende Ministerpräsident Nehru kehrt nach Delhi zurück. Seine Freilassung wurde durch Unruhen in Bombay, Calcutta und anderen Städten beschleunigt.

**23. Sonntag**
US-Zone. Die US-amerikanischen Behörden geben bekannt, daß monatlich rd. 10 000 osteuropäische Juden in der US-amerikanischen Zone eintreffen.

**25. Dienstag**
Italien. Auf der konstituierenden Sitzung der Nationalversammlung wird der Sozialist Giuseppe Saragat zum Vorsitzenden gewählt.

**28. Freitag**
Italien. Der frühere Vorsitzende der Liberalen Partei, Enrico de Nicola, wird zum vorläufigen Präsidenten der Republik gewählt.

**29. Samstag**
Palästina. Die britische Verwaltung nimmt unter den Mitgliedern jüdischer Kampfgruppen Massenverhaftungen vor.

**30. Sonntag**
US-Zone. In den Ländern der Zone finden Wahlen zu Verfassunggebenden Landesversammlungen statt.

# Juli

**1. Montag**
Indochina. Hochkommissar Georges d'Argenliéu erklärt Kotschinchina zur autonomen Republik innerhalb der Französischen Union.
Jugoslawien. Auf der Außenministerkonferenz in Paris erklärt sich der sowjetische Außenminister Molotow mit einem französischen Vorschlag für eine jugoslawisch-italienische Grenzregelung einverstanden, der durch die USA und Frankreich schon akzeptiert wurde.
USA. Über dem Bikini-Atoll wird eine Atombombe zur Explosion gebracht, die vom selben Typ wie die über Nagasaki abgeworfene Bombe (Test »Able«) ist.

**3. Mittwoch**
ČSR. Staatspräsident Beneš ernennt KP-Chef Gottwald zum Ministerpräsidenten.

**4. Donnerstag**
Philippinen. Nach 48jähriger US-amerikanischer Verwaltung erhält das Inselreich die Unabhängigkeit.

**5. Freitag**
Polen. In einem Pogrom werden in Kulce 36 Juden getötet und 40 verletzt. Ursache des Pogroms war die falsche Behauptung eines Jungen, er sei von jüdischen Kindern entführt worden.

**6. Samstag**
Britisch-Indien. Jawaharlal Nehru wird zum Vorsitzenden der All India Congress Party gewählt.
Österreich. Die sowjetischen Besatzungsbehörden konfiszieren alle deutschen Guthaben in ihrem Besatzungsbereich.

**7. Sonntag**
Britisch-Indien. Die All India Congress Party nimmt den britischen Plan für die Unabhängigkeit an, obwohl die Sozialisten und Mahatma Gandhi gegen diesen Plan sind.
Mexiko. Miguel Alemán Valdes gewinnt die Präsidentschaftswahlen.

**9. Dienstag**
Deutschland. Auf der Außenministerkonferenz in Paris lehnt der sowjetische Außenminister Molotow US-amerikanische Vorschläge ab, die vorsehen, Deutschland 25 Jahre jede Bewaffnung zu verbieten. Die UdSSR fordert eine Periode von 40 Jahren und Reparationen von 10 Milliarden Dollar.

**10. Mittwoch**
Deutschland. Auf der Außenministerkonferenz in Paris spricht sich Molotow gegen eine Teilung Deutschlands, die Gründung eines föderativen Staates und die Umwandlung Deutschlands in einen Agrarstaat aus. Außerdem lehnt er die französischen Vorschläge über eine Abtrennung des Rheinlandes und des Ruhrgebietes ab.

**11. Donnerstag**
Deutschland. Ein amerikanischer

Militärgerichtshof verurteilt in Dachau 73 SS-Angehörige, darunter Sepp Dietrich, wegen Mordes an US-Soldaten während der Ardennenoffensive zum Tode.

**12. Freitag**
Internationales. Die Außenministerkonferenz in Paris endet ohne Einigung in bezug auf Deutschland und Österreich.

**14. Sonntag**
Italien. Staatspräsident De Nicola vereidigt die erste Regierung unter Alcide De Gasperi von der DC.

**15. Montag**
Jugoslawien. Der Oberste Gerichtshof verurteilt den Partisanenführer und ehemaligen Konkurrenten Titos, Draža Mihajlović, zum Tode. Er wird am 17. 7. hingerichtet.
USA. Mehr als 4000 jüdische Kriegsveteranen beenden in Washington eine zweitägige Protestdemonstration. Sie fordern die Einreiseerlaubnis für 100 000 europäische Juden nach Palästina.

**18. Donnerstag**
Brit. Zone. Es erfolgt der Zusammenschluß der Provinzen Nordrhein und Westfalen zu einem Land mit der Landeshauptstadt Düsseldorf.

**20. Samstag**
Bolivien. Staatspräsident Gualberto Villarroel ernennt nach blutigen Arbeiter- und Studentenunruhen eine Militärregierung.
Sport. Fußballmeister der Schweiz wird Servette Genf. Den Titel in Österreich gewinnt Rapid Wien.

**22. Montag**
Bolivien. Staatspräsident Villarroel wird in La Paz an einem Laternenpfahl gehängt, als Arbeiter und Studenten die von ihm gebildete Militärregierung stürzen.
Palästina. Die Untergrundorganisation Irgun Zwai Leumi unter Menachem Begin verübt einen Bombenanschlag auf das King-David-Hotel in Jerusalem, den Sitz der britischen Militärverwaltung.

**25. Donnerstag**
USA. Vor dem Bikini-Atoll wird zum ersten Mal eine Atombombe unter Wasser zur Explosion gebracht (Test »Baker«). Die Beschädigung der bei den Tests »Able« (1. 7.) und »Baker« verwendeten Kriegsschiffe, darunter der deutsche Schwere Kreuzer »Prinz Eugen«, ist weniger schwer als erwartet.

**26. Freitag**
Deutschland. Bei seinem Schlußplädoyer im Nürnberger Prozeß gegen die Hauptkriegsverbrecher fordert US-Hauptankläger Jackson die Bestrafung aller Angeklagten.

**28. Sonntag**
Deutschland. Dem amerikanischen Plan über den wirtschaftlichen Zusammenschluß der Zonen wird nur von britischer Seite zugestimmt.

**29. Montag**
Internationales. Der französische Ministerpräsident Georges Bidault eröffnet im Palais du Luxembourg die Pariser-Friedenskonferenz, an der 21 Länder teilnehmen.

# August

**1. Donnerstag**
Berlin. Die Akademie der Wissenschaften nimmt ihre Arbeit wieder auf.
Österreich. Die Salzburger Festspiele, die seit dem Anschluß Österreichs an das Deutsche Reich im Jahre 1938 nicht mehr abgehalten worden sind, werden eröffnet.

**2. Freitag**
UdSSR. In Moskau wird der General Wlassow, der in deutscher Kriegsgefangenschaft im 2. Weltkrieg eine Freiwilligenarmee gegen die Sowjetunion aufstellte, hingerichtet.

**3. Samstag**
China. Kommunistischen Quellen zufolge haben die nationalchinesischen Einheiten im Süden von Peking in der Provinz Shandong mit einer Offensive begonnen.

**5. Montag**
Deutschland. In Bonn stirbt der Politiker Wilhelm Marx (83). Von November 1923 bis Januar 1925 und von Mai 1926 bis Juni 1928 war er Reichskanzler.
Palästina. Im Hafen von Haifa werden 2250 illegale Einwanderer von den Engländern auf Schiffen festgehalten.
Türkei. Das Parlament wählt Ismet Inönü erneut zum Staatspräsidenten. Es ist seine vierte Amtsperiode.

**7. Mittwoch**
Kolumbien. Mariano Ospina Pérez wird Staatspräsident.
UdSSR/Türkei. Die UdSSR verlangt von der Türkei die Übertragung der Kontrolle über die Dardanellen.

**11. Sonntag**
ČSR. Gustav Husák wird zum Chef der neuen slowakischen Regierung ernannt.
Ecuador. Das Parlament wählt José Maria Velasco Ibarra zum Staatspräsidenten.

**13. Dienstag**
Berlin. Die Besatzungsbehörden genehmigen eine Verfassung für Groß-Berlin.

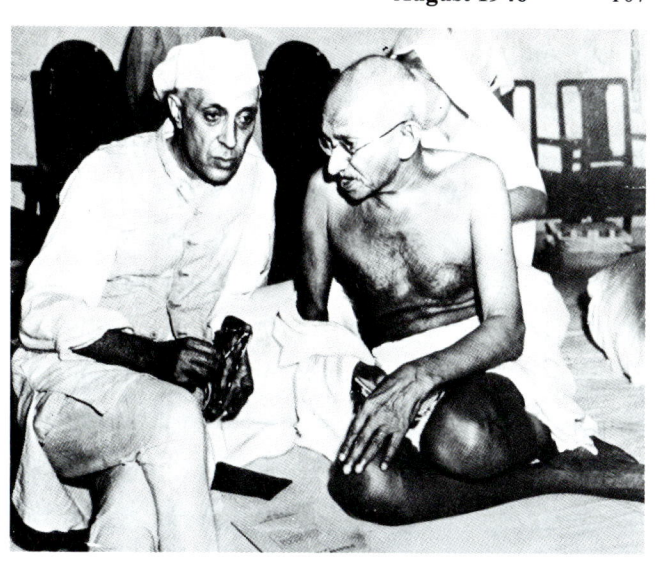

Großbritannien. In London stirbt der Schriftsteller Herbert George Wells im Alter von 79 Jahren.
Südafrika. Im Armenviertel Johannesburgs streiken rd. 100 000 schwarze Bergleute für mehr Lohn und bessere Lebensbedingungen.

**16. Freitag**
Britisch-Indien. Eine Demonstration der Moslemliga in Calcutta gegen die britischen Unabhängigkeitspläne für Britisch-Indien führt zu Auseinandersetzungen zwischen Moslems und Hindus. 270 Menschen werden getötet und 1600 verletzt.
Haiti. Das Parlament wählt den demokratischen Kandidaten Dumarsais Estimé zum Staatspräsidenten.

**17. Samstag**
China. Aus dem kommunistischen Hauptquartier in Jenan wird gemeldet, daß nationalchinesische Einheiten bei Gefechten entlang der Longkai-Eisenbahnlinie südlich des Gelben Flusses 8000 Mann verloren haben.
Dänemark. Die Regierung schließt

*6. 7. Britisch-Indien*
*Nehru (links), der neue Vorsitzende der Kongreßpartei, mit Mahatma Gandhi.*

*16. 8. Britisch-Indien*
*S. 368–71*

*25. 7. USA*
*Aufnahme der ersten Atombombenexplosion unter Wasser. Die Explosionswucht schleudert riesige Wassermengen in die Luft. Um den Explosionsherd hat man außer Dienst gestellte Schiffe vor Anker gelegt, um die Auswirkung der Bombe zu testen.*

*3. 9. Deutschland
Paul Lincke*

*15. 9. Deutschland
Wahlpropaganda in der französischen Zone*

für die Dauer von fünf Jahren einen Handels- und Freundschaftsvertrag mit der UdSSR.

**20. Dienstag**
Brit. Zone. Die britischen Militärbehörden übernehmen die direkte Kontrolle der Stahlindustrie.

**24. Samstag**
Britisch-Indien. Der britische Gouverneur Wavell ernennt Nehru zum Vorsitzenden einer Interimsregierung.
Japan. Das Abgeordnetenhaus verabschiedet eine neue Verfassung, wonach die Macht vom Volke ausgehen soll und der Krieg als Mittel der Politik verworfen wird.

**25. Sonntag**
Britisch-Indien. Islamische Extremisten erstechen den Moslempolitiker Shafaat Achmed Khan, nachdem dieser sich bereiterklärt hatte, im Kabinett Nehru mitarbeiten zu wollen.
Großbritannien/Ägypten. In Alexandria bricht die ägyptische Delegation die englisch-ägyptischen Verhandlungen ab, weil sie nicht weiter über einen britischen Kompromißvorschlag verhandeln will.

**29. Donnerstag**
UNO. Der Sicherheitsrat stimmt der Mitgliedschaft Afghanistans, Islands und Schwedens zu. Ein sowjetisches Veto verhindert die Mitgliedschaft Irlands, Portugals und Transjordaniens.
US-Zone. US-amerikanische Besatzungsbehörden geben in Stuttgart bekannt, daß sie einen sowjetischen Spionagering ausgehoben haben.

**30. Freitag**
China. Nach nationalchinesischen Angaben haben kommunistische Truppen die in der Provinz Shanxi gelegene Stadt Datong nach fünfundzwanzigtägiger Belagerung eingenommen.
Franz. Zone. Das Land Rheinland-Pfalz wird gebildet.

**31. Samstag**
Brit. Zone. Rudolf Amelunxen wird von den britischen Behörden mit der Regierungsbildung für Nordrhein-Westfalen beauftragt.
Deutschland. Im Nürnberger Prozeß gegen die Hauptkriegsverbrecher halten die Angeklagten ihre Schlußworte. Bis auf Hans Frank erklären sich alle für nicht schuldig.

# September

**1. Sonntag**
Britisch-Indien. In Bombay kommt es zu Krawallen, als Moslems gegen die neue, überwiegend aus Hindus bestehende Regierung protestieren.
Griechenland. Bei einer Volksabstimmung über die Regierungsform stimmen 70% der Wähler für die Beibehaltung der Monarchie und die Rückkehr König Georgs II. Damit wird eine republikanische Staatsform abgelehnt.

**3. Dienstag**
Deutschland. In Clausthal-Zellerfeld stirbt der Operettenkomponist Paul Lincke im Alter von 79 Jahren.

**4. Mittwoch**
Frankreich. Die Verfassunggebende Versammlung beschließt die Einrichtung eines Parlaments, das aus 2 Kammern, der direkt gewählten Nationalversammlung und dem indirekt gewählten Senat, bestehen soll.

**5. Donnerstag**
Deutschland. Der britische Militärgouverneur Brian H. Robertson und sein US-amerikanischer Amtskollege Lucius D. Clay beschließen die Zusammenlegung ihrer beiden Zonen.

**6. Freitag**
Deutschland. In Stuttgart erläutert US-Außenminister Byrnes die Grundsätze der amerikanischen Deutschlandpolitik. Danach soll Deutschland ein einheitliches Wirtschafts- und Verwaltungsgebiet werden.
Tirol. Italien und Österreich geben eine Einigung, das sog. Gruber-de Gasperi-Abkommen, über die Südtirolfrage bekannt. Das Gebiet bleibt italienisches Hoheitsgebiet; die deutschsprachige Bevölkerung erhält jedoch regionale Autonomie.

**7. Samstag**
Griechenland. Ministerpräsident Stylianos Gonatas verhängt den Ausnahmezustand, nachdem nach dem Volksentscheid vom 1. 9. Unruhen ausgebrochen sind.

**10. Dienstag**
Berlin. Die UdSSR protestiert dagegen, daß amerikanische Soldaten Jugendlichen Baseball und American Football beibringen.
Palästina. Der britische Premierminister Attlee eröffnet in London die Palästinakonferenz. 15 arabische Staaten sind vertreten, aber keine jüdische Delegation.

**11. Mittwoch**
Albanien. Die Regierung schließt ein Flottenabkommen mit Jugoslawien. Aus italienischen Quellen wird bekannt, daß Albanien an der Grenze zu Griechenland Truppen konzentriert.

**13. Freitag**
Italien. Rd. 300 000 Arbeiter des öffentlichen Dienstes nehmen nach sechstägigem Streik ihre Arbeit wieder auf, nachdem die Regierung ihnen bei den Forderungen nach mehr Lohn und einer Preiskontrolle teilweise Entgegenkommen zugesagt hat.

**15. Sonntag**
Bulgarien. Die Republik wird offiziell ausgerufen, nachdem bei einem Referendum vom 8. 9. die Monarchie abgeschafft wurde.
Deutschland. In der britischen und französischen Zone finden Kommunalwahlen statt.

**16. Montag**
Palästina. Der britische Außenminister Bevin versucht, die arabischen Vertreter auf der Londoner Palästinakonferenz von der Lebensfähigkeit eines binationalen Staates in Palästina zu überzeugen.

**17. Dienstag**
China. Die Nationalchinesen melden die Eroberung der wichtigen kommunistischen Militärbasis Qingyang in der Provinz Gansu.
Griechenland. In den Bergen von Thessalonien und Makedonien brechen schwere Gefechte zwischen monarchistischen und kommunistischen Einheiten aus.

**18. Mittwoch**
Jugoslawien. Erzbischof Alois Stepinac, der Primas von Jugoslawien, wird verhaftet. Ihm werden »Verbrechen gegen das Volk« in Verbindung mit Kollaboration mit kroatischen Faschisten während des Zweiten Weltkrieges vorgeworfen (auch → S. 178).

**19. Donnerstag**
UdSSR. Das Politbüro beschließt eine Reorganisation der Kolchoswirtschaft. Die Kolchosen kom-

men unter die Kontrolle der Maschinen-Traktoren-Stationen, in denen die landwirtschaftlichen Produktionsmittel zentralisiert sind.
USA. Der Physiker James Alfred Van Allen gibt bekannt, daß sich nach dem Ergebnis von Versuchen mit V-2-Raketen in einer Höhe von rd. 30 km ein Gürtel um die Erde befindet, in dem die kosmische Strahlung rd. dreihundert Mal stärker ist als auf der Erdoberfläche (»Van-Allen-Gürtel«).

**21. Samstag**
Frankreich. Die Verfassunggebende Versammlung nimmt die Verfassung in erster Lesung an.

**23. Montag**
Großbritannien. Die Rationierung von Zeitungspapier wird aufgehoben. Die Londoner Tageszeitungen können nun mit 6 bis 12 Seiten Umfang erscheinen.

**26. Donnerstag**
Deutschland. Im KZ Sachsenhausen stirbt in sowjetischer Haft der Schauspieler Heinrich George im Alter von 52 Jahren.

**27. Freitag**
Internationales. In Washington treffen sich die Vorstandsmitglieder der Weltbank und des Internationalen Währungsfonds zu einer ersten Arbeitssitzung.

**28. Samstag**
Griechenland. König Georg II. kehrt nach fünfjährigem Exil nach Athen zurück.

# Oktober

**1. Dienstag**
Deutschland. In Nürnberg werden die Urteile gegen die Hauptkriegsverbrecher gefällt. Die Angeklagten Göring, von Ribbentrop, Keitel, Rosenberg, Frank, Seyß-Inquart, Sauckel, Kaltenbrunner, Jodl, Frick und Streicher werden zum Tode durch den Strang verurteilt. Bormann wird in Abwesenheit zum Tode verurteilt. Heß, Funk und Raeder erhalten lebenslange Haftstrafen. Speer und von Schirach werden zu 20 Jahren, von Neurath zu 15 und Dönitz zu 10 Jahren Haft verurteilt. Schacht, von Papen und Fritzsche werden freigesprochen (auch → S. 188).

**2. Mittwoch**
Internationales. Italien, Libanon, Syrien und die Türkei werden Mitglieder des Internationalen Währungsfonds.

**3. Donnerstag**
Triest. Die politische und territoriale Kommission für Italien bei der Pariser Friedenskonferenz akzeptiert den französischen Vorschlag für die internationale Verwaltung Triests und übergibt die Stadt der Kontrolle des UN-Sicherheitsrats.

**4. Freitag**
Palästina. Auf der Londoner Palästina-Konferenz gibt US-Präsident Truman eine Erklärung ab, in der er Großbritannien auffordert, einer beträchtlichen jüdischen Einwanderung in Palästina zuzustimmen, und den zionistischen Plan unterstützt, einen lebensfähigen jüdischen Staat zu gründen.
Westdeutschland. Die Ministerpräsidenten in der britischen und amerikanischen Zone schlagen nach einer Konferenz in Bremen dem Alliierten Kontrollrat die Bildung eines »Deutschen Länderrates« und eines »Deutschen Volksrates« vor.

**5. Samstag**
Schweden. In Stockholm stirbt der Ministerpräsident Per Albin Hansson im Alter von 60 Jahren.

**7. Montag**
Indonesien. In Jakarta beginnen unter Vorsitz von Lord Killearn Gespräche zwischen einer niederländischen und einer indonesischen Delegation über einen Waffenstillstand, der am 14. 10. zustandekommt.

**10. Donnerstag**
Island. Ministerpräsident Olafur Thors tritt mit seiner Regierung zurück. Anlaß dafür waren Auseinandersetzungen über US-amerikanische Rechte im isländischen Luftraum.

**11. Freitag**
Jugoslawien. Ein Gericht in Zagreb verurteilt Erzbischof Stepinac unter der Anschuldigung der Unterstützung der faschistischen kroatischen Regierung Pavelič während der deutschen Besatzung zu 16 Jahren Zwangsarbeit.
Rumänien. Die Pariser Friedenskonferenz billigt den Friedensvertrag mit Rumänien, einschließlich der durch die USA und Großbritannien unterstützten Klauseln über die freie Schiffahrt auf der Donau und die Einberufung einer Donaukonferenz.

**12. Samstag**
Bulgarien. Die Pariser Friedenskonferenz genehmigt den Friedensvertrag mit Bulgarien, läßt aber die Grenzfrage mit Griechenland ungelöst.

**13. Sonntag**
Frankreich. In einer Volksabstimmung wird die Verfassung angenommen. Damit beginnt die 4. Republik.

**14. Montag**
Vatikan. Papst Pius XII. exkommuniziert alle Jugoslawen, die für die Verurteilung des jugoslawischen Erzbischofs Stepinac verantwortlich sind. Unter den Exkommunizierten befindet sich auch Marschall Tito.

**15. Dienstag**
Deutschland. Im Gefängnis in Nürnberg begeht der ehemalige Reichsmarschall Hermann Göring kurz vor seiner Hinrichtung im Alter von 53 Jahren Selbstmord.
Internationales. Nach einer Dauer von 79 Tagen endet die Pariser Friedenskonferenz, nachdem auch über die Friedensverträge mit Un-

*1. 10. Deutschland*
*Blick auf die Anklagebank während des Prozesses gegen die Hauptkriegsverbrecher in Nürnberg. In der ersten Reihe von links nach rechts: Hermann Göring, Rudolf Heß, Joachim von Ribbentrop, Wilhelm Keitel. Dahinter Karl Dönitz, Erich Raeder, Baldur von Schirach und Fritz Sauckel.*

*1. 10. Deutschland*
*S. 145–36*

◁
*11. 10. Jugoslawien*
*Zu 16 Jahren Zwangsarbeit verurteilt: Erzbischof Stepinac in seiner Gefängniszelle.*

*15. 10. Internationales*
*Die sowjetische Delegation am Ende der Pariser Konferenz. Von links nach rechts: Michail Suslow, ein Unbekannter, Wjatscheslaw Molotow, Andrej Gromyko und Andrej Wyschinskij.*

*18. 11. UdSSR*
*Marschall Iwan Konjew*

garn (13. 10.) und Finnland (14. 10.) Einigung erzielt wurde. Jugoslawien boykottiert die letzte Sitzung aus Protest gegen den Triest-Plan vom 3. 10.

**16. Mittwoch**
Deutschland. In Nürnberg werden die zum Tode verurteilten Hauptkriegsverbrecher durch den Strang hingerichtet.

**19. Samstag**
Italien. Der stellvertretende Ministerpräsident Pietro Nenni wird zum Außenminister ernannt. Er ist der erste Sozialist in diesem Amt.

**20. Sonntag**
Berlin. In Berlin finden Stadtverordnetenwahlen statt. Dabei erhält die SPD 63 Sitze, die CDU 29, die SED 26 und die LDPD 12 Sitze.
Polen. August Kardinal Hłond, der Erzbischof von Gnesen und Warschau, kritisiert in einem Hirtenbrief das kommunistische Regime und empfiehlt, bei den anstehenden Wahlen für die konservative Bauernpartei zu stimmen.

**23. Mittwoch**
ČSR. In Prag wird der ehemalige Stellvertretende Reichsprotektor von Böhmen und Mähren, Kurt Daluege, hingerichtet. Er hatte 1942 den Befehl gegeben, das Dorf Lidice dem Erdboden gleichzumachen.

**26. Samstag**
China. Vertreter der Kuomintang geben die Eroberung des mandschurischen Hafens Andong an der Grenze zu Korea bekannt.

**27. Sonntag**
Bulgarien. Bei den Wahlen zur Nationalversammlung gewinnen die Kommunisten 277 der 465 Sitze.
Korea. Amerikanisch-sowjetische Besprechungen über eine Wiedervereinigung scheitern, da die Sowjetunion in Nordkorea keine Oppositionsparteien zulassen will.

# November

**1. Freitag**
Brit. Zone. Die drei Länder Braunschweig, Oldenburg und Schaumburg-Lippe werden zum Land Niedersachsen mit der Hauptstadt Hannover zusammengefaßt.

**2. Samstag**
Palästina. Ein eintägiger Proteststreik von Arabern richtet sich gegen die Einwanderung von Juden.

**3. Sonntag**
Chile. In Santiago findet die Amtseinführung des am 24. 10. gewählten Staatspräsident Gabriel Gonzáles Videla statt.

**6. Mittwoch**
Österreich. Bundeskanzler Figl teilt mit, daß die Lebensmittelrationen von 1200 auf rd. 1550 Kalorien pro Person und Tag erhöht werden.
USA. Die Luftwaffe gibt bekannt, daß mit der Produktion des B36-Bombers begonnen wurde, der im Stande sein soll, eine Atombombe an jeden Punkt der Erde zu bringen und zu seiner Basis zurückzukehren, ohne auf dem Fluge aufgetankt werden zu müssen.

**8. Freitag**
Albanien. Die USA rufen ihre diplomatischen Vertreter zurück, da die Regierung Hoxha den Vereinbarungen zwischen beiden Ländern nicht nachkommt.

**9. Samstag**
UNO. Die Vollversammlung nimmt Afghanistan, Schweden und Island als neue Mitglieder auf. Dadurch steigt die Zahl der UN-Mitglieder auf 54.
Vietnam. Die Nationalisten unter Ho Tschi Minh nehmen eine Verfassung für eine Demokratische Republik Vietnam an, in der die Mitgliedschaft in der Französischen Union aufgekündigt und Kotschinchina mit der Hauptstadt Saigon als Teil Vietnams angesehen wird.

**10. Sonntag**
Frankreich. Bei den ersten Wahlen zur Nationalversammlung unter der neuen Verfassung gewinnen die Kommunisten als stärkste Partei 163 der 619 Sitze.

**11. Montag**
Deutschland. Die US-amerikanischen Militärbehörden geben einen Plan bekannt, in dem vorgesehen ist, die IG-Farben in 30 unabhängige Betriebe aufzuteilen.

**12. Dienstag**
Palästina. Britische Behörden geben bekannt, daß bis Mitte Januar 1050 jüdische Flüchtlinge aus dem Lager auf Zypern nach Palästina einreisen können.

**14. Donnerstag**
Spanien. In Alta Garcia (Argentinien) stirbt der spanische Komponist Manuel de Falla im Alter von 67 Jahren.

**15. Freitag**
China. In Nanjing kommt die Verfassunggebende Versammlung zusammen. Vertreter der Kommunisten sowie der den Kommunisten hörigen Splittergruppen, der Sozialdemokraten und der Demokratischen Liga nehmen nicht daran teil.
Indonesien. Vertreter Indonesiens und der Niederlande unterzeichnen die Konvention von Linggadjati, in der die Errichtung der Vereinigten Staaten Indonesiens innerhalb der Niederländischen Union vorgesehen wird.

**16. Samstag**
SBZ. Die SED legt einen Verfassungsentwurf für eine »demokratische deutsche Republik« vor.

**18. Montag**
UdSSR. Marschall Iwan Konjew wird Nachfolger von Marschall Georgij Schukow als Oberbefehlshaber der sowjetischen Landstreitkräfte.

**19. Dienstag**
Belgien. Die Regierung beschließt, eine große Anzahl deutscher Kriegsgefangener, die in belgischen Kohlengruben arbeiten, zum 15. 5. 1947 freizulassen.
Rumänien. Manipulierte Wahlen bringen einen Stimmenanteil von 70% für die kommunistische Demokratische Volksfront.

**21. Donnerstag**
Irak. General Nuri es-Said wird zum Ministerpräsidenten ernannt.

**22. Freitag**
Bulgarien. KP-Chef Dimitrow wird Ministerpräsident und bildet ein Kabinett, das aus zehn Kommunisten, fünf Mitgliedern der Bauernpartei und zwei Sozialisten besteht.

**23. Samstag**
Brit. Zone. Hinrich Wilhelm Kopf (SPD) wird von den britischen Besatzungsbehörden zum Ministerpräsidenten von Niedersachsen berufen.
Vietnam. Nach Auseinandersetzungen zwischen vietnamesischen und französischen Truppen beschießen französische Kriegsschiffe die Hafenstadt Haiphong.

**24. Sonntag**
Schweiz. Piloten der Luftwaffe retten zwölf Amerikanern, die mit einem Transportflugzeug im Berner Oberland abgestürzt waren, das Leben. Die Suchaktion dauerte fünf Tage.
Uruguay. Luis Conrado Batlle Berres gewinnt die Präsidentschaftswahlen.
US-Zone. 90% der wahlberechtigten Bevölkerung Württemberg-Badens sprechen sich für die Annahme der neuen Landesverfassung aus. Bei den Landtagswahlen erhält die CDU 39 Sitze, die SPD 33, die DVP 19 und die KPD 10 Sitze.

**28. Donnerstag**
Brit. Zone. Die Militärverwaltung ernennt eine neue Koalitionsregierung für Schleswig-Holstein. Ministerpräsident wird Theodor Steltzer (CDU).

**29. Freitag**
Brit. Zone. Wilhelm Kaisen (SPD)

wird zum Präsidenten des Bremer Senats gewählt.

**30. Samstag**
UNO. Die Vollversammlung verabschiedet ein von allen Mitgliedsstaaten gebilligtes Emblem.

# Dezember

**1. Sonntag**
Deutschland. Auf dem ersten Psychiaterkongreß nach dem 2. Weltkrieg wird bekanntgegeben, daß während der NS-Zeit rd. 275 000 Geisteskranke umgebracht wurden.
US-Zone. In Hessen und Bayern finden Volksabstimmungen über die Landesverfassungen sowie erste Landtagswahlen statt. In Bayern erhält die CSU 104 Sitze, die SPD 54, die FDP 9 und die WAV 13 Sitze. In Hessen bekommt die SPD 38 Sitze, die CDU 28, die LDP 14 und die KPD 10 Sitze.

**2. Montag**
Westzonen. Die USA und Großbritannien schließen in Washington ein Abkommen, das die Zusammenlegung der britischen und US-amerikanischen Besatzungszonen Deutschlands ab 1. 1. 1947 vorsieht.

**3. Dienstag**
Frankreich. Der Sozialist Vincent Auriol wird zum Vorsitzenden der Nationalversammlung gewählt.
Franz. Zone. Die französischen Besatzungsbehörden beschließen die Bildung einer Koalitionsregierung in Rheinland-Pfalz. Ministerpräsident wird Wilhelm Boden (CDU).

**5. Donnerstag**
Berlin. Bei Wahlen zum Gemeinderat erhält die SPD 7 der 14 Sitze. Otto Ostrowski (SPD) wird zum Oberbürgermeister von Berlin gewählt.
Deutschland. Vor einem US-amerikanischen Militärgericht in Nürnberg wird gegen 23 Ärzte Anklage erhoben. Ihnen werden Verbrechen gegen die Menschlichkeit während der NS-Zeit vorgeworfen.

**6. Freitag**
Frankreich/Großbritannien/USA/UdSSR. Die Außenminister der vier Großmächte beenden in New York die Verhandlungen über die Friedensverträge mit Bulgarien, Finnland, Italien, Ungarn und Rumänien. Es wird beschlossen, die Verträge Anfang Februar zur Unterzeichnung vorzulegen.

**9. Montag**
Britisch-Indien. Trotz des Boykotts durch die Moslemliga wird in Delhi die Sitzung der Verfassunggebenden Versammlung eröffnet.
Palästina. In Basel wird der Zionistische Weltkongreß eröffnet. Der Vorsitzende Chaim Weizmann erneuert seine Forderung nach einem jüdischen Staat in Palästina.

**10. Dienstag**
Nobelpreise. Am 50. Todestag von Alfred Nobel werden in Stockholm die Nobelpreise an Hermann Hesse (Literatur), P. W. Brigdman (Physik), J. B. Summer, W. M. Stanley und J. H. Northrop (Chemie) sowie H. J. Muller (Medizin) vergeben. In Oslo wird der Friedensnobelpreis an Emily Green Balch und J. R. C. Mott vergeben.
USA. Von der Luftwaffenbasis Muroc Lake in Kalifornien startet das erste Raketenflugzeug, die Bell XS 1, zu einem erfolgreichen Flug. Es erreicht in 24 km Höhe eine Geschwindigkeit von rd. 2730 km/h.

**12. Donnerstag**
Frankreich. Die Nationalversammlung wählt den Sozialisten Léon Blum zum vorläufigen Ministerpräsidenten.
Schweiz. Die Bundesversammlung wählt Philipp Etter als Nachfolger von Karl Kobelt zum Bundespräsidenten für das Jahr 1947.

**16. Montag**
Frankreich. Ministerpräsident Léon Blum bildet eine Regierung, die nur aus Sozialisten besteht. Guy Mollet wird Innenminister.
UNO. Die Vollversammlung nimmt Thailand als 55. Mitglied auf.
US-Zone. In Württemberg-Baden wird eine Allparteienregierung unter Reinhold Maier (DVP) gebildet.

**19. Donnerstag**
Vietnam. Nationalistische Kräfte überfallen französische Stadtviertel in Hanoi und nehmen mehrere Geiseln.

**21. Samstag**
Schweiz. Der Bundesgerichtshof in Bern verurteilt den Rechtsanwalt Josef Franz Barwisch zu 20 Jahren Zwangsarbeit. Er hatte dem ehemaligen Reichskommissar für die Niederlande, Arthur Seyß-Inquart, einen detaillierten Plan für den Anschluß der Schweiz an das Deutsche Reich vorgelegt.
US-Zone. Der bayerische Landtag wählt Hans Ehard (CSU) zum Ministerpräsidenten.

**22. Sonntag**
Franz. Zone. Das Saarland wird dem französischen Wirtschaftsgebiet eingegliedert.

**24. Dienstag**
Palästina. Der Zionistische Weltkongreß in Basel beschließt auf seiner abschließenden Sitzung, die Londoner Palästinakonferenz zu boykottieren.

**25. Mittwoch**
USA. In Pasadena stirbt der Filmkomiker W. C. Fields im Alter von 67 Jahren.

**26. Donnerstag**
Frankreich. Die Regierung verfügt die Erhöhung der Telefongebühren, der Fahrpreise der Pariser Verkehrsbetriebe und der Gebühren für andere öffentliche Dienstleistungen um 150%, um die Inflation zu bekämpfen.

**29. Sonntag**
Finnland. Die Sowjetunion räumt den Flughafen Malmi bei Helsinki, den sie seit dem Waffenstillstand von 1941 besetzt hielt.

**30. Montag**
Deutschland. Der Alliierte Kontrollrat beschließt ein Gesetz, das den Deutschen die Produktion, den Besitz sowie den Handel mit Kriegsmaterial verbietet.

**31. Dienstag**
Deutschland. In Nürnberg verurteilt eine Spruchkammer der Alliierten Hans Fritzsche zu 10 Jahren Arbeitslager. Er war im Nürnberger Prozeß gegen die Hauptkriegsverbrecher freigesprochen worden.

*12. 12. Frankreich*
*Léon Blum*

*12. 12. Schweiz*
*Philipp Etter*

*25. 12. USA*
*W. C. Fields*

**1947**

*Die UdSSR festigt ihre Macht in Osteuropa. In Bulgarien ist Georgi Dimitrow ein treuer Gefolgsmann Stalins.*

# 1947

## Januar

**1. Mittwoch**
Bizone. Das am 2. 12. 1946 in New York unterzeichnete Abkommen über die Zusammenlegung der britischen und der US-amerikanischen Zone tritt in Kraft.

**2. Donnerstag**
Hessen. Christian Stock (SPD) wird zum hessischen Ministerpräsidenten gewählt.

**3. Freitag**
UdSSR. Marschall Kliment Woroschilow wird zum stellvertretenden Ministerpräsidenten ernannt.

**4. Samstag**
USA. Der Physiker J. Robert Oppenheimer wird zum Vorsitzenden der Atomenergiekommission ernannt.

**5. Sonntag**
Bolivien. Bei den Präsidentschaftswahlen gewinnt Enrique Hertzog, der Kandidat der Sozialistischen Republikanischen Union.

**6. Montag**
SBZ. Die Carl-Zeiss-Werke in Jena werden stillgelegt, weil der Maschinenpark in die UdSSR gebracht wurde. Außerdem werden zahlreiche Fachkräfte in die UdSSR deportiert, um dort eine Fabrik einzurichten und in Betrieb zu nehmen.
USA. General Lucius D. Clay wird Nachfolger von General Joseph Taggert McNarrey als Oberbefehlshaber der US-Streitkräfte in Europa.

**7. Dienstag**
USA. General George Catlett Marshall wird als Nachfolger von James Byrnes, der aus gesundheitlichen Gründen zurückgetreten ist, Außenminister.
Die Harvard-Universität gibt die Entwicklung von Mark II, dem bis dahin größten Computer bekannt.

**9. Donnerstag**
Österreich. In London stirbt der britische Soziologe österreichischer Herkunft Karl Mannheim im Alter von 53 Jahren.

**12. Sonntag**
Italien. Giuseppe Saragat gründet eine neue Sozialistische Partei, die eine Zusammenarbeit mit den Kommunisten ablehnt. Damit gibt es zwei sozialistische Parteien in Italien.
Palästina. Ein jüdischer Terrorist rast mit einem Lkw voller Sprengstoff in die britische Polizeistation von Haifa. Es gibt vier Tote und 140 Verwundete. In der allgemeinen Verwirrung kann der Täter entkommen.

**14. Dienstag**
Internationales. Die stellvertretenden Außenminister der vier Großmächte beginnen in London Gespräche über Friedensverträge mit Deutschland und Österreich.

**16. Donnerstag**
Frankreich. Vincent Auriol wird für eine Amtszeit von sieben Jahren zum ersten Präsidenten der 4. Republik gewählt.

**18. Samstag**
Indochina. Französische Einheiten greifen die ehemalige Kaiserstadt Hue (Vietnam) an.

**20. Montag**
Deutschland. Vertreter der UdSSR, der USA und Großbritanniens schließen ein Handelsabkommen. Damit wird der Warenverkehr zwischen den drei Zonen erheblich erleichtert.

**21. Dienstag**
Italien. Die Regierung De Gasperi reicht ihren Rücktritt ein.

**22. Mittwoch**
Britisch-Indien. Die Verfassunggebende Versammlung billigt einstimmig eine Resolution Nehrus, die die Ausrufung der unabhängigen und souveränen Republik Indien fordert.

**24. Freitag**
Belgien. In Lier stirbt der flämische Schriftsteller Felix Timmermans im Alter von 60 Jahren.
Sport. Die UdSSR wird Mitglied des internationalen Fußballverbandes (FIFA).

**25. Samstag**
USA. In Miami stirbt der Bandenchef Al Capone (»Scarface«) im Alter von 48 Jahren.

**29. Mittwoch**
UdSSR. Außenminister Molotow unterzeichnet in Moskau die Friedensverträge mit Bulgarien, Finnland, Ungarn, Italien und Rumänien.

*7. 1. USA*
*George Marshall (links) legt seinen Amtseid als Außenminister ab. Im Hintergrund Präsident Truman.*

*24. 1. Belgien*
*Porträt Felix Timmermans' von Isidor Opsomer.*

*25. 1. USA*
*Al Capone*

## Februar 1947

**31. Freitag**
Jugoslawien. Die Regierung beschuldigt den Vatikan, jugoslawische Kriegsverbrecher zu verstecken und ihnen die Flucht nach Südamerika zu ermöglichen.

*20 2. Britisch-Indien
Lord Louis Mountbatten*

# Februar

**1. Samstag**
Italien. Alcide De Gasperi (DC) bildet aus Christdemokraten, Kommunisten und Linkssozialisten eine neue Regierung.
Palästina. Die britische Regierung beschließt, alle britischen Frauen und Kinder bis zum 4. 2. aus Palästina zu evakuieren.

**2. Sonntag**
Griechenland. In Thrakien, Makedonien und Thessalien flammen die Kämpfe zwischen kommunistischen und königstreuen Gruppen wieder auf.

*3. 2. Bizone
S. 264–43*

**3. Montag**
Bizone. Im westfälischen Ahlen verabschiedet der Zonenausschuß der CDU das »Ahlener Programm«.

**4. Dienstag**
Deutschland. In Hamburg werden nach einem Prozeß von zweimonatiger Dauer fünf Frauen und sechs Männer aus der Leitung des Frauenkonzentrationslagers Ravensbrück zum Tode und vier weitere Angeklagte zu Gefängnisstrafen zwischen 10 und 15 Jahren verurteilt.

**5. Mittwoch**
Deutschland. Die britische Militärverwaltung übernimmt die Kontrolle der Siemenswerke in Berlin. In Berlin stirbt der Erzähler Hans Fallada (eigentlich Rudolf Ditzen) im Alter von 53 Jahren.

*5. 3. Indonesien
Staatspräsident Sukarno spricht während einer Sitzung des Vorläufigen Parlamentes.*

**7. Freitag**
Palästina. Führende Vertreter der Araber und der Zionisten lehnen einen neuen britischen Vorschlag, Palästina in einen arabischen und einen jüdischen Staat zu teilen, ab.
Polen. Bolesław Bierut wird zum Staatspräsidenten gewählt.

**8. Samstag**
Polen. Josef Cyrankiewicz bildet eine neue Regierung.

**9. Sonntag**
Indonesien. Die nationalistische Regierung beschließt, mehr als 15 Millionen Einwohner von Java in das unterbevölkerte Sumatra umzusiedeln.

**10. Montag**
Internationales. Die Außenminister Bevin, Byrnes und Molotow unterzeichnen für Großbritannien, die USA und die UdSSR in Paris die Friedensverträge mit Italien, Rumänien, Bulgarien, Ungarn und Finnland.
Italien/Jugoslawien. Beide Länder schließen einen Friedensvertrag, in dem auch die internationale Kontrolle über Triest anerkannt wird.

**11. Dienstag**
Italien. Im ganzen Land kommt es zu heftigen Protesten gegen den mit den Alliierten abgeschlossenen Friedensvertrag.
Spanien. Rodolfo Llopis bildet eine neue Exilregierung.

**12. Mittwoch**
UdSSR. Im Osten der USA registrieren Seismographen den Einschlag eines 1000 t schweren Meteoriten in Sibirien.

**14. Freitag**
Palästina. Der britische Außenminister Bevin kündigt an, daß er die Palästinafrage den UN vorlegen wird.

**15. Samstag**
China. Nationalchinesische Streitkräfte melden die Eroberung des Hauptquartiers der 4. kommunistischen Armee in Linyi.

**17. Montag**
Italien. Vor einem britischen Militärgericht in Venedig beginnt der Prozeß gegen den deutschen Feldmarschall Albert Kesselring, dem die Verantwortung für die Ermordung von 1413 italienischen Geiseln und Kriegsgefangenen angelastet wird.

**19. Mittwoch**
Indochina. Französische Militärstellen in Indochina teilen mit, daß sie nach dreimonatigem Kampf den letzten Widerstand nationalistischer Kräfte in Hanoi gebrochen haben.

**20. Donnerstag**
Britisch-Indien. Vizeadmiral Lord Louis Mountbatten wird als Nachfolger von Lord Wavell letzter Vizekönig von Indien.

**21. Freitag**
Palästina. Die britische Regierung kündigt an, daß sie sich aus Palästina zurückziehen will.
USA. Die Firma Polaroid Corporation stellt einen Photoapparat vor, der eine Minute nach der Aufnahme ein Negativ mit einem entwickelten Abzug liefert.

**22. Samstag**
Internationales. Auf der Londoner Konferenz wird in den wichtigsten Punkten Übereinstimmung über einen Friedensvertrag mit Österreich erzielt.

**25. Dienstag**
Deutschland. Der Alliierte Kontrollrat löst das Land Preußen durch das Kontrollratsgesetz Nr. 46 formell auf.

**28. Freitag**
Deutschland. In einem Spruchkammerverfahren wird der im Nürnberger Prozeß gegen die Hauptkriegsverbrecher freigesprochene frühere Reichskanzler Franz von Papen zu acht Jahren Haft verurteilt.

# März

**1. Samstag**
Argentinien/Großbritannien. Großbritannien weist die Besitzansprüche Argentiniens auf die Falklandinseln zurück. Beide Länder haben auch sich überschneidende Ansprüche in der Antarktis geltend gemacht.
Internationales. Der Internationale Währungsfond (IWF) nimmt seine Arbeit auf.
Palästina. Die britischen Behörden verhängen das Kriegsrecht.

**2. Sonntag**
China. Ministerpräsident Sung (seit November 1942 im Amt) tritt nach einer Auseinandersetzung über die besorgniserregende wirtschaftliche Lage des Landes zurück; Tschiang Kaischek übernimmt vorübergehend selbst das Amt.

**4. Dienstag**
Frankreich/Großbritannien. Die Außenminister beider Länder, Bidault und Bevin, unterzeichnen in Dünkirchen einen Beistandspakt mit einer Laufzeit von 50 Jahren.

**5. Mittwoch**
Indonesien. Die Sitzungsperiode des Vorläufigen Parlamentes, die am 25. 2. begonnen hatte, wird beendet. Die Vereinbarung von Linggadjati wird angenommen.
Palästina. Zionisten führen in Jerusalem und Haifa mehrere An-

April 1947

schläge aus. In Haifa kommt es zu einem Sprengstoffanschlag auf das Finanzamt.

**12. Mittwoch**
USA. In einer Botschaft an den Kongreß ruft US-Präsident Truman zur Eindämmung der kommunistischen Gefahr auf (Truman-Doktrin). Er sichert insbesondere Griechenland und der Türkei Unterstützung gegen die sowjetische Expansion auf dem Balkan zu. Daraufhin ruft die sowjetische Regierung ihren Botschafter Georgij Sarubin aus Washington zurück.

**13. Donnerstag**
Großbritannien. Die Konservative Partei wählt Harold Macmillan zum Vorsitzenden.

**15. Samstag**
Deutschland. General Lucius D. Clay übernimmt offiziell das Kommando über die US-amerikanischen Streitkräfte in Europa. Sein Vorgänger war General Joseph McNarrey.

**16. Sonntag**
Bizone. Der US-amerikanische Kriegsminister Robert Patterson gibt die Einrichtung von Garküchen bekannt, um die Ernährung von 3,5 Millionen Kindern und 1 Million alten Menschen in der Bizone sicherzustellen.

**19. Mittwoch**
China. Die nationalchinesische Regierung gibt bekannt, daß ihre Truppen in Janan, das seit 1936 kommunistisches Hauptquartier ist, einmarschiert sind.

**20. Donnerstag**
Kuba. Der US-amerikanische Gangster Charles (»Lucky«) Luciano wird nach Italien deportiert.

**21. Freitag**
UdSSR. Der Oberste Sowjet verabschiedet ein Gesetz, das die Heirat zwischen sowjetischen Bürgern und Ausländern untersagt.

**22. Samstag**
Großbritannien. Springfluten verursachen Deichbrüche in Norfolk. 10 000 ha Land werden überschwemmt.
Japan. 45 Großbetriebe in Familienbesitz (Zaibatsus) werden in 1100 selbständige Gesellschaften umgewandelt.

**24. Montag**
Britisch-Indien. In New Delhi wird als 30. und letzter Vizekönig Louis Viscount Mountbatten vereidigt.

**25. Dienstag**
Indonesien. In Jakarta wird das Abkommen von Linggadjati über die Zukunft des Landes unterzeichnet.

**26. Mittwoch**
China. Die Sowjetunion erklärt sich bereit, die Marinebasis Port Arthur an China zu übergeben.

**27. Donnerstag**
Österreich. Außenminister Gruber erklärt, daß ein Friedensvertrag mit Jugoslawien unter gleichzeitiger Abtretung Südkärntens nicht akzeptabel sei.

**28. Freitag**
Bizone. Über 50 000 Menschen protestieren gegen Kürzungen der Nahrungsmittelrationen in den durch die britische Armee besetzten Städten Düsseldorf, Essen, Solingen und Wetter.

**31. Montag**
Griechenland. Großbritannien übergibt den Dodekanes, eine Inselgruppe der südlichen Sporaden, an Griechenland.
Iran. Ghazi Mohammed, der Präsident einer illegalen separatistischen Kurdenrepublik, wird hingerichtet.

# April

**1. Dienstag**
Griechenland. In Athen stirbt König Georg II. im Alter von 56 Jahren. Sein Nachfolger wird sein Bruder als König Paul I.

**2. Mittwoch**
Polen. Rudolf Höß, der ehemalige Kommandant des Vernichtungslagers Auschwitz, wird wegen Mordes an vier Millionen Häftlingen zum Tode verurteilt.

**5. Samstag**
Bizone. Die britischen Behörden geben bekannt, daß 300 000 Bergleute in den Kohlenbergwerken des Ruhrgebietes einen zweitägigen Streik beendet haben. Die Streikenden forderten höhere Nahrungsmittelrationen.
China. Bei einem kommunistischen Angriff auf ein Munitionslager der US-amerikanischen Marine bei Tanggu (in der Nähe von Tianjin) werden fünf Amerikaner getötet und 16 verwundet.

**8. Dienstag**
USA. In Detroit stirbt der Industrielle Henry Ford (83).

**9. Mittwoch**
China. Die US-amerikanischen Truppen verlassen Peking.

**10. Donnerstag**
Palästina. Die britische Regierung ersucht Frankreich und Italien, die Ausreise von Juden aus Mittelmeerhäfen nach Palästina zu unterbinden.

**13. Sonntag**
Britisch-Indien/UdSSR. In Delhi wird der Abschluß eines Vertrages über die Aufnahme diplomatischer Beziehungen zwischen beiden Ländern bekanntgegeben.
UNO. Generalsekretär Trygve Lie beruft für den 28. 4. die Generalversammlung zu einer Sondersitzung über die Palästinafrage ein.

**14. Montag**
Brasilien. Die USA übergeben alle

---

*2. 4. Polen*
*S. 89–13*

◁ *28. 3. Bizone*
*In einer Anzahl von Städten, wie hier in Düsseldorf, wird gegen den Hunger demonstriert.*

*28. 3. Bizone*
*S. 248–40*

*2. 4. Polen*
*Rudolf Höß (Mitte), der berüchtigte Kommandant des Vernichtungslagers Auschwitz, bei der Auslieferung an die polnischen Behörden 1946.*

Luftwaffenstützpunkte des Landes, die sie während des 2. Weltkrieges benutzten, in die Hände der Brasilianer.

### 15. Dienstag
Bizone. Auf amerikanische Anordnung darf das 17. Heft der Zeitschrift »Der Ruf« nicht erscheinen (auch → S. 262).
Britisch-Indien. Mahatma Gandhi und Moslemführer Mohammed Ali Dschinnah rufen ihre Anhänger in einer gemeinsamen Erklärung auf, den Bürgerkrieg zu beenden.
Frankreich. General de Gaulle gibt die Gründung einer neuen Partei unter seiner Führung bekannt. Die Partei trägt den Namen Rassemblement du Peuple Français.

### 18. Freitag
Bizone. Die britischen Besatzungsbehörden ordnen die Sprengung der militärischen Anlagen auf der Insel Helgoland an.

### 20. Sonntag
Bizone. In den von den Briten besetzten Ländern finden Landtagswahlen statt. Dabei ergibt sich in Niedersachsen folgendes Ergebnis. SPD 34,4%, CDU 19,9%, DP 17,9%, FDP 8,8%, KPD 5,6%, Zentrum 4,1%. In Nordrhein-Westfalen lautet das Ergebnis: CDU 37,9%, SPD 32,0%, KPD 14,0%, Zentrum 9,8%, FDP 5,9%, in Schleswig-Holstein: SPD 43,8%, CDU 34,1%, SSW 9,3%, FDP 5,0%, KPD 4,7%.
Dänemark. In Kopenhagen stirbt König Christian X. im Alter von 76 Jahren. Thronfolger wird sein Sohn als König Frederik IX.

### 21. Montag
Pazifischer Ozean. Die US-Marine gibt bekannt, daß durch die Aufgabe von 33 japanischen Soldaten auf der Insel Peleliu der letzte japanische Widerstand endgültig gebrochen sei.

### 22. Dienstag
Bizone. In Bielefeld beginnt der Gründungskongreß des Deutschen Gewerkschaftsbundes (DGB). Zum Vorsitzenden wird Hans Böckler gewählt.

### 24. Donnerstag
Frankreich/Großbritannien/ UdSSR/USA. Die fünfte Konferenz des Rats der Außenminister der vier Großmächte geht in Moskau zu Ende, ohne daß eine Einigung über die Friedensverträge mit Österreich und Deutschland erzielt werden konnte. Zum 1. 9. soll die Zahl der Besatzungstruppen in Deutschland verringert werden. Eine Kommission soll in Wien über die strittigen Fragen des österreichischen Friedensvertrages verhandeln.

### 28. Montag
UNO. Die Sondersitzung der Vollversammlung über die Palästinafrage wird eröffnet.

### 29. Dienstag
Bizone. Hermann Lüdemann (SPD) wird zum Ministerpräsidenten von Schleswig-Holstein gewählt.
Pazifik. Der norwegische Anthropologe Thor Heyerdahl sticht von Peru aus mit seinem Floß »Kon-Tiki« in See, um zu beweisen, daß Polynesien bereits von den Vorfahren der Inkas von Südamerika aus besiedelt wurde.

# Mai

### 3. Samstag
Deutschland. Vor einem amerikanischen Militärgericht beginnt in Nürnberg der Prozeß gegen führende Mitarbeiter der IG-Farben wegen Kriegsverbrechen.
Japan. Die neue Verfassung tritt in Kraft. Die US-Behörden unter General MacArthur gestatten unter bestimmten Vorbehalten das Hissen der Landesflagge.

### 4. Sonntag
Frankreich. Ministerpräsident Paul Ramadier entläßt vier kommunistische Kabinettsmitglieder, darunter Vizeministerpräsident Maurice Thorez.
Palästina. Die Untergrundorganisation Irgun Zwai Leumi von Menachem Begin befreit eine große Anzahl ihrer Mitglieder aus dem Gefängnis von Akko.

### 6. Dienstag
Italien. Ein britisches Militärgericht in Venedig verurteilt den ehemaligen Oberbefehlshaber in Italien Generalfeldmarschall Albert Kesselring wegen Kriegsverbrechen zum Tode.

### 9. Freitag
Bizone. Aus Protest gegen die schlechte Versorgung mit Nahrungsmitteln kommt es in Hamburg zur bis dahin größten Demonstration nach dem Krieg, an der sich 120 000 Arbeiter beteiligen.
USA. Nach viertägiger Debatte genehmigt das Repräsentantenhaus Präsident Trumans Hilfsprogramm für Griechenland und die Türkei.

### 10. Samstag
Deutschland. Ein internationales Gericht in Nürnberg klagt 10 deutsche Generäle wegen Kriegsverbrechen an, die ihnen in Albanien, Griechenland, Jugoslawien und Norwegen vorgeworfen werden.

### 12. Montag
China. Vertreter der Kommunisten geben die Bildung einer autonomen Regierung in der inneren Mongolei bekannt.

### 13. Dienstag
Deutschland. Eine Spruchkammer in Stuttgart verurteilt den ehemaligen Reichsfinanzminister Hjalmar Schacht zu acht Jahren Arbeitslager.
Palästina. Die UNO richtet eine Sonderkommission (UNSCOP) zur Lösung der Palästinafrage ein. Die Araber verweigern ihre Mitarbeit.

*29. 4. Pazifik*
*Neuere Aufnahme des Floßes »Kon-Tiki«, mit dem Thor Heyerdahl von Peru nach Polynesien segelte.*

**16. Freitag**
Dominikanische Republik. Rafael Trujillo gewinnt die Präsidentschaftswahlen.

**18. Sonntag**
Franz. Zone. Die französischen Besatzungsbehörden lassen Landtagswahlen gekoppelt mit Abstimmungen über die Verfassung abhalten. In den drei Ländern Rheinland-Pfalz, Baden und Württemberg-Hohenzollern werden die Verfassungen mit Mehrheit angenommen. Die Sitzverteilung in den drei Landtagen: Baden: Badische Christlich-Soziale Volkspartei 34 Sitze, SPD 13 Sitze, LDP 9 Sitze, KPD 4 Sitze; Rheinland-Pfalz: CDU 47 Sitze, SPD 34 Sitze, DVP/Sozialistischer Volksbund 11 Sitze, KPD 8 Sitze; Württemberg-Hohenzollern: CDU 32 Sitze, SPD 12 Sitze, DVP 11 Sitze, KPD 5 Sitze.

**21. Mittwoch**
USA. Eine weiße Jury in Greenville (South Carolina) spricht 28 Weiße frei, die am 27. 2. den Farbigen Willie Earle, der verdächtigt wurde, einen Taxifahrer ermordet zu haben, gelyncht hatten.

**26. Montag**
Nicaragua. In einem Staatsstreich stürzt die Nationalgarde unter dem ehemaligen Präsidenten Somoza Staatspräsident Argüello.
UdSSR. Der Oberste Sowjet schafft die Todesstrafe ab.

**27. Dienstag**
Bizone. Der Versand von Zigaretten aus den USA in die US-amerikanische Besatzungszone wird verboten. Die Zigarette ist inzwischen zum allgemein akzeptierten Zahlungsmittel auf dem Schwarzmarkt geworden (auch → S. 235).

**28. Mittwoch**
Palästina. Fausi el-Kaukji, ein militärischer Anführer des Aufstandes von Arabern in Palästina (1936 bis 1939), droht mit Krieg gegen die Juden in Palästina, wenn die UN-Untersuchungskommission Empfehlungen ausarbeiten sollte, die die Araber für ungünstig halten.

**29. Donnerstag**
Ungarn. Ministerpräsident Nagy tritt während eines Erholungsurlaubs in der Schweiz zurück. Er reagiert damit auf die sowjetische Anschuldigung, er habe mit Béla Kóvacs und anderen führenden Mitgliedern der Bauernpartei vorgehabt, die »ungarische Demokratie« zu stürzen. Sein Nachfolger wird am 31. 5. Lajos Dinnyés.

**30. Freitag**
Bizone. Die Kommandanten der britischen und US-amerikanischen Zone bilden für beide Zonen einen gemeinsamen Wirtschaftsrat.

Deutschland. In Landsberg am Lech werden 48 wegen Mordes zum Tod verurteilte Angehörige der Wachmannschaft des KZ Mauthausen hingerichtet.

**31. Samstag**
Italien. Ministerpräsident De Gasperi bildet sein 4. Kabinett, das erste ohne kommunistische Beteiligung.

# Juni

**3. Dienstag**
Britisch-Indien. Der britische Premierminister Attlee gibt einen Plan bekannt, der eine Teilung Indiens in einen Hindu- und einen Moslemstaat vorsieht. Damit verbunden ist ein baldiger Rückzug der Briten.

**4. Mittwoch**
China. Es wird gemeldet daß über 1000 Studenten und Professoren verhaftet worden sind. Anlaß für diese Verhaftungswelle sind anhaltende Demonstrationen an den Universitäten gegen die Regierung und gegen den Krieg.
Großbritannien. Die zionistische Untergrundgruppe »Sterngruppe« verschickt Sprengstoffbriefe an hochgestellte Persönlichkeiten. Darunter befinden sich Außenminister Bevin und Anthony Eden.
USA. Das Abgeordnetenhaus nimmt das Taft-Hartley-Gesetz an. Es erlaubt dem Präsidenten, jeden Streik, der das nationale Wohl und die nationale Sicherheit gefährdet, 80 Tage auszusetzen. Es schreibt ebenfalls den nicht politischen Status der Gewerkschaften fest.

**5. Donnerstag**
USA. US-Außenminister Marshall erklärt in einer Rede an der Harvard-Universität die Notwendigkeit eines wirtschaftlichen Aufbauprogramms für Europa einschließlich Deutschlands. Dieser »Marshallplan« zielt darauf ab, den kommunistischen Einfluß in Europa einzudämmen.

**6. Freitag**
Bulgarien. Der Oppositionsführer und Vorsitzende der Bauernpartei Nikola Petkow wird wegen angeblicher Verschwörung verhaftet.
Deutschland. In München beginnt eine Konferenz der Ministerpräsidenten aller deutschen Länder. Die Konferenz scheitert an der Forderung der Ministerpräsidenten aus der SBZ, nicht nur über die wirtschaftliche, sondern auch über die politische Einigung Deutschlands zu beraten. Weil dieses Thema nicht auf die Tagesordnung gesetzt wird, verlassen sie vor Konferenzbeginn den Tagungsort.
Indonesien. Die republikanischen Führer akzeptieren einen niederländischen Vorschlag für eine Interimsregierung, die mit der Vorbereitung für die Konstituierung der Indonesischen Republik beauftragt wird.

**7. Samstag**
Ungarn. Im Parlament wird das »Schuldgeständnis« von Béla Kóvacs, dem Generalsekretär der Bauernpartei, veröffentlicht. Danach gibt er zu, er habe mit Ferenc Nagy und anderen einen Staatsstreich geplant, um ein faschistisches Regime einzurichten.

**9. Montag**
Franz. Zone. Das französische Außenministerium gibt die Einführung einer neuen Währung für das Saargebiet (»Saarmark«) bekannt. Diese soll die Reichsmark ersetzen, um den wirtschaftlichen Anschluß

*3. 6. Britisch-Indien*
*S. 368–71*

*6. 6. Deutschland*
*Abschließende Pressekonferenz am Ende der Tagung der Ministerpräsidenten: von links nach rechts Leo Wohlleb (Südbaden), Hans Ehard (Bayern), Louise Schroeder (Berlin), Reinhold Maier (Württemberg), Hermann Lüdemann (Schleswig-Holstein).*

## Juli 1947

des Saargebiets an Frankreich vorzubereiten.

**11. Mittwoch**
Britisch-Indien. Die Moslemliga bestimmt Karatschi zur vorläufigen Hauptstadt des Moslemstaates Pakistan.

**12. Donnerstag**
Frankreich. Die Eisenbahner beenden einen sechstägigen landesweiten Streik, nachdem Ministerpräsident Ramadier einem Lohnerhöhungskompromiß zugestimmt hat.

**15. Sonntag**
Britisch-Indien. Die Kongreßpartei nimmt den britischen Plan zur Teilung Indiens an. Die Autonomie der Maharadscha-Staaten wird abgelehnt.

**16. Montag**
UNO. Die Sonderkommission für Palästina hält ihre erste Sitzung in Jerusalem ab.

**17. Dienstag**
Bizone. Karl Arnold (CDU) wird zum Ministerpräsidenten von Nordrhein-Westfalen gewählt.
China. Kommunistische Verbände errichten einen Brückenkopf bei Tianjin, nachdem sich die dort stationierten US-Marine-Einheiten in den in der Nähe gelegenen Hafen Tanggu zurückgezogen haben.

**18. Mittwoch**
Ceylon wird durch Kolonialminister Arthur Creech Jones der Status eines Dominion im britischen Königreich versprochen. Eine eigene Verteidigungspolitik wird dem Lande jedoch nicht gestattet.

**19. Donnerstag**
Frankreich. 70 000 Bankangestellte streiken für Leistungsprämien und bringen dadurch fast alle finanziellen Transaktionen im Lande zum Erliegen.

*21. 7. Indonesien
Eine der ersten Aktionen der Niederländer: Ein Sherman-M4A3E8-Panzer fährt in Tangul auf Ostjava ein.*

**21. Samstag**
Sport. Fußballmeister in Österreich wird Wacker Wien. In der Schweiz gewinnt der FC Biel den Titel.

**24. Dienstag**
Berlin. Ernst Reuter (SPD) wird zum Oberbürgermeister von Berlin gewählt. Die sowjetischen Besatzungsbehörden legen ihr Veto gegen die Wahl ein.
Bizone. In Frankfurt a. M., der Hauptstadt der Bizone, konstituieren sich der Wirtschaftsrat und die Zentralverwaltung. Der Wirtschaftsrat hat folgende Zusammensetzung: CDU/CSU 20 Abgeordnete, SPD 20 Abgeordnete, FDP 4 Abgeordnete, KPD 3 Abgeordnete, Zentrum, DP und WAV je 1 Abgeordneter. Präsident des Wirtschaftsrates wird Erich Köhler (CDU).

**25. Mittwoch**
Griechenland. Die UN-Untersuchungskommission für den Balkan gibt bekannt, daß Jugoslawien, Albanien und Bulgarien die kommunistischen Guerillas in Griechenland unterstützen.

**27. Freitag**
Frankreich. In Paris beginnt eine Konferenz Großbritanniens, Frankreichs und der UdSSR über den Marshallplan.

**28. Samstag**
Palästina. Mitglieder der jüdischen »Sterngruppe« schießen aus einem Theater in Tel Aviv auf britische Soldaten. Drei Soldaten werden getötet, zwei weitere werden verwundet. Die jüdischen Aktionen werden am folgenden Tag von der UN-Sonderkommission verurteilt.

**29. Sonntag**
Bizone. In Nürnberg beginnt ein SPD-Parteitag. Kurt Schumacher wird zum Parteivorsitzenden gewählt.

**30. Montag**
UNO. Die UNRRA (der Wiederaufbauausschuß der Vereinten Nationen) beendet offiziell ihre Tätigkeit. Sie hatte in 17 Ländern Flüchtlingslager betreut und dafür insgesamt 3 Mrd. US-Dollar aufgewandt.

# Juli

**1. Dienstag**
Kirchenfragen. Im schwedischen Lund wird der Lutherische Weltbund gegründet. Er ist die Nachfolgeorganisation des Lutherischen Weltkonvents, der seit 1923 regelmäßig tagte. Sitz des Weltbundes wird Genf (auch →S. 178).
Westdeutschland. Unter Fritz Sänger beginnt die Deutsche Presse Agentur (DPA) ihre Tätigkeit.

**3. Donnerstag**
Europa. Nachdem sich die sowjetische Delegation von den Verhandlungen über den Marshallplan in Paris zurückgezogen hat, laden die beiden anderen Verhandlungspartner (Frankreich und Großbritannien) 22 europäische Länder zu Beratungen über den wirtschaftlichen Wiederaufbau Europas, der mit US-amerikanischer Hilfe vollzogen werden soll, ein.
Madagaskar. Französische Truppen schlagen einen Angriff nationalistischer Gruppen auf die Hauptstadt Tananarive zurück. Dabei geraten 3000 Aufständische in Gefangenschaft.
Völkerbund. Die Organisation hört formell auf zu bestehen. Sie hatte ihre Aktivitäten mit dem 19. 4. 1946 beendet. Der Völkerbund geht in der neugeschaffenen UNO auf.

**5. Samstag**
Dänemark. Nach Beendigung eines viermonatigen Druckerstreiks können die Tageszeitungen wieder erscheinen.

**6. Sonntag**
USA. Die Luftwaffe beteiligt sich an der Suche nach »fliegenden Untertassen«, die angeblich über der US-amerikanischen Westküste gesichtet worden sind.

**7. Montag**
USA. In einer Botschaft an den Kongreß plädiert Präsident Truman dafür, eine größere Anzahl von Flüchtlingen aus Osteuropa einwandern zu lassen.

**9. Mittwoch**
Griechenland. Die Polizei verhaftet 2800 politisch Verdächtige, als die Regierung Umsturzabsichten kommunistischer Kreise bekannt gibt und die laufenden Verhandlungen mit der kommunistischen Untergrundorganisation abbricht.

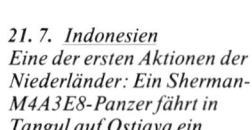

Großbritannien. Prinzessin Elizabeth (21) verlobt sich mit dem Marineleutnant Prinz Philip Mountbatten (26).

**11. Freitag**
ČSR/UdSSR. Der tschechoslowakische Ministerpräsident Klement Gottwald und Außenminister Jan Masaryk unterzeichnen in Moskau ein fünf Jahre gültiges Handelsabkommen.

**12. Samstag**
Bulgarien schließt ein Handelsabkommen mit der UdSSR.
Europa. In Paris beginnt die europäische Wirtschaftskonferenz über den auf dem Marshallplan basierenden Wiederaufbau Europas. Die UdSSR und die von ihr unter Druck gesetzten osteuropäischen Staaten boykottieren die Konferenz.

**14. Montag**
Palästina. Die britischen Behörden verhängen den Ausnahmezustand in Netanya. Dort hatte die zionistische Untergrundorganisation Irgun Zwai Leumi am 12. 7. zwei britische Soldaten gekidnappt. Dabei handelte es sich um eine Vergeltung für die Verhängung von Todesurteilen gegen drei Mitglieder der Irgun, die an der Befreiungsaktion aus dem Gefängnis von Akko am 4. 5. beteiligt waren.

**15. Dienstag**
Europa. Die Europäische Wirtschaftskonferenz in Paris wird beendet. Eine Kommission soll in Zusammenarbeit mit US-amerikanischen Behörden einen Vierjahrplan für den Wiederaufbau erstellen.
Franz. Zone. Peter Altmeier (CDU) wird zum Ministerpräsidenten von Rheinland-Pfalz gewählt.
Ungarn. Innenminister Rajk bringt im Parlament den Entwurf für ein neues Wahlrecht ein, das die KP begünstigt.

**17. Donnerstag**
UNO. Die Palästina-Sonderkommission beendet ihre Arbeit nach 31 Sitzungen in Jerusalem.

**18. Freitag**
Palästina. Britische Kriegsschiffe stoppen das von Amerikanern bemannte Flüchtlingsschiff »Exodus«. Es war auf dem Weg vom französischen Mittelmeerhafen Sète nach Palästina und hatte 4554 illegale jüdische Einwanderer an Bord.
Pazifik. Der norwegische Anthropologe und Biologe Thor Heyerdahl meldet per Funk, daß sein Floß »Kon-Tiki« nach einer Reise von 84 Tagen die Marquesasinseln erreicht hat.

**21. Montag**
Indonesien. In Jakarta besetzen niederländische Truppen die Regierungsgebäude. Beamte werden festgenommen. Präsident Sukarno verurteilt in einer Radiorede die niederländische Aktion.
SBZ. Die ehemaligen Provinzen Brandenburg und Sachsen-Anhalt erhalten Länderstatus.

**22. Dienstag**
Franz. Zone. Lorenz Bock (CDU) wird zum Ministerpräsidenten von Württemberg-Hohenzollern gewählt.
Ungarn. Die Freiheitspartei, die größte noch bestehende konservative Oppositionspartei, löst sich selbst aus Protest gegen die Reglementierung des politischen Lebens und die Einschränkung der Meinungsfreiheit auf.

**25. Freitag**
Bizone. Leo Wohleb (CDU) wird zum Ministerpräsidenten von Baden gewählt.

**28. Montag**
Rumänien. Die Regierung löst die konservative Bauernpartei auf. Ihr wird die Vorbereitung eines Staatsstreiches vorgeworfen.

**29. Dienstag**
Palästina. Die drei Mitglieder der zionistischen Untergrundorganisation Irgun Zwai Leumi, die wegen der Befreiungsaktion aus dem Gefängnis von Akko verurteilt worden waren, werden gehängt.

**30. Mittwoch**
Palästina. Die zionistische Untergrundorganisation Irgun Zwai Leumi hängt die am 12. 7. gekidnappten britischen Soldaten wegen der Exekution ihrer drei Mitglieder am Tage zuvor.

# August

**1. Freitag**
Wissenschaft. Anthropologen entdecken in Südafrika Überreste eines Vormenschen, des sogenannten Australopithecus; dabei handelt es sich jedoch nicht um direkte Vorfahren des Menschen.

**2. Samstag**
Irak. Archäologen legen die Ruinen eines Tempels frei, die beweisen, daß die Babylonier schon um 4000 vor Christus einen hohen Stand von Architektur und religiöser Kultur erreicht hatten.
Österreich. Sowjetische Behörden übernehmen die Ölraffinerie bei Lobau in der Nähe von Wien, die Eigentum der Gesellschaften Socony Vacuum Oil Company und Shell Petroleum Company ist.

**3. Sonntag**
Indonesien. Nach einer UN-Resolution werden die Kämpfe zwischen Indonesiern und Niederländern eingestellt.
Kirchenfragen. Der Weltbund der Baptisten (27 Millionen Mitglieder) beendet einen Kongreß in Kopenhagen mit einem Manifest über die Freiheit der Religionsausübung.

**5. Dienstag**
Australien wird Mitglied der Weltbank und des Internationalen Währungsfonds.
Palästina. Die britischen Behörden verhaften 35 führende Zionisten aller politischen Richtungen und internieren sie in dem Gefangenenlager Latrun. Die Aktion wird mit der Absicht begründet, die Führung der Untergrundorganisation Irgun Zwai Leumi auszuschalten.

**6. Mittwoch**
Tunesien. Nach drei Tagen geht ein Streik der Gewerkschaften zu Ende. Er richtete sich gegen die französische Weigerung, der Kolonie die Selbstbestimmung zu geben.

**7. Donnerstag**
Pazifik. Thor Heyerdahl meldet die Landung seines Floßes Kon-Tiki auf dem Raroia-Riff der Tuamotu-Inseln. Damit endet nach 15 Wochen seine in Peru begonnene Reise.

**8. Freitag**
Südafrika. Die Regierung lehnt eine Resolution der UN-Vollversammlung, die eine Treuhandregelung für Südwestafrika vorsieht, ab, versichert aber, das Gebiet nicht annektieren zu wollen.

**10. Sonntag**
Bizone. General Lucius D. Clay, Chef der US-amerikanischen Militärbehörden, gibt die Freilassung der letzten der 8 Millionen deutschen Kriegsgefangenen sowie die völlige Demontage aller Rüstungsbetriebe in der US-Zone bekannt.
Internationales. In Moisson (Frankreich) beginnt das Jamboree 1947, das bis zum 21. 8. dauert. Daran nehmen mehr als 40 000 Pfadfinder aus 32 Ländern teil. Das letzte Jamboree fand 1937 in Vogelenzang (Niederlande) statt.

**11. Montag**
Deutschland. Ein US-amerikanischer Vorschlag zur Schaffung einer neuen deutschen Währung wird von der UdSSR verworfen.
USA. In Brookhaven (New York) beginnt der Bau des ersten Atomreaktors, der nicht militärischen Zwecken dienen soll.

**12. Dienstag**
Bizone. Die Verwaltung des Kohlebergbaus wird unter britisch-amerikanischer Kontrolle in deutsche Hände gelegt.

*25. 7. Bizone*
*S. 264–45*

*11. 8. Deutschland*
*S. 264–44*

## September 1947

**15. 8. Britisch-Indien**
Nehru, Lord Ismay, Lord Mountbatten und Mohammed Ali Dschinnah (von links nach rechts) bei den Verhandlungen über die Unabhängigkeit.

*15. 8. Britisch-Indien S. 368–71*

▷ *1. 9. Palästina*
Umschlag des UN-Berichtes über Palästina.

### 14. Donnerstag
Nicaragua. Die Verfassunggebende Versammlung wählt Victor Manuel Román y Reyes zum Staatspräsidenten.
UNO. Der indonesische Ministerpräsident Sutan Schahrir spricht vor dem Sicherheitsrat. Er fordert den Abzug aller niederländischen Truppen aus Indonesien.
Die USA erlassen Italien die Zahlungen aus dem Friedensvertrag und weitere Schulden.

### 15. Freitag
Britisch-Indien. Großbritannien gibt nach 346 Jahren die Herrschaft über das Land auf, das nun offiziell in einen Hindu- und einen Moslemstaat geteilt wird. Vizekönig Mountbatten wird der erste britische Generalgouverneur des neuen Dominion Indien. Premierminister wird Jawaharlal Nehru. Generalgouverneur von Pakistan wird der Präsident der Moslemliga, Mohammed Ali Dschinnah.

### 16. Samstag
Bulgarien. Ein Gerichtshof in Sofia verurteilt Nikola Petkow, den Führer der oppositionellen Agrarunion, wegen angeblicher Verschwörung zum Tode. Er wird am 23. 9. hingerichtet.
Griechenland. Der kommunistische Guerillaführer Vafiadis proklamiert die Errichtung eines »Freien Griechenland«. Er ruft zur Absetzung König Pauls und zur »Vertreibung aller Fremden und ihrer Agenten« auf.

### 17. Sonntag
Indien/Pakistan. Es wird Übereinstimmung über den Grenzverlauf in den geteilten Provinzen Punjab und Bengalen erzielt.

### 20. Mittwoch
Deutschland. Ein US-amerikanisches Militärgericht in Nürnberg verurteilt Karl Brandt, bis 1944 einer der Leibärzte Hitlers, zusammen mit sechs weiteren deutschen Ärzten wegen medizinischer Experimente an Gefangenen in Konzentrationslagern zum Tode.

### 21. Donnerstag
Indien. Sikhs und Hindus beginnen damit, Moslems aus Ostpunjab zu vertreiben. Damit sinkt die Bevölkerungszahl in einigen Städten um die Hälfte.

### 22. Freitag
Großbritannien. Britische Transportschiffe, die 4500 jüdische Flüchtlinge der »Exodus« an Bord haben, verlassen Port-de-Bouc (Frankreich) in Richtung Gibraltar, da die Passagiere sich weigern, die Schiffe zu verlassen.

### 24. Sonntag
Indien. Premierminister Nehru fliegt nach Ostpunjab und spricht sich für eine Beendigung des Bürgerkriegs aus, dem bis jetzt 20 000 Menschen zum Opfer gefallen sind.

### 28. Donnerstag
Deutschland. Frankreich, Großbritannien und die USA einigen sich darauf, die Erhöhung der Industrieproduktion in den Westzonen auf 90% des Standes von 1936 zuzulassen.
Ecuador. Diktator Carlos Mancheno, der am 23. 8. Präsident Velasco Ibarra gestürzt hat, setzt die Verfassung von 1944 außer Kraft und ernennt sich gemäß der Verfassung des Jahres 1905, die ihm größere Vollmacht verleiht, zum Ministerpräsidenten. Am 2. 9. wird Carlos Mancheno jedoch vom Heer wiederum gestürzt.

### 29. Freitag
Griechenland. Konstantinos Tsaldaris, der Vorsitzende der konservativen Volkspartei, wird von König Paul I. als Ministerpräsident vereidigt.

### 31. Sonntag
Ungarn. Bei den zweiten Parlamentswahlen nach dem 2. Weltkrieg wird die Kommunistische Partei Ungarns stärkste Gruppierung.

## September

### 1. Montag
Palästina. Die UN-Sonderkommission für Palästina veröffentlicht ihren Bericht. Darin empfiehlt die Mehrheit, die Unabhängigkeit zu verleihen. Das Land soll in je einen jüdischen und arabischen Staat und eine internationale Zone mit Jerusalem eingeteilt werden. Den 250 000 Flüchtlingen aus Europa soll UN-Hilfe gewährt werden.
SBZ. Rudolf Paul, der SED-Ministerpräsident von Thüringen, flieht in den Westen, nachdem ihm »übermäßiger Lebensstil« vorgeworfen wurde.

### 2. Dienstag
Amerika. 19 amerikanische Staaten (außer Ecuador, Kanada und Nicaragua) unterzeichnen in Rio de Janeiro den Interamerikanischen Vertrag für gegenseitige militärische Hilfe.
Frankreich/Spanien. Die gemeinsame Grenze wird nach 17 Monaten wieder geöffnet.

### 4. Donnerstag
Ungarn. Das Kabinett von Ministerpräsident Lajos Dinnyés bietet nach den Parlamentswahlen vom 31. 8. seinen Rücktritt an. Staatspräsident Zoltán Tildy ersucht die Regierung, bis zur ersten Parlamentssitzung Mitte September im Amt zu bleiben.

### 6. Samstag
USA. Die Marine startet im Atlantik erfolgreich eine deutsche V2-Rakete vom Flugzeugträger »Midway«. Es ist der erste Raketenabschuß von einer beweglichen Basis.

### 7. Sonntag
Vatikan. Papst Pius XII. ruft die Katholiken zum Kampf gegen alle Gegner der Kirche auf.

### 9. Dienstag
Großbritannien. Britische Truppen erzwingen in Hamburg die Ausschiffung von 4311 jüdischen Emigranten der »Exodus«. Nach dreistündigem Kampf bringen die Briten die letzten Passagiere an Land. Bei dem Kampf gibt es 27 Verwundete.

### 10. Mittwoch
Deutschland. In Bannwaldsee im Allgäu konstituiert sich die Schriftstellervereinigung »Gruppe 47« (auch → S. 262).

### 11. Donnerstag
Bizone. Britische Truppen unterdrücken durch Panzereinsatz einen Streik von 60 000 Arbeitern in Kiel und erzwingen die Durchführung der Demontage einer großen Maschinenfabrik.

**Oktober 1947**

**14. Sonntag**
Polen löst das Konkordat mit dem Heiligen Stuhl.

**15. Montag**
Internationales. Für Bulgarien, Finnland, Ungarn, Italien und Rumänien endet mit der Hinterlegung der Friedensverträge in Paris und Moskau offiziell der 2. Weltkrieg.

**16. Dienstag**
Großbritannien/Österreich. Der Kriegszustand mit Österreich wird formell beendet, um die wirtschaftlichen Beziehungen in Gang zu bringen.
Jugoslawien. Unmittelbar nach Inkrafttreten des italienischen Friedensvertrages rücken die jugoslawischen Streitkräfte gegen die neue italienisch-jugoslawische Grenze vor. Sie besetzen das Gebiet nördlich von Triest.

**17. Mittwoch**
Ecuador. Das Parlament wählt Carlos Julio Arosémena zum Staatspräsidenten.

**18. Donnerstag**
Birma. Lord Listowel, der britische Kolonialminister, gibt bekannt, daß Birma im Januar 1948 in die Unabhängigkeit entlassen werden soll und die britischen Truppen sich dann aus dem Land zurückziehen werden.

**19. Freitag**
Indochina. Nach einer Konferenz in Hongkong mit dem abgesetzten Kaiser Bao Dai lehnen Vertreter von sieben vietnamesischen Parteien ein französisches Angebot zur inneren Autonomie Indochinas ab.

**22. Montag**
Malta. Die neue Verfassung, die die Wahl einer Gesetzgebenden Versammlung vorsieht, tritt in Kraft.

**23. Dienstag**
Ungarn. Ministerpräsident Dinnyés gibt die Bildung einer neuen Regierung bekannt. Fünf Kabinettsmitglieder gehören der KP an.

**25. Donnerstag**
Pakistan. Es wird bekannt, daß 4000 Moslems, die mit dem Zug aus Ostpunjab flüchten wollten, nach einem Überfall von Hindus und Sikhs tot, vermißt oder verwundet sind.

**28. Sonntag**
Rumänien. Die kommunistische und die sozialistische Partei geben bekannt, daß sie sich zu einer Vereinigten Arbeiterpartei zusammenschließen wollten. Der Zusammenschluß wird am 9. 10. vollzogen.

**29. Montag**
Palästina. Mitglieder der zionistischen Untergrundorganisation Irgun Zwai Leumi führen einen Bombenanschlag (10 Tote, 46 Verwundete) auf einen Polizeiposten in Haifa durch. Der Anschlag ist eine Vergeltungsaktion für die Behandlung der jüdischen »Exodus«-Flüchtlinge.

**30. Dienstag**
Großbritannien. Sir Stafford Cripps wird Wirtschaftsminister.
Polen. In Warschau wird von Vertretern neun kommunistischer Parteien die Gründung des Kominform beschlossen (auch → S. 211).

# Oktober

**2. Donnerstag**
Palästina. Die Jewish Agency for Palestine, die offizielle Vertretung der jüdischen Bevölkerung von Palästina, stimmt dem UN-Plan über ein Teilung Palästinas in einen jüdischen und einen arabischen Staat zu.

**3. Freitag**
Palästina. Palästinensische Araber führen einen eintägigen Generalstreik aus Protest gegen den UN-Teilungsplan durch.

**4. Samstag**
China. Eine neue kommunistische Offensive in der Mandschurei schneidet die Eisenbahnlinie Peking-Shenyang an mehreren Stellen ab; kommunistische Truppen nähern sich bis auf 16 km der mandschurischen Hauptstadt Changchun.
Deutschland. In Göttingen stirbt der Physiker Max Planck im Alter von 89 Jahren. Er erhielt 1918 den Nobelpreis.

**5. Sonntag**
Saarland. Im Saarland finden Wahlen zum Landtag und zur Verfassunggebenden Versammlung statt. Dabei können die Kräfte, die sich für einen wirtschaftlichen Anschluß an Frankreich aussprechen, Gewinne verbuchen.

**6. Montag**
Chile. Die Regierung setzt die Armee ein, um den Betrieb in den Steinkohlengruben zu übernehmen, nachdem 2 Tage zuvor ein Streik begonnen hatte. 30 Arbeiterführer werden verhaftet.
Indien. Indische Streitkräfte belagern das Fürstentum Djunagadh zwischen Bombay und Karatschi, nachdem der Maharadscha sich gegen den Willen seiner hinduistischen Untertanen für einen Anschluß an Pakistan ausgesprochen hat.

**9. Donnerstag**
Naher Osten. Der Rat der Arabischen Liga drängt auf einer Sitzung im Libanon seine Mitgliedsstaaten, an der Grenze zu Palästina Truppen zu stationieren, um auf den Ausbruch eines arabisch-jüdischen Konflikts nach Ablauf des britischen Palästinamandats vorbereitet zu sein.

**10. Freitag**
SBZ. Die sowjetische Militärverwaltung ordnet höhere Arbeitsnormen an und beginnt eine Kampagne gegen das sog. Bummelantentum.

**12. Sonntag**
Bizone. In Bremen finden Bürgerschaftswahlen statt. Dabei ergibt sich folgende prozentuale Stimmenverteilung: SPD 41,7%, CDU 22%, BDV 13,9%, KPD 8,8%, FDP 5,5%. Als Senatspräsident wird Wilhelm Kaisen (SPD) wiedergewählt.

**16. Donnerstag**
Bizone. Die abschließende Demontageliste wird veröffentlicht. Gegenüber früheren Entwürfen ist sie wesentlich reduziert.
Chile. Die Regierung gibt das Ende des dreizehntägigen Streiks in den Steinkohlenminen bekannt.

*2. 9. Amerika*
In Rio de Janeiro wird von 19 amerikanischen Staaten ein Vertrag über gegenseitigen Beistand geschlossen. US-Außenminister Marshall unterschreibt das Vertragswerk.

*4. 10. Deutschland*
Max Planck

*10. 10. SBZ*
*S. 344–63*

*9. 9. Großbritannien*
Die erzwungene Ausschiffung der »Exodus«-Passagiere in Hamburg.

## November 1947

*20. 11. Großbritannien*
*Festliche Heiratszeremonie von Kronprinzessin Elizabeth mit Prinz Philip in der Westminster-Abtei in London.*

*25. 11. Internationales*
*In einer gespannten Atmosphäre treffen sich die Außenminister der vier Siegermächte, um über die Zukunft Deutschlands und Österreichs zu beraten. Hier begrüßen sich Molotow (UdSSR) und Bevin (Großbritannien).*

**17. Freitag**
Birma. Der britische Premier Attlee und der birmesische Ministerpräsident Thakin Nu unterzeichnen einen Vertrag über die Unabhängigkeit Birmas außerhalb des britischen Commonwealth vom 6. 1. 1948 an.

**19. Sonntag**
ČSR. Die Sozialdemokratische Partei lehnt eine Vereinigung mit der KP ab.
Frankreich. Aus Kommunalwahlen geht die gaullistische RFP vor den Kommunisten als stärkste Partei hervor.

**22. Mittwoch**
Frankreich. Ministerpräsident Ramadier bildet das Kabinett um und reduziert dabei die Zahl der Minister von 24 auf 13.

**23. Donnerstag**
Ungarn. Das Parlament führt die Todesstrafe für Schwarzhandel ein.

**25. Samstag**
Malta. Wahlen zur Gesetzgebenden Versammlung bringen einen Sieg der Labour-Party unter P. Boffa.

**26. Sonntag**
Irak. Der Abzug der britischen Truppen ist beendet.
Kaschmir. Der herrschende Maharadscha Hari Singh vereinigt sein Land ungeachtet eines propakistanischen Aufstandes unter seinen vorwiegend islamischen Untertanen mit Indien.

**29. Mittwoch**
Benelux. Der Vertrag über die Zolleinheit zwischen Belgien, Luxemburg und den Niederlanden wird unterzeichnet.
Niederlande. In Amsterdam beginnt der Prozeß gegen den Maler Han van Meegeren, dem Fälschungen von Bildern Jan Vermeers, Gerard Terborchs und Pieter de Hooghs vorgeworfen werden (auch → S. 252).

**31. Freitag**
ČSR. Das Parlament der Slowakei, in dem die nichtkommunistische Demokratische Partei die Mehrheit hat, wird durch den kommunistischen Vorsitzenden Gustav Husák aufgelöst.

# November

**1. Samstag**
Peru. Ein Erdbeben in den Anden fordert 233 Tote.

**3. Montag**
Deutschland. Der Rheinpegel bei Kaub zeigt einen Wasserstand von 1 m an. Das ist der niedrigste Stand seit 1858. Der Schiffahrtsverkehr wird nahezu (stromaufwärts völlig) eingestellt.
Im Prozeß vor einem Nürnberger US-Militärgericht gegen Mitglieder des Reichssicherheits- und Wirtschaftshauptamtes (RSHA) wird neben anderen der ehemalige SS-Obergruppenführer Oswald Pohl wegen Verbrechen gegen die Menschlichkeit zum Tode verurteilt.
UNO. Die Vollversammlung verabschiedet eine Entschließung, nach der Südwestafrika Treuhandgebiet der Vereinten Nationen werden soll.

**4. Dienstag**
Deutschland. Polnische Truppen besetzen im Norden von Schwedt an der Oder einen Streifen deutschen Gebietes (50 km lang, bis 20 km breit) westlich der Oder.

**6. Donnerstag**
Internationales. Die stellvertretenden Außenminister der vier Großmächte führen in London vorbereitende Gespräche über einen Friedensvertrag mit Deutschland.

**7. Freitag**
Rumänien. Ana Pauker, die Generalsekretärin des ZK der KP, wird Nachfolgerin des Nationalliberalen Gheorghe Tătărescu als Außenminister. Tătărescu war vom kommunistisch dominierten Parlament das Vertrauen entzogen worden.

**8. Samstag**
Großbritannien. Zum ersten Mal seit dem 1. Weltkrieg werden Kartoffeln rationiert.
Saarland. Die Verfassunggebende Versammlung verabschiedet mit 48:1 Stimmen eine Verfassung, die den wirtschaftlichen Anschluß an Frankreich sowie politische Autonomie vorsieht.

**10. Montag**
Palästina. Die USA und die UdSSR erklären ihr Einverständnis zur Beendigung des britischen Palästina-Mandates am 31. 5. 1948.

**12. Mittwoch**
Dänemark. Ministerpräsident Hans Hedtoft bildet ein sozialdemokratisches Minderheitskabinett, nachdem die Regierung unter Knud Kristensen am 4. 10. über die Frage der dänischen Minderheit in Südschleswig stürzte.

**13. Donnerstag**
UNO. Die Ukraine wird nichtständiges Mitglied des Weltsicherheitsrats.

**17. Montag**
Deutschland. In Schönberg im

Taunus stirbt die Schriftstellerin und Historikerin Ricarda Huch im Alter von 83 Jahren.
Indien. Die Gesetzgebende Versammlung hält als vorläufiges Parlament ihre erste Sitzung ab.

**19. Mittwoch**
Frankreich. Ministerpräsident Ramadier tritt zurück. Die Gaullisten und Kommunisten hatten ihm vor allem eine falsche Wirtschaftspolitik vorgeworfen.

**20. Donnerstag**
Deutschland. In Basel stirbt der Schriftsteller Wolfgang Borchert im Alter von 26 Jahren (auch → S. 260).
Großbritannien. In der Westminster-Abtei findet die Trauung von Kronprinzessin Elizabeth und dem Prinzen Philip Mountbatten, der am Vortage zum Herzog von Edinburgh ernannt wurde, statt.

**21. Freitag**
USA. US-Präsident Truman ernennt General Omar Bradley zum Generalstabschef als Nachfolger von Dwight D. Eisenhower.

**23. Sonntag**
Belgien. Auf einem Royalistenkongreß in Brüssel wird die Rückkehr von König Leopold gefordert.

**24. Montag**
Frankreich. Robert Schuman bildet ein konservatives Kabinett ohne Beteiligung der Gaullisten und Kommunisten.

**25. Dienstag**
Internationales. In London beginnt die 6. Konferenz des Rates der Außenminister der vier Großmächte. Verhandlungsthemen sind die Friedensverträge mit Deutschland und Österreich.
UdSSR. Michail Suslow wird Sekretär des ZK der KPdSU.

**26. Mittwoch**
USA/Polen. Der ehemalige stellvertretende polnische Ministerpräsident Stanisław Mikołajczik, der wegen des Vorwurfes der Sabotage ins westliche Ausland fliehen mußte, kommt in den USA an.

**27. Donnerstag**
Bulgarien/Jugoslawien. Der jugoslawische Ministerpräsident Tito und sein bulgarischer Amtskollege Georgi Dimitrow unterzeichnen in Sofia ein Abkommen über gegenseitige Hilfe.
Deutschland. Das »Berliner Abkommen«, das den Warenaustausch zwischen Bizone und SBZ für das Jahr 1948 regelt, wird geschlossen.

**29. Samstag**
Palästina. Die Vollversammlung der UNO nimmt den Plan zur Aufteilung Palästinas vom 1.9. an. Nur wenige Stunden nach dieser Entscheidung werden sechs Juden durch Araber getötet.

# Dezember

**2. Dienstag**
Palästina. Arabische Palästinenser verwüsten ein jüdisches Geschäftsviertel in Jerusalem.

**3. Mittwoch**
Palästina. Bei heftigen Gefechten zwischen arabischen Palästinensern und jüdischen Hagana-Einheiten an der Grenze von Jaffa und Tel Aviv gibt es 12 Tote und 75 Verwundete.

**6. Samstag**
Berlin. Im sowjetischen Sektor findet der von der SED einberufene »Volkskongreß für Einheit und gerechten Frieden« statt. Offizielle Forderung des Kongresses ist die wirtschaftliche und politische Einheit Deutschlands. Die CDU-Vorsitzenden in der SBZ, Jacob Kaiser und Ernst Lemmer, weigern sich teilzunehmen. Sie werden von den sowjetischen Behörden abgesetzt und gehen in den Westen.

**8. Montag**
Jugoslawien/Ungarn. Der jugoslawische Ministerpräsident Tito und sein ungarischer Amtskollege Dinnyés unterzeichnen in Budapest einen gegenseitigen Beistandspakt für 20 Jahre.

**10. Mittwoch**
Iran. Ministerpräsident Ghavam as Sultaneh tritt zurück, nachdem er eine Vertrauensabstimmung im Parlament verloren hatte.
Nobelpreise. In Stockholm werden die diesjährigen Nobelpreise vergeben. Preisträger sind: André Gide (Literatur), Carl Cori, Gerty Cori-Radnitz und Bernardo Houssay (Medizin), Sir Edvard Appleton (Physik) und Robert Robinson (Chemie). Der Friedensnobelpreis geht in Oslo an die Society of Friends (Quäker).

**11. Donnerstag**
Bulgarien. Nach einer Kabinettsumbildung werden 13 von 23 Sitzen von Kommunisten besetzt. Georgi Dimitrow bleibt Ministerpräsident.

**14. Sonntag**
Venezuela. Bei den ersten allgemeinen Wahlen des Landes wird Rómulo Gallegos zum Staatspräsidenten gewählt.

**15. Montag**
Internationales. In London endet die 6. Konferenz des Rats der Außenminister der vier Großmächte ohne Übereinstimmung über Friedensverträge mit Österreich und Deutschland.
Saarland. Johannes Hoffmann (CVP) wird Ministerpräsident des Saarlandes.
Ungarn. Im Zuge der Erfüllung des Friedensvertrages verlassen die US-amerikanischen und britischen Truppen das Land.

**19. Freitag**
Sport. Sugar Ray Robinson gewinnt in Detroit die Boxweltmeisterschaft im Weltergewicht gegen Chuck Taylor.

**23. Dienstag**
Panama. Die USA räumen außerhalb der Kanalzone alle Militärstützpunkte.

**24. Mittwoch**
Rumänien. Der Vorsitzende der Kommunistischen Partei Emil Bodnaras wird Verteidigungsminister. Damit haben Vertreter der Kommunisten alle wichtigen Regierungsämter besetzt.

**26. Freitag**
China. Die neue Verfassung der Kuomintang tritt in Kraft. Die Stellung Tschiang Kaischeks bleibt unangetastet.
Griechenland. Das Militär schlägt einen Angriff von 2000 Guerillakämpfern auf den Verkehrsknotenpunkt Konitsa in der Nähe der albanischen Grenze zurück.

**29. Montag**
Palästina. Eine Bombe, die von der zionistischen Untergrundorganisation Irgun Zwai Leumi gelegt worden ist, tötet in Jerusalem elf Araber und zwei britische Soldaten.

**30. Dienstag**
Rumänien. König Michael wird zum Rücktritt gezwungen und geht ins Exil. Das Parlament proklamiert die Volksrepublik Rumänien.

*3.12. Palästina*
*Wachtposten der britischen Polizei und der jüdischen Hagana im Grenzgebiet zwischen Jaffa und Tel Aviv, wo es bei Gefechten 12 Tote gibt.*

*6.12. Berlin*
*S. 344–65*

**1948** *Ben Gurion ruft den Staat Israel aus.*

# 1948

## Januar

**1. Donnerstag**
Benelux. Die Zollunion zwischen Belgien, den Niederlanden und Luxemburg tritt in Kraft.
Bizone. In Hamburg wird mit Genehmigung der britischen Behörden der Nordwestdeutsche Rundfunk (NWDR) als Anstalt des öffentlichen Rechts errichtet.
Großbritannien. 12 000 deutsche Seeleute, die bisher im Minenräumdienst beschäftigt waren, werden aus der Kriegsgefangenschaft entlassen.

**3. Samstag**
Saarland. Im Saarland wird die französische Währung eingeführt.

**4. Sonntag**
Birma. Ministerpräsident Thakin Nu ruft die unabhängige Birmanische Union aus.

**8. Donnerstag**
Deutschland. In Ambleside (England) stirbt der Dichter, Maler, Graphiker und Bildhauer Kurt Schwitters im Alter von 60 Jahren. Er war einer der Wegbereiter und Wortführer des Dadaismus.
Österreich. In London stirbt der Tenor Richard Tauber im Alter von 56 Jahren (auch → S. 280).

**9. Freitag**
Palästina. Syrische Truppen greifen von Libanon aus zwei jüdische Siedlungen an. Sie werden von britischen Streitkräften zurückgetrieben.

**10. Samstag**
Indochina. Die französische Regierung bittet den früheren vietnamesischen Kaiser Bao Dai, eine Konferenz der führenden vietnamesischen politischen Kräfte einzuberufen, damit der Frieden in der Indochinesischen Föderation wiederhergestellt werden kann.

**11. Sonntag**
Wissenschaft. Die US-amerikanische Universität in Beirut gibt bekannt, daß ein neues Serum gegen Cholera entwickelt worden ist.

**13. Dienstag**
Indien. Mahatma Gandhi, der geistige Führer der Hindus, tritt in den Hungerstreik, um gegen die Zusammenstöße zwischen Moslems, Sikhs und Hindus zu protestieren.

**15. Donnerstag**
Irak. Großbritannien schließt mit dem Irak für die Dauer von 20 Jahren ein Abkommen über die Stationierung von britischen Truppen auf zwei irakischen Luftwaffenstützpunkten.

**17. Samstag**
Indonesien/Niederlande. Der Waffenstillstand zwischen den Niederlanden und der Republik Indonesien wird an Bord des Schiffes »Renville« unterzeichnet.
Kaschmir. Der Weltsicherheitsrat beschließt seine dreitägigen Beratungen über die Kaschmirfrage mit einem Waffenstillstandsaufruf und dem Vorschlag an Indien und Pakistan, über den Status von Kaschmir zu verhandeln.

**18. Sonntag**
Indien. Mahatma Gandhi beendet seinen Hungerstreik, weil Führer von Moslems, Sikhs und Hindus es nicht zu weiteren Zusammenstößen kommen lassen wollen.

**21. Mittwoch**
Malaysia. Großbritannien unterzeichnet ein Abkommen, durch das die Malaiische Föderation gegründet wird. Zu dieser Föderation gehören neben den malaiischen Staaten die britischen Niederlassungen Penang und Malakka.
Palästina. Die britische Regierung weigert sich, auf Vorschlag der UNO ab 1. 2. einen Hafen und einen Gebietsstreifen für die wachsende Zahl jüdischer Einwanderer zur Verfügung zu stellen.

**22. Donnerstag**
Irak. Studentische Proteste gegen den am 15. 1. mit Großbritannien geschlossenen Vertrag führen in Bagdad zu Unruhen. Elf Demonstranten kommen ums Leben. Am 27. 1. tritt die Regierung zurück.

**23. Freitag**
Bizone. Eine Million Arbeiter in Bayern streiken wegen der fortdauernden Lebensmittelknappheit.
Italien. Die Sozialistische Partei beschließt für die nächsten Wahlen eine Zusammenarbeit mit den Kommunisten.

**26. Montag**
Deutschland. In Stockholm stirbt der Graphiker Thomas Theodor Heine im Alter von 80 Jahren. Er war Mitgründer der Zeitschrift »Simplicissimus« (1896).
Westeuropa. In Europa beginnt eine Konferenz von 16 Staaten, die sich am Programm des Marshallplans beteiligen. Ziel der Gespräche ist eine Koordination der Marshallplanhilfe.

**27. Dienstag**
Bizone. Johannes Semmler, Direktor der Wirtschaftsverwaltung der Bizone, wird wegen seiner Erlanger Rede vom 4. 1., in der er die Besatzungspolitik kritisierte, von den

*23. 1. Bizone S. 248–40*

*8. 1. Deutschland »Collage« aus dem Jahre 1923 von Kurt Schwitters.*

**30. 1. Indien**
*Das letzte Foto Mahatma Gandhis vor dessen Tod, drei Tage vor dem Anschlag eines Hindu-Extremisten. Gandhi verläßt ein islamisches Heiligtum, das er besuchte, um Hindus und Moslems zu versöhnen.*

**30. 1. Sport**
*Blick in das Eisstadion von St. Moritz.*

Militärgouverneuren Clay und Robertson entlassen.

**29. Donnerstag**
Irak. Mohammed el Sadr, ein Gegner des am 15. 1. geschlossenen Vertrages zwischen Irak und Großbritannien, wird neuer Ministerpräsident.

**30. Freitag**
Indien. In Delhi wird der indische Staatsmann Mahatma Gandhi von einem hinduistischen Fanatiker erschossen. Das Attentat führt zum Ausbruch heftiger Unruhen in Bombay und Kalkutta.
Sport. In St. Moritz (Schweiz) werden die 5. Olympischen Winterspiele eröffnet. 28 Nationen nehmen teil. Deutschland ist von der Teilnahme ausgeschlossen.
USA. In Dayton stirbt der Flugpionier Orville Wright im Alter von 76 Jahren. Er erbaute mit seinem Bruder Wilbur das erste flugtüchtige Motorflugzeug.

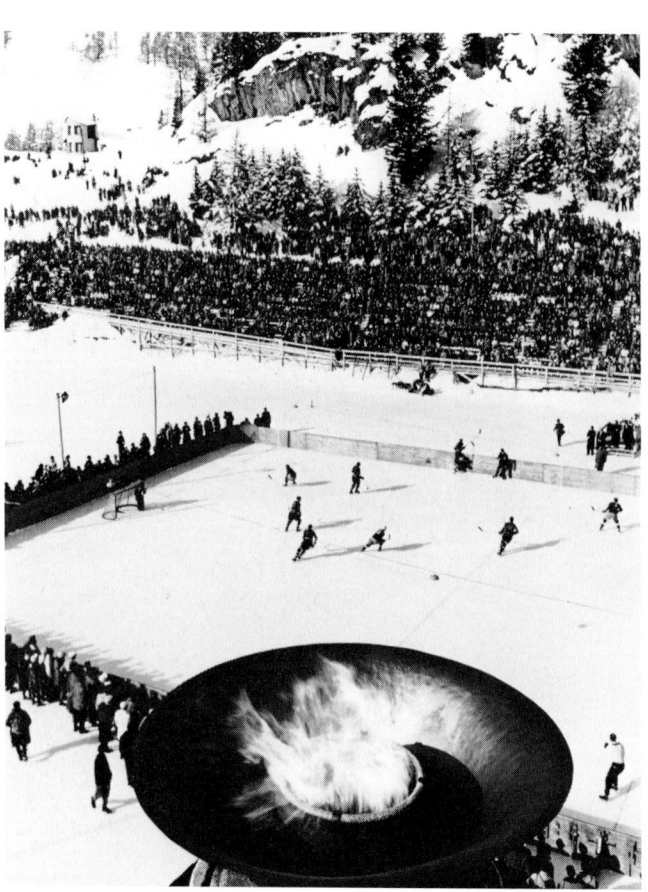

**31. Samstag**
Indonesien. Staatspräsident Sukarno gibt die Zusammensetzung eines neuen Kabinetts bekannt. Mohammed Hatta wird neuer Ministerpräsident.

# Februar

**2. Montag**
Italien/USA. Beide Länder unterzeichnen einen Freundschafts-, Handels- und Schiffahrtsvertrag. Dadurch wird der entsprechende Vertrag aus dem Jahre 1871, der 1937 von Mussolini nicht mehr verlängert worden war, ersetzt.

**4. Mittwoch**
Ceylon. Als erste britische Kronkolonie erhält Ceylon als unabhängiges Mitglied des Commonwealth den Status eines Dominion. Neue Hauptstadt wird Colombo.
Irak. Die Regierung kündigt den am 15. 1. mit Großbritannien geschlossenen Verteidigungspakt.
Irland. Bei den Parlamentswahlen verliert die Fianna Fail die absolute Mehrheit. Premierminister de Valera tritt daraufhin am 11. 2. nach sechzehnjähriger Amtszeit zurück. Sein Nachfolger wird John Costello von der Fine Gael Partei.

**7. Samstag**
USA. General Omar Bradley wird als Nachfolger von General Dwight D. Eisenhower neuer US-amerikanischer Generalstabschef.

**8. Sonntag**
Sport. In St. Moritz (Schweiz) geht die 5. Winterolympiade zu Ende. Für Österreich gewinnt Trude Beiser eine Goldmedaille in der Alpinen Kombination. Für die Schweiz gewinnen Gold Edy Reinalter im Spezialslalom, Felix Endrich und Friedrich Waller im Zweierbob sowie Hedy Schlunegger in der Abfahrt.

**9. Montag**
Deutschland. In München stirbt der Komiker Karl Valentin (65).

**10. Dienstag**
Frankreich/Spanien. Die Grenze zwischen beiden Ländern wird nach zwei Jahren wieder für den normalen Reise- und Postverkehr geöffnet.

**11. Mittwoch**
UdSSR. In Moskau stirbt der Filmregisseur Sergej Michailowitsch Eisenstein im Alter von 50 Jahren.

**13. Freitag**
Antarktis. Chile weist einen britischen Protest gegen die Einrichtung einer chilenischen Basis auf der Greenwichinsel, rd. 1200 km südlich von Chile, zurück.

**15. Sonntag**
Venezuela. Rómulo Gallegos löst nach Wahlen Rómulo Betancourt als Staatspräsident ab.

**16. Montag**
Palästina. In einem Bericht an den Weltsicherheitsrat dringt das Palästinakomitee auf die Bildung einer UN-Friedenstruppe für Palästina, damit nach Ablauf des britischen Mandats ein Ordnungsfaktor im Lande vorhanden sei.

**18. Mittwoch**
Jemen. König Jahja wird bei Sana ermordet. Sein Sohn, Imam Ahmed Abdullah ibn Jahja, wird sein Nachfolger.

**20. Freitag**
ČSR. 12 nichtkommunistische Minister treten wegen eines Streits über die Besetzung hoher Positionen im Polizeiapparat mit kommunistischen Funktionären zurück.

**23. Montag**
Deutschland. In London beginnt eine Sechsmächtekonferenz der Westalliierten und der Benelux-Staaten über die politische und wirtschaftliche Zukunft Westdeutschlands.

**24. Dienstag**
ČSR. In allen Betrieben wird auf Veranlassung der Kommunisten gestreikt, um das neue, von ihnen erstellte Wirtschafts- und Sozialprogramm durchzusetzen. Die Kommunisten bilden Aktionskomitees, die Nichtkommunisten aus der Verwaltung entfernen sollen.
Rumänien. Das Parlament löst sich selbst auf und schreibt Wahlen für eine Verfassunggebende Versammlung aus.

**25. Mittwoch**
Bizone. Die britische Militärverwaltung verfügt die Gründung der Max-Planck-Gesellschaft zur Förderung der Wissenschaften. Sie ist Rechtsnachfolgerin der 1911 gegründeten Kaiser-Wilhelm-Gesellschaft.
ČSR. Ministerpräsident Klement Gottwald bildet ein neues Kabinett, das zur Hälfte aus Kommunisten besteht.

**März 1948**

**27. Freitag**
China. Kommunistische Truppen erobern den mandschurischen Hafen Yingkou. Damit wird es den Nationalchinesen unmöglich gemacht, Verstärkungen in die Mandschurei zu entsenden.

**28. Samstag**
ČSR. Rudolf Slánský, der Generalsekretär der KPC, wird zum Vorsitzenden einer Regierungskommission ernannt, die den Auftrag hat, »die Gesellschaft von reaktionären Elementen zu säubern«.

**29. Sonntag**
ČSR. Ministerpräsident Gottwald erklärt, daß mit der Aufteilung des privaten Grundbesitzes begonnen werden soll. Einige ausländische Zeitschriften werden verboten.

# März

**2. Dienstag**
Bizone. Ein mit ministeriellen Befugnissen ausgestatteter Verwaltungsrat wird gebildet. Ludwig Erhard wird als Nachfolger von Johannes Semler Direktor der Wirtschaftsverwaltung. Hermann Pünder (CDU) wird Oberdirektor. In Frankfurt am Main wird die Bank Deutscher Länder gegründet.
SBZ. In Leipzig wird die erste Leipziger Messe nach dem Krieg eröffnet.

**3. Mittwoch**
Indochina. Vietnamesische Guerillatruppen überfallen zwischen Saigon und Da Lat einen französischen Konvoi. Dabei gibt es auf französischer Seite 175 Tote.

**4. Donnerstag**
Argentinien/Chile. Beide Länder beschließen im Streit mit Großbritannien um die Gebietsansprüche in der Antarktis gemeinsame Abstimmungsmaßnahmen.
Rumänien. Der ehemalige König Michael widerruft in London seinen Thronverzicht, weil dieser ihm von einer Regierung abgezwungen wurde, die mit Hilfe des Auslandes (der UdSSR) an die Macht gekommen ist.

**6. Samstag**
Deutschland. Auf der Londoner Außenministerkonferenz beschließen die USA, Frankreich und Großbritannien sowie Vertreter der Benelux-Staaten die Beteiligung der deutschen Westzonen am wirtschaftlichen Wiederaufbauprogramm.

**8. Montag**
Palästina. Die Streitkräfte der Hagana und die extremistische Irgun Zwai Leumi beschließen die Koordination ihrer Aktionen.

**9. Dienstag**
Ungarn. Auf dem Parteitag der Sozialdemokratischen Partei wird die Vereinigung mit der Kommunistischen Partei beschlossen.

**10. Mittwoch**
ČSR. In Prag stirbt Außenminister Jan Masaryk im Alter von 61 Jahren unter ungeklärten Umständen. Nach Darstellungen aus Regierungskreisen soll er sich in einem Anfall von Depression aus dem Fenster gestürzt haben.
USA. Das Observatorium der Harvard-Universität gibt die Entdeckung eines neuen Uranusmondes bekannt.

**11. Donnerstag**
ČSR. Auf der ersten Sitzung nach der Machtübernahme durch die Kommunisten beschließt das Parlament, alle Betriebe mit mehr als 50 Beschäftigten und alle landwirtschaftlichen Betriebe mit mehr als 50 ha Land zu verstaatlichen.
Palästina. Das Hauptquartier der Jewish Agency in Jerusalem wird bei einem Bombenanschlag schwer beschädigt; 12 Personen kommen ums Leben, 89 werden verletzt.

**12. Freitag**
Frankreich. Im Norden des Landes und in Elsaß-Lothringen streiken die Bergarbeiter für höhere Löhne.

**13. Samstag**
ČSR. Anläßlich des Staatsbegräbnisses für den am 10. 3. verstorbenen Außenminister Masaryk beschuldigt Ministerpräsident Gottwald die westliche Presse, durch ihre Kommentare Masaryk zum Selbstmord getrieben zu haben.

**14. Sonntag**
USA. Nach mehrtägiger Debatte billigt der Senat einen Plan, der für das Jahr 1948 Marshallplanhilfe für 16 europäische Staaten vorsieht.

**15. Montag**
Großbritannien. Premierminister Attlee kündigt vor dem Unterhaus die Entfernung von Kommunisten und Faschisten aus dem öffentlichen Dienst an.

**16. Dienstag**
Deutschland. Die Alliierten geben den Telegramm- und Telefonverkehr mit dem Ausland in allen 4 Zonen wieder frei.

**17. Mittwoch**
Westeuropa. Vertreter Frankreichs, Großbritanniens und der Benelux-staaten unterzeichnen den Brüsseler Vertrag, der auf 50 Jahre die militärische, wirtschaftliche und kulturelle Zusammenarbeit dieser Staaten regelt.

**18. Donnerstag**
SBZ. In Berlin beschließt ein Volkskongreß die Einrichtung eines deutschen Volksrates als »ersten Schritt in Richtung auf eine Verfassunggebende Versammlung für Deutschland«.

**19. Freitag**
ČSR. Nachfolger des am 10. 3. verstorbenen Außenministers Masaryk wird Vladimir Clementis.
Palästina. Die UN-Vertretung der USA erklärt, daß der Teilungsbeschluß der Vollversammlung vom 29. 11. 1947 von ihr nicht mehr unterstützt werde. Sie zöge eine UN-Treuhandschaft für Palästina vor.

**20. Samstag**
Deutschland. In einer Sitzung des Alliierten Kontrollrates verlangt der sowjetische Marschall Wassilij Sokolowskij, über die Beschlüsse der Londoner Sechsmächtekonferenz unterrichtet zu werden. Als dies von den Westmächten abgelehnt wird, verläßt die sowjetische Delegation die Sitzung des Alliierten Kontrollrats.
Frankreich/Italien. In Turin unterzeichnen die Außenminister beider Länder, Bidault und Sforza, ein Abkommen, das die Bildung einer Zollunion vorsieht.

**22. Montag**
Triest. Die italienische Regierung will über den Vorschlag der Westalliierten bezüglich einer Rückgabe Triests an Italien verhandeln. Sie lehnt den jugoslawischen Vorschlag eines Verzichts auf Triest im Austausch für die Grenzstadt Gorizia ab.

**23. Dienstag**
Luftfahrt. Der britische Pilot John Cunningham stellt mit einer De Havilland mit 18 045 m einen neuen »Höhenrekord für Flugzeuge« auf.
Palästina. Die Jewish Agency für Palästina beschließt, am 16. 5. (einen Tag, nachdem das britische

*11. 2. UdSSR*
*Sergej Eisenstein*

*18. 3. SBZ*
*S. 344–65*

*11. 3. Palästina*
*Das britische Mandatsgebiet wird von Bombenanschlägen erschüttert.*

**25. »Lebensraum im Osten«**
*Deutsche Panzer und Infanterie greifen sowjetische Stellungen an.*

**26. Stalingrad**
*Einer der endlosen Züge deutscher Kriegsgefangener, Februar 1943.*

**27. D-Day**
*Die 4. amerikanische Infanteriedivision geht an Land.*

**28. Berlin**
*Auch die Alten werden noch mobilisiert: Volkssturmmänner beim Appell.*

**29. Das Ende**
*Sowjetische Soldaten im Gebäude der Berliner Reichskanzlei, Mai 1945.*

**30. Die Sieger in Deutschland**
*Bei Torgau an der Elbe trafen amerikanische und sowjetische Truppen im April 1945 zusammen.*

# Mai

**1. Samstag**
Griechenland. Justizminister Christos Ladas wird durch ein Attentat getötet. Aus Regierungskreisen verlautet, daß der Mörder einem kommunistischen Kommando angehört habe.
Korea. Das unter sowjetischem Einfluß stehende Volkskomitee von Nordkorea ruft die Volksrepublik aus und führt eine Verfassung nach sowjetischem Vorbild ein.

**2. Sonntag**
Deutschland. In Wiesbaden stirbt der Autofabrikant Wilhelm von Opel im Alter von 76 Jahren.
USA. General Eisenhower legt seine gesamten militärischen Ämter nieder.

**6. Donnerstag**
Österreich. Die Londoner Verhandlungen der vier Großmächte über den Friedensvertrag mit Österreich werden nach etwa 100 Einzelkonferenzen auf unbestimmte Zeit vertagt. Die Westmächte verweigern den sowjetischen und jugoslawischen Forderungen auf österreichisches Gebiet ihre Anerkennung. Außerdem wollen sie Österreich keine Reparationszahlungen auferlegen.

**8. Samstag**
Bizone. Aus Protest gegen die Erhöhung der Lebensmittelrationen für Bergleute im Ruhrgebiet legen 90 000 Arbeiter in München und Hannover die Arbeit nieder.
Italien. Zum ersten Mal seit 1923 tritt der Senat wieder zusammen.

**9. Sonntag**
ČSR. Das Parlament verabschiedet eine neue Verfassung nach sowjetischem Muster.
Panama. Die Präsidentschaftswahlen gewinnt der Führer der Revolutionspartei Arnulfo Arías.
Sport. Der Sowjetrusse Michail Botwinnik wird in Moskau Schachweltmeister.

**10. Montag**
Korea. Die Wahlen in der US-amerikanischen Zone, die unter Aufsicht der Vereinten Nationen stattfinden, gewinnt die Partei des gemäßigt konservativen Politikers Syngman Rhee.
Westeuropa. In Den Haag geht ein Kongreß über die europäische Einheit zu Ende; 800 Abgesandte aus ganz Westeuropa tagten unter dem Vorsitz des ehemaligen britischen Premierministers Churchill.

**12. Mittwoch**
Italien. Das Parlament wählt den liberalen Politiker Luigi Einaudi für eine Amtszeit von sieben Jahren zum ersten Staatspräsidenten.

**13. Donnerstag**
Arabische Liga. Bei einem Treffen in Damaskus erklärt die Liga den Juden in Palästina den Krieg.

**14. Freitag**
Palästina. Um Mitternacht läuft das britische Mandat über Palästina ab. Einige Stunden zuvor proklamiert David Ben Gurion in Tel Aviv den unabhängigen Staat Israel, der sofort von der UdSSR und den USA anerkannt wird.

**15. Samstag**
Israel. Die britischen Truppen haben das Land verlassen. Arabische Truppen aus Ägypten, Syrien, Irak und dem Libanon fallen ins Land ein und besetzen u. a. die Stadt Jericho und den Gazastreifen. Die Armee Transjordaniens hatte bereits vorher in die Kämpfe eingegriffen. Eine jüdische Regierung unter Leitung von David Ben Gurion übernimmt die Staatsgeschäfte.

**16. Sonntag**
Israel. Chaim Weizmann wird zum Präsidenten gewählt. Die Regierung beantragt die Mitgliedschaft Israels bei den Vereinten Nationen.

**20. Donnerstag**
Israel. Die transjordanische Arabische Legion unter Führung des britischen Generals Glubb erobert große Teile der Altstadt Jerusalems.
UNO. Die Vertreter der fünf Großmächte bestimmen einstimmig Graf Folke Bernadotte, den Vorsitzenden des schwedischen Roten Kreuzes, zum UN-Vermittler im Palästinakonflikt.

**23. Sonntag**
Italien. Ministerpräsident De Gasperi bildet sein sechstes Kabinett seit 1945, das vornehmlich aus Christdemokraten und gemäßigten Sozialisten besteht.

**24. Montag**
Griechenland. Die Balkankommission der Vereinten Nationen bestätigt die Feststellung der griechischen Regierung, daß die Kommunisten zahlreiche griechische Kinder in kommunistische Staaten deportiert haben.

**25. Dienstag**
Israel/USA. Der israelische Staatspräsident Weizmann besucht US-Präsident Truman. Er spricht dabei die Hoffnung aus, daß die USA ihr Waffenembargo aufheben und Israel eine Summe von 100 Mill. US-Dollar zur Verfügung stellen.

**26. Mittwoch**
Südafrika. Bei Wahlen zum Abgeordnetenhaus gewinnt die Nationalpartei Daniel Malans. Er ist ein Vertreter der Apartheidspolitik und löst Jan Smuts als Premierminister ab.

**28. Freitag**
Israel. Nach neuntägiger Belagerung werden 300 jüdische Soldaten in der Altstadt Jerusalems zur Übergabe an die Arabische Legion gezwungen. Der größere Teil der Neustadt bleibt unter jüdischer Kontrolle.

**29. Samstag**
UNO. Der Weltsicherheitsrat nimmt eine Resolution an, in der erneut zu einem Waffenstillstand in Israel aufgerufen wird. Außerdem fordert die Resolution zu einem weltweiten Waffenembargo für den Nahen Osten auf. Die UNO droht mit Militäraktionen, falls Juden und Araber den Aufruf ignorieren.

**30. Sonntag**
ČSR. Bei Parlamentswahlen steht nur eine Einheitsliste mit der KP als stärkster Partei zur Wahl.

**31. Montag**
Deutschland. Vertreter der USA, Großbritanniens, Frankreichs, der Niederlande, Belgiens und Luxemburgs treffen sich in London zu Beratungen über die Bildung einer westdeutschen Regierung mit beschränkten Vollmachten.

# Juni

**1. Dienstag**
Israel. Israel und die Arabische Liga erklären sich bereit, mit dem UN-Vermittler Graf Folke Bernadotte über einen Waffenstillstand zu verhandeln.

*6. 5. Österreich*
*S. 368–68*

*14. 5. Palästina*
*S. 368–72*

*14. 5. Palästina*
*Das britische Mandat endet. Sir Alan Cunningham, der britische Hochkommissar, verabschiedet sich von seiner Leibwache.*

## Juli 1948

Kuba. Carlos Prío Socarras wird zum Staatspräsidenten gewählt.

**4. Freitag**
USA. Der Kongreß beschließt eine Verminderung der Marshallplanhilfe um 25%.

**5. Samstag**
Indochina. An Bord eines Kriegsschiffes in der Alongbucht unterzeichnen der französische Hochkommissar Émile Bollaert, Bao Dai, der frühere Kaiser von Annam, und Nguyen Van Xuan, Präsident der vorläufigen vietnamesischen Regierung, einen Vertrag über die Unabhängigkeit Vietnams im Rahmen der Französischen Union.

**6. Sonntag**
Ecuador. Galo Plaza Lasso, der Kandidat der liberalen Partei, gewinnt die Präsidentschaftswahlen.
Frankreich. In Bandol stirbt Louis Lumière im Alter von 83 Jahren. Zusammen mit seinem Bruder Auguste erfand er den Kinematographen.
Ungarn. Kardinal Mindszenty ruft die Katholiken auf, die Regierungszeitungen nicht zu lesen, weil diese Lügen verbreiten.

**7. Montag**
ČSR. Staatspräsident Beneš tritt, wie offiziell verlautet, aus Gesundheitsgründen zurück. Er war Gegner der neuen Verfassung.
Internationales. Die Londoner Konferenz wird durch ein Kommuniqué abgeschlossen, in dem als Ziel die Bildung eines föderierten westdeutschen Staates formuliert wird. Ausländische Truppen sollen solange in Deutschland stationiert bleiben, bis der Frieden in Europa gesichert ist.

*7. 6. ČSR*
*Staatspräsident Edvard Beneš.*

*20. 6. Deutschland*
*S. 264–44*

*24. 6. Berlin*
*S. 304–51*

*1. 7. Berlin*
*S. 304–53*

*20. 6. Deutschland*
*Blick in eine Hamburger Umtauschstelle.*

Israel. UN-Vermittler Graf Folke Bernadotte macht einen Vorschlag für eine Feuereinstellungsvereinbarung unter den folgenden Bedingungen: Begrenzung der jüdischen Einwanderung, Unterbrechung der Zuführung neuer arabischer Truppen und freier Zugang unter Aufsicht des Internationalen Roten Kreuzes nach Jerusalem und Jaffa.

**9. Mittwoch**
Israel. Die von Graf Bernadotte am 7. 6. gemachten Vorschläge für eine Feuereinstellung werden von Israel und der Arabischen Liga akzeptiert. Die Vereinbarung tritt am 11. 6. in Kraft und gilt bis zum 8. 7.

**11. Freitag**
USA. Das Luftfahrtministerium gibt bekannt, daß es gelungen ist, ein Flugzeug zu entwickeln, das schneller als der Schall fliegt.

**12. Samstag**
Ungarn. Kommunisten und Sozialisten vereinigen sich zur Ungarischen Arbeiterpartei.

**14. Montag**
Berlin. Die sowjetischen Behörden blockieren den Kohletransport per Schiff von der britischen Zone nach Berlin.
ČSR. Klement Gottwald wird als Nachfolger von Edvard Beneš Staatspräsident. Ministerpräsident wird Antonín Zápotocký, der bisherige stellvertretende Ministerpräsident.

**15. Dienstag**
Israel. Die zionistische Irgun Zwai Leumi wird als Jüdische Freiheitsbewegung unter Menachem Begin politische Partei.

**17. Donnerstag**
Italien. Per Gesetz werden Männer und Frauen im Beruf und bei der Entlohnung gleichgestellt.

**18. Freitag**
Israel. UN-Vermittler Folke Bernadotte trifft auf der griechischen Insel Rhodos ein, um mit Vertretern der arabischen Staaten und Israels über einen Friedensvertrag zu verhandeln.

**20. Sonntag**
Deutschland. In den Westzonen (Berlin ausgenommen) wird eine Währungsreform durchgeführt. Neue Währungseinheit wird die Deutsche Mark (D-Mark), die in 100 Pfennige eingeteilt ist. Jeder Bürger erhält zunächst 40 DM (»Kopfgeld«). Für einen Großteil der Waren wird die Preisbindung aufgehoben (auch → S. 236).

**23. Mittwoch**
Großbritannien. König George VI. teilt mit, daß er auf den Titel »Kaiser von Indien« nach der Unabhängigkeit Indiens im Jahre 1947 verzichtet.
SBZ. In der sowjetisch besetzten Zone wird ebenfalls eine Währungsreform durchgeführt.

**24. Donnerstag**
Berlin. Die sowjetischen Militärbehörden beginnen mit einer Großblockade der Berliner Westsektoren, weil ihr Versuch, die Währungsreform in der sowjetischen Zone auf ganz Berlin zu übertragen, gescheitert ist. US-Flugzeuge übernehmen die Versorgung der Stadt aus der Luft (auch → S. 225).
Internationales. In Warschau geht eine Konferenz von acht osteuropäischen Staaten (UdSSR, Albanien, Bulgarien, Jugoslawien, Polen, Rumänien, ČSR und Ungarn) zu Ende. Es wird die Politik der Westmächte kritisiert, weil sie eine Spaltung Deutschlands betreibe und die Potsdamer Beschlüsse bezüglich der Errichtung einer gesamtdeutschen Regierung mißachte.
USA. Thomas Dewey wird Präsidentschaftskandidat der Republikaner.

**25. Freitag**
Sport. In New York verteidigt Joe Louis zum 25. Male seinen Titel als Boxweltmeister im Schwergewicht. Danach erklärt er seinen Rücktritt (auch → S. 283).

**26. Samstag**
Berlin. Die US-Luftwaffe verdoppelt ihre Flüge nach Westberlin, um die Versorgung der Stadt sicherzustellen.

**28. Montag**
Jugoslawien. Die Kommunistische Partei Jugoslawiens wird aus dem Kominform ausgeschlossen (auch → S. 212).

# Juli

**1. Donnerstag**
Berlin. Die sowjetischen Behörden stellen ihre Mitarbeit in der Viermächte-Kommandantur Berlins ein. Diese hört damit auf zu bestehen.

**2. Freitag**
Finnland. Bei Parlamentswahlen erleidet die kommunistische Volksdemokratische Union schwere Verluste. Sie verliert 13 ihrer 51 Parlamentsmandate.

**3. Samstag**
Albanien. Die Regierung bricht die Handelsbeziehungen mit Jugoslawien ab. Außerdem werden jugoslawische Militärs und Diplomaten des Landes verwiesen.
Berlin. In Berlin findet eine Konferenz der vier Militärgouverneure

statt. Die westlichen Alliierten fordern die Aufhebung der Blockade. Da die Vertreter der UdSSR diese Forderung ablehnen, muß die Versorgung Berlins auf dem Luftweg fortgesetzt werden.
SBZ. Die Kasernierte Volkspolizei, die Keimzelle einer Armee, wird gegründet.

**5. Montag**
Großbritannien. Das Gesundheitswesen wird verstaatlicht.

**8. Donnerstag**
Israel. Der israelisch-arabische Krieg wird nach Ablauf der vereinbarten Feuereinstellung fortgesetzt.
Kaschmir. Eine fünfköpfige UN-Delegation kommt in Karatschi an, um im Konflikt zwischen Indien und Pakistan zu vermitteln.

**10. Samstag**
Israel. Israelische Truppen besetzen den Flugplatz von Lod. Dabei können sie zum ersten Mal seit Ausbruch der bewaffneten Auseinandersetzungen mit den Arabern zwölf Panzer einsetzen.
Türkei. Das Parlament verabschiedet ein neues Wahlrecht, das die geheime Wahl und die öffentliche Auszählung der Stimmen vorschreibt.

**12. Montag**
Großbritannien. Die letzten im Land befindlichen deutschen Kriegsgefangenen werden repatriiert.

**14. Mittwoch**
Italien. Bei einem Attentat eines sizilianischen Studenten wird KP-Chef Togliatti schwer verletzt. Daraufhin rufen die Gewerkschaften unter dem Vorwand des Protests gegen das Attentat zum Generalstreik gegen die Regierung De Gasperi auf.

**15. Donnerstag**
Saarland. Eine besondere saarländische Staatsangehörigkeit wird eingeführt, durch die die deutsche automatisch verloren geht.
USA. Auf dem Konvent der Demokratischen Partei wird Harry S. Truman zum Präsidentschaftskandidaten gewählt.

**16. Freitag**
Italien. Der am 14. 7. ausgerufene Streik wird beendet. Bei den zweitägigen Unruhen kamen 14 Menschen ums Leben. 286 wurden verletzt.

**18. Sonntag**
Israel. Durch UN-Vermittlung wird eine neue, zunächst unbefristete Feuereinstellung vereinbart.

**21. Mittwoch**
Frankreich. Staatspräsident Vincent Auriol ernennt den Führer der Radikalsozialisten, André Marie, zum Ministerpräsidenten, nachdem das Kabinett Schuman am 19. 7. zurückgetreten war.

**22. Donnerstag**
Deutschland. Auf einer Konferenz in Rüdesheim betonen die Ministerpräsidenten der westdeutschen Länder, daß die Gründung eines westdeutschen Staates nur eine Etappe zur Wiederherstellung der deutschen Einheit sein dürfe.
Kanada. Bei einer Volksabstimmung in Neufundland spricht sich eine knappe Mehrheit für einen Anschluß an Kanada aus.

**23. Freitag**
USA. In Hollywood stirbt der US-amerikanische Filmregisseur David Wark Griffith im Alter von 68 Jahren.

**24. Samstag**
UNO. Auf ihrer ersten Jahresvollversammlung wählt die Weltgesundheitsorganisation Genf zu ihrem Hauptsitz. Der Kanadier Brock Chisholm wird zum Generaldirektor der neuen Behörde gewählt.

**25. Sonntag**
Bizone. Der ehemalige SS-Obersturmbannführer Otto Skorzeny, der 1943 den italienischen Diktator Mussolini vom Gran Sasso befreite, entkommt aus einem Gefangenenlager bei Darmstadt.
Sport. Der italienische Radrennfahrer Gino Bartali gewinnt die Tour de France.

**26. Montag**
Frankreich. Ministerpräsident André Marie gibt die Zusammensetzung seines Kabinetts bekannt. Robert Schuman wird Außenminister, Léon Blum stellvertretender Ministerpräsident.
USA. Die Rassendiskriminierung in der Armee wird verboten.

**28. Mittwoch**
Bizone. Im Bereich der chemischen Fabriken I. G. Farben in Ludwigshafen kommt es zu einer Explosion. Dabei kommen 184 Menschen ums Leben, 2500 weitere werden verwundet.

**29. Donnerstag**
Finnland. Karl Fagerholm bildet eine neue Regierung, die ausschließlich aus Sozialdemokraten besteht.
Jugoslawien. Auf dem Parteitag der KP wird Tito als Parteichef wiedergewählt. Dieser beschuldigt das Kominform, zum Bürgerkrieg in Jugoslawien aufzurufen.
Sport. König George VI. von Großbritannien eröffnet im Londoner Wembleystadion die 14. Olympischen Sommerspiele.

**30. Freitag**
Ungarn. Zoltán Tildy tritt als Staatspräsident zurück, weil sein Schwiegersohn unter dem Vorwurf des Hochverrates verhaftet wurde.

**31. Samstag**
Deutschland. Das US-amerikanische Gericht in Nürnberg erklärt Alfried Krupp von Bohlen und Halbach und 10 seiner Mitangeklagten für schuldig, kriegsgefangene Arbeitskräfte ausgebeutet und besetzte Gebiete geplündert zu haben. Krupp wird zu 12 Jahren Gefängnis verurteilt.

# August

**2. Montag**
Berlin. In Moskau führen US-amerikanische, britische und französische Regierungsvertreter Gespräche mit Parteichef Stalin und Außenminister Molotow. Die UdSSR ist zur Aufgabe der Berlinblockade bereit, wenn für Deutschland eine

*24. 6. Berlin*
*Die Bevölkerung der Westberliner Sektoren ist auf Versorgung aus der Luft angewiesen, nachdem die UdSSR alle anderen Zufahrtswege abgeschnitten hat.*

*25. 7. Sport*
*Gino Bartali*

## August 1948

*29. 7. Sport*
*In London werden die 14. Olympischen Sommerspiele eröffnet.*

*10. 8. Westdeutschland*
*S. 264–47*

*14. 8. Sport*
*S. 248–42*

*26. 8. Berlin*
*S. 304–53*

*15. 8. Korea*
*Feierlichkeiten in Soul anläßlich der Ausrufung der Republik Südkorea.*

einheitliche Währungsregelung durchgeführt wird.

**3. Dienstag**
Ungarn. Arpád Szakasits wird als Nachfolger Zoltán Tildys Staatspräsident.

**5. Donnerstag**
Israel fordert die Arabische Liga zu sofortigen Verhandlungen auf.

**7. Samstag**
Berlin. Die US-Streitkräfte eröffnen den Flughafen Spandau, um die Effektivität der Luftbrücke zu verbessern.

**8. Sonntag**
Kirchenfragen. Die Anglikanische Kirche beendet die Lambethkonferenz, eine Zusammenkunft aller ihrer Bischöfe, die seit 1867 alle 10 Jahre durchgeführt wird. Auf der Schlußsitzung spricht sich Cyril Garbett, der Erzbischof von York, für eine Vereinigung aller christlichen Kirchen aus.

**9. Montag**
Lateinamerika. In Quito unterzeichnen Vertreter Ecuadors, Kolumbiens, Venezuelas und Panamas die Charta von Quito, die die Bildung einer gemeinsamen Zollunion vorsieht.
Sport. In Köln schlägt der 1. FC Nürnberg den 1. FC Kaiserslautern im Endspiel um die deutsche Fußballmeisterschaft 2:1. Fußballmeister in Österreich wird Rapid Wien. In der Schweiz holt der AC Bellinzona den Titel.

**10. Dienstag**
Westdeutschland. In Herrenchiemsee beginnt der Ausschuß der westdeutschen Länder die vorbereitenden Beratungen über ein deutsches Grundgesetz.
In München wird der Bayerische Rundfunk als Anstalt des öffentlichen Rechts eingerichtet.

**12. Donnerstag**
Berlin. Über die Luftbrücke werden täglich 4500 t Güter in das blockierte Berlin gebracht.

**13. Freitag**
Franz. Zone. Gebhard Müller (CDU) wird als Nachfolger des verstorbenen Lorenz Bock (CDU) Präsident von Württemberg-Hohenzollern.

**14. Samstag**
Sport. In London gehen die 14. Olympischen Sommerspiele zu Ende. Für die Schweiz gewinnen Hans Moser (Dressur), Emil Grünig (Freies Gewehr), Josef Stalder (Reck), Michael Reusch (Barren) und Karl Frei (Ringe) Goldmedaillen. Für Österreich holt Herma Bauma im Speerwerfen Gold.

**15. Sonntag**
Korea. US-Präsident Truman erkennt die südkoreanische Regierung an und verkündet, daß die militärische Verwaltung des Landes beendet wird.
Westdeutschland. In den Landtagen der Bizone beginnen die Wahlen für die Mitglieder des Parlamentarischen Rates. Sie sollen am 30. 8. abgeschlossen sein.

**19. Donnerstag**
Griechenland. Die Regierung gibt bekannt, daß die Schlacht um den Berg Grammos in der Nähe der albanischen Grenze von den Regierungstruppen gewonnen wurde.

**20. Freitag**
Berlin. Sowjetische Militärpolizei führt im US-amerikanischen Sektor von Berlin eine illegale Razzia auf angebliche Schwarzhändler durch. 2500 Personen werden verhaftet.
Franz. Zone. Der Paßzwang zwischen der Französischen Zone und der Bizone wird aufgehoben.
Westdeutschland. Die Kontrolle von Reisenden zwischen der Bizone und der Französischen Zone wird eingestellt.

**21. Samstag**
Berlin. Die US-amerikanischen Besatzungsbehörden stationieren 600 Soldaten entlang der US-amerikanisch-sowjetischen Sektorengrenze, um eine Wiederholung der sowjetischen Übergriffe vom Vortag zu verhindern.

**22. Sonntag**
Kirchenfragen. Vom 22. 8. bis 4. 9. wird in Amsterdam die erste Versammlung des Weltrates der Kirchen abgehalten. Ausgangspunkt ist das Streben nach Einheit in den christlichen Kirchen. 1450 Vertreter aus 48 Ländern sind anwesend. Die orthodoxen Ostkirchen sowie die reformierten Kirchen und die römisch-katholische Kirche sind nicht vertreten (auch → S. 178).

**25. Mittwoch**
Spanien. Staatschef General Franco und der spanische Thronprätendent Don Juan treffen sich an Bord von Francos Jacht. Es ist das erste Zusammentreffen seit Beginn des Spanischen Bürgerkriegs.

**26. Donnerstag**
Berlin. Kommunistische Demonstranten stürmen in Ostberlin eine Sitzung der Stadtverordneten. Stadtverordnetenvorsteher Otto Suhr (SPD) vertagt die Sitzung und teilt den sowjetischen Behörden mit, daß man nun im Westteil der Stadt tagen werde.

**28. Samstag**
Frankreich. Die Regierung von Ministerpräsident André Marie tritt zurück, nachdem sich die Sozialisten wegen eines Streites über die Erhöhung der allgemeinen Lebens-

haltungskosten aus der Koalition zurückgezogen haben.

**30. Montag**
Berlin. Bei einem Treffen von Vertretern der Westmächte mit dem sowjetischen Außenminister Molotow in Moskau wird beschlossen, daß die Beratungen über Berlin von den Stadtkommandanten fortgesetzt werden sollen. Diese beginnen ihre Verhandlungen am Tage darauf.

**31. Dienstag**
Frankreich. Die Nationalversammlung spricht Robert Schuman das Vertrauen aus, nachdem ihn Staatspräsident Vincent Auriol zum Ministerpräsidenten ernannt hat.

# September

**1. Mittwoch**
Ecuador. Galo Plaza Lasso, der Parteichef der Liberalen Partei, wird für eine Amtszeit von vier Jahren zum Staatspräsidenten gewählt.
Westdeutschland. In Bonn konstituiert sich der Parlamentarische Rat. Er besteht aus 65 Delegierten von 11 Landtagen zuzüglich 5 Berliner Delegierten mit beratender Stimme. Er soll eine Verfassung für Westdeutschland ausarbeiten. Zum Vorsitzenden wird am 15. 9. Konrad Adenauer (CDU) gewählt.

**3. Freitag**
ČSR. In Sezimová Ústí stirbt der ehemalige Staatspräsident Edvard Beneš im Alter von 64 Jahren.

**4. Samstag**
Niederlande. Königin Wilhelmina unterzeichnet in Amsterdam die Abdankungsurkunde zugunsten ihrer Tochter Juliana. Die neue Königin legt zwei Tage später den Eid auf die Verfassung ab.

**5. Sonntag**
Bizone. In Mainz findet der 72. Deutsche Katholikentag statt. Es ist der erste seit 1932.
Polen. Ministerpräsident Gomułka verliert sein Amt als Generalsekretär der polnischen Vereinigten Arbeiterpartei, weil er Jugoslawien im Streit mit dem Kominform unterstützte. Sein Nachfolger wird Bolesław Bierut.

**6. Montag**
Berlin. Die Stadtverordnetenversammlung im Berliner Rathaus, das im sowjetischen Sektor liegt, wird erneut von kommunistischen Demonstranten gestürmt. Die anwesenden Personen werden belästigt. Daraufhin zieht die große Mehrheit der Stadtverordneten mit Ausnahme der SED in den britischen Sektor um. Die UdSSR erkennt die Stadtverordnetenversammlung nicht mehr an.

**7. Dienstag**
Frankreich. Die Regierung Schuman tritt nach einer Regierungszeit von nur sechs Stunden zurück, weil ihre Pläne hinsichtlich der Steuern und Nahrungsmittelpreise keine Unterstützung finden.

**8. Mittwoch**
Frankreich. Der Radikalsozialist Henri Queuille bildet eine neue Regierung.

**9. Donnerstag**
Berlin. Sowjetische Wachposten eröffnen in der Nähe des Reichstagsgebäudes im britischen Sektor das Feuer auf 250 000 Westberliner Demonstranten. Dabei sind ein Toter und 22 Verletzte zu beklagen.

**11. Samstag**
Korea. Kim Il Sung wird Ministerpräsident der nordkoreanischen Regierung, die für sich die Herrschaft über ganz Korea beansprucht.
Pakistan. In Karatschi stirbt der Politiker und Staatsgründer Mohammed Ali Dschinnah im Alter von 71 Jahren.

**13. Montag**
Indien. Regierungstruppen besetzen das Fürstentum Haidarabad, nachdem der Herrscher sich geweigert hatte, sie als »Friedensheer« ins Land zu lassen.

**14. Dienstag**
Berlin. Vertreter der westlichen Alliierten reisen nach Moskau, um die Berlingespräche mit dem sowjetischen Außenminister Molotow fortzusetzen.
Großbritannien. Das Kabinett hält wegen der kritischen Weltlage die Verlängerung der Militärdienstzeit für geboten.

**16. Donnerstag**
Israel. In Jerusalem brechen Gefechte und Artillerieduelle zwischen Arabern und Juden aus. Der UN-Vermittler Folke Bernadotte kommt von Rhodos nach Jerusalem, um den Versuch zu unternehmen, den Streit zwischen den Parteien zu schlichten.

**17. Freitag**
UNO. In Jerusalem wird der UN-Vermittler Graf Folke Bernadotte im Alter von 53 Jahren von jüdischen Terroristen ermordet.

**18. Samstag**
SBZ. In Erfurt wird Otto Nuschke zum Vorsitzenden der Ost-CDU gewählt.
UNO. Der US-amerikanische Politiker Ralph Bunche wird Nachfolger des ermordeten Grafen Folke Bernadotte als Vermittler der Vereinten Nationen im Nahen Osten.

**19. Sonntag**
Schweden. Bei den ersten Parlamentswahlen nach dem Krieg erzielt die Liberale Partei Gewinne; die regierende Sozialdemokratische Partei verliert ihre absolute Mehrheit.

**22. Mittwoch**
Berlin. In Westberlin wird die Freie Universität gegründet.

**26. Sonntag**
Berlin. Die USA, Großbritannien und Frankreich brechen in Moskau die Verhandlungen über Berlin ab, weil die UdSSR die Blockade der Stadt nicht beendet. Die Alliierten kündigen an, daß sie die Berlinfrage vor die UNO bringen wollen.

**28. Dienstag**
Betschuanaland. Seretse Khama, der Häuptling des Bamangwatostammes, heiratet in London die Weiße Ruth Williams. Die südafrikanische Regierung protestiert gegen die Heirat und versucht, die britische Regierung unter Druck zu setzen.

*1. 9. Westdeutschland*
*Konrad Adenauer (links) mit dem ehemaligen Reichstagspräsidenten Paul Löbe (rechts).*

*17. 9. UNO*
*Graf Folke Bernadotte*

*4. 9. Niederlande*
*Thronwechsel in den Niederlanden: Königin Juliana folgt ihrer Mutter auf den Thron.*

*13. 10. SBZ
Adolf Hennecke bei einer Tagung der »Hennecke«-Aktivisten im Berliner Friedrichstadt-Palast.*

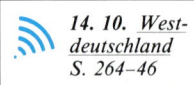

*14. 10. Westdeutschland
Der Parlamentarische Rat. In der ersten Reihe ganz rechts Konrad Adenauer.*

**30. Donnerstag**
Indonesien. Truppen der Republik Indonesien nehmen die Stadt Madiun in Zentraljava ein, in der kommunistische Verbände am 18. 9. eine Indonesische Sowjetregierung ausgerufen hatten.
UdSSR/Afghanistan. Beide Länder unterzeichnen in Taschkent einen Vertrag, der den Verlauf der gemeinsamen Grenze festlegt.

# Oktober

**1. Freitag**
Bizone. In München wird das Deutsche Patentamt gegründet.
Palästina. Der Großmufti von Jerusalem, Hadsch Amin Al Hussaini, wird zum Vorsitzenden des Arabisch-Palästinensischen Nationalrates gewählt.

**2. Samstag**
Palästina. Der Arabisch-Palästinensische Nationalrat ruft in Gaza einen unabhängigen Staat Palästina aus, der von den arabischen Ländern nicht anerkannt wird.
Panama. Domingo Diaz Arosemena wird als Staatspräsident vereidigt. Er plädiert für eine Zusammenarbeit mit den USA, um die Sicherheit des Panamakanals zu gewährleisten.

**4. Montag**
Westeuropa. Der britische Feldmarschall Montgomery wird zum Vorsitzenden einer Westeuropäischen Verteidigungskommission gewählt, zwei französische und ein britischer Offizier gehören zu seinen Beratern.

**5. Dienstag**
Peru. Unter dem Eindruck der Aufstände in Callao vom 3. 10. verbietet Staatspräsident José Luis Bustamente y Rivero die linksgerichtete Apristabewegung.

**6. Mittwoch**
Schweiz. Mit großer Mehrheit stimmt die Nationalversammlung der Absicht der Regierung zu, sich am Marshallplan zu beteiligen.

**9. Samstag**
Bizone. Durch ein Gesetz führt der Wirtschaftsrat das »Notopfer Berlin« ein.

**10. Sonntag**
Griechenland. Die Regierung beginnt mit einer neuen Offensive, um die letzten Guerillatruppen an der albanischen Grenze auszuschalten.

**12. Dienstag**
Birma. Die Regierung verstaatlicht den Boden, um ihn an die Bauern zu verteilen.
Deutschland. In Hamburg stirbt der Theaterkritiker Alfred Kerr im Alter von 80 Jahren.
Israel. Ägypten und Irak erkennen den Arabisch-Palästinensischen Nationalrat in Gaza an.

**13. Mittwoch**
Berlin. Die Stadtverordnetenversammlung zieht offiziell in den britischen Sektor von Berlin um.
SBZ. Der Aktivist Adolf Hennecke schafft nach sorgfältiger Vorbereitung in der Kohlengrube »Karl Liebknecht« in Oelsnitz 387% des Fördersolls.

**14. Donnerstag**
Westdeutschland. Der Parlamentarische Rat gibt dem geplanten westdeutschen Staat den Namen Bundesrepublik Deutschland.

**15. Freitag**
Israel beendet die Feuereinstellung und beginnt die Besetzung der Negev-Wüste, die ihm im Teilungsplan der UNO zugesprochen worden war.

**20. Mittwoch**
China. Nach einjähriger Belagerung erobern kommunistische Truppen Changchun, die Hauptstadt der Mandschurei.
Irland. Premierminister John Costello erklärt, daß das Land aus dem Commonwealth austreten will.

**21. Donnerstag**
Israel. Israelische Truppen erobern Beer Sheva und kesseln eine ägyptische Brigade ein.

**22. Freitag**
Ägypten/Israel. Auf Drängen des Weltsicherheitsrates entschließen sich beide Länder zu einer erneuten Feuereinstellung. Israel fordert die Kontrolle über das gesamte Negevgebiet.

**23. Samstag**
Frankreich. Nach einwöchigen Kampfhandlungen zwischen streikenden und nichtstreikenden Bergarbeitern besetzen Regierungstruppen die größten Steinkohlenbergwerke des Landes.
Vatikan. Papst Pius XII. schlägt die Internationalisierung Jerusalems und die Erhaltung der heiligen Stätten Palästinas für die Christenheit vor.

**24. Sonntag**
Österreich. In Bad Ischl stirbt der Operettenkomponist Franz Lehar im Alter von 78 Jahren.
SBZ. Der Volksrat billigt eine Verfassung nach sowjetischem Muster.

**29. Freitag**
Israel. Nach Angriffen der Truppen des Araberführers Kaukji (22. 10.) besetzt Israel bis zum 31. 10. den noch von arabischen Verbänden gehaltenen Teil Galiläas.
Peru. Staatspräsident José Bustamente y Rivero wird durch einen

Militärputsch unter General Manuel Odría abgesetzt.

**30. Samstag**
China. Aus nationalchinesischen Quellen verlautet, daß sich nur noch der südliche Küstenstreifen der Mandschurei in Händen der Regierungstruppen befindet.
Peru. General Manuel Odría wird Chef einer Militärjunta.

# November

**1. Montag**
China. Kommunistenführer Mao Zedong teilt mit, daß seine Verbände etwa ein Viertel des chinesischen Gebietes und damit mehr als ein Drittel der Bevölkerung kontrollieren. Der letzte nationalchinesische Stützpunkt in der Mandschurei, die Stadt Shenyang, ist erobert worden.
Kirchenfragen. Der orthodoxe New Yorker Erzbischof Athenagoras wird zum Patriarchen von Istanbul gewählt und ist damit Erzprimas aller orthodoxen Kirchen.

**2. Dienstag**
USA. US-Präsident Truman wird bei den Präsidentschaftswahlen in seinem Amt bestätigt. Er schlägt den Republikaner Thomas Dewey.

**4. Donnerstag**
China. Kommunistische Verbände erobern die Hafenstadt Jinzhou. Dadurch verbleibt den Nationalchinesischen Einheiten nur die kleine Hafenstadt Huludao zur Flucht aus der Mandschurei.

**5. Freitag**
Berlin. Die Amerikaner eröffnen den Flughaften Tegel als dritten Basisstützpunkt für die Luftbrücke.
Griechenland/Italien. Beide Länder schließen einen Handels- und Freundschaftsvertrag.

**6. Samstag**
Israel. Die ägyptischen Truppen ziehen sich aus dem Negev zum Gazastreifen zurück.

**9. Dienstag**
China. In Schanghai brechen Unruhen aus, nachdem die Regierung die Preisbeschränkung für Lebensmittel aufgehoben hat.

**10. Mittwoch**
Berlin. Die UdSSR droht damit, westliche Flugzeuge, die außerhalb der Luftkorridore Berlin anfliegen, zur Landung zu zwingen.
China. Die nationalchinesische Regierung verhängt in Nanjing und Schanghai den Ausnahmezustand, weil die kommunistischen Einheiten Mao Zedongs den in der Nähe gelegenen Eisenbahnknotenpunkt Suzhou bedrohen.

**12. Freitag**
Japan. Das Internationale Militärgericht für den Fernen Osten verurteilt den ehemaligen Ministerpräsidenten Hideki Tojo und sechs Mitangeklagte wegen Verschwörung zum 2. Weltkrieg zum Tode; 16 weitere Angeklagte werden zu lebenslangen Haftstrafen verurteilt. Die Angeklagten hatten sich in ihren Aussagen schützend vor Kaiser Hirohito gestellt. Die Strafen werden am 24. 11. von General MacArthur bestätigt.

**13. Samstag**
Südkorea. Die Regierung verhängt in den südlichen Provinzen den Ausnahmezustand, um Aufstände zu unterdrücken.

**14. Sonntag**
Großbritannien. Prinz Charles Philip Arthur George, der Sohn von Kronprinzessin Elizabeth, wird im Buckingham Palace geboren.

**15. Montag**
Kanada. Nach einundzwanzigjähriger Regierungszeit tritt William Mackenzie King im Alter von 73 Jahren als Ministerpräsident zurück. Sein Nachfolger wird Louis St. Laurent.
SBZ. Die ersten Läden der staatlichen Handelsorganisation (HO) werden eröffnet. Damit soll der Privathandel eingeschränkt werden.

**17. Mittwoch**
Großbritannien. Das Unterhaus billigt die Verstaatlichung der Stahlindustrie.

**18. Donnerstag**
Griechenland. Themistokles Sofulis wird Ministerpräsident einer Koalitionsregierung. Der ehemalige Ministerpräsident Konstantinos Tsaldaris wird Außenminister.

**20. Samstag**
Bizone. Neun Millionen Arbeitnehmer beteiligen sich an einem Generalstreik gegen die steigenden Preise und für Mitbestimmung in der Wirtschaft.

**22. Montag**
China. Nationalchinesische Truppen verlassen die im Nordosten gelegene Stadt Baoding, um sich auf die Verteidigung Pekings zu konzentrieren.

**24. Mittwoch**
Venezuela. Nach einem Militärputsch wird Staatspräsident Rómulo Gallegos durch eine dreiköpfige Militärjunta unter dem früheren Verteidigungsministers Carlos Delgado Chalbaud abgelöst.

**26. Freitag**
Irland. Das Parlament beschließt

*12. 11. Japan*
*Die Beklagten hören die Urteile des Internationalen Tribunals am Ende des Kriegsverbrecherprozesses in Tokio. Fünfter von links in der ersten Reihe der Anklagebank der Ex-Ministerpräsident Tojo, der mit sechs weiteren Beklagten zum Tode verurteilt wird.*

*14. 11. Großbritannien*
*Prinz Charles ist neunzehn Wochen alt, als er von seinen Eltern der Presse vorgestellt wird.*

## Dezember 1948

*19. 12. Indonesien
Niederländische Luftlandetruppen unternehmen einen Überraschungsangriff auf Jokjakarta, nehmen Sukarno gefangen und internieren ihn.*

*16. 12. Schweiz
Ernst Nobs*

30. 11. Berlin
S. 304–53

16. 12. Schweiz
S. 368–70

den Austritt aus dem Commonwealth und damit die völlige Loslösung von Großbritannien.
SBZ. Durch den Anschluß an die Betriebsgewerkschaftsleitungen verlieren die Betriebsräte ihre Selbständigkeit.

**27. Samstag**
Frankreich. Der seit acht Wochen andauernde Streik in den Kohlebergwerken wird beendet.

**30. Dienstag**
Berlin. Die SED beruft im sowjetischen Sektor eine außerordentliche Stadtverordnetenversammlung ein. Friedrich Ebert (SED) wird zum Oberbürgermeister Ostberlins gewählt und bildet einen Magistrat.
Jerusalem. Israel und Transjordanien vereinbaren die Feuereinstellung.

# Dezember

**1. Mittwoch**
Palästina. Während eines Treffens palästinensisch-arabischer Führer in Jericho wird der jordanische König Abdullah zum »König von ganz Palästina« ausgerufen.

**2. Donnerstag**
Berlin. Die UdSSR erkennt offiziell die kommunistische Stadtverwaltung von Ostberlin an und sagt ihre volle Unterstützung zu.
China. Nationalchinesische Truppen ziehen sich zurück, um die Verteidigungsbereitschaft von Nanjing zu verstärken. Dabei lassen sie den Eisenbahnknotenpunkt Suzhou in den Händen kommunistischer Truppen.

**5. Sonntag**
Berlin. In den Westsektoren finden Wahlen zur Stadt- und Bezirksverordnetenversammlung statt. Dabei können die Sozialdemokraten große Stimmengewinne erzielen. Ungeachtet der kommunistischen Boykottaufrufe liegt die Wahlbeteiligung bei 86,2%.

**6. Montag**
Großbritannien. Das Unterhaus billigt einen Gesetzentwurf, nach dem die Wehrpflicht von 12 auf 18 Monate verlängert wird.
Israel und Irak vereinbaren für den nördlichen Teil Palästinas die Feuereinstellung.

**7. Dienstag**
Berlin. Ernst Reuter (SPD) wird zum Oberbürgermeister von Westberlin wiedergewählt.

**8. Mittwoch**
Ägypten. Die Regierung verfügt die Auflösung der nationalistischen Organisation der Moslembruderschaft. Diese Organisation wird für die Bombenanschläge, Unruhen und Morde der letzten sechs Monate verantwortlich gemacht.

**10. Freitag**
NATO. Die USA, Kanada und fünf westeuropäische Länder beginnen in Washington Gespräche über eine nordatlantische Verteidigungsgemeinschaft.
Nobelpreise. In Stockholm werden die Nobelpreise an Thomas Stearns Eliot (Literatur), Paul Müller (Medizin), Patrick Blackett (Physik) und Arne Tiselius (Chemie) vergeben. Der Friedensnobelpreis wird nicht verliehen.
UNO. Die Vollversammlung nimmt die Erklärung der Menschenrechte an.

**11. Samstag**
Bizone. In Heppenheim schließen sich die liberalen Parteien der Bizone zur FDP zusammen. Vorsitzender wird Theodor Heuss.
Kanada. Neufundland wird die zehnte Provinz Kanadas. Ein entsprechendes Abkommen wird in Ottawa unterzeichnet.
UNO. Der Sicherheitsrat stellt eine Vermittlungskommission für Palästina zusammen. Die aus Franzosen, Türken und US-Amerikanern bestehende Kommission soll den Frieden und die Freiheit der Religionsausübung garantieren sowie die Repatriierung der palästinensischen Flüchtlinge regeln.

**13. Montag**
SBZ. Die Kinderorganisation »Junge Pioniere« wird gegründet.

**14. Dienstag**
El Salvador. Eine Gruppe junger Offiziere setzt den bürgerlichen Präsidenten Salvador Castañeda Castro ab. An der Spitze der neuen Junta steht Major Oscar Osorio.
Polen. Die sozialistische und die kommunistische Partei werden zur Vereinigten Arbeiterpartei zusammengeschlossen. Damit ist die letzte sozialistische bzw. sozialdemokratische Partei in Osteuropa verschwunden.

**16. Donnerstag**
Schweiz. Der Sozialdemokrat Ernst Nobs wird zum Bundespräsidenten für das Jahr 1949 gewählt. Es ist das erste Mal, daß ein Sozialdemokrat dieses Amt ausübt.

**18. Samstag**
China. Kommunistische Truppen unter dem Befehl von General Lin Biao schließen Peking ein.

**19. Sonntag**
Indonesien. Niederländische Truppen besetzen Jokjakarta. In den folgenden Tagen werden weitere Orte auf Java und Sumatra besetzt.

**20. Montag**
Israel. Israelische Truppen greifen ägyptische Stellungen in der Nähe von Gaza und anderen Küstenorten an.

**21. Dienstag**
Berlin. In Westberlin wird die Kommandantur der drei Westmächte gebildet.

**24. Freitag**
Griechenland. Kommunistische Guerillaeinheiten beschießen den Hafen von Saloniki.

**25. Samstag**
Korea. Die letzten sowjetischen Besatzungstruppen ziehen sich aus Nordkorea zurück.

**26. Sonntag**
Ungarn. In Budapest wird József Kardinal Mindszenty, Erzbischof von Esztergom und Primas von Ungarn, verhaftet. Er wird des Hochverrats beschuldigt, weil er sich der Verstaatlichung der kirchlichen Schulen widersetzt hatte.

**28. Dienstag**
Ägypten. Ministerpräsident Machmud Fahmi el Nukrashi wird in Cairo von einem Studenten ermordet. Sein Nachfolger wird Ibrahim Abdel Hadi.
Westdeutschland. In London wird von den USA, Großbritannien, Frankreich, den Niederlanden, Belgien und Luxemburg ein Abkommen unterzeichnet, das eine gemeinsame Aufsicht über die deutsche Schwerindustrie an der Ruhr vorsieht.

**29. Mittwoch**
Ägypten/Israel. Israelische Streitkräfte in der Negevwüste überschreiten die ägyptische Grenze.

**30. Donnerstag**
Vatikan. Papst Pius XII. exkommuniziert alle diejenigen, die an der Verhaftung Kardinal Mindszentys am 26. 12. beteiligt waren.

Der Parlamentarische Rat hat das vorstehende Grundgesetz für die Bundesrepublik Deutschland in öffentlicher Sitzung am 8. Mai des Jahres Eintausendneunhundertneunundvierzig mit dreiundfünfzig gegen zwölf Stimmen beschlossen. Zu Urkunde dessen haben sämtliche Mitglieder des Parlamentarischen Rates die vorliegende Urschrift des Grundgesetzes eigenhändig unterzeichnet.

BONN AM RHEIN, den 23. Mai des Jahres Eintausendneunhundertneunundvierzig.

*Konrad Adenauer*

PRÄSIDENT DES PARLAMENTARISCHEN RATES

*Adolph Schönfelder*

I. VIZEPRÄSIDENT DES PARLAMENTARISCHEN RATES

*Hermann Schäfer*

II. VIZEPRÄSIDENT DES PARLAMENTARISCHEN RATES

*Das Grundgesetz – die Verfassung der Bundesrepublik Deutschland.*

**1949**

# 1949

*7. 1. USA*
*Dean Acheson, der Nachfolger George Marshalls als US-Außenminister.*

1. 1. Westdeutschland
S. 304–53

*16. 1. Südafrika*
*In der Stadt Durban kommt es zu Zusammenstößen zwischen Asiaten und Zulus. Die Polizei greift massiv ein (links).*

*20. 1. USA*
*Harry S. Truman beginnt eine neue Amtsperiode als US-Präsident; hier bei seiner Antrittsrede vor dem Weißen Haus (rechts).*

## Januar

**1. Samstag**
Ägypten/Israel. Ägyptische Schiffe beschießen Tel Aviv und versuchen vergeblich eine Seeblokkade Israels.
Kaschmir. Indien und Pakistan willigen in einen Waffenstillstand ein. Es wird mit der UN-Waffenstillstandskommission Übereinstimmung erreicht, unter UN-Aufsicht einen Volksentscheid über die Zukunft des Landes abzuhalten.
Westdeutschland. Oberbürgermeister Reuter verlangt die Einbeziehung Westberlins in einen zukünftigen deutschen Bundesstaat.

**2. Sonntag**
Ungarn. Der Vatikan lehnt das Angebot der Regierung ab, Verhandlungen über den Status der römisch-katholischen Kirche in Ungarn und die Ausweisung des Kardinals Mindszenty zu führen.

**3. Montag**
SBZ. Die sowjetischen Behörden genehmigen einen Zweijahrplan, durch den die Industrieproduktion in ihrer Zone wieder auf den Stand von 1936 gebracht werden soll.

**6. Donnerstag**
China. UN-Generalsekretär Lie lehnt die nationalchinesische Bitte um eine UN-Intervention in China ab.
Irak. General Nuri as-Said wird Ministerpräsident. Er unterstützt den Anspruch des jordanischen Königs Abdullah auf den arabischen Teil des früheren Palästina.

**7. Freitag**
China. Kommunistische Truppen ziehen in die nordchinesische Industriestadt Tianjin ein.
USA. Außenminister Marshall tritt aus Gesundheitsgründen zurück. US-Präsident Truman ernennt den bisherigen stellvertretenden Außenminister Dean Acheson zu seinem Nachfolger.

**10. Montag**
China. Kommunistische Truppen melden den Beginn einer Offensive gegen Nanjing, nachdem sie südlich von Xuzhou zwei nationalchinesische Verbände aufgerieben haben.

**11. Dienstag**
Indonesien/Niederlande. Der US-amerikanische UN-Vertreter Philip Jessup fordert auf einer Sitzung des Sicherheitsrates, daß die Niederlande ihre Truppen aus Indonesien zurückziehen, und drängt auf die Abhaltung freier Wahlen zur Bildung einer indonesischen Regierung.
Ungarn. Die USA weigern sich, die 950 Jahre alte Krone des heiligen Stefan an Ungarn zurückzugeben. Die Krone war im Verlaufe des 2. Weltkrieges von deutschen Truppen mitgeführt worden und danach in US-amerikanischen Besitz gelangt. Die ungarische Regierung hatte die Rückgabe gefordert.

**13. Donnerstag**
Ägypten/Israel. Im Hauptquartier von UN-Vermittler Bunche auf der griechischen Insel Rhodos beginnen Waffenstillstandsverhandlungen zwischen den beiden Ländern.
China. Kommunistische Truppen beschießen zum ersten Mal während des Bürgerkriegs Peking.

**14. Freitag**
China. Mao Zedong gibt in einer Rundfunkansprache seine »Friedensvorschläge« bekannt. Er fordert den Rücktritt der nationalchinesischen Regierung, die Verurteilung von Tschiang Kaischek und anderen führenden Nationalchinesen, die Durchführung einer Landreform und Wahlen für die Beratende Versammlung, die eine neue Regierung bilden soll.

**16. Sonntag**
China. Die nationalchinesische Regierung verlegt ihren Hauptsitz von Nanjing nach Canton.
Südafrika. In der Umgebung von Durban und im Rand, dem Bergbaugebiet von Transvaal, kommt es zu Rassenkrawallen zwischen Zulus und Asiaten.

**19. Mittwoch.**
Ungarn. Es wird ein »Schuldbekenntnis« von Kardinal Mindszenty veröffentlicht, in dem er zu-

gibt, mit Agenten westlicher Staaten einen Staatsstreich vorbereitet zu haben.

**20. Donnerstag**
Griechenland. Termistokles Sofulis bildet eine neue Regierung. Er ernennt Feldmarschall Papagos zum Oberbefehlshaber der Streitkräfte mit unumschränkter Befehlsgewalt im Kampf gegen die Guerillas.
USA. Harry S. Truman wird vom Obersten Bundesrichter Frederick Vinson als Präsident der Vereinigten Staaten vereidigt.

**21. Freitag**
China. Tschiang Kaischek tritt als Ministerpräsident der nationalchinesischen Regierung zurück.

**22. Samstag**
Birma. Aufständische Karen unterbrechen die Eisenbahnverbindung zwischen Rangun und Mandalay.
China. Die nationalchinesischen Truppen in Peking ergeben sich den Kommunisten. In Yanan beginnen Verhandlungen über eine Beendigung des Bürgerkriegs.

**24. Montag**
China. Die nationalchinesische Regierung in Nanjing akzeptiert die von Mao Zedong am 14. 1. gestellten Forderungen mit Ausnahme der nach Verhaftung Tschiang Kaischeks.
Westdeutschland. Vertreter des Parlamentarischen Rates und die Regierungschefs der Länder bilden einen Vorbereitungsausschuß zur Koordination der politischen Verwaltung der Westzonen.

**25. Dienstag**
Israel. Die ersten Parlamentswahlen werden von der sozialdemokratischen Mapai-Partei David Ben Gurions gewonnen.
Osteuropa. In Moskau wird der Rat für gegenseitige Wirtschaftshilfe (Comecon) gegründet. Ihm gehören alle ost- und südosteuropäischen kommunistischen Staaten mit Ausnahme Jugoslawiens und zunächst auch Albaniens an.
SBZ. Auf dem 1. Parteitag der SED wird die Angleichung ihrer Politik an die der KPdSU bekräftigt.

**28. Freitag**
Westeuropa. Die fünf Außenminister des Brüsseler Pakts beschließen, die Gründung eines Europarates vorzubereiten.

# Februar

**2. Mittwoch**
China. Kommunistische Truppen überschreiten den Yangzi Jiang.
Ungarn. Die Katholische Demokratische Volkspartei von Istvan Batankovics löst sich aus Protest gegen die Politik der Regierung selber auf.

**3. Donnerstag**
Westdeutschland. Der Parlamentarische Rat einigt sich darauf, Westberlin neben den elf Ländern der Westzonen in die Präambel zum Grundgesetz aufzunehmen.

**4. Freitag**
Iran. Schah Mohammed Reza Pahlewi wird bei einem Attentat verletzt.

**5. Samstag**
Iran. Die Regierung erklärt nach dem Mordanschlag auf den Schah die marxistische Tudehpartei für illegal. Studenten demonstrieren gegen die Ölkonzessionen an ausländische Gesellschaften.

**8. Dienstag**
Ungarn. Ein Gericht in Budapest verurteilt Kardinal Mindszenty wegen angeblichen Hochverrats und anderer Delikte gegen den Staat zu lebenslanger Freiheitsstrafe. Sechs Mitangeklagte werden zu Haftstrafen zwischen sechs Jahren und lebenslänglich verurteilt (auch → S. 178).

**9. Mittwoch**
Österreich. Vertreter der vier Großmächte setzen in London ihre Beratungen über einen Friedensvertrag mit Österreich fort.

**10. Donnerstag**
Frankreich. Außenminister Schuman empfängt in Paris den Oberbürgermeister von Westberlin, Ernst Reuter. Es ist der erste offizielle Besuch eines prominenten Deutschen in Frankreich seit dem Ende des 2. Weltkriegs.
Indien. Der Mörder Mahatma Gandhis und sieben Komplizen werden durch ein Sondergericht zum Tode verurteilt.
Israel. Die letzten jüdischen Einwanderer, die von den britischen Behörden nach Zypern deportiert worden waren, verlassen die Mittelmeerinsel und gehen nach Israel. Angehörige der Terrororganisation Lehi, die der Anstiftung zum Mord an UN-Vermittler Graf Folke Bernadotte beschuldigt werden, werden zu Gefängnisstrafen zwischen 5 und 8 Jahren verurteilt.

**11. Freitag**
Westdeutschland. Der Parlamentarische Rat verabschiedet den Entwurf des Grundgesetzes.

**12. Samstag**
Die Schweiz schließt ein Abkommen mit den Beneluxstaaten, in dem vereinbart wird, die Zollabgaben vom 1. 3. an zu senken.

**13. Sonntag**
Berlin. Die sowjetischen Behörden verbieten dem schwedischen Roten Kreuz, Lebensmittel, Kleidung und Medikamente in die westlichen Sektoren der Stadt zu transportieren.
Portugal. Antonio Fragoso Carmona wird als Staatspräsident wiedergewählt.
Vatikan. Papst Pius XII. exkommuniziert alle Personen, die an dem Prozeß gegen den ungarischen Kardinal Mindszenty mitgewirkt haben.

**16. Mittwoch**
Israel. Die Knesset wählt Chaim Weizmann zum ersten Staatspräsidenten Israels. Er wird am Tage darauf vereidigt.

**18. Freitag**
Pakistan. In Karatchi beginnt der 1. Weltkongreß der Moslems, an dem Delegierte aus 16 Ländern teilnehmen.

**20. Sonntag**
China. Die Goldreserven der Bank von China werden nach Taipeh verbracht.
Israel/Ägypten. UN-Vermittler Bunche legt den ägyptischen und israelischen Verhandlungsdelegationen den Entwurf für ein Waffenstillstandsabkommen vor. Die

*22. 1. China*
*Die kommunistischen Truppen ziehen in Peking ein.*

24. 1. Westdeutschland
S. 264–46
S. 264–47

25. 1. SBZ
S. 344–64

*16. 2. Israel*
*Chaim Weizmann (mit erhobener Hand) legt einen Tag nach seiner Wahl zum Staatspräsidenten den Amtseid ab.*

**März 1949**

25. 2. Franz. Zone
S. 264–45

19. 3. SBZ
S. 344–66

20. 3. Bizone/
Franz. Zone
S. 264–44

Übereinkunft sieht vor, daß Israel Beer Sheva und den Negev behält.

**21. Montag**
Norwegen. Außenminister Halvard Lang gibt bekannt, daß Norwegen sich dem geplanten Nordatlantischen Bündnis anschließen will.

**22. Dienstag**
Albanien schließt sich dem Comecon an.

**24. Donnerstag**
Ägypten/Israel. Beide Länder unterzeichnen das Waffenstillstandsabkommen in der von UN-Vermittler Bunche vorgelegten Fassung. Ägypten betont den rein militärischen Charakter des Abkommens, das keine Anerkennung des Staates Israel bedeute.

**25. Freitag**
Franz. Zone. Leo Wohleb (CDU) wird als badischer Staatspräsident wiedergewählt.

**26. Samstag**
Pakistan annektiert Bälutschistan als fünfte Provinz.

# März

**1. Dienstag**
Israel/Libanon. Beide Länder beginnen im Grenzort Rosh ha Niqra mit Friedensverhandlungen.

**2. Mittwoch**
Rumänien. Die Regierung enteignet den Großgrundbesitz.
USA. Ein B 50-Bomber führt in 94 Stunden den ersten Non-Stop-Flug um die Erde durch. Er hat dabei in 94 Stunden 37 734 km zurückgelegt. Das Oberkommando der Luftstreitkräfte nennt diesen Flug einen Beweis dafür, daß die US-Luftwaffe jeden Punkt der Erde erreichen kann.

**4. Freitag**
UdSSR. Neuer Außenminister der UdSSR wird Andrej Wyschinskij. Er löst Wjatscheslaw Molotow ab. Der frühere UN-Vertreter der UdSSR, Andrej Gromyko, wird stellvertretender Außenminister, während Molotow stellvertretender Ministerpräsident und Mitglied des Politbüros bleibt.
UNO. Der Sicherheitsrat beschließt gegen die Stimme Ägyptens die Aufnahme Israels in die UNO.

**6. Sonntag**
Chile. Bei Parlamentswahlen gewinnen die Anhänger von Staatspräsident Gabriel Gonzáles Videla zwei Drittel der Mandate.
Deutschland. Der britische Premierminister Attlee inspiziert die Luftbrücke nach Berlin und führt Gespräche mit deutschen Politikern.
Großbritannien. Die Regierung kündigt den Bau des ersten Plutoniumkernreaktors an.

**7. Montag**
Ägypten. Die Regierung unterzeichnet eine Übereinkunft mit der Suezkanalgesellschaft, die Ägypten die Kontrolle über die Verwaltung der Gesellschaft und 7% des Gewinnes überläßt.

**8. Dienstag**
Frankreich/Vietnam. Staatspräsident Auriol und Kaiser Bao Dai unterzeichnen ein Übereinkommen, durch das Vietnam Mitglied der Französischen Union wird.
Israel. Ministerpräsident Ben Gurion stellt eine Koalition aus vier Parteien, in der die Mapaipartei das größte Gewicht hat, vor. Hauptpunkte seines Regierungsprogramms sind Neutralität im Kalten Krieg und starkes wirtschaftliches Wachstum.
Westdeutschland. Bei zweitägigen Gesprächen kritisieren die Westalliierten den Grundgesetzentwurf des Parlamentarischen Rates.

**13. Sonntag**
Kaschmir. Indien und Pakistan erzielen Übereinstimmung über eine vorläufige Waffenstillstandslinie.
Korea. Südkoreanische Truppen beginnen mit einer Frühjahrsoffensive gegen kommunistische Guerillatruppen.

**14. Montag**
Birma. Nachdem Streitkräfte der Karen und kommunistische Guerillatruppen die Stadt Mandalay eingenommen haben, bietet die Regierung den Karen einen autonomen Staat an.
China. Die Kommunisten bilden vorläufige Volksregierungen in den Provinzen Jiangsu, Anhui und Henan. Sie geben ihre Absicht, Taiwan zu erobern, bekannt, damit die USA die Insel nicht als »Sprungbrett für einen Angriff« benutzen können.

**15. Dienstag**
Großbritannien. Die Rationierung von Kleidung und anderen Textilprodukten wird aufgehoben.
Israel. Israelische Truppen besetzen einen Gebietsstreifen am Golf von Aqaba und schließen damit die Besetzung der Negev-Wüste ab.

**16. Mittwoch**
Argentinien. Staatspräsident Perón legt den Eid auf die neue Verfassung ab.
Israel/Transjordanien. Beide Länder erzielen Übereinstimmung über die Waffenstillstandslinien in Jerusalem. Israel behält die Kontrolle über den größten Teil der Neustadt, während die arabische Seite vor allem die Altstadt kontrolliert.

**18. Freitag**
NATO. Die USA, Kanada und die Länder des Brüsseler Paktes veröffentlichen den Text des zunächst auf 20 Jahre geschlossenen Vertrages zur Gründung der Nordatlantischen Verteidigungsgemeinschaft.

**19. Samstag**
SBZ. Der »Volksrat« der Länder der Sowjetischen Besatzungszone verabschiedet seine Verfassung.

**20. Sonntag**
Bizone/Franz. Zone. Die westlichen Alliierten erklären die Währungseinheit der SBZ in ihren Zonen für ungültig. Gleichzeitig wird die Deutsche Mark auch in Westberlin zum einzig gültigen Zahlungsmittel erklärt. Damit ist die Währungsreform in Westdeutschland und Berlin abgeschlossen (auch → S. 236).

**21. Montag**
Griechenland. Die Regierung gibt bekannt, daß der Peloponnes von Guerillatruppen gesäubert worden ist.

**23. Mittwoch**
Israel und Libanon schließen ein Waffenstillstandsabkommen.

**24. Donnerstag**
UdSSR. Marschall Bulganin wird in seinem Amt als Verteidigungsminister von Marschall Wassilewskij abgelöst, bleibt jedoch Mitglied des Politbüros.

**25. Freitag**
China. Die Kommunisten machen Peking zur Hauptstadt der Volksrepublik.
Deutschland. In Stuttgart stirbt Prinz August Wilhelm im Alter von 62 Jahren. Er war der vierte Sohn des letzten deutschen Kaisers Wilhelm II.

**28. Montag**
Schweiz. Die Schweiz wird Mitglied der Internationalen Flüchtlingsorganisation (IRO). Dadurch steigt die Mitgliederzahl der Organisation auf 18.

**30. Mittwoch**
Australien. Die USA, Australien und Großbritannien kommen überein, ein Versuchsgelände für Langstreckenraketen bei Woomera in Mittelaustralien anzulegen.
Deutschland. In Buenos Aires stirbt der Chemiker Friedrich Bergius im Alter von 64 Jahren.
Syrien. Nach Protestdemonstrationen gegen die Waffenstillstandsverhandlungen mit Israel ergreift das Heer die Macht. Stabschef Husni al Zaim wird Staatsoberhaupt, will aber die Verhandlungen fortsetzen.

# April

**1. Freitag**
Kanada. Neufundland wird zur kanadischen Provinz erklärt.

**2. Samstag**
Großbritannien. Zum ersten Mal seit dem 2. Weltkrieg sind in London wieder alle Leuchtreklamen in Betrieb. Die Beschränkungen des Stromverbrauchs sind aufgehoben worden.

**3. Sonntag**
Israel/Transjordanien. Zwischen beiden Ländern wird ein Waffenstillstandsabkommen unterzeichnet. Jerusalem wird in einen jüdischen und einen arabischen Teil aufgeteilt. Transjordanien behält die von seinen Truppen besetzten Teile Palästinas.

**4. Montag**
NATO. In Washington schließen 12 Länder (Belgien, Dänemark, Frankreich, Großbritannien, Island, Italien, Kanada, Luxemburg, Niederlande, Norwegen, Portugal, USA) das Nordatlantische Bündnis. Die UdSSR protestiert gegen die Einbeziehung von Dänemark und Norwegen.

**5. Dienstag**
China. In Peking beginnen Friedensverhandlungen zwischen Vertretern der Kommunisten und der Nationalchinesen. Verhandlungsbasis ist ein Achtpunkteprogramm Mao Zedongs.
Israel/Syrien. Beide Länder beginnen erneut Waffenstillstandsverhandlungen.

**6. Mittwoch**
China. Vertreter der Kommunisten fordern bei den Friedensverhandlungen in Peking die vollständige Kapitulation der nationalchinesischen Truppen bis zum 12. 4. Die Nationalchinesen weisen dieses Ultimatum zurück.
Internationales. Der Franzose André François-Poncet wird als Nachfolger des ermordeten Grafen Folke Bernadotte neuer Vorsitzender des Internationalen Roten Kreuzes.

**8. Freitag**
Westdeutschland. Die westlichen Alliierten einigen sich in Washington auf ein Besatzungsstatut für die westlichen Besatzungszonen. Dadurch erhält das Besatzungsregime eine vertragliche Grundlage.

**11. Montag**
Deutschland. Der US-amerikanische Militärgerichtshof in Nürnberg verhängt im sogenannten Wilhelmstraßen-Prozeß gegen 19 ehemalige Nationalsozialisten Haftstrafen zwischen 4 und 25 Jahren. Damit sind die letzten Verfahren vor diesem Gericht abgeschlossen.

**12. Dienstag**
USA. US-Präsident Truman legt den Nordatlantischen Vertrag dem Senat zur Ratifizierung vor.

**13. Mittwoch**
UNO. In einer Resolution wird den Großmächten vorgeworfen, das Vetorecht zu mißbrauchen. Der sowjetische stellvertretende Außenminister Gromyko nennt die NATO eine aggressive Verschwörung gegen sein Land und verteidigt das Veto als ein Mittel zur Selbstbehauptung.

**15. Freitag**
Deutschland. Die Militärgouverneure der westlichen Alliierten ermächtigen den Parlamentarischen Rat, ein Bundeswahlgesetz zu erlassen. Die sowjetischen Behörden unterbrechen den Telefonverkehr zwischen der US-Zone und der SBZ.
Vatikan. Papst Pius XII. spricht sich erneut dafür aus, Jerusalem und andere wichtige christliche Stätten Palästinas internationaler Kontrolle zu unterstellen.

**18. Montag**
Irland erklärt seinen Austritt aus dem Commonwealth und löst sich damit endgültig von der britischen Krone.

**21. Donnerstag**
China. Kommunistische Verbände überschreiten in der Umgebung von Nanjing an vier Punkten den Yangzi Jiang.

**22. Freitag**
China. Die nationalchinesische Regierung, das Militär und die Polizei verlassen Nanjing aufgrund des wachsenden militärischen Drucks der kommunistischen Angreifer. In der Stadt kommt es zu Plünderungen.

**23. Samstag**
Belgien/Westdeutschland. Im Süden von Aachen wird die deutsch-belgische Grenzziehung korrigiert. Dadurch vergrößert sich das belgische Staatsgebiet um 20 km².
Niederlande/Westdeutschland. Durch Grenzkorrekturen an der niederländisch-deutschen Grenze vergrößert sich das niederländische Gebiet um 90 km².

**24. Sonntag**
China. Kommunistische Truppen besetzen Nanjing und rücken auf Schanghai vor. In der Provinz Shanxi ergibt sich Taiyuan, die einzige nordchinesische Stadt, die noch in Händen der Nationalchinesen war, den Kommunisten.

**27. Mittwoch**
Israel. Die UN-Friedenskommission eröffnet in Lausanne eine Friedenskonferenz, an der Israel, Ägypten, Syrien, Libanon und Transjordanien teilnehmen.

**28. Donnerstag**
Niederlande. Königin Juliana empfängt den südafrikanischen Ministerpräsidenten Daniel Malan.

**29. Freitag**
Südafrika. Es wird ein Gesetzentwurf vorgelegt, der Eheschließungen zwischen Weißen und Farbigen verbietet.

# Mai

**1. Sonntag**
Argentinien. Staatspräsident Perón teilt auf der Eröffnungssitzung des Kongresses mit, daß der öffentliche Dienst, das Transport-, das Telefon- und das Elektrizitätswesen verstaatlicht werden sollen.

**2. Montag**
China. Tschiang Kaischek fliegt

*4. 4. NATO*
*In Washington wird der NATO-Vertrag unterzeichnet, hier vom britischen Außenminister Bevin.*

*4. 4. NATO*
*S. 304–50*

*15. 4. Deutschland*
*S. 264–46*

*3. 5. Berlin*
*General Lucius D. Clay (links) verabschiedet sich als Hoher Kommissar von Ernst Reuter, dem Berliner Oberbürgermeister.*

**31. Pazifik I**
Eine japanische Einheit in den Straßen von Johore Bahru, einer Schlüsselposition vor Singapur.

**32. Pazifik II**
General Douglas MacArthur, der Oberbefehlshaber der US-Streitkräfte im Pazifik.

**33. Atombombe**
Hiroshima: Opfer der Atombombe.

**34. Die Konferenzen**
Clement Richard Attlee, Harry S. Truman und Stalin in Potsdam.

**35. Flucht und Vertreibung**
Frauen sind die Hauptleidtragenden.

**36. Nürnberger Prozeß**
Das Urteil in der lizenzierten »Süddeutschen Zeitung«.

**31. Pazifik I**
a) Amerikanische Rundfunknachricht
b) F. D. Roosevelt
c) H. Tojo
d) Deutsche Rundfunknachricht
e) D. Marshall

**32. Pazifik II**
a) W. Churchill
b) W. Churchill
c) D. MacArthur
d) H. S. Truman
e) amerikanische Rundfunknachricht

## 31. »Großasiatische Wohlstandssphäre« ...

Die Zeichen schienen günstig für eine Expansion Japans in Südostasien, als die alten Kolonialmächte durch den 2. Weltkrieg gelähmt oder ausgeschaltet waren. Doch die USA duldeten in ihrer Rolle als pazifische Vormacht weder diese Machtverschiebung noch eine weitere japanische Besetzung Chinas.
Ein Krieg war nur eine Frage der Zeit, aber Präsident Roosevelt mußte lange um die Unterstützung des Kongresses ringen. Noch dauerten die aussichtslosen amerikanisch-japanischen Verhandlungen an, als Japan bereits alle Vorbereitungen für einen Überraschungsangriff traf. Am 7. Dezember 1941 überfiel eine starke Luft- und Seestreitmacht den US-Stützpunkt Pearl Harbor auf Hawaii. Ein »schwarzer« Tag für die US-Flotte und der Beginn einer erbitterten, in ihren Folgen nicht absehbaren militärischen Auseinandersetzung.
Die USA und Großbritannien erklärten Japan den Krieg, im Gegenzug taten dies Deutschland und Italien gegenüber den Vereinigten Staaten. Aus einem europäischen war schlagartig ein weltumspannender Krieg geworden.

## 32. ... und »bedingungslose Kapitulation«

Wie eine Flutwelle brachen die japanischen Angriffe vom Dezember 1941 bis zum Frühjahr 1942 über die Kriegsziele im Pazifik herein. Wenige Monate reichten aus, um die Kolonialmächte aus Südostasien zu vertreiben. In der Rolle der Befreier Asiens von der Kolonialherrschaft versuchten die Japaner ihr Vorgehen ideologisch zu rechtfertigen, verscherzten sich aber als neues Herrenvolk sehr schnell viele Sympathien.
So beeindruckend der japanische Siegeszug auch wirkte, so problematisch sollte es werden, die weit auseinanderliegenden Eroberungen gegenüber den USA zu behaupten, die über ungleich größere militärische Reserven verfügten. Seit der Wende im Pazifikkrieg, der Schlacht bei den Midway-Inseln, verteidigten die Japaner fanatisch ihre unhaltbaren Positionen. Meist endeten die verlustreichen Kämpfe erst mit dem Tod der letzten japanischen Soldaten. Inzwischen hatten die Vereinigten Staaten eine neue furchtbare Vernichtungswaffe entwickelt, deren Einsatz den Krieg in wenigen Tagen beenden konnte: die Atombombe.

---

**33. Atombombe**
a) R. Oppenheimer
b) C. Sweeny
c) P. Tibbets
d) H. S. Truman
e) Überlebende
f) A. Einstein

**34. Die Konferenzen**
a) J. Goebbels
b) F. D. Roosevelt
c) A. Harriman
d) W. Naumann
e) H. S. Truman

## 33. Die Sünde wider die Menschheit

Mit einem »Aufstand des Gewissens« versuchen eingeweihte amerikanische Forscher in letzter Minute den Ersteinsatz einer Atombombe zu verhindern. Dennoch befiehlt Präsident Truman, obwohl dies militärisch nicht mehr notwendig ist, die atomare Vernichtung von zwei ausgesuchten Zielen. Hiroshima und Nagasaki verglühen am 6. und 9. August 1945 in Sekundenschnelle.
Irrtümlich hatte man in den USA zunächst angenommen, die Deutschen stünden kurz vor Fertigstellung einer eigenen Atombombe. Als Deutschland längst geschlagen ist, wird die erste amerikanische Testbombe gezündet. Präsident Truman verhandelt in Potsdam gerade mit Stalin und Churchill über eine europäische Nachkriegsordnung. Japan signalisiert den USA Friedensbereitschaft, lehnt öffentlich aber eine bedingungslose Kapitulation ab.
Die Atombomben beenden den Krieg gegen Japan in wenigen Tagen. Gleichzeitig jedoch beginnt ein von den Forschern prophezeites atomares Wettrüsten, und schon 1949 zündet die UdSSR ihre erste Atombombe.

## 34. Bündnis ohne Zukunft

Sobald die alliierten Truppen die Initiative übernommen hatten, verhandelte die Anti-Hitler-Koalition in Teheran (1943) bereits über eine Nachkriegsordnung. Mit dem nahenden Kriegsende brachen auf dem Treffen in Jalta (1945) die immer deutlicheren Risse im Bündnis der ungleichen Partner auf.
Während Churchill ein lebensfähiges Deutschland als Bollwerk gegen den Kommunismus vorschwebte, plante Roosevelt eine Zerstückelung in fünf unabhängige Länder, von denen keine Kriegsgefahr ausgehen konnte. Stalins Politik war darauf gerichtet, Deutschland oder wenigstens einen Teil davon in seinen Machtbereich einzubeziehen. Auch das Schicksal Polens und seine von der UdSSR geforderte Westverschiebung blieben offen.
Da die Westmächte kein gemeinsames Konzept vorlegten, die UdSSR als Bündnispartner gegen Japan noch erwünscht war und ein greifbarer Sieg in Europa nicht gefährdet werden sollte, wurde eine Entscheidung bis zur Konferenz von Potsdam im Juli 1945 verschoben. Ihre Beschlüsse öffneten gegensätzlichen Auslegungen Tür und Tor.

---

**35. Flucht und Vertreibung**
a) Reportage
b) Flüchtlingskind
c) J. Brockmann
d) W. Mücke
e) C. Bondy
f) K. Adenauer
g) K. Adenauer

**36. Nürnberger Prozeß**
a) H. Göring
b) W. Keitel
c) R. Höß
d) B. v. Schirach
e) K. Dönitz

## 35. Verlorene Heimat

In panischer Angst vor dem aufgestauten Haß von Russen, Polen und Tschechen flohen bereits vor Kriegsende Millionen Deutsche aus Ostdeutschland und Ostmitteleuropa. Wenn die heranrückende Rote Armee sie nur annähernd so behandeln würde, wie SS-Verbände in den besetzten Gebieten gehaust hatten, war das Schlimmste zu befürchten.
Mit dem Zusammenbruch der Ostfront ergoß sich eine unübersehbare Flut von Flüchtenden in endlosen Trecks nach Westen, schutzlos den Angriffen der Roten Armee ausgeliefert. Schon vor Kriegsende wurden die verhaßten Deutschen systematisch vertrieben oder in die Sowjetunion verschleppt. In Potsdam wurde schließlich die ebenso inhumane »geregelte« Ausweisung beschlossen.
Mindestens zwei Millionen Deutsche kamen bei Besetzung, Flucht und Vertreibung nach amtlichen Angaben ums Leben. Die Überlebenden erwarteten Hunger und Elend und vielfach Ablehnung durch die Menschen in den notleidenden Besatzungszonen, denen selbst kaum das Nötigste geblieben war.

## 36. »Nicht schuldig«?

Mit dem Nürnberger Prozeß gegen führende Repräsentanten des NS-Staates wollten die Alliierten eine neue Ära des Völkerrechts eröffnen. Die Verbrechenstatbestände waren mit dem Kontrollratgesetz Nr. 10 vom 20. Dezember 1945 geschaffen worden: Verbrechen gegen den Frieden, Kriegsverbrechen, Verbrechen gegen die Menschlichkeit und die Zugehörigkeit zu einer Organisation, die vom Gerichtshof als verbrecherisch bezeichnet wird.
Alle Angeklagten erklärten sich für »nicht schuldig«. Am 30. September 1946 erfolgte die Urteilsverkündigung: 12 Todesurteile wurden gesprochen, sieben Angeklagte erhielten Freiheitsstrafen und drei wurden freigesprochen.
Das Urteil von Nürnberg kommentierte Robert H. Jackson, amerikanischer Hauptankläger vor dem Militärtribunal. Er forderte: »Wir dürfen niemals vergessen, daß nach dem gleichen Maß, mit dem wir die Angeklagten heute messen, auch wir morgen von der Geschichte gemessen werden.«

## Mai 1949

15. 5. SBZ
Vor einem Wahllokal im Ostsektor Berlins

12. 5. Berlin
S. 304–52

23. 5. Bundesrepublik Deutschland
S. 264–48

23. 5. Bundesrepublik Deutschland
Als Vorsitzender des Parlamentarischen Rates unterzeichnet Konrad Adenauer das Grundgesetz, die Verfassung der Bundesrepublik Deutschland.

von Schanghai nach Taiwan, wo er die nationalchinesische Regierungsgewalt festigt.

**3. Dienstag**
Bizone. General Clay, der Militärgouverneur der US-amerikanischen Zone, scheidet auf eigenen Wunsch aus seinem Amt aus.
Nationalchina wird 48. Mitglied der Weltbank und des Internationalen Währungsfonds.

**4. Mittwoch**
Berlin. Die Vertreter der drei westlichen Großmächte erzielen in New York mit der Sowjetunion Einigung darüber, daß am 12. 5. die Berlinblockade beendet wird.

**5. Donnerstag**
China. Vertreter der Kommunisten geben den Abschluß eines Verteidigungsbündnisses mit Nordkorea bekannt.
Westeuropa. In London wird von den Außenministern zehn europäischer Länder das Statut des Europarates unterzeichnet.

**6. Freitag**
Belgien. In Orlamonde bei Nizza stirbt der Dramatiker, Lyriker und Essayist Maurice Maeterlinck im Alter von 86 Jahren.

**7. Samstag**
USA. Der US-Radiosender Voice of America und die britische BBC beschließen eine Erhöhung ihrer Frequenzen, um bei der Ausstrahlung ihrer Sendungen in die UdSSR nicht von Störsendern ausgeschaltet zu werden.

**8. Sonntag**
Westdeutschland. Der Parlamentarische Rat verabschiedet mit 53:12 Stimmen das Grundgesetz. Dagegen stimmen die Abgeordneten des Zentrums, der KPD, der Deutschen Partei und die meisten der CSU.

**9. Montag**
Monaco. In Monaco stirbt Prinz Louis II. im Alter von 78 Jahren. Sein Nachfolger wird sein fünfundzwanzigjähriger Enkel Prinz Rainier III.

**10. Dienstag**
Großbritannien. Das Unterhaus beschließt die Verstaatlichung der britischen Stahlindustrie.
Westdeutschland. Der Parlamentarische Rat wählt Bonn zur Hauptstadt der zukünftigen Bundesrepublik Deutschland. Während 33 Abgeordnete für Bonn stimmen, erhält Frankfurt am Main nur 29 Stimmen. Für Frankfurt hatte insbesondere die SPD plädiert.

**11. Mittwoch**
China. Die kommunistische Armee marschiert in die Provinz Fujian ein.
UNO. Die UN-Vollversammlung stimmt mit 37 gegen 12 Stimmen für die Aufnahme Israels als 59. Mitglied der Organisation.
USA. In New York wird die erste Polaroidkamera für den normalen Gebrauch auf den Markt gebracht.

**12. Donnerstag**
Berlin. Nach 322 Tagen wird die sowjetische Blockade der Stadt aufgehoben. Die Luftbrücke der Alliierten wird zunächst fortgesetzt, um die Vorräte an Versorgungsgütern soweit aufzustocken, daß sie für 200 Tage ausreichen (auch → S. 225).

**14. Samstag**
Italien. Die Regierung verbietet das Abhalten von Massenveranstaltungen, weil sie neofaschistische und kommunistische Aktivitäten begrenzen will.
Westdeutschland. Die Militärgouverneure der westlichen Alliierten genehmigen das vom Parlamentarischen Rat verabschiedete Grundgesetz.

**15. Sonntag**
SBZ. In der sowjetischen Zone werden Wahlen für einen Volkskongreß abgehalten. Die Kandidaten der Einheitsliste, gegen die keine Opposition zugelassen war, erhalten rd. 66% der abgegebenen Stimmen, 34% der Wähler stimmen mit »Nein«. Die Wahlbeteiligung lag über 95%.

**17. Dienstag**
Großbritannien. Das Unterhaus verabschiedet ein Gesetz, durch das Nordirland ein Teil Großbritanniens bleibt.

**18. Mittwoch**
Bizone. US-Präsident Truman ernennt John McCloy zum Hochkommissar für Deutschland.
China. Kommunistische Verbände umzingeln Schanghai und rücken gegen die Hafenstadt Fuzhou vor, die Nordtaiwan gegenüberliegt.

**19. Donnerstag**
China. Schanghai wird zum ersten Mal von Flugzeugen der Kommunisten bombardiert.
Franz. Zone. André François-Poncet wird französischer Hochkommissar.

**20. Freitag**
Birma. Die Karen rufen einen eigenen Staat in Zentralbirma aus.

**21. Samstag**
Westdeutschland. Alle westdeutschen Länder mit Ausnahme Bayerns ratifizieren das Grundgesetz. Der Bayerische Landtag erkennt allerdings die Rechtsverbindlichkeit des Gesetzes an, wenn zwei Drittel der Länder die Verfassung billigen.

**22. Sonntag**
Birma. Birmesische Truppen erobern mit der Stadt Inzein, nördlich von Rangun, den Hauptstützpunkt der Karen.
Deutschland. In Cannes begeht der Schriftsteller Klaus Mann, ein Sohn Thomas Manns, im Alter von 42 Jahren Selbstmord.
In Salzburg stirbt der Komponist Hans Pfitzner (80).

**23. Montag**
Bundesrepublik Deutschland. In Bonn findet die Verkündung des Grundgesetzes statt. Die Ministerpräsidenten der Länder sowie die Landtagspräsidenten und die Abgeordneten des Parlamentarischen Rates (mit Ausnahme der beiden kommunistischen Abgeordneten) unterzeichnen das Grundgesetz.

**25. Mittwoch**
China. Kommunistische Truppen erobern Schanghai.

**28. Samstag**
ČSR. Erzbischof Beran bricht die Verhandlungen mit der Regierung wegen des katholischen Religionsunterrichts als »vergeblich und hoffnungslos« ab.

**29. Sonntag**
Zypern. Bei den Wahlen erzielen die Nationalisten, die eine Vereinigung mit Griechenland wünschen, Stimmengewinne.

**30. Montag**
SBZ. Der Volkskongreß billigt die Verfassung der DDR.

# Juni

**1. Mittwoch**
Westdeutschland. Die britische Regierung ernennt Sir Brian Robertson zum Hochkommissar für Deutschland.

**2. Donnerstag**
China. Die Abwicklung des Außenhandels über Schanghai wird wieder aufgenommen.
Jordanien. Der Landesname Transjordanien wird verändert in Haschemitisches Königreich Jordanien.

**6. Montag**
China. Kommunistische Truppen besetzen Qingdao, das bis vor kurzem noch Garnisonsort einer Abteilung US-amerikanischer Marinesoldaten war.
Goa. Die Kongreßpartei der portugiesischen Enklave gibt den Wunsch bekannt, in die indische Union aufgenommen zu werden.

**7. Dienstag**
Großbritannien. Großbritannien ratifiziert den Nordatlantikpakt.
Israel. Israelische Truppen besetzen Teile der entmilitarisierten Zone in Jerusalem.

**8. Mittwoch**
USA. US-Präsident Truman ersucht den Kongreß, 150 Millionen US-Dollar für Südkorea zur Verfügung zu stellen.

**9. Donnerstag**
Griechenland. Der kommunistische Sender Radio Freies Griechenland meldet, daß das Grammosgebirge entlang der albanischen Grenze vollständig in der Hand der kommunistischen Aufständischen sei.

**10. Freitag**
Bundesrepublik Deutschland. In einer großen Anzahl von Städten kommt es zu Demonstrationen gegen die Demontage von Fabriken.
Norwegen. In Lillehammer stirbt die Schriftstellerin Sigrid Undset im Alter von 67 Jahren.

**11. Samstag**
ČSR. Die Regierung bricht die Handelsbeziehungen zu Jugoslawien ab.

**12. Sonntag**
Bundesrepublik Deutschland. Der Goethepreis der Stadt Frankfurt am Main wird an Thomas Mann verliehen.

**13. Montag**
Bundesrepublik Deutschland. Im Ruhrgebiet gehen belgische Besatzungssoldaten gegen Arbeiter vor, die mit Barrikaden die Demontage eines Hydrierwerkes verhindern wollen.
ČSR. Die Ernennung von Priestern wird unter Staatsaufsicht gestellt.

**15. Mittwoch**
Bundesrepublik Deutschland. Das Wahlgesetz zum ersten Bundestag und zur ersten Bundesversammlung wird verkündet. Die Wahlen zum ersten deutschen Bundestag sollen am 14. 8. abgehalten werden. Die Verwaltung der Städte geht wieder in deutsche Hände über. Nur in Sicherheitsfragen behalten sich die Besatzungsbehörden ihre Rechte vor.
Vietnam. Bao Dai, der frühere Kaiser von Annam, wird als Staatsoberhaupt Vietnams eingesetzt.

**18. Samstag**
Ungarn. Der ehemalige Außenminister László Rajk wird zusammen mit 19 anderen Funktionären wegen des Vorwurfs des Titoismus verhaftet (auch → S. 212).

**19. Sonntag**
China. Mao Zedong erklärt, daß die »Volksbefreiungsarmee« den Bürgerkrieg gewonnen hat; er spricht den Wunsch aus, zu befreundeten Ländern diplomatische Beziehungen aufzunehmen.

**21. Dienstag**
Berlin. Die Westberliner Stadtverordnetenversammlung verabschiedet eine Resolution, in der die alliierten Behörden ersucht werden, Westberlin in die Bundesrepublik Deutschland aufzunehmen.

**23. Donnerstag**
Betschuanaland. Die Häuptlinge des Bamangwatostammes billigen die Heirat ihres Oberhauptes Seretse Khama mit der Weißen Ruth Williams.
Iran und Irak unterzeichnen einen Freundschaftsvertrag.
Ungarn. Der stellvertretende Ministerpräsident Rákosi gibt eine Säuberungsaktion in der Kommunistischen Partei nach der Aufdeckung eines Spionagenetzes bekannt. Rd. 200 000 Parteimitglieder (18%) werden ausgeschlossen.

**25. Samstag**
Berlin. Ein Streik der Westberliner Beschäftigten der von Ostberlin verwalteten Reichsbahn wird beendet. Sie werden von nun an in westdeutscher Währung bezahlt. Vorher wurden ihre Gehälter in Ostmark gezahlt.
Österreich. Bundeskanzler Figl kündigt den Aufbau eines österreichischen Heeres nach dem Abzug der Alliierten Truppen an.
Syrien. General Husni al Zaim wird zum Staatspräsidenten gewählt.

**27. Montag**
ČSR. Kirchliche Versammlungen

*25. 6. Berlin*
*Unter Polizeischutz werden Ostberliner Reichsbahnangehörige, bedroht von Westberliner Bahnarbeitern, vom Bahnhof Charlottenburg weggeführt.*

| 30. 5. SBZ |
| S. 344–66 |

| 21. 6. Berlin |
| S. 304–54 |

| 25. 6. Österreich |
| S. 368–68 |

25. 7. USA
Präsident Truman unterschreibt die Ratifikationsurkunde des NATO-Vertrages.

und die Publikation theologischer Werke werden verboten.

**29. Mittwoch**
China. Drei B-24-Bomber der Nationalchinesen bombardieren Schanghai. Es gibt 155 Tote und zahlreiche Verletzte.
Korea. Die letzten amerikanischen Truppen verlassen Korea. Es bleiben nur Militärberater zurück.

# Juli

**1. Freitag**
Berlin. Die westalliierten Stadtkommandanten untersagen eine Berliner Teilnahme an den Wahlen zum ersten Deutschen Bundestag. Berliner Abgeordnete dürfen jedoch ohne Stimmrecht in den Bundestag entsandt werden.
Österreich. Vertreter der vier Siegermächte setzen in London die Verhandlungen über einen Österreichischen Friedensvertrag fort.
USA. An der Harvard-Universität wird zum ersten Mal während des dreihundertjährigen Bestehens der Hochschule ein Schwarzer als Lehrer zugelassen.

**2. Samstag**
Bulgarien. In Barwicha bei Moskau stirbt der Politiker Georgi Dimitrow im Alter von 67 Jahren. Von 1946 bis zu seinem Tod war er bulgarischer Ministerpräsident. Sein Nachfolger wird Vasil Kolarow.
Bundesrepublik Deutschland. Die westlichen Alliierten heben die Beschränkungen für die deutsche Handelsmarine auf. Schiffe der Bundesrepublik Deutschland dürfen wieder alle Häfen anlaufen.

**3. Sonntag**
ČSR. Unter slowakischen Bauern kommt es wegen der Unterdrückung der römisch-katholischen Kirche zu Protestaktionen.

**4. Montag**
Norwegen. Das Parlament ratifiziert die Beitrittserklärung für den Europarat.

**5. Dienstag**
Berlin. Die vier Siegermächte geben den Militärkommandanten von Berlin den Auftrag, Verhandlungen über die Erneuerung einer gemeinsamen Verwaltung der Stadt zu beginnen.

**7. Donnerstag**
Polen stellt den Außenhandel mit Jugoslawien ein.
Tibet. Die Regierung weist die Vertreter der nationalchinesischen Regierung aus.

**9. Samstag**
UNO. Zum Hochkommissar für Flüchtlinge wird John Donald Kingsley ernannt.

**10. Sonntag**
Sport. Im Endspiel um die deutsche Fußballmeisterschaft schlägt der VFR Mannheim Borussia Dortmund 3:2 nach Verlängerung. Fußballmeister von Österreich wird Austria Wien. In der Schweiz holt der FC Lugano den Titel.
UdSSR. Im Gebiet zwischen Kaspischem Meer und Aralsee wird die erste sowjetische Atombombe zur Explosion gebracht.

**12. Dienstag**
China. Die kommunistischen Truppen erobern die Stadt Changshan. Damit kontrollieren sie die gesamte Provinz Zhejiang.

**13. Mittwoch**
Vatikan. Papst Pius XII. exkommuniziert alle Katholiken, die Mitglied einer kommunistischen Partei sind. Dies ruft vor allem in Frankreich und Italien lebhafte Proteste hervor.

**17. Sonntag**
Portugal. Wegen der Entwicklung der Verhältnisse in China entsendet die Lissaboner Regierung 800 Soldaten zur Verstärkung nach Macao.

**18. Montag**
Iran. Die Regierung einigt sich mit der Anglo-Iranian Oil Company, die Konzession bei gleichzeitiger höherer Gewinnbeteiligung bis 1991 zu verlängern.

**19. Dienstag**
Laos. Die französische Regierung unterzeichnet ein Abkommen, durch das Laos unabhängiger Mitgliedsstaat der Französischen Union innerhalb der Indochinesischen Föderation wird.

**24. Sonntag**
China. Ein Taifun, der vorher auch Okinawa heimsuchte, verursacht in Schanghai Überschwemmungen, durch die 200 000 Menschen obdachlos werden.

**25. Montag**
USA. US-Präsident Truman unterzeichnet die Urkunde des Nordatlantikvertrags. Dabei drängt er im Kongreß auf die Billigung eines Militärhilfeprogramms für Westeuropa in Höhe von 1,45 Milliarden Dollar.

**26. Dienstag**
Indien/Pakistan. Durch die Vermittlung der Kaschmir-Kommission der UNO kommt es zu einem Waffenstillstandsabkommen zwischen den beiden Staaten.

**27. Mittwoch**
Portugal. Die Nationalversammlung stimmt der Ratifizierung des Nordatlantikpaktes zu. Die portugiesische Regierung wünscht aus geographischen und militärstrategischen Gründen auch eine Zulassung Spaniens zur Nato.

**30. Samstag**
China. Der britischen Fregatte »Amethyst«, die seit dem 20. 4. von den Kommunisten festgehalten wird, gelingt es zu entkommen. Sie schließt sich einem britischen Flottenverband vor der chinesischen Küste an.

# August

**1. Montag**
Rumänien. Die Regierung löst alle Einrichtungen der römisch-katholischen Kirche auf.

**2. Dienstag**
Frankreich. Die Regierung genehmigt den Plan, einen Autotunnel durch den Mont Blanc zu bauen.

**4. Donnerstag**
Italien/Jugoslawien. Beide Länder

schließen einen auf fünf Jahre befristeten Handelsvertrag.

**5. Freitag**
Italien. Die schwedische Schauspielerin Ingrid Bergman heiratet den italienischen Regisseur Roberto Rosselini.

**6. Samstag**
Berlin. Generalmajor Maxwell D. Taylor wird US-amerikanischer Stadtkommandant von Berlin.

**8. Montag**
Westeuropa. Der Europarat kommt in Straßburg zu seiner ersten Sitzung zusammen. Griechenland, die Türkei und Island werden eingeladen, an den Beratungen teilzunehmen.

**9. Dienstag**
Israel. In einer Höhle bei den Ruinen von Qumran am Nordwestufer des Toten Meeres werden hebräische Handschriften alttestamentarischer Bücher gefunden, die sogenannten Texte vom Toten Meer.

**10. Mittwoch**
Belgien. Gaston Eyskens bildet eine Koalitionsregierung aus CVP und Liberalen.
Westeuropa. Griechenland und die Türkei werden Mitglieder des Europarates.

**12. Freitag**
USA. General Omar Bradley wird Nachfolger von General Eisenhower als Stabschef des Heeres.

**14. Sonntag**
Bundesrepublik Deutschland. In der Bundesrepublik finden die Wahlen zum Ersten Deutschen Bundestag statt. Die Wahlbeteiligung liegt bei 79,3%. Die CDU/CSU erhält 31,0% der Stimmen und 139 Sitze, die SPD 29,2% und 131 Sitze, die FDP/DVP 11,9% und 52 Sitze, die Bayernpartei 4,2% und 17 Sitze, die KPD 5,7% und 15 Sitze, die DP 4% und 17 Sitze, die DRP/SRP 1,8% und 5 Sitze, die Notgemeinschaft 1,1% und 1 Sitz, der SSW 0,3% und 1 Sitz, die WAV 2,9% und 12 Sitze, das Zentrum, 3,1% und 10 Sitze. Außerdem ziehen 2 Parteilose in das neue Parlament ein. In beratender Funktion werden aus Berlin 5 SPD-Abgeordnete, zwei CDU-Abgeordnete und 1 FDP-Abgeordneter in den Bundestag entsandt.
Syrien. Nach einem Militärputsch unter Oberst Sami Hinnawi wird Staatspräsident Husni al Zaim von einem Kriegsgericht verurteilt und hingerichtet.

**16. Dienstag**
ČSR. Erzbischof Beran teilt in Prag mit, daß er seiner Bewegungsfreiheit beraubt sei.
USA. In Atlanta stirbt die Schriftstellerin Margaret Mitchell im Alter von 48 Jahren an den Folgen eines Autounfalls. Durch ihren Roman »Vom Winde verweht« 1936, der 1939 auch verfilmt wurde, wurde sie weltberühmt.

**18. Donnerstag**
Ungarn. Das Parlament verabschiedet eine neue Verfassung, durch die Ungarn zur Volksrepublik wird.

**19. Freitag**
Bundesrepublik Deutschland. Oppositionsführer Kurt Schumacher (SPD) drängt die westlichen Besatzungsmächte, die Demontage der August-Thyssen-Hütte in Duisburg-Hamborn abzubrechen.

**20. Samstag**
Chile. Die Regierung verhängt über das ganze Land den Ausnahmezustand. Marineeinheiten besetzen die Kupfer- und Kohlenbergwerke.

**22. Montag**
China. Aus Hongkong wird gemeldet, daß die kommunistischen Truppen sich auf einem schnellen Vormarsch in der Provinz Yunnan an der Grenze zu Indochina befinden.

**23. Dienstag**
Panama. In Panama stirbt Staatspräsident Domingo Díaz Arosemena im Alter von 74 Jahren an einem Herzanfall.

**24. Mittwoch**
NATO. Der Nordatlantikvertrag vom 4. 4. tritt in Kraft, nachdem alle Ratifizierungsurkunden in Washington hinterlegt worden sind.

**28. Sonntag**
Bundesrepublik Deutschland. In Darmstadt wird die Akademie für Sprache und Dichtung gegründet.
Griechenland. Regierungstruppen erobern das Grammosgebirge, einen wichtigen Stützpunkt der kommunistischen Aufständischen zurück.

**29. Montag**
Bundesrepublik Deutschland. In Schleswig-Holstein kommt es zu einer Regierungsumbildung. Als Nachfolger von Hermann Lüdemann (SPD) wird Bruno Diekmann (SPD) Ministerpräsident.
Comecon. Bei einer Ratssitzung in Sofia kommt es zu einem Treffen von sowjetischen mit anderen osteuropäischen Militärs. Dies führt zu Gerüchten über einen bevorstehenden Einmarsch nach Jugoslawien.

# September

**1. Donnerstag**
Österreich. Die Vertreter der vier Siegermächte vertagen die Verhandlungen über einen Friedensvertrag mit Österreich, weil die UdSSR eine zu starke Kontrolle über die Wirtschaft des Landes verlangt.

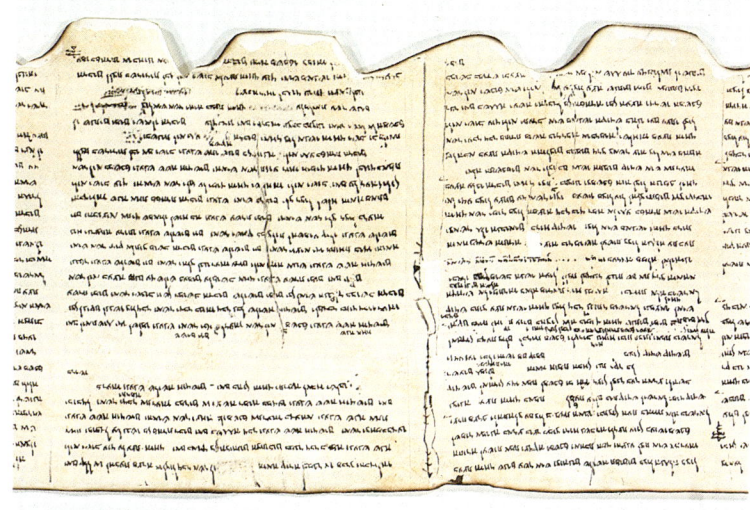

*9. 8. Israel*
*Das Teilstück B der Rollen von Qumran.*

*14. 8. Bundesrepublik Deutschland*
*S. 265–48*

*19. 8. Bundesrepublik Deutschland*
*S. 248–39*

*5. 9. Niederlande*
*Willy Lages, der frühere Chef des SD und der Sicherheitspolizei in den Niederlanden, während seines Prozesses in Amsterdam.*

## September 1949

**12. 9.** *Bundesrepublik Deutschland*
Theodor Heuss bei der Eidesleistung.

**8. 9.** *Bundesrepublik Deutschland*
Richard Strauss. Porträt von Max Liebermann.

**20. 9.** *Bundesrepublik Deutschland*
Das erste Kabinett Adenauer.

**5. Montag**
Niederlande. Im Prozeß gegen Willy Lages, den ehemaligen Chef von SD und Sicherheitspolizei in Nordholland und Utrecht, wird die Todesstrafe gefordert.

**6. Dienstag**
Bundesrepublik Deutschland. Die SPD-Bundestagsfraktion wählt Kurt Schumacher zum Fraktionsvorsitzenden.
USA. Der Geologe Willard Libby gibt die Entwicklung einer Methode zur Bestimmung des Alters organischer Materialien bekannt. Bestimmungsgrundlage ist der Anteil des in dem jeweiligen Material enthaltenen radioaktiven Kohlenstoffisotops C14.

**7. Mittwoch**
Bundesrepublik Deutschland. Bundestag und Bundesrat kommen in Bonn zu ihren konstituierenden Sitzungen zusammen. Der westfälische Ministerpräsident Karl Arnold (CDU) wird erster Präsident des Bundesrates. Zum Bundestagspräsidenten wird Erich Köhler (CDU) gewählt.

**8. Donnerstag**
Bundesrepublik Deutschland. In Garmisch-Partenkirchen stirbt der Komponist und Dirigent Richard Strauss im Alter von 85 Jahren.

**10. Samstag**
SBZ. In Westberlin wird bekannt, daß in der SBZ 47 000 Menschen in sowjetischen Konzentrationslagern festgehalten werden.

**12. Montag**
Bundesrepublik Deutschland. Die Bundesversammlung (402 Bundestagsabgeordnete und 402 Vertreter der Länder) wählt den Bundespräsidenten. Kandidaten sind Rudolf Amelunxen (Zentrum), Theodor Heuss (FDP) und Kurt Schumacher (SPD). Heuss wird im 2. Wahlgang mit 460 Stimmen zum ersten Bundespräsidenten der Bundesrepublik Deutschland gewählt.

**14. Mittwoch**
Bundesrepublik Deutschland. Bundespräsident Theodor Heuss schlägt Bundestagspräsident Erich Köhler (CDU) Konrad Adenauer als Kandidat für das Amt des Bundeskanzlers vor.

**15. Donnerstag**
Bundesrepublik Deutschland. Konrad Adenauer (CDU) wird zum ersten Bundeskanzler der Bundesrepublik Deutschland gewählt. Er erhält 202 von 402 möglichen Stimmen.
Österreich. Die USA und Großbritannien richten einen Appell an die UdSSR, beim Abschluß eines Friedensvertrages mit Österreich mitzuwirken.

**17. Samstag**
Italien. Die Regierung ordnet die Schließung der Konsulate in Rumänien an.
Kanada. Bei einem Brand des Kreuzfahrtschiffes »Noronic« im Hafen von Toronto kommen 139 Passagiere ums Leben.

**18. Sonntag**
Großbritannien. Die Regierung wertet das Pfund Sterling um 30% ab.

**20. Dienstag**
Bundesrepublik Deutschland. Bundeskanzler Konrad Adenauer gibt die Zusammensetzung seines Kabinetts bekannt. Vizekanzler und Minister für den Marshallplan wird Franz Blücher (FDP).

**23. Freitag**
UdSSR. US-Präsident Truman teilt mit, daß in der Sowjetunion eine Atombombenexplosion stattgefunden habe. Dies wird am Tage darauf durch die sowjetische Nachrichtenagentur TASS bestätigt.

**24. Samstag**
Ungarn. In einem Schauprozeß werden sieben angeblicher Spionage und subversiver Aktionen beschuldigte Angeklagte verurteilt, drei von ihnen, darunter der ehemalige Außenminister László Rajk, zum Tode.

**26. Montag**
Bundesrepublik Deutschland. Die Beschränkungen im Auslandsreiseverkehr für die Bürger der Bundesrepublik werden aufgehoben. Auch Auswanderungen sind nun möglich.

**27. Dienstag**
Bundesrepublik Deutschland. In der Nähe von Dachau wird zum

dritten Mal in zwei Wochen ein Massengrab entdeckt. Es enthält nach ersten Schätzungen 15 000 Leichen.

**29. Donnerstag**
Albanien. Die Regierung bestimmt, daß alle Analphabeten bis zu einem Alter von 40 Jahren lesen und schreiben lernen müssen.
Jugoslawien/UdSSR. Die Sowjetunion kündigt den Vertrag über Freundschaft und Zusammenarbeit. Sie beschuldigt Tito der Zusammenarbeit mit dem Kapitalismus (auch →S. 212).

**30. Freitag**
Berlin. Die Luftbrückenflüge nach Berlin werden eingestellt. Bei 277 264 Flügen waren 2,3 Millionen Tonnen an Vorräten während der Blockade in die ehemalige Reichshauptstadt geflogen worden. Bei Unfällen starben 78 Angehörige von Flugzeugbesatzungen.

# Oktober

**1. Samstag**
China. Auf einem Kongreß des Volksregierungsrates in Peking proklamiert Mao Zedong die Volksrepublik China. Er ernennt Zhou Enlai zum Ministerpräsidenten.
UdSSR. Die Regierung protestiert bei den drei westlichen Alliierten (USA, Großbritannien und Frankreich) gegen die Konstituierung der Bundesrepublik Deutschland. Die UdSSR sieht darin eine Verletzung des Potsdamer Abkommens.

**3. Montag**
China. Bulgarien, Rumänien und die ČSR erkennen die Volksrepublik China diplomatisch an.

**4. Dienstag**
SBZ. Die Parteien der Sowjetischen Besatzungszone werden unter Führung der SED zur Nationalen Front zusammengefaßt.

**7. Freitag**
DDR. Der Volksrat erklärt sich zur provisorischen Volkskammer und erkennt die von ihm am 30. 5. bestätigte Verfassung als Verfassung der DDR an, die damit als Staat proklamiert wird. Die Volkskammer veröffentlicht ein Manifest, in dem zum Abschluß eines Friedensvertrages mit Deutschland sowie zur Wiedervereinigung Deutschlands aufgerufen wird.

**9. Sonntag**
Österreich. In Österreich finden Landtags- und Nationalratswahlen statt. Bei den Nationalratswahlen ergibt sich folgendes Wahlresultat: ÖVP 77 Mandate (44,03%); SPÖ 67 Mandate (38,71%); WdU 16 Mandate (11,67%); Linksblock (KP und Linkssozialisten) 5 Mandate (5,08%). Bei den Landtagswahlen wird die ÖVP im Burgenland, in Nieder- und Oberösterreich und in Salzburg stärkste Partei, die SPÖ in Kärnten und Wien. Die ÖVP siegt auch am 25. 10. in Tirol, am 12. 11. in der Steiermark und am 14. 11. in Vorarlberg.

**10. Montag**
Österreich. Leopold Figl (ÖVP) wird erneut mit der Bildung einer Regierung beauftragt

**11. Dienstag**
DDR. Wilhelm Pieck wird zum ersten Staatspräsidenten der DDR gewählt.

**12. Mittwoch**
Bundesrepublik Deutschland. In München findet der Gründungskongreß des Deutschen Gewerkschaftsbundes (DGB) statt.
DDR. Erster Ministerpräsident der DDR wird Otto Grotewohl. Walter Ulbricht wird einer der drei stellvertretenden Ministerpräsidenten. Die von Grotewohl verlesene Regierungserklärung stellt die Betonung der Freundschaft zur UdSSR und die Anerkennung der Oder-Neiße-Grenze in den Mittelpunkt.

**13. Donnerstag**
UNO. Die UN-Kommission für die ehemaligen italienischen Kolonien billigt den Vorschlag, die Cyrenaica, Fezzan und Tripolitanien in einem unabhängigen Staat Libyen zu vereinigen.

**14. Freitag**
China. Die kommunistische Volksbefreiungsarmee rückt in das eroberte Canton ein.

**15. Samstag**
Bundesrepublik Deutschland. Die Kommission für Kriegsgefangen-

*24. 9. Ungarn*
*Der frühere Minister László Rajk (rechts) vor Gericht. Neben ihm der frühere Botschafter Lázár Baranov, der ebenfalls angeklagt ist.*

11. 10. DDR
S. 344–66

◁
*7. 10. DDR*
*In Ostberlin wird die Deutsche Demokratische Republik ausgerufen. Im Hintergrund am Mikrophon Wilhelm Pieck.*

*9. 10. Österreich*
*Die Parteien werben vor den Nationalratswahlen in Österreich.*

schaft gibt bekannt, daß das Schicksal von 1,7 Millionen deutschen Kriegsgefangenen ungeklärt sei.
Ungarn. Der am 24. 9. in einem Schauprozeß mit zwei anderen zum Tode verurteilte frühere Außenminister László Rajk wird gehängt.

**16. Sonntag**
Griechenland. Mit der Selbstauflösung der kommunistischen Gegenregierung endet der Bürgerkrieg.

**17. Montag**
DDR. Polen, Ungarn, Bulgarien, Rumänien und die ČSR erkennen die DDR an.
Mit Finnland wird ein Handelsabkommen geschlossen.

**18. Dienstag**
Belgien. Die Regierung und König Leopold III. kommen überein, wegen dessen Rückkehr ein Referendum durchzuführen. Der König hält 55% der Stimmen für notwendig, um auf seinen Thron zurückkehren zu können.

**23. Sonntag**
Frankreich. Staatspräsident Auriol ernennt den Konservativen Georges Bidault (MRP) zum Ministerpräsidenten, nachdem es den Linksparteien nicht gelungen ist, eine Regierung zu bilden.

**24. Montag**
UNO. In New York wird der Grundstein für das Gebäude des ständigen Sitzes der Vereinten Nationen gelegt.

**25. Dienstag**
Großbritannien. Eine De Havilland Comet, das erste Verkehrsflugzeug mit Strahltriebwerken, fliegt die Strecke London–Tripolis und zurück in sechs Stunden und achtunddreißig Minuten.

**28. Freitag**
Frankreich. Die Nationalversammlung spricht der neuen Regierung aus Sozialisten, Radikalen und MRP unter Georges Bidault das Vertrauen aus.

# November

**1. Dienstag**
China. Die UdSSR erkennt die kommunistische Regierung der Volksrepublik an. Die Anerkennung der nationalchinesischen Regierung wird widerrufen.

**3. Donnerstag**
Nobelpreise. In Stockholm werden R. Heß und A. C. Moniz (Medizin), H. W. Yukawa (Physik) und W. F. Giauque (Chemie) die Nobelpreise zugesprochen. Den Nobelpreis für Literatur erhält 1950 rückwirkend William Faulkner.
Den Friedensnobelpreis bekommt in Oslo der Brite J. Boyd Orr.

**4. Freitag**
China. Die kommunistische Volksbefreiungsarmee erreicht die Grenze der portugiesischen Kolonie Macao.

**7. Montag**
Polen. Konstantin Rokossowskij, sowjetischer Marschall polnischer Herkunft, wird, nachdem er aus sowjetischen Diensten entlassen wurde, Befehlshaber der polnischen Armee und Kriegsminister.

**8. Dienstag**
China. Die Volksbefreiungsarmee marschiert in die Provinz Sichuan ein. Chongqing, der Sitz der nationalchinesischen Regierung, wird bedroht.
Philippinen. Die Präsidentschaftswahlen gewinnt der bisherige Amtsinhaber Elpidio Quirino. Sein nationalistischer Gegenkandidat José Laurel wird durch die Guerilaeinheiten der Hukbalahap unterstützt.

**9. Mittwoch**
USA. Die Vereinigung US-amerikanischer Journalisten zieht sich aus der von Kommunisten beherrschten Internationalen Journalistenorganisation, die ihren Hauptsitz in Prag hat, zurück.

**12. Samstag**
Jugoslawien kündigt den Freundschaftsvertrag mit Albanien.

**13. Sonntag**
Berlin. Generalmajor Kotikow, der sowjetische Stadtkommandant von Ostberlin, überträgt seine Verwaltungsbefugnisse an Bürgermeister Ebert.

**15. Dienstag**
China. Tschiang Kaischek trifft in Chongqing ein, um die Verteidigung der Stadt zu organisieren.
DDR. Die Internierungslager werden von den sowjetischen Behörden aufgelöst. Die rd. 36 000 Gefangenen werden den ostdeutschen Behörden übergeben.

**17. Donnerstag**
China. Das US-Konsulat in Chongqing wird geschlossen.
DDR. Die Regierung kündigt an, daß die Wirtschaft des Landes in den osteuropäischen Wirtschaftsbereich integriert werden soll.

**18. Freitag**
Israel. Die Regierung ruft ihren Botschafter in Bukarest aus Protest gegen die rumänische Weigerung, Juden auswandern zu lassen, zurück.

**19. Samstag**
Belgien. In Ostende stirbt der Maler und Graphiker James Ensor (89).
Monaco. Prinz Rainier III. nimmt als 30. Fürst von Monaco den Huldigungseid entgegen.

**22. Dienstag**
Bundesrepublik Deutschland. Im Hotel Petersberg bei Bonn, dem Sitz der Alliierten Hohen Kommission, wird zwischen den westlichen Siegermächten und der Bundesrepublik ein Abkommen geschlossen, das eine erste Revision des Besatzungsstatuts bedeutet. Darin sind unter anderem die Aufnahme von konsularischen und Handelsbeziehungen mit westlichen Ländern, die Beseitigung monopolistischer Tendenzen in der deutschen Wirtschaft sowie Einschränkungen der Demontagen vorgesehen. Bundeskanzler Adenauer, der die Verhandlungen ohne Absprache mit dem Parlament geführt hatte, wird deshalb von Oppositionsführer Kurt Schumacher (SPD) in einer Bundestagsrede am 25. 11. als »Kanzler der Alliierten« bezeichnet. Daraufhin wird Schumacher für 20 Sitzungen aus dem Bundestag ausgeschlossen.

**26. Samstag**
Indien. Die Verfassunggebende Versammlung billigt die neue Verfassung. Sie sieht ein aus zwei Kammern bestehendes Parlament, einen Staatspräsidenten mit rein repräsentativen Vollmachten, eine unabhängige Gerichtsbarkeit und die Garantie der Menschenrechte vor.

**27. Sonntag**
Kolumbien. Der Kandidat der

*22. 11. Bundesrepublik Deutschland Oppositionsführer Kurt Schumacher (SPD)*

Konservativen Partei, Laureano Gomez, wird zum Staatspräsidenten gewählt. Die Liberale Partei hatte die Wahl boykottiert.

**30. Mittwoch**
China. Die Volksbefreiungsarmee erobert Chongqing, die Hauptstadt der nationalchinesischen Regierung.
Neuseeland. Nach vierzehnjähriger Labourregierung kann die konservative Nationale Partei unter Sidney Holland einen Wahlsieg erringen. Sie gewinnt 46 der 80 Parlamentssitze.

# Dezember

**2. Freitag**
UNO. Die politische Kommission der Vereinten Nationen gibt ihre Zustimmung für ein Hilfsprogramm für die Palästinaflüchtlinge in Höhe von 54,9 Millionen US-Dollar.

**3. Samstag**
Bundesrepublik Deutschland. Das Interalliierte Büro für Reparationszahlungen stoppt die Verschiffung demontierter Anlagen in die UdSSR, weil diese keine Nahrungsmittel in die Bundesrepublik liefert.

**8. Donnerstag**
China. Die nationalchinesische Regierung verläßt das chinesische Festland und verlegt ihren Sitz auf die Insel Taiwan.
Neuseeland. Sidney Holland bildet nach der Wahl vom 30.11. eine konservative Regierung.

**10. Samstag**
China. Der nationalchinesische Gouverneur der Provinz Yunnan (Südwestchina), General Lu Han, kapituliert vor den kommunistischen Militäreinheiten.
Tschiang Kaischek flüchtet mit dem Flugzeug nach Taiwan. Er übernimmt dort die Leitung der nationalchinesischen Regierung.

**11. Sonntag**
Palästina. Die UNO verabschiedet eine Resolution, in der den palästinensischen Flüchtlingen das Recht auf Rückkehr in ihre Heimat zugesichert wird.

**12. Montag**
Bulgarien. Der ehemalige Stellvertretende Ministerpräsident Traitscho Kostow wird unter der Anklage des Titoismus und antisowjetischer Haltung zum Tode verurteilt und am 16.12. hingerichtet (auch → S. 212).
Internationales. In Genf unterzeichnen 30 Staaten, darunter auch die vier Siegermächte des 2. Weltkriegs, eine neue Genfer Kriegsrechtskonvention.

**13. Dienstag**
Frankreich. Es wird bekannt, daß rd. 40 000 ehemalige deutsche Soldaten sich der Fremdenlegion angeschlossen haben.

**14. Mittwoch**
Indonesien. Vertreter aus 16 Teilstaaten unterzeichnen in Jakarta die vorläufige Verfassung der Vereinigten Republik Indonesien.

**15. Donnerstag**
Bundesrepublik Deutschland. Die Bundesrepublik Deutschland erhält nach einer Übereinkunft mit dem US-amerikanischen Hohen Kommissar John McCloy Marshallhilfe.
Österreich. Die in New York stattfindenden Verhandlungen über einen Friedensvertrag mit Österreich geraten ins Stocken.
Schweiz. Max Petitpierre (Freisinnige Partei) wird zum Bundespräsidenten für das Jahr 1950 gewählt.

**16. Freitag**
Indonesien. Vertreter sämtlicher Teilstaaten wählen Achmed Sukarno zum Staatspräsidenten der Vereinigten Republik Indonesien.

**17. Samstag**
China. Birma erkennt als erstes nichtkommunistisches Land die Volksrepublik China an.

**18. Sonntag**
Indonesien. Staatspräsident Sukarno ernennt Mohammed Hatta zum ersten Ministerpräsidenten der Vereinigten Republik Indonesien.
UdSSR. Nikita Chruschtschow, Erster Sekretär der KP in der Ukraine, wird in das Zentralkomitee der Partei in Moskau gewählt.

**19. Montag**
Bundesrepublik Deutschland. Ein britisches Militärgericht verurteilt in Hamburg den ehemaligen Feldmarschall Erich von Manstein zu 18 Jahren Gefängnis wegen Kriegsverbrechen an sowjetischen Soldaten und Zivilpersonen.

**22. Donnerstag**
Frankreich. Die Regierung verabschiedet ein Amnestiegesetz für Personen, die im 2. Weltkrieg mit den deutschen Besatzern kollaboriert haben.
Japan. Die Regierung weigert sich, das Abkommen von Jalta (Februar 1945) als verbindlich anzuerkennen. Sie erhebt weiterhin Ansprüche auf Südsachalin, die Kurilen, Okinawa und Iwo Jima.

**24. Samstag**
China. Die Kommunisten besetzen die Hauptstadt der Provinz Sichnan, Chengdu, die letzte nationalchinesische Stadt auf dem Festland.
Vatikan. Papst Pius XII. eröffnet im Petersdom in Rom das Heilige Jahr 1950.

**26. Montag**
Israel. Zum ersten Mal tagt das israelische Parlament statt in Tel Aviv in Jerusalem.

**30. Freitag**
China. Indien erkennt die Volksrepublik China an.
Vietnam. In Saigon überträgt der französische Hohe Kommissar Léon Pignon die Regierungsgewalt an den wieder als Kaiser anerkannten Bao Dai.

*15.12. Schweiz*
*S. 368–70*

*15.12. Bundesrepublik Deutschland*
*John McCloy, der amerikanische Hohe Kommissar*

*12.12. Bulgarien*
*Traitscho Kostow*

*24.12. Vatikan*
*Papst Pius XII. eröffnet symbolisch das Heilige Jahr 1950.*

*Der Krieg bedeutet vor allem auch materielle Not.
Eine Frau versucht im von deutschen Truppen besetzten
Charkow ihre letzten Habseligkeiten zu verkaufen.*

# Ereignisse

**und Tendenzen in den 40er Jahren**

# Kriegszeit und Nachkriegszeit

Wer die so verschiedenen Dekaden unseres Jahrhunderts betrachtet, der kann die 20er Jahre als die Ära der großen inneren Auseinandersetzungen nach dem Ersten Weltkrieg, die 30er Jahre als die Zeit der unaufhaltsam vordringenden Diktaturen und die 50er Jahre als die Epoche des erstaunlichen Wiederaufbaus, ja einer Renaissance der Demokratie charakterisieren. Die 40er Jahre freilich erscheinen auf den ersten Blick gerade nicht als eine Einheit; sie sind vielmehr durch den weltpolitischen, weltgeschichtlichen Einschnitt von 1945 in zwei völlig verschiedene Perioden geteilt.

In der Tat folgen viele Darstellungen unserer Zeitgeschichte dieser Gliederung; sie enden oder beginnen in der Mitte der vierziger Jahre. Demgegenüber hat der Verfasser in seinen Büchern über *Die deutsche Diktatur* (1969) und *Europa in der Krise* (1979) aber auch den tiefen und bedeutsamen Zusammenhang aufzuweisen gesucht, der die beiden Teile dieses Jahrzehnts zugleich miteinander verbindet und aufeinander bezieht: Kriegszeit und Nachkriegszeit. Je länger und umfassender wir im Rückblick die großen Tendenzen der Epoche überblicken können, desto deutlicher tritt dieser Zusammenhang hervor.

In den Augen der Zeitgenossen wurde das Jahrzehnt von 1940 bis 1950 gewiß durch die brutalen Einbrüche des Totalitarismus und das katastrophale Ende des Hitlerreiches, durch die Befreiung von 1945 und den tiefen Gegensatz von Diktatur und Demokratien zerspalten. Und doch waren die drei großen Tendenzen dieser Zeit aufs engste miteinander verknüpft. Zunächst führen die siegreichen Eroberungskriege Hitlers, Mussolinis und Japans 1942/43 auf den Höhepunkt diktatorischer Machtentfaltung, mit der Kehrseite einer zerstörerischen, menschenvernichtenden Politik, die nur zwei Jahre später in der totalen Niederlage dieser autoritär-totalitären Regime endete. Gleichzeitig jedoch entfalten und verstärken sich auch die Kräfte und Bewegungen des Widerstands, der Befreiung und des Wiederaufbaus, die im Zeichen der Demokratie und der Idee eines vereinigten Europa, ja einer friedlichen Kooperation aller Völker und Staaten der Welt stehen.

Drittens schließlich bestimmt die konkrete Erfahrung der politischen und ideologischen Teilung Europas nach Kriegsende das Geschehen; mit der Fortdauer und Steigerung des stalinschen Totalitarismus im Osten kommt es zugleich zu der Einbeziehung des geschlagenen Deutschland in die Machtblöcke der sowjetkommunistischen einerseits und der westlich-demokratischen Herrschaftsform andererseits und schließlich zu seiner Spaltung in zwei ideologisch scharf getrennte Staaten.

Auch diese bis heute grundlegende Entwicklung der Nachkriegszeit zeichnet sich schon in den Entscheidungen des Krieges ab, die früh bereits zu Überlegungen und Vorarbeiten für den Wiederaufbau führten. In der Tat sind die großen Weichenstellungen des Jahrzehnts in dem engen Zusammenhang von Kriegs- und Nachkriegszeit angelegt. Das zeigt sich in der Geschichte der Kriegs- und Nachkriegskonferenzen von der westlichen Proklamation der Atlantik-Charta (1941) über die Gipfelkonferenzen von Teheran (1943), Jalta und Potsdam (1945) bis zum Ost-West-Bruch bei den Außenministertreffen von Moskau und London (1947). Am Ende des Jahrzehnts steht die übergreifende Realität einer bipolaren Weltordnung, in der sich die alte Prognose von Alexis de Tocqueville – schon 1835 formuliert – zu bestätigen schien: Der Weltgegensatz der Globalmächte Amerika und Rußland entsprach nun zugleich einer Weltalternative von Freiheit oder Knechtschaft, und jede von ihnen schien »nach einem geheimen Plan der Vorsehung berufen, eines Tages die Geschicke der halben Welt in seiner Hand zu halten« (*De la démocratie en Amérique*, I, 1835, Schlußbetrachtung).

Die europäische Epoche der Weltgeschichte ist zu Ende. Was wird aus Europa?

Der Zweite Weltkrieg brachte ideologisch schärfer und politisch radikaler als der Erste die Zerstörungskräfte der modernen Gesellschafts- und Staaten-Konflikte zu einer bislang unerhörten Entladung. In ihm verbanden sich die gesteigerten nationalistischen und imperialistischen Ambitionen zumal der zuspätgekommenen Aufsteigermächte Deutschland, Italien und Japan mit der Stoßkraft totalitärer Weltanschauungen, die den ganzen Menschen mit pseudoreligiöser Intensität zu erfassen und für eine totale Eroberungs- und Herrschaftsidee einzusetzen suchten – sei es das erneuerte Römische Imperium (Faschismus), ein germanisch-deutsches Rasse-Reich (Nationalsozialismus) oder der weltrevolutionäre Sieg im Klassenkampf (Kommunismus). Die gnadenlose Auseinandersetzung wurde nach frühem kommunistischem Vorbild (Vernichtung des Klassenfeindes) besonders seitens des Nationalsozialismus mit den Mitteln der kollektiven Verfolgung und bis zur Ausrottung mißliebiger, zum absoluten (Rasse-)Feind erklärter Minderheiten geführt: Mit dem Überfall auf die zunächst (1939) im Beutepakt verbündete Sowjetunion 1941 beginnt auch die systematische Judenvernichtung. Die schreckliche Erfahrung von brutaler Unterdrückung und totalem Kampf, die mehr Menschenopfer und Zerstörungen als irgendein anderer Krieg kostete, schuf schließlich die Voraussetzung für eine Erneuerung freiheitlich-demokratischer Staats- und Gesellschaftsordnungen. Auch die Gründung des Staates Israel (1948) für das über Jahrhunderte verfolgte Volk der Juden war eine Folge dieser erschütternden Erfahrungen.

Auf den Triumph der autoritären Welle in den dreißiger Jahren, die bis 1940 alle Demokratien des europäischen Festlands (außer Schweden und der Schweiz) ausgelöscht hatte, antwortete nun ein entschiedener Wille zur Befreiung von Diktatur und Gewaltherrschaft. Die Widerstandsbewegungen gegen den nationalsozialistischen Eroberer wollten zum Ausgangspunkt für eine neue Ordnung der Staatengesellschaft werden, die auf Demokratie und Zusammenarbeit gegründet sein sollte.

Dies gelang freilich nur im Westen des befreiten Europa und in der atlantischen Welt. Die weiterreichenden Erwartungen und Hoffnungen, die besonders auch der amerikanische Präsident Franklin D. Roosevelt in einen endgültigen Frieden und eine Weltordnung der »Vereinten Nationen« gesetzt hatte, gingen mit seinem Tode noch vor Kriegsende (1945) und mit dem Fortdauern der ideologischen Machtpolitik Stalins in die Realität des »Kalten Krieges« über. Tatsächlich zeichnete sich die neue, nun kommunistische Gleichschaltung Osteuropas schon seit 1944 (Polen) ab; die Konsequenz militärischer Blockbildung wurde bereits 1946 mit einem »Eisernen Vorhang« durch Europa (so Churchill) besiegelt, und unausweichlich waren angesichts der kommunistischen Machtergreifung in der Tschechoslowakei und der Berlin-Blockade die zwischen 1947 und 1949 folgenden großen Entscheidungen des Westens. Truman-Doktrin und Marshallplan, Berliner Luftbrücke und Nordatlantikpakt, schließlich der Koreakrieg (1950) führten zu einer bipolaren Struktur der Weltpolitik, geradezu zur Teilung in zwei auch gesellschaftlich und ideell konträre Welten, während die »Dritte Welt« der Kolonial- und Entwicklungsländer noch am Rande blieb, Indien nach Erlangung der Unabhängigkeit (1947) im Mühen um die Demokratie, China nach dem Bürgerkrieg im Übergang zum Kommunismus (1949).

So wurde die Stabilisierung der westeuropäischen Demokratien schon früh abgeschirmt durch eine Bündnis- und Kooperationspolitik, die sich von den sowjetrussischen Herrschaftsansprüchen in Ost- und Mitteleuropa ganz und gar unterschied. Nach dem Ersten Weltkrieg hatte ein ungehemmter Nationalismus die Politik der europäischen Länder erregt und die inneren Grundlagen der Demokratie zerstört, während sich die USA, die den Krieg entschieden, die Friedensordnung und den Völkerbund inauguriert hatten, aus der internationalen Politik zurückzogen. Anders nach 1945: Die amerikanische Politik der Abschirmung und Eindämmung gegenüber dem Kommunismus stellte Westeuropa durch den Marshallplan und das NATO-Bündnis alsbald in den Rahmen einer intensiven internationalen Kooperation. Es ergaben sich Aspekte für eine supranationale Integration in westeuropäisch-atlantische Gemeinschaftsformen, die eine Art Schutzschirm über den neuen Parlamentsdemokratien darstellten und eine ungestörtere, weniger krisenerschütterte Entwicklung wie nach dem Ersten Weltkrieg ermöglichten. Dies verhinderte zwar nicht, daß die politische Zersplitterung und die Existenz starker kommunistischer Parteien, zumal in Italien und Frankreich, weiterhin die Gefahr innenpolitischer Krisen barg. Aber eine Wiederholung der demokratischen Systemkrisen der Vorkriegszeit, die zur Kapitulation vor den Diktatoren geführt hatten, konnte in allen Fällen vermieden werden. An die Stelle des Gewirrs nationaler Ambitionen trat inmitten des Elends der zweiten Nachkriegszeit die konkrete Einsicht in die Notwendigkeit einer Selbstbeschränkung nationaler Souveränitäten. Schon die Widerstandsbewegungen hatten weitreichende Pläne zur engeren europäischen Kooperation, ja zur politischen Integration Europas ausgearbeitet. Der Zwangslage von 1945/46 war nur durch Anerkennung der ökonomischen, militärischen und politischen Verflechtung, nicht durch isolierte Staatspolitik zu begegnen. Die Anerkennung einer derartigen Verflechtung wurde durch den unaufhaltsamen Abbau der Kolonialreiche erleichtert, weil er die europäischen Staaten stärker auf die Aufgaben der Reform ihrer inneren Struktur und der Kooperationspolitik verwies.

Vor solchen Problemen verblaßten allmählich die traditionellen nationalstaatlichen Spannungen, nahm die Möglichkeit des zwischen- und innerstaatlichen Kompromisses zu. Besonders augenfällig traf dies auf die neue westdeutsche Demokratie zu, die sich nach der Schonfrist der Besatzungszeit im Schutz der westeuropäischen und atlantischen Bündnisse fast störungsfrei entwickeln und stabilisieren konnte, obgleich weit über 10 Millionen Flüchtlinge zu integrieren waren. Die Erfahrung einer politisch und ökonomisch effizienten Parlamentsdemokratie war etwas Neues gegenüber der Zwischenkriegszeit, in der man parlamentarische Politik mit Krise und Scheitern gleichzusetzen sich gewöhnt hatte.

Der tiefgreifende Umschwung, der sich seit 1947 abzeichnete, wurde sowohl durch ökonomische als auch durch politische und militärische Faktoren beschleunigt, wobei Innen- und Außenpolitik eng verflochten waren. Aus der offenen, bewegten Nachkriegslage mit der Vision vieler europäischer Intellektueller von der notwendig sozialistisch geprägten Umformung des Staates und der Gesellschaft führte die Entwicklung zur Verfestigung der parlamentarischen Mehrparteienregime und zum Wiederaufbau liberal-sozialer Wirtschafts- und Gesellschaftssysteme im Zeichen einer Verstärkung der bürgerlichen Mitte. Mit diesem Wandel, der in der deutschen Terminologie als »soziale Marktwirtschaft« bald starke Ausstrahlungskraft und als »Wirtschaftswunder« überzeugende Popularität gewann, waren die Weichen für die wirtschaftspolitische Entwicklung bis zur Gegenwart gestellt. Die ökonomische Stabilisierung im Rahmen des Marshallplans kontrastierte grell mit den Mißerfolgen der kommunistischen Wirtschaftspolitik in Osteuropa, die freilich auch schwer unter den sowjetischen Reparationsforderungen zu leiden hatte.

Unter diesen Umständen wurde die Konfrontation der Supermächte USA und UdSSR in wachsendem Maße als eine prinzipielle Kraftprobe zwischen freiheitlich offenen und zwangsgelenkten Gesellschaftssystemen empfunden. Und die Forcierung der stalinistischen Herrschaftspolitik, die ihre Höhepunkte 1948 im Umsturz von Prag, im Bruch mit Tito und in der Blockade Berlins hatte und ihre Antwort in der weltweiten Verstärkung der amerikanischen Containment policy mittels ökonomischer und militärischer Hilfe fand, verminderte zusätzlich die Anziehungskraft sozialistischer Politik im Westen Europas und hatte das Ausscheiden der kommunistischen Parteien aus den Regierungen zur Folge. Die liberal-demokratische Stabilisierung Westeuropas war nicht das Resultat einer finsteren Verschwörung kapitalistischer Imperialisten, wie die sowjetische Propagandathese lautete. Nicht nur der totalitäre Kommunismus, sondern auch die Ideen einer sozialistischen Umgestaltung der Demokratie und einer von den Supermächten unabhängigen europäischen Entwicklung sind durch die repressive Wirtschafts- und Gleichschaltungspolitik der Sowjets in Osteuropa diskreditiert worden. Das Resultat waren allenthalben antikommunistisch orientierte bürgerliche Regierungen, die den Wiederaufbau im Zeichen der wachsenden europäischen und atlantischen Zusammenarbeit betrieben. Am Ende der vierziger Jahre waren die Entscheidungen gefallen, die zumal für Europa bis zum heutigen Tag den bestimmenden Rahmen bilden.

Diese Entscheidungen garantierten zugleich auch erheblich länger und sicherer als nach dem Ersten Weltkrieg den Frieden in Europa. Freilich geschah dies mit Hilfe einer wahrhaft abschreckenden, abgründigen atomaren Abschreckungspolitik, zu Lasten der Teilung Deutschlands und auf Kosten der Völker Osteuropas und der unfreiwillig »Ostdeutschen«, die nach der Bürde des Krieges und der sowjetischen Besatzungsherrschaft nun die Last der Konfrontation zwischen den neuen Supermächten und zwischen freiheitlicher Demokratie und totalitärer Diktatur zu tragen hatten.

PROF. DR. KARL DIETRICH BRACHER

# 1. Mensch und Natur

## Natur und Krieg im Wechselspiel

Natürliche Sachverhalte haben vielfältige und tiefgreifende Auswirkungen auf die Kriegführung im allgemeinen und die Entwicklung von Waffen, Transportmitteln und militärischen Einrichtungen im besonderen. Andererseits prägt der Krieg seinen natürlichen Schauplatz und hinterläßt langlebige und oft dauerhafte Spuren. Diese Wechselwirkungen sind um so deutlicher geworden, je mehr sich im Laufe der Menschheitsgeschichte Kriege räumlich ausweiteten und schließlich globalen Charakter annahmen und je stärker sich die technischen Möglichkeiten der Kriegführenden entwickelten.
Eine natürliche Grundtatsache ist die geographische Lage eines kriegführenden Landes. Sie bestimmt, welchen Wehrmachtteilen und Waffengattungen das Schwergewicht der Kriegführung zufällt. Im 2. Weltkrieg wird dies bei einem Vergleich zwischen einem Inselstaat mit weltweitem Kolonialbesitz wie Großbritannien und einem großflächigen Land wie der Sowjetunion besonders deutlich. Darüber hinaus haben die Zahl, die Entfernungen und die Ausmaße der einzelnen Kriegsschauplätze, ihre geographischen Voraussetzungen, ihre Klima- und Wetterverhältnisse, ihre mehr oder weniger gebirgigen Oberflächenformen, ihre Bodenbedingungen und ihre Vegetation außerordentlich unterschiedliche Einflüsse auf Strategie und Taktik, Planung und Durchführung der kriegerischen Abläufe sowie auf die Wahl der Ausrüstung.
Gerade der 2. Weltkrieg hat mehr als jeder vorhergegangene Krieg gezeigt, daß Qualität und Menge von Kriegsmaterial und Truppen zwar wichtige Faktoren der Kriegführung sind, daß es aber mindestens ebenso darauf ankommt, sie zur richtigen Zeit an der notwendigen Stelle verfügbar zu haben und einsatzbereit zu halten, also Verkehrsmittel und Transportwege sicherzustellen.
Einen operativen Vorsprung gewinnt, wer Truppen und Ausrüstung befördern und mit Nachschub versorgen kann. Die zu überwindenden Entfernungen, die Geländeverhältnisse und in der Regel auch die Witterung sind vorhersehbar. Wo diese Vorausschau fehlt, stellen sich Katastrophen ein. Das zeigte sich beispielsweise nach dem sowjetischen Angriff auf Finnland im November 1939. Während die sowjetische Führung aus dem Debakel lernte, geriet der deutsche Generalstab durch die unzureichende Einstellung auf die herbstliche Schlammperiode und den strengen Winter im zentralen Rußland zwei Jahre später in eine ähnliche Krise.
Auch im Zeitalter eines hochtechnisierten Transportwesens blieben in kritischen Situationen die Improvisation und der Rückgriff auf einfache Transportmittel notwendig. Während sich die Finnen durch die rechtzeitige Bereitstellung von Rentierschlitten und Skiausrüstung gegen die überlegenen sowjetischen Truppen längere Zeit gut verteidigen konnten, mußte die deutsche Führung bei der Bevölkerung nicht nur Winterkleidung, sondern auch Skier einsammeln, um das Heer zu versorgen und es damit zumindest in Maßen operationsbereit zu halten. Schlechte Straßen- und Witterungsbedingungen und der durch Kälte oder Mangel an Treibstoff und Ersatzteilen verursachte Ausfall von Kraftfahrzeugen machte im Rußlandfeldzug auf beiden Seiten den Einsatz von mit Pferden bespannten Fahrzeugen erforderlich. Auf anderen Kriegsschauplätzen blieben im Gebirge Tragtierkolonnen, in schwer durchdringbaren Waldgebieten Trägertransporte oft das allein geeignete Beförderungsmittel. Die Japaner setzten im Dschungel häufig auch Fahrräder oder leichte zweirädrige Transportkarren ein. (Eine ähnliche Rolle spielte das Fahrrad übrigens auch einige Jahrzehnte später noch für die kommunistische Seite im Vietnamkrieg.)

*Der Schlamm im Ostfeldzug hemmte den Vormarsch der Wehrmacht (Herbst 1941).*

*Deutscher Panzerspähwagen in der Wüste bei El Aqeila (1942).*

## Der Einfluß der Natur auf Waffeneinsatz und Kriegführung

Die überraschend schnellen Erfolge der deutschen Wehrmacht im Feldzug gegen Polen sind vor allem auf den Einsatz großer Panzerverbände zurückzuführen. Ihre leichten und schnellen Kampfwagen, die sich durch robuste Motoren, eine anspruchslose Wartung und eine gute Geländegängigkeit auszeichnen, sind den schlechten Straßenverhältnissen angepaßt. Die günstige Wetterlage erlaubt eine ausreichende Versorgung aus der Luft.

Ähnliche Kampfbedingungen strebt die deutsche Führung für den Feldzug gegen Frankreich an. Vor allem will man einen Winterkrieg nach den Erfahrungen vermeiden, die die Sowjets gegen Finnland gemacht haben, als die 44. sowjetische Schützendivision eingekesselt und Anfang Januar 1940 völlig aufgerieben wurde. Vor allem aus diesem Grund wird der Angriffstermin insgesamt 29mal verschoben, hauptsächlich weil die Bedingungen von Wetter und Bewölkung ungünstige Geländeverhältnisse oder eine unzureichende Zusammenarbeit von Panzerverbänden und Luftstreitkräften erwarten lassen.

Besonders entscheidend sind die Witterungsbedingungen auch für die vorgesehenen Luftlandeoperationen mit Fallschirmspringern und Lastenseglern gegen das belgische Sperrfort Eben-Emael und Brücken und andere Verkehrsknotenpunkte in den zentralen Niederlanden. Das gleiche gilt für den Hauptvorstoß der deutschen Panzerverbände, der von der Eifel aus durch die Ardennen erfolgt, die wegen ihrer Unwegsamkeit nur schwach verteidigt sind, aber den Panzern bei günstiger Witterung keine Schwierigkeiten bereiten. Natürliche Umstände spielen auch eine große Rolle, als es den Briten gelingt, einen großen Teil der bei Dünkirchen eingekesselten britischen und französischen Truppen über See zu evakuieren. Daß die Menschenverluste unter den Eingeschlossenen trotz heftiger Luftangriffe relativ gering bleiben, ist der Tatsache zu verdanken, daß die Bomben im sandigen Dünengelände wenig wirksam sind. Die großen Materialverluste sind ersetzbar, die geretteten Soldaten aber bilden den Kern der Truppen, die in den folgenden Jahren in Nordafrika, Griechenland und auf anderen Kriegsschauplätzen eingesetzt werden können.

Völlig anderen Problemen sieht sich die deutsche Führung bei der Besetzung Norwegens gegenüber. Hier kommt es auf das reibungslose Zusammenspiel von Heer, Luftwaffe und Marine an. Transportmittel unterschiedlicher Art und Geschwindigkeit (Flugzeuge, Kriegsschiffe, Frachtdampfer) müssen gleichzeitig an ihren unterschiedlich weit entfernten Bestimmungsorten eintreffen. Dabei ist die britische Seeherrschaft im Operationsgebiet zu berücksichtigen. Hinderlich ist das Fehlen von Kriegsschiffen, die für den Einsatz bei Landungen geeignet wären. Dies führt zu schweren Verlusten unter den für Operationen in engen Küstengewässern schlecht tauglichen Kreuzern und Zerstörern. Im subpolaren und gebirgigen Norwegen bewährt sich die Truppe der Gebirgsjäger, die vor allem aus dem österreichischen Heer stammen. Daß die ganze Unternehmung letzten Endes erfolgreich wird, ist allerdings der Tatsache zu verdanken, daß sich die britische Führung nach dem ungünstigen Ausgang des Frankreichfeldzuges ganz auf die Verteidigung Großbritanniens konzentriert und Norwegen aufgibt.

Es ist zwar zweifelhaft, ob Hitler selbst jemals ernsthaft an eine Invasion in England denkt. Auf jeden Fall wird sie von allen Wehrmachtsteilen intensiv vorbereitet. Daß sie nicht zustande kommt, liegt sicher auch daran, daß es der Luftwaffe im Spätsommer und Herbst 1940 nicht gelingt, die Luftherrschaft über dem Kanal und über Südengland zu erringen. Mindestens ebenso bedeutend ist das völlige Fehlen von Landungsfahrzeugen. (Die Marineleitung hatte sich nie ernsthaft mit der Auswertung der Erfahrungen der einzigen größeren amphibischen Operation des 1. Weltkrieges, der Landung auf der In-

▷ *Reste des Westwalls an der deutsch-belgischen Grenze.*

sel Oesel in der Ostsee im Herbst 1917, beschäftigt: Der entsprechende Band des deutschen Admiralstabswerkes erschien erst in den 60er Jahren.) Nach Abschluß des Frankreichfeldzuges wird zwar eine große Flotte von mehreren tausend Frachtern, Küsten- und Binnenfahrzeugen, vor allem Flußkähnen, Leichtern, Schleppern und Motorbooten, zusammengezogen und teilweise umgebaut, die dann für Transporte im Binnenland fehlen. Als erste Welle der Landungstruppen werden wegen des Steilküstencharakters des vorgesehenen Angriffsgebietes Gebirgsjäger ins Auge gefaßt. Zu ihrem Einsatz kommt es aber nicht, da die Landungsflotte angesichts der im Kanal herrschenden Gezeiten und Strömungen völlig ungeeignet ist und es der Kriegsmarine auch nicht gelingt, die Seeherrschaft in dem Gebiet zu erringen.

Der Balkanfeldzug im Frühjahr 1941 kann trotz kurzer Vorbereitungszeit und schwieriger Geländeverhältnisse angesichts der Schwäche der Armeen Jugoslawiens und Griechenlands relativ rasch abgeschlossen werden. Sehr bald zeigt sich aber die Eignung der gebirgigen Teile dieser Länder für den Einsatz von Partisanenverbänden, denen es immer wieder gelingt, Nachschubverbindungen auf Bahn und Straße zu unterbrechen.

Die von einem starken britischen Expeditionskorps besetzte Insel Kreta kann zwar durch den Einsatz deutscher Fallschirmjäger und Luftlandetruppen sowie Gebirgsjäger erobert werden, doch nur um den Preis schwerer Verluste an Menschen, aber auch an Transportflugzeugen. Ihr Fehlen wirkt sich im anschließenden Rußlandfeldzug ebenso katastrophal aus wie der Verschleiß von Panzer- und Lkw-Motoren auf den schlechten Gebirgsstraßen Südosteuropas.

Noch schwerwiegender aber ist die Verzögerung des ursprünglich für den 15. 5. 1941 geplanten Angriffs auf die Sowjetunion um fünf Wochen, die sich dadurch ergibt, daß es Hitler wegen des Putsches in Jugoslawien Ende März nicht gelungen ist, dieses Land neutral zu halten. Seine Besetzung bindet wertvolle Kräfte und führt zur Verschiebung des Angriffs auf den 22. 6. Ziel des Feldzuges ist das Erreichen einer Linie von Archangelsk am Weißen Meer bis nach Astrachan an der Wolgamündung ins Kaspische Meer. Hitler hat dafür eine Zeit von 21–22 Wochen veranschlagt, so daß das Angriffsziel nach der urprünglichen Planung spätestens Mitte Oktober, vor Beginn der herbstlichen »Schlammperiode«, erreicht sein soll. Die Oberkommandos von Wehrmacht und Heer meinen sogar, mit 9 bis maximal 17 Wochen auskommen zu können. Voraussetzung aller dieser »Blitzkriegspläne« ist es, daß es gelingt, die wichtigsten Verbände der Roten Armee schon in Grenznähe einzukesseln und zu vernichten. Dies allerdings wird nur teilweise erreicht. Die motorenfressende Staubentwicklung hochsommerlicher Hitzeperioden und später tagelange Regenfälle behindern die Vorstöße. So bleiben die Angriffsziele trotz großer Erfolge an allen Frontabschnitten in weiter Ferne. Stalin kann die sowjetische Front vor Moskau stabilisieren, als der deutsche Vorstoß im Oktober zunächst im Schlamm steckenbleibt und bald danach Frost mit Temperaturen bis $-40°C$ einsetzt. Dem deutschen Heer fehlt die Winterbekleidung, Panzer und Lkw fallen ebenso aus wie Maschinenwaffen, deren Öl gefriert. Die Kessel der Lokomotiven platzen, so daß Nachschub ausbleibt. Damit ist der Feldzug praktisch schon verloren. Unter dem Druck einer Gegenoffensive müssen die deutschen Truppen zwischen Anfang Dezember 1941 und Anfang März 1942 an verschiedenen Frontabschnitten um teilweise mehrere hundert Kilometer zurückweichen. »Wir stehen am Ende eines Winters, der in der Erinnerung der Menschen seinesgleichen sucht«, meinte Joseph Goebbels zu Hitlers Geburtstag am 20. 4. 1942. Den Soldaten bleibt als Erinnerung die als »Gefrierfleischorden« bekannte Medaille »Winterkampf im Osten«.

Mit zunehmender Kriegsdauer erweisen sich die anfangs schlecht geführten sowjetischen Panzertruppen den deutschen überlegen. Ihr wichtigster Panzertyp, der T 34, hat nicht nur stärkere Feuerkraft und Panzerung, sondern vor allem breitere Ketten, was ihn durch den um bis zu 30% geringeren Bodendruck in sumpfigem oder verschneitem Gelände beweglicher macht. Ein vor-

*Minensuchboote räumen die Nordsee nach Kriegsende*

*Die zerstörte Staumauer der Edertalsperre nach einem britischen Luftangriff vom 17. 5. 1943.*

zügliches Transportmittel in schwierigem Gelände ist der »Zis«, ein Lkw mit Kettenantrieb, der in großer Stückzahl produziert wird. Auf deutscher Seite wird das Kettenkrad entwickelt, ein 3 m langes und 1 m breites Fahrzeug, das auf morastigem Boden zum Lastentransport und als leichte Zugmaschine dient.

Zu einem wichtigen Faktor der Kriegführung wird in schwer durchdringlichen Wald- und Sumpfgebieten hinter der deutschen Front die Guerillatätigkeit von Partisanengruppen, die allein 1942/43 etwa 3000 Eisenbahnzüge zum Entgleisen bringen und eine ähnlich große Zahl von Brücken zerstören.

Vor völlig andere Aufgaben stellt der Krieg in Nordafrika, der von der italienischen Kolonie Libyen ausgeht, alle beteiligten Armeen. Die Italiener unterhalten dort eine starke (ca. 250 000 Mann), aber für den Wüstenkrieg wenig geeignete, überwiegend aus Infanterie bestehende Truppe, die völlig auf die Nachschubversorgung über das Mittelmeer angewiesen ist. Diesen Nachschub kann die italienische Flotte, später unterstützt durch die deutsche Luftwaffe, während des ganzen Krieges nur zeitweise sichern. Hauptursache ist, daß der Versuch, die stark befestigte Insel Malta zu besetzen, aussichtslos erscheint und es auch nicht gelingt, sie aus der Luft niederzukämpfen. Deshalb scheitert schon die im September 1940 begonnene erste italienische Offensive nach Ägypten trotz großer zahlenmäßiger Überlegenheit. Der britische General Wavell tritt mit nur 31 000 Mann, aber voll motorisiert und an Panzern überlegen, zu einer sehr erfolgreichen Gegenoffensive an. Daraufhin wird ab Februar 1941 das deutsche Afrikakorps unter Erwin Rommel nach Libyen verlegt. Während der Frühjahrsoffensive überschreiten diese Truppen zwar die ägyptische Grenze, doch gelingt es nicht, den wichtigen Hafen Tobruk zu nehmen, der sich – über See versorgt – acht Monate hält, bis sich das Afrikakorps zurückziehen muß. Im Jahr 1942 wird sogar El-Alamein erreicht, doch bleibt auch dieser Angriff etwa 100 Kilometer vor dem ägyptischen Hafen Alexandria liegen. Die ungelösten Versorgungsprobleme nicht nur über See, sondern auch in Nordafrika selbst führen letzten Endes zum Mißerfolg. Der Nachschub muß nicht nur Ausrüstung, Ersatzteile, Munition und Betriebsstoffe liefern, sondern auch praktisch alle Lebensmittel und Wasser, weil meist keine Möglichkeit besteht, die Truppe an Ort und Stelle zu versorgen. Da Eisenbahnen fehlen und die einzige Küstenstraße leicht aus der Luft zu kontrollieren und zudem lange Zeit bei Tobruk gesperrt ist, müssen die Lkw-Kolonnen meist Wüstenpisten benutzen. Die Entfernung von den Häfen Tripolis und Benghasi zur ägyptischen Grenze beträgt 1500 bzw. 500 Kilometer, bis nach El-Alamein 2200 bzw. 1200 Kilometer. Hitze, Trockenheit und Staub machen den Motoren schwer zu schaffen; oft sind ein Drittel oder mehr der Fahrzeuge in Reparatur. Ähnlich leiden die Panzer.

Landungsunternehmen haben in der deutschen Kriegführung nur eine untergeordnete Rolle gespielt (Norwegen, Kreta u. a.). Anders ist es im pazifischen Ozean und in Südostasien, wo zahlreiche Inseln zu Kriegsschauplätzen werden. Die Japaner, die bereits in den 30er Jahren Landungen in China ausgeführt haben, besitzen in begrenzter Zahl spezielle Landungsschiffe. Während ihrer Angriffsphase, bis Mitte 1942, kommen ihnen oft Überraschungsmomente und die Schnelligkeit ihrer Verbände sowie die zahlenmäßige Überlegenheit ihrer stets auf einzelne Ziele konzentrierten Streitkräfte zugute. Nachdem aber die Amerikaner den ersten Schock überwunden haben und die Kräfteverhältnisse zur See ausgeglichener werden, zeigt es sich, daß die großen Entfernungen die japanischen Möglichkeiten überfordern. Die Japaner können ihre vorgeschobenen Stützpunkte oft nur noch durch den sog. Tokio-Expreß versorgen, kleine Gruppen schneller Zerstörer, die als Transporter eingesetzt werden und nachts in Seegebiete eindringen, in denen die Amerikaner tagsüber die Luftherrschaft besitzen.

Die USA entwickeln die Technik amphibischer Operationen bis 1944 zur Vollendung. Gedeckt von den Flugzeugen großer Trägerverbände und von Kreuzern und Zerstörern, dringen Landungsflotten schon 1943, vor allem aber 1944 Schritt für Schritt vor. Guadalcanal, Tarawa, Kwajalein, Eniwetok, Saipan, Tinian und Guam, die Nordküste Neuguineas, schließlich Leyte auf den Philippinen und Okinawa sind die wichtigsten Stationen dieses Weges. Bis Kriegsende sind rund 100 000 spezielle Landungsfahrzeuge gebaut worden, von größeren, die 30 Panzer und 500 Mann direkt an der Küste landen können, bis zu kleineren, die von Transportern in die Einsatzgebiete gebracht werden und 40 Mann oder 1 Panzer bzw. Lkw und 15 bis 30 Mann transportieren, sowie amphibischen Panzern. Mit diesen Landungsflotten gelingt es, große Mengen an Menschen und Material zu landen und selbst

*In Hildesheim ist die historische Bausubstanz fast völlig zerstört.*

stark befestigte Inselstützpunkte zu nehmen. So kommen am ersten Tag des Angriffs auf Leyte 60 000 Mann und 100 000 t Ausrüstung an Land. Die amphibische Technik kommt auch bei den Landeoperationen auf Sizilien und dem europäischen Festland, besonders in Italien, Südfrankreich und schließlich in der Normandie, zum Tragen. Hier werden als Besonderheit zwei künstliche Häfen angelegt, deren Bestandteile (schwimmende Wellenbrecher, Senkkästen, als Wellenbrecher versenkte Schiffe, schwimmende Stahl-Pontonbrücken) in neunmonatiger Arbeit vorbereitet und über den Kanal vor die Küste geschleppt. In jedem dieser Häfen, die etwa zehn Tage nach Beginn der Landung fertiggestellt sind, können täglich bis 14 000 t Material gelöscht werden. Einer wird zwar nach wenigen Tagen durch einen der schwersten Stürme, die das Kanalgebiet in den letzten fünfzig Jahren erlebte, zerstört, was den Erfolg der Unternehmung aber nicht mehr behindert.

## Die Einwirkungen des Krieges auf die Natur

Nicht alle Spuren, die der Krieg hinterläßt, sind so eindrucksvoll und langlebig wie die Chinesische Mauer oder – in kleinerem Maßstab – der am 17. 4. 1916 gesprengte Gipfel des Col di Lana in den Südtiroler Alpen. Doch auch der 2. Weltkrieg hat der Landschaft seine Spuren aufgeprägt. Noch heute sind im Grenzgebiet der Bundesrepublik Deutschland zu seinen westlichen Nachbarn Reste des Westwalls und auf französischer Seite der Maginot-Linie erhalten, Bunker, Panzersperren, Betonklötze, die längst ihre militärische Bedeutung verloren haben, die zu beseitigen aber zu schwierig und teuer wäre.

Viele andere Spuren waren vergänglicher. Der Schrotthandel hat sich zerstörter Fahrzeuge angenommen, aber noch heute findet man in entlegenen Kampfgebieten verrostete Reste. Manchmal gibt der Boden die Trümmer abgestürzter Flugzeuge preis, die sich tief in den Erdboden gebohrt haben. Weggeworfene, verschüttete, vergrabene Munition bildete oft noch lange eine Gefahrenquelle. Auch in der Gegenwart werden hin und wieder in den Städten noch Blindgänger von Bomben und Granaten gefunden, die eine bleibende Gefahr darstellen. Ein besonders krasses Beispiel sind die mindestens 150 000 t Giftgasmunition, die auf Veranlassung der Alliierten 1945 nach Kriegsende in der Ostsee, auch vor den Küsten Dänemarks und Schwedens, versenkt wurden. In den letzten Jahren häuften sich Meldungen über Gift, das aus den inzwischen verrotteten Granaten und Bomben austritt, am Meeresboden schwebt und Fischbestände verseucht, über Geschosse, die in die Netze von Fischern geraten und diese gefährden.

Nur eine vorübergehende, aber zeitweise doch sehr schwerwiegende Erscheinung waren die riesigen Ölmengen, die bei der Versenkung von rund 8000 Handelsschiffen aller Größenklassen mit etwa 30 Mill. BRT, darunter zahlreichen Tankern, sowie von rund 5000 großen und kleinen Kriegsschiffen aller beteiligten Flotten ins Meer gelangten.

Einer anderen Gefahr trat man sofort nach Kriegsende energisch entgegen: den ausgedehnten Minenfeldern, die in den Küstengewässern Europas verlegt worden waren. Hunderte deutscher Minensuchboote räumten mit ihren deutschen Besatzungen unter Aufsicht der Alliierten in der GMSA (German Mine Sweeping Administration) diese Minen. Schwieriger zu lösen war das Problem der an Land verlegten Minen, über die es oft keine Aufzeichnungen gab und die überall noch jahrelang Opfer forderten, weil sie nachträglich detonierten.

Weite Gebiete wurden durch Artilleriebeschuß umgewühlt und verwüstet, Wälder verbrannten, wurden zerschossen oder dadurch entwertet, daß das Holz durch die in ihm enthaltenen Geschoßsplitter für Bauzwecke unbrauchbar wurde. Andere ausgedehnte Flächen wurden durch Befestigungsanlagen, die Errichtung von Flugfeldern, die Verwendung als Schieß- und Manövergelände der wirtschaftlichen Nutzung vorübergehend oder durch dauerhafte Schädigung auf längere Zeit entzogen.

Besonders intensive Schäden entstanden in Gebieten, die durch die Zerstörung von Staudämmen (z. B. der Talsperren an Möhne und Eder) oder Deichen (Niederlande) überflutet wurden. Auch die Anlage zahlreicher Verkehrswege, für die später kein wirtschaftlicher Bedarf bestand, vernichtete viele Nutzflächen.

WERNER LUDEWIG

**Naturkatastrophen**

| Datum | Art | Ort | Anzahl der Opfer |
|---|---|---|---|
| 19. 1. 1940 | Kältewelle | nördliche Staaten der USA | 82 |
| 23. 1. 1940 | Kältewelle | Schanghai (China) | 650 |
| 24. 5. 1940 | Erdbeben | Peru | 249 |
| 12. 7. 1940 | Taifun | Soul (Korea) | 52 |
| 31. 7. 1940 | Erdbeben | Türkei | 1 000 |
| 15. 8. 1940 | Überschwemmung | Georgia, Nord- und Süd-Carolina (USA) | 50 |
| 10. 11. 1940 | Erdbeben | Rumänien | 1 000 |
| 11. 12. 1940 | Schneesturm | Nordwesten der USA | 144 |
| 17. 2. 1941 | Erdbeben | Taiwan (China) | 319 |
| 25. 5. 1941 | Überschwemmung | Ganges-Delta (Indien) | 5 000 |
| 16. 3. 1942 | Wirbelsturm | Mississippi (USA) | 75 |
| 17. 3. 1942 | Wirbelsturm | Süden und mittlerer Westen der USA | 111 |
| 27. 4. 1942 | Wirbelsturm | Oklahoma (USA) | 52 |
| 16. 10. 1942 | Wirbelsturm | Bengalen (Indien) | 11 000 |
| 20. 12. 1942 | Erdbeben | Zentral-Anatolien (Türkei) | 474 |
| 15. 1. 1944 | Erdbeben | San Juan (Argentinien) | 5 000 |
| 25. 6. 1944 | Wirbelsturm | Ohio und Maryland (USA) | 150 |
| 14. 9. 1944 | Wirbelsturm | östliche Staaten der USA | 46 |
| 19. 10. 1944 | Wirbelsturm | Florida (USA) | 18 |
| 18. 12. 1944 | Sturm | Südchinesisches Meer | 400 |
| 12. 5. 1945 | Wirbelsturm | Oklahoma und Arkansas (USA) | 102 |
| 4. 1. 1946 | Wirbelsturm | Nordost-Texas (USA) | 30 |
| 12. 2. 1946 | Erdbeben | Hodna (Algerien) | 246 |
| 1. 4. 1946 | Flutwelle | Hawaii (USA) | 173 |
| 3. 5. 1946 | Erdbeben | Osttürkei | 1 300 |
| 21. 12. 1946 | Erdbeben | Südjapan | 2 000 |
| 9. 4. 1947 | Wirbelsturm | Texas, Oklahoma und Kansas (USA) | 138 |
| 15. 9. 1947 | Taifun | Honschu (Japan) | 2 000 |
| 1. 11. 1947 | Erdbeben | Anden (Peru) | 283 |
| 19. 3. 1948 | Wirbelsturm | Illinois (USA) | 33 |
| 28. 6. 1948 | Erdbeben | Fukiu (Japan) | 5 000 |
| 3. 1. 1949 | Wirbelsturm | Louisiana und Arkansas (USA) | 58 |
| 5. 8. 1949 | Erdbeben | Ambato (Ecuador) | 3 000–6 000 |
| 27. 10. 1949 | Wirbelsturm | Südostindien | 1 000 |
| 31. 10. 1949 | Taifun | Philippinen | 1 000 |

# 2. Staat und Gesellschaft

## Gegner und Widerstand im nationalsozialistischen Machtbereich

Mit dem Beginn der 40er Jahre stand das nationalsozialistische System in »Großdeutschland« und dem von ihm beherrschten Europa auf dem Höhepunkt seiner Macht. Die innere Sicherheit war stabiler denn je, die Organisation des politischen Gegners durch den inzwischen perfektionierten Polizeiapparat vernichtet; die noch verbliebenen gesellschaftlichen Freiräume schienen am Rande einer dem Führer ergebenen »Volksgemeinschaft« wirksam isoliert. Dieser augenfällige Sieg im Inneren, der die außenpolitischen und militärischen Erfolge des Dritten Reichs zwischen 1938 und 1941 begleitete, bestärkte die totalitäre Hybris des Regimes: In seinem Ausschließlichkeitsanspruch sah der Nationalsozialismus die Gegner ja nicht allein in jenen Organisationen und Weltanschauungen, die ihm in den ersten Jahren seiner Herrschaft aktiv Widerstand geleistet hatten, sondern auch in solchen Gruppen und Kreisen, die sich nicht gänzlich seiner Ideologie und seinen politischen Zielen unterordneten.

Noch mehr als die Arbeiterbewegung hatte das Judentum als Hauptfeind gegolten. Bis 1940 war es gelungen, durch eine schrittweise Diskriminierungspolitik weit über die Hälfte der etwa 750 000 deutschen und österreichischen Juden zur Auswanderung zu zwingen und die Verbliebenen durch systematische soziale Ausgrenzung im Bewußtsein der »arischen« Nachbarschaft zur geächteten Minderheit werden zu lassen – eine wichtige Voraussetzung für die weitgehend protestlose Hinnahme der Deportationen im Rahmen der späteren »Endlösung«.

Die schon kurz nach der nationalsozialistischen Machtübernahme verbotenen und massiv verfolgten Parteien und Gruppierungen der Arbeiterbewegung sahen zu Anfang des Jahrzehnts auf einen erfolglosen siebenjährigen Untergrundkampf zurück, dessen Opfer nach Zehntausenden zählten und der besonders die Führungskader der KPD in katastrophaler Weise dezimiert hatte. Ende 1933 befanden sich zwischen 60 000 und 100 000 deutsche Kommunisten in Gefängnissen und Konzentrationslagern; noch zwischen 1935 und 1938 verhaftete die Gestapo – allerdings mit jährlich abnehmender Tendenz – etwa 40 000 ehemalige KPD-Mitglieder, anfänglich vor allem im Zusammenhang mit den untauglichen Versuchen, im Untergrund Organisationshierarchien mit Stadt-, Unterbezirks-, Bezirks- und Inlandsleitungen aufzubauen und die Diktatur durch massenhafte Schriftenpropaganda zu erschüttern. Unter den Schlägen der Staatsmacht hatten sich schließlich auch die in Freiheit gebliebenen Anhänger der illegalen KPD auf jene Formen des konspirativen Zusammenhalts zurückgezogen, die schon seit 1933 innerhalb des sozialdemokratischen und gewerkschaftlichen Widerstands vorherrschend waren: auf informelle Diskussionskreise, auf Nachbarschaftszirkel oder Vereine im schützenden Umfeld der Arbeiterviertel und Betriebe.

Auch die deutsche Widerstandsbewegung im Exil, die sich auf annähernd 20 000 politische Flüchtlinge stützen konnte, war zu Ende der 30er

*Berichterstattung in der Presse über die Prozesse vor dem Volksgerichtshof gegen die Verschwörer vom 20. Juli.*

Jahre auf einem krisenreichen Rückzug. Ihre Aufklärungsarbeit im Ausland störte zwar weiterhin die Interessen des Dritten Reichs in empfindlicher Weise. Die Unterstützung der illegalen Gruppen in der Heimat durch ein Netz von Grenzstellen und Kurieren und durch die Einfuhr von Propagandamaterial in Millionenzahl stieß jedoch mit der 1935 einsetzenden Auflösung des organisierten Parteienwiderstands im Reich zunehmend ins Leere. Die 1938 beginnende Kapitulation der Nachbarländer entzog den Exilparteien schließlich fast ganz die Möglichkeit einer direkten Einwirkung auf die innerdeutschen Entwicklungen; sie wurden selbst vorübergehend betroffen von fremdenfeindlichen Maßnahmen seitens der Asylländer und einer erneuten Flucht vor dem expandierenden Nationalsozialismus. Nur die Sowjetunion förderte im Blick auf die Zeit nach Hitler ab 1943 kommunistische Exilanten im Nationalkomitee »Freies Deutschland« mit dem ihm angeschlossenen Bund deutscher Offiziere (Vorsitz: General Walther von Seydlitz) beim Versuch, unter Kriegsgefangenen und durch Frontpropaganda zugunsten des antifaschistischen Widerstands unmittelbar tätig zu werden. Ähnliche, aber begrenztere Aktivitäten des sozialdemokratischen Exils in westlichen Ländern, so vor allem die Kriegsgefangenenarbeit der Gruppe »Neubeginnen« in England, hatten ebenfalls die Vorbereitung einer politischen Neuordnung nach der militärischen Niederwerfung des Dritten Reichs durch die Alliierten zum Ziel.

Während zu Anfang des Jahrzehnts die politische Fundamentalopposition von Sozialdemokraten, Kommunisten und einer kleinen Zahl bürgerlicher Republikaner schon zerschlagen war (wie sich später erweisen sollte: allerdings nur scheinbar und in ihrer traditionell organisierten Form), befand sich die Bereitschaft zu aktivem Widerstandshandeln bei jenen Gruppen, die erst später mit dem totalitären Anspruch und der menschenverachtenden »Moral« des Nationalsozialismus in Konflikt geraten waren, noch gleichsam im Zustand der Inkubation. Das Spektrum dieses potentiellen Gegnerkreises umfaßte neben politisch Konservativen und ehemaligen Konkurrenten der NSDAP aus dem nationalistischen Lager vor allem Personen aus den alten bürokratischen, militärischen und gesellschaftlichen Eliten, aus Institutionen also, die auch nach der Machtübernahme ein starkes Eigengewicht behielten. Trotz partieller Übereinstimmung mit Zielsetzungen des Regimes wandten sie sich gegen gewisse revolutionäre Veränderungsansprüche des Nationalsozialismus, bestimmte Methoden seiner Herrschaftspraxis sowie gegen Versuche, ihre relative Autonomie zu beschneiden und überkommene Werte und Sitten durch nationalsozialistische Weltanschauung zu ersetzen. Von Bedeutung für diese bürgerliche »Verweigerung« im totalen Staat waren nicht zuletzt die Beispiele kirchlicher Opposition gegenüber Angriffen auf theologische Positionen und institu-

### Die »Weiße Rose« gegen Hitler

Widerstand im Deutschen Reich selber, war das überhaupt möglich? Überall hatte die Gestapo ihre Informanten; seit der Verabschiedung des Ermächtigungsgesetzes (1933) war jede Opposition systematisch zerschlagen worden. Auf die geringste Art von Opposition stand bald die Todesstrafe. Sippenhaft bedeutete dann eine tödliche Gefahr für die Familien von Regimegegnern. In Deutschland gab es nur wenige, die ein solches Risiko eingehen wollten. Die Widerstandsgruppe um Hans und Sophie Scholl, genannt die »Weiße Rose«, ist eines der bekanntesten Beispiele. Seit Mai 1942 tauchten in München ab und zu illegal gedruckte Flugblätter auf, die von der »Weißen Rose« unterzeichnet waren und kämpferische Kritik am Hitler-Regime zum Inhalt hatten. Im Februar 1943, kurz nach der deutschen Niederlage bei Stalingrad, begann die »Weiße Rose« erneut eine Kampagne. Innerhalb und außerhalb der Universität München wur-

*Hans und Sophie Scholl*

den Flugblätter verteilt, in denen Hitler des Mordes an 330 000 deutschen Soldaten beschuldigt wurde: »Führer, wir danken Dir!« stand auf ihnen. In der Stadt malten Mitglieder der Gruppe Parolen gleichen Inhalts an die Hauswände. Die Aktion kam zu einem Zeitpunkt, als bereits viele Deutsche am siegreichen Ausgang des Krieges zweifelten. Eben darum reagierte die Gestapo mit einer verschärften Suchaktion nach den Tätern. Der Verrat des Hausmeisters der Universität, der gesehen hatte, daß Hans und Sophie Scholl Flugblätter an die Studenten verteilten, war Beginn einer Welle von Verhaftungen. Die Gruppe wurde gesprengt, und nach kurzer Zeit standen die führenden Mitglieder der »Weißen Rose« vor den Richtern des Volksgerichtshofs. Einige wurden zum Tode verurteilt, andere zu Gefängnisstrafen, wieder andere zwangsweise an die Front geschickt. Der 24jährige Hans Scholl und seine 21jährige Schwester Sophie wurden einige Stunden nach dem Urteilsspruch mit dem Fallbeil hingerichtet.

tionellen Besitzstand: so etwa zahlreiche Kanzelverlautbarungen zum »Neuheidentum« der »Deutschen Christen« und – wohl am bekanntesten – die Predigten des Bischofs von Münster, Clemens Graf von Galen, gegen die Unterdrückung der Kirche und die Vernichtung »lebensunwerten« Lebens (die sog. Euthanasie) im Jahr 1941. Die Wirksamkeit der Kirchen als »Widerstandsbewegungen wider Willen« lag damit in der stetigen moralischen Bekräftigung, in der Bewahrung christlicher Ethik und der Verteidigung von Freiräumen innerhalb einer von Partei und Staat kontrollierten öffentlichen Kultur.

Der Verlauf der nationalsozialistischen Herrschaft hat erwiesen, daß auch modernen Diktaturen mit gesellschaftlichem Totalitätsanspruch derartige Grenzen der Gleichschaltung gesetzt sind, daß solche »Resistenz« jedoch nicht ausreicht, ein Regime ernsthaft zu gefährden. Ebenso wirkungslos gegenüber den Techniken radikaler Machtbewahrung und Massenbeeinflussung mußten die Aktionen der in die Illegalität abgedrängten politischen Gegner sein, solange das Bündnis mit jenen ausblieb, die noch über Teile der staatlichen Machtinstrumente verfügten und schließlich bereit sein würden, den Schritt von der partiellen Opposition zum unbedingten Widerstand zu tun. Ein solcher Schritt jedoch war vom einzelnen nur in einer Situation zu erwarten, die jede Hoffnung auf andere Wege zur Bewahrung höchster Werte – hier: Moral, Ehre, Vaterland – ausschloß: also im Falle einer weiteren Eskalation nationalsozialistischer Verbrechen oder der selbstzerstörerischen Verwirkli-

## Staat und Gesellschaft

### Die ›Rote Kapelle‹

›Rote Kapelle‹ war nur eine nachträglich eingeführte Sammelbezeichnung der Gestapo, die bewirkt hat, daß später mühelos alle Menschen, die in dem Prozeß des Jahres 1942/43 zusammengefaßt wurden, in einen Topf geworfen und in toto verurteilt werden konnten. Daß es sich hier jedoch um verschiedene Gruppen und Einzelpersonen und keineswegs nur um Kommunisten gehandelt hat, beweist auch das Urteil des Reichskriegsgerichts, in dem es u. a. heißt: ›Der Oberregierungsrat Dr. Harnack und der Oberleutnant Schulze-Boysen hatten es verstanden, in Berlin eine Schar von Personen aus den verschiedensten Gesellschaftskreisen um sich zu sammeln, die aus ihrer staatsfeindlichen Einstellung kein Hehl machten. Diese Personen waren zum Teil früher Mitglieder der alten KPD, zum andern Teil neigten sie eigenen sozialistischen Gedankengängen zu. Ihre Einstellung gegenüber dem nationalsozialistischen Staat war negativ.‹ [...]

Die meisten dachten, laut Poelchau (Dr. Harald Poelchau war als Gefängnispfarrer mit einer Reihe der Verhafteten vertraut) weniger an einen Putsch als an eine breite Volksbewegung, die sie geistig vorbereiten wollten. Die illegalen Flugschriften, die sie herausgaben, enthielten Aufsätze aufklärenden, liberalen und kommunistischen Charakters. ›Das Werden der Nazi-Bewegung‹ – ›Was bedeutet Stimmenmehrheit‹ – ›Wie es zum Kriege kommen mußte‹ – ›Das Leben Napoleons‹ – ›Freiheit und Gewalt‹ – ›Aufruf an die Arbeiter der Stirn und der Faust, nicht gegen Rußland zu kämpfen‹ sind einige der Titel. Dann wurden Reden von Thomas Mann, Ernst Wiechert, Bischof Wurm, Churchill, Stalin und Roosevelt gedruckt und verteilt. Man sieht: zum Teil sind es dieselben Dinge, die im oppositionellen Bürgertum damals heimlich von Hand zu Hand gingen. [...]

Der aktivste und leidenschaftlichste Geist in der ›Roten Kapelle‹ war Harro Schulze-Boysen, ein Großneffe von Tirpitz (und somit Neffe von Frau von Hassell), verheiratet mit der Enkelin des Fürsten Eulenburg, dem eine große Zukunft im Luftfahrtministerium vorausgesagt wurde. Die Tradition und Beziehungen seiner Familie bildeten eine glänzende Deckung für seine geheime Tätigkeit. Er war erst 24 Jahre alt, als er 1933 in Kiel von den Nationalsozialisten verhaftet und schwer mißhandelt wurde. [...]

Im Luftfahrtministerium leitete er das Referat Abwehr und hatte dadurch gleich Oster (ein hoher Militär) einen tiefen und abschreckenden Einblick in die Interna des Hitler-Regimes. Außerdem war er in der Lage, stärker als andere Offiziere die Probleme der internationalen Politik zu erfassen. [...] Erst als er mit seiner Gruppe zu dem viel gesetzteren Kreis um Arvid Harnack stieß, ist eine politische Kraft entstanden, die das Regime mit Recht als äußerst gefährlich ansah.

Margret Boveri in: Der Verrat im XX. Jahrhundert.

---

chung der Hitlerschen Kriegspläne. Die Geschichte des Widerstands vor 1940 ist auch eine Geschichte der Ungleichzeitigkeit der Umstände, die zusammen zu einem Sturz des NS-Regimes hätten führen können. Erst in der Bewegung des 20. 7. 1944 näherte sich der deutsche Widerstand, möglicherweise mit keinesfalls mehr aufholbarer historischer Verspätung, den Voraussetzungen eines eventuellen Erfolgs.

Ihre Anfänge gingen auf unterschiedlich geartete Gesprächskreise und politische Zirkel der Vorkriegszeit zurück, die aus alt- oder neukonservativer Sicht (Goerdeler-Kreis, Kreisauer Kreis) zur Fundamentalkritik am nationalsozialistischen System vorstießen und Möglichkeiten seiner Ablösung durch einen autoritären Rechtsstaat entwickelten. Durch die Erfahrungen mit der Hitlerschen Kriegspolitik, die Untaten der Einsatzgruppen im Osten, die Ausweitung der Feldzüge von 1939/40 zum Weltkrieg und den zunehmenden Verfolgungsdruck gewann dieser bürgerliche Widerstand schrittweise neue Qualität: zum einen mit der Einbeziehung der Militäropposition um Generaloberst Ludwig Beck, Oberst i. G. Graf Schenk von Stauffenberg, Generalmajor Hans Henning von Tresckow, Admiral Wilhelm Canaris und andere hohe Offiziere, die allein zu den Machtmitteln für einen Umsturz Zugang hatten; zum anderen durch eine soziale und ideologische Öffnung zum Bündnis mit ehemaligen Gewerkschaftsführern und mit sozialdemokratischen Politikern wie Wilhelm Leuschner, Julius Leber, Carlo Mierendorff und Theodor Haubach. Sie wiederum verfügten über Verbindungen zu einzelnen Persönlichkeiten aus der verbotenen Arbeiterbewegung, vor allem aus den freien und christlichen Gewerkschaften, die sich in fast allen größeren Städten des Reiches zur Übernahme politischer Funktionen nach einem gelungenen Staatsstreich bereit hielten.

Die innere Lage unter Kriegsbedingungen zwang schließlich auch zur Veränderung der Umsturzpläne selbst: Hatte man zunächst noch an ein militärisches Ultimatum und später an die Verhaftung des Führers gedacht, so erschien angesichts des in den Kriegsjahren anwachsenden Hitler-Mythos nur noch die Ermordung des Diktators als gangbarer Weg. Seinem Tod sollte ein Befehl folgen, der einen Aufstand gegen die Reichsregierung vortäuschen und auf diese Weise auch hitlertreue Truppenkommandeure zur militärischen Aktion im Sinne des Umsturzes veranlassen würde. Denn trotz weitverzweigter Verbindungen zu oppositionellen Kreisen war auch diese Bündnisbewegung unter den Bedingungen einer faschistischen Diktatur zunächst einmal »Widerstand ohne Volk«.

Dem mißglückten Sprengstoffattentat im Führerhauptquartier »Wolfsschanze« am 20. 7. 1944 waren mehrere vergebliche Aktionen vorausgegangen. Daß – ganz abgesehen von den hohen organisatorischen Schwierigkeiten eines Anschlags auf den streng abgeschirmten Diktator – auch der Gesamtplan des Staatsstreichs zahlreiche Unwägbarkeiten enthielt, ist dem Führungskreis der Verschwörung durchaus bewußt gewesen. Zu diesem Zeitpunkt aber trat die Frage nach Erfolg oder Mißerfolg gegenüber dem Bewußtsein zurück, sich selbst und der Nation ein unauslöschliches Fanal gegen das nationalsozialistische Unrechtssystem schuldig zu sein. Nachdem im Laufe des Tages auch die geplante Besetzung der Befehlszentren in Berlin und im Reich durch Einheiten des Ersatzheeres mißlungen war, wurden am Abend des 20. Juli die militärischen Dienststellen der Verschwörer in der Berliner Bendlerstraße von regimetreuen Truppen besetzt, Stauffenberg und General Friedrich Olbricht, Oberst Albrecht Mertz von Quirnheim und Oberleutnant Werner von Haeften füsiliert, der als Staatschef vorgesehene Generaloberst Beck nach einem Selbstmordversuch erschossen. Lediglich in Paris unter General Carl Heinrich von Stülpnagel und in Wien kam es zur vorüber-

*Während die Nazi-Propaganda den »Kampf um Berlin« ausrief, appellierten kommunistische Widerstandskämpfer an den Lebenswillen der Berliner.*

## Staat und Gesellschaft

*Frauen übernehmen Männerarbeit: Hier wird in einer Messerschmittfabrik ein Aluminiumtank verschweißt.*

### Das Leben im Krieg

Das Leben der Deutschen im Krieg war bis zum Sommer 1944 gekennzeichnet durch die Abwesenheit von 40% der Männer im arbeitsfähigen Alter, die in der Wehrmacht ihren Dienst taten, und durch ein trotz des sich ständig steigernden Bombenkrieges noch einigermaßen funktionierendes wirtschaftliches und kulturelles Leben. Über allem lagen die Schatten des allmählich deutlicher werdenden Mangels, des Terrors gegen die wenigen, die aktiv Widerstand leisteten, der Einschüchterung der vielen, die am Sinn des Krieges zu zweifeln begannen, und einer alles erfassenden Propaganda, die den Kampf- und Durchhaltewillen der meisten am Leben erhielt, weil sie an den Überlebenswillen appellieren konnte. Sogar der Kampf gegen Mangelerscheinungen wurde in Propagandakampagnen zu einer »Schlacht an der Heimatfront«, wie die Aktion gegen »Kohlenklau« zeigt.

Mehr als 9 Millionen Männer gehörten der Wehrmacht an. Die Jahrgänge der unter Vierzigjährigen waren in ihrer großen Mehrheit erfaßt. Die Anzahl der zivilen männlichen Arbeitskräfte war von 24,5 Millionen im Jahr 1939 auf 13,5 Millionen im September 1944 zurückgegangen. Die entstandene Lücke war durch 7,5 Millionen teilweise freiwillig, überwiegend aber zwangsweise eingesetzte Ausländer und durch Kriegsgefangene quantitativ weitgehend, sicher aber nicht qualitativ ausgeglichen. Das weit verbreitete Bild von den Frauen in den Munitionsfabriken beruht kaum auf einer absoluten Zunahme der Zahl weiblicher Arbeitskräfte. Sie stieg von 1939 bis zum September 1944 nur von 14,6 auf 14,9 Millionen. Es gründet sich vielmehr auf die Tatsache, daß innerhalb der einzelnen Sektoren der Wirtschaft Verschiebungen im Arbeitskräfteeinsatz stattfanden. Dem Handwerk, dem Handel und den öffentlichen und privaten Diensten, aber auch der Verbrauchsgüterindustrie wurden Arbeitskräfte entzogen, die den kriegswichtigen Industrien, dem Transportwesen, der Wehrmachtsverwaltung und der Landwirtschaft zugeführt wurden. Die effektiv geleistete wöchentliche Arbeitszeit überstieg in den Rüstungsindustrien 50 Stunden. Die Auswirkungen der Luftangriffe, die sich seit dem ersten Angriff auf eine offene Stadt (11. 5. 1940 Mönchengladbach) in erster Linie gegen dichtbesiedelte Wohnbezirke gerichtet hatten, auf die Rüstungsproduktion waren erstaunlich gering geblieben. Erst im 3. Quartal 1944 zeigten sich Einbrüche in einigen Produktionszweigen, vor allem in der Mineralölindustrie, aber auch in Teilen der chemischen Industrie, bei der Stahlerzeugung und der Elektrizitätsversorgung. Trotzdem erreichte die Produktion von Flugzeugen ihren Höchststand im Juli 1944, die von Munition im September 1944 und die von Waffen, Panzern und Kriegsschiffen sogar erst im Dezember 1944. Daß die Versorgung mit Verbrauchsgütern nur noch 50–60% des Vorkriegsstandes erreichte und auch die Qualität erheblich zurückging, war im Abzug von Arbeitskräften und in der geringeren Zuweisung von Rohstoffen begründet. Der Bombenkrieg wirkte sich nur insofern aus, als ein erhöhter Bedarf bei den durch Luftangriffe Geschädigten eintrat. Die Landwirtschaft funktionierte im wesentlichen ungestört, da der Arbeitskräftemangel durch Fremdarbeiter und Kriegsgefangene relativ leicht auszugleichen war und erst im zweiten Halbjahr 1944 ein Mangel an Stickstoffdünger eintrat. Dadurch konnte trotz des großen Bedarfs der Wehrmacht im Gegensatz zum 1. Weltkrieg eine einigermaßen geregelte Versorgung der Bevölkerung sichergestellt werden.

Wie das Flächenbombardement der deutschen Großstädte so sein militärisches Ziel einer Vernichtung des deutschen Wirtschaftspotentials verfehlte, verfehlte es ebenso das psychologische Ziel einer Demoralisierung der Zivilbevölkerung, die man sich von ihm versprochen hatte. Churchill hatte über die Sender der BBC der deutschen Bevölkerung empfohlen, »ihre Städte zu verlassen, ihre Arbeit aufzugeben, auf die Felder zu flüchten und ihre brennenden Häuser aus der Ferne zu beobachten«. Statt das deutsche Volk kriegsmüde zu machen und von seiner nationalsozialistischen Führung zu trennen, trat der entgegengesetzte Effekt ein. Der Bombenterror ließ den meisten die Behauptungen des Reichspropagandaministers Dr. Goebbels glaubwürdig erscheinen, den Alliierten ginge es nicht um die Vernichtung des Nationalsozialismus, sondern um die Vernichtung des Volkes selbst. Verbunden mit der zuerst bei der Konferenz von Casablanca im Januar 1943 aufgestellten Forderung nach der »bedingungslosen Kapitulation« des Deutschen Reiches, bereitete der Bombenterror den Boden für die Zustimmung nicht geringer Teile des deutschen Volkes zum »totalen Krieg«, den Goebbels im Februar 1943 im Berliner Sportpalast verkündete.

Auf dieser Grundlage blieb das Echo, das die zahlreichen, stets aber nur von einzelnen oder kleinen Gruppen getragenen Widerstandsaktionen im Reich fanden, sehr begrenzt. Die offensichtlich nicht vorhandene Bereitschaft der Alliierten, mit einer eventuellen deutschen Führung nach Hitler auch nur zu verhandeln, tat das ihre dazu. So lauschte die Mehrheit an ihrem Volksempfänger nach wie vor den Reden des Propagandaministers und seiner Gefolgsleute und den Fanfaren der Sondermeldungen, die Siege oder doch wenigstens heldenhafte Abwehrschlachten verkündeten. Für das intellektuelle, etwas kritischere Publikum gab es die allwöchentliche Verlesung des Leitartikels von Dr. Goebbels aus der Wochenzeitung »Das Reich«, die etwas höhere Ansprüche an die psychologische Beeinflussung befriedigte. Parallel dazu lief die Abschirmung des Monopols der Volksbeeinflussung durch das Einfuhrverbot für ausländische Presseerzeugnisse und das Abhörverbot feindlicher Sender. Wer die aus Tatsacheninformation und Propaganda gemischten Nachrichten ausländischer Sender weitergab, riskierte die Todesstrafe, mindestens aber die Einweisung in ein KZ. Der Umfang der kulturellen Aktivitäten, aber auch des Sports, war zunächst kaum reduziert. Im Gegenteil, Kultur und Kunst wurden als Teil der nationalsozialistischen Propaganda systematisch weiter gefördert und vom Staat an alle Schichten des Volkes vermittelt. Ihr Hauptzweck war, ebenso wie der des Sports, den Durchhaltewillen zu festigen. Markantestes Beispiel war Heinz Gödeckes »Deutsches Wunschkonzert«, das eine Brücke von Grüßen zwischen Front und Heimat bildete. Eine zentrale Rolle spielte der Film. Der zur Propaganda umgeformten Nachrichtenvermittlung diente die Wochenschau, mit deren Zusammenstellung sich Hitler und Goebbels ebenso persönlich beschäftigten wie mit der Redaktion des täglichen Wehrmachtsberichts. Ihr folgte stets ein Kulturfilm, der von der Größe deutscher Leistungen zu berichten wußte. Der Spielfilm hatte zwei Funktionen. Entweder er kündete von deutschen Siegen, von der Verwerflichkeit des »internationalen Judentums«, von der Charakterstärke großer Deutscher, wie Bismarck, Carl Peters oder Robert Koch, ihrem Durchhaltewillen, wie bei Friedrich dem Großen oder Nettelbeck in Kolberg, und dem traurigen Schicksal rassenverwandter Opfer des perfiden England, wie Ohm Krüger. Oder er versetzte den Zuschauer in eine heile, zeit- und problemlose Welt des Traums, die ihm zeigte, wie schön ein Leben ohne Juden, Bolschewiken und Engländer sein kann.

Diese Realität des deutschen Alltags änderte sich erst im letzten Kriegshalbjahr, nachdem die Alliierten die Grenzen des Reiches überschritten hatten und die Massenflucht aus den deutschen Ostgebieten und der Einmarsch der Sieger auch die letzten Illusionen zerstörten.

*Propaganda für die nationalsozialistische Kriegswirtschaft.*

168 Staat und Gesellschaft

*20. Juli 1944*
*S. 89–15*

gehenden Ausschaltung von SS und Sicherheitsdienst. Um Mitternacht war der Aufstand überall zusammengebrochen. Zahlreiche hohe Offiziere (u. a. Generalfeldmarschall von Witzleben), Beamte und Diplomaten (Ulrich von Hassell, Graf von der Schulenburg, Adam von Trott zu Solz u. a.), ehemalige Politiker (u. a. Goerdeler, Leuschner, Leber) und der Jesuitenpater Alfred Delp wurden vom Volksgerichtshof zum Tode verurteilt, andere, wie Generalfeldmarschall Erwin Rommel, in den Freitod gezwungen oder, wie Abwehrchef Canaris, General Hans Oster und der Theologe Dietrich Bonhoeffer, in Konzentrationslagern und Haftanstalten ermordet. Schätzungsweise 7000 Verdächtige sind nach dem 20. Juli verhaftet, annähernd 5000 Menschen aufgrund ziviler Verfahren (neben den Kriegsgerichtsurteilen) hingerichtet worden.

In bezug auf die reale Gefährdung des Regimes – nicht in der Würdigung der Ziele und Opfer – tritt die übrige Geschichte des Widerstands in den Kriegsjahren hinter die Bewegung des 20. Juli 1944 zurück. Spontane Protestgruppen, die wie die *Weiße Rose* um die Münchner Studenten Hans und Sophie Scholl 1942/43 sich an die Öffentlichkeit wandten, fielen schnell dem Überwachungsstaat zum Opfer. Auch den Versuchen ehemaliger KPD-Mitglieder, sich nach dem Bruch des Hitler-Stalin-Pakts und den ersten militärischen Niederlagen des Regimes erneut zu organisieren, war jeweils nur kurzer Erfolg beschieden. So entstanden ab 1941 in früheren kommunistischen Hochburgen wie Berlin, Hamburg, Mannheim, in Sachsen, Thüringen und dem Rhein-Ruhr-Gebiet regional übergreifende Kadergruppen, die zum Teil miteinander

*Der Anhalter Bahnhof in Berlin nach Kriegsende 1945.*

**Leben in Trümmern**

»Überleben« – dieses Motto bestimmte das alltägliche Dasein der Bevölkerung in den Ruinenlandschaften der deutschen Nachkriegsstädte. Während die ländlichen Regionen den Krieg zumeist ohne größere Zerstörungen überstanden hatten, lagen die großen Städte in Schutt und Asche. Berlin war zur Hälfte zerstört. Andere Städte hatte es noch härter getroffen: In Kassel und Koblenz etwa waren mehr als 75% der ursprünglichen Bausubstanz durch den Bombenkrieg vernichtet worden. Allein in den drei Westzonen waren mehr als 45% des Wohnungsbestandes der Vorkriegszeit total zerstört bzw. schwer beschädigt. Die akute Wohnungsnot in den Großstädten verschärfte sich unter dem Ansturm der rd. 12 Millionen obdachlosen Flüchtlinge bzw. Heimatvertriebenen. Die noch bewohnbaren bzw. notdürftig wiederhergestellten Wohnungen waren unerträglich überbelegt. Nach einer Statistik mußten sich in Fürth beispielsweise 4,6 Personen einen Raum teilen. Keller, Bunker und Gartenlauben waren für Hunderttausende von Menschen oft die einzigen Unterkunftsmöglichkeiten. Häufig waren sie nicht beheizbar, ohne hinreichende Sanitärausstattung und zumeist nur unzureichend gegen Nässe abgedichtet, so daß ihre Bewohner erhöhten gesundheitlichen Risiken ausgesetzt waren. Allein in der britischen und amerikanischen Zone litten 1947 mehr als 40 000 Menschen an offener ansteckender Tuberkulose; für sie standen keine Krankenhausbetten bereit. Umfangreiche Schutzimpfmaßnahmen alliierter bzw. deutscher Behörden halfen frühzeitig, lokal auftretende Fleckfieber- und Typhusepidemien einzudämmen.

Das stundenlange, z. T. erfolglose Schlangestehen nach der täglichen Lebensmittelration auf Bezugskarte, der Tausch des Familiensilbers gegen Eier und Butter auf dem Schwarzmarkt, die anstrengenden Hamsterfahrten auf das Land sowie das »Organisieren« der täglichen Brennholz- oder Kohleration bestimmten den tagtäglichen Rhythmus des Großstadtmenschen. Während des »Jahrhundertwinters« 1946/47 wurde Kohle zur akuten Mangelware. Einzelne Städte errichteten in dieser Zeit öffentliche Wärmehallen. Wegen Kohlemangel mußten Kinder – ebenso wie die Eltern am Arbeitsplatz – in Mänteln die Schulbank drücken, wenn sie nicht »kohlenfrei« bekamen. Gleichzeitig spezialisierten sich besonders Kinder und Jugendliche auf den »Kohlenklau«. Ständig umlagerten sie die Fahrzeuge der Kohlenhändler, um in einem günstigen Augenblick eine Handvoll Kohle an sich zu reißen. Die Kriminalität stieg um 400% gegenüber einem Normaljahr an. Selbst der spätere Literatur-Nobelpreisträger Heinrich Böll gesteht in seinen Erinnerungen an die Überlebens-Zeit in der Trümmerwelt: »Ich habe nie das geringste Bedenken gehabt zu stehlen.«

Die akute Not der Jahre 1945 bis 1947 erforderte von der Bevölkerung ein hohes Maß an Improvisation. Fehlte das Mehl, so wurde dem Brot Mais zugesetzt. Das Brot sah dadurch gelb aus und besaß einen ungewohnten Geschmack. Im Sommer des Jahres 1946 wurden für Tausende von Stuttgartern Sonderzüge organisiert, die die Städter in die benachbarte Albregion brachten. Dort wurden kiloweise Bucheckern gesammelt, um den täglichen Fettbedarf decken zu helfen.

Nicht nur die Erwachsenen, auch die Kinder waren Tag für Tag im Überlebenskampf gefordert. Die Abwesenheit der Väter bestimmte das Leben der Mehrheit der Trümmer-Kinder. So ermittelte eine EMNID-Untersuchung aus dem Jahre 1954, daß 48% der damaligen Jugendlichen nur ¾ oder weniger ihrer bisherigen Lebenszeit mit dem Vater verbracht hatten. Wegen der beengten Wohnverhältnisse bildete die Trümmerlandschaft der Städte das hauptsächliche Aktionsfeld der Kinder und Jugendlichen. Weitgehend unbeaufsichtigt von den Erwachsenen, trugen sie etwa durch die gefährliche Bergung von Altmetall aus den Großstadtruinen zur Sicherung ihres Lebensunterhalts bei.

*Eine Familie um den Kanonenofen im Winter 1944/45 in den Niederlanden.*

in Verbindung standen und zeitweise sogar eine Art Inlandsleitung aufbauen konnten. Zu ihnen stießen auch einige Instrukteure des Zentralkomitees im Exil, die bald feststellen mußten, daß im Gegensatz zur Vorkriegsperiode die Aktivisten im Reich eigene, eher nationalkommunistische Ziele unabhängig von der Moskauer Auslandsleitung verfolgten. Keine der Gruppen erlebte das Kriegsende ohne massive, meist endgültige und todbringende Eingriffe der Geheimen Staatspolizei. Zu den wichtigsten dieser Untergrundorganisationen zählten die Neubauer-Poser-Gruppe in Thüringen (1942–1944), die Saefkow-Gruppe in Berlin (1943–1944) und die Schumann-Gruppe in Leipzig (1943–1944) mit zum Teil erheblichen Mitgliederzahlen und starken Stützpunkten in Industriebetrieben. Ein Sonderfall war die Gruppe Schulze-Boysen/Harnack (1939–1942), die als sog. *Rote Kapelle* Widerstand gegen den Nationalsozialismus mit ebenso politisch motivierter Spionagetätigkeit für die Sowjetunion verband.

Im Unterschied zum deutschen Widerstand, dessen positive historische Würdigung nach 1945 durchaus ungesichert bzw. Objekt parteilicher Inanspruchnahme in Ost- und Westdeutschland gewesen ist, wurden die Befreiungsbewegungen gegen die nationalsozialistische Besatzungsherrschaft in Europa zu wichtigen Grundlagen nationaler Traditionsbildung. Auch sie teilten jedoch mit dem deutschen Widerstand, trotz des Rückhalts bei großen Teilen der Bevölkerung, die wesentlichen Probleme der Auflehnung gegen ein modernes Gewaltregime. Zu diesen gehörten bei den um ihren sozialen Besitzstand fürchtenden bürgerlichen Eliten der Konflikt zwischen partieller Kollaboration und Résistance und die »machttechnologische« Unterlegenheit der Volksopposition. Erst die Niederlagen der deutschen Besatzungsmacht an den Fronten und die Augenfälligkeit ihres baldigen Zusammenbruchs haben nach 1943 in Frankreich, in Holland und Belgien, in Dänemark, in der Tschechoslowakei, in Polen, in Italien und auf dem Balkan wirksamere Partisanenaktionen, Sabotage, Streiks, Protestkundgebungen und überparteiliche Zusammenschlüsse der politisch konkurrierenden Widerstandsgruppen auslösen können. Aber auch dann blieb die Befreiung ursächlich dem militärischen Sieg der alliierten Armeen überlassen. Sie allein vermochten es, die Machtmaschinerie des Dritten Reichs zu zerschlagen.

Auch im Reichsgebiet sahen Gegner des Regimes erst kurz vor der Kapitulation wieder Möglichkeiten zum Handeln. So übernahmen in Buchenwald nach der Flucht der Wachmannschaft bewaffnete Häftlinge das Lager. In zahlreichen örtlichen Widerstandsaktionen wurde versucht, sinnlose Verteidigungsmaßnahmen und Zerstörungen zu verhindern. Nicht selten sind noch in den letzten Tagen des Krieges solche Unternehmungen von nationalsozialistischen Fanatikern brutal unterdrückt worden.

WERNER RÖDER

*Julius Leber vor dem Volksgerichtshof.*

## Die deutsche Politik und der Widerstand in den besetzten Gebieten

Nachdem es Hitler ab 1938 gelungen war, durch diplomatischen Druck und Androhung militärischer Gewalt den »Anschluß« Österreichs, die Abtretung des Sudetenlands, die Rückgabe des Memelgebiets und die Unterwerfung der Tschechei als Protektorat Böhmen und Mähren zu erreichen, scheiterte er im September 1939 mit dem Versuch, beim ersten kriegerischen Einsatz der Wehrmacht den Konflikt auf Polen zu begrenzen. England und Frankreich zwangen dem deutschen Diktator einen Krieg auf, der in dieser Konstellation und Abfolge von ihm nicht einkalkuliert war. An seinem großen Kriegsziel hielt er aber fest: Schaffung zusätzlichen deutschen »Lebensraums« im Osten.

Schon bevor Hitler durch den Überfall auf die Sowjetunion im Juni 1941 dieses Programm zu verwirklichen suchte, hatte sich der deutsche Machtbereich aufgrund zielgerichteter Expansion wie auch aus militärischen oder politischen – zum Teil nur vermeintlichen – Erfordernissen heraus gewaltig ausgedehnt. Aus ihm sollten die einzelnen Länder auch nicht wieder entlassen werden, wenn das für den Sieger nur irgendwie von Vorteil war. Hitler gedachte Kontinentaleuropa eine »neue Ordnung« aufzuzwingen: ein Großgermanisches Reich auf rassischer Grundlage mit einem kolonialen Siedlungsgebiet in Osteuropa. Er hielt es nicht für opportun, vor dem »Endsieg« schon alle seine Absichten offenzulegen. Das enthob ihn aber nicht der Notwendigkeit, provisorische oder endgültige Regelungen für die Verwaltung der unterworfenen Länder treffen und Richtlinien für die in den einzelnen Gebieten zu verfolgende Besatzungspolitik geben zu müssen.

So trennte Hitler von Polen die westlichen und nördlichen Gebiete ab. Sie wurden als Reichsgaue Danzig-Westpreußen und Wartheland (Po-

*Aus der illegalen holländischen Broschüre »Das ABC des Naziregimes« (1944): Die Nationalsozialisten in den Niederlanden und in Belgien werden als Handlanger der deutschen Besatzungsmacht angeprangert.*

**Die besetzten Gebiete** S. 105–24

*Fotografiert in den Straßen von Florenz im August 1944, kurz nach der Befreiung der Stadt: ein italienischer Partisan.*

der Landesregierung. In Norwegen und in den Niederlanden hatten Reichskommissare die gleichfalls »germanischen« Bevölkerungen für eine freiwillige Unterordnung unter die deutsche Hegemonie zu gewinnen und dazu schon massiven Einfluß auf die einheimischen Verwaltungen zu nehmen. Belgien, von dem das um altbelgisches Gebiet erweiterte Eupen-Malmédy abgetrennt und dem Regierungsbezirk Aachen zugeschlagen wurde, kam zusammen mit den französischen Departements Nord und Pas-de-Calais unter die Aufsichtsverwaltung des Militärbefehlshabers in Belgien und Nordfrankreich, an dessen Stelle im Juli 1944 ein Reichskommissar trat. Die britischen Kanalinseln und das besetzte nord- und westfranzösische Gebiet, ab November 1942 ganz Frankreich, unterstanden einem Militärbefehlshaber mit Sitz in Paris. Nicht zuständig war der Militärbefehlshaber in Frankreich für das Elsaß und für Lothringen, die ebenso wie Luxemburg den zu Chefs der Zivilverwaltungen ernannten Gauleitern des angrenzenden Reichsgebiets unterstellt, offiziell aber noch nicht annektiert wurden.

Von Jugoslawien trennte Hitler die ehemals österreichischen Gebiete Untersteiermark sowie Südkärnten und Nordkrain ab und setzte die Gauleiter der Steiermark und Kärntens als Chefs der Zivilverwaltungen ein. Serbien kam mit dem Banat unter deutsche Militärverwaltung, Kroatien wurde wie 1939 die Slowakei nach außen hin ein selbständiger Staat, und den Rest des Landes teilten sich die Verbündeten Italien, Ungarn und Bulgarien. Wenig interessiert war Hitler, der sein Imperium nicht zu weit nach Süden ausdehnen wollte, auch an Griechenland, wo er sich aus militärischen und politischen Gründen Gebietsteile um Saloniki, in der Ägäis, in Südgriechenland und auf Kreta sicherte und die Verwaltung der Wehrmacht übertrug, den größten Teil des Landes aber Italien und Bulgarien überließ. Erst der Abfall Italiens vom Achsenbündnis zwang ihn 1943 zur Übernahme größerer Landesteile auf dem Balkan, ermöglichte aber auch die Einsetzung einer Militärverwaltung in Oberitalien, und zwar in einer Form, in der sich bereits Annexionsabsichten ankündigten.

Hitlers wichtigstes Kriegsziel war die Unterwerfung, Aufteilung und allmähliche Eindeutschung der westlichen Sowjetunion, die in vier Reichskommissariate zerlegt werden sollte. Transistrien und das Gebiet nördlich Leningrads wurden den rumänischen und finnischen Verbündeten übereignet. Der wider Erwarten mißglückte Ostfeldzug erlaubte ab Spätsommer 1941 nur die Einrichtung von Reichskommissariaten für das »Ostland« (Litauen, Lettland, Estland und Weißrußland) und für die Ukraine. Das Gebiet um Białystok war der Zuständigkeit des »Reichsministers für die besetzten Ostgebiete« entzogen und dem Gauleiter von Ostpreußen als Chef der Zivilverwaltung zugeteilt worden. Der Großteil der besetzten Ostgebiete blieb unter militärischer Verwaltung.

sen) oder als Teile der Provinzen Ostpreußen und Schlesien von Deutschland annektiert. Das restliche Polen sollte, soweit es nicht von der Sowjetunion einverleibt worden war, als Generalgouvernement der späteren deutschen Besiedlung dienen und wurde 1941 noch um Galizien erweitert. Dänemark, das gegen den deutschen Einmarsch lediglich protestiert hatte, erfuhr als »germanisches« Land bis zum Spätsommer 1943 eine bevorzugte Behandlung. Der deutsche Gesandte als Bevollmächtigter des Reiches begnügte sich mit der Kontrolle und Beeinflussung

**Staat und Gesellschaft** 171

*Ein französischer Widerstandskämpfer bringt an einem Schienenstrang eine Sprengladung an.*

Die Verwaltungsstrukturen, die dem Dritten Reich für die Beherrschung seines außerdeutschen Machtbereichs dienten, wurden zwar auch von den Umständen der jeweiligen Besetzung, von politischen Rücksichtnahmen und von den Erfordernissen der weiteren Kriegführung bestimmt. Zugleich kamen in ihnen aber auch teilweise schon die langfristigen Pläne der deutschen Führung zum Ausdruck. So wurde die Militärverwaltung nur für jene Gebiete beibehalten, in denen mit Rücksicht auf militärische Notwendigkeiten der Wehrmacht die Exekutive belassen werden mußte oder die nicht als Teile des künftigen deutschen Großreichs vorgesehen waren. Dagegen bediente sich Hitler verschiedener Formen der Zivilverwaltung für jene Länder, an denen er ein besonderes Interesse hatte. Indem er sich in der Regel die jeweiligen Verwaltungschefs unmittelbar unterstellte, nahm er direkten Einfluß auf die Besatzungspolitik in jenen Territorien, die nach Kriegsende oder nach einer auf Jahrzehnte veranschlagten deutschen »Kolonisation« dem Reich einverleibt oder eng angeschlossen werden sollten. Die Grundlagen für dieses Programm schufen Verwaltung und SS teilweise schon während des Krieges. So führten die Chefs der Zivilverwaltungen in den de jure und de facto annektierten Gebieten bereits sukzessive die Reichsverwaltung und das deutsche Recht ein und verwehrten unerwünschten Flüchtlingen die Rückkehr in ihre Heimat. Zusammen mit dem Reichsführer-SS in dessen Eigenschaft als »Reichskommissar für die Festigung deutschen Volkstums« enteigneten und deportierten sie jene Bevölkerungsgruppen (Polen, Juden, Franzosen und Slowenen), für die kein Platz mehr im deutschen Großreich vorgesehen war. An ihre Stelle kamen teilweise reichsdeutsche Siedler oder Volksdeutsche aus Ost- und Südosteuropa. Nur Rücksichten auf den Arbeitskräftebedarf der deutschen Kriegswirtschaft und Unstimmigkeiten bei der Unterscheidung der »deutschstämmigen« und assimilierbaren Einwohner von den abzuschiebenden »Fremdvölkischen« verhinderten die volle Durchführung der Eindeutschungspläne.

Zumindest nach dem anfänglichen Programm war die Besatzungspolitik in den einzelnen Teilen Europas nach der rassischen Bewertung der jeweiligen Einwohner ausgerichtet. Der mit dem ungünstigen Kriegsverlauf und ihrer Verweigerungshaltung allerdings schwindenden Schonung der »germanischen« Völker und dem Des-

### Heydrichs Tod und die Vergeltung

Am 27. 5. 1942 wurde auf Reinhard Heydrich, den Stellvertretenden Reichsprotektor von Böhmen und Mähren, von tschechischen Widerstandskämpfern ein Bombenanschlag verübt. Heydrich war fanatischer Nationalsozialist und hatte im Dritten Reich schnell Karriere gemacht. Er war 1922 nach dem Abitur in die Marine eingetreten. 1930 wurde er im Range eines Oberleutnants unehrenhaft entlassen. Danach stieß er zur SS, deren Sicherheitsdienst (SD) er aufbaute. Im März 1933 wurde er Leiter der bayerischen Politischen Polizei, 1934 des Geheimen Staatspolizeiamtes in Preußen. 1936, nach der Zusammenfassung der deutschen Polizei, war er Chef der Sicherheitspolizei und des SD, 1939 Leiter des Reichssicherheitshauptamts. Im Juli 1941 wurde er mit der sogenannten Endlösung der Judenfrage beauftragt (er hat am 20. 1. 1942 die Wannsee-Konferenz einberufen, auf der die Ausführung der »Endlösung der Judenfrage« beraten wurde) und im September 1941 zusätzlich Stellvertretender Reichsprotektor von Böhmen und Mähren. Am 27. 9. 1941 trat er als Nachfolger Konstantin von Neuraths sein Amt in Prag an, um das widerspenstige Protektorat durch Terror und Bespitzelung völlig unter Kontrolle zu bringen.

Da Heydrich durch sein rigoroses und gleichzeitig geschicktes Vorgehen den tschechischen Widerstand stark gefährdete, beschloß die tschechische Exilregierung in London, ihn zu liquidieren. Ihr konnte nur schwerlich an einer ruhigen Tschechoslowakei gelegen sein. Drei in London ausgebildete Agenten, Josef Vaclík, Jan Kubiš und Josef Gabčík, wurden zu diesem Zweck aus England eingeflogen. Sie nahmen Kontakt zur Widerstandsbewegung auf. Dann wurde beschlossen, Heydrich bei seiner täglichen Fahrt zur Prager Burg, wo das Hauptquartier der Besatzungsmacht war, zu töten. Beinahe wäre der Anschlag mißglückt. Die Maschinenpistole von Gabčík versagte wegen eines Bedienungsfehlers, und der Fahrer von Heydrichs Dienstmercedes beschleunigte den Wagen. Da warf Kubiš im letzten Moment eine Handgranate hinterher, die neben dem hinteren rechten Reifen explodierte und das Fahrzeug zum Stehen brachte. Heydrich wurde lebensgefährlich verletzt. Er konnte sich zwar noch gegen seine Widersacher mit seiner Pistole zur Wehr setzen, aber im Krankenhaus stellte man fest, daß die Bombensplitter Rückenmark und Milz schwer geschädigt hatten. An diesen Verletzungen starb Heydrich am 4. 6. 1942. Die Attentäter und die Personen, die den Anschlag geplant hatten, verschanzten

sich in der Prager Kirche St. Karl Borromäus. Sie wurden, sofern sie nicht Selbstmord begangen hatten, nach einem erbitterten Feuergefecht von der SS erschossen. Die deutschen Vergeltungsmaßnahmen waren so grausam wie willkürlich. Bei systematischen Razzien wurden zahllose Intellektuelle verhaftet.
Am 9. 6. schließlich, dem Tag von Heydrichs Begräbnis, wurde der Befehl zu einer Vergeltungsaktion gegen das böhmische Dorf Lidice gegeben. Alle erwachsenen Männer, insgesamt 199, wurden von SS-Einheiten unter Hauptsturmführer Rostock im Dorf an die Wand gestellt und erschossen. 184 Frauen wurden in das Konzentrationslager Ravensbrück transportiert, 7 in das Polizeigefängnis Theresienstadt, 4 Schwangere kamen in ein Krankenhaus. Nach dem Kriege kehrten 143 Frauen in ihre Heimat zurück.
Die 98 Kinder wurden zu »Eindeutschungszwecken« mitgenommen. Nur 20 überlebten den Krieg. Die Wahl des Bergarbeiterdorfes Lidice in der Nähe von Kladno war völlig willkürlich. Ein direkter Zusammenhang mit dem Attentat bestand nicht. Die gesamte Aktion wurde für Hitler gefilmt. Das Dorf selbst wurde gesprengt und mit Kettenfahrzeugen dem Erdboden gleichgemacht.

*Die Überreste Lidices nach der Vergeltungsaktion der SS.*

### Der Warschauer Aufstand

Wie in der UdSSR war auch im besetzten Polen der bewaffnete Widerstand im Untergrund sehr aktiv. Dies war zum großen Teil eine Folge der brutalen Besatzungspolitik von Deutschen, die die slawischen Völker als minderwertig betrachteten und sie danach behandelten.
Ende Juli 1944 schien es nur noch eine Frage von Tagen zu sein, bis Warschau von den vorrückenden Truppen der Roten Armee unter Marschall Rokossowskij befreit würde. Vor dem Hintergrund der Spannungen, die zwischen der polnischen Exilregierung in London, die darauf bedacht war, die Unabhängigkeit ihres Landes zu erhalten, und der UdSSR bestanden, war es für die Exilregierung zwingend notwendig, nach dem Einmarsch der Roten Armee ebenfalls in Polen einen Machtfaktor darzustellen. So beschloß die polnische Exilregierung für den Sommer 1944 den Beginn des Unternehmens »Burza« (Gewitterwind), mit dem die sich zurückziehenden deutschen Truppen bekämpft werden sollten und das die Kontrolle über die großen polnischen Städte zu sichern hatte. Träger der Kampfaktionen würde die polnische Untergrundarmee »Armia Krajowa« (AK) unter Befehl von General Bór-Komorowski sein. Der Aufstand sollte in Warschau am 1. 8. 1944 beginnen.
Anfangs konnten die Aufständischen (rd. 40 000 Kämpfer) überraschende Erfolge erzielen. Innerhalb von 20 Stunden waren Zweidrittel der Stadt erobert. Aber bald wendete sich das Blatt. Später wurde die UdSSR beschuldigt, sie hätte tatenlos zugesehen, wie die polnischen Soldaten von deutschen Einheiten niedergemacht wurden. Dieser Vorwurf ist weitgehend berechtigt.
Die Wehrmacht hatte die Panzerdivision »Hermann Göring« in den Kampf geworfen, die die Truppen Rokossowskijs zunächst nach Osten zurückdrängte. Inzwischen wurden die polnischen Aufständischen in Warschau von SS-Truppen in die Zange genommen. Die deutschen Einheiten waren von SS-Obergruppenführer Erich von dem Bach-Zelewski befehligt, der als Spezialist für die Bekämpfung von Partisanen galt. Am 10. 8. waren die polnischen Einheiten in drei Teile zerschlagen, die sich isoliert voneinander in verschiedenen Stadtteilen schweren Luft- und Artillerieangriffen ausgesetzt sahen. Der Ministerpräsident der polnischen Exilregierung Mikołajczyk bat die UdSSR um Hilfe. Die Verhandlungen scheiterten aber an Stalins Forderung, daß Mikołajczyk das von Moskau unterstützte »Lubliner Komitee« als rechtmäßige polnische Regierung anerkennen sollte. Eine Unterstützung durch die westlichen Alliierten war schon wegen der großen Entfernung kaum möglich.
Erst am 10. 9., als der Aufstand bereits niedergeschlagen war, rückte die Rote Armee ohne größeren Einsatz wieder vor. Am 2. 10., die erbitterten Kämpfe hatten nun rd. zwei Monate gedauert, mußte Bór-Komorowski schließlich die Kapitulation unterzeichnen.
Insgesamt 250 000 AK-Soldaten und Einwohner Warschaus waren getötet worden, 300 000 Überlebende wurden von der SS in Konzentrationslager gebracht. Wie Hitler ein Jahr vorher befohlen hatte, das Warschauer Ghetto dem Erdboden gleichzumachen, so befahl er jetzt am 9. 10., ganz Warschau niederzubrennen. Zwar wurde dieser Befehl nicht völlig in die Tat umgesetzt, doch waren schon durch die vorausgegangenen Kämpfe 75% der Wohnhäuser, 90% der Betriebe, Kirchen und historischen Gebäude sowie 60% der Kanalisation zerstört. Die Ansichten über die Schuld der UdSSR an dieser Tragödie gehen auseinander. Zwar kann man anführen, daß die Truppen Rokossowskijs ausgebrannt und die Nachschubwege lang waren, doch sind dies wohl nicht die entscheidenden Faktoren gewesen. Wahrscheinlich ist, daß es dem Machtpolitiker Stalin gelegen kam, wenn jene Kräfte ausgeschaltet wurden, die nach dem Kriege in der Lage gewesen wären, ein freiheitliches demokratisches Polen aufzubauen, das die sowjetischen Machtpläne durchkreuzt hätte.

---

interesse an den Romanen stand die brutale Behandlung der Slawen gegenüber, die als »Untermenschen« gerade noch vor den Juden rangierten. Während diese erst in ihrer wirtschaftlichen, dann in ihrer physischen Existenz vernichtet wurden, durften die Ostvölker mit Ausnahme einiger bevorzugter Minderheiten als kulturlose, billige Arbeitskräfte ihr Leben fristen, bevor sie aus dem deutschen Machtbereich entfernt werden sollten. Angehörige der führenden Schichten wurden systematisch oder bei jedem sich bietenden Anlaß liquidiert; Terrormaßnahmen sollten der Bevölkerung den Mut zum Widerstand nehmen.
Demütigung, Entrechtung, Unterdrückung, Verfolgung und Ausbeutung kennzeichneten in unterschiedlichem Ausmaße den Besatzungsalltag in allen Gebieten. Rigoros wurde gegen alle oppositionellen Regungen vorgegangen. Zu den zahlreichen Todesurteilen der Kriegs-, Sonder- und Standgerichte kamen Geiselerschießungen und der Massentransport in die Konzentrationslager. Die Einwohner hatten für die deutsche Kriegswirtschaft zu arbeiten und das nicht nur im eigenen Land. Sie wurden zu Millionen erst auf freiwilliger Basis, dann zwangsweise ins Reich geholt. Die Deutschen beuteten bedenkenlos die Wirtschaft der besetzten Gebiete aus, indem sie einen Teil der Rohstoffe und Waren abtransportierten, sich den Großteil der laufenden Produktion sicherten, wirtschaftliche Unternehmen im Zuge einer einseitigen »Verflechtung« aufkauften und den Ländern horrende Besatzungskosten und Kredite abverlangten. Mehr noch als die angestrebte kulturelle Beherrschung der besetzten Gebiete durch Absicherung der deutschen Vormachtstellung in den Publikationsorganen und die Gleichschaltung des Geisteslebens verbitterte die Bevölkerungen das ihnen gerade noch zugestandene Versorgungsminimum an Gütern des täglichen Bedarfs. Für die sozial schwächeren Schichten vor allem wurden Hunger und Kälte zu schmerzlich empfundenen Auswirkungen der Fremdherrschaft. Jedem Versuch einer Kollaboration mit den Vertretern einer derartigen »neuen Ordnung« war bald der Boden entzogen.
Wenn diese Verhältnisse von deutscher Seite auch anfangs nicht überall beabsichtigt gewesen waren, sondern sich teilweise erst aus der Notlage eines nicht programmgemäß verlaufenden Krieges ergaben, so wurden sie doch für wachsende Teile der unterworfenen Bevölkerungen ein Grund zum Widerstand. Sie weigerten sich aus patriotischen, politischen oder prinzipiellen Gründen, die deutsche Herrschaft mit ihrer Anmaßung und ihrem verbrecherischen Rassenprogramm zu akzeptieren. Damit stellten sie sich oft in einen Gegensatz zu ihren meist neuen Regierungen und Verwaltungen, die mehr oder weniger bereitwillig mit der Besatzungsmacht zusammenarbeiteten. In jedem Land, wenn auch in zeitlich unterschiedlicher Abfolge, registrierten die Deutschen eine wachsende Flut von Sabotageakten, antideutschen Mauerbeschriftungen, Flugblättern und Untergrundzeitungen, sowie Attentate, Spionageringe und Fluchtorganisationen für abgesprungene feindliche Flugzeugbesatzungen, Kriegsgefangene und Juden. Ehemalige Militärs und Angehörige der aufgelösten demokratischen Parteien schlossen sich zur Vorbereitung eines späteren Aufstands zusammen, be-

*»Lebensraum im Osten«*
*S. 129–25*

▷ *VNV-Chef Staf de Clercq.*

*Drei von den Deutschen 1942 in der Ukraine erhängte sowjetische Partisanen. Trotz der brutalen Besatzungspolitik wuchs der Widerstand in Osteuropa mit Fortdauer des Krieges.*

kämpften die Kollaboration und suchten die deutschen Kriegsanstrengungen zu sabotieren. Fühlbaren Auftrieb erlangte der Widerstand mit dem deutschen Überfall auf die Sowjetunion, als die kommunistischen Parteien endlich ihre Zurückhaltung aufgaben und geschlossen den Kampf gegen die Besatzungsmacht aufnahmen. Der in eine Vielzahl von Gruppierungen aufgesplitterte Widerstand stellte den Kontakt zu den ins Ausland geflüchteten Exilregierungen her, die er ebenso wie die Kriegsgegner Deutschlands mit Nachrichten belieferte und von denen er zunehmend mit Aufträgen und – wenn auch nie ausreichend – mit Geld und Waffen versorgt wurde. Die Exilregierungen, für die das Zusammengehen mit dem Widerstand eine dringend benötigte Legitimation bedeutete, betrieben den organisatorischen Zusammenschluß der oft miteinander konkurrierenden Widerstandsgruppen und suchten nicht zuletzt Einfluß auf die in unwegsamen Landstrichen entstandenen bewaffneten Formationen zu nehmen. Diese erhielten insbesondere durch die von den Deutschen betriebene Zwangsaushebung von Arbeitskräften immer mehr Zulauf.

Derartige »Banden« aus »Terroristen«, wie es im deutschen Sprachgebrauch hieß, wurden vor allem in den geographisch dafür begünstigten Gebieten Polens, der Sowjetunion, auf dem Balkan und mit dem Jahreswechsel 1943/44 auch in Italien und Südfrankreich für die Deutschen zu einem unlösbaren Problem. Die Freischärler griffen isolierte Posten und Konvois an und unterbrachen die Verkehrs- und Nachrichtenverbindungen. Die Deutschen waren zum Einsatz dringend an der Front benötigter Verbände gezwungen und konnten immer weniger verhindern, daß einzelne Landesteile von den Aufständischen kontrolliert wurden. Widerstand und brutale Unterdrückung eskalierten zu Massakern, die sich häufig von deutscher Seite aus unterschiedslos gegen die Gesamtbevölkerung richteten. Den Krieg verlor die Wehrmacht gegen die regulären Streitkräfte der Alliierten. Die Partisanen hatten daran aber einen gewichtigen Anteil. Noch größer jedoch war die Bedeutung des Widerstands für die Selbstachtung der zeitweise unterworfenen Völker und für die Gestaltung der politischen Ordnung in den befreiten Ländern.

HANS UMBREIT

# Kirche und Ökumene in den 40er Jahren

## Krieg und Widerstand

Der Nationalsozialismus und vor allem der 2. Weltkrieg haben das kirchliche Leben in den 40er Jahren entscheidend beeinflußt. Das gilt in erster Linie für Deutschland. Hitlers Politik war von Anfang an darauf gerichtet, die Kirchen, wie auch alle anderen gesellschaftlichen Gruppen, »gleichzuschalten«. Im evangelischen Raum entstand als Gegenbewegung zu den »Deutschen Christen« mit dem Reichsbischof Müller an der Spitze, die Hitlers Streben nach einem germanischen Christentum unterstützen wollten, aber wegen ihrer Erfolglosigkeit die öffentliche Förderung bald verloren, die Bekennende Kirche, die unter der geistlichen Führung von Männern wie Karl Barth und Martin Niemöller sich gegen den Nationalsozialismus wandte. Beide wurden bald ausgeschaltet. Als Barth sich weigerte, als Hochschullehrer den Treueid auf Hitler zu leisten, verlor er seinen Lehrstuhl und ging in seine Schweizer Heimat zurück. Niemöller war von 1937 bis 1945 in verschiedenen Konzentrationslagern inhaftiert. Den Kreisen der Bekennenden Kirche gehörte auch der Widerstandskämpfer Dietrich Bonhoeffer an (auch →S. 177).

## Staat und Gesellschaft

Die Bekennende Kirche versuchte, Glaube und Predigt in ihrer Freiheit gegen die Ansprüche des Nationalsozialismus zu verteidigen. Grundlegend war die Theologische Erklärung der Barmer Bekenntnissynode vom 29.–31. 5. 1934. Diese Barmer Erklärung verwarf »die falsche Lehre«, »als könne und müsse die Kirche … außer und neben diesem einen Wort Gottes noch andere Ereignisse und Mächte, Gestalten und Wahrheiten als Gottes Offenbarung anerkennen«, »als gebe es Bereiche unseres Lebens, in denen wir nicht Jesus Christus, sondern anderen Herren zu eigen wären«. Sie hat aber auch anerkannt und zugleich gefordert, »daß der Staat nach göttlicher Anordnung die Aufgabe hat, in der noch nicht erlösten Welt … nach dem Maß menschlicher Einsicht und menschlichen Vermögens unter Androhung und Ausübung von Gewalt für Recht und Frieden zu sorgen«. Karl Barth als Hauptautor der einstimmig angenommenen Erklärung hat es später bedauert, daß die Sicherung der Freiheit nicht auch ausdrücklich zur Aufgabe des Staates erklärt wurde. Er hat später auch geschrieben: »Ich empfinde es längst als eine Schuld meinerseits, daß ich sie (die Judenfrage) im Kirchenkampf jedenfalls öffentlich (z. B. in den … Barmer Erklärungen …) nicht ebenfalls als entscheidend geltend gemacht habe.« Er meinte aber, ein Text, der dies getan hätte, sei »bei der damaligen Geistesverfassung der ›Bekenner‹« nicht akzeptabel gewesen. »Aber das entschuldigt nicht, daß ich damals – weil anders interessiert (gemeint ist: an einer einstimmigen Entscheidung) – in dieser Sache nicht wenigstens in aller Form gekämpft habe.«

Dieses Schweigen war in der Bekennenden Kirche 1934 möglich, obwohl die von den »Deutschen Christen« beherrschte Generalsynode der Evangelischen Kirche der Altpreußischen Union bereits am 6. 9. 1933 im »Kirchengesetz betreffend die Rechtsverhältnisse der Geistlichen und Kirchenbeamten« den »Arierparagraphen« verankert hatte, der Juden und mit Juden Verheiratete vom kirchlichen Dienst ausschloß.

Dies geschah, obwohl 7000 Pfarrer im von Martin Niemöller zusammengerufenen Pfarrer-Notbund den Verpflichtungssatz unterzeichnet hatten, »daß eine Verletzung des Bekenntnisstandes mit der Anwendung des Arier-Paragraphen im Raum der Kirche Christi geschaffen ist«. Die Bekennende Kirche setzte sich zwar, wo und solange es möglich war, für die kleine Zahl betroffener Christen jüdischer Abstammung ein, sie blieb aber hilflos vor dem eigentlichen Problem, dem unfaßbaren Unrecht an den Menschen jüdischen Glaubens. Dietrich Bonhoeffer hatte schon 1933 gesagt: »Nur wer für die Juden schreit, darf auch gregorianisch singen!« Er hatte 1940 im Blick auf die Judenverfolgung geschrieben: »Die Kirche bekennt, die willkürliche Anwendung brutaler Gewalt, das leibliche und seelische Leiden unzähliger Unschuldiger, Unterdrückung, Haß und Mord gesehen zu haben, ohne ihre Stimme für sie zu erheben, ohne Wege gefunden zu haben, ihnen zu Hilfe zu eilen. Sie ist schuldig geworden am Leben der schwächsten und wehrlosesten Brüder Jesu Christi.«

Die evangelische Kirche verteidigte wie die rö-

▷ *Konrad Graf von Preysing, Bischof von Berlin. Er war einer der wenigen deutschen Geistlichen, die die Maßnahmen des Hitlerregimes offen kritisierten. Die Aufnahme stammt aus dem Jahre 1947.*

### Karl Barth

Der schweizerische reformierte Theologe Karl Barth wurde am 10. 5. 1886 in Basel geboren, wo er auch am 10. 12. 1968 starb. Er war von 1911–1912 Pfarrer in Safenwil im Kanton Aargau. In seinem Kommentar zum Römerbrief (1919), der seine Popularität begründete, bezeichnet Barth Gott als den »ganz Anderen«, der außerhalb der menschlichen Vorstellungs- und Begriffswelt existiere und der nur durch seine Offenbarung in Jesus Christus erkennbar sei. 1921 wurde Barth als Professor der Theologie nach Göttingen berufen, ab 1925 lehrte er in Münster und ab 1930 in Bonn, wo er zum Mitbegründer der stark umstrittenen »dialektischen Theologie« wurde, die dem liberalen Kulturprotestantismus des 19. Jahrhunderts eine endgültige Absage erteilte und die Meinung vertrat, der unendlich ferne Gott könne nicht durch direkte, eindeutige Begriffe bestimmt werden, sondern der Mensch könne sich Gott nur durch »dialektisches« Reden vorsichtig nähern. Als die »Deutschen Christen« das Auftreten Hitlers als eine besondere Offenbarung Gottes in der Geschichte zu deuten versuchten, formulierte die Synode der Bekennenden Kirche unter maßgeblicher Beteiligung Barths die Barmer Theologische Erklärung (1934). Als Barth sich 1934 weigerte, den Eid auf Hitler zu leisten, verlor er seinen Lehrstuhl in Bonn und ging nach Basel (1935). Von dort unterstützte er, zum Leidwesen der schweizerischen Behörden, die Deutsche Bekennende Kirche in Wort und Schrift.

Barths Lebenswerk, *Die kirchliche Dogmatik* (1932–1967), setzt einen stark christologischen Schwerpunkt. Der Bund Gottes mit den Menschen durch und in Jesus Christus ist die Voraussetzung jeglichen Redens über Gott. In den 40er Jahren beeinflußten seine Problemstellungen sowohl die Theologie Geistesverwandter als auch die seiner Gegner. Diskutiert wurde insbesondere seine Ablehnung der traditionellen Säuglingstaufe als Sakrament, weil er hiermit gegen die Volkskirche opponierte. Nach 1945 griff Karl Barth durch seine Schriften mehrfach in kirchliche und politische Fragen ein. So weigerte er sich 1948, einen aktiven Beitrag zur allgemein verbreiteten Kommunistenfeindlichkeit zu liefern. Obwohl er ein Gegner des Kommunismus war, meinte er, daß ein von ihm als beinahe hysterisch empfundener Antikommunismus der westlichen Christenheit nur schaden könne. Er nahm außerdem Stellung gegen die beginnende Atombewaffnung und wandte sich mit Niemöller und Heinemann gegen die deutsche »Wiederbewaffnung«.

*Karl Barth am 15. 5. 1946 bei einem Vortrag in der Universität von Frankfurt am Main.*

## Clemens August Kardinal Graf von Galen, der »Löwe von Münster«

Der durch sein mutiges Auftreten gegen das nationalsozialistische Regime bekanntgewordene Clemens August Kardinal Graf von Galen wurde zur Symbolfigur im Kampf der katholischen Kirche gegen eine sie bedrohende Obrigkeit.
Dabei war das Verhältnis der katholischen Kirche zum Nationalsozialismus zunächst durchaus positiv. Die antijüdische und antikommunistische Stoßrichtung der nationalsozialistischen Politik fand den Beifall weiter katholischer Kreise. Das am 20. 7. 1933 zwischen dem Heiligen Stuhl und dem Deutschen Reich abgeschlossene Reichskonkordat zerstreute die noch bestehenden Bedenken auf katholischer Seite, sicherte das Konkordat doch die Freiheit der Religionsausübung, schützte die Geistlichen, die kirchlichen Institutionen, die Orden, die theologischen Fakultäten und die Ausbildung des Priesternachwuchses. Außerdem wurde die Möglichkeit zur Beibehaltung bzw. Gründung von Bekenntnisschulen gewährleistet.
Doch bald zeigte sich, daß das Reichskonkordat nur auf dem Papier Gültigkeit besaß. Die zunehmende ideologische Gleichschaltung verletzte die katholischen Interessen. Deshalb protestierte Graf von Galen schon 1936 gegen einen Erlaß der oldenburgischen Behörden, Kruzifixe aus den Klassenzimmern zu entfernen.
Clemens August Graf von Galen stammte aus einer westfälischen Adelsfamilie. Er wurde am 16. 3. 1878 als elftes von dreizehn Kindern des Grafen Ferdinand von Galen geboren. Nach dem Theologiestudium wurde er 1904 in Münster zum Priester geweiht; von 1906–1929 war er als Pfarrer in Berlin, 1929–1933 in Münster tätig. Am 28. 10. 1933 wurde er zum Bischof von Münster geweiht. Seine Widerstandshaltung war den Nationalsozialisten schon deshalb unangenehm, weil von Galen in der Bevölkerung großes Ansehen genoß. So mußte die Gauleitung auch in der Frage der Kruzifixe nachgeben. Dies sollte jedoch nicht der letzte Zusammenstoß mit dem Regime bleiben, zumal sich das innenpolitische Klima weiter verschärfte.
Die Behinderung der kirchlichen Arbeit und die Verletzungen des Reichskonkordats nahmen stark zu. Dadurch wurde nun auch der Papst selbst zum Handeln gezwungen. Pius XI. erließ am 14. 3. 1937 die Enzyklika »Mit brennender Sorge«, in der er die Irrlehren und Gewalttätigkeiten des Nationalsozialismus verurteilte.

Von Galen wurde dadurch in seinem Verhalten bestärkt. So wandte er sich 1938 entschieden gegen die Auflösung von katholischen Schulen. Den Höhepunkt der Auseinandersetzungen brachte das Jahr 1941, als der Bischof die Verbrechen der Nationalsozialisten, u. a. die Gestapo-Keller und Konzentrationslager, in mehreren berühmt gewordenen Predigten öffentlich verurteilte. Insbesondere das Euthanasieprogramm wurde von ihm angeprangert. Mit dem Begriff »Euthanasie« tarnte der nationalsozialistische Staat die »Vernichtung unwerten Lebens«. Seit Kriegsbeginn konnte »unheilbar Kranken« der »Gnadentod gewährt werden«. Diese Bestimmung traf vor allem Geisteskranke und Epileptiker. Insgesamt fielen den Mordaktionen rd. 100 000 Menschen zum Opfer. Aufgrund des öffentlichen Protestes, der durch von Galen angeführt wurde, stellte man die Ermordung erwachsener Patienten von Heil- und Pflegeanstalten ein.
Zwar verhinderte die Be-

*Bischof Graf von Galen nach seiner Ernennung zum Kardinal am 16. 3. 1946 vor der Lamberti-Kirche in Münster.*

kanntheit des Bischofs, daß dieser selbst von den Nationalsozialisten belangt wurde, seinen Bruder Franz verhaftete man jedoch und brachte ihn ins KZ.
Nach Beendigung des Krieges wurde der »Löwe von Münster« Weihnachten 1945 von Pius XII. zum Kardinal erhoben. Am 23. 3. 1946 verstarb er im Alter von 68 Jahren.

misch-katholische ihre Rechte und die ihrer Glieder in vielen, auch öffentlichen Erklärungen. Wie Bischof Graf von Galen im katholischen Raum verurteilte der württembergische Landesbischof Theophil Wurm 1940 den Mord an Geisteskranken. Zum grundsätzlichen Urteil über den Nationalsozialismus rang man sich nicht durch. Als die 12. Preußensynode im Oktober 1943 in Breslau erklärte, ». . . das Leben aller Menschen gehört Gott allein. Es ist ihm heilig, auch das Leben des Volkes Israel«, hielten es die Nationalsozialisten nicht mehr für erforderlich, ernsthafte Maßnahmen gegen die Verbreitung des Wortes der Synode zu ergreifen: Ihr Werk war getan, während die Kirche schwieg!
So blieb den führenden Männern der Bekennenden Kirche, die zugleich die Träger des kirchlichen Wiederaufbaus nach dem Krieg waren, im Stuttgarter Schuldbekenntnis vom 18. 10. 1945 nichts als die Selbstanklage, daß sie »nicht mutiger bekannt, nicht treuer gebetet, nicht fröhlicher geglaubt und nicht brennender geliebt haben«. Dieses Wort öffnete der Evangelischen Kirche in Deutschland den Weg zurück in die Ökumene, es mußte aber auch gegen den Vorwurf verteidigt werden, es habe eine Kollektivschuld des deutschen Volkes anerkannt. Insofern fanden viele, es ginge zu weit, andere kritisierten es als unzu-

*Rom ist 1944 befreit. Vor dem Balkon des Petersdoms wartet eine große Menschenmenge auf den Segen von Papst Pius XII.*

**Staat und Gesellschaft**

*Reichsbischof Müller (links), das Oberhaupt der Deutschen Christen, mit NS-Vertretern.*

reichend. Immerhin war es ein mutiges und ein wegweisendes Wort für die Mehrheit der evangelischen Christen in Deutschland, die sich gegenüber der Kirchenpolitik des Nationalsozialismus passiv verhalten hatten.

Der Deutsche Episkopat unter Adolf Kardinal Bertram (Breslau) verfolgte gegenüber der NS-Regierung eine sehr vorsichtige Politik. Er berief sich sogar noch auf das 1933 vom Vatikan mit dem Deutschen Reich geschlossene Konkordat, als dieses einseitig immer mehr eingeschränkt wurde, u. a. durch die Enteignung von Klosterbesitz und das Verbot einer freien kirchlichen Presse. In ihrem letzten gemeinsamen Hirtenbrief vom August 1943, dem Dekaloghirtenbrief (Zehngebote-Brief), traten die deutschen Bischöfe allerdings für das Recht auf Leben ein, »auch für Menschen fremder Rasse und Abstammung«. Zu einer öffentlichen Verurteilung der Judenverfolgung und des Rassenwahns kam es jedoch offiziell von katholischer Seite nicht. In wichtigen Fragen nahmen aber Bischof Clemens August Graf von Galen (Münster) (auch → S. 175) sowie auch die Bischöfe Konrad Graf von

*Aufnahme der ersten Versammlung des Weltrates der Kirchen in der Amsterdamer Nieuwe Kerk (1948).*

---

**1945: ein Wendepunkt für die Mission**

Der 2. Weltkrieg war der Abschluß einer wichtigen Phase in der Missionsgeschichte, und das Jahr 1945 kann man als einen Wendepunkt betrachten. Dabei wurde Missionsarbeit sowohl von Katholiken als auch von Protestanten geleistet. Die katholische Mission, die seit 1622 der Propagandakongregation unterstand und in den Händen von Orden lag, entfaltete ihre Tätigkeit im Zuge der Kolonisation von Südamerika, Vorderasien und Indien sowie in China und Japan. Die protestantische Mission wirkte zuerst im 17. Jahrhundert in den britischen und niederländischen Kolonien. Sie wurde im wesentlichen von selbständigen Missionsgesellschaften durchgeführt. Durch die politischen Auswirkungen des 2. Weltkrieges veränderten sich die Beziehungen zwischen den Missionskirchen und den missionierenden Kirche im Mutterland fundamental. Dies galt besonders für Indonesien. Da die Japaner alle Missionare und die anderen kirchlichen Mitarbeiter aus Europa internierten, wurde die Selbständigkeit der einheimischen Kirchen automatisch gefördert. Es sollte nicht mehr lange dauern, bis diese Kirchen völlige Autonomie erlangten.

Aber auch in Missionsgebieten, in denen während des Krieges kaum politische Veränderungen eingetreten waren, so in Belgisch-Kongo, wurde die Missionsarbeit nach 1945 allmählich in andere Bahnen gelenkt. Dieser Prozeß war im Zusammenhang mit einer internationalen Entwicklung zu sehen, die sich mit den Begriffen Entkolonialisierung und nationale Bewußtwerdung umschreiben läßt. Die Geschicke der Jungen Kirchen kamen dadurch mehr und mehr in die Hände einheimischer Geistlicher.

Diese Veränderungen trafen den größten Teil der Missionare aus Europa und Nordamerika völlig unvorbereitet. Ein langwieriger Anpassungsprozeß wurde erforderlich, durch den ein neues Verständnis von Missionsarbeit aufkam.

---

Preysing (Berlin) und Michael Faulhaber (München) öffentlich gegen den Nationalsozialismus Stellung.

### Die Haltung des Vatikans

Der Vatikan behielt während der Kriegsjahre seine Selbständigkeit, auch als Rom von deutschen Truppen besetzt wurde (8. 9. 1943).

Pius XII., der am 2. 3. 1939 zum Papst gewählt wurde, verfolgte während des ganzen Jahrzehnts in der Regel eine sehr zurückhaltende Politik. Die Konkordate, die der Vatikan mit Italien (1929) und Deutschland (1933) zum Schutz der Rechte der römisch-katholischen Kirche auf dem Gebiet des Unterrichts und des Gemeinschaftslebens abgeschlossen hatte, wurden im Kriege in ihrer Wirksamkeit stark vermindert. In seiner internationalen Politik ließ Pius XII. sich von einer Neutralität leiten, die er als »Unparteilichkeit« bezeichnete. Dies trug ihm zwar nach dem Kriege bei manchen lebhafte Kritik ein; der Vatikan konnte aber ein wichtiges Zentrum zwischenstaatlicher Kontakte bleiben. Sein diplomatisches Schweigen bewahrte Pius XII. jedoch auch, als ihm 1943 genaue Berichte über die Ausrottung des jüdischen Volkes vorgelegt wurden. Viele warfen ihm daraufhin moralisches Versagen vor.

### Befreiung und Erneuerung

Die zögernden Erneuerungsversuche während und vor allem nach dem Krieg hatten zur Folge, daß die Kirchen nicht nur als Organisation, son-

## Staat und Gesellschaft

dern vor allem auch als eine besondere Form von Gemeinschaft Interesse fanden. Dies zeigt sich in der päpstlichen Enzyklika »*Mystici Corporis*« (1943, Über den mystischen Leib) und in dem Buch »*Misère et grandeur de l'église*« (1944) des späteren Sekretärs des Weltkirchenrates, des Niederländers Willem Adolf Visser 't Hooft. An begrenzte Versuche, die Liturgie neu zu gestalten, anknüpfend, verlagerte die Enzyklika »*Mediator Dei*« (1947, Über die Liturgie) den Akzent von den Vorschriften und Anweisungen auf die innere Belebung. Diese Tendenz setzte sich danach zunehmend durch.

Um die während des Krieges entstandenen Gegensätze in der katholischen Kirche zu überbrücken, gründete Bischof Pierre Théas von Lourdes bereits 1944 im Gefängnis von Compiègne die Friedensbewegung Pax Christi. Nach dem Krieg sah sich die römisch-katholische Kirche in Frankreich vor allem vor dem Problem, daß sich besonders die gesellschaftlichen Unterschichten von ihr abkehrten. Dem versuchten die Arbeiterpriester entgegenzuwirken (auch → unten).

Kurz vor dem 2. Weltkrieg war in Frankreich die »nouvelle théologie« aufgekommen, die durch Rückkehr zu den Quellen des christlichen Glaubens nach Erneuerung strebte. Die unter diesem Namen bekannt gewordene Gruppe von Theologen, unter ihnen Jean Daniélou und Henri Lubac, eröffnete nach dem Krieg trotz Kritik aus dem Vatikan den Dialog mit dem evangelischen Theologen Karl Barth (auch → S. 174) sowie mit der Existenzphilosophie und den nichtchristlichen Religionen. Der neuen römisch-katholischen Theologie in Deutschland unter Joseph Jungmann und Karl Rahner gelang es, eine kreative Interpretation der traditionellen scholastischen Theologie zu entwickeln.

Mit dem Ende des Krieges und der Befreiung von der deutschen Besetzung sahen sich die Kirchen vor neue Probleme und Verantwortlichkeiten gestellt. Sie betrachteten es als ihre Aufgabe,

*Martin Niemöller während einer seiner ersten Predigten nach 1945.*

---

### Die Heiligen gehen in die Hölle

Unter diesem Titel erschien 1952 von dem französischen Schriftsteller Gilbert Cesbron ein aufsehenerregendes Buch über Leben und Tätigkeit der Arbeiterpriester. Vor dem Hintergrund einer fortschreitenden Abkehr der Arbeiter von der römisch-katholischen Kirche beschlossen Anfang der 40er Jahre französische Priester, den Kontakt zur Arbeiterschaft wiederaufzunehmen, indem sie selbst als Arbeiter in die Fabriken gingen. Den Ausgangspunkt dieser neuen Art von Mission bildeten die Erfahrungen des Dominikanerpriesters Jacques Loew, der 1941 eine Zeit als Dockarbeiter in Marseille arbeitete, sowie die Erfahrungen zahlreicher Priester, die heimlich mit Tausenden dienstverpflichteter Franzosen in die Arbeitslager nach Deutschland kamen.

Nach dem Krieg bildeten Arbeiterpriester Missionen in französischen Großstädten und Industriezentren (z. B. in Paris, Lyon, Bordeaux und Limoges). Sie beschränkten sich nicht auf eine Anpassung an das proletarische Milieu, sondern solidarisierten sich innerhalb der Strukturen der Arbeitswelt mit den Betroffenen und kämpften in den Gewerkschaften für soziale Gerechtigkeit. Der Heilige Stuhl in Rom sah u. a. die Gefahr der Auflösung des Zölibats, des priesterlichen Lebens, des Kontaktes zur Pfarre und zum übrigen Klerus. Er reagierte mit harten Maßnahmen.

1951 wurde das Verbot erlassen, neue Arbeiterpriester zu ernennen. Verboten wurde auch die Zusammenarbeit mit Kommunisten. Mit der am 19. 1. 1954 verfügten Neuordnung des Apostolates wurde die Fabrikarbeit der Arbeiterpriester auf drei Stunden begrenzt und jedes weltliche Engagement untersagt, das der Wiedereingliederung in die innerkirchliche Ordnung entgegensteht.

Nach der Weigerung von rd. 50% der Arbeiterpriester, sich dieser Anordnung zu fügen, fand die kritische Auseinandersetzung zwischen Arbeiterpriestern und Heiligem Stuhl insofern ein ergebnisloses Ende, als die ungehorsamen Priester ihre Tätigkeit ohne Maßregelung fortsetzen konnten. Erst 1965 erlangten die französischen Bischöfe vom Heiligen Stuhl wieder die Erlaubnis, eine kleine Anzahl ausgewählter und vorbereiteter Arbeiterpriester ganztätig im Arbeitsleben einzusetzen.

---

### Dietrich Bonhoeffer

Dietrich Bonhoeffer wurde am 4. 2. 1906 in Breslau geboren und wuchs in Berlin auf, wo der Vater einen Lehrstuhl für Psychiatrie erhalten hatte. Nach Schulzeit und Theologiestudium absolvierte er ein Vikariat in Barcelona und Berlin-Wedding. Er habilitierte sich in Berlin und wurde Studentenpfarrer an der Technischen Hochschule. Von 1933–1935 wirkte er als Pfarrer in der deutschen evangelischen Gemeinde in London.

Während dieser Jahre war die protestantische Kirche durch die Kirchenpolitik der Nationalsozialisten in eine schwierige Lage geraten. So

*Dietrich Bonhoeffer*

hatten mit Unterstützung der NSDAP die Deutschen Christen, die Veränderungen der kirchlichen Organisation und Verkündigung nach nationalsozialistischen Grundsätzen anstrebten, 1933 zahlreiche leitende Stellen in den Landeskirchen erobert. Ihre Forderung nach einer straff zentralisierten evangelischen Reichskirche stieß aber auf den Widerstand nicht-nationalsozialistischer Kreise in der Kirche. Unter Führung Martin Niemöllers entstand so schon 1933 der Pfarrernotbund. Im März 1934 erfolgte dann der Zusammenschluß zu einer Bekenntnisgemeinschaft der Deutschen Evangelischen Kirche. Aus den Reihen dieser Gemeinschaft erging der Aufruf zur Barmer Bekenntnissynode, die im Mai 1934 einberufen wurde. Diese Synode verabschiedete die »Theologische Erklärung zur gegenwärtigen Lage der Deutschen Evangelischen Kirche«. Damit konstituierte sich die *Bekennende Kirche* in Deutschland.

In dieser Situation wurden Persönlichkeiten gebraucht, die sich durch humanitäres Engagement und Zivilcourage auszeichneten. So trug man an Dietrich Bonhoeffer den Wunsch heran, die Leitung des Predigerseminars der Bekennenden Kirche in Finkenwalde (Pommern) zu übernehmen. Daraufhin verließ Bonhoeffer seine bisherige Wirkungsstätte London und kehrte nach Deutschland zurück, wo ihm bereits 1936 von den Nationalsozialisten die Lehrbefugnis entzogen wurde. Bonhoeffer erkannte bald, daß erfolgversprechender Widerstand nur auf politischer Ebene zu organisieren war. Er nahm Kontakt zu anderen Widerstandsgruppen auf, so zum Freiburger Kreis, dem u. a. der Historiker Gerhard Ritter angehörte, und zum Kreisauer Kreis um Graf von Moltke und Graf Yorck von Wartenburg.

Im Mai 1942 versuchte Bonhoeffer über den Bischof von Chichester, im Ausland Rückhalt für den Widerstand gegen Hitler zu finden. Seine vielfältigen Aktivitäten erregten den Verdacht der Gestapo. Bonhoeffer wurde am 5. 4. 1943 in Berlin verhaftet und ins Konzentrationslager Flossenbürg gebracht. Im Zusammenhang mit den Untersuchungen um das Attentat vom 20. Juli 1944 wurde gegen ihn neues Belastungsmaterial vorgelegt. Bonhoeffer ist noch kurz vor Kriegsende am 4. 4. 1945 im KZ Flossenbürg hingerichtet worden.

## Bischöfe vor dem Richter

Durch die von der UdSSR in Osteuropa betriebene Gleichschaltungspolitik kam es rasch zu Zusammenstößen zwischen den neuen kommunistischen Machthabern und jenen gesellschaftlichen Gruppierungen, die den Kommunismus ablehnten. Vor allem erregten die Prozesse Aufsehen, in denen Bischöfe der römisch-katholischen Kirche als Regimegegner vor Gericht gestellt wurden.
Zuerst war es der Schlagzeilen liefernde Prozeß gegen *Alois Stepinac*, der seit 1937 Erzbischof von Zagreb (Jugoslawien) war. Stepinac, der aus einer kroatischen Bauernfamilie stammte, war nach dem Theologiestudium 1930 zum Priester geweiht worden. Anschließend verbrachte er weitere Studienjahre in Rom. Während des 2. Weltkriegs sympathisierte Stepinac anfänglich mit dem durch die Achsenmächte eingesetzten Staatschef des selbständigen Kroatien. Ante Pavelić, von dem er sich später allerdings distanzierte.

Nach der Befreiung stellte er sich gegen den in seinen Augen »gottlosen Kommunismus« und gegen die Gründung einer von der Regierung abhängigen nationalkroatischen Kirche, die auf Distanz zu Rom gehen sollte. Am 17. 9. 1946 wurde Stepinac verhaftet und am 11. 10. 1946 durch ein kroatisches Volkstribunal »wegen staatsfeindlicher Handlungen« zu 16 Jahren Zwangsarbeit verurteilt.
Zwar bot die jugoslawische Regierung 1950 die Freilassung von Stepinac an, doch nur unter der Bedingung, daß dieser das Land verlasse. Das lehnte der Erzbischof ab. 1951 wurde er schließlich in seinen Geburtsort Krasic verbannt. 1952 erhob der Papst Stepinac zum Kardinal. Dieser fuhr jedoch nicht zum Empfang der Kardinalswürde nach Rom, um zu verhindern, daß man ihm eine Wiedereinreise verweigerte. Am 10. 2. 1960 verstarb er in seinem Verbannungsort.
1949 wurde *Josef Mindszenty*, Erzbischof von Esztergom, vor Gericht gestellt. Mindszenty, der deutscher Abstammung war, wurde 1915 zum Priester geweiht. 1944 wurde er Bischof, nach Kriegsende 1945 Erzbischof von Esztergom und damit Primas von Ungarn. Ein Jahr später erhielt er auch die Kardinalswürde. Mindszenty, ein überzeugter Antifaschist, widersetzte sich den Plänen der kommunistischen Machthaber, die konfessionellen Schulen zu verstaatlichen. Das führte zu Repressalien durch das herrschende Regime. Im Dezember 1948 erfolgte die Anklage gegen den Kardinal wegen Spionage, Devisenvergehen und Verbrechen gegen die Staatssicherheit. Aufgrund eines erpreßten Geständnisses wurde Mindszenty am 8. 2. 1949 zu lebenslänglicher Haft verurteilt. 1955 amnestierte man ihn. Er durfte allerdings den ihm von den Behörden zugewiesenen Zwangsaufenthalt Felsöpeteny nicht verlassen. Erst der ungarische Volksaufstand von 1956 führte ihn zurück nach Budapest, wo er nach der Niederschlagung des Aufstandes in die US-amerikanische Botschaft flüchtete, in der er bis 1971 bleiben mußte. 1975 starb er in Wien, nachdem er sich mit Papst Paul VI. wegen dessen Politik gegenüber den Staaten Osteuropas überworfen hatte.
*Jozef Beran*, der Prager Erzbischof, wurde am 15. 6. 1949 verhaftet. Er wurde 1911 zum Priester geweiht und war von 1933–1946 Leiter des Priesterseminars in Prag. Während des Protektoratszeit stellte er sich gegen die nationalsozialistischen Machthaber. Das führte zu seiner Verhaftung im Juni 1942. 3 Jahre verbrachte er in den Konzentrationslagern Dachau und Theresienstadt. 1946 wurde er dann Erzbischof von Prag. Zunächst war Beran durchaus bereit, das kommunistische Regime Gottwalds zu akzeptieren, vorausgesetzt, die Religionsfreiheit würde garantiert. Als die Eingriffe der Machthaber in Kirchenbelange immer stärker wurden, stellte sich Beran gegen die Regierung. Daraufhin wurde er verhaftet und unter Hausarrest gestellt. 1951 enthob man ihn seines Amtes. Erst 1965 durfte der Erzbischof nach Rom reisen, wo ihm die Kardinalswürde verliehen wurde. In die ČSR zurückkehren durfte er allerdings nicht. Bis zu seinem Tode (1969) hatte der Kardinal hohe Ämter in der päpstlichen Kurie inne.
Die drei Geistlichen wurden durch ihr unerschrockenes Eintreten für die Rechte der Kirche und der Gläubigen gegenüber totalitären Herrschaftsansprüchen auch im Westen zu Symbolfiguren des Kampfes für mehr Freiheit und Gerechtigkeit.

*Jozef Beran*

zum Aufbau eines freien Gesellschaftssystems einen eigenen Beitrag zu liefern. 1948 wurde in Eisenach die Grundordnung der Evangelischen Kirche in Deutschland beschlossen, der alle deutschen lutherischen, reformierten und unierten Landeskirchen angehörten. Dieser Bund hielt die evangelischen Kirchen in beiden deutschen Staaten lange zusammen.

## Der Ökumenische Rat der Kirchen (Weltkirchenrat)

Auch die internationalen kirchlichen Beziehungen waren durch den Krieg stark beeinflußt worden. Es bestanden Pläne zur Gründung eines Weltkirchenrates. Den formellen Beschluß faßte man bereits im Sommer 1938 auf der Versammlung der Vorbereitenden Kommission in Utrecht. Der Niederländer Visser 't Hooft wurde zum Generalsekretär nominiert, als Sitz des Ökumenischen Rates der Kirchen Genf vorgesehen. Die Vorbereitende Kommission beschloß ein Jahr später, die konstituierende Versammlung für den August 1941 einzuberufen. Der Krieg verhinderte jedoch die Realisierung der Pläne. Trotzdem fand der Vorläufige Ausschuß des Weltkirchenrates in den Kriegsjahren ein weites Arbeitsfeld. Von Genf aus liefen Kontakte mit

▷ *Kaiser Hirohito mit Ehefrau im Garten seines Palastes 1946. In seiner Neujahrsansprache sagte sich der Kaiser von seiner göttlichen Abkunft los.*

### Schintoismus nicht mehr Staatsreligion

Die Kapitulation im August 1945 war der Beginn einer neuen Epoche in der langen Geschichte des japanischen Kaiserreiches. General MacArthur, der Oberkommandierende der Besatzungsmacht, strebte die Demokratisierung des japanischen Volkes, der Gesellschaft und der staatlichen Einrichtungen an. Zu letzteren gehörte besonders die Staatsreligion, der Schintoismus, »der Weg der harmonischen Verbundenheit mit den Göttern«. Der Schintoismus, der an den Schulen gelehrt wurde, war mehr und mehr zu einer fanatischen Morallehre verkommen. Er wurde nur noch propagiert, um die Kaiserverehrung, die Vaterlandsliebe und die Selbstaufopferung (berühmtestes Beispiel sind die Selbstmordkommandos der Kamikazeflieger, die sich als lebende Sprengkörper auf die amerikanischen Schiffe stürzten) zu fördern.
General Douglas MacArthur erkannte die Gefahr, die der Schintoismus darstellte. Im Dezember 1945 verbot er den Unterricht des Schintoismus an den Schulen und jede Propagierung der göttlichen Abkunft des Tenno. Das eigentliche Ende bereitete jedoch der Kaiser selbst dem Schintoismus als Staatsreligion, als er in seiner Neujahrsansprache für das Jahr 1946 im Radio erklärte, daß er nicht göttlicher Abkunft sei.

*Ein amerikanischer Fotograf machte diese Aufnahmen nach der Befreiung des Konzentrationslagers Dachau: Mahnmale für das Gewissen der Menschheit.*

und zwischen den Kirchen der kriegführenden Länder, auch mit Vertretern der Bekennenden Kirche in Deutschland. Außerdem wurden umfassende Hilfsprogramme für Flüchtlinge und von Nationalsozialismus und Faschismus Verfolgte durchgeführt.

Der Ökumenische Rat der Kirchen wurde am 23. 8. 1948 auf der ersten Vollversammlung in Amsterdam gegründet: 147 Kirchen aus 44 Ländern waren durch insgesamt 351 offizielle Delegierte vertreten. Viele Kirchen hatten die Einladung nach Amsterdam jedoch nicht angenommen. Die russisch-orthodoxe Kirche und einige andere osteuropäische Kirchen blieben wegen des Drucks der kommunistischen Regierungen in ihren Ländern fern. Auch die römisch-katholische Kirche hatte keine Delegation gesandt. Man erhob sogar kirchenrechtliche Bedenken gegen die Entsendung von Beobachtern. Visser 't Hooft wurde der erste Generalsekretär des Ökumenischen Rates der Kirchen.

C. P. VAN ANDEL/W. L. BOELENS S. J./F. SELLESLAGH

# Die Judenverfolgung

## Erzwungene Emigration

Vor dem 2. Weltkrieg war Hitlers Politik darauf gerichtet, die Juden im Deutschen Reich und ab 1938 auch in Österreich und den anderen angeschlossenen Gebieten zu isolieren, zu diskriminieren, sie aller ihrer Rechte zu berauben und ihnen ihre Existenz soweit zu erschweren, daß sie den Herrschaftsbereich des Nationalsozialismus verließen. Dies geschah nach vielen anderen Maßnahmen besonders durch die Nürnberger Gesetze (1935), die die Juden aus dem deutschen Volk, als dessen Angehörige sich die meisten fühlten, ausschließen sollten. Entrechtung und Einschüchterung taten ihre Wirkung: Von den rd. eine halbe Million zählenden Juden, die 1933 in Deutschland lebten, waren 1940 nur noch 220 000 geblieben. Nicht nur Wohlhabende und Intellektuelle suchten verzweifelt Auswanderungswege nach Palästina und in andere überseeische Länder. Die Zurückgebliebenen sahen sich dem NS-Terror ausgesetzt.

Durch die Eroberungen von 1939 und 1940 hatte die Anzahl der Juden im deutschen Machtbereich stark zugenommen. Die Judenverfolgung wurde auch in den besetzten Gebieten mit brutaler Härte von Himmlers SS durchgeführt. Allerdings wurde noch nicht mit der völligen Vernichtung der Juden begonnen. Nach der Niederlage

### Judenverfolgung – ein Geheimnis?

Eines der Hauptverteidigungsargumente vieler Angeklagter bei den Nürnberger Prozessen war, daß man von Ausmaß und Umfang der Judenvernichtung nichts gewußt habe – eine Argumentation, die auch in weiten Teilen der übrigen Bevölkerung zu finden war. Für den Historiker ist es nicht einfach, solche Aussagen zu werten. Beruhten diese Angaben auf Wahrheit, handelte es sich um das Ergebnis eines psychologischen Verdrängungsprozesses oder hatte man es schlicht mit einer Lüge zu tun?
Wenn man die Zeit vor der sogenannten Endlösung der Judenfrage betrachtet, also die Jahre 1933–1941, so muß festgestellt werden, daß die vom nationalsozialistischen Staat verhängten Maßnahmen zur Judenverfolgung in aller Öffentlichkeit und mit sehr weitgehender Duldung der Bevölkerung durchgeführt wurden. Diese Maßnahmen führten vom Boykott gegen alle jüdischen Ärzte, Anwälte und Geschäftsinhaber (7. 4. 1933) über die Nürnberger Gesetze (15. 9. 1935, dazu die Durchführungsverordnungen über Reichsbürgerschaft und den »Schutz des deutschen Blutes und der deutschen Ehre«) und Beschränkungen und Sondergesetze zum ersten Pogrom (9./10. 11. 1938, »Reichskristallnacht«).
In den folgenden Jahren entzog man den Juden und Halbjuden systematisch die Existenzgrundlage: Ausschließung aus den meisten Berufen, Verbot des Betretens von kulturellen Einrichtungen und Erholungsstätten, Verpflichtung zur Annahme der Vornamen Sara und Israel, zum Tragen des Judensterns und ähnliches mehr.
Gegen diese Maßnahmen gab es in der deutschen Öffentlichkeit keinen geschlossenen Widerstand. Das ist zum Teil auf das Unterdrückungssystem des Nationalsozialismus zurückzuführen, andererseits konnte das Regime mit latentem Antisemitismus rechnen, der traditionell bereit war, für alle subjektiven oder gesellschaftlichen Probleme, eine angeblich minderwertige Rasse zum Sündenbock zu machen. Für die »Endlösung« liegen die Dinge insofern etwas anders, als das nationalsozialistische Regime die damit verbundenen Vorgänge nicht öffentlich behandelte, ja, sie nach Möglichkeit zu verschleiern suchte. So wurden nur die Personen informiert, die auch direkt an den Aktionen beteiligt waren, außerdem wurden die Vernichtungsaktionen in amtlichen Dokumenten unverdächtig als »Aussiedlung« oder »Sonderbehandlung« bezeichnet. Trotzdem kann mit Sicherheit davon ausgegangen werden, daß der Holocaust letztlich nicht zu verheimlichen war. Die Informationsnetze einer modernen Gesellschaft sind zu eng, um etwa den Abtransport größerer Menschengruppen oder die Beschaffung des dazu notwendigen Transportraumes geheimzuhalten. Auch die Vernichtungslager selbst waren nicht gänzlich gegen ihre Umgebung abzuschotten. Außerdem inszenierten die Nazis eine ständige antijüdische Propaganda über die Medien. Trotzdem muß gesagt werden, daß das grauenhafte Ausmaß des Holocaust von der breiten Masse der Bevölkerung vielleicht geahnt, aber nicht gewußt wurde. Gerüchte und Halbwahrheiten machten zwar die Runde. Diese nachzuprüfen war jedoch im totalitären Überwachungsstaat des Dritten Reiches unmöglich. Außerdem fehlte vielen die Vorstellungskraft für das Ungeheuerliche.

## Staat und Gesellschaft

Frankreichs (1940) wurde noch der »Madagaskarplan« erwogen. Er sah nach Kriegsende die Deportation aller europäischen Juden nach Madagaskar vor, wo sie einen autonomen Staat unter deutscher Souveränität gründen sollten.

### Die »Endlösung«

> »Endlösung«
> S. 89–13

Im Laufe des Jahres 1941 beschlossen Hitler und der Reichsführer SS Himmler, endgültig mit der systematischen Ausrottung der europäischen Juden zu beginnen. Während des Angriffs auf die UdSSR im Sommer 1941 setzte die SS hinter der Front der rasch vorrückenden deutschen Truppen vier Einsatzgruppen ein, die in den besetzten Gebieten nach politischen Gegnern und vor allem Juden fahndeten und sie ermordeten. Die genaue Zahl der Opfer dieser Massenmorde läßt sich schwer ermitteln; sie übersteigt sicher eine halbe Million.

Mit diesen von der Öffentlichkeit kaum abgeschirmten und in Wehrmachtskreisen deshalb kritisierten Massenerschießungen begann jedoch erst die systematische Ausrottung der Juden. 1941 wurde auch ein Geheimplan ausgearbeitet, die Juden zu verhaften, in Ghettos und Durch-

### Adolf Eichmann: ein neuer Mördertyp

Es gibt viele Überlegungen über den Charakter derer, die für die Massenmorde während des nationalsozialistischen Regimes verantwortlich waren. Was waren das für Menschen? Einige halten sie für die Inkarnation von Macht- oder Habsucht. Andere sehen in ihnen Teufel in Menschengestalt. Keiner der beiden Erklärungsversuche kann aber Licht in die Psyche des Mannes bringen, der für die Verhaftung und Deportation und damit letztlich den Tod von Millionen Juden die Schuld trägt: Adolf Eichmann.

Eichmann, am 19.3.1906 in Solingen geboren, trat 1932 in Österreich in die NSDAP ein. Als diese dort 1934 verboten wurde, kam er in das SD-Hauptamt nach Berlin. Seit 1939 leitete er das Judenreferat im Reichssicherheitshauptamt. 1941 wurde er Chef der Abteilung IVb4 (Juden- und Räumungsangelegenheiten) im Range eines Obersturmbannführers. Die »Dienststelle Eichmann« wurde zur zentralen Befehlsstelle für die »Endlösung der Judenfrage«. 1961 wurde Eichmann in Jerusalem von einem Gericht verurteilt. Seit 1950 war er in Argentinien unter dem Namen Ricardo Clement untergetaucht; im Mai 1960 hatte ihn der israelische Geheimdienst von dort entführt.

Persönlich hatte Eichmann nicht gemordet, dafür war er in einer zu hohen Position; den Plan für die »Endlösung« hatte er auch nicht entworfen, dafür wiederum war er in der Hierarchie zu niedrig angesiedelt. Wenige NS-Funktionäre jedoch waren so direkt mit dem Holocaust befaßt wie er. Dem Charakter nach war Eichmann ein ganz gewöhnlicher Mensch, kein rabiater Antisemit. Sein Ideal war die Pflichterfüllung bis zum letzten. Er verkörperte eine neue Art von Verbrecher – die des Schreibtischtäters, also die eines ebenso verabscheuungswürdigen wie auch gewöhnlichen Menschen, für den in seiner bürokratischen Sichtweise die Zuständigkeit an der Rampe der Konzentrationslager aufhörte. Sein Prozeß erregte weltweite Aufmerksamkeit. Eichmann wurde zum Tode durch den Strang verurteilt und am 31.5.1962 hingerichtet.

*Übersicht über die Eisenbahnlinien, auf denen Eichmann die Juden nach Auschwitz transportieren ließ.*

## Staat und Gesellschaft

*Überall, wo die deutsche Besatzung hinkam, wurden die Juden zur Vorbereitung der Deportation in Ghettos zusammengefaßt. Die Aufnahme aus dem Jahre 1944 zeigt den Eingang des Ghettos der ehemaligen ungarischen Stadt Munkács, des heutigen sowjetischen Mukatschewo.*

### Rudolf Höß und Auschwitz

In der Nähe der Stadt Auschwitz am Zusammenfluß von Sola und Weichsel wurde 1940 von der SS auf einem ehemaligen Kasernengelände ein Konzentrationslager errichtet. Weil die oberschlesische Industrie in der Nähe war und es verkehrstechnisch sehr günstig lag,

*Rudolf Höß im Zeugenstand beim Prozeß gegen die Hauptkriegsverbrecher in Nürnberg.*

war diesem Lager eine besondere Rolle bei der »Endlösung der Judenfrage« von SS-Reichsführer Heinrich Himmler zugedacht worden. Auf der Wannsee-Konferenz vom 20. 1. 1942 wurden die Maßnahmen zur Durchführung dieser »Endlösung« besprochen. Hier tagten unter Vorsitz Reinhard Heydrichs, des Leiters des Reichssicherheitshauptamtes, Vertreter verschiedener Reichsbehörden, um die physische Vernichtung der sich im deutschen Machtbereich befindenden Juden vorzubereiten.
Himmler beauftragte in Ausführung der Entscheidungen der Wannsee-Konferenz im Sommer 1942 Rudolf Höß, den Lagerkommandanten von Auschwitz, aus dem Konzentrationslager ein Vernichtungslager zu machen. Höß ließ zunächst die Lagerfläche erheblich erweitern. Zusätzlich ließ er dann in Birkenau (Auschwitz II) spezielle Vergasungsanlagen für die Massenvernichtung von Juden und Zigeunern bauen. Dabei ordnete Höß die Verwendung von Zyklon B (Blausäure) an, dessen Wirkung ihm effektiver als die des bisher verwendeten Kohlenmonoxids erschien. Die Fertigstellung der verschiedenen Anlagen zog sich bis 1943 hin. Die Ideen für die Organisation dieser perfekten Vernichtungsmaschine kamen im wesentlichen von Höß.
Höß gehörte schon während der Weimarer Republik rechtsextremen Kreisen an. Wegen eines politisch motivierten Mordes (Parchimer Fememord) war er in Haft gewesen. Seit 1934 wurde er innerhalb der SS auf verschiedenen Posten in Konzentrationslagern eingesetzt. Er bewährte sich, so daß man ihn schließlich zum Obersturmbannführer und Lagerkommandanten von Auschwitz ernannte.
Die aus ganz Europa in Güterzugtransporten nach Auschwitz gebrachten Juden wurden nach der Ankunft an der berüchtigten »Rampe« »selektiert«. Der größte Teil wurde sofort vergast, während die übrigen zur Zwangsarbeit ins Lager geschickt wurden. Auch ihnen war nach Ausnutzung ihrer Arbeitskraft der Tod sicher. Nachdem man die unglücklichen Opfer all ihrer Habseligkeiten beraubt hatte, mußten sie sich entkleiden und wurden dann in die Gaskammern getrieben. Dabei waren die Vernichtungsräume wie Dusch- und Entlausungsanlagen gestaltet, um zu verhindern, daß die Opfer Verdacht schöpften und eventuell Widerstand leisteten. Nach der Vergasung wurden die Leichen von besonderen Einsatzkommandos verbrannt.
Höß hatte in Auschwitz das perfekteste und grauenhafteste Tötungssystem geschaffen, das es bis dahin in der Geschichte der Menschheit gegeben hatte. Er war, wie Eichmann (auch → S. 180), ein typischer Schreibtischtäter, hatte kein Unrechtsbewußtsein und nahm nie an Erschießungen oder Vergasungen teil. Für ihn zählte nur die buchstabengetreue Erfüllung von Befehlen.
Die Tötungsmaschinerie funktionierte bis Ende 1944 fast reibungslos. Über 2,5 Millionen Menschen starben in den Gaskammern. Erst der Einmarsch der Roten Armee am 27. 1. 1945 beendete das Martyrium der Lagerinsassen. Die Sowjetsoldaten konnten noch etwa 7000 Häftlinge befreien. Rund 60 000 Gefangene waren kurz vorher von der SS evakuiert worden.
Sühne und Wiedergutmachung für ein derartiges Verbrechen sind nach menschlichem Ermessen nicht möglich. Rudolf Höß wurde 1947 in Polen zum Tode verurteilt. Die Hinrichtung fand am 16. 4. des gleichen Jahres im Lager Auschwitz vor dem Gebäude statt, in dem Höß mit seiner Familie gewohnt hatte.

*Amerikanische Luftaufnahme des Lagers Auschwitz-Birkenau vom 26. 6. 1944.*

## Staat und Gesellschaft

*»Der Untergetauchte«, Aquarell von August von der Linde (1945).*

### Untergetaucht – Anne Frank

Die ersten, die untertauchen mußten, weil sie von den Nationalsozialisten verfolgt wurden, waren die Juden. Später folgten andere, die von der Verschleppung in die Konzentrationslager bedroht waren, wie in den besetzten Gebieten neben Widerstandskämpfern oder Partisanen Männer, die nicht zum Arbeitseinsatz eingezogen werden wollten, Deserteure oder Beamte, die nicht zur Zusammenarbeit mit der deutschen Verwaltung bereit waren. Besonders in den Niederlanden half man diesen Menschen, nicht zuletzt durch die Gründung der illegalen Organisation »Helft untertauchen« (LO). Das größte Problem war die Versorgung mit Lebensmitteln. Zuteilungskarten oder Lebensmittelkarten konnte man kaum fälschen. Deshalb war man auf die Hilfe von Beamten in den Verwaltungen angewiesen. So wurde 1944 vom niederländischen Zentralbüro für Statistik die Anzahl der Einwohner in den Gemeinden fälschlich den deutschen Behörden höher angegeben, als sie tatsächlich war, um 100 000 Lebensmittelkarten zusätzlich zu bekommen. Weitere fehlende Lebensmittel mußten auf dem Schwarzen Markt erworben werden. Von den rd. 25 000 untergetauchten Juden in den Niederlanden wurde während der deutschen Besetzung ungefähr ein Drittel verhaftet oder deportiert. Der Sicherheitsdienst versuchte diese Zahl durch das Aussetzen von Kopfprämien zu steigern.

Einen Unterschlupf für Untergetauchte zu finden, war außergewöhnlich schwierig. Wenn auch bei denen, die ein Versteck hätten zur Verfügung stellen können, latenter Antisemitismus eine Rolle spielte, so hatte man doch hauptsächlich Angst um das eigene Leben. Die Untergetauchten durften zudem nicht zu lange am gleichen Ort bleiben. Die meisten untergetauchten Juden lebten in Wohnungen oder auf Bauernhöfen bei »Gastfamilien«. Andere hatten sich Geheimräume im eigenen Haus konstruiert wie die Familie von Anne Frank. Unterschlupf fand man aber auch in Nervenheilanstalten oder sogar in unterirdischen Höhlen. Anne Frank zeichnete in ihrem berühmt gewordenen Tagebuch ihre Erfahrungen aus dem Versteck in der Amsterdamer Prinzengracht auf. Die Familie Frank floh nach der Machtübernahme Hitlers 1933 aus Deutschland nach Amsterdam. Der Vater, Otto Frank, betrieb einen Gewürzhandel. Mit Hilfe seiner Freunde Koopmans und Kraler, denen er seinen Besitz übertragen hatte, und der Sekretärinnen Miep und Elly wurden insgeheim im hinteren Teil der Büroräume Vorkehrungen für das Untertauchen getroffen. Eine drehbare Büchertruhe bildete den Eingang in das Versteck. Am 6. 7. 1942 fand das Ehepaar Frank mit den Töchtern Margot und Anne hier Unterschlupf. Am 20. 6. 1942 begann die dreizehnjährige Anne Frank ihr Tagebuch zu schreiben. Ergreifend schildert sie das Leben der acht Bewohner des Hinterhauses. Als ihr Unterschlupf verraten wurde, folgten am 4. 8. 1944 ihre Verhaftung und die Deportation mit dem letzten Judentransport am 2. 9. 1944 ins KZ Westerbork. Nur Otto Frank überlebte.

### Das Warschauer Ghetto

Der Aufstand im Warschauer Ghetto war die bei weitem spektakulärste Widerstandsaktion der Juden gegen die Vernichtungsmaschinerie des NS-Staates. Als die Wehrmacht im September 1939 Warschau besetzte, bildeten rd. 400 000 Juden etwa ein Drittel der Gesamtbevölkerung der Stadt. Im April 1940 wurde mit dem Bau einer Mauer, die das gesamte Ghetto umschloß, begonnen. Die Juden, mit Ausnahme derer, die über Passierscheine verfügten, durften das Ghetto nicht mehr verlassen. 400 000 Menschen wurden auf engem Raum, der überdies immer mehr verkleinert wurde, zusammengepfercht. Die Wohnverhältnisse waren erbärmlich. Im Schnitt bewohnten 13 Menschen ein Zimmer, Tausende hatten überhaupt kein Dach über dem Kopf. Wertgegenstände wurden konfisziert, die Nahrungsmittelrationen lagen weit unter dem Lebensnotwendigen (184 kcal pro Tag und Person), und es herrschte Massenarbeitslosigkeit. 60% der Ghettobewohner hatten überhaupt kein eigenes Einkommen. Brennstoff war so knapp, daß im Winter 1942/43 nur eine von neun Wohnungen beheizt werden konnte. 1941 wurde von der deutschen Besatzungsmacht eine Bestimmung erlassen, die das Verlassen des Ghettos bei Todesstrafe verbot. Nach Schätzungen waren bis 1942 100 000 Juden durch Hunger, Krankheiten und NS-Terror umgekommen. Andererseits wurden zahlreiche Juden aus anderen Städten nach Warschau transportiert.

Es gab zwar von Beginn an jüdische Widerstandsorganisationen im Untergrund, sie verfügten aber bis zum Juli 1942, als die Massendeportationen in die Vernichtungslager begannen, nicht über Waffen. 330 000 Ghettobewohner wurden zwischen Juli und September 1942 in das Vernichtungslager Treblinka deportiert oder im Ghetto selbst ermordet. Die jüdischen Widerstandsorganisationen beschlossen, nun zum bewaffneten Kampf überzugehen. Mühsam verschafften sie sich bei polnischen Widerstandsbewegungen Waffen, und heimlich wurden Handgranaten und Bomben hergestellt. Als im Januar 1943 die zweite Deportationswelle begann, brach offener jüdischer Widerstand aus. Nach viertägigen Straßenkämpfen wurden die Deportationen zunächst eingestellt, und die SS versuchte die Juden zu bewegen, freiwillig in die »Arbeitslager« zu gehen. Dann gingen die Aktionen weiter: 6000 Juden wurden nach Treblinka gebracht, 1000 weitere starben im Ghetto. Die Lage war nun nahezu hoffnungslos geworden: Den Juden wurde bei Todesstrafe untersagt, auf die Straße zu gehen. Im April 1943 wollte die SS das Ghetto auflösen. Eine Heereseinheit unter SS-General Jürgen Stroop wurde in das Ghetto geschickt. Aber die bei weitem besser bewaffneten Einheiten wurden von den Widerstandskämpfern mit ihren primitiven Waffen vertrieben. Die deutschen Einheiten erlitten Verluste. Ein zweiter deutscher Angriff führte zu tagelangen Straßengefechten. Nun änderten Wehrmacht und SS ihre Taktik: Straßenkämpfe wurden vermieden; statt dessen wurden die Häuser systematisch durchkämmt und niedergebrannt. Widerstandskämpfer, die sich in Kellern verbarrikadiert hatten, wurden durch Giftgas oder Handgranaten getötet. Bis zum 8. 5. kämpften die jüdischen Widerstandsgruppen ihren ungleichen Kampf. An diesem Tag fiel ihr Hauptquartier. Durch Hilfe von außen gelang es 50 Kämpfern, aus den Trümmerhaufen des Ghettos durch die Kanalisation zu entkommen. 56 000 Juden wurden während des Aufstands getötet oder deportiert. Der Warschauer Aufstand war gescheitert; aber er wurde für die ganze Welt zum Symbol für den Selbstbehauptungswillen des jüdischen Volkes.

*Ein Foto, das beim Nürnberger Kriegsverbrecherprozeß als Beweismaterial diente: Die SS führte gefangengenommene Aufständische aus dem brennenden Ghetto.*

**Staat und Gesellschaft** 183

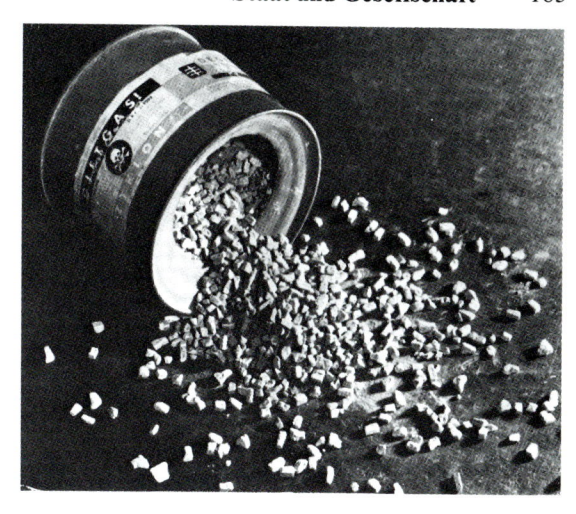

gangslager zu deportieren und sie schließlich in Vernichtungslagern durch Vergasung zu töten, sofern sie nicht schon vorher beim Transport, bei der Zwangsarbeit oder unter den barbarischen Bedingungen in den Lagern gestorben waren. Während der »Wannsee-Konferenz« im Januar 1942 wurden diese Pläne auf Hitlers Befehl koordiniert. Die Sondertransporte begannen in die Lager zu rollen. Wer arbeitsfähig war, entging zwar der sofortigen Vergasung, wurde aber in der Regel Opfer der Zustände in den Lagern, der Folterungen, des Mißbrauchs zu medizinischen Experimenten oder der Ausbeutung seiner Arbeitskraft unter unmenschlichen Bedingungen. Nicht nur das Ausmaß des Verbrechens, sondern vor allem die Tatsache, daß es gegen ein ganzes Volk gerichtet war, das ohne Rücksicht auf Alter, Geschlecht, Stand oder politische Einstellung ausgerottet werden sollte, macht den Holocaust zu einem einmaligen Vorgang in der Menschheitsgeschichte.

Erst nach Kriegsende wurde einem Großteil der Weltöffentlichkeit wirklich bewußt, was in den Vernichtungslagern Auschwitz, Treblinka, Belzec, Sobibor, Majdanek und Chelmno geschehen war. Die ersten Berichte befreiter Häftlinge und die Bilder der Leichenstapel versetzten der freien Welt im April 1945 einen tiefen Schock, obwohl die Tatsachen damals vielen schon längst bekannt waren.

Wie viele Juden den Vernichtungsaktionen zum Opfer gefallen sind, läßt sich schwer feststellen. Während des Nürnberger Prozesses gingen die Ankläger von 5,7 Millionen Vermißten aus;

*Kinder zwischen Stacheldrahtzäunen in Auschwitz. Sie wurden in vielen Fällen zu medizinischen Experimenten mißbraucht (links).*

*Eine Dose Zyklon-B-Giftgaskristalle. Das Gas wurde in den Gaskammern verwendet. Es bildete sich, wenn die Kristalle mit Luft in Berührung kamen (rechts).*

*Das System der Konzentrationslager.*

### Raoul Wallenberg und die ungarischen Juden

Im März 1944 beschloß Hitler, Ungarn, das im Juni 1941 an der Seite der Achsenmächte in den 2. Weltkrieg eingetreten war, zu besetzen, weil er befürchtete, daß die Ungarn sich aus dem aussichtslos gewordenen Krieg zurückziehen würden. Zwar waren auch in Ungarn gegen die Juden scharfe Zwangsmaßnahmen verhängt worden, aber immerhin hatten innerhalb der ungarischen Grenzen bis zu diesem Zeitpunkt rd. 750 000 Juden überlebt. Auf der Kleßheim-Konferenz 1943 forderten Hitler und sein Außenminister Ribbentrop, den ungarischen Reichsverweser Admiral Horthy auf, die Deportation und Vernichtung der Juden in Ungarn voranzutreiben. Im März 1944 hatte Hitler die Einsetzung einer ihm genehmen neuen ungarischen Regierung unter Ministerpräsident Sztojay verfügt. Die eigentliche politische Gewalt lag allerdings bei dem deutschen Gesandten und Generalbevollmächtigten Veesenmayer. Außerdem wurde ein Sondereinsatzkommando »Ungarn« unter Adolf Eichmann gebildet, das die Deportation der ungarischen Juden in Angriff nehmen sollte. Damit war das Schicksal der Juden in Ungarn besiegelt. Sie wurden in fünf geographischen Zonen sowie in Budapest konzentriert, um dann in die Konzentrationslager deportiert zu werden. Allein in Budapest befanden sich damals rd. 250 000 Juden, von denen 100 000 das letzte Kriegsjahr nicht überlebten. Die Verzögerungsversuche der ungarischen Regierung waren nur von geringer Wirksamkeit, da Hitler inzwischen den Führer der faschistischen Pfeilkreuzlerbewegung, Szálasi, als Ministerpräsident eingesetzt hatte. Neben dem Umstand, daß die Transportmöglichkeiten immer schlechter wurden, war es der Initiative einzelner zu verdanken, daß wenigstens ein Teil der jüdischen Bürger gerettet wurde. So gab die Schweizer Botschaft besonders an Kinder Ausreisepässe aus. Spektakulärer war der Einsatz des schwedischen Legationsrates Raoul Wallenberg in Budapest. Als er am 9. 7. 1944 dort eintraf, waren die Deportationen in vollem Gange. Wallenberg war gut über die nationalsozialistische Vernichtungspolitik informiert. Er vertrat in Budapest das durch die USA ins Leben gerufene War Refugee Board, das die Aufgabe hatte, Juden und anderen Opfern des nationalsozialistischen Terrors zu helfen. Wallenbergs Organisation, die auf dem Höhepunkt ihrer Tätigkeit 355 Mitarbeiter beschäftigte sowie 2 Krankenhäuser mit 40 Ärzten und eine Küche unterhielt, arbeitete unermüdlich, um möglichst viele Juden vor der Deportation und damit vor dem sicheren Tod zu retten. So gab man u. a. schwedische Schutzpässe aus. Wallenberg selbst scheute auch die Konfrontation mit den deutschen und ungarischen Behörden nicht. Wieviele Juden er retten konnte, ist heute nicht mehr genau feststellbar. Die Zahl 100 000, die genannt wurde, ist sicherlich zu hoch gegriffen. Es sind aber wohl über 10 000 gewesen.

Als die sowjetischen Truppen in Budapest einmarschierten, wollte Wallenberg mit ihnen Kontakt aufnehmen, um so schnell wie möglich Nahrungsmittel und Medikamente zu erhalten. Am 17. 1. 1945 fuhr er zusammen mit seinem Chauffeur und in Begleitung zweier sowjetischer Soldaten in das Hauptquartier von Sowjetmarschall Malinowskij. Danach verliert sich sein Weg im Dunkeln. Er wurde wahrscheinlich in das Moskauer Lubjanka-Gefängnis gebracht. Man nimmt an, daß die UdSSR Wallenberg in Verdacht hatte, einen Separatfrieden zwischen Deutschen und westlichen Alliierten zu betreiben, bei dem die Rettung der ungarischen Juden als deutsche Vorleistung Verhandlungsgegenstand sein sollte.

Die schwedische Regierung unternahm in den ersten Nachkriegsjahren keine ernsthaften Anstrengungen, um die Freilassung Wallenbergs zu erreichen. Sie akzeptierte mehr oder weniger die offizielle sowjetische Version, daß sich Wallenberg nicht mehr auf UdSSR-Territorium befinde.

In verschiedenen Ländern wurden nun Wallenberg-Komitees gebildet, und einige Male wurde er für den Friedensnobelpreis vorgeschlagen.

Im Jahre 1957 erhielt die schwedische Regierung eine sowjetische Note mit dem Inhalt, daß Wallenberg am 17. 7. 1947 in seiner Zelle im Moskauer Lubjanka-Gefängnis gestorben sei. Die Meldung über seinen Tod sei bedauerlicherweise erst jetzt gefunden worden. Bis heute gibt es gelegentlich Gerüchte, Wallenberg lebe in einem Straflager in Sibirien.

*Raoul Wallenberg*

---

*Pogrom in Lemberg, dem heutigen Lwow in der UdSSR, kurz nach der deutschen Besetzung im Jahre 1941. Die Ausrottungspolitik der Nazis legte latenten Antisemitismus bei den einheimischen Ukrainern frei.*

heute schätzt man die Zahl der Ermordeten auf rd. 6 Millionen Juden. Gestapo, SD und SS waren aber auch schuldig an ungezählten Mißhandlungen und Ermordungen von Kriegsgefangenen und Zivilpersonen in besetzten Gebieten, an Folter und Tod durch unmenschliche Arbeitsprogramme, an der Ermordung von Sinti und Roma, an Zwangssterilisierungen und Ermordung von »unheilbar Kranken«.

W. VELEMA

## Die Juden in der Sowjetunion

Die UdSSR war seit jeher ein Gegner des Zionismus, den Stalin in einem vielzitierten Ausspruch als »eine reaktionäre nationalistische Bewegung der jüdischen Bourgeoisie, die auch Anhänger unter den Intellektuellen und rückständigen Gruppen des jüdischen Proletariates besitzt«, bezeichnet hatte.

Das kulturelle und religiöse Leben der Juden war schweren Behinderungen ausgesetzt. Die Entwicklung des Autonomen Gebiets der Juden im Fernen Osten der UdSSR (1934), in dem ein winziger Bruchteil der sowjetischen Juden nur eine Minderheit der Bevölkerung bildete, war ein reines Propagandamanöver.

Als die UdSSR jedoch vom Deutschen Reich angegriffen wurde, fand in der Sowjetunion eine Neubelebung des jüdischen Kulturlebens statt. Stalin lockerte die ideologischen Zügel ein wenig, teils, um sich die Sympathie der »nationalen« und religiösen Gruppierungen zu sichern, teils auch, weil die sowjetischen Juden durch ihre Kontakte zur jüdischen Gemeinschaft in den USA eine internationale Unterstützung Stalins mobilisieren konnten.

Nach der Niederlage Deutschlands wurde diese tolerante Politik bald zurückgenommen. Die UdSSR hatte 1947/48 die Gründung des Staates Israel in der UNO unterstützt, ihn sofort diplomatisch anerkannt und durch – vor allem tschechische – Waffenlieferungen in seinem Unabhängigkeitskrieg unterstützt, weil sie erwartete, daß seine linksgerichtete Regierung eine ihr genehme Politik betreiben würde (auch → S. 218). Im Inneren aber begann 1948 die Periode der »schwarzen Jahre« (1948–1953). In kurzer Zeit wurden die meisten kulturellen jüdischen Einrichtungen, die in den Kriegsjahren gegründet worden waren (Schulen, Verlage), wieder verboten. Jüdische Künstler und Intellektuelle wurden verhaftet und deportiert. Die meisten Juden verschwanden aus hohen und höchsten Funktionen des Heeres und des Partei- und Regierungsapparates. Eine der Ausnahmen war das weniger einflußreiche Politbüro-Mitglied Lazar Kaganowitsch.

Hintergrund der antisemitischen Kampagne Stalins waren sowohl seine in den meisten Fällen unbegründete Meinung, daß ein Jude unausweichlich im Dilemma einer doppelten Loyalität zur Kommunistischen Partei und zu seinem Volk stehen müsse, als auch die Tatsache, daß ein latenter Antisemitismus im russischen Volk nach wie vor vorhanden war. Auch in Polen und Ungarn kam es in der Nachkriegszeit zu Pogromen. Juden erschienen überall in Osteuropa wie seit Jahrhunderten hervorragend geeignet, als Sündenbock für tatsächliche oder vermeintliche Mißstände zu dienen. Das spielte auch bei den Maßnahmen eine Rolle, die Stalin unternahm, um die Staaten Osteuropas völlig unter seine Kontrolle zu bringen. Wer diesem Unternehmen im Wege stand, wurde als »Titoist« (auch → S. 212) oder als »Zionist« diffamiert und entfernt. So nimmt es nicht wunder, daß bei den großen Schauprozessen in Bulgarien, Ungarn und der ČSR viele Angeklagte jüdischer Herkunft waren.

W. VELEMA

*Foto unbekannter Herkunft: Juden in Osteuropa.*

## Das Jüdische Antifaschistische Komitee

Charakteristisch für die Stellung der Juden in der Sowjetunion während der 40er Jahre war das Schicksal des Jüdischen Antifaschistischen Komitees. Als die deutsche Wehrmacht im Sommer 1941 die Sowjetunion angriff und schnell vorrückte, sah sich die sowjetische Führung genötigt, Unterstützung bei den Alliierten zu suchen. Schon im August 1941 wurde deshalb ein Treffen von Vertretern der jüdischen Gemeinschaft in Moskau organisiert. Auf diesem Treffen riefen u. a. der gefeierte Schauspieler Solomon Michoels und der populäre Schriftsteller Ilja Ehrenburg die jüdischen Gemeinschaften in aller Welt dazu auf, die UdSSR zu unterstützen. Der Aufruf fand großes Echo. So wurde z. B. in den USA unter dem Vorsitz von Albert Einstein der Jewish Council for Russian War Relief gegründet. Die sowjetische Führung beschloß daraufhin, dieser Initiative einen dauerhaften Charakter zu geben, und gründete als Unterabteilung des Sowinformbureau, das die sowjetische Kriegspropaganda leitete, das Jüdische Antifaschistische Komitee. Das Komitee verbreitete seit April 1942 weltweite Aufrufe zur Beschaffung von Panzern, Flugzeugen und anderem Kriegsmaterial für die Rote Armee. Es gab die eigene jiddische Zeitschrift *Eynikeyt* heraus, die seit Juli 1942 dreimal im Monat erschien. Das Blatt berichtete über Nazigreuel in den besetzten Gebieten der Sowjetunion und leitete die Informationen an jüdische Zeitungen außerhalb der UdSSR zur Publikation weiter. Das Komitee versorgte außerdem über Radiosendungen viermal pro Woche in jiddischer Sprache Juden in den USA und Großbritannien mit Meldungen und sammelte auch Geld von Juden in der Sowjetunion selbst. 1943 starteten Solomon Michoels und Itzik Fefer einen Werbefeldzug in den USA, Kanada, Mexiko und Großbritannien, wo sie enthusiastisch gefeiert wurden. Dieser Besuch wurde auch als wichtiger Schritt der Kontakterneuerung zwischen den sowjetischen Juden und dem Weltjudentum gewertet. Nach Kriegsende konzentrierten sich die Aktivitäten des Komitees in erster Linie auf die Herausgabe der Zeitschrift *Eynikeyt*, die seit Februar 1945 dreimal wöchentlich erschien. Insbesondere Michoels setzte sich darüber hinaus für das Los jüdischer Flüchtlinge und Heimkehrer ein, indem er sich, als Ersatz für zerstörte jüdische Häuser, für Siedlungsmöglichkeiten von Juden auf der Krim einsetzte. Da die sowjetische Führung nun keinen propagandistischen Nutzen mehr aus der Arbeit des Komitees ziehen konnte, schlug die freundliche Haltung schnell ins Gegenteil um. Die Publikation von zwei Büchern über das Los der Juden im 2. Weltkrieg wurde verboten. Ehrenburg zog sich aus dem Komitee zurück, als die antisemitische Kampagne der letzten Regierungsjahre Stalins ins Rollen kam. Im Januar 1948 wurde das Komitee im Zusammenhang mit einer Säuberungswelle gegen Juden und deren kulturelle Einrichtungen aufgelöst, und 1952 wurden alle ehemals führenden Personen des Komitees nach einem Geheimprozeß hingerichtet. Ihnen wurde der absurde Vorwurf gemacht, die Krim von der Sowjetunion abspalten zu wollen, um sie den Feinden der Sowjetunion als Militärbasis zugänglich zu machen.

## Flucht und Vertreibung nach dem Zweiten Weltkrieg

Ende 1941 rief der britische Außenminister Anthony Eden Experten seines Hauses zu sich, um ein Gutachten erstellen zu lassen. Er hatte von sowjetischen Plänen erfahren, nach einem erfolgreich verlaufenen Krieg die Westgrenze Polens bis zur Oder und Neiße zu verschieben. Die Spezialisten des Foreign Office sollten ermitteln, wieviele der dabei Vertriebenen das besiegte Deutschland aufnehmen könne. Die Studie kam zu dem Ergebnis, daß dem deutschen Reststaat noch zusätzlich sieben Millionen Menschen zuzumuten seien. Diese Modellrechnung, die den Bevölkerungstransfer zu einer kalkulierbaren Größe machte, beeinflußte die britische Verhandlungsführung bei den großen Konferenzen am Kriegsende. Großbritannien war bereit, Massenausweisungen aus Ost- und Südosteuropa zu akzeptieren. »Denn die Vertreibung ist, soweit wir in der Lage sind, es zu überschauen, das befriedigendste und dauerhafteste Mittel«, erklärte Premierminister Winston Churchill am 15. Dezember 1944 im Unterhaus. »Reiner Tisch wird gemacht werden.«

Bei der von Churchill propagierten Politik des ›reinen Tisches‹ konnten die Briten mit den Sympathien der Amerikaner rechnen. Obwohl Präsident Roosevelt den selektiven Transfer favorisierte, d. h. die kontrollierte Ausweisung vorbelasteter Gruppen, setzte er den weitergehenden Plänen der Briten keinen ernsthaften Widerstand entgegen. Für die Skrupel, die die Amerikaner trotzdem noch hegten, zeigte der dritte Verbündete, die Sowjetunion, wenig Verständnis. Spätestens seit der alliierten Konferenz von Teheran (28. November–1. Dezember 1943) war die sowjetische Haltung klar: In den Staaten Ost- und Südosteuropas sollte es nach dem Krieg möglichst keine Deutschen mehr geben.

Diese prinzipielle Einigkeit der drei Großmächte erklärt, warum die Frage der Vertreibung bei der Konferenz von Jalta (4.–11. Februar 1945) nur eine untergeordnete Rolle spielte. Erst die Potsdamer Konferenz (17. Juli–2. August 1945) brachte eine Änderung in der britischen Haltung. Churchill begann, die Massenausweisungen zu geißeln; er wollte damit die sowjetische Verhandlungsposition schwächen. Darüber hinaus befürchtete er Versorgungsprobleme in den Besatzungszonen. Im Verlauf der Beratungen rückte dieser Punkt allerdings immer mehr in den Hintergrund. Im Potsdamer Abkommen schließlich beschäftigt sich erst Artikel XIII mit der Aussiedlung der Deutschen. Darin heißt es u. a.:

»Die drei Regierungen haben die Frage unter allen Gesichtspunkten beraten und erkennen an, daß die Überführung der deutschen Bevölkerung oder Bestandteile derselben, die in Polen, der Tschechoslowakei und Ungarn zurückgeblieben sind, nach Deutschland durchgeführt werden muß. Sie stimmen darin überein, daß jede derartige Überführung, die stattfinden wird, in ordnungsgemäßer und humaner Weise erfolgen soll.«

Die westlichen Verbündeten hatten wenig Neigung gezeigt, die Interessen der Deutschen zu vertreten und damit die in Potsdam ausgehandelten Kompromisse zu riskieren. Sie wollten sich aber die Möglichkeit offenhalten, reglementierend eingreifen zu können. Faktisch blieben die beiden Westmächte ohne Einfluß. Außerdem war die erste und schlimmste Phase der Vertreibung bereits vorüber. Sie hatte am 19. Oktober 1944 mit dem ersten Einmarsch der sowjetischen Truppen in Ostpreußen begonnen. Die im Januar 1945 einsetzende Winteroffensive brachte die Rote Armee innerhalb kurzer Zeit bis nach Schlesien und Pommern. Über fünf Millionen Deutsche, vor allem Frauen und Kinder, waren auf der Flucht – zu Fuß, auf Pferdefuhrwerken, in Güterzügen oder auf der eisigen Ostsee. Hunger und Kälte zehrten an den Kräften. Oft wurden die Trecks beschossen oder von der rasch vorrückenden Roten Armee überrollt. Allein zwei sowjetische U-Boot-Angriffe auf deutsche Evakuierungsschiffe in der Ostsee forderten über 10 000 Opfer. Trotzdem brachten die Marine und

*In den letzten Kriegstagen wurden Tausende von Flüchtlingen aus Ostpreußen über die Ostsee in den Westen gebracht.*

*Flüchtlingstreck aus dem Osten.*

Flucht und Vertreibung
S. 145–35

die Handelsflotte sogar noch nach der Kapitulation von der Halbinsel Hela aus Flüchtlinge nach Schleswig-Holstein.
Die Zurückgebliebenen erwartete ein schreckliches Schicksal. Sie mußten für die Grausamkeiten der deutschen Besatzungspolitik in Polen und der Sowjetunion büßen. In Polen hatten sechs Millionen Menschen unter deutscher Herrschaft ihr Leben verloren. Die anderen waren der Versklavung nur knapp entgangen. 1940 hatte der Reichsführer-SS Heinrich Himmler seine Überlegungen zur Behandlung der »nichtdeutschen Bevölkerung des Ostens« in einer Denkschrift zusammengefaßt. Darin heißt es über die Schulausbildung:
»Einfaches Rechnen bis höchstens 500, Schreiben des Namens, eine Lehre, daß es göttliches Gebot ist, den Deutschen gehorsam zu sein. Lesen halte ich nicht für erforderlich.« Einen kleinen Vorgeschmack davon lieferten die Deportationen während des Zweiten Weltkriegs. Tausende sowjetische und polnische Arbeitssklaven starben in Deutschland. Unterdessen gingen im Osten Dörfer und Städte in Flammen auf. Die deutschen Truppen hatten bei ihrem Rückzug die geräumten Gebiete in ›verbrannte Erde‹ verwandelt.
Die Rache war nicht weniger grausam. Sowjetische Soldaten und Polen ließen ihrem Haß freien Lauf. Sie unterschieden nicht mehr zwischen Schuldigen und Unschuldigen. 1914, beim Einmarsch der russischen Armee in Ostpreußen, war die Zivilbevölkerung fast unbehelligt geblieben. Ein zeitgenössischer Chronist vermerkte eine Vergewaltigung, für die ein Kosake mit dem Leben bezahlte.
Damals hatte es nicht diese maßlose Wut gegeben, die sich jetzt im grausigen Morden entlud. Nur wenige Offiziere versuchten, den Exzessen ein Ende zu setzen. Zu ihnen gehörte neben dem späteren Nobelpreisträger Alexander Solschenizyn auch der Literaturwissenschaftler Lew Kopelew. Wegen ›Mitleid mit dem Feind‹ erhielt er eine zehnjährige Haftstrafe. In seinem autobiographischen Buch »Aufbewahren für alle Zeit!« rechnet er mit den militärischen Führern ab, die nichts unternahmen, um die Deutschen zu schützen. Er charakterisiert sie als Feiglinge, als »lebensfrohe Mörder und wollüstige Henker, die nicht nur schamlos und skrupellos zu Werke gehen, sondern sich dessen auch noch stolz-bescheiden rühmen, mit ihrer eigenen Grausamkeit prahlen in der Überzeugung, dem Staat, dem Vaterland, dem Gesetz oder sonst einem hohen abstrakten Begriff gedient zu haben.«
Die Rechtlosigkeit, die in den besetzten Gebieten herrschte, schien alle menschlichen Gefühle zu verdrängen. Und doch kam es vor, daß Polen oder Tschechen Deutsche versteckten, um sie vor ihren eigenen Landsleuten oder den sowjetischen Soldaten zu schützen. Viele Polen kannten das Schicksal der Vertreibung. Sie hatten zu Beginn des Krieges deutschen Siedlern Platz machen müssen. Jetzt war es genau umgekehrt. Bereits im März 1945 entstanden in den deutschen Ostgebieten fünf neue polnische Wojwodschaften. Für die mehr als eine Million Deutschen, die im Sommer 1945 trotz allem in ihre alte Heimat zurückkehren wollten, war der Weg abgeschnitten. Die polnische Regierung hatte ihr Vermögen bereits eingezogen.
Auch die neue tschechoslowakische Regierung unter Edvard Beneš ging rigoros gegen die Deutschen vor. Bereits im Mai 1941 hatte sich Beneš öffentlich für den Bevölkerungstransfer ausgesprochen. Allzu gut erinnerte er sich an das Münchner Abkommen, in dem 1938 der Untergang seines Staates besiegelt worden war. Das sollte sich nicht wiederholen. In den Sudetendeutschen sah Beneš einen ständigen Unruheherd, den er möglichst schnell beseitigen wollte. Bis zum Abschluß des Potsdamer Abkommens häuften sich Ausschreitungen, die von der Regierung stillschweigend geduldet wurden. Erst durch den ›Plan zur Überführung der deutschen Bevölkerung‹ vom 17. Oktober 1945 regelte der Alliierte Kontrollrat endgültig den Ablauf der Massenausweisungen, die im wesentlichen bis Ende 1947 abgeschlossen waren.

*Ein Flüchtlingszug bei einem kurzen Halt auf dem Weg in den Westen.*

*Oben:
Ein Flüchtlingstreck wurde von sowjetischen Soldaten überfallen und geplündert.*

**Anzahl und Herkunft der deutschen Flüchtlinge und Heimatvertriebenen aus den deutschen Ostgebieten und Osteuropa**

| Anzahl | Herkunft |
|---|---|
| 300 000 | Baltikum |
| 2 400 000 | Pommern |
| 2 400 000 | Ostpreußen |
| 2 500 000 | Polen |
| 4 500 000 | Schlesien |
| 3 500 000 | Sudetenland |
| 50 000 | Rumänien |
| 200 000 | Ungarn |
| 250 000 | Jugoslawien |

## Staat und Gesellschaft

Ähnliches wie in Polen und der Tschechoslowakei ereignete sich auch in Südosteuropa. Besonders hart traf es dabei die Jugoslawiendeutschen. Jeder fünfte kam bei der Flucht um, und von den Zurückgebliebenen starben zwei Drittel. Aus Rumänien und Ungarn wurden Deutsche in die Sowjetunion deportiert. Noch 1951 mußten 50 000 Rumäniendeutsche den Weg in die Baragansteppe am Schwarzen Meer antreten.

Insgesamt haben über zwei Millionen Deutsche und Deutschstämmige Flucht und Vertreibung nicht überlebt. Bis Ende 1950 kamen rund acht Millionen Vertriebene in die Bundesrepublik und etwa vier Millionen in die DDR. Rund 2,7 Millionen Deutsche oder Deutschstämmige lebten noch in ihrer alten Heimat in Ost- oder Südosteuropa.

In ihrer am 5. August 1950 in Stuttgart verabschiedeten Charta verzichteten die Vertriebenen darauf, Rache und Vergeltung zu üben. Sie haben damit schon früh all denjenigen eine deutliche Absage erteilt, die immer wieder versuchen, die deutschen Verbrechen gegen die der Siegerstaaten aufzurechnen, und dabei bewußt oder unbewußt außer acht lassen, daß die Greuel am Ende des Zweiten Weltkriegs das direkte Resultat des deutschen Herrenmenschen-Wahns sind. Die Vertriebenen haben diesen Wahn mit dem Verlust ihrer Heimat und eines großen Teils ihrer Kultur bezahlt.

HANS SARKOWICZ

## Die Nürnberger Prozesse

Als Nürnberger Prozesse bezeichnet man jene Gerichtsverfahren, die 1945 bis 1949 vor einem internationalen Militärgerichtshof (IMT) und vor amerikanischen Militärgerichten in Nürnberg gegen führende Nationalsozialisten stattfanden. Auf der Grundlage einer Moskauer Dreimächteerklärung vom 30. 10. 1943 und des Londoner Abkommens vom 8. 10. 1945 bildeten die Vereinigten Staaten, die Sowjetunion, Großbritannien und Frankreich einen Gerichtshof, für den je ein Richter dieser Mächte bestellt wurde.

Im Januar 1942 hatte in London eine Konferenz über die Behandlung von Kriegsverbrechern stattgefunden. Die Repräsentanten von Belgien, der Tschechoslowakei, Frankreich, Griechenland, Holland, Jugoslawien, Luxemburg, Norwegen und Polen bezeichneten »als eines ihrer wichtigsten Kriegsziele die Bestrafung der für die Verbrechen Verantwortlichen, und zwar im Wege der Rechtsprechung, gleichgültig, ob die Betreffenden alleinschuldig oder mitverantwortlich für die Verbrechen waren, ob sie sie befohlen oder ausgeführt haben oder ob sie daran beteiligt waren«. Ein internationales Militärgericht sollte sich nur mit den »Hauptkriegsverbrechern« befassen, für deren Verbrechen »ein geographisch bestimmter Tatort nicht gegeben ist«.

*Blick in den Gerichtssaal. Auf der Anklagebank (hinten rechts) von links nach rechts Göring, Heß, Ribbentrop und Keitel.*

Greueltaten, die während des Krieges von Deutschen gegen Deutsche oder gegen Angehörige von mit Deutschland verbündeten Staaten wie etwa Ungarn oder Rumänien begangen worden waren, wurden als Verbrechen gegen das internationale Recht und gegen die Menschlichkeit angesehen, auch wenn sie keine Verletzung von Kriegsrecht, das nur zwischen Kriegführenden gilt, darstellten. Noch so furchtbare Greueltaten, die *vor* dem Ausbruch des Krieges begangen worden waren, blieben hingegen außerhalb der Zuständigkeit des IMT.

Berlin wurde als Dauersitz des Tribunals, Nürnberg als Verhandlungsort für den ersten Prozeß bestimmt. Die Hauptankläger der Signatarmächte erhoben in Berlin am 18. 10. 1945 die Anklage gegen 24 Einzelpersonen und gegen sechs »Gruppen oder Organisationen«. Der Prozeß selbst wurde am 20. 11. 1945 in Nürnberg eröffnet. Das IMT legte Regeln für das Prozeßverfahren fest und stellte Verteidiger für die Angeklagten oder akzeptierte die bereits von diesen bestimmten Anwälte.

Am 1. 10. 1946 wurden die Hauptangeklagten vom IMT verurteilt:

*a) zum Tode durch den Strang*
Hermann Göring (Reichsmarschall und fast bis Kriegsende designierter Nachfolger Hitlers)
Joachim von Ribbentrop (Reichsaußenminister)
Wilhelm Keitel (Chef des Oberkommandos der Wehrmacht)
Ernst Kaltenbrunner (Chef des Reichssicherheitshauptamtes seit der Ermordung Heydrichs 1942)
Alfred Rosenberg (Reichsminister für die besetzten Ostgebiete)
Hans Frank (Generalgouverneur Polens)
Wilhelm Frick (Reichsinnenminister)
Julius Streicher (Gauleiter von Franken, Herausgeber des antisemitischen Hetzblattes »Der Stürmer«)
Alfred Jodl (Chef des Wehrmacht-Führungsstabes)
Fritz Sauckel (Generalbevollmächtigter für den Arbeitseinsatz)
Arthur Seyß-Inquart (Reichskommissar der Niederlande)
Martin Bormann (Reichsleiter und seit 1943 »Sekretär des Führers«; in Abwesenheit)

*b) zu Gefängnis:*
Rudolf Heß (bis 1941 Hitlers Stellvertreter als Parteivorsitzender; lebenslänglich)
Walter Funk (Reichswirtschaftsminister; lebenslänglich)
Erich Raeder (Oberbefehlshaber der Kriegsmarine bis 1943; lebenslänglich)
Karl Dönitz (Oberbefehlshaber der Kriegsmarine, Nachfolger Hitlers als Staatsoberhaupt; 10 Jahre)
Baldur von Schirach (Reichsjugendführer und Gauleiter von Wien; 20 Jahre)
Albert Speer (Rüstungsminister; 20 Jahre)
Konstantin von Neurath (Reichsaußenminister bis 1938, Reichsprotektor von Böhmen und Mähren; 15 Jahre)

*c) freigesprochen wurden:*
Hjalmar Schacht (Reichsbankpräsident bis 1939, Reichswirtschaftsminister bis 1937)
Franz von Papen (Vizekanzler bis 1934, Botschafter in Wien und Ankara)
Hans Fritzsche (Chefkommentator des Rundfunks).

Göring beging Selbstmord. Die übrigen Todesurteile wurden vollstreckt. Die anderen Verurteilten wurden im Spandauer Gefängnis festgesetzt, einer der wenigen nach wie vor funktionierenden gemeinsamen Einrichtungen der vier Mächte.

Verurteilt wurden auch das Führerkorps der NSDAP, die SS, die Gestapo und der SD für ihre Tätigkeit nach dem 1. 9. 1939. Angeklagt, aber nicht verurteilt wurden die Reichsregierung, der Generalstab, das OKW und die SA. Es hieß, die SA habe nach dem Röhm-Putsch von 1934 an Bedeutung verloren. Was die Militärs anbelangt, so hätten diese keine »Gruppe oder Organisation« im Sinne des Abkommens dargestellt, obwohl sie »in großem Maße verantwortlich gewesen sind für die Leiden und Nöte, die über Millionen Männer, Frauen und Kinder gekommen sind. Sie sind ein Schandfleck für das ehrenhafte Waffenhandwerk geworden . . .«

*Göring im Zeugenstand.*

*Nürnberger Prozeß S. 145–36*

*US-Hauptankläger Robert Jackson (vorn links) bei der Urteilsverkündung; rechts der sowjetische Ankläger Oberst Pokrowskij.*

## Staat und Gesellschaft

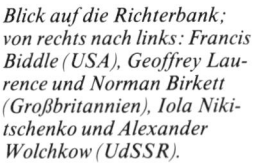

Die Nürnberger Prozesse erforderten einen großen Apparat. Auf ihrem Höhepunkt im Juli bis November 1947 waren fast 900 amerikanische und alliierte Angestellte und ungefähr die gleiche Anzahl von Deutschen tätig. In der Zeit vom 1. 9. 1947 bis 1. 9. 1948 wurden 133 262 Seiten übersetzt, d. h. ungefähr 520 Seiten je Arbeitstag. Von diesen entfielen auf die Staatsanwaltschaft 45 387 und auf die Verteidigung 81 815 Seiten. Eine besondere Dolmetscherabteilung bestand für die Übersetzung und Niederschrift des Ablaufs der Gerichtsverhandlung.

Dem großen Prozeß folgten in Nürnberg zwölf weitere Prozesse. Die Gerichte für diese waren aufgrund des Kontrollratsgesetzes Nr. 10 vom amerikanischen Militärgouverneur General McNarney eingesetzt worden. Die erste Anklageschrift wurde am 25. 10. 1946 eingereicht, das letzte der zwölf Urteile am 14. 4. 1949 verkündet. 185 Einzelpersonen waren angeklagt wegen »Verbrechen gegen den Frieden« (Planung oder Führung eines Angriffskrieges oder Verschwörung zu dessen Zustandekommen), »Kriegsverbrechen« (Verletzungen der Kriegsgesetze oder -gebräuche) und »Verbrechen gegen die Menschlichkeit« (Grausamkeiten und unmenschliche Handlungen, begangen gegen die Zivilbevölkerung vor dem Krieg und während des Krieges oder Verfolgungen aus politischen, rassischen oder religiösen Gründen in Durchführung oder in Verbindung mit den der Zuständigkeit des jeweiligen Tribunals unterliegenden Verbrechen).

Die sogenannten zwölf Nachfolgeprozesse können in fünf Kategorien eingeteilt werden. Zwei Prozesse mit 39 Angeklagten fanden gegen Ärzte und Juristen statt, drei Prozesse mit 56 Angeklagten gegen SS und Polizei, drei Prozesse mit 42 Angeklagten gegen Industrielle und Bankiers, zwei Prozesse mit 26 Angeklagten gegen führende Militärs und zwei Prozesse mit 22 Angeklagten gegen Minister und hohe Ministerialbeamte.

Der Prozeß gegen den Generalfeldmarschall Milch war der einzige Prozeß mit nur einem Angeklagten. Gegen Angehörige des Wirtschafts- und Verwaltungshauptamtes der SS als der Verwaltungsbehörde von Konzentrationslagern fand der Pohl-Prozeß statt. Oswald Pohl wurde 1951 hingerichtet. Im Rasse- und Siedlungshauptamts-Prozeß wurden einige SS-Führer zum Tode verurteilt. Todesstrafen ergingen auch in dem SS-Einsatzgruppen-Prozeß gegen Otto Ohlendorf und andere Leiter von Einsatzgruppen. In dem OKW-Prozeß waren höhere Offiziere insbesondere des OKW vor allem wegen der Anwendung des Kommissarbefehls, nach dem russische Kommissare im Osten zu töten waren, angeklagt. Der Geiselmord-Prozeß richtete sich gegen in Südosteuropa eingesetzte Generäle. In einem Juristenprozeß wurden sowohl Justizbeamte wie zwei Richter wegen Rechtsbeugung, rechtswidriger Verfolgung von Juden u. a. verurteilt. Dies ist das einzige Verfahren, in dem jemals in Westdeutschland nationalsozialistische Richter zur Verantwortung gezogen worden sind. Im sogenannten Wilhelmstraßen-Prozeß wurde gegen Ernst von Weizsäcker und andere hohe Beamte des Auswärtigen Amtes sowie gegen mehrere Reichsminister wegen Verbrechens gegen den Frieden verhandelt. Es fanden schließlich auch Prozesse gegen »Wirtschaftsführer« statt. Im Flick-Prozeß wurden Friedrich Flick und führende Angestellte seiner Firma u. a. wegen Beschäftigung ausländischer Zwangsarbeiter verurteilt; in dem IG-Farben-Prozeß wurden die Angeklagten wegen Beschäftigung von KZ-Häftlingen und wirtschaftlicher Ausplünderung besetzter Gebiete abgeurteilt; im Krupp-Prozeß wurde A. Krupp von Bohlen und Halbach zusammen mit leitenden Angestellten seines Konzerns verurteilt.

Von den 24 Todesurteilen, die in den Nachfolgeprozessen ergingen, wurden zwölf vollstreckt. Es erfolgten 35 Freisprüche. Aber auch alle Angeklagten, die zum Teil sogar zu lebenslänglichen Freiheitsstrafen verurteilt worden waren, sind bis 1956 entlassen worden.

Drei Verbrechenskomplexe standen im Mittel-

*Die Ankläger Rudenko (UdSSR), Dodd (USA), Maxwell Fyfe (Großbritannien) und Champetier de Ribes (Frankreich) von rechts nach links.*

*Blick auf die Richterbank; von rechts nach links: Francis Biddle (USA), Geoffrey Laurence und Norman Birkett (Großbritannien), Iola Nikitschenko und Alexander Wolchkow (UdSSR).*

## Staat und Gesellschaft

punkt aller Nürnberger Prozesse. Dies waren einmal die Kriegsverbrechen wie Mord und Mißhandlungen von Kriegsgefangenen und Zivilpersonen, Plünderung, Deportation der Zivilbevölkerung u. a. Daß diese Handlungen alle gegen das bestehende Völkerrecht verstoßen haben, kann wohl kaum bestritten werden. Als Verbrechen gegen den Frieden wurden Verbrechen im Zusammenhang mit dem Angriffskrieg Hitlers bestraft. Dabei wurde die Mitschuld der Verurteilten vom IMT wie folgt begründet: »Hitler konnte keinen Angriffskrieg allein führen. Er benötigte die Mitarbeit von Staatsmännern, militärischen Führern, Diplomaten und Geschäftsleuten. Wenn diese seine Ziele kannten und ihre

*Hitlers Leibarzt Karl Brandt beim Ärzteprozeß.*

### Entnazifizierung

Unter Entnazifizierung oder auch Denazifizierung versteht man im allgemeinen die nach dem 2. Weltkrieg in Deutschland von den alliierten Besatzungsmächten auf der Grundlage des Potsdamer Abkommens angeordnete Entfernung ehemaliger Nationalsozialisten aus einflußreichen Stellungen und ihre Bestrafung.

Die Geschichte der Entnazifizierung beginnt im Prinzip bereits mit der Konferenz von Jalta im Februar 1945, auf der die organisatorische und ideologische Zerschlagung des Nationalsozialismus beschlossen wurde. Dabei faßte man besonders im US-amerikanischen Kontrollbereich als Ziel einer umfassenden Entnazifizierung vor allem die Entfernung der nationalsozialistischen Führungselite und der nationalsozialistischen Organisationen (NSDAP, SA, SS u. a.) ins Auge. Damit sollte gewährleistet werden, daß die neu zu schaffenden demokratischen Institutionen in Deutschland frei von nationalsozialistischem Einfluß blieben. Während die Franzosen und Briten von der US-amerikanischen Position nicht sehr weit entfernt waren, ging es der UdSSR vor allem darum, mit der Entnazifizierung die Umgestaltung des gesellschaftlichen Systems in der von ihr besetzten Zone zu fördern. Die am 10. 5. 1945 von den US-Amerikanern erlassene Direktive JCS (Joint Chiefs of Staff) 1067 bildete eine erste Grundlage für die Praxis der Entnazifizierung. Der Kreis der Personen, die von dieser Direktive erfaßt wurden, war sehr weit gesteckt. Danach waren u. a. Amtsträger der Partei, SS-Mitglieder und politische Beamte unter Arrest zu stellen. Aktive Unterstützung des NS-Regimes zog die Entlassung aus Verwaltungspositionen nach sich. Da die Direktive relativ schwammig gehalten war, traf sie auf einen sehr großen Personenkreis zu. Die Untersuchung wurde mit einem Fragebogen durchgeführt, der 131 Fragen umfaßte, wodurch ein enormer Verwaltungsaufwand entstand. Um sich hiervon zu entlasten und die Unzulänglichkeiten des Systems zu vermindern, wurde von den Amerikanern angestrebt, die Entnazifizierung in deutsche Hände zu legen.

Direkte Folge dieser Bestrebungen war das Gesetz zur Befreiung vom Nationalsozialismus und Militarismus. Der Länderrat, die Konferenz der Ministerpräsidenten der Länder der US-amerikanischen Besatzungszone Deutschlands in Stuttgart zur Koordinierung der Ländergesetzgebung, unterzeichnete das Gesetz nach langwierigen Verhandlungen am 5. 3. 1946. Noch am gleichen Tag wurde es von der US-amerikanischen Militärbehörde genehmigt. Die von den Vorschriften zur Entnazifizierung Betroffenen wurden in 5 Kategorien (Gruppen) eingeteilt: 1. Hauptschuldige (z. B. Gauleiter, Offiziere), 2. Belastete (Aktivisten, Nutznießer), 3. Minderbelastete (Angehörige der beiden ersten Gruppen mit Milderungsgründen), 4. Mitläufer (z. B. formelle Mitglieder der NSDAP) und 5. Entlastete (z. B. formell Betroffene, die aber der Widerstandsbewegung angehört hatten). Für die ersten drei Kategorien waren abgestufte Strafmaßnahmen vorgesehen, die Mitläufer sollten Geldbußen erhalten.

Zuständig für die Durchführung der Entnazifizierung waren sogenannte Spruchkammern. Dabei handelte es sich um mit politischen Gegnern des Nationalsozialismus besetzte, gerichtsähnlich verhandelnde Sonderbehörden. Gegen die Urteile der Spruchkammern konnte Berufung bei besonderen Berufungskammern eingelegt werden. Insgesamt existierten in der US-amerikanischen Zone über 500 Spruchkammern. Gegen alle Urteile konnte die Militärregierung Einspruch erheben.

Wegen der großen Zahl der Betroffenen stieß das gesamte Verfahren auf zunehmende Kritik, vor allem weil die Angeklagten empfindliche soziale Nachteile in Kauf nehmen mußten (z. B. Beschäftigungsverbot). Dadurch wurde auch der Aufbau einer neuen wirksamen Verwaltung erschwert. Außerdem stellten sich in der Folge der Entnazifizierungsprozesse Korruption und Begünstigung ein. So ergingen im Laufe der Zeit Teilamnestien, damit der Kreis der Betroffenen eingegrenzt wurde. 1947 erschien schließlich eine Weisung der US-amerikanischen Militärregierung, die Entnazifizierung bis zum 31. 3. 1948 zu beenden.

In der britischen und französischen Zone war die Entnazifizierung nicht mit der gleichen Intensität wie in der US-amerikanischen Zone durchgeführt worden. Den dortigen Militärregierungen war am Aufbau einer eigenständigen, fachlich qualifizierten deutschen Verwaltung, die die Interessen der Besatzungsmächte vertrat, mehr gelegen.

Die Sowjetunion nutzte die Entnazifizierung, um das gesellschaftliche System in ihrer Zone vollständig zu verändern. Dabei richteten sich ihre Maßnahmen vor allem gegen die Vertreter des »kapitalistischen« Systems (Großgrundbesitzer, Fabrikanten). Die Stellen in der öffentlichen Verwaltung wurden fast vollständig neu besetzt, bevorzugt von Personen, die sich mit dem kommunistischen System identifizierten. Dabei wirkte es sich nicht unbedingt negativ aus, wenn man im Dritten Reich in verantwortungsvoller Position gearbeitet hatte, sofern man bereit war, sich zum Kommunisten umschulen zu lassen. Die im Zusammenhang mit der Entnazifizierung Verhafteten wurden zum Teil in den ehemaligen Konzentrationslagern der SS interniert. Später ging man dazu über, unter dem Deckmantel der Entnazifizierung und Entmilitarisierung überwiegend politische Gegner und »Klassenfeinde« ohne Gerichtsverfahren zu inhaftieren und auszuschalten.

> Entnazifizierung
> S. 248–38

*Die Aufnahme vom 20. 7. 1948 zeigt die Spruchkammerverhandlung gegen die Witwe des ehemaligen Reichsmarschalls, Frau Emmy Göring, im Interniertenlager für ehemalige Nationalsozialisten in Garmisch-Partenkirchen. Das Foto zeigt rechts die Angeklagte und links den früheren Intendanten der Preußischen Staatstheater und Theaterregisseur Gustaf Gründgens, der als Entlastungszeuge für Frau Göring aussagte. Gründgens erklärte in dieser Spruchkammerverhandlung, daß Frau Göring in vielen Fällen ihren persönlichen Einfluß genutzt habe, um bedrohte Schauspieler zu schützen.*

# Staat und Gesellschaft

### Der Kriegsverbrecherprozeß von Tokio

Während der Nürnberger Kriegsverbrecherprozeß in der ganzen Welt intensiv verfolgt wurde, erregte der entsprechende Prozeß in Tokio in Europa bei weitem nicht so viel Interesse. Japan lag für Europa weit weg, und die Angeklagten kannte man kaum.

Der Prozeß wurde gegen 28 Angeklagte geführt, denen jeweils sowohl ein japanischer wie auch ein US-amerikanischer Anwalt zu ihrer Verteidigung zur Verfügung standen. Die Statuten des Prozesses beruhten auf Richtlinien, die General Douglas MacArthur am 19. 1. 1946 erlassen hatte. Als Richter waren Vertreter der elf Länder tätig, mit denen Japan sich im Kriegszustand befunden hatte. Gerichtsvorsitzender war der Australier William Flood Webb, Hauptankläger der US-Amerikaner Josef B. Keenan, der von Anklägern aus elf Ländern unterstützt wurde. Der Prozeß dauerte vom 29. 4. 1946 bis zum 12. 11. 1948. Während des Prozesses starben der frühere Minister Matsuoka und Admiral Nagumo. Todesurteile wurden gegen die früheren Ministerpräsidenten Hirota und Tojo, gegen Minister Itagaki und gegen die Generäle Dohihara, Matsui, Kimura und Muto ausgesprochen. 15 Angeklagte wurden zu lebenslanger Haft verurteilt. Ein Japaner saß jedoch nicht auf der Anklagebank: Kaiser Hirohito. Er wurde von MacArthur aus politischen Gründen geschont und von den Angeklagten aus Loyalitätsgründen in vollem Umfang entlastet.

---

Mitarbeit zur Verfügung stellten, machten sie sich zu Teilnehmern an dem von ihm ins Leben gerufenen Plan. Wenn sie wußten, was sie taten, so können sie nicht als unschuldig erachtet werden, weil Hitler sie benutzte.«

Die Frage, ob denn schon die Führung eines Krieges als solche strafbar sei, wurde bejaht, da seit dem Briand-Kellogg-Pakt von 1928 jedweder Angriffskrieg völkerrechtswidrig sei. Man könnte auch darüber hinaus argumentieren, daß alle in einem solchen Kriege begangenen Verletzungen von Menschen, Gütern u. a., angefangen von der Tötung bis zur Verstümmelung, bereits nach dem allgemeinen Strafrecht aller Staaten strafbar sind. Dies gilt auch für die Verbrechen gegen die Menschlichkeit, da diese sich auf Delikte beziehen, die schon nach dem Strafrecht der meisten Staaten strafbar sind.

Gegen die Nürnberger Prozesse sind einige wichtige Einwände erhoben worden. Bemängelt wurde zum Beispiel, daß hier nur die Sieger zu Gericht gesessen hätten. In der Tat wäre es besser gewesen, wenn die Verbrechen vor ein Welttribunal gebracht worden wären oder zumindest doch vor einen Gerichtshof, der auch aus neutralen und sogar deutschen Richtern bestanden hätte. Läßt sich aber andererseits angesichts der unsagbaren Verbrechen der Nationalsozialisten gegen die Menschheit überhaupt ein neutraler Richter finden? Ist nicht letztlich jeder Mensch durch diese Verbrechen betroffen und insofern auch immer »Partei«? Man hat auch eingewandt, es habe keine Prozesse gegen Angehörige der Siegermächte gegeben, obwohl auch bei diesen Kriegsverbrechen vorgekommen sind; man braucht da nur Dresden und Hamburg oder Hiroshima und Nagasaki zu erwähnen. Andererseits waren auch die schlimmsten Untaten der Sieger nicht zuletzt eine Antwort auf die vorausgegangenen Verbrechen des Nationalsozialismus.

Der gewichtigste Einwand bezieht sich wohl auf die Problematik jeder Strafjustiz als solcher. Ist die überlieferte Strafe nicht ihrem Wesen nach irrational und inhuman? Das gilt nicht nur für die Todesstrafe, sondern auch für die üblichen Freiheitsstrafen. Wenn die Strafe als Vergeltung gerechtfertigt wird, so ist dieses Argument – nicht zuletzt nach christlicher Lehre – ethisch fragwürdig. Die nationalsozialistischen Massenverbrechen waren zudem in ihrem Ausmaß so immens, daß jede Art der Vergeltung in keinerlei Verhältnis zu der Tat stehen konnte. Paradoxerweise wird so gerade die Todesstrafe in doppelter Weise fragwürdig: Einmal muß sie als zu weitgehend und unmenschlich abgelehnt werden; zum andern ist sie zu schwach, um die Massenmorde zu »sühnen«. Aber auch bezüglich der oft zitierten Abschreckung kann man fragen, wer wann und wo abgeschreckt werden soll. Und ist die Abschreckung nicht auch ethisch bedenklich, insofern, als sie den Täter doch als Mittel zum Zweck mißbraucht? Daß die Nürnberger Urteile »politisch« waren, dürfte evident sein. Gibt es aber überhaupt eine total unpolitische Rechtsprechung? Ist das Recht nicht das Produkt des Staates, d. h. einer politischen Machtorganisation und deswegen in gewissem Sinne stets auch »politisch«? Sicherlich waren die Nürnberger Prozesse politischer als die meisten sogenannten normalen Strafverfahren. Der Hauptprozeß setzte schon ein Mindestmaß an Zusammenarbeit der Westmächte und der Sowjetunion voraus. Aber auch die Folgeprozesse begannen zu einem Zeitpunkt, da der Kalte Krieg noch nicht die Ost-West-Beziehungen beherrschte. In dem Maße, wie die Vereinigten Staaten und die Sowjetunion auseinanderdrifteten, wurden die Prozesse gerade auch für die USA problematischer. Der Mißerfolg der Moskauer Konferenz im Frühjahr 1947 und die Berliner Blockade im Juni 1948 trugen entscheidend dazu bei, daß sich die Politik der westlichen Alliierten, und nicht zuletzt die der USA, gegenüber Westdeutschland im allgemeinen, aber auch gegenüber dem Nationalsozialismus und seinen Helfershelfern änderte. Das Urteil gegen die Ärzte erging am 20. 8. 1947, das Urteil gegen Flick am 22. 12. 1947, das gegen die IG-Farben am 30. 7. 1948, das gegen Krupp am 31. 7. 1948 und als letztes das Urteil im Wilhelmstraßen-Prozeß sogar erst am 11. 4. 1949. Zu diesem Zeitpunkt war der Kalte Krieg bereits in vollem Gange. Das war sicherlich einer der Gründe, warum nunmehr die amerikanischen Politiker davor zurückschreckten, durch Strafprozesse und Verurteilungen an die Vergangenheit von Teilen der westdeutschen Eliten zu erinnern. So wurden auch etwa die Urteile im Wilhelmstraßen-Prozeß durch Berichtigungsbeschluß vom 12. 12. 1949 auf fünf Jahre herabgesetzt, nachdem die Verurteilung von Weizsäcker und Wörmann wegen Verbrechen gegen den Frieden und die von Steengracht wegen Kriegsverbrechen durch einen Beschluß weggefallen war.

Besonders drastisch war der Umschwung gegenüber den Wirtschaftsführern. Die im Flick- und IG-Farben-Prozeß Verurteilten wurden, soweit sie ihre Strafe nicht schon verbüßt hatten, alle wegen guter Führung vorzeitig entlassen, so die im Krupp-Prozeß Verurteilten schon durch Entscheid vom 31. 1. 1951. Darüber hinaus wurde aber auch die ursprünglich ausgesprochene Vermögenseinziehung aufgehoben. Diese Maßnahmen trugen natürlich das Ihrige zur Restauration in der Wirtschaft, Verwaltung, Justiz u. a. in Westdeutschland bei und erschwerten die ursprünglich vorgesehenen Maßnahmen der Dezentralisierung und Dekartellisierung.

Dennoch behalten die Nürnberger Prozesse einen gewissen Symbolwert. Während sonst allzuoft nur die kleinen Diebe verfolgt werden, die großen Verbrecher hingegen ungestraft davonkommen, wurde in Nürnberg einmal ausnahmsweise gegen die größten Missetäter der Weltgeschichte verhandelt. Anhand des ungeheuer reichhaltigen Beweismaterials sind so auch der welthistorische Ablauf, die Voraussetzungen und Zielsetzungen, die Methoden, Machtstrukturen und Ideologien des Nationalsozialismus bis ins letzte Detail deutlich geworden. Diese Prozesse haben zudem nicht nur die Untaten der engen nationalsozialistischen Führerclique manifest gemacht, sondern auch den Hintergrund des Systems offengelegt, nicht zuletzt die Mittäterschaft und Begünstigung der Diktatur seitens so mancher »honoriger« Männer und Frauen, Gruppen und Eliten, die sich als unbeteiligt darstellten.

Das Fazit: Es wäre sicherlich humaner gewesen, hätte man es gewagt, die Verurteilten nicht zu hängen oder hinter Schloß und Riegel zu bringen, sondern zu einer noch so minimalen Wiedergutmachung des von ihnen begangenen Unrechts zu zwingen. So wenig daher die Strafzumessung zu befriedigen vermag – der Schuldspruch von Nürnberg als solcher über das unmenschlichste Regime der bisherigen Geschichte bleibt bestehen und mag uns allen heute wie morgen als Warnung dienen.

PROF. DR. OSSIP K. FLECHTHEIM

# 3. Politik

## Koalitionen, Konstellationen und Charakter des 2. Weltkrieges in Europa und Asien

Am 1. 9. 1939 frühmorgens beschoß ein Veteran des 1. Weltkrieges, das alte Linienschiff »Schleswig-Holstein«, von Danzig aus die polnische Westerplatte; zugleich überschritten deutsche Truppen die polnische Grenze. Hiermit begann nach weitverbreiteter Auffassung der 2. Weltkrieg, da Frankreich und Großbritannien diesen deutschen Aggressionsakt gegenüber Polen zwei Tage später ihrerseits mit der Kriegserklärung beantworteten. Jedoch waren diesem Ereignis in Europa andere Schüsse und Kämpfe in Asien vorangegangen, die den weltpolitischen Charakter der deutschen Schüsse zu relativieren vermögen.

Am 18. 9. 1931 ereignete sich an der von Japan kontrollierten Südmandschurischen Eisenbahn bei Mukden in der Mandschurei eine Bombenexplosion. Sie ging auf lokale japanische Kräfte zurück und diente trotz des geringen angerichteten Schadens als Vorwand für eine japanische militärische Expansion in China, die zur Errichtung eines japanischen Satelliten-Kaiserreichs Mandschukuo und zu einem dominierenden Einfluß

*Die Achse*
*S. 105–23*

*Die zwei Diktatoren, die von den Alliierten bekämpft wurden – links Hitler, rechts Mussolini –, bei einem Besuch der Ostfront im August 1941.*

**Der Weg in den 2. Weltkrieg**

1919: Im Friedensvertrag von Versailles wird dem Deutschen Reich die Hauptschuld am Ausbruch des 1. Weltkrieges gegeben.
1922: In Italien kommt Benito Mussolini an die Macht. Er baut ein faschistisches Staatswesen auf.
1924: Hitlers *Mein Kampf* erscheint; in der UdSSR wird nach dem Tode Lenins Josif Stalin der neue starke Mann.
1929: Mit dem Börsenkrach von Wall Street (»Schwarzer Freitag« am 24. 10.) beginnt die Weltwirtschaftskrise.
1930: Bei den Reichstagswahlen vom 14. 9. wird die NSDAP nach der SPD zweitstärkste Partei.
1932: Die Weltwirtschaftskrise erreicht ihren Höhepunkt. Bei den Reichstagswahlen vom 31. 7. erreicht die NSDAP 37,3%, so daß nun keine Regierung, die sich auf eine demokratische Mehrheit stützt, gebildet werden kann.
1933: Hitler wird von Reichspräsident von Hindenburg zum Reichskanzler ernannt. Jüdische Geschäfte und Betriebe werden boykottiert, die Gewerkschaften aufgehoben und politische Gegner in Konzentrationslagern inhaftiert.
In den USA tritt im selben Jahr Franklin D. Roosevelt sein Amt als Präsident an. Sein »New Deal« eröffnet den Ausweg aus der Wirtschaftskrise.
1934: Hitler beseitigt anläßlich des »Röhmputsches« zahlreiche Gegner aus den eigenen Reihen.
In Österreich beginnt sich nach der Ermordung von Bundeskanzler Dollfuß (25. 7.) nationalsozialistischer Einfluß trotz Verbotes der Partei auszubreiten.
1935: Die Nürnberger Rassengesetze werden erlassen. Mit ihnen wird die rechtliche Basis für die Diskriminierung und Verfolgung der Juden in Deutschland geschaffen. Italien beginnt die gewaltsame Eroberung Abessiniens.
1936: Deutsche Truppen besetzen die entmilitarisierte Zone des Rheinlandes. Die demokratisch regierten Länder reagieren nicht. Deutschland und Japan schließen den Antikominternpakt, dem sich später auch Italien (1937) und (bis 1941) Bulgarien, Dänemark, Finnland, Kroatien, Mandschukuo, Nanking-China, Rumänien, die Slowakei, Spanien und Ungarn anschließen. Hitler und Mussolini proklamieren die Achse Berlin–Rom. Deutsche und italienische Truppen unterstützen Franco während des spanischen Bürgerkrieges.
1937: Zwischen Japan und China bricht ein Krieg aus. Japan beginnt mit der Eroberung großer Teile des chinesischen Festlandes.
1938: Deutsche Truppen marschieren in Österreich ein; Österreich wird ein Teil des Deutschen Reiches (»Anschluß«). Im Münchner Abkommen stimmen Großbritannien und Frankreich einer deutschen Annexion des Sudetenlandes zu.
1939: Deutsche Truppen besetzen die restliche ČSR. Am 1. 9. fallen deutsche Truppen in Polen ein. Großbritannien und Frankreich erklären Deutschland den Krieg.

**Politik** 195

*Hitlers Freudentanz, als er von der Kapitulation Frankreichs erfährt. Links neben Hitler Reichsleiter Bormann.*

*Westfeldzug I S. 49–2*

*Westfeldzug II S. 49–3*

der Sowjetunion bis in die letzten Tage des 2. Weltkrieges vermieden.
Die geschilderten Ereignisse machen deutlich, daß der 2. Weltkrieg keineswegs als eine einzige große, bis dahin an Zerstörungskraft und Verlusten ungekannte Aktion anzusehen ist, sondern sich aus einem wechselnden Mosaik unterschiedlicher nationaler Expansionsversuche, deren Eindämmung und Niederwerfung zusammensetzte. Tatsächlich waren es vor allem die japanischen und die deutschen Bestrebungen nach Revision der internationalen Machtverteilung des Inselkaiserreichs in Nordchina führten. Allerdings wurde hier 1933 zunächst einmal Frieden geschlossen. Jedoch demonstrierten die Ereignisse des Mandschureikonfliktes deutlich, daß Japan als erste Macht die zerbrechliche internationale Ordnung nach dem 1. Weltkrieg unter Ausnutzung der weltweiten Lähmungen durch die Weltwirtschaftskrise zu offener Expansion ausnutzte. Als am 7. 7. 1937 aus einem der an sich üblichen Scharmützel zwischen japanischen und chinesischen Truppen an einem Eisenbahnknotenpunkt in der Nähe Pekings (Marco-Polo-Brücke) – diesmal unprovoziert – weitere Gefechte entstanden, bildete dies aber tatsächlich den Auftakt zu andauernden Kämpfen und zielgerichteten japanischen Eroberungen auf dem chinesischen Festland. Sie lassen sich also als Auftakt des 2. Weltkrieges in Ostasien ansehen. Ihre Ausweitung in den Jahren 1938/39 ließ zunächst einmal einen japanisch-sowjetischen Krieg befürchten. Auch wenn es also zu blutigen Kämpfen zwischen Truppen beider Staaten in diesen Jahren kam, so wurde doch gerade der erklärte Krieg zwischen Japan und

### Mai–Juni 1940: Belgien und Frankreich

Am 10. 5. 1940 überschritten deutsche Truppen unter Bruch der Neutralität die belgische und luxemburgische Grenze. Luftlandetruppen nahmen in einem Überraschungsangriff die Brücken über den Albertkanal und die Festung Eben-Emael westlich von Maastricht. Britische und französische Einheiten kamen zu Hilfe, trotzdem mußte aber von der belgischen Armee die Linie Antwerpen–Waver aufgegeben werden. Sie zog sich auf Stellungen hinter Schelde und Leie zurück. Dies geschah vor allem im Zusammenhang mit den Kriegsereignissen in Nordfrankreich. Denn der deutsche Angriff durch Belgien war als Ablenkungsmanöver gedacht. Der entscheidende Stoß gegen die Alliierten wurde mehr im Süden geführt. Dort erreichten, durch die von den Alliierten eigentlich für motorisierte Einheiten als unpassierbar angesehenen Ardennen, drei Panzerdivisionen die Maas, erst bei Dinant, dann bei Sedan. Zwischen dem 13. und 15. 5. wurden Brückenköpfe gebildet, wobei deutsche Stukas die Moral der französischen Armee schwächten. Am 15. 5. war der Durchbruch durch die französischen Linien vollzogen. Die Panzerarmee des Generals Guderian schwenkte darauf nach Westen ab, auf der schlecht gedeckten Flanke nur durch gelegentliche Gegenangriffe gestört. Am 20. 5. standen die deutschen Truppen bei Abbeville an der Kanalküste. Hierdurch wurden belgische und britische Truppen und französische Eliteeinheiten von ihren Armeen abgeschnitten. Am 28. 5. legte der belgische König mit seinen Truppen die Waffen nieder. Da war bereits die Evakuierung der alliierten Verbände in vollem Gange. Über Dünkirchen und die offene See konnten 225 000 britische und 115 000 französische Soldaten nach England entkommen. Daß die Wehrmacht dies überhaupt zuließ, lag daran, daß sie die Möglichkeit einer Flucht über die offene See und die britische Luftwaffe unterschätzte. Gleichzeitig überschätzte sie das verbleibende Kampfpotential der Alliierten: Auf Vorschlag des Generals von Rundstedt ließ Hitler die Panzertruppen vom 24. bis zum 26. 5. anhalten. Am Tage nach dem Fall von Dünkirchen, am 5. 6., warfen sich die deutschen Verbände auf die von dem französischen General Weygand hastig entlang von Somme und Aisne gebildete Linie. Nach fünf Tagen Kampf war diese aufgebrochen, und die Wehrmacht marschierte in Nordfrankreich ein. Der alliierte Rückzug wurde durch den Einsatz deutscher Tiefflieger stark erschwert. Bürger und Verwaltung sahen in Panik überall eine »fünfte Kolonne« am Werk. Am 14. 6. fiel Paris in deutsche Hand. Im Osten wurde die bedeutungslos gewordene Maginotlinie angegriffen. Zwei Tage später bat Marschall Pétain, der die Regierung übernommen hatte, um Waffenstillstand. Er wurde am 22. 6. in Compiègne unterzeichnet, im selben Eisenbahnwaggon, in dem 1918 der Waffenstillstand unterzeichnet wurde. Um den Preis von 27 000 Toten hatte das Deutsche Reich diesen Feldzug gewonnen. Frankreich hatte rd. 90 000, Belgien 6200 Tote zu beklagen.

*In Frankreich gefallene deutsche Soldaten werden begraben.*

Politik

*Schwere Luftangriffe – hier britische Bomber vom Typ Lancaster – waren typisch für den 2. Weltkrieg.*

Krieg in Afrika
S. 49–6

und sodann die offene Expansion dieser Staaten, die die anderen Mächte des internationalen Systems in Atem hielten. Hinzu kam das faschistische Italien, das im Abessinienkrieg 1935/36 seinen Anspruch auf imperiale Geltung anmeldete, im April 1939 Albanien annektierte und ab 10. 6. 1940 zunächst gegen Frankreich, später in Nordafrika und auf dem Balkan einen »Parallelkrieg« führte, um dann allerdings mehr und mehr bis zum italienischen Kriegsaustritt (3. 9. 1943) nach dem Sturz Mussolinis in Abhängigkeit vom Deutschen Reich zu gelangen. Auch die kleineren Verbündeten der »Achsenmächte« wie etwa Ungarn, Rumänien, Bulgarien oder Finnland kämpften zu unterschiedlichen Zeitpunkten und mit nationalen Interessen, die von denen der Deutschen oft beträchtlich abwichen.

Die Gegenkoalition war nicht weniger heterogen. Sie kam tatsächlich erst Ende 1941 zustande. Bis dahin kämpften gegen die »Aggressoren« von den Großmächten zunächst in Europa nur Großbritannien und Frankreich, nach der französischen Niederlage im Juni 1940 für mehr als ein Jahr allein Großbritannien – eine Tatsache, die das britische Selbstverständnis auch im Bewußtsein des Niedergangs der ehemals unangefochtenen Weltmacht nachhaltig beeinflußte. Der amerikanische Präsident Roosevelt allerdings, wenn auch durch die Neutralitätsgesetze seines Landes außenpolitisch wesentlich behindert, steuerte bereits vor Pearl Harbor zielgerichtet einen Kurs, der von der vitalen Bedrohung amerikanischer ideeller wie ökonomischer Interessen durch die »Großraumpolitik« der Deutschen und Japaner ausging. Daher wurden die Briten (wie zuvor schon in beschränktem Maße die Franzosen) in ihrer Kriegführung durch amerikanische Hilfe nachdrücklich unterstützt, was allerdings ihren finanziellen Ruin nicht verhinderte, wie sich nach 1945 herausstellte.

In dieser Zeit blieb die Sowjetunion neutral, un-

### Die Wende auf dem nordafrikanischen Kriegsschauplatz

Der Einsatz deutscher Truppen in Nordafrika war durch die Unterlegenheit der italienischen Armee gegenüber den britischen Einheiten notwendig geworden. Im Fe-

*Juni 1941, ein Flugplatz in Libyen. Mit Hilfe von einheimischem Bodenpersonal wird eine deutsche Messerschmitt Me 110 startklar gemacht.*

bruar 1941 trafen die ersten deutschen Truppen in Nordafrika ein. Generalleutnant Rommel übernahm in Tripolis das Kommando. Ihm gelang es, die von den Italienern verlorenen Gebiete zum großen Teil zurückzugewinnen. Nur Tobruk blieb in britischer Hand, wurde aber vom deutschen Afrikakorps belagert. Dabei wogte der Kampf über mehr als ein Jahr auf dem unwirtlichen Schauplatz der nordafrikanischen Wüsten hin und her. Im Februar 1942 eröffnete Rommel in der Cyrenaica eine neue großangelegte Offensive, die ihn zunächst auf eine Linie bis westlich von Tobruk brachte. Ende Mai setzte er seine Angriffe fort. Er eroberte die Festung Bir Hacheim und auch das seit langem belagerte Tobruk. Rommels strategisches Ziel war der Durchbruch nach Alexandria. Doch wegen großer Nachschubschwierig-

keiten blieb die Offensive in der ersten Juliwoche vor den britischen Stellungen bei El Alamein stecken. Damit war Rommels Durchbruch ins Niltal gestoppt. Zwar versuchte er im September eine zweite Offensive, die ihn hinter die britischen Truppen bis Alam Halfa vordringen ließ, doch wurde er hier von den Briten unter General Montgomery aufgehalten. Am 23. 10. wurde in dem umkämpften Küstengebiet eine großangelegte Gegenoffensive der 8. britischen Armee, die sich mit Panzer- und Luftstreitkräften verstärkt hatte (Operation Lightfoot), eröffnet. Am 2. 11. begann die Schlacht gegen Rommels Afrikakorps vor El Alamein. Obwohl die britische Übermacht groß war, gelang es Rommel in harten Rückzugsgefechten, einen großen Teil seiner Truppen zu retten. Bis dahin hatte er 180 Panzer verloren. 1000 deutsche Soldaten waren gefallen. Die nichtmotorisierten italienischen Truppen blieben zurück: 16 000 Mann gingen in Kriegsgefangenschaft. Aber auch die Engländer hatten Verluste. Montgomery meldete 13 500 Tote, Verwundete und Vermißte. 600 Panzer waren verloren gegangen. Montgomery war zur Vorsicht gezwungen, so daß er Rommel zunächst nicht entscheidend nachsetzen konnte. Dieser zog sich auf die sogenannte Mareth-Linie in Südtunesien an der libyschen Grenze zurück. Montgomery erreichte diese Linie erst im Februar 1943, nachdem vorher Tobruk und Tripolis genommen worden waren. Im Mai mußten die deutschen und italienischen Truppen schließlich in der Nähe von Tunis kapitulieren.

Grundlage für den Erfolg der Alliierten in Nordafrika war letztlich die Schlacht von El Alamein gewesen. Mit Nordafrika hatte man ein Sprungbrett nach Europa.

Daß El Alamein gehalten wurde, war in erster Linie das Verdienst des damaligen, oft verkannten britischen Oberbefehlshabers Claude Auchinleck, der seine Truppen während der Rommelschen Cyrenaica-Offensive geschickt zurückgezogen hatte. Auchinleck wurde im August 1942 durch Harold Alexander ersetzt. Dadurch wurde Montgomery Befehlshaber der 8. Armee, die dem »Wüstenfuchs« Rommel schließlich entscheidende Niederlagen beibrachte.

## Pearl Harbor

Der geistige Urheber des japanischen Luftangriffs auf Pearl Harbor, den wichtigsten Flottenstützpunkt der USA im Pazifik auf der Hawaii-Insel Oahu, war der japanische Admiral und Oberbefehlshaber der japanischen Marine Yamamoto Isoroku. Strategisches Ziel dieses Angriffs war, mit einem Präventivschlag den größten Teil der US-amerikanischen Flotte auszuschalten, um Bewegungsfreiheit für die eigenen Operationen im Pazifik zu gewinnen und die alliierten Streitkräfte auf lange Zeit entscheidend zu schwächen.

Die Vorbereitungen zu diesem Unternehmen liefen unter strengster Geheimhaltung ab. Zunächst sammelte sich bei den Kurilen eine Flotteneinheit, die aus 6 Flugzeugträgern, 2 Schlachtschiffen und mehreren kleineren Einheiten bestand. Dieser Verband lief am 26. 11. 1941 aus der Tankan-Bucht auf den Kurilen aus. Zuerst wandte er sich in östliche Richtung, um dann nach Südosten einzudrehen, bis er am 6. 12. rd. 500 Seemeilen vom Angriffsziel entfernt war. Inzwischen, am 2. 12., hatte der Kommandeur des Verbandes, Admiral Nagumo, den endgültigen Angriffsbefehl (Kodebezeichnung: »Besteig den Berg Niitaka«) erhalten. In der Nacht zum 7. 12. näherte sich der Verband dem Ziel bis auf rund 275 Seemeilen. Am Morgen des gleichen Tages stiegen unmittelbar nacheinander 2 Wellen japanischer Flugzeuge (insgesamt 350) zum Angriff auf, Jäger, Bomber und Torpedoflugzeuge.

Die Amerikaner wurden völlig überrascht. Einem Soldaten, der den Angriff eines Verbandes über Radar bemerkt hatte, glaubte sein Vorgesetzter nicht. Die Folgen waren verheerend. Rd. 3500 Soldaten starben. Von den acht Schlachtschiffen, die die Amerikaner in Pearl Harbor stationiert hatten, wurden zwei völlig zerstört, drei vorübergehend im flachen Wasser auf Grund gesetzt, die drei übrigen mehr oder weniger schwer beschädigt. Außerdem wurden rd. die Hälfte der auf Oahu stationierten Flugzeuge sowie eine Vielzahl kleinerer Schiffseinheiten zerstört. Der gleichzeitig geführte Angriff japanischer Kleinst-Unterseeboote mißglückte dagegen fast völlig.

Ein für die Amerikaner außerordentlich glücklicher Umstand war allerdings, daß ihre vier Flugzeugträger zum Zeitpunkt des Angriffs auf See waren und so von den Japanern nicht vernichtet werden konnten, was sich auf die Entwicklung des pazifischen Seekriegs stark auswirken sollte.

Die politische Folge des Überfalls war, daß die eher kriegsunlustige US-amerikanische Bevölkerung sich nun in moralischer Empörung über den Überfall geschlossen hinter ihre Regierung stellte. Am 8. 12. erklärten die USA Japan den Krieg. Kurz darauf traten das Deutsche Reich und Italien in den Krieg gegen die USA ein. Aus dem Krieg in Europa war ein Weltkrieg geworden.

*Pazifik I S. 145–31*

*Ein Bild der Verwüstung nach dem japanischen Überraschungsangriff auf Pearl Harbor.*

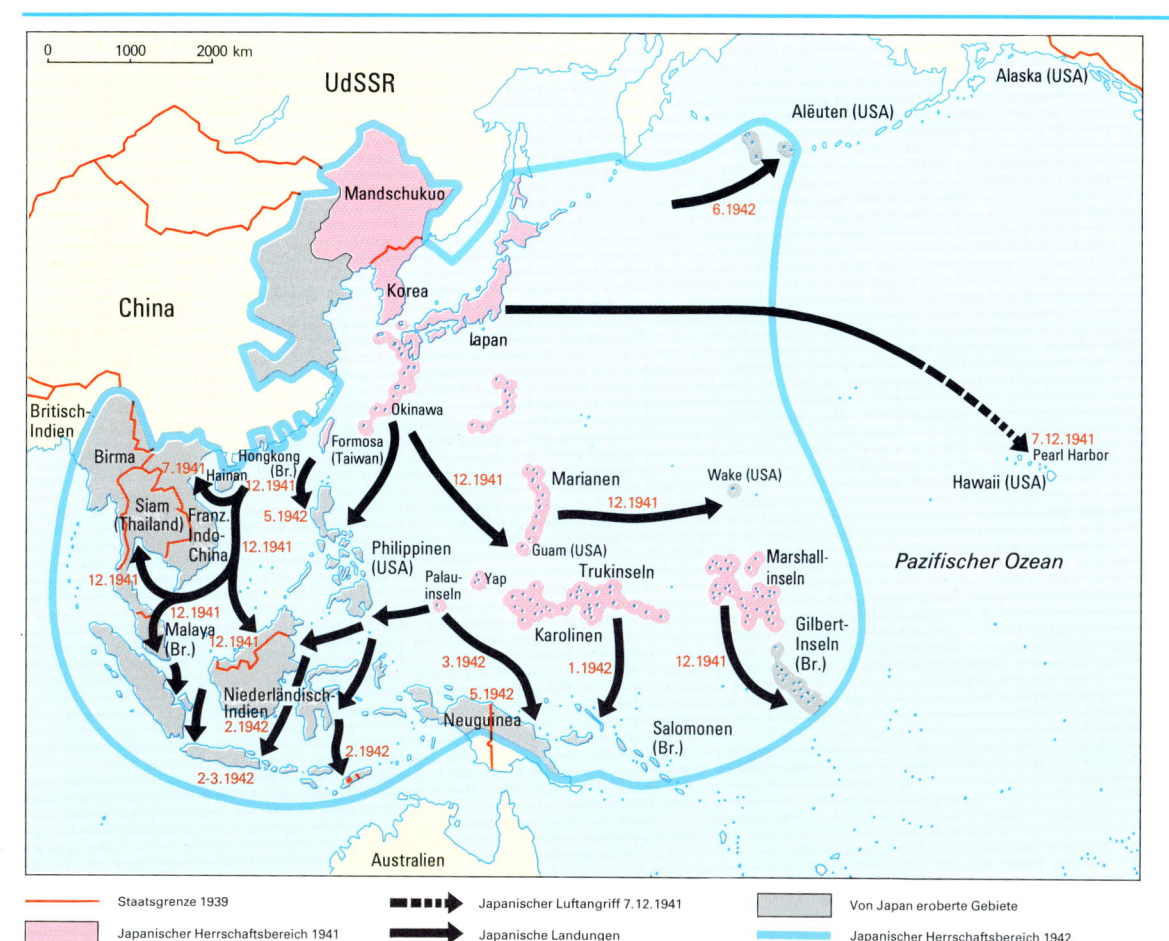

*Die Karte gibt einen Überblick über die japanischen Eroberungen zwischen dem Angriff auf Pearl Harbor am 7. 12. 1941 und dem Zeitpunkt, als der japanische Herrschaftsbereich sechs Monate später seine größte Ausdehnung erreichte.*

## Politik

**Kriegsopfer**

Zahlen können nur sehr begrenzt vermitteln, welches unsagbare menschliche Leid der 2. Weltkrieg mit sich brachte. Der Verstand, der sich kaum eine Million Tote vorstellen kann, hat Mühe, die Auswirkungen so großer Verluste zu erfassen. Zum Vergleich: Der 2. Weltkrieg forderte viermal so viele Tote wie der 1. Weltkrieg. Der Grund dafür ist in der weit fortgeschrittenen technologischen Entwicklung zu suchen. Diese hatte Waffensysteme hervorgebracht, deren Zerstörungskraft die der Vergangenheit bei weitem übertraf. Mit den Atombomben, die bei Kriegsende über Hiroshima und Nagasaki abgeworfen wurden, erreichte das Vernichtungspotential eine neue Größenordnung. Das ist mit ein Grund, warum die Zahl der Opfer in der Zivilbevölkerung im 2. Weltkrieg viel höher lag als im 1. Weltkrieg.

Die Verlustziffern waren bei der Zivilbevölkerung beinahe so hoch wie bei den Soldaten. Insgesamt waren es rd. 20 Millionen Menschen. Im zivilen Sektor wurde ein Großteil das Opfer der NS-Rassenpolitik, die in die systematische Ausrottung von Juden und anderen als minderwertig betrachteten Minderheiten (»Untermenschen«) mündete. In der hier abgebildeten Grafik geht es um die relativen Verluste, die die verschiedenen Länder erlitten haben. In absoluten Zahlen stehen die UdSSR und das Deutsche Reich mit 20 bzw. 5,7 Millionen Toten vorn. Für die UdSSR bedeutet dies mehr als 10%, für Deutschland über 8% der Gesamtbevölkerung. Was den Anteil an der Gesamtbevölkerung betrifft, wurden Polen und Jugoslawien mit 14% bzw. 11% noch schwerer getroffen.

Die aufgeführten Zahlen sind nicht absolut zuverlässig. Es war im nachhinein äußerst schwierig festzustellen, was genau im Verlaufe des Krieges geschah. Auch ist der Begriff »Kriegsgewalt« als Todesursache dehnbar. Unterernährung war nicht weniger tödlich als Bomben, Krankheiten waren nicht weniger Manifestationen von Gewalt als standrechtliche Erschießungen. Die errechneten Zahlen geben jedoch brauchbare Hinweise auf die Allgegenwart des Krieges mit seinen tödlichen Folgen. Für China liegen keine Zahlen vor. Nach Schätzungen starben rd. 2,2 Millionen chinesische Soldaten im Kampf gegen die Japaner, die Anzahl der Toten unter der Zivilbevölkerung kann nur geschätzt werden. Auch für andere Länder, die vom Krieg betroffen wurden, fehlt statistisches Material.

**Kriegstote**

| Land | Anteil der Verluste an der Gesamtbevölkerung | Zivilisten | Soldaten |
|---|---|---|---|
| *A. Westliche Alliierte und ursprünglich neutrale Länder* | | | |
| Großbritannien | 0,8 % | 62 000 | 326 000 |
| Frankreich | 2 % | 470 000 | 340 000 |
| Belgien | 1 % | 76 000 | 12 000 |
| Niederlande | 2 % | 198 000 | 12 000 |
| Polen | 14 % | 4 200 000 | 320 000 |
| Tschechoslowakei | 3 % | 220 000 | 150 000 |
| Jugoslawien | 11 % | 1 280 000 | 410 000 |
| USA | 0,2 % | | 250 000 |
| Griechenland | 2 % | 140 000 | 30 000 |
| Norwegen | 0,3 % | 3 500 | 6 000 |
| *B. Verluste der UdSSR* | | | |
| UdSSR | 10,5 % | 7 000 000 | 13 000 000 |
| *C. Achsenmächte und ihre Verbündeten* | | | |
| Deutschland | 8,5 % | 2 200 000 | 3 500 000 |
| Österreich | 5 % | 104 000 | 230 000 |
| deutschsprachige Minderheiten in Ost- und Südeuropa (Volksdeutsche) | | 1 200 000 | 400 000 |
| Italien | 1 % | 80 000 | 330 000 |
| Japan | 3 % | 360 000 | 1 700 000 |
| Finnland | 2,5 % | 35 000 | 50 000 |
| Ungarn | 4,5 % | 280 000 | 140 000 |
| Rumänien | 2,5 % | 260 000 | 200 000 |
| Bulgarien | 0,3 % | 10 000 | 10 000 |
| Insgesamt | | 18 178 000 | 21 416 000 |

## Politik

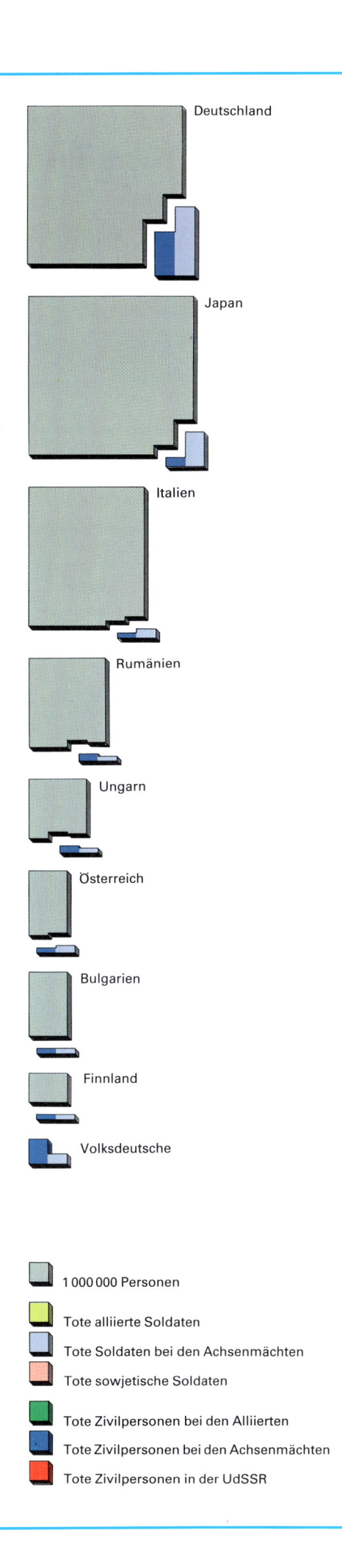

*Deutsche Infanterie vor Moskau.*

terstützte jedoch politisch wie ökonomisch die deutsche Kriegführung in gewichtiger Form. Das hatte seinen Grund gewiß in Sicherheitsüberlegungen des »einzigen sozialistischen Staates« der Welt, war aber darüber hinaus Ausdruck einer Großmachtpolitik, die an ihrer Westgrenze durch mit Deutschland abgesprochene territoriale Expansion (Litauen, Lettland, Estland, Ostpolen, Bessarabien) und einen lokalen Krieg gegen Finnland 1939/40 ihre Position zu festigen verstand. Gerade diese Erweiterung des sowjetischen Einflusses konnte Stalin über den 2. Weltkrieg hinaus verteidigen.

Erst das Jahr 1941 änderte die Situation grundlegend. Der unprovozierte deutsche Überfall auf die Sowjetunion am 22. 6. 1941 ließ bald Großbritannien und die Sowjetunion zu einer Koalition zusammenfinden, die im Mai 1942 zu einem Bündnis ausgestaltet wurde.

Die amerikanische Embargo-Politik gegenüber Japan stellte die Tokioter Führung in der zweiten Jahreshälfte 1941 sodann vor die Alternative, entweder mit ihrer Expansion einzulenken oder die Flucht nach vorn anzutreten. Der japanische Überfall auf die amerikanische Flotte vor Pearl

*Besonders berühmt wurden die sowjetischen Katjuscharaketen, im Volksmund »Stalinorgeln« genannt. Sie waren auf Lastwagen montiert und konnten schneller als Artillerieeinheiten verlegt werden.*

### Legende

- Deutschland
- Japan
- Italien
- Rumänien
- Ungarn
- Österreich
- Bulgarien
- Finnland
- Volksdeutsche

- 1 000 000 Personen
- Tote alliierte Soldaten
- Tote Soldaten bei den Achsenmächten
- Tote sowjetische Soldaten
- Tote Zivilpersonen bei den Alliierten
- Tote Zivilpersonen bei den Achsenmächten
- Tote Zivilpersonen in der UdSSR

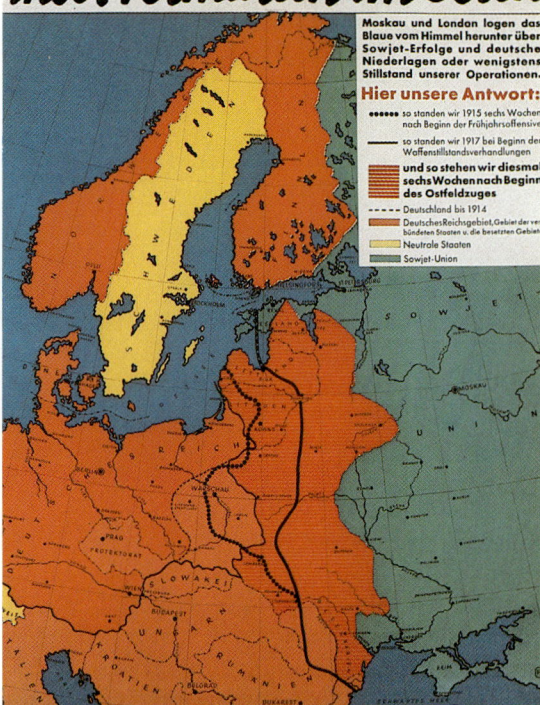

*Deutsches Propagandaplakat, das die Ausdehnung der Ostfront zeigt.*

*Die Angriffe der Kamikazepiloten waren die letzten Versuche der Japaner, die Amerikaner aufzuhalten. Hier stürzt sich eines dieser Flugzeuge unter schwerem Abwehrfeuer auf die »Missouri«, das Schiff, auf dem später die Kapitulation unterzeichnet werden sollte.*

Harbor (7. 12. 1941) bedeutete den Beginn des Großmächtekrieges in Ostasien, der sich durch die deutsche (und italienische) Kriegserklärung an die USA tatsächlich zum weltweiten Krieg ausweitete. Fortan kämpften die beiden Seemächte USA und Großbritannien einen Zwei-Ozeane-Krieg in Europa und Ostasien, während sich die Sowjetunion gemäß dem japanisch-sowjetischen Neutralitätsvertrag vom 13. 4. 1941 in Asien bis gegen Kriegsende militärischer Aktionen enthielt. Die »Anti-Hitler-Koalition« USA–Sowjetunion–Großbritannien bezog sich also nur auf die eine große Front in Europa. Allerdings hatte hier die Sowjetunion über lange Zeit

### Die Schlacht um Midway

Der Angriff der japanischen Flotte auf Midway, eine der westlichsten Inseln der Hawaiigruppe, ist vor dem Hintergrund der Absicht zu sehen, den bisher schon besetzten Raum im Pazifik zu erweitern und die nach dem Angriff auf Pearl Harbor verbliebenen Verbände der US-amerikanischen Flotte zum Entscheidungskampf zu zwingen. Den Japanern war dabei klar, daß Midway für die Amerikaner von höchster strategischer Wichtigkeit war, da die Entfernung vom Flughafen des Inselatolls zur zentralhawaiianischen Inselgruppe nur rd. 2000 km betrug. Eine Besetzung schien deshalb dem japanischen Oberkommando zwingend geboten.

Die Operation begann Anfang Juni 1942 und stand unter der Leitung von Admiral Yamamoto Isoroku. Dieser bildete zwei Schiffsformationen, von denen eine (unter Vizeadmiral Nagumo) als Gefechtskern vier große Flugzeugträger hatte. Der andere Verband steuerte als Ablenkungsmanöver in Richtung Aleuten. Dem ersten Verband gehörten weiter 7 Schlachtschiffe, 4 kleinere Träger, 14 Kreuzer, 42 Zerstörer, 21 U-Boote sowie eine Vielzahl weiterer kleinerer Einheiten an. Die US-Amerikaner, denen die Angriffsabsicht der Japaner bekannt war, hatten zwei Kampfgruppen unter den Konteradmiralen Frank J. Fletcher und Raymond A. Spruance gebildet, die sich um einen beziehungsweise zwei Flugzeugträger gruppierten. Dabei war es, für die Japaner völlig unerwartet, den Amerikanern noch gelungen, den in der Schlacht in der Korallensee beschädigten Flugzeugträger »Yorktown« innerhalb von nur wenigen Tagen zu reparieren.

Am Morgen des 4. 6. 1942 begannen die Japaner mit Luftangriffen auf Midway. Die US-amerikanische Luftwaffe konnte diese jedoch abwehren.

Kurze Zeit später meldete ein japanisches Aufklärungsflugzeug das Erscheinen der US-amerikanischen Träger auf der Kampfszene. Daraufhin änderte Vizeadmiral Nagumo die Taktik. Die japanischen Flugzeuge sollten nun nicht mehr Midway, sondern die US-amerikanischen Träger angreifen. Während dazu Vorbereitungen getroffen wurden, erfolgte unvermittelt der Angriff der 156 US-amerikanischen Torpedo- und Sturzkampfflugzeuge. Die Torpedoflugzeuge hatten zunächst keinen durchschlagenden Erfolg. Da sie ohne Jagdschutz flogen, mußten sie schwere Verluste hinnehmen. Verheerend wirkte sich dagegen der Angriff der Sturzkampfbomber auf die japanische Flotte aus. Die drei Träger »Kaga«, »Akagi« und »Soryu« wurden schwer beschädigt. Der vierte Träger, »Hiryu«, war zuerst nicht entdeckt worden. Seine Flugzeuge beschädigten die US-amerikanische »Yorktown« erneut schwer. Doch wurde auch die »Hiryu« bei den Kämpfen mit der »Yorktown« so schwer getroffen, daß sie am nächsten Morgen sank, ein Schicksal, das inzwischen auch die anderen drei japanischen Flugzeugträger ereilt hatte. Nachdem die Träger verloren waren, brach Admiral Yamamoto die Operation ab. Die »Yorktown« trieb bis zum 7. 6. manövrierunfähig auf See, bis sie von den Torpedos eines japanischen U-Bootes versenkt wurde.

Die Schlacht von Midway war ein schwerer Schlag für die japanische Flotte. Sie hatte zudem gezeigt, daß bei Seeschlachten Flugzeugträger die konventionellen Schlachtschiffe in ihrer Bedeutung zurückgedrängt hatten. Letztlich sollte dieses Aufeinandertreffen entscheidend für den weiteren Verlauf des Pazifikkrieges werden.

Die Japaner hatten neben ihren Flugzeugträgern auch viele gut ausgebildete Piloten verloren. Ohne die Flugzeugträger war es aber unmöglich, die weiten pazifischen Räume auch nur annähernd militärisch zu sichern.

hinweg die weitaus größten Belastungen zu tragen. Der Seekrieg im Atlantik sowie der zunehmende Luftkrieg banden zwar ebenso wie der Krieg in Nordafrika und die wachsende Bedrohung durch eine alliierte Landung in Westeuropa entscheidende deutsche Kräfte, und die Sowjetunion wurde von ihren Partnern durch Materiallieferungen unterstützt, sie hatte aber den Kampf um ihre Existenz auf ihrem Territorium allein zu tragen. In Abwägung der Prioritäten zwischen Asien und Europa galt für die Anglo-

Amerikaner zwar die Maxime »Germany first«, es dauerte aber doch bis zum 6. 6. 1944, bis mit der alliierten Landung in der Normandie die lange von sowjetischer Seite geforderte »Zweite Front« Wirklichkeit wurde. Bis dahin hatte sich der europäische Ostkrieg längst zu sowjetischen Gunsten gewendet; der Fall Stalingrads (2. 2. 1943) markierte hier einen deutlich sichtbaren Einschnitt. Daran änderten die alliierte Landung in Nordafrika Ende 1942 mit der nachfolgenden Vertreibung der Deutschen und Italiener sowie das alliierte Vordringen nach Italien im nächsten Jahr mit der Folge des Ausscheidens Italiens aus dem Krieg nichts Grundsätzliches.

Demgegenüber war im Pazifik nach anfänglich beträchtlichen japanischen Erfolgen bereits im Juni 1942 nach der See-Luft-Schlacht bei den Midway-Inseln langfristig der Würfel zugunsten der materiell, taktisch und organisatorisch weit überlegenen Amerikaner gefallen.

Die Anti-Hitler-Koalition hielt zusammen vornehmlich durch die Erfordernisse des gemeinsamen militärischen Kampfes gegen die »Aggressorstaaten«. Bereits durch den ungleichartigen militärischen Einsatz – die Sowjetunion behauptete sich ja weitgehend allein gegenüber den Deutschen, die Amerikaner (und Briten) kämpften die Japaner schrittweise nieder – waren Spannungen angelegt, die ein dauerhaftes politisches Bündnis erschweren mußten. So formulierten Roosevelt und Churchill zunächst zu zweit in der Atlantikcharta die Prinzipien einer liberal-demokratischen Nachkriegsordnung (14. 8. 1941), die allen Völkern das Recht geben sollte, »sich diejenige Regierungsform zu wählen, unter der sie leben wollen«. Diese Erklärung bildete die Grundlage für den Pakt der »Vereinten Nationen«, der am 1. 1. 1942 von 26 Staaten geschlossen wurde. Neben den meisten Staaten Lateinamerikas verpflichtete sich hierin auch die Sowjetunion, keinen Sonderfrieden mit den Kriegsgegnern abzuschließen. Es dauerte noch 21 Monate, bis die engen britisch-amerikanischen Absprachen durch Konferenzen der USA, der Sowjetunion und Großbritanniens erweitert wurden. Der Moskauer Außenministerkonferenz vom Oktober 1943 folgte Ende November/Anfang Dezember des gleichen Jahres in Teheran das erste Treffen der »Großen Drei«, Roosevelt, Churchill, Stalin, dem sich die Jalta-Konferenz (Februar 1945) anschloß. Probleme der gemeinsamen Kriegführung standen hierbei im Vordergrund, jedoch deuteten sich mit zunehmender Annäherung an den Sieg bereits territoriale, wirt-

*Stalingrad*
*S. 129–26*

*D-Day*
*S. 129–27*

*Die militärische Lage im Herbst 1942.*

## Die Schlacht bei Stalingrad

Im Mai 1942 begann die deutsche Armee ihre Sommeroffensive, nachdem die Rote Armee versucht hatte, Charkow zurückzuerobern. In der letzten großen von der Wehrmacht gewonnenen Kesselschlacht wurden 200 000 sowjetische Soldaten zu Kriegsgefangenen. Damit war der Weg zum Donez frei, der Ende Mai von deutschen Truppen überquert wurde. Zwei Monate später brachen zwei Panzerarmeen nach Woronesch am Don durch. Von dort rückten sie nach Stalingrad an der Wolga vor. Weiter im Süden stieß die »Heeresgruppe A« über Rostow in Richtung Kaukasus vor. Östlich davon zog eine Panzerarmee zu den wichtigen Erdölfeldern von Maikop. Dieser dreigeteilte Vorstoß führte zwar zu großen Geländegewinnen, es gelang der Wehrmacht aber nicht mehr, entscheidende Vernichtungsschlachten zu schlagen. Die verbissen kämpfende Rote Armee ließ sich nicht bis zum Ostufer des Don vertreiben. Stalingrad, dem Hitler überragende kriegswirtschaftliche Bedeutung zusprach, war für ihn ein mit Besessenheit verfolgtes Ziel geworden. Am 19. 8. gab der Oberbefehlshaber der 6. deutschen Armee, General Friedrich Paulus, den Befehl zum Angriff auf Stalingrad.

Am 19. 11. 1942 begann die Rote Armee unter Marschall Schukow, die Flanken der 6. Armee, die von rumänischen, italienischen und ungarischen Soldaten gebildet wurden, zu durchbrechen. Als die beiden sowjetischen Angriffskeile sich am 22. 11. bei Kalatsch berührten, war die Stadt mit 250 000 Soldaten eingeschlossen. Mit der völlig unzutreffenden Zusicherung Görings im Rücken, die Verbände aus der Luft versorgen zu können, gab Hitler dem um mehr Handlungsfreiheit nachsuchenden General Paulus den verhängnisvollen Befehl: »Der Oberbefehlshaber begibt sich mit seinem Stab nach Stalingrad. Die 6. Armee igelt sich ein und wartet weitere Befehle ab.« Die Hoffnung auf Entsatz sank jedoch immer mehr. Wegen des schlechten Wetters und des sowjetischen Sperrfeuers konnte die Luftwaffe die frierenden und von Entbehrungen geschwächten Soldaten zu keiner Zeit ausreichend versorgen.

Der Versuch der »Heeresgruppe Don« unter Generalfeldmarschall Erich von Manstein, den Ring der Roten Armee zu durchbrechen, scheiterte in den letzten Dezembertagen. Als die sowjetischen Truppen am 1. 1. 1943 zur Schlußoffensive antraten, war die Lage bereits hoffnungslos. Am 25. 1. war die Munition der sich hartnäckig wehrenden deutschen Soldaten nahezu verschossen, der Kessel der Verteidiger gespalten. Als Hitler klar war, daß die Stadt fallen würde, beförderte er Paulus zum Generalfeldmarschall, in der Hoffnung, daß dieser Selbstmord begehen würde, weil noch kein deutscher Feldmarschall in Kriegsgefangenschaft geraten war. Am 31. 1. ergab sich Paulus jedoch mit seinen halberfrorenen und entkräfteten Soldaten. Der nördliche Kessel folgte am 2. 2. Das Oberkommando der Wehrmacht gab daraufhin bekannt: »Der Kampf um Stalingrad ist zu Ende. Ihrem Fahneneid bis zum letzten Atemzug getreu, ist die Armee unter der vorbildlichen Führung des Generalfeldmarschalls Paulus der Übermacht des Feindes und der Ungunst der Verhältnisse erlegen ...« Zum ersten Male hatte die bis dahin im 2. Weltkrieg unbesiegte deutsche Armee eine schwere Niederlage erlitten; es hatte sich weiter gezeigt, daß Hitler in Abwehrsituationen unfähig war, angemessen zu reagieren. Der Krieg gelangte an seinen Wendepunkt.

Von den 250 000 eingeschlossenen Soldaten wurden im Laufe der Kämpfe 42 000 ausgeflogen, 118 000 fielen, 90 000 gerieten in Gefangenschaft; von ihnen kehrten nach dem Kriege nur 6000 nach Deutschland zurück. Die anderen starben in sowjetischer Kriegsgefangenschaft.

*Sowjetische Soldaten im Straßenkampf in Stalingrad (November 1942).*

## Die Ardennenoffensive: Hitlers letzter Schlag

Am 16. 12. 1944 wurden im belgisch-luxemburgischen Ardennengebiet – genau wie 1940, beim deutschen Angriff auf Frankreich, ahnten die Alliierten nichts – 6 US-amerikanische Divisionen von 38 unter großen Schwierigkeiten zusammengezogenen deutschen Divisionen überrumpelt. Mit dieser sogenannten Ardennenoffensive, der »Operation Herbstnebel«, wollte Hitler nach Überschreiten der Maas Antwerpen erreichen und die britischen Truppen im Süden der Niederlande von der amerikanischen Hauptstreitmacht trennen. Hitler erhoffte sich davon, da er nun wieder die Initiative übernommen hatte, nicht zuletzt einen psychologischen Effekt auf die Moral der deutschen Truppen und der Alliierten. Am 24. 12. hatten sich die Panzerspitzen der deutschen Heeresgruppe B der Maas bei Dinant genähert und den Stützpunkt Bastogne umzingelt. Das schlechte Wetter hatte die Alliierten daran gehindert, ihre Luftüberlegenheit auszunutzen; jetzt klarte das Wetter aber wieder auf. Die deutschen Verbände trieben zwar einen tiefen Keil in die alliierte Front, doch der wurde nun unaufhörlich mit Bomben belegt. Als es dann auch nicht gelang, Verstärkung aus Lothringen heranzuführen, kam der Angriff auf den schneebedeckten Straßen ins Stocken. Bastogne mit der 101. Luftlandedivision fiel nicht und wurde in der Nacht vom 26. auf den 27. 12. von General Patton entsetzt. Vom 3. 1. 1945 an warfen Patton im Süden und Montgomery auf der nördlichen Flanke die Deutschen auf ihre alten Stellungen zurück, die sie zu Beginn des Februars wieder erreichten. Die Ardennenoffensive kostete mehr als 8000 US-Soldaten das Leben. Hitler verlor 12 000 Soldaten und 1200 Fahrzeuge, darunter 600 der für ihn so kostbaren Panzer. Viel wäre den Soldaten erspart geblieben, hätte Hitler auf die Generäle von Rundstedt und Model gehört und am 8. 1. 1945 seine Zustimmung zum Rückzug gegeben. So jedoch hatte er seine letzte Karte im Westen verspielt.

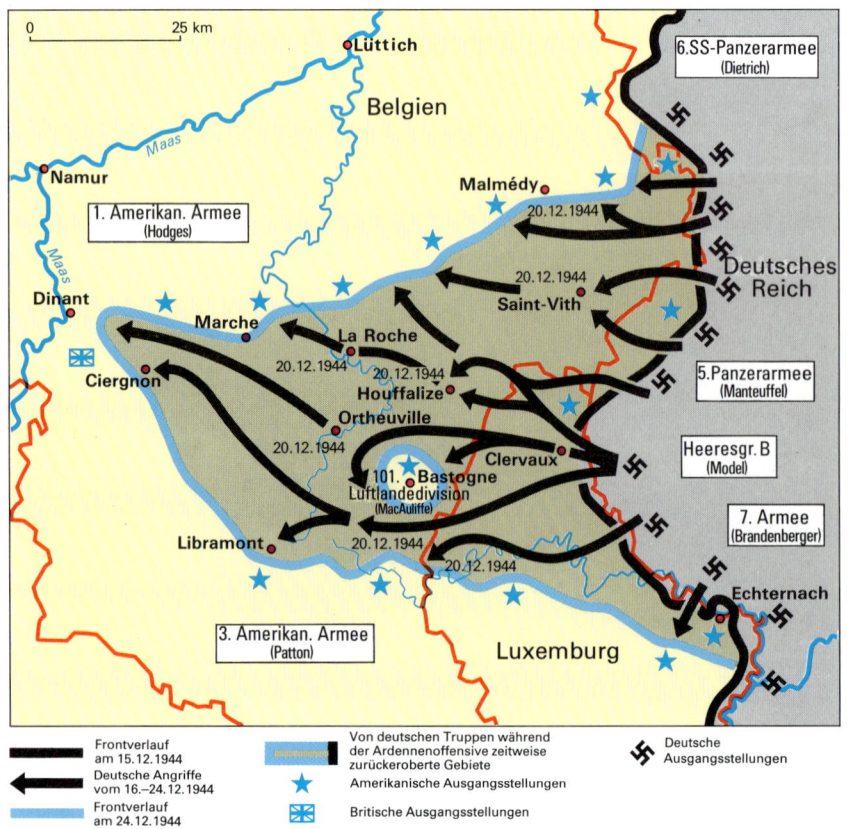

*Die Karte zeigt, welche Breschen die deutsche Überraschungsoffensive in die amerikanischen Linien schlug. Wegen Treibstoffmangels kam der Angriff Richtung Antwerpen nach einer Woche zum Stehen.*

**Politik** 203

**Luftkrieg gegen das Deutsche Reich**

In der britischen und US-amerikanischen Luftwaffe wurde neben einer taktischen auch eine selbständige strategische Luftstreitkraft entwickelt.
Im Gegensatz zu den taktischen Verbänden, die in erster Linie zur Bekämpfung der feindlichen Luftstreitkräfte und zur indirekten oder direkten Unterstützung von Heer und Marine dienen, haben die strategischen Verbände die Aufgabe, solche Ziele zu vernichten, die für die Fähigkeit des Gegners, Krieg zu führen, wichtig sind.
Dies ist im Zusammenhang mit der allmählichen Verschärfung des Luftkriegs im 2. Weltkrieg zu sehen. Dabei spielten Überlegungen eine Rolle, die der italienische Fliegergeneral Giulio Douhet 1921 entwickelt hatte. Danach sollte es das Ziel eines künftigen Luftkriegs sein, den Widerstandswillen des Gegners ausschließlich durch Bombenangriffe auf militärische und zivile Ziele im feindlichen Heimatgebiet zu brechen. Vor allem der moralische Widerstand der Zivilbevölkerung, so Douhets These, würde durch ständige Bombenangriffe überwunden.
Diese Gedanken beeinflußten die Luftkriegsführung der Alliierten in zunehmendem Maße. Wie die deutsche Luftwaffe im Jahre 1940 versuchten die Engländer von 1941 an, zunächst industrielle und militärische Ziele zu zerstören. Doch gelang es der deutschen Luftwaffe, eine anfangs gut funktionierende Luftverteidigung aufzubauen, deren Grundlage ein Nachtjagdsystem und die Radarerfassung der feindlichen Bomberverbände bildeten. Außerdem waren die wichtigen strategischen Punkte durch starke Flakeinheiten geschützt. So blieb bis Ende 1941 das Ergebnis der britischen Nachtangriffe für das Alliierte Oberkommando wenig befriedigend. Der neue englische Luftmarschall Arthur T. Harris veränderte daraufhin auf Weisung Churchills die bisherige eher taktisch ausgerichtete Angriffsführung. Er beschloß die Massierung der kleineren Verbände und das Flächenbombardement von größeren Stadtzentren. Köln sollte das erste Opfer dieser Taktik werden. Ein Tausend-Bomber-Angriff am 30./31. Mai 1942 legte die Innenstadt in Schutt und Asche. Lübeck und Rostock wurden ebenfalls Ziele im Rahmen der neuen Taktik.
Als sich 1943 auch die US-amerikanische Luftwaffe am Kampf beteiligte, wurde der Luftkrieg total. Die Amerikaner waren bemüht, Präzisionsangriffe durchzuführen. Da dies nur tagsüber möglich war, erlitt man, als die deutsche Luftunterlegenheit noch nicht so deutlich war, schwere Verluste (so z. B. über Schweinfurt). Erst eine Verbesserung des Jagdschutzes führte hier zu Erfolgen, ohne jedoch hundertprozentige Wirkung zu erzielen.
Im Verlauf des Jahres 1943 war die Luftüberlegenheit der Alliierten in quantitativer und qualitativer Hinsicht, unter anderem durch Verbesserungen der Funk- und Radareinrichtungen, so groß geworden, daß nun stärkere Vernichtungsschläge immer häufiger wurden. Im Frühling 1943 wurden weite Gebiete des Ruhrgebiets zerstört; ein Flächenbombardement von Hamburg führte im Sommer desselben Jahres zu einer Brandkatastrophe, in der rd. 40 000 Menschen starben.
Noch mußte man durch die deutsche Abwehr, deren Jagdflugzeuge und Flakgeschütze durch Radar gut koordiniert waren, Verluste hinnehmen, bis der ungeheure Materialeinsatz der Alliierten im Sommer 1944 zu deren »Lufthoheit« im Deutschen Reich führte. Trotzdem verzichtete man auch 1945 nicht auf die Flächenbombardierungen der deutschen Städte. Berlin erlitt schwere Zerstörungen, doch noch schwerer wurde Dresden heimgesucht. Die mit Flüchtlingen überfüllte Stadt, in der nur wenige Flakeinheiten stationiert waren, wurde durch einen Dreiwellen-Angriff der Alliierten am 13. und 14. 2. 1945 in Schutt und Asche gelegt. Dieser militärisch sinnlose Angriff forderte mindestens 35 000–50 000 Menschenleben. Insgesamt sollen etwa 600 000 Deutsche bei Luftangriffen ums Leben gekommen sein.
Der Erfolg des Luftkrieges für die Alliierten blieb umstritten. Immerhin konnte die deutsche Kriegsproduktion 1944 ihren Höhepunkt erreichen. Zwar wurden starke deutsche militärische Kräfte im Reichsgebiet gebunden, andererseits erlitt auch die alliierte Luftwaffe hohe Verluste. Erst Ende 1944 gelang es, die Treibstoffversorgung sowie das militärisch wichtige Transportsystem ernstlich zu schädigen. Die Moral der Bevölkerung wurde jedoch ebensowenig wie bei den Luftangriffen auf Großbritannien 1940/41 gebrochen. Es gelang den Nationalsozialisten sogar, die Empörung über die Flächenbombardements in eine Steigerung des Kriegswillens umzuwandeln (»totaler Krieg«).

*Die Innenstadt Dresdens wurde durch einen sinnlosen Bombenangriff am 13. 2. 1945 in Schutt und Asche gelegt. Mindestens 35 000 Menschen, darunter Tausende schlesischer Flüchtlinge, fanden den Tod.*

---

schaftliche und gesellschaftspolitische Differenzen in der Gestaltung der Nachkriegsordnung an. Als das Deutsche Reich am 7./9. 5. 1945 bedingungslos kapitulierte, dauerte der ostasiatische Krieg noch an: Die Experten befürchteten zu diesem Zeitpunkt, man müsse noch weitere ein bis zwei Jahre kämpfen.
Auf der Potsdamer Konferenz der »Großen Drei« (Stalin, nunmehr Truman als Nachfolger Roosevelts, Churchill und an dessen Stelle dann Attlee) dominierten im Hintergrund die immer deutlicher zutage tretenden Differenzen über die europäische Nachkriegsordnung, jedoch kaschierte der ostasiatische Krieg diese Vorgänge. Zwar signalisierten die praktisch bereits geschlagenen Japaner Kriegsmüdigkeit, jedoch hielten sie zu diesem Zeitpunkt noch immer Indonesien, Thailand, Indochina und weite Teile Chinas in ihrem Machtbereich. Der von den Alliierten seit langem geforderte sowjetische Kriegseintritt am 8. 8. sowie die beiden Atombombenabwürfe von Hiroshima und Nagasaki (6. bzw. 9. 8.) besiegelten das Schicksal des nicht mehr verteidigungsfähigen Japan: Durch die japanische Kapitulation vom 2. 9. 1945 fand der 2. Weltkrieg auch hier sein Ende.
Mit dem Einsatz der neuen Massenvernichtungsmittel begann zugleich ein neues Zeitalter, das dazu führte, den Einsatz gerade dieses Zerstörungspotentials unter der Drohung wechselseitiger Auslöschung nicht mehr als kalkulierbares Mittel erscheinen zu lassen. Durch die im Krieg zutagegetretenen politischen Differenzen in der Anti-Hitler-Koalition, die nicht zuletzt im Dienste der eigenen politischen, militärischen oder wirtschaftlichen »Sicherheit« auch eine politisch-soziale Umgestaltung der von ihnen befreiten Gebiete erstrebte, war der Weg in den Kalten Krieg bereits vorbereitet. Aber auch der 2. Weltkrieg selbst rief, durch Art der Kriegführung und Ordnungsentwürfe der expansiven Mächte bedingt, bereits die Frage nach dem Verhältnis von eingesetzten Mitteln, Zwecken und Zielen eines weltweiten Krieges auf.
»Dieser Krieg ist nicht der zweite Weltkrieg«, verkündete Hermann Göring 1942 unter stürmi-

*Schlacht um Berlin S. 129–28*

*Zusammenbruch S. 129–29*

## D-Day, 6. Juni 1944

In den ersten Stunden des 6.6.1944 begann in der Normandie eine militärische Landeoperation, wie sie in der Kriegsgeschichte bis dahin ohne Beispiel war: D-Day. Die Planung für die alliierte Invasion ging auf die Konferenz von Teheran zurück, wo im Dezember 1943 die Westmächte Stalin die Errichtung einer zweiten Front im Westen zugesagt hatten. Dabei setzte sich Roosevelt gegen Churchill durch, der für einen Angriff auf die Balkanhalbinsel plädierte, um den sowjetischen Einfluß in Südost- und Osteuropa zu begrenzen. Bereits am 19.8.1942 hatten kanadische Landungstruppen versucht, an der französischen Küste bei Dieppe einen Brückenkopf zu bilden. Dieser Versuch mißlang jedoch völlig. Das kanadische Einsatzkommando hatte über 4000 Gefallene zu beklagen. Trotzdem war man sich auf deutscher Seite darüber klar, daß die Alliierten erneut einen Landungsversuch unternehmen würden. Deshalb sollte die gesamte Küste stark befestigt werden (»Atlantikwall«). Mit der Ausführung dieser Aufgabe wurde Generalfeldmarschall Rommel beauftragt.

Für die Durchführung der Invasion lag auf alliierter Seite die Hauptverantwortung bei dem US-amerikanischen General Dwight D. Eisenhower. Große Mengen an Menschen und Material wurden bereitgestellt. Als Angriffsziel wählte man die Normandie, weil der Atlantikwall hier schwächer war als am Pas de Calais. Dort aber rechnete man auf *deutscher* Seite mit dem Angriff, weil der Verbindungsweg zur britischen Küste sehr kurz ist. Wegen der Erfahrungen von Dieppe wurde nun die Landung an der offenen Küste geplant. Dafür waren außer Landungsschiffen Hafenanlagen notwendig, um Truppen und Material für eine Brückenkopfbildung heranzuführen. Um den Nachschub an Treibstoff zu sichern, wurde eine Pipeline durch den Kanal gelegt. Ursprünglich war die Invasion für den 5.6. vorgesehen, doch setzte wider Erwarten schlechtes Wetter ein. General Eisenhower entschied sich schließlich dafür, nach einer leichten Wetterbesserung am 6.6. das Unternehmen zu beginnen, anderenfalls hätte man es erst 3–4 Wochen später durchführen können. Der deutsche Generalstab erwartete an diesem Ort und zu dieser Zeit keinen Angriff. So waren viele Einheiten noch im Hinterland stationiert. Rommel war am 5.6. auf Heimaturlaub gefahren, um den Geburtstag seiner Frau zu feiern. Die militärische Operation der Alliierten begann mit der Landung dreier Fallschirmspringerdivisionen auf der Halbinsel Cotentin und östlich von Caen. 17000 US-amerikanische und britische Soldaten sollten hier strategisch wichtige Plätze sichern. Inzwischen hatte sich die Invasionsflotte der Küste genähert. Die über 4000 Landungsboote wurden durch über 1000 Kriegsschiffe und über 12000 Flugzeuge gesichert, die die Landung mit einem Bombardement der deutschen Stellungen einleiteten. Um 6.30 Uhr begann die Landung an den fünf Küstenabschnitten »Utah«, »Omaha«, »Gold«, »Juno« und »Sword«. Besonders am »Omaha«-Abschnitt leisteten die überraschten Deutschen erbitterten Widerstand. Hier fielen allein 1000 US-amerikanische Soldaten. Trotzdem erwiesen sich die deutschen Kräfte als zu schwach. Fünf alliierten Divisionen gelang die angestrebte Bildung von Landeköpfen. Damit war eine wichtige Voraussetzung dafür geschaffen, daß unbehindert weiterer Nachschub ins Land kommen konnte. Rd. 10000 alliierte Soldaten fielen an diesem 6.6. Das beeinflußte allerdings den weiteren Vormarsch nicht. Bis zum 10.6. waren die Landeköpfe zu einem Brückenkopf von 90 km Länge und 23 km Tiefe ausgebaut. Zwar konnte Caen durch den Einsatz einer Panzerdivision von den Deutschen noch bis zum 19.7. gehalten werden, doch wurde die Lage der deutschen Truppen zusehends schwieriger. Die Alliierten führten bis Mitte Juni über zwei künstliche Häfen, »Mulberry A« und »Mulberry B«, die überwiegend aus schwimmenden Teilen gebildet waren, rd. 600000 Soldaten in den Brückenkopf. Zwar wurde »Mulberry A« am 19.6. durch einen Sturm zerstört, der Vorstoß der Alliierten war aber nicht mehr aufzuhalten: Am 27.7. gelang den US-Amerikanern bei St.-Lô der Durchbruch durch die deutschen Linien.

*Nachdem erfolgreich ein Brückenkopf gebildet wurde, dringen US-Marinesoldaten ins Landesinnere vor.*

*Die Karte zeigt die enormen Geländegewinne, die die Truppen der Alliierten in kurzer Zeit nach der Landung in der Normandie erzielten.*

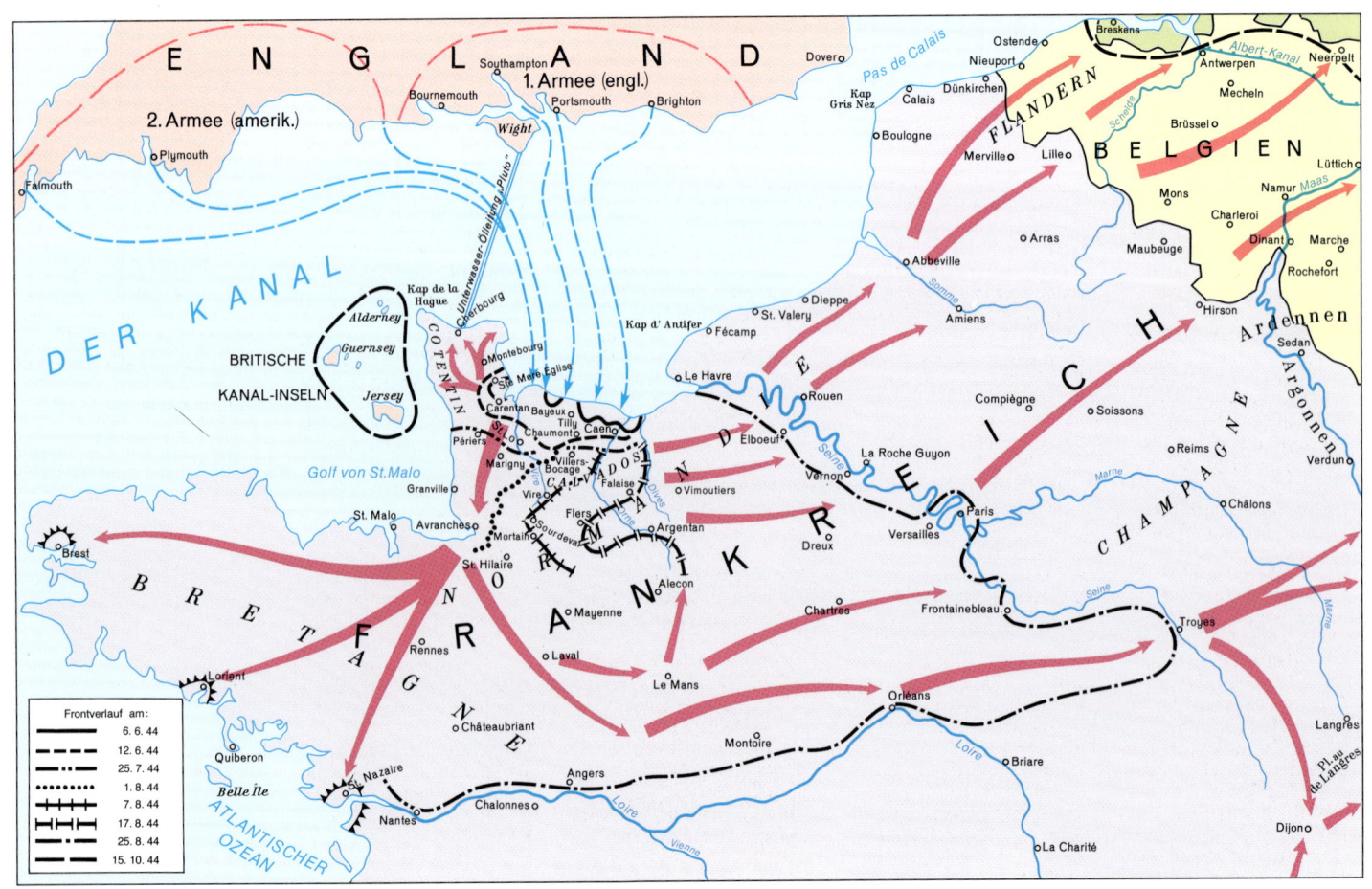

## Die Schlacht im Atlantik

Die Schlacht im oder um den Atlantik war eine der entscheidenden Auseinandersetzungen des 2. Weltkriegs. Sie dauerte praktisch von seinem ersten bis zu seinem letzten Tag. Voraussetzung und Ursache war die geographische Situation Großbritanniens, seine Insellage. Das Land war außerdem durch die Anfangserfolge des Deutschen Reiches gegenüber dem europäischen Kontinent isoliert. Hinzu kam noch erschwerend die Trennung von den USA, seinem mächtigen Verbündeten, durch die Weite des Atlantischen Ozeans.
Bei ihren Operationen gegen die Schiffahrt zwischen den Vereinigten Staaten und Großbritannien setzte die Wehrmacht zwar auch Langstreckenflugzeuge, vor allem die Focke-Wulf »Condor«, und Überseekriegsschiffe (Schlachtschiffe und Schwere Kreuzer) ein. Die Hauptwaffe aber waren die U-Boote.
Die Handelsflotten der Alliierten und der mit ihnen zusammenarbeitenden neutralen Staaten verloren im 2. Weltkrieg insgesamt etwa 6750 Schiffe mit 24,5 Millionen Bruttoregistertonnen (BRT). Davon gingen etwa 1600 Schiffe mit über 3 Millionen BRT durch Seeunfälle unter. Von dem Schiffsraum, der durch Feindeinwirkung verlorenging, fielen etwa 72% Unterseebooten zum Opfer, 14% wurden durch Flugzeuge, je etwa 7% durch Minen bzw. durch Überwasserkriegsschiffe versenkt. Schauplatz der höchsten Verluste war der Nordatlantik einschließlich der Gewässer um Großbritannien und des Nördlichen Eismeers, wo rd. 3700 Schiffe mit 16 Millionen BRT versenkt wurden.
Die Bedeutung der Schlacht im Atlantik verdeutlichen einige Zitate aus dem Werk des britischen Kriegspremiers Winston Churchill »The Second World War«: »Die einzige Sache, die mir während des Krieges jemals wirklich Furcht einflößte, war die U-Boot-Gefahr.« – »Die Schlacht im Atlantik war der beherrschende Faktor während des ganzen Krieges. Wir durften auch nicht für einen Moment vergessen, daß alle Geschehnisse auf anderen Gebieten, zu Land, auf See oder in der Luft, letztlich von ihrem Ausgang abhingen. Inmitten aller anderen Sorgen schauten wir Tag für Tag mit Hoffnung oder Besorgnis auf ihr wechselndes Glück.« – »Der U-Boot-Angriff war unser schlimmstes Übel. Es wäre weise gewesen, wenn die Deutschen alles auf diese Karte gesetzt hätten.«
Gegen die rasch wachsende U-Boot-Gefahr griffen die Alliierten auch im 2. Weltkrieg auf die bereits im 1. Weltkrieg bewährte Geleitzugtaktik zurück. Größere Kolonnen von Handelsschiffen wurden durch Gruppen kleiner, schneller Kriegsschiffe mit entsprechenden Abwehrwaffen gesichert. Dagegen operierte die deutsche U-Boot-Waffe, die während des ganzen Krieges unter dem Oberbefehl von Admiral Karl Dönitz stand, mit der sogenannten Rudel-Taktik, sobald dafür genügend U-Boote zur Verfügung standen. Größere Gruppen aus bis zu 30 U-Booten griffen Geleitzüge an, die durch Luftaufklärung oder durch einzelne U-Boote, die an bestimmten Beobachtungsstellen stationiert waren, gesichtet wurden. Diese »Rudel« dirigierte man zentral von Deutschland oder Frankreich aus. Im U-Boot-Krieg spielte nicht nur die Entwicklung immer neuer Angriffs- und Abwehrwaffen sowie von Instrumenten zum Aufspüren an der Oberfläche (Radar) oder getaucht (Horchgeräte) fahrender U-Boote eine große Rolle, sondern auch das Abhören und möglichst das Entschlüsseln des beiderseitigen Funkverkehrs.
Entscheidend dafür, daß der U-Boot-Krieg trotz aller Erfolge letzten Endes von der deutschen Marine nicht gewonnen wurde, war die Entwicklung des Flugzeugradars, das eine frühzeitige Ortung aufgetaucht fahrender U-Boote auch aus großer Entfernung ermöglichte, und die Taktik des Einsatzes von speziellen Kampfgruppen, die aus einem Geleitflugzeugträger und Sicherungskriegsschiffen bestanden und auf die mit Radar georteten U-Boote Jagd machten. Durch ihren Einsatz kam es im Mai 1943 zur Wende in der Schlacht im Atlantik. Von nun an überstieg die Zahl der verlorengehenden U-Boote zeitweise die Zahl der versenkten Transportschiffe. Der U-Boot-Krieg wurde zwar nach einer kurzen Unterbrechung unvermindert fortgesetzt, doch gingen die Erfolge drastisch zurück. Die Entwicklung von U-Boot-Typen, die mit Hilfe neuartiger Motoren und anderer Einrichtungen längere Zeit und schneller unter Wasser fahren konnten, kam zu spät.
Die deutsche Kriegsmarine verfügte bei Kriegsbeginn über 57 U-Boote. Dazu kamen während des Krieges nach den Angaben von Karl Dönitz 1113 weitere U-Boote. Von diesen 1170 deutschen U-Booten kamen 863 zum Fronteinsatz. Auf »Feindfahrten« gingen 630 U-Boote verloren, davon 603 durch Feindeinwirkung. Im Heimatgebiet und in den Einsatzhäfen wurden 81 U-Boote durch Bombenangriffe und Minen zerstört, 42 durch Unfälle. 215 U-Boote wurden bei der Räumung von Stützpunkten und bei Kriegsende durch ihre Besatzungen gesprengt oder versenkt. 49 U-Boote schieden aus verschiedenen Gründen (Überalterung u.a.) aus, 153 wurden bei Kriegsende den Alliierten übergeben.
Von etwa 39 000 Seeleuten, die auf deutschen U-Booten ihren Dienst taten, starben im 2. Weltkrieg etwa 32 000. Davon kamen 26 640 beim Untergang ihrer Boote ums Leben, der Rest durch Verletzungsfolgen, Krankheiten und in der Gefangenschaft.
Um wieviel schwerer und gefahrvoller der U-Boot-Krieg im Vergleich mit dem 1. Weltkrieg geworden war, zeigt die Tatsache, daß durch deutsche U-Boote im 1. Weltkrieg mit 12,7 Millionen BRT fast ebensoviel Schiffsraum versenkt wurde wie im 2. (14,1 Millionen BRT). Dieses Ergebnis war aber im 1. Weltkrieg nur mit dem Verlust von 203 U-Booten und 5000 Besatzungsmitgliedern verbunden.
Wie begrenzt der Erfolg des U-Boot-Krieges war, zeigt andererseits die Tatsache, daß während des 2. Weltkrieges insgesamt 2889 gesicherte Geleitzüge von und nach Großbritannien liefen. Von den an diesen Unternehmungen beteiligten 85 775 Schiffen wurden 654 durch U-Boote versenkt, was einer Verlustrate von nur 0,75% entspricht. Diese Einschränkung gilt sogar für die gefährlichste Geleitzugroute nach den nordrussischen Eismeerhäfen, vor allem Murmansk, auf der von 1941 bis 1945 etwa 4 Millionen t Kriegsmaterial befördert wurden, darunter 5000 Panzer und 7000 Flugzeuge. Von den 811 Schiffen der Arktis-Konvois erreichten 720 ihr Ziel, und 33 kehrten aus verschiedenen Gründen um. 58 (7,2%) wurden versenkt. Von den 717 Schiffen, die aus Nordrußland zurückkehrten, wurden weitere 29 (4%) vernichtet. An diesen Versenkungen war die Luftwaffe in erheblichem Umfang beteiligt.
1942 war das weitaus erfolgreichste Jahr des U-Boot-Krieges. In diesem Jahr wurden 1200 Schiffe mit 6,7 Millionen BRT durch U-Boote versenkt, davon 1054 Schiffe mit 5,8 Millionen BRT durch deutsche U-Boote, die übrigen durch Japaner und Italiener. Der Umfang der alliierten Handelsschiffsverluste überstieg zum letzten Mal den Zuwachs durch Neubauten. Von 1943 an machte sich außer der Entwicklung neuer Waffensysteme auch zunehmend die wachsende Neubautätigkeit, vor allem auf Werften der USA, bemerkbar. In den Jahren 1943/44 wurden nicht nur etwa 28 Millionen BRT neuer Schiffe gebaut, es wurden auch 120 Geleitflugzeugträger und Hunderte von Begleitschiffen fertig.
Die Bekämpfung feindlicher Kriegsschiffe spielte für die deutschen Unterseeboote nur eine untergeordnete Rolle, obwohl einige spektakuläre Erfolge erzielt wurden. Dazu gehörte die Versenkung des Schlachtschiffs »Royal Oak« durch »U 47« unter Kapitänleutnant Günther Prien in dem stark gesicherten Hafen Scapa Flow am 14. 10. 1939. Insgesamt wurden durch deutsche U-Boote 3 Flugzeugträger, 3 Geleitträger, 2 Schlachtschiffe, 6 Kreuzer und etwa 90 Zerstörer und andere Geleitfahrzeuge versenkt.
Für die anderen am 2. Weltkrieg beteiligten Flotten hatten die U-Boote eine geringere Bedeutung. Am erfolgreichsten war die U-Boot-Waffe der USA, deren Einsatz sich vor allem gegen Überwasserkriegsschiffe der Japaner richtete. US-amerikanische U-Boote versenkten neben zahlreichen Transportschiffen u. a. 9 Flugzeugträger, 1 Schlachtschiff, 13 Kreuzer, 17 U-Boote und etwa 90 Zerstörer und Sicherungsfahrzeuge der japanischen Marine.

*Impressionen vom Seekrieg. Ein deutsches U-Boot ist von den Amerikanern kampfunfähig gemacht. Die Besatzung wird gefangengenommen.*

schem Beifall im Berliner Sportpalast. »Dieser Krieg ist der große Rassenkrieg. Ob hier der Germane und Arier steht oder ob der Jude die Welt beherrscht, darum geht es letzten Endes, und darum kämpfen wir draußen.« Wenn es sich also nach dem Willen der nationalsozialistischen Führung nicht um den 2. Weltkrieg handelte, so hieß dies, es wurde nicht zuerst um eine Revision des als ungerecht empfundenen Friedens von 1919 gekämpft. Es ging nicht allein darum, das, was man 1914 an deutscher Weltmachtstellung erstrebt und gegen »eine Welt von Feinden« nicht erreicht hatte, unter besseren internationalen Bedingungen bei gründlicherer Rüstungsvorbereitung erneut zu versuchen. Der Kern des Krieges war also nicht so sehr in einer Auseinandersetzung von Staaten oder Klassen zu sehen, sondern in einem aus Hitlers Sicht universalen Rassenkampf, in dem es um die möglichst weltweite Durchsetzung des nach seiner Auffassung größten Rassekerns der Welt, des germanischen, ging. Den Gegenpol, das absolut Böse, bildete das Judentum. Daher ist die Vernichtung des europäischen Judentums im Grauen der »Endlösung« in ganz wörtlichem Sinne als deutsches Kriegsziel zu betrachten, ja, es läßt sich die Ansicht vertreten, daß nach dem Scheitern der militärischen Chancen für den Gewinn des Krieges gerade die rassische Vernichtung den Vorrang erhielt. Diese Vernichtungspraktiken richteten sich nicht allein gegen die Juden, die als Träger bolschewistischer wie – in abgeschwächter Form – demokratischer Herrschaft in »Wirtsvölkern« galten, sondern auch gegen die »minderwertigen« Slawen. Zumal der Krieg gegen die Sowjetunion war als rassischer Vernichtungsfeldzug angelegt und zuvor geplant. Die deutsche Besatzungspolitik in Polen und der Sowjetunion beschränkte sich nicht auf ökonomische Ausbeutung und politische Unterdrückung, sondern verfolgte zielgerichtet auch und im Effekt erfolgreich die Ausrottung der einheimischen jüdischen und slawischen Oberschicht und darüber hinaus weiter Teile der Bevölkerung. Insofern unterschied sich der Krieg des Deutschen Reiches und seiner Satelliten in Osteuropa grundsätzlich in seinem Charakter von den bislang in der europäischen Geschichte üblichen Kriegen. Kriege haben immer mit Überwältigung, Niederwerfung und dabei Tötung von Menschen zu tun; hier wurde aber aus prinzipiellen Gründen die Vernichtung von Menschen betrieben, weil sie einer anderen Rasse angehörten.

Die Kriegführung im Westen Europas und im Mittelmeerraum blieb dagegen weitgehend den Regeln des bisher in europäischen Kriegen Üblichen verpflichtet, hielt sich im Kern an völkerrechtliche Vereinbarungen. Die deutsche Neuordnungspolitik konnte aber auch hier – unabhängig von der Dauer der Besetzung – kaum tragfähige Konzepte für eine Herrschaftsordnung aufweisen. Sie zielte trotz gelegentlicher Anklänge an eine neue gesamteuropäische Ordnung doch auf direkte Unterwerfung und Beherrschung sowie wirtschaftliche Ausbeutung. Angesichts der Zunahme von Widerstandsbewegungen im deutsch beherrschten Europa richtete sie sich also zunehmend auch im Westen auf eine terroristische Unterdrückung ein. Das galt zu Kriegsende auch für Italien, wo Mussolini zuvor in eher herkömmlichem Sinne eine Reichsbildung im Mittelmeerraum, in Südosteuropa sowie in Afrika versucht hatte. Mit unzureichenden militärischen Mitteln gerüstet, aber auch ohne den deutschen Fanatismus des Alles oder Nichts, geriet das faschistische Regime während dieses Krieges in immer stärkere Abhängigkeit vom nationalsozialistischen Bündnispartner.
In Ostasien hatte die japanische Expansion ihre

*Gegen Ende des Krieges wurden fast alle Männer in den Volkssturm gezwungen.*

*Der militärische Zusammenbruch.*

**Politik** 207

### Die V-Waffen

Die Propagandabezeichnung V-Waffen (Abkürzung für »Vergeltungswaffen«) erhielten zwei verschiedene Objekte. Die V1 war eine Flügelbombe mit Eigenantrieb durch ein pulsierendes Staustrahltriebwerk, das in den Fieselerwerken hergestellt wurde (Fabrikbezeichnung für die V1: Fi 103). Die V2 – für ihre Konstrukteure hieß sie A4 – war eine rd. 14 m lange Rakete mit vier großen »Schwanzflossen«. Beide Waffen konnten bis zu 1000 kg Sprengstoff befördern und hatten eine Reichweite von 220 bis 350 (V1) bzw. 300 bis 500 km (V2). Von Frankreich, Belgien oder den Niederlanden sollten sie Ziele in Südengland bombardieren. Das Staustrahltriebwerk, bei dem die Explosionsstöße den Vortrieb erzeugten und gleichzeitig die Ventilsteuerung bewirkten, und der Raketenmotor für flüssigen Brennstoff wurden bereits vor 1940 entwickelt, ersterer in den Arguswerken, letzterer von einer Expertengruppe des Heeres unter Wernher von Braun. Ab 1944 wurden die Waffen gegen England eingesetzt, am 13. 6. die V1 von Frankreich, am 8. 9. die V2 von Den Haag aus. Die erste V2 war am 6. 9. auf Paris abgeschossen worden. Um eine V1 mit ihrem Gesamtgewicht von 2100 kg starten zu können, brauchte man eine schräge Startpiste mit Schienen. Ein Dampfkatapult brachte die V1 auf die Startgeschwindigkeit, die nötig war, um das Triebwerk, das bis zu 600 l Kerosin verbrauchte, in Gang zu setzen. Die Höchstgeschwindigkeit von nur 700 km/h machte selbst den bestentwickelten Typ anfällig für Angriffe von Jagdflugzeugen und Luftabwehrbatterien. Gegen die V2 mit ihrer Geschwindigkeit bis 1700 m/sek gab es jedoch, war sie einmal abgefeuert, kein Mittel. Die 13 t schwere Rakete wurde von einer Startrampe senkrecht nach oben gestartet, wonach die Dampfturbine in 70 sek über die Pumpen rd. 3500 kg Alkohol und 5000 kg flüssigen Sauerstoff in die Verbrennungskammer drückte. Nach Beendigung der Brennstoffzufuhr verfolgte die Rakete eine ballistische Bahn. V1 und V2 wurden durch eine Automatik gesteuert, die vor dem Abschuß eingestellt wurde. Kursabweichungen signalisierte ein Kreiselkompaß; sie wurden durch die beweglichen »Schwanzflossen« korrigiert.
Die deutsche Rüstungsindustrie produzierte etwa 26 000 V1, von denen über 8000 gestartet werden konnten. Wegen der wirksamen Abwehr erreichten nur 29% das Zielgebiet. Von etwa 3000 hergestellten und 2000 abgeschossenen V2 kamen 1115 ins Ziel. Da viele der Flugkörper und Raketen wegen der begrenzten Zielgenauigkeit in unbebautes Gelände fielen, waren die Schäden geringer als erwartet. Auch die von der NS-Führung erhoffte psychologische Wirkung auf die britische Bevöl-

*In Antwerpen führten zunächst die Luftangriffe der Alliierten, später deutsche V1- und V2-Angriffe dazu, daß die Stadt zum Trümmerfeld wurde.*

kerung hielt sich in Grenzen. Im ganzen war das Unternehmen ein aufwendiger Fehlschlag. Die V2 wurde später zur Grundlage für die ersten Weltraumraketen.

### Die ersten Schritte auf dem Weg zu »Atomdiplomatie« und Rüstungswettlauf.

Die ersten Anstöße für die US-amerikanische Forschung über die militärischen Verwendungsmöglichkeiten der Atomenergie gingen von Albert Einstein aus, der sich allerdings während des Kalten Krieges in den 50er Jahren zu einem überzeugten Gegner der Atombombe wandelte. Zu Beginn des 2. Weltkriegs sah er sich jedoch einer völlig anderen Situation gegenüber. Einstein fürchtete, daß Deutschland zuerst eine Atombombe entwickeln könnte.
In Wirklichkeit stagnierte die deutsche Atomwaffenforschung während des 2. Weltkriegs weitgehend. Die potentiell sehr gefährliche (und sehr »moderne«) Kombination der V2-Rakete mit einer nuklearen Sprengladung wurde nicht ernsthaft erwogen. Die US-amerikanischen Forschungen wiederum gingen so schleppend voran, daß die Atombombe erst im Juli 1945 einsatzbereit war.
Auf seiten der Wissenschaftler, die die Bombe entwickelt hatten, gab es inzwischen moralische Bedenken. Mußte man nicht die Öffentlichkeit vor der ungeheuren Vernichtungskraft dieser Waffe warnen? Der Atomphysiker Leo Szilard schlug vor, auf einer unbewohnten Insel oder in der Wüste vor den Augen der Weltpresse eine Bombe zur Explosion zu bringen. Dadurch sollte die japanische Führung darüber in Kenntnis gesetzt werden, was ihrem Land im Falle der Fortsetzung des Krieges drohe. Politiker und Militärs sprachen sich gegen diesen Plan aus. Zum einen erschien es ihnen nicht sicher, ob die Bombe auch wirklich explodieren würde; ein Mißerfolg wäre einer Blamage gleichgekommen; zum anderen wurde bezweifelt, daß die Abschreckungswirkung eines solchen Tests groß genug sei. Man hoffte statt dessen, den japanischen Widerstand durch einen Überraschungsangriff zu brechen. Ein Sieg mit konventionellen militärischen Mitteln über die Japaner, die bereit waren, bis zur letzten Patrone zu kämpfen, hätte noch vielen US-amerikanischen Soldaten das Leben gekostet. Außerdem wäre man dann auch auf die Unterstützung der UdSSR angewiesen gewesen, was eine Stärkung des sowjetischen Einflusses in Südostasien nach sich gezogen hätte.
Auf diesem Hintergrund begann ein diplomatisches Pokerspiel zwischen den beiden Großmächten. Im Juli 1945 informierte Truman Stalin auf der Potsdamer Konferenz darüber, daß die USA eine neue Waffe mit ungewöhnlicher Zerstörungskraft entwickelt hatten. Dabei ist anzunehmen, daß Stalin aufgrund von Geheimdienstberichten bereits sehr gut über die US-amerikanische Atombombe informiert war. Er reagierte gelassen und gab der Hoffnung Ausdruck, daß Truman die Waffe effektiv einsetzen werde. Doch machte die enorme Wirkung der ersten Atombombe, die am 6. August über Hiroshima abgeworfen wurde, sichtlich Eindruck auf den Diktator. Zwei Tage später, eine Woche früher als geplant, ließ er die sowjetischen Truppen in die Mandschurei einmarschieren. Japanischen Quellen zufolge gab die schnelle sowjetische Intervention mit den Ausschlag zur Kapitulationsbereitschaft.
Pläne, auch der UdSSR Kenntnisse über die Herstellung der Atomwaffe zu übermitteln, stießen auf den energischen Widerstand der US-amerikanischen Heeresführung, die ihr Monopol auf diese Waffe nicht aufgeben wollte. Die Wissenschaftler glaubten, daß die UdSSR noch eine Generation Zeit brauchen würde, um eine ähnliche Waffe zu entwickeln. Dieser Glaube erwies sich als Irrtum. Durch Spionage des britischen Atomspions Klaus Fuchs und anderer, z. B. des Ehepaars Ethel und Julius Rosenberg, gelang es der UdSSR am 14. 7. 1949, die erste Atombombe zur Explosion zu bringen. Damit brach das Zeitalter des Rüstungswettlaufs an.

*Die Waffe, die alles veränderte: Die Atombombe. Hier eine Nachbildung des Typs, der über Hiroshima abgeworfen wurde. Die Bombe ist rd. 3 m lang und hat einen Durchmesser von 71 cm.*

# Politik

*Während der Konferenz von Potsdam (Juli/August 1945) steckten die Alliierten ihre Einflußsphären in Europa ab. Zum ersten Mal verfolgten die USA gegenüber der UdSSR einen härteren Kurs. Sitzend von links nach rechts: der britische Premierminister Attlee, US-Präsident Truman und der sowjetische Staatschef Stalin.*

**Die Gipfelkonferenzen der Alliierten**

*Argentia Bay (Neufundland) 12. 8. 1941:*
Churchill und Roosevelt unterzeichnen die Atlantik-Charta.

*Washington 22. 12. 1941:*
Churchill und Roosevelt veröffentlichen die Erklärung über die Vereinten Nationen, die am 1. 1. 1942 von 26 Ländern unterzeichnet wird.

*Washington 25.–27. 6. 1942:*
Churchill und Roosevelt versuchen, Übereinstimmung über das militärische Vorgehen in Europa zu erreichen.

*Casablanca 14.–26. 1. 1943:*
Churchill und Roosevelt beschließen die Invasion in Sizilien im Juli 1943 und die Invasion in der Normandie 1944. Sie stellen die Forderung nach »bedingungsloser Kapitulation« der Achsenmächte als Bedingung für die Beendigung des Krieges.

*Washington 12.–17. 5. 1943:*
Churchill und Roosevelt beschließen, die Kriegsanstrengungen an allen Fronten zu verstärken.

*Quebec 17.–24. 8. 1943:*
Churchill und Roosevelt bekräftigen den Beschluß der Invasion in der Normandie.

*Cairo 22.–26. 11. 1943:*
Churchill, Roosevelt und Tschiang Kaischek einigen sich auf ein koordiniertes Vorgehen gegen Japan und über die Zukunft Chinas.

*Teheran 28. 11.–1. 12. 1943:*
Churchill, Roosevelt und Stalin beschließen endgültig den Zeitpunkt der Invasion in der Normandie, die Unterstützung der Partisanen auf dem Balkan und die Verschiebung der Westgrenze Polens.

*Quebec 11. 9. 1944:*
Churchill und Roosevelt erreichen Übereinstimmung über die Pläne zur Beendigung des Krieges in Europa und stimmen sich über das weitere Vorgehen auf dem fernöstlichen Kriegsschauplatz ab.

*Jalta 4.–12. 2. 1945:*
Churchill, Roosevelt und Stalin einigen sich über die zukünftige Verwaltung Deutschlands, Polens und Jugoslawiens nach Beendigung des Krieges.

*Potsdam 17. 7.–2. 8. 1945:*
Churchill (seit 28. 7. als neuer britischer Premierminister Attlee), Truman und Stalin einigen sich über die Ostgrenze Deutschlands, die Reparationszahlungen und die zukünftigen Beziehungen zu den Verbündeten des Reiches.

**Die Konferenzen** S. 145–34

Ursache in den innenpolitischen Problemen einer traditionsbestimmten Gesellschaft, die in der Aggression nach außen am ehesten einen Konsens fand. Die Kriegführung auf diesem Schauplatz war in ihrer Grausamkeit kaum mit herkömmlichen europäischen Maßstäben zu messen, jedoch erlangte das Konzept einer territorial begrenzten »Großostasiatischen Wohlstandssphäre« dennoch einen über ökonomische Ausbeutung hinausweisenden Sinn. Das starke Überlegenheitsgefühl der gelben Rasse richtete sich gegen die weiße Vorherrschaft und vermochte – wenn auch von Tokio vorwiegend aus taktischen Gründen praktiziert – durch Unabhängigkeitserklärungen einer Reihe eroberter Länder die Dekolonisation nachhaltig zu fördern. Dazu trugen neben der tatsächlichen japanischen Politik ab Anfang 1943 wesentlich die in diesem Weltkrieg offenbarten Schwächen der Kolonialmächte, Großbritannien und Frankreich allen voran, bei. Teils waren sie aufgrund ihrer militärischen Auseinandersetzung mit den »Achsenmächten« nicht in der Lage, ihren Kolonialbesitz zu halten, teils sahen sie sich gezwungen, aktuelle Konzessionen in Richtung Dekolonisation bereits im Krieg zu machen oder für die Nachkriegszeit in Aussicht zu stellen.

Der 2. Weltkrieg wurde von Europa wie von Asien aus als Versuch zu rassischer wie kolonialer Neugestaltung weiter Teile der Welt unternommen. Dieser Versuch scheiterte und endete letztlich in beiden Fällen mit der totalen Kapitulation der Aggressoren. Jedoch zumindest entgegen den Absichten der deutschen Kriegszielpolitik beförderte gerade dieser Krieg die Emanzipationsbestrebungen weiter noch kolonialer Gebiete der Welt, zumal die USA und die Sowjetunion mit durchaus unterschiedlichen Intentionen diesen Zielen mit Sympathie gegenüberstanden. Der 2. Weltkrieg bedeutete somit auch eine Etappe auf dem Weg zu dem bis heute an Bedeutung zunehmenden Nord-Süd-Konflikt, ebenso wie der Ost-West-Konflikt innerhalb der Koalition gegen Hitler bereits angelegt war.

PROF. DR. JOST DÜLFFER

## Die Welt wird neu geordnet

### Nach der Kapitulation

Einige Monate nach der Konferenz von Jalta unterzeichnete das geschlagene Deutsche Reich am 7./9. 5. 1945 die bedingungslose Kapitulation. Das Land wurde in vier Besatzungszonen aufgeteilt.

Unterdessen hatten sich die Beziehungen der Alliierten untereinander verschlechtert. Stalin glaubte vermutlich, die USA und Großbritannien hätten sich mit der dominierenden Position der UdSSR in Osteuropa abgefunden. Vor allem weite Kreise in den USA waren jedoch nach wie vor der Hoffnung, Stalin würde in seinem Einflußbereich demokratischen Tendenzen Raum geben. Als Stalin die osteuropäischen Länder völlig seinem Machtbereich einzugliedern begann, wurden im Lager der Alliierten Differenzen erkennbar. Schritt für Schritt begann die UdSSR, sofort nach der Besetzung vollendete Tatsachen zu schaffen. Noch bevor der Krieg mit Deutschland ein Ende gefunden hatte, waren die Koalitionspartner zu Rivalen geworden. Nach dem Sieg trat diese Rivalität offen zutage.

Im dritten Monat nach der Niederlage Deutschlands trafen die Alliierten noch einmal zusammen, um die weitere Abwicklung der Nachkriegsprobleme zu erörtern. Das Treffen fand in Potsdam vom 17. 7.–2. 8. 1945 statt. Teilnehmer waren die Regierungschefs der UdSSR, der USA und Großbritanniens und ihre Außenminister. Während der Konferenz gab Truman bekannt, daß die USA über eine bislang unbekannte Vernichtungswaffe, die Atombombe, verfügten.

Die Potsdamer Konferenz bestätigte im großen und ganzen die nach Ende des Zweiten Weltkrieges geschaffenen Machtverhältnisse in Europa. Die UdSSR begann ihren Machtbereich wirtschaftlich auszubeuten, um die eigene Wirtschaft wieder in Gang zu bringen. Die Amerikaner dagegen gingen bereits bald darauf dazu über, Westeuropa, auch dem Westen Deutschlands, beim Wiederaufbau zu helfen.

Kurz nach Potsdam beendete die Atombombe auch den Krieg im Fernen Osten. Daß die USA sich weigerten, der UdSSR Stalins die Mittel zum Bau der Atombombe weiterzugeben, verstärkte die Spannungen zwischen den beiden Staaten. Rücksichtslos begann Stalin seine Positionen in Osteuropa und in Asien zu verstärken. Die Regierungen in Osteuropa, die nach außen noch demokratische Züge zu tragen schienen, wurden durch kommunistische Regime ersetzt. Als letztes Land fiel 1948 die ČSR dieser Politik zum Opfer. Nur Jugoslawien unter Tito, das allein aufgrund der Kraft der eigenen kommunistischen Bewegung und ohne größere sowjetische Einflußnahme kommunistisch geworden war, vermochte sich der sowjetischen Bevormundung

### Die Aufteilung Osteuropas

Als der Zusammenbruch des Dritten Reiches immer näherrückte, kamen bei den Alliierten Meinungsverschiedenheiten darüber auf, wie Europa nach dem Krieg aussehen sollte. Welche Staaten sollte es geben, welche Regierungen, welche Einflußsphären? Vor allem Großbritanniens Premierminister Churchill war besorgt um Osteuropa und die Länder des Balkan. Er ging davon aus, daß die Rote Armee diesen Raum erobern würde. Deshalb kam es zu einem nahezu grotesken Kuhhandel zwischen Stalin und Molotow einerseits und Churchill und Eden andererseits. Er begann damit, daß Eden am 5. 5. 1944 Molotow vorschlug: »Gebt uns Griechenland, dann bekommt ihr Rumänien.« Diese Art von Geschäftemacherei über die Köpfe der betroffenen Völker hinweg wurde während eines Gesprächs in Moskau zwischen Churchill und Stalin im Oktober 1944, einige Monate vor der Konferenz von Jalta, fortgesetzt. Churchill entwickelte dem Diktator im Kreml seine Vorstellungen über die Verteilung von Einflußsphären auf dem Balkan. Rumänien sollte zu 90% unter sowjetischen Einfluß kommen und zu 10% unter den der restlichen Alliierten. Bei Griechenland lag das Verhältnis umgekehrt: 10% für die UdSSR, 90% für die Briten. Bei Jugoslawien und Ungarn sollten, so Churchill, beide Seiten ein gleiches Maß an Einfluß erhalten, während Bulgarien zu 75% sowjetischem Einfluß unterliegen sollte.

Diese auf Konzeptpapier geschriebene Liste von Prozentzahlen war die Grundlage einer weiteren Verhandlungsrunde zwischen Eden und Molotow, die zu folgenden Ergebnissen führte: in Ungarn und Bulgarien sollte der sowjetische Einfluß 80% betragen, in Rumänien 90% und in Jugoslawien 60%.

Das größte Problem war jedoch die Zukunft Polens. Zunächst stellte die UdSSR beträchtliche Gebietsforderungen, mit denen die polnische Exilregierung lange Zeit nicht einverstanden war. Die Führer der Exilregierung, zuerst unter Sikorski und nach dessen Tod unter Mikołajczyk, widersetzten sich entschieden den sowjetischen Forderungen. Letztlich mußten sie aber nachgeben, nicht zuletzt deshalb, weil auch die westlichen Alliierten auf sie Druck ausübten, sich in das Unvermeidliche zu schicken.

Die makabren Planspiele Churchills und Stalins während der Endphase des 2. Weltkrieges wurden jedoch von der politischen Wirklichkeit überholt. Die UdSSR konnte ihren Einfluß auf dem Balkan und in Osteuropa festigen. Viele Länder wurden zu sowjetischen Satellitenstaaten. Nur zwei Staaten gelangten nach dem Kriege nicht in die Einflußsphäre Moskaus: Griechenland (auch → S. 323), das Stalin dem Westen überließ, und Jugoslawien, das seine (später blockfreie) Unabhängigkeit überwiegend der Stärke von Titos Partisanenarmee verdankte.

zu entziehen (auch → S. 212). Die übrigen kommunistischen Parteien in Osteuropa »säuberte« Stalin so lange, bis dort ausschließlich seine Vertrauensleute an den Schalthebeln der Macht saßen.

## Die Rolle der USA

Anläßlich des griechischen Bürgerkriegs, in dem die USA an Stelle Großbritanniens die Regierung in Athen gegen die kommunistischen Rebellen unterstützten, formulierte Truman die »Trumandoktrin«. Nach diesem Grundsatz durften vom Kommunismus bedrohte Länder auf militärische und wirtschaftliche Unterstützung der USA rechnen. In der Form des Mar-

### Der Eiserne Vorhang

Die Befreiung Europas von deutscher Herrschaft wurde nicht, wie wohl viele Menschen gehofft hatten, der Beginn einer auf Freundschaft und Kooperation beruhenden Epoche. Schon bald nach der deutschen Kapitulation entstand ein immer schärferer Gegensatz zwischen den westlichen Alliierten und der UdSSR. Die Sowjetunion war durch den Sieg über das nationalsozialistische Deutschland endgültig zu einer Weltmacht geworden, die es zu verhindern wußte, daß das Selbstbestimmungsrecht der Völker zur Grundlage einer neuen Weltfriedensordnung gemacht wurde. Moskau verfolgte andere Ziele. Man wollte die mit militärischen Mitteln errungenen Territorien in Osteuropa nun auch politisch, d. h. im Sinne einer sozialistisch geprägten Gesellschaftsordnung, dem eigenen Machtbereich zuführen. Damit war die Spaltung Europas, die später mit dem Begriff »Eiserner Vorhang« bezeichnet werden sollte, vorbestimmt. Den Begriff selbst verwendete zu Anfang des Jahres 1946 erstmals Winston Churchill.

Als Realpolitiker hatte Churchill schon vor Kriegsende davor gewarnt, die Einflußsphäre Moskaus zu groß werden zu lassen. Auf der Teheraner Konferenz von 1943 hatte er sich dafür ausgesprochen, die zweite europäische Front nicht in Frankreich, sondern auf der Balkanhalbinsel zu eröffnen, um die UdSSR daran zu hindern, dort ihren Machtbereich auszudehnen. Churchill konnte sich jedoch gegen Roosevelt nicht durchsetzen. Auch die auf dieser Konferenz beschlossene Westverschiebung Polens diente letztlich der Festigung des sowjetischen Machtraumes in Europa, der in den folgenden Jahren durch die Gleichschaltung der osteuropäischen Länder stabilisiert wurde. Churchill hatte diesen Prozeß klar erkannt, und er scheute sich nicht, auch nach seiner Wahlniederlage im Jahre 1945, die ihn das Amt des Premierministers an den Labour-Politiker Attlee verlieren ließ, die Dinge beim Namen zu nennen. Kurz nach dieser überraschenden Niederlage reiste er nach Kuba und in die USA. In Anwesenheit des US-amerikanischen Präsidenten Truman hielt Churchill am 5. 3. 1946 einen Vortrag am Westminster College in Fulton (Missouri). Es war das College, an dem Truman studiert hatte. In seinen Ausführungen beschwor Churchill in visionärer Weise die Gefahren der internationalen Lage, wie sie sich zu diesem Zeitpunkt darstellten: »Vielleicht kehrt unter dem Deckmantel der Wissenschaftlichkeit selbst die Steinzeit zurück.« Er beschrieb, wie die UdSSR zwischen Stettin und Triest einen »eisernen Vorhang über den Kontinent niedergelassen« habe. Um der sowjetischen Bedrohung Herr zu werden, plädierte er für eine intensive Zusammenarbeit von Briten und Amerikanern und für eine Politik der Stärke. Churchills Rede erregte Aufsehen. Die britische Regierung beeilte sich zu erklären, daß Churchills Ausführungen die Ansichten eines Privatmannes seien. In einem Interview sah Stalin einen neuen gegen Osteuropa gerichteten Waffengang von »Churchill und seinen Spießgesellen« voraus. Er verwies dabei auf die Russische Revolution, bei der Churchill bereits ein bewaffnetes Eingreifen gefordert hatte.

## Völkerbundsmandate und UN-Treuhandgebiete

Der Völkerbund kannte ein System von Mandatschaften. Danach wurden nach dem 1. Weltkrieg die früheren Kolonien Deutschlands und Gebiete der Türkei im Namen des Völkerbundes durch eine »zivilisierte Nation« verwaltet. Es gab drei Kategorien: Bei den sogenannten A-Mandaten (die früheren türkischen Gebiete im mittleren Osten: Irak, Palästina/Transjordanien, Syrien/Libanon) war vorgesehen, diese bald in die Unabhängigkeit zu entlassen. Bei den C-Mandaten dagegen (Südwestafrika, Samoa, Neuguinea und einige Inseln im Pazifik) hatten die Mandatsmächte große Freiheiten bei der Ausübung ihrer Verwaltung. Die B-Gebiete (die früheren deutschen Kolonien Togo, Kamerun und Ostafrika) unterstanden nach besonderen Richtlinien der Verwaltung des Mandatars. So sollte dort u. a. Sklaven- und Alkoholhandel unterbunden werden.

Der Kolonialismus wurde durch das Mandatssystem nicht grundsätzlich in Frage gestellt. Die Vereinten Nationen übernahmen deshalb nicht das Mandatssystem, sondern bildeten 1946 ein System von Treuhandgebieten. Darunter fielen die Mandatsgebiete des Völkerbundes und Gebiete, die als Folge des 2. Weltkrieges von den Vereinten Nationen den Achsenmächten Italien und Japan entzogen wurden (u. a. Italienisch-Somaliland). Der verwaltende Staat hatte von Beginn an die Pflicht, die Bevölkerung auf die Unabhängigkeit vorzubereiten und die Menschenrechte zu garantieren.

Das einzige Mandatsgebiet, das nicht mit Zustimmung des Mandatars in ein Treuhandgebiet umgewandelt wurde, trotz eines Urteils des Internationalen Gerichtshofs in Den Haag, ist Südwestafrika (Namibia) mit dem Mandatsträger Südafrikanische Republik. Formell wurde Südafrika 1966 das Mandat entzogen, es betrachtet Südwestafrika aber weiterhin praktisch als sein Hoheitsgebiet.

*Das offizielle Emblem der Vereinten Nationen, wie es die Vollversammlung 1946 billigte. Ursprünglich hatte man ein anderes Emblem vorgesehen. Darauf erschien Nordamerika jedoch zu groß, und es gab Bedenken, worauf das obenstehende Zeichen entworfen wurde. Der Nordpol bildet darauf den Mittelpunkt (eine Verzerrung tritt nur in Ost-West-Richtung auf).*

UNO S. 304–49

shallplanes haben die USA in der Tat dazu beigetragen, daß sich in Westeuropa die Demokratie fest etablieren konnte. Im Fernen Osten, vor allem in China und Hinterindien, war die Politik der USA und überhaupt des Westens weniger erfolgreich. Die Amerikaner leiteten zwar in Japan einen Prozeß der Demokratisierung ein. Ihr völlig unzureichend unterstützter Verbündeter in China, Präsident Tschiang Kaischek, vermochte sich jedoch nicht zu halten. Er mußte sich auf die Insel Taiwan zurückziehen. In Hinterindien brach der Kolonialkrieg gegen die Franzosen aus, der später in den Vietnamkrieg überging. Seit 1949 verfügte auch die UdSSR über Kernwaffen. Eine unmittelbare kriegerische Auseinandersetzung, die nun immer die Gefahr einer gegenseitigen Vernichtung einschloß, war damit weniger wahrscheinlich geworden, doch das Verhältnis zwischen der UdSSR und den USA, die seither als Supermächte bezeichnet werden, entspannte sich dadurch nicht. Die beiden großen internationalen Blöcke organisierten sich in Bündnissen, die wenig Kompromißbereitschaft zeigten. Der UdSSR gelang deshalb nicht, Westberlin durch die Blockade in ihren Besitz zu bringen. Die so heterogene Allianz, die das nationalsozialistische Deutschland besiegt hatte, war zerfallen. Der Kalte Krieg begann.

DR. W. H. ROOBOL

## Zu einer neuen Weltordnung?

Jeder Krieg erweckt den Wunsch, durch eine Änderung der internationalen Ordnung den zukünftigen Frieden sicherzustellen. Das geschah auch

## Vetos als politische Waffe

Die fünf ständigen Mitglieder des UN-Sicherheitsrates (China, Frankreich, Großbritannien, USA und UdSSR) verfügen über ein Vetorecht (lateinisch *veto*, »ich verbiete«). Sinn dieses Rechtes ist es, daß Maßnahmen, die zwar eine Stimmenmehrheit bekommen, aber allzu sehr den Interessen einer der Großmächte entgegenstehen, aufgehalten werden können. Die wichtigsten Vetos, die bis 1950 im Sicherheitsrat ausgesprochen wurden, sind:

16. 2. 1946: Die UdSSR blockiert den auf Antrag der USA gefaßten Beschluß, einen Termin für den Rückzug der alliierten Truppen aus dem östlichen Mittelmeergebiet festzulegen.

25. 3. 1947: Sowjetisches Veto gegen eine Resolution, die sich auf die Beschädigung zweier britischer Kriegsschiffe durch albanische Minen im Oktober 1946 bezog, wobei 44 Seeleute starben.

29. 7. 1947: Sowjetisches Veto gegen die Einrichtung einer Grenzkommission für den Balkan.

18. 8. 1947: Wiederholung der Vetos vom 29. 8. 1946.

19. 8. 1947: Sowjetische Vetos gegen die amerikanische

29. 8. 1946: Amerikanisches Veto gegen die Mitgliedschaft der Mongolischen Volksrepublik und Albaniens als Folge der sowjetischen Vetos gegen Aufnahmeanträge von Island, Portugal und Transjordanien.

*Der sowjetische UN-Delegierte Gromyko (links) mit einem Mitglied seiner Delegation während einer Sitzung der UNO im Jahr 1947. Oft machte er für sein Land vom Vetorecht Gebrauch.*

und australische Resolution zur Beendigung des griechischen Bürgerkrieges.

21. 8. 1947: Nachdem der Sicherheitsrat Aufnahmeanträge von Ungarn, Rumänien und Bulgarien abgewiesen hat, legt die UdSSR ihr Veto gegen die Anträge von Italien und Österreich ein.

25. 8. 1947: Französisches Veto gegen einen sowjetischen Antrag, Waffenstillstandsverletzungen in Indonesien zu untersuchen.

15. 9. 1947: Sowjetisches Veto gegen einen amerikanischen Vorschlag, die Probleme zwischen den Balkanstaaten auf die Tagesordnung des Sicherheitsrates setzen zu lassen.

1. 10. 1947: Nach der Ablehnung der Mitgliedschaftsanträge von Ungarn, Rumänien und Bulgarien legt die UdSSR ein Veto gegen den Beitritt von Italien und Finnland ein.

10. 4. 1948: Drittes sowjetisches Veto gegen den Beitritt Italiens in die UNO.

24. 5. 1948: Ein sowjetisches Veto verhindert, daß Zeugenaussagen über die kommunistische Machtübernahme in der Tschechoslowakei im Februar gehört werden.

18. 8. 1948: Veto der UdSSR gegen die Mitgliedschaft von Ceylon, weil das Land noch unter britischer Oberhoheit stehe.

25. 10. 1948: Veto der UdSSR gegen einen Kompromißvorschlag von neutralen Mitgliedern des Sicherheitsrates für eine Lösung der Berlin-Frage.

15. 12. 1948: Erneutes Veto der UdSSR gegen die Mitgliedschaft Ceylons.

14. 4. 1949: Die Vollversammlung verlangt vom Sicherheitsrat, das Veto-Recht nicht mehr bei Fragen der Mitgliedschaft zu gebrauchen.

13. 9. 1949: Veto der UdSSR gegen die Mitgliedschaft von Österreich, Ceylon, Finnland, Jordanien, Irland, Italien und Portugal.

im Verlauf des 2. Weltkrieges. Der Gedanke einer neuen Weltorganisation findet sich bereits in der Atlantikcharta (1941), die in die bis Kriegsende von 47 Staaten unterzeichnete Erklärung der Vereinten Nationen (1942) einmündete. Sie führte über die Konferenz von Dumbarton Oaks im Herbst 1944 zur Konferenz von San Francisco, auf der am 26. 6. 1945 die Charta der Vereinten Nationen unterzeichnet wurde.

Die Erwartungen an die Konferenz von San Francisco waren hoch. Die Differenzen zwischen den Großmächten wurden jedoch immer deutlicher, als das Deutsche Reich bereits kapituliert hatte und Japan militärisch praktisch geschlagen war. Die Sowjetunion und China unter Tschiang Kaischek waren so tief miteinander verfeindet, daß vor Konferenzbeginn zuerst getrennte vorbereitende Besprechungen zwischen den USA, Großbritannien und der Sowjetunion sowie zwischen den USA, Großbritannien und China stattfanden.

Mit den Vereinten Nationen wurde 1945 ein neuer Anfang versucht. An die Stelle des Völkerbundes, der die von ihm übernommenen Probleme nicht hatte lösen können und formell aufgelöst wurde, sollte ein anderes Forum treten. Vor allem für die UdSSR verbot sich ein Anknüpfen an den Völkerbund, war sie doch 1939 von diesem wegen ihres Überfalls auf Finnland als Aggressor gebrandmarkt und ausgeschlossen worden. Die UNO war als Weltorganisation geplant, die den Krieg verhindern und den Frieden sichern sollte. Artikel 2 Absatz 4 der Charta verbietet ausdrücklich die Androhung oder Anwendung von Gewalt. Meinungsverschiedenheiten gab es jedoch zwischen Ost und West sowie reichen und armen Ländern über die Frage, welche Einrichtungen erforderlich wären, um den Weltfrieden erhalten zu können, und wie man soziale, wirtschaftliche, kulturelle und humanitäre Fortschritte erzielen könne. Dazu wurden bestimmte Einrichtungen geschaffen.

### Von der Komintern zum Kominform

Ende September 1947 trafen sich in dem schlesischen Kurort Schreiberhau – der jetzt polnisch Szklarska Poręba hieß – neun Delegationen, die die kommunistischen Parteien der Sowjetunion, Bulgariens, Jugoslawiens, Polens, Rumäniens, der Tschechoslowakei, Ungarns, Frankreichs und Italiens vertraten. Sie beschlossen, ein »Informationsbüro der kommunistischen und Arbeiterparteien« zu errichten und es »mit der Organisierung des Erfahrungsaustauschs und, falls nötig, der Koordinierung der Tätigkeit der kommunistischen Parteien auf der Grundlage gegenseitigen Einvernehmens zu betrauen«.

Die westliche Welt sah in der Gründung des Büros eine Wiederbelebung der Kommunistischen Internationalen (Komintern), die Stalin 1943 aus Rücksicht auf seine westlichen Kriegsverbündeten aufgelöst hatte, und prägte dafür die analoge Kurzbezeichnung »Kominform«. (In den kommunistischen Ländern war diese Abkürzung verpönt.) Zwischen Komintern und Kominform gab es jedoch, bei prinzipieller Gleichheit des Ziels der Durchsetzung des Moskauer Führungsanspruchs, erhebliche Unterschiede. Die Komintern war eine weltumspannende Organisation; sie war ihrem Selbstverständnis nach *die* kommunistische Weltpartei, die von der KPdSU geführt wurde und deren einzelne Mitgliedsparteien nur den Status nationaler Sektionen hatten. Die sieben Komintern-Kongresse, die zwischen 1919 und 1935 stattfanden, genossen große internationale Publizität. Anders das Kominform: Ihm gehörten nicht einmal alle regierenden kommunistischen Parteien an – die albanische KP und die SED fehlten –, und von den Dutzenden anderen kommunistischen Parteien waren nur zwei vertreten. Die Konferenz von Schreiberhau fand unter strenger Geheimhaltung statt; die Welt erfuhr von ihr erst nach ihrem Abschluß. Auch in den folgenden Jahren gab es keine spektakulären Kongresse. Von vertraulichen Sitzungen abgesehen, trat das Büro hauptsächlich dadurch in Erscheinung, daß es in mehreren Sprachen eine Wochenzeitschrift mit dem bizarren, von Stalin selbst gewählten Titel »Für dauerhaften Frieden, für Volksdemokratie!« herausgab und darin gelegentlich Resolutionen veröffentlichte.

Das Kominform trat ins Leben, weil Stalin zu der Auffassung gelangt war, daß es an der Zeit sei, die kommunistischen Parteien Europas wieder straffer an den Zügel zu nehmen. In den osteuropäischen Ländern, die durch den Kriegsausgang Teil der sowjetischen Einflußsphäre geworden waren, saßen überall Kommunisten in den Regierungen, hatten aber – außer in Jugoslawien – noch nirgends die alleinige Macht in Händen. Stalin war sich zunächst nicht sicher gewesen, ob ihn die Westmächte in diesen Ländern nach Gutdünken würden schalten und walten lassen. Inzwischen war ihm klar geworden, daß er freie Hand hatte und nicht mehr auf das ohnehin zerbrochene Kriegsbündnis Rücksicht zu nehmen brauchte. Er konnte also die volle kommunistische Machtübernahme ansteuern. Gleichzeitig bemerkte er aber bei den kommunistischen Führern der einzelnen Länder gefährliche partikularistische Tendenzen: Offensichtlich fühlten sie sich mitunter eher als Tschechen, Polen u. a. denn als Funktionäre der einen, von Moskau gesteuerten kommunistischen Weltbewegung. Ein Alarmsignal war das Verhalten einiger dieser Politiker zum amerikanischen Marshallplan: Sie mußten durch energisches sowjetisches Einschreiten davon abgebracht werden, auf das Hilfsangebot der USA einzugehen. Das Ergebnis solcher Entwicklungen war die Gründung des Kominform. Daß die neue Organisation letztlich so wenig wirksam wurde – wenigstens nach außen hin –, ist wohl auf die nachlassende politische Gestaltungskraft des greisen Diktators zurückzuführen. Das Ziel, die politische Gleichschaltung, wurde weniger durch Kominform-Beschlüsse als vielmehr durch direkten Druck Moskaus auf die einzelnen osteuropäischen Regimes erreicht. Zum Sitz des Kominform wurde Belgrad bestimmt. Das war einerseits eine Ehrung für Tito, den eifrigsten und erfolgreichsten der osteuropäischen Parteiführer; andererseits gab es Stalin die Möglichkeit, die jugoslawische Parteiführung, die sich durch allzu große Selbstsicherheit schon verdächtig gemacht hatte, besser zu kontrollieren. Jugoslawien war denn auch Gegenstand des wichtigsten aller Kominform-Beschlüsse: Am 28. 6. 1948 wurde die Kommunistische Partei Jugoslawiens wegen angeblicher nationalistischer Verfehlungen aus dem Büro ausgeschlossen. Das Kominform siedelte nach Bukarest über. Es verabschiedete noch einige Resolutionen – gegen Tito, gegen die USA, gegen die Sozialdemokratie – und führte dann nach Stalins Tod nur noch ein Schattendasein. Im April 1956 wurde es im Zuge der Entstalinisierung formell aufgelöst.

### Organe der UNO

Der Sicherheitsrat als wichtigstes UN-Organ hat formell die Hauptverantwortung für die Wahrung des Friedens (Art. 24). Er hat die Befugnis, im Falle einer Verletzung oder Bedrohung des Friedens Beschlüsse zu fassen, die für alle UN-Mitglieder in der Theorie verbindlich sind. Er kann jedoch Zwangsmaßnahmen nur mit Zustimmung der fünf ständigen Mitglieder (USA, UdSSR, Großbritannien, Frankreich und China) beschließen. Jedes dieser Mitglieder kann einen derartigen Beschluß verhindern (»Vetorecht«). Die UN-Mitglieder müssen die Beschlüsse des

◁
*Die Charta der Vereinten Nationen mit den Unterschriften der ersten fünf Unterzeichner.*

**Politik**

*Aufnahme aus dem Sitzungssaal während der Gründungsversammlung der UNO 1945 in San Francisco.*

### Tito und der Titoismus

Der Mechaniker Josip Broz trat 1920 der Kommunistischen Partei Jugoslawiens bei, die im gleichen Jahr verboten wurde, und war seit 1927 hauptberuflicher Parteifunktionär. 1938 wurde er Generalsekretär und damit Parteiführer. In der Illegalität benutzte er viele Decknamen. Unter einem davon ging er in die Geschichte ein: Tito.

Es gelang Tito, die durch Fraktionskämpfe geschwächte Partei zu einigen und ihr neue Schlagkraft zu geben. Als im April 1941 deutsche Truppen in Jugoslawien einfielen und das Land besetzten, bildeten die Kommunisten kleine Kampfgruppen, sammelten Waffen und bereiteten sich auf den Partisanenkrieg vor. Sie durften ihn nicht sofort beginnen, da ja Hitler noch Stalins Bundesgenosse war. Drei Monate später, nach dem deutschen Überfall auf die Sowjetunion, proklamierte Tito den bewaffneten Widerstand gegen die Deutschen. Nach sechs Monaten gebot er bereits über eine Partisanenarmee von 80000 Mann, und im Laufe des Krieges wuchs seine Streitmacht auf 350000 Mann an. Seit 1942 erhielt er Unterstützung von Großbritannien und den USA, während sich die Sowjetunion noch zurückhielt – Stalin mißtraute selbständigen Partisanenführern, was sich auch in seinem Verhalten gegen Mao Zedong zeigte. Erst spät griff die Rote Armee in die Kämpfe um Jugoslawien ein; die Befreiung des Landes von der deutschen Herrschaft war im wesentlichen das Werk Titos und seiner Partisanen.

Auch nach solchen Erfahrungen blieb Tito ein überzeugter Anhänger Stalins. Keines der europäischen Länder, in denen durch den Kriegsausgang Kommunisten ans Ruder gekommen waren, folgte dem sowjetischen Vorbild so getreu wie Jugoslawien. Früher als alle anderen verstaatlichte Tito die Industrie und kollektivierte er die Landwirtschaft. Er gab dem Land eine Verfassung, die fast wörtlich mit der sowjetischen übereinstimmte. Gegen die herrschende Lehre des Marxismus-Leninismus hatte er keinerlei Vorbehalt. Und doch kam es zum Konflikt mit Stalin. Tito war bereit, der Sowjetunion politische Gefolgschaft zu leisten, aber kleinliche Bevormundung bei der Führung des Landes, das er für den Kommunismus erobert hatte, wollte er nicht hinnehmen. Genau das jedoch war es, was er den vielen sowjetischen »Beratern« im Lande mehr und mehr vorzuwerfen hatte. Stalin seinerseits war nicht gewillt, mit den osteuropäischen Vasallen anders umzugehen als mit den Mitgliedern seines Moskauer Politbüros: Er befahl, und sie hatten zu gehorchen. So häufte sich der Konfliktstoff. Nach einem mehrmonatigen, mit wachsender Schärfe geführten Briefwechsel zwischen den Zentralkomitees der KPdSU und der KPJ kam es am 28. 6. 1948 zum offenen Bruch: Das Kominform warf der jugoslawischen Partei vor, eine nationalistische und antisowjetische Politik zu treiben, und schloß sie aus seinen Reihen aus.

Die Jugoslawen wiesen die Vorwürfe energisch zurück, sagten aber kein Wort gegen Stalin und die Sowjetunion. Zum Teil hielten sie das Ganze für einen tragischen Irrtum. Doch sie mußten erkennen, daß eine Verständigung unmöglich war: Die nächste Kominform-Resolution trug die Überschrift: »Die Kommunistische Partei Jugoslawiens in den Händen von Mördern und Spionen«; die Ostblockstaaten brachen alle politischen und wirtschaftlichen Beziehungen zu Jugoslawien ab; das Land war völlig isoliert. Wenn das nationale Überleben gesichert werden sollte, war ein Umdenken unvermeidlich. Man wandte sich dem bisher verteufelten Westen zu und erhielt von ihm Hilfe. Die veränderte Stellung zur Außenwelt wirkte sich auch auf die Innenpolitik aus. Erst jetzt entwickelte sich nach und nach das, was man gemeinhin als Titoismus bezeichnet: ein sozialistisches Wirtschafts- und Gesellschaftssystem mit gewissen marktwirtschaftlichen Zügen, mit einer weitgehend privaten Landwirtschaft, mit Arbeiterräten in den Industriebetrieben, mit dezentralisierter Verwaltung und mit einem vergleichsweise liberalen Klima im Kulturleben (wobei freilich die Herrschaft der Kommunistischen Partei unangefochten blieb). Der »besondere jugoslawische Weg zum Sozialismus« war also nicht der Grund, sondern die Folge des Bruchs mit Moskau. Doch er überdauerte auch die Zeit dieses Bruches. Als sich nach Stalins Tod die neue sowjetische Führung um eine Versöhnung mit Tito bemühte, konnte sie diese nur dadurch erreichen, daß sie Jugoslawiens Recht auf einen Sonderweg anerkannte. Tito kehrte nicht ins Lager der Vasallen zurück.

*Der jugoslawische Staatschef Tito im Jahre 1946. 1948 kam es zum offenen Bruch zwischen ihm und dem moskauorientierten Kominform.*

Sicherheitsrates durchführen; sie haben formell kein Recht, selbst zu entscheiden, ob die Beschlüsse der Charta entsprechen (Art. 25).

Die Vollversammlung als oberstes Organ, in dem die Mitglieder gleiches Stimmrecht haben, kann alle Fragen erörtern und mit Stimmenmehrheit Resolutionen fassen. Die Resolutionen sind jedoch lediglich Empfehlungen an die UN-Mitglieder oder an den Sicherheitsrat, ausgenommen, wenn es sich um rein interne UN-Fragen handelt.

Vielleicht unterschätzte man 1945 die Bedeutung der Resolutionen der Vollversammlung. Die Empfehlungen hatten in der Regel zwar keine konkreten politischen Auswirkungen, manche schufen aber langfristig das Klima für Veränderungen in vielen Bereichen. Beispiele dafür finden sich u. a. auf dem Gebiet der Menschenrechte, der kolonialen Verhältnisse, der Rassengleichheit und der internationalen Wirtschaftsordnung.

Über die Treuhandgebiete der UNO führt der Treuhandschaftsrat die Aufsicht. Der Wirtschafts- und Sozialrat soll zur Förderung der wirtschaftlichen Entwicklung der Mitgliedsländer beitragen.

Der Gerichtshof der UNO erhielt den Namen Internationaler Gerichtshof. Das Statut des Ständigen Internationalen Gerichtshofes, eines Organs des Völkerbundes, wurde nahezu unverändert übernommen. Die Position des Generalsekretärs wurde gestärkt. Er ist nicht nur der höchste »internationale Beamte« der UNO, sondern er erhielt auch politische Bedeutung aufgrund seines Rechtes, Angelegenheiten auf die Tagesordnung des Sicherheitsrates und der Vollversammlung zu setzen.

## Der Einfluß des Kalten Krieges

Der Kalte Krieg, wie die Konfrontation der beiden neuen Supermächte auch genannt wurde, hatte großen Einfluß auf die Arbeit der UNO. Durch die Gegensätze zwischen USA und UdSSR konnte die UNO ihre Hauptaufgabe, die Wahrung des Friedens, nicht erfüllen. Sie war auch nicht imstande, das Klima zwischen den Supermächten zu verbessern. Der Interessengegensatz zwischen Ost und West führte schließlich zur Bildung der großen militärischen Allianzen von NATO und Warschauer Pakt.

In den ersten Jahren gelang es den USA in den meisten Streitfällen, die Mehrheit der UN-Mitglieder hinter sich zu haben. Dank ihrer Marshallplanhilfe, ihrer militärischen Macht und ihrer Rolle im 2. Weltkrieg, vor allem aber aufgrund der Tatsache, daß die demokratischen Länder Westeuropas und Amerikas noch die Mehrzahl der Mitglieder stellten, konnten die USA in den 40er Jahren mit der Unterstützung der Vollversammlung auch in solchen Fällen rechnen, in denen Beschlüsse mit einer Zweidrittelmehrheit erforderlich waren. Im Sicherheitsrat nutzte die UdSSR das Vetorecht, um ihr mißliebige UN-Aktionen zu blockieren (auch → S. 210). Als das von den USA unterstützte Nationalchina und nicht das China Mao Zedongs 1949 Mitglied der UNO und ständiges Mitglied des Sicherheitsrates als Repräsentant des chinesischen Volkes blieb, kam es zu neuen Spannungen. Der Konflikt steigerte sich dermaßen, daß die UdSSR im Frühjahr 1950 den Sicherheitsrat verließ. Als dann der Korea-Konflikt ausbrach, war die Sowjetunion nicht im Sicherheitsrat vertreten. Deshalb konnte am 28. 6. 1950 der Beschluß über das militärische Vorgehen der UNO gegen Nordkorea gefaßt werden.

Im September 1950 kehrte die UdSSR in den Sicherheitsrat zurück. Damit jedoch die Arbeit des Sicherheitsrates durch ein Mitglied nicht blockiert werden konnte, wurde auf Initiative der USA die Resolution »Uniting for peace« verabschiedet, in der sich die Vollversammlung das Recht gab, im Falle einer Lähmung des Sicherheitsrates durch ein Veto die Verantwortung für die Wahrung des Friedens zu übernehmen. Die Vollversammlung kann dann ein gemeinsames Vorgehen mit Waffengewalt beschließen.

Der Kalte Krieg wirkte sich auch stark bei der Aufnahme neuer Mitglieder aus. Laut Art. 4 durften »friedliebende Staaten«, die die Ver-

### Der Brüsseler Pakt

Am 4. 3. 1947 hatten Großbritannien und Frankreich den Bündnis- und Beistandsvertrag von Dünkirchen geschlossen. Dieser sah gegenseitigen militärischen Beistand und das Zusammenwirken auf zahlreichen anderen Gebieten vor. In erster Linie richtete sich das Bündnis noch gegen eine möglicherweise erneut von Deutschland ausgehende Gefahr. Der geschäftsführende britische Außenminister Ernest Bevin ergriff dann die Initiative zu einem breiteren europäischen Bündnisvertrag, aus dem der Brüsseler Pakt durch Beitritt der Beneluxstaaten am 17. 3. 1948 hervorging. Er verwies zwar noch auf die mögliche »Wiederaufnahme der Angriffspolitik von deutscher Seite«, aber der Nachdruck lag eher auf einem engen europäischen Zusammenwirken in Wirtschaft, Kultur und Verteidigungsfragen. Die militärische Kraft der Staaten Westeuropas konnte allerdings das andauernde Übergewicht der sowjetischen Divisionen in Mitteleuropa nicht ausgleichen (obwohl Staatsmänner wie Churchill hartnäckig danach strebten). In dieser Beziehung war der Brüsseler Pakt auch bald durch die ein Jahr später mit Beteiligung der USA errichtete NATO überholt, er stellte aber einen wichtigen Schritt auf dem Weg zu europäischem Zusammenwirken in den 50er Jahren dar, in denen er in der Westeuropäischen Union aufging. Der Brüsseler Pakt muß als der erste Versuch gewertet werden, ein multilaterales Sicherheitsabkommen in Europa nach dem 2. Weltkrieg zu schaffen.

*NATO S. 304–50*

*Auf einem Grundstück in Manhattan, New York, einer Schenkung des Multimillionärs Rockefeller, entsteht 1949 das neue UN-Gebäude. Hier ein Teil des Rohbaus im Juli 1949.*

## Die OEEC

Grundlage für die Entstehung der Organisation für europäische wirtschaftliche Zusammenarbeit (Organization for European Economic Cooperation) war die Ankündigung des sogenannten Marshallplanes. Der US-amerikanische Außenminister George C. Marshall hatte in einer Rede an der Harvard-Universität Vorschläge unterbreitet, die, angesichts der Kriegsschäden in Europa, für die Länder, die sich damit einverstanden erklärten, Warenlieferungen, Aufträge und Kredite zum Wiederaufbau und zur wirtschaftlichen Entwicklung vorsahen. Am 12. 7. 1947 wurden in Paris erste vorbereitende Gespräche unter Teilnahme von 16 westeuropäischen Ländern und der Militärverwaltungen der drei westlichen deutschen Besatzungszonen geführt. Die ebenfalls eingeladenen osteuropäischen Länder mußten auf sowjetischen Druck hin absagen. Das erste Ergebnis dieser Konferenz war die Gründung des Committee for European Economic Cooperation (CEEC). Dieses Komitee erarbeitete für die US-amerikanische Regierung einen Grundlagenbericht, auf dessen Basis der Marshallplan durchgeführt werden sollte. Außerdem schlug das Komitee vor, zur Entwicklung des Europäischen Wiederaufbauprogramms eine Organisation der beteiligten Länder zu gründen. Diese Organisation, die OEEC, wurde am 16. 4. 1948 in Paris gegründet. Neben der Abwicklung des Marshallplans sollte die OEEC sich auch mit der Erleichterung des innereuropäischen Handels- und Zahlungsverkehrs befassen. Zu den Gründungsmitgliedern gehörten Belgien, Dänemark, Frankreich, Griechenland, Großbritannien, Irland, Island, Italien, Luxemburg, Norwegen, die Niederlande, Österreich, Portugal, Schweden, die Schweiz und die Türkei. Die Bundesrepublik Deutschland wurde nach ihrer Gründung im Jahre 1949 Mitglied. Spanien folgte im Jahr 1959. Die USA und Kanada erhielten den Status von assoziierten Mitgliedern.

Die OEEC leistete einen wichtigen Beitrag für den europäischen Wiederaufbau. Weitergehende Ziele wie die Schaffung einer großen »Europäischen Freihandelszone« konnten aber im Rahmen der OEEC nicht verwirklicht werden. Dies wurde erst annäherungsweise durch die Gründung der EWG und der EFTA erreicht.

Dadurch ergab sich die Notwendigkeit einer Reform der OEEC. Diese Reform geschah zu Beginn der 60er Jahre. Die OEEC wurde am 30. 9. 1961 durch die neugegründete Organisation für wirtschaftliche Zusammenarbeit und Entwicklung (OECD) abgelöst, die in ihrer wirtschaftspolitischen Zielsetzung mehr auf die Weltwirtschaft gerichtet ist.

## Der Europarat

Die Gründung des Europarates durch Großbritannien, Frankreich, Irland, Italien, die Benelux-Länder und die skandinavischen Staaten außer Finnland am 5. 5. 1949 in London war ein Resultat des Europa-Kongresses, der im Mai des Vorjahres in Den Haag abgehalten worden war. Ziel war es »schon jetzt eine Organisation« zu errichten, »in der die europäischen Staaten enger zusammengeschlossen werden« (Präambel). Organe des Europarates waren das Komitee der Außenminister sowie eine parlamentarische beratende Versammlung. Durch Meinungsverschiedenheiten über die auf dem Haager Kongreß zunächst vorgesehene Beschleunigung der politischen Föderation Europas (insbesondere durch Einwände Großbritanniens und der skandinavischen Staaten) wurde im Kompromiß des Gründungsvertrages schließlich die Macht des Europarates sehr stark eingeschränkt. Dennoch trug er viel zur Förderung europäischer Abkommen (z. B. Beschluß der Europäischen Menschenrechtskonvention von 1950) und damit zur europäischen Einigung bei. Seine Aufgabe wird am treffendsten durch Artikel 1 seines Statuts beschrieben: »Der Europarat erstrebt einen stärkeren Zusammenschluß seiner Mitglieder zum Schutz und zur Förderung der Ideale und Prinzipien, die ihr gemeinsames Erbe sind, und zum Besten ihres wirtschaftlichen und sozialen Fortschritts.«

*Der Europarat bei seiner ersten Zusammenkunft in Straßburg im August 1949.*

pflichtungen der Charta übernehmen wollten, Mitglied der UNO werden. Über die Auslegung des Wortes »friedliebend« gab es allerdings Differenzen zwischen Ost und West. Erst 1956 kam man in dieser Frage zu einem Vergleich, so daß in einem »package deal« 16 Staaten, darunter bis dahin umstrittene Länder aus beiden Bündnissystemen, aufgenommen wurden.

### Die Dritte Welt und der Marshallplan

Mit dem Marshallplan und durch die ersten Entwicklungshilfeprogramme in den Kolonialgebieten wurde versucht, die Demokratie in Europa und der Dritten Welt zu fördern. Der Marshallplan hatte zum Ziel, durch einen beschleunigten wirtschaftlichen Wiederaufbau in Europa den Einfluß der UdSSR so gering wie nur möglich zu halten.

In den Jahren 1945 bis 1950 fanden auch die ersten Aktionen zur Bekämpfung des Hungers und des Rückstandes in den »unterentwickelten Ländern« (später »Entwicklungsländer« genannt) statt. Sie wurden in der Hauptsache von westlichen Staaten getragen. Bereits im Januar 1941 sprach Präsident Roosevelt von den vier Freiheiten, darunter von der »Freiheit von der Entbehrung«. Die Atlantikcharta (August 1941) erstrebte einen Frieden, »der die Garantie bietet, daß die Menschen aller Länder ihr Leben frei von Furcht und Entbehrung leben können.« Damit hatte die UNO eine klarumrissene Aufgabe, die jedoch anfangs kaum zu Aktionen führte. Die »Entwicklungshilfe« bezog sich zunächst auf technische Hilfe, schloß aber bald auch finanzielle Hilfeleistungen ein. Sie wurde gefördert durch die ständig wachsende Anzahl »armer Länder«, die UN-Mitglieder wurden.

### Friedensorganisation oder Wohlfahrtsorganisation?

In der Praxis der UNO – die ersten Anzeichen dafür zeigten sich bereits in den 40er Jahren – verlagerte sich der Schwerpunkt auf die Aktivitäten der UNO als Wohlfahrtsorganisation. Als Mitglieder besitzen die Staaten »souveräne Gleichheit« (Art. 2, Abs. 1). Die Mehrheit der Staaten war arm und hilfsbedürftig. Sie forderte eine Weltorganisation, die sich um das Wohl ihrer Mitglieder kümmerte. Auch die vielen Sonderorganisationen, wie die UNESCO, die Ernährungs- und Landwirtschaftsorganisation, die Weltgesundheitsorganisation und die Weltbank, konzentrierten ihre Aktivitäten zunehmend auf das Armuts- und Entwicklungsproblem, zumindest im Prinzip. Die Praxis blieb freilich oft unzulänglich. Hauptursache dafür sind in erster Linie die hohen Aufwendungen, die praktisch alle Mitgliedsstaaten für ihre Teilnahme am weltweiten Rüstungswettlauf erbringen – sowohl die hochentwickelten Industriestaaten als potentielle Geldgeber wie auch die meisten der ärmsten Entwicklungsländer, die sich aus Prestigegründen oder zur Stabilisierung der internen Herrschaftsverhältnisse kostspielige Armeen leisten.

Die erste Sitzung der UNO fand nach der Zerstörung von Hiroshima und Nagasaki statt. Ihre erste Resolution bezog sich deshalb auf die Atomenergie und die Atomwaffen. Man wurde sich der Tatsache bewußt, daß die Menschheit durch die Atomwaffen in ihrer Existenz bedroht ist. Die amerikanischen Vorschläge, in den »Baruch Proposals« (Baruchplan, 1946) formuliert, scheiterten jedoch am Veto der UdSSR. Im Laufe der Jahre wurden zwar mehrere Verträge zur Rüstungskontrolle geschlossen, allerdings nicht in enger Verbindung mit der UNO. Daß es nicht zum weltweiten Krieg zwischen der NATO und dem Warschauer Pakt kam, ist weniger der UNO zu verdanken als der beiderseitigen Aufrüstung mit Atomwaffen. Die gegenseitige Abschreckung tat ihre Wirkung. Wo ein regionaler Konflikt ausbrach, blieb die UNO machtlos, sobald eine der Supermächte darin verwickelt war.

PROF. MR. B. V. A. RÖLING

---

### Sukarno und die Unabhängigkeit Indonesiens

Achmed Sukarno wurde am 6. 6. 1906 in Surabaja geboren. Er wurde westlich erzogen, erlernte mehrere Sprachen und schloß ein Architekturstudium ab. In politischen Kreisen entwickelte er sich zu einem brillanten Redner. Ende der 20er Jahre wurde er einer der maßgebenden Führer der nationalistischen Bewegung, die die niederländischen Kolonialbehörden bekämpften. Ihre Führer, neben Sukarno vor allem Mohammed Hatta und Sutan Shahrir, wurden längere Zeit in Gefangenenlagern interniert. Erst nach der Besetzung durch die Japaner im März 1942 durften sie sich wieder politisch betätigen und engagierten sich in der indonesischen Unabhängigkeitsbewegung. Nach der Wende auf dem Kriegsschauplatz im Pazifik verlieh Japan Indonesien mehr Autonomie. Im September 1944 stellte General Koiso die Unabhängigkeit in Aussicht. In diesem Moment bot sich Sukarno als ideale Führerpersönlichkeit an, die mit ihrer charismatischen Ausstrahlung zwischen japanischer Besatzungsmacht, den konservativen Kräften und den westlich orientierten Intellektuellen vermitteln sollte. Nach dem Atombombenabwurf auf Hiroshima am 6. 8. 1945 überschlugen sich für Indonesien die Ereignisse. Eine Delegation der Nationalisten, bestehend aus Sukarno, Hatta und Raschiman wurde von dem japanischen Marschall Terandi in Da Lat bei Saigon empfangen. Sie bekam den Auftrag, eine gesetzgebende Versammlung mit Vertretern jeder Insel des Archipels zu bilden, und sollte eine Verfassung entwerfen und ratifizieren. Sukarno und Hatta wollten mit der Ausrufung der Unabhängigkeit Indonesiens bis zur japanischen Kapitulation warten. Sie wurden jedoch von der Untergrundorganisation Japu Mas (Goldene Besen) mit Gewalt zur Eile gezwungen. Kurz darauf fand dann auch in der Wohnung des japanischen Konteradmirals Tadashi Maeda ein Treffen statt, an dem maßgebliche Vertreter der Unabhängigkeitsbewegung teilnahmen. Nach erregten Debatten darüber, wie die Unabhängigkeitserklärung zu unterzeichnen sei, wurde beschlossen, daß Sukarno und Hatta dies tun sollten. Am 17. 8. 1945 wurde von Sukarno die Unabhängigkeit Indonesiens proklamiert.

*Sukarno*

---

# Krieg und Unabhängigkeit

## Die ersten Veränderungen

In den 40er Jahren waren Unabhängigkeitsbestrebungen zunächst in Südostasien erfolgreich. Als erste Kolonie wurden 1946 die Philippinen unabhängig. Britisch-Indien wurde 1947 selbständig und spaltete sich in das überwiegend hinduistische Indien und das islamische Pakistan. Indonesien erhielt 1949 seine Unabhängigkeit. Ein weiterer Kernpunkt des weltweiten Entkolonialisierungsprozesses bildete sich im Nahen Osten. Frankreich und Großbritannien mußten ihre dortigen Mandate aus der Zeit des Völkerbundes aufgeben. Syrien und der Libanon wurden offiziell 1941 unabhängig, die letzten französischen Truppen zogen 1946 ab. Die Briten legten ebenfalls 1946 ihr Mandat über Transjordanien nieder und zogen zwei Jahre später aus Palästina ab, ohne jedoch eine Übereinstimmung über die Machtübertragung erzielt zu haben.

Die Daten dieser Entkolonialisierungsphase fallen überwiegend in die zweite Hälfte des Jahrzehnts. Das liegt am Einfluß, den der 2. Weltkrieg auf die Kolonialstaaten ausübte. Den wichtigsten Anlaß bot die Kriegführung selbst. Jene westeuropäischen Staaten, die gegen die deutsche, italienische und japanische Aggression kämpften, warben Hilfstruppen in den Kolonien an. Nicht zuletzt um die unter faschistische Hegemonie geratenen Völker für die Alliierten zu gewinnen, unterzeichneten der britische Premierminister Churchill und US-Präsident Roosevelt 1941, noch vor dem Kriegseintritt Amerikas, die Atlantikcharta. Darin wurde das Recht eines jeden Volkes auf Selbstbestimmung ausdrücklich anerkannt. Für viele Unabhängigkeitsbewegungen war dies eine Bestätigung der Rechtmäßigkeit ihres Handelns.

## USA und UdSSR: die »antikolonialen« Mächte

Seit 1942 waren die USA und die UdSSR Verbündete im Kampf gegen die Achsenmächte. Damit ihre Stellung als mächtigste Staaten der Erde erhaltenblieb, hatten sie ein starkes gemeinsames Interesse daran, die großen Kolonialreiche aufzulösen – trotz aller ideologischen Unterschiede. Das zeigte sich bei der Gründung der UNO (1945). Zu den wichtigsten Streitfragen während der konstituierenden Versammlung zählte die Kontrollfunktion der neuen Organisation über die kolonialen Verwaltungen. Die westeuropäischen Staaten mit Großbritannien und Frankreich an der Spitze wollten der UNO nicht das Recht zuerkennen, darüber zu urteilen, ob die Kolonialmächte die Selbstverwaltung in ihren Kolonien genügend gefördert hatten. Zwar wurde die Einrichtung des Treuhandschaftsrates, der von der Vollversammlung kontrolliert wird, beschlossen, doch blieben die Kolonialmächte bei der Verwaltung ihrer nicht der Treuhandschaft unterliegenden Überseebesitzungen souverän.

## Japan und das nationale Selbstbewußtsein

Um sich in einigen besetzten oder für die Kriegführung wichtigen Gebieten Unterstützung zu si-

*Druck aus dem Jahre 1947. Unter dem Porträt Gandhis Ministerpräsident Nehru (Mitte) im Gespräch mit Staatspräsident Prasad und Vizepräsident Radhakrishnan.*

Pazifik II
S. 145-32

*Der Abzug der Briten vom indischen Subkontinent vollzog sich vor dem Hintergrund blutiger Zusammenstöße zwischen Hindus und Moslems; hier Straßenkämpfe in Calcutta 1946.*

chern, hatte das Deutsche Reich, besonders aber Japan, in diesen Ländern die Abneigung gegen die ehemalige Kolonialmacht bestärkt. So nahm der Großmufti von Jerusalem im britischen Mandatsgebiet Palästina in seinem blinden Judenhaß für den Nationalsozialismus Stellung. Nationalistische Führer in Birma (U Aung San) und Indonesien (Sukarno) sympathisierten mit Japan, um die Unabhängigkeit ihrer Länder schneller zu erreichen. Die Ablehnung des europäischen Kolonialismus als Bindeglied zwischen Mutterland und Kolonie hatte vor allem bei den Japanern Priorität. Die »Großasiatische Wohlstandssphäre«, die Vorstellung eines Asien unter japanischer Führung, enthielt ausdrücklich das Versprechen der asiatischen Selbständigkeit gegenüber den Kolonialmächten.

Ein Markstein in der Geschichte der beginnenden Entkolonialisierung war der Fall von Singapur. Die britische Flottenbasis galt als militärische Bastion einer Kolonialmacht. Als es den japanischen Invasionstruppen gelang, die Stadt von der gegenüberliegenden Küste aus einzunehmen, war der Nimbus militärischer Überlegenheit für viele Menschen in Südostasien zerstört.

## Mahatma Gandhi

Der indische Freiheitskämpfer und Politiker Mohandas Karamchand Gandhi, von seinen Anhängern Mahatma (»Große Seele«) genannt, wurde am 2. 10. 1869 in Porbandar an der indischen Westküste als Sohn einer wohlhabenden Hindu-Familie geboren. Nach dem Jurastudium in London (1888 bis 1891) und einer zweijährigen Tätigkeit als Rechtsanwalt in Indien ging Gandhi 1893 nach Südafrika, wo er für die Gleichstellung der indischen Einwanderer eintrat (Natal Indian Congress, 1894 gegr.). Bei der Organisation des passiven Widerstands gegen die diskriminierende Gesetzgebung der südafrikanischen Regierung bildete Gandhi seine gewaltlosen Kampfmethoden aus.
1914 nach Indien zurückgekehrt, kämpfte er für die Freiheit des Landes, d. h. für Selbstregierung und Befreiung von der britischen Herrschaft. Gandhi, der 1924 bis 1937 und 1940/41 Präsident der Allindischen Kongreßpartei war, begann seinen gewaltlosen Kampf mit den in Südafrika entwickelten Methoden. Er setzte sich insbesondere für eine Milderung der Kastenunterschiede und die Überwindung des Gegensatzes zwischen Hindus und Moslems ein. Seine »Strategie« des gewaltlosen, passiven Widerstands (Noncooperation und ziviler Ungehorsam) wurzelte in einer tiefen religiösen Überzeugung.
Gandhi organisierte Massenbewegungen gegen britische Wirtschaftsinteressen in Indien. Seit 1921 regte er z. B. den Boykott britischer Textilien durch Förderung des Spinnens in indischen Familien an. 1930 kam es zum »Marsch zum Meer«, der das britische Salzmonopol brechen sollte.
Die in den 20er und 30er Jahren von ihm organisierten Aktionen bürgerlichen Ungehorsams brachten die britische Herrschaft zwar nicht zum Wanken, hatten jedoch eine große propagandistische Wirkung. Gandhi, der eigenwillige, »kleine« Mann, der sich selbst das Garn für seinen Lendenschurz spann und sich mit stoischer Gefaßtheit immer wieder von den Engländern festnehmen ließ (er verbrachte etwa 66 Monate seines Lebens im Gefängnis), wurde noch zu Lebzeiten zur Legende. Mit zahlreichen Hungerstreiks protestierte er sowohl gegen britische Maßnahmen und Gesetze als auch gegen die Uneinigkeit von Moslems und Hindus in der Kongreßbewegung. Im 2. Weltkrieg forderte Gandhi strikte Neutralität auch gegenüber England. 1942 drang er in Form der »Quit India«-Resolution auf eine sofortige Lösung der Indienfrage. Es bedurfte jedoch noch mehrjähriger Verhandlungen, bevor am 15. 8. 1947 die Unabhängigkeit Indiens erreicht wurde. Sie hatte allerdings die Zweiteilung Britisch-Indiens in Pakistan und Indien zur Folge (auch → S. 301). Für Gandhi bedeutete die Preisgabe der Einheit des Landes eine geistige Tragödie. Er lehnte jegliches politisches Amt ab. Es war ihm nicht gelungen, den Gegensatz zwischen Hindus und Moslems zu überwinden. Er mußte mitansehen, wie sein Land durch religiöse Zwistigkeiten zerrissen wurde. In dem letzten Interview vor seinem Tode sagte Gandhi, erschüttert von der Steigerung der Gewalt: »Ich will nicht leben in Düsternis und Wahnsinn, ich kann nicht mehr.« Noch am selben Tag, dem 30. 1. 1948, wurde Gandhi von einem fanatischen Hindu in Neu-Delhi erschossen.

---

Der Fall von Birma und Niederländisch-Indien folgte. Die Japaner eroberten die unter amerikanischer Verwaltung stehenden Philippinen. Sie paktierten mit der französischen Kolonialverwaltung in Indochina, die sich auf die Seite der Vichy-Regierung gestellt hatte. Das Ausmaß der Selbständigkeit, die die Japaner den von ihnen besetzten Gebieten gewährten, war davon abhängig, wieweit sie die einheimische Bevölkerung als Arbeitskräfte und militärische Hilfstruppen benötigten. Je weiter die Alliierten im pazifischen Raum vorrückten, desto mehr Frontlinienstaaten erhielten von Tokio die Unabhängigkeit im Tausch gegen die Bereitschaft zur Verteidigung der »Großasiatischen Wohlstandssphäre«; die Mandschurei war das erste Gebiet gewesen, Indonesien wurde das letzte.

## Indien wird unabhängig

Ein Jahr nach der japanischen Kapitulation übertrugen die USA die schon in den 30er Jahren zugesagte Souveränität an die Philippinen. Die europäischen Staaten hingegen versuchten mit wechselndem Erfolg, ihre ehemaligen Kolonien in Asien mit neuen Beziehungen an das Mutterland zu binden. Das Selbstbewußtsein der Kolonien war aber im Laufe des Krieges gewachsen. Fast alle Länder des Erdteils erwarben deshalb mit oder ohne Kampf ein gewisses Maß an Unabhängigkeit. Das Symbol dieser Entwicklung war Indien. Das Land verdankte seine Unabhängigkeit einer ungewöhnlichen Kampfmethode, der gewaltlosen Agitation Gandhis und seiner Bewegung. Die typischen Formen von Massenaktionen wie Boykott, Sit-in und Selbsthilfe (die Organisierung des eigenen Nahrungsbedarfs) galten in Asien weithin als Vorbild. Britisch-Indien war nur an seiner Nordostgrenze der japanischen Aggression ausgesetzt gewesen, hatte jedoch mit seinen Truppen am britischen Kampf gegen Japan teilgenommen. Die nationalistische Bewegung forderte als Gegenleistung die Unabhängigkeit. Die Labour-Regierung, die im Sommer 1945 in Großbritannien die Macht übernahm, war bereit, sie zu gewähren. Innere Auseinandersetzungen führten jedoch zum Bürgerkrieg, der eine Teilung des Subkontinents unvermeidlich machte. Es entstand ein islamisches Pakistan, das im Westen und im Osten das überwiegend hinduistische Indien begrenzte. 1947 wurde zum ersten Mal im britischen Reich die Souveränität an nichtweiße Staaten übertragen. Nach Indien und Pakistan folgten mit Birma und Ceylon andere asiatische Kolonien.

## Ein vielschichtiger Prozeß

Zwei Faktoren bestimmten die unterschiedliche Art der Entkolonialisierung in Asien. Zum ersten das allgemein verbreitete Bewußtsein, daß die Völker ein Recht auf Selbstbestimmung haben. In der UNO, die sich intensiver mit den kolonialen Problemen beschäftigte als der von Europäern dominierte Völkerbund, führte dies bereits bald zu Resolutionen und Interventionen, die weit über den Rahmen der Charta hinausgingen. Vor allem der Sicherheitsrat wurde zu einem »Appellationsgericht« für Nationalisten in ihrem Kampf um die Unabhängigkeit. Die Republik Indonesien legte mit Erfolg Protest ein gegen zwei sogenannte Polizeiaktionen des niederländischen Heeres. Der Sicherheitsrat hatte zwar formell nicht die Befugnis, sich in die inneren Angelegenheiten der Mitgliedsstaaten einzumischen, nahm jedoch aufgrund des »Naturrechts« auf Selbstbestimmung sehr wohl Stellung. Er konnte allerdings nur moralischen Druck ausüben.

Der zweite Faktor war der Kalte Krieg. Er führte unter anderem zur Konkurrenz der USA und der UdSSR um die Gunst der Völker in Asien und Afrika. Die Sowjetunion gebärdete sich außerhalb des eigenen Machtbereichs zunehmend als Schirmherr der Entkolonialisierung. Die USA gerieten in einen Zwiespalt in ihrem Bestreben,

*Indien/Pakistan S. 368–71*

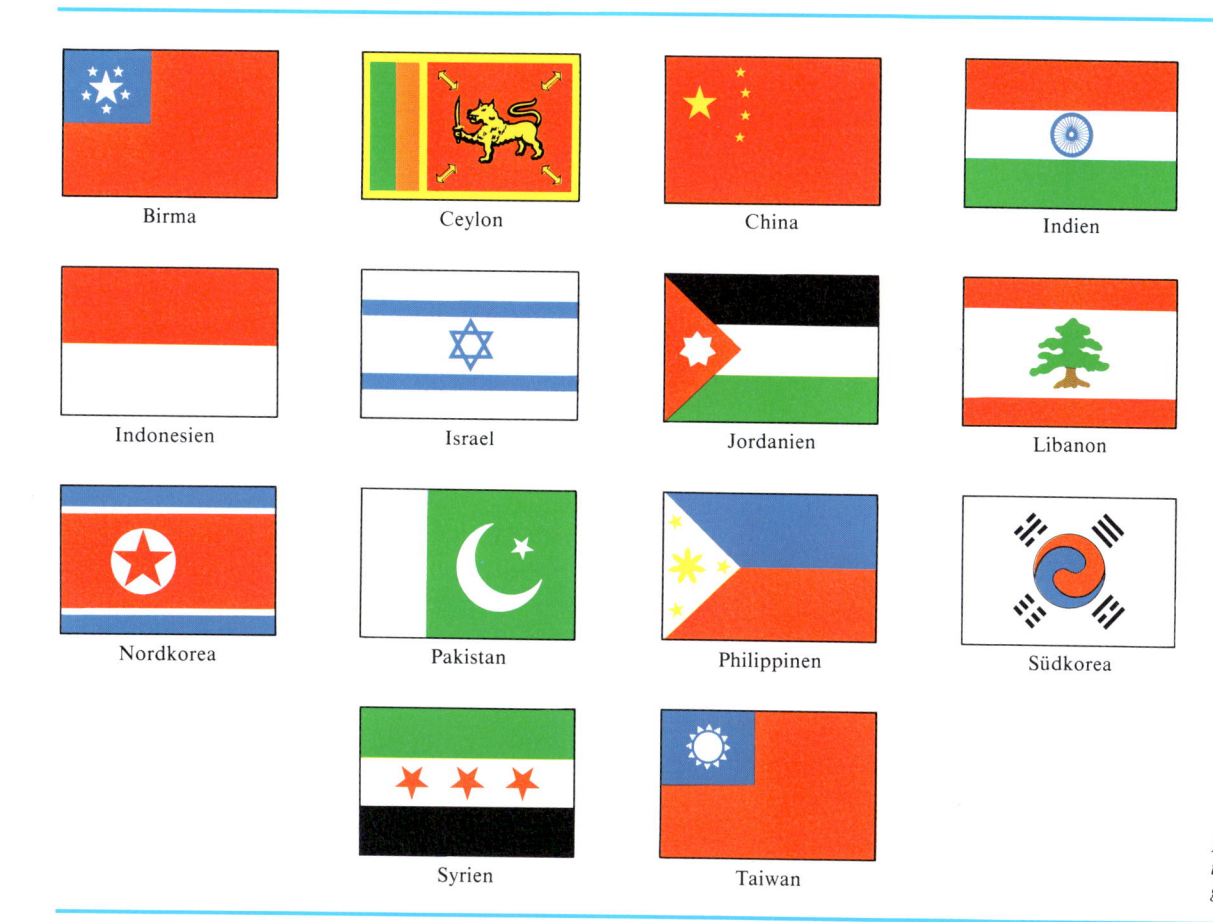

Birma · Ceylon · China · Indien
Indonesien · Israel · Jordanien · Libanon
Nordkorea · Pakistan · Philippinen · Südkorea
Syrien · Taiwan

*Die Flaggen der Länder, die in den 40er Jahren unabhängig wurden.*

*In Afrika begannen sich in den 40er Jahren die ersten Unabhängigkeitsbestrebungen zu zeigen. Hier die Delegation der Goldküste bei einer Konferenz der britischen Kolonien in Afrika im Londoner Lancaster House 1948.*

einerseits die westeuropäischen Bundesgenossen beim Wiederaufbau zu unterstützen und andererseits ihre eigene Einflußsphäre auszuweiten. Sie unterstützten die Republik Präsident Sukarnos. In Indochina hingegen versagte Washington dem kommunistischen Nationalisten Ho Tschi Minh seine Unterstützung.

In diesem Jahrzehnt liegt der Schwerpunkt der Entkolonialisierung in Asien. Auf dem anderen vom Krieg beeinflußten Schauplatz, im Nahen Osten, war nach dem 2. Weltkrieg das Problem der Entkolonialisierung im wesentlichen gelöst. Frankreich hatte Syrien und Libanon bereits im Krieg freigegeben, Großbritannien folgte gegenüber Transjordanien bald diesem Beispiel. In Palästina entwickelte sich ein völlig anderer Konflikt, der Streit, ob das Land ein arabischer Staat oder zwischen Arabern und Juden geteilt werden sollte. In Afrika brachte die Entkolonialisierung erst in den 50er Jahren Ergebnisse.

PROF. DR. J. BANK

## Der Weg zum Staat Israel

*Israel S. 368–72*

»Wir wollen den Grundstein legen zu dem Haus, das dereinst die jüdische Nation beherbergen wird.« Mit diesem Satz beschrieb Theodor Herzl am 29. 8. 1897, dem Eröffnungstag des ersten Zionistenkongresses in Basel, das Ziel der zionistischen Bewegung. Vorangegangen war bei einer wachsenden Zahl von Juden die Einsicht, daß ihre Befreiung durch die Emanzipation eine Illusion geblieben war. Die Assimilation, die Anpassung an die nichtjüdische Umwelt, war als Irrweg erkannt worden. Bestärkt wurde diese Einsicht durch die Welle von Pogromen, die das Judentum in seinem Hauptsiedlungsgebiet in Osteuropa, im Herrschaftsbereich des russischen Zaren, seit 1881 traf. Zehntausende wurden aus ihren Wohnorten vertrieben, Tausende ermordet. Eine Massenauswanderung setzte ein. Nur ein kleiner Teil der über eine Million Juden, die zwischen 1882 und 1897 Rußland verließen, suchte Zuflucht in Palästina, dem stets geliebten und ersehnten Land der Väter. Immerhin stieg die jüdische Bevölkerung dieses von der Türkei beherrschten Gebietes von 24 000 auf 45 000. Noch kleiner war der Kreis, in dem die Erkenntnis erwachte, daß nur ein eigener Staat den Juden, die sich nicht nur als Religionsgemeinschaft, sondern als ein Volk empfanden, Sicherheit geben konnte. Ihrem Gefühl gaben Herzl und der Kongreß von Basel Ausdruck. Von einem Staat wurde aus diplomatischer Rücksicht noch nicht gesprochen, es war stets nur von einer »öffentlich-rechtlich gesicherten Heimstätte« die Rede.

Fünfzig Jahre und drei Monate nach Basel beschloß die Vollversammlung der Vereinten Nationen am 29. 11. 1947 die Gründung eines jüdischen Staates auf einem Teil des Territoriums von Palästina. Eine bewegte Geschichte lag zwischen der Forderung von Basel und dem Beschluß von New York.

In den Jahren 1903 bis 1905 erreichten die Pogrome einen Höhepunkt. Allein an zwölf Tagen im Oktober 1905 wurden 810 russische Juden ermordet. Im 1. Weltkrieg wurden Zehntausende von Juden, die aus dem Land des Kriegsgegners Rußland stammten, von den Türken aus Palästina deportiert. Das Jahr 1917 brachte den Juden aber mit der Balfour-Deklaration die Zusicherung von Wohlwollen und Förderung der britischen Regierung für ihr Anliegen. Daraus folgte nach dem Krieg das britische Völkerbundsmandat über Palästina. Die Ansiedlung in der alten und neuen Heimat war schwierig. Arabische Aufstände führten zu immer neuen Kämpfen, die 1936 in der Vernichtung der uralten jüdischen Gemeinde in Hebron gipfelten. Gleichzeitig lief in Europa die Judenverfolgung durch den Nationalsozialismus an, die im 2. Weltkrieg im Versuch der »Endlösung«, der mit Namen von Vernichtungslagern wie Auschwitz, Treblinka, Majdanek, Sobibor und Belzec verbunden ist, ihren in der Geschichte beispiellosen Höhepunkt erreichte.

### Das Palästina-Mandat

Die Balfour-Deklaration, ein Brief, den der britische Außenminister Arthur James Balfour am 2. 11. 1917 an Lord Walter Rothschild, den Präsidenten der britischen zionistischen Organisation richtete, versprach die größten britischen Anstrengungen zur Unterstützung des Aufbaus des »Jüdischen Nationalheims«. Sie stellte aber auch klar, daß die bürgerlichen und religiösen Rechte der nichtjüdischen Gemeinschaften in Palästina unberührt bleiben müßten. Der Streit, ob diese einseitige Erklärung gegenüber einer privaten Organisation, mit der über ein Gebiet verfügt wurde, das zum größten Teil noch in türkischer Hand war, bereits einen konkreten völkerrechtlichen Anspruch begründete, ist müßig: Die Erklärung wurde Grundlage der Friedens- und Mandatsregelungen der Nachkriegszeit, durch die eindeutige völkerrechtliche Tatsachen geschaffen wurden. Die Unterstellung der arabischen Gebiete des türkischen Reiches unter die Zuständigkeit des Völkerbundes wurde durch die Friedensverträge der Alliierten mit der Türkei von Sèvres (1920) und Lausanne (1922) geregelt. Für die Aufteilung unter die westeuropäischen Mächte waren britisch-französische Vereinbarungen, vor allem das Abkommen von San Remo (1920), maßgeblich. Das Abkommen über die Verwaltung Palästinas durch Großbritannien wurde vom Völkerbundsrat am 24. 7. 1922 genehmigt. Es trat am 29. 9. 1923 in Kraft. Bereits vorher hatte Großbritannien das östlich des Jordan gelegene Gebiet Palästinas abgetrennt, um arabischen Forderungen entgegenzukommen und das Emirat Transjordanien zu errichten.

Der britischen Mandatspolitik gelang es nicht, der doppelten Verpflichtung gegenüber den Juden und den Arabern gerecht zu werden. Es war von vornherein klar, daß es nicht das Ziel dieser Politik sei, im gesamten Palästina westlich des Jordan einen jüdischen Staat zu errichten. Gemeinsame staatsrechtliche Institutionen der beiden Völker kamen aber nicht zustande. Ebenso gelang es den Arabern, die die völkerrechtlichen Grundlagen der Mandatspolitik kompromißlos ablehnten, nicht, sich wirksam politisch zu organisieren. Ihre organisatorischen Strukturen (Oberster Moslemischer Rat, Arabische Exekutive, Arabisches Hohes Komitee) sollten nur dem nationalen Befreiungskampf dienen. Sie waren fest in der Hand traditioneller feudaler Führungskreise, denen es in erster Linie um die Erhaltung ihrer Privilegien ging. Prominentester arabischer Führer war Mohammed Amin al-Husaini, von den Briten eingesetzter Mufti (1920) und später Großmufti (1926) von Jerusalem, dessen Bündnis mit Hitler im 2. Weltkrieg nicht nur ihn persönlich, sondern auch die arabische Nationalbewegung schwer diskreditierte.

Auf jüdischer Seite entstand unter dem Dach der Zionistischen Weltorganisation und ihres alle zwei Jahre tagenden Kongresses die Jewish Agency als zionistische Exekutive. Sie verstand sich auch als Vertreter der nicht in Palästina lebenden Juden und bildete unter der Oberhoheit der britischen Mandatsverwaltung eine praktisch selbständige Regierung, die alle Angelegenheiten der palästinensischen Juden leitete und diese nach innen und außen vertrat. Ihre wichtigsten nationalen Einrichtungen waren der Jüdische Nationalfond (Keren Kayemet), der Boden kaufte und Siedlern zur Verfügung stellte, und der Palästina-Gründungsfond (Keren Hajessod), der das Land erschloß und die Besiedlung organisierte. Beide arbeiteten mit Spendengeldern des Weltjudentums. Hinzu kam die Gewerkschaft Histadruth, die weit mehr war als eine Arbeitnehmervertretung, sondern den gesamten wirtschaftlichen Aufbau zentral organisierte. Am jüdischen Landerwerb, der bis 1940 etwa ein Zehntel des nutzbaren Bodens in jüdische Hand brachte, entzündete sich immer wieder der Streit zwischen den Bevölkerungsgruppen. Hier zeigte sich aber auch ganz besonders die Widersprüchlichkeit der arabischen Politik. Die feudalen Grundbesitzer verkauften einerseits Land an die Juden, stachelten aber andererseits die arabische Bevölkerung immer wieder zu Aufständen und bewaffneten Übergriffen gegen die jüdischen Siedler auf. Die Mandatsverwaltung, die von Anfang an die jüdische Einwanderung begrenzt und zeitweise behindert hatte, wobei mit dem Vorwand einer beschränkten wirtschaftlichen Aufnahmefähigkeit Palästinas operiert wurde, konnte die Lage nicht mehr unter Kontrolle halten. Großbritannien begann, von den Verpflichtungen des Mandats abzurücken. Nach dem großen arabischen Aufstand von 1936, der von einem mehrmonatigen Generalstreik begleitet war, veröffentlichte eine Kommission unter der Leitung von Lord Peel 1937 einen Untersuchungsbericht, nach dem der Landverkauf an Juden in bestimmten Zonen zu verbieten und die Einwanderung – trotz der gleichzeitigen nationalsozialistischen Verfolgung! – in den nächsten fünf Jahren auf jährlich 12000 zu beschränken sei. Als Alternative wurde eine Teilung vorgeschlagen, nach der ein kleiner jüdischer Staat etwa ein Sechstel des Mandatsgebietes umfassen sollte, während der größere Teil einen arabischen Staat bilden sollte. Kleinere Gebiete mit gemischter Besiedelung, die vor allem die meisten größeren Städte einschlossen, hätten unter Mandatsverwaltung zu bleiben. Die jüdischen Organisationen hatten einen eigenen Staat zwar immer gewünscht, aber nie offiziell gefordert. Sie stimmten unter maßgeblicher Beteiligung von Chaim Weizmann, dem Präsidenten der Zionistischen Weltorganisation, und David Ben Gurion, dem Präsidenten der Jewish Agency, der Teilung im Prinzip zu, akzeptierten aber die vorgeschlagenen Grenzen des jüdischen Staates nicht. Eine gesamtarabische Konferenz, die in Bludan bei Damaskus tagte, lehnte dagegen die Teilung kompromißlos ab und drohte mit einem Überschwenken der Araber ins Lager der Achsenmächte. Damit war der Plan gescheitert.

## Die Weißbuch-Politik

Nach ergebnislosen getrennten Konferenzen in London mit arabischen und zionistischen Vertretern veröffentlichte die britische Regierung im Mai 1939 ein Weißbuch, das die Grundlage der zukünftigen Mandatspolitik bilden sollte. Praktisch war es aber das Ende der Mandatspolitik. Einstimmig stellte die ständige Mandatskommission des Völkerbundes fest, daß es mit der bisherigen britischen Auslegung der Mandatsverpflichtungen unvereinbar und damit völkerrechtswidrig sei. Die Mehrheit der Kommission bezeichnete das Weißbuch als unvereinbar mit jeder möglichen Auslegung. Es stelle eine Ände-

*Amin al-Husaini, der Großmufti von Jerusalem.*

*Das »King-David«-Hotel nach dem Bombenanschlag der Untergrundorganisation Irgun Zwai Leumi vom 23. 7. 1946.*

rung der Mandatspflichten dar und bedürfe der Zustimmung des Völkerbundsrates. Diese kam infolge des Kriegsausbruchs im September 1939 nicht zustande.

Im Zeichen der Politik des Weißbuchs stand die Lage in Palästina zu Beginn der 40er Jahre. Sein Kern waren drei eindeutig gegen die Juden gerichtete Bestimmungen: Der Anteil der jüdischen Bevölkerung in Palästina, der von 11% im Jahre 1922 auf 30% im Jahr 1940 gestiegen war, dürfe keinesfalls jemals ein Drittel überschreiten. Bis 1944 sollten als letzte Rate noch 75 000 Juden einwandern dürfen. Danach sollte die Einwanderung von arabischer Zustimmung abhängig, das heißt endgültig unmöglich sein. In einem Gebiet, das 95% der Fläche Palästinas umfaßte, war Landerwerb durch Juden verboten.

Obwohl die offiziellen Erklärungen der arabischen Seite unterschiedlich waren, hatte das Weißbuch insofern den gewünschten Erfolg, als eine allgemeine arabische Erhebung gegen Großbritannien im 2. Weltkrieg ausblieb. Nur eine Episode blieb im Jahr 1941 die Kriegserklärung an Großbritannien durch die irakische Regierung, an deren Politik der Großmufti maßgeblich beteiligt war. Der Irak wurde innerhalb von vier Wochen niedergeworfen.

Für die Zionisten und insbesondere für die Jewish Agency war die Situation angesichts der ständig zunehmenden nationalsozialistischen Judenverfolgung verzweifelt. Der Sieg der Alliierten war die Grundlage jüdischen Weiterlebens. Ben Gurion formulierte als Richtlinie der zionistischen Politik im 2. Weltkrieg: »Wir werden an der Seite Großbritanniens in diesem Krieg kämpfen, als gäbe es kein Weißbuch. Und wir werden das Weißbuch bekämpfen, als gäbe es keinen Krieg.« Zahlreiche Juden kämpften in britischen Truppen, zuletzt in eigenen Brigaden. Großbritannien arbeitete mit den noch illegalen jüdischen Selbstschutzverbänden der Hagana und sogar mit der rechtsgerichteten Untergrundorganisation Irgun Zwai Leumi zusammen, die die Mandatspolitik mit Waffengewalt bekämpfte und 1939 für die Dauer des Krieges einen Waffenstillstand angeboten hatte.

Nachdem die unmittelbare deutsche Bedrohung seit der Niederlage Rommels bei El Alamein 1942 geschwunden war, konzentrierte sich die Politik der Jewish Agency und der Hagana mehr auf den Kampf gegen das Weißbuch. Hauptziel war die Förderung der illegalen Einwanderung. Die inzwischen in großem Maßstab angelaufene systematische Massenvernichtung der Juden durch die Nationalsozialisten hatte den Zionismus vor allem in den USA erheblich gestärkt. Im Mai 1942 beschloß eine Konferenz amerikanischer zionistischer Organisationen im New Yorker Biltmore-Hotel ein von Ben Gurion redigiertes Programm, das nun die Grundlage jüdischer Politik bildete. Erstmals wurden offiziell ein jüdischer Staat und die Beendigung des Mandats gefordert. Die Jewish Agency sollte die Kontrolle und Organisation der Einwanderung selbst in die Hand bekommen. Weizmann, der weniger als Ben Gurion auf die inzwischen in Palästina erreichte Machtposition und auf die Unterstützung durch die USA und das amerikanische Judentum baute, war ein Gegner des Biltmore-Programms, weil er mehr auf diplomatische Bemühungen in Großbritannien setzte. Aber Großbritannien arbeitete Ben Gurion weiter in die Hände, indem es in Kenntnis der nationalsozialistischen Massenvernichtung die illegale Einwanderung mit allen verfügbaren Mitteln behinderte und die Flüchtlinge deportierte. Dies führte schon während des Krieges wieder zu bewaffneten jüdischen Aktivitäten, bei denen sich besonders eine radikale Gruppe hervortat, die den Namen ihres bei Kriegsbeginn von den Briten erschossenen Gründers Abraham Stern trug. Dieser auch unter der Bezeichnung Lehi bekannten Organisation, die nie mehr als 200 Mitglieder gehabt zu haben scheint, wird die Ermordung des britischen Vizeministers Lord Moyne in Cairo im November 1944 zugeschrieben.

Nach Kriegsende setzte Großbritannien seine gegen die Einwanderung gerichtete Politik gegenüber den Überlebenden der Konzentrationslager fort. Während der von Menachem Begin geführte Irgun, der militärische Flügel der rechtsgerichteten Revisionistischen Partei, in großem Stil zu Terroraktionen überging, konzentrierte sich die Hagana auf die Organisation der illegalen Einwanderung, wobei es ebenfalls zu bewaffneten Auseinandersetzungen kam. Die britische Regierung versuchte, die jüdischen Verbände mit außerordentlich harten Maßnahmen zu unterdrücken, und stand gleichzeitig unter einem massiven politischen Druck der US-Regierung, die sich am Ende des Krieges praktisch das Biltmore-Programm zu eigen gemacht hatte. Dieser Druck führte aber nur zur Einsetzung von britischen und britisch-amerikanischen Untersuchungskommissionen, die ohne greifbares Ergebnis blieben.

## Auf dem Weg zur Unabhängigkeit

Der endlosen Auseinandersetzungen müde und ohne Hoffnung auf einen befriedigenden Abschluß des Mandatsauftrags, übergab Großbritannien am 2. 4. 1947 das Palästinaproblem der Vollversammlung der Vereinten Nationen. Diese setzte einen aus Vertretern von elf Staaten bestehenden Sonderausschuß ein, der nach dreimonatiger Arbeit am 3. 9. 1947 zwei alternative Lösungsvorschläge vorlegte. Während sich Australien der Stimme enthielt, empfahl eine Mehrheit von sieben Staaten die Teilung Palästinas in je einen selbständigen jüdischen und arabischen Staat, die durch eine lose Wirtschaftsunion verbunden sein sollten. Jerusalem sollte eine besondere politische Einheit unter der Oberhoheit der UNO bilden. Die araberfreundliche Minderheit aus Indien, Iran und Jugoslawien empfahl dagegen die Bildung eines föderativen Staates mit je einem arabischen und jüdischen Gliedstaat und einer gemeinsamen Hauptstadt Jerusalem. Nach einigem Hin und Her in Vollversammlung, Ausschüssen und Unterausschüssen lag der Mehrheitsvorschlag in der Gestalt der Entschließung 181 (II) der Vollversammlung am 29. 11. 1947 zur Abstimmung vor. Er erhielt mit 33 gegen 13 Stimmen bei 10 Enthaltungen die erforderliche Zweidrittelmehrheit. USA und UdSSR hatten sich in gleicher Weise um die Annahme bemüht und alle ihrem Einfluß zugänglichen Staaten zu einer entsprechenden Stimmabgabe bewogen. Die Gegenstimmen kamen außer von zehn arabischen und islamischen Staaten aus Griechenland, Indien und Kuba, während sich neben Großbritannien, China und Jugoslawien hauptsächlich katholische lateinamerikanische Staaten der Stimme enthielten. Die Vollversammlung hatte Großbritannien zur Durchführung des Beschlusses aufgefordert, was von diesem ebenso abgelehnt wurde wie die Zusammenarbeit mit einer aus Vertretern von fünf Ländern bestehenden Durchführungskommission. Großbritannien legte vielmehr das Ende des Mandats und den Abzug seiner Truppen auf Mitte Mai 1948 fest. Es war entschlossen, die beiden Volksgruppen die Sache austragen zu lassen, wobei es davon ausging, daß sich die Araber durchsetzen würden. Ihnen überließen die Briten bei ihrem Abzug einen großen Teil ihrer Waffen und Stützpunkte.

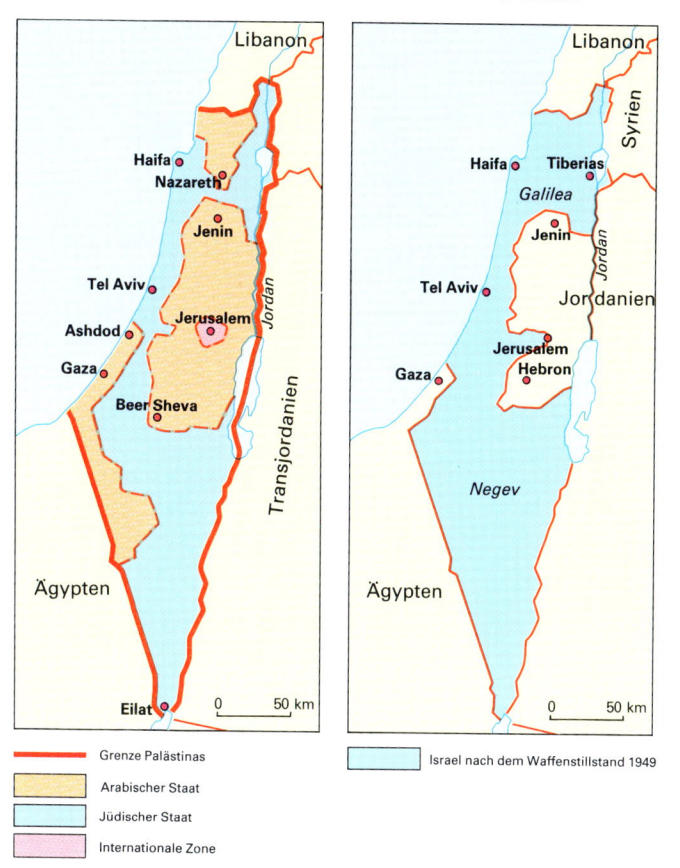

Je passiver die Mandatsverwaltung wurde und je mehr sich die britischen Truppen aus Palästina zurückzogen, um so heftiger wurden die Kämpfe zwischen Arabern und Juden. Seit dem Teilungsbeschluß, den die Juden akzeptiert, die Araber aber als unverbindlich und rechtswidrig abgelehnt hatten, sahen sich die Juden nicht nur den palästinensischen Arabern, sondern auch Freischärlerverbänden aus benachbarten Ländern, im Frühjahr 1948 auch der Arabischen Legion, der von Briten ausgebildeten, ausgerüsteten und geführten Armee des Königreichs Transjordanien, gegenüber.

Angesichts der sich verschärfenden Kämpfe und der Unwirksamkeit von Waffenstillstandsappellen des UN-Sicherheitsrats wurde die US-amerikanische Regierung in ihrer prozionistischen Haltung schwankend. Sie begann nach der Mitte des April 1948 in der UN-Vollversammlung einen neuen Plan zu diskutieren, nach dem statt Unabhängigkeit und Teilung Palästinas eine UN-Treuhandschaft vorgesehen war. Einem möglichen Beschluß, der den unabhängigen jüdischen Staat gefährdet hätte, kam die Jewish Agency am 14. 5. 1948 zuvor, indem sie mit dem Ablauf des britischen Mandats die Unabhängigkeit des Staates Israel erklärte. Der junge Staat wurde sofort von den USA und der Sowjetunion anerkannt. Die Anerkennung erfolgte durch US-Präsident Truman persönlich und ohne Absprache mit seinem von ihm als proarabisch eingeschätzten Außenministerium.

*Auf der Karte links der UN-Plan für die Teilung Palästinas in einen jüdischen und einen arabischen Staat. Der Plan wurde 1947 von der UNO verabschiedet, jedoch von den arabischen Organisationen und Staaten abgelehnt. Zum Vergleich rechts das Territorium des Staates Israel nach dem ersten arabisch-israelischen Krieg 1948/49. Der Versuch einer Vermittlung im Palästinakonflikt war eine der ersten großen Aktivitäten der UNO.*

◁

*Ein britischer Soldat bildet einen Palästinenser an einem Mörser aus (Aufnahme aus dem Jahre 1948).*

# Politik

*Yigal Allon, Kommandeur der israelischen Palmach-Einheiten und später Außenminister, bei einer Truppeninspektion 1948.*

*UN-Vermittler Folke Bernadotte (in weißer Uniform) bei Gesprächen in Ägypten über die Palästinafrage im Juni 1948. Kurze Zeit später wird er von einem jüdischen Extremisten ermordet.*

## Der Unabhängigkeitskrieg

Bis zum Tag der Unabhängigkeitserklärung hatten die Juden fast alle ihre verstreuten Siedlungen halten können. Nur vier Siedlungen in der Nähe von Hebron gingen an die Arabische Legion verloren, die auch die jüdische Altstadt von Jerusalem eingeschlossen hatte. Schwierig war die Nahrungsmittel- und Wasserversorgung für Jerusalem, da arabische Banden und später auch die Arabische Legion die Zufahrt kontrollierten. Am 15. 5. 1948 begann die zweite Phase des israelischen Unabhängigkeitskrieges. Die Armeen der benachbarten Staaten griffen das von den Juden besiedelte Gebiet an. Neben einzelnen Siedlungen am Oberlauf des Jordan und in der Nachbarschaft des späteren Gazastreifens fiel das jüdische Viertel in der Jerusalemer Altstadt in ihre Hand. Alle übrigen Positionen konnten gehalten werden. Als auf Veranlassung der UNO am 11. 6. ein erster Waffenstillstand eintrat, waren die in ihrer Bewaffnung weit unterlegenen jüdischen Verbände, die erhebliche Verluste erlitten hatten, am Rande der Erschöpfung. In den folgenden Wochen bestand ein Waffenembargo der UNO gegen alle kriegführenden Staaten. Es gelang aber, nicht nur durch verstärkte Einwanderung die Armee fast zu verdoppeln, sondern auch umfangreiche Waffenbestände, vor allem aus der Tschechoslowakei, einzuführen. Diese Hilfe des Ostblocks und keineswegs die in jener Zeit außerordentlich schwankende Politik der USA rettete ohne Zweifel den Staat Israel. In einer zweiten Kriegsrunde vom 8. bis 19. 7. 1948 konnte die israelische Armee, in der inzwischen Hagana und Irgun zusammengeschlossen waren, ihr Gebiet erheblich erweitern. Besonders im Oktober flackerten die Kämpfe noch mehrmals auf, wobei Israel sein Gebiet vor allem an der Grenze zu Ägypten und in Galiläa abrundete. Bei einer neuen Operation, die am 22. 12. 1948 begann, eroberten israelische Truppen El Arisch im Norden der Sinai-Halbinsel, zogen sich aber unter britischem Druck wieder zurück. Am 6. 1. 1949 wurden in Rhodos Waffenstillstandsverhandlungen zunächst mit Ägypten, später auch mit anderen arabischen Ländern eröffnet. Im Waffenstillstandsvertrag vom 24. 2. 1949 verzichtete Ägypten auf den Negev, der daraufhin von Israel im März 1949 einschließlich des Gebiets der heutigen Hafenstadt Elat am Roten Meer besetzt wurde. Bis zum Juli folgten Waffenstillstandsverträge mit dem Libanon, Transjordanien und schließlich Syrien. Am Ende des Krieges waren nur noch der von Ägypten besetzte Gazastreifen und die von der Arabischen Legion und irakischen Truppen gehaltenen Gebiete von Judäa und Samaria in arabischer Hand, die anschließend von Transjordanien, das sich in Jordanien umbenannte, annektiert wurden.

Das Gebiet des Staates Israel, wie es sich nach dem Abschluß der Waffenstillstandsverträge 1949 darstellte, war seit April 1949 von etwa 600000 arabischen Bewohnern verlassen worden. Die Ursachen dieser Fluchtbewegung, die das Palästinaproblem bis heute aktuell erhielt, waren nur z. T. jüdische Terrorakte und zionistische Propaganda. Viel wirksamer waren die Fluchtaufforderungen arabischer Autoritäten und die weit übertriebene arabische Greuelpropaganda. Wo es eine entschlossene arabische lokale Führung gab, wie beispielsweise in Nazareth, kam es nicht zu Flucht und Panik. Es ist auch nachgewiesen, daß sich die jüdische Verwaltung in manchen Orten sehr bemühte, die Araber zum Bleiben zu bewegen. Ein Beispiel ist Haifa, wo die Araber erst nach Abschluß der Kämpfe und ohne erkennbaren Grund abwanderten. Israel stellte seinerseits während des Krieges arabische Massaker und individuelle Terrorakte propagandistisch nicht heraus, um die Moral der jüdischen Bevölkerung in entlegenen Siedlungen nicht zu gefährden.

## Die Mission des Grafen Bernadotte

Die UNO bemühte sich während des Krieges immer wieder um einen Waffenstillstand. Ihre wichtigste Maßnahme war die Wahl des schwedischen Grafen Folke Bernadotte am 20. 5. 1948 zum Vermittler für Palästina. Er sollte die Waffenruhe überwachen und Vorschläge für friedliche Regelungen machen. Bernadotte fühlte sich nicht an den Teilungsbeschluß gebunden, sah seine Tätigkeit als eine humanitäre Aufgabe an und meinte, im Interesse einer friedlichen Lösung den Arabern entgegenkommen zu müssen. Sein Plan sah deshalb eine föderative Lösung vor, die Palästina und Transjordanien einschließen würde. Der jüdische Teilstaat sollte wesentlich kleiner ausfallen, als im Teilungsbeschluß vorgesehen. Jerusalem sollte an das arabische Jordanien fallen, während der Seehafen von Haifa und der Flughafen von Lod beiden Teilstaaten zur Verfügung stünden. Eine unbegrenzte jüdische Einwanderung würde nur für zwei Jahre erlaubt sein, während eine Rückkehr der arabischen Flüchtlinge ermöglicht werden sollte. Israels Regierung erklärte sich zwar zu Verhandlungen bereit, ihre Einwendungen kamen jedoch einer Ablehnung des Planes gleich. Die Arabische Liga lehnte den Plan, der ihren Wünschen so weit entgegenkam, rundweg ab, da die Anerkennung eines jüdischen Staates völlig ausgeschlossen wurde. Mit der Ermordung Bernadottes am 17. 9. 1948 durch jüdische Extremisten in Jerusalem wurde sein Plan gegenstandslos. Sein Nachfolger, der US-Amerikaner Ralph J. Bunche, beschränkte sich auf die Vermittlung bei den Waffenstillstandsverhandlungen des Jahres 1949.

Am Ende des Jahrzehnts stellte sich die Lage so dar: Israel war unabhängig. Die Araber hatten durch ihre kompromißlose Politik der Ablehnung einer friedlichen Lösung nur erreicht, daß das Gebiet Israels größer war als im UN-Teilungsbeschluß vorgesehen und daß 600 000 Palästinenser außerhalb der Grenzen Israels als Flüchtlinge lebten. Die militärischen Erfolge Israels hatten sie zu Waffenstillstandsabkommen gezwungen. Die Araber sahen sich einer Welt gegenüber, deren Vormächte USA und UdSSR die Entstehung Israels erst ermöglicht hatten und die sich als Ganzes mit der Existenz des Staates und seinen Grenzen entweder abgefunden hatte oder diese Entwicklung gar begrüßte. Auch Großbritannien hatte das Vertrauen der Araber verloren, da es sich zwar kräftig bemüht hatte, ihre Interessen zu fördern, aber erfolglos geblieben war. Obwohl Israel gegen den Widerspruch der UNO, die an einer Internationalisierung festhalten wollte, Jerusalem Ende 1949 zu seiner Hauptstadt erklärte, stand seine Aufnahme als Mitglied in die Vereinten Nationen unmittelbar bevor. Diese war schon deshalb notwendig, weil eine Lösung des Konflikts oder auch nur seine Eindämmung nur bei direkter Mitwirkung Israels denkbar schien.

Die weltpolitische Isolierung der Araber und die unüberwindlichen Gegensätze zwischen den arabischen Staaten luden die Großmächte dazu ein, in den 50er Jahren einen neuen Wettlauf um Einfluß in diesem Raum zu beginnen, der wesentlich zur Aufrechterhaltung des Streits beitrug.

WERNER LUDEWIG

# Entstehung von Bundesrepublik Deutschland und DDR

Nach der bedingungslosen Kapitulation der deutschen Wehrmacht (7./9. 5. 1945) und der vollständigen Besetzung Deutschlands durch die alliierten Streitkräfte boten sich zwei Möglichkeiten der Weiterentwicklung der Situation in Mitteleuropa: Entweder konnte es zur gemeinsamen Verwaltung Rest-Deutschlands (ohne die östlich von Oder und Görlitzer Neiße gelegenen Gebiete) kommen oder aber zur Spaltung auf der Ost-West-Demarkationslinie Lübeck — Helmstedt — Eisenach — Hof. Dem rückschauenden Betrachter will es scheinen, daß die letztere Möglichkeit von Anfang an die wahrscheinlichere gewesen sei. Dabei schien alles zunächst mit der Übernahme der »obersten Regierungsgewalt in Deutschland« durch die vier Hauptsiegermächte (USA, Großbritannien, Frankreich, Sowjetunion) durchaus auf ein einheitliches Besatzungskonzept hinauszulaufen. Grundlage wurde die Berliner Erklärung vom 5. 6. 1945 und die Übertragung der Ausübung der obersten Gewalt auf den »Alliierten Kontrollrat für Deutschland« mit Sitz in Berlin, das einen Sonderstatus – »Viermächte«-Verwaltung durch Interalliierte Kommandantur – erhielt. Allerdings war schon in dem grundlegenden Kontrollabkommen vom 14. 11. 1944 ein Vetorecht für jede Besatzungsmacht bei Beschlüssen über Gesamtdeutschland vorgesehen worden.

Doch die Potsdamer Konferenz der »Großen Drei« (Truman, Churchill/Attlee, Stalin) vom 17. 7. bis 2. 8. 1945 zeitigte bereits ein ambivalentes Ergebnis. Zwar wurden die noch auf der Konferenz in Jalta (4. – 11. 2. 1945) erörterten »Zerstückelungs«-Pläne aufgegeben. Deutschland sollte während der Besatzungszeit als »wirtschaftliche Einheit« betrachtet werden, was durch die beabsichtigte Einrichtung deutscher »Staatssekretariate« (»unterhalb« des Alliierten Kontrollrats) als zentraler Verwaltungsstellen für das Finanz-, Transport- und Verkehrswesen sowie für Außenhandel und Industrie noch unterstrichen wurde. Aber mit der Schaffung getrennter ökonomischer Sphären – sowjetische Zone einerseits, Westzonen andererseits –, für die in der damals fundamental bedeutsamen Reparationsfrage unterschiedliche Regelungen vorgesehen wurden, war die künftige Spaltung Deutschlands fast vorgezeichnet. Den sowjetischen Vorschlag, das Ruhrgebiet einer Viermächtekontrolle zu unterstellen, lehnten die Westmächte ab. Auch die vieldeutigen Formelkompromisse im sog. »Potsdamer Abkommen« vom 2. 8. 1945 (»Demokratisierung«, »Dezentralisierung«, »Entmilitarisierung« und »Entnazifizierung«) machten bei den bekannten divergierenden Vorstellungen, die die Hauptsiegermächte in West und Ost dabei leiteten, eine Auseinanderentwicklung der Zonen wahrscheinlich. Schließlich erteilte de Gaulle als Chef der Provisorischen Regierung des an der

*Die Konferenzen S. 145–34*

*Vertreter der 4 Siegermächte im Alliierten Kontrollrat (von links nach rechts): General Noiret (Frankreich), General Clay (USA), Marschall Sokolowskij (UdSSR) und Marshal Douglas (Großbritannien).*

Parteien
S. 264–43

Die Sieger im Osten
S. 129–30

SBZ: Parteien
S. 344–61

*So provinziell waren teilweise die Anfänge der Bonner Demokratie.*

Konferenz von Potsdam nicht beteiligten, aber als Besatzungsmacht in Deutschland gleichberechtigt mitwirkenden Frankreich allen gesamtdeutschen Ansätzen eine Absage. Er legte im Alliierten Kontrollrat am 1. 10. 1945 ein Veto gegen die Bildung der vorgesehenen zentralen deutschen Verwaltungsstellen ein.

Der wirtschaftliche und politische Wiederaufbau vollzog sich daher in den einzelnen Besatzungszonen unter verschiedenartigen Bedingungen. Trotz der destruktiven Leitlinie der amerikanischen Regierung (Direktive JCS 1067 vom 26. 4. 1945) kam in der US-Zone – im Gegensatz zur Stagnation in der französischen Zone und zur rigorosen Demontagepraxis in der britischen Zone – die industrielle Produktion relativ rasch wieder in Gang. Politisch kapselte Frankreich seine Zone vom übrigen Deutschland ab und förderte eine extreme Regionalisierung. Es lehnte auch eine Aufnahme von Vertriebenen aus den deutschen Ostprovinzen und aus der Tschechoslowakei ab, so daß die schwierigen Probleme der Unterbringung und Eingliederung von Millionen Ostdeutschen den drei anderen Zonen überlassen blieben. Die USA tendierten hingegen zu einem föderalen Aufbau, Großbritannien zur Zentralisierung auf Zonen-Ebene. Die Zulassung deutscher Parteien und die Abhaltung erster regionaler Wahlen hinkte in den Westzonen zeitlich hinter der in der sowjetischen Zone her. Von den sich 1945/46 herausbildenden deutschen Führungszentren, der Westzonen-SPD unter Kurt Schumacher und der CDU der britischen Zone unter Konrad Adenauer, strebte das erste eine schnellstmögliche Rekonstruktion des deutschen Nationalstaates unter demokratisch-sozialistischem Vorzeichen an. Das andere wollte bei Festhalten am Fernziel einer Wiederherstellung der deutschen Einheit vorrangig eine Integration Westdeutschlands in ein christdemokratisch-liberales West-Europa (Verständigung mit Frankreich).

Die sowjetische Deutschlandpolitik war von Anfang an doppelbödig angelegt. Sie diente primär dem Aufbau einer festen Basis in der eigenen Zone (und in Ostberlin), suchte sich jedoch »gesamtdeutsche« Optionen offenzuhalten. Dem erstgenannten Ziel dienten vor allem die Einsetzung der »Gruppe Ulbricht« in Berlin schon am 30. 4. 1945 zwecks Aufbau einer kommunistischen Verwaltungsstruktur, später (April 1946) die Zwangsvereinigung von KPD und SPD zur SED und deren Umwandlung in eine »Partei neuen Typus« (Vorbild: KPdSU) im September 1947. Nur in »Groß-Berlin« konnte dank des Schutzes der Westalliierten die SPD ihre Eigenständigkeit wahren. In die »gesamtdeutsche Linie« fügten sich der sehr gemäßigt klingende Gründungsaufruf der KPD vom 11. 6. 1945, die Bildung von fünf Ländern in der sowjetischen Zone (als Glieder eines föderalen Deutschlands) und die anfängliche Förderung der deutschlandpolitischen Konzeption des Vorsitzenden der CDU der sowjetischen Zone und »Groß-Berlins« Jakob Kaiser (»Deutschland als Brücke zwischen Ost und West«) ein.

Das Auseinanderbrechen der Siegerkoalition in der Deutschlandpolitik kündigte sich im Frühjahr 1946 an. Der stellvertretende US-Militärgouverneur General Clay ließ am 3. 5. 1946 die gerade erst Ende März aufgenommenen Reparationslieferungen aus der amerikanischen in die sowjetische Zone, die in Potsdam vorgesehen worden waren, wieder einstellen. Nachdem auf der Pariser Außenministerkonferenz (Juni/Juli 1946) das Auseinanderklaffen der deutschlandpolitischen Zielvorstellungen zwischen den vier Mächten unübersehbar geworden war, kündigten die USA und Großbritannien am 4. 9. 1946 den wirtschaftlichen Zusammenschluß ihrer Zonen an (»Bi-Zone« vom 1. 1. 1947 an). Sie forderten den Anschluß der französischen und der sowjetischen Zone an diesen neuen – nach amerikanischen Leitbildern geformten – »Kern«. Der amerikanische Außenminister Byrnes erläuterte zwei Tage später in einer Rede in Stuttgart deutschen Repräsentanten der Länder der US-Zone den neuen Kurs seiner Regierung, der ein politisches und psychologisches Werben um die Deutschen einleitete.

Zum vollen Durchbruch gelangte diese neue Linie der amerikanischen Deutschlandpolitik im Zeichen der »Eindämmungs«-(»Containment«-)Politik im ersten Halbjahr 1947. In der amerikanischen Führung (Außenminister seit Januar 1947 G. C. Marshall) setzte sich die Alternative durch, Deutschland vorerst zu spalten und einen – als Kern eines künftigen liberal-demo-

**Politik** 225

kratischen Deutschlands gedachten – politisch und ökonomisch attraktiven »Weststaat« aufzubauen, der als »Magnet« auf die Sowjetzone wirken sollte. Verworfen wurde die Gegenposition: ein Weiterverfolgen der Konzeption, die auf dem Wege über Kompromisse mit der Sowjetunion die »Neutralisierung« eines auf niedrigem Standard zu haltenden »Gesamtdeutschlands« anvisiert hatte. Etappen auf dem Wege zur Realisierung der »Weststaats«-Lösung waren – nach dem unvermeidlich ergebnislosen Verlauf der Moskauer Außenministerkonferenz (März/April 1947) – die Verkündung des »Marshall-Plans« (der vorrangig Westdeutschland als künftigem »Bollwerk« gegen die als sicher angesehene Expansionsabsicht der Sowjetunion zugute kommen sollte) am 5. 6. 1947 und der »endgültige« Bruch mit der Sowjetunion auf der Londoner Außenministerkonferenz (25. 11.–15. 12. 1947). Schon am 15. 7. 1947 war die faktisch längst überholte Weisung JCS 1067 durch eine konstruktive Richtlinie ersetzt worden.

Angesichts der Abhängigkeit aller deutschen Länderregierungschefs von ihrer jeweiligen Besatzungsmacht war ein Scheitern des einzigen »gesamtdeutschen« Treffens der deutschen Ministerpräsidenten in München (5.–7. 6. 1947) unvermeidlich. Der Ende Juni konstituierte Zweizonen-Wirtschaftsrat in Frankfurt a. M. erhielt dann von den amerikanischen und britischen Zonenbehörden Zug um Zug erweiterte Befugnisse. Er fungierte schließlich bereits wie eine – wenn auch auf die Wirtschaftspolitik beschränkte – Regierung eines westdeutschen Kernstaates. Schachzüge der Sowjetunion in Deutschland gegen den neuen Kurs in der amerikanischen Deutschlandpolitik waren die Errichtung der »Deutschen Wirtschaftskommission« (DWK) als zentrale Zonenverwaltung (und Vorstufe für die Regierung eines deutschen »Oststaates«) am 14. 6. 1947 und die Einberufung eines »1. Deutschen Volkskongresses für Einheit und gerechten Frieden« als Pseudo-Nationalparlament auf »gesamtdeutscher« Grundlage, während sich das Scheitern der Londoner Außenministerkonferenz abzeichnete. Am 20. 12. 1947 wurde Jakob Kaiser als Vorsitzender der CDU von der Sowjetischen Militär-Administration abgesetzt und damit der Hauptexponent eines »gesamtdeutschen« Konzepts in der Sowjetzone und Gegner einer »Oststaats«-Gründung ausgeschaltet.

Seit Anfang 1948 bestimmte die politische Offensive der USA die Situation in Deutschland. Auf der Londoner Sechs-Mächte-Konferenz (Februar bis Juni 1948) einigten sich die drei Westalliierten mit den Benelux-Staaten darauf, die französische Zone – ohne das inzwischen in den französischen Zollbereich eingegliederte »autonome« Saarland – an die »Bi-Zone« anzuschließen, aus den drei Zonen einen deutschen »Weststaat« zu formen und diesen in das »Europäische Wiederaufbau-Programm« (ERP – »Marshall-Plan«) einzubeziehen. Unter dem Eindruck dieser Entwicklung verließ der sowjetische Oberbefehlshaber, Marschall Sokolowskij, am 20. 3. 1948 definitiv den Alliierten Kontrollrat. Die Viermächteverwaltung für Deutschland hatte faktisch ihr Ende gefunden, auch wenn alle vier Hauptsiegermächte rechtlich weiter darauf beharrten, für Deutschland »als Ganzes« und für (Gesamt-)Berlin verantwortlich zu sein. Einen Tag zuvor hatte in der sowjetischen Zone der »Deutsche Volkskongreß« die Bildung eines »1. Deutschen Volksrates« beschlossen, dessen Verfassungsausschuß einen Verfassungsentwurf

*Berlin-Blockade I*
*S. 304–51*

*Berlin-Blockade II*
*S. 304–52*

**Berliner Blockade und Luftbrücke**

Zu Beginn des Jahres 1948 wurden die Meinungsverschiedenheiten der Alliierten über die Zukunft Deutschlands nahezu unüberbrückbar. Der sowjetische Militärgouverneur in Deutschland, Marschall Wasilij Sokolowskij, beschuldigte den westlichen Alliierten, den von ihnen besetzten Teil Deutschlands in ein westliches Bündnis integrieren zu wollen. Im März 1948 verließ die Sowjetunion den Alliierten Kontrollrat. In der Folgezeit begannen die sowjetischen Behörden durch verschärfte Grenzkontrollen den Druck auf die Westsektoren Berlins zu verstärken. Die USA reagierten dadurch, daß sie die Züge mit Militärwachposten besetzten. Die UdSSR leitete den ersten so bewachten Zug jedoch auf ein Nebengleis, wo er noch ein paar Tage stehenblieb, ehe er in die US-Zone zurückkehren mußte. Als dann gegen sowjetischen Protest in den Westsektoren Berlins ebenfalls die Währungsreform durchgeführt wurde, war das für die UdSSR der Vorwand, über Westberlin vom 24. 6. 1948 an eine Blockade zu Wasser und zu Land zu verhängen. Auf diese Weise hoffte die UdSSR, die politische Vereinigung der Westzonen verhindern zu können. US-Präsident Truman gab daraufhin den Befehl, Westberlin über eine Luftbrücke zu versorgen. Die treibende Kraft bei diesem Entschluß war General Lucius D. Clay, der amerikanische Militärgouverneur in Deutschland. Überdies verlegte er, um amerikanische Entschlossenheit zu demonstrieren, zwei Geschwader B-29-Bomber nach Großbritannien, von wo aus sie im Kriegsfall für einen Angriff mit Atomwaffen geeignete Ziele in der UdSSR erreichen konnten. Eigentlich war das eine leere Drohung, denn die Amerikaner hatten noch gar nicht genügend Atomwaffen. Unterdessen wurde in Westberlin in aller Eile ein neuer Flugplatz angelegt, auf dem die Transportflugzeuge landen konnten. Die Stadt brauchte pro Tag rd. 4500 t Güter, was bedeutete, daß nahezu die gesamte US-Transportflotte in die Westzonen verlegt werden mußte. Mit zunehmender Dauer der Blockade wuchs die Leistungsfähigkeit der Luftbrücke. Im Juni 1948 landete alle 6 Minuten eine zweimotorige Dakota, 4 Monate später landete im Schnitt in jeder Minute ein viermotoriges Flugzeug. Die Versorgung der Stadt gelang. Selbst ein komplettes Elektrizitätswerk wurde eingeflogen, um dem vorauszusehenden Mangel an Strom abzuhelfen. Die Wirtschaft der Stadt blieb intakt, nicht zuletzt auch wegen der Solidaritätsaktionen der Bevölkerung in Westdeutschland. Die Westberliner selbst legten bei den Wahlen vom Dezember 1948 ein überzeugendes Votum für die Demokratie ab, indem sie der SPD mit dem Oberbürgermeister Ernst Reuter zu einem großen Wahlsieg verhalfen. Die Berliner Blockade endete aufgrund des New Yorker Abkommens der vier Besatzungsmächte vom 4. 5. am 12. 5. 1949. Das Geräusch der Transportflugzeuge verstummte nach knapp einem Jahr wieder. Der sowjetische Druck hatte nicht das gewünschte Ergebnis gebracht. Die Luftbrücke kostete die Alliierten rd. 2,3 Mrd. US-Dollar. Mehr als 2 Mill. t Fracht waren in über 200 000 Flügen in die Stadt gebracht worden. Bei Unfällen starben 78 Besatzungsmitglieder von Flugzeugen.

*Während der Luftbrücke: Die Ankunft des Flugzeuges, das das fünfmillionste Pfund Fracht brachte.*

## Das Grundgesetz für die Bundesrepublik Deutschland

Im Herbst 1948 wurde im Auftrag der drei westlichen Militärgouverneure von den Ministerpräsidenten der 11 westdeutschen Länder der *Parlamentarische Rat* nach Bonn einberufen. Unter dem Vorsitz von Konrad Adenauer arbeitete der aus 65 Abgeordneten der Landtage (CDU/CSU 27, SPD 27, FDP 5, DP 2, Zentrum 2, KPD 2) bestehende Parlamentarische Rat die Verfassung der Bundesrepublik Deutschland, das Grundgesetz, aus. Am 8. 5. 1949 wurde das Grundgesetz vom Parlamentarischen Rat mit 53 (CDU, 2 Abg. der CSU, SPD, FDP, 1 Parteiloser) gegen 12 Stimmen (6 Abg. der CSU, DP, Zentrum, KPD) verabschiedet. Es konnte nach Genehmigung durch die drei Militärgouverneure und nach Annahme durch die Volksvertretungen der westdeutschen Länder (mit Ausnahme von Bayern) am 23. 5. 1949 in Kraft treten. Die Bezeichnung Grundgesetz wurde gewählt, um den vorläufigen, provisorischen Charakter dieser Verfassung zu kennzeichnen, die das staatliche Leben der Bundesrepublik Deutschland regeln soll, bis eine Verfassung für ein (wiedervereinigtes) Gesamtdeutschland in Kraft tritt. Der provisorische Charakter bezieht sich somit nicht auf den Inhalt, sondern auf die Geltungsdauer des Grundgesetzes.

Das Grundgesetz ist in 13 Abschnitte gegliedert. Es beginnt mit einer Präambel, in der die Prinzipien des Gesetzes dargestellt werden: Verantwortung vor Gott und den Menschen, staatliche Einheit, Bekenntnis zu Europa, Recht auf Selbstbestimmung in Einheit und Freiheit für ganz Deutschland.

Abschnitt I enthält in den Art. 1–19 die *Grundrechte*. Dazu gehören als wichtigste der Schutz der Menschenwürde, das Recht auf freie Entfaltung der Persönlichkeit, auf Leben und körperliche Unversehrtheit, die Gleichheit vor dem Gesetz, die Glaubens-, Gewissens- und Bekenntnisfreiheit, das Recht der freien Meinungsäußerung und die Versammlungsfreiheit. Der Gesetzgeber darf kein Gesetz erlassen, das die Grundrechte mehr beschränkt, als es das Grundgesetz gestattet. Geschieht dies dennoch, so ist das Gesetz verfassungswidrig und damit nichtig. Werden nach Ansicht eines Betroffenen seine Grundrechte durch ein Gericht oder eine Behörde verletzt, so kann er sich nach Ausschöpfung aller Rechtsmittel mit einer Verfassungsbeschwerde an das Bundesverfassungsgericht in Karlsruhe wenden.

Abschnitt II enthält in den Art. 20–37 allgemeine *Grundsätze über Staatsform und Funktionen von Bund und Ländern*. Die Bundesrepublik ist nach Art. 20 GG ein demokratischer und sozialer Bundesstaat. Mit dem Wort »demokratisch« wird die Volkssouveränität gekennzeichnet, die auch in der Weimarer Verfassung vom 11. 8. 1919 mit dem Satz: »Die Staatsgewalt geht vom Volke aus« hervorgehoben wurde. »Sozial« ist ein Staat, dessen Organe gegenüber den Staatsangehörigen helfend, sorgend und fördernd wirken. Wie die Weimarer Republik ist die Bundesrepublik ein *Bundesstaat*. Das bedeutet, daß neben ihr als Oberstaat mehrere Gliedstaaten (Länder) bestehen, die im Rahmen der ihnen durch das Grundgesetz zugewiesenen Aufgaben eigene Staatsgewalt besitzen. Jedoch geht Bundesrecht dem Landesrecht vor, d. h., Landesrecht, das mit den Normen des Bundesrechts nicht übereinstimmt, ist unwirksam. Die Bundesrepublik ist ein *Mehrparteienstaat*. Nach Art. 21 GG wirken die Parteien bei der politischen Willensbildung des Volkes mit. Ihre Gründung ist frei, aber ihre innere Ordnung muß demokratischen Grundsätzen entsprechen. Parteien, die nach ihren Zielen oder nach ihren Anhänger darauf ausgehen, die freiheitlich demokratische Grundordnung zu beeinträchtigen oder zu beseitigen oder den Bestand der Bundesrepublik Deutschland zu gefährden, sind verfassungswidrig.

Die Abschnitte III bis VI behandeln in den Art. 38–69 Bundestag, Bundesrat, Bundespräsident und Bundesregierung.

Der Bundestag, der dem früheren Reichstag entspricht, ist das einzige unmittelbar vom Volk gewählte Bundesorgan. Seine Mitglieder, die auf 4 Jahre gewählten Bundestagsabgeordneten, sind an keinerlei Aufträge oder Weisungen gebunden und nur ihrem Gewissen unterworfen. Sie können also grundsätzlich frei stimmen, und niemand, auch nicht die hinter ihnen stehende Partei, kann ihnen mit bindender Wirkung Richtlinien erteilen, nach denen sie sich im Bundestag bei Entscheidungen zu verhalten haben. Die Hauptaufgabe des Bundestages besteht in der Gesetzgebung. Alle Gesetzesvorlagen werden bei ihm eingebracht, in den Lesungen beraten und dann als Gesetz beschlossen, wobei die Mehrheit der abgegebenen Stimmen entscheidet.

Mitbeteiligt an der Gesetzgebung ist der Bundesrat, der aus Vertretern der einzelnen Länderregierungen besteht. Durch ihn wirken die Länder bei der Gesetzgebung und Verwaltung des Bundes mit. Der Bundesrat entscheidet regelmäßig mit Stimmenmehrheit, wobei jedes Land je nach Bevölkerungszahl 3 bis 5 Stimmen hat.

Oberhaupt der Bundesrepublik ist der Bundespräsident. Das Grundgesetz weist ihm in der Hauptsache repräsentative und ausgleichende Aufgaben zu. Er schlägt dem Bundestag einen Bundeskanzler zur Wahl vor und ernennt die Bundesminister auf Vorschlag des Bundeskanzlers. Auf die Politik der Bundesregierung hat der Bundespräsident offiziell keinen Einfluß, er wird allerdings vom Bundeskanzler über dessen Politik ständig unterrichtet. Die Wahl des Bundespräsidenten erfolgt durch die Bundesversammlung, die aus den Bundestagsabgeordneten und einer gleichen Anzahl von Mitgliedern, die von den Länderparlamenten gewählt werden, besteht. Die Amtszeit des Bundespräsidenten dauert 5 Jahre. Die Bundesregierung wird vom Bundeskanzler und den Bundesministern gebildet. Sie trägt für die laufenden innen- und außenpolitischen Maßnahmen die Verantwortung. Der Bundeskanzler hat nach dem Grundgesetz eine außerordentlich starke Stellung: Er ist der Vorsitzende und Geschäftsführer des Kabinetts, er allein bestimmt die Richtlinien der Politik, gibt also eine allgemeine Grundrichtung. Zwar sind alle Angelegenheiten von allgemeiner innen- oder außenpolitischer, wirtschaftlicher und finanzieller Bedeutung zuvor der Bundesregierung, also der Gesamtheit der Kabinettsmitglieder, zur Beratung und Abstimmung zu unterbreiten. Aber ein solcher Kabinettsbeschluß bindet den Bundeskanzler nicht, er kann ihn unberücksichtigt lassen.

Abschnitt VII behandelt in den Art. 70 bis 82 die Gesetzgebung des Bundes. Der föderative Aufbau und damit das Wesen des Bundesstaats gründet sich in erster Linie auf die Zuständigkeitsverteilung zur Rechtsetzung zwischen Bund und Ländern. In der Bundesrepublik sind die Länder für die Gesetzgebung zuständig, der Bund nur dann, wenn ihm das Grundgesetz Gesetzgebungsbefugnisse verleiht. Praktisch liegt das Schwergewicht jedoch beim Bund.

Abschnitt VIII behandelt in den Artikeln 83–91 die Ausführung der Bundesgesetze und die Bundesverwaltung. Ausübung und Erfüllung der staatlichen Aufgaben ist Sache der Bundesländer, soweit das Grundgesetz keine andere Regelung trifft oder zuläßt. Nur in bestimmten Fällen liegt die Ausführung der Bundesgesetze bei bundeseigenen Verwaltungen (z. B. Auswärtiger Dienst, Bundesfinanzverwaltung, Bundesbahn, Bundespost). Abschnitt IX behandelt in den Art. 92–104 die Rechtsprechung, die, als dritte Gewalt, von unabhängigen, nur dem Gesetz unterworfenen Richtern ausgeübt wird. Über weitere Kompetenzen verfügt das Bundesverfassungsgericht in Karlsruhe als höchstes Gericht der Bundesrepublik. Es entscheidet u. a. über Verfassungsbeschwerden, über die Verfassungswidrigkeit von Parteien und über die Verwirkung von Grundrechten. Abschnitt X regelt in den Art. 105–115 das Finanzwesen. Zwischen den Gebietskörperschaften ist eine vertikale Verteilung des Steueraufkommens sowie ein horizontaler Finanzausgleich zwischen leistungsfähigen und leistungsschwachen Einheiten vorgesehen. Abschnitt XI enthält schließlich mit den Art. 116–146 die Übergangs- und Schlußbestimmungen für Rechtsfragen und Rechtsfolgen aus der Zeit vor und nach dem Kriege. Das Grundgesetz verliert seine Gültigkeit an dem Tage, an dem eine gesamtdeutsche Verfassung in Kraft tritt, die vom deutschen Volke in freier Entscheidung beschlossen worden ist (Art. 146 GG).

Das Grundgesetz kann im übrigen nur unter ausdrücklicher Abänderung seines Wortlautes mit ⅔-Mehrheiten von Bundestag und Bundesrat geändert werden. Die Änderung gewisser Grundsätze, u. a. Gliederung des Bundes in Länder, Mitwirkung der Länder bei der Gesetzgebung, die garantierten Grundrechte, ist unzulässig (Art. 79 III GG).

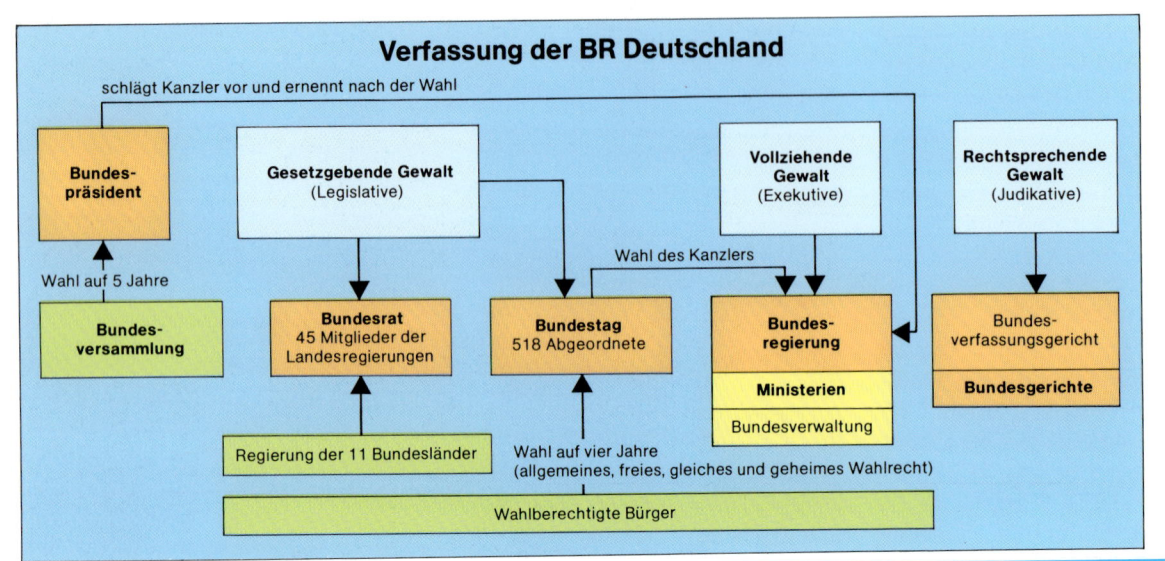

### Verfassung der BR Deutschland

- **Bundespräsident** — schlägt Kanzler vor und ernennt nach der Wahl
  - Wahl auf 5 Jahre
  - **Bundesversammlung**
- **Gesetzgebende Gewalt (Legislative)**
  - **Bundesrat** — 45 Mitglieder der Landesregierungen
    - Regierung der 11 Bundesländer
  - **Bundestag** — 518 Abgeordnete
    - Wahl auf vier Jahre (allgemeines, freies, gleiches und geheimes Wahlrecht)
- **Vollziehende Gewalt (Exekutive)** — Wahl des Kanzlers
  - **Bundesregierung**
    - Ministerien
    - Bundesverwaltung
- **Rechtsprechende Gewalt (Judikative)**
  - **Bundesverfassungsgericht**
  - **Bundesgerichte**
- **Wahlberechtigte Bürger**

für eine »deutsche demokratische Republik« erarbeiten sollte.

Am 21. 6. 1948 fand auf Weisung der westalliierten Militärregierungen in den Westzonen eine Währungsreform statt, die den Geldüberhang beseitigen und die wirtschaftliche Gesundung Westdeutschlands ermöglichen sollte. Die Aufhebung der Zwangsbewirtschaftung durch Ludwig Erhard, den Direktor für Wirtschaft des Zweizonenwirtschaftsrats, schuf den gesetzlichen Rahmen für die von ihm propagierte »Soziale Marktwirtschaft«, die den sich schon zuvor abzeichnenden Wirtschaftsaufschwung gewaltig beschleunigte. Das Gefälle zwischen den bald wirtschaftlich prosperierenden Westzonen und der durch umfangreiche Demontagen und Reparationen aus der laufenden Produktion geschwächten Wirtschaft der sowjetischen Zone wurde von Monat zu Monat größer und verstärkte die Fluchtbewegung aus der sowjetischen Zone in den »Westen«.

Die Sowjetunion reagierte auf die Währungsreform in Westdeutschland mit der Verkündung einer Währungsreform in ihrer Zone und mit dem Versuch, diese auch in »Groß-Berlin«, d. h. einschließlich der Westsektoren, durchzusetzen. Als die westlichen Stadtkommandanten die sowjetzonale Währungsreform in ihren Sektoren verboten, unterband die Sowjetunion am 24. 6. 1948 den gesamten Interzonenverkehr nach Berlin zu Lande und zu Wasser (»Berlin-Blockade«). Während des Winters 1948/49 sicherte eine amerikanische und britische »Luftbrücke« die Versorgung der Westberliner Bevölkerung. Die bislang einheitliche Stadtverwaltung »Groß-Berlins« wurde am 30. 11. 1948 von der SED gesprengt. Die anstehenden Stadtverordnetenwahlen konnten am 5. 12. 1948 nur in den Westsektoren stattfinden. Die frei gewählten Stadtverordneten und der Magistrat (später: Senat) tagten seither im Schöneberger Rathaus.

Der Hauptzweck der »Berlin-Blockade« war die Verhinderung der »Weststaats«-Gründung. Doch paradoxerweise förderte sie gerade die von den westdeutschen Regierungschefs keineswegs gewollte Staatsgründung in Westdeutschland. Am 1. 7. 1948 hatten die westalliierten Militärgouverneure von den westdeutschen Regierungschefs die Einberufung einer »Verfassunggebenden Nationalversammlung« für den »Weststaat« gefordert, der einem »Besatzungsstatut« unterliegen, also kein souveräner Staat sein sollte. Aus dem Dilemma, durch eine Zustimmung zu diesen Plänen die Spaltung Deutschlands mit zu verantworten, führte erst – nach krisenhafter Zuspitzung des Verhältnisses zwischen General Clay und den Regierungschefs – die Argumentation des Berliner Oberbürgermeisters Ernst Reuter (SPD) heraus. Im Blick auf die Notlage Westberlins und sein Angewiesensein auf die amerikanische Unterstützung über die »Luftbrücke« beharrte Reuter auf der Notwendigkeit enger Kooperation mit den Westalliierten. Die Annahme des Auftrags (21./22. 7. 1948) wurde durch Zugeständnisse der Alliierten erleichtert, die den Provisoriums-Charakter des »Weststaats« unterstrichen.

Im August 1948 wurde von den westdeutschen Länderregierungen ein vorbereitender Verfassungskonvent von Sachverständigen berufen, der auf Schloß Herrenchiemsee Richtlinien für ein »Grundgesetz« eines »Bundes deutscher Länder« auf liberal-demokratischer Grundlage entwarf. Der von den Landtagen gewählte, aus 65 Abgeordneten bestehende Parlamentarische Rat (in Bonn) begann mit der Ausarbeitung eines »Grundgesetz«-Entwurfs am 1. 9. 1948. Am 8. 5. 1949 nahm schließlich der Parlamentarische Rat (Vorsitzender: Konrad Adenauer) den nach Einwendungen der Alliierten revidierten »Grundgesetz«-Entwurf an. Die Alliierten hatten darauf gedrungen, das föderalistische Prinzip stärker als vorgesehen zu beachten und den Viermächte-Sonderstatus »Groß-Berlins« zu berücksichtigen, das nicht integraler Teil der »Bundesrepublik Deutschland« sein könne. Nach Annahme durch die Länderparlamente (mit Ausnahme Bayerns, das jedoch die Verbindlichkeit des

*Parlamentarischer Rat* S. 264–46

*Spaltung Berlins I* S. 304–53

*Spaltung Berlins II* S. 304–54

*Konrad Adenauer unterschreibt das Grundgesetz.*

*Parteiabzeichen der SED*

*Wilhelm Pieck, Otto Grotewohl und Walter Ulbricht (von links nach rechts) auf dem Vereinigungsparteitag von KPD und SPD zur SED am 21./22. 4. 1946 in Ostberlin.*

*Am 7. 10. 1949 proklamiert Wilhelm Pieck (stehend) die Deutsche Demokratische Republik.*

🔊 *Gründung der BR Deutschland I*
S. 264–47

🔊 *Gründung der BR Deutschland II*
S. 264–48

🔊 *Gründung der DDR I*
S. 344–65

🔊 *Gründung der DDR II*
S. 344–66

Mehrheitsentscheids anerkannte) wurde das »Grundgesetz« am 23. 5. 1949 offiziell verkündet.
Die Sowjetunion hatte schon am 12. 5. 1949 mit der Aufhebung der Berlin-Blockade die Konsequenz aus ihrem gescheiterten Versuch gezogen, die deutsche Weststaats-Gründung zu verhindern. Die Westmark war inzwischen zur Währung auch in den Berliner Westsektoren geworden. Doch wartete die Sowjetunion mit der Proklamierung der »Oststaats«-Gegengründung, bis – nach der Wahl des Deutschen Bundestages am 14. 8. und der Konstituierung des Bundesrats, der Bestimmung Bonns zur provisorischen Hauptstadt am 7. und der Wahl von Bundespräsident (Theodor Heuss) am 12. und Bundeskanzler (Konrad Adenauer) am 15. – am 21. 9. 1949 das »Besatzungsstatut« (statt der alliierten Militärgouverneure jetzt »Hohe Kommissare«) in Kraft getreten war. Der vom »3. Deutschen Volkskongreß« bestellte »2. Deutsche Volksrat« konstituierte sich nun als »Provisorische Volkskammer« und schritt am 7. 10. 1949 zur Gründung der »Deutschen Demokratischen Republik« (mit der Hauptstadt Berlin). Am 11. 10. wurde die »Sowjetische Militär-Administration« in eine »Sowjetische Kontrollkommission« umgewandelt. Verfassungstheorie (die Verfassung der DDR war weitgehend an der liberalen Weimarer Reichsverfassung von 1919 orientiert) und Verfassungswirklichkeit (totalitäres System mit marxistisch-leninistischer Staatsideologie; Fehlen rechtsstaatlicher Sicherung der Menschen- und Bürgerrechte, freier Wahlen und einer legalen Opposition im Pseudo-Parlament der »Volkskammer«; Herrschaft der SED-Spitze: Präsident Wilhelm Pieck, nomineller Ministerpräsident: Otto Grotewohl, faktisch der starke Mann des Regimes: der stellvertretende Ministerpräsident Walter Ulbricht) klafften weit auseinander.
Sowohl die »Bundesrepublik Deutschland« als auch die »Deutsche Demokratische Republik« betrachteten sich vom Tage ihrer Gründung an als »Kern« eines künftigen gesamtdeutschen Staates. Das wurde ihnen auch von den jeweiligen Schutzmächten (Westalliierte bzw. Sowjetunion) bestätigt. Die Bundesregierung unter Konrad Adenauer suchte das Ziel der »Wiedervereinigung« auf dem Wege engster Interessengemeinschaft mit dem »Westen« und Integration der Bundesrepublik in ein sich formierendes vereinigtes West-Europa zu erreichen. Der Vorschlag des französischen Außenministers Robert Schumann vom 9. 5. 1950, eine (west-)europäische »Gemeinschaft für Kohle und Stahl« (Montanunion) zu gründen, wurde als wichtige Etappe auf diesem Wege betrachtet. Das gleiche galt für den nach Ausbruch des Koreakrieges (25. 6. 1950) – aus der Befürchtung heraus, es könnte in Mitteleuropa eine ähnliche Situation entstehen – entwickelten Plan, unter Einschluß westdeutscher Streitkräfte eine voll integrierte, an den von den USA geführten »Nordatlantikpakt« (seit April 1949) angekoppelte »Europäische Verteidigungsgemeinschaft« (EVG) zu schaffen. Dafür hatte Adenauer mit seinem »Sicherheitsmemorandum« vom 29. 8. 1950 Bereitschaft signalisiert. Die Außenminister der drei Westmächte sprachen daraufhin in New York am 19. 9. 1950 der Bundesregierung das Alleinvertretungsrecht für das ganze deutsche Volk zu.
Die in vollem Gange befindliche wirtschaftliche und politische sowie die sich abzeichnende militärische Einbeziehung der Bundesrepublik in den West-Block und die parallel dazu vorangetriebene Angleichung der DDR an das Sowjet-Vorbild ließen den in den folgenden Jahren (bis 1955) mit wechselnden Akzenten permanent betonten Willen zur »Wiedervereinigung« (jeweils unter offen bekundetem oder halb kaschiertem westlichem bzw. östlichem »Vorzeichen«) immer mehr zur bloßen Deklamation werden. Die Realität der Spaltung und die Konsolidierung der in die antagonistischen Bündnissysteme eingegliederten zwei deutschen Staaten bestimmten in zunehmendem Maße die Gegenwart im Übergang zu den 50er Jahren.

PROF. DR. ANDREAS HILLGRUBER

# 4. Wirtschaft

## Kriegswirtschaft und Wiederaufbau

Das 20. Jahrhundert ist reich an dramatischen Entwicklungen, die in ihren weltumfassenden Auswirkungen alles in den Schatten stellen, was die Menschheit bis dahin erfahren hatte. Das an Extremen reichste Jahrzehnt sind dabei wohl die 40er Jahre: Der 2. Weltkrieg stürzte die Menschen in ein Inferno, das apokalyptische Züge hatte und jeden einzelnen betraf. Über 50 Millionen Menschen starben, unvorstellbare Zerstörungen brachen über Europa und Japan herein, und gleichzeitig – fast klingt es zynisch – wurde in der zweiten Hälfte dieses Jahrzehnts eine der wirtschaftlich stabilsten Perioden eingeleitet. Die politische Konfrontation der USA und der Sowjetunion kurz nach Kriegsende führte zur Schaffung zweier Wirtschaftsblöcke, die – jeder auf seine Weise – mehr oder weniger effektiv zu arbeiten begannen und eine bis dahin nie gekannte Ausweitung des Welthandels mit sich brachten. In den folgenden Jahrzehnten erreichten in den Industrienationen mehr Menschen einen relativen Wohlstand als jemals zuvor; die Zahl der Armen und Hungernden in den Ländern der Dritten Welt jedoch verringerte sich kaum.

## Die Weichenstellung in den 30er Jahren

Nach einer Zeit der wirtschaftlichen Depression, die Millionen von Arbeitslosen verursachte und eine direkte Folge des 1. Weltkrieges samt der verhängnisvollen Wirtschaftspolitik mit ihren Reparationsforderungen und dem Isolationismus der USA war, setzte 1938 eine Aufrüstungspolitik ein, die in vielen Ländern zu außergewöhnlichem wirtschaftlichem Wachstum führte. Die Weltproduktion von Elektrizität, Erdöl, Erdgas, Aluminium, Gummi und Kraftfahrzeugen aller Art konnte zwischen 1938 und 1948 jährlich Wachstumsraten von über 5 Prozent, teilweise sogar bis 10 Prozent, aufweisen. Daß es sich dabei vorwiegend um eine kriegsorientierte Produktion handelte, ist sicher kaum als Fortschritt zu bezeichnen, auch wenn viele Wirtschaftswissenschaftler dies aus gebührender zeitlicher Distanz heute tun. Trotz allem legte diese Entwicklung den Grundstein zur technologischen Überlegenheit der USA, Europas, Japans und auch der Sowjetunion und vergrößerte damit den Abstand zu den Ländern der Dritten Welt. Die gesamte technische Intelligenz konzentrierte sich jahrelang auf die Entwicklung von immer effektiverem Kriegsgerät und von Austauschstoffen für fehlende Rohstoffe sowie auf die Steigerung der Produktivität.

*Frauen ersetzten Männer in vielen Fabriken, so z. B. in Großbritannien in Flugzeugmotorenfabriken (links) und im Deutschen Reich in der Rüstungsindustrie.*

# Wirtschaft

Die nationalsozialistische Diktatur begann ab Mitte der 30er Jahre, Deutschland systematisch auf einen Krieg vorzubereiten. Ziel war eine »Erneuerung Europas« nach ideologischen und rassischen Gesichtspunkten und eine arbeitsteilige Großraumwirtschaft unter der Führung des Großdeutschen Reiches. Da Deutschland arm an Rohstoffen und deshalb von Einfuhren äußerst abhängig war, entwickelten die Machthaber zunächst die »Blitzkriegstrategie«, die es Deutschland möglich machen sollte, einen Feldzug mit Hilfe gelagerter Rohstoffe und Kriegsmaterialien erfolgreich und schnell durchzuführen. Mit dieser Strategie eroberte Deutschland nach und nach den größten Teil Europas, ohne dabei seine Wirtschaft völlig auf die Anforderungen eines Kriegs umstellen zu müssen. Erst nach dem Mißerfolg des Rußlandfeldzugs 1942 schlug die deutsche Führung diesen Weg ein, der heute dem Betrachter – angesichts der wirtschaftlichen Überlegenheit der Alliierten – völlig irrational erscheint.

Die wichtigsten Verbündeten Deutschlands, Japan und Italien, waren in vergleichbaren, jedoch noch schlechteren Situationen. Italien, arm an Rohstoffen, litt unter den internationalen wirtschaftlichen Sanktionen nach dem Abessinienkrieg und hatte nur eine geringe industrielle Produktion. Es blieb auch in der Rüstungsproduktion immer weit hinter seinem Verbündeten zurück, was nicht zuletzt am inneren Widerstand gegen das faschistische Regime lag.

Auch das extrem nationalistische Japan verfolgte eine Strategie des begrenzten Krieges im Gefolge der deutschen Erfolge in Europa. Es weitete damit seinen Einflußbereich über ganz Südostasien aus. Sein Ziel war gleichfalls eine autarke Großraumwirtschaft. Die japanische Wirtschaft selbst aber war von Mangel an Rohstoffen und geringer Industrialisierung geprägt und wegen der Nachschubwege über See äußerst anfällig für Störungen. Japans Anteil an der gesamten Weltproduktion lag 1938 unter 4 Prozent (Deutschland 13,2 Prozent), und sein Kampf gegen die wirtschaftlich haushoch überlegenen Alliierten erscheint aus der heutigen Sicht von vornherein aussichtslos. Auch die japanische Wirtschaft glitt in eine völlige Ausrichtung auf die Kriegsbedürfnisse, und von 1940 bis 1944 fielen die Verbraucherausgaben für Waren und Dienstleistungen um 30 Prozent.

International gab es vor dem 2. Weltkrieg und während des Krieges drei wirtschaftliche Phasen. Die erste begann mit der Aufrüstung in Deutschland und Japan, der allmählich die Alliierten folgten, als sie sich der drohenden Gefahr bewußt wurden. Erst im Jahre 1942 wurden dann die Rüstungsprogramme massiv gesteigert, was weltweit zu einem unglaublichen Ausstoß an Kriegsgütern führte. Der Höhepunkt dieser Entwicklung war im Sommer 1944 erreicht. Danach begann die Produktivität in Deutschland und Japan zu sinken, bei den Alliierten wurden Teile der bisherigen Kriegswirtschaft sogar wieder für friedliche Zwecke genutzt.

Weltweit – außer in den USA – ging im Krieg die Konsumgüterproduktion zurück, und die Versorgung mit Nahrungsmitteln wurde zum Problem. Das bedeutete für die Menschen zumindest starke Einschränkung, sehr oft aber – wie in der Sowjetunion und Japan – Hunger und Not. Zwar wurden in vielen Ländern große Anstrengungen unternommen, die landwirtschaftliche Produktion zu steigern. Großbritannien vergrößerte zum Beispiel in den Kriegsjahren seine Anbaufläche um 66 Prozent. Da jedoch zahlreiche Länder von Nahrungsmittelimporten abhängig waren, die Handelswege aber immer häufiger unterbrochen wurden und die riesigen Armeen einen großen Teil der Nahrungsmittel beanspruchten, konnte Mangel nicht vermieden werden. Mit Hilfe von Lebensmittelzuteilungen versuchte man einigermaßen erfolgreich, das wenige gerecht zu verteilen, und die USA lieferten im Rahmen der Pacht-Leih-Verträge ihren Alliierten große Mengen an Nahrung. Trotzdem gab es im-

## Fremdarbeiter und Deportation

Bereits zu Kriegsbeginn wurde deutlich, daß in der gesamten Wirtschaft eine große Zahl von Arbeitskräften, bedingt durch den Kriegseinsatz vieler arbeitsfähiger Männer, fehlte. Empfindlich traf dies natürlich die Rüstungsbetriebe und die zuarbeitenden Schlüsselindustrien. Die deutschen Betriebe waren deshalb auf Fremdarbeiter aus den besetzten Gebieten angewiesen. Zunächst versuchte man, besonders in Frankreich, den Niederlanden und in Belgien, Arbeitskräfte auf freiwilliger Basis für den »Reichseinsatz« anzuwerben. Der Erfolg war jedoch nicht groß. So begann man ab 1940 ausländische Arbeitskräfte zwangsweise ins Deutsche Reich zu deportieren. Die deutschen Behörden gingen dabei brutal vor. In Polen, woher man bis Kriegsende rd. 1,5 Millionen Arbeiter deportiert hatte, umstellte man z. B. kurzerhand Kinos und Kirchen und führte die vorgefundenen arbeitsfähigen Männer in die Zwangsarbeit ab. 1942 arbeiteten rd. 1 Million Franzosen und rd. 250 000 Belgier und Niederländer in Industriebetrieben des Deutschen Reiches. Daneben waren die Anteile von Arbeitskräften aus den übrigen Gebieten, z. B. vom Balkan, verschwindend gering. In den besetzten Teilen der Sowjetunion begann erst 1942 die Zwangserfassung. Bis dahin hatten »rassische und sicherheitspolitische« Bedenken gegen den Arbeitseinsatz der als minderwertig betrachteten Russen vorgeherrscht. Dort verfuhren SS und Wehrmacht besonders brutal und sorgten dafür, daß die anfangs als Befreier begrüßten Deutschen mehr und mehr gehaßt wurden. Der Hauptverantwortliche für die Deportationen, der Generalbevollmächtigte für den Arbeitseinsatz Gauleiter Fritz Sauckel, wurde im Nürnberger Kriegsverbrecherprozeß zum Tode durch den Strang verurteilt.

*Undatierte deutsche Aufnahme vom Fremdarbeitertransport ins Deutsche Reich*

**Indizes wirtschaftlicher Leistungen in der Sowjetunion 1940–1944 (1940 = 100)**

|  | 1940 | 1941 | 1942 | 1943 | 1944 |
|---|---|---|---|---|---|
| Volkseinkommen | 100 | 92 | 66 | 74 | 88 |
| Brutto-Industrieausstoß | 100 | 98 | 77 | 90 | 104 |
| Ausstoß der Rüstungsindustrie | 100 | 140 | 186 | 224 | 251 |
| Brutto-Agrarausstoß | 100 | 62 | 38 | 37 | 54 |

*Quelle: Nove, An Economic History of the USSR. Harmondsworth 1969.*

mer wieder Versorgungsengpässe, und so kam es zum Beispiel in Bengalen, am Rande des indischen Kriegsschauplatzes, zu einer Hungersnot, die 1,5 Millionen Tote forderte.

## Die Schlüsselposition der USA

Die USA waren als wirtschaftlich stärkste Macht in einer Ausnahmeposition, die sie unter den Alliierten zur führenden Nation machte. Sie waren schon in den 30er Jahren ein Industriegigant mit hoher Rüstungsproduktion und einer Maschinenbauindustrie, die es in vergleichbarem Umfang außer in Deutschland nirgendwo auf der Welt gab. Von 1940 bis 1944 stieg die Industrieproduktion in den USA um über 15 Prozent jährlich. Die Arbeitslosenzahl ging von 8,7 Millionen fast auf Null zurück. Insgesamt investierten die USA 315,8 Milliarden Dollar in ihr Kriegsprogramm, wobei 1940 mit 3,6 Milliarden Dollar begonnen wurde und der Höhepunkt 1944 bei 93,4 Milliarden Dollar lag.

Auch in Deutschland stiegen die öffentlichen Ausgaben stark an. Es gibt allerdings keine Zahlen, die ausschließlich das Kriegsprogramm umfassen, sondern die öffentlichen Ausgaben beziehen noch andere Gebiete ein. 1940 lagen die öffentlichen Ausgaben bei 45 Milliarden Reichsmark, 1944 waren sie auf 109 Milliarden angestiegen, während die Verbraucherausgaben von 71 Milliarden auf 57 Milliarden zurückgingen. In den USA stieg zwischen 1940 und 1944 die gesamte Produktion von Industriegütern um rund 300 Prozent, die von Rohstoffen um etwa 60 Prozent. In Deutschland stieg die Industriegüterproduktion 1939–1942 um rund 80 Prozent. Die Produktionskapazität der USA wurde durch die Errichtung neuer Fabriken um 50 Prozent gesteigert. Verlängerte Arbeitszeiten, Frauenarbeit und eine hohe Motivierung führten zu ständigen Steigerungen des Ausstoßes. Dabei kam es zu keinem nennenswerten Schwund der Konsumgüterproduktion. Das versetzte die USA in die Lage, ihre Verbündeten mit großen Mengen an Nahrungsmitteln und Waffen zu versorgen.

Es handelte sich dabei jedoch keineswegs um großzügige Gaben, sondern um Objekte reiner Interessenpolitik, die mit den sogenannen Pacht-Leih-Verträgen zeitlich klar begrenzt war. Von 1941 bis September 1945 erreichte der Gesamtwert der Pacht-Leih-Ausfuhren 32,5 Milliarden Dollar. Davon entfielen 13,8 Milliarden auf Großbritannien und 9,4 Milliarden auf die Sowjetunion. Die Verschuldung dieser Länder war

**Prozentualer Anteil der verschiedenen Industriegruppen an der industriellen Nettoproduktion in Deutschland 1939–1944 (damaliges Staatsgebiet)**

|  | 1939 | 1940 | 1941 | 1942 | 1943 | 1944 |
|---|---|---|---|---|---|---|
| Grundstoffindustrien | 23 | 22 | 25 | 25 | 24 | 21 |
| Rüstung | 9 | 16 | 16 | 22 | 31 | 40 |
| Bau | 23 | 15 | 13 | 9 | 6 | 6 |
| Konsumgüter | 29 | 29 | 28 | 25 | 23 | 22 |
| Andere Investitionsgüter | 18 | 18 | 18 | 19 | 16 | 11 |

*Quelle: Petzina, Autarkiepolitik im Dritten Reich. Der Nationalsozialistische Vierjahresplan. 1968.*

*Auf der größten Schiffswerft im Osten der USA: Zwei Libertyschiffe werden gebaut.*

### Libertyschiffe

In den USA begann man 1936 mit dem Aufbau einer modernen Handelsflotte. Rd. 500 Schiffe mit einem Bruttoraumgehalt von rd. 5 Millionen BRT wurden in Auftrag gegeben. Für diese Massenproduktion wählte man einen Standardschiffstyp der C-Klasse. Auch in Großbritannien arbeitete man an Plänen für den Bau von Standardschiffen der sog. Ocean-Klasse. Deren Ausführung wurde jedoch nach 1939 dadurch behindert, daß die Werften nach den ersten Kriegshandlungen mit der Überholung von Kriegsschiffen ausgelastet waren bzw. durch den Bau von Begleitschiffen für Konvois keine weiteren Kapazitäten frei hatten. Zur Auffüllung der Handelsflotte wurde deshalb der Bau einer Anzahl von Standardschiffen in den USA in Auftrag gegeben.
Als die USA selbst dann in den Krieg verwickelt wurden, mußte die Baukapazität in kürzester Zeit auf rd. 10 Millionen BRT ausgeweitet werden. Da dies durch eine Vergrößerung der Werftkapazität allein nicht zu erreichen war, kamen nur eine weitere Standardisierung und Vereinfachung des Bauverfahrens in Frage. Die Grundidee für ein solches Vorhaben lieferte Henry John Kaiser. Er entwickelte ein Verfahren, nach dem das Standardschiff aus 9300 Teilen zusammengesetzt wurde. Die Herstellung dieser Einzelteile wurde von einem Netz von Fabriken geleistet, während die Werften sie dann zum Schiffsganzen zusammenfügten. Der so stark vereinfachte Schiffstyp hatte eine Länge von 134,57 m, eine Breite von 17,34 m, einen Tiefgang von 8,18 m, eine Wasserverdrängung von 14 245 t und eine Tragfähigkeit von 10 685 t. Die mittlere Montagezeit betrug 28 Tage. Das erste nach dieser Grundidee montierte Libertyschiff war die »Patrick Henry«, die am 27. 9. 1941 vom Stapel lief.
Im Verlauf des Krieges folgten weitere 2700 Libertyschiffe, die in den USA, Großbritannien und Kanada montiert wurden. Mit diesem Schiffsprogramm konnten die kriegsbedingten Verluste an Handelsschiffen weitgehend ausgeglichen werden. Im Vordergrund des Interesses stand die Quantität auf Kosten der Qualität. Es wurde einkalkuliert, daß die Schiffe nur einige Überfahrten überstanden, und sie wurden deshalb auch als Einwegschiffe bezeichnet. 1943 stellte man den Serienbau auf einen solideren und größeren Schiffstyp, die sog. Victoryschiffe, um, mit denen eine bessere Ausgangsposition in der Handelsschiffahrt für die Nachkriegszeit geschaffen werden sollte.

## Trümmerfrauen

Verklärten noch das »Mutter-Kreuz« sowie die altbekannte »Heim & Herd«-Ideologie das Leben der Frau im »Dritten Reich«, so bewies das weibliche Geschlecht im von Bomben gezeichneten Nachkriegsdeutschland seine ungeheure Leistungsfähigkeit.
Mehr als 400 Millionen Kubikmeter Schutt lagen 1945 auf Deutschland. Fast 5 Millionen Wohnungen waren teilweise oder vollständig zerstört. Auf Beschluß des Alliierten Kontrollrates mußten sich alle Männer im Alter von 14 bis 65 Jahren sowie sämtliche Frauen zwischen 15 und 50 Jahren bei den Arbeitsämtern registrieren lassen, um ihre Lebensmittelkarten und Bezugsscheine zu erhalten. Durch

*Trümmerfrauen in Berlin, drei Jahre nach Kriegsende.*

den Krieg (Tod oder Gefangenschaft der Soldaten) herrschte in der deutschen Nachkriegsbevölkerung ein akuter Frauenüberhang: Während in den Westzonen 1946 1213 Frauen auf 1000 Männer kamen, standen in Berlin sogar 1462 Frauen 1000 Männern gegenüber. Vor allem in der Generation der 25- bis 30jährigen offenbarte sich die Ungleichheit zwischen den Geschlechtern besonders drastisch: Allein in den Westzonen standen durchschnittlich 1676 weibliche 1000 männlichen Angehörigen dieser Altersklasse gegenüber. Das Fehlen qualifizierter, vor allem männlicher Arbeitskräfte im leistungsfähigen Alter bewirkte die umfassende Heranziehung von Frauen zu schweren körperlichen Arbeiten bei der Trümmerbeseitigung in den Ruinenlandschaften der deutschen Großstädte. Die »Trümmerfrau« – insbesondere die in Berlin! – wurde berühmt als Beispiel für das ungeheure Maß an Arbeit, das Frauen im zerstörten Nachkriegsdeutschland zu leisten hatten. Sechs Tage in der Woche arbeiteten die »Trümmerfrauen« für einen Stundenlohn von 60 oder 70 Pfennig. Millionen von Ziegelsteinen säuberten sie Stück für Stück vom Mörtel und bereiteten sie damit für eine erneute Verwendung vor. In der Rückschau wurden diese Frauen legendär und zu einem Musterbeispiel von Leistungs- und Opferbereitschaft. In der Bundesrepublik der 50er und frühen 60er Jahre mit ihrem eher konservativen Grundzug kam dann eine neuerliche Renaissance des typischen, von den Männern bestimmten Rollenbildes auf, das die Frau wieder auf die Sphäre der Familie und der Erziehung fixieren wollte.

---

also enorm und zeigte bereits die Schwierigkeiten auf, die es nach Kriegsende zu bewältigen galt.

Die völlige Ausrichtung der amerikanischen Wirtschaft auf den Krieg begann erst nach dem Angriff der Japaner auf Pearl Harbor 1941. Von diesem Zeitpunkt an arbeiteten die Alliierten im Rahmen des »Victory-Programms« auf breitester Ebene ökonomisch zusammen.

Auf seiten der Achsenmächte gab es nie eine derart funktionierende Strategie gegenseitiger Unterstützung. Statt dessen versuchten sowohl Deutschland als auch Japan, ihren enormen Bedarf an Rohstoffen, Industriegütern und Nahrungsmitteln durch Ausbeutung der besetzten Gebiete zu befriedigen. Das geschah durch Konfiszierung von Industrieanlagen, festgesetzte Nahrungsmittelexporte, Einsatz von zum Teil freiwilligen, zum Teil zwangsverpflichteten Fremdarbeitern – in Deutschland waren es 1944 7,5 Millionen Menschen – und das Eintreiben von sogenannten Besatzungskosten. In Deutschland betrug zum Beispiel das Gesamteinkommen aus allen besetzten Ländern etwa 40 Prozent der Staatseinnahmen. Der größte Teil davon kam aus Frankreich, was zu einer schwer erträglichen Belastung der französischen Wirtschaft führte.
Der Rückgang der Produktion in Deutschland nach 1944 wird von den meisten Wirtschaftswissenschaftlern auf politische und bürokratische Schwierigkeiten zurückgeführt und auf die demoralisierende Wirkung der Gebietsverluste. In Japan dagegen waren die Rohstoffengpässe aufgrund der erfolgreichen Angriffe der Alliierten auf die Nachschubwege unüberwindlich, und die Atombombenabwürfe trafen ein Land, das praktisch schon besiegt war.

Die Sowjetunion war unter den Alliierten das Land mit der ungünstigsten Ausgangsposition. Während Großbritannien als eine der führenden Industrienationen mit großen Rohstoffquellen aus dem Commonwealth seine Wirtschaft relativ schnell den neuen Umständen anpassen konnte, hatte die sowjetische Wirtschaft die nachrevolutionären Erschütterungen noch nicht annähernd überwunden. Nachdem Hitlers Absichten deutlich geworden waren, legte die sowjetische Führung unter Stalin das Hauptgewicht auf eine schnelle Aufrüstung. Ohne Rücksicht auf die Konsumgüterproduktion wurde im 3. Fünfjahrplan dieses Ziel verfolgt. Schon 1941, kurz vor dem deutschen Angriff, betrugen die Verteidigungsausgaben 30 Prozent des nationalen Einkommens. Nach der deutschen Invasion verschlechterte sich die wirtschaftliche Lage dramatisch, da ein Großteil der Produktionsstätten in den besetzten Gebieten lag. Man hatte zwar einen Teil der Fabriken in das Gebiet östlich des Ural umgesiedelt, was sich langfristig als Rettung erwies, doch war die Produktion nahezu an ihren Grenzen angelangt. Es bestand deshalb die Notwendigkeit für die USA, dem politisch ungeliebten Verbündeten massiv beizustehen.

## Weltwirtschaft im Koma

Nach der bedingungslosen Kapitulation der Achsenmächte aufgrund der militärischen und wirtschaftlichen Überlegenheit der Alliierten lag die gesamte kriegführende Welt – ausgenommen die USA – wirtschaftlich im Koma. Neben den Millionen Toten waren auch die materiellen Zerstörungen gewaltig. So waren zum Beispiel die Transportsysteme in Europa und Ostasien fast völlig zusammengebrochen. Es gab kaum noch Eisenbahnen, Lastkraftwagen, Schiffe. Brücken waren gesprengt, Fabriken vernichtet, Millionen von Wohnungen zerstört. Was zuvor mit äußerster Anstrengung produziert worden war, hatte sich im wahrsten Sinne des Wortes in Schrott ver-

wandelt. Millionen waren obdachlos, die Landwirtschaft schwer geschädigt, Böden waren unfruchtbar geworden, es fehlte an Arbeitskräften und Maschinen. Hunger und allgemeine materielle Not trafen die Menschen mit voller Wucht. Die Wiederaufnahme der industriellen Produktion war äußerst schwierig, da Rohstoff- und Energiemangel – die Steinkohleproduktion in Deutschland war z. B. fast völlig eingestellt – ein großes Hindernis darstellten. Die japanische Produktion fiel 1946 auf ein Fünftel dessen zurück, was sie im Krieg erreicht hatte. In Deutschland bezeichnete man das Jahr 1945 als das »Jahr Null«. Das galt genauso für die Wirtschaft.
Auch im übrigen Europa und in der Sowjetunion war die Not groß, und die USA sahen sich gezwungen, angesichts des Hungers Lebensmittel nach Japan, Europa und in die Sowjetunion zu schicken.
Von diesen direkten Auswirkungen des Krieges auf die Menschen und die Volkswirtschaften abgesehen, befand sich die Wirtschaft ganz allgemein in einem desolaten Zustand. Die Exportüberschüsse der USA waren gewaltig. Ungeheure Geldmengen waren im Umlauf, mit denen die Regierungen den Wiederaufbau finanzieren wollten. Die Schlüsselrolle in dieser Situation lag wiederum bei den Vereinigten Staaten. Während sie nach dem 1. Weltkrieg eine Politik des Isolationismus einschlugen, wollten sie diesmal mit fast missionarischem Eifer ihre starke Position auch politisch nutzen. Es entstand in Washington die Vorstellung einer »Pax Americana«, einer liberalen Weltordnung unter Führung der USA.
Bei diesem Unterfangen stießen die USA jedoch bereits zwei Jahre nach Kriegsende auf den massiven Widerstand der Sowjetunion, die ihrerseits ihre Macht ausweiten wollte und die osteuropäischen Staaten zu ihren Satelliten machte. Auch die Sowjetunion war – wirtschaftlich gesehen – aufgrund der enormen Industrialisierung letztlich gestärkt aus dem Krieg hervorgegangen. Aus der unerbittlichen Gegnerschaft der beiden Großmächte entstand zunächst der »Kalte Krieg«, und bis heute hat diese Entwicklung un-

*Demontage S. 248-39*

### Demontage

Im Rahmen der Wiedergutmachung der von den Deutschen im Ausland verursachten Kriegsschäden hatten die Alliierten auch umfangreiche Demontagen der deutschen Industrie vorgesehen. Schon während des 2. Weltkriegs hatte der US-amerikanische Finanzminister Henry Morgenthau jr. einen Plan entwickelt, der zum Schutz vor einer zukünftigen militärischen Bedrohung durch Deutschland dienen sollte. Deutschland sollte danach territorial stark reduziert, bis zur praktischen Zerstückelung föderalisiert und durch radikale Demontage seiner Industrie, Zerstörung der Bergwerke und ähnliche Maßnahmen in einen Agrarstaat verwandelt werden. Außerdem waren eine dauernde Entmilitarisierung sowie die Internationalisierung des Rheinlandes, des Ruhrgebiets, Westfalens, der Nordseeküste und des Nord-Ostsee-Kanals beabsichtigt.
Den von Roosevelt zunächst gebilligten Plan ließ man Ende 1944 unter dem Einfluß der Staatssekretäre Hull und Stimson fallen.
Das Problem der Demontage wurde in einen allgemeinen Reparationsplan eingebettet, für den die Beschlüsse der Konferenz von Jalta (12. 2. 1945) und das Potsdamer Abkommen (2. 8. 1945) die koordinierende Grundlage gaben. Die drei Siegermächte hatten in Potsdam vereinbart, daß die Reparationsansprüche der Sowjetunion und Polens aus der sowjetischen Besatzungszone und aus deutschen Auslandsguthaben in Bulgarien, Rumänien, Ungarn, Finnland und in der sowjetischen Zone Österreichs, die Ansprüche anderer berechtigter Länder aus den Westzonen und den übrigen deutschen Auslandsvermögen befriedigt werden sollten. Zusätzlich sollte die Sowjetunion innerhalb von zwei Jahren aus den westlichen Zonen 25% aller Industrieanlagen erhalten, die für den vom Alliierten Kontrollrat festzulegenden Friedensbedarf ganz Deutschlands nicht benötigt würden. Niedergelegt wurden diese Regelungen in dem am 28. 3. 1946 vom Kontrollrat angenommenen »Plan für die Reparationen und das Niveau der deutschen Nachkriegswirtschaft in Übereinstimmung mit dem Berliner Protokoll.«
Die Interalliierte Reparationsagentur in Brüssel stellte außerdem einen Reparationsplan für westliche Staaten auf, deren Ansprüche im wesentlichen aus demontierten Industrieanlagen und Maschinen befriedigt werden sollten.
War zunächst vorgesehen, Deutschland als wirtschaftliche Einheit zu behandeln, so führte die unterschiedliche politische Haltung der UdSSR und der westlichen Siegermächte gegenüber Deutschland und seiner weiteren Entwicklung dazu, daß die Reparationsentnahmen in der Ostzone und den Westzonen unterschiedlich verliefen. Deshalb wurde der Demontageplan vom 28. 3. 1946 im Sommer 1947 für die Westzonen revidiert. Hatte man ursprünglich vorgesehen, in diesen Zonen 1800 Betriebe zu demontieren, so wurde diese Zahl nun auf rd. 900 verringert. Davon entfielen auf die seit dem 1. 1. 1947 vereinigte britisch-US-amerikanische Bizone etwa 700 Betriebe, die übrigen auf die französische Zone.
Eine weitere Rücknahme der Demontagen brachten das Washingtoner und das Petersberger Abkommen aus dem Jahre 1949. Das Petersberger Abkommen vom 22. 11. 1949, das zwischen der Bundesregierung und den Hohen Kommissaren als Vertretern der Regierungen Großbritanniens, Frankreichs und der USA in Deutschland geschlossen wurde, war außerdem ein erster Schritt der Bundesrepublik Deutschland zur außenpolitischen Souveränität und zu ihrer Eingliederung in die westliche Gemeinschaft. Die Zahl der zu demontierenden Betriebe in den Westzonen wurde auf 680 festgelegt. 1951 wurden die Demontagemaßnahmen, die oft von Streiks und Protestaktionen der betroffenen Belegschaften begleitet waren, gestoppt. Aufgrund der geänderten Weltlage kam es zu einer »Remontage« einzelner Industrien.
Die Sowjetunion ging in ihrer Zone wesentlich rigoroser vor. Sie ließ bis zum Jahr 1953 über 40% des industriellen Produktionspotentials demontieren.
Die Wirtschaftszweige, die am meisten von den Demontagemaßnahmen geschädigt wurden, waren die Schwerindustrie, der Schiffbau, die Industrie der synthetischen Treibstoffe und des synthetischen Gummis. Die Demontage wurde außerdem ergänzt durch ein weitverzweigtes System von Produktionsverboten. Während die SBZ durch die Demontage in ihrem wirtschaftlichen Aufbau stark behindert wurde, wirkten sich diese Maßnahmen in den Westzonen nicht so sehr aus, da hier zunächst ein Arbeitskräftemangel herrschte, so daß von vornherein nicht alle Produktionskapazitäten genutzt werden konnten.

*Juni 1949: Britische Soldaten besetzen eine Steinkohlenzeche in Essen, weil die Bergleute mit Gewalt die Demontage der Schachtanlage verhindern wollen.*

*Der niederländische Autohändler Ben Pon (links) exportierte als erster den VW-Käfer in die USA.*

geheure Konsequenzen: Ostblock und westliche Hemisphäre stehen sich mit ungebrochenem Mißtrauen gegenüber.

## Der Wiederaufbau

Der Weg zu wirtschaftlichem Neubeginn mit einem freien Welthandel nach den Vorstellungen der USA war zunächst mit Mühen und vielen Fehlern gepflastert. So kündigten die USA nach dem Krieg abrupt die Pacht-Leih-Verträge. Die Rückzahlung der immensen Schulden konnte jedoch keiner der ehemaligen Alliierten auch nur im entferntesten leisten. Erst als die USA erkannten, daß die vom Krieg schwer erschütterten Länder – sie selbst waren ja nie Kriegsschauplatz gewesen – nicht aus eigener Kraft neu beginnen konnten, wurde ein Prozeß des Umdenkens in Gang gesetzt, der schließlich im Marshallplan gipfelte und den Grundstein für die massive wirtschaftliche Erholung Europas und Japans in den 50er Jahren setzte.

Schon während des Krieges war auf westlicher Seite der Versuch unternommen worden, günstige Voraussetzungen für die Nachkriegswirtschaft zu schaffen. Die wichtigsten Abkommen waren 1944 in Bretton Woods auf einer Währungs- und Finanzkonferenz der Vereinten Nationen entworfen worden. Ein Internationaler Währungsfonds sollte die Stabilität der Wechselkurse unterstützen, Ungleichgewichte in den Zahlungsbilanzen korrigieren und den internationalen Handel fördern. Außerdem sollte die Schaffung einer internationalen Bank (International Bank for Reconstruction and Development) den wirtschaftlichen Wiederaufbau und Auslandsinvestitionen mit Hilfe von Krediten ermöglichen.

Bei diesen Abkommen gab es jedoch so viele Sonderregelungen und Ausnahmen, daß sie zunächst relativ unwirksam blieben und erst in den 50er und 60er Jahren größere Auswirkungen auf die Weltwirtschaft hatten. Das Bankkapital von 10 Milliarden Dollar war völlig ungenügend angesichts des Nachkriegsbedarfs.

Außerdem senkten die USA ihre Zölle nicht, und die allgemeine Handelssituation blieb in hoffnungslosem Ungleichgewicht. Als 1947 dann in Genf die Internationale Handelskonferenz zusammentrat, waren die Schwierigkeiten beim Wiederaufbau offenkundig. Nach äußerst kontroversen Diskussionen, in denen auch die wirtschaftlich geschwächten Länder ihre Interessen mit Nachdruck vor allem gegenüber den USA vertraten, entstand das General Agreement on Trade and Tariffs (GATT), ein Handels- und Zollabkommen, das zwar sehr vage gefaßt war und erst 1948 ratifiziert wurde, jedoch aufgrund

### CARE

Der Kampf gegen den Hunger bestimmte den Alltag der Bevölkerung im Nachkriegsdeutschland. Ausgemergelte Menschen prägten insbesondere in den vom Bombenkrieg gezeichneten Großstädten das Erscheinungsbild. Im Mai 1946 sank die durchschnittliche Lebensmittelration auf unter 1000 Kalorien pro Tag. In dieser Zeit wurde der Begriff CARE zu einer Zauberformel für die westdeutsche Bevölkerung.

Lange vor der Schaffung des Marshall-Plans erkannten insbesondere die USA, daß demokratische Strukturen in einem von Hunger und Not heimgesuchten Land kaum realisierbar seien. Dringende Appelle des Generals Clay sowie des ehemaligen US-Präsidenten Hoover bewirkten nicht nur umfangreiche Hilfslieferungen der US-Regierung; sie lösten zugleich eine Welle persönlicher Hilfeleistungen der Bevölkerung der Vereinigten Staaten für die notleidenden Menschen in Europa aus.

Eine Reihe von Wohlfahrtsverbänden schlossen sich zur Organisation CARE (*Cooperative for American Remittances to Europe* / Vereinigung für amerikanische Hilfssendungen nach Europa) zusammen.

CARE bot Amerikanern, die ihre Angehörigen bzw. Freunde in Europa schnell und unmittelbar unterstützen wollten, den organisierten Versand persönlich adressierter Hilfspakete an. Ein sofortiger Beginn der Aktion war möglich, da aus Rationierungsbeständen der US-Armee rd. 2,5 Millionen Proviant-Pakete aufgekauft werden konnten. Sie enthielten Lebensmittel für 10 Tage und konnten von Spendern, in deren Auftrag sie

*Ausgabestelle von CARE-Paketen.*

verschickt wurden, für zunächst 10 Dollar erworben werden. 1947 konnten die amerikanischen Spender aus einem breiten Spektrum von CARE-Paketen auswählen, das für spezifische Adressatenkreise zusammengestellt war. Beispielsweise wurden Säuglings- bzw. Kleinkinderpakete angeboten, die Kinderöl, Windeln und Milchpulver enthielten. Für viele Familien bedeuteten CARE-Pakete die Linderung bitterster Not. Die Attraktivität der CARE-Pakete verdeutlicht das Erlebnis einer jungen Frau: Auf eine Heiratsannonce »Zweizimmer-Wohnung / 2 CARE-Pakete monatlich« erhielt sie 1948 2437 Zuschriften. Nach der anfänglichen Skepsis gegenüber den USA, deren Hintergrund u. a. der Morgenthauplan, der Deutschland zu einem Agrarstaat machen wollte, bildete, trugen die CARE-Pakete wesentlich zur Vertrauensbildung zwischen der westdeutschen Bevölkerung und den USA bei.

**Wirtschaft** 235

### Schwarzmarktzeit

Bald nach Kriegsende entwickelte sich auf dem Gebiet des Deutschen Reiches ein blühender Schwarzhandel, eine Sonderform des Schleichhandels, die in Krisenzeiten immer und überall auftritt, wenn wichtige Waren rationiert werden und gleichzeitig ein allgemeiner Preisstopp besteht. Durch die Rationierung entsteht infolge der Festpreise ein Geldüberhang, der zu einem »schwarzen Markt« führt, auf dem rationierte Waren frei gehandelt und die Festpreise überschritten werden. Besonders Genußmittel wie Kaffee, Zigaretten oder Alkohol wurden auf dem »schwarzen Markt« zu begehrten Handelsobjekten. Die Preise für diese Güter stiegen schnell in astronomische Höhen. So kostete etwa ein Pfund Kaffee 700–800 Reichsmark. Für ein Pfund Butter waren um die 300 Reichsmark zu bezahlen. Der Schwarzmarkthandel zeigte deutlich, wie wenig Wert die Reichsmark noch besaß. So war es nicht verwunderlich, daß neben der Reichsmark bald eine neue Währungseinheit zum Maßstab für alle Geschäfte wurde – die Zigarette. Besonders die amerikanischen Zigaretten wurden zum begehrten Zahlungsmittel, erreichte doch ihr Wert zwischen 6 und 10 Reichsmark. Obwohl Besatzungsbehörden und deutsche Stellen den Schwarzhandel mit allen nur erdenklichen Mitteln bekämpften, gelang es einigen Schwarzhändlern in der allgemeinen Not dieser Jahre, ein Millionenvermögen zu machen. Aber auch die »kleinen Leute« beteiligten sich am Schwarzhandel, um die für den Lebensunterhalt notwendigen Nahrungsmittel zu besorgen. Man fuhr mit den unterschiedlichsten Habseligkeiten (Perserteppiche, Uhren u. ä.) zu großangelegten Hamsterfahrten aufs Land, wo man Fleisch, Kartoffeln oder Milch besorgte. Fast jeder, der nicht durch die Vertreibung oder den Bombenkrieg alles verloren hatte, war auf irgendeine Weise an diesen oft lebenswichtigen Tauschgeschäften beteiligt, die erst aufhörten, als durch die Währungsreform wieder ausreichend Vertrauen zum Geld geschaffen wurde.

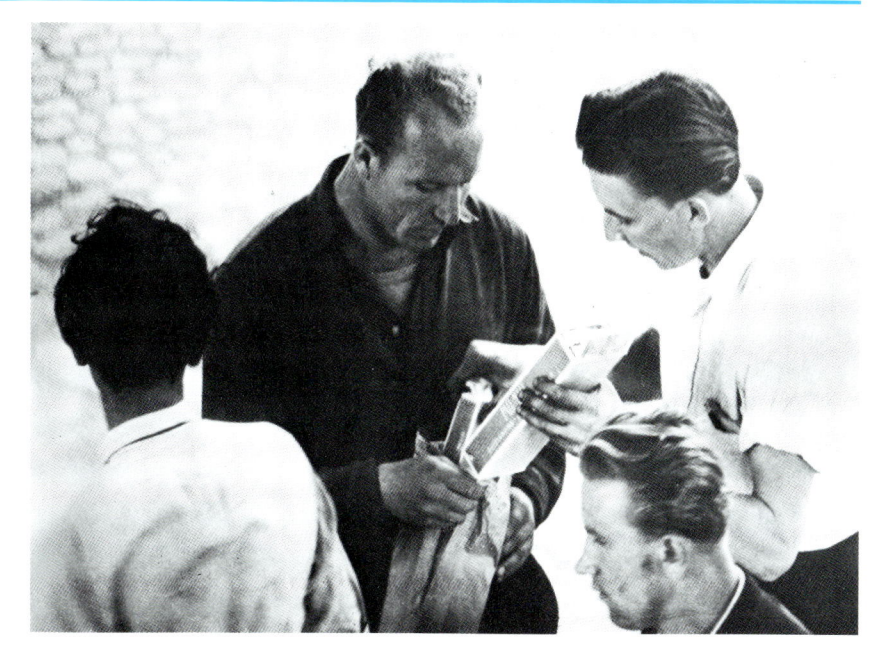

*Schwarzhandel war nach dem Kriege die Regel. Zigaretten wurden die neue Währung.*

seiner Flexibilität in den späteren Jahrzehnten günstig auf die Weltwirtschaft wirkte.
1947 hatte sich die internationale Situation bereits drastisch verschärft. Die Sowjetunion unterzeichnete das Abkommen von Bretton Woods nicht. Die USA begannen mit dem Marshall-Plan und boten auch den osteuropäischen Ländern und der Sowjetunion Hilfe an. Moskau ging jedoch nicht auf die Vorschläge der USA ein und veranlaßte auch seine Satelliten zur Ablehnung, da nach seiner Meinung die Absicht, die wirtschaftliche Vormachtstellung zu festigen, offenkundig war. Statt dessen gründete die Sowjetunion 1947 in Belgrad das Kominform (Kommunistisches Informationsbüro), das wirtschaftlich und politisch die Wiederaufbaupläne Molotows koordinieren sollte. 1949 wurde dann das COMECON geschaffen, der Rat für gegenseitige Wirtschaftshilfe der kommunistischen Staaten. Die Schwierigkeiten beim Neubeginn waren für die Staaten des Ostblocks doppelt kompliziert, da er für die meisten Länder auch eine radikale Veränderung aller ökonomischen Strukturen mit sich brachte. Verstaatlichung von Industrieunternehmen und kollektivierte Landwirtschaft sowie Kapitalmangel standen am Anfang eines mühsamen Weges zu wirtschaftlicher Erholung.
Der Marshallplan führte im Gegensatz dazu sehr schnell zu einem wirtschaftlichen Aufschwung Westeuropas und wurde von der Organisation für europäische wirtschaftliche Zusammenarbeit effektiv koordiniert. Die OEEC mit Paul-Henri Spaak als erstem Präsidenten des Ministerrats arbeitete das Programm zum europäischen Wiederaufbau aus und empfahl konkrete Marshallplanhilfe für die einzelnen Länder. Der amerikanische Kongreß bewilligte 17 Milliarden Dollar für das Programm, das sich zum großen Teil aus Schenkungen zusammensetzte. Außerdem stellten die USA ihr Know-How zur Verfügung. Ziele waren eine Erneuerung der Infrastruktur, Produktionssteigerung, insbesondere bei Energie und Stahl, die Dezentralisierung der Schwerindustrie, deren Zentrum bis dahin das deutsche Ruhrgebiet war, und die Rationalisierung in der Landwirtschaft.
Außerdem beschlossen die westlichen Alliierten einseitig, die westdeutsche Wirtschaft wiederaufzubauen, um einem Machtvakuum in diesem Bereich vorzubeugen. Die Währungsreform schuf die Voraussetzung für dieses Vorhaben und wurde von der Sowjetunion zum Anlaß für die Blockade Westberlins genommen. Fast ein Jahr lang wurde Westberlin über die berühmte Luft-

*Schwarzer Markt S. 248–41*

*Maurer beim Bau der Ausstellungshallen am Berliner Funkturm.*

## Wirtschaft

**Wiederbelebung der nationalen Produktion von 1948–1950**
(Index des Bruttosozialproduktes zu konstanten Preisen 1938 = 100)

|  | 1948 | 1950 |
|---|---|---|
| Belgien | 115 | 124 |
| Frankreich | 100 | 121 |
| Deutschland | 45 | 64 |
| Italien | 92 | 104 |
| Niederlande | 114 | 127 |
| Norwegen | 122 | 131 |
| Schweden | 133 | 148 |
| Schweiz | 125 | 131 |
| Großbritannien | 106 | 114 |
| Westeuropa | 87 | 102 |
| USA | 165 | 179 |
| Japan | 63 | 72 |
| Sowjetunion | 105 | 128 |

*Quelle: Rostow. The World Economy. History and Prospect. Austin, Texas 1978.*

Währungsreform S. 264–44

brücke der Westalliierten am Leben gehalten. Die Spannungen zwischen Ost- und Westblock führten auch schnell zu Verteidigungsabkommen vom Brüsseler Vertrag (1948) bis zur NATO im Jahre 1949. Der Marshallplan zeigte sehr bald seine Wirkung auf die europäische Wirtschaft, trotz einer Streikwelle in den USA und Europa, der Mißernte von 1947 und der hohen Rohstoffpreise zu Beginn des Koreakrieges. Die Industrieproduktion stieg durchschnittlich um 30 Prozent. In Japan kam der Wiederaufbau langsamer in Gang, aber im Verlauf des Koreakrieges kam auch dieses Land in den Genuß massiver Wirtschaftshilfe und wurde zum Dienstleistungszentrum für die UN-Truppen. Trotzdem erreichte das japanische Bruttosozialprodukt erst 1954 seinen Vorkriegsstand.

### Die Währungsreform

Die Notwendigkeit der 1948 vollzogenen Währungsreform leitete sich aus der für die Gesamtwirtschaft unverantwortlichen Rüstungsfinanzierung der Nationalsozialisten ab. Sie deckten die enormen Staatsausgaben für die Kriegswirtschaft überwiegend durch Anleihen der öffentlichen Hand, die als Einlagen bei der Reichsbank bestehen blieben.
Auf der anderen Seite sank das Produktionsniveau für Konsumgüter erheblich. Eine solche Verknappung der Konsumartikel hätte unweigerlich zu Preissteigerungen führen müssen, wenn man nicht staatlicherseits 1936 einen Preisstopp verfügt hätte, dem später auch ein Lohnstopp folgte. Diese Faktoren bewirkten auf privater Seite einen hohen Geldüberhang, dem eine hohe Staatsverschuldung entsprach, die bis Kriegsende auf rd. 400 Milliarden Reichsmark angestiegen war.
Nach Kriegsende war an eine Verbesserung der Lage zunächst nicht zu denken. Im Gegenteil, Preis- und Lohnstopps blieben zunächst bestehen, und die Ausgabe von Besatzungsgeld in den westlichen Besatzungszonen wirkte alles andere als antiinflatorisch. Zudem existierte das Deutsche Reich als Hauptschuldner faktisch nicht mehr, so daß die Reichstitel praktisch wertlos waren.
Grundproblem der Währungsreform war auf ökonomischer Seite die Beseitigung des gewaltigen Geldüberhangs als Kennzeichen einer künstlich aufgestauten Inflation, auf der politischen Seite die Koordinierung der notwendigen währungspolitischen Maßnahmen zwischen den vier Siegermächten und den deutschen Stellen. Eine einheitliche Regelung der Währungsreform für alle vier Besatzungszonen war schon deshalb schwierig, weil die Sowjetunion in ihrer Zone die Ökonomie nach planwirtschaftlichen Kriterien organisiert hatte.
Außerdem verließ die UdSSR Ende März 1948 den Alliierten Kontrollrat, weil sie in den Beschlüssen der vorangegangenen Londoner Sechsmächtekonferenz über die Bildung eines westdeutschen Staates einen Verstoß gegen das Potsdamer Abkommen sah. Auch Frankreich führte in seiner Zone eine eigene Politik, schloß sich aber dann doch den politischen Zielsetzungen Großbritanniens und der USA an.
Auf deutscher Seite war es vor allem Ludwig Erhard, damals Direktor der Verwaltung für Wirtschaft des Vereinigten Wirtschaftsgebietes, der mit Hilfe der Währungsreform und des Marshallplans die Einrichtung einer freien Marktwirtschaft betrieb.
Am 20. 4. 1948 begann an einem zunächst geheimgehaltenen Ort (Rothwesten bei Kassel) ein deutsches Expertengremium, in Abstimmung mit den Alliierten über die Modalitäten der Reform zu beraten. Nach zweimonatiger Arbeit wurde das schwierige Unternehmen schließlich erfolgreich durchgeführt. In den drei Westzonen wurden mehrere Gesetze über die Neuordnung des

*Ein neuer 20-DM-Schein.*

Geldwesens erlassen. Das Währungsgesetz über die Einführung der neuen DM-Währung bestimmte, daß vom 21. 6. 1948 an die alte Reichsmark-Währung durch die Deutsche-Mark-Währung ersetzt wurde. Am 20. Juni 1948 erhielt jeder Einwohner der Westzonen gegen 40 RM 40 DM, im August noch einmal 20 DM gegen 20 RM (das sogenannte Kopfgeld). Außerdem wurde den Gebietskörperschaften eine Erstausstattung in DM zugebilligt. Mit dem Währungsgesetz wurde ein Emissionsgesetz erlassen, durch das die Bank deutscher Länder das Notenausgaberecht erhielt. Es folgten noch ein Umstellungsgesetz sowie ein Festkontogesetz, in denen Detailfragen geklärt wurden. So wurden Forderungen im Verhältnis 10 RM : 1 DM, regelmäßige Leistungen (z. B. Löhne, Mieten, Zinsen) zur Aufrechterhaltung besonders des Lohnniveaus 1 : 1 umgestellt.
Die Sanierung des Staates wurde noch dadurch unterstützt, daß die inländischen Schulden des Reichs vom Bund nicht übernommen wurden, sondern deren Regelung dem Lastenausgleich vorbehalten blieb. Die Guthaben bei Kreditanstalten wurden ebenfalls 10:1 umgestellt, wobei aber die Hälfte des umgestellten Geldes auf

*Ausgabestelle der neuen Deutschen Mark.*

ein Festkonto geschrieben wurde, von dem durch ein späteres 4. Neuordnungsgesetz noch einmal 70% gestrichen wurden, so daß die endgültige Umstellung 10:0,65 betrug.
Die in der Sowjetischen Besatzungszone durchgeführte Währungsreform verlief ähnlich. Ersparnisse bis zu 100 RM wurden 1:1, bis zu 10 000 RM 5:1, alle anderen 10:1 auf die neue Währungseinheit (ebenfalls Deutsche Mark, DM-Ost) umgestellt. In Berlin galten theoretisch anfangs DM-West und DM-Ost nebeneinander. Das änderte sich erst am 20. 3. 1949. Durch die Reform wurden vor allem die kleinen Sparer schwer geschädigt, während die Eigentümer von Grundbesitz und Fabriken kaum betroffen waren. Zwar füllten sich die Schaufenster nun wieder mit Waren, die bis zu diesem Zeitpunkt teilweise bewußt zurückgehalten worden waren, gleichzeitig stiegen aber auch die Preise empfindlich an, so daß sich die soziale Lage der meisten zunächst nicht wesentlich verbesserte. Aus diesem Grund kam es am 12. 11. 1948 zu einem Generalstreik gegen die Preissteigerungen. So war zwar durch die Währungsreform eine Sanierung des deutschen Geldsystems geglückt, doch nur unter Inkaufnahme sozialer Ungerechtigkeiten, die erst der dadurch später ermöglichte Wirtschaftsaufschwung milderte.

Deutschland und Japan, die großen Verlierer des 2. Weltkrieges, waren schon Ende der 40er Jahre auf dem Wege, wieder führende Industrienationen zu werden. Beide hatten nach dem Krieg ihre hohe Industrialisierung wiedergewonnen, und die Hilfe der USA sowie die Liberalisierung des Handels in der westlichen Hemisphäre brachten beide Länder in den 50er Jahren zu einem überdurchschnittlichen wirtschaftlichen Wachstum.

In der zweiten Hälfte der 40er Jahre wurden also alle Grundlagen für die Entwicklung der kommenden Jahrzehnte geschaffen: Die Machtblöcke fügten sich zusammen, und die jeweils beteiligten bzw. abhängigen Staaten mußten sich – mit allerdings sehr unterschiedlichen Auswirkungen – den politischen und wirtschaftlichen Führungsansprüchen der USA und der Sowjetunion anpassen.

BARBARA VEIT/JOCHEN KÖLSCH

# Die Energieversorgung im militärischen und im privaten Bereich

## Energieversorgung für militärische Zwecke

Der Erfolg militärischer Operationen hängt in hohem Maße von der Verfügbarkeit von Kraftstoffen ab. Der Nachschub von Öl und Benzin stellte die kriegführenden Parteien vor erhebliche Probleme. Das Deutsche Reich, Italien und Japan besaßen keine eigenen Ölvorkommen. Um dennoch über Erdöl verfügen zu können, mußten sie erhebliche Kräfte aufbieten. Militärisch bedeutete dies die Eroberung von Gebieten, die über Erdöl (Niederländisch-Indien, Kaukasus) oder Ölschiefervorkommen (Estland) verfügten. Auf technologischem Wege gewann man synthetisches Öl aus Steinkohle und Braunkohle durch Hydrierung und durch die Fischer-Tropsch-Synthese. Anfangs waren diese Maßnahmen recht erfolgreich. Erst ab 1944 wurden die deutschen Anlagen durch Bombenangriffe zerstört. Durch die Bombardierungen wurde auch die Steinkohlenförderung in Mitleidenschaft gezogen, von der die Privathaushalte und die für die Kriegswirtschaft tätigen Industriezweige abhängig waren. Die Folge war, daß alle Wehrmachtsteile nur noch wenig Kraftstoff zur Verfügung hatten, um operativ tätig werden zu können.

Japan eroberte die Ölgebiete von Birma und Niederländisch-Indien. Das brachte nicht immer den erhofften Erfolg, weil die Betreiber der Ölfelder ihre Besitzungen in Brand steckten, bevor sie sich ergaben. Auch in Japan waren Anlagen zur Fischer-Tropsch-Synthese in Betrieb. Ihre Produktion betrug Schätzungen zufolge rd. 1,5 Millionen t jährlich (1942).

Die Alliierten verfügten im Prinzip über sehr große Mengen Erdöl in den USA und in Venezuela. Ihre Aktionsgebiete waren weiter über die Erde verbreitet als die der europäischen Achsenmächte. Die Probleme der Alliierten betrafen deshalb vor allem die Organisation des Transports und den Schutz der Transporte gegen Angriffe deutscher U-Boote. Ein Mittel gegen die U-Boot-Angriffe war auch der Bau von zwei Pipelines von Texas und Louisiana zur Ostküste. Am bekanntesten wurde der Bau der Leitungen durch den Ärmelkanal nach der Landung der Alliierten in der Normandie, die Operation Pluto. Vier Leitungen wurden von der Insel Wight nach Cherbourg (rd. 106 km) verlegt und 17 von Dungeness nach Boulogne. Sie wurden hinter den vorrückenden Truppen ständig verlängert und erreichten schließlich Emmerich, Mainz und Frankfurt.

*Mit zum Teil primitiven Mitteln begann man den Wiederaufbau.*

### Synthetisches Benzin durch das Fischer-Tropsch-Verfahren

Beim Fischer-Tropsch-Verfahren werden feste Brennstoffe in flüssige umgesetzt. Es wird ein aus Koks und Wasserstoff gewonnenes und aus Kohlenmonoxid und Wasserstoff bestehendes Gasgemisch, ein sogenanntes Synthesegas, bei schwach erhöhtem Druck und rd. 480° K in flüssige Kohlenwasserstoffe überführt. Das Synthesegas wird im Laufe des Gewinnungsprozesses über einen Katalysator geleitet. Bei den so entstandenen Kohlenwasserstoffen handelt es sich um Alkane und Olefine, die zum größten Teil flüssig sind.

Das Verfahren wurde 1925/26 im Kaiser-Wilhelm-Institut für Kohleforschung in Mülheim von Franz Fischer und Hans Tropsch entdeckt. Sie gewannen mit einem Eisenkatalysator synthetisches Benzin. Menge und Oktanzahl waren jedoch niedrig. Der Eisenkatalysator hatte auch nur eine Lebensdauer von einigen Wochen und wurde später durch einen langlebigen und leistungsfähigeren Kobaltkatalysator ersetzt. Dieser wurde 1945 als Standardkatalysator eingeführt. Die Weiterentwicklung des Fischer-Tropsch-Verfahrens wurde bis 1945 mit großem Nachdruck vorangetrieben. Gegen Kriegsende betrug die industrielle Produktion von Primärprodukten 570 000 t pro Jahr. Verglichen mit der Produktion von synthetischen Brennstoffen durch direkte Wasserstoffgewinnung unter hohem Druck war diese Menge gering.

Nach der Niederlage konnten in Deutschland nur noch drei Anlagen weiter betrieben werden. Als jedoch wieder hochwertiges Erdöl und Erdgas zur Verfügung standen, ging die Bedeutung des Fischer-Tropsch-Verfahrens zurück. Der Betrieb der Anlagen wurde Mitte der 50er Jahre eingestellt.

*Fischer-Tropsch-Anlage in Gelsenkirchen.*

## Energieversorgung in Industrie und Haushalt

Vor dem 2. Weltkrieg war Steinkohle der Hauptbrennstoff, der die Wirtschaft Westeuropas in Gang hielt. Für den Verbrauch hatte der Übergang zur Kriegswirtschaft Folgen. Für Privathaushalte und alle nicht lebenswichtigen Industriezweige wurde Brennstoff rationiert. In den besetzten Gebieten begann man deshalb, Holz anstelle von Steinkohle zu verfeuern. Doch in dem strengen Winter von 1944/45 war auch Holz Mangelware. In Frankreich und Belgien ging der Energieverbrauch in Privathaushalten pro Person und pro Jahr bis auf 15–20% des Vorkriegsniveaus zurück; unmittelbar nach der Befreiung sank er noch einmal.

---

**Künstliche Herstellung von Öl durch Kohleverflüssigung**

Während des 2. Weltkrieges betrieb man in Deutschland zwölf Hydrieranlagen, in denen feste Brennstoffe durch Erhöhung des Wasserstoffgehaltes in Motorenbrennstoffe umgewandelt wurden. Die gesamte Produktionskapazität betrug 1943 und 1944 4 Millionen Tonnen im Jahr. Hierbei handelte es sich in erster Linie um die Umwandlung von Braunkohle bei einem Siedepunkt von 325°C in das so notwendig gebrauchte Öl bzw. Benzin. Nach Beendigung des Krieges wurden die nicht zerstörten Anlagen in den Westzonen anfänglich stillgelegt, später für die Verarbeitung von Erdölrückständen genutzt.
In der SBZ wurden die erhaltengebliebenen Anlagen weiter genutzt. Als die Ölversorgung durch eine Pipeline aus der UdSSR gesichert wurde, legte man auch sie still.
In den USA, wo man genügend Erdölreserven hatte, bestand keine Notwendigkeit, flüssige Kohlenwasserstoffe aus Steinkohle zu hydrieren.
Dagegen hatte sich in Großbritannien der Chemiekonzern Imperial Chemical Industries (ICI) schon vor 1939 für diese Form der Energiegewinnung interessiert. Unter Mitwirkung der I. G. Farben baute er eine Hydrieranlage in Billingham. Sie arbeitete mit Kreosotölen als Ausgangsmaterial und produzierte noch nach 1945 weiter.

*Die Leuna-Werke bei Merseburg: Anlage zur Hydrierung synthetischen Benzins.*

---

Nach der deutschen Kapitulation im Mai 1945 herrschte in Westeuropa ein empfindliches Energieproblem. In Westdeutschland waren viele Anlagen zur Steinkohlegewinnung verwüstet. Von einer raschen Wiederherstellung des internationalen Steinkohlenhandels konnte nicht die Rede sein. Nur Großbritannien war in der Lage, kleinere Kohlenmengen aus Übertage-Lagerstätten an die restlichen europäischen Länder abzutreten. Ohne die Zufuhr von amerikanischer Steinkohle wäre die Lage bedenklich geworden. Sie betrug 519 000 t im Jahre 1945 und 17 Millionen t im Jahre 1946. Man bemühte sich nun vor allem darum, die Arbeitsplätze in den Zechen wieder zu besetzen. In Frankreich und Belgien wurden Tausende von ungeschulten deutschen Kriegsgefangenen aus den britischen und amerikanischen Lagern eingesetzt. Bergarbeiter bekamen zusätzliche Bezugsscheine für Lebensmittel und Kleidung, um die schwere körperliche Arbeit in den Zechen attraktiv zu machen. Die Wiederinbetriebnahme der zerstörten Zechen in Deutschland verlief langsamer als erwartet; die Ausfuhr kam erst in der zweiten Hälfte des Jahres 1947 in Gang.

Im wiederum harten Winter von 1946/47 hatte sogar die Industrie unter akutem Brennstoffmangel zu leiden. In Frankreich und Dänemark wurden die Lieferungen an die Industrie für zwei bis drei Wochen unterbrochen. Erst gegen Ende des Jahrzehnts entsprach die produzierte Menge ungefähr dem Bedarf, so daß die Rationierung von Steinkohle in mehreren Ländern aufgehoben werden konnte.

Der Verbrauch von Erdölprodukten für den zivilen Transport wurde im besetzten Europa schrittweise stark gedrosselt. Man ging zu Alternativen über: Holz, Holzkohle, Torf und zuweilen Anthrazit. Diese Brennstoffe wurden für den Gebrauch in Autos, Bussen, Binnenschiffen und Tankern in eigens mitgeführten Generatoren in Generatorgas umgewandelt. Ein Schwerlastwagen verbrauchte in diesen Jahren in Frankreich 20 t Holzkohle im Jahr. Durch die Kriegshandlungen hatten die Raffinerien in Europa schwere Schäden erlitten. Der Wiederaufbau der Anlagen, um den man sich nach dem Krieg mit allen Kräften bemühte, wurde durch den akuten Mangel an Stahl verzögert.

Unmittelbar nach dem Krieg entwickelte sich der Nahe Osten zum wichtigsten Rohölproduzenten. Zugleich nahm der Bedarf an Erdölerzeugnissen zu. Das führte zur Ausweitung der Raffineriekapazitäten, und zwar zunächst im Nahen Osten selbst und später in den USA und in Westeuropa. Diese beträchtliche Expansion begann in den USA 1946 und kam in Europa erst nach dem Koreakrieg (1950) voll in Gang.

Die USA erlebten Ende der 40er Jahre eine starke Zunahme des Erdgasverbrauchs, als Gas aus Texas durch Rohrleitungen sogar bis nach New York geliefert wurde. Diese Zunahme ging mit einer beträchtlichen Erweiterung des Rohrleitungsnetzes einher.

Der Krieg hatte die Ausweitung der Elektrizitätserzeugung in Europa verzögert oder völlig unterbrochen. Später nahm die Produktionskapazität infolge von Bombenangriffen, Sabotage und in manchen Ländern wegen der Entfernung von Installationsteilen durch die deutsche Besatzungsmacht ab. Nach Kriegsende mußten die zerstörten Elektrizitätswerke und Stromleitungen wiederaufgebaut werden. Das wurde jedoch oftmals durch den Mangel an Arbeitskräften erschwert.

DR. IR. A. W. J. MAYER

## Die Wiederbelebung des internationalen Zahlungsverkehrs

### Bretton Woods

Der geringen Freiheit, die dem internationalen Zahlungsverkehr noch geblieben war, machte der Ausbruch des 2. Weltkriegs praktisch überall ein Ende. In allen Ländern wurden feste Wechselkurse eingeführt.

Bereits während der Kriegsjahre war man sich in vielen Staaten darüber im klaren, daß nach dem Krieg umfassende Maßnahmen notwendig sein würden, um den internationalen Handels- und Zahlungsverkehr wiederzubeleben. Nur durch die Zusammenarbeit der beteiligten Länder würde man eine Wiederholung der Entwicklungen vermeiden können, die in den 30er Jahren die Weltwirtschaft zerrüttet hatten. Dieser Aspekt spielte bereits bei den Verhandlungen über das Mutual Aid Agreement zwischen den USA und Großbritannien im Jahre 1941 eine Rolle. Obwohl sich die beiden Länder hauptsächlich mit den Leih- und Pachtregelungen beschäftigten, verpflichteten sie sich zu internationaler wirtschaftlicher Zusammenarbeit nach dem Krieg. Großes Interesse widmete man außerdem Plänen zur Neuordnung des internationalen Währungssystems. Um eine Lösung dieser Fragen zu finden, tagte vom 1. bis 22. 7. 1944 in Bretton Woods (New Hampshire) eine Konferenz. Diese Konferenz von 44 Ländern beschloß die Gründung von zwei Institutionen: des Internationalen Währungsfonds (IWF) und der Internationalen Bank für Wiederaufbau und Entwicklung (Weltbank). Ihre Pläne beruhten auf einem Kompromiß der Entwürfe des britischen Ökonomen John Maynard Keynes und des US-Amerikaners Harry Dexter White.

### IWF und Weltbank

Die Weltbank begann ihre Geschäftstätigkeit im Juni 1946; der IWF trat erst im März 1947 in Aktion. Die UdSSR nahm zwar an der Konferenz von Bretton Woods teil, hatte aber schließlich kein Interesse daran, ihre Wirtschaft derjenigen der westlichen Länder zu öffnen; deshalb trat sie weder der Weltbank noch dem IWF bei. Polen und die Tschechoslowakei dagegen wurden zwar Mitglied, traten aber 1950 bzw. 1954 unter sowjetischem Druck wieder aus.

Das eigentliche Ziel des IWF war es, Voraussetzungen für einen internationalen Güter- und Dienstleistungsverkehr zu schaffen, der weder durch Handelsbeschränkungen noch durch Devisenrestriktionen behindert werden sollte. Zu diesem Zweck strebte der IWF dreierlei an: 1. ein multilaterales Zahlungssystem auf der Grundlage der Konvertibilität der Währungen; 2. eine angemessene Stabilität der Wechselkurse (innerhalb einer Bandbreite von 2%); 3. Unterstützung von Ländern mit vorübergehenden Zahlungsbilanzschwierigkeiten.

Als erstes mußten die Mitgliedsstaaten auf die Einführung neuer Beschränkungen im Devisenverkehr bei laufenden Transaktionen verzichten. Um die Stabilität der Wechselkurse zu gewährleisten, bestimmten die Mitgliedsstaaten bei der

*Hausfrauen füllen auf der Straße ihre Kohleneimer.*

*Amerikanisches Plakat aus den Kriegsjahren: Die Wirtschaft im Dienste der Rüstungsindustrie.*

# Wirtschaft

*Aufnahme aus der Konferenz von Bretton Woods (1944). Der Vertreter der UdSSR, Volkskommissar Stepanow (links), im Gespräch mit John Maynard Keynes, der für Großbritannien an der Konferenz teilnahm.*

Gründung des IWF eine Gold- oder Dollarparität für ihre Währung. Weil die USA eine Goldparität für den Dollar festgelegt hatten, galt damit für alle Mitglieder faktisch eine Goldparität. Ferner ist der IWF ein Fonds, an dem jeder Mitgliedsstaat einen Anteil (Quote) hat, den er zu 25% in Gold und zu 75% in eigener Währung eingezahlt hat. Die Größe der Quote eines Landes orientiert sich an seinem Volkseinkommen und seinem Anteil am Welthandel. Jeder Mitgliedsstaat hat »Ziehungsrechte« auf den IWF, deren Umfang sich hauptsächlich nach den jeweiligen Quoten richtet. Außerdem wurde der IWF eine Beratungs- und Kontrollinstitution seiner Mitgliedsstaaten. Der Hauptsitz des IWF wurde in Washington errichtet.

Der IWF darf nicht an der Vergabe langfristiger internationaler Kredite mitwirken. Zu diesem Zweck wurde die Weltbank gegründet. Auch sie hat ihren Sitz in Washington und wird ähnlich wie der IWF verwaltet. Die Weltbank konzentrierte sich anfangs vor allem auf die Finanzierung des Wiederaufbaus in den vom Krieg betroffenen Ländern. Später wurde die Gewährung von langfristigen Krediten an Entwicklungsländer zu ihrer wichtigsten Aufgabe.

## Der Wiederaufbau nach dem Krieg

Als Folge des Krieges bestand in vielen Ländern noch ein Zustand latenter oder offener Inflation. Mit dem Wiederaufbau gingen deshalb meist starke Eingriffe des Staates in das Wirtschaftsleben einher.

Der große Bedarf an für den Wiederaufbau notwendigen Gütern und Lebensmitteln bewirkte eine ernste Belastung der westeuropäischen Zahlungsbilanz. Durch den Krieg waren überdies die Einnahmen aus dem Dienstleistungssektor stark gesunken. Beispiele dafür sind die Zerstörung eines großen Teils der Handelsflotten sowie der geringe Umfang des internationalen Handels und der Auslandsinvestitionen. Das führte zu enormen Defiziten der Handelsbilanz, die sich in Form einer großen Dollarknappheit zeigten, der sogenannten Dollarlücke *(dollar gap)*, die 1947 auf rd. 11,5 Milliarden US-Dollar geschätzt wurde. Diese Situation war entstanden, weil Nordamerika nahezu als Alleinlieferant der für Europa so unentbehrlichen Produkte auftreten konnte. Wegen unzureichender Währungsreserven war deshalb ein System von Einfuhrbeschränkungen und Devisenreglementierungen weiterhin notwendig. Lediglich den Bürgern der USA, einiger kleiner lateinamerikanischer Länder und der Schweiz blieb es erlaubt, Güter wahlweise im In- oder Ausland zu erwerben. Valutabeschränkungen waren auch notwendig, um eine Verbringung von privatem Kapital aus Ländern mit »weicher« Währung in die USA und andere Länder mit »harter« Währung zu verhindern und damit einer weiteren Entwertung der europäischen Währungseinheiten entgegenzuwirken. Anfangs war der notwendige Güterstrom nach Europa durch vereinzelte Schenkungen und Darlehen, den Verbrauch von Gold- und Dollarreserven und die Liquidation ausländischer Vermögenswerte ermöglicht worden. Anfang 1947 erreichte die materielle und finanzwirtschaftliche Not in ganz Europa jedoch einen dramatischen Höhepunkt. Ein allgemeiner Rückgang des Wirtschaftslebens und damit des Lebensstandards in Europa drohte. Dank eines US-amerikanischen Hilfsprogramms, der Marshallplanhilfe, wurden die westeuropäischen Länder sowie Griechenland und die Türkei in den Stand gesetzt, die notwendigen Güter zu erwerben.

Mit Hilfe des Marshallplans wollte man nicht nur die notwendige Währungssanierung erreichen, sondern auch die bilateralen Handels- und Zahlungsregelungen durchbrechen und den innereuropäischen Wirtschaftsverkehr von allen Hemmnissen befreien. Der bedeutendste Fortschritt auf dem Weg zur allmählichen Liberalisierung des Handels- und Zahlungsverkehrs wurde deshalb zunächst im Rahmen der Organisation für europäische wirtschaftliche Zusammenarbeit (OEEC) erreicht.

Der IWF und die Weltbank erleichterten die Entstehung eines multilateralen Handels- und Zahlungssystems. Als schwieriger erwies es sich freilich, eine Einigung über die Senkung von Zöllen, die Abschaffung von quantitativen Beschränkungen und von Diskriminierungen im Handelsverkehr zu erreichen. Bemühungen, eine internationale Handelsorganisation als Spezialorgan der UNO zu schaffen, scheiterten. Immerhin wurde 1947 das GATT (Allgemeines Zoll- und Handelsabkommen) unterzeichnet. Die 23 Mitgliedsländer bestritten damals 80% des Welthandels. Dieses Abkommen, das nach der anfänglichen Planung nur eine begrenzte Geltungsdauer haben sollte, wurde verlängert und gewann nach 1950 stark an Bedeutung. Auch die Zahl der Mitgliedsstaaten erhöhte sich. Den Kern des GATT bilden Richtlinien zur Zusammenarbeit auf dem Gebiet der Handelspolitik und die Senkung von Einfuhrzöllen auf regelmäßig stattfindenden Zollkonferenzen.

DRS. J. G. MORREAU

# 5. Wissenschaft und Technik

## Deutsche an der Wiege der Raumfahrt

»We got the wrong Germans!« (»Wir haben die falschen Deutschen!«) So rief ein US-General wenige Stunden nach dem Start von Sputnik 1 (4. 10. 1957), als die Nachricht über den ersten von Menschen geschaffenen Erdsatelliten in den USA bekannt wurde. Der Ausruf war bezeichnend. Sowohl die UdSSR als auch die USA konnten nämlich in den 50er Jahren nur in den Raum vordringen aufgrund der bahnbrechenden Arbeit deutscher Wissenschaftler in den 40er Jahren (z. B. Wernher von Braun).

Sie waren allerdings nicht die ersten, die sich mit der Raumfahrt befaßten. Um die Jahrhundertwende hatte der Russe Konstantin Ziolkowskij (1857–1935) nahezu die gesamte Entwicklung der Raumfahrt im 20. Jahrhundert vorausgesagt; in den 20er Jahren entwickelte der Amerikaner Robert Goddard (1882–1945) die ersten Flüssigkeitsraketen. Doch erst in Deutschland wurde mit der V2 (auch →S. 207) eine richtige Rakete, die auch ins All vordringen konnte, gebaut.

Die Grundlagen für diese Entwicklung wurden 1933 geschaffen, als der (21 Jahre alte!) von Braun mit mehreren begeisterten Mitarbeitern die Entwicklung der sogenannten A-Serie begann. Im Dezember 1933 erreichten die ersten kleinen Raketen immerhin eine Höhe von 2 km. Von Braun wurde daraufhin Leiter der Abteilung West der Raketenversuchsstation in Kummersdorf.

### Peenemünde

Als die Raketen größere Höhen erreichten, wurde die Versuchsstation zu klein und auf die Insel Usedom in die Gegend des Ortes Peenemünde verlegt. Im November 1936 waren die Abschußrampen aus Beton fertiggestellt. Sechs Jahre später hob die erste V2 vom Boden ab. Trotzdem förderte die Reichsregierung das Unternehmen zunächst nur wenig.

Das änderte sich, als General Walter Dornberger im Juli 1942 Hitler für das Projekt interessieren konnte. Der zeigte sich so beeindruckt, daß er die Rakete als »Vergeltungswaffe« sofort auf die Liste der vorrangigen Projekte setzte. In Niedersachswerfen bei Nordhausen wurde in einer unterirdischen Fabrik ein Fließband eingerichtet, auf dem täglich 30 Raketen gebaut wurden. Hitlers Wunsch, täglich mindestens 70 V2 abschießen zu lassen, erwies sich jedoch als unerfüllbar, nachdem die Briten am 17. 8. 1943 Peenemünde bei einem Bombenangriff schwer beschädigt hatten. Im März 1944 wurde Wernher von Braun von der SS verhaftet. Er hatte gesagt, er wolle, statt Waffen zu entwickeln, lieber eine Mondrakete bauen.

Auch dem einflußreichen General Dornberger gelang es nur mit Mühe, seinen Schützling wieder freizubekommen. Für die Geheimwaffe wurden bewegliche Abschußrampen entwickelt, die das System weniger anfällig gegenüber feindlichen Angriffen machten. In den frühen Morgenstunden des 8. 9. 1944 fiel die erste, von dem niederländischen Ort Wassenaar aus gestartete V2 auf London. England wurde mit 2000 solcher Raketen bombardiert. Da die Treffgenauigkeit der Waffe gering war, hatte die schwere Sprengstoffladung in der Raketenspitze meist wenig Wirkung. Fast keine V2 traf genau das geplante Ziel (weil viele vorzeitig abstürzten, hießen sie im Volksmund »Eifelschreck«), so daß diese an sich beispiellosen Waffen den Krieg nicht für das

*Eine US-amerikanische Kommission untersucht direkt nach Kriegsende eine halbfertige V 2 in einer unterirdischen Fabrik bei Nordhausen. Hier die Startstufe der Rakete mit den Sauerstoff- und Alkohol leitungen, den Pumpen, der Verbrennungskammer und der Düse.*

Deutsche Reich entschieden, wie vor allem Goebbels und Hitler glauben gemacht hatten.

### UdSSR und USA

Von Braun und seine Mitarbeiter gerieten in US-amerikanische Kriegsgefangenschaft und arbeiteten im US-Staate New Mexico weiter. Sie begannen mit der Zerlegung und Verbesserung von etwa hundert mitgebrachten V2-Raketen. Von Braun kombinierte eine kleine Wac Corporal Rakete (rein amerikanischen Ursprungs) mit einer V2, die am 24. 2. 1949 die damals schwindelerregende Höhe von 400 km erreichte. Mit dieser Zweistufenrakete machten die USA den ersten Schritt ins All. Sie verloren jedoch bald das Interesse an dieser Waffe.

In der UdSSR dachte man anders darüber. In der Steppe von Kapustin-Yar bei Stalingrad wurden unter Sergej Koroljow (1906–1966) erste Erfolge mit umgebauten V2-Raketen erzielt. Die in die UdSSR umgesiedelten deutschen Experten mit Helmut Gröttrup an der Spitze spielten dabei nach sowjetischer Darstellung nur eine Nebenrolle als Lieferanten von technischen Details. Am Ende der 40er Jahre konnte auch die UdSSR eine Großrakete bauen.

P. L. L. SMOLDERS

## Durchbrüche in der Kernpyhsik

### Protonen und Neutronen

Im Laufe der 30er Jahre wurde erkannt, daß jeder Atomkern aus zwei Teilchenarten aufgebaut ist: den elektrisch positiv geladenen Protonen (ihre Anzahl entspricht der Ordnungszahl des chemischen Elementes im Periodensystem) und den elektrisch ungeladenen Neutronen (ihre Anzahl bestimmt, um welches Isotop des betreffenden Elementes es sich handelt). Man fragte, was geschehen würde, wenn man zum Atomkern des Urans mit der höchsten bis dahin bekannten Ordnungszahl 92 ein zusätzliches Neutron hinzufügte. Versuche mit anderen Elementen ließen erwarten, daß ein Elektron ausgestoßen und dabei ein Neutron zu einem Proton umgewandelt würde. Auf diese Weise müßte ein Atom eines unbekannten chemischen Elementes mit der Ordnungszahl 93 entstehen.

Die Erscheinungen, die bei der Neutronenbestrahlung des Urans auftreten, waren jedoch unerklärbar, bis Ende 1938 der Chemiker Otto Hahn in Berlin nachwies, daß dabei sogar Atome mit niedrigerer Ordnungszahl entstanden. Eine Untersuchung der so entdeckten Kernspaltungsreaktion ergab, daß außer zwei solchen leichteren Atomen auch zwei oder drei Neutronen freikamen. Falls es gelänge, diese Neutronen zur Spaltung weiterer Urankerne zu benutzen und damit in einer bestimmten Uranmenge eine Kettenreaktion auszulösen, könnte man die im Atomkern enthaltene Energie freisetzen. Es stellte sich heraus, daß bei der Uranspaltung eine ungeheure Energie freigesetzt würde.

Unter größter Geheimhaltung wurde versucht, diese Erkenntnisse für eine neue Waffe, die Atombombe, nutzbar zu machen. Allgemein bekannt wurde lediglich noch die Tatsache, daß von den beiden natürlich vorkommenden Uranisotopen nur das Uran U 235 mit 143 Neutronen eine Spaltungsreaktion aufwies. Erst nach dem Krieg wurde bekannt, daß beim Uranisotop U 238, das in der Natur 140mal häufiger vorkommt als U 235, genau jene Kernreaktion auftritt, nach der ursprünglich gesucht wurde. 1940 entdeckten Glenn Theodore Seaborg und seine Mitarbeiter, daß bei Neutronenbeschuß U 238 auf einem Umweg über das Element mit der Ordnungszahl 93 das Isotop des Elementes 94 mit der Massenzahl 239 bildet. Die neuen Elemente wurden Neptunium und Plutonium genannt. Einige Jahre später erzeugte dieselbe kalifornische Gruppe bei weiteren Kernreaktionen die Elemente 95 und 96. Sie wurden Americium (1944) und Curium (1944, nach Marie und Pierre Curie) genannt.

### Zyklotrone

Angesichts der militärischen Einsatzmöglichkeiten der Kernspaltung und einer möglichen friedlichen Nutzung waren die Regierungen nach dem Krieg bereit, kernphysikalische Forschungsprojekte zu unterstützen. Es wurden Teilchenbeschleuniger gebaut, Anlagen, in denen leichte Atomkerne (z. B. von Wasserstoff, Deuterium oder Helium) mit Hilfe elektrischer und magnetischer Felder so viel Energie erhalten, daß sie bei anderen Atomkernen Kernreaktionen auslösen können. Durch diese Anlagen und die Untersuchung der vielen Bruchstücke, die bei der Kern-

*Vorbild der deutschen Atomforschung während des Krieges: ein von Manfred von Ardenne konstruierter Vandegraff-Generator, der Spannungen bis zu einer Mill. Volt erzeugen kann. Mit dem Apparat regte man Deuteronen-, Protonen- und Elektronenstrahlen an, wobei man die chemische Zusammensetzung des Atomkerns veränderte. Mit diesem Generator arbeitete man seit Mai 1943.*

spaltung entstehen, lernte man eine Anzahl neuer Atomkerne kennen, die ein Vielfaches der Zahl der Atomkerne betrug, die als Isotope natürlich vorkommender Elemente bereits bekannt waren. Ähnlich einigen in der Natur vorkommenden Atomkernen sind diese künstlichen Atomkerne sämtlich radioaktiv. Sie gehen folglich unter Ausstrahlung von Teilchen und/oder Lichtquanten in stabilere Atomkerne über. Dabei stellte sich heraus, daß Atomkerne mit 2, 8, 20, 28, 50, 82 oder 126 Protonen und/oder Neutronen eine besonders hohe Stabilität besitzen. Diese Beobachtung fand ihre Erklärung durch die Arbeiten der amerikanischen Forscherin Maria Goeppert-Mayer und des deutschen Wissenschaftlers Johannes H. D. Jensen, die 1949 unabhängig voneinander das »Schalenmodell« des Atomkernes entwickelten. Darin bilden sowohl die Protonen als auch die Neutronen aufeinanderfolgende »Schalen« mit einer jeweils höheren Energie analog den Elektronen im Bohrschen Atommodell.

### Friedliche Nutzung der Kernenergie

Gegen Ende der 40er Jahre lag das Schwergewicht der Entwicklung auf der Produktion von mehr und stärkeren Atomwaffen, zu denen die »Wasserstoffbombe« hinzukam, die auf einer Verschmelzung leichter Atomkerne beruht. Dennoch wurden vor allem in den USA die ersten Schritte auf dem Weg zu einer kontrollierten Anwendung der Kernspaltung zurückgelegt. Auch diese diente anfangs militärischen Belangen, nämlich dem Antrieb von Kriegsschiffen. Zu diesem Zweck wurde ein Kernreaktor entwickelt, der Dampf für den Antrieb einer Turbine lieferte. Damit ausgerüstet, könnte ein Unterseeboot lange Fahrten zurücklegen, ohne an die Wasseroberfläche auftauchen zu müssen. Eine solche Turbine könnte jedoch auch einen Generator für die Elektrizitätsversorgung an Land antreiben.

PROF. DR. J. A. GOEDKOOP

## Elektronische Forschung

### Die ersten Computer

Bedingt durch die Erfordernisse des Krieges, brachte die elektronische Forschung zahlreiche Erfindungen und Entwicklungen hervor. Das Grundprinzip des Radar war bereits bekannt und spielte vor allem für die Luft- und Seestreitkräfte eine entscheidende Rolle.
Die elektronische Technologie jener Jahre beruhte noch auf der Elektronenröhre. In der digitalen Schalttechnik wurden noch häufig elektromechanische Relais verwendet. Zwei Forscher entwickelten unabhängig voneinander einen digitalen elektromechanischen Rechenautomaten (Computer) auf der Basis der Relaistechnik, in Deutschland der Ingenieur Konrad Zuse (1941) und in den USA der Mathematiker Howard Aiken (1943). 1943 stellte der Elektrokonzern IBM Aikens Computer der Harvard-Universität zur Verfügung, wo er für die Berechnung ballistischer Bahnen von Geschossen und später auch für statistische Rechenarbeiten eingesetzt wurde. Er erhielt die Bezeichnung Mark 1, sein offizieller Name lautete »Automatic Sequence Controlled Calculator«. Unmittelbar nach Kriegsende wurde an der Universität von Pennsylvania ein neuer Computer (»ENIAC«) entwickelt, in dem das Relais als digitales und logisches Schaltelement durch die viel schnellere Elektronenröhre ersetzt wurde. Er arbeitete rund tausendmal schneller als sein elektromechanischer Vorgänger.

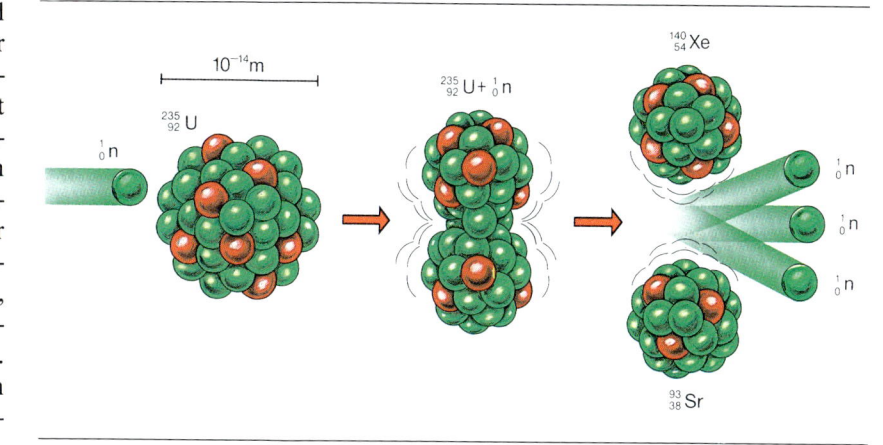

### Weitere Entwicklungen

Nach 1947 rückte das Tonbandgerät, das Radiosendungen sowie Stimmen und andere Geräusche mit einem Mikrofon aufnehmen konnte, in den Vordergrund. Im selben Jahr wurde von dem Elektrokonzern General Electric ein elektronischer Herd (Mikrowellenherd) vorgestellt, in dem tiefgefrorene Mahlzeiten innerhalb sehr

*Die Spaltung eines Uran-235-Kernes als Folge der Beschießung mit einem Neutron (n). Der Kern spaltet sich in zwei Kerne, wobei drei Neutronen frei werden. Das Freiwerden von Neutronen ist die Ursache für eine Kettenreaktion. Der Mechanismus der Atombombe beruht auf einer ungeregelten Kettenreaktion, während die friedliche Nutzung der Kernenergie auf einer geordneten Kettenreaktion beruht.*

*Der erste elektronische Computer wurde 1946 an der Universität von Pennsylvania (USA) entwickelt. Er hieß ENIAC (Electronic Numerical Integrator and Calculator) und basierte noch auf einem Zehnersystem. Er wurde ursprünglich für das US-amerikanische Heer gebaut, um im voraus die Bahn einer V2-Rakete berechnen zu können.*

## Radar

Radar – eine Kurzbezeichnung, die sich aus *Ra*dio *De*tection *a*nd *R*anging (Radio-Finden und -Orten) zusammensetzt – ist eine Technik des Funkmessens oder der Funkortung zur Erfassung und Ortsbestimmung von Gegenständen, z. B. Schiffen, Flugzeugen. 1925 wurde das Radar zum ersten Mal von Breit und Tuve in den USA zur Ionosphärenforschung angewandt. Die erste brauchbare Anlage, mit der Objekte bis zu einer Entfernung von 80 km nachgewiesen werden konnten, entwickelte 1935 der Brite Sir Robert Watson-Watt. In den USA wurde das System 1937 offiziell getestet. Radar wurde zunächst vorwiegend für militärische Zwecke eingesetzt, u. a. von der britischen Marine. 1940 waren an der britischen Küste überall Radarstationen eingerichtet, die im Luftkrieg entscheidende Bedeutung gewannen.

Radar funktioniert nach folgendem Prinzip: Ein leistungsstarker Sender (Leistung von einigen kW bis einigen MW) strahlt über eine Richtantenne Impulse von hoher Frequenz in die gewünschte Richtung aus. Diese Impulse werden von dem Meßgegenstand, je nach Eigenschaft verschieden stark, reflektiert, wieder von der Antenne des Radargeräts aufgenommen und dann einem Empfänger zugeführt. Nach Verstärkung erscheint der empfangene Impuls neben dem Sendeimpuls auf dem Schirm der Braunschen Röhre des Radarempfangsgeräts. Aus dem Abstand der beiden Impulse, der der Laufzeit des Impulses zwischen Radargerät und Meßobjekt proportional ist, kann man sofort die Entfernung angeben. Die Radarwellen sind sehr kurze elektromagnetische Wellen (Zentimeter- und Dezimeterwellen) und den Lichtwellen schon so ähnlich, daß die meisten Gesetze des Lichts (z. B. für die Ausbreitung) auch für sie gelten. Da Radar aber im Gegensatz zu den optischen Verfahren auch bei Nebel, Regen und Nacht eingesetzt werden kann, hatte es im Krieg und später auch für die zivile Flugsicherung eine sehr große Bedeutung. Besonders die Installierung von Radargeräten in Flugzeugen bis hin zur Entwicklung von Panoramaaufnahmen mit Hilfe von rotierenden Antennen vom Flugzeug aus ließen eine planmäßige Durchführung von Nachtbombenflügen zu.

*Ein Mittel, das Radar des Feindes auszuschalten, war das Abwerfen von Aluminiumstreifen aus großer Höhe. Auf dem Radarschirm erschien dann eine große Wolke, die das Lokalisieren von Flugzeugen unmöglich machte. Hier die Fabrikation solcher Streifen in einer britischen Fabrik während der Kriegszeit.*

In Friedenszeiten wurde das Radar später vor allem zur Sicherung des Luft- und Seeverkehrs (z. B. für die Blindlandung von Flugzeugen, die Überwachung von Flußeinfahrten für den Schiffsverkehr) und zur wissenschaftlichen Entfernungs- und Richtungsbestimmung unentbehrlich. Z. B. wurde mit Radar die Entfernung des Mondes von der Erde bestimmt.

kurzer Zeit erhitzt werden konnten. Zwischen den USA und Europa wurde zu jener Zeit der interkontinentale Funkverkehr aufgenommen. Dies inspirierte den damals noch unbekannten, britischen Science-Fiction-Autor Arthur C. Clarke zu der Voraussage, daß innerhalb weniger Jahre ständige interkontinentale Radio- und Telephonverbindungen über künstliche Satelliten bestehen würden.

N. BAAYENS

### Der Transistor

Unterdessen arbeiteten in den Forschungslaboratorien von Bell Telephone drei Wissenschaftler an der Entwicklung des Transistors. Er wurde erstmals 1948 beschrieben. 1956 erhielten die drei Forscher (Walter Brattain, William Shockley und John Bardeen) dafür den Nobelpreis für Physik. Der Transistor ist ein Bauelement aus Halbleitermaterial (hier Germanium), das zur Verstärkung elektrischer Signale dient. Germanium nimmt nach einer bestimmten Behandlung elektrische Eigenschaften an. Ein dünnes Scheibchen n-Germanium, mit Arsen oder Antimon verunreinigt, in Gestalt eines einfachen Kristalls, der auf beiden Seiten mit zwei dickeren Scheibchen p-Germanium (mit Indium oder Gallium verunreinigt) in Kontakt steht, besitzt Eigenschaften, die denen einer Trioden-Elektronenröhre vergleichbar sind. Mit Hilfe von zwei Hilfsspannungen (Emitter-Basis-Spannung und Kollektor-Basis-Spannung) gelingt es, kleine Basis-Stromschwankungen mit einer über zehnfachen Verstärkung in Kollektor-Stromschwankungen umzuwandeln. Der Transistor kann in vielen Fällen die Elektronenröhre ersetzen und hat die Vorteile eines geringeren Energieverbrauchs, einer längeren Lebensdauer und eines geringeren Gewichtes.

E. H. BLANKEN

## Neue Erkenntnisse in der Medizin

Chemische, biochemische und physikalische Hilfsmittel halfen den Forschern in den 40er Jahren, den menschlichen Organismus weiter zu erforschen. Karl Landsteiner (1930 hatte er bereits den Nobelpreis für die Entdeckung der Blutgruppen bekommen) entdeckte 1940 zusammen mit Alexander S. Wiener die sog. Rhesus-Blutfaktoren, die die Erscheinung der »gelben Babys« erklärten. Das Blut dieser Neugeborenen, die andere Rhesusfaktoren als ihre Mutter haben, wird durch Antikörper bereits im Mutterleib angegriffen. Das verursacht oft tödliche Störungen, äußerlich auch eine Gelbfärbung der Haut.
1934 gelang erstmals die Synthese eines wirksamen Heilmittels gegen die Malaria (Atebrin von Bayer/Leverkusen).
Bis 1948 mußten Kranke mit der gefürchteten perniziösen Anämie täglich große Mengen roher Leber verzehren. 1948 wurde fast gleichzeitig in Großbritannien und in den USA der für die Verdauung wichtige sog. »Extrinsic Factor«, das Vitamin $B_{12}$, isoliert. Bald gehörte dieses Vitamin zur Routine bei der Behandlung der perniziösen Anämie und nahm ihr alle Schrecken.
Auf dem Gebiet der Diagnostik wurde die Elektroenzephalographie ein wichtiges Hilfsmittel bei der Erkennung von Epilepsie und anderen Gehirnkrankheiten. Bereits vor dem ersten Weltkrieg wurden Röntgenbilder zur Diagnostik herangezogen, doch hielt sich ihre Anwendung bis zum Beginn des 2. Weltkrieges in Grenzen, da die zulässigen Dosierungen noch nicht hinreichend bekannt und die Techniken noch unvollkommen waren. Erst seit 1940 waren diese Voraussetzungen vorhanden.

## Wissenschaft und Technik 245

*Deutsche Forschung während der Kriegszeit: Professor Justi demonstriert ein Elektronenmikroskop (Februar 1943).*

Stoffwechselprodukte von Schimmelpilzen der Gattung Penicillium durch Alexander Fleming im Jahre 1928 war deshalb keine besondere Überraschung. Es dauerte jedoch noch bis zum Ende der 30er Jahre, bis H. W. Florey und seine Mitarbeiter in Oxford den Wirkstoff, das Penicillin, isolierten. Seit 1942 wird das anfangs ausschließlich in den USA produzierte Penicillin in immer größeren Mengen, heute auch teilsynthetisch, hergestellt. Auch aus anderen Mikroorganismen wurden antibakterielle Mittel isoliert und industriell gewonnen. Der amerikanische Biochemiker Selmon Abraham Waksman entdeckte 1944 das Streptomyzin, den ersten Stoff, der gegen Tuberkulose wirksam war. Leider wurden die Tuberkelbakterien rasch resistent gegen Streptomyzin.

Die Entwicklung neuer Antibiotika nahm zu. 1947 wurden Chloramphenikol und Polymyxin sowie 1948 Chlortetrazyklin und Neomyzin hergestellt. Die antibakteriellen Mittel verhinderten Infektionen, vor allem auch viele Komplikatio-

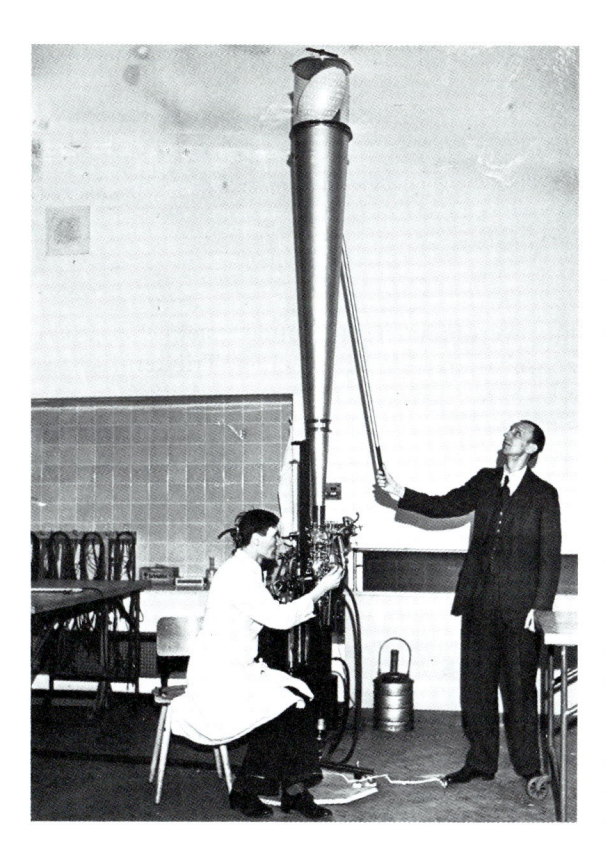

## Infektionskrankheiten

In den 40er Jahren wurden wichtige Schritte auf dem Weg zur Massenproduktion von Stoffen zurückgelegt, die Krankheiten erregende Bakterien töten (Bakterizide) oder im Wachstum hemmen (Bakteriostatika) können. Vor der Einführung dieser Substanzen starben noch rd. 30% aller Patienten, die an Lungenentzündung erkrankt waren, sowie etwa 95% der Patienten mit Herzmuskelentzündung. Nun wurden Todesfälle bei Lungenentzündung selten; 80% der an Herzmuskelentzündung Erkrankten überlebten.

Die antibakteriellen Mittel, die in dieser Periode entwickelt wurden, teilen sich in zwei Gruppen: in die chemisch-synthetischen Mittel oder Chemotherapeutika und in die u.a. von Schimmelpilzen (z.B. Penicillium) produzierten Stoffe oder Antibiotika. Den ersten Schritt auf dem Weg zur Entwicklung der Chemotherapeutika machte 1935 der deutsche Wissenschaftler Gerhard Domagk. Er entdeckte die antibakterielle Wirkung der Sulfonamide. Die Wirkungsweise der Sulfonamide, die zuerst fälschlich mit der Stärkung der körpereigenen Abwehr erklärt wurde, erhellte sich, als der Amerikaner D. D. Woods 1940 die sog. Konkurrenzhypothese aufstellte. Danach ähneln Sulfonamide weitgehend gewissen Stoffen, die bestimmte Bakterien während ihres Wachstums aus der Umgebung aufnehmen müssen. Werden statt dessen Sulfonamide konkurrierend aufgenommen, muß das Bakterienwachstum aufhören.

Louis Pasteur hatte schon 1877 anhand von Versuchen mit Milzbrandbakterien erkannt, daß manche Mikroorganismen das Wachstum der Bakterien in einer Kultur hemmen können. Die Entdeckung der sog. antibiotischen Wirkung der

**DDT – Möglichkeiten und Risiken**

Dichlor-diphenyl-trichlorethan (DDT) wurde bereits 1874 von dem deutschen Chemiker Zeidler erstmals synthetisiert. Entdeckt wurde die insektenvernichtende Wirkung jedoch erst 1939 durch den Schweizer Paul Müller, der dafür 1948 den Nobelpreis für Medizin erhielt. DDT ist ein wirksames Berührungsgift (Kontaktgift) für Insekten aller Art. Es dringt durch die Insektenhaut, schädigt das Nervensystem und führt nach Krämpfen durch Lähmung zum Tode. Für zahlreiche Schadinsekten wirkt es auch als Atem- und Fraßgift, so bei den Krankheitsüberträgern von Malaria, Schlafkrankheit, Fleckfieber u.a. Schon während des 2. Weltkrieges stellten die USA große Mengen DDT her. Durch umfangreiche DDT-Anwendung konnten die Alliierten die Ungezieferplage und die Ausbreitung von Epidemien weitgehend verhüten. Bei Kriegsende war man in Italien bei der Bekämpfung des durch Läuse übertragenen Fleckfiebers mit DDT sehr erfolgreich. Größtes Problem bei der Anwendung von DDT ist die große Beständigkeit der Verbindung. DDT wird sehr langsam abgebaut (nach über 40 Jahren), reichert sich durch die natürlichen Nahrungskreisläufe in der Nahrungskette, insbesondere im Fettgewebe, an und führt damit auch zu einer Gesundheitsbelastung für den Menschen. Ein weiteres, bereits früh erkanntes Problem ist die Resistenzentfaltung bei Insekten durch zu häufige Anwendung von DDT. Bereits 1952 wurden in den USA unter DDT-Einwirkung Fliegenstämme gezüchtet, die das 500fache der tödlichen Anfangsdosis von DDT überlebten. Heute wird die Anwendung von DDT in den EG-Ländern nur noch in bestimmten Fällen gestattet. Beim Malariaprogramm der WHO spielte es in den 50er und 60er Jahren bis zur Entwicklung der Resistenzen eine bedeutende Rolle. Seitdem konnte sich die Malaria wieder stark verbreiten.

*Die neuen Methoden hatten auch Nachteile. Hier versprüht ein Flugzeug DDT als Maßnahme gegen Cholera über der Athener Innenstadt (1947). Die schädlichen Nebenwirkungen des Mittels waren noch nicht bekannt.*

*Vitamin-C-Lager in einer britischen pharmazeutischen Fabrik (1944). Jede Flasche enthält soviel Vitamin C wie 100 000 Apfelsinen.*

*Neue Anwendung der Fernsehtechnik: im Operationssaal der Universitätsklinik Leiden wird im Februar 1949 eine Operation durch Fernsehen in die Hörsäle übertragen.*

nen bei und nach Operationen, wie Lungenentzündung, Brust- und Bauchfellentzündung und Knochenentzündungen.

Außer auf dem Gebiet der Antibiotika erzielte man auch auf dem Gebiet der Impfstoffe gute Resultate. Während des 2. Weltkrieges hatte die Immunisierung mit Tetanus-Antiserum großen Erfolg bei den amerikanischen Streitkräften, bei denen kaum noch Todesfälle durch Wundstarrkrampf vorkamen. In Australien fand man heraus, daß eine Rötelinfektion, gleichfalls eine Viruserkrankung, im zweiten und dritten Schwangerschaftsmonat die Ursache für angeborene Mißbildungen des Kindes sein kann und entwickelte einen wirksamen Impfstoff. Ferner gewann man seit 1944 Seren gegen die verschiedenen Grippearten, die vorerst jedoch nur beschränkt wirksam waren.

### Operationen

Die Abnahme der Sterblichkeit nach großen Operationen war nicht ausschließlich der Anwendung antibakterieller Stoffe zu verdanken. Auch neue Verfahren auf dem Gebiet der Blutstillung, sterile Operationstechniken und neue Formen der Anästhesie spielten dabei eine Rolle. In den 40er Jahren entdeckte man z. B. die entscheidende Bedeutung umfangreicher Bluttransfusionen während und nach Operationen. Es wurden rascher wirkende und mehr Antigerinnungsmittel verabreicht, die die Zahl der Todesfälle infolge von Blutgerinnseln (z. B. Lungenembolie) senkten. Auch die Möglichkeiten der Infusion wurden erweitert. Außer lebensnotwendigen Salzen, Kohlenhydraten und Vitaminen konnte man nun auch Eiweißbausteine, die Aminosäuren, durch Infusion verabreichen. 1946 erkannte man die Notwendigkeit, Kaliumsalze in der Infusionsflüssigkeit zuzusetzen, die die Herztätigkeit verbesserten. Die Möglichkeiten chirurgischer Eingriffe im Brustkorbbereich wurden durch neue Operationstechniken bei angeborenen Herzfehlern und verengten Lungenschlagadern erweitert.

Zusätzlich führten die komplizierten Verstümmelungen der vielen Kriegsverwundeten zu einer Fortentwicklung der Unfallchirurgie.

DRS. J. M. KEPPEL HESSELINK

## Die Begründung der Kybernetik

In einem posthum publizierten Gespräch äußerte Martin Heidegger im Jahre 1966 die Überzeugung, Philosophie bisherigen Stils ginge jetzt zu Ende und an ihre Stelle träte die Kybernetik (»SPIEGEL« 23/1976). Aus heutiger Sicht ist man geneigt, ihre Bedeutung etwas geringer einzuschätzen. Sicher aber ist sie ein bestimmender Bestandteil unseres modernen wissenschaftlichen Weltbildes. Möglicherweise wird man, beispielsweise im Zusammenhang mit dem voraussehbaren Aufkommen der maschinellen Intelligenz, ihre Bedeutung dereinst wieder höher einschätzen.

Doch – was ist denn »Kybernetik« und wie begann sie?

Die Kybernetik sucht wirkungsvolle Methoden zum Verständnis komplizierter Systeme im technischen, biologischen, sozialen, wirtschaftlichen und politischen Bereich, wobei die »Information« eine beherrschende Rolle spielt. Kennzeichnend hierfür sind Titel und Untertitel von Norbert Wieners 1948 erstmalig erschienenem Buch *KYBERNETIK – Regelung und Nachrichtenübertragung im Lebewesen und in der Maschine*.

Das Wort »Kybernetik« ist vom griechischen »kybernetes« (Steuermann) abgeleitet. Es wurde schon 1834 von Ampère in seinem *Essai sur la philosophie des sciences* für die Verfahren des Regierens benutzt. In seiner heutigen Bedeutung wurde es vor allem durch Norbert Wieners Buch bekannt.

Die Methoden der Kybernetik ähneln vielfach denen der theoretischen Physik, vor allem durch die Verwendung mathematischer Methoden und grafisch darstellbarer Strukturen. Aber sie unterscheiden sich von ihnen in einem wesentlichen Punkt: Die klassische theoretische Physik arbeitet nur mit den zwei Kategorien Materie und Energie. Die Kybernetik fügte diesen die Information als dritte Kategorie unseres Weltverständnisses hinzu.

Solange man sich auf ausschließlich technische Systeme beschränkt, ist der neue Begriff »Kybernetik« eigentlich unnötig, weil die als »kybernetisch« bezeichneten Methoden identisch sind mit den Methoden, die sich in der Technik und Physik längst durchgesetzt haben.

Sobald man jedoch kybernetische Methoden auf nichttechnische Systeme, insbesondere biologische Systeme, anwendet, unterscheidet sich das kybernetische Vorgehen wesentlich vom traditionellen Vorgehen. An die Stelle der hauptsächlich verbalen Darstellung tritt – wo immer möglich – das Diagramm, die Formel. Die Kybernetik macht auch gern Gebrauch von technischen Modellen, die sich in den als wesentlich angesehenen Eigenschaften wie das zu beschreibende (z. B. biologische) System verhalten.

Zweifellos besitzt die verbale Beschreibung die größte Flexibilität. Die Beschreibung durch Modelle hat zwar eine geringere Flexibilität, dafür jedoch eine durch die Methode bewirkte Festigung des Wahrheitsgehalts: Man kann z.B. leicht sagen, ein Körper bewege sich anders, als es nach den Gesetzen der Mechanik sein müßte, man kann auch eine nach den mechanischen Gesetzen unmögliche Bewegung mathematisch beschreiben – aber man kann kein Funktionsmodell bauen, das gegen die Gesetze der Mechanik verstößt. Mit dem Bau von Modellen nähert man sich der Außenwelt und ihren Phänomenen. Man distanziert sich nicht von ihnen, wie es bei der verbalen Beschreibung durch die unvermeidbare Abstraktion bei der Begriffsbildung der Fall ist. Die Anwendung der Modelle trägt auch weiter als die mathematische Beschreibung. So kann man mit Analog-Rechnern (die geradezu der Prototyp der Modellmethodik sind) Probleme »lösen«, die uns in ihrer mathematischen Formulierung undurchschaubar bleiben.

In welch technikfernen Bereichen kybernetische Methoden gegenwärtig benutzt werden, mögen drei Bücher zeigen:

Karl W. Deutsch publizierte das Buch *Politische Kybernetik*, in dessen drittem Teil z. B. »Kommunikationsmodelle und politische Entscheidungssysteme« untersucht werden. Helmar Frank gab 1962 ein Sammelwerk mit dem Titel *Kybernetik – Brücke zwischen den Wissenschaften* heraus, das vor allem die überfakultative Bedeutung der Kybernetik erkennen ließ. Horst Sacher publizierte das Buch *Regulierungspsychologie*, in dem er zahlreiche psychische Vorgänge auf Regelungen zurückführte. Die umstrittene Spitze der Kybernetik ist die Modellierbarkeit psychischer Sachverhalte. Hierzu möchte ich meine Position durch zwei sich scheinbar widersprechende Aussagen kennzeichnen: Einerseits schrieb ich in dem 1961 erstmalig erschienenen Buch *Automat und Mensch*: »Auf gar keinen Fall scheint es mir wahrscheinlich oder gar bewiesen, daß zur Erklärung geistiger Vorgänge irgendwelche Voraussetzungen gemacht werden müssen, welche über die normale Physik hinausgehen.« Trotz vieler Widersprüche bin ich auch heute noch dieser Meinung. Andererseits verwies ich wiederholt auf die »informationelle Unzulänglichkeit des Menschen«: Das Bewußtsein des Menschen ist unzureichend zum Verständnis seiner komplizierten Welt und vor allem zum Verständnis seiner eigenen Funktion.

Eine wichtige Feststellung der Kybernetik – die Universalität des Regelungsprinzips – hatte schon vor Norbert Wiener im Jahre 1941 Hermann Schmidt in Berlin gemacht. Aber trotzdem bezeichnet man Wiener allgemein als den »Vater der Kybernetik«: Er hat dieser ganzen wissenschaftlichen Entwicklung einen prägnanten Namen gegeben, und man sollte die Bedeutung der Namensgebung nicht unterschätzen.

Norbert Wiener lebte von 1894 bis 1964 und lehrte lange Zeit als Mathematiker an der Columbia University, zeitweise auch am Massachussets Institute of Technology. Sein Interesse an dem, was er später »Kybernetik« nannte, entstand wohl aus der Teilnahme an einer interfakultativen Diskussionsreihe, die Arturo Rosenblueth, dem er das Buch *Kybernetik* gewidmet hat, an der Harvard University veranstaltet hatte. Im Zweiten Weltkrieg arbeiteten Rosenblueth und Wiener gemeinsam an der Theorie der Flugabwehr: Um ein feindliches Flugzeug zu treffen, muß man vorausbestimmen, wo es voraussichtlich nach der Flugzeit des Abwehrgeschosses sein wird. Dabei kam Wiener auf die Voraussage von Vorgängen, die zugleich technisch und psychisch bestimmt sind. Das Buch *Kybernetik* schrieb er auf Grund einer Einladung des Mexikaners M. Freymann für das Pariser Verlagshaus Hermann & Co. Es wurde ein Bestseller.

PROF. DR. KARL STEINBUCH

*Norbert Wiener*

*Der Computer Harvard Mark I.*

## 37. Die Politik der Besatzer

»Am freiesten lebte man in der englischen Zone, am besten in der amerikanischen, am gefährlichsten in der russischen.« So hat der Autor Hans Werner Richter den Alltag im besetzten Deutschland beschrieben. Überhaupt ist der Begriff »Besatzungspolitik« irreführend. Er unterstellt, daß es – wenn nicht eine – so doch mehrere deutlich beschreibbare Politiken der Alliierten für die Zeit der Besatzung gegeben habe. Heute wissen wir, daß die drei Westmächte auch ein anderes Ziel hatten: Wie kann man den Kommunismus aufhalten? Die Russen wollten natürlich das Gegenteil. Schon während des Krieges wußten führende Militärs wie der englische Feldmarschall Lord Alanbrooke, daß der Gegner, den man gerade beschoß, bald ein Verbündeter sein könne. Und während der Amerikaner Roosevelt noch die bedingungslose Kapitulation forderte, spekulierte der Engländer Churchill über eine Front mit den Deutschen – gegen Rußland. Aus Front wurde am Ende eiserner Vorhang und kalter Krieg. Daß Amerikaner und Engländer einen gemeinsamen Feind hatten, war aber zumindest für die Westdeutschen das Beste, was ihnen passieren konnte.

## 38. Guter Nazi – böser Nazi

Was war der Nationalsozialismus? Für die Engländer war er eine Krankheit, von der man den Volkskörper kurieren mußte, für die Franzosen steckte der preußische Militarismus dahinter, für die Russen war er das letzte Stadium des Imperialismus, die Amerikaner wußten nicht so recht, was er war – nur demokratisch war er nicht.
Demokratie sollten die Deutschen aber lernen. Allein, die Alliierten waren schon damit überfordert festzustellen, wie »undemokratisch« der einzelne denn war. Der »Fragebogen« konnte Schuld und Strafe nur formal erfassen – und damit gar nicht. Wie viele waren nur Mitglied einer Nazi-Organisation gewesen, damit sie nicht behelligt wurden, und wie viele konnten es sich leisten, nicht Mitglied der Partei zu sein, weil sie mit Geld oder Gesten genug für die Nazis taten!
Die »Säuberungsgesetze« der Alliierten liefen ihrem moralischen Anspruch hinterher. Es gab Nazis, die man brauchte, und Nazis, die man nicht brauchte. Wer nicht auf diese Weise zu einer weißen Weste kam, der schaffte es vielleicht mit einem »Persilschein«, man oft auch für Geld und Gegenleistung erwarb.

**37. Amerikanische Besatzungspolitik**
a) J. F. Byrnes
b) L. D. Clay
c) G. Marshall
d) G. Marshall
e) L. D. Clay

**38. Entnazifizierung**
a) Reportage
b) Reportage
c) C. Lafolette

## 39. Kriegs- oder Friedenswirtschaft?

Wäre es nach den Plänen des amerikanischen Finanzministers Henry Morgenthau gegangen, dann würden in Deutschland heute keine Schlote qualmen, weder im Osten noch im Westen. Kühe würden grasen im Ruhrgebiet – Deutschland wäre ein Agrarstaat. Doch es ging nicht nach den Plänen von Henry Morgenthau. Die Alliierten hatten die Industrieproduktion der Deutschen nach dem Krieg zunächst auf höchstens 55 Prozent derjenigen des Jahres 1938 begrenzen wollen. Doch sie merkten bald, welche unerfüllbare Verpflichtung sie sich damit aufgebürdet hätten. Der nahezu vollständige Abbau der Stahlproduktion hätte eben nicht nur die »Kriegswirtschaft« verhindert, sondern auch die »Friedenswirtschaft« behindert. Stahl braucht man nicht nur zur Fertigung von Panzern, sondern auch zum Bau von Häusern, Schulen und Maschinen. Wer aber hätte die obdachlosen und hungernden Deutschen behausen und ernähren wollen?
Von den ursprünglich zur Demontage vorgesehenen Werken sind in den Westzonen weniger als 50 Prozent wirklich abgebaut worden. Doch jeder, der dadurch seinen Arbeitsplatz verlor, stand vor neuerlicher Not.

## 40. Hunger, Kälte, Trümmer

Wenn mehr als neun Zehntel der Bevölkerung hungern, gilt Diebstahl nicht mehr als Verbrechen. »Fringsen« nannte man das Stehlen von Rüben und Kohlen, nachdem der Kölner Kardinal Frings für diese läßlichen Sünden eine Art Generalabsolution erteilt hatte. Deutschland nach dem Krieg: Städte und Dörfer liegen in Trümmern. Eine starke Hand, die aufräumen könnte, gibt es selten. Die meisten Männer sind im Krieg gefallen oder in Gefangenschaft; wer zu Hause ist, hungert und möchte verzweifeln angesichts des Ausmaßes der Zerstörung. Aus dem Osten kommen bis 1948 etwa 15 Millionen Flüchtlinge, vertrieben von dem Land, das sie bis dahin ernährt hat. Auf dem Trümmerfeld, das von Deutschland geblieben ist, leben über zehn Millionen Menschen mehr als vor dem Krieg.
Hunderttausende, die den Krieg überlebt hatten, starben im Winter 1946/47 an seinen Spätfolgen, erfroren, verhungerten. Unvorstellbar in diesem Augenblick, daß aus den Ruinen wieder neues Leben wachsen sollte. Wen wundert es, daß viele Deutsche diesen Frieden schlimmer fanden als den Krieg?

**39. Demontage**
a) E. Nölting
b) B. Robertson
c) G. Klingelhöfer
d) K. Schumacher

**40. Hunger, Kälte, Trümmer**
a) H. Wolters
b) Berliner Trümmerfrauen
c) E. Reuter

## 41. Wege aus der Not

Politik geht durch den Magen. – So wie der spätere CIA-Chef Allan Dulles wußten 1946 einige wichtige Amerikaner, daß derjenige die Sympathie der Deutschen erringen werde, der ihnen Brot und Arbeit gebe. Im Juni 1947 verkündete der amerikanische Außenminister George C. Marshall das »European Recovery Programm« (ERP), in das auch Deutschland eingeschlossen sein sollte. Den Deutschen erschien das später wie ein Glücksfall der Geschichte, denn im Land herrschten noch immer Hunger und Not.
Wer etwas zu tauschen hatte, ging damit auf den Schwarzen Markt; bezahlen konnte die Preise für Butter, Schuhe, Mäntel kaum jemand. Sie überstiegen das Wocheneinkommen eines Industriearbeiters um das Zehn-, Zwanzig-, ja Vierzigfache.
Die Sympathie, die die Amerikaner für ihre Hilfe ernteten, war in der Tat mit jenen 15 Milliarden Mark nicht aufzuwiegen, die sie der Marshall-Plan und sonstige Wirtschaftshilfe gekostet haben. Das Care-Paket wurde zudem zum Symbol für private, unbürokratische, menschliche Solidarität.

## 42. Olympia überlebt

London 1948. Die Stadt war im Krieg durch Bomben schwer zerstört worden. Immer noch gab es viele obdachlose Familien, und oft fehlten für den Wiederaufbau der Häuser Geld, Material und Transportfahrzeuge. Lebensmittel waren streng rationiert, Menschen hungerten.
Angesichts dieser Not Olympische Spiele auszutragen, war ein organisatorisches Wagnis und ein politischer Balanceakt zugleich. An neue Sportstätten war nicht zu denken, Material, das man zur Reparatur einer Halle verbrauchte, fehlte für die Wohnungen nebenan. Und wovon wollte man die Sportler ernähren?
Es spricht für die Vitalität der Olympischen Idee, daß die Engländer die Ausrichtung der Spiele in dieser schweren Zeit mit aller Energie betrieben. Trotzdem hätten sie ohne die Mithilfe der 58 Teilnehmerländer nur im Fiasko enden können, ohne ihre Bereitschaft, sich beim Wettkampf wie in der Unterbringung mit Provisorien zu bescheiden und ohne ihre aktive Hilfe: Mehr als die Hälfte der teilnehmenden Nationen brachte die Verpflegung selber mit.

**41. Schwarzer Markt**
a) Reportage Duisburg
b) Reportage Bremen
c) Reportage Köln
d) Reportage Köln

**42. Sport II**
a) Reportage E. Mahringer
b) George VI.
c) Reportage Entzündung des Olympischen Feuers
d) Reportage H. Dillard
e) Reportage F. Blankers-Koen
f) Reportage B. Harlan

**37. Amerikanische Besatzungspolitik**
Sitzung des Alliierten Viermächte-Kontrollrats in Berlin 1948. Links die französische Delegation, rechts die amerikanische, in der Mitte die englische, vorn die sowjetische.

**38. Entnazifizierung**
Winifred Wagner, Freundin und Vertraute Hitlers, die Leiterin der Bayreuther Festspiele, vor dem Ausschuß.

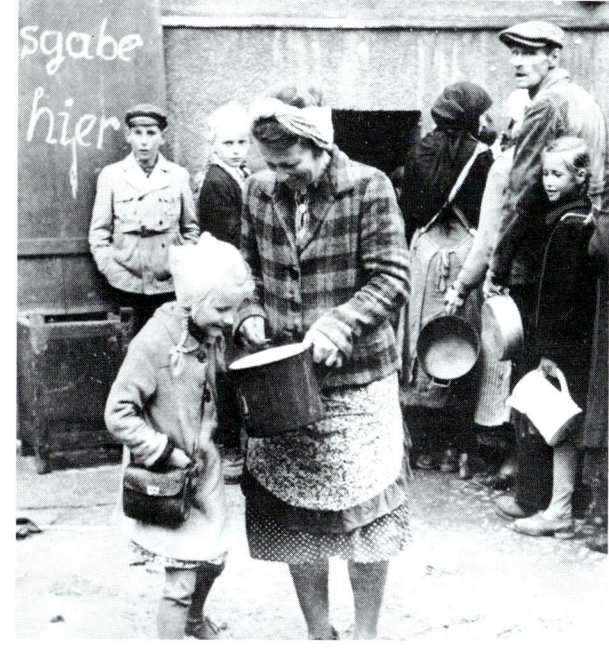

**39. Demontage**
Schätzungsweise 22% des Industriepotentials von 1945 wurden in den Westzonen abtransportiert oder vernichtet. Protest der Bevölkerung blieb nicht aus.

**40. Hunger, Kälte, Trümmer**
Schlangestehen für eine warme Mahlzeit, in Berlin wie anderswo.

**41. Schwarzer Markt**
Das wichtigste Zahlungsmittel während der Inflationsjahre 1945–1948: Zigaretten

**42. Sport II**
Fanny Blankers-Koen während der Olympischen Spiele 1948.

## Wissenschaft und Technik

**Verkehrsunfälle in den 40er Jahren**

- 29. 1. 1940 In der Nähe der japanischen Stadt Osaka stoßen zwei Züge zusammen: 200 Tote und zahlreiche Verletzte.
- 13. 12. 1940 Ein Schiff mit bulgarischen jüdischen Flüchtlingen geht im Marmarameer unter: 200 Tote.
- 16. 6. 1941 Ein US-amerikanisches U-Boot taucht nach einer Testfahrt nicht mehr auf: 33 Tote.
- 2. 10. 1942 Der britische Kreuzer »Curaçao« wird vor der Westküste Großbritanniens von der »Queen Mary« gerammt: 338 Tote.
- 6. 9. 1943 Ein Schnellzug entgleist bei Philadelphia (USA): 80 Tote.
- 16. 1. 1944 Zugunglück in einem Eisenbahntunnel in der spanischen Provinz León: rd. 800 Tote.
- 14. 4. 1944 Ein Schiff mit einer Ladung Munition explodiert in Bombay (Indien): 1500 Tote.
- 1. 2. 1945 In der Nähe der mexikanischen Stadt Cazadero stoßen ein Güterzug und ein Personenzug zusammen: 100 Tote.
- 28. 7. 1945 Ein B-25-Bombenflugzeug der US-amerikanischen Luftwaffe prallt in New York gegen das Empire State Building: 14 Tote.
- 23. 8. 1945 Ein US-amerikanisches B-24-Bombenflugzeug stürzt auf eine Schule in Freckelton (Großbritannien): 76 Tote.
- 20. 8. 1946 In der Nähe von Aracaju (Brasilien) entgleist ein Personenzug: 185 Tote.
- 14. 11. 1946 Eine Douglas Dakota des Liniendienstes London – Amsterdam der KLM stürzt auf dem Amsterdamer Flughafen Schiphol ab: 26 Tote.
- 25. 12. 1946 Drei chinesische Transportflugzeuge verunglücken in der Nähe von Schanghai (China) in dichtem Nebel: 71 Tote.
- 19. 1. 1947 Das griechische Dampfschiff »Himara« läuft in der Nähe von Athen (Griechenland) auf eine Mine auf und sinkt: 392 Tote.
- 26. 1. 1947 Unmittelbar nach ihrem Start auf dem Flugplatz Kastrup bei Kopenhagen verunglückt eine Douglas Dakota der niederländischen Fluggesellschaft KLM: 22 Tote.
- 15. 2. 1947 Eine Douglas DC 4 der Fluggesellschaft Avianca fliegt in der Nähe von Bogotá (Columbien) gegen einen Berg: 53 Tote.
- 8. 3. 1947 Eine Douglas Dakota der niederländischen Luftwaffe verunglückt in der Nähe von Bandung (Java): 26 Tote.
- 30. 5. 1947 Eine Douglas DC 4 der Fluggesellschaft Eastern Airlines stürzt in der Nähe von Fort Deposit (Maryland, USA) ab: 53 Tote.
- 17. 7. 1947 Das indische Küstenfahrzeug »Ramdas« sinkt während eines Sturms im Hafen von Bombay: rd. 570 Tote.
- 24. 10. 1947 Eine Douglas DC 4 der Fluggesellschaft United Air Lines stürzt in der Nähe von Bruce Canyon (Utah, USA) ab: 52 Tote.
- 28. 1. 1948 Das japanische Frachtschiff »Joo Maru« läuft im Japanischen Meer auf eine Mine und sinkt: 250 Tote.
- 21. 10. 1948 In der Nähe des Flugplatzes Prestwick südlich von Glasgow stürzt die Lockheed-Constellation »Nijmegen« der Fluggesellschaft KLM nach einem Zusammenstoß mit einem Hochspannungskabel brennend ab: 40 Tote.
- 27. 1. 1949 Bei Schanghai kollidiert das Passagierschiff »Taiping« mit dem Frachter »Kienjuan«: 600 Tote.
- 9. 5. 1949 Eine Douglas DC 4 der Fluggesellschaft United Air Lines verunglückt während des Startes auf dem New Yorker Flughafen La Guardia: 43 Tote.
- 17. 9. 1949 In Toronto (Canada) bricht auf dem kanadischen Schiff »Noronic« ein Brand aus: 138 Tote.
- 22. 10. 1949 Der Schnellzug Danzig–Warschau entgleist bei Nowy Dwor (Tiegenhof): 200 Tote.

# 6. Kunst und Kultur

## Kunst als Propaganda im Dritten Reich

Die Erkenntnis der Wesentlichkeit der Kultur für das Wohlergehen eines Volkes, einer Nation, eines Staates und seiner Bevölkerung hat seit Ende des 19. Jahrhunderts zu einer Politisierung all dessen geführt, was sich unter den Begriff Kultur einordnen läßt. Die private oder offiziöse Bekümmerung um die Kultur wurde von der offiziellen *Kulturpolitik* der interessierten Regimes, und so auch des nationalsozialistischen, überlagert.

Allgemein wird unter Kulturpolitik zum einen die Förderung der Kultur bzw. der Künste als wesentlicher Teil einer Kulturnation verstanden, zum anderen die Bemühung des Staates um die soziale Situation der Künstler, einschließlich ihrer Erziehung und Ausbildung. Dabei geht es im Prinzip um Erhaltung und Weiterentwicklung des Kulturguts bzw. der Künste, nicht aber um die Festlegung jener Wertbestimmungen, die sich schlechthin als »Geschmack« bezeichnet finden, oder das Eingreifen in sie. Seit den Zeiten der Aufklärung wurde immer wieder darum gekämpft, sowohl die schöpferische Freiheit des Künstlers als auch die ästhetische Freiheit der Kunstempfangenden, des Publikums, unangetastet zu lassen, kurzum keine Zensur von welcher Instanz auch immer – dem Staat, der Kirche, der Gerichtsbarkeit oder der Polizei – zuzulassen.

Stets sind es herrschende *Ideologiesysteme*, die das kulturpolitische Geschehen leiten und, allgemein gesprochen, sowohl Produktion, Distribution und Konsumtion der Künste – ob Literatur, Musik, Theater oder Malerei – beeinflussen, als auch das Verhalten der Mitglieder der Gesellschaft orientieren.

Ohne uns in Schattierungen zu verlieren, kennen wir – in großen Zügen – zwei grundlegende, voneinander unterschiedliche, Geist, Kultur und Kunst beeinflussende und handhabende ideologische Systeme. Auf der einen Seite steht das *liberale System*. Bei diesem auch als sozialer Rechtsstaat oder Demokratie bezeichneten System stehen die Künste unter dem Schutz freiheitlicher Grundrechte. Ihren Herstellern steht das ungehinderte Recht der Vermittlung und ihren Konsumenten das ungehinderte Recht des Empfangs zu; darin einbegriffen sind Teilnahme, Diskussion und öffentliche Kritik. Eine Kontrolle über den Zutritt zu den Künsten findet im Prinzip ebensowenig statt wie eine solche über die bevorzugte Behandlung bei der Verteilung. Die Institutionen des Systems sind als Garanten der angeführten Rechte gehalten, Kontrollen zu verhindern.

Anders ist es im *autoritären System*. Hier werden die Künste als Teil der gesamten Maschinerie angesehen, mit der eine Minorität eine Gesellschaft beherrscht und regiert. Es werden ihnen Ideen, Empfehlungen und Geisteshaltungen der herrschenden Gruppe einverleibt; Alternativen sind ausgeschlossen; indirekte Kontrolle wird durch Zensur-, Verwaltungs- und/oder Verbotseinrichtungen zur direkten Kontrolle. Charakteristisch für dieses System sind demnach Sicherung, Aufrechterhaltung sowie Verbreitung einer sich auf Minoritätenherrschaft gründenden sozial-kulturellen Ordnung. Diesem für das »Dritte Reich« typischen autoritären System wird willfährig ein »Gewissen« zugesprochen. Das führt dazu, daß in die Künste Wertgehalte und Ziele aufgenommen werden, von denen die Minorität annimmt,

*Kulturkrieg S. 65–8*

»Vertreter aus 18 Ländern besuchen den berühmten Bildhauer Arno Breker in seinem Atelier«, so lautet die zeitgenössische Beschriftung dieser Aufnahme aus dem Jahr 1942.

**252 Kunst und Kultur**

*Verherrlichung von »Blut und Boden«: »Arbeitsmädchen« von Leopold Schmutzler und »Bergbauernfamilie« von Rudolf Otto.*

*Propaganda I
S. 89–17*

*Propaganda II
S. 89–18*

daß sie der Majorität der Gesellschaft dienlich sind. Auch das verlangt nach direkten und indirekten Kontrollmaßnahmen, die letztlich damit begründet werden, daß Individuen und Gruppen in ihrem eigenen sowie im öffentlichen Interesse des Schutzes gegenüber gewissen Ideen- und Kunstäußerungen bedürfen, die für sie schädlich sein könnten.

So skizzenhaft diese Aufzeichnung auch bleiben muß, kann sie immerhin verdeutlichen, unter welchem Zeichen geistige und künstlerische Schöpfungen im autoritären nationalsozialistischen Regime gestanden haben. So bedurfte es denn auch entsprechender *Maßnahmen*, sowohl um Kunst und Kunstleben in die gewünschten ideologischen Bahnen zu lenken, als auch um fürsorglich dem angeblichen Schutzbedürfnis der Bevölkerung zu genügen.

Mit der zweiten Absicht wurde man sehr schnell fertig, indem ohne Rücksicht auf ästhetische Orientierungen alles, was bei dieser oder jener Kunstform von Herkunft, Inhalt oder Stil für die Majorität der Bevölkerung von den Machthabern als zu ideologie- und/oder gesellschaftskritisch, zu verderblich, kurzum als »entartet« bestimmt wurde, von der Bildfläche, den Augen und Ohren zu verschwinden hatte.

Für die Lenkung von Kunst und Kunstleben in die gewünschten ideologischen Bahnen bedurfte es indessen weitaus durchgreifenderer Lenkungs- und Kontrollmaßnahmen. Sie wurden im Rahmen der am 15. 11. 1933 errichteten Reichskulturkammer ein- und durchgeführt.

Die einzelnen Zweige der Reichskulturkammer – Reichsschrifttums-, Reichspresse-, Reichsrundfunk-, Reichstheater-, Reichsmusik-, Reichsfilmkammer und Reichskammer der bildenden Künste – wurden in das Ressort des am 13. 3. 1933 errichteten *Reichsministerium für Volksaufklärung und Propaganda* eingebracht. Es stand unter der Leitung des Reichsministers Dr. Paul Joseph Goebbels, der bereits seit 1929 die Stelle des Reichspropagandaleiters der NSDAP bekleidete. Die Übernahme von Aufgaben aus dem kulturellen bzw. künstlerischen Bereich in die Kompetenz eines der »Volksaufklärung und Propaganda« dienenden Ministeriums hatte schon vor der Etablierung dieser Regierungsbehörde zu Kompetenzstreitigkeiten geführt. Was, so wurde von Kunstausübenden und Kunstbeflissenen gefragt, haben Kultur und Kunst bei Volksaufklärung und Propaganda zu suchen? Dieser allen überlieferten populären und wissenschaftlichen Auffassungen entgegenstehenden Beziehungslosigkeit war man sich von seiten des Regimes vollauf bewußt. Daher rühren denn auch die zahllosen Aussprüche des meisterlich seine diktatorischen Befugnisse handhabenden Dr. Goebbels und seiner eifrigen Mitarbeiter, durch die die wahre Absicht, umfassend und überall das gesamte kulturelle Leben der Nation unter Kontrolle zu halten, verdeckt wurde. Man wolle die künstlerisch-kulturelle Entwicklung fördern, so wurde verkündet; Gesinnungsriecherei vom Platz verweisen; auf allen Gebieten der deutschen Kunst und Kultur Schutzpatron sein; Ba-

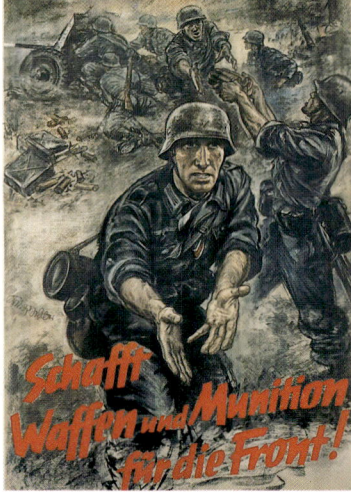

*NS-Propagandaplakate im Krieg.*

nausentum und reaktionären Rückschritt beseitigen; gesinnungs- und geschäftstüchtigen Nichtskönnern Einhalt gebieten; das künstlerische Schaffen sich im Rahmen des nationalen bzw. völkischen Freiheitsbegriffs vollziehen lassen; die schöpferischen Kräfte der deutschen Nation freilegen usw., auf daß sie am Baum eines neuerstandenen Volkstums reiche Früchte tragen.
Von dem bedenkenlosen Vorhaben, die Künste für die Ziele des totalitären Systems einzusetzen, ihre Unabhängigkeit einzuschränken, bewußt politische Lenkung von Kultur zu bewerkstelligen, kurzum Kunst und Kunstleben zu *dirigieren* und nicht etwa nur zu organisieren, war nie offen die Rede. Mittels eines wohl durchdachten Dirigismus – in seinen theoretischen Fundamenten der Steuerung der Volksmassen in der Sowjetunion durch Agitation und Propaganda (Agitprop) ähnlich – wurden zwei der wesentlichsten sozialpsychologischen Funktionen der Künste entweder beseitigt, unterdrückt oder umgestaltet. Einerseits die *ästhetischen* Funktionen, durch die Produzent und Konsument über das künstlerische Material, über Form und Inhalt hin zueinander gebracht werden; andererseits die *sozialen* Funktionen, die die Beziehungen herstellen zwischen Personen, Ideen und kulturellen Verhaltensmustern. Mit den Mitteln eines von Propaganda unterstützten, kontrollierenden Dirigismus wurde das sich auf diese Funktionen stützende bzw. durch sie hervorgerufene *Kunsterlebnis* – handle es sich um ein Individual-, Kollektiv-, Symbol-, Wert- oder Beiläufigkeitserlebnis – in ein *Ideologieerlebnis* verwandelt.
Unumwunden verkündete der volksaufklärende Minister, was ihm der Einsatz von Propaganda bedeutet, als er ausrief: »Das Wesen jeder Propaganda besteht darin, Menschen für eine Idee zu gewinnen, so innerlich, so lebendig, daß sie am Ende ihr verfallen sind und nicht mehr davon loskommen«, und er handelte danach. Und zwar nicht nur, was die Lenkung und Nutzung der Künste zu Zwecken der Ideologieverbreitung betraf, sondern auch bei deren Herstellung. Hierzu eröffneten sich für den propagandistischen Einsatz der Künste zwei Wege, die dann auch, jeder für sich oder kombiniert, eingeschlagen wurden.
Sie sind darzulegen, um den Vorgang zu erfassen, der im sogenannten Dritten Reich dazu führen sollte, die Künste sowohl von seiten ihrer Produzenten als auch ihrer Konsumenten in ein propagandistisches Dienlichkeitsverhältnis zu zwängen, das nicht die Kunst, sondern die Ideologie der Machthaber zu fördern hatte.
Bei dem einen Weg wird davon ausgegangen, daß die Künste als wesentlicher Teil der Kultur für alle Alters-, Einkommens- oder Bildungsgruppen die Sprache der Einbildungskraft und Gefühle sind. Als Ausdruck der Reaktion menschlicher Wesen auf ihre Erfahrungen enthalten und repräsentieren sie eine kulturelle Lebenshaltung, die alle Formen menschlicher Aktivitäten umfaßt. Von dieser Tatsache ausgehend, wurden die Künste genutzt, um als Mittel zur Propagierung der gewünschten Ideologie eingesetzt zu werden. Propaganda wird somit zu einem systematischen Versuch, die Haltungen von Gruppen und damit auch ihre Aktionen durch die Verwendung von künstlerischen Eingebungen zu kontrollieren. Dabei erstreckt sich das Unterfangen, über die Mittel der Kunst-Propaganda zur durchzusetzenden politischen Ideologie vorzudringen, sowohl auf ihre ökonomischen Aspekte (die Versorgung mit materiellen Gütern), als auch auf ihre generativen (die Fortsetzung von individuellen Lebensäußerungen) und ihre sozialen (die Beziehungsverhältnisse im sozio-kulturellen Leben). Jeder dieser Aspekte findet sich in den uns aus jener Zeit überlieferten Kunstwerken wieder, die sich – ob in Musik, Literatur, Malerei, Theater oder Film – dem Diktat der die Künste propagierenden Instanzen angepaßt haben.

**Kunst und Kultur** 253

**Entartete Kunst – Kulturpolitik im Dritten Reich**

Wie alle anderen Bereiche des öffentlichen Lebens wurde auch die Kunst von den Nationalsozialisten gleichgeschaltet, um sie für die Zwecke ihrer Ideologie zu mißbrauchen. Dabei war die nationalsozialistische Kunstauffassung von einer rigorosen Ablehnung der modernen Kunst geprägt. Kennzeichen dieser modernen Kunst, wie sie sich gegen Ende des 19. und zu Beginn des 20. Jahrhunderts entwickelt hatte, war der Gegensatz zu historisierenden Bestrebungen, zur objektiven Weltdarstellung im Naturalismus und zu einer sich an klassischen Schönheitsidealen bekennenden Ästhetik.
Die moderne Kunst gibt der Wirklichkeitsdeutung den Vorrang vor dem rein abbildenden, reproduzierenden Wiedergabe; sie stellt den Wert überlieferter Gestaltungsmittel in Frage, bejaht das Experiment und sucht analog zu der durch Naturwissenschaft, Technik und Psychologie herbeigeführten Grenzerweiterung des herkömmlichen Welt- und Menschenbilds neue Darstellungsbereiche zu erschließen.
In der Malerei beginnt die moderne Kunst in der Zeit des ausklingenden Impressionismus, etwa mit der aperspektivischen Bildauffassung Cézannes, an die der von Picasso und Braque begründete analytische Kubismus anknüpfte. Die abstrakte Kunst, Expressionismus und Surrealismus boten in den 20er Jahren Beispiele für die Vielfalt der modernen Kunstentwicklung in der Malerei.
Auf dem Gebiet der Plastik trat im gleichen Zeitraum die menschliche Figur als traditionelles Darstellungsobjekt zurück zugunsten der zum Selbstwert erhobenen reinen Form, die zwischen Gegenständigkeit und völliger Abstraktion eine reiche Gestaltenfülle entfaltete.
Diese Revolution der traditionellen Kunst konnte der nationalsozialistischen Weltanschauung nur fremd sein. Dem Nationalsozialismus war nicht daran gelegen, daß durch die Kunst die gesellschaftlichen Brüche sichtbar gemacht wurden, ihm ging es darum, auch die Kunst in den Dienst der »Volksgemeinschaft« zu stellen, in der alle konfessionellen und sozialen Gegensätze beseitigt waren. Zu diesem Zweck war bereits 1933 die Reichskulturkammer als nationalsozialistische Zwangsorganisation des Berufsstandes der »Kulturschaffenden« gegründet worden.
Die Ausrichtung der Malerei und Plastik auf die Kunstprinzipien des Nationalsozialismus wurde streng überwacht. Diese Prinzipien manifestierten sich in der Bildhauerkunst etwa in den heroisierenden Monumentalplastiken Arno Brekers. In der Malerei wurde die Darstellung idyllischer Landschaften, des nordischen Menschentyps sowie ein Führer- und Parteikult motiv- und stilbildend.
Wer durch das Sieb dieser Kunstauffassung fiel, bekam Berufsverbot, seine Werke wurden verkauft oder vernichtet. Zahlreiche namhafte Künstler emigrierten ins Ausland.
Höhepunkt und vorläufiges Ende dieses Kulturkampfes sollten 1937 zwei bewußt zur gleichen Zeit und am gleichen Ort (in München) abgehaltene Kunstausstellungen bilden, zum einen die »Große Deutsche Kunstausstellung 1937«, die mit rd. 900 Exponaten einen Überblick über die neue »deutsche Kunst« gab, zum anderen die Ausstellung »Entartete Kunst«, in der eine Zusammenstellung von in deutschen Museen und Galerien beschlagnahmten Bildern verfemter Künstler zu sehen war, so etwa Werke von Chagall, Corinth, Dix, Kandinsky, Klee, Marc, Nolde und Picasso. Daß diese Ausstellung in diffamierender Absicht organisiert war, ließ sich schon an den thematischen Gruppen ablesen, in die man die Schau eingeteilt hatte, so z. B. die Gruppen »Zersetzung des Form- und Farbempfindens«, »Abtötung des letzten Restes jedes Rassebewußtseins« und ähnliches.
1938 wurde ein »Gesetz über die Einziehung von Erzeugnissen entarteter Kunst« erlassen; ein großer Teil der beschlagnahmten Werke wurde im Ausland versteigert, um dem Reich Devisen zu beschaffen. 1939 kam es in Berlin zu einer öffentlichen Verbrennung, der rd. 4000 Kunstwerke von unschätzbarem Wert zum Opfer fielen. Anderseits wurde während des Krieges in den besetzten Gebieten von deutschen Stellen ein systematischer Kunstraub betrieben, an dem sich die führenden Repräsentanten des Regimes, insbesondere Reichsmarschall Göring, beteiligten. 1944 wurde ein großer Teil dieser Kulturgüter in einem Salzbergwerk in der Nähe des österreichischen Dorfes Altaussee deponiert. Als die Amerikaner sich diesem Bergwerk näherten, gab man den Befehl zur Sprengung, der aber zum Glück nicht ausgeführt wurde.

*Sowjetisches Propagandaplakat, das die Erfolge der Roten Armee über die Wehrmacht zum Thema hat.*

Der andere Weg ist weitaus subtiler, man könnte auch sagen: indirekter. Hier werden die Künste zum Propagandamittel, um *durch* sie die gewünschte Ideologie zu verbreiten und zu festigen. Die Propaganda leitet versteckt Aktionen, denen die Aufgabe zukommt, den Mitgliedern der Gesellschaft über und durch kontrollierte und dirigierte Kunstäußerungen Ideen, Bräuche, Sitten, Folklore und Verhaltensmuster vorzulegen, damit sie sich besser und auf die Dauer gänzlich der vorherrschenden Ideologie und ihren diversen Aspekten anpassen. Durch die Kunst-Propaganda werden die Mitglieder der Gesellschaft einerseits zur Wahrnehmung und gelenkten ästhetischen Aufnahme des kontrollierten und diktierten Kunstwerks geführt und andererseits in einen Erziehungsprozeß mit Bezug auf ideologische Aspekte eingebettet, seien diese sinnlicher, idealisierter, sichtbarer, klingender Natur oder dem Völkischen, Militärischen, Heroischen, Beherrschenden, Mächtigen, Bodenständigen, Mythologischen, Kriegerischen u. a. verbunden.

Auf diesen beiden Wegen wurden zu Zeiten des nationalsozialistischen Regimes Standorte ersichtlicher Wertbestimmungen für Gegenwart und Zukunft propagandistisch hergerichtet, bei denen es nicht darauf ankommt, ob wir sie aus heutiger Sicht als Kitsch oder als hohe Kunst ansehen. Wohl aber kommt es um unserer persönlichen Freiheit willen darauf an, propagandistisch hergerichteten Wertbestimmungen dadurch zu entgehen, daß wir mit Skepsis den Techniken entgegentreten, mit denen die zur Aufrechterhaltung eines autoritären Systems unabdingbare Kunst-Propaganda gearbeitet hat. Es sind dies:
1. Gebrauch von Stereotypen, handle es sich um die Typisierung von Menschen, Objekten oder Klängen.
2. Namensersatz mit emotionaler Nebenbedeutung, z. B. »Rote«, »Bolschewiken« anstatt »Russen«.
3. Auswahl der dem Ziel der Propaganda angemessenen Fakten, z. B. durch Zensur.
4. Die Lüge, die sozusagen zum Betriebsvorrat des Propagandisten gehört.
5. Wiederholung der gleichen Behauptung, Erklärung, Feststellung, des gleichen Schlüsselsymbols oder Schlagworts, z. B. »Ein Volk, ein Reich, ein Führer«.
6. Behauptungen anstelle von Argumenten sowie Ausschaltung von Fragen oder freier Denkarbeit.
7. Eintreten gegen einen Sachverhalt oder einen wahren oder unterstellten Feind durch Diskriminierung (z. B. die Kampagne der Nazis gegen die Juden).
8. Berufung auf Autoritäten.

Eine jede dieser Propagandatechniken wurde im Dritten Reich für die Erzielung einer Kunst-Ideologie mit Ausschließlichkeitsanspruch eingesetzt. Sie beschmutzten die Kunst, den Künstler und den Glauben der Menschen an die Wesentlichkeit der Künste.

PROF. DR. ALPHONS SILBERMANN

*Britisches Plakat mit Hitler als volksverschlingendem Ungeheuer.*

# Die Baukunst nach der Zerstörung

Der Krieg hatte vor allem durch die Bombenangriffe große Verwüstungen angerichtet, z. B. in Rotterdam (1940), Dresden und Hiroshima (1945). In diesen Städten war der Schaden so groß, daß eine Restaurierung der zerstörten Bausubstanz unmöglich war. Für den Wiederaufbau wurden verschiedene Wege eingeschlagen. In Dresden entschied man sich für die Rekonstruktion einzelner Baudenkmäler, in Rotterdam wurde ein völlig neues Stadtzentrum geplant. In Hiroshima versuchte man den leeren Raum, der durch die Verwüstungen entstanden war, zu erhalten. Kenzo Tange war der Architekt des ab 1949 gebauten Friedensparkes. Der Park enthält ein Mahnmal für die Toten, ein Friedensmuseum, ein Rathaus und ein Hotel mit einem Auditorium. Die Gebäude gruppieren sich um einen großen leeren Platz, der das Zentrum des Parks bildet. Das Denkmal für die Toten steht an dem Platz, an dem die Atombombe aufschlug.

Viele Denkmale, die in der zweiten Hälfte der 40er Jahre für die Toten des Krieges errichtet wurden, dienen weniger der Erinnerung, sondern warnen vielmehr vor einer Wiederholung der Ereignisse. Für die Gestaltung mancher Monumente ist das Programm der Aktivitäten, die sich um sie herum entfalten sollen, wichtiger als das Element der Trauer.

## Gigantische Projekte

Viele Bauwerke der Kriegszeit hatten einen Zug ins Gigantische. Das galt für militärische wie für zivile Bauvorhaben. Im Krieg war das größte »architektonische Projekt« fertiggestellt worden, das die europäische Architektur jemals hervorgebracht hat, der sich von Jütland bis Spanien erstreckende Atlantikwall (1942–1944). Er sollte eine lückenlose Verteidigungsanlage der Küstenlinien darstellen, die bis dahin noch nie eine strategische Bedeutung hatten, der Strände und Dünen außerhalb der Flußmündungen. Die »leere« Dünenlandschaft wurde zu einer Zone, in der eine Vielfalt von Anlagen entstand. Im Rahmen einer militärischen Gesamtplanung wurden die einzelnen Bunkerkomplexe unabhängig voneinander angelegt.

Aus einzelnen Elementen zusammengesetzt ist auch der Entwurf, den Albert Speer für einen rigorosen Umbau von Berlin zu einer Art Welthauptstadt angefertigt hatte (auch →S. 256). Kennzeichnend für diese Form des Städtebaus ist, daß die Planung völlig auf unbebautes Gelände zugeschnitten ist und das bereits bestehende städtische Umfeld nahezu gänzlich außer acht gelassen wird. Die Landschaft wird als jungfräulich angesehen; einziger Sinn der nationalsozialistischen Architektur war, die geplanten Monumentalbauten in ihrer Einzigartigkeit gegenüber dem schon Bestehenden herauszuheben.

Diese Art des Denkens hörte auch nach Kriegsende nicht auf. So ließ Marcello Piacentini noch Ende der 40er Jahre in Rom einen ganzen mittelalterlichen Stadtbezirk mit zahllosen historisch wertvollen Gebäuden abreißen, um eine pompöse Zufahrtstraße zum St.-Peters-Platz anzulegen.

## Soziale Funktionen

Viele moderne Architekten waren ebensowenig wie Speer beim Entwurf für den Umbau von Berlin imstande oder gewillt, bei ihren Wiederaufbauplänen die vorhandene städtische Bausubstanz in ihre Vorstellungen einzubeziehen. Sie wollten anhand der statistischen Auswertung sozialer Daten, wie Zahl und Zusammensetzung der Bevölkerung, einen Raumordnungsplan erarbeiten, in dem die Funktionen Arbeit, Wohnen, Verkehr und Erholung getrennt an verschiedenen Orten angesiedelt wurden. Auf diese Weise wollte man für jede der Funktionen eine optimale Gestaltung schaffen. Diese Konzeption wurde bereits vor dem Krieg in der Regionalplanung angewendet, wo es um die Steuerung vorhandener Entwicklungen ging.

Für die Architekten bedeutete die soziale Grundlage dieser neuen Architektur einen Bruch mit der traditionellen Art und Weise, Gebäude zu konstruieren. Die Gebäude wurden vorher kaum als Träger einer sozialen Funktion gesehen. Die funktionellen Formen fungierten jetzt als programmatisches Element einer besser organisierten Gesellschaft. Zu Unrecht wurde die neue Ordnung, für die sich die modernen Architekten und ihr Verband, der Internationale Kongreß moderner Architekten (CIAM), einsetzten, gelegentlich mit der »neuen Ordnung« gleichgesetzt, die die deutschen Besatzungsmächte in Europa geplant hatten. Le Corbusier hatte sich weitgehend mit dem Vichy-Regime arrangiert. Niederländische CIAM-Architekten wie Benjamin Merkelbach arbeiteten im Auftrag der deutschen Besatzung. Im allgemeinen war der Widerstand gegen die deutschen Besatzungsbehörden in den Architektenverbänden sehr gering. Die Trennung der sozialen Funktionen, wie z. B. die Trennung von Wohnen und Arbeiten, betrachteten die modernen Architekten als gesellschaftliches Programm. Sie versuchten, die Trennung in ihren Gestaltungen durch das Schaffen spezieller Zonen für bestimmte Bereiche und durch den Funktionalismus der Bauwerke hervorzuheben. Das führte zu einer Verarmung der eigenen Architektursprache. Das vorhandene klassizistische Formenrepertoire wurde weitgehend schematisiert. So entstanden Bauten, die wie Schachteln aussahen und jede Art von Gebäude sein konnten. Um

*Mahnmal für die Toten im Friedenspark von Hiroshima nach dem Entwurf von Kenzo Tange. Der Park mit Mahnmal, Museum, Rathaus und Hotel wurde in den Gebieten, die durch die Atombombenexplosion verwüstet worden waren, angelegt.*

## 256 Kunst und Kultur

*Das Rathaus von Århus aus dem Jahre 1941, entworfen von dem dänischen Architekten und Designer Arne Jacobsen.*

welche Art von Gebäude es sich dabei handelte – z. B. Wohnhaus oder öffentliches Gebäude – sollte aus der Anordnung der Schachtelelemente hervorgehen. Ein Beispiel dafür ist das letzte große Werk von Henry van de Velde, die Universitätsbibliothek in Gent aus dem Jahre 1940. Der Schwerpunkt liegt nicht auf der Gestaltung einer traditionellen Fassade; die Fassaden werden lediglich als Flächen betrachtet. Exemplarisch hierfür sind die Entwürfe, die Ludwig Mies van der Rohe während des gesamten Jahrzehnts lieferte, zunächst die schachtelförmige Erweiterung des Illinois Institute of Technology in Chicago (1940), ferner eine Reihe Studien, u. a. für ein Museum in einer Kleinstadt (dessen Wände den Gemälden entsprechen, 1942–1945) und für eine Konzerthalle (1942), sowie schließlich das Haus für Edith Farnsworth in Plano (Illinois, 1950): eine in der Natur schwebende, aus Flächen erbaute gläserne Schachtel. Das kastenförmige Gebäude läßt nicht erkennen, welchem Zweck es dient.

In Italien tendierte die Entwicklung zu einer immer größeren Abstraktion. Die Architektur der Villa Malaparte auf Capri von Adalberto Libera (1940) war kubisch und in weiß gehalten. Eine Außentreppe in voller Breite der Villa führte zu einer Dachterrasse. Auf dem Dach stand ein an die Entwürfe Le Corbusiers erinnernder, leicht geschwungener Windschutz. Zwei Jahre später baute Libera für die Weltausstellung in Rom ein Kongreßgebäude, dessen kubischer Baukörper an der Oberseite mit einem leicht geschwungenen Bogen abschloß. Die Bogenkonstruktion war ein Mittel zur Reduzierung des Gebäudes auf eine einzige Linie, die dessen Einheit bewirkte. Der Bogen wölbte sich über den gesamten Bau als eine Art stellvertretende Himmelskuppel. In den Schalenkonstruktionen von Pierluigi Nervi verschwanden die Fassaden als architektonisches Element vollständig; das ganze Gebäude wurde zu einem einzigen großen Gewölbe, das aus vielen kleinen Elementen zusammengesetzt war, die wie eine Art Eierkarton die Kuppel bildeten.

Eine andere Tendenz des Funktionalismus wurde von Architekten vertreten, die auf jede Abstraktion oder Ästhetik zugunsten einer funktionellen Gestaltung durch das architektonische Element verzichteten. Ästhetische Komponenten spielten selbst bei der Gestaltung herkömmlicher Einrichtungsgegenstände (Türen, Klinken, Waschtische o. ä.) keine Rolle mehr. Alles entsprach möglichst genau seinem Zweck aufgrund

### Der Architekt Hitlers

Als Hitler 1933 den Architekten Albert Speer zum ersten Male traf, gab er ihm den Auftrag, für die Durchführung der repräsentativen Bauten des Dritten Reiches zu sorgen. Die Ideen hierfür waren in der Hauptsache von Hitlers Münchner Architekt, dem vom Neoklassizismus beeinflußten Ludwig Troost, geliefert worden. Speer entwarf danach die Reichskanzlei in Berlin, die nicht vollendeten gigantischen Anlagen für die Reichsparteitage in Nürnberg, u. a. ein Stadion, das 400 000 Menschen fassen sollte, und die Parteigebäude am Königsplatz in München. Sie dienten als pompöse Kulissen des nationalsozialistischen Pseudomonumentalismus. Speers gestalterische Fähigkeiten waren mittelmäßig, dafür war er ein umso größerer Organisator. 1937 wurde er zum Generalbauinspektor für die Neugestaltung der Reichshauptstadt Berlin nach den gigantomanischen Plänen Hitlers ernannt, mit dem zusammen er das Projekt einer Welthauptstadt »Germania« entwarf. Nach Hitlers Vorstellungen sollten Berlins sternförmige Ausläufer weit in das Land hineinragen. Grünzonen würden umgekehrt soweit wie möglich in die Stadt reichen. Das Zentrum der Hauptstadt sollte verlegt werden. Ein neues linienförmiges Zentrum, das sich in einem Knick um das alte legte, wurde geplant. An diesem Knick sollte mit einer von Hitler 1925 entworfenen gigantischen runden Halle, deren Größe alles bisher Dagewesene in den Schatten gestellt hätte, der Mittelpunkt des Reiches entstehen. Der Entwurf wurde nie ausgeführt. 1942 wurde Speer Reichsminister für Bewaffnung und Munition und damit Nachfolger des verunglückten Fritz Todt. Seit 1943 war er Generalbevollmächtigter für Rüstungsaufgaben und verantwortlich für die optimale Ausnutzung der Rüstungsindustrie. Während des Nürnberger Prozesses gegen die Hauptkriegsverbrecher wurde er zu 20 Jahren Gefängnis verurteilt. Er hatte erkannt, daß die Abgrenzung von Kompetenzen sein Leben retten konnte, und nahm vorsichtig einen Teil der Schuld auf sich. Nach seiner Haftentlassung (1966) schrieb er Bücher, die z. T. Bestseller wurden (u. a. *Spandauer Tagebücher*, 1975, *Der Sklavenstaat*, 1981). Speer starb am 1. 9. 1981 in London.

*Hinterfront der neuen, seit 1939 benutzten Reichskanzlei in Berlin. Sie wurde in den letzten Kriegstagen nahezu völlig zerstört.*

**Kunst und Kultur** 257

*Links: Ein surrealistisches Gemälde: »Der Geschmack der Tränen« von René Magritte (Königliches Museum für schöne Künste, Brüssel). Der Surrealismus wurde vom NS-Regime geduldet.*

*Rechts: »Die kleine Leiter« (1949) von Constant Nieuwenhuys ist typisch für die Gruppe Cobra (Gemeentemuseum Haag).*

einer eigenen, mehr oder weniger industriellen Formgebung. Das Bauwerk war somit nur eine unverbindliche Ansammlung funktioneller Elemente.

IR. J. MEUWISSEN

## In der bildenden Kunst bricht die Zukunft an

Am 26. 4. 1937 bombardierten deutsche Flugzeuge der »Legion Condor« an der Seite des Generals Franco über drei Stunden lang die »heilige« Stadt der Basken, den Wallfahrtsort Guernica y Luno. Während des Bombenangriffs und im Kugelhagel der Maschinengewehre kamen auch zahlreiche Zivilisten, Frauen und Kinder ums Leben. Pablo Picasso, der den Auftrag erhalten hatte, für den spanischen Pavillon der Weltausstellung in Paris im gleichen Jahr zu malen, nahm dieses Ereignis zum Thema. Am 11. 5. begann er auf einer riesigen Leinwand zu malen (sie maß 7,82 × 3,51 m). Immer wieder änderte er das Bild, bis drei Wochen später die letzte, achte Version in den Pavillon gebracht werden konnte. Für viele ist *Guernica*, leidenschaftlich in den Farbtönen von Asche und Ruß gemalt, das bedeutendste Kunstwerk des 20. Jahrhunderts. Hier hatte ein Künstler seine gestaltende Sprache dazu benutzt, die Schrecken des modernen Krieges anzuprangern. Angesichts der Schrecken des bevorstehenden Weltkrieges bekam das Gemälde geradezu prophetische Aktualität. Tatsächlich wurde die Intensität von Guernica nie mehr erreicht oder gar übertroffen, auch nicht von Picasso selbst, obwohl er sich nach dem Krieg im neuen, Kalten Krieg zum Kommunismus bekannte und sich mit großen Kompositionen über die Themen Krieg und Frieden für ihn einsetzte.

Neben Picasso sollte noch ein Künstler genannt werden, der die Aspekte des Krieges zur Kunst von außerordentlichem Rang erhob: der britische Bildhauer Henry Moore, der von 1940 bis 1942 als »official war artist« (offizieller Kriegskünstler) fungierte. Während der Bombenangriffe auf London stieg er in die Tunnel der Untergrundbahn, in denen die Menschen oft mehrere Nächte nacheinander verbrachten. Er skizzierte sie mit Feder, Kreide und Wasserfarbe als namenlose Schemen in einer neuen Unterwelt, als hilflose Statisten in einem griechischen Trauerspiel. In den drei steinernen Figuren, die

*Pablo Picasso*

*Karel Appel, »Fragende Kinder«.*

# Kunst und Kultur

später im Londoner Batterseapark aufgestellt wurden, sind diese Schemen auferstanden und zum Tageslicht zurückgekehrt, doch scheint es so, als horchten und suchten sie noch immer den Himmel ab.

## Die Anfänge von Cobra

Im Herbst 1949 hatte Willem Sandberg, seit 1938 Direktor des Stedelijk Museum in Amsterdam, auch eine Malergruppe in seinem Museum zugelassen, die in den 50er Jahren noch heftig diskutiert wurde: die Gruppe Cobra. Sie fand sich 1948 in Paris zusammen. Zu den Vertretern, die schon sehr früh Aufsehen erregten, gehörte der Niederländer Karel Appel. Die Cobra-Gruppe (das Wort Cobra ist eine Abkürzung aus *Co*penhagen, *Br*üssel und *A*msterdam) hatte Mitglieder aus zehn Ländern: zwei Briten, sechs Deutsche, ein Japaner, ein Amerikaner, ein Belgier (Pierre Alechinsky), sieben Dänen, zwei Franzosen, drei Schweizer, ein Tschechoslowake und sechs Niederländer. Außer Karel Appel zählten zu ihnen zunächst u.a. Constant Nieuwenhuys, Guillaume Corneille, Asger Jorn und Theo Wolvecamp. Der Belgier Christian Dotremont – Sandberg nannte ihn den »Schriftsteller und Philosophen der Bewegung« – bezeichnete in einem begleitenden Manifest Cobra als »die große natürliche Zusammenkunft« und schrieb: »Sie sagen niemals: Na endlich! Sie sagen: Ich suche, wir suchen. Sie suchen, weil 1949 mehr denn je die Kunst nur dann einen Wert besitzt, wenn sie sich von Bevormundung und von Absatzrichtlinien lossagt, wenn sie die Adelstitel und Beglaubigungsschreiben ablehnt, die ihr die Vergangenheit anbietet, weil die Kunst nur an jenem äußerst gefährlichen Punkt Bedeutung hat, wo die Zukunft das Heute verschlingt, wo das Heute die Zukunft erschafft.«

Seit den Manifesten der Stijl-Gruppe um Mondrian (auch → S. 280) hatte man nicht mehr so deutlich zu hören bekommen, daß die Kunst in die Zukunft weist. Die Stijl-Gruppe wollte die Zukunft mit einem vorsichtigen Idealismus er-

*Henry Moore*

*Piet Mondrian: »Broadway Boogie Woogie« 1942/43. Öl auf Leinwand (127 × 127 cm). Collection, The Museum of Modern Art. New York.*

### Ein Skandal in der Kunstwelt

*Die berühmteste Fälschung Han van Meegerens: »Die Jünger von Emmaus« (Museum Boymans-van Beuningen, Rotterdam).*

Han van Meegeren studierte zunächst in Delft Architektur, sehr früh entdeckte er jedoch seine Liebe zur Malerei. Er ging nach Den Haag und malte einige Porträts im Stile der Haager Schule. Seine Zeichnungen waren von östlicher Kunst geprägt. Bekannt und vielfach reproduziert wurde vor allem seine Zeichnung *Das Herzchen*. Seine anderen Bilder konnten keiner Schule zugerechnet werden, waren jedoch mit NS-Symbolen überladen. Antrieb seines Schaffens war das Gefühl verkannt zu werden, nicht etwa finanzielle Schwierigkeiten. Deshalb eignete er sich Kenntnisse über die Maltechnik und die Art der Farbzubereitung bei den großen Malern des 17. Jahrhunderts an. Er »malte« zwei Bilder von Frans Hals, die ihm viel Geld einbrachten, nachdem anerkannte Kunsthistoriker sie für echt befunden hatten. Dann kam Vermeer an die Reihe: Van Meegeren malte die *Jünger von Emmaus*, die 1937 für rd. eine halbe Million Gulden vom Museum Boymans-van Beuningen in Rotterdam an-

gekauft wurden. Pieter de Hoogh folgte, und während der deutschen Besatzungszeit »malte« van Meegeren noch weitere Vermeers, die ihn zum Multimillionär machten.
Nach dem 2. Weltkrieg entdeckte man einen Vermeer in der Sammlung Hermann Görings. Nachforschungen führten zu van Meegeren, der beschuldigt wurde, »nationales Eigentum« an den Feind verschenkt zu haben. Van Meegeren wollte aber nicht als Kollaborateur, sondern lieber als Künstler, wenn auch als Fälscher, vor Gericht gestellt werden. Er gab die Fälschungen zu, und es kam zum Prozeß. Am 12. 11. 1947 wurde er zu einem Jahr Gefängnis verurteilt, er starb jedoch am 30. 12. 1947 in Amsterdam im Alter von 58 Jahren, noch vor Antritt der Gefängnisstrafe. Mit seiner Verurteilung war allerdings eine Frage nicht beantwortet: Wie konnte er Kunstsachverständige so lange in die Irre führen.

obern, diese Künstler jedoch wollten sie mit stürmischen Gefühlen überrennen. Der Intellekt sollte beim künstlerischen Schaffensprozeß durch die Expressivität ersetzt werden. Unmittelbarkeit sollte den kühl kalkulierten, bis ins letzte vorgeplanten Schaffensprozeß des Kunstwerkes ersetzen. Erst in den 50er Jahren erreichte die Gruppe ihre künstlerischen Höhepunkte. Ihr Auftreten, ihre wilde Zügellosigkeit, waren aber ein deutliches Zeichen dafür, daß man sich von einer vom Staate verordneten Kunst, die jede Individualität verbot und nur zur Verherrlichung des Systems dienen sollte (auch → S. 251), losgesagt hatte. Der Boden für so prägende Erscheinungen wie action-painting und Tachismus war bereitet.

PIERRE JANSSEN

# Deutsche Literatur in Kriegs- und Nachkriegszeit

Die Literatur der 40er Jahre wurde ebenso wie die der 30er von einer durch den Nationalsozialismus bedingten Politisierung bestimmt. Zur Zeit des 2. Weltkrieges war die in Deutschland publizierte Literatur fast ausschließlich zur Propaganda der NSDAP degeneriert. (Einigen Dichtern gelang es allerdings durch Rückgriff auf traditionelle literarische Formen und unverfängliche Motive, ihre Werke in einem entpolitisierten Vakuum zu etablieren.) Deshalb bedeutete für die im Exil lebenden bzw. in Deutschland nach 1945 tätigen Autoren Literaturschaffen hauptsächlich aktive Auseinandersetzung mit dem Nationalsozialismus und seinen Folgeerscheinungen.

Der Reichspropagandaminister und Vorsitzende der Reichskulturkammer, Dr. Joseph Goebbels, gab in den 30er Jahren die Richtlinien für eine den nationalsozialistischen Machthabern genehme Kunst aus. Er forderte, sie müsse »heroisch«, »stählern-romantisch«, »sentimentalitätslos-sachlich« und »national mit großem Pathos« sein. Unter diesen Vorgaben wachte ab 1935 der Schriftsteller Hanns Johst, der in den 20er Jahren der von den Nationalsozialisten verpönten Kunstrichtung des Expressionismus verpflichtet gewesen war, in seiner Funktion als Präsident der Reichsschrifttumskammer darüber, daß die Literatur sowohl den von Goebbels aufgestellten schwammigen Kunstpostulaten als auch den nationalsozialistischen Vorstellungen von Blut und Boden, Rasse, Volk und Führer entsprach. Fleißige Produzenten von Tendenz- und Propagandaliteratur waren u.a. Erwin Guido Kolbenheyer (*Das gottgelobte Herz*, 1938), Hans Friedrich Blunck, der als Vertreter der sogenannten »nordischen Renaissance« altnordische Mythen aufbereitete, und die ostpreußische Heimatdichterin Agnes Miegel (*Ostland*, 1940; *Heimgekehrt*, 1942). Letztere konnte nach 1945 ihre schriftstellerische Tätigkeit ohne Unterbrechung fortsetzen und schrieb Flüchtlingsgedichte, die 1949 unter dem Titel *Du aber bleibst in mir* erschienen. Autoren, die sich dem kulturellen Gleichschaltungsprinzip der nationalsozialistischen Kulturfunktionäre widersetzten, wurden verfolgt, ihre Werke verfemt, verboten und verbrannt. Deshalb kam es zu einer die 30er Jahre hindurch andauernden Massenflucht deutscher Intellektueller ins Ausland. Unter den emigrierten Schriftstellern befanden sich Kommunisten (Bertolt Brecht, Anna Seghers), Linksliberale (Heinrich Mann, Klaus Mann) und Vertreter eines bürgerlichen Humanismus (Stefan Zweig, Thomas Mann). Sie alle versuchten, auch unter den häufig widrigen Existenzbedingungen im Exil, den Nationalsozialismus und seine Folgeerscheinungen unter Wahrung ihrer künstlerisch-weltanschaulichen Prinzipien literarisch darzustellen und zu analysieren. Dabei nahm die literarische Beschäftigung mit dem Exil-Dasein, das den Verbannten zunächst als die schlimmste Auswirkung nationalsozialistischer Politik erscheinen sein mag, breiten Raum ein. Zu Beginn des Krieges (1939/40) verdichtete sich die Literatur zur Exilthematik noch, weil als Folge der Hitler'schen Expansionsbestrebungen eine Verfolgung deutscher Schriftsteller im europäischen Ausland einsetzte, die eine zweite Fluchtbewegung in die Vereinigten Staaten und nach Mexiko hervorrief. Besonders in Frankreich, das unter der Regierung des Marschalls Pétain eine rigoristische Ausländerpolitik betrieb, hatten zahlreiche Intellektuelle traumatische Erlebnisse. Deshalb rechnet Lion Feuchtwanger in seinem Bericht *Unholdes Frankreich* (1942) mit dem sehr aufnahmebereit gewesenen Gastland ab, indem er dessen Behördenpolitik als »teuflisch« für die von Auslieferung an die Nationalsozialisten bedrohten Frankreichflüchtlinge anprangert.

Auch Anna Seghers legte mit *Transit* (1944) einen Roman vor, der sich mit dem Schicksal der von deutschen Truppen verfolgten und von den französischen Behörden zermürbten Exilanten beschäftigt. Schauplatz des Romans ist Marseille im Sommer 1940, das als größte Hafenstadt im unbesetzten Teil Frankreichs viele Emigranten anlockte, die von dort den Sprung nach Übersee wagen wollten. In Bildern von großer Dichte vermittelt sich die Atmosphäre der kleinen Straßen- und Hafencafés, die Stätten der Begegnung und des Austausches für die um Transitvisen und Ein- und Ausreisedokumente kämpfenden Menschen waren.

Frankreicherfahrungen wurden auch in Alfred Döblins *Schicksalsreise* (1949) und in Erich Maria Remarques *Arc de Triomphe* (1945) verarbeitet. Remarque gelang es mit seiner ein wenig reißerisch aufgemachten Geschichte von einem deutschen Emigranten in Paris, an den Erfolg seines Kriegsromans *Im Westen nichts Neues* (1929) anzuknüpfen. Im übrigen fanden Exilerlebnisse Eingang in die autobiographischen Le-

*Stefan Zweig*

Exil
S. 89–14

*Erika, Katja und Thomas Mann in den USA im Exil.*

bensberichte von Heinrich Mann (*Ein Zeitalter wird besichtigt*, 1946), Klaus Mann (*The Turning Point*, 1942) und Stefan Zweig (*Die Welt von Gestern*, 1942). Für Zweig, der 1942 in Brasilien freiwillig aus dem Leben schied, brach im Exil endgültig jene Welt zusammen, die noch von Humanismus, Pazifismus und Kosmopolitismus geprägt gewesen war.

Neben der Exilthematik beherrschte die Auseinandersetzung mit dem nationalsozialistischen Deutschland die Exilliteratur. Jedoch gerade die Beschäftigung mit der Wirklichkeit im Nationalsozialismus bereitete den verbannten Autoren zunehmend Schwierigkeiten, weil sie die Verhältnisse in Deutschland nicht mehr aus eigener Anschauung kannten, sondern auf Informationen aus zweiter und dritter Hand angewiesen waren. So kam es, daß die von ihnen entworfenen Deutschlandbilder die grausame Wirklichkeit gelegentlich stark verzeichneten.

Erstaunlich realitätsbezogen muten deshalb die in Dänemark in den 30er Jahren von Brecht geschaffenen und 1941 in der Exilpresse erschienenen Einzelszenen an, die unter dem Titel *Furcht und Elend des Dritten Reiches* zusammengefaßt wurden und die Schlaglichter auf den brutalen SS-Mann, den denunziatorischen Kleinbürger, den KZ-Häftling oder die jüdische Frau vor der Flucht werfen. Weniger auf Wirklichkeitsnähe hin angelegt scheint Arnold Zweigs Roman *Das Beil von Wandsbek* (1942) zu sein, obwohl er auf einer Zeitungsnotiz basiert. Vielmehr kam es dem Autor darauf an, die knappe Fabel (der Fleischermeister Teetjen findet sich gegen ein Handgeld bereit, als Scharfrichter Gegner des Nationalsozialismus hinzurichten) durch psychologisierende Milieu- und Charakterstudien im Sinne seines Faschismusverständnisses aufzubereiten. Indem Zweig den Faktoren nachspürt, die Menschen der verschiedensten gesellschaftlichen Schichten der nationalsozialistischen Verführung erliegen ließen, versucht er eine Antwort auf die Frage zu geben, was den raschen Siegeszug begünstigte, den die faschistische Ideologie über ganz Deutschland antrat: Weil eine nationalistisch und militaristisch gestimmte Oberschicht dem »braunen Bazillus« zum Opfer fiel, sei ihr das Volk – »schuldhaft und schuldlos« zugleich – in den Abgrund nachgefolgt.

Als mißlungenen Versuch, die Wirklichkeit des Dritten Reiches vom Exil aus zu beschreiben, ist der Roman *Es waren ihrer sechs* (1944) von Alfred Neumann zu bewerten, der die Ereignisse um die Geschwister Scholl darstellt. So hat sich nach 1945 Inge Scholl, die Schwester der beiden, entschieden gegen die »Verunglimpfung« ihrer Geschwister in diesem Roman zur Wehr gesetzt. Auch ist anzumerken, daß Neumann den Nationalsozialismus auf unerträgliche Weise dämonisiert.

Ein Dichter, der sich bei der Auseinandersetzung mit dem Faschismus nicht an der deutschen Wirklichkeit der Jahre 1933–1945 orientierte, war Thomas Mann. Vielmehr versuchte er mit seiner bis zum Jahre 1942 andauernden Arbeit am Josephsroman, in dem er den Joseph-Mythos aus dem Alten Testament psychologisierend und ironisierend aufbereitet, dem gefährlich rauschhaft-irrationalen Mythosbegriff der Nationalsozialisten seinen psychologisch-rationalen entgegenzusetzen. Danach wendet sich Mann dem Faust-Stoff zu. Der Roman *Doktor Faustus* zeigt die geistesgeschichtlich-ideologischen Voraussetzungen für die Entstehung des Faschismus auf. Ob es nun die hintergründig-philosophierende Beschäftigung mit dem Nationalsozialismus bei Thomas Mann war oder der Versuch, aus dem Exil heraus die deutsche Wirklichkeit unter dem Hakenkreuz zu beschreiben, wie es

### Wolfgang Borchert

Der Schriftsteller Wolfgang Borchert, Teilnehmer und Heimkehrer des 2. Weltkrieges, wurde nach der »Stunde Null« zum Sprecher einer durch den Krieg desillusionierten und verzweifelten Jugend und zum Wegbereiter der Nachkriegsliteratur. Ein »Borchert-Mythos« entstand.

Borchert wurde am 21. 5. 1921 in Hamburg geboren. Nach einer Buchhändlerlehre engagierte ihn im März 1941 die Landesbühne Ost-Hannover in Lüneburg. Noch im gleichen Jahr erfolgte die Einberufung an die Ostfront. Borchert wurde 1942 verwundet und geriet in Verdacht, sich diese Verwundung selbst zugefügt zu haben. Er erhielt drei Monate Einzelhaft. Nach seiner vorzeitigen Haftentlassung kam es sogleich zu einem neuen Verfahren wegen schriftlicher und mündlicher Äußerungen »gegen Staat und Partei«. Das Urteil, vier Monate Gefängnis, wandelte das Gericht in eine sechswöchige Haft mit anschließender Frontbewährung um. Borchert, als Melder ohne Waffe eingesetzt, zog sich hierbei u. a. Erfrierungen und Fleckfieber zu. Nach einem Lazarettaufenthalt wurde er am 30. 11. 1943, kurz vor seiner Entlassung stehend, wegen der Verbreitung politischer Witze erneut verhaftet und zu neun Monaten Gefängnis (Berlin-Moabit) verurteilt. Im September 1944 kehrte Borchert zur »Feindbewährung« an die Front zurück. Während seines Transports in französische Kriegsgefangenschaft im Frühjahr 1945 konnte er entkommen und nach Hamburg fliehen. Dort trat er als Kabarettist auf und wurde zum Mitbegründer des Theaters »Die Komödie«. Doch sein im Krieg erworbenes Leberleiden fesselte ihn bis zu seinem Tod am 20. 11. 1947 in Basel ans Bett.

Borchert hatte bereits in früher Jugend zahlreiche Gedichte geschrieben, ohne jedoch – im Banne seiner Vorbilder Rilke und Hölderlin – zu seinem eigenen Stil zu finden. Erst in der letzten Phase seines Lebens, nach dem Ausbruch seiner Krankheit, gelang der Durchbruch zu eigenem Ausdruck. In diese kurze Spanne fallen u. a. alle Kurzgeschichten seines Gesamtwerkes und des Nachlaßbandes *Die traurigen Geranien* sowie sein Drama *Draußen vor der Tür* (1947). In Borcherts Werk spiegelt sich das leidvolle Erlebnis des Krieges, der Diktatur und Unterdrückung wieder. In seinen melancholischen Gedichten sowie in den Erzählungen dominiert die Perspektive des Nichtwissens und Nichtbegreifens, der Ratlosigkeit, die auch formal ihre Entsprechung in den zahlreichen Fragewendungen und der Wiederholung einfacher Satzfetzen findet. Insbesondere sein größter Erfolg, das Stück *Draußen vor der Tür*, ist eine heftige Anklage gegen den Krieg, das Drama einer verdorbenen Heimkehr. Held bzw. Antiheld des Stückes ist der aus dem 2. Weltkrieg heimgekehrte Soldat Beckmann, ein Betroffener, der die Schrecken des Krieges nicht vergessen kann. Die Orientierungslosigkeit Beckmanns, seine Fragen, die auf Gleichgültigkeit stoßen und keinen Zugang zu den bürgerlichen Normen finden, das alles gipfelt schließlich in der Schlußfrage Beckmanns »Gibt denn keiner, keiner Antwort?« Das vergebliche Fragen des Menschen nach Sinn, Verantwortung und Schuld zieht sich leitmotivisch durch Borcherts ganzes Werk.

*Paul Edwin Roth als Beckmann in »Draußen vor der Tür«; Aufführung des Berliner Hebbeltheaters vom 22. 4. 1948.*

Bertolt Brecht und Arnold Zweig versucht haben: alle deutschen Exilliteraten, auch die hier nicht berücksichtigten, beschäftigten sich – bewußt oder unbewußt – mit den Vorgängen im Deutschen Reich.

Nach dem Zusammenbruch des Dritten Reiches im Mai 1945 strömten in das in Deutschland während des Krieges entstandene kulturelle Vakuum die Werke verbannter und ausländischer Autoren ein. Dabei gewährte gerade die Exilliteratur die Anbindung an literarische Traditionen, so daß mit Kriegsende keine kulturelle Anfangssituation im Sinne einer »Stunde Null« gegeben war, wie oft behauptet wird. Man kann sicher nicht sagen, daß im zerstörten Nachkriegsdeutschland die Emigrantenliteratur einen großen Leserkreis fand, doch nahmen schon sehr bald nach 1945 interessierte Menschen die Literatur des Exils wahr, in der die Aufarbeitung der gemeinsamen jüngsten Vergangenheit in kritischer, nicht durch 12 Jahre nationalsozialistischer Propaganda geprägter Weise geschah. Das bereits in der frühesten Zeit der Emigration entstandene Stück von Friedrich Wolf *Professor Mamlock* wurde trotz der allgemein unsicheren Verhältnisse an vielen Bühnen aufgeführt. Im Mittelpunkt des Dramas steht der patriotisch und humanistisch gesinnte jüdische Chirurgieprofessor Mamlock, der das Phänomen des Nationalsozialismus zunächst nicht zu durchschauen vermag und seinen Sohn Rolf nicht versteht, der als Kommunist aktiv im Widerstand tätig ist. Als das Regime auch ihn unter Druck setzt und terrorisiert, erkennt er, daß Rolf den richtigen Weg gegangen ist. Daraufhin begeht Mamlock Selbstmord. Wegen der schlichten Charakterzeichnungen bezichtigten einige Kritiker dieses Stück der puren Schwarz-Weiß-Malerei. Der Begriff »Gemamlockt-Werden« wurde zu einem Synonym für schablonenhafte Darstellung von Situationen und Menschen.

Im November 1947 wurde Carl Zuckmayers *Des Teufels General* (1946) in Frankfurt am Main uraufgeführt. Dieses Stück setzt sich mit den Möglichkeiten und Wagnissen des Widerstandes der Militärs auseinander und erfreute sich in Westdeutschland bis in die 50er Jahre hinein großer Beliebtheit. Der Held des Dramas ist der Fliegergeneral Harras, der sich mit zwar schlechtem Gewissen, aber aus Leidenschaft zur Fliegerei dem NS-Regime verschrieben hat. Sein Ingenieur-Offizier, der Widerstandskämpfer Oderbruch, bleibt eine blasse Figur, die nicht zur Identifikation einzuladen vermag. Das Stück endet mit dem Sühne-Selbstmord des Generals, mit dem er die Widerstandsgruppe um Oderbruch vor Entdeckung durch die Nationalsozialisten bewahrt. In der sowjetischen Besatzungszone wurde das Stück für die Aufführung nicht freigegeben. Das zeigt, daß sich in der Aufnahme der Literatur durch die verschiedenen Zonen bereits kurz nach 1945 die politische Teilung Deutschlands anzudeuten begann, die 1949 durch die Schaffung zweier deutscher Staaten vollzogen wurde.

### Literaturnobelpreisträger

1940–1943: Kein Preis verliehen.
1944: Johannes Jensen (Dänemark). Er schrieb z. T. humorvolle Erzählungen über das Leben der Bauern in Jütland, die einen wichtigen Beitrag zur realistischen Literatur darstellen. Seine Werke sind von der Spannung zwischen der Sehnsucht nach einer Welt der Phantasie und der Erkenntnis, daß die Erde dieses Paradies bildet, geprägt. Er schuf ein neues literarisches Genre, die »Mythe« (dt. Auswahl *Mythen und Jagden* 1911), die eine Mischung von Novelle, Essay, Plauderei und Reisebeschreibung darstellt. Bekannt ist auch sein Romanzyklus *Die lange Reise*.
1945: Gabriela Mistral (Chile). Sie war der erste südamerikanische Autor, dem den Literaturnobelpreis verliehen bekam. In ihren Gedichten beschrieb sie mit großem Einfühlungsvermögen die Emotionen, die Liebe und Verliebtheit hervorrufen. Ihre schlichte Sprache ist mit Begriffen aus der Umgangssprache durchsetzt. Im diplomatischen und konsularischen Dienst vertrat sie Chile unter anderem in Rio de Janeiro, Madrid, Lissabon, Nizza und Rapallo.
1946: Hermann Hesse (Schweiz). Er war Sohn eines baltischen Missionspredigers, sollte ebenfalls Theologie studieren, wurde aber Buchhändler. 1911 reiste er nach Indien, wo sein Großvater Missionar gewesen war. In seinen meist grüblerisch-romantischen Romanen und Gedichten versuchte er, westliche und fernöstliche Philosophie miteinander zu verbinden. Zu seinen bekanntesten Romanen gehören *Siddharta* (1922), *Narziß und Goldmund* (1930) und *Das Glasperlenspiel* (1943). Während des 1. Weltkrieges war er Pazifist und rief die europäische Intelligenz auf, eine Gemeinschaft zu bilden, die über den kriegführenden Parteien stehen sollte.
1947: André Gide (Frankreich). Zunächst deutlich vom Calvinismus geprägt, vertrat Gide später eine atheistische, zeitweise vom Kommunismus beeinflußte Haltung, die die Begründung jeder Moral in Frage stellte. Er war ein entschiedener Vertreter der persönlichen Freiheit. Zu seinen bekanntesten Werken gehören neben seinen freimütigen Tagebüchern die Romane *Die Verliese des Vatikans* (1914, dt. 1922) und *Die Falschmünzer* (1926, dt. 1928).
1948: Thomas Stearns Eliot (Großbritannien), US-amerikanischer Herkunft, kam 1914 nach England, wo er dann blieb. 1922 veröffentlichte er in der von ihm gegründeten Zeitschrift *The Criterion* die Dichtung *Das wüste Land*, die zu einem Meilenstein in der Lyrik der Moderne wurde. Von Anglikanismus und der klassischen Literatur geprägt, erneuerte er zudem das religiöse Drama. Zu seinen herausragenden Stücken gehören: *Mord im Dom* (1946) und *Der Privatsekretär* (1953). Eliot war auch als Kultur- und Literaturkritiker von Bedeutung.
1949: William Faulkner (USA). Als Romanschriftsteller machte er zuerst mit dem Erscheinen von *Schall und Wahn* (1929) von sich reden. In seinen Romanen beschrieb er die Geschichte des amerikanischen Südens mit seinen Rassengegensätzen, indem er Menschen schilderte, die in ihrer Orientierungslosigkeit keine feste moralische Wertwelt mehr haben. Weitere bekannte Romane Faulkners sind *Absalom, Absalom* (1936) und *Requiem für eine Nonne* (1951).

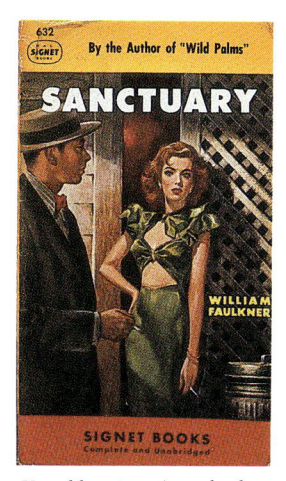

*Hermann Hesse*

*Umschlag einer Ausgabe des Jahres 1947 von William Faulkners »Sanctuary«, zuerst erschienen 1931.*

Dem deutschen Nachkriegslesepublikum wurde die Auseinandersetzung mit dem grausamen Phänomen der Konzentrationslager durch die Romane *Die Prüfung* (1946) von Willi Bredel und *Das siebte Kreuz* von Anna Seghers (1942) ermöglicht. In diesem »Roman aus Hitlerdeutschland« beschreibt Anna Seghers, wie aus einem Konzentrationslager sieben Häftlinge entkommen können. Nur einem gelingt jedoch die Flucht über die deutsche Grenze in die Freiheit. Er wird damit zur Symbolfigur für ein zukünftiges, ein anderes, besseres Deutschland.

Die Amerikaner förderten in den westlichen Besatzungszonen die Verbreitung ihrer Literatur, die das amerikanische Re-education-Programm, das die Entnazifizierung vorschrieb, unterstützen sollte. Diese Literatur traf auf einen Leserkreis, der seit 1938 keine ausländischen Autoren mehr zu lesen bekommen hatte und ein lebhaftes Interesse an ausländischer Literatur zeigte.

*Anna Seghers am 10. 5. 1947 bei einer Gedenkfeier für die Bücherverbrennung in Berlin.*

*Literatur nach 1945 S. 328–59*

*Tagung der »Gruppe 47« im Jahre 1949; ganz rechts Hans Werner Richter.*

Zu absoluten Importschlagern wurden Thornton Wilders Stück *Wir sind noch einmal davon gekommen* (1946) und Ernest Hemingways Roman *In einem andern Land*, von dem der Verlag Rowohlt 1946 100 000 Exemplare im Rotationsdruck herstellte.

Wilders Stück fand wohl u. a. deshalb so großen Anklang, weil in ihm am Beispiel einer »typisch amerikanischen Durchschnittsfamilie« Probleme allgemeinmenschlicher Natur vorgeführt werden. Im neu entstehenden Literaturbetrieb in Nachkriegsdeutschland nehmen die nicht-politischen Lyriker eine besondere Stellung ein. Hans Carossa, Elisabeth Langgässer und Georg Britting z. B. bewahren in ihren Gedichten einen sehr traditionellen Stil, der mit den Inhalten korrespondiert. Die Gedichte beschreiben in seelischer Tiefgründigkeit Idyllen und schwärmerisches Naturerleben, das wenig mit der Wirklichkeit des Trümmerdeutschland zu tun hatte. Doch vielleicht gerade deswegen fanden sie ihren Leserkreis.

Von den Sowjets wurde in ihrer Zone besonders die agitierende Lyrik des sozialistischen Realismus gefördert. Ihre teilweise schwülstige Heroisierung des Wiederaufbaus unter sozialistischer Leitung fand in der sog. Becher-Hymne bleibenden Ausdruck. Das von Johannes R. Becher gedichtete Lied *Auferstanden aus Ruinen und der Zukunft zugewandt* ist Nationalhymne der DDR geworden.

1946 veröffentlichte Erich Kästner *Bei Durchsicht meiner Bücher*. Darin beschäftigt er sich mit seinen vor 1933 geschriebenen Werken. Kästner, dessen Bücher 1933 verbrannt und dem 1942 Schreibverbot auferlegt wurde, blieb trotzdem bis 1945 in Deutschland. Er ist nicht wie so viele andere in das Exil ausgewichen, sondern hat aus persönlichen Gründen die »innere Emigration« gewählt.

Neben den aus dem Exil und aus der »inneren Emigration« wieder an das deutsche Publikum herantretenden Literaten wuchs eine neue Generation junger Autoren heran, die vor 1945 noch nicht oder nur wenig publiziert hatten. Ihr bekanntester Vertreter ist Wolfgang Borchert (auch → S. 260). Das Theaterstück, das die größte Resonanz hervorrief, ist ohne Zweifel das im Januar 1947 von dem schon todkranken Dichter in acht Tagen niedergeschriebene Schauspiel *Draußen vor der Tür*. Schon ganz im Geiste des »magischen Realismus« geschrieben, bereitete das Stück dieser Literaturrichtung neben der von Wolfdietrich Schnurre 1946 verfaßten Erzählung *Das Begräbnis* den Weg. Mit dieser Erzählung eröffnete im September 1947 in Bannwaldsee bei Füssen auf der ersten Tagung der »Gruppe 47« Schnurre die lange Reihe der literarischen Vorträge bei den Gruppentreffen. Mit der einführenden Lesung eines Textes, der dem »magischen Realismus« verpflichtet war, zeichnete Schnurre in Übereinstimmung mit anderen Gruppenmitgliedern die Stilrichtung vor, die in die sogen. »Kahlschlagperiode« mündete, welche wiederum in den 50er Jahren einer von I. Aichinger, I. Bachmann und Paul Celan vertretenen »neuen Poesie« weichen mußte.

Hans Werner Richter, der Mitgründer und geistige Vater der »Gruppe 47«, schrieb im März 1947 in der Zeitschrift »Der Ruf«, deren Mitherausgeber er war, daß durch die blutigen Erlebnisse der Zeit, die Fragwürdigkeit der Existenz und durch die allgemeine Unsicherheit und seelische Verwirrung die Realität, wie sie sich darstellte, ins Magische erhoben werde. In diesem Sinne fanden sich Schriftsteller der jungen Generation zusammen, die vom »Elfenbeinturm des entrückten Literaturschaffens« (Schnurre) herabsteigen wollten, um die für sie »magisch« gewordene Realität ihrer eigenen Vergangenheit mit ihren Schrecknissen und unbewältigten Erlebnissen literarisch bearbeiten zu können.

Neben den Gründern der »Gruppe 47« Alfred Andersch, Walter Kolbenhoff und Hans Werner Richter sind für das Jahr 1947 Wolfdietrich Schnurre, Ernst Kreuder, Günter Eich, Wolfgang Lohmeyer, Walter Heist und Wolfgang Bächler als Gruppenmitglieder hervorzuheben. Ihre Intention, eine Zeitschrift als Organ ihres schriftstellerischen Selbstverständnisses zu schaffen, wurde durch die amerikanische Besatzungsmacht dadurch vereitelt, daß sie dem »Skorpion«, so der geplante Titel der Zeitschrift, die Lizenz verweigerte, und somit für die Mitglieder der Gruppe die Notwendigkeit entstand, eine andere Form für weitere literarische Zusammenarbeit zu suchen.

So fand man sich auf halbjährlichen und später jährlichen Tagungen zusammen, zu denen von Hans Werner Richter eingeladen wurde. Bedingt durch die Teilnahme immer anderer Schriftsteller war die »Gruppe 47« nicht das, was ihr Name suggeriert, ein 1947 geschlossener, verschworener Kreis, sondern ein einem stetigen Wandel unterliegender Zirkel von Autoren, die sich zu einer zwar streng antifaschistischen Grundhaltung bekannten, die später jedoch immer unpolitischer wurden und sich mehr auf Probleme dichterischer Ästhetik zurückzogen. Neben dieser Grundkomponente wurde der von Wolfgang Weyrauch propagierte »Kahlschlag« der Sprache für die Autoren der »Gruppe 47« zum wichtigsten Kriterium ihres literarischen Schaffens. Sie suchten nach einer Sprache, die, befreit von jedem Pathos und von Gewähltheit, die Kargheit des Alltags wiedergeben und auf das Maß nüchterner Mitteilung reduziert sein sollte. Jede Exklusivität des Ausdrucks, ob in Prosa oder Poesie, sollte vermieden werden, um aus der bloßen Alltagssprache ein Kunstwerk zu schaffen. Im Zuge dieser Bestrebungen wurden bei den Treffen der »Gruppe 47« die vorgetragenen Werke mehr und mehr nach der Sprachform und nicht nach dem Inhalt bewertet. Das »Wie« wurde wichtiger als das »Was«. Die Wertung der zum Vortrag gekommenen Werke sollte rückhaltlos und offen sein. Dieses Postulat der Kritik entsprach nach 12jähriger Kritikabstinenz, die der Staat Hitlers seinen Literaturschaffenden auferlegt hatte, einem Bedürfnis, dem lebhaft nachgegangen wurde.

Das in den Anfängen der »Gruppe 47«, d. h. in der Zeit von 1947–1950, entwickelte Literaturverständnis hat die Literaturlandschaft der Bundesrepublik bis weit in die 60er Jahre geprägt.

SILKE GROTHUES

## Theater in Deutschland

Sogar in Berlin, einer der am schwersten verwüsteten Städte Europas, wurde noch 1944 Theater gespielt. Nach der Kapitulation Deutschlands kam der Theaterbetrieb wieder rasch in Gang. Mit der Premiere von *Nathan der Weise* von Gotthold Ephraim Lessing wurde das fast unversehrt gebliebene Deutsche Theater an der Schumannstraße am 7. 9. 1945 wiedereröffnet.

Kaum acht Monate später, am 3. 5. 1946, betrat Gustaf Gründgens im selben Theater in der Hauptrolle von Carl Sternheims Komödie *Der Snob* wieder die Bühne. Er wurde mit einer minutenlangen Ovation begrüßt, obwohl er unter dem NS-Regime Generalintendant der Preußischen Staatstheater gewesen war und diese Funktion bis 1944 ausgeübt hatte. Max Reinhardt war 1943 in der New Yorker Emigration verarmt gestorben. Leopold Jessner, der führende Vertreter des Expressionismus, von 1928 bis 1930 Generalintendant des Berliner Staatstheaters, starb 1945 in Los Angeles.

Gustaf Gründgens wurde schnell rehabilitiert. Verfolgte Juden, Kommunisten und andere bezeugten, daß er seine Stellung als Generalintendant auch benutzt habe, um Opfern des Nationalsozialismus zu helfen. Obwohl Gründgens vom Publikum akzeptiert wurde, ging er ein Jahr später als Intendant an das Schauspielhaus seiner Geburtsstadt Düsseldorf.

Bert Brecht, der 1933 emigriert war und seit 1941 in den USA lebte, wurde dort vor den Ausschuß

### Jean-Paul Sartre

Der französische Philosoph und Schriftsteller Jean-Paul Sartre wurde am 21. 6. 1905 in Paris geboren, wo er am 15. 4. 1980 auch starb. In einem kleinen Café im Pariser »Quartier Latin« schrieb er in den ersten Kriegsjahren sein Hauptwerk *L'être et le néant* (1943, dt. *Das Sein und das Nichts* 1952). Im Gegensatz zum Determinismus christlicher Prägung verkündete Sartre die totale Freiheit und Verantwortung des Menschen in einer Welt ohne Gott, ohne Gnade und Reue. Er galt seither als französischer Hauptvertreter des atheistischen Existentialismus. Sein Denken war von Hegel, Husserl, der deutschen Existenzphilosophie, besonders stark jedoch von Karl Marx beeinflußt. Sartres pessimistisches Weltbild ist außerdem nicht denkbar ohne die Erfahrung des Krieges. Die Zeit der Kriegsgefangenschaft, sein Engagement für die Widerstandsbewegung, später die Gründung einer Partei, des Rassemblement Démocratique Révolutionnaire, prägten sein Denken entscheidend. In zahlreichen Gesprächen mit Freunden philosophierte er über die Freiheit, die nach dem Krieg langsam wieder einkehrte und zu deren voller Entfaltung er beitragen wollte. 1946 erschien der philosophische Essay *L'existentialisme est – il un humanisme* (dt. *Ist der Existentialismus ein Humanismus?* 1947), eine Verteidigung des bereits von Martin Heidegger vertretenen, jedoch von vielen Zeitgenossen geschmähten Existentialismus. Um sein Denken einer breiteren Öffentlichkeit darzulegen, gab Sartre ab 1946 die von ihm gegründete Zeitschrift *Les Temps Modernes* heraus. Zwischen 1945 und 1949 erschien sein Romanzyklus *Les chemins de la liberté* (dt. *Die Wege der Freiheit* 1949–1952), in dem er den Absolutheitscharakter und die Unteilbarkeit der Freiheit bekräftigte: entweder ganz oder gar nicht. Wiewohl überzeugter Marxist, übte Sartre heftige, auch öffentliche Kritik an der blutigen Unterdrückung des Ungarnaufstandes durch die UdSSR im November 1956. Seine Einstellung zum Kommunismus war seither durch starke Widersprüche gekennzeichnet, so daß er zuletzt politisch kaum noch ernst genommen wurde.

Sartre war einer der wenigen Philosophen, die es verstanden, ihre Weltanschauung in der Öffentlichkeit vorzustellen, indem er sie auch in die Form von Romanen und Bühnenstücken kleidete. Seine Werke wurden in zahlreichen Sprachen gedruckt und fanden insbesondere bei der Nachkriegsgeneration großen Anklang. Seine bekanntesten Romane waren vor 1940 erschienen: *La nausée* (1938, dt. *Der Ekel* 1949) und *Le Mur* (1939, dt. *Die Mauer*); seine berühmtesten Bühnenstücke entstanden jedoch in den 40er Jahren: *Les mouches* (1943, dt. *Die Fliegen* 1943), *Huis clos* (1944, dt. *Geschlossene Gesellschaft* 1949), *La putain respecteuse* (1946, dt. *Die ehrbare Dirne* 1952), *Les mains sales* (1948, dt. *Die schmutzigen Hände* 1948), *Le diable et le bon Dieu* (1951, dt. *Der Teufel und der liebe Gott*).

für unamerikanische Umtriebe geladen. Nach seiner nicht ganz freiwilligen Ausreise aus den USA (1947) ließ Brecht sich zunächst in Zürich nieder. Eine Chance für ihn, in Westdeutschland arbeiten zu können, schien kaum zu bestehen. Brecht hätte mit seinem gesellschaftskritisch engagierten Theater, das um 1930 großes Aufsehen erregt hatte, kaum aufgeführt werden können. Die Westalliierten verweigerten ihm die Einreise in den von ihnen besetzten Teil Deutschlands. In Ostberlin fand er freundliche Aufnahme (1948), da die sowjetische Besatzungsmacht das Bild eines blühenden kulturellen Lebens als nützlich für den Aufbau des sozialistischen Staates ansah und davon ausging, daß Brecht sich vorbehaltlos hinter das Programm der SED stellen würde. Obwohl er in manchen Punkten kritische Distanz zum Regime hielt, fand er kräftige Förderung und konnte eine eigene Gruppe gründen, das Berliner Ensemble unter der Leitung seiner zweiten Frau Helene Weigel, das Gastspiele im Deutschen Theater gab.

Unterdessen spielte man in den Theatern West-

*Theater S. 328–57*

## 43. Der Kampf um die Macht

Seit August 1945 werden in den Westzonen wieder politische Parteien zugelassen. Sie sollen nach dem Willen der Alliierten »das Wachsen eines demokratischen Geistes in Deutschland fördern« und Wahlen für einen späteren Zeitpunkt vorbereiten. Letzteres haben die Parteien zuverlässig garantiert, ihrem Auftrag zur Förderung demokratischer Gesinnung kamen sie dagegen nur recht eingeschränkt nach.

Schumacher gegen Grotewohl, Adenauer contra Kaiser, Hundhammer gegen Müller, so hießen schon 1945 die innerparteilichen »Duelle« und sie waren nicht immer Vorbild für demokratischen Meinungsstreit. Drang nach politischer Verantwortung und persönliche Machtgelüste waren schon zu dieser Zeit oft schwer zu entwirren. Waren die Sozialdemokraten wirklich verkappte Kommunisten, CDU und FDP allein die Retter vor der roten Gefahr? War Adenauer ein »Kanzler der Alliierten«?

Der Streit innerhalb und zwischen den Parteien hat die demokratischen Kräfte in Deutschland jedoch – anders als in der Weimarer Zeit – nicht soweit gelähmt, daß Extremisten je eine reelle Chance gehabt hätten.

## 44. Das neue Geld

Die Deutschen trauten ihren Augen nicht. Wo kamen denn plötzlich nur die Schuhe her, die Strümpfe, Mäntel und Lebensmittel? Wer sich am Tag nach der Währungsreform von den Auslagen der Geschäfte nicht blenden ließ, der brauchte sich später über das deutsche »Wirtschaftswunder« nicht zu wundern.

Der Schlüssel zu dem Wohlstand kam aus Amerika. Dort waren seit dem Herbst 1947 mehr als 900 Tonnen Geldscheine gedruckt worden: die Deutsche Mark. Die heimliche Verteilung des Geldes auf jene Stellen, die ab dem 20. Juni 1948 an jeden Bürger in den Westzonen 40 DM der neuen Währung ausgeben sollten, war eine logistische Meisterleistung. Daß viele Geschäftsleute diesen Tag erwartet und ihrerseits »disponiert« hatten, war kaum weniger raffiniert, wenn auch nicht unumstritten.

Die Währungsreform vom Juni 1948 war eine Art Initialzündung für den rasanten wirtschaftlichen Aufschwung der kommenden Jahre. Diejenigen profitierten am meisten, die am Stichtag Handfesteres besaßen als ein Bündel wertloser Reichsmark.

**43. Parteien**
a) K. Adenauer
b) K. Schumacher
c) T. Heuss
d) H. Böckler

**44. Währungsreform**
a) L. Erhard
b) Verkündung der Währungsreform
c) H. Pünder
d) E. Köhler
e) Meinungsumfrage

## 45. Grenzen des Föderalismus

Im Badischen hatte man schon immer eigene Vorstellungen von Tradition und Selbständigkeit. Die badischen Liberalen um Hecker und Struve gehörten zu den Vorkämpfern der bürgerlichen Revolution von 1848, im Bismarck-Reich war Baden das liberale »Musterländle«, 1919 konstituierte sich schließlich die badische Nationalversammlung.

Die Alliierten hatten nach 1945 für derlei Tradition wenig Sinn. Sie teilten den Südwesten Deutschlands entsprechend den Grenzen der Besatzungszonen auf. Es entstanden die Länder Württemberg-Baden, Württemberg-Hohenzollern und Süd-Baden. Ihre Grenzen zerschnitten nicht nur Stammesbindungen, sondern auch alte wirtschaftliche Verknüpfungen.

Der Versuch, die Länder zusammenzuschließen, scheiterte 1947/48 am Widerstand der badischen Regierung. Diese bestand auf der Wiederherstellung des Landes Baden und zeigte auch nach der durch das Grundgesetz angeordneten »freiwilligen Verständigung« keine Neigung zum Kompromiß. Am 6. September 1951 entschied sich die Mehrheit per Volksabstimmung für den »Südweststaat«.

## 46. Die befohlene Republik

»Wir sind der festen Überzeugung, daß wir durch unsere Arbeit einen wesentlichen Beitrag zur Wiedervereinigung des ganzen deutschen Volkes ... leisten.« Konrad Adenauer, der diese Worte am 23. Mai 1949 zur Verkündung des Grundgesetzes für die Bundesrepublik Deutschland sprach, war davon ursprünglich gar nicht überzeugt gewesen. Und wie der Präsident, so bezweifelte auch die Mehrheit der übrigen Mitglieder des Parlamentarischen Rates, daß die Gründung eines Weststaates der Wiedervereinigung nutze.

Auf Drängen der Amerikaner hatten die Teilnehmer der Londoner Sechs-Mächte-Konferenz im Juni 1948 die Westdeutschen aufgefordert, einen Staat zu gründen und sich eine demokratisch-föderative Verfassung zu geben. Der Einspruch der deutschen Ministerpräsidenten fand nur bescheidene Resonanz.

Am 1. September 1948 trat im Bonner Museum Koenig der Parlamentarische Rat zusammen, eine verfassunggebende Versammlung mit anderem Namen. Und auch das Grundgesetz konnte nicht lange eine »vorläufige Verfassung« bleiben in einer Zeit, in der wenig provisorisch blieb.

**45. Der Südweststaat**
a) L. Wohleb
b) L. Wohleb
c) G. Müller
d) G. Müller

**46. Parlamentarischer Rat**
a) K. Adenauer
b) J. Schwalber
c) T. Dehler
d) C. Schmid
e) K. Schumacher

## 47. Der demokratische Neubeginn

»Nach Hitler – wir!« – Die Sozialdemokraten waren überzeugt, daß nach dem Ende der nationalsozialistischen Herrschaft sie die Geschicke Deutschlands lenken würden. Um so herber war die Enttäuschung, daß es Konrad Adenauer war, der am 15. September 1949 mit einer Stimme Mehrheit zum ersten Kanzler des jungen Staates gewählt wurde, obwohl die SPD stärkste Einzelpartei geworden war.

15 Parteien und zwei unabhängige Kandidaten waren im 1. Deutschen Bundestag vertreten. Schon 1949 scheiterten neben 103 Einzelbewerbern auch fünf Parteien an der damals noch sehr eingeschränkten 5-Prozent-Klausel. Diese Bestimmung hatte man ins Wahlgesetz aufgenommen, um eine Zersplitterung wie im Weimarer Reichstag zu verhindern. Ebenfalls aus den Erfahrungen der Weimarer Republik resultiert die fast nur noch repräsentative Stellung des Bundespräsidenten. Es ist der selbstbewußten Zurückhaltung und dem charismatischen Charme von Theodor Heuss zu verdanken, daß das Amt des Bundespräsidenten trotzdem hohes Ansehen genießt.

## 48. Die Weichen werden gestellt

»Kanzler der Alliierten« – das Wort Kurt Schumachers hat Konrad Adenauer hart getroffen. »Getroffen« in einem Doppelsinn. Denn einmal war der damals 77jährige zu selbstbewußt, um Erfüllungsgehilfe der Alliierten zu sein; andererseits wollten die Amerikaner häufig genau das, was Adenauer schon getan hatte.

Am 21. September 1949 z. B., als die drei Hohen Kommissare den deutschen Bundeskanzler und seine Regierung im Hotel Petersberg bei Bonn zum Antrittsbesuch empfingen, tritt Adenauer zu seiner Rede festen Schrittes vom Holzboden auf den Teppich, auf dem auch die alliierten Kommisare stehen. Verwunderung, Entsetzen – da dokumentiert jemand Gleichberechtigung weit vor der Zeit.

Konrad Adenauer wollte Kanzler eines richtigen Staates sein. Für die Selbständigkeit der Bundesrepublik hat er viel getan: von der Aussöhnung mit den ehemaligen Feinden bis zum NATO-Beitritt. Gemessen an dieser Herzensangelegenheit waren seine Reden zur deutschen Einheit oft nur Lippenbekenntnisse.

**47. Gründung der BR Deutschland I**
a) K. Adenauer
b) T. Heuss
c) E. Köhler
d) K. Schumacher

**48. Gründung der BR Deutschland II**
a) K. Adenauer
b) K. Schumacher
c) K. Adenauer
d) K. Schumacher
e) K. Schumacher
f) K. Adenauer

**43. Parteien**
SPD-Mitglieder kamen aus KZ und Exil zurück – z. B. Kurt Schumacher, körperlich gebrochen. Neben ihm Annemarie Renger.

**44. Währungsreform**
Am 20. Juni 1948 gab es das neue Geld: 40 Deutsche Mark »Kopfgeld« gegen 40 alte Reichsmark.

**45. Der Südweststaat**
Die Badener hatten Angst, im großen württembergischen Südweststaat unterzugehen, und propagierten die Wiederherstellung der alten Länder.

**46. Parlamentarischer Rat**
Kurt Schumacher und Carlo Schmid, SPD, Konrad Adenauer, CDU.

**47. Gründung der BR Deutschland I**
Bundestagspräsident Erich Köhler vereidigt Bundeskanzler Konrad Adenauer auf das Grundgesetz.

**48. Gründung der BR Deutschland II**
Kritik an der ersten Regierungserklärung: Kurt Schumacher, Oppositionsführer.

## Das französische und das britische Theater

Der 2. Weltkrieg machte dem berühmten »Kartell der Vier«, von dem das französische Theater der 20er bis 40er Jahre künstlerisch geprägt worden war, allmählich ein Ende. Das »Kartell« war eine Interessengemeinschaft von vier unabhängigen Theaterunternehmern. Sie führten das fort, was Jacques Copeau 1913 mit seinem »Théâtre du Vieux Colombier« begonnen hatte, den Versuch, ein Gleichgewicht zwischen der Avantgarde und dem klassischen Theater zu gewinnen. Einige Wochen nach Kriegsanfang starb Georges Pitoëff. Louis Jouvet wanderte 1940 nach Südamerika aus, weil er gern neue Stücke von Jules Romains und Jean Giraudoux aufführen wollte, die er als Dramatiker eingeführt und auch weiter angeregt hatte. Nach seiner Rückkehr führte er 1945 Giraudoux' *Die Irre von Chaillot* (geschrieben 1943) auf. Von einer Aufführung der *Zofen* (1947) Jean Genets mußte er zu seiner großen Enttäuschung absehen. Jouvet starb 1951 und konnte so seine Arbeit an der Dramatisierung von Graham Greenes Roman *Die Kraft und die Herrlichkeit* (1940) nicht vollenden. Das dritte Mitglied des »Vierer-Kartells«, Charles Dullin, war von 1941–1947 Direktor des »Théâtre de la cité« und führte dort bei Sartres Theaterdebüt *Die Fliegen* (1943) Regie. Dullins Schüler, Jean-Louis Barrault, dem großen Mann der neuen Generation, war es zu verdanken, daß bereits 1943 in der »Comédie Française« Paul Claudels *Der seidene Schuh* (1930), das sogenannte »Meisterwerk des Jahrhunderts«, aufgeführt wurde. Es handelte sich bei dieser Bezeichnung um eine Art Heiligenverehrung, wie sie ein Jahr zuvor bereits Henry de Montherlant für *Die tote Königin* (1942) zuerkannt worden war. Dieses Stück war für andere Romanschriftsteller, so für François Mauriac und Julien Green, ein Anreiz, auch für das Theater zu schreiben. Das vierte und im zeitgenössischen Europa wohl bekannteste Mitglied des »Kartells«, Gaston Baty, beschäftigte sich in seinem »Studio des Champs-Elysées« mit der kühnen Bearbeitung französischer klassischer Stücke. Er brachte u. a. 1940 Racines *Phädra* und 1946 De Mussets *Lorenzaccio* heraus. Jean Anouilh, der 1928 als Sekretär Louis Jouvets Zeuge des großen Erfolges von Giraudoux' Erstling *Siegfried et le Limousin* war, kam dadurch zum Verfassen von Theaterstücken.

In den ersten Nachkriegsjahren erregten vor allem Jean-Paul Sartre und Albert Camus mit ihren Dramen die Aufmerksamkeit der Linksintellektuellen von St.-Germain-des-Prés. Zu Sartres erfolgreichsten Stücken gehörten: *Die Fliegen* (1943), *Geschlossene Gesellschaft* (1944), *Die ehrbare Dirne* (1946), *Tote ohne Begräbnis* (1947) und *Die schmutzigen Hände* (1948). Camus' erfolgreichste Dramen aus dieser Zeit waren *Das Mißverständnis* (1944), *Caligula* (1944) und *Der Belagerungszustand* (1948).

In Großbritannien führten Thomas Stearns Eliot (*Die Cocktailparty*, 1949) und Christopher Fry (*Ein Phoenix zu viel*, 1946; *Die Dame ist nicht für's Feuer*, 1949) eine Renaissance des Versdramas herbei. Neugierig nahm Europa die Dramen US-amerikanischer Autoren wie z. B. Arthur Miller (*Alle meine Söhne*, 1947; *Tod eines Handlungsreisenden*, 1948) oder Tennessee Williams (*Die Glasmenagerie*, 1945; *Endstation Sehnsucht*, 1947) auf. Auch die neuen Stücke Eugene O'Neills (*Der Eismann kommt*, 1946; *Ein Mond für die Beladenen*, 1947) erregten großes Aufsehen.

*Laurence Olivier und Vivien Leigh 1949 als Sir Peter und Lady Teazle in Sheridans »Die Lästerschule« (1777).*

*Gustaf Gründgens als Mephisto in »Faust II« während einer Aufführung im Rahmen der Berliner Kunstwochen 1942.*

deutschlands Stücke von Autoren, die während des Dritten Reiches verboten waren, z. B. von Carl Zuckmayer *(Des Teufels General)*, und von Ausländern wie Wilder und O'Neill, Claudel und Sartre. Neue deutsche Stücke wurden vorerst kaum geschrieben, mit Ausnahme von *Draußen vor der Tür* (1947) von Wolfgang Borchert, einem Repräsentanten der enttäuschten Jugend nach dem 2. Weltkrieg (auch → S. 260).

Ost- und Westberlin waren zwar noch nicht durch eine Mauer getrennt, doch gab es deutlich spürbare Grenzen zwischen dem sowjetischen Sektor und den anderen Sektoren. In Westberlin blühte ein neues Theaterleben unter der Leitung des Filmregisseurs Boleslaw Barlog auf, der als Intendant des Schloßparktheaters im Stadtteil Steglitz ein eigenes Ensemble aufbaute. Er fing vorsichtig an mit berühmten Komödien (von Marcel Pagnol, John Priestley und William Shakespeare) und brachte danach auch klassische deutsche Stücke sowie Werke neuer ausländischer Autoren heraus. Aber das geteilte und verhältnismäßig isolierte Berlin war nicht mehr die lebendige Theatermetropole der ersten Hälfte der 20er Jahre. Das deutschsprachige Theater entwickelte sich in mehreren Städten – Hamburg, München, Düsseldorf, Frankfurt – und natürlich auch in Wien.

ANDRÉ RUTTEN

## Der Tanz in den 40er Jahren

### Neue Ansätze in Großbritannien und in den USA

Zu den wichtigsten Entwicklungen auf dem Gebiet des Tanzes in den 40er Jahren gehört die volle künstlerische Entfaltung des britischen Balletts. Ninette de Valois, künstlerische Leiterin des Sadler's Wells (heute Royal) Ballet, und ihr Mitarbeiter Frederick Ashton sind die Begründer eines Stils, der Sauberkeit und Präzision große Bedeutung zumißt, und zwar sowohl in bezug auf die technische Virtuosität als auch auf die stilisierte und oft distanzierte Darstellung von Emotionen.

Margot Fonteyn stieg in den 40er Jahren zum international gefeierten Star auf. Ashton schuf für sie viele Ballette, u. a. *Symphonic variations* (1946, Musik von César Franck), das als symphonisches Ballett eine Ausnahmestellung in seinem überwiegend erzählenden Œuvre einnimmt.

In der Choreographie wurden die Entwicklungen der 30er Jahre fortgesetzt. Die Ballette zeigten viel Pantomime und waren stilistisch eine Fortsetzung des neoromantischen »Realismus« von Leonid Massine und Bronislawa Nijinska. In dieser Hinsicht übertraf Ashton als Choreograph Ninette de Valois.

Zu den bedeutendsten Ballerinen neben Margot Fonteyn gehörte Moira Shearer. Sie wurde international bekannt durch ihre Rolle in dem Film *The red shoes* (Die roten Schuhe, 1948), einem Ballettfilm nach Hans Christian Andersens gleichnamigem Märchen. 1949 wurde Michael Somes Margot Fonteyns Partner und führender Solotänzer.

In den USA nahm eine neue Ballett-Kunst dank zweier junger Ballettgruppen in New York, die sich an der Pionierarbeit der 30er Jahre orientierten, Gestalt an. Die ältere Truppe war die von George Balanchine und Lincoln Kirstein. Bis 1941 nannte sie sich American Ballet Caravan, nach 1946 Ballet Society und seit 1948 New York City Ballet. Hier schuf Balanchine die Grundlagen für seinen abstrahierenden Tanzstil, der in den 50er Jahren großen Einfluß gewann, u. a. mit *Concerto barocco* (1941, Musik von J. S. Bach), *The four temperaments* (1946, Musik von Paul Hindemith) und *Orpheus* (1948, Musik von Igor Strawinskij). Als neue Gruppe präsentierte sich das Ballet Theatre, seit 1957 American Ballet Theatre, das unter Lucia Chase 1939 aus dem Mordkin Ballet hervorgegangen war und bei der Entwicklung des amerikanischen Handlungsballetts eine tonangebende Rolle spielte. Die bedeutendsten Choreographen waren hier der Brite Anthony Tudor sowie die ersten typisch amerikanischen Choreographen Eugene Loring, der die Gruppe bereits 1941 verließ, Jerome Robbins, der u. a. 1944 sein aufsehenerregendes Ballett *Fancy free* (Musik von Leonard Bernstein) kreierte, und Agnes de Mille, deren *Fall River Legend* (1948, Musik von Morton Gould) zu einem Repertoirestück geworden ist. Agnes de Mille trat außerdem als Choreographin von Musicals hervor, u. a. *Oklahoma!* (1943) und *Gentlemen prefer blondes* (1949). Zu den herausragenden Solisten gehörte u. a. Jerome Robbins.

## Ballettzentren des europäischen Festlands

Die Tatsache, daß am Ausgang der 30er Jahre in der UdSSR bedeutende Tanzkünstler des Leningrader Kirow-Balletts zum Bolschoj-Ballett in Moskau überwechselten, ließ die Hauptstadt zu einer weiteren Balletthochburg werden. Leonid Lawrowskij choreographierte hier 1946 *Romeo und Julia* nach der gleichnamigen Ballettmusik von Prokofjew. Gleichfalls für das Bolschoj-Ballett schuf Rostislaw Sacharow 1945 die erste (Moskauer) Choreographie für Prokofjews Ballettmusik *Aschenbrödel*. Sein Ballett *Der eherne Reiter* (Musik von Reinhold Glière), das er 1949 für das Kirow-Ballett nach dem gleichnamigen Gedicht von Alexander Puschkin schuf, ist mittlerweile ebenfalls klassisch geworden. Aufstrebende Choreographen waren Leonid Jakobson, der 1945 *Schuralej* (Musik von Farid Jarullin) herausbrachte, das wegen seiner tatarischen Kriegstänze sehr populär wurde, und Konstantin Sergejew, u. a. mit der Leningrader Premiere von Prokofjews *Aschenbrödel* (1946).

In Frankreich hatte der künstlerische Leiter des Pariser Opera Ballets, Serge Lifar, großen Erfolg mit seinen Balletten *Suite en blanc* (1943, Musik von Édouard Lalo) und *Les mirages* (1944, Musik von Henri Sauguet). 1945 mußte Lifar, dem Kollaboration mit den Deutschen vorgeworfen wurde, seinen Abschied nehmen, wodurch die Gruppe ihre führende Rolle verlor. Das änderte sich auch nicht, als Lifar 1947 erneut die Leitung

*Moira Shearer tanzte die Hauptrolle in dem Ballett »Die roten Schuhe« wie auch in dem gleichnamigen Ballettfilm.*

*Serge Lifar (vorn Mitte) während einer Galavorstellung im Brüsseler Palast für schöne Künste im Februar 1943.*

*Roland Petit, Gründer des Ballett des Champs Elysées in Paris, führt jungen Ballettelevinnen einen Sprung vor. Aufnahme vom Oktober 1947.*

übernahm. Die wichtigen Erneuerungen fanden nun außerhalb des Opera Ballets statt, u. a. durch Roland Petit, der 1945 das Ballet des Champs-Elysées und 1948 das Ballet de Paris gründete. Petit gab dem französischen Ballett mehr Realismus, vor allem seine Kombination von Eleganz und Erotik lockte das Publikum an. Zu seinen populärsten Balletten gehörte *Le jeune homme et la mort* (1946, Musik von J. S. Bach). Die Hauptrolle tanzte Jean Babilée, der auch als Choreograph Aufsehen erregte. Petits bestes Ballett war *Carmen* (1949, Musik von Georges Bizet), in dem die Startänzerin Renée (»Zizi«) Jeanmaire Triumphe feierte. Eine neue, international angesehene Reisecompagnie war das Grand Ballet de Monte Carlo, das 1947 entstanden war, nachdem der amerikanische Ballettmäzen Marquis George de las Cuevas das Nouveau Ballet de Monte Carlo übernommen hatte. Startänzer waren hier u. a. Rosella Hightower und George Skibine. In Italien war Aurel von Milloss erfolgreich als Choreograph und Leiter der Opernballette in Rom (1938–1945) und Mailand (1946–1950); er choreographierte u. a. die erste gelungene Ballettversion von Béla Bartóks *Der wunderbare Mandarin* (1942).

In Dänemark setzte das Königlich Dänische Ballett unter der Leitung von Harald Lander die Bournonville-Renaissance aus den 30er Jahren fort. Sein Ballett *Etudes* (1948, Musik von Knudåge Riisager nach Carl Czerny) wurde ein internationaler Erfolg. Die führenden Solisten in Kopenhagen waren Margot Lander, ihr Partner Borge Ralov und Mona Vangsaae.

### Der moderne Tanz (nicht-akademischer Tanz)

Nach dem 2. Weltkrieg verlor der Ausdruckstanz, der deutsche bzw. mitteleuropäische Tanzexpressionismus der 20er und 30er Jahre, in Europa an Bedeutung. In den USA hingegen stand der in den 30er Jahren aufgekommene Expressionismus immer noch in Blüte, wobei zunächst der dramatische und heroische »Modern Dance« von Martha Graham dominierte. Großen Eindruck machten vor allem ihre Tanzdramen, die durch die griechische Mythologie inspiriert sind, insbesondere *Cave of the heart* (1946, Musik von Samuel Barber), *Errand into the maze* (1947, Musik von Gian Carlo Menotti) und *Night journey* (1947, Musik von William Howard Schuman). Als Höhepunkt von Martha Grahams Werk gilt *Letter to the world* (1940, Musik von Hunter Johnson), dem das Leben und Werk der Dichterin Emily Dickinson zugrunde liegt. Doris Humphrey trat 1944 zum letzten Mal als Tänzerin auf. Ihre choreographische und pädagogische Arbeit setzte sie fort als künstlerische Leiterin der 1947 gegründeten Tanzgruppe von José Limón. Limón feierte Triumphe mit seinem klassisch gewordenen Quartett über die Liebe, Eifersucht und Rachsucht, *The moor's pavane* (1949, Musik von Henry Purcell), das auf Shakespeares Tragödie *Othello* zurückgeht. Zu den Tanzkünstlern, die in diesen Jahren erstmals hervortraten, gehörte Sybil Shearer. Helen Tamiris entwickelte sich in dieser Periode zu einer außergewöhnlichen Choreographin für Broadway-Musicals, darunter *Showboat* (Musik von Jerome Kern) und *Annie get your gun* (Musik von Irving Berlin). Fred Astaire gehörte nach wie vor zu den bekanntesten Show-Tänzern.

Neu und sehr populär waren die ersten Shows auf der Grundlage afro-amerikanischer Musik und Tanzkunst. Zu den farbigen Tanzkünstlern, die Furore machten, gehörte vor allem Katherine Dunham, die in Musicals und Filmen auftrat, u. a. in *Carnival of rhythm* (1942). Die ebenfalls farbige Tänzerin und Choreographin Pearl Primus trat seit 1944 erfolgreich mit einer eigenen Gruppe auf. Gastspiele in aller Welt weckten auch das Interesse für andere Formen der ethnischen Tanzkunst. Zu den bekanntesten spanischen Tanzgruppen gehörten die Ensembles von Carmen Amaya, Pilar López, Mariemma und Rosario y Antonio. Die traditionellen indischen Tanzformen wurden außerhalb ihres Herkunftslandes durch die Gruppen von Ram Gopal und Mrinalini Sarabhai populär.

L. UTRECHT

## Der Film in den 40er Jahren: Propaganda, Traumfabrik und Kommentare zur Wirklichkeit

Die Geschichte des Films in den 40er Jahren ist in fast allen europäischen Ländern und in den USA die Geschichte der unterschiedlichen Reaktionen von Filmemachern auf den 2. Weltkrieg und seine Folgen. Sie ist bestimmt durch drei

Tendenzen: Zum einen wurde vor allem während des Krieges versucht, durch filmische Propaganda die eigene politische Position zu bestätigen und Belege für die Richtigkeit der eigenen Wertfestlegungen zu formulieren; zum anderen wurden während der ganzen Dekade mehr oder minder erbauliche Lichtspiele zur Ablenkung von der belastenden Kriegs- und Nachkriegsrealität produziert; zum dritten gab es zum Teil schon während des Krieges, vor allem aber nach seinem Ende das Bestreben, Film als eine Form für Mitteilungen über die gegebene soziale Realität zu begreifen und diese im Kino kritisch zu kommentieren.

### Der Film in Deutschland

Zu Beginn der 40er Jahre wurde die Verstaatlichung des deutschen Films abgeschlossen. Sie war bereits ab 1937 vom »Schirmherrn« des deutschen Films, dem Reichsminister für Volksaufklärung und Propaganda Dr. Joseph Goebbels, systematisch betrieben worden, indem die Aktienmehrheit der privaten Filmproduktionsfirmen von einer staatsmittelbaren Holdinggesellschaft (Cautio-Treuhandgesellschaft) erworben wurde. Nun erfolgten die letzten Schritte auf dem Weg zur Verstaatlichung: Am 6. 6. 1941 ordnete der Präsident der Reichsfilmkammer die Zusammenfassung der noch existierenden Privatfirmen in der staatsmittelbaren Berlin-Film GmbH an; am 10. 1. 1942 wurde durch Ministererlaß die Ufa-Film GmbH als zentrale Dachgesellschaft für das gesamte Filmwesen gegründet. Das offiziell erklärte Ziel dieser Gründung, nämlich die Leistungsfähigkeit des deutschen Filmschaffens zu steigern, wurde nicht erreicht: Während in den Jahren 1939, 1940 und 1941 insgesamt 265 Spielfilme uraufgeführt wurden, sank die Zahl der uraufgeführten Spielfilme aufgrund kriegsbedingter Schwierigkeiten in den Jahren von 1942 bis Kriegsende auf insgesamt nur 200 ab. Erreicht wurde allerdings das, worum es Goebbels bei seiner Verstaatlichungspolitik außerdem ging: Er bekam neben der bestehenden administrativen nun auch die wirtschaftliche Kontrolle über den Film voll in die Hand, und die Gewinne aus dem Filmgeschäft (1939 rund 623 Millionen, 1944 über 1,1 Milliarden verkaufte Kinoeintrittskarten) flossen in voller Höhe dem Staat zu.

Am 28. 2. 1942 hielt Goebbels im Zusammenhang mit der Gründung der Ufa-Film GmbH eine Rede vor Filmschaffenden. Darin führte er aus, daß es noch niemals Filmwerke von so hoher künstlerischer und auch national-politischer Qualität gegeben habe wie in den letzten beiden Jahren. Diese Feststellung ist insoweit zutreffend, als der quantitative Höhepunkt nationalsozialistischer Filmpropaganda in der Zeit von 1939 bis 1942 lag. Die Propagandafilme transportierten mit wechselnder Betonung und in unterschiedlichen Kombinationen Teilstücke nationalsozialistischer Ideologie: Sie verherrlichten den Kampf als Lebensprinzip und die dafür notwendigen Eigenschaften und Fähigkeiten; sie belegten am Beispiel die nationalsozialistische Rassenlehre und besonders die Minderwertigkeit der Juden; sie feierten einen übersteigerten deutschen Nationalismus; sie bestätigten das Führerprinzip und wiesen den unbedingten Gehorsam der Geführten als höchste Tugend aus. Bevorzugte Methode der Propaganda war der Rückgriff auf das historische Beispiel, das in der preußischen Geschichte (z. B. »Der große König« 1942 – Regie: Veit Harlan), in der Geschichte der Befreiungskriege gegen Napoleon (z. B. »Kameraden« 1941 – Regie: Hans Schweikart), in der Bismarck-Zeit (z. B. »Bismarck« 1940 – Regie: Wolfgang Liebeneiner) oder im 1. Weltkrieg (z. B. »... reitet für Deutschland« 1941 – Regie: Arthur Maria Rabenalt) gefunden wurde. In »Jud Süß« (1940 – Regie: Veit Harlan) wurden die historische Figur des Joseph Süß Oppenheimer und sein Wirken am württembergischen Hof von 1735 bis 1738 zur Grundlage für massive antisemitische Propaganda; in »Ohm Krüger« (1941 – Regie: Hans Steinhoff) boten die Vorgeschichte und die Geschichte des Burenkrieges von 1899 bis 1902 Gelegenheit, britische Unmenschlichkeit, Falschheit und Gewinnsucht darzustellen. Außerdem wurden filmische Porträts »großer« Deutscher aus der Vergangenheit entworfen (z. B. »Robert Koch, der Bekämpfer des Todes« 1939 – Regie: Hans Steinhoff, »Friedrich Schiller. Der Triumph eines Genies« 1940 – Regie: Herbert Maisch, »Carl Peters« 1941 – Regie: Herbert Selpin, »Diesel« 1942 – Regie: Gerhard Lamprecht).

In der Gegenwart angesiedelt waren Filme, die das Hineinwachsen in die Volksgemeinschaft schilderten und die Zugehörigkeit dazu als Garantie für Zufriedenheit und Glück priesen (z. B. »Kopf hoch, Johannes« 1941 – Regie: Viktor de Kowa), die die Rückkehr Deutscher ins Vaterland als Befreiung von fremdländischem Terror auswiesen (»Feinde« 1940 – Regie: Viktor Tourjansky, »Heimkehr« 1941 – Regie: Gustav

*Szene aus Sergej Eisensteins »Iwan der Schreckliche« (1944); links in der Titelrolle Nikolaj Tscherkassow. Dieser Film stellt Eisensteins wichtigstes Werk dar. Seine Entstehung wurde von Stalin kritisch begleitet, der zweite Teil wurde sogar erst 1958 gezeigt.*

NS-Film
S. 65–10

**270 Kunst und Kultur**

*Szene aus »Jud Süß«*

Ucicky u.a.), die die Bewährung deutscher Soldaten an der Front zeigten und den Tod fürs Vaterland glorifizierten (z.B. »Stukas« 1941 – Regie: Karl Ritter).

Viele dieser Propagandafilme waren technisch gut gemacht, einige zeichneten sich durch beachtliche schauspielerische Leistungen aus (z.B. Emil Jannings in »Ohm Krüger«, Ferdinand Marian, Werner Krauß und Heinrich George in »Jud Süß«). Dennoch konnten alle diese Filme nicht verbergen, daß es sich hier um zweckgerichtetes politisches Botschaftskino handelte: Ihre Geschichten wurden nicht erzählt, um Erlebnisse zu vermitteln, sondern um durch Erlebnisse Gesinnung herzustellen und zu stabilisieren.

Bei der Gründung der Ufa-Film GmbH verfügte Goebbels, daß während des Krieges das Programm überwiegend aus Filmen unterhaltenden Inhalts bestehen sollte. Dementsprechend ging die Zahl der Propagandafilme in den Jahren 1943 und 1944 stark zurück. Der letzte dieser Filme war der ab 1943 produzierte und am 30. 1. 1945 uraufgeführte Durchhaltefilm »Kolberg« (Regie: Veit Harlan), der aber wegen des Kriegsgeschehens nur noch in wenigen Städten gezeigt werden konnte. Die Zahl der Filme unterhaltenden Inhalts, die in den Jahren von 1940 bis 1942 bei rund 75 Prozent der Gesamtproduktion lag, stieg ab 1943 auf etwa 90 Prozent der Gesamtproduktion. Es waren Lustspiele (z.B. »Sieben Jahre Pech« 1940 – Regie: Ernst Marischka), Liebeskomödien (z.B. »Sophienlund« 1943 – Regie: Heinz Rühmann), Schwänke (z.B. »Kohlhiesels Töchter« 1943 – Regie: Kurt Hoffmann), Operettenfilme (z.B. »Wiener Blut« 1942 – Regie: Willi Forst), Revuefilme (z.B. »Der weiße Traum« 1943 – Regie: Geza von Cziffra), Zirkusfilme (z.B. »Zirkus Renz« 1943 – Regie: Arthur Maria Rabenalt), Heimatfilme (z.B. »Am Abend auf der Heide« 1941 – Regie: Jürgen v. Alten), Kriminalfilme (z.B. »Dr. Crippen an Bord« 1942 – Regie: Erich Engel), Abenteuerfilme (z.B. »Ein Robinson« 1940 – Regie: Arnold Fanck), Gesellschaftsfilme (z.B. »Der Weg ins Freie« 1941 – Regie: Rolf Hansen) und Literaturverfilmungen (z.B. »Immensee« 1943 – Regie: Veit Harlan). Auch bei diesen Filmen kamen im Entwurf der Handlung und der Spielfiguren damals gängige Wertvorstellungen zum Ausdruck, aber Krieg und aktuelle Politik blieben ausgeklammert. Die Filme konzentrierten sich auf die Darstellung privater Ereignisse, Beziehungen und Probleme; Leben wurde in ihnen durch menschliche Charaktereigenschaften, durch das Schicksal oder den Zufall bestimmt; außerdem zeigten sie Bilder von äußerlich intakten Welten. Sie vermittelten Erlebnisse, die die Sorgen und Belastungen der Wirklichkeit vergessen ließen.

Die künstlerisch bemerkenswertesten Filme in der Zeit vor Kriegsende waren »Romanze in Moll« (1943) und »Unter den Brücken« (1945) von Helmut Käutner. Sie überzeugten, weil in dem einen Falle durch Kameraarbeit, Beleuchtung und Darstellung eine tragische Liebesgeschichte atmosphärisch dicht interpretiert wurde, in dem anderen Falle eine genaue realistische Darstellung des Flußschiffermilieus gelungen war.

Mit dem Ende des Krieges und der Aufteilung Deutschlands in vier Besatzungszonen ging die Kontrolle des Films auf die Militärbehörden der jeweiligen Besatzungsmacht über. Sie übten die Zensur aus. Deutsche, die Filme machen wollten, brauchten für diese Tätigkeit eine Zulassung (Lizenz). In der sowjetischen Besatzungszone wurde die Filmproduktion in nur einer Firma konzentriert, der DEFA (Deutsche Film-AG), die am 17. 5. 1946 die sowjetische Lizenz erhielt und ab Ende 1947 die Atelieranlagen in der ehemaligen Filmstadt Babelsberg bei Berlin übernahm. Bestimmend für das Produktionsprogramm der DEFA war, an der Umerziehung der Deutschen mitzuwirken, was auf zweifache Weise geschah: Zum einen wurden überwiegend auch künstlerisch beachtliche antifaschistische Filme hergestellt (z.B. »Die Mörder sind unter uns« 1946 – Regie: Wolfgang Staudte, »Ehe im Schatten« 1947 – Regie: Kurt Maetzig). Der beste dieser Filme war »Affäre Blum« (1948) von Erich Engel, der anhand eines Kriminalfalles aus der Zeit der Weimarer Republik die dem faschistischen Antisemitismus zugrunde liegende Geisteshaltung einsichtig machte. Zum anderen entstanden Tendenzfilme, mit denen gegen den Kapitalismus zu Felde gezogen wurde (z.B. »Che-

*Szene aus »Unter den Brücken«.*

mie und Liebe« 1948 – Regie: Arthur Maria Rabenalt, »Der Rat der Götter« 1950 – Regie: Kurt Maetzig) oder die für das neue »sozialistische« Leben warben (z. B. »Freies Land« 1946 – Regie: Milo Harbich). Daneben produzierte die DEFA auch Unterhaltungsfilme, deren Handlung meist im Milieu der Nachkriegszeit spielte (z. B. »Razzia« 1947 – Regie: Werner Klingler, »Die Kukkucks« 1949 – Regie: Hans Deppe).

In den westlichen Besatzungszonen erhielt eine Vielzahl von Firmen die Zulassung zur Filmherstellung. Die meisten dieser Firmen mußten spätestens zu Beginn der 50er Jahre ihre Tätigkeit wegen finanzieller Schwierigkeiten einstellen. Das lag daran, daß der Schwerpunkt der westdeutschen Produktion bis Ende 1948 auf den vom Publikum abgelehnten »Trümmerfilmen« lag. Die Bezeichnung »Trümmerfilme« entstand, weil der Krieg und seine Folgen – Zerstörungen, wirtschaftliche Not, Heimkehrer u. a. – in ihnen mitspielten. Die meisten dieser Filme versuchten, durch den Hinweis auf die Möglichkeit privaten Glücks über die miserablen Lebensbedingungen hinwegzutrösten, aber dieser Trost war nicht gefragt, weil seine filmische Formulierung kombiniert war mit der Darstellung der äußeren Zeitgegebenheiten, die ihn erst notwendig machten, und eben diese Zeitgegebenheiten wollte man im Kino vergessen. Die »Trümmerfilme« waren zur Ablenkung von der Realität ebenso untauglich, wie sie als kritische Kommentare zur Wirklichkeit wenig überzeugend waren: Sie bildeten Merkmale der Zeit nur ab, ohne sie genauer zu betrachten; sie registrierten diese Merkmale, ohne auf Bedingungsfaktoren dafür und auf Zusammenhänge einzugehen.

In der westdeutschen Produktion gab es auch einige antifaschistische Filme. Der künstlerisch bedeutendste war »In jenen Tagen« (1947) von Helmut Käutner. Der Film ließ die humanitäre Grundhaltung seines Regisseurs überzeugend deutlich werden, belegte aber auch symptomatisch die Flucht des westdeutschen Kinos vor einer genauen Auseinandersetzung mit der nationalsozialistischen Vergangenheit: Dargestellt wurden die Leiden von Menschen unter dem System, die für das System und sein Funktionieren Verantwortlichen blieben ausgeklammert, der Nationalsozialismus wurde gleichsam als Schicksal anonymisiert. Ab 1949 begannen die Produzenten und Regisseure Konsequenzen aus den schlechten Einspielergebnissen ihrer Filme zu ziehen. In dem Bestreben, möglichst viel von dem seit der Währungsreform im Juni 1948 wieder kaufkräftigen Geld zu verdienen, machten sie primär Unterhaltungsfilme ohne Zeitnähe.

## Der Film in Italien

Das italienische Kino bestand zu Beginn der 40er Jahre überwiegend aus faschistischen Propaganda- und Kriegsfilmen, aus unverbindlichen Komödien und aus Problemfilmen, die im Milieu der gehobenen Gesellschaft spielten. Einige Regisseure hatten sich in die Vergangenheit zurückgezogen: Sie fertigten ästhetisch reizvolle Literaturverfilmungen an, in denen private Schicksale in vergangenen Epochen dargestellt wurden (z. B. die Puschkin-Verfilmung »Ein Pistolenschuß« 1942 – Regie: Renato Castellani).

Aus der Opposition gegen dieses Kino, das über die aktuelle Realität nichts mitteilte, entstand der Neorealismus, der – wie der Drehbuchautor und Theoretiker des Neorealismus Cesare Zavattini es ausgedrückt hat – »nicht Geschichten erfinden wollte, die der Realität gleichen, sondern die Realität so darstellen wollte, als sei sie eine Geschichte«. Neorealismus hieß, die Gegebenheiten und menschlichen Probleme der Alltagsrealität zum Gegenstand des Films zu machen und sie möglichst direkt und authentisch darzustellen. Formal bedeutete das, auf herkömmliche Regeln des Filmemachens (z. B. auf Atelieraufnahmen) und auf besondere Effekte zur Interpretation des Gezeigten zu verzichten, die Kamera nur als Instrument der Beobachtung zu handhaben und als Darsteller möglichst Laien einzusetzen. Verbunden mit diesem Programm eines neuen Filmstils war ein großes Maß an sozialer Aufmerksamkeit bei den Filmemachern. Mit der Hinwendung zur alltäglichen Wirklichkeit ergab sich ihr Engagement für die von Not und Ungerechtigkeit Betroffenen.

Der erste neorealistische Film war »Ossessione – Von Liebe besessen« (1942) von Luchino Visconti, die Verfilmung eines amerikanischen Kriminalromans, die durch eine genaue realistische Milieuschilderung auffiel und die Zugehörigkeit der Menschen zu diesem Milieu zeigte. Der Film wurde von der Zensur nur in einer stark gekürzten Fassung freigegeben. Nach der Niederlage des Faschismus entstanden die wichtigsten Filme des Neorealismus. Roberto Rossellini berichtete in »Rom, offene Stadt« (1945) vom Widerstand gegen die Deutschen in einem römischen Stadtviertel und in »Paisà« (1946) über den Vormarsch der Alliierten in Italien im Som-

*Szene aus »In jenen Tagen« mit Carl Raddatz (rechts)*

# Kunst und Kultur

mer 1943. Vittorio de Sica erzählte in »Sciuscià« (1946) von zwei Jungen, deren Freundschaft durch ihren Aufenthalt im Gefängnis zerstört wird, und in »Fahrraddiebe« (1948) von einem Arbeiter, der zusammen mit seinem Sohn nach seinem gestohlenen Fahrrad sucht, das er brauchte, um seinen Arbeitsplatz nicht zu verlieren. Die Filme beider Regisseure ließen Richtungen innerhalb des Neorealismus erkennen: Rossellinis Filme waren Berichte über die aktuelle Realität, de Sicas Filme dagegen Erzählungen in der aktuellen Realität. Rossellini lieferte Chroniken der Zeit in Episoden, in denen einzelne Geschehnisse dokumentarisch registriert und mosaikartig zusammengefügt waren; de Sica vermittelte Geschichten mit durchlaufender Handlung, die in ihrem Ablauf durch Zeitgegebenheiten motiviert und in ihrem Milieu zeitgemäß waren. Bei Rossellini ergab sich die kritische Dimension stärker aus der bloßen Beobachtung der Ereignisse, bei de Sica dagegen eher aus dem Mitleiden des Zuschauers mit den Spielfiguren. Luchino Visconti kombinierte in »Die Erde bebt« (1947) beide Tendenzen miteinander: Er berichtete über die Ausbeutung und miserablen Lebensbedingungen sizilianischer Fischer und erzählte die Geschichte einer Familie, die aufgrund der sozialen Verhältnisse auseinanderbricht. Der Film erlaubte emotionale Anteilnahme an den Menschen ebenso, wie er gesellschaftliche Bedingungsfaktoren einsichtig machte; er war in dieser Verbindung der Höhepunkt des italienischen Neorealismus.

Der italienische Film blieb bis in die 50er Jahre vom Neorealismus beeinflußt. Es gab eine Vielzahl von Filmen mit neorealistischen Elementen – so zum Beispiel die sozialkritischen Kriminalfilme »Verlorene Jugend« (1948) und »Im Namen des Gesetzes« (1949) von Pietro Germi. Allerdings führten die geschäftlichen Mißerfolge der konsequent neorealistischen Filme (vor allem »Die Erde bebt« und »Fahrraddiebe«) dazu, daß der Neorealismus mehr und mehr kommerzialisiert wurde: Erhalten blieben die realistische Milieuschilderung und einige formale Merkmale (z. B. die stärker beobachtende als interpretierende Kameraarbeit), aufgegeben wurde das soziale Engagement, das bei den Klassikern des Neorealismus die Filminhalte bestimmt hatte. Erzählt wurden melodramatisch-traurige oder heitere Kinogeschichten, bei denen gesellschaftliche Gegebenheiten der Nachkriegsrealität nur noch als Hintergrund eine Rolle spielten. Typische Beispiele für diese Entwicklung waren der Film »Bitterer Reis« (1949 – Regie: Giuseppe de Santis) und die ab Beginn der 50er Jahre gedrehten folkloristischen Komödien (z. B. »Der Göttergatte« 1950 – Regie: Alessandro Blasetti).

## Der Film in Frankreich

Der französische Film reagierte auf die Eroberung und Besetzung Frankreichs durch die Deutschen im Jahr 1940 mit einem Rückzug aus der aktuellen Wirklichkeit, die nur noch in einigen sozialkritischen Kriminalfilmen (z. B. »Der Rabe« 1942 – Regie: Henri-Georges Clouzot) zutreffend registriert wurde. Vorwiegend bestand die Produktion aus Filmen, die geeignet waren, von der politischen und sozialen Realität abzulenken: Es wurden vor allem Melodramen inszeniert und traurige Liebesgeschichten erzählt, die kommerziell recht erfolgreich waren (z. B. »Im Fieber der Liebe« 1941 – Regie: Jean Delannoy und »Carmen« 1943 – Regie: Christian-Jaque). Außerdem gab es die Tendenz, alte Sagen oder Legenden filmisch neu zu verarbeiten: So war zum Beispiel der von Jean Cocteau geschriebene Film »Der ewige Bann« (1943 – Regie: Jean Delannoy) eine Neufassung der Tristan-und-Isolde-Geschichte. Marcel Carné benutzte bei »Die Nacht mit dem Teufel« (1942) eine mittelalterliche Legende, um verschlüsselt auf die aktuelle politische Situation anzuspielen. Carné lieferte auch mit »Kinder des Olymp« (ab

---

**Der italienische Neorealismus**

Der Begriff Neorealismus wurde 1942 erstmals von dem Kritiker Pietrangeli gebraucht, um die von Visconti in dem Film *Von Liebe besessen* eingeschlagene Richtung, Filme zu drehen, zu umschreiben.

Das auffälligste Merkmal neorealistischer Filme ist, daß die Aufnahmen außerhalb des Studios an Bedeutung gewannen. Das gab den Filmen den Anschein von Authentizität, der in scharfem Kontrast zu den gekünstelten Filmen des faschistischen Italien stand. Doch der Neorealismus war nicht so neu, wie der Terminus glauben machen wollte. Gewissermaßen handelte es sich um eine Wiederbelebung des realistischen Stils, der den italienischen Film im zweiten Jahrzehnt und später russische und französische Filme geprägt hatte. Obwohl die neorealistischen Regisseure (u. a. de Sica, Visconti und Fellini) sich in ihrer Art, Filme zu drehen, sehr unterschieden, war der meisten von ihnen eine deutlich linksgerichtete politische Haltung gemeinsam. Ihr bedeutendster Wortführer, der Drehbuchautor Cesare Zavattini, vertrat die Ansicht, daß die reinste Form des Neorealismus daraus bestehen sollte, 90 aufeinanderfolgende Minuten aus dem Leben eines Arbeiters wiederzugeben.

Wie stark sozialkritisch engagiert und wie bewußt in ihrer Abwendung von traditionellen Erzählkino die Bewegung des Neorealismus war, zeigt das folgende Zitat Zavattinis: »Ein hungernder, ein erniedrigter Mensch muß gezeigt und mit seinem Vor- und Zunamen benannt werden. Es soll keine Fabel erzählt werden, in der ein Hungriger vorkommt, denn das ist etwas anderes, weniger wirksam, weniger moralisch.«

Der künstlerische Rang der neorealistischen Filme wurde von der internationalen Kritik lebhaft gewürdigt; ihr politisches Ziel, zur gesellschaftlichen Veränderung beizutragen, erreichten die Filmemacher jedoch nicht. Regierung und Bevölkerungsmehrheit im Italien der Nachkriegszeit wollten keine Vertiefung der gesellschaftlichen Gegensätze. Deshalb hielt sich der Beifall des Publikums in Grenzen, und die Regierung der Democrazia Cristiana bevorzugte bei ihrer Anfang der 50er Jahre einsetzenden staatlichen Filmförderung Filme, die die Chance hatten, populär zu werden.

*»Fahrraddiebe« von Vittorio de Sica; hier eine Szene mit Lamberto Maggiorani (links) und Enzo Staiola.*

**Kunst und Kultur** 273

1943 gedreht, 1945 uraufgeführt) den künstlerisch bedeutendsten Film dieser Jahre: Er erzählte eine im Schauspieler- und Künstlermilieu des beginnenden 19. Jahrhunderts angesiedelte tragische Liebesgeschichte; der Stil des Films war geprägt vom »poetischen Realismus« des französischen Kinos der Vorkriegszeit.

In der zweiten Hälfte der 40er Jahre gab es in der französischen Filmproduktion eine Vielfalt von Themen und Stilen. René Clément dokumentierte in seinem vom italienischen Neorealismus beeinflußten Film »Die Schienenschlacht« (1945) den Widerstand der französischen Eisenbahner gegen die deutsche Besatzungsmacht; ihm folgte eine Reihe weiterer Filme zum Thema »Widerstand«. Der realistische Kriminalfilm mit sozialkritischen Ansätzen wurde durch Filme wie »Panik« (1946 – Regie: Julien Duvivier) und »Unter falschem Verdacht« (1947 – Regie: Henri-Georges Clouzot) fortgesetzt. Das Kino der Träume und des Surrealismus fand in Jean Cocteau seinen bemerkenswertesten Vertreter: In »Es war einmal« (1946) verfilmte er ein Märchen, in »Orphée« (1950) benutzte er Motive der Orpheus-Sage für eine eigenwillige Reflexion über den Tod. Die Weltsicht des Existenzialismus bestimmte die Geschichte des Films »Das Spiel ist aus« (1947 – Regie: Jean Delannoy), der nach einer Vorlage von Jean-Paul Sartre gedreht wurde. Die Spannweite des komischen Films erstreckte sich von humorvollen Alltagsschilderungen (z. B. »Zwei in Paris« 1947 – Regie: Jacques Becker) über ironische Persiflagen (z. B. »Schweigen ist Gold« 1947 – Regie: René Clair) bis zur Verbindung von Situationskomik und satirischen Elementen bei Jacques Tati (»Schützenfest« 1947). Außerdem gab es aufwendige Literaturverfilmungen (z. B. »Die Kartause von Parma« 1947 – Regie: Christian-Jaque), psychologische Dramen (z. B. »Die Damen vom Bois de Boulogne« 1945 – Regie: Robert Bresson) und eine Vielzahl von atmosphärisch dichten, pessimistischen Melodramen (z. B. »Die Schenke zum Vollmond« 1948 – Regie: Yves Allégret). Bei aller Vielfalt des französischen Kinos nach der Befreiung im Jahr 1944 waren die Filme in der Minderzahl, mit denen gegenwärtig gegebene soziale Realität kritisch kommentiert oder in denen – wie z. B. in »Stürmische Jugend« (1947 – Regie: Claude Autant-Lara) – die Verbindung von menschlicher Existenz und gesellschaftlichen Bedingungsfaktoren eindringlich erfahrbar gemacht wurde.

Die meisten Filme boten Spiele, die beispielhaft etwas über den Menschen an sich, über seine Psyche, seine Gefühle, seine Charaktereigenschaften und die Schicksalhaftigkeit seines Daseins mitteilten, ohne ihn als wesentlich sozial bestimmt zu begreifen. Wegen der allgemein menschlichen Botschaften und weil viele dieser Spiele geistreich erfunden und formuliert waren, wurde das französische Kino dieser Jahre von der zeitgenössischen Filmkritik international als künstlerisch hervorragend eingeschätzt.

»Kinder des Olymp« (1945), der berühmteste Film des Regisseurs Marcel Carné.

### Der Film in England und in den USA

Sowohl in England als auch in den USA entstanden ab 1940 Dokumentarfilme, in denen der eigene Einsatz im 2. Weltkrieg dargestellt und begründet wurde. In England waren es vor allem die Filme von Humphrey Jennings, die über die Bewährung des englischen Volkes im Krieg berichteten; in den USA wurde unmittelbar nach Kriegseintritt 1941 unter dem Titel »Warum wir kämpfen« (»Why we fight«) eine Serie von 7 Filmen im Auftrag der Armee produziert, die von bekannten Hollywood-Regisseuren (Frank Capra, Anatole Litvak) gemacht wurden. Außerdem gab es in beiden Ländern zahlreiche Spielfilme, in denen der Krieg thematisiert und teilweise auch die eigene Leistung in diesem Krieg glorifiziert wurde (z. B. »Wir tauchen bei Morgengrauen« England 1943 – Regie: Anthony Asquith; »Die Schlacht von San Pietro« USA 1944 – Regie: John Huston). Die treffendsten Kommentare über die Kriegsgegner lieferten in satirischer Form Charlie Chaplin mit »Der große Diktator« (1940) und Ernst Lubitsch mit »Sein oder Nichtsein« (1942).

Daneben aber funktionierte in beiden Ländern während des ganzen Jahrzehnts das Kino vornehmlich als Traumfabrik. In England bestand dieses Kino in erster Linie aus den Produktionen des ehemaligen Mühlenbesitzers J. Arthur Rank. Die von ihm hergestellten Schauergeschichten (z. B. »Der Herr in Grau« 1943 – Regie: Leslie Arliss), Melodramen (z. B. »Die Madonna der 7 Monde« 1944 – Regie: Arthur Crabtree), Abenteuerfilme (z. B. »Gefährliche Reise« 1946 – Regie: Arthur Crabtree) und Kriminalfilme (z. B. »Achtung: Grün« 1947 – Regie: Sidney Gilliat) waren im In- und Ausland geschäftlich erfolgreich. Künstlerisches Ansehen gewann der engli-

*Nachkriegsfilm*
*S. 328–58*

**Gewinner der Goldenen Palme von Cannes**

Das erste Festival fand 1946 statt.

1946   *Und es ward Licht*, Jean Delannoy
1947   *Zwei in Paris*, Jacques Becker
1948   nicht verliehen
1949   *Der dritte Mann*, Carol Reed

# Kunst und Kultur

**Gewinner der wichtigsten Oscars**

| Jahr | bester US-amerikanischer Film | bester Schauspieler | beste Schauspielerin |
|---|---|---|---|
| 1940 | *Rebecca* <br> Alfred Hitchcock | James Stewart <br> *Die Nacht vor der Hochzeit* | Ginger Rogers <br> *Kitty Foyle* |
| 1941 | *Schlagende Wetter* <br> John Ford | Gary Cooper <br> *Sergeant York* | Joan Fontaine <br> *Verdacht* |
| 1942 | *Mrs. Miniver* <br> William Wyler | James Cagney <br> *Yankee Doodle Dandy* | Greer Garson <br> *Mrs. Miniver* |
| 1943 | *Casablanca* <br> Michael Curtiz | Paul Lukas <br> *Die Wacht am Rhein* | Jennifer Jones <br> *Das Lied der Bernadette* |
| 1944 | *Der Weg zum Glück* <br> Leo McCarey | Bing Crosby <br> *Der Weg zum Glück* | Ingrid Bergman <br> *Gaslicht* |
| 1945 | *Das verlorene Wochenende* <br> Billy Wilder | Ray Milland <br> *Das verlorene Wochenende* | Joan Crawford <br> *So lange ein Herz schlägt* |
| 1946 | *Die besten Jahre unseres Lebens* <br> William Wyler | Frederic March <br> *Die besten Jahre unseres Lebens* | Olivia de Havilland <br> *Mutterherz* |
| 1947 | *Gentleman's agreement* <br> Elia Kazan | Ronald Colman <br> *Ein Doppelleben* | Loretta Young <br> *Die Farmerstochter* |
| 1948 | *Hamlet* <br> Laurence Olivier | Laurence Olivier <br> *Hamlet* | Jane Wyman <br> *Schweigende Lippen* |
| 1949 | *Der Mann, der herrschen wollte* <br> Robert Rossen | Broderick Crawford <br> *Der Mann, der herrschen wollte* | Olivia de Havilland <br> *Die Erbin* |

sche Film vor allem durch die Shakespeare-Verfilmungen »Heinrich V.« (1944) und »Hamlet« (1948) von Laurence Olivier, durch die von David Lean inszenierten Verfilmungen von Charles Dickens-Romanen (»Geheimnisvolle Erbschaft« 1946 und »Oliver Twist« 1948), durch die formal hervorragend gemachten Filme »Ausgestoßen« (1946), »Kleines Herz in Not« (1948) und »Der dritte Mann« (1949) von Carol Reed und durch die Komödien »Das Whiskyschiff« (1949 – Regie: Alexander Mackendrick) und »Adel verpflichtet« (1949 – Regie: Robert Hamer), in denen bestimmte Charakteristika britischer Wesensart ironisch kommentiert wurden.

In Hollywood wurden in den 40er Jahren – teilweise mit Unterbrechungen während des Krieges – die bereits vorhandenen Gattungen des amerikanischen Kinos fortgesetzt oder weiterentwickelt. Das Musical fand in Vincente Minnelli einen neuen bedeutenden Regisseur (»Meet me in St. Louis« 1944 u. a.). Höhepunkt des Melodrams war der Film »Casablanca« (1942 – Regie: Michael Curtiz). Im Western wurde weiterhin der Mythos vom Westen, seiner Eroberung und seinen Helden wiedergegeben; die besten Filme der Gattung waren »Tombstone« (1946 – Regie: John Ford) und »Red River« (1948 – Regie: Howard Hawks). Der Abenteuerfilm erzählte vor allem Piraten- und Mantel-und-Degen-Geschichten (z. B. »Der Seeräuber« 1943 – Regie: Henry King, »Die drei Musketiere« 1948 – Regie: George Sidney). Der Horrorfilm zeigte weiterhin die bereits bekannten Halbwesen (künstliche Menschen, Vampire, Mumien, Zombies u. a.) und fügte ihnen mit »Katzenmenschen« (1942 – Regie: Jacques Tourneur) eine neue Variante hinzu. Der Gangsterfilm wurde erst nach Kriegsende fortgesetzt, aber anders als in den Klassikern aus den 30er Jahren wurde jetzt der psychopathische Charakter des Gangsters besonders betont (z. B. »Maschinenpistolen« 1949 – Regie: Raoul Walsh). Alfred Hitchcock, der 1939 von England in die USA gegangen war, bewies mit den von ihm gedrehten Thrillern sein unvergleichliches Talent, spannende Geschichten in Bildern zu erzählen; sein bester Film in den 40er Jahren war »Weißes Gift« (1946). Im Kriminalfilm entstand mit den Filmen der »Schwarzen Serie« eine neue Spielart der Gattung: In ihnen gab es keine klaren Fronten mehr, geschildert wurde eine von egoistischen Interessen, Gewalt und Erotik beherrschte Welt, in der moralische Kategorien kaum noch eine Rolle spielten. Die bedeutendsten Filme der Serie waren »Die Spur des Falken« (1941 – Regie: John Huston) und »Tote schlafen fest« (1946 – Regie: Howard Hawks) (auch → S. 275). Das Spektrum des komischen Films umfaßte die zu Beginn des Jahrzehnts entstandenen Dialogkomödien (z. B. »Die Frau, von der man spricht« 1942 – Regie: George Stevens), romantische Komödien (z. B. »Ehekomödie« 1941 – Regie: Ernst Lubitsch), phantastische Komödien (z. B. »Ist das Leben nicht schön?« 1947 – Regie: Frank Capra), Parodien (z. B. die Western-Persiflage »Sein Engel mit den 2 Pistolen« 1948 – Regie: Norman Z. McLeod) sowie die Gesellschaftssatiren von Preston Sturges (z. B. »Sullivans Reisen« 1941) und die einmalige Verbin-

*Szene aus Carol Reeds »Der dritte Mann« (1949). Orson Welles als skrupelloser Schwarzhändler Harry Lime in den Abwasserkanälen Wiens.*

*Ingrid Bergman kam durch »Casablanca« (1942) zu Weltruhm. Hier ein Porträtfoto aus dem Jahr 1942 von Scotty Welbourne.*

dung von Situationskomik und absurden Gags in »In der Hölle ist der Teufel los« (1941 – Regie: H. C. Potter). Außerdem gab es Kombinationen verschiedener Spielarten des komischen Films (z. B. die Kombination von Dialogkomödie und Horrorfilm-Persiflage in »Arsen und Spitzenhäubchen« 1941 – Regie: Frank Capra).

Nach dem 2. Weltkrieg entstanden in Hollywood neben dem Kino der Traumfabrik auch Filme, die die aktuelle soziale Realität kritisch darzustellen versuchten. William Wyler schilderte in »Die besten Jahre unseres Lebens« (1946) exemplarisch die Probleme, die sich für die amerikanischen Kriegsheimkehrer in einer Gesellschaft ergaben, die nicht unmittelbar erfahren hatte, was Krieg bedeutet. Elia Kazan zeigte in »Bumerang« (1946) den Einfluß parteipolitischer Interessen auf die Justiz; mit »Tabu der Gerechten« (1947) wies er auf den amerikanischen Antisemitismus und mit »Pinky« (1949) auf die Diskriminierung der Schwarzen hin. Jules Dassin stellte in »Zelle R 17« (1946/47) den Terror in einem amerikanischen Zuchthaus dar und kritisierte damit die Methoden des Strafvollzugs. Mark Robson beschäftigte sich in »Zwischen Frauen und Seilen« (1949) mit der Korruption im Boxsport. Robert Rossen demonstrierte in »Der Mann, der herrschen wollte« (1949) am Beispiel eines amerikanischen Politikers, der es bis zum Gouverneur bringt, die Verbindung von Macht und selbstherrlich-autoritärem Verhalten. Diese Versuche, sich im Film gesellschaftskritisch zu äußern und auf Mißstände aufmerksam zu machen, wurden in den 50er Jahren fortgesetzt, obschon die Herstellung solcher Filme für ihre Macher nicht ohne Risiko war: In der zweiten Hälfte der 40er Jahre hatte sich der 1938 eingerichtete »Senatsausschuß zur Untersuchung unamerikanischer Umtriebe« unter dem Einfluß des Senators Joseph McCarthy verstärkt um die Filmindustrie gekümmert; zahlreiche Regisseure mußten sich wegen ihres sozialen und politischen Engagements rechtfertigen; ein Teil von ihnen wurde nach den Vernehmungen durch den Ausschuß von den großen Produktionsfirmen Hollywoods nicht mehr beschäftigt, einige wurden sogar verhaftet.

Das für die Weiterentwicklung der Spielfilmdramaturgie wichtigste Ereignis in den 40er Jahren war die Herstellung des Films »Citizen Kane« von Orson Welles im Jahr 1941. Der Film entwarf das Porträt eines amerikanischen Erfolgsmenschen, indem verschiedene subjektive Erinnerungen an ihn und Eindrücke von ihm mosaikartig aneinandergefügt wurden. Hier wurde keine Geschichte mehr erzählt, sondern eine Persönlichkeit in ihren unterschiedlichen und zum Teil widersprüchlichen Aspekten beschrieben. Das Prinzip, die Erzählung einer Geschichte durch die Beschreibung von Menschen, sozialen Situationen oder psychischen Zuständen zu ersetzen, ist erst in Filmen der 50er und 60er Jahre wieder aufgenommen und weiter entwickelt worden.

PROF. DR. PETER PLEYER

### Der Schwarze Film

Die spezifisch amerikanische Ausprägung des Schwarzen Films entstand zu Beginn der 40er Jahre. Ein französischer Kritiker war nach dem Krieg der erste, der in einer Reihe amerikanischer Filme bestimmte Merkmale herausarbeitete. Seitdem kam es zu der französischen Entsprechung, der »Série noire«. Dabei zeigten sich deutliche Übereinstimmungen zwischen den amerikanischen Filmen und dem Detektivverhalten, das in der französischen »Série noire« zu beobachten war. Der dumpfe Ton und die zumeist zynische, pessimistische Stimmung der Personen waren kennzeichnend. Im Mittelpunkt standen einsame Helden ohne wirkliche Zukunft. Die entscheidenden Szenen der Handlung spielten sich charakteristischerweise in der Nacht ab. Typisch für die Gattung des Schwarzen Films war auch der mürrische Privatdetektiv, der exemplarisch von Humphrey Bogart verkörpert wurde. Höhepunkte der Schwarzen Filme waren *Der Malteser Falke* (1941) nach einem Roman von Dashiell Hammett und *Tote schlafen fest* (1946) nach Raymond Chandler.

Der Schwarze Film ist als Fortsetzung des Gangsterfilms der 30er Jahre zu verstehen, jedoch mit fatalistisch geprägtem Inhalt. Zu Beginn der 50er Jahre, vor allem weil man wegen der Konkurrenz des Fernsehens gezwungen war, preisgünstige Filme zu produzieren, ging die Produktion des Schwarzen Films zurück.

*»Der Malteser Falke« von John Huston ist einer der klassischen Filme der Schwarzen Serie. In dieser Szene von links nach rechts: Humphrey Bogart, Peter Lorre, Margaret Astor und Sidney Greenstreet.*

# Eine schwierige Zeit für die klassische Musik

## Wenig Versuche zur Erneuerung

Obwohl in den 40er Jahren eine auffallend große Anzahl von Meisterwerken entstand, war nicht viel Bewegung in der schöpferischen Tonkunst: Es war vor allem eine Periode des Abschlusses. Einzelne große Komponisten (Richard Strauss, Igor Strawinskij, Béla Bartók) empfingen noch aus der Tradition ihre Anregungen. Die Spätromantik, der Neoklassizismus und die Epigonen des Impressionismus blieben beherrschend. Erst am Ende des Jahrzehnts kündigte sich eine neue Generation von Musikern an.

Die meisten der bedeutenden europäischen, unter ihnen viele maßgebende deutsche Komponisten, emigrierten nach der Machtübernahme der Nationalsozialisten (1933) und nach Beginn des 2. Weltkrieges in die USA. Wenn sie Avantgardisten waren, blieben sie dort künstlerisch »Fremdlinge«. So gerieten die Emigranten (Igor Strawinskij, Béla Bartók, Paul Hindemith, Arnold Schönberg, Kurt Weill u. a.) praktisch in eine ähnliche Isolation wie die in ihrer Heimat gebliebenen Komponisten (Wolfgang Fortner, Anton von Webern, Olivier Messiaen und, in der neutralen Schweiz, Arthur Honegger und Frank Martin).

## Um 1945

Die atonale Musik und das um 1924 von Arnold Schönberg formulierte Zwölftonsystem hatten bis dahin besonders wenig Widerhall gefunden. Schönberg, seit 1933 in den USA ansässig und seit 1941 amerikanischer Staatsbürger, mußte in hohem Alter seinen Lebensunterhalt durch Privatunterricht bestreiten. Trotzdem komponierte er weiter. Sein einziges Klavierkonzert wurde 1944 in New York uraufgeführt. Drei Jahre später schrieb er, angeregt durch die Massenmorde im Warschauer Ghetto, *A survivor from Warsaw* (Ein Überlebender aus Warschau), eine Kantate für Sprecher, Männerchor und Orchester.

Schönbergs Schüler Anton von Webern wurde 1945 von einem amerikanischen Soldaten irrtümlich erschossen. Von Webern hatte jahrelang in vollständiger gesellschaftlicher und künstlerischer Isolation gelebt und gearbeitet. In seinem Œuvre baute er die Theorien Schönbergs weiter aus.

Auffallend ist die Tatsache, daß das wichtigste Zentrum für neue Musik unmittelbar nach dem Krieg ausgerechnet in Deutschland entstand. Bereits 1946 fanden in Darmstadt die ersten Internationalen Ferienkurse für Neue Musik statt, ein jährlich wiederkehrendes Ereignis, das bald international bekannt wurde. Unter der Leitung von Dozenten wie Wolfgang Fortner, Ernst Křenek, Edgar Varèse, René Leibowitz und Olivier Messiaen konnten hier junge Komponisten an Kursen teilnehmen und ihre ersten Werke vorstellen. Hier hörte man erstmals die Namen von Bruno Maderna (*Serenata I*, 1946, und *Konzert für zwei Klaviere*, 1948), Pierre Boulez (*Flötensonatine* und *Klaviersonate I*, beide 1946) sowie von Hans Werner Henze (*Violinkonzert Nr. 1*, 1948 und die *Sinfonien Nr. 1–3*, 1947–1950).

Von Wolfgang Fortner müssen das *Violinkonzert* (1946) und die *Sinfonie für großes Orchester* (1947) erwähnt werden. Olivier Messiaen erlebte 1949 in Boston die Welturaufführung seiner *Turangalîla-Sinfonie*.

In Italien machte Luigi Dallapiccola von sich reden, u. a. durch seine *Canti di prigionia* (1941) und die Oper in einem Akt *Il prigioniero* (1944–1949).

In Moskau war Dimitrij Schostakowitsch der führende Komponist, der einerseits das Erbe Mahlers verarbeitete und andererseits dem Sowjetregime die kulturpolitisch erwünschte Musik lieferte. Während der Kriegsjahre entstanden seine 7., 8. und 9. Sinfonie. Der Komponist Ser-

▷ *Der britische Dirigent John Barbirolli (1948).*

E-Musik
S. 328–55

*Kurt Weill war einer der Musiker, die das Deutsche Reich vor dem 2. Weltkrieg verlassen mußten. Hier Weill mit seiner Frau Lotte Lenya in ihrer New Yorker Wohnung.*

gej Prokofjew paßte sich gleichfalls der offiziellen Ästhetik der Kunst an. Erneuernde Tendenzen wurden in der UdSSR möglichst schon im Keime erstickt.

Die Musikwelt Großbritanniens war 1945 stark beeindruckt bei der Premiere der Oper *Peter Grimes* von Benjamin Britten. Sie eroberte rasch die wichtigsten Opernhäuser der Welt.

### Bartók

Nach einer Gastspielreise durch die USA als Pianist ließ sich Béla Bartók 1940 in New York nieder. Ungewißheit und große Sorgen über die Zukunft sowie seit 1942 erste Symptome der Leukämie, an der er 1945 starb, waren die Ursachen einer tiefen Depression. Seit 1943 verbesserte sich seine materielle Situation immerhin durch eine Reihe von Aufträgen. Er schrieb das *Konzert für Orchester*, das 1944 in Boston uraufgeführt wurde. Im selben Jahr schrieb er für Yehudi Menuhin die *Sonate für Violine solo*. In seinem Todesjahr vollendete er das *3. Klavierkonzert* und begann im Auftrag des Bratschisten William Primrose ein Bratschenkonzert zu komponieren, das er nicht mehr vollenden konnte.

### Strawinskij

Igor Strawinskij ließ sich 1939 in den USA nieder. Er hatte um 1910 seinen ersten internationalen Ruhm in Paris erworben mit großen Balletten für das Ballets Russes unter Sergej Diaghilew. Nach 1920 begann er im neoklassizistischen Stil zu schreiben. Diese fast 30 Jahre andauernde Stilperiode schloß er 1951 endgültig mit der Premiere seiner Oper *The rake's progress* ab. In jedem neuen Werk versuchte Strawinskij seinen Stil zu wandeln, neue Akzente zu setzen und andere Stilelemente zu integrieren. Die 40er Jahre waren ein überaus fruchtbarer Lebensabschnitt, in dem eine Fülle neuer interessanter Werke entstand, obwohl der Komponist sich zu dieser Zeit immer mehr auf das Dirigieren seiner Werke verlegte und sich mit Bearbeitungen früherer Werke beschäftigte. Die bedeutendsten Werke aus dieser Periode sind: *Sinfonie in C* (1940), *Scènes de ballet* (1944), *Sinfonie in drei Sätzen* und *Ebony concerto* (1945), *Konzert in D für Streichorchester* (1946), *Orpheus* und *Messe für gemischten Chor und Bläser* (1947).

Der Amerikaner John Cage trat 1948 mit seinen *Sonates and interludes for prepared piano* hervor und gab damit einen wesentlichen Anstoß zu völlig neuen Auffassungen über den Gebrauch traditioneller Klangquellen.

R. VAN DER LEEUW

## Der Jazz – Durchbruch des Bebop

### Ein Bruch

Die Entwicklung der Jazzmusik erlitt in den 40er Jahren einen Bruch. Zuerst steuerte der Swing auf einen künstlerischen Höhepunkt zu, mit dem die Namen von Duke Ellington und Count Basie verbunden sind. Zwischen 1941 und 1944 entwickelte aber eine kleine Musikergruppe einen neuen Stil, anfangs Re-Bop oder Be-Bop genannt, der später kurz als Bop bezeichnet wurde. Als die Bopper 1944 in New York ins Rampenlicht traten, galt ihr Stil als scharfer Bruch mit der Vergangenheit.

Ein Teil der Jazzmusiker reagierte abweisend und sprach vom Tod des Jazz. Zur gleichen Zeit wurde der Oldtime Jazz aus New Orleans wiederentdeckt. Das bedeutete eine neue Blütezeit des Dixieland. Nun zerfiel das Jazzpublikum in zwei Lager: die Liebhaber des alten und die des neuen Jazz. Auch in Europa gab es eine solche Spaltung. Während des 2. Weltkriegs hatte die Jazzwelt in einem großen Teil Europas den Kontakt mit dem amerikanischen Jazz zeitweilig verloren, so daß diesseits des Atlantik der Bop als unerhörte Erneuerung aufgefaßt wurde.

### Swing

In der Mitte der 30er Jahre blühte mit den großen Orchestern die Swingmusik auf. Benny Goodman erzielte große Erfolge und machte den Swing populär, führend war jedoch das Orchester von Duke Ellington.

Trotz der hohen künstlerischen Qualität seiner Musik war auch Ellington für seine Aufführungen überwiegend auf Gastspiele in Tanzlokalen angewiesen. In den 40er Jahren gab es noch kaum eine eigene Jazz-Szene. Ellington entlehnte viele musikalische Motive den Straßenszenen in den Negervierteln. Nach 1943 ging die Bedeutung Ellingtons als Anreger des Swing zurück; er blieb aber weiter populär.

Außer Ellington gab es weitere bedeutende Bandleader, wie Jimmie Lunceford. Die Solisten dieser Orchester trafen sich manchmal zum Improvisieren in Combo-Besetzung. Diese kleinen

◁ *Yehudi Menuhin (1949).*

278  Kunst und Kultur

*Dixielandmusik wurde durch die Dutch Swing College Band populär gemacht.*

Gruppen, z. B. unter der Leitung von Johnny Hodges, Teddy Wilson und Lionel Hampton, hatten bereits in den 30er Jahren mit Schallplattenserien begonnen, die sie zu Beginn der 40er Jahre fortsetzten.

Der wichtigste Neuling war der Pianist Count Basie mit seinem Orchester, das sich bereits zuvor in Kansas City formiert hatte. Zu den Musikern, mit denen Basie seine eindrucksvollsten Stücke zu Beginn der 40er Jahre in New York aufführte, gehörten die Saxophonisten Buddy Tate und Lester Young. Basie führte die Rhythmusgruppe ein, die das Konzept des Jazz derart belebte, daß der Weg zu weiteren Entwicklungen frei wurde. Andere Musiker aus dem Mittleren Westen wie die Saxophonisten Arnett Cobb und Illinois Jacquet wandten sich Lionel Hampton zu, der zu Beginn der 40er Jahre eine Big Band aufbaute.

### Duke Ellington – Meister des Swing

Mitte der 30er Jahre entwickelte sich die Swing-Musik. Vor allem das Orchester des Pianisten Duke Ellington trat dabei in den Vordergrund. Er orchestrierte reicher und origineller als alle anderen Bandleader. Ellington ließ den Sound seines Ensembles betont durch Solisten bestimmen. Unter ihnen waren die profiliertesten Instrumentalisten der Swing-Zeit, wie der Saxophonist Ben Webster, der Pianist Billy Strayhorn, der Posaunist Lawrence Brown, der Klarinettist Barney Bigard und die Trompeter Cootie Williams und Rex Stewart. 1940 begann Ellington, dynamisch-rhythmisch unterstützt durch den neuen Bassisten Jimmy Blanton (der 1942 starb), mit einer Reihe längerer Kompositionen und gab 1943 bis 1950 regelmäßig jedes Jahr Konzerte in der Carnegie Hall in New York.

*Duke Ellington zu Beginn der 40er Jahre. Ellingtons Kompositionen leiteten eine neue Periode des Jazz ein.*

## Bop

Unter den Solisten des Swing gab es Musiker, die harmonisch und rhythmisch freier improvisierten als gewöhnlich. Zu ihnen gehörten der Trompeter Roy Eldridge, der Saxophonist Lester Young und der Gitarrist Charlie Christian. Vor allem Charlie Christian bemühte sich zwischen 1941 und 1943, in nächtlichen Jam Sessions in Harlemer Künstlercafés die differenzierteren harmonischen und rhythmischen Elemente weiterzuentwickeln. Als um 1944 sich das Resultat in Form neuer Ensembles und neuer Schallplattenaufnahmen zeigte, hatte sich ein Jazzstil herauskristallisiert, dem man den Namen Bop gab. Die Schlüsselfiguren waren der Saxophonist Charlie Parker, der Trompeter Dizzy Gillespie, der Pianist Thelonious Monk und der Schlagzeuger Kenny Clarke. Bald gesellten sich noch andere Musiker zu ihnen, wie Max Roach, Bud Powell und James (J. J.) Johnson.

Gegen Ende des Jahrzehnts nahm die Bedeutung des Bop jedoch ab. Dizzy Gillespie mußte sein Orchester aufgeben.

Das homogenste Ensemble war das Charlie-Parker-Quintett. Zu ihm gehörte auch der junge Trompeter Miles Davis. Der Pianist Thelonious Monk gelangte in seinem Spiel und in seinen Kompositionen zu einer höchst persönlichen Interpretation des neuen Stils, die seinen asymetrischen gehetzten Klangfiguren nachging.

## Dixieland

Junge weiße Musiker entdeckten die alte Musik von New Orleans wieder und begannen sie zu imitieren. Daraus erwuchs ein weltweiter Dixieland-Revival durch Lu Watters in den USA, Greame Bell in Australien, Humphrey Littleton in Großbritannien, Claude Luter in Frankreich, während er in den Niederlanden vor allem von der Dutch Swing College Band gespielt wurde. Alle genannten Orchester (oft zusammen mit äl-

**Schlager im und nach dem Krieg**

Einen einheitlichen Schlagertypus der 40er Jahre gibt es nicht. Vielmehr gibt es einen Schlager mit bestimmten Funktionen vor 1945 und einen nach dem Zusammenbruch, der neuen Situation angepaßt. Unterordnen mußte sich der deutsche Schlager in den 40er Jahren zunächst der Propaganda. Joseph Goebbels wußte um die Bedeutung von Zerstreuung und Ablenkung und ihre Kanalisierung im Schlager. So verband sich der Schlager auch zunehmend mit dem Tonfilm, wobei der Star den Komponisten und Texter im Bewußtsein des Publikums verdrängte.

Manche Musikfachleute haben sogar mit dem bedrohlicheren Kriegsverlauf eine immer stärkere Entwicklung hin zu langsamen Tempi und immer entrückteren Wunschbildern verbunden. Läßt man einmal einige »Hits« der damaligen Zeit Revue passieren, so wird die Wunschproduktion der Schlager deutlich: »Davon geht die Welt nicht unter, sieht man sie manchmal auch grau«, »Ich weiß, es wird einmal ein Wunder geschehn und dann werden tausend Märchen wahr« (Komponist/Texter in beiden Fällen: Michael Jary/Bruno Balz) oder gegen Kriegsende »Kauf dir einen bunten Luftballon, nimm ihn fest in deine Hand; stell dir vor, er fliegt mit dir davon in ein fernes Märchenland« (Komponist: Anton Profes, Text: Aldo von Pinelli, 1944). Diesen sanften Tönen standen aber auch »Mutmach-Lieder« gegenüber wie z. B. »Wir machen Musik« von Peter Igelhoff.

Nach dem Kriegsende setzte sich die Schlagerindustrie zunächst mit neuen musikalischen Richtungen auseinander. War während des Krieges der Konsum ausländischer Musik offiziell untersagt worden, so breiteten sich jetzt amerikanische Tanzformen wie Samba, Boogie-Woogie, Jitterbug rasch aus. Die Heimweh-Fernweh-Welle überrollte den Musikmarkt. War das Fernweh (etwa Rudi Schurickes »Capri-Fischer«, 1946) die Fortsetzung der Flucht aus der Wirklichkeit in eine Traumwelt, so wurde mit Heimweh, besser Heimatweh, die harte Realität Thema der Schlager – eine Tendenz, die sich in den 50er Jahren erst richtig ausbreitete. Ein erster großer Erfolg war 1946 »Möwe, du fliegst in die Heimat / grüß sie recht herzlich von mir. / All meine guten Gedanken / ziehen nach Hause mit dir! / Bist du im Dunkel entschwunden, / folgt dir voll Sehnsucht mein Blick. / Einmal nach stürmischen Tagen / kehre ich wieder zurück« (Komponist: Gerhard Winkler, Texter: Günther Schwenn). Direkt angesprochen wird die Wirklichkeit in Karnevalsschlagern wie »Wer soll das bezahlen...« (Komponist: Jupp Schmitz, der zugleich Interpret war, Text: Walter Stein), wo vom zerstörten Land, der Bildung zweier deutscher Staaten und der Währungsreform die Rede ist: »Vieles bei uns, das war gründlich zerstört, / wir hatten nicht mal 'nen Staat. / Jetzt hab'n wir zwei, die auch ganz separat / ihre Regierungen tragen.« Politische Anspielungen finden sich auch im »Trizonesien-Song« von Karl Berbuer, dem erfolgreichen Karnevalslied von 1947: »Ein kleines Häuflein Diplomaten / macht heut' die große Politik, / sie schaffen Zonen, ändern Staaten. / Und was ist hier mit uns im Augenblick?«

teren Musikern aus den USA wie Sidney Bechet) wurden weltweit bekannt, vor allem weil sie nicht allzu krampfartig an den alten Vorbildern festhielten. Sie gewannen viele Anhänger und bewirkten, daß eine ganz neue Hörergeneration die Jazzmusik der Anfangszeit wiederentdeckte. Sogar Louis Armstrong, der schon seit 1929 völlig neue Wege eingeschlagen hatte, gab dem neuerstandenen Interesse nach und bildete eine weltweit erfolgreiche Pseudo-Dixielandgruppe.

RUDY KOOPMANS

## Die leichte Musik in den 40er Jahren

Bis etwa zur zweiten Hälfte der 40er Jahre waren leichte Musik und Jazz eng miteinander verknüpft. Der Swing hatte allmählich die beherrschende Rolle in der Musik der großen Tanzorchester übernommen. Diese hatten meist eine Besetzung von vier oder fünf Trompeten, drei oder vier Posaunen, fünf Saxophonen und einer Rhythmusgruppe, die aus Klavier, Gitarre, Baß und Schlagzeug bestand. Der Klarinettist Benny Goodman wurde zum »king of swing« (König des Swing). Seine zahlreichen Nachfolger bestimmten bis weit in die 40er Jahre das musikalische Klima in den USA. Die meisten Orchester hatten eine eigene Sängerin oder einen eigenen Sänger. Die Rundfunksender machten einander Konkurrenz mit Direktübertragungen aus Hotels und Tanzsälen, in denen die bekanntesten Bands auftraten. Zu den populärsten »weißen« Tanzorchestern der USA zählten zu Beginn der 40er Jahre die Bands von Glenn Miller, Harry James, Tommy Dorsey und Benny Goodman. Zur Band des Posaunisten Tommy Dorsey gehörten zwei Vokalisten, die als Solisten weltbekannt wurden: Jo Stafford und Frank Sinatra.

Die Mehrheit der in den 40er Jahren beliebten amerikanischen Sänger und Vokalgruppen hatte ihre Karriere bereits in den 30er Jahren begonnen (Mill Brothers, The Andrews Sisters, Perry Como, Frank Sinatra, Nat »King« Cole), wenn nicht schon in den 20er Jahren (Bing Crosby). Sie waren Künstler, die die amerikanische Song-Tradition der 20er und 30er Jahre mit einem Repertoire fortsetzten, das keinen Anspruch auf gesellschaftliche Engagiertheit erhob. Die Themen ihrer Songs waren traditionell; sie handelten meist von der Liebe.

Die Periode der Big Bands in den USA endete kurz nach dem 2. Weltkriege, weil der Publikumsgeschmack sich änderte. Man sehnte sich nach einer ruhigeren Form der Unterhaltungsmusik. Berühmte Orchesterleiter wie Benny Goodman, Harry James und Tommy Dorsey sahen sich Ende 1946 gezwungen, ihre Orchester aufzulösen. Am Ende der 40er Jahre verlagerte sich die Popularität der großen Orchester auf die Vokalisten, die von da an ihre Erfolgsnummern in Begleitung eines Studio-Orchesters auf Schallplatten herausbrachten. Der Siegeszug der Schallplatte begann sich abzuzeichnen.

SKIP VOOGD

*Wunschkonzert S. 65–11*

*Nachkriegsschlager S. 328–56*

**Das Echo auf »Lili Marleen«**

Im August 1941, nachdem deutsche Truppen Belgrad besetzt hatten, erklang über den dortigen deutschen Soldatensender eine schon einige Jahre alte Schallplatte, die bisher wenig Beachtung gefunden hatte. Es war »Lili Marleen«, gesungen von der dänisch-deutschen Kabarettistin Lale Andersen. Die Anzahl der Wiederholungswünsche war so groß, daß die Platte einige Wochen lang tagsüber etwa 20 Minuten im Radio zu hören war. In kürzester Zeit war das Lied auch bei den deutschen Soldaten beliebt, die an den Fronten in der UdSSR, Italien und Afrika standen. In Berlin wurde ein speziell für die Deutsche Wehrmacht bestimmtes Radioprogramm um das Lied herum arrangiert, worin natürlich Lale Andersen auftrat. Dabei blieb es aber nicht: Britische Soldaten, in Nordafrika stationiert, fingen »Lili Marleen« auf und adoptierten die Nummer als Marsch; sowjetische Soldaten sangen sie als »Maliskij Maltschik«, und selbst auf der Halbinsel Sinai waren die israelischen Truppen später von »Lili Marleen« begeistert. Marlene Dietrich, die das Lied zweisprachig auf Schallplatte aufnahm, erntete damit einen ihrer größten Erfolge in den 40er Jahren. Nach der Niederlage bei Stalingrad verbot Goebbels wegen der letzten zwei Strophen (»... Aus dem stillen Raume, aus der Erde Grund, hebt sich wie im Traume Dein verliebter Mund...«) das Lied, sein internationaler Siegeszug (Übersetzungen in 48 Sprachen) war aber nicht mehr aufzuhalten.

Der Text von »Lili Marleen« wurde schon 1915 von dem Hamburger Soldaten Hans Leip geschrieben, der es vor seinem Aufbruch nach Rußland als Abschiedsgedicht an zwei Freundinnen, Lili und Marleen, schrieb. Erst 1937 wurde der Text in einem Gedichtband Leips veröffentlicht, ein Jahr später schrieb der Filmkomponist Norbert Schulze die Melodie dazu. Drei Jahre später eroberte das Lied von Belgrad aus die Welt.

Das Soldatenlied, das bei Freund und Feind populär war, wurde 1981 zum Thema des gleichnamigen erfolgreichen Films von Rainer Werner Fassbinder.

## Wer starb?

Der niederländische Maler PIET MONDRIAN starb am 1. 2. 1944 in New York im Alter von 71 Jahren. Um 1906 wurde er durch den Fauvismus beeinflußt und malte expressionistische Bilder. Von 1911 bis 1914 lebte er in Paris und kam mit dem Kubismus in Kontakt. 1917 begann Mondrian zusammen mit Gleichgesinnten die Zeitschrift *De Stijl* herauszugeben, die international bekannt wurde. Mitte der 20er Jahre erhielt sein Werk den Stil, der ihn international anerkannt werden ließ: ein Zusammenspiel starrer, breiter schwarzer Linien auf weißem Untergrund, die die Begrenzungen für Rechtecke in Primärfarben bilden. 1940 übersiedelte Mondrian nach New York. Dort entstand 1942/43 mit *Broadway Boogie Woogie* eines seiner bekanntesten Werke.

Der deutsche Bildhauer GEORG KOLBE starb am 20. 11. 1947 in Berlin im Alter von 70 Jahren. Bekannt wurde er durch bronzene Frauenfiguren und durch expressive Porträtbüsten. Zuerst arbeitete er als Maler und Grafiker. 1898 ging er nach Rom, wo er sich der Bildhauerei zuwandte. Er hatte einen einfachen, wenig manieristischen Stil, der von der Kunst der alten Ägypter und der Plastik Aristide Maillols geprägt war. Zu seinen bekanntesten Werken zählen *Die große Sitzende* (1929) und das Beethoven-Denkmal in Frankfurt am Main (1926–28). 1939 verlieh ihm die Stadt Frankfurt den Goethepreis.

Der Schweizer Maler und Grafiker PAUL KLEE starb am 29. 6. 1940 in Muralto bei Locarno im Alter von 60 Jahren. 1912 kam er in Kontakt mit der Münchner Gruppe »Der Blaue Reiter«, die ihn zur abstrakten Malerei führte. Nach dem 1. Weltkrieg lehrte er von 1922 bis 1930 am Bauhaus in Dessau, bis 1933 dann an der Düsseldorfer Kunstakademie. Als »entartet« verfemt, kehrte Klee in die Schweiz zurück. In seinem pessimistischen Spätwerk setzte er sich mit Problemen der Zeitgeschichte auseinander. Klee gilt als einer der Hauptvertreter der modernen Malerei. In seinen Bildern versuchte er, zu einer Synthese von Abstraktem und Gegenständlichem zu kommen.

Der russische Maler WASSILIJ KANDINSKY starb am 13. 12. 1944 in Paris im Alter von 78 Jahren. Um die Jahrhundertwende war er von Jugendstil und französischem Expressionismus beeinflußt. 1909 gründete er die Münchner »Neue Künstlervereinigung«, aus der 1911 die Gruppe »Der Blaue Reiter«, der Beginn der abstrakten Malerei, hervorging. Von 1914 bis 1921 war er in Rußland; von 1922 bis 1933 lehrte er am Bauhaus in Dessau, wo er zu einem mehr von geometrischen Formen bestimmten Stil fand. Nach Hitlers Machtübernahme ging er nach Paris, wo er bis zu seinem Tode blieb.

Der irische Schriftsteller JAMES JOYCE starb am 13. 1. 1941 in Zürich im Alter von 58 Jahren. Er gilt als einer der größten Romanschriftsteller der Moderne. 1922 erschien *Ulysses*, ein Höhepunkt in der Geschichte des Romans. In diesem Roman übersetzt Joyce den Odysseusmythos in die Moderne, in dem er einen Tag – den 16. 6. 1904 – im Leben des Dubliner Annoncenacquisiteurs Leopold Bloom erzählt. Er tut dies zum Teil in einer neuen Erzählhaltung, dem inneren Monolog. Vor allem in *Finnegan's Wake* (1939) trieb er seine Sprachexperimente so weit, daß das Werk nahezu unübersetzbar erschien.

Am 28. 3. 1943 ertränkte sich bei Lewis (Sussex) die britische Schriftstellerin VIRGINIA WOOLF im Alter von 59 Jahren. In ihren mit großem Einfühlungsvermögen in die Personen geschriebenen Romanen versuchte sie, die Bedeutung des Unterbewußten für das Handeln der Protagonisten auszuleuchten. Zu ihren bekanntesten Romanen gehören *Die Fahrt zum Leuchtturm* (1923) und *Orlando* (1928). Sie schrieb auch Kritiken und Essays (*The Common Reader*, 2 Bde. 1925–1932).

Der russische Komponist, Pianist und Dirigent SERGEJ RACHMANINOW starb am 28. 3. 1943 im kalifornischen Beverly Hills im Alter von 69 Jahren. 1912 wurde er Kapellmeister an der kaiserlichen Oper in Sankt-Petersburg. 1918 emigrierte er in die USA. Mit seinen eleganten, oft elegischen Werken war er einer der letzten Romantiker. Zu seinen beliebtesten Kompositionen gehören die Klavierkonzerte in c- und d-Moll und die Sinfonie Nr. 2 in e-Moll.

Der österreichische Komponist ANTON (von) WEBERN wurde am 15. 9. 1945 in Mittersill bei Salzburg im Alter von 56 Jahren unter nicht geklärten Umständen von einem US-Soldaten erschossen. Sein Werk wurde erst in den 50er Jahren gewürdigt. Webern war hauptsächlich von der Zwölftontechnik seines Lehrers Anton Schönberg, von dem er sich jedoch durch die besondere Behandlung der Intervalle unterschied, beeinflußt. Zu seinen bekanntesten Werken gehören die Lieder op. 12 (1915–1917) und die Klaviervariationen op. 27 (1936).

Der ungarische Komponist BÉLA BÁRTOK starb am 26. 9. 1945 in New York im Alter von 64 Jahren. In Abwendung von der Romantik sammelte und erforschte er die Volksmusik des Balkan. Er verließ Ungarn 1940 und emigrierte in die USA, wo er zunächst wenig gewürdigt wurde. Zu seinen bekanntesten Werken gehören das Ballett *Der wunderbare Mandarin* (1919) und seine beiden Violinkonzerte (1907 u. 1938).

Der österreichische Tenor RICHARD TAUBER (eigentl. Ernst Seiffert) starb am 8. 1. 1948 in London im Alter von 56 Jahren. Besonders als Mozartsänger hatte er sich einen Namen gemacht. Seine größten Erfolge feierte er jedoch in den Operetten Franz Lehárs. Als Jude mußte er 1933 Deutschland und 1938 Österreich verlassen.

Der ungarische Operettenkomponist FRANZ LEHÁR starb am 24. 10. 1948 in Bad Ischl im Alter von 78 Jahren. Durch seine Operetten erneuerte er diese Kunstform und brachte sie wieder in die Nähe der Oper. Er war zunächst Militärkomponist, nach dem Welterfolg seiner *Lustigen Witwe* (1905) war er als freier Komponist tätig. Weitere große Erfolge waren *Der Zarewitsch* (1927) und *Das Land des Lächelns* (1929).

Der Komponist RICHARD STRAUSS starb am 8. 9. 1949 in Garmisch im Alter von 85 Jahren. Er gilt als einer der Vollender der symphonischen Dichtung: *Don Juan* (1889), *Till Eulenspiegels lustige Streiche* (1895) und *Ein Heldenleben* (1899) zählen zu seinen bekanntesten Werken. Weltgeltung erlangte er aber vor allem durch seine an Mozart erinnernden Opern, insbesondere durch den *Rosenkavalier* (1911). Eine weitere bekannte Oper ist *Ariadne auf Naxos* (1912).

Am 6. 6. 1946 starb der Schriftsteller GERHART HAUPTMANN in Haus Wiesenstein in Agnetendorf (Schlesien) im Alter von 91 Jahren. Mit den beiden Dramen *Vor Sonnenaufgang* (1889) und *Die Weber* (1892) wurde er die führende Gestalt des Naturalismus. Auch in weiteren erfolgreichen Dramen wie *Michael Kramer* (1900) oder *Rose Bernd* (1903) schilderte er das Leben der sozial Verachteten. Seine Erzählungen und Gedichte waren nicht so erfolgreich. 1912 bekam Gerhart Hauptmann den Nobelpreis für Literatur.

*Richard Strauss (Gemälde von W. Damian, 1945).*

# 7. Sport

## Neubeginn nach 1945

Das erste große Sporttreffen nach dem 2. Weltkrieg fand anläßlich der XIV. Olympischen Spiele der Neuzeit 1948 statt. Zwölf Jahre nach den Spielen in Berlin, von denen sich das NS-Regime Propagandaeffekte versprochen hatte, boten die Briten nun »einfache Spiele« an. Die Zahl der teilnehmenden Mannschaften (59) und Sportler (4099) war größer als in Berlin. Das 1924 anläßlich der Empire Exhibition in London gebaute Stadion diente als Olympiastadion. Deutschland und Japan, die Verlierer des Krieges, sowie die Sowjetunion, die nicht Mitglied des Olympischen Komitees war, durften an den Spielen nicht teilnehmen. Die Presse brachte dem Ereignis enormes Interesse entgegen. Zum ersten Mal in der olympischen Geschichte wurden Fernsehaufnahmen von den Laufwettkämpfen gesendet. Insgesamt besuchten über 1 Million Zuschauer die verschiedenen olympischen Wettkämpfe.

Die niederländische Athletin Fanny Blankers-Koen war mit vier Goldmedaillen die erfolgreichste Teilnehmerin der Spiele (auch → S. 282). Ein anderer hervorragender Sportler war der Tschechoslowake Emil Zátopek. Am ersten Tag der Leichtathletikwettkämpfe setzte er der finnischen Vorrangstellung im Langstreckenlauf ein Ende. Über 10 000 m hatte kein anderer Läufer eine Chance, auch nicht der Weltrekordinhaber Viljo Heino. Für die größte Überraschung sorgte der Amerikaner Harrison Dillard, zu jener Zeit der beste Hürdenläufer der Welt. Während der amerikanischen Qualifikationswettkämpfe hatte Dillard Pech und kam nicht in die Auswahl für die 110 m Hürden, doch wurde er als Dritter in die 100-m-Mannschaft aufgenommen. In London gewann er wider alle Erwartungen über 100 m vor dem Favoriten Henry Ewell.

Anders als die deutschen Sportler konnten die Österreicher an den Spielen teilnehmen. Sie erhielten durch die Speerwerferin Herma Bauma eine Goldmedaille in der Leichtathletik. Die Schweizer gehörten zu den zehn erfolgreichsten Nationen. Sie waren die härtesten Konkurrenten der im Turnen überlegenen Finnen und errangen in dieser Sportart durch Karl Frei, Josef Stalder und Michael Reusch drei ihrer insgesamt fünf Olympiasiege.

*Margaret Osborne gewinnt das Dameneinzel in Wimbledon am 5. 7. 1947.*

*Sport I*
*S. 65–12*

*Sport II*
*S. 248–42*

### Die tschechische Lokomotive

Während der Olympischen Sommerspiele 1948 in London gehörte der 25jährige tschechische Langstreckenläufer Emil Zátopek zu den Sportlern, die im Mittelpunkt des Interesses standen. Während des 10 000-m-Laufes gelang es ihm, den gemeinsamen Angriff der Finnen Heinström und Heino abzuwehren und das Rennen glatt zu gewinnen. Zugleich lief er einen neuen Weltrekord (29:59,6) und durchbrach damit die finnische Hegemonie auf dieser Strecke: Seit 1912 hatten finnische Sportler fünf von sechs möglichen Goldmedaillen gewonnen. Zátopek hatte eigentlich einen recht unbeholfenen Laufstil, der ihm den Beinamen »die Lokomotive« eingebracht hatte. Er absolvierte jede Runde mit großem Schnaufen und schmerzverzerrtem Gesicht. Doch mit diesem Laufstil war er sehr erfolgreich: Zátopek war Weltrekordhalter über alle Strecken von 5000 m an aufwärts. In London mußte er zwar den Sieg über 5000 m dem Belgier Gaston Reiff überlassen, doch bei den nächsten Olympischen Spielen (Helsinki, 1952) siegte Zátopek aufs neue über 10 000 m (29:17,0) sowie über 5000 m (14:06,6) und im Marathonlauf (2:23:03,2).

*Emil Zátopek und der Belgier Gaston Reiff (links) während des 5000-m-Laufes der Olympischen Sommerspiele in London, den Reiff gewann (nachkolorierte Aufnahme).*

Sport

*Fanny Blankers-Koen erhält die Goldmedaille für ihren Sieg über 80 m Hürden.*

Vielseitigkeit ist von keiner Athletin mehr erreicht worden. Ihren größten Triumph feierte sie 1948 bei den Olympischen Spielen in London: Mit dem Gewinn von vier Goldmedaillen (100 m, 200 m, 80 m Hürden, 4 × 100-m-Staffel) wurde sie zur Legende. Die Niederlande lebten im »Fanny-Rausch«. Die Wochenschauen berichteten über ihre Leistungen, und in Zeitungen im In- und Ausland erschienen Berichte über die »fliegende Hausfrau« und die »schnellste Mutter der Welt«. An den Olympischen Spielen in Helsinki (1952) konnte sie wegen einer Erkrankung nicht teilnehmen. Doch sie resignierte nicht, nahm das Training wieder auf und schlug Yvette Williams, die Olympiasiegerin im Weitsprung, dreimal; außerdem besiegte sie die Finalteilnehmerinnen im 100-m-Lauf Maria Sander und Shirley Strickland. Nicht zuletzt stellte sie mit 10,9 sek den Weltrekord ein, mit dem Shirley Strickland Olympiasiegerin über 80 m Hürden geworden war.

**Fanny Blankers-Koen, die »fliegende Hausfrau«**

Die Niederländerin Fanny Koen begann ihre Leichtathletikkarriere 1934. Bei den Olympischen Spielen 1936 in Berlin hatte die noch unerfahrene Sportlerin immerhin einen Achtungserfolg: Im Hochsprung belegte sie mit zwei anderen Konkurrentinnen den sechsten Platz. Als sie dann den Leichtathletiktrainer Jan Blankers heiratete, steigerte sich ihr Leistungsvermögen enorm. 1942 stellte sie verschiedene Weltrekorde auf, u. a. über 100 Yards, über 220 Yards und im 100-m-Lauf, über 80 m Hürden, im Weit- und Hochsprung und im Fünfkampf. Eine solche

**Rudolf Harbig – ein großer Mittelstreckenläufer**

Rudolf Harbig wurde am 8. 11. 1913 in Dresden geboren. Als Jugendlicher war er aktiver Schwimmer. Erst 1934, im Zuge der Talentsuche für die Olympischen Sommerspiele in Berlin (1936), wurde er für die Leichtathletik – und zwar für die Mittelstrecken – entdeckt. Bei den Olympischen Spielen galt er als einer der Favoriten im 800-Meter-Lauf; durch eine Darmgrippe geschwächt, konnte er nicht einmal den Endlauf erreichen. Seine größten Erfolge errang er dann im Jahre 1938. Er wurde Deutscher Meister und Europameister über 400 m. Zudem gelang es ihm über 400 m (46,7 sek) und 800 m (1:46,6 min) neue Weltrekorde aufzustellen. Auch über die nicht so häufig gelaufene Strecke von 1000 m stellte er mit 2:21,5 min (1941) eine Weltbestleistung auf. Mit diesen Leistungen war er in der zweiten Hälfte der 30er und zu Beginn der 40er Jahre der beherrschende Leichtathlet auf allen Mittelstrecken. Er fiel am 5. 3. 1944 an der Ostfront. Der deutsche Leichtathletikverband zeichnet alljährlich einen vorbildlichen Athleten mit dem Rudolf-Harbig-Preis aus.

*Rudolf Harbig (Mitte) am 18. 5. 1941 bei einem Militärsportfest in Berlin.*

*Der US-Amerikaner Frank Schroeder gewinnt am 1. 7. 1949 das Finale im Herreneinzel im Tennisturnier von Wimbledon.*

Zum letzten Mal waren in London Kunstwettbewerbe ausgeschrieben, bei denen – wie seit 1912 üblich – Werke aus Baukunst, Literatur, Musik, Malerei und Graphik sowie Bildhauerkunst in 13 Sparten mit olympischen Medaillen ausgezeichnet wurden.

Die olympischen Winterspiele fanden in St. Moritz statt, einem Schweizer Winterkurort, der bereits 1928 Schauplatz der Spiele gewesen war. Auch hier fehlten Deutschland und Japan. Insgesamt waren 28 Länder mit 713 Teilnehmern vertreten, darunter 77 Frauen. Der Franzose Henri Oreiller gewann zwei der drei alpinen Disziplinen und wurde zum Star der Spiele.

Bis auf wenige Ausnahmen gab es in der zweiten Hälfte der 40er Jahre kaum nennenswerte Leistungen in der Leichtathletik. Die Rekordlisten zeigten während des Weltkrieges die größeren Fortschritte, vor allem in Ländern, die nicht unmittelbar unter den Kriegsereignissen zu leiden hatten. In Skandinavien lieferten sich die schwedischen Läufer Gunder Hägg und Arne Andersson einen erbitterten Zweikampf, der zu mehreren Verbesserungen der Weltrekorde führte. Hägg war bis 1945 unbestritten der beste Mittelstreckenläufer. Er verbesserte die Weltrekorde über 1500 m (dreimal), die Meile (zweimal) und 5000 m (einmal). Andersson war dreimal Inhaber des Weltrekords (1500 m und zweimal die Meile). Der Finne Viljo Heino lief 1944 über 10 000 m überlegen Weltrekord (29:35,4) und legte 1945 in einer Stunde 19,339 km zurück.

Die deutschen Athleten konnten wegen der Kriegsereignisse sich nur selten dem internationalen Vergleich stellen. Rudolf Harbig, der 1939 in Mailand nach einem unvergeßlichen Zweikampf gegen den Italiener Mario Lanzi einen neuen Weltrekord über 800 m gelaufen hatte (1:46,6), fiel 1944 an der Ostfront (auch →auf dieser Seite links).

In den USA fand sich kein Nachfolger für Jesse Owens. 1941 stellte Harold Davis den Weltrekord über 100 m (10,2) ein, 1948 liefen Lloyd La Beach aus Panama und der US-Amerikaner Norwood Ewell die gleiche Zeit. Der US-amerikanische Stabhochspringer Cornelius Warmerdam verbesserte zwischen 1940 und 1944 sechsmal den Weltrekord. Er setzte die Marke von 4,54 m auf 4,77 m und blieb während der ganzen Zeit unbesiegt.

Der Franzose Alex Jany war der beste Schwimmer nach 1945. 1947 verbesserte er zwei Weltrekorde: 100 m Freistil in 55,8 und 400 m Freistil in 4:35,2. Insgesamt stellte er fünf Weltrekorde auf, denn auch über 200 m Freistil (2:05,4 – 1946), 300 Yards Freistil (3:03,0 – 1948) und 300 m Freistil (3:21,0 – 1947) war er der Beste. Während der Olympischen Spiele in London (1948) mußte Jany eine tiefe Enttäuschung hinnehmen. Über 100 m Freistil belegte er den fünften Platz, nachdem er bis 40 m vor dem Ziel geführt hatte; über 400 m wurde er sechster.

Ähnliches Pech hatte der Japaner Hironoshi Furuhashi, der beste Mittel- und Langstreckenschwimmer am Ende der 40er Jahre. Er verzeichnete keinen einzigen Olympiasieg, weil sein Land an den Spielen von 1948 nicht teilnehmen durfte. Er schwamm jedoch zur Zeit der Spiele an einem anderen Ort Zeiten, die die Leistungen der Olympiasieger in den Schatten stellten. Insgesamt stellte er sechs Weltrekorde auf: zweimal über 400 m, dreimal über 800 m und einmal über 1500 m. Sein Weltrekord über 1500 m (18:19,0) blieb sieben Jahre lang bestehen.

Der Amerikaner Adolph Kiefer, der in Berlin Olympiasieger über 100 m Rücken gewesen war, blieb bis 1944 der ungeschlagene Meister seiner Disziplin mit Weltrekorden über 200 m in den Jahren 1941 und 1944 (2:19,3).

Von den Kriegsereignissen war auch der internationale Radsport betroffen. Die klassischen Rennen wurden entweder überhaupt nicht organisiert (Paris-Roubaix, die Tour de France, der Giro d'Italia und die Weltmeisterschaft) oder wurden mit fast ausschließlich nationalen Teilnehmern ausgetragen (Mailand–San Remo, Lombardei-Rundfahrt und Flandern-Rundfahrt).

**Joe Louis – »der Braune Bomber«**

Eine der populärsten Figuren der Boxwelt der 40er Jahre war der US-amerikanische Schwergewichtler Joe Louis. Geboren wurde er am 13. 5. 1914 in Lexington (Alabama). Sein richtiger Name war Joseph Louis Barrow, unter dem Namen Joe Louis aber – vor allem mit dem Beinamen »der Braune Bomber« – wurde er weltbekannt.

Joe Louis' Karriere begann im Jahre 1934 in Detroit, als er Meister des US-amerikanischen Amateurboxverbandes wurde. Im gleichen Jahr absolvierte er seinen ersten Kampf als Profi. Im Jahre 1937 schlug er James Braddock in der 8. Runde k. o. und eroberte damit den Weltmeistertitel. Rd. fünfundzwanzigmal verteidigte er seinen Titel erfolgreich, öfter als fast alle anderen Schwergewichtsweltmeister. Seine große Zeit lag zwischen den Jahren 1939 und 1942. Nach dem 2. Weltkrieg war Joe Louis nicht mehr so aktiv, obwohl er noch einige Male in den Ring stieg. 1949 trat er als Weltmeister ungeschlagen zurück. 1950 (gegen Ezzard Charles) und 1951 (gegen Rocky Marciano) versuchte er vergebens, den Titel zurückzuerobern. Das Gesetz des »They never come back« konnte *er* noch nicht durchbrechen. In Deutschland war Joe Louis seit dem Jahre 1936 sehr populär, nachdem er am 19. 6. von dem damaligen Ex-Weltmeister Max Schmeling in einem legendär gewordenen Kampf in der 12. Runde durch k. o. besiegt worden war.

*Joe Louis 1947.*

Joe Louis starb als einer der größten Boxer aller Zeiten am 12. 4. 1981 in Las Vegas.

In Italien teilten sich die Zuschauer in zwei Lager: einerseits in die Anhänger von Gino Bartali und andererseits in die von Fausto Coppi. Das ganze Jahrzehnt stand im Zeichen des Duells zwischen den beiden Spitzensportlern, von denen Coppi die Periode der »Herren und Domestiken« im Radsport einführte. Coppi baute eine ganze Mannschaft getreuer Helfer um sich auf. Vor allem beim Giro d'Italia und bei der Tour de France lieferten sich Coppi und Bartali oft dramatische Rennen um den Sieg.

C. DE VEENE

# Fußball in Deutschland

Beliebteste Sportart in Deutschland blieb auch in den 40er Jahren der Fußball. Schalke 04 (1940 und 1942), Rapid Wien (1941) und der Dresdner SC (1943 und 1944) wurden Deutsche Fußballmeister. Der Wettbewerb wurde übrigens nach dem »Anschluß« Österreichs für das gesamte Reichsgebiet ausgetragen. Ab Mitte 1944 wurden als Folge des von Propagandaminister Goebbels angekündigten »totalen Krieges« große Sport-

◁

*Der Brite Freddie Mills war zwischen 1948 und 1950 Boxweltmeister im Halbschwergewicht.*

*Fritz Walter im weißen Trikot steuert einen Treffer zum 5:1-Sieg der deutschen Mannschaft gegen Kroatien am 16. 6. 1941 bei.*

veranstaltungen untersagt, so daß der Spielbetrieb eingestellt werden mußte. So gewann der Dresdner SC am 18. 6. 1944 gegen den LSV Hamburg das letzte »großdeutsche« Endspiel in Berlin vor 70 000 Zuschauern mit 4:0. Nationaltorhüter Willibald Kreß und der Stürmer Richard Hofmann zählten zu den bekanntesten Spielern der Dresdner. Einer aber sollte sie an Berühmtheit übertreffen, Helmut Schön, der im Endspiel ebenfalls ein Tor schoß. Er war von 1964 bis 1978 als Nachfolger Sepp Herbergers Fußballbundestrainer. Zu den weiteren Idolen gehörten die Spieler, die den FC Schalke 04 mit dem Spielsystem des »Kreisels« berühmt gemacht hatten, Fritz Szepan, Ernst Kuzorra, Hermann Eppenhoff und Adolf Urban.

International war der deutsche Fußball durch den Krieg sehr isoliert. Es gab nur Spiele gegen neutrale oder mit dem nationalsozialistischen System sympathisierende Staaten. Die Spiele gegen Auswahlmannschaften der besetzten Gebiete hatten nur geringen sportlichen Wert. Das letzte Länderspiel einer deutschen Mannschaft im Kriege fand am 22. 11. 1942 in Preßburg gegen die Slowakei statt und wurde mit 5:2 gewonnen. Seit 1940 spielte der Kaiserslauterer Fritz Walter in der Nationalmannschaft; er war später Kapitän der legendären Weltmeisterelf von Bern (1954).

1949 wurde der DFB wieder Mitglied der FIFA, so daß am 22. 11. 1950, auf den Tag genau nach achtjähriger Unterbrechung, eine deutsche Mannschaft wieder ein Länderspiel austragen konnte (1:0 gegen die Schweiz).

Sehr bald nach dem Kriege wurde es nach Verhandlungen mit den Besatzungsmächten möglich, die Erlaubnis für die Wiederaufnahme des Spielbetriebes in den Westzonen zu bekommen. Am 8. 8. 1948 wurde vor 75 000 Zuschauern in Köln der 1. FC Nürnberg durch ein 2:1 über den 1. FC Kaiserslautern erster deutscher Nachkriegsmeister. Ihm folgte ein Jahr später der VfR Mannheim mit einem 3:2 über Borussia Dortmund.

In der sowjetischen Besatzungszone waren die traditionellen Vereine und Clubs aufgelöst und zunächst in Sportgemeinschaften (SG) auf örtlicher Ebene überführt worden. Ab 1947 wurden sie schrittweise in Betriebssportgemeinschaften (BSG) umgewandelt, die der Aufsicht und politischen Kontrolle der Betriebsgewerkschaftsleitungen unterstanden.

Der einzige bedeutende Fußballverein, der sich diesem Zwang lange entzog, war die SG Dresden-Friedrichstadt, hervorgegangen aus dem letzten Deutschen Meister Dresdener SC (DSC). In seiner Fußballmannschaft spielten – mit Helmut Schön an der Spitze – mehrere Mitglieder der ehemaligen Meisterelf.

Vor dem letzten Spieltag der ersten Saison 1949/50 der DDR-Fußballoberliga führte die SG Dresden-Friedrichstadt dank des wesentlich besseren Torverhältnisses vor der punktgleichen BSG Horch Zwickau (Kraftfahrzeugindustrie), die zum letzten Spiel in Dresden antreten mußte. Es war für die DDR-Behörden nicht akzeptabel, daß die Dresdner Elf, die offen und verdeckt als »letztes Überbleibsel des bürgerlichen Sports« kritisiert und unter Druck gesetzt wurde, erster DDR-Meister werden sollte. Das Unerwartete geschah: Unter ungeklärten Umständen siegte Horch Zwickau in Dresden mit 5:1 und wurde DDR-Meister. Schwere Unruhen und Ausschreitungen der Zuschauer waren die Folge. Zwei Spieler flohen sofort aus der DDR; der Verein wurde aufgelöst; die Mannschaft der ZSG Tabak Dresden (Zentrale Sportgemeinschaft der Zigarettenindustrie) angeschlossen. Wenige Wochen später ging die Mannschaft nach Westberlin zu Hertha BSC, wo sie gemeinsam weiterspielen wollte. Das mißlang. Helmut Schön (der 1947 von einem mehrwöchigen Gastspiel beim FC St. Pauli Hamburg nach Dresden zurückgekehrt war) zog nach Wiesbaden und wurde bald Trainer der Auswahl des Saarlandes. Ein Teil der Mannschaft versuchte, als DSC Heidelberg noch einige Zeit die Tradition des Altmeisters fortzusetzen, löste sich dann aber auf. Mit der Ausschaltung der SG Dresden-Friedrichstadt war die Gleichschaltung des DDR-Sports abgeschlossen.

HEINZ DIETER BULKA/WERNER LUDEWIG

# V. Olympische Winterspiele, Sankt Moritz 1948

Medaillengewinner aus Österreich (A) und der Schweiz (CH).

### Männer

#### Ski-alpin

*Slalom*
Gold – E. Reinalter (CH)
*Abfahrt*
Silber – F. Gabl (A)
Bronze – K. Molitor (CH)
　　　　 R. Olinger (CH)
*Kombination* (Slalom + Abfahrt)
Silber – K. Molitor (CH)

#### Eiskunstlauf

Silber – H. Gerschwiler (CH)
Bronze – E. Rada (A)

#### Bob

*Zweierbob*
Gold – F. Endrich/F. Waller (CH)
Silber – F. Feierabend/P. Eberhard (CH)

#### Eishockey

Bronze – Schweiz

### Frauen

#### Ski-alpin

*Slalom*
Silber – A. Meyer (CH)
Bronze – E. Mahringer (A)

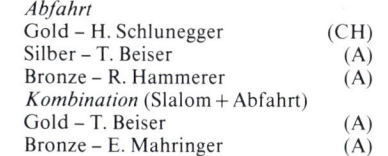

*Abfahrt*
Gold – H. Schlunegger (CH)
Silber – T. Beiser (A)
Bronze – R. Hammerer (A)
*Kombination* (Slalom + Abfahrt)
Gold – T. Beiser (A)
Bronze – E. Mahringer (A)

#### Eiskunstlauf

Silber – E. Pawlik (A)

#### Medaillenspiegel

| Land | Gold | Silber | Bronze | gesamt |
|---|---|---|---|---|
| Schweden | 4 | 3 | 3 | 10 |
| Norwegen | 4 | 3 | 3 | 10 |
| Schweiz | 3 | 4 | 3 | 10 |
| USA | 3 | 4 | 2 | 9 |
| Frankreich | 2 | 1 | 2 | 5 |
| Kanada | 2 | – | 1 | 3 |
| Österreich | 1 | 3 | 4 | 8 |
| Finnland | 1 | 3 | 2 | 6 |
| Belgien | 1 | 1 | – | 2 |
| ČSR | – | 1 | – | 1 |
| Ungarn | – | 1 | – | 1 |
| Großbritannien | – | – | 2 | 2 |

Eine deutsche Mannschaft nahm an den V. Olympischen Winterspielen nicht teil.

◁
*Ein Sportler der Schweiz schwört den olympischen Eid.*

# XIV. Olympische Sommerspiele, London 1948

Medaillengewinner aus Österreich (A) und der Schweiz (CH).

### Männer

#### Leichtathletik

*10 km Gehen*
Bronze – F. Schwab (CH)
*50 km Gehen*
Silber – G. Godel (CH)

#### Rudern

*Zweier ohne Steuermann*
Silber – Schweiz
*Vierer mit Steuermann*
Silber – Schweiz

#### Reiten

*Military, Einzel*
Bronze – R. Selfelt (CH)
*Dressur, Einzel*
Gold – H. Moser (CH)

#### Schießen

*Großkaliber, 300 m*
Gold – E. Grünig (CH)
*Sportpistole, 50 m*
Silber – R. Schnyder (CH)

#### Fechten

*Degen, Einzel*
Silber – O. Zappelli (CH)

#### Turnen

*Mehrkampf, Einzel*
Silber – W. Lehmann (CH)
*Mehrkampf, Mannschaft*
Silber – Schweiz
*Barren*
Gold – M. Reusch (CH)
Bronze – C. Kipfer (CH)
*Reck*
Gold – J. Stalder (CH)
Silber – W. Lehmann (CH)
*Ringe*
Gold – K. Frei (CH)
Silber – M. Reusch (CH)

*Einer der ersten Fackelträger auf dem Weg von Olympia in die Hafenstadt Katakolon wird gegen Anschläge von Guerillas durch griechische Soldaten geschützt (links).*

*A.S. Wint (Nr. 122) aus Jamaika gewinnt die 400 m vor seinem Landsmann H. H. McKenley und dem Amerikaner M. Whitfield (rechts).*

*Fanny Blankers-Koen (2. von rechts) gewinnt die 80 m Hürden (links oben).*

*Der belgische Leichtgewichtler Jos Vissers in seinem nach Punkten gewonnenen Kampf gegen den Schweizer E. Schmedinger (links unten).*

*Der Schweizer Karl Frei an den Ringen (rechts).*

*Start der 2er-Kanadier über 10 000 m in Henley-on-Thames. Von links nach rechts die Mannschaften Schwedens, der USA, der ČSR, Frankreichs, Kanadas und Österreichs (links). Szene aus dem Hockey-Halbfinale zwischen Indien und den Niederlanden. Es ging 2:1 für Indien aus (rechts).*

**Ringen**

*Federgewicht, Freistil*
Bronze – A. Müller (CH)
*Leichtgewicht, Freistil*
Bronze – H. Baumann (CH)
*Halbschwergewicht, Freistil*
Silber – F. Stöckli (CH)

**Boxen**

*Schwergewicht*
Bronze – H. Müller (CH)

**Frauen**

**Leichtathletik**

*Kugelstoßen*
Bronze – I. Schäffer (A)
*Speerwerfen*
Gold – H. Bauma (A)

**Kanu**

*Kajak-Einer, 500 m*
Bronze – F. Schwingl (A)

**Fechten**

*Florett, Einzel*
Bronze – E. Müller-Preis (A)

**Kunstwettbewerbe**

*1. Baukunst*
 *Städtebauliche Entwürfe*
 Silber – W. Schindler/E. Knupfer (CH)
 *Architektonische Entwürfe*
 Gold – A. Hoch (A)
 Silber – A. Rinesch (A)
*2. Malerei und Graphik*
 *Angewandte Graphik*
 Silber – A. W. Diggelmann (CH)
 Bronze – A. W. Diggelmann (CH)
*3. Bildhauerkunst*
 *Medaillen und Plaketten*
 Silber – O. Thiede (A)
 Bronze – E. Grienauer (A)

**Medaillenspiegel**

| Land | Gold | Silber | Bronze | gesamt |
|---|---|---|---|---|
| USA | 38 | 27 | 19 | 84 |
| Schweden | 17 | 11 | 18 | 46 |
| Frankreich | 11 | 6 | 15 | 32 |
| Finnland | 10 | 8 | 6 | 24 |
| Ungarn | 10 | 5 | 13 | 28 |
| Italien | 9 | 13 | 11 | 33 |
| Türkei | 6 | 4 | 2 | 12 |
| ČSR | 6 | 2 | 3 | 11 |
| Schweiz | 5 | 12 | 7 | 23 |
| Dänemark | 5 | 8 | 9 | 22 |
| Niederlande | 5 | 2 | 9 | 16 |
| Großbritannien | 4 | 16 | 7 | 27 |
| . | | | | |
| . | | | | |
| Österreich | 2 | 2 | 4 | 8 |

Eine deutsche Mannschaft nahm an den XIV. Olympischen Sommerspielen nicht teil.

# Leichtathletik- und Schwimm-Weltrekorde

**Leichtathletik**

### Weltrekorde 1940

*Männer*

| Disziplin | Athlet | Leistung |
|---|---|---|
| 100 m | J. Owens (USA) | 10,2 sek |
| 200 m | J. Owens (USA) | 20,7 sek |
| 400 m | R. Harbig (Deutschland) | 46,0 sek |
| 800 m | R. Harbig (Deutschland) | 1:46,6 min |
| 1500 m | J. Lovelock (Neuseeland) | 3:47,8 min |
| 5000 m | T. Maeki (Finnland) | 14:08,8 min |
| 10 000 m | T. Maeki (Finnland) | 29:52,6 min |
| 110 m Hürden | F. Towns (USA) | 13,7 sek |
| 400 m Hürden | G. Hardin (USA) | 50,6 sek |
| 3000 m Hindernis | V. Iso-Hollo (Finnland) | 9:03,6 min |
| 4 × 100 m | USA | 39,8 sek |
| 4 × 400 m | USA | 3:08,2 min |
| Hochsprung | M. Walker (USA) | 2,09 m |
| Weitsprung | J. Owens (USA) | 8,13 m |
| Stabhochsprung | C. Warmerdam (USA) | 4,77 m |
| Dreisprung | N. Tajima (Japan) | 16,00 m |
| Kugelstoßen | J. Torrance (USA) | 17,40 m |
| Diskuswerfen | W. Schröder (Deutschland) | 53,10 m |
| Speerwerfen | Y. Nikkanen (Finnland) | 78,70 m |
| Hammerwerfen | E. Blask (Deutschland) | 59,00 m |
| Zehnkampf | G. Morris (USA) | 7900 P. |

*Frauen*

| Disziplin | Athletin | Leistung |
|---|---|---|
| 100 m | S. Walaciewicz (Polen) | 11,6 sek |
| 200 m | S. Walaciewicz (Polen) | 23,6 sek |
| 400 m | N. Halstead (Großbritannien) | 56,8 sek |
| 800 m | L. Batschauer (Deutschland) | 2:16,4/5 min |
| 80 m Hürden | C. Testoni (Italien) | 11,3 sek |
| 4 × 100 m | Deutschland | 46,4 sek |
| Hochsprung | D. Odam (Deutschland) | 1,66 m |
| Weitsprung | C. Schulz (Deutschland) | 6,12 m |
| Kugelstoßen | G. Mauermayer (Deutschland) | 14,38 m |
| Diskuswerfen | G. Mauermayer (Deutschland) | 48,31 m |
| Speerwerfen | N. Gindele (USA) | 46,74 m |
| Fünfkampf | G. Mauermayer (Deutschland) | 4391 P. |

### Weltrekorde 1949

*Männer*

| Disziplin | Athlet | Leistung |
|---|---|---|
| 100 m | J. Owens, H. Davis, E. Norwood (alle USA), L. La Beach (Panama) | 10,2 sek |
| 200 m | J. Owens (USA) | 20,7 sek |
| 400 m | H. McKenley (Jamaika) | 45,9 sek |
| 800 m | R. Harbig (Deutschland) | 1:46,6 min |
| 1500 m | G. Haegg, L. Strand (beide Schweden) | 3:43,0 min |
| 5000 m | G. Haegg (Schweden) | 13:58,2 min |
| 10 000 m | E. Zátopek (ČSSR) | 29:21,2 min |
| 110 m Hürden | F. Towns, F. Walcott (beide USA) | 13,7 sek |
| 400 m Hürden | G. Hardin (USA) | 50,6 sek |
| 3000 m Hindernis | E. Elmsaeter (Schweden) | 8:59,6 min |
| 4 × 100 m | USA | 39,8 sek |
| 4 × 400 m | USA | 3:08,2 min |
| Hochsprung | L. Steers (USA) | 2,11 m |
| Weitsprung | J. Owens (USA) | 8,13 m |
| Stabhochsprung | C. Warmerdam (USA) | 4,77 m |
| Dreisprung | N. Tajima (Japan) | 16,00 m |
| Kugelstoßen | J. Fuchs (USA) | 17,79 m |
| Diskuswerfen | F. Gordien (USA) | 56,97 m |
| Speerwerfen | Y. Nikkanen (Finnland) | 78,70 m |
| Hammerwerfen | I. Nemeth (Ungarn) | 59,57 m |
| Zehnkampf | G. Morris (USA) | 7900 P. |

*Frauen*

| Disziplin | Athletin | Leistung |
|---|---|---|
| 100 m | F. Blankers-Koen (Niederlande) | 11,5 sek |
| 200 m | S. Walaciewicz (Polen) | 23,6 sek |
| 400 m | N. Halstead (Großbritannien) | 56,8 sek |
| 800 m | A. Larsson (Schweden) | 2:13,8 min |
| 80 m Hürden | F. Blankers-Koen (Niederlande) | 11,0 sek |
| 4 × 100 m | Deutschland | 46,4 sek |
| Hochsprung | F. Blankers-Koen (Niederlande) | 1,71 m |
| Weitsprung | F. Blankers-Koen (Niederlande) | 6,25 m |
| Kugelstoßen | K. Tochonowa (UdSSR) | 14,86 m |
| Diskuswerfen | N. Dumbadse (UdSSR) | 53,25 m |
| Speerwerfen | N. Smirnitskaja (UdSSR) | 53,41 m |
| Fünfkampf | G. Mauermayer (Deutschland) | 4391 P. |

**Schwimmen**

### Weltrekorde 1940

*Männer*

| Disziplin | Athlet | Leistung |
|---|---|---|
| 100 m Freistil | P. Fick (USA) | 56,4 sek |
| 200 m Freistil | J. Medica (USA) | 2:07,2 min |
| 400 m Freistil | J. Medica (USA) | 4:38,7 min |
| 1500 m Freistil | T. Amano (Japan) | 18:58,8 min |
| 100 m Rücken | A. Kiefer (USA) | 1:04,8 min |
| 200 m Rücken | A. Kiefer (USA) | 2:24,0 min |
| 100 m Brust | D. Hough (USA) | 1:07,3 min |
| 200 m Brust | J. Kasley (USA) | 2:37,2 min |
| 4 × 100 m Freistil | USA | 3:59,2 min |

*Frauen*

| Disziplin | Athletin | Leistung |
|---|---|---|
| 100 m Freistil | W. den Ouden (Niederlande) | 1:04,6 min |
| 200 m Freistil | R. Hveger (Dänemark) | 2:21,7 min |
| 400 m Freistil | R. Hveger (Dänemark) | 5:06,1 min |
| 800 m Freistil | R. Hveger (Dänemark) | 11:11,7 min |
| 100 m Rücken | C. Kint (Niederlande) | 1:10,9 min |
| 200 m Rücken | C. Kint (Niederlande) | 2:38,8 min |
| 100 m Brust | J. Holzner (Deutschland) | 1:20,2 min |
| 200 m Brust | M. Lenk (Brasilien) | 2:56,0 min |
| 4 × 100 m Freistil | Dänemark | 4:27,6 min |

### Weltrekorde 1949

*Männer*

| Disziplin | Athlet | Leistung |
|---|---|---|
| 100 m Freistil | A. Ford (USA) | 55,4 sek |
| 200 m Freistil | A. Jany (Frankreich) | 2:05,4 min |
| 400 m Freistil | H. Furuhashi (Japan) | 4:33,3 min |
| 1500 m Freistil | H. Furuhashi (Japan) | 18:19,0 min |
| 100 m Rücken | A. Stack (USA) | 1:03,6 min |
| 200 m Rücken | A. Stack (USA) | 2:18,5 min |
| 100 m Brust | L. Meskow (UdSSR) | 1:07,2 min |
| 200 m Brust | J. Verdeur (USA) | 2:30,0 min |
| 4 × 100 m Freistil | USA | 3:48,6 min |

*Frauen*

| Disziplin | Athletin | Leistung |
|---|---|---|
| 100 m Freistil | W. den Ouden (Niederlande) | 1:04,6 min |
| 200 m Freistil | R. Hveger (Dänemark) | 2:21,7 min |
| 400 m Freistil | R. Hveger (Dänemark) | 5:00,1 min |
| 800 m Freistil | R. Hveger (Dänemark) | 10:52,5 min |
| 100 m Rücken | C. Kint (Niederlande) | 1:10,9 min |
| 200 m Rücken | C. Kint (Niederlande) | 2:38,8 min |
| 100 m Brust | N. van Vliet (Niederlande) | 1:18,2 min |
| 200 m Brust | N. van Vliet (Niederlande) | 2:49,2 min |
| 4 × 100 m Freistil | Dänemark | 4:27,6 min |

*Eine Patrouille der Arabischen Legion, des transjordanischen Heeres, im Grenzgebiet zu Palästina (1945).*

# Die Länder

**der Erde von A-Z · 1940-1949**

# Die Länder der Erde von A-Z · 1940-1949

## Aden

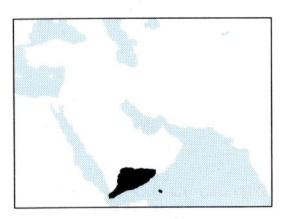

Fläche: 332 968 km²
Hauptstadt: Aden

Die Kronkolonie Aden, die die Stadt mit ihrer nächsten Umgebung umfaßt, war Versorgungsstation für den Seeweg durch den Suezkanal nach Britisch-Indien und auch im 2. Weltkrieg durch ihre Lage am Eingang des Roten Meeres von strategischer Bedeutung. Durch die Erdölförderung im Gebiet des Persischen Golfs bekam der Hafen von Aden vor allem nach 1945 eine zusätzliche Bedeutung.

Unter der schnell anwachsenden städtischen Arbeiterschaft fanden radikal-nationalistische und sozialistische Strömungen zunehmend Anhänger. Dies führte schließlich zur Opposition gegen die Kolonialverwaltung. Die britischen Behörden, denen seit 1947 ein Gesetzgebender Rat zur Seite stand, bemühten sich, ihre Macht zu sichern, indem sie enge Beziehungen zu den feudalen Herrschern im Protektorat Aden, dem südarabischen Hinterland, anknüpften. Großbritannien versuchte, die zahlreichen kleinen Fürstentümer, mit denen es im Laufe der Zeit Verträge geschlossen hatte, zu engerer Zusammenarbeit zu bewegen. Das westliche und das östliche Protektorat unterstanden weiterhin der Autorität der traditionellen Herrscher, denen nach dem Prinzip des *indirect rule* (Verwaltung durch einheimische Vertreter) britische Berater zur Seite standen.

## Afghanistan

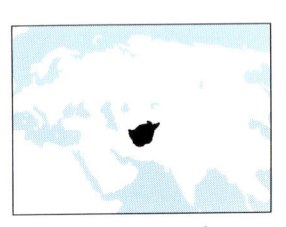

Fläche: 647 497 km²
Hauptstadt: Kabul

▷ *König Mohammed Zahir Schah bei einem Staatsbesuch in Frankreich im Jahre 1949.*

In den 30er Jahren hatte sich im Königreich Afghanistan die Macht der herrschenden Familie Murahiban gefestigt. Sowohl König Mohammed Zahir Schah (seit 1933) als auch Ministerpräsident Sidar Haschim Khan gehörten ihr an. Sie waren bemüht, in dem durch Stammes- und Sprachunterschiede bestimmten Land Nationalbewußtsein zu wecken.
Afghanistan strebte ein gutes Einvernehmen sowohl mit der UdSSR als auch mit Großbritannien an. Im 2. Weltkrieg blieb Afghanistan neutral, obgleich es unter dem Druck der Alliierten 1941 Deutsche und Italiener ausweisen mußte. Als Indien und Pakistan 1947 unabhängig wurden, ging der britische Einfluß zugunsten der UdSSR zurück, mit der 1948 ein Grenzabkommen geschlossen wurde.
1944 und 1945 war die Regierung mit Stammesaufständen konfrontiert, die u. a. eine Reaktion auf die Verschlechterung der Wirtschaftslage darstellten. Daraufhin begann die Regierung vorsichtig mit der Entwicklung des Landes. Große Erfolge wurden jedoch nicht erzielt.
Besonders in der jungen Generation regte sich Kritik. Seit 1947 forderte die »Bewegung der Erwachten Jugend« durchgreifende Sozialreformen. Die Regierung hatte inzwischen zaghafte Demokratisierungsversuche unternommen. Ministerpräsident Haschim wurde durch Schah Mahmud ersetzt. 1949 fanden allgemeine Wahlen für das afghanische Parlament statt. Doch die Macht der königlichen Familie und der traditionelle feudale Charakter der Gesellschaft blieben ungebrochen. 1951 wurde das Parlament wieder aufgelöst.

## Ägypten

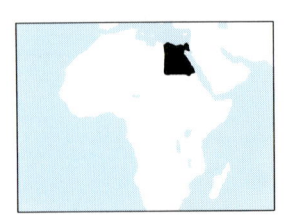

Fläche: 1 001 449 km²
Hauptstadt: Cairo

### Ein unfreiwilliger Verbündeter

Durch den Ausbruch des 2. Weltkriegs hatte die strategische Bedeutung Ägyptens für die Position Großbritanniens im Nahen Osten stark zugenommen. Die militärische Präsenz Großbritanniens in ganz Ägypten wurde drastisch gesteigert. Die britische Regierung veranlaßte König Faruk zu einer Politik zugunsten der Alliierten. So

| Grunddaten | 1940 | 1943 | 1946 | 1949 |
|---|---|---|---|---|
| 1. Einwohnerzahl (in Mill.) | — | — | 19 | 20 |
| 7. Geburtenziffer (in ‰) | 41,3 | 38,7 | 41,2 | 41,8 |
| 8. Sterbeziffer (in ‰) | 26,3 | 27,6 | 25,0 | 20,6 |
| 10. Jährlicher Energieverbrauch pro Einw. (in kg Ske) | — | — | — | 140 |
| 11. Einfuhr (in Mill. US-Dollar) | 129 | 161 | 330 | 631 |
| 12. Ausfuhr (in Mill. US-Dollar) | 117 | 110 | 285 | 516 |
| 13. Einwohner pro Arzt | — | — | — | 5000 |

# Ägypten

**Zehn Jahre im Überblick**

23. 6. 1940 Unter britischem Druck wird Premierminister Ali Maher Pascha entlassen.
4. 2. 1942 Durch britische Intervention wird König Faruk gezwungen, Mustafa Nahas Pascha, den Führer der Wafdpartei, zum Premierminister zu ernennen.
21. 6. 1942 Die Truppen von General Rommel erobern Tobruk.
2. 7. 1942 Die britischen Truppen halten den deutschen Vormarsch bei El Alamein auf.
8. 10. 1944 König Faruk entläßt die Wafd-Regierung von Premierminister Nahas Pascha. Das Protokoll von Alexandria über die Gründung der Arabischen Liga kommt zustande.
24. 2. 1945 Der königstreue Ministerpräsident Ali Maher Pascha wird ermordet.
1. 11. 1946 Eine Einigung über den Abzug der britischen Truppen wird erreicht.
15. 5. 1948 Ägypten nimmt an dem Angriff arabischer Armeen auf Israel teil.
6. 11. 1948 Die ägyptische Armee zieht sich aus der Wüste Negev zurück.

mußte der König im Juni 1940 seinen als proitalienisch geltenden Ministerpräsidenten Ali Maher Pascha entlassen. Im Zusammenhang mit dieser Politik zwangen die britischen Behörden später am 4. 2. 1942 König Faruk, seinen politischen Gegner Mustafa al Nahas Pascha, den Führer der Wafdpartei, zum Ministerpräsidenten zu ernennen. Dies rief heftige antibritische Gefühle in Ägypten hervor, die vor allem nach dem Krieg zum Ausdruck kamen.

Im Sommer 1940 waren die italienischen Truppen von Libyen aus nach Ägypten vorgerückt, doch im Winter 1940/41 konnte der britische General Sir Archibald Wavell Mussolinis Truppen zurückdrängen. Im März 1941 kam dann das deutsche Afrikakorps von General Erwin Rommel den Italienern zu Hilfe und nahm im Juni 1942 die Hafenstadt Tobruk ein. Im Juli 1942 gelang es der alliierten Armee unter General Montgomery, den deutschen Vormarsch bei El Alamein aufzuhalten und das Afrikakorps zurückzudrängen.

Nachdem die britische Einmischung in die ägyptische Innenpolitik etwas nachgelassen hatte, entließ König Faruk am 8. 10. 1944 die Wafd-Regierung von Ministerpräsident Nahas. In der Folgezeit war die innenpolitische Situation sehr gespannt. Ursachen dafür waren vor allem die schlechte soziale Lage und die weitere Anwesenheit der Briten. Sowohl die radikal-islamische Moslembruderschaft von Scheich Hasan al Banna als auch die kommunistisch beeinflußten Gewerkschaften wandten sich heftig gegen die Regierung von König Faruk und die britische Position in Ägypten. Die ägyptische Regierung bat 1946 unter dem Eindruck von Unruhen die Regierung in London um eine Revision des Vertrages von 1936; sie forderte die Räumung der Suezkanalzone und die Vereinigung mit dem Sudan unter der ägyptischen Krone. Großbritannien jedoch befürwortete das Selbstbestimmungsrecht des Sudan und hielt den Abschluß eines Verteidigungspaktes zwischen Ägypten und Großbritannien für notwendig. Im Oktober 1946 einigten sich der ägyptische Premierminister Ismail Sidki Pascha und der britische Außenminister Ernest Bevin wenigstens über den Abzug der britischen Truppen aus dem Gebiet außerhalb der Kanalzone. Der Sudan blieb jedoch weiterhin ein Streitpunkt.

## Die Arabische Liga und die Palästinafrage

Auf Betreiben Großbritanniens waren 1943 und 1944 Gespräche mit anderen arabischen Staaten begonnen worden, die im Oktober 1944 zum Protokoll von Alexandria führten. Auf dieser Grundlage wurde im März 1945 die Arabische Liga, ein Zusammenschluß der unabhängigen arabischen Staaten, gegründet. Zum Sitz der Liga wurde Cairo bestimmt. Die Liga und vor allem Ägypten lehnten den UN-Teilungsplan für Palästina von 1947 ab und ließen Freiwillige nach Palästina gehen, um den Kampf mit den Juden aufzunehmen. Nachdem am 14. 5. 1948 der Staat Israel ausgerufen worden war, gingen die Streitkräfte Ägyptens und anderer arabischer Länder zum Angriff über. Sie wurden jedoch im Herbst 1948 zum Rückzug gezwungen. Am 7. 1. 1949 wurden die Kriegshandlungen eingestellt, und am 24. 2. schlossen Ägypten und Israel auf der griechischen Insel Rhodos einen von der UNO vermittelten Waffenstillstandsvertrag. Die Demarkationslinie fiel mit der Grenze des ehemaligen Mandatsgebiets Palästina zusammen; nur der palästinensische Gazastreifen kam unter ägyptische Verwaltung.

Die Niederlage im Palästinakrieg, die vielen sozialen Probleme und eine Reihe von Korruptionsskandalen ließen das Prestige König Faruks und der Politiker weiter sinken. In Kreisen junger Offiziere begann sich die Opposition zu formieren. Auch die Moslembruderschaft, inzwischen zu einer Massenbewegung angewachsen, steigerte ihre Aktivität. Als Ministerpräsident Nukraschi im Dezember 1948 die Moslembruderschaft verbot, wurde er tags darauf von einem ihrer im Untergrund tätigen Mitglieder ermordet. Sein Nachfolger Ibrahim Abd el Hadi ließ daraufhin eine große Zahl der Mitglieder der weitverzweigten Untergrundorganisation der Bruderschaft verhaften. Am 12. 2. 1949 ermordete die Geheimpolizei den Führer der Moslembruderschaft, Scheich Hasan al Banna.

*Ein Foto aus dem ersten arabisch-israelischen Krieg, der 1948 unmittelbar nach der Proklamation des Staates Israel ausbrach. Piloten der ägyptischen Luftwaffe (ausgerüstet mit britischen Jägern) nach der Rückkehr von einem Einsatz.*

*Für die britischen Kriegsanstrengungen war der Suezkanal von großer Bedeutung. Hier passiert 1944 das Schlachtschiff »Howe« den Kanal.*

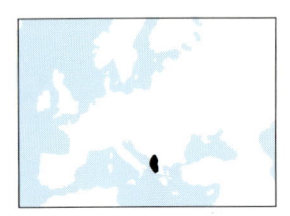

# Albanien

Fläche: 28 748 km²
Hauptstadt: Tirana

▷ *Kriegsschauplatz Albanien: gefangene italienische Soldaten mit ihren griechischen Bewachern im Winter 1940/41 in einem albanischen Dorf.*

Am 7. 4. 1939 annektierte das faschistische Italien das Königreich Albanien, worauf König Zogu I. ins Exil ging. Das Land diente als Ausfallbasis für den fehlgeschlagenen italienischen Angriff auf Griechenland im Oktober 1940. Erst der deutsche Balkanfeldzug im April 1941 gab den Italienern die Möglichkeit, das Land erneut völlig unter Kontrolle zu bringen. Die hauptsächlich von Albanern bewohnte jugoslawische Region Kosovo wurde Albanien angegliedert. Nach der Kapitulation Italiens besetzten deutsche Truppen im September 1943 das Land und setzten eine Marionettenregierung ein. Verschiedene albanische Widerstandsgruppen hatten sich am 16. 9. 1942 im sowjetischen Exil zur kommunistisch geführten Nationalen Befreiungsbewegung (LNC) zusammengeschlossen. Sie unterhielt enge Kontakte zu den jugoslawischen Partisanen Titos. Daneben entstand die nationalistische republikanische Widerstandsbewegung Balli Kombetar (BK), die Kosovo behalten wollte. Vertreter beider Organisationen schlossen am 2. 8. 1943 einen Kompromiß über gemeinsame Aktionen. Über die staatliche Zugehörigkeit von Kosovo sollte nach dem Krieg eine Volksabstimmung durchgeführt werden. Unter dem Druck Jugoslawiens wies die LNC diesen Kompromiß jedoch zurück und begann, die BK zu bekämpfen und schließlich auszuschalten. Am 24. 5. 1944 gründete die LNC in Përmet den antifaschistischen Nationalen Befreiungsrat. Das Exekutivkomitee dieses Rates unter dem kommunistischen Führer Enver Hoxha rief sich im Oktober 1944 zur provisorischen Regierung aus.

Als sich die Deutschen im November 1944 aus Albanien zurückziehen mußten, nahm die KP das Heft in die Hand. Politische Gegner wurden ausgeschaltet. Im August 1945 wurde die Zwangskollektivierung der Landwirtschaft durchgeführt. Die gering entwickelte Industrie in dem noch halbfeudalen Land wurde verstaatlicht. Bei den Wahlen vom 2. 12. 1945 entfielen auf die einzige zugelassene Liste (die von Kommunisten dominierte Demokratische Front) 93% der abgegebenen Stimmen. Die Regierung Hoxha wurde von den Alliierten anerkannt. Die Konstituierende Versammlung proklamierte am 11. 1. 1946 die Demokratische Volksrepublik und verabschiedete anschließend eine Verfassung, die auf derjenigen Jugoslawiens basierte.

Nach dem Krieg lehnte sich Albanien wirtschaftlich und politisch stark an Jugoslawien an, was vor allem Jugoslawien Vorteile brachte. Ein maßgeblicher Vertreter dieses projugoslawischen Kurses war Koci Xoxe, Innenminister und Chef der Geheimpolizei. Nach dem Bruch zwischen Jugoslawien und der UdSSR verlor dieser seinen Einfluß. Parteichef Hoxha festigte seine eigene Stellung; Xoxe wurde auf dem ersten Parteitag (November 1948) aus der Partei ausgeschlossen und im Mai 1949 hingerichtet. Albanien kündigte im November 1949 den längst bedeutungslos gewordenen Freundschaftsvertrag mit Jugoslawien und schloß sich eng der politischen Linie Moskaus an.

*König Zogu mit seiner Ehefrau, der ungarischen Gräfin Geraldine Apponyi. Der Einfall italienischer Truppen trieb das Königspaar 1939 ins Exil.*

# Algerien

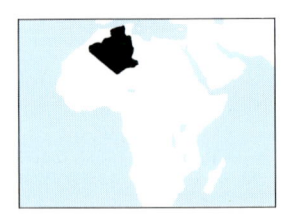

Fläche: 2 381 741 km²
Hauptstadt: Algier

▷ *General Charles de Gaulle spricht im Namen des Komitees Freier Franzosen zu einer großen Menschenmenge in Algier (1943).*

Auch in den 40er Jahren betrachteten die französischen Regierungen Algerien als festen Bestandteil Frankreichs. Im September 1939 demonstrierte die französische Regierung diese Einstellung, indem sie die linksnationalistische Parti Populaire Algérien (PPA) auflöste und ihre Führer für die Dauer des Krieges gefangennahm oder internierte. Die Vichy-Regierung setzte diese Politik fort. General de Gaulle ließ sich ebenfalls nach der Landung amerikanischer und britischer Truppen am 8. 11. 1942 nicht auf Forderungen nach mehr Selbständigkeit ein. Das Algerienstatut, das vom französischen Parlament am 20. 9. 1947 gebilligt worden war, schloß jede Form der Selbstverwaltung aus. Neu war lediglich die Bildung der »Assemblée Algérienne« (algerische Nationalversammlung), deren 120 Mitglieder jeweils zur Hälfte von den französischen und den islamischen Einwohnern gewählt wurden. Weil dieses Parlament seine Beschlüsse mit Zweidrittelmehrheit fassen mußte, behielten die französischen Kolonisten (10% der Bevölkerung) die Kontrolle über die Verwaltung, zumal sie sich auf eine von der französischen Kultur beeinflußte einheimische Mittel- und Oberschicht stützen konnten.

Trotz der Unterdrückung wuchs die anfangs noch zersplitterte nationalistische Bewegung. Als Gegenpol zur radikalen PPA, die einen unabhängigen sozialistischen Staat in Föderation mit Tunesien und Marokko befürwortete, bildete Ferhat Abbas eine Bewegung, die zunächst nur eine Assoziation mit Frankreich anstrebte. Am 10. 2. 1943 forderte Abbas jedoch im Manifest des algerischen Volkes eine begrenzte Selbstregierung. Er verlangte weiter nun auch die proportionale Beteiligung der Moslems an der Verwaltung.

Im Mai 1945 führten wirtschaftliche Unzufriedenheit und das Gerücht, die gerade gegründete UNO wolle Algerien für unabhängig erklären, zu einem gewaltsamen Aufruhr. Die von Abbas geführte Gruppierung wurde verboten. Am 9. 5. 1945 kam es in Sétif und Guelma zu nationalistischen Kundgebungen und zu Kämpfen zwischen Siedlern und Nationalisten, bei denen 102 Europäer ums Leben kamen. Daraufhin griffen französische Armee-Einheiten ein und stellten die Ruhe wieder her. Nach offiziellen französischen Angaben gab es unter den Moslems 1500 Tote.

# Andorra

Gegen Ende des 2. Weltkrieges war Andorra hauptsächlich noch Agrarland. Das seit 1868 bestehende Parlament aus je 4 Abgeordneten der 6 Gemeinden, für das von 1933 bis 1941 alle Männer wahlberechtigt waren, wurde seit 1941 wieder, wie schon vor 1933, nur von den 625 Familienoberhäuptern gewählt. Es schlug den beiden Landvögten, die vom Gouverneur der spanischen Provinz Lerida und vom Präfekten des französischen Départements Ostpyrenäen ernannt wurden, 6 Vertreter vor, aus deren Kreis die Vögte zwei als Syndici auswählten, die die Verwaltung leiteten.

Das Ende des 2. Weltkrieges in Europa und der damit verbundene wirtschaftliche Aufschwung kamen Andorra zugute. Nicht zuletzt durch vorteilhafte Zollvereinbarungen mit Spanien und Frankreich kam es zu einem großen Zustrom spanischer und französischer Touristen (meistens Tagesausflügler), die in nennenswertem Umfang steuerfreie Produkte im Land erwarben.

Fläche: 453 km²
Hauptort: Andorra la Vella

# Angola

Im Gegensatz zu dem geringen Engagement Portugals für seine kleineren Kolonien wurde die Infrastruktur Angolas verbessert. So baute man dort Eisenbahnlinien, und 1940 wurde eine Fluglinie von Lissabon nach Luanda eröffnet. Angola profitierte vom 2. Weltkrieg durch eine Verdoppelung des Exports zwischen 1938 und 1945.

Nach dem Krieg wollte die portugiesische Regierung den Naturreichtum weiter ausbeuten. Die Kaffeeplantagen wurden vergrößert, und auch der Bergbau wurde erweitert, vor allem der Gewinnung von Diamanten, Eisen, Mangan und Kupfer. So stieg die Zahl europäischer Ansiedler von 44 000 (1940) auf 79 000 (1950).

Dieser Aufschwung brachte der afrikanischen Bevölkerung jedoch keine Verbesserung ihrer Lebensbedingungen. Die Situation mußte starke Unzufriedenheit hervorrufen. In den 40er Jahren entstanden kulturell-religiöse afrikanische Organisationen, aus denen später die Unabhängigkeitsbewegungen hervorgingen.

Fläche: 1 246 700 km²
Hauptort: Luanda

# Argentinien

### Der Hintergrund des Peronismus

Der Peronismus, der das politische Leben Argentiniens mehr als ein Vierteljahrhundert lang bestimmen sollte, kam als eine doppeldeutige Antwort auf eine schwere soziale Krise. Die traditionelle, auf die Weltwirtschaft ausgerichtete ländliche Oberschicht bezog ihren Reichtum aus der Ausfuhr von Fleisch und Getreide. Ihr gegenüber stand eine zweite Generation von Einwanderern, die sich zu einem städtischen Bürgertum entwickelt hatten. Diese Schicht war vor allem an der Industrialisierung des Landes beteiligt. Sie war nationalistisch ausgerichtet, ihr politischer Einfluß war jedoch gering.

Im November 1938 war Roberto Ortiz, der Führer der konservativen Nationaldemokratischen Partei, an die Macht gekommen. Unter ihm begann sich das politische Leben in Ansätzen zu liberalisieren. In dem sich entwickelnden weltweiten Konflikt war seine Sympathie auf seiten der Alliierten. Aus Krankheitsgründen mußte er jedoch im Juli 1940 dem autoritären Vizepräsidenten Ramón Castillo die Amtsführung überlassen. Nach Ortiz' Tod (1942) wurde Castillo auch offiziell Präsident. Unter dem Vorwand, Argentiniens Neutralität sichern zu wollen, hielt er die diplomatischen Beziehungen zu den Achsenmächten aufrecht. Am 4. 6. 1943 putschte eine sozialrevolutionär gesinnte Gruppe des Militärs unter General Pedro Ramírez.

### Der Aufstieg Juan Peróns

Die Militärjunta errichtete eine Diktatur, löste das Parlament auf, verbot alle Parteien und schonte weder Gewerkschaften noch Universitäten. Nach verschiedenen

Fläche: 2 766 889 km²
Hauptstadt: Buenos Aires

◁

*Einen großen Teil seines Erfolges verdankte Perón der charismatischen Ausstrahlung seiner Ehefrau Eva Duarte (hier auf einem Galaempfang). Sie war die Hoffnung der »Descamisados«, der Allerärmsten.*

*Anhänger Peróns bei einer Massendemonstration im Jahre 1948. Sie führen symbolische Galgen für die Gegner ihres Idols mit sich.*

Wechseln im Amt des Staatspräsidenten trat Oberstleutnant Juan Domingo Perón seit Juli 1944 als Vizepräsident, Kriegsminister und Minister für Arbeit und Soziales in den Vordergrund. Sein Ziel war es, Argentinien nach Sozial- und Wirtschaftsreformen zu einer Weltmacht zu erheben. Aus diesem Grunde zwang er die Unternehmer zu Lohnerhöhungen, Arbeitszeitverkürzungen, bezahltem Urlaub und Zahlung von Arbeiterrenten. Die Gewerkschaften machte er zu seiner stärksten Stütze, während die Großgrundbesitzer ihre führende politische Rolle verloren. Unter dem Druck der USA erklärte Argentinien am 27. 3. 1945 dem Deutschen Reich trotz weiter bestehender Sympathie doch noch den Krieg. Unter den älteren Generälen entstand unterdessen Besorgnis über das Vorgehen Peróns, der sich durch seine Demagogie große Popularität erworben hatte. Am 9. 10. 1945 wurde Perón zum Rücktritt gezwungen und auf einer Insel im La Plata inhaftiert. Seine Geliebte Eva (Evita) Duarte wußte jedoch seine Anhänger aus dem Volk, die Descamisados (Hemdlosen), zu mobilisieren und organisierte einen Generalstreik. So wurde Perón bereits eine Woche nach seiner Verhaftung wieder freigelassen, und in der Woche darauf heiratete er Evita. Er gründete die Arbeiterpartei und gewann die Präsidentschaftswahlen von 1946. Nachdem Perón am 4. 6. 1946 das Amt des Staatspräsidenten übernommen hatte, begann er sofort, seine Machtstellung brutal zu festigen. 1948 wurde eine Gesetzgebende Versammlung einberufen, die im Jahr darauf eine neue Verfassung erließ. Diese behielt zwar die föderative Staatsform und die Gewaltenteilung formell bei, ließ aber die Wiederwahl des Präsidenten für eine zweite Amtszeit zu.

### Peróns »soziale Errungenschaften«

Um die soziale Grundlage seiner Herrschaft zu sichern, begann Perón, die Arbeiter durch Maßnahmen wie z. B. Lohnerhöhungen, Einfrieren der Mieten und sozialen Wohnungsbau zu fördern. Seine Sozialpolitik wurde durch einen Hilfsfonds für Waisen, Alte und Kranke ausgebaut. Dieser Fonds wurde nach Evita benannt, die ihn tatsächlich mit großem Engagement und Einsatz leitete und von der Masse der Armen hingebungsvoll verehrt wurde.

Im Vertrauen auf den großen Devisenvorrat und den europäischen Bedarf an argentinischen Nahrungsmitteln glaubte Perón, eine ehrgeizige Wirtschaftspolitik verfolgen zu können. Die vor allem britischen Firmen, die die Eisenbahnlinien und den Dienstleistungsbereich kontrollierten, wurden enteignet, allerdings für ihre Anlagen entschädigt. Der erste Fünfjahrplan wurde in Angriff genommen. Industrialisierung und die Erschließung neuer Energiequellen sollten den Binnenmarkt erweitern und den Lebensstandard steigern. Der durchschlagende Erfolg blieb jedoch aus.

Auf internationaler Ebene verfolgte Peróns Argentinien einen eigenwilligen Kurs. Es nahm geflüchtete Nationalsozialisten und Kriegsverbrecher auf und unterhielt Beziehungen zum Spanien Francos. Durch seinen Einfluß auf andere lateinamerikanische Länder versuchte Argentinien, in der UNO einen dritten Block zwischen den USA und der UdSSR zu bilden.

**Zehn Jahre im Überblick**

| | |
|---|---|
| 24. 6. 1942 | Staatspräsident Roberto Ortiz tritt wegen Krankheit zurück. |
| 27. 6. 1942 | Vizepräsident Ramón Castillo wird sein Nachfolger. |
| 4. 6. 1943 | Militärputsch unter Pedro Ramírez. |
| 7. 7. 1944 | Oberstleutnant Juan Perón wird Vizepräsident. |
| 27. 3. 1945 | Argentinien erklärt dem Deutschen Reich und Japan den Krieg. |
| 9. 10. 1945 | Juan Perón wird zum Rücktritt gezwungen und verhaftet. |
| 12. 10. 1945 | Staatspräsident Edelmiro Farrell tritt zurück. |
| 24. 2. 1946 | Juan Perón gewinnt die Präsidentschaftswahlen. |

| Grunddaten | 1940 | 1943 | 1946 | 1949 |
|---|---|---|---|---|
| 1. Einwohnerzahl (in Mill.) | — | — | 16,1 | 16,7 |
| 2. Urbanisationsgrad (in %) | — | — | 62,5 | — |
| 3. Berufstätige (in % der Gesamtbevölkerung) | — | — | 40,6 | — |
| 4. Bruttosozialprodukt (in Mrd. Pesos) | 9,4 | 12,7 | 20 | — |
| 7. Geburtenziffer (in ‰) | 24 | 24,2 | 24,7 | 25,0 |
| 8. Sterbeziffer (in ‰) | 10,7 | 10,1 | 9,6 | 9,1 |
| 9. Lebenserwartung bei Neugeborenen (in Jahren) | — | — | 56,9 | — |
| 10. Jährlicher Energieverbrauch pro Einw. (in kg Ske) | — | — | — | 770 |
| 11. Einfuhr (in Mill. US-Dollar) | 321 | 204 | 588 | — |
| 12. Ausfuhr (in Mill. US-Dollar) | 428 | 610 | 1 168 | — |
| 13. Einwohner pro Arzt | — | — | — | 900 |

# Äthiopien

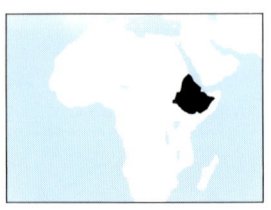

Fläche: 1 102 418 km²
Hauptstadt: Addis Abeba

Äthiopien war 1936 nach der Besetzung durch Italien ein Teil von Italienisch-Ostafrika geworden. Vor allem aus strategischen Erwägungen verwandten die Italiener einen großen Teil ihrer Anstrengungen auf den Bau von Straßen, vernachlässigten dabei aber andere wirtschaftliche Aktivitäten. Die Italiener hatten nur die großen Städte und die Hauptverkehrswege unter Kontrolle. Nach Mussolinis Kriegserklärung an Großbritannien und Frankreich am 10. 6. 1940 besetzten die Italiener Britisch-Somaliland (August 1940) und versuchten, in den Sudan und nach Kenia vorzudringen, sie wurden aber schon bald von den alliierten Streitkräften aufgehalten.

Kaiser Haile Selassie, der die längste Zeit seines Exils in Großbritannien verbrachte, wurde nun von der britischen Regierung unterstützt, nachdem Großbritannien die italienische Besetzung Äthiopiens 1938 noch offiziell anerkannt hatte. Der Kaiser ging in die sudanesische Hauptstadt Khartum und versuchte, von dort aus den äthiopischen Widerstand zu organisieren. Am 19. 1. 1941 begann der von britischen Truppen getragene Befreiungsfeldzug. Am 6. 4. 1941 wurde Addis Abeba eingenommen. Der letzte italienische Widerstand wurde am 27. 11. 1941 gebrochen. Haile Selassie kehrte am 5. 5. 1941 zurück. Am 31. 1. 1942 wurde ein britisch-äthiopischer Vertrag unterzeichnet, in dem Großbritannien die Unabhängigkeit Äthiopiens anerkannte. Der Ostteil Äthiopiens blieb jedoch unter britischer Verwaltung. Nach einem neuen Vertrag vom 19. 12. 1944 behielten die Briten nur noch das Ogaden-Gebiet. Erst am 24. 7. 1948 erklärte sich die britische Regierung bereit, ihre Truppen aus Äthiopien abzuziehen, was bis 1954 geschah.

# Australien

## Im Krieg

Als am 3. 9. 1939 in Europa der Krieg ausbrach, trat Australien an der Seite Großbritanniens in die militärischen Auseinandersetzungen ein. Es wurde ebenso wie im 1. Weltkrieg ein Expeditionskorps gebildet und im Nahen Osten zur Verstärkung der britischen Truppen eingesetzt. Außerdem wurde die Royal Australian Air Force rasch erweitert; mehrere ihrer Einheiten wurden nach Großbritannien geschickt.

Angesichts der japanischen Expansionspolitik schloß Australien im Sommer 1941 u. a. mit der britischen Kolonie Malaya und mit Niederländisch-Indien ein Abkommen über den gegenseitigen Gebrauch der Luft- und Marinestützpunkte. In denselben Monaten kam es zu einer innenpolitischen Krise, die das Ende der Koalitionsregierung von United Australia Party und Country Party bedeutete. Erst als im Oktober 1941 die Australian Labour Party (ALP) eine neue Regierung unter John Curtin bildete, stabilisierte sich die innenpolitische Lage wieder. Der Überraschungsangriff der Japaner auf Pearl Harbor (Dezember 1941) und die Niederlagen der Alliierten in Malaya und Niederländisch-Indien brachten das Land in die Reichweite japanischer Luftangriffe. Anfang Januar 1942 drängte Außenminister Herbert Evatt bei der britischen Regierung auf wirksamere Unterstützung angesichts der Lage, in der sich Australien befand. Die Beratungen zwischen Evatt, dem britischen Premierminister Churchill und US-Präsident Roosevelt führten schließlich zur Lieferung großer Mengen Kriegsmaterial zum Kriegsschauplatz im Pazifik und zur Bildung eines Kriegsrates für dieses Gebiet. Auf dieser Grundlage konnten australische Truppen eine wichtige Rolle im Krieg gegen Japan spielen.

## Die Außenpolitik der Nachkriegszeit

Als das Ende des Krieges abzusehen war, entwarf die Labour-Regierung ein eigenes außenpolitisches Konzept. Der Nachdruck lag auf der Verteidigung des Südwestpazifik in Abstimmung mit den direkt betroffenen Staaten. Außenminister Evatt spielte eine wichtige Rolle bei der Gründung einer ständigen Südseekommission (Februar 1947). Australien, Neuseeland, Frankreich, die Niederlande, Großbritannien und die USA beschlossen, gemeinsam die Wirtschaft und die Sicherheit in diesem Gebiet zu fördern. Die enge Zusammenarbeit zwischen Australien und den USA, die sich während des Krieges entwickelt hatte, dauerte nach 1945 an. Außerdem nahm die Labour-Regierung – nach dem Tod von Curtin im Juli 1945 unter Joseph Chifley – Beziehungen zu den neuen Staaten auf, die sich in den ehemaligen europäischen Kolonien nördlich von Australien bildeten. Besonders das indonesische Unabhängigkeitsstreben wurde unterstützt.

Bei den Wahlen für das Abgeordnetenhaus im September 1946 konnte sich die ALP nicht zuletzt wegen der Persönlichkeit von Außenminister Evatt noch behaupten. Die als bedrohlich empfundene weltweite Expansion des Kommunismus bewirkte jedoch große Spannungen in der australischen Innenpolitik. Die neue Liberal Party, eine Nachfolgeorganisation der 1944 aufgelösten United Australia Party, und die agrarische Country Party betonten die Gefahren des Kommunismus und warfen der ALP vor, jenen nicht energisch genug zu bekämpfen. Außerdem übte die Opposition scharfe Kritik an der dirigistischen Wirtschaftspolitik der ALP, die diese auch nach 1945 noch fortsetzen wollte. Als die Regierung in diesem Zusammenhang die privaten Banken verstaatlichen wollte (August 1947), verstärkte sich die Opposition. Zudem verschlechterte sich in dieser Zeit die Wirtschaftslage, weil es der Labour-Regierung nicht gelang, die ständig zunehmenden Arbeitskämpfe in Bergbau, Industrie und Energiewirtschaft einzudämmen. Bei den Wahlen für das Abgeordnetenhaus im Dezember 1949 verlor die ALP nach acht Jahren die Regierungsmacht. Die Liberalen unter Menzies, die im Wahlkampf versprochen hatten, die Freiheit der Privatwirtschaft wiederherzustellen, buchten zusammen mit der Country Party einen Sieg. Wiederum wurde ein Koalitionskabinett gebildet mit Robert Menzies als Premierminister.

Nach dem 2. Weltkrieg hatte die Regierung eine aktive Einwanderungspolitik verfolgt. Damit sollten die Verteidigungsbereitschaft erhöht und vor allem das wirtschaftliche Wachstum beschleunigt werden. Die Einwanderungspolitik basierte auf dem Wunsch, die ethnische und kulturelle Homogenität zu erhalten. In der Regel wurden nur Weiße zur Einwanderung zugelassen. Durch diese Politik stieg die Einwanderungsrate sprunghaft.

### Zehn Jahre im Überblick

|  |  |
|---|---|
| 21. 9. 1940 | Robert Menzies wird als Premierminister wiedergewählt. |
| 28. 8. 1941 | Robert Menzies tritt zurück. Arthur Fadden wird sein Nachfolger. |
| 3. 10. 1941 | Ein Mißtrauensvotum führt zum Rücktritt der Regierung Fadden. |
| 5. 7. 1945 | Premierminister John Curtin stirbt; Joseph Chifley wird sein Nachfolger. |
| 31. 10. 1946 | Die Labour Party behält bei den Parlamentswahlen die Mehrheit. |
| 10. 12. 1949 | Bei den Parlamentswahlen siegen die Liberalen unter Robert Menzies. |

Fläche: 7 682 300 km²
Hauptstadt: Canberra

*Robert Menzies von der konservativen United Australia Party mußte 1941 als Premierminister zurücktreten, kehrte jedoch 1949 in das Amt des Regierungschefs zurück.*

| Grunddaten | 1940 | 1943 | 1946 | 1949 |
|---|---|---|---|---|
| 1. Einwohnerzahl (in Mill.) | — | — | 7,6 | 7,9 |
| 4. Volkseinkommen (in Mill. Dollar) | 949 | 1309 | 1376 | 2265 |
| 7. Geburtenziffer (in ‰) | 17,9 | 20,6 | 23,6 | 22,9 |
| 8. Sterbeziffer (in ‰) | 9,8 | 11,5 | 10,1 | 9,5 |
| 9. Lebenserwartung bei Neugeborenen (in Jahren) | — | — | 66,1 | — |
| 10. Jährlicher Energieverbrauch pro Einw. (in kg Ske) | — | — | — | 2910 |
| 11. Einfuhr (in Mill. US-Dollar) | 496 | 781 | 568 | 1335 |
| 12. Ausfuhr (in Mill. US-Dollar) | 563 | 406 | 647 | 1761 |
| 13. Einwohner pro Arzt | — | — | — | 1140 |

*Plakat über den Beitrag Australiens und Neuseelands zu den Kriegsanstrengungen der Alliierten. Rund 900 000 australische Soldaten nahmen am Krieg teil.*

## Bahamas

Fläche: 13 935 km²
Hauptstadt: Nassau

Nach Ausbruch des 2. Weltkriegs wurden die Bahamas als britische Kolonie insofern in das Kriegsgeschehen einbezogen, als die Aktivitäten deutscher U-Boote zeitweise zu Engpässen der Versorgung mit Lebensmitteln führten. Im übrigen wirkte sich der Krieg nicht ungünstig auf die Wirtschaft aus. Das Land wurde zum Wohnsitz wohlhabender Flüchtlinge, vor allem aus Großbritannien. Unter ihnen war der Herzog von Windsor, der ehemalige König Eduard VIII., der als Nachfolger des populären Gouverneurs Sir Charles Dundas von August 1940 bis Mai 1945 Gouverneur der Bahamas war. Nachdem den USA bereits 1940 Stützpunkte überlassen worden waren, führte die Errichtung eines neuen Marine- und Luftwaffenstützpunkts auf Exuma seit Anfang 1942 zur Schaffung vieler neuer Arbeitsplätze. Als die Kolonialverwaltung ihre für die Inselgruppe recht hohen Löhne senkte, kam es vorübergehend zu Unruhen.

Die Zeit nach 1945 war durch einen anhaltenden wirtschaftlichen Aufschwung vor allem im Tourismus gekennzeichnet. Die raschen Entwicklungen in den 40er Jahren und die ungleiche Verteilung des neuen Wohlstandes führten jedoch zu sozialen Spannungen. Die Kontrolle über Politik und Wirtschaft lag fest in der Hand einer kleinen weißen Oberschicht.

## Barbados

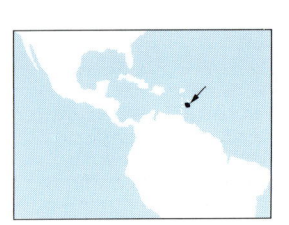

Fläche: 431 km²
Hauptstadt: Bridgetown

Die weltweite Depression der 30er Jahre berührte auch die britische Kolonie Barbados. Wegen des sinkenden Zuckerpreises – Zucker ist Hauptausfuhrprodukt der Insel – brachen 1937 Unruhen aus. Daraufhin kündigte die britische Regierung Reformen an.
Für Barbados waren die folgenden zwei Jahrzehnte eine Zeit des wirtschaftlichen und politischen Fortschritts, u. a. erhielten die Frauen das Wahlrecht. Es wurde Geld für die Weiterentwicklung der Landwirtschaft zur Verfügung gestellt. 1946 wurden Parteien zugelassen, und zum ersten Mal fanden Wahlen statt, die die sozialdemokratische Barbados Labour Party (BLP) gewann. Sie war aus der politischen Abteilung der Barbados Progressive League hervorgegangen, einer Dachorganisation der Wohlfahrtsverbände. Die wichtigste Persönlichkeit in der Gewerkschaftsbewegung und seit 1946 auch in der Politik war BLP-Führer Sir Grantley Adams. Unter seiner Führung erhielt Barbados innere Selbstverwaltung.

## Basutoland

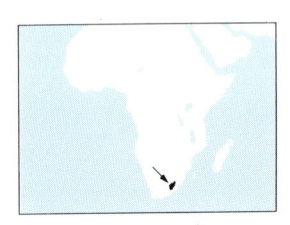

Fläche: 30 355 km²
Hauptstadt: Maseru

▷ *Die wichtigsten Vertreter der Protektoratsverwaltung bei einem Besuch Prinzessin Elizabeths in Basutoland (1947). Von links nach rechts: Sir Evelyn Baring (der britische Hochkommissar), Oberst Forsyth Thompson und der oberste Häuptling Mantsebo Seeiso mit einer Dolmetscherin.*

In diesem britischen Protektorat, das völlig umgeben war von Südafrika, wurde 1910 ein Nationalrat gegründet, der beratend an der Gesetzgebung mitwirken sollte, jedoch wenig Einfluß hatte. Der Rat bestand aus dem britischen Hochkommissar als Vorsitzendem, dem obersten Häuptling und 99 Stammesmitgliedern. Die britischen Behörden versuchten nach 1940, in das unübersichtliche System von Häuptlingen und Unterhäuptlingen Ordnung zu bringen, indem sie ein Register von 1340 Häuptlingen anlegten. Dies führte jedoch zu großer Unzufriedenheit, weil die Liste unvollständig und teilweise unrichtig war. Auf Initiative des Nationalrats wurde das Protektorat in neun Distrikte gegliedert, die von Distrikträten verwaltet wurden. Die Distrikträte hatten das Recht, Mitglieder mit beratender Funktion zum Nationalrat zu entsenden. 1949 wurde das Finanzwesen verbessert. Auch die Rechtsprechung wurde neu organisiert: Die 1340 Gerichte der Häuptlinge wurden durch 122 ordentliche Gerichte ersetzt. Nach 1948 standen dem obersten Häuptling drei vom Nationalrat gewählte Ratgeber zur Seite.

## Belgien

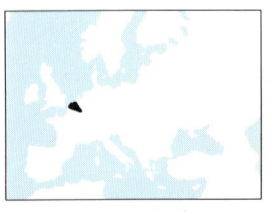

Fläche: 30 513 km²
Hauptstadt: Brüssel

### Krieg und deutsche Besatzung

Am 10. 5. 1940 griff die deutsche Armee um 4.30 im Zuge des Frankreich-Feldzuges Belgien an. Die viel zu schwache belgische Armee kämpfte zwar tapfer, konnte aber die deutschen Verbände nicht aufhalten. In der Nacht vom 27. auf den 28. 5. kapitulierte König Leopold III. bedingungslos. Er geriet in Kriegsgefangenschaft und wurde auf Schloß Laeken interniert.
Die belgische Regierung ging über Frankreich nach London ins Exil und setzte von dort aus ab Oktober 1940 den Krieg an der Seite der Alliierten fort. Wichtig war in diesem Zusammenhang, daß die Regierung die strategisch wichtigen Rohstoffe aus Belgiens damaliger Kolonie Kongo zugunsten der alliierten Kriegsanstrengungen verfügbar machen konnte.
Belgien bekam zusammen mit Nordfrankreich eine deutsche Militärverwaltung, die den zivilen Verwaltungsapparat aufrechterhielt. Am 18. 7. 1944 wurde die Mi-

# Belgien

| Grunddaten | 1940 | 1943 | 1946 | 1949 |
|---|---|---|---|---|
| 1. Einwohnerzahl (in Mill.) | — | — | 8,5 | 8,6 |
| 3. Berufstätige (in % der Gesamtbevölkerung) | — | — | — | 40,9 |
| 4. Volkseinkommen (in Mrd. Belgischer Francs) | — | — | 190,6 | 249,1 |
| 6. Arbeitslosenquote (in % der berufsfähigen Bevölkerung) | — | — | 4,6 | 8,6 |
| 7. Geburtenziffer (in ‰) | 13,6 | 15,0 | 18,3 | 17,2 |
| 8. Sterbeziffer (in ‰) | 16,2 | 13,6 | 13,6 | 12,9 |
| 9. Lebenserwartung bei Neugeborenen (in Jahren) | — | — | 62 | — |
| 10. Jährlicher Energieverbrauch pro Einw. (in kg Ske) | — | — | — | 3 450 |
| 11. Einfuhr (in Mill. US-Dollar) | 283 | 201 | 1 294 | 1 790 |
| 12. Ausfuhr (in Mill. US-Dollar) | 370 | 273 | 682 | 1 769 |

litärverwaltung unter General von Falkenhausen durch eine Zivilverwaltung unter Reichskommissar Grohé ersetzt.
Die Wirtschaft wurde schrittweise in die deutsche Kriegführung eingeschaltet, was u. a. die Verpflichtung zum Arbeitseinsatz in Deutschland mit sich brachte (auch → S. 230). Die traditionellen Parteien wurden verboten. In der Öffentlichkeit wurde dies im übrigen teilweise mit Zustimmung aufgenommen, was sich durch die Art und Weise erklärt, in der die Parteien in den Jahren vor dem Krieg agiert hatten.
In Flandern, Brüssel und Wallonien entschied sich so mancher für die Kollaboration mit den Nationalsozialisten. Hier sind besonders der VNV (Flämischer Nationalbund) von Staf de Clercq und die Rexistenbewegung von Léon Degrelle zu nennen. Überhaupt standen die Belgier den deutschen Besetzern zunächst nicht nur feindlich gegenüber. Ende 1940 kam jedoch die Wende: Der organisierte Widerstand bildete sich.

## Die Befreiung

Nach der Landung der Alliierten in der Normandie wurde Belgien im September 1944 befreit. Ein Teil des Landes wurde jedoch im Zuge der Ardennenoffensive (auch → S. 202) noch einmal Kampfgebiet, und V1- und V2-Flugkörper wurden auf Lüttich und Antwerpen abgeschossen. Erst mit der deutschen Kapitulation am 7. 5. 1945 war die Gefahr endgültig vorüber.
Unterdessen begann sich das politische Leben wieder zu normalisieren. Bereits am 19. 9. 1944 hatte das Parlament in Brüssel König Leopold gehuldigt, der im Juni zusammen mit seiner Familie nach Deutschland verschleppt worden war. Sein Bruder, Prinz Karl, wurde in Erwartung seiner Rückkehr vom Parlament als Regent eingesetzt.
Besonders auf Betreiben der kommunistischen Gruppen innerhalb des bewaffneten Widerstandes waren in den ersten Tagen nach der Befreiung Tausende von vermeintlichen oder wirklichen Kollaborateuren verhaftet worden. Als die Exilregierung aus London zurückkehrte, mußten US-Truppen bei Zusammenstößen zwischen verschiedenen Widerstandsgruppen eingreifen. Gleichzeitig kam es zu gewalttätigen Demonstrationen in Brüssel.
Fast eine halbe Million Belgier mußte sich vor einem Gericht wegen Kollaboration verantworten. Die Militärgerichte fällten schließlich über 58 000 Urteile, davon 33 000 in Flandern, beinahe 18 000 in Wallonien und beinahe 8000 in Brüssel. Fast 76 000 Personen wurden zudem die bürgerlichen Ehrenrechte abgesprochen. Insgesamt wurden 242 Todesurteile vollstreckt.

## Königsfrage und Neubeginn

Im Juni 1944 war Leopold III., der als Kriegsgefangener in Belgien geblieben war, zusammen mit seiner Familie nach Deutschland gebracht worden. Erst im Mai 1945 wurde er von den Amerikanern im österreichischen Strobl befreit. Inzwischen hatten sich vor allem wallonische linksgerichtete Parteien gegen eine Rückkehr des Königs ausgesprochen. Leopolds Gegner warfen ihm u. a. seine Begegnung mit Hitler im November 1940 vor. Außerdem entzündete sich die Kontroverse um Leopold III. an der allgemeinen Haltung des Königs während seiner Gefangenschaft sowie an seinen tatsächlichen oder vermeintlichen Sympathien für den Nationalsozialismus. Der politische Konflikt um die Rückkehr des Königs spitzte sich schnell zu. Schon bald zeigte sich,

◁
*Die Befreiung im September 1944 bedeutete nicht das Ende des Krieges. Vor allem die deutschen Angriffe mit V-Waffen sorgten noch für Schrecken unter der Zivilbevölkerung, besonders in Antwerpen.*

*Zwei prominente flämische Anhänger des Nationalsozialismus: links Staf de Clerq, der Führer der VNV; rechts Raymond Tollenaere, VNV-Mitglied und Ostfrontkämpfer.*

### Zehn Jahre im Überblick

| | |
|---|---|
| 10. 5. 1940 | Deutscher Einmarsch |
| 28. 5. 1940 | König Leopold III. unterzeichnet die Kapitulation der belgischen Armee. |
| 24. 10. 1940 | Bildung einer Exilregierung in London. |
| 16. 12. 1944 | Beginn der Ardennenoffensive. |
| 12. 2. 1945 | Koalitionsregierung unter Achille van Acker. |
| 26. 7. 1945 | Das Parlament stimmt gegen die Rückkehr von Leopold III. |
| 13. 3. 1946 | Eine sozialistische Minderheitsregierung unter Paul-Henri Spaak tritt an. |
| 20. 3. 1947 | Paul-Henri Spaak bildet eine Regierung, in der er selbst Außenminister wird. |
| 26. 6. 1949 | Bei den Wahlen, an denen erstmals Frauen teilnehmen, siegen die Christdemokraten. |
| 10. 8. 1949 | Der Christdemokrat Gaston Eyskens leitet eine Koalition mit den Liberalen. |
| 28. 10. 1949 | Der Senat beschließt, über die Rückkehr von Leopold III. ein Referendum abzuhalten. |

*König Leopold III. und seine Familie im Schweizer Exil im Juli 1947. Hinten von links nach rechts: Kronprinz Baudouin, Prinzessin Joséphine Charlotte und Prinz Albert. Vorn: Prinzessin Liliane mit Prinz Alexander und dem König.*

daß nur die Christdemokraten, die nach dem Krieg eine neue überkonfessionelle Partei gegründet hatten, den politischen Einfluß haben würden, über die Rückkehr des Königs zu entscheiden. Dazu mußte die CVP/PSC im Parlament die absolute Mehrheit erlangen, was erst 1950 gelang. Der König wurde danach im Anschluß an eine Volksabstimmung zurückgerufen. Dennoch verzichtete Leopold, um einen drohenden Bürgerkrieg abzuwenden, in der Nacht des 31. 7. 1950 zugunsten seines Sohnes Baudouin auf den Thron.
Spektakuläre Maßnahmen nach der Befreiung waren u. a. die Eingriffe des Finanzministers Gutt, die die Sanierung der Finanzen zum Ziel hatten, die Bemühungen des Kabinetts Van Acker, die Kohleförderung wieder in Gang zu bringen, und das »De-Taeye-Gesetz« vom Mai 1948, das den Bau von billigen Eigenheimen förderte. Doch am wichtigsten war zweifellos der »Sozialpakt«. Durch ihn wurde die Sozialversicherungspflicht für alle Arbeitnehmer eingeführt.
Auch die Parteienlandschaft veränderte sich. Kollaborierende Parteien wie Rex und VNV verschwanden von der politischen Bühne. Sowohl die sozialistische als auch die katholische Partei bekamen eine völlig neue Struktur. Die Kommunistische Partei, die im Juni 1946 noch 23 Abgeordnete ins Parlament schicken konnte, verfügte vier Jahre später nur noch über vier Sitze. Nachdem sie in den ersten Nachkriegsjahren noch an der Regierung beteiligt gewesen war, hatte sie vier Jahre später kaum noch politische Bedeutung. Belgien hatte sich deutlich für die Integration in den Westen entschieden: Es war Teilnehmer am Marshallplan und wurde Mitglied von NATO und Europarat.

# Belgisch-Kongo

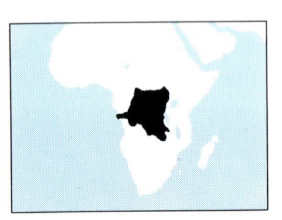

Fläche: 2 345 409 km²
Hauptstadt: Léopoldville

Ende der 30er Jahre hatte die landwirtschaftliche und bergbauliche Entwicklung dieser belgischen Kolonie einen hohen Stand erreicht. Nachdem die belgische Exilregierung in London an der Seite der Alliierten in den Krieg eingetreten war, wurde diese Nutzung verstärkt, was auch sehr negative Folgen hatte. Die intensive Rekrutierung von Arbeitern für die Produktion strategischer Güter im Bergbau, in der Industrie und auf den Plantagen sowie von Soldaten und Trägern für die Armee beraubte die dörfliche Landwirtschaft ihrer besten Arbeitskräfte. Die landwirtschaftliche Pflichtproduktion für den Export wurde erhöht. Die Erlöse für landwirtschaftliche Erzeugnisse und die Löhne blieben stark hinter den rasch ansteigenden Verbraucherpreisen zurück. Die Einziehung zahlreicher Europäer zum Kriegsdienst brachte eine Verschlechterung der medizinischen Versorgung und des Schulwesens. Die Unzufriedenheit der Afrikaner über die allgemeine Entwicklung äußerte sich in Landflucht und in Aufständen, die jedoch niedergeschlagen wurden.
Nach dem Kriege war das belgische Mutterland bemüht, den materiellen Wohlstand der Bevölkerung wieder zu steigern. Die Zugeständnisse für eine begrenzte Mitsprache wurden jedoch fest in eine stark einschränkende Gesetzgebung und in strikte europäische Kontrolle eingebettet.
Der Krieg brachte die bis dahin unterschwelligen Gegensätze zwischen der belgischen Regierung, den Kolonialgesellschaften und den weißen Siedlern an den Tag. Die unterschiedlichen Reaktionen der verschiedenen Gruppierungen auf das Kriegsgeschehen deuteten auf eine tiefgehende Uneinigkeit. Außerdem mußten zum ersten Mal sowohl die Regierung als auch die Privatwirtschaft, durch den Krieg vom Mutterland abgeschnitten, der schwarzen Bevölkerung gewisse Rechte zugestehen. Mit einer Reihe von Streiks in strategisch wichtigen Sektoren erreichten die Arbeitnehmer erste Ansätze zum Aufbau von Gewerkschaften und zur Einführung von Sozialgesetzen. Die weißen Farmer strebten ihrerseits nach größerer Autonomie gegenüber dem Mutterland und nach Mitbestimmung in der Kolonialverwaltung.

# Betschuanaland

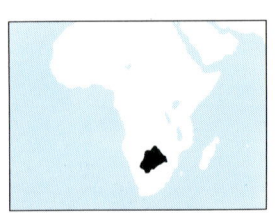

Fläche: 600 372 km²

Das Protektorat wurde vom britischen Hochkommissariat in der südafrikanischen Hauptstadt Pretoria verwaltet. Seine Bewohner fürchteten in den 40er Jahren, daß ihr Land Südafrika angegliedert werden würde, denn die britische Verwaltung unternahm wenig zur Entwicklung Betschuanalands. 1950 wurde jedoch ein gemischter Konsultativrat ins Leben gerufen, der die Selbstverwaltung vorbereiten sollte.
Unterdessen war es zwischen der britischen Regierung und den Bamangwato, dem größten Stamm Betschuanalands, zu einem Konflikt gekommen. Seretse Khama, ein Enkel des Bamangwato-Häuptlings Khama III., heiratete während seines Jurastudiums in London am 28. 9. 1948 die Weiße Ruth Williams. Auf Drängen der südafrikanischen Regierung, die in dieser Mischehe ein schlechtes Beispiel für die eigene Bevölkerung sah, versuchte Großbritannien mit Hilfe von Seretses Onkel, dem Regenten Tshekedi Khama, die Eheschließung zu annullieren. Der Thronfolger Seretse weigerte sich. Am 23. 6. 1949 wurde die umstrittene Trauung von der Versammlung von Häuptlingen und Volk der Bamangwato gebilligt. Daraufhin wollte die britische Regierung Seretse zum Thronverzicht bewegen. Sie bot ihm an, in London im Exil zu leben und eine steuerfreie Rente zu empfangen. Dieser lehnte erneut ab und wurde im Jahre 1950 verbannt.

# Bhutan

Bhutan blieb, u. a. durch seine nahezu völlige Isolierung vom Rest der Welt, außerhalb aller Kriegsverwicklungen. Aufgrund eines 1910 zwischen der britisch-indischen Regierung und Bhutan – seit 1907 Königreich – abgeschlossenen Vertrages war das Land innenpolitisch autonom. Die Unabhängigkeit Indiens (1947) brachte keine Veränderung dieser Situation. Ende 1947 schloß Indien ein vorläufiges Abkommen mit Bhutan, um den Status quo abzusichern. Ende 1948 besuchte eine bhutanische Delegation Indien, um über eine endgültige Regelung der gegenseitigen Beziehungen zu verhandeln. Das Ergebnis war ein Vertrag, der am 8. 8. 1949 von König Jigme Wangchuk unterzeichnet wurde. Indien erkannte die innere Autonomie Bhutans an und übernahm die außenpolitische Vertretung.
Gleichzeitig leistete Indien, wie vorher die britische Kolonialverwaltung, Finanzhilfe zur Entwicklung der Wirtschaft und Modernisierung des Landes.

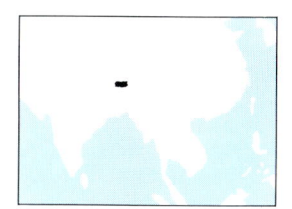

Fläche: 47 000 km²
Hauptstadt: Bumthang

# Birma

### Kriegsbeginn und japanische Besetzung

Der Ausbruch des 2. Weltkriegs in Europa veränderte das politische Klima Birmas nicht wesentlich. 1937 hatte die britische Regierung Birma von Britisch-Indien abgetrennt und dem Land begrenzte Selbstverwaltung zugestanden. Die Nationalisten, die seit 1939 z. T. mit den Alliierten sympathisierten, verlangten 1941 als Gegenleistung für ihre Unterstützung im Kampf gegen Japan die Unabhängigkeit. Großbritannien wies diese Forderung zurück. Eine Reihe von nationalistischen Führern, darunter der spätere Ministerpräsident Thakin Nu, wurden verhaftet. Ein anderer Nationalist, Aung San, flüchtete nach China. Ba Maw, der 1937 Birmas erster Ministerpräsident geworden war und sich für Landreformen eingesetzt hatte, entkam aus dem Gefängnis.
Im Januar 1942 begann die japanische Invasion in Birma. Die Hauptstadt Rangun wurde am 6. 3. eingenommen. Die nationalistische Bewegung unterstützte Japan als Befreier von der Kolonialherrschaft. Die Mitglieder der an der Seite Japans kämpfenden birmanischen Befreiungsarmee, u. a. Aung San und Ne Win, erhofften die baldige Unabhängigkeit Birmas. Doch es wurde eine von Japan abhängige Zivilregierung mit Ba Maw an der Spitze eingesetzt.

Die harte japanische Besatzungspolitik, die die Birmanen hauptsächlich als billige Arbeitskräfte benutzte, veränderte deren Haltung gegenüber den Japanern. Sie wechselten das Lager. Aung San gründete 1944 die Anti Fascist People's Freedom League (AFPFL), eine nationalistische Untergrundbewegung, die nun die Briten unterstützte, während Ba Maw am Bündnis mit Japan festhielt. Im Mai 1945 wurden Zentralbirma und Rangun von den Briten, Gurkhas und den Einheiten der AFPFL zurückerobert. Trotz der Kapitulation Japans im August 1945 dauerte es noch bis 1946, bevor sich die letzten japanischen Garnisonen ergaben.
Der Reisexport war zum Stillstand gekommen, und in Nordbirma herrschte Hungersnot. Ölquellen, Bergwerke und Transportmittel waren im Kriegsverlauf zerstört worden. Epidemien und Viehseuchen ließen die Not 1944 und 1945 noch zunehmen.

### Die Unabhängigkeit

Die britische Militärregierung wurde nach Kriegsende durch eine Zivilregierung ersetzt, an deren Spitze nach einigen Wirren Aung San trat. Nach einem Treffen mit dem britischen Premierminister Attlee in London gab dieser im Januar 1947 bekannt, daß man die Unabhängigkeit Birmas binnen eines Jahres vereinbart habe.
Nach der neuen Verfassung von 1947 war der Ministerpräsident dem Unterhaus Rechenschaft schuldig, das alle vier Jahre gewählt wurde. Der vom Parlament gewählte Präsident, der eine begrenzte repräsentative Funktion hatte, sollte jeweils aus einer der verschiedenen ethnischen Gruppierungen kommen. Das Unterhaus bestand aus Abgeordneten aller Bevölkerungsgruppen.
Im Juli 1947 wurden Aung San und sechs seiner Minister ermordet. Nachfolger Aung Sans wurde Thakin Nu, der am 4. 1. 1948 die Unabhängigkeit der »Union von Birma« ausrief.

Zur Zeit der britischen Verwaltung hatten zugunsten der verschiedenen Minderheiten (Schan, Karen, Katschin u. a.) Sonderregelungen bestanden. Jetzt bemühten sie sich um die Wahrung dieser Rechte. Aung San war zwar bereit, einigen Forderungen zu entsprechen, gestand ihnen aber keinen autonomen Status zu. Nach der Ermordung Aung Sans brachen mehrere Aufstände aus. Der wichtigste war die Erhebung der Karen (1948/49). Während des Krieges hatten sie sich zusammen mit britischen Einheiten lange gegen die japanischen Truppen gewehrt. Jetzt wollte die Regierung sie entwaffnen. Die Rebellen planten, aus 13 Distrikten in Unterbirma einen Staat der Karen und Mon zu bilden. Thakin Nu konnte sich trotz der Aufstände, an denen sich auch die Kommunisten beteiligten, behaupten, da ein großer Teil der Streitkräfte, in denen auch Mitglieder der Minderheitsgruppen vertreten waren, der Zentralregierung in Rangun treu blieb. Die wirtschaftliche Misere, die durch die japanische Besetzung und die Aufstände entstanden war, belastete das Land schwer. Obwohl es kein inländisches Kapital gab, stand die Regierung dem britischen Angebot technischer und wirtschaftlicher Hilfe aus antikolonialistischem Ressentiment nahezu ablehnend gegenüber.

Fläche: 676 552 km²
Hauptstadt: Rangun

*Aung San gründete 1944 die Anti Fascist People's Freedom League (AFPFL). Nach dem Kriege erstrebte er die Unabhängigkeit. Er wurde im Juli 1947 ermordet.*
◁

*Thakin Nu (links) war der erste Regierungschef nach der Unabhängigkeit und verhinderte ein Auseinanderfallen des Landes.*

# Bolivien

Fläche: 1 098 581 km²
Hauptstadt: La Paz und Sucre

Nach dem Tod von Präsident Germán Busch – er verübte im August 1939 Selbstmord – wurde General Enrique Peñaranda sein Nachfolger. Er kam den Eigentümern der Bergwerke und den kriegswirtschaftlichen Interessen der USA entgegen, indem er die Zinnproduktion steigerte. Die USA gewährten als Gegenleistung Kredite, die zur Verbesserung der Infrastruktur und zur Stärkung der Armee verwendet wurden. Bolivien lieferte den USA zwei Drittel der Zinnproduktion und die gesamte Produktion von Blei, Wolfram und Kautschuk. Die Steigerung der Zinnproduktion unter schlechten Arbeitsbedingungen führte 1942 zu Streiks in den Zinnminen, die die Armee blutig niederschlug. Peñaranda erklärte unter dem Druck der USA im April 1943 den Achsenmächten den Krieg.
Am 19. 12. 1943 übernahm Major Gualberto Villaroel die Macht. Er versprach vor allem den indianischen Bauern eine Verbesserung des Lebensstandards, sorgte aber für die Unterdrückung der nationalrevolutionären Bewegung und die Ausweisung ihres linksgerichteten Führers Víctor Paz Estenssoro. Dies führte im Juli 1946 zu einem Volksaufstand, der die Regierung ohne Unterstützung durch die Armee stürzte. Nach den Wahlen im Januar 1947 wurde Enrique Hertzog, ein Rechtssozialist, zum Präsidenten gewählt. Auch seine Regierung konnte keine Verbesserung der sozialen Lage erreichen.

# Brasilien

Fläche: 8 511 965 km²
Hauptstadt: Rio de Janeiro

*Nachdem im 2. Weltkrieg deutsche Unterseeboote brasilianische Handelsschiffe torpediert hatten, schlug die Erregung hohe Wellen. Hier eine Demonstration gegen die Achsenmächte und für die USA in Rio de Janeiro, kurz bevor Brasilien als erstes südamerikanisches Land den Achsenmächten den Krieg erklärte.*

### Vargas Diktatur

Der Estado Novo (»neuer Staat«), der nach den Worten von Präsident Getúlio Vargas seit seinem vom Militär unterstützten Staatsstreich vom 10. 11. 1937 bestand, wies Ähnlichkeiten mit den faschistisch-autoritären Systemen in Europa auf. Politische Parteien waren verboten. Oppositionelle wurden verhaftet, und die Zensur kontrollierte die öffentliche Meinung.
Der Staat griff auch dirigistisch in das Wirtschaftsleben ein. Er hielt die Kaffeepreise durch Verbrennung von Überschüssen hoch und erweiterte die Produktpalette der Landwirtschaft. Import- und Währungskontrollen sollten die Industrialisierung stimulieren. Die Regierung gründete große Staatsbetriebe der Schwerindustrie und Elektrizitätsversorgung.
Der entstehende totalitäre Staat nahm die Form einer persönlichen Diktatur von Staatspräsident Vargas an. Dieser vertraute seinem Talent, die verschiedenen gesellschaftlichen Gruppierungen gegeneinander auszuspielen oder durch Versprechungen und die Überlassung von Ämtern auf seine Seite zu ziehen. Den Großgrundbesitz, die Industriellen und die Militärs ließ er unangetastet. Durch Einführung eines gesetzlichen Mindestlohns und Verbesserung der Sozialgesetzgebung (achtstündiger Arbeitstag, bezahlter Urlaub und Kündigungsschutz oder -entschädigung) erwarb sich Vargas auch unter den Arbeitern viele Anhänger.

### »Teilnahme« am 2. Weltkrieg

Vargas hatte nach dem Einmarsch deutscher Truppen in Paris 1940 offen seine Sympathie für das nationalsozialistische Deutschland bekundet. Doch nach dem japanischen Angriff auf Pearl Harbor im Dezember 1941 war völlig klar, daß aufgrund der strategischen Lage Brasiliens der außenpolitische Kurs zugunsten der Alliierten geändert werden mußte. Die USA erleichterten diese Wendung, indem sie Brasilien moderne Waffen anboten und dem Land technische Hilfe als Gegenleistung für Marine- und Luftstützpunkte im Nordosten des Landes zur Verfügung stellten. Auf der interamerikanischen Konferenz von Rio de Janeiro im Januar 1942 beschloß man den Abbruch der diplomatischen Beziehungen zu den Achsenmächten und Maßnahmen zur Spionageabwehr. Als deutsche Unterseeboote zwischen Februar und August 1942 einige brasilianische Handelsschiffe torpedierten, erklärte Brasilien als erster südamerikanischer Staat Deutschland und Italien am 22. 8. 1942 den Krieg. Die aktive Beteiligung des Landes am Krieg hielt sich aber in engen Grenzen.
Unter Studenten und Intellektuellen wuchs in der Zwischenzeit die Opposition gegen das Regime. Vargas verzichtete deshalb darauf, sich einer möglichen Wiederwahl zu stellen, und schrieb für Ende 1945 Wahlen aus. Politische Parteien wurden wieder zugelassen und politische Gefangene amnestiert. Unter ihnen war Luiz Carlos Prestes, der die Führung der Kommunistischen Partei erneut übernahm. Kriegsminister Enrico Gaspar Dutra wurde Präsidentschaftskandidat für die Partido Social Democrático (PSD), die Vargas unter der ländlichen Oberschicht und den ihm ergebenen Geschäftsleuten hatte organisieren lassen. Für seine Anhänger unter den Arbeitern und der unteren Mittelschicht gründete er die mehr linksgerichtete Partido Trabalhista Brasileiro (PTB).
Als Vargas kurz vor der Wahl das Wahlgesetz änderte und seinen Bruder als Polizeichef der Hauptstadt einsetzte, sahen die Militärs darin ein Manöver, um an der Macht zu bleiben. Am 29. 10. 1945 wurde er deshalb von General Pedro Aurélio de Góis Monteiro abgesetzt. Als vorläufiger Präsident amtierte José Linhares.

### Fünf Jahre demokratische Zwischenregierung

Mit einer absoluten Mehrheit wurde Enrico Gaspar Dutra am 2. 12. 1945 zum neuen Präsidenten gewählt. Vargas selbst wurde in verschiedenen Bundesstaaten Senator oder Kammermitglied. Dutra wollte eine nationale Aussöhnung und eine vorsichtige Liberalisierung. Der Kongreß rief sich zur Gesetzgebenden Versammlung aus und erarbeitete 1946 eine neue Verfassung, die die Macht der Zentralregierung nur unwesentlich minderte. Die Wirtschaftspolitik richtete sich in erster Linie auf die Eindämmung der unter Vargas gestiegenen Inflation.
Als die KP Straßenkämpfe inszenierte, wurde die Partei 1947 verboten. Dadurch wurde Wählerpotential für die von Vargas gegründete PTB frei. Der Ex-Präsident sah nun eine Chance, sich als populistischer Kandidat im Sinne Peróns für die Präsidentschaftswahlen von 1950 zu profilieren, die er dann auch gewann.

# Britisch-Guyana

In der britischen Kolonie fanden nach Verwaltungs- und Wahlrechtsreformen 1943 und 1945 im Jahr 1947 die ersten allgemeinen Wahlen seit 1935 statt. Trotz vorangegangener Bemühungen um die Bildung von politischen Parteien dominierten die unabhängigen Kandidaten. Die danach gegründeten Parteien waren in erster Linie Vertreter der Gewerkschaften und der verschiedenen Volksgruppen. So versuchte die von J. B. Singh bereits 1946 gegründete Labour Party ein Aktionsforum der beiden größten Bevölkerungsgruppen, der Kreolen und der Inder, und der vielen zersplitterten Gewerkschaftsorganisationen zu schaffen. Zu dieser Zeit war auch der Inder Cheddi Jagan bereits politisch aktiv, der 1950 die People's Progressive Party gründete; der Kreole Linden Forbes Burnham schloß sich ihm 1949 an.

Die rasche Bevölkerungszunahme führte zu starken Spannungen in Wirtschaft und Gesellschaft. Es war schwierig, das erhöhte Angebot an Arbeitskräften im Zucker- und Reisanbau und in der Bauxitgewinnung unterzubringen. Der Einsatz arbeitssparender Technologien war ein zusätzliches Hindernis. Die Arbeitslosenquote stieg, da Ausweichmöglichkeiten fehlten.

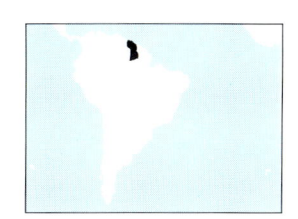

Fläche: 214969 km$^2$
Hauptstadt: Georgetown

# Britisch-Indien

### Indien und der 2. Weltkrieg

Seit Anfang der 30er Jahre besaß Britisch-Indien eine gewisse Selbstverwaltung in den Provinzen. Doch in der Zentralregierung war der britische Vizekönig weiterhin entscheidend. 1937 gewann die Kongreßpartei unter Mohandas Karamchand (»Mahatma«) Gandhi und Jawaharlal Nehru bei den Wahlen mehr als die Hälfte der Sitze; sie konnte dadurch in sieben der elf Provinzen die Regierung stellen. Ihr politischer Gegner, die Moslemliga unter Mohammed Ali Dschinnah, bildete in drei Provinzen die Regierung. Die Gegensätze zwischen Hindus und Moslems verstärkten sich dadurch. Zu Konflikten führten u. a. die Berufung von Moslems in öffentliche Ämter und das Verbot der Rinderschlachtung.

### Zehn Jahre im Überblick

- 7. 8. 1942 Mahatma Gandhi beginnt seinen gewaltlosen Feldzug gegen Großbritannien.
- 9. 8. 1942 Die Führer der Kongreßpartei, u. a. Gandhi, werden verhaftet.
- 5. 5. 1944 Der über Gandhi verhängte Hausarrest wird aufgehoben.
- 20. 2. 1947 Lord Louis Mountbatten wird der letzte Vizekönig von Indien.
- 15. 8. 1947 Das Land wird in die Dominions Indien und Pakistan aufgeteilt.
- 4. 11. 1947 Indische Truppen besetzen Kaschmir.
- 30. 1. 1948 Gandhi wird ermordet.
- 21. 4. 1948 Der Sicherheitsrat der UNO beschließt, ein Referendum über Kaschmir abzuhalten.
- 21. 6. 1948 Louis Mountbatten tritt als Generalgouverneur von Indien zurück.
- 11. 9. 1948 Mohammed Ali Dschinnah, Generalgouverneur von Pakistan, stirbt.
- 13. 9. 1948 Indische Truppen besetzen das Fürstentum Haidarabad.
- 14. 9. 1948 Khwaja Nazimuddin wird Generalgouverneur von Pakistan.

Im September 1939 erklärte der Vizekönig ohne vorherige Konsultation der nationalen Führer, daß sich Britisch-Indien im Krieg mit dem Deutschen Reich befände. Vom März 1940 an strebte die Moslemliga offen nach der Bildung eines unabhängigen Staates in den Gebieten mit einer islamischen Mehrheit im Nordwesten und im Osten Britisch-Indiens. Die Kongreßpartei wandte sich gegen diese Bestrebungen. Im März 1942 bot der britische Unterhändler Sir Richard Stafford Cripps der Kongreßpartei an, daß Indien nach dem Krieg völlig unabhängig werden sollte, wenn es Großbritannien im Krieg unterstützen würde. Dies lehnte die Kongreßpartei jedoch ab. Zugleich wurde wegen der japanischen Kriegserfolge die britisch-indische Armee um 2 Millionen Freiwillige aufgestockt.
Die gewaltlose Opposition gegen die Briten führte im August 1942 zur Internierung der Führer der Kongreßpartei, vor allem Gandhis und Nehrus. Diese gingen allerdings nicht so weit wie ihr Rivale im Kongreß, Subhas Chandra Bose, der offen auf die Seite der Deutschen und Japaner trat. Gandhi rief lediglich weiterhin zu bürgerlichem Ungehorsam und passivem Widerstand auf. 1944 wurden die Kongreßführer freigelassen. Der neue Vizekönig, Lord Archibald Wavell, bemühte sich vergeblich, den Konflikt zwischen der Kongreßpartei und der Moslemliga zu schlichten.

### Die Unabhängigkeit

Nach dem Krieg wollte Großbritannien unter Premierminister Attlee Britisch-Indien die Souveränität verleihen. Wavell versuchte 1946, ein Interimskabinett zusammenzustellen, das paritätisch von der Kongreßpartei und der Moslemliga besetzt werden sollte. Nach gewalttätigen Auseinandersetzungen zwischen Moslems und Hindus in Calcutta, Ostbengalen und Bihar kam diese Interimsregierung tatsächlich zustande. Doch die beiden Parteien konnten sich auch jetzt nicht über die Zukunft eines unabhängigen Indiens einigen. Am 20. 2. 1947 wurde Lord Louis Mountbatten der neue Vizekönig. Um eine Lösung herbeizuführen, kündigte er sofort an, daß Großbritannien sich spätestens im Juni 1948 völlig zurückziehen werde. Im Sommer 1947 einigte man sich schließlich auf den Grenzverlauf zwischen den beiden zu bildenden Dominions Indien und Pakistan. Nur die Herrscher von Kaschmir und von Haidarabad hielten an ihrer Forderung nach eigenen autonomen Staaten fest.
Am 15. 8. 1947 wurden Indien und Pakistan unabhängig. Beide Länder blieben Mitglied des britischen Commonwealth. Pakistan bestand aus einem West- und einem Ostteil, die durch Indien getrennt und 1600 km voneinander entfernt waren. Nehru wurde Premierminister von Indien, und Lord Louis Mountbatten wurde Generalgouverneur. Generalgouverneur von Pakistan wurde Mohammed Ali Dschinnah. Die rigorose Teilung ließ sofort ein Minderheitenproblem entstehen. Große Minderheiten von Hindus und Sikhs wohnten in Pakistan, und 40 Millionen Moslems lebten in Indien. In dem zwischen Indien und Pakistan geteilten Punjab, in

Fläche: 4220000 km$^2$
Hauptstadt: New Delhi
ab 1947:
Indien: 3275000 km$^2$
Pakistan: 945000 km$^2$

*Indien/Pakistan
S. 368–71*

*Das Flüchtlingsproblem belastete Indien und Pakistan schwer; hier moslemische Flüchtlinge aus Indien in Pakistan.*

# Britisch-Indien

*Jawaharlal Nehru*

*Mohammed Ali Dschinnah, der Führer der Moslemliga.*

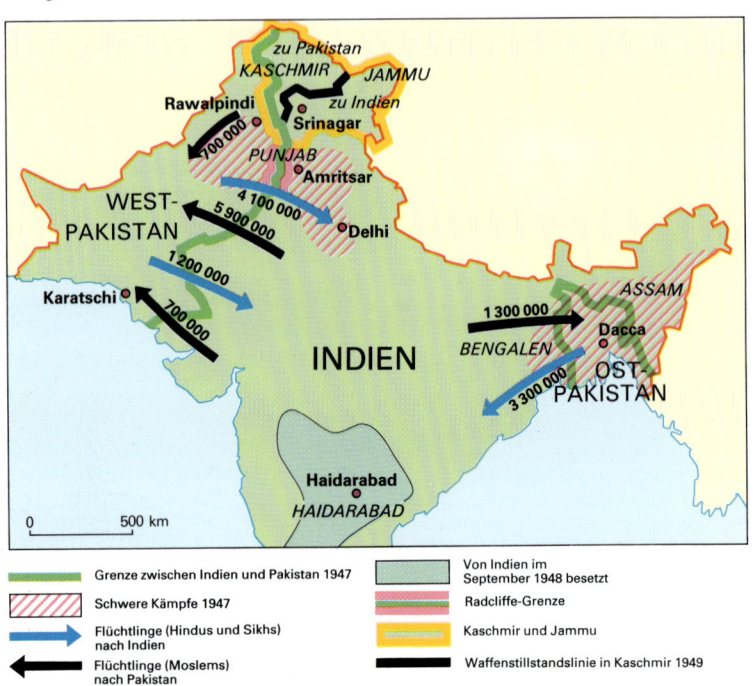

▷ *Die Karte gibt eine Übersicht über die riesigen Flüchtlingsbewegungen nach der Bildung der zwei Staaten Indien und Pakistan. Insgesamt verließen 17 Mill. Menschen ihre Wohngebiete.*

Amritsar (der heiligen Stadt der Sikhs), in Bengalen und Kaschmir spitzten sich die Konflikte zwischen den Bevölkerungsgruppen zu. In Kaschmir waren drei Viertel der Bevölkerung Moslems, die von einem hinduistischen Maharadscha beherrscht wurden. Als Pathanenstämme aus dem Norden Pakistans im Oktober 1947 die Hauptstadt Srinagar bedrohten, bat der Maharadscha Indien um Hilfe. Indische Truppen besetzten Kaschmir. Dschinnah ließ daraufhin auch seine Armee im Frühjahr 1948 in Kaschmir einmarschieren. Nach heftigen Kämpfen schlossen die beiden Armeen einen Waffenstillstand, der am 1. 1. 1949 wirksam wurde. Die Zukunft Kaschmirs blieb aber ungeklärt.
Durch die Teilung und das darauffolgende Chaos veranlaßt, flüchteten 17 Millionen Menschen aus ihren Heimatgebieten. Bis Ende 1947 kamen 500 000 von ihnen ums Leben.

## Indien nach 1947

Nach diesen Vorgängen versuchten die Briten, durch eine Round-Table-Konferenz doch noch eine Neuordnung der ehemaligen Kolonie zu erreichen. Ihre Vorschläge dazu wurden abgelehnt, und am 21. 6. 1948 trat Lord Louis Mountbatten vom Amt des Generalgouverneurs zurück. Mahatma Gandhi, der Gründer des Staates Indien, der sich für die nationale Versöhnung eingesetzt hatte, war bereits am 30. 1. 1948 von einem fanatischen Hindu ermordet worden. Nach den turbulenten Ereignissen bemühte sich die Zentralregierung um eine Entmachtung der vielen Fürstentümer, aus denen sich Indien zusammensetzte. Am größten waren die Probleme in Haidarabad, wo der Fürst auf seiner Selbständigkeit beharrte. Im September 1948 marschierten indische Truppen in das Fürstentum ein. Damit war die letzte Bastion des einheimischen Feudalismus, der einer straffen Zentralregierung entgegenstand, gefallen. Nunmehr begann man, eine Verfassung zu entwerfen. Eine Verfassunggebende Versammlung übernahm die Vorbereitungen. Die neue Verfassung trat am 26. 1. 1950 in Kraft. Die Republik Indien erkannte den britischen Monarchen als Haupt des Commonwealth an. Indien wurde eine bundesstaatlich organisierte parlamentarische Demokratie mit einem Zwei-Kammer-Parlament. Die Zentralregierung hatte weitreichende Machtbefugnisse.
Premierminister Nehru stand großen innenpolitischen Problemen gegenüber, von denen die Überbevölkerung, die wirtschaftliche Unterentwicklung und die kulturelle Zersplitterung am stärksten hervortraten. Er setzte sich für die weitere Entkolonisierung von Süd- und Südostasien ein und war einer der Pioniere der panasiatischen Bewegung. Nehru war bemüht, die guten Beziehungen innerhalb des Commonwealth aufrechtzuerhalten. Im Kalten Krieg zwischen den USA und der UdSSR enthielt er sich jeder Parteinahme. Seine Haltung wurde aber von den USA nicht als neutral empfunden, da er in der Volksrepublik China weniger ein kommunistisches als ein asiatisches Land sah.
Eigene Industrien waren bereits in der Kolonialzeit entstanden. Während des Krieges hatten die britisch-indischen Unternehmer Großbritannien finanziell unterstützt. Nach dem Krieg jedoch zogen die Briten einen großen Teil ihrer Kapitalanlagen aus Britisch-Indien zurück. Probleme bereiteten nach der Unabhängigkeit vor allem die schnelle Zunahme der Bevölkerung und die langsame Entwicklung der Industrie. Die Getreideerzeugung stieg zwar leicht an, doch die Bevölkerung nahm noch schneller zu. Die planmäßige Wirtschaftspolitik Nehrus war darauf gerichtet, die Erträge der Landwirtschaft durch eine Verbesserung der Infrastruktur zu steigern. Die großen sozialen Gegensätze auf dem Land – das Kastensystem war offiziell abgeschafft worden, bestand aber in der Praxis weiter – und die zunehmende Unterbeschäftigung verschärften die Probleme jedoch.

## Pakistan nach 1947

Nach der Teilung gelang es der Verfassunggebenden Versammlung erst 1956, eine neue Verfassung auszuarbeiten. Bis dahin wurde Pakistan föderativ regiert. Die Zentralgewalt hatten der Generalgouverneur und die Verfassunggebende Versammlung inne. An der Spitze der Provinzen standen Gouverneure, denen Volksversammlungen zur Seite standen. Die Moslemliga war die wichtigste politische Gruppierung. Sie wollte auf der Grundlage ihrer »Zwei-Nationen«-Theorie (Ost- und Westpakistan) die verschiedenen ethnischen Gruppen vereinigen.
Die Moslemliga, die aus modernistischen Moslems der gebildeten Mittelschicht bestand, wurde von den orthodoxen Moslemparteien bekämpft, die mehr Autonomie für die verschiedenen Bundesstaaten forderten. In Ostpakistan wurde die Forderung nach Abtrennung lauter. Der Architekt des unabhängigen Pakistan, Mohammed Ali Dschinnah, starb 1948. Generalgouverneur wurde Khwaja Nazimuddin, Premierminister blieb Liaquat Ali Khan, der als Führer der Moslemliga der neue starke Mann war.
Der Zustrom von 6,5 Millionen islamischen Flüchtlingen aus Indien nach Westpakistan (20% der Gesamtbevölkerung) führte zu Zusammenstößen zwischen den Volksgruppen. Unter den Flüchtlingen waren aber auch Geschäftsleute, die den industriellen und finanziellen Sektor verstärkten.
Wie in Indien basierte die Wirtschaft in Ost- und Westpakistan auf der Ausfuhr von landwirtschaftlichen Rohstoffen (Baumwolle, Jute, Reis, Leder). Viele Produkte, wie Eisen, Stahl, Maschinen und Elektrogeräte, mußten eingeführt werden. Pakistan hatte eine negative Handelsbilanz. Die Agrarindustrie mußte nach der Unabhängigkeit gänzlich neu aufgebaut werden.

- Grenze zwischen Indien und Pakistan 1947
- Schwere Kämpfe 1947
- Flüchtlinge (Hindus und Sikhs) nach Indien
- Flüchtlinge (Moslems) nach Pakistan
- Von Indien im September 1948 besetzt
- Radcliffe-Grenze
- Kaschmir und Jammu
- Waffenstillstandslinie in Kaschmir 1949

# Britisch-Kamerun

Der nordwestliche Teil der ehemaligen deutschen Kolonie Kamerun war seit 1919 britisch und wurde 1922 Mandatsgebiet des Völkerbunds. Verwaltungsmäßig war das Land mit Nigeria verbunden. Im südlichen Teil profitierte man von einer guten, aus der Zeit der deutschen Verwaltung stammenden Infrastruktur. Positiv wirkte sich auch aus, daß die meisten Besitzer der während des 1. Weltkriegs enteigneten deutschen Plantagen nach 1924 zurückgekehrt waren.
Kurz vor Ausbruch des 2. Weltkriegs bestand gut die Hälfte der europäischen Bevölkerung von Britisch-Kamerun aus Deutschen, die bei Kriegsausbruch 1939 interniert und von neuem enteignet wurden.

Nach 1945 wurden die früher deutschen Plantagen der Cameroon Development Corporation (CDC) unterstellt. Die großflächigen Kaffee-, Tee-, Bananen- und Palmenkulturen gingen damit in Staatsbesitz über. Das Management verlor dadurch erheblich an Qualität, so daß der Anbau weniger rentabel wurde.

Fläche: 87 247 km²
Hauptstadt: Douala

# Britisch-Nordborneo

Wegen der ständig wachsenden Bedrohung durch Japan wurden bereits im August 1941 zahlreiche Frauen und Kinder aus Nordborneo nach Singapur evakuiert. Die Verteidigung wurde jedoch nicht verstärkt. Der japanische Angriff im Dezember 1941 stieß deshalb nur auf geringen Widerstand, so daß die Eroberung Britisch-Nordborneos im Januar 1942 abgeschlossen war. Erst im Juni bis Oktober 1945 wurde das Gebiet von australischen Truppen zurückerobert.
Vor der japanischen Besetzung war Nordborneo Eigentum der Britisch North Borneo Company gewesen. Sie übertrug nach dem 2. Weltkrieg gegen eine Entschädigung alle Rechte an die britische Krone. So erhielt Nordborneo am 16. 7. 1946 den Status einer Kronkolonie. Das Gebiet wurde außerdem um die Insel Labuan erweitert, die Brunei 1846 an Großbritannien abgetreten hatte. Das Sultanat Brunei selbst trat nicht in die neue Kronkolonie ein.
Durch Maßnahmen des britischen Kolonialministeriums veränderte sich in den folgenden Jahren vieles im Leben der einheimischen Bevölkerung. Vor allem wurde die medizinische Versorgung verbessert. Die islamische Mission drängte den animistischen Glauben der einheimischen Bevölkerung stark zurück.

Fläche: 75 230 km²
Hauptstadt: Jesselton

# Britisch-Somaliland

Am 4. 8. 1940 griffen italienische Truppen das Protektorat Britisch-Somaliland an und eroberten es bis zum 18. 8. ohne nennenswerten britischen Widerstand. Das Gebiet wurde ein Teil Italienisch-Ostafrikas.
Am 17. 3. 1941 landeten jedoch britische Einheiten, die das gesamte Gebiet bis zum 23. 3. wieder kontrollierten. Britisch-Somaliland wurde nun einer Militärverwaltung unterstellt. Die Politik Londons war darauf gerichtet, das Protektorat in einem britischen Treuhandgebiet aufgehen zu lassen, das außerdem Italienisch-Somaliland und die von Somal bewohnte äthiopische Provinz Ogaden umfassen sollte; beide Gebiete standen zu dieser Zeit ebenfalls unter britischer Militärverwaltung. Dieses Vorhaben konnte aber nicht verwirklicht werden. Schließlich wurden am Horn von Afrika die Verhältnisse der Zeit vor dem 2. Weltkrieg wiederhergestellt. Am 15. 11. 1948 bekam Britisch-Somaliland erneut eine Zivilregierung mit einem Gouverneur an der Spitze.

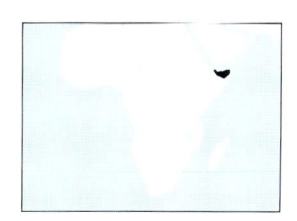

Fläche: 176 120 km²
Hauptstadt: Hargeisa

# Britisch-Togoland

Der westliche Teil der ehemaligen deutschen Kolonie Togo unterstand seit 1919 Großbritannien und wurde 1922 Mandatsgebiet des Völkerbundes. Es wurde zusammen mit der britischen Kolonie Goldküste verwaltet. Die Aufteilung Togos in ein britisches und ein französisches Mandatsgebiet erregte den Unmut der Ewe, des wichtigsten Volkes der Region. Sie bildeten eine von Häuptlingen angeführte Organisation für die Wiedervereinigung des von Ewe bewohnten Gebiets, das außer den beiden Togos auch Teile der Goldküste umfaßte. Nach dem 2. Weltkrieg wurde Britisch-Togoland ein UN-Treuhandgebiet. Die Bewegung zur nationalen Wiedervereinigung fand nun ihre politische Gestalt in der 1946 gegründeten All Ewe Conference von Sylvanus Olympio. Außerdem entstanden eine Reihe von politischen Parteien, deren Forderungen weniger stark von nationalen Interessen geprägt waren. Manche befürworteten die Wiedervereinigung beider Togos, andere den Anschluß von Britisch-Togoland oder gar beider Togos an die Goldküste.

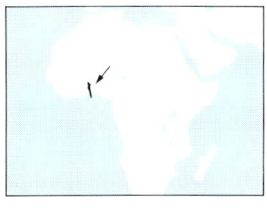

Fläche: 33 385 km²

*Sylvanus Olympio (rechts), der Führer der All Ewe Conference, im Gespräch mit Ralph Bunche, dem Vorsitzenden des UN-Treuhandschaftsrates, im Dezember 1947*

## 49. Vom Weltfriedensplan...

Die Sehnsucht nach dem Weltfrieden stand Pate bei der Gründung des Völkerbundes wie seines Nachfolgers, der Vereinten Nationen. Beiden Organisationen gemeinsam war das Gründungsdatum nach einem Weltkrieg. Der Völkerbund als Friedenssicherer hatte jedoch schon Jahre vor Ausbruch des 2. Weltkriegs versagt.

Schon in der Gründungsphase der UNO kündigte sich der Ost-West-Konflikt unmißverständlich an. Die Sowjets forderten einen UN-Sitz für die von ihnen eingesetzte Lubliner Regierung Polens, erklärten sich aber schließlich mit einer symbolischen Koalition mit der Londoner Exilregierung einverstanden. Washington setzte die Aufnahme Argentiniens durch, obwohl das Land erst Ende März 1945 Deutschland den Krieg erklärt hatte und Zufluchtsstätte vieler deutscher und italienischer Faschisten geworden war.

Die UNO enttäuschte viele Erwartungen. Die Generalversammlung wurde zum Forum für Propagandaschlachten, und im Sicherheitsrat regierte das Veto der fünf ständigen Mitglieder, vor allem der UdSSR.

## 50. ...zum Sicherheitsbündnis

Dem hehren Wunsch der Vereinten Nationen nach Frieden und Sicherheit weltweit stand die Realpolitik in Ost und West entgegen. Der Kalte Krieg hatte den Weltfrieden unsicher gemacht. Militärbündnisse sollten nun Sicherheit schaffen. Dennoch: Krieg als Mittel der Politik war im Prinzip geächtet.

Vor Gründung der NATO hatten bereits im März 1948 Großbritannien, Frankreich und die Benelux-Staaten den Brüsseler Vertrag geschlossen. Dieser Beistandspakt drückt Europas Streben nach eigenem Gewicht aus, wesentlich belebt von Churchill. 1949 wird angesichts der Ost-West-Spannung in Washington die NATO ins Leben gerufen. Ihr erklärtes Ziel: die Erhaltung demokratischer Freiheiten durch kollektive Selbstverteidigung sowie politische und wirtschaftliche Zusammenarbeit auf der Grundlage von Freiheit der Person und Rechtsstaatlichkeit. Die Unterzeichner des Brüsseler Vertrages treten der NATO sofort bei. Das entstehende System westlicher Bündnisse gab der Sowjetunion den Anlaß, sich ihrerseits für bedroht zu erklären und Mitte der 50er Jahre den Warschauer Pakt zu gründen.

**49. UNO**
a) H. S. Truman
b) H. S. Truman
c) P. H. Spaak
d) A. Gromyko
e) T. Lie
f) T. Lie
g) H. S. Truman
h) A. Wyschinskij

**50. NATO**
a) W. Churchill
b) W. Churchill
c) H. S. Truman
d) E. Bevin
e) H. S. Truman
f) K. Adenauer
g) W. Ulbricht

## 51. Berlin blockiert

»Infolge technischer Störung ist der gesamte Verkehr von und nach Berlin unterbrochen« – hinter dieser nüchternen ADN-Meldung vom 24. Juni 1948 verbarg sich der Angriff auf die Freiheit der Westberliner. Die Sperrung des gesamten Personen- und Güterverkehrs zu Lande und zu Wasser, der Stromlieferung aus dem Ostsektor und der Lebensmittelzufuhr aus der Ostzone war die Antwort der Sowjets auf die Verfügung der Westmächte, in ihren Besatzungszonen die Westmark als gültiges Zahlungsmittel einzuführen. Eine »vernünftige Lösung für das Berliner Geld« blieb aus. Statt dessen wurde noch am gleichen Tag eine behelfsmäßige neue Ostwährung ausgegeben, und auch die Westmächte gingen daran, ihre Währungsreform in Berlin durchzuführen. Beide Währungen sollten zunächst nebeneinander im Umlauf bleiben.

Als sich am zweiten Tag der Blockade an die 80 000 Berliner zu einer spontanen Kundgebung versammelten, wurde diese von der SPD einberufene Versammlung zur Großkundgebung. Nicht nur in den Worten Franz Neumanns hieß es: »Berlin bleibt frei! Berlin wird nie kommunistisch!«

## 52. Luftbrücke geschlagen

Bereits im April 1948 hatte der amerikanische Militärgouverneur Lucius D. Clay auf die Bedeutung Berlins für die Westmächte hingewiesen: »Wenn Berlin fällt, wird Westdeutschland fallen. Wenn wir entschlossen sind, Europa gegen den Kommunismus zu verteidigen, dann dürfen wir keinen Schritt zurückweichen.« Obwohl die öffentliche Meinung in Amerika keineswegs entschieden für das Engagement in Berlin eintrat, bewies der General politischen Verstand. Am 25. Juni 1948 flogen die ersten Maschinen 6,5 t Lebensmittel nach Berlin ein. Der totalen Blockade zu Lande und Wasser durch die Sowjets setzten die Westmächte die Luftbrücke entgegen.

Niemand hielt es damals für möglich, daß dreihundert Tage später 927 Flugzeuge in ein- bis zweiminütigem Abstand auf den Flugplätzen Tempelhof und Gatow sowie auf dem eigens dafür angelegten Flugplatz Tegel landen und an einem Tage 6393,8 t Güter in die blockierte Stadt transportieren würden – Lebensmittel und Kohlen, Werkzeuge und sogar Maschinen. Clays Standfestigkeit brachte ihm den Beinamen »General Patton des Kalten Krieges« ein.

**51. Berlin-Blockade I**
a) F. Neumann
b) Reportage Luftbrücke
c) P. Füllsack
d) Reportage Luftbrücke
e) Reportage Luftbrücke

**52. Berlin-Blockade II**
a) K. Litke
b) E. Reuter
c) Reportage Luftbrücke
d) Pilot
e) RIAS-Lautsprecherwagen
f) E. Reuter
g) L. D. Clay

## 53. Frontstadt Berlin

Im Juli 1945 zogen auch amerikanische, britische und französische Truppen in die von der Roten Armee eroberte deutsche Reichshauptstadt ein. Berlin wurde in vier Sektoren geteilt, jeder einzelne Sektor unter die Aufsicht eines Stadtkommandanten gestellt, und als höchste administrative Instanz für Gesamtberlin wurde die Alliierte Kommandantur geschaffen.

Das Potsdamer Abkommen schrieb trotz der Aufteilung in Besatzungszonen vor, daß Deutschland »als wirtschaftliches Ganzes« zu behandeln sei. In Reaktion auf die von der Sowjetunion nach ihren Vorstellungen betriebene Umgestaltung der SBZ stellten Länderrat, Bizone und Marshallplan die Weichen für ein separates demokratisches Westdeutschland. Die tiefe Kluft zwischen den Siegermächten ließ keine gemeinsame Deutschlandpolitik zu: Berlin, die Vier-Sektoren-Stadt, sollte zur Frontstadt nicht nur der ideologischen Auseinandersetzungen werden.

Am 20. März 1948 tagte der Alliierte Kontrollrat zum letzten Mal: Der Anschluß der Westzonen an Westeuropa stand bevor.

## 54. Berlin wählt

Am 20. Oktober 1946 hatten die Bürger Berlins nach über 13 Jahren Hitler-Regime die Möglichkeit, frei für die Partei ihrer Wahl zu stimmen. Es war die erste und letzte Wahl, die in allen Sektoren der Stadt abgehalten wurde. Die Wahlbeteiligung: stolze 92,3 Prozent. Großer Gewinner war die SPD mit 48,7 Prozent der Stimmen. Die SED hatte mit ihren 19,8 Prozent weniger Stimmen als die Kommunistische Partei in den Wahlen gegen Ende der Weimarer Republik. Die neugebildete Stadtregierung war bis 1948 häufig nicht in der Lage, den Auftrag der Wähler zu erfüllen, da die Sowjets manche Vorhaben durch ihr Veto in der Alliierten Kommandantur blockierten.

Berlin war praktisch gespalten. Agitationstrupps beherrschten die Straßen in Ostberlin und bedrohten die nichtkommunistischen Mitglieder der Stadtverwaltung. Am 6. September 1948 war es den Abgeordneten der demokratischen Parteien von Groß-Berlin nicht mehr möglich, in dem im Ostsektor gelegenen Stadthaus zu tagen. Ihren parlamentarischen Arbeitssitz fanden sie fortan im britischen Sektor.

**53. Spaltung Berlins I**
a) E. Reuter
b) K. Schumacher
c) W. Schmidt
d) W. Schmidt
e) L. Schroeder
f) Reportage Währungsreform

**54. Spaltung Berlins II**
a) L. Schroeder
b) K. Litke
c) K. Maron
d) O. Suhr
e) F. Ebert
f) E. Reuter

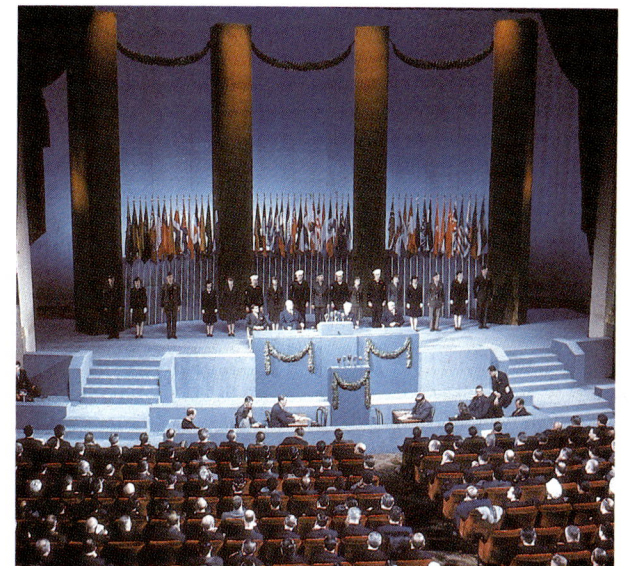

**49. UNO**
Eröffnungszeremoniell am 26. Mai 1945 in San Francisco.

**50. NATO**
Harry S. Truman unterzeichnet die Ratifikationsurkunde des Nordatlantikpakts. Hinter ihm Außenminister Dean Acheson.

**51. Berlin-Blockade I**
Blockierte Anfahrtswege nach Berlin.

**52. Berlin-Blockade II**
Die Aufhebung der Blockade wird gefeiert.

**53. Spaltung Berlins I**
Louise Schroeder und ihr Nachfolger im Amt des Oberbürgermeisters, Ernst Reuter, am 7. 12. 1948.

**54. Spaltung Berlins II**
Mitglieder der SPD müssen sich am 6. 9. 1948 Zugang zum Neuen Stadthaus erzwingen.

# Bulgarien

Fläche: 110 912 km²
Hauptstadt: Sofia

## Zusammenarbeit mit dem Deutschen Reich

Obwohl Bulgarien sich beim Ausbruch des 2. Weltkriegs für neutral erklärt hatte, begann es sich mehr auf das nationalsozialistische Deutschland zu orientieren. Aus Furcht vor dem zunehmenden Einfluß der UdSSR suchte König Boris III. Anlehnung an die Achsenmächte. Am 1. 3. 1941 trat Bulgarien dem Dreimächtepakt zwischen Deutschland, Italien und Japan bei. Dadurch konnte die deutsche Wehrmacht das Land als Aufmarschgebiet gegen Jugoslawien und Griechenland nutzen. Anschließend wurde die Verwaltung des jugoslawischen Makedonien und des griechischen Thrakien Sofia übertragen. Für die Bulgaren erfüllte sich damit der langgehegte Wunsch nach einem vereinigten Makedonien. Am Krieg selbst beteiligte sich das Königreich nicht. Die Kriegserklärung an die Westmächte hatte nur formelle Bedeutung, eine Kriegserklärung an die UdSSR unterblieb.

Von Widerstand war in Bulgarien kaum die Rede. Es bildeten sich zwar einige Partisanengruppen, hauptsächlich unter kommunistischer Führung, aber ihre Aktionen beschränkten sich auf einzelne Sabotageakte und Attentate. Im Frühjahr 1942 gelang es der bulgarischen Geheimpolizei, die gesamte inländische, im Untergrund operierende Führung der bulgarischen Kommunistischen Partei auszuheben. Die Parteiführung im Exil mit Georgi Dimitrow an der Spitze rief danach von Moskau aus zur Bildung einer Einheitsfront auf. Erst im September 1943 kam die »Vaterländische Front« zustande, ein loser Zusammenschluß politischer Gruppierungen.

In die Innenpolitik griffen die Deutschen nur insofern ein, als sie die Regierung von Ministerpräsident Bogdan Filow zu antisemitischen Maßnahmen veranlaßten. Die geplante Auslieferung von 20 000 Juden an das Deutsche Reich im März 1943 stieß jedoch auf so viel Protest, daß man davon absah.

Als die Chancen für einen deutschen »Endsieg« beträchtlich geschwunden waren, begann sich Bulgarien aus seinem Bündnis mit Deutschland zu lösen. Im Mai 1944 ernannte der Regentschaftsrat, der Bulgarien seit dem Tod von König Boris im August 1943 regierte, eine neue Regierung, die versuchte, zum Untergrund Kontakte zu knüpfen.

## Kommunistische Herrschaft

Nach der Kriegserklärung (5. 9. 1944) der UdSSR und dem Einmarsch sowjetischer Truppen (9. 9. 1944) kamen die Kommunisten an die Macht. Am 9. September stürzte die »Vaterländische Front« die Regierung. In der neuen Regierung Georgiew wurden die wichtigsten Posten, die des Justiz- und des Innenministers, von Kommunisten besetzt. Gestützt durch die Anwesenheit der Roten Armee, versuchte die KP nun, die Macht ganz zu übernehmen. Hunderte von führenden Politikern der alten Regierung wurden durch sogenannte Volksgerichtshöfe als angebliche Kriegsverbrecher verurteilt und hingerichtet. In Armee und Beamtenapparat wurden Säuberungen vorgenommen. Die Agrarpartei und die Sozialdemokraten vereinigten sich in einer Oppositionspartei, um ein Gegengewicht zur KP zu bilden. Bei den Parlamentswahlen vom Oktober 1946 erlangte die vereinigte Opposition unter Führung der Agrarpartei trotz Polizeiterror und Einschüchterung fast 30% der Stimmen. Mit ihren 101 Mandaten bildete sie im Parlament eine nicht zu übersehende Opposition gegen die neue Regierung von Ministerpräsident Georgi Dimitrow.

Nachdem im Februar 1947 in Paris der Friedensvertrag unterzeichnet und Bulgarien von allen Alliierten als souveräner Staat anerkannt worden war, wurde die Opposition endgültig ausgeschaltet. Alle nichtkommunistischen Parteien wurden aufgelöst und gingen in der »Vaterländischen Front« auf, die inzwischen fest in der Hand der Kommunisten war.

Im Dezember 1947 wurde Bulgarien offiziell zur Volksrepublik proklamiert, nachdem sich die Bevölkerung bereits im September 1946 in einer Volksabstimmung gegen die Monarchie ausgesprochen hatte.

Die schwach entwickelte Industrie, die bereits vor dem Krieg größtenteils im Staatsbesitz war, wurde völlig unter staatliche Kontrolle gestellt. Nach dem Vorbild der UdSSR wurde eine zentral gelenkte Planwirtschaft eingeführt. Die Kollektivierung der Landwirtschaft sollte anfangs freiwillig erfolgen und kam deshalb in den 40er Jahren auch kaum in Gang. 1950 zwang die Regierung daher die Bauern, den genossenschaftlichen Landwirtschaftsbetrieben beizutreten.

Bulgarien war seit der Nachkriegszeit völlig von der UdSSR abhängig. Die Unterstützung der griechischen Kommunisten im Bürgerkrieg führte schließlich dazu, daß die USA Anfang 1950 die diplomatischen Beziehungen vorübergehend abbrachen.

Zu Jugoslawien unterhielt Bulgarien anfangs gute Beziehungen. In Bled unterzeichneten Dimitrow und Tito im August 1947 ein Abkommen über die Schaffung einer Zollunion. Nach dem Ausschluß Jugoslawiens aus dem Kominform 1948 reihte sich Bulgarien in den Chor der kommunistischen Regierungen ein, die Tito scharf angriffen. Die bulgarische KP wurde gesäubert.

Im Juli 1949 starb Ministerpräsident Georgi Dimitrow. Sein Nachfolger wurde Vasil Kolarow. Nach Dimitrows Tod fiel der stellvertretende Ministerpräsident Traitscho Kostow den Säuberungen zum Opfer. Als Hauptverantwortlicher für die Entwicklung der bulgarischen Wirtschaft war er mehrmals mit der UdSSR in Konflikt geraten. Im Dezember 1949 wurde er des »Titoismus« (auch → S. 212) für schuldig befunden und hingerichtet.

| Grunddaten | 1940 | 1943 | 1946 | 1949 |
|---|---|---|---|---|
| 1. Einwohnerzahl (in Mill.) | — | — | 7 | 7,2 |
| 2. Urbanisationsgrad (in %) | — | — | 24,7 | — |
| 3. Berufstätige (in % der Gesamtbevölkerung) | — | — | 59,5 | — |
| 4. Volkseinkommen (in Mrd. Lew) | 67,1 | 161,5 | 334 | — |
| 7. Geburtenziffer (in ‰) | 22,2 | 21,9 | 25,6 | — |
| 8. Sterbeziffer (in ‰) | 13,4 | 13 | 13,7 | — |
| 10. Jährlicher Energieverbrauch pro Einw. (in kg Ske) | — | — | — | 280 |
| 11. Einfuhr (in Mill. US-Dollar) | 83,6 | 190,6 | 60,8 | — |
| 12. Ausfuhr (in Mill. US-Dollar) | 83,5 | 205,0 | 52,4 | — |

*Sitzung der bulgarischen Nationalversammlung in Sofia im November 1947. In der ersten Reihe von links nach rechts: ZK-Sekretär Wylko Tscherwenkow, der spätere Ministerpräsident Vasil Kolarow und Ministerpräsident Georgi Dimitrow.*

### Zehn Jahre im Überblick

| | |
|---|---|
| 1. 3. 1941 | Beitritt zum Dreimächtepakt zwischen Italien, Deutschland und Japan. |
| 28. 8. 1943 | König Boris III. stirbt; sein Sohn wird sein Nachfolger als König Simeon II. |
| 22. 11. 1946 | Georgi Dimitrow wird Ministerpräsident. |
| 2. 7. 1949 | Tod Dimitrows; Vasil Kolarow wird sein Nachfolger. |

# Ceylon

Das wichtigste politische Problem des Jahres 1940 war die Vertretung der verschiedenen Minderheiten im State Council. Nur der Mehrheit der buddhistischen Singhalesen war bisher ein begrenztes Mitbestimmungsrecht eingeräumt worden. Man hoffte, daß die für 1941 geplanten Wahlen die Spannung zwischen Tamilen und Singhalesen verringern würden. Als die Gegensätze jedoch wuchsen, schob die britische Verwaltung am 15. 6. 1941 die Wahlen für zwei Jahre hinaus. Der japanische Kriegseintritt, durch den Ceylon das Ziel von Luftangriffen wurde, erzwang dann einen weiteren Aufschub. Bereits 1942 ersuchte das State Council die britische Regierung um den Dominionstatus. Im September 1944 wurde die Soulbury-Kommission gegründet, die am 12. 7. 1945 empfahl, eine Regierung einzusetzen, die die völlige Verantwortung für die Innenpolitik haben sollte.

Die Gesetzgebung sollte der britischen Krone, vertreten durch einen Generalgouverneur, sowie einem Senat und einem Abgeordnetenhaus übertragen werden; die Mitglieder beider Kammern sollten zum Teil vom Generalgouverneur ernannt werden, der auch in allen anderen Angelegenheiten große Entscheidungsbefugnisse haben sollte. Keine Bevölkerungsgruppe sollte in irgendeiner Form diskriminiert werden, und die freie Religionsausübung – besonders wichtig für die Minderheit der hinduistischen Tamilen und die kleine christliche Gemeinschaft – sollte garantiert werden. Die Mehrheit der singhalesischen Bevölkerung war jedoch mit der vorgeschlagenen Verfassungsänderung nicht zufrieden. Vor allem der spätere Premierminister Stephen Senanayake hielt unvermindert an der Forderung nach dem Dominionstatus fest. Am 31. 1. 1946 veröffentlichte die britische Regierung ein Weißbuch, in dem sie die Wünsche Ceylons akzeptierte. Die Verfassungsentwürfe der Soulbury-Kommission wurden entsprechend geändert; vor allem wurde der Einfluß des Generalgouverneurs beschnitten.

Auf die Ankündigung des Gouverneurs, daß Ceylon bald den Dominionstatus erhalten würde, folgten im Sommer 1947 Parlamentswahlen. Sieger wurde Stephen Senanayake, der Führer der United National Party; er wurde der erste Premierminister Ceylons. Nach Billigung durch das britische Parlament im Dezember 1947 erhielt Ceylon am 4. 2. 1948 als erste Kronkolonie den Dominionstatus und wurde unabhängiges Mitglied des britischen Commonwealth. Colombo wurde die neue Hauptstadt, Sir Henry Monck-Mason Moore Generalgouverneur.

Fläche: 65 610 km²
Hauptstadt: Colombo

*Als Militärbasis war die Insel von größerer Bedeutung für Großbritannien, als es das ungewöhnliche Foto aus dem Jahre 1944 vermuten läßt. Ein Elefant zieht ein amphibisches Aufklärungsflugzeug vom Typ »Walrus«.*

# Chile

Zunehmende soziale Unruhe führte 1938 zum Wahlsieg der Frente Popular (FP), einer Volksfront, die aus der Sozialistischen Partei, der Kommunistischen Partei und der Radikalen Partei bestand. Pedro Aguirra Cerda wurde Staatspräsident. Er wollte Gesellschaft und Wirtschaft neu ordnen. Im August 1940 gab die Regierung einen großangelegten Industrialisierungsplan bekannt. Außerdem bemühte sie sich um die Schaffung einer Sozialgesetzgebung.

Die Entwicklung wurde durch den schlechten Gesundheitszustand von Präsident Cerda und durch den 2. Weltkrieg behindert. Chile bemühte sich lange um eine Politik der Neutralität. Anfang 1941 zogen sich die Sozialisten aus der Volksfront zurück. Parlamentarische Aktionen von rechts und die Rivalität innerhalb der Regierung schwächten die Koalition noch mehr, und der Tod Cerdas vergrößerte die Probleme noch.

Bei den Präsidentschaftswahlen 1942 wurden die innenpolitischen Probleme vom Kriegsverlauf überschattet. Für die Konservativen kandidierte der rechtsgerichtete Carlos Ibáñez del Campo. Die Linksliberalen nominierten Juan Antonio Ríos Morales, der die Wahl gewann.

Ríos bildete ein gemäßigtes Kabinett von Fachleuten und näherte sich den Alliierten an. Im Januar 1943 brach Chile die diplomatischen Beziehungen zu den Achsenmächten ab, erklärte ihnen aber

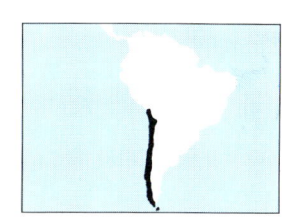

Fläche: 756 945 km²
Hauptstadt: Santiago

*Juan Antonio Ríos Morales (links), von 1942 bis zu seinem Tod 1946 Staatspräsident, wird von dem New Yorker Bürgermeister Fiorello Laguardia in New York begrüßt.*

| Grunddaten | 1940 | 1943 | 1946 | 1949 |
|---|---|---|---|---|
| 1. Einwohnerzahl (in Mill.) | 5 | — | — | 5,9 |
| 2. Urbanisationsgrad (in %) | 52,5 | — | — | — |
| 3. Berufstätige (in % der Gesamtbevölkerung) | 36,1 | — | — | — |
| 4. Volkseinkommen (in Mrd. Pesos) | 17 | 32 | 49 | 93 |
| 7. Geburtenziffer (in ‰) | 33,4 | 33,1 | 32,4 | 33,2 |
| 8. Sterbeziffer (in ‰) | 21,6 | 19,9 | 17,2 | 18,1 |
| 10. Jährlicher Energieverbrauch pro Einw. (in kg Ske) | — | — | — | 760 |
| 11. Einfuhr (in Mill. US-Dollar) | 105 | 131 | 197 | 305 |
| 12. Ausfuhr (in Mill. US-Dollar) | 140 | 178 | 217 | 297 |
| 13. Einwohner pro Arzt | — | — | — | 1750 |

# China

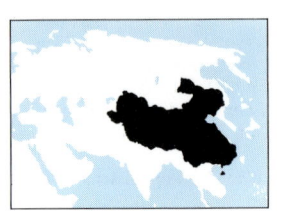

Fläche: 9 561 000 km²
Hauptstadt: Peking

*Ein Foto vom japanischen Einmarsch in China: Japanische Soldaten besetzen die ehemalige Hauptstadt Nanking.*

### Kampf gegen Japan

1940 war China bereits seit drei Jahren in den am 7. 7. 1937 ausgebrochenen Krieg gegen Japan verwickelt. Die Kriegssituation hatte sich jedoch seit Ende 1938 stabilisiert, als eine Reihe von großangelegten japanischen Offensiven zu ihrem Ende gekommen waren. In dieser Zeit hatten die Japaner mit Hilfe ihrer Überlegenheit in der Luft ganz Nordchina und die gesamte chinesische Küste besetzt. Hier lagen die meisten großen Städte und Industriezentren. Die Japaner kontrollierten zugleich die wichtigsten Verkehrsverbindungen in dem von ihnen besetzten Gebiet, vor allem die Eisenbahnlinien und die großen Flüsse.
Um das ausgedehnte besetzte Land verwalten zu können und der Besetzung zugleich einen Anstrich von Legitimität zu geben, hatten die Japaner verschiedene Marionettenregierungen gebildet. Diese wurden schließlich zu einer Zentralregierung zusammengeschlossen, die am 30. 3. 1940 in Nanjing unter Wang Jingwei offiziell ihre Tätigkeit aufnahm. Diese Regierung hatte jedoch nur geringe Möglichkeiten zu eigenständigem Handeln.
Vom nicht besetzten Gebiet aus wurde der Kampf gegen Japan an zwei geographisch weit auseinanderliegenden Fronten fortgesetzt. Dieser Kampf wurde sowohl von der nationalistischen Regierung als auch von der Kommunistischen Partei Chinas geführt. Unter dem Druck der drohenden japanischen Invasion hatten die Führer dieser beiden Parteien, Tschiang Kaischek und Mao Zedong, bereits im Dezember 1936 ihren Konflikt vorläufig zurückgestellt. Sie hatten eine »Einheitsfront« gebildet, um gemeinsam gegen die Japaner zu kämpfen. Obwohl diese »Einheitsfront« bis 1945 den offiziellen Rahmen für den Kampf gegen Japan bildete, erwies sich in der Praxis bereits recht schnell, daß von Kooperation weder in der Kriegführung noch in der Zielsetzung die Rede sein konnte. Das führte dazu, daß die Kuomintang-Armee die Hauptlast des Kampfes gegen die Japaner trug, während sich die KP auf den Ausbau ihrer Machtpositionen konzentrierte.
Bereits im Winter 1939/40 kam es zu Scharmützeln zwischen Truppen beider Parteien. Sie gipfelten Anfang 1941 in einer schweren bewaffneten Auseinandersetzung, nach der die »Einheitsfront« in Wirklichkeit nur noch auf dem Papier bestand. Ein Bürgerkrieg zwischen Kommunisten und Kuomintang schien nach der Niederwerfung Japans unausweichlich.

### Der Zerfall der Kuomintang

Gezwungen durch den raschen japanischen Vormarsch hatte Tschiang Kaischek den Sitz der Kuomintang-Regierung Ende 1938 nach Chongqing verlegt, der größten Stadt der südwestlichen Provinz Sichuan. Er war davon überzeugt, daß die Japaner nur ein begrenztes Gebiet besetzen könnten und daß in absehbarer Zeit ausländische Truppen seiner Armee zu Hilfe kommen würden. Seine Hoffnungen erfüllten sich, als die USA nach dem japanischen Angriff auf Pearl Harbor am 7. 12. 1941 Japan den Krieg erklärten. Von Juni 1942 an gewährte die US-amerikanische Regierung den Nationalisten militärische und finanzielle Unterstützung. Ihre eigene finanzielle und politische Basis, das städtische Bürgertum, hatte die Kuomintang jedoch verloren, weil die Japaner die wohlhabenden Provinzen südlich des gelben Flusses besetzt hielten.
Von Chongqing aus war die Kuomintang gezwungen, die Grundsteuer zu ihrer wichtigsten Einnahmequelle zu machen, damit sie ihren Militär- und Verwaltungsapparat aufrechterhalten konnte. Diese Steuer mußte von der grundbesitzenden konservativen Oberschicht

### Zehn Jahre im Überblick

| | |
|---|---|
| 30. 3. 1940 | Unter japanischer Kontrolle wird eine Zentralregierung gebildet. |
| 28. 10. 1944 | Joseph Stillwell, Kommandant der US-amerikanischen Streitkräfte im Fernen Osten, wird auf Ersuchen Tschiang Kaischeks seines Postens enthoben. |
| 2. 9. 1945 | Kapitulation Japans und Bürgerkrieg zwischen der kommunistischen »Volksbefreiungsarmee« und Truppen der Kuomintang. |
| 29. 1. 1947 | Die USA stellen ihre Bemühungen ein, zwischen der Kuomintang und der Kommunistischen Partei Chinas zu vermitteln. |
| 2. 3. 1947 | In der Mandschurei beginnen die Kommunisten eine großangelegte Offensive gegen die Kuomintang-Truppen. |
| 1. 10. 1949 | Mao Zedong ruft die Volksrepublik China aus. |
| 10. 12. 1949 | Tschiang Kaischek weicht nach Taiwan aus. |

aufgebracht werden. Die Möglichkeit, die Masse der Bauern und die städtische Intelligenz zur Unterstützung zu gewinnen, war somit nicht mehr gegeben.
Die Folge war, daß die ursprünglich gemäßigt fortschrittliche Kuomintang nicht imstande war, eine neue politische Basis aufzubauen. Sie wurde immer stärker von den Großgrundbesitzern abhängig. Dies sollte die Hauptursache ihrer Niederlage im Bürgerkrieg werden. Da die Einnahmen aus der Grundsteuer, trotz der oftmals extremen Ausbeutung der Bauern durch die Großgrundbesitzer, nicht ausreichten, griff die Kuomintag bewußt zum Mittel der Inflation, um ihre Finanzen aufzubessern. Die schnelle Geldentwertung (von 1942–1945 stiegen die Preise jährlich um rd. 300%) traf vor allem die Beamten, den Mittelstand und die Intelligenz, was allgemein Korruption und Spekulation zur Folge hatte.
Auch die Militärpolitik Tschiang Kaischeks trug dazu bei, daß die Kuomintang in zunehmende Isolation geriet. Seit 1942 stützte er sich immer stärker auf die US-amerikanische Hilfe im Kampf gegen Japan und hielt einen Teil seiner besten Truppen zurück, um nach der Kapitulation Japans für die Abwehr des Angriffs der Kommunisten gerüstet zu sein. Dadurch geriet er ständig in Konflikt mit dem in Chongqing stationierten Oberbefehlshaber der US-Truppen, General Joseph W. Stillwell, der mit Mao Zedong sympathisierte.
Die Meinungsverschiedenheiten gipfelten darin, daß Tschiang Kaischek Ende September 1944 dem amerikanischen Botschafter Patrick Hurley mitteilte, er fordere die Entlassung Stillwells. Präsident Roosevelt kam diesem Wunsch nach und gab am 29. 10. bekannt, daß er Stillwell durch General Albert Wedemeyer abgelöst habe. Wedemeyer gelang es zwar, Tschiang Kaischek für verstärkte Anstrengungen gegen die Japaner zu gewinnen, er schaffte es aber nicht, die US-Regierung von der Notwendigkeit zu überzeugen, die nationalchinesische Regierung gegen die Kommunisten zu unterstützen.

## Aufschwung der Kommunisten

In scharfem Kontrast zur Schwächung der Kuomintang standen die Entwicklungen im »anderen China«. Hier übte die Kommunistische Partei die Macht aus. Ende 1936 hatte sie ihr Hauptquartier in Yan'an (Provinz Shanxi = Schensi) eingerichtet. Von hier aus führte Mao Zedong eine Politik, die ganz auf die Zeit nach Ende des Krieges gegen die Japaner ausgerichtet war. Trotz nur begrenzter Kriegsanstrengungen gegen Japan verstärkte die KP ihre Armee und Volksmiliz beachtlich.
Der wichtigste Grund für den Machtgewinn der Kommunisten war die Tatsache, daß die KP Chinas die Unterstützung vieler Bauern hatte gewinnen können. In den nicht von den Japanern besetzten Gebieten war das vor allem auf ihren sozial- und wirtschaftspolitischen Kurs zurückzuführen, der versuchte, die Lage der Kleinbauern, besonders durch die Senkung des Pachtzinses, zu verbessern.
Die KPCh errichtete außerdem ein Netz von Organisationen, das den Bauern das Gefühl gab, auf Kosten der Großgrundbesitzer in Entscheidungsprozesse mit einbezogen zu sein. Eine Machtverschiebung nahm ihren Anfang.
Weil die chinesischen Kommunisten außerdem rigoros für die Disziplin ihrer Truppen sorgten und innere Machtkämpfe konsequent unterbanden, konnten sie ihren Einflußbereich ständig erweitern und konsolidieren.

## Der Bürgerkrieg

1944 waren Verhandlungen zwischen Kuomintang und KP über die Bildung einer Koalitionsregierung ergebnislos verlaufen. Japans Kapitulation im September 1945 bedeutete dann zwar das Ende des Kriegs gegen Japan, zugleich aber das Vorspiel zum offenen Bürgerkrieg. Beide Armeen begannen, möglichst viele strategisch wichtige Gebiete von der ehemaligen Besatzungsmacht zu übernehmen, und beeilten sich, ihre Machtposition soweit wie möglich zu konsolidieren.
Für beide Seiten blieb eine der Hauptbedingungen für Verhandlungen jeweils praktisch die Kapitulation der anderen Seite. Vermittlungsbemühungen der Amerikaner, zuerst durch Botschafter Patrick Hurley und ab Ende 1945 durch den persönlichen Gesandten von Präsident Truman, General George C. Marshall, blieben ergebnislos. Anfang 1947 gaben die USA ihre Vermittlungsbemühungen auf, weil diese von der KP nicht akzeptiert wurden.
Der offene Bürgerkrieg war im Frühjahr 1946 in der Mandschurei

*Links: Am 9. 9. 1945 kapitulieren die japanischen Truppen auch in China – ein wichtiges Datum für Kuomintang-Führer Tschiang Kaischek (am Tisch 2. von links).*

*Mao Zedong (rechts im Bild) im Jahre 1943 (rechts).*

*Nach der japanischen Niederlage 1945 versuchten die Amerikaner den Ausbruch eines erneuten Bürgerkrieges in China zu verhindern. Auf dem Foto der US-amerikanische Botschafter in China, Patrick Hurley (zweiter von links), bei Verhandlungen mit der kommunistischen Führung in Yunnan (1945). Neben ihm Zhou Enlai (links), Mao Zedong (Mitte) und ein Vertreter der Kuomintang.*

310    China

▷
*Als Tschiang Kaischek 1946 in Schanghai einzieht, wird ihm ein großer Empfang bereitet. Zwei Jahre später wird er von den Truppen Maos vertrieben.*

ausgebrochen. Die Rolle, die die UdSSR dabei spielte, hatte ausschlaggebende Bedeutung für den Sieg der chinesischen Kommunisten. Auf der Konferenz von Jalta (Februar 1945) wurde vereinbart, daß die Sowjetunion als Gegenleistung für bestimmte Zugeständnisse nach der deutschen Kapitulation am Krieg gegen Japan teilnehmen und die Mandschurei besetzen sollte. Nachdem die UdSSR Japan am 8. 8. 1945 den Krieg erklärt hatte, besetzten sowjetische Truppen ohne größeren japanischen Widerstand die gesamte Mandschurei. Obwohl vereinbart war, daß die Sowjetunion drei Monate nach der Kapitulation Japans die Verwaltung der Mandschurei an die Kuomintang-Regierung übertragen sollte, zog sie ihre Truppen erst Anfang 1946 zurück. Der Grund für diese Verzögerung war, daß die sowjetischen Truppen erst zu diesem Zeitpunkt die Demontage der Schwerindustrie, die von der Sowjetunion als rechtmäßige »Kriegsbeute« betrachtet wurde, abgeschlossen hatten. Zugleich aber bekamen die in Nordchina stationierten KP-Truppen die Möglichkeit, in die Mandschurei einzumarschieren, um sich auf die Konfrontation mit den, z. T. von Südchina aus über eine amerikanische Luftbrücke eingeflogenen, Kuomintang-Truppen vorzubereiten.

Die Armeen der KP in der Mandschurei waren zu diesem Zeitpunkt ihren Gegnern weit überlegen, weil sie über die enormen militärischen Vorräte der ehemaligen japanischen Besatzung verfügen konnten. Trotzdem gelang es der KPCh erst Ende 1948, die Kuomintang-Truppen endgültig zu vertreiben.

Die weit überlegenen KPCh-Truppen gingen 1949 zu Großoffensiven über. Sie bereiteten den von den Amerikanern kaum noch unterstützten Kuomintang-Truppen eine Niederlage nach der anderen und trieben sie immer weiter in den Süden. Als es der kommunistischen Armee im April 1949 gelang, auf einer Front von 500 km den Yangzi Jiang zu überschreiten, war deutlich, daß die Eroberung von ganz China nur noch eine Frage der Zeit war. Mao Zedong veröffentlichte am 1. 7. 1949 seinen Essay »Über die demokratische Diktatur des Volkes«. In dieser Schrift umriß er die zukünftigen Entwicklungen in der Volksrepublik China. Danach proklamierte er in seiner Eigenschaft als Vorsitzender der Zentralen Volksregierung am 1. 10. 1949 während einer Zeremonie auf dem Platz der Pforte des Himmlischen Friedens die Gründung der Volksrepublik China, in der die KP die allein entscheidende Rolle innehatte.

Am 10. 12. 1949 begab sich Tschiang Kaischek nach Taiwan, um von dort aus die nationalchinesische Regierung zu leiten.
So entstand das Problem der »beiden Chinas«, das bis zur Aufnahme der Volksrepublik China in die UNO (26. 10. 1971) ein wichtiger Faktor in den Beziehungen zwischen den Großmächten blieb.

*Die Karte zeigt die Besetzung des chinesischen Festlandes durch die Volksarmee Mao Zedongs.*

Kommunistischer Vormarsch:
- Kerngebiet 1945
- bis April 1947
- von Mai 1947 bis Juli 1948
- von August 1948 bis März 1949
- von April bis Dezember 1949
- keine Kriegshandlungen

# Costa Rica

Bei den Wahlen vom 11. 2. 1940 wurde der konservative Rafael Ángel Calderón Guardia zum Staatspräsidenten gewählt. Im Dezember 1941 erklärte er den Achsenmächten den Krieg. Die USA gewährten ihm einen Kredit von 4,6 Millionen Dollar für die Fertigstellung der panamerikanischen Autobahn.
1941 schloß Calderón ein Grenzabkommen mit Panama. Am 13. 2. 1944 wurde der Liberale Teodoro Picado Michalski zum Staatspräsidenten gewählt.
1948 kam es zu einer ernsthaften politischen Krise, als die Regierung Picado Wahlbetrug verübte, indem sie die Präsidentschaftswahlen vom Kongreß für ungültig erklären ließ. Picado erklärte Rafael Ángel Calderón Guardia und nicht den wirklichen Sieger Otilio Ulate Blanco, den Führer der Partido Unión Naciónal (PUN), zum Wahlsieger. Durch einen Militärputsch unter Oberst José Figueres Ferrer wurde Picado abgesetzt und Calderón zur Flucht nach Nicaragua gezwungen. Danach wurden die Polizeitruppen verstärkt und die Armee abgeschafft. Nach der Gründung einer Verfassunggebenden Versammlung übertrug Figueres das Amt des Präsidenten im November 1949 an den Wahlsieger Ulate.

Fläche: 50 700 km²
Hauptstadt: San José

# Dänemark

In der Nacht vom 8. auf den 9. 4. 1940 marschierten deutsche Truppen in Dänemark ein. König Christian X. und die Regierung sahen sich zur Kapitulation gezwungen, weil mit der Bombardierung Kopenhagens gedroht wurde. Zunächst schien es nicht zu Schwierigkeiten zu kommen, weil die deutsche Regierung erklärte, sie wolle sich nicht in die inneren Angelegenheiten Dänemarks einmischen. Doch im September 1940 wurde Außenminister Erik Scavenius, der mit den Deutschen über eine Zollunion und eine Währungseinheit verhandelte, durch den Druck der öffentlichen Meinung zum Rücktritt gezwungen. Der sozialdemokratische Ministerpräsident Stauning aber blieb, trotz des Drucks der Deutschen, bis zu seinem Tod im Mai 1942 im Amt, und auch sein Nachfolger, Vilhelm Buhl, war Sozialdemokrat. Fritz Clausen, der Führer der dänischen Nationalsozialisten, gewann kaum Anhänger.

Von London aus leitete der Führer der Konservativen Partei, John Christmas Möller, von April 1942 an über die BBC und den von ihm gegründeten ›Dänischen Rat‹ die Widerstandsaktionen. Bereits am 10. 4. 1941 hatte der dänische Gesandte in Washington mit den USA ein Abkommen über die Verteidigung des strategisch wichtigen Grönland unterzeichnet.
Größere Widerstandsaktionen gab es erst, als nach der Verhängung des Ausnahmezustandes durchsickerte, daß die dänischen Juden deportiert werden sollten. 8000 Juden konnten daraufhin, geschützt von ihren Landsleuten, nach Schweden gelangen. Die 400 nach Theresienstadt deportierten Juden durften nach schwedischen Protesten ebenfalls ausreisen. Ein weiterer Anlaß zum Widerstand war auch die Ermordung des Pfarrers und Dramatikers Kaj Munk im Januar 1944. Nach Kriegsende wurde eine Übergangsregierung eingesetzt. Bei den Wahlen vom Oktober 1945 siegte die konservative Venstrepartei. Die dänische Wirtschaft erholte sich schnell. Bereits 1949 erreichte die Produktion wieder das Vorkriegsniveau. Außerdem wurde das Land bereits 1945 Mitglied der Vereinten Nationen.
Die Beziehungen zu den dänischen Außenbesitzungen warfen Probleme auf. Bei einer Volksabstimmung auf den Färöer-Inseln ergab sich eine allerdings sehr kleine Mehrheit für die Unabhängigkeit dieser Inselgruppe. 1948 bekamen die Färöer weitgehende innere Selbstverwaltung. 1944 hatte Island, das von jeher den dänischen König als Monarchen anerkannte, die Beziehungen zur dänischen Krone durch die einseitige Unabhängigkeitserklärung völlig gelöst. 1950 erkannte Dänemark den bestehenden Zustand an.
Daß die USA ihre Luftstützpunkte auf Grönland beibehielten, schuf keine Probleme, da Dänemark sich konsequent auf die Seite des Westens stellte und 1949 Gründungsmitglied der Nordatlantischen Verteidigungsgemeinschaft (NATO) wurde. Damit wandte sich das Land außenpolitisch von der Neutralitätspolitik der Vorkriegszeit ab, die in der Zeit des Kalten Krieges ihre Grundlage verloren hatte. Nach dem Tod von König Christian X. folgte ihm am 20. 4. 1947 sein Sohn Frederik IX. auf den Thron.

Fläche: 43 069 km²
Hauptstadt: Kopenhagen

*Hans Hedtoft führte von 1947 bis 1950 eine sozialdemokratische Minderheitsregierung.*

◁

*König Frederik IX., Königin Ingrid und Prinzessin Margaretha an Bord der königlichen Jacht »Dannebrog« (1948). 1947 folgte Frederik seinem verstorbenen Vater auf dem Thron.*

| **Grunddaten** | 1940 | 1943 | 1946 | 1949 |
|---|---|---|---|---|
| 1. Einwohnerzahl (in Mill.) | 3,8 | — | — | 4,2 |
| 2. Urbanisationsgrad (in %) | 63,9 | — | 65,1 | — |
| 3. Berufstätige (in % der Gesamtbevölkerung) | 51,3 | — | — | — |
| 4. Volkseinkommen in Mrd. Dänischer Kronen) | 7,4 | 10,7 | 13,2 | 16,7 |
| 6. Arbeitslosenquote (in % der berufsfähigen Bevölkerung) | 23,9 | 10,7 | 8,9 | 9,6 |
| 7. Geburtenziffer (in ‰) | 18,3 | 21,4 | 23,4 | 18,9 |
| 8. Sterbeziffer (in ‰) | 10,4 | 9,6 | 10,2 | 8,9 |
| 10. Jährlicher Energieverbrauch pro Einw. (in kg Ske) | — | — | — | 1 700 |
| 11. Einfuhr (in Mill. US-Dollar) | 266 | 256 | 592 | 807 |
| 12. Ausfuhr (in Mill. US-Dollar) | 294 | 280 | 338 | 672 |
| 13. Einwohner pro Arzt | — | — | — | 1 000 |

# Deutschland

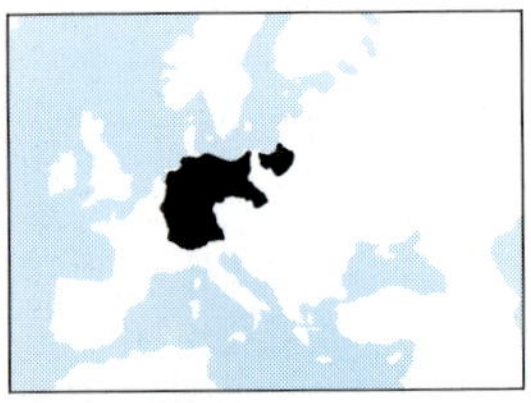

Deutschland
Fläche: Deutsches Reich
(1. 1. 1940): 679 653 km²
Hauptstadt: Berlin
Bundesrepublik
Deutschland:
248 625 km²
Hauptstadt: Bonn
Deutsche Demokratische
Republik:
108 181 km²
Hauptstadt: Ostberlin

*Führerkult*
*S. 65-7*

*Das Gesicht der Diktatur: SS-Führer Heinrich Himmler spricht im Oktober 1944 als Oberbefehlshaber des Volkssturmes.*
▷

*Kulturkrieg*
*S. 65-8*

*Ein Bild aus dem ersten Kriegsjahr, als Hitler große Erfolge hatte. Eine jubelnde Menge begrüßt Hitler nach dem erfolgreichen Frankreichfeldzug im Juli 1940.*

## Der nationalsozialistische Staat

Die Geschichte des »3. Reiches« ist die Geschichte von Diktatur und Terror. Bis zu seinem Tod durch Selbstmord am 30. 4. 1945, als die Rote Armee bereits in Berlin stand, war Hitler als Staatsoberhaupt, Oberbefehlshaber der Wehrmacht und Parteiführer der Mittelpunkt des nationalsozialistischen Staatsapparats.
Neben dem »Führer« und Reichskanzler standen andere Parteigenossen, die oftmals miteinander rivalisierten, aber jeder auf seinem Gebiet wesentlich für das Funktionieren des Dritten Reichs waren. Als Reichsminister für Volksaufklärung und Propaganda manipulierte Joseph Goebbels mit den modernsten Mitteln der Massenkommunikation die öffentliche Meinung. Brillante Reden, raffiniert gemachte Filme und immer wieder neue Öffentlichkeitskampagnen sollten die Moral der Bevölkerung hochhalten, auch als Deutschland schon täglich bombardiert wurde und die feindlichen Armeen bereits auf deutschem Boden standen. Unter seiner Regie wurden die Medien ein Sprachrohr der Politik Hitlers.
Für die Staatssicherheit sorgte Heinrich Himmler, seit 1929 Reichsführer der SS, seit 1936 Chef der Polizei und seit 1943 auch Innenminister. Er organisierte die Judenverfolgung und die Vernichtungsmaschinerie der Konzentrationslager. Seine Einsatzkommandos führten die Massenmorde in Osteuropa aus.

*Propagandaplakat für den Krieg.*

Albert Speer war als Reichsminister für Bewaffnung und Munition seit 1942 der Planer der enormen deutschen Kriegsanstrengung. Trotz des empfindlichen Rohstoffmangels und der immer höher werdenden Verluste an Menschen und Material gelang es ihm, die Waffenproduktion bis kurz vor Kriegsende ständig zu steigern. Er setzte dazu in großer Zahl ausländische Zwangsarbeiter ein.
Reichsmarschall Hermann Göring nahm als von Hitler 1939 ernannter Nachfolger eine Sonderstellung ein. Als Ministerpräsident Preußens hatte er eine feste Machtbasis, aber als Oberbefehlshaber der deutschen Luftwaffe versagte der erfolgreiche Kriegsflieger des 1. Weltkriegs.

## Wirtschaft und Außenpolitik

Die auf Autarkie ausgerichtete einseitige Entwicklung der deutschen Wirtschaft, die forcierte Rüstung und die Militarisierung des Wirtschaftslebens brachten vielfältige Probleme mit sich. Bereits für die Vorkriegsjahre kann von einer Krisensituation gesprochen werden. Anders als es die Propaganda vermuten ließ, war Deutschland auf einen langen Krieg nicht ausreichend vorbereitet. Es mußte sich auf »Blitzkriege« konzentrieren und war von importierten und aus besetzten Gebieten geraubten Gütern und von ausländischen Arbeitskräften stark abhängig.
Die Außenpolitik der Nationalsozialisten unterschied sich von der vorherigen Politik des Deutschen Reiches vor allem durch das Gewicht, das ideologische Faktoren, wie Antibolschewismus, Antisemitismus und Rassenlehre, bekamen. Andererseits gab es auch Elemente der Kontinuität. Hitlers Nichtangriffspakt mit Stalin 1939 – eine Rückendeckung für seinen Krieg mit Großbritannien und Frankreich – ging von ähnlichen Voraussetzungen aus wie der Rückversicherungsvertrag Bismarcks, nachdem Bemühungen, Großbritannien zu einem Bündnis zu bewegen, gescheitert waren.

## Die Haltung der Bevölkerung

Das Bild von Opposition und Widerstand gegen Hitler hat im Laufe der Zeit Veränderungen erfahren. Einerseits kennt man das Kommuniqué aus dem »Führerhauptquartier« vom 20. 7. 1944 über das mißglückte Attentat Stauffenbergs, andererseits manche idealisierende Publikation aus den Nachkriegsjahren. Es ist nicht zu übersehen, daß der deutsche Widerstand nicht homogen war. Er bestand teilweise aus Gruppen und Personen, die demokratische Weimarer Republik vor 1933 unterstützt und verteidigt hatten. Daneben standen Gruppierungen, die den Untergang dieser Republik keineswegs bedauerten und von denen manche anfangs keine Einwände hatten, einer antidemokratischen Regierung zu dienen, während andere, wie die Kommunisten, nur eine andere Art der Diktatur anstrebten.
Bis zum Ende behielt das Regime seinen Einfluß auf die Bevölkerung, anfangs aufgrund der diplomatischen und militärischen Erfolge in der Zeit von 1933 bis 1942, die innenpolitisch von einem steigenden Lebensstandard begleitet wurden. Erst in der letzten Phase des Krieges, als die Niederlage erkennbar wurde, kam Unzufriedenheit auf, die jedoch nicht in massenhaftem Widerstand, sondern in Verzweiflung und Resignation mündete. Die Luftangriffe auf die Wohnviertel deutscher Städte weckten in Millionen von Deutschen zugleich einen bitteren Groll gegen die Alliierten. Aus dem Osten kamen Berichte von Greueltaten der Roten Armee gegen die Zivilbevölkerung. Auch von den Westalliierten, die im Geist des Morgenthau-Plans Deutschland für immer unschädlich machen wollten, glaubten viele wenig Gu-

## Zehn Jahre im Überblick

|  |  |
|---|---|
| 9. 4. 1940 | Deutsche Truppen besetzen Dänemark und Norwegen. |
| 10. 5. 1940 | Deutsche Truppen überschreiten die Grenzen zu den Niederlanden, Belgien, Luxemburg und Frankreich. |
| 15. 5. 1940 | Die Niederlande kapitulieren. |
| 28. 5. 1940 | Belgien kapituliert. |
| 22. 6. 1940 | Frankreich kapituliert. |
| 12. 10. 1940 | Hitler sieht von der geplanten Invasion Englands ab. |
| 6. 4. 1941 | Deutscher Angriff auf Jugoslawien und Griechenland. |
| 22. 6. 1941 | Beginn des Rußlandfeldzugs. |
| 11. 12. 1941 | Hitler erklärt den USA den Krieg. |
| 20. 1. 1942 | Wannsee-Konferenz beschließt über die Vernichtung der Juden. |
| 2. 2. 1943 | Die deutschen Truppen in Stalingrad kapitulieren. |
| 18. 2. 1943 | Goebbels kündigt den »totalen Krieg« an. |
| 13. 5. 1943 | Kapitulation der letzten deutschen und italienischen Truppen in Nordafrika. |
| 25. 7. 1943 | Nach dem Sturz Mussolinis marschieren deutsche Truppen in Italien ein. |
| 20. 7. 1944 | Oberst von Stauffenberg verübt ein mißglücktes Attentat auf Hitler. |
| 25. 9. 1944 | Der Volkssturm wird aufgestellt. |
| 11. 2. 1945 | Ende der Konferenz der Großen Drei in Jalta: Deutschland soll in vier Besatzungszonen unter Militärverwaltung aufgeteilt werden. |
| 26. 4. 1945 | Amerikanische und sowjetische Truppen treffen sich bei Torgau an der Elbe. |
| 30. 4. 1945 | Hitler begeht in Berlin Selbstmord. |
| 7./9. 5. 1945 | Deutschland kapituliert. |
| 4. 6. 1945 | Der alliierte Kontrollrat übernimmt die Verwaltung Deutschlands. |
| 2. 8. 1945 | Ende der Konferenz der Großen Drei in Potsdam über die Zukunft Deutschlands und der ehemaligen deutschen Gebiete. |
| 1. 9. 1945 | Anfang der Bodenreform nach sozialistischem Modell in der sowjetischen Besatzungszone. |
| 22. 4. 1946 | In der Sowjetzone werden KPD und SPD zur Einheitspartei SED zusammengeschlossen. |
| 12. 7. 1946 | Ende einer Friedenskonferenz der Außenminister der Siegermächte in Paris; über Deutschland (und Österreich) wird keine Einigung erzielt. |
| 1. 10. 1946 | Ende des Prozesses gegen die Hauptkriegsverbrecher in Nürnberg. Es werden 22 Urteile gefällt. |
| 1. 1. 1947 | Zusammenlegung der britischen und der amerikanischen Zone zu einer Wirtschaftseinheit (Bizone). |
| 20. 6. 1948 | Beginn der Währungsreform in den drei Westzonen. |
| 24. 6. 1948 | Anfang der Berlinblokkade durch die Sowjetbehörden; die USA richten eine Luftbrücke ein. |
| 12. 5. 1949 | Ende der Berlinblockade. |
| 23. 5. 1949 | In den drei Westzonen tritt das Grundgesetz der Bundesrepublik Deutschland in Kraft. |
| 15. 9. 1949 | Konrad Adenauer wird vom Bundestag zum ersten Bundeskanzler der Bundesrepublik Deutschland gewählt. |
| 7. 10. 1949 | Der ostdeutsche Volksrat ruft die Deutsche Demokratische Republik aus. |
| 12. 10. 1949 | Otto Grotewohl wird Ministerpräsident der Deutschen Demokratischen Republik. |

tes erwarten zu können. Neben Goebbels' Propaganda spielten Berichte und Gerüchte über neue »Wunderwaffen« (Raketen, Düsenjäger und neuartige Unterseeboote), die die Siegeschancen doch noch würden wenden können, eine Rolle. So kämpfte der größte Teil der deutschen Bevölkerung bis zum Ende weiter (auch → S. 167). Das deutsche Volk hat dafür, daß es Hitlers Expansionspolitik unterstützte, schwer büßen müssen. Der völlige Zusammenbruch Deutschlands 1945 kann durch Zahlen und Statistiken nur begrenzt illustriert werden. Die Organisationsstruktur des nationalsozialistischen Staates, in dem alles (Produktion, Information, Freizeitgestaltung u. a.) von oben geregelt war, fiel auf einmal weg. Die Bevölkerung blieb desorientiert und apathisch zurück. 5,7 Millionen Deutsche waren im Krieg getötet worden, beinahe die doppelte Zahl befand sich in Kriegsgefangenschaft. Mehr als 10 Millionen Flüchtlinge suchten nach einer neuen Bleibe. 40% der Bevölkerung waren durch die Bombenangriffe obdachlos geworden, 60% litten an Unterernährung. Gesellschaftliche, wirtschaftliche und politische Zusammenhänge waren zerstört, zahlreiche Familien auseinandergefallen. Der tägliche Kampf um die wichtigsten Lebensgrundlagen beherrschte das Dasein in der deutschen Gesellschaft unmittelbar nach der Niederlage.

## Alliierte Kriegsziele

Vieles hing in dieser Zeit von der Haltung der alliierten Sieger ab. Der amerikanische Präsident Roosevelt war bei all seinen Plänen davon ausgegangen, daß in den USA nach dem Krieg der Isolatio-

*Trümmerbeseitigung war auch Jahre nach Kriegsende noch notwendig. Wegen des großen Männermangels mußten auch Frauen diese Arbeit übernehmen (links).*

*Umerziehungsmaßnahmen: Um die Bevölkerung mit den Greueln, die in ihrem Namen begangen worden waren, zu konfrontieren, wurden Bürger in der amerikanischen Zone gezwungen, an Opfern des NS-Terrors vorbeizudefilieren (rechts).*

## 314 Deutschland

*Walter Ulbricht; er installierte die kommunistische Vorherrschaft in der SBZ.*

Amerikanische Besatzungspolitik
S. 248–37

▷ *Die Karte gibt eine Übersicht über die Besatzungszonen in Deutschland sowie die Luftkorridore und Versorgungswege nach Berlin, die besonders während der Blockade 1948/49 wichtig waren.*

nismus wieder aufleben würde und daß man deshalb möglichst wenig Verpflichtungen übernehmen solle. Aus diesem Grund befürwortete er ein rasches, aber strenges Vorgehen gegenüber Deutschland, damit amerikanische Truppen höchstens zwei Jahre in Europa zu bleiben brauchten. Das US-Außenministerium war gegen eine Teilung Deutschlands, weil es einen zukünftigen sowjetischen Expansionsdrang nicht ausschloß. Es befürwortete deshalb eine gemäßigte Haltung gegenüber Deutschland und eine langfristige Regelung zwischen den Alliierten. Die radikalsten Ideen kamen aus dem von 1934 bis 1945 von Henry Morgenthau geleiteten Finanzministerium. Der Morgenthau-Plan war eine Zusammenfassung aller Vorschläge, die das Ziel hatten, Deutschland für immer als politischen Faktor auszuschalten. Politisch sollte es geteilt und wirtschaftlich durch Demontage der Industrie wieder in ein Agrarland verwandelt werden. Als Ergebnis der Diskussion in den USA kam dort schließlich das Dokument JCS (Joint Chiefs of Staff) 1067 zustande, das in seinen verschiedenen Fassungen immer mehr von den Zielen des Morgenthau-Plans abwich. Dieses Dokument wurde zur bindenden Richtlinie für den amerikanischen Oberbefehlshaber in Deutschland und die amerikanischen Besatzungstruppen. In der endgültigen Fassung vom 14. 5. 1945 sah es Entmilitarisierung, Demontage der Industrieanlagen, Reparationen, Entnazifizierung und Dezentralisierung vor. Um Hunger und Epidemien zu vermeiden, sollte aber die Funktionsfähigkeit der Wirtschaft erhalten bleiben – schwer vereinbare Forderungen. Außerdem sprach man von »Vorbereitungen für eine spätere Wiederherstellung des deutschen politischen Lebens auf demokratischer Grundlage«. Während der Besatzungszeit sollte Deutschland als ein »besiegter feindlicher Staat« behandelt werden. Ein britischer Vorschlag, Deutschland nicht in Besatzungszonen aufzuteilen, sondern durch gemischte Truppenkontingente besetzen zu lassen, wurde vom Stab General Eisenhowers unterstützt, fand aber bei den amerikanischen Ministerien keinen Anklang.

Die Hauptsorge Großbritanniens galt der Situation der eigenen Wirtschaft nach dem Krieg. Deshalb waren manche seiner Vertreter Argumenten zugänglich, die eine Stärkung der eigenen Wirtschaft durch eine Zusammenarbeit mit Deutschland versprachen. Wie in den USA herrschte aber keine Einhelligkeit über den einzunehmenden Standpunkt.

Bereits im Jahr 1943 begann eine aus Delegierten der Commonwealthländer zusammengesetzte Sonderkommission mit der Ausarbeitung von Plänen. Weil jedoch sowohl die UdSSR als auch die USA die von Großbritannien befürwortete regionale europäische Zusammenarbeit ablehnten, blieb die Politik gegenüber Deutschland offen.

Die Westalliierten forderten von Deutschland zunächst nur eine bedingungslose Kapitulation. Über ihre weiteren Pläne bestand keiner-

| | |
|---|---|
| Luftkorridore | Britische Zone |
| Bahnlinien | Sowjetische Zone |
| Straßen | Französische Zone |
| Schiffahrtsverbindungen | Amerikanische Zone |

*Am 11. 10. 1949 wird Wilhelm Pieck (Mitte) von der Provisorischen Volkskammer zum Präsidenten der am 7. 10. 1949 gegründeten DDR gewählt. Links neben ihm Ministerpräsident Grotewohl.*

lei Einigkeit. Demgegenüber ging die Sowjetunion zielbewußt in die Nachkriegszeit. Hinter der deklamatorischen Floskel, es gebe einen Unterschied zwischen den »Nazis« und dem deutschen Volk, verbarg sich die Absicht, deutsche politische Verbündete zu finden, unter denen aus optischen Gründen auch Nichtkommunisten sein sollten, die in Deutschland eine der Sowjetunion genehme Politik zu garantieren hatten. Schon Anfang 1944 beschloß man deshalb, die vom KP-Vorsitzenden Pieck und vor allem von Walter Ulbricht vorgeschlagenen, sehr detaillierten und weitgehenden Pläne für ein neues Deutschland ausarbeiten zu lassen und Führungskräfte »für den antifaschistisch-demokratischen Neuaufbau« zu schulen. Die Westalliierten versäumten es dagegen, vor der Kapitulation mit deutschen Exilpolitikern oder Widerstandsgruppen ernsthaft zusammenzuarbeiten, und wiesen Versuche zur Kontaktaufnahme brüsk zurück.

Auf der Konferenz der Großen Drei in Teheran Ende 1943 war beschlossen worden, die Ausarbeitung weiterer Einzelheiten für die zukünftige Politik gegenüber Deutschland einer Sonderkommission zu übertragen, der European Advisory Commission (EAC). Diese legte am 12. 9. 1944 die Grenzen der verschiedenen Besatzungszonen und am 14. November die Organisation des Alliierten Kontrollrats fest. Die Vorschläge der EAC wurden mit einigen Änderungen auf der Konferenz der Großen Drei in Jalta im Februar 1945 gebilligt. Weil inzwischen auch Frankreich zu den Besatzungsmächten gehören sollte, wurde Deutschland in vier anstelle von drei Besatzungszonen aufgeteilt; für Berlin sollte eine Sonderregelung gelten.

### Interessengegensätze der Sieger

Als Anfang Mai 1945 die Kapitulation Deutschlands unterzeichnet wurde, traten die Unterschiede zwischen den Alliierten deutlicher zutage. Die Sowjetunion und die USA wollten – aber aus völlig verschiedenen Gründen – noch immer die Einheit Deutschlands beibehalten, ebenso im Prinzip auch Großbritannien, obwohl Churchill skeptisch war. Vor allem Frankreich ließ aber erkennen, daß es eine Einheit Deutschlands ablehnte. Damit setzte es eigentlich seine schon nach dem 1. Weltkrieg gegenüber Deutschland geführte Sicherheitspolitik fort. In dem Vorschlag der EAC vom 14. 11. 1944 war noch die Rede von »einer zentralen deutschen Regierung«; in ihrer ersten Erklärung nach der Kapitulation vom 5. 6. 1945 aber änderten die vier Oberbefehlshaber dies auf Wunsch Frankreichs in »deutsche Instanzen«. Frankreich war auch nicht auf der Konferenz der Großen Drei im Juli und August 1945 in Potsdam vertreten und konnte sich dadurch von den dort gefaßten Beschlüssen distanzieren. Soweit sich diese auf Deutschland bezogen, zeigten sie ohnehin kein einheitliches Bild. Von einem Potsdamer Abkommen kann deshalb in Wirklichkeit nicht gesprochen werden. Deutschland blieb zwar in begrenztem Sinn ein politischer Begriff, aber das sehr geringe Einvernehmen zwischen den Siegern wurde durch die Frage der Reparationen noch weiter untergraben. Trotz früherer Zusagen Roosevelts wurden die sehr weitreichenden sowjetischen Forderungen auf die Hälfte der Reparationen jetzt abgelehnt.

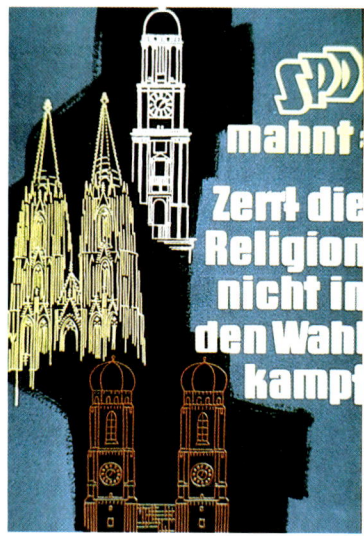

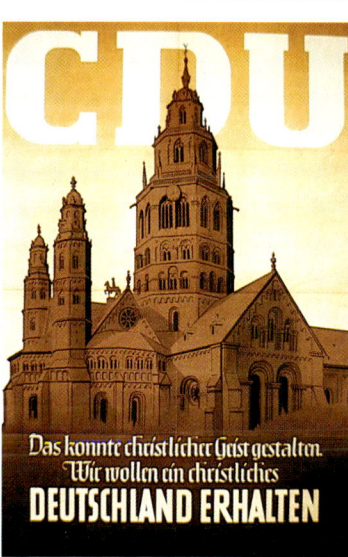

Bis 1947 scheint manchen Betrachtern trotzdem eine Einigung zwischen den Siegermächten noch nicht völlig ausgeschlossen gewesen zu sein. War zunächst Frankreich nach außen als der Hauptverursacher von Uneinigkeit dargestellt worden, so ergriff die Sowjetunion schon 1945 ganz offen Maßnahmen, die eine Konsolidierung ihrer Macht in ihrer Besatzungszone bedeuteten. Entsprechende Maßnahmen der Westmächte, z. B. die Zulassung von demokratischen Parteien und deutschen Länderverwaltungen und Parlamenten erfolgten erst später als Reaktion auf das sowjetische Vorgehen.

Als Folge dieser Entwicklung wurden auf der Pariser Friedenskonferenz vom Juni und Juli 1946 zwar Friedensverträge mit Deutschlands früheren Satellitenstaaten vorbereitet, ein Friedensvertrag mit Deutschland aber kam, auch in den folgenden Jahren, nicht zustande. So zerbrach die Einheit Deutschlands an den ideologisch bedingten gegensätzlichen Interessen und am aufkommenden Kalten Krieg zwischen den Siegermächten.

Ende 1946 gaben die USA bekannt, daß sie sich nicht aus Europa zurückziehen würden. Am 1. 1. 1947 wurden die amerikanische und die britische Zone als erster Schritt zu einer Wirtschaftseinheit zusammengelegt (Bizone). Die UdSSR und zunächst auch Frankreich lehnten den Beitritt ihrer Zonen ab. Im Frühjahr 1948 wurde in London im Prinzip die Schaffung eines westdeutschen Staats auf parlamentarisch-demokratischer Grundlage beschlossen. Die andere Seite hatte

*Wahlplakate verschiedener Parteien für die erste Bundestagswahl.*

*Gründung der BR Deutschland I S. 264–47*

*Gründung der BR Deutschland II S. 264–48*

*Gründung der DDR I S. 344-65*

*Gründung der DDR II S. 344-66*

*Konrad Adenauer wird als Präsident des Parlamentarischen Rates von der Berliner Bevölkerung gefeiert.*

längst in ihrer Zone die Einrichtung eines Separatstaates vorbereitet. Bereits 1948 erhielt die sowjetische Besatzungszone in Gestalt der sogenannten Kasernierten Volkspolizei eine eigene Armee – acht Jahre vor der Bundesrepublik Deutschland. Nachdem die Sowjetunion keine Möglichkeit mehr sah, auf die westdeutsche Wirtschaft und besonders das Ruhrgebiet Einfluß auszuüben, benutzte sie die vagen Absprachen über Berlin als Druckmittel gegenüber dem Westen und begann mit der Blokkade von Westberlin, die infolge der Entschlossenheit der Westalliierten scheiterte. Die Teilung war nun besiegelt. Es entstanden zwei deutsche Staaten, die in zwei entgegengesetzte Machtblöcke eingefügt wurden (auch → S. 223).

# Dominikanische Republik

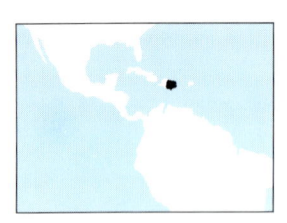

Fläche: 48 734 km²
Hauptstadt: Ciudad Trujillo

Rafael Leónidas Trujillo Molina war ein Mulatte, der aus einfachen Verhältnissen stammte und aus eigener Kraft Karriere gemacht hatte. Nach einer Ausbildung bei der amerikanischen Marine wurde er binnen sechs Jahren Chef der Nationalgarde. Um 1938 hatte er durch brutalen Terror praktisch alle Gegner ausgeschaltet. Die von ihm zwischen 1938 und 1942 ernannten Präsidenten waren Strohmänner. Trujillo selbst behielt das Kommando über die Streitkräfte. Im Dezember 1941 erklärte er den Achsenmächten den Krieg, obwohl er zunächst mit dem Faschismus teilweise sympathisiert hatte. Im Mai 1942 übernahm Trujillo selbst das Präsidentenamt (bis 1952).

Unter Trujillos Regime gab es ein klar umrissenes Sozialprogramm, und die Wirtschaft entwickelte sich. Das alles geschah aber auf Kosten der menschlichen Grundfreiheiten. Niedrige Löhne, schlechte Arbeitsbedingungen und stark erhöhte indirekte Steuern führten vor allem nach dem Krieg zu beträchtlicher Unruhe. Aufstände 1947 und 1949 wurden als »staatsfeindliche Verschwörungen« blutig niedergeschlagen. 1948 gab Trujillo bekannt, daß er bei den Wahlen von 1952 nicht mehr kandidieren werde.

*Rafael Leónidas Trujillo Molina*

# Ecuador

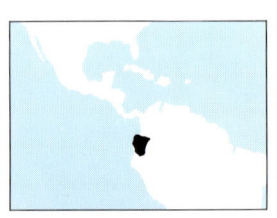

Fläche: 283 561 km²
(bis 1941: 451 180 km²)
Hauptstadt: Quito

Nachdem in der 1. Hälfte des 20. Jahrhunderts nur die wenigsten Präsidenten ihre vierjährige Amtszeit vollenden konnten, brachte Carlos Alberto Arroyo del Rió, der Führer der Liberalen Partei, dem Land von 1940 bis 1944 etwas Ruhe. Dies war möglich, obwohl 1941 ein Grenzkonflikt mit Peru ausbrach, der sich zu einem nicht erklärten Krieg um den Besitz der Provinz El Oro im Amazonasgebiet entwickelte, wo seit 1937 Erdöl gefördert wurde. Durch Vermittlung der USA, Brasiliens und Argentiniens kam am 29. 1. 1942 das Protokoll von Rio de Janeiro zustande. Ecuador trat ein Gebiet von rund 170 000 km² östlich der Anden an Perú ab und wurde dadurch fast halbiert.
Während des 2. Weltkriegs erhielt Ecuador zur Förderung von Wirtschaft und Infrastruktur von den USA Zuschüsse und Kredite. Weitere Mittel waren für den Wiederaufbau des Südens vorgesehen, der von dem Krieg mit Peru in Mitleidenschaft gezogen worden war. Als Gegenleistung erhielten die USA die Erlaubnis, Luftstützpunkte, auch auf den Galápagosinseln, zu errichten. Einträglich war der Export des sehr leichten Balsaholzes für Kampfflugzeuge in die USA. Am 29. 5. 1944 wurde Arroyo del Rió wegen versuchter Wahlmanipulation zum Rücktritt gezwungen. José María Velasco Ibarra, der schon von 1934–1935 Präsident gewesen war, wurde aus dem Exil zurückgerufen. Velasco ist in 38 Jahren (1934–1972) insgesamt fünfmal und 15 Jahre lang Präsident gewesen und befand sich die übrige Zeit im Exil, meistens in Rio de Janeiro. 1947 wurde er zum zweiten Mal abgesetzt. Danach lösten sich innerhalb eines Jahres drei Präsidenten ab.
Als 1948 Galo Plaza Lasso, der Führer der Liberalen Partei, zum Präsidenten gewählt wurde, beruhigte sich die politische Lage. Er bemühte sich um eine höhere Produktion von Bananen, Kakao, Kaffee und Reis und förderte Industrie und Bergbau. Unter seiner Regierung kamen verschiedene Sozialreformen zustande.

# El Salvador

Die Depression der 30er Jahre brachte General Maximiliano Hernández Martínez als starken Mann nach oben. Zwischen 1931 und 1944 regierte er entweder als autoritärer Präsident oder durch Strohmänner. In seiner Zeit entwickelte sich die Wirtschaft positiv. Aufstände und ein Generalstreik, der die Wirtschaft des Landes lähmte, zwangen ihn jedoch im Mai 1944 zum Rücktritt. Salvador Castañeda Castro, der Kandidat der Partido Unificación, wurde im Januar 1945 zum Präsidenten gewählt. Besonders in den Bereichen Unterricht und Arbeit führte Castañeda verschiedene Reformen durch. Er trat für die Einheit Mittelamerikas und vor allem für ein Bündnis El Salvadors mit Guatemala ein. Oppositionelle Bewegungen wurden unterdrückt.
Als Castañeda am Ende seiner Regierungszeit nicht von seinem Amt zurücktreten wollte, wurde er am 14. 12. 1948 von einer Gruppe junger Offiziere abgesetzt. Unter Major Oscar Osorio begann eine Militärjunta, Neuwahlen und eine neue Verfassung vorzubereiten.

Fläche: 21 041 km²
Hauptstadt: San Salvador

◁

*Präsident Maximiliano Hernández Martínez mit seinen beiden Töchtern anläßlich eines Besuches in den USA.*

# Fidschi

Die britische Kolonie Fidschi wurde durch den 2. Weltkrieg nicht direkt betroffen, diente aber als Stützpunkt. Schwerwiegend waren die Gegensätze, die aus der Rivalität zwischen einheimischen Fidschi-Insulanern und zugewanderten Indern erwuchsen. 1941 wurde ein Gesetzentwurf der Regierung über die Anerkennung und Registrierung von Gewerkschaften angenommen. Während die politische Betätigung den eingeborenen Häuptlingen und den Europäern vorbehalten war, konnten die zahlreichen indischen Zuckerrohrarbeiter nun einer Gewerkschaft beitreten.
Die Kluft zwischen den einheimischen Insulanern, die allein Grundbesitzer waren, und den indischen Zuckerrohrarbeitern wurde immer größer, da die Einheimischen von der Anwesenheit alliierter Truppen wirtschaftlich profitieren.
Die Gegensätze führten dazu, daß die Inder gleiche Rechte zu fordern begannen. 1943 kam es zu einem Streik, in dem die Zuckerrohrarbeiter sich gegen die Colonial Sugar Refining Company wandten. Die Zuckergesellschaft ging auf ihre Forderungen nicht ein. Im Laufe von Unruhen wurde von den Arbeitern ein großer Teil der nicht abgeernteten Felder verbrannt. Weil die Preise für Grundnahrungsmittel im Jahr darauf beträchtlich gesunken waren, nahmen die Zuckerrohrarbeiter 1944 ihre Arbeit wieder auf.

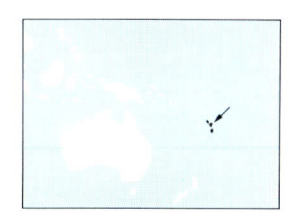

Fläche: 18 274 km²
Hauptstadt: Suva

# Finnland

## Winterkrieg und Rußlandfeldzug

Der Beginn des Jahrzehnts war vom Winterkrieg geprägt. Der deutsch-sowjetische Nichtangriffspakt wies Finnland dem Einflußbereich der Sowjetunion zu. Stalin wollte die Grenze bei Leningrad nach Norden verlegen, um so die angeblich bedrohte Sicherheit der Stadt zu erhöhen. Am 30. 11. 1939 marschierten sowjetische Truppen ins Land ein. Im dadurch ausgelösten Winterkrieg, der bis März 1940 dauerte, buchte die finnische Armee unter Oberbefehlshaber Marschall Carl Gustaf Mannerheim zu Beginn einige Erfolge.
Als die finnische Verteidigung auf der Karelischen Landenge, die sogenannte Mannerheimlinie, schließlich von der Roten Armee durchbrochen wurde, war der Winterkrieg zugunsten der UdSSR entschieden. Im Frieden von Moskau (12. 3. 1940) mußte Finnland Gebiete in Südostkarelien an die UdSSR abtreten. Überdies wurde Helsinki gezwungen, die Marinebasis Hangö für einen Zeitraum von 30 Jahren an die UdSSR zu verpachten.
Um diese Gebiete wiederzugewinnen, suchte Finnland ein Bündnis mit dem Deutschen Reich. Im September 1940 schlossen beide Parteien ein Transitabkommen, das deutschen Truppen den freien Durchzug über finnisches Gebiet nach Norwegen ermöglichte. Beim deutschen Angriff auf die UdSSR nahm Finnland zunächst eine abwartende Haltung ein. Nach sowjetischen Luftangriffen auf seine Städte befand sich Finnland Ende Juni dennoch erneut im Kriegszustand mit der UdSSR. Mit Hilfe deutscher Waffen wurden rasche Erfolge erzielt. Ende August waren die Gebiete, die im März 1940 verlorengegangen waren, wieder befreit. Finnland besetzte anschließend auch einen großen Teil der Sowjetrepublik Karelien. Helsinki betrachtete seinen Kampf gegen die UdSSR als eigenen, vom Kampf der Großmächte getrennten Verteidigungskrieg. Wiederholte Versuche Deutschlands, Finnland enger an die Achsenmächte zu binden, scheiterten deshalb. Zugleich drangen die Westalliierten bei der finnischen Regierung immer wieder darauf, mit der UdSSR Frieden zu schließen. Nach der Schlacht bei Stalingrad (1943) begonnene Gespräche scheiterten jedoch an den sowjetischen Gebietsforderungen, die der Regierung unannehmbar erschienen. Als im Juni 1944 die Rote Armee in Karelien angriff, trat Staatspräsident Risto Ryti zurück. Vorher hatte er dem Deutschen Reich zugesagt, keinen Sonderfrieden mit der UdSSR abzuschließen. Sein Nachfolger Mannerheim brach jedoch die diplomatischen Beziehungen zum Deutschen Reich ab und schloß am 19. 9. einen Waffenstillstand mit der UdSSR. Daraufhin nahmen finnische Einheiten den Kampf gegen die deutschen Truppen auf, die sich noch in Nordfinnland befanden.

Fläche: 337 032 km²
(bis 1940: 382 801 km²)
Hauptstadt: Helsinki

| Grunddaten | 1940 | 1943 | 1946 | 1949 |
|---|---|---|---|---|
| 1. Einwohnerzahl (in Mill.) | 3,7 | — | — | 3,9 |
| 2. Urbanisationsgrad (in %) | 23,3 | — | — | 31 |
| 3. Berufstätige (in % der Gesamtbevölkerung) | 51,9 | — | — | — |
| 4. Volkseinkommen (in Mill. Markka) | 33,6 | 64,0 | 155,5 | 320,5 |
| 7. Geburtenziffer (in ‰) | 18,3 | 21,4 | 27,9 | 26,1 |
| 8. Sterbeziffer (in ‰) | 19,2 | 13,3 | 11,8 | 11,2 |
| 9. Lebenserwartung bei Neugeborenen (in Jahren) | — | — | 48,8 | — |
| 10. Jährlicher Energieverbrauch pro Einw. (in kg Ske) | — | — | — | 970 |
| 11. Einfuhr (in Mill. US-Dollar) | 188 | 261 | 180 | 410 |
| 12. Ausfuhr (in Mill. US-Dollar) | 59 | 177 | 171 | 391 |
| 13. Einwohner pro Arzt | — | — | — | 2200 |

*Aufnahme aus dem Winterfeldzug 1939/40. Ein verwundeter finnischer Soldat wird abtransportiert.*

### Unter dem Einfluß der UdSSR

Nach dem Krieg wurden die Grenzen von 1940 wiederhergestellt. Zusätzlich verlor Finnland Petsamo, seinen einzigen Hafen am Nordmeer. Für Finnland bedeutete das nicht nur den Verlust wichtiger Gebiete, sondern auch die Notwendigkeit, 400 000 Flüchtlinge aus Karelien aufzunehmen. Es bekam zwar die Souveränität über Hangö zurück, mußte aber dafür den Stützpunkt Porkkala an die UdSSR abtreten. Außerdem erzwang die Sowjetunion die Verurteilung einiger finnischer Politiker wegen angeblicher Schuld am Ausbruch des Krieges. Staatspräsident Mannerheim trat 1946 zurück. Sein Nachfolger im Amt des Präsidenten wurde der konservative Politiker Juho Kusti Paasikivi.
Finnland verpflichtete sich gegenüber der UdSSR zur Leistung von Reparationen im Wert von über 300 Millionen Dollar. Da die meisten Zahlungen in Sachwerten, d. h. in Form von Schiffen und Maschinen, geleistet werden mußten, bildete dieser Zwang zugleich die Grundlage für ein kräftiges Wachstum der finnischen Schiffsbau- und Metallindustrie.
Der Waffenstillstandsvertrag wirkte sich auch innenpolitisch aus. Eine seiner Bestimmungen lautete, daß die KP Finnlands, die vor und während des 2. Weltkriegs verboten gewesen war, wieder zugelassen werden mußte. Sie schloß sich mit anderen linksgerichteten Gruppierungen zur Demokratischen Volksunion (SKDL) zusammen, die aus den Reichstagswahlen vom März 1945 als eine der drei stärksten Parteien hervorging. Zusammen mit den Sozialdemokraten und der Agrarpartei bildete sie eine Koalition, die das Land bis Mitte 1948 regierte.
Man war sich in Finnland ständig der problematischen Position des Landes zur UdSSR bewußt und erkannte, daß sie eine völlig unabhängige Außenpolitik verhinderte. Deshalb verzichtete Finnland unter sowjetischem Druck auf die Teilnahme am Marshallplan.
Staatspräsident Paasikivi, der ein freundschaftliches Verhältnis mit der UdSSR anstrebte, ohne daß die innere Unabhängigkeit oder die finnische Neutralitätspolitik eingeschränkt würde, verkörperte diese Außenpolitik. Am 6. 4. 1948 wurden die engen Beziehungen zwischen Finnland und der UdSSR formell in einem Freundschafts- und Beistandsvertrag verankert.
Die Wahlen vom Juli 1948 brachten die sozialdemokratische Minderheitsregierung unter Karl Fagerholm an die Macht und ergaben große Einbußen für die SKDL, die in die Opposition ging. Durch das Ausscheiden des kommunistischen Innenministers Leino aus der Regierung verlor die Partei ihren Einfluß auf die Polizei. Die innenpolitische Lage war zeitweise durch erhebliche soziale Unruhen gekennzeichnet. Angesichts der Drohung eines Generalstreiks wurde das Lohnsystem 1947 an den Index der Lebenshaltungskosten gebunden und die Zahlung von Kindergeld eingeführt. Die Entwicklung der Wirtschaft wurde durch steigende Nachfrage des Weltmarkts nach Papier- und Holzprodukten, den traditionellen Ausfuhrgütern Finnlands, erheblich begünstigt.

### Zehn Jahre im Überblick

| | |
|---|---|
| 12. 3. 1940 | Ende des Winterkriegs mit der UdSSR. Friede von Moskau. |
| 26. 6. 1941 | Kriegserklärung an die Sowjetunion. |
| 10. 6. 1944 | Beginn einer heftigen sowjetischen Offensive, die die Finnen zwingt, sich aus Ostkarelien zurückzuziehen. |
| 1. 8. 1944 | Staatspräsident Ryti tritt zurück. General Mannerheim wird sein Nachfolger. |
| 19. 9. 1944 | Waffenstillstand zwischen Finnland und der UdSSR. |
| 4. 3. 1946 | Mannerheim tritt als Staatspräsident zurück. |
| 9. 3. 1946 | Ministerpräsident Juho Paasikivi wird zum Staatspräsidenten gewählt. |
| 6. 4. 1948 | Unterzeichnung eines Freundschaftsvertrages mit der UdSSR. |
| 2. 7. 1948 | Die Parlamentswahlen bringen große Einbußen für die von den Kommunisten geführte Demokratische Volksunion. |

# Frankreich

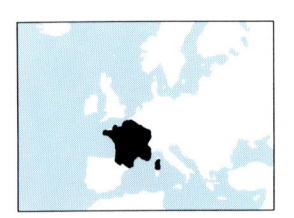

Fläche: 547 026 km²
Hauptstadt: Paris

### Frankreich besiegt und geteilt

In einem sechswöchigen Feldzug wurden drei Fünftel Frankreichs von deutschen Truppen besetzt (Mai – Juni 1940). Die Regierung sah keine Möglichkeit, den Kampf von den Kolonien aus fortzusetzen. Nach dem Rücktritt des Kabinetts Reynaud (16. 6. 1940) war der Weg frei für Marschall Pétain, der einen Separatfrieden anstrebte. Als der Hauptteil der französischen Armee am 4. 6. 1940 bei Dünkirchen in die Hände der Wehrmacht fiel, waren militärisch die Würfel gefallen. Am 22. 6. 1940 wurde im Wald von Compiègne, im gleichen Eisenbahnwaggon, in dem die entsprechenden Vereinbarungen für das Ende des 1. Weltkriegs unterzeichnet worden waren, ein Waffenstillstand geschlossen.
Unterdessen hatte General Charles de Gaulle, der in letzter Minute nach London geflohen war, seinen ersten Aufruf zum Widerstand an das französische Volk gerichtet. Die britische Regierung erkannte ihn jedoch 1940 nicht als Regierungschef an, sondern nur als Führer der »Freien Franzosen«, die für die Sache der Alliierten kämpften. Gegen de Gaulle stand das offizielle Frankreich unter der Führung des Helden aus dem 1. Weltkrieg, des bereits 84jährigen Mar-

### Zehn Jahre im Überblick

| | |
|---|---|
| 10. 5. 1940 | Deutsche Truppen greifen Frankreich an. |
| 22. 6. 1940 | General Huntziger unterzeichnet die französische Kapitulation. |
| 10. 7. 1940 | Das Parlament in Vichy überträgt Marschall Pétain alle Regierungsvollmachten. |
| 16. 4. 1942 | Laval bildet ein neues Kabinett in Vichy. |
| 6. 6. 1944 | Landung der Alliierten in der Normandie. |
| 25. 8. 1944 | General Billotte zieht in Paris ein. |
| 30. 8. 1944 | General de Gaulle bildet eine provisorische Regierung. |
| 23. 10. 1944 | Die Regierung de Gaulles wird offiziell von den Alliierten anerkannt. |
| 13. 10. 1946 | Volksabstimmung über die neue Verfassung der Vierten Republik. |
| 4. 4. 1949 | Frankreich ist Gründungsmitglied der NATO. |

schalls Pétain. Am 10. 7. 1940 übertrugen ihm die beiden Kammern in einer gemeinsamen Sitzung alle Regierungsvollmachten. Er nahm seinen Regierungssitz in Vichy. Seine Politik mündete schließlich unter Ministerpräsident Pierre Laval in die Kollaboration mit den Deutschen. Die Mehrzahl der Franzosen fand sich 1940 mit der Niederlage ab, teils aus Kriegsmüdigkeit, teils aus Abneigung gegen die Volksfrontregierungen der Vorkriegszeit.

Elsaß-Lothringen mit seiner überwiegend deutschsprachigen Bevölkerung wurde vom Deutschen Reich annektiert, um die »Schmach« des Friedens von Versaille zu tilgen. Der Machtbereich der Vichy-Regierung war auf einen Teil Frankreichs beschränkt. Die Deutschen hielten einen breiten Streifen am Atlantik und den Norden des Landes unter ihrer direkten Kontrolle. Sitz der deutschen Militärverwaltung wurde Paris.
In den Kolonien entschieden sich fast alle Gouverneure für die als legal angesehene Vichy-Regierung. De Gaulle konnte jedoch 1940 Französich-Äquatorialafrika unter seine Kontrolle bringen.
Im unbesetzten Teil Frankreichs herrschte unter Pétain und Laval nun eine autoritäre Regierung. Pétain lehnte jedoch die deutsche Forderung nach einem Kriegseintritt gegen Großbritannien ab. Als nach der Landung der Alliierten in Nordafrika der französische Admiral Darlan mit den Alliierten einen geheimen Waffenstillstand abschloß (10. 11. 1942), marschierten deutsche Truppen in den unbesetzten Teil Frankreichs ein. Laval, der vorübergehend wegen seiner Absicht, ein Militärbündnis mit dem Reich abzuschließen, abgelöst worden war, wurde erneut Regierungschef. Darlan wurde später von einem Anhänger de Gaulles ermordet. Laval konnte Pétain dazu bewegen, ihm in der Innen- und Außenpolitik völlig freie Hand zu lassen. Pétain war nun nur noch formal Staatsoberhaupt. Erst jetzt brachen auch die USA ihre diplomatischen Beziehungen zur Vichy-Regierung ab.

Unterdessen führten die deutschen Militärbehörden eine harte Besatzungspolitik ein. Die Presse wurde zensiert, Parteien wurden verboten, und die Judenverfolgung begann. Im Juli 1943 führte die französische Polizei ausgedehnte Razzien durch, nachdem Laval von den Deutschen die Zusicherung bekommen hatte, daß als Gegenleistung für die Auslieferung von 10 000 ausländischen Juden aus der von Vichy aus regierten Zone 20 000 französische Juden aus der unter Militärverwaltung stehenden Zone nicht deportiert werden würden. Die Zusagen wurden später nicht eingehalten; insgesamt wurden 83 000 französische Juden ermordet.

### Der Widerstand

Unterdessen hatte sich der ursprünglich nur von kleinen Gruppen getragene Widerstand gegen die Deutschen formiert. Die Kommunisten gingen erst zum bewaffneten Kampf über, nachdem Hitler im Juni 1941 seine Armeen in die UdSSR hatte einmarschieren lassen. Neben einer illegalen Presse

*Aus dem Londoner Exil richtet General Charles de Gaulle (ganz links) seinen berühmt gewordenen Aufruf an das französische Volk, das Vaterland zu retten (Mitte).*

*Zu Beginn der Waffenstillstandsverhandlungen begrüßen sich Marschall Philippe Pétain (links auf dem rechten Bild) und Adolf Hitler.*

*Frankreich S. 105–19*

*Studenten demonstrieren vor dem Arc de Triomphe in Paris für Charles de Gaulle, der seit September 1944 der vorläufigen französischen Regierung vorstand, dann jedoch in den Hintergrund gedrängt wurde.*

# Frankreich

*Zwei Führer der Kommunistischen Partei Frankreichs (KPF): links Maurice Thorez, rechts Jacques Duclos.*

▷

*Georges Bidault führte in den Nachkriegsjahren verschiedene Kabinette.*

entstanden politische Untergrundbewegungen und zahlreiche Geheimorganisationen. Die Deutschen reagierten auf Attentate mit harten Gegenmaßnahmen, Geiselerschießungen und anderen Vergeltungsaktionen gegen die Zivilbevölkerung. So wurden im Juni 1944 in Oradour-sur-Glane 642 Einwohner ermordet.

General de Gaulle gelang es, den Widerstand zu organisieren und so seine Ansprüche auf die Vertretung des »anderen« Frankreich zu bekräftigen. Dennoch wurde de Gaulle nach den britisch-amerikanischen Landungen in Nordafrika im November 1942 zunächst ins Abseits gedrängt. Die Amerikaner verhandelten lieber mit Admiral Darlan und nach dessen Tod mit dem aus deutscher Kriegsgefangenschaft geflohenen General Henri Giraud. Die Rivalität zwischen Giraud und de Gaulle wurde schließlich zugunsten de Gaulles entschieden, als ihre Befreiungsorganisationen gemeinsam das Comité Français de Libération Nationale bildeten.

## Die Vierte Republik

Die Autorität de Gaulles in Frankreich war nach der Landung der Alliierten am 6. 6. 1944 unbestritten. Am 30. 8. 1944 bildete er eine provisorische Regierung. Georges Bidault wurde Außenminister. Am 25. 9. 1944 ernannten die USA einen Botschafter in Paris. Es dauerte aber noch bis zum 23. 10., ehe die Alliierten die französische Regierung formell anerkannten. Die erste Aufgabe der Regierung war es, die Autorität des Staates in allen Bereichen wiederherzustellen. Besonders in der Provinz hatte der in sich zerstrittene, bewaffnete Widerstand alle Macht an sich gezogen. Indem de Gaulle den Widerstand an der Regierung Frankreichs teilhaben ließ, konnte er die Situation bald wieder normalisieren. De Gaulle wollte vor allem eine Rückkehr zu den Verhältnissen der Dritten Republik verhindern. Deshalb setzte er sich für eine starke Exekutive und ein Präsidialsystem ein. Diese Pläne wurden jedoch von den Sozialisten und den Kommunisten, die die Mehrheit besaßen, abgelehnt. Die Nationalversammlung war der Mittelpunkt der Verfassung von 1946; die Regierung verlor praktisch die Vollmacht, das Parlament aufzulösen. Nach der Ablehnung seiner Pläne zog sich de Gaulle enttäuscht aus der aktiven Politik zurück. Seine Anhänger, die sich im April 1947 im Rassemblement du Peuple Français zusammengeschlossen hatten, hielten an der prinzipiellen Bekämpfung der »Republik der Parteien« fest. Nicht nur die Politiker, sondern auch die Parteien aus der Dritten Republik kehrten zunehmend ins Zentrum der Macht zurück, vor allem auf Kosten der Republikaner und Kommunisten. Am 4. 5. 1947 wurden die kommunistischen Minister aus dem Kabinett ausgeschlossen, weil sie die Streikbewegung und die Forderungen nach Lohnerhöhung unterstützt hatten.

## Die Kolonien und die Außenpolitik

Weil de Gaulle Frankreich wieder zu einer Großmacht machen wollte, verbot sich für ihn jedes zu weit gehende Zugeständnis an nationalistische Bewegungen in den Kolonien. Dagegen wollte er durchaus an der Umbildung des Imperiums zu einer französischen Union mitwirken. Der Entschluß dazu war Anfang 1944 auf der Konferenz von Brazzaville von den französischen Kolonialregierungen gefaßt worden. 1946 wurde diese Politik in der Verfassung der Vierten Republik verankert. Die Überseeterritorien durften künftig Deputierte in die Pariser Nationalversammlung wählen. De Gaulle glaubte, daß Frankreich es sich nach dem Schock der Niederlage 1940 aus psychologischen Gründen nicht erlauben konnte, auch die Kolonien zu verlieren. Die politischen Vorstellungen des Generals standen also der Selbständigkeit der nichteuropäischen Völker entgegen. An dieser Linie änderte sich nach seinem Ausscheiden aus der aktiven Politik nichts.

Der erste Erfolg bei der Wiederherstellung von Frankreichs Ansehen als Großmacht war die Unterzeichnung des französisch-sowjetischen Bündnisvertrages am 10. 12. 1944. In Jalta und Potsdam waren die Franzosen nicht vertreten. Dennoch erreichte de Gaulle, daß man in Jalta beschloß, den Franzosen in Deutschland eine Besatzungszone zu geben. Das Saarland wurde administrativ von Deutschland abgetrennt und wirtschaftlich mit Frankreich verbunden. Dem

Schritt der Amerikaner und Briten, ihre Besatzungszonen zu einer wirtschaftlichen Einheit zusammenzulegen, schloß Frankreich sich nicht an. Die Abhängigkeit von der Marshallplan-Hilfe und der Bruch mit der Sowjetunion wegen der Frage der Zukunft Deutschlands (1947) zwangen Frankreich jedoch, sich enger an die Linie der USA und Großbritanniens anzunähern. 1947 wurde mit Großbritannien der Vertrag von Dünkirchen geschlossen, der über den Brüsseler Fünf-Mächte-Vertrag von 1948 schließlich in die französische NATO-Mitgliedschaft mündete. Auch zum Wiederaufbau seiner Wirtschaft war Frankreich auf die USA angewiesen. Dieser Wiederaufbau entwickelte sich in dem von den USA gesetzten Rahmen der europäischen Zusammenarbeit. Es wurde immer deutlicher, daß eine positive wirtschaftliche und politische Entwicklung nur im Rahmen einer europäischen Zusammenarbeit möglich war. Frankreich konnte seine Stellung nur noch dadurch wahren, daß es Initiativen in diesem Bereich unterstützte oder selber ergriff.

| Grunddaten | 1940 | 1943 | 1946 | 1949 |
|---|---|---|---|---|
| 1. Einwohnerzahl (in Mill.) | — | — | 39,8 | 41,4 |
| 2. Urbanisationsgrad (in %) | — | — | 53,2 | — |
| 3. Berufstätige (in % der Gesamtbevölkerung) | — | — | 52,1 | — |
| 4. Volkseinkommen (in Mill. Francs) | — | — | 2 618 | 6 530 |
| 7. Geburtenziffer (in ‰) | 14,0 | 15,9 | 20,8 | 20,9 |
| 8. Sterbeziffer (in ‰) | 19,1 | 16,4 | 13,4 | 13,7 |
| 9. Lebenserwartung bei Neugeborenen (in Jahren) | — | — | 61,9 | — |
| 10. Jährlicher Energieverbrauch pro Einw. (in kg Ske) | — | — | — | 2 220 |
| 11. Einfuhr (in Mill. US-Dollar) | 1 045 | — | 2 222 | 3 290 |
| 12. Ausfuhr (in Mill. US-Dollar) | 400 | — | 854 | 2 721 |

# Französisch-Äquatorialafrika

Nach dem französisch-deutschen Waffenstillstand 1940 entschied sich Französisch-Äquatorialafrika unter dem Gouverneur Félix Eboé für die Freien Franzosen von General Charles de Gaulle. Nur in Gabun gab es anfangs dagegen einigen Widerstand. Zinn, Kautschuk und Lebensmittel aus Afrika wurden für die Kriegführung der Alliierten wichtig.
Die unter der Aufsicht de Gaulles in Brazzaville abgehaltene Konferenz über die Zukunft der französischen Kolonien (1944) versprach, die Position der Afrikaner zu verbessern, ohne die Bindung an das Mutterland anzutasten. Die Afrikaner sollten mehr Mitspracherecht bekommen und französische Staatsbürger werden; das System der Zwangsarbeit sollte abgeschafft werden.
Mit der neuen französischen Verfassung von 1946 erhielten die Afrikaner gewisse Mitbestimmungsrechte, die sich sogar bis ins französische Parlament erstreckten. Französische Bestrebungen, die wirtschaftliche Lage der afrikanischen Bevölkerung nach dem 2. Weltkrieg zu verbessern, hatten nur begrenzten Erfolg. Nach 1945 geriet Französisch-Äquatorialafrika in eine wirtschaftliche Rezession. Ende der 40er Jahre betrug der (offizielle) Mindestlohn eines afrikanischen Arbeiters ein Fünftel von dem eines Weißen. Für die Afrikaner gab es keine soziale Absicherung. Gegen Ende des Jahrzehnts begann sich politisches Bewußtsein zu regen. In allen vier Ländern der Kolonie (Tschad, Gabun, Mittelkongo, Ubangi-Schari) wurden kurz nach dem Krieg politische Parteien gegründet, von denen einige mit dem 1946 in Französisch-Westafrika gegründeten Rassemblement Démocratique Africain eng verbunden waren.

Fläche: 2 510 000 km²
Hauptstadt: Brazzaville

# Französisch-Indien

Bis 1939 wurden die fünf Handelsniederlassungen an der Küste Vorderindiens, die zusammen die französische Kolonie Französisch-Indien bildeten, von einem Gouverneur verwaltet. Danach bekam die Kolonie größeren Handlungsspielraum, und an die Stelle des Gouverneurs trat ein Bevollmächtigter. Im August 1947 erhob das gerade unabhängig gewordene Indien Ansprüche auf die Enklaven. Frankreich erklärte sich prinzipiell zur Übergabe der Kolonie bereit, machte sie aber von einem Volksentscheid abhängig. Am 19. 6. 1949 entschied sich die Bevölkerung von Chadranagar für den Anschluß an Indien. Im Verlaufe des Rückzuges aus Indochina erklärte sich Frankreich 1954 schließlich auch zur Übertragung der restlichen Enklaven Pondicherry, Karikal, Mahé und Janaon bereit.

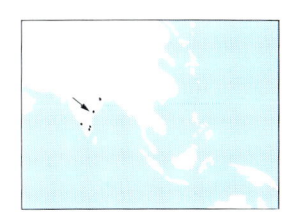

Fläche: 508 km²
Hauptstadt: Pondicherry

# Französisch-Kamerun

Französisch-Kamerun folgte 1940 dem Vorbild von Französisch-Äquatorialafrika und schloß sich den Freien Franzosen an. Das Land war nach dem 1. Weltkrieg vom Völkerbund Frankreich zugesprochen worden und wurde als Teil von Französisch-Äquatorialafrika verwaltet. Obwohl sich die Wirtschaft Französisch-Kameruns vor dem 2. Weltkrieg recht gut entwickelt hatte, war die Situation der afrikanischen Bevölkerung wegen hoher Steuern und Zwangsarbeit schlecht. Nach dem 2. Weltkrieg übernahm die UNO die Mandatsgebiete des Völkerbundes, und Frankreich bekam den Auftrag, Französisch-Kamerun auf die Unabhängigkeit vorzubereiten.
Auf der politischen Ebene entstanden der Bloc Démocratique Camerounais (BDC) und die 1948 von Gewerkschaftskreisen gegründete Union des Populations du Cameroun (UPC), die regionale Abteilung des Rassemblement Démocratique Africain (RDA), das 1946 in Französisch-Westafrika gegründet worden war.

Fläche: 432 000 km²
Hauptstadt: Yaounde

# Französisch-Marokko

Die Nationalistische Bewegung entstand in den 30er Jahren, teilweise unter dem Einfluß linksorientierter französischer Intellektueller. Eine Wirtschaftskrise 1937 bewirkte, daß die Bewegung auch bei Arbeitern Rückhalt fand. Die Franzosen lösten daraufhin die politischen Parteien auf und belegten Zeitungen mit Erscheinungsverbot. Der regierende Sultan Mohammed V. ben Jussuf hatte ebenfalls großen Rückhalt in der Bevölkerung. 1940, nach dem deutschen Angriff, stellten sich der Sultan und das marokkanische Volk auf die Seite Vichy-Frankreichs, doch war man um eine eigenständige Politik bemüht. Der Sultan bewies seine Unabhängigkeit, indem er u. a. die antijüdischen Gesetze ablehnte.
Im Zuge des Nordafrikafeldzuges der Alliierten landeten amerikanische Streitkräfte am 8. 11. 1942 nördlich von Casablanca. Die Vichy-Franzosen leisteten zwar anfangs Gegenwehr, am 10. 11. gab jedoch der Oberbefehlshaber der Vichy-Streitkräfte, Admiral Darlan, den Befehl zur Feuereinstellung. Am 13. 11. erkannte der Befehlshaber der alliierten Streitkräfte, General Eisenhower, Darlan als Chef der französischen Verwaltung an. Seitdem kämpften die Franzosen in Afrika an der Seite der Alliierten. 1943 ließ US-Präsident Roosevelt in Casablanca seine Sympathie für die Unabhängigkeitswünsche des Landes erkennen.

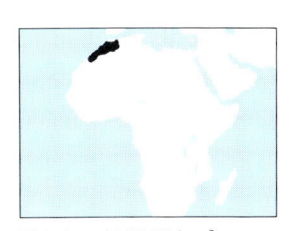

Fläche: 415 000 km²
Hauptstadt: Rabat

**Zehn Jahre im Überblick**

| | |
|---|---|
| 26. 6. 1940 | Generalresident Auguste Noguès erklärt, daß die marokkanischen Streitkräfte die Vichy-Regierung unterstützen. |
| 8. 11. 1942 | Amerikanische und britische Truppen landen bei Casablanca. |
| 10. 11. 1942 | Waffenstillstand zwischen den Alliierten und den Truppen der Vichy-Regierung. |
| 15. 5. 1947 | General Alphonse Juin wird zum Generalresidenten ernannt. |

Aus der nationalistischen Bewegung ging 1943 eine Partei, die Istiqlal (Unabhängigkeit), hervor. 1944 überreichte die Partei dem Sultan und den Alliierten ein Memorandum mit der Bitte um Unabhängigkeit unter einem konstitutionellen Monarchen. Die nationalistischen Führer, u. a. Achmed Balafrej, der Generalsekretär der Partei, wurden daraufhin verhaftet. Gegen diese Verhaftungen kam es in den großen Städten zu Demonstrationen.

Im Streben nach Unabhängigkeit spielte Mohammed ben Jussuf nun eine immer wichtigere Rolle. Der neue Generalresident Alphonse Juin richtete eine, durch die Mitwirkung im Lande ansässiger Franzosen eingeschränkte, örtliche Selbstverwaltung ein. Dies ging den Nationalisten und dem Sultan jedoch nicht weit genug, so daß es stets zwischen ihnen und der Protektoratsverwaltung zu Spannungen kam.

*Diese Aufnahme aus dem Jahre 1941 zeigt Vertreter der Vichy-Regierung zu Gast beim Sultan. In der Mitte der Hohe Kommissar der Vichy-Regierung für Nordafrika, General Maxime Weygand, rechts neben ihm Sultan Mohammed ben Jussuf und Generalresident Auguste Noguès.*

# Französisch-Somaliland

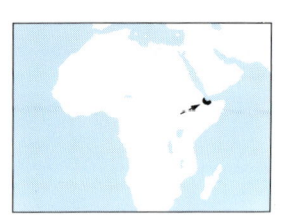

Fläche: 22 000 km²
Hauptstadt: Djibouti

Nach dem französisch-deutschen Waffenstillstand vom 22. 6. 1940 entschied sich der Verwaltungsrat Französisch-Somalilands für die Vichy-Regierung. Daraufhin blockierten die Briten den Hafen von Djibouti. Italien erhielt zwar von der Vichy-Regierung die Verfügungsgewalt über Hafen und Eisenbahnlinie nach Addis Abeba, wegen der britischen Blockade war der Nutzen allerdings gering.

Nach dem erfolgreichen Feldzug der Briten in Äthiopien und der Besetzung von Dire Dawa an der Eisenbahnlinie nach Addis Abeba floh der Vichy-Gouverneur Nouaihetas im Dezember 1942 nach Frankreich. Erst jetzt schloß sich Französisch-Somaliland als letzte der französischen Besitzungen in Afrika den Freien Franzosen an. Das Gebiet wurde danach von einem Gouverneur verwaltet, dem ein Verwaltungsrat zur Seite stand, der sich seit November 1945 aus gewählten und ernannten Mitgliedern zusammensetzte. Nach der Gründung der Französischen Union 1946 entsandte Französisch-Somaliland jeweils einen Deputierten in die parlamentarischen Gremien.

# Französisch-Togo

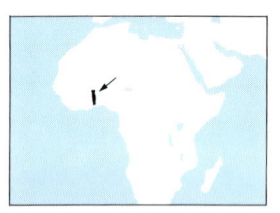

Fläche: 56 785 km²
Hauptstadt: Lomé

Die Verwaltung des französischen Völkerbundsmandats Togo folgte 1940 dem Vorbild von Französisch-Westafrika und kooperierte mit Vichy-Frankreich. Als die Amerikaner 1942 in Nordafrika landeten, schloß sie sich den Alliierten an. Das nach dem 2. Weltkrieg von der UNO übernommene Mandat sah die Vorbereitung des Landes auf die Unabhängigkeit durch Frankreich vor.

Einer der bedeutendsten Politiker der Nachkriegszeit war Sylvanus Olympio. Er strebte vor allem die Wiedervereinigung der Ewe an, des stärksten Volkes, das seit der Teilung der deutschen Kolonie Togo 1919 in zwei Ländern lebte. Außerdem war Olympio in der sozialkulturellen Organisation CUT aktiv. 1946 wurde die CUT eine politische Partei und konnte dadurch an den Wahlen teilnehmen. Olympio wurde Parlamentsvorsitzender. Die Wirtschaft wuchs von 1920 bis 1948 im Durchschnitt nur 1,5% jährlich. Mit der Erzeugung von Kakao, Kaffee und Baumwolle blieb Togo ein reiner Agrarstaat.

# Französisch-Westafrika

Fläche: 4 633 985 km²
Hauptstadt: Dakar

Anfang der 40er Jahre bestand Französisch-Westafrika aus sieben Kolonien: Senegal, Mauretanien, Französisch-Sudan, Französisch-Guinea, Elfenbeinküste, Dahomey und Niger. Obervolta war 1932 unter die angrenzenden Kolonien Französisch-Sudan, Elfenbeinküste und Niger aufgeteilt worden. 1947 wurde Obervolta wieder eine eigene Kolonie innerhalb von Französisch-Westafrika. Der Gouverneur von Französisch-Westafrika erkannte 1940 die Vichy-Regierung an. Er verteidigte die Hauptstadt Dakar zweimal in heftigen Kämpfen gegen britische und freifranzösische Verbände. Erst als 1942 die Amerikaner in Nordafrika landeten, ging Französisch-Westafrika zu den Alliierten über.

Die Entscheidung für Vichy-Frankreich führte zu einer wirtschaftlichen Isolation. Die Landwirtschaft verlor ihre Exportmärkte, und die Einfuhr von Industrieprodukten blieb aus. Eigene Industrien gab es kaum.

Nach der französischen Verfassung von 1946 konnten die Afrikaner ihre Vertreter im eigenen Land und im französischen Parlament selbst wählen. Es waren jedoch nur 7% der Bevölkerung wahlberechtigt. Außerdem wurde 1946 das System der Zwangsarbeit offiziell abgeschafft.

Nach dem Krieg begannen sich die Afrikaner in Französisch-Westafrika zunehmend politisch zu organisieren. Die wichtigste politische Gruppierung wurde das Rassemblement Démocratique Africain (RDA), das Félix Houphouët-Boigny von der Elfenbeinküste 1946 gegründet hatte. Das RDA, ursprünglich eng mit der französischen KP verbunden, hatte in allen Ländern Französisch-Afrikas Sektionen.

Léopold Sédar Senghor aus Senegal wurde Ende der 40er Jahre der Vorkämpfer für einen gemäßigten afrikanischen Sozialismus, der vor allem die afrikanische Identität betonte und dadurch breite Bevölkerungskreise ansprach.

# Gambia

Bis 1945 zeigten die britischen Kolonialbehörden wenig Interesse an einer Entwicklung des Landes. Nach dem 2. Weltkrieg begann Großbritannien, seine Vorstellungen von Kolonialverwaltung zu ändern.

Der im Krieg als Stützpunkt ausgebaute Hafen von Bathurst wurde verbessert, und die Straßen wurden modernisiert. In den Jahren 1948 bis 1951 versuchte man, die Exportpalette zu erweitern. Trotzdem blieben Erdnüsse das Hauptausfuhrprodukt. Die soziale Sicherheit wurde allmählich verbessert. 1940 gab es in ganz Gambia nur sechs Grundschulen. Die ersten politischen Parteien wurden am Anfang der 50er Jahre gegründet.

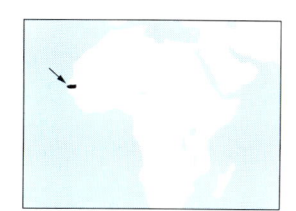

Fläche: 11 295 km²
Hauptstadt: Bathurst

# Gilbert- und Ellice-Inseln

Kurz nach dem japanischen Angriff auf die amerikanische Marine in Pearl Harbor im Dezember 1941 erreichte der 2. Weltkrieg auch die Gilbert- und Ellice-Inseln. Die wichtigsten Inseln wurden bald von japanischen Streitkräften besetzt. Abgesehen von der großen Bedeutung der Hauptinsel Tarawa als einem der am weitesten nach Osten vorgeschobenen Stützpunkte, ging es den Japanern jedoch vor allem um die Phosphatvorkommen auf Ocean Island. Im November 1943 gelang es amerikanischen Truppen, die Japaner von den meisten Inseln zu vertreiben, die danach als Basis für amerikanische Angriffe auf die Marshall-Inseln dienten. Ocean Island wurde jedoch erst 1945 von Australiern zurückerobert.

Nach 1945 nahm die Bevölkerung immer rascher zu, während kaum noch Land verfügbar war. Schwerwiegender noch war die bevorstehende Erschöpfung der Phosphatvorräte auf Ocean Island, weil die Kolonie dadurch ihre wichtigste Einnahmequelle verlieren würde. Unterdessen war diese Insel durch den Phosphatabbau nahezu unbewohnbar geworden. Deshalb hatte man bereits 1942 beschlossen, die Fidschi-Insel Rabi für die Bewohner von Ocean Island zu kaufen. Dort ließ sich die Mehrheit der Bevölkerung nach dem Ende des Krieges nieder.

Fläche: 886 km²
Hauptstadt: Tarawa

# Goldküste

Schon seit 1920 war in der Goldküste eine moderne Nationalbewegung entstanden. 1947 gründete J. B. Dankwah die United Gold Coast Convention (UGCC). Sie wollte die Stammeshäuptlinge im Gesetzgebenden Rat durch eigene Kandidaten ersetzen, die der modernen afrikanischen Elite entstammten, um die Unterstützung der breiten Bevölkerung zu gewinnen.

Kwame Nkrumah, der seit 1935 in den USA und in Großbritannien studiert hatte, begann, in der gesamten Kolonie Goldküste Anhänger zu werben. Er gründete überall Abteilungen der UGCC und propagierte die Unabhängigkeit. Anfang 1948 organisierte die UGCC einen Boykott europäischer Waren. Daraufhin gab es zwischen Afrikanern und Polizei bewaffnete Zusammenstöße. Die Kolonialverwaltung nahm dies zum Anlaß, u. a. Dankwah und Nkrumah vorübergehend festzunehmen.

Eine Untersuchungskommission des britischen Parlaments kam jedoch zu dem Schluß, daß das Fehlen einer Selbstverwaltung die Aufstände ausgelöst habe. Das hatte zur Folge, daß eine Kommission gebildet wurde, die die Verfassung überarbeitete. Die Führer der UGCC mit Ausnahme von Nkrumah bekamen einen Sitz in dieser Verfassungskommission. Als 1949 die neue Verfassung angenommen wurde, lehnte Nkrumah sie ab, weil er die völlige Unabhängigkeit des Landes verwirklichen wollte. Er trat aus der UGCC aus und gründete die spätere Massenpartei Convention People's Party (CPP).

Fläche: 205 152 km²
Hauptstadt: Accra

*Unterricht durch eine einheimische Lehrkraft in einer Missionsschule in Accra.*

# Griechenland

**Unter deutscher Besatzung**

Bei Ausbruch des 2. Weltkriegs 1939 wurde Griechenland bereits seit drei Jahren von dem Diktator General Ioannis Metaxas regiert. Als italienische Streitkräfte am 28. 10. 1940 einmarschierten, wurden sie zunächst nach Albanien zurückgeworfen. Anschließend rief die Regierung britische Truppen ins Land. Trotzdem war die deutsche Invasion am 6. 4. 1941 erfolgreich. Ganz Griechenland einschließlich der Insel Kreta wurde besetzt. Das Land wurde in der Folge von Marionettenregierungen verwaltet. Inzwischen formierte sich der von den Alliierten unterstützte Widerstand. Er war in Nationalisten (EDES), Kommunisten und Sozialisten (EAM mit den Kampfgruppen der ELAS) und »Volksbefreiungsarmee« (EKKA) gespalten. Die offizielle griechische Exilregierung hatte ihren Sitz in Cairo. Außer der Marine und einigen Truppeneinheiten besaß sie kaum eigene Machtmittel und war deshalb auf britische Unterstützung ange-

Fläche: 131 944 km²
Hauptstadt: Athen

# Griechenland

*Nach der Besetzung Griechenlands durch deutsche Truppen wurden auch von dort Juden deportiert. Hier eine Szene, die sich im Juli 1942 bei Judendeportationen in Saloniki abspielte.*

### Zehn Jahre im Überblick

28. 10. 1940 Italienische Truppen überfallen Griechenland.
6. 4. 1941 Deutsche Truppen marschieren in Griechenland ein.
21. 5. 1944 Ministerpräsident Georgios Papandreou und die linke Nationale Befreiungsfront (EAM) einigen sich über das erste Nachkriegskabinett.
4. 12. 1944 Beginn des Bürgerkriegs zwischen EAM und Regierungsarmee.
28. 9. 1946 Nachdem die Volksabstimmung über die Monarchie zu seinen Gunsten ausfiel, kehrt König Georg II. nach gut 5 Jahren Exil nach Griechenland zurück.
7. 11. 1949 Die Kommunistische Partei entschließt sich zur Beendigung des Guerillakampfes.

wiesen. In dieser Exilregierung dominierten liberale Politiker. Die Regierung in Cairo unter Georgios Papandreou geriet im April 1944 in Schwierigkeiten, weil die Linksbewegung EAM im Untergrund eine eigene provisorische Regierung bildete, an deren Spitze der Sozialdemokrat Svolos gestellt wurde. Ministerpräsident Georgios Papandreou verhandelte deshalb mit der provisorischen Regierung über die Zusammensetzung des ersten Nachkriegskabinetts und über die Integration der offiziellen, in Ägypten gebildeten griechischen Streitkräfte und der ELAS-Truppen. Es wurde daraufhin im Mai ein Koalitionskabinett gebildet, dem vier EAM-Politiker, darunter Svolos, angehörten. Die Truppen der ELAS wurden zusammen mit der regulären Armee dem Befehl des britischen Generals Ronald Scobie unterstellt.

## Bürgerkrieg

Am 13. 10. 1944 wurde Athen befreit. Vier Tage später trafen Ministerpräsident Papandreou und sein Koalitionskabinett in der Stadt ein. Die Regierung brach jedoch Ende November auseinander. Von diesem Augenblick an war die EAM eine gespaltene Organisation. Generalsekretär Georgios Simantos und die Sozialdemokraten strebten noch immer im Gegensatz zu orthodox-stalinistischen Kräften einen politischen Kompromiß mit Papandreou an. Der Interessengegensatz zwischen den verschiedenen Widerstandsgruppen führte dann zu einem Bürgerkrieg, der zunächst Anfang Januar 1945 beendet war. Die ELAS-Truppen waren von den Briten aus Athen vertrieben, und die EAM ließ sich entwaffnen und erklärte sich mit Wahlen und einer Volksabstimmung über die Monarchie einverstanden. Der kommunistische Parteichef der Vorkriegszeit, Nikos Zachariadis, der im April 1945 aus dem Konzentrationslager Dachau zurückgekehrt war, boykottierte jedoch die Wahlen Ende März 1946. Diese wurden von den königstreuen Parteien gewonnen. Auch die Volksabstimmung über die Monarchie im September 1946 fiel zugunsten des Königs aus. König Georg II. starb am 1. 4. 1947. Sein Bruder Paul wurde sein Nachfolger. Die Schwächung der republikanischen und liberalen politischen Mitte verschärfte die Polarisierung. Immer mehr ELAS- und EAM-Mitglieder zogen sich in die Berge zurück und gingen unter Führung von General Vafiadis zum Guerillakampf über. Ihr Hauptziel war es, die Bauern durch Terror von einer Zusammenarbeit mit den legalen Behörden abzuschrecken. Die Athener Regierung des royalistischen Ministerpräsidenten Konstantinos Tsaldaris wurde finanziell und militärisch von Großbritannien unterstützt. 1946 bat die seit 1945 regierende Labour Party die USA um Hilfe. Die US-Regierung unterstützte daraufhin die prowestliche Regierung, um das Vordringen des Kommunismus nach Griechenland zu verhindern. Durch die Militär- und Finanzhilfe der USA bekamen die regulären Streitkräfte immer größeres Übergewicht über die Guerilla-Armee. Das endgültige Ende für die Guerillas folgte im Jahre 1949. Als ihnen Jugoslawien nach dem Bruch mit der UdSSR die Unterstützung entzog und die Grenzen zu Griechenland schloß, hatten die kommunistischen Truppen keine Ausweichmöglichkeiten mehr und kapitulierten im Oktober 1949.

*Bild von der Ankunft von Ministerpräsident Papandreou in Athen im Oktober 1944. Links neben ihm der britische General Ronald Scobie, der Kommandant der alliierten Truppen (links).*

*König Paul und Königin Friederike im königlichen Palast in Athen, 1947 (rechts).*

# Großbritannien

## Im Abwehrkampf

Am 10. 5. 1940 wurde Winston Churchill der Nachfolger von Neville Chamberlain im Amt des Premierministers. Er trat an die Spitze einer Koalitionsregierung zwischen Konservativen, Labour Party und Liberalen. Anthony Eden wurde Außenminister. Churchill selbst übernahm den Posten des Verteidigungsministers.

Nach der erfolgreichen Evakuierung von 225 000 Angehörigen des britischen Expeditionskorps aus Dünkirchen wurden die britischen Inseln eilig auf die erwartete deutsche Invasion vorbereitet.

Die deutschen Luftangriffe zur Erringung der Lufthoheit als Voraussetzung einer Invasion mündeten in die sogenannte Battle of Britain. Sie begann am 10. 7. und wurde im September praktisch durch den Sieg der britischen Luftwaffe beendet. Es war ein Kampf, von dem Churchill sagte: »Noch niemals hatten so viele so wenigen so viel zu verdanken.« Vom September 1940 bis Mai 1941 flog die deutsche Luftwaffe zwar noch täglich schwere Bombenangriffe auf Städte und industrielle Ziele. Den Deutschen gelang es aber nicht, Schlüsselindustrien und die Luftwaffe entscheidend zu schwächen. Um sich im Krieg noch längere Zeit behaupten zu können, war Großbritannien jedoch auf Hilfe von außen angewiesen, vor allem von den USA und aus den Kolonien. Im August 1941 fand das erste Treffen zwischen Churchill und Präsident Roosevelt statt. Aus diesem Gespräch über die Abwicklung des Leih- und Pachtgesetzes (Lend Lease Act) vom 11. 3. 1941 ging die Atlantikcharta hervor, die Formulierung der westlichen Kriegsziele.

Die amerikanische Unterstützung im Rahmen des Leih- und Pachtgesetzes war keine einseitige Leistung. So hatten die Briten versprechen müssen, nach dem Krieg alle Handelsbeschränkungen abzuschaffen. Außerdem stellten die Briten den Amerikanern ihre Kenntnisse in der Atomtechnik zur Verfügung.

Zunächst bewirkte die amerikanische Hilfe noch nicht die Wende. Deutschland schien die UdSSR entscheidend schlagen zu können. Auch an allen anderen Fronten erzielten die Achsenmächte noch Erfolge. Im Land selbst wurde, vor allem bei der Labour Party, die Forderung nach einer zweiten Front in Europa zur Entlastung der UdSSR lauter. Vorläufig jedoch war man froh, in Nordafrika nicht entscheidend geschlagen zu werden und in Britisch-Indien nicht direkt von den nach Niederländisch-Indien vorrückenden Japanern bedroht zu sein.

## Die Wende zum Sieg

Nach Mitte 1942 änderte sich jedoch durch den britischen Sieg bei El Alamein und die sich abzeichnende deutsche Niederlage bei Stalingrad die Situation.

In Großbritannien selbst sah die Lage weniger günstig aus. Die Herstellung von Konsumgütern betrug 1943 und 1944 nicht mehr als 54% der Produktion des Jahres 1939. Da kurzfristig keine Verbesserungen möglich waren, konzentrierte sich die Regierung darauf, die Kriegsmoral im Volke durch sozialpolitische Versprechungen für die Zeit nach dem Sieg zu heben. Der Plan des Liberalen Sir William Beveridge, ein umfassendes System der sozialen Sicherung einzuführen (Beveridge-Plan), wurde deshalb von breiten Schichten der Bevölkerung positiv aufgenommen. Die Regierung gab nach einigem Zögern die Zusage und versprach, nach dem Krieg die Vollbeschäftigung anzustreben.

Die zweite wichtige Neuerung auf sozialpolitischem Gebiet, die während des Krieges zustande kam, war das Unterrichtsgesetz von R. A. Butler. Dieses Gesetz von 1944 verlängerte die Schulpflicht bis zum 15. Lebensjahr (1948 eingeführt) und führte die Schulgeldfreiheit in den öffentlichen Oberschulen ein.

Es sollte schließlich bis Juni 1944 dauern, ehe endgültig die siegreiche Beendigung des Krieges abzusehen war. Auf die noch knapp gelungene Landung bei Anzio am 22. 1. 1944 folgte am 4. 6. die Besetzung Roms. Dieser Erfolg der britischen Mittelmeerstrategie wurde sogleich von den Landungen der Alliierten in der Normandie am 6. 6. bei weitem übertroffen.

Die Allparteienkoalition des Kriegskabinetts blieb zwar bis zur deutschen Kapitulation, aber das Ende der Zusammenarbeit zeichnete sich ab. Am 18. 5. 1945 stellte Churchill die Labour Party vor die Alternative: Fortsetzung der Koalition bis nach der Kapitulation Japans oder sofortige Neuwahlen. Labour weigerte sich, Churchills erstem Wunsch zu entsprechen, sah aber den Neuwahlen mit Besorgnis entgegen. Churchill trat zurück. Das Ergebnis der am 26. 7. abgehaltenen Wahlen war für nahezu jeden eine Überraschung: Labour erhielt 393 Sitze (1935: 166), auf die Konservativen entfielen 214 (397), auf die Liberalen 12 (20), und die übrigen Parteien bekamen 22 Mandate. Damit erhielt Labour im Unterhaus eine klare Mehrheit.

---

### Zehn Jahre im Überblick

- 10. 5. 1940  Winston Churchill wird Premierminister.
- 26. 5. 1940  Die britischen Truppen auf dem Kontinent müssen sich bei Dünkirchen zurückziehen.
- 10. 7. 1940  Die Battle of Britain beginnt.
- 12. 8. 1941  Das erste Treffen zwischen Churchill und dem amerikanischen Präsidenten Roosevelt führt zu einem 8-Punkte-Programm, später bekannt als Atlantikcharta.
- 2. 7. 1942  Die britischen Truppen bringen den deutschen Vormarsch bei El Alamein zum Stehen.
- 13. 5. 1943  Die letzten deutschen und italienischen Truppen in Nordafrika kapitulieren.
- 6. 6. 1944  D-day: die Alliierten landen in der Normandie.
- 26. 7. 1945  Bei den Wahlen siegt die Labour Party mit absoluter Mehrheit. Clement Attlee wird Premierminister.
- 11. 2. 1946  Aneurin Bevan gründet den National Health Service.
- 4. 2. 1947  Das Transportwesen und die Elektrizitätserzeugung werden nationalisiert.
- 15. 5. 1948  Das britische Mandat über Palästina läuft ab.
- 12. 5. 1949  Großbritannien tritt der NATO bei.

---

Fläche: 244 046 km²
Hauptstadt: London

*Krieg gegen England*
S. 49–4

*England*
S. 105–20

◁
*Auf britischer Seite kämpften Truppenkontingente aus allen Teilen des Empire. Das Plakat versucht dies auszudrücken.*

*Premierminister Winston Churchill (Mitte) mit General Bernard Montgomery (rechts) und Feldmarschall Alan Brooke in der Normandie, einige Tage nach der Invasion der Alliierten im Juni 1944.*

# Großbritannien

| Grunddaten | 1940 | 1943 | 1946 | 1949 |
|---|---|---|---|---|
| 1. Einwohnerzahl (in Mill.) | 41,2 | — | — | 50,3 |
| 2. Urbanisationsgrad (in %) | 31,2 | — | — | — |
| 4. Volkseinkommen (in Mill. Pfund Sterling) | 5952 | 8000 | 8411 | 10446 |
| 6. Arbeitslosenquote (in % der berufsfähigen Bevölkerung) | 6,0 | 0,5 | 2,5 | 1,6 |
| 7. Geburtenziffer (in ‰) | 14,6 | 16,6 | 19,4 | 17,8 |
| 8. Sterbeziffer (in ‰) | 14,4 | 13,1 | 12,1 | 11,7 |
| 10. Jährlicher Energieverbrauch pro Einw. (in kg Ske) | — | — | — | 4300 |
| 11. Einfuhr (in Mill. US-Dollar) | 4646 | 4979 | 5267 | 8461 |
| 12. Ausfuhr (in Mill. US-Dollar) | 1774 | 970 | 3918 | 6857 |

▷ *1947 heiratete die einundzwanzigjährige Prinzessin Elizabeth Prinz Philip Mountbatten.*

*Labour-Führer Clement Attlee, der Nachfolger von Winston Churchill im Amt des Regierungschefs nach den Wahlen 1945.*
▷

*Britische Soldaten mit illegalen jüdischen Einwanderern in Palästina im September 1946. Das britische Mandat für Palästina sorgte für Spannungen in der Außenpolitik.*

## Die Labour-Regierung

Ein Hauptgrund für den überraschenden Wahlausgang war sicherlich das Wahlprogramm Labours. Es schlug eine Reihe von Verstaatlichungen vor und enthielt außerdem die Absicht, eine einschneidende Umverteilung der Einkommen zustande zu bringen. Außerdem sahen viele Wähler einen deutlichen Unterschied zwischen Churchill, dem Kriegsführer, den man leidenschaftlich bejubelte, und Churchill, dem Führer der Konservativen Partei, die man für soziale Mißstände der Vorkriegszeit verantwortlich machte.

Das Kabinett von Clement Attlee, das nun antrat, war in dieser Hinsicht für viele eine große Hoffnung. Ernest Bevin wurde Außenminister, Sir Stafford Cripps Handelsminister (1947 wurde er Nachfolger von Schatzkanzler Dalton), und der ehemalige Bergarbeiter und Streikführer aus Wales Aneurin Bevan wurde Gesundheitsminister. Das erste Problem war die Notwendigkeit, die USA zur Gewährung eines höheren Kredits zu bewegen, denn die Schuldenlast war bereits enorm. 1946 erhielt Großbritannien den Kredit. Die USA knüpften daran jedoch die Bedingung, daß das Pfund 1947 frei konvertierbar werden müsse. Diese Maßnahme mußte aber bereits einen Monat später zurückgenommen werden. Zwei Jahre lang versuchte die Regierung, durch eine antiinflationistische Politik die von der Finanzwelt so gefürchtete Abwertung des Pfundes zu vermeiden. Trotzdem mußte das Pfund 1949 um 20% abgewertet und wieder frei konvertierbar gemacht werden. Das geschah auch diesmal auf Drängen der USA, die diese Forderung im Rahmen der Marshallplan-Hilfe stellten, von der Großbritannien einen beträchtlichen Teil empfing.

Die finanziellen Probleme wurden noch verstärkt durch hohe Militärausgaben, besonders für den Einsatz in Griechenland und für die Besatzungstruppen in Deutschland, und durch hohe private Investitionen im Ausland. Der von Kapitalbesitzern und Konservativen am meisten mit Sorge betrachtete Teil des Labour-Programms waren die geplanten Verstaatlichungen. Die Sozialisten sahen in der Verstaatlichung ein Mittel, Arbeitslosigkeit zu verhindern, die Einkommen gerechter zu verteilen und die Arbeitsbedingungen insgesamt zu verbessern. Zum Teil geschah dies auch mit konservativer Zustimmung, soweit es Maßnahmen waren, die bereits im Krieg durchgeführt oder eingeleitet worden waren. Das galt vor allem für die Nationalisierung der Bank of England, der Kohlengruben und der zivilen Luftfahrt 1946. 1947 kamen das Transportwesen (Eisenbahnlinien, Kanäle und Straßentransport) und die Elektrizitätserzeugung hinzu, 1948 die Gaswerke. Die Opposition der Konservativen richtete sich am stärksten gegen das Gesetz von 1949, das die Verstaatlichung der Eisen- und Stahlindustrie vorsah.

Ein weiterer wichtiger Schritt zur Verwirklichung der Labour-Ideale waren die neuen Sozialgesetze. Besonders die Errichtung des National Health Service (1946) ist hier zu nennen. Durch dieses Gesetz erhielt jeder Bürger das Recht auf kostenlose medizinische Behandlung.

Regierungsmaßnahmen zur Sicherung von Arbeitsplätzen erwiesen sich als langfristig höchst problematisch. Durch eine gelenkte Lohnpolitik und Preisgarantien versuchte man, schwache Betriebe und Regionen zu stützen, weil man hoffte, in der dadurch gewonnenen Zeit die Konkurrenzposition z. B. von Bergbau, Stahl- und Textilindustrie verbessern zu können. Dadurch blieben veraltete Unternehmen in Betrieb; die Weiterentwicklung der Wirtschaft wurde abgebremst, weil gesunde Betriebe wenig Neigung zu Modernisierungen zeigten.

Der Ausgangspunkt britischer Außenpolitik war auch nach 1945 die im ganzen Land vertretene These, daß neben den USA und der UdSSR Raum für eine dritte Großmacht sei, nämlich Großbritannien. Diese Meinung gründete sich auf mehrere Überlegungen. Erstens war das Land als Sieger aus dem Krieg hervorgegangen und als einziger wichtiger europäischer Staat nicht von den Deutschen besetzt gewesen. Zweitens hatte das Land während des Krieges ein sehr gutes Verhältnis zu den USA aufgebaut, das auch nach dem Krieg trotz gewisser Interessengegensätze in Finanz- und Währungsfragen zwischen den beiden Ländern fortbestand. Drittens, und für viele war dieser Punkt am wichtigsten, gab es die Verbindung zu den Kolonien und Dominions. Diese Faktoren veranlaßten Churchill zur Formulierung seiner allgemein akzeptierten »Theorie der drei Kreise«: der erste und wichtigste Kreis war der des Commonwealth, der zweite der des atlantischen Bündnisses mit den USA und der dritte derjenige der Beziehungen zu Westeuropa. Die Ereignisse in Birma, Britisch-Indien und Palästina zeigten jedoch, daß Großbritannien keine Weltmacht mehr war.

### Beginn der Entkolonialisierung

Die Beziehungen zu den Commonwealthländern sollten sich schon bald tiefgreifend verändern. Attlee entsandte noch 1945 eine Mission nach Britisch-Indien. Diese Mission scheiterte an der Uneinigkeit zwischen Moslems und Hindus. Auf der Grundlage einer Teilung zwischen Moslem-Pakistan und Hindu-Indien brachte schließlich Lord Louis Mountbatten die Machtübertragung bereits am 15. 8. 1947 zuwege. Im Februar 1948 verließen die letzten britischen Truppen Indien.

Andernorts verlief die Entkolonialisierung weniger rasch. Das größte Problem war Palästina, das nach dem 1. Weltkrieg britisches Völkerbundsmandat geworden war. In der Mandatszeit hatten die Briten sowohl der zionistischen Bewegung als auch den Arabern Versprechungen gemacht, die sich gegenseitig ausschlossen. Die Labour-Regierung konnte die entstandenen Probleme nicht lösen, übertrug die Verantwortung der UNO und beschloß den Rückzug der britischen Truppen (auch → S. 335).

Labour hatte das Ruder in einer schwierigen Zeit übernommen. Ihre politischen Ziele waren oft widersprüchlich. Es gelang nicht, die hochgespannten Erwartungen zu erfüllen, so daß ihr bei den Wahlen vom Februar 1950 nur noch eine Mehrheit von sechs Sitzen blieb.

*Ernest Bevin, der Außenminister der Labour-Regierung.*

# Guatemala

Bis in die 40er Jahre litt Guatemala unter einem despotischen Regime und unter dem Gegensatz zwischen der spanischstämmigen Ober- und Mittelschicht (Ladinos) und der indianischen Unterschicht. Unter der Regierung von Armeestabschef Jorge Ubico 1931 bis 1944 war Opposition nahezu unmöglich. Rebellionen wegen der schlechten Wirtschaftslage brachten ihn schließlich zu Fall. Der Amtsantritt des gewählten Zivilpräsidenten Joan José Arévalo Bermejo am 15. 3. 1945 bedeutete eine gewisse Änderung. Die politische Macht, die bisher die Militärs innehatten, wurde an die Zivilregierung übertragen. Die Bildung von politischen Parteien kam in Gang. Die Gemäßigten gruppierten sich in der Frente Popular Libertador (FPL), die Radikalen in der Partido de Acción Revolucionaria (PAR) und der kleineren Renovación Nacional. Arévalo legte Reformgesetze vor, die die soziale Lage der Indianer verbessern sollten.

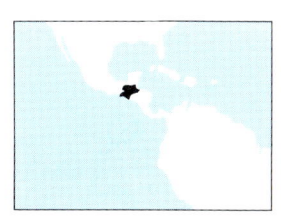

Fläche: 108 889 km²
Hauptstadt: Guatemala

# Haiti

Präsident Stenio Vincent (1930 bis 1941) wurde nach den Wahlen des Jahres 1941 von Elie Lescot abgelöst. Auch er betrieb eine Politik der engen Anlehnung an die USA. Ebenso wie seine drei Vorgänger war Lescot ein Mulatte. Den 2. Weltkrieg nahm er zum Vorwand, den Belagerungszustand auszurufen und die Grundrechte aufzuheben. Um den kriegswichtigen Rohstoff Kautschuk zu produzieren, ließ er weniger Nahrungsmittel anbauen. Das Scheitern dieses Projekts verursachte jedoch Preissteigerungen, Lohnsenkungen und sogar Hungersnot. Als Lescot Anfang 1946 die Wahlen aufschob, kam es zu einem Aufruhr. Lescot wurde abgesetzt. Eine dreiköpfige Militärjunta sorgte für die Durchführung der Präsidentenwahl. Dumarsais Estimé, der erste schwarze Präsident seit 30 Jahren, wurde Lescots Nachfolger. Er führte eine progressive Einkommensteuer ein und löste die Auslandsschulden ab. Den Mulatten nahm er ihre wirtschaftlichen Privilegien, außerdem arbeitete er an einem Arbeitsbeschaffungsprogramm. Trotz dieser Maßnahmen bekam Haiti das Problem, 3,7 Millionen Menschen auf einem größtenteils erschöpften Boden ernähren zu müssen, nicht in den Griff. Dumarsais wurde von derselben Armee, die ihn an die Macht gebracht hatte, im Mai 1950 aus demselben Grund wie Lescot abgesetzt, nämlich wegen des Versuchs, seine Amtszeit zu verlängern.

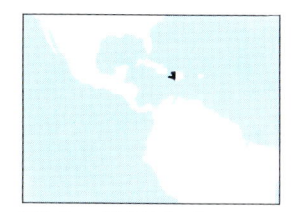

Fläche: 27 750 km²
Hauptstadt: Port-au-Prince

# Honduras

Die Geschichte von Honduras war auch in den 40er Jahren durch politische Unruhe gekennzeichnet. General Tiburcio Carías Andino war von 1932 bis 1949 der starke Mann des Landes. Durch diktatorische Unterdrückung jeder Opposition und durch Verfassungsmanipulation blieb er so lange an der Macht. Die Landwirtschaft und die Infrastruktur (Straßenbau, Schulwesen) machten unter seiner Herrschaft durchaus Fortschritte. Allerdings führte während des 2. Weltkriegs der Mangel an Schiffsraum zur Stagnation der Ausfuhr und zur Schwächung der Wirtschaft. Die für den Export bestimmten Güter wie Bananen, Kokosnüsse und Kopra konnten teilweise nicht abgesetzt werden; dadurch kam es zu einem erheblichen Anstieg der Arbeitslosigkeit. Die Einrichtung neuer Plantagen zur Kautschukgewinnung brachte vorübergehend einen gewissen Ausgleich, doch verstärkten sich nach 1945 die Spannungen. 1947 konnte Carías eine Revolte niederschlagen, danach entschloß er sich zum Rücktritt. Ein Mann seiner Wahl, Juan Manuel Gálvez, wurde 1949 sein Nachfolger.

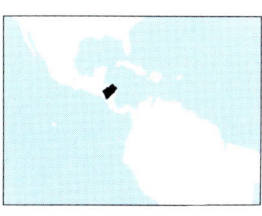

Fläche: 112 088 km²
Hauptstadt: Tegucigalpa

## 55. Das befreite Musikleben

Nach der kulturellen Verödung und Isolation wurde das Jahr 1945 in allen Bereichen des kulturellen Lebens als Herausforderung und Chance erlebt. Spontan entstehende Musikergruppen spielten in Notquartieren; der verketzerte Jazz, lang entbehrte reine Unterhaltungsmusiken, aber auch von den Nazis verfemte Komponisten wie Schönberg, Mahler und Mendelssohn-Bartholdy erfuhren ihre erste Rehabilitierung auf Behelfsbühnen.

Gleichzeitig suchte man an die Avantgarde der 20er Jahre, an Hindemith, Schönberg, Weill und andere anzuknüpfen. Doch trotz aller Aufbruchsstimmung war das Musikleben auch von einer tiefen Unsicherheit gezeichnet. 1948 entstand schließlich mit den Darmstädter Ferienkursen für Neue Musik, die 1946 zunächst als verlängertes Lehrangebot eingerichtet worden waren, ein internationales Forum der Moderne: Darmstadt wurde Ort einer intensiven Auseinandersetzung mit der Zwölftonmusik, ohne die wichtige Werke so unterschiedlicher Komponisten wie Hans Werner Henze, Bernd Alois Zimmermann und Wolfgang Fortner schwer denkbar scheinen.

## 56. »Jingle Bells«

Hitler-Deutschland war in Schutt und Asche versunken, als die Besatzer kamen. Allen voran in der Gunst der Besiegten standen die freundlichen Amerikaner, freigebig mit Schokolade und Zigaretten. »Jingle Bells« und Boogie-Woogie eroberten bald die demoralisierten Deutschen – und Kritiker meinten, dies täten sie sogar gründlicher als Panzerverbände. Der »besiegte Feindstaat« sei am erfolgreichsten mit amerikanischer Kultur besetzt worden.

Michael Jary und Bruno Balz, das vielseitigste aller deutschen Schlagerteams, reagierte prompt auf die neue Welle – sie komponierten und texteten fix Hillbilly und Country- und Western-Musiken: Gute Schlagerautoren sitzen fest in allen Sätteln.

Der deutsche Nachkriegsschlager lebte so eine ganze Weile im Schatten amerikanischer Vorbilder, bis Rudi Schuricke 1947 das Lied von den Capri-Fischern aus der Versenkung holte. In seinem Entstehungsjahr 1943 waren die Deutschen gerade nicht so gut auf die abtrünnigen italienischen Waffenbrüder zu sprechen gewesen; jetzt verhieß Capris Sonne friedliches Wohlleben und wurde zum langlebigen Erfolgsschlager.

**55. E-Musik**
a) W. Furtwängler und das Berliner Philharmonische Orchester
b) W. Furtwängler
c) R. Chailly und das Radio-Symphonie-Orchester Berlin
d) P. Hindemith
e) W. Egk

**56. Schlager**
a) G. Miller: »Chattanooga Choo Choo«
b) K. Berbuer: »Trizonesiensong«
c) R. Schuricke: »Caprifischer«
d) B. Buhlan: »Wir tanzen wieder Polka«
e) D. Mac und R. Carol: »Maria aus Bahia«
f) J. Schmitz: »Wer soll das bezahlen«

## 57. Hin zum guten »Provinztheater«

Die Theaterlandschaft im Nachkriegsdeutschland zeigt sich gründlich verändert: Neben der ehemaligen Reichshauptstadt sind neue Schauspielzentren im Entstehen. Gustaf Gründgens verläßt die Theatermetropole Berlin und wird Intendant am Düsseldorfer Schauspielhaus; Heinz Hilperts Weg führt über Zürich und Frankfurt am Main nach Göttingen, wo er sich 1950 zum Theatermachen in der Provinz bekennt. Neben zahlreichen Schwänken, Lustspielen, Boulevardstücken und Klassikerinszenierungen – besonders Goethes im Gedenkjahr 1949 und immer wieder Shakespeares – erobern Stücke ausländischer Dramatiker die Spielpläne, nicht zuletzt auf Betreiben der Kulturoffiziere der Besatzungsmächte. Die Auseinandersetzung mit dem Dritten Reich bleibt noch weitgehend aus. 1945 wird das Deutsche Theater in Berlin mit dem zwölf Jahre lang unterdrückten Toleranzdrama Lessings, »Nathan der Weise«, eröffnet; 1946 inszeniert Hilpert Zuckmayers »Des Teufels General« in Zürich, und 1947 findet in den Hamburger Kammerspielen die Uraufführung von Borcherts Heimkehrerdrama »Draußen vor der Tür« statt.

## 58. Defa und westdeutsche Kleinfirmen

Produktion, Verleih und Vorführung von Filmen deutscher Staatsangehöriger wurden 1945 sofort unter strengste Lizenzvorschriften gestellt. Militärverwalter und eigens geschaffene Informationsverwaltungen hatten die politische Eignung der Filmschaffenden und Filmhersteller gewissenhaft zu prüfen. Während in der sowjetischen Besatzungszone im Mai 1946 die Deutsche Film AG Defa als einzige deutsche Filmgesellschaft zugelassen wurde, lizenzierten die westlichen Besatzungsmächte eine Vielzahl kleiner Firmen, um einer erneuten monopolisierten Filmindustrie vorzubeugen. Vorherrschend in dieser ersten Zeit des Vakuums waren Filmproduktionen der Alliierten. Die erste Uraufführung eines deutschen Spielfilms fand am 15. Oktober 1946 statt – es war die Defa-Produktion »Die Mörder sind unter uns« unter der Regie von Wolfgang Staudte; in der Folge kamen mehrere »Trümmerfilme«, die das Schicksal von Heimkehrern inszenierten. Die Ära der Nachkriegsfilme mit ihren bescheidenen Ansätzen, der jüngsten Vergangenheit ins Auge zu sehen, geht mit der Gründung der Bundesrepublik Deutschland und der DDR zu Ende.

**57. Theater**
a) H. Quest: »Draußen vor der Tür«
b) P. Wegener: »Nathan der Weise«
c) W. Liebeneiner
d) T. Giehse: »Mutter Courage«
e) E. Balser und M. Becker: »Iphigenie«

**58. Nachkriegsfilm**
a) Titelmusik: »Die Mörder sind unter uns«
b) E. W. Borchert, H. Knef, A. Paulsen: »Die Mörder sind unter uns«
c) E. Schellow und G. Schäfer: »In jenen Tagen«
d) H. Käutner: »In jenen Tagen«
e) H. Albers: »Und über uns der Himmel«

## 59. Literatur der Trümmerzeit

Das Jahr 1945 bedeutete auch für die Literatur eine tiefe Zäsur. War doch der NS-Sprachgebrauch, später im sogenannten »Wörterbuch des Unmenschen« nachzulesen, nicht von heute auf morgen abzulegen. Eine neue Sprache mußte gefunden werden; mit den einfachsten Wörtern wollte man beginnen und neue Sinnzusammenhänge, neue Sätze finden.

Das literarische Leben hatte seinen Ort vor allem in den vielen neugegründeten Zeitschriften, die den gesellschaftlichen Neubeginn mit humanistisch-demokratischen Reflexionen begleiteten.

Kurzgeschichten, Gedichte und Tagebuchaufzeichnungen waren die ersten Nachkriegsausdrucksformen. Während sich die jüngeren Schriftsteller um einfache Wahrnehmungen und schlichtes Benennen bemühten – Wolfgang Weyrauch wog seine Kurzgeschichtensammlung und gab ihr den Titel »Tausend Gramm«; der Lyriker Günter Eich machte »Inventur« –, legte Thomas Mann seinen Altersroman »Doktor Faustus« vor, worin der Erzähler Serenus Zeitblom den NS-Zeitgeist als Teil des deutschen Geistes begreift.

## 60. Kinder, wie die Zeit vergeht...

... schon sind 1000 Jahre vergangen – es durfte wieder gelacht werden in Deutschland. Vergangen waren die Zeiten, in denen mancher einen Flüsterwitz mit dem Leben bezahlen mußte.

Bereitwillig vergaben die alliierten Militärbehörden Lizenzen für die Gründung von Theatern und Kabaretts, belohnten demokratisch gesonnene Kulturschaffende mit zusätzlichen Lebensmittelmarken und achteten dabei diskret darauf, daß gegen die Besatzungsmächte selbst nicht polemisiert wurde. Das stand einstweilen auch gar nicht zu befürchten – man war ihnen ja dankbar, daß sie Deutschland vom braunen Terror befreit hatten...

Selbstbesinnung und moralische Läuterung verordneten deutsche Kabarettisten nach dem Kriege ihren Landsleuten, prangerten Militarismus und Preußentum, nationalen Hochmut und deutsches Spießertum an. Von den vielen Kleinkunstbühnen, die sich damals in ausgebombten Kellern etablierten, besteht heute nur noch eine: Sie ist fast eine nationale Institution geworden – das Düsseldorfer »Kom(m)ödchen«.

**59. Literatur nach 45**
a) R. Huch
b) T. Mann
c) J. R. Becher
d) W. Schnurre
e) W. Schnurre
f) E. Kästner

**60. Nachkriegskabarett**
a) U. Herking
b) J. Scheu
c) H. v. Meyerinck und J. Herbst
d) »Die Amnestierten«

**55. E-Musik**
Arnold Schönberg im Exil.

**56. Schlager**
Bully Buhlan

**57. Theater**
»Mutter Courage«, Züricher Aufführung 1941. V. l. n. r. Therese Giehse in der Hauptrolle (links), Karl Paryla und Wolfgang Langhoff vor dem Wagen.

**58. Nachkriegsfilm**
Hildegard Knef und Ernst Wilhelm Borchert in Staudtes »Die Mörder sind unter uns«.

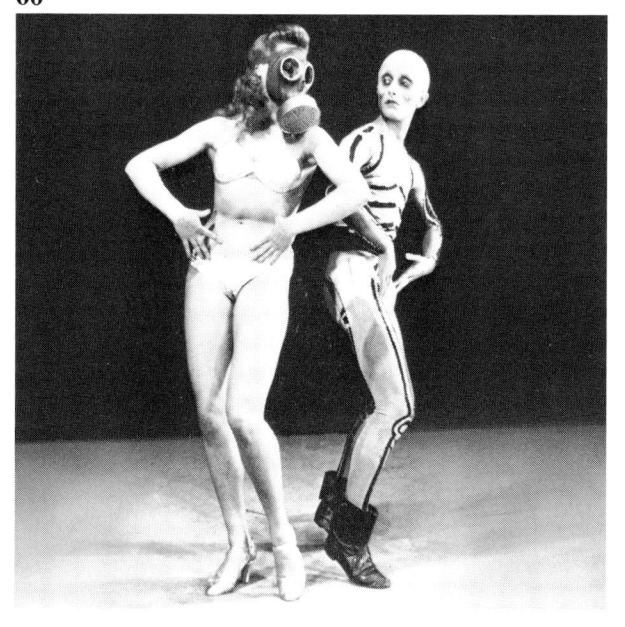

**59. Literatur nach 45**
Erich Kästner (rechts) und Johannes R. Becher bei der Gründungsversammlung der deutschen Abteilung des Pen-Clubs, 1949 in Göttingen.

**60. Nachkriegskabarett**
15. August 1945: Mit dem literarischen Kabarett »Die Schaubude« beginnt die erste Münchner Nachkriegstheatersaison.

# Hongkong

Fläche: 1045 km²
Hauptstadt: Victoria

Der Krieg zwischen China und Japan, der 1937 ausbrach, brachte für die britische Kronkolonie Hongkong große Probleme. Besonders der enorme Flüchtlingsstrom aus dem von den Japanern eroberten Canton – Schätzungen bewegen sich zwischen 750 000 und 900 000 Menschen – war eine große Belastung. Dadurch hatte sich die Zahl der Einwohner der Kolonie zur Zeit des japanischen Angriffs auf Hongkong auf gut 1,7 Millionen Menschen erhöht. Die japanische Aufforderung zur sofortigen Kapitulation wurde am 14. 12. 1941 zurückgewiesen, doch kapitulierte die Stadt nach heftigen Kämpfen am 25. 12. 1941.

In der Zeit der japanischen Besetzung zogen viele Bewohner, vor allem Kaufleute, aus Hongkong ins chinesische Hinterland, so daß der Handel fast zum Erliegen kam. Das größte Problem war die Lebensmittelknappheit. Bei der Befreiung 1945 war die Bevölkerungszahl auf 600 000 gesunken. Nach dem Krieg unternahmen die Briten Anstrengungen zum Wiederaufbau. Ihre Rückkehr ließ die Zahl der Einwohner bereits zunehmen; der Sieg der Kommunisten im chinesischen Bürgerkrieg führte dann zu einem großen Zustrom von Chinesen. Ende 1950 wohnten über 2 Millionen Menschen in Hongkong, worauf die Regierung die Grenzen schloß. Viele Flüchtlinge kamen aus Canton, Schanghai und anderen wichtigen Wirtschaftszentren. Ihr »Know-how«, ihre Maschinen und ihr Kapital waren bedeutende Impulse für die Industrialisierung Hongkongs. Gegen Ende des Jahrzehnts gewann die Erzeugung von Uhren, Spielzeug und Metallwaren überragende Bedeutung.

# Indochina

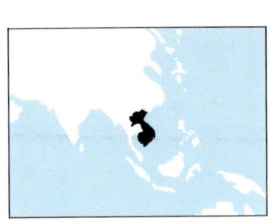

Fläche: 750 384 km²
Hauptstadt: Saigon

▷ *Plakat des Viet-Minh zu Beginn des Kampfes gegen die Franzosen. Der Text lautet: Die Kolonialisten verdrehen dreimal ihre Zunge, um die Weltöffentlichkeit irrezuführen.*

*Bao Dai (rechts), Staatsoberhaupt des am 14. 7. 1949 ausgerufenen Staates Vietnam.*

Nach der Niederlage Frankreichs im Jahr 1940 stellte sich die französische Verwaltung in Indochina auf die Seite der Vichy-Regierung. Ein Grenzkrieg Frankreichs mit Thailand endete 1941 mit einer französischen Niederlage. Im gleichen Jahr schlossen Vichy-Frankreich und Japan einen Verteidigungsvertrag, der die Stationierung von rd. 30 000 japanischen Soldaten und die Benutzung der Flugplätze und Häfen, faktisch also die japanische Besetzung, vorsah. Frankreich blieb nur noch für die innere Verwaltung zuständig. Indochina diente Japan als Lieferant von Rohstoffen und Reis. Die Reisausfuhr führte zusammen mit Mißernten und Überschwemmungen vor allem im nördlichen Vietnam (Tonkin und Annam) zu Hungersnöten.

In Vietnam entwickelte sich, anders als in Laos und Kambodscha, eine nationalistische Widerstandsbewegung. Bereits am 19. 5. 1941 gründeten Nationalisten die von der Kuomintang zunächst unterstützte Kampforganisation Viet-Minh. Die chinesische Regierung war jedoch später der Ansicht, daß die Kommunisten eine zu wichtige Rolle beim Viet-Minh spielten. Um dem entgegenzusteuern, verhaftete sie deren Führer, Ho Tschi Minh.

Die Kommunisten behielten jedoch ihre führende Rolle. Unter der Führung des 1943 wieder freigelassenen Ho Tschi Minh baute der Viet-Minh, unterstützt vom US-amerikanischen Office of Strategic Services, seine Guerillatruppe weiter aus. Im August 1944 entwaffnete Japan alle französischen Streitkräfte in Indochina. Unter japanischer Kontrolle proklamierten Kaiser Bao Dai in Vietnam, König Norodom Sihanouk in Kambodscha und König Sisavang Vong in Laos die Unabhängigkeit.

## Die indochinesische Föderation

Im Zusammenhang mit der Niederlage Japans entstand für kurze Zeit ein Machtvakuum. Der Viet-Minh weitete in Vietnam sein Einflußgebiet aus. Kaiser Bao Dai trat zurück, und Ho Tschi Minh rief am 2. 9. 1945 die Demokratische Republik Vietnam aus. Aufgrund alliierter Vereinbarungen, die die Rückgabe ganz Indochinas an Frankreich vorsahen, besetzten zunächst die Briten das Gebiet südlich des 16. Breitengrades, die Nationalchinesen den Norden. Die Franzosen riefen eine indochinesische Föderation aus, deren Teilstaaten Mitglieder der Französischen Union mit begrenzter Selbstverwaltung werden sollten.

Französische Truppen besetzten von Süden her schrittweise das Land. Frankreich bestätigte die Könige von Kambodscha und Laos in ihren Ämtern. In Kambodscha gab es keine größeren Probleme, in Laos begann sich ein vorerst wenig bedeutsamer Widerstand zu regen, den Prinz Souvanouvong leitete. Thailand mußte 1946 die Gebiete zurückgeben, die es 1941 annektiert hatte. Kotschinchina wurde nach Vertreibung des Viet-Minh, der in diesem Gebiet nur schwach vertreten war, zur autonomen Republik erklärt.
Im Norden war Ho Tschi Minh in

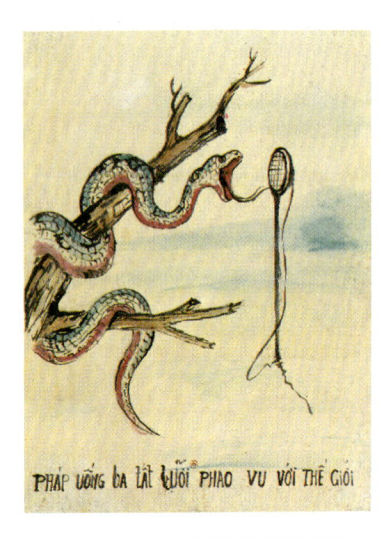

### Zehn Jahre im Überblick

| | |
|---|---|
| 9. 5. 1941 | Frankreich und Thailand schließen einen Friedensvertrag, in dem Frankreich laotisches Gebiet abtritt. |
| 19. 5. 1941 | Nationalisten gründen die Liga für die Unabhängigkeit Vietnams, den Viet-Minh. |
| 23. 7. 1941 | Vichy-Frankreich und Japan schließen einen Verteidigungsvertrag. Indochina gerät damit in den japanischen Machtbereich. |
| 2. 9. 1945 | Ho Tschi Minh ruft die Demokratische Volksrepublik Vietnam aus. |
| 23. 9. 1945 | Die Franzosen übernehmen in Saigon wieder die Verwaltung. |
| 18. 3. 1946 | Die Franzosen besetzen Hanoi. |
| 1. 7. 1946 | Der französische Hochkommissar erklärt Kotschinchina zu einer autonomen Republik. |
| 23. 11. 1946 | Beginn des ersten Indochinakrieges. |
| 19. 6. 1949 | Unterzeichnung eines Abkommens, das Vietnam unter Bao Dai die Autonomie verleiht. |
| 19. 7. 1949 | Frankreich und Laos schließen ein Abkommen, durch das Laos innerhalb der Französischen Föderation autonom wird. |

# Indonesien

eine gewisse außenpolitische Isolierung geraten, nachdem auch die USA ihren anfänglichen Widerstand gegen die erneute Übernahme der Macht durch Frankreich aufgegeben hatten. Trotzdem war die Stellung des Viet-Minh stark. Frankreich suchte deshalb in mehreren Konferenzen im Frühjahr und Sommer 1946 eine Verhandlungslösung. Ho Tschi Minh war aber nur zu einer sehr losen Föderation bereit. Wichtigster Streitpunkt war die Frage, wieweit Frankreich die Kontrolle über das Wirtschaftsleben zurückerhalten sollte.

Der bewaffnete Kampf begann eigentlich mehr zufällig, als Frankreich im November 1946 auf an sich geringfügige Zwischenfälle mit einem schweren Bombardement der Hafenstadt Haiphong reagierte. Anschließend kam es zu heftigen Kämpfen, bei denen französische Truppen die meisten Städte besetzten, während sich der Viet-Minh in weiten Landgebieten, vor allem Tonkins, behaupten konnte. Frankreich versuchte 1948, seine Autorität in den besetzten Gebieten wiederherzustellen, indem es zusammen mit gemäßigten Nationalisten eine provisorische Zentralregierung errichtete. Am 14. 7. 1949 wurde der autonome Staat Vietnam mit Bao Dai als Staatsoberhaupt ausgerufen. Frankreich war weiterhin für Wirtschaft und Finanzen zuständig.

In Vietnam ging 1949 der Viet-Minh unter Vo Nguyen Giap in die Offensive und vertrieb die Franzosen aus dem chinesisch-vietnamesischen Grenzgebiet. In den vom Viet-Minh beherrschten Gebieten wurde mit der Enteignung und Umverteilung des Grundbesitzes begonnen. Am 19. 1. 1950 wurde die Regierung Ho Tschi Minhs von der Volksrepublik China anerkannt.

In Kambodscha wollte Norodom Sihanouk auf parlamentarischem Wege Reformen durchführen. Als die Opposition gegen die Monarchie zu groß wurde, löste Sihanouk das Parlament auf (1949). Die Opposition wurde zum Teil im Untergrund aktiv.

Der gemäßigte Teil des laotischen Untergrunds versöhnte sich 1949 mit der Regierung, in die auch sein Führer Prinz Souvanna Phouma aufgenommen wurde. Der radikale Teil gründete im August 1950 unter Souvanouvong und anderen die kommunistische Bewegung Pathet Lao. Beide Länder erhielten 1949 volle Autonomie.

*Ho Tschi Minh während der Konferenz von Fontainebleau 1946.*

# Indonesien

## Die japanische Besetzung

Als die Niederlande im Mai 1940 von Deutschland besetzt wurden, verhängten die Kolonialbehörden von Niederländisch-Indien in Batavia den Belagerungszustand. Die öffentlichen Aktivitäten nationalistischer Parteien wurden verboten. Nach dem Ausbruch des Krieges in Europa hatten sich diese zwar bereit gezeigt, mit der Kolonialregierung zusammenzuarbeiten, machten aber zur Bedingung, daß die Kooperation auf der Grundlage völliger Gleichheit erfolgen müsse. Die Niederlande wiesen dieses Angebot zurück.

Im Januar 1942 begannen japanische Streitkräfte mit Landungen auf Borneo und Celebes die Besetzung Niederländisch-Indiens. Ende Februar landeten sie auf Java. Am 5. 3. marschierten sie in Batavia ein. Sie setzten die niederländische Kolonialregierung ab und übernahmen die Macht. 120 000 Menschen kamen in Lager. Japan, das eine »Großostasiatische Wohlstandssphäre« unter seiner Führung schaffen wollte, glaubte, mühelos die Unterstützung der einheimischen Bevölkerung erlangen zu können. Die nationalistischen Führer Achmed Sukarno, Mohammed Hatta und Sutan Shahrir wurden aus niederländischer Haft befreit. Die beiden erstgenannten hofften, durch Zusammenarbeit mit Japan schneller zur Unabhängigkeit zu gelangen. 1943 errichteten sie eine »Freiwilligenarmee zur Verteidigung des Vaterlandes« (PETA).

Der indonesische Nationalismus wuchs vor allem nach 1943, als Japan begann, ein härteres Besatzungsregime einzuführen, vor allem in Form von Arbeitseinsätzen. Durch die Entbehrungen kamen dabei etwa 230 000 Menschen ums Leben. Während der japanischen

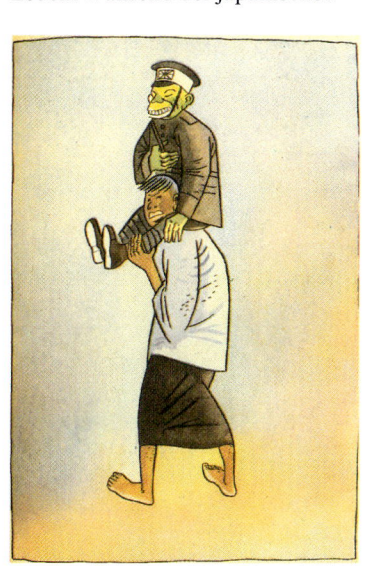

Fläche: 1 491 564 km²
Hauptstadt: Jakarta

### Zehn Jahre im Überblick

- 5. 3. 1942  Japanische Streitkräfte marschieren in Batavia ein.
- 6. 12. 1942  Königin Wilhelmina verspricht Indonesien, Surinam und den Niederländischen Antillen größere Autonomie innerhalb des Reichsverbandes.
- 7. 9. 1944  Der japanische Ministerpräsident Koiso erklärt, daß Indonesien unabhängig werden soll.
- 17. 8. 1945  Sukarno und Hatta rufen die Republik Indonesien aus.
- 15. 11. 1946  In Linggadjati wird ein Abkommen über die niederländisch-indonesische Union unterzeichnet.
- 2. 11. 1949  Auf der Round-table-Konferenz in Den Haag kommt eine Einigung mit den Niederlanden zustande.
- 27. 12. 1949  Die Niederlande übertragen Indonesien die Souveränität.

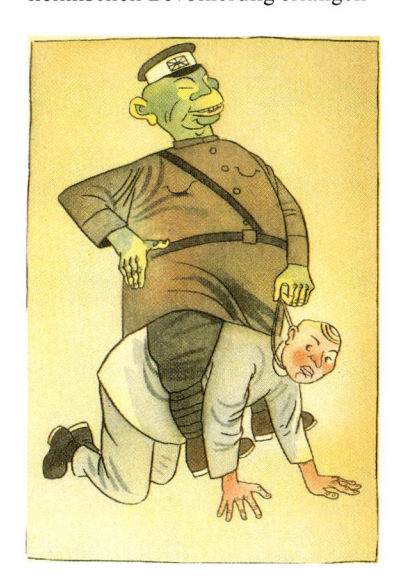

*Zwei Propagandaplakate über den Unterschied der Behandlung von Europäern (links) und Indonesiern durch die Japaner.*

*Nationalistenführer Achmed Sukarno in Romuscha-Uniform während der japanischen Besetzung. Romuschas waren Arbeiter, die mit Sukarnos Hilfe von den Japanern für Schwerarbeit an militärischen Anlagen angeworben wurden.*

Besetzung wurde das bestehende koloniale Wirtschaftssystem zerstört. Das Land wurde ausgeplündert, so daß der Lebensstandard sank. Japan kontrollierte die Industriebetriebe und den Handel, beschlagnahmte alle Rohstoffe und verlangte Lebensmittellieferungen. Durch den Wegfall der traditionellen Absatzgebiete verfiel die Zinngewinnung, und die Tee-, Kaffee- und Zuckerproduktion verminderte sich zwischen 1942 und 1945 um mehr als die Hälfte. Als sich die militärische Lage Japans 1944 verschlechterte, versuchte es mit Erfolg, die indonesische Bevölkerung und ihre Führer durch Zugeständnisse zu größerer militärischer Einsatzbereitschaft zu motivieren. Am 7. 9. 1944 erklärte der japanische Ministerpräsident Koiso Kuniaki, Indonesien bekäme die Unabhängigkeit verliehen. Im Anschluß daran wurde am 29. 4. 1945 ein Komitee zur Vorbereitung der Unabhängigkeit gebildet. Am 14. 8. 1945 kapitulierte Japan. Sukarno und Hatta zögerten noch, die Unabhängigkeit auszurufen, wurden aber von radikaleren Nationalisten (u. a. Adam Malik) entführt und unter Druck gesetzt. Daraufhin rief Sukarno am 17. 8. 1945 die Republik Indonesien aus. Als Parlament fungierte ohne Wahlen das Zentrale Nationale Indonesische Komitee (KNIP).

### Der Unabhängigkeitskampf

Die Briten landeten Ende September 1945 auf Java. Erster Ministerpräsident wurde der gemäßigte Sutan Shahrir (14. 11. 1945). Er war Anhänger eines parlamentarischen Systems europäischer Prägung. Das KNIP erhielt die Befugnis zur Gesetzgebung. Regierungssitz wurde die mitteljavanische Stadt Jogjakarta. Die gemäßigten Indonesier, die zu Verhandlungen mit den Niederlanden bereit waren, beriefen sich auf eine Erklärung Königin Wilhelminas vom 6. 12. 1942, in der sie Indonesien größere Autonomie innerhalb eines Reichsverbandes, der aus den Niederlanden, Indonesien, Surinam und den Niederländischen Antillen bestehen sollte, zugesagt hatte. Verhandlungen scheiterten jedoch zunächst an der unnachgiebigen Haltung der Niederlande und der radikalen Verfechter eines indonesischen Einheitsstaates.

Danach begannen die Niederlande mit der Errichtung eines indonesischen Bundesstaates. Die Landungen niederländischen Militärs führten zu immer größeren Spannungen, und es kam, vor allem seit September 1946, zu offenen Kämpfen. Nach und nach wurden die Küstengebiete Javas mit der Hauptstadt Jakarta, Sumatra und die kleineren Inseln von niederländischen Truppen eingenommen. In Linggadjati (Java) einigten sich die Parteien schließlich im November 1946 auf die Schaffung einer niederländisch-indonesischen Union. Indonesien sollte ein bundesstaatlich gegliederter, souveräner Staat werden. Der Vertrag wurde jedoch unterschiedlich ausgelegt. Die Niederlande erstrebten aus durchaus auch eigenem Interesse eine möglichst weitgehende Autonomie der Teilstaaten, während die Nationalisten um Sukarno eine eindeutige Vorherrschaft des dichtbesiedelten Java wollten, wo sie ihre Machtbasis hatten. In einem zweijährigen Krieg waren die Niederländer so erfolgreich, daß den Indonesiern nur noch die Möglichkeit des Guerillakampfes blieb. Politisch aber waren die Niederlande isoliert. Vor allem asiatische Staaten, aber auch die USA unterstützten die Vermittlungsbemühungen der UNO, die die Niederlande zum Einlenken veranlaßten. Die USA waren auch die Hauptquelle der Wirtschaftshilfe, die Indonesien 1945–1950 aus dem Ausland erhielt.

Unter den Indonesiern war inzwischen ein Machtkampf ausgetragen worden. Die Regierung hatte versucht, eine Reihe von selbständig operierenden Guerillagruppen auszuschalten. Daraufhin war es im September 1948 zu Kämpfen zwischen regierungstreuen und oppositionellen Truppen gekommen. Schließlich konnte Ministerpräsident Hatta seine Regierungsgewalt wiederherstellen. Er leitete die indonesische Delegation auf der Round-table-Konferenz in Den Haag, die am 23. 8. 1949 eröffnet wurde. Am 2. November unterzeichneten die Niederlande und Indonesien ein Abkommen, von dem beide Seiten wußten, daß es von den Zentralisten in Indonesien nicht eingehalten werden würde. Am 27. 12. 1949 wurde Indonesien endgültig souverän. Es sollte eine Föderation von gleichberechtigten Bundesstaaten werden. Sukarno wurde Staatspräsident und Hatta Ministerpräsident.

# Irak

Fläche: 434 924 km²
Hauptstadt: Bagdad

▷
*Premierminister al-Gailani besucht Hitler im Juli 1942. Zweiter von links Reichsaußenminister von Ribbentrop.*

Obwohl Irak am 3. 10. 1932 formell unabhängig geworden war, hatte die ehemalige Mandatsmacht Großbritannien weiterhin großen Einfluß. Im April 1941 ergriff eine Gruppe von antibritischen Offizieren, die wegen der angeblich die Juden begünstigenden britischen Palästinapolitik mit dem Deutschen Reich sympathisierten, die Macht und setzte Raschid Ali al-Gailani als Ministerpräsidenten ein. Das veranlaßte die britische Regierung zum Eingreifen. Im Mai 1941 eroberten britische Truppen Basra und Bagdad; al-Gailani und seine Anhänger flohen nach kurzem Kampf, in dem sie von der deutschen Luftwaffe in geringem

Umfang unterstützt wurden. Die königliche Familie und der probritische Regierungschef Nuri as Said wurden wieder in ihre Stellung eingesetzt. 1943 erklärte Irak den Achsenmächten den Krieg.
Nach dem Krieg verhandelten Großbritannien und Irak über eine Revision des britisch-irakischen Vertrags von 1930. Diese Verhandlungen endeten im Vertrag von Portsmouth (15. 1. 1948), der den Abbau mehrerer britischer Stützpunkte vorsah. Heftige antibritische Demonstrationen brachten die Regierung jedoch zu Fall, so daß der Vertrag nicht ratifiziert wurde. Die Palästina-Frage heizte die antiwestliche Stimmung weiter an. Seit dem 15. 5. 1948 waren auch irakische Truppen am Angriff auf Israel beteiligt. Innenpolitische Schwierigkeiten ergaben sich während des gesamten Jahrzehnts wegen der Kurdenfrage. Die Gegensätze zwischen sunnitischen und schiitischen Moslems waren ebenfalls ein ständiger Unruheherd.

Hoffnung auf sozialen und wirtschaftlichen Fortschritt brachte die rasch zunehmende Erdölgewinnung bei Mosul und Basra. Nachdem bereits in den 30er Jahren die britischen Mosul- and Basra-Petroleum-Companies Konzessionen erhalten hatten, erlebte die Erdölproduktion nach 1945 einen starken Aufschwung. Das Erdöl wurde in den kommenden Jahrzehnten wichtigste Einnahmequelle und Entwicklungsgrundlage der irakischen Wirtschaft.

# Iran

Schah Reza Pahlewi sympathisierte im 2. Weltkrieg, nicht zuletzt wegen seiner Abneigung gegen den britischen und sowjetischen Einfluß, mit den Deutschen.
Als der Iran der Forderung der Alliierten, die im Land tätigen deutschen Techniker und Wirtschaftsexperten auszuweisen, nicht nachkam, marschierten am 26. 8. 1941 britische und sowjetische Streitkräfte in den Iran ein. Reza Pahlewi dankte am 16. 9. zugunsten seines Sohnes Mohammed Reza ab und ging ins Exil nach Südafrika. Die Besetzung des Iran ermöglichte den Alliierten den Transport umfangreicher Nachschublieferungen zum sowjetischen Bündnispartner. Ende Dezember 1941 schlossen der Iran, Großbritannien und die Sowjetunion einen Vertrag, in dem sich die beiden Mächte verpflichteten, die territoriale Integrität, die Souveränität und die nationale Unabhängigkeit des Iran zu respektieren.
1945 entstanden jedoch in dem von der UdSSR besetzten nördlichen Landesteil Probleme. Unter sowjetischer Protektion waren hier die autonomen Republiken Kurdistan (Mahabad) und Aserbaidschan ausgerufen worden. Weil sich die sowjetischen Streitkräfte anfangs weigerten, dieses Gebiet zu verlassen, wandte sich der Iran im Januar 1946 an den Sicherheitsrat. Im April 1946 einigten sich der Iran und die UdSSR über die gemeinsame Ausbeutung des Erdöls im Norden Irans. Daraufhin zogen sich die sowjetischen Truppen aus dem Land zurück.
Nach dem Abzug der sowjetischen Truppen aus Nordiran war im Dezember 1946 auch das Ende der separatistischen Republiken Kurdistan und Aserbaidschan gekommen. Der Kurdenführer Kadi Mohammed wurde hingerichtet, sein Armeeführer Mullah Mustafa al Barzani konnte in die UdSSR entkommen.
Während des ganzen Jahrzehnts blieb der Einfluß des Auslandes auf Parteien und Autonomiebewegungen beträchtlich. In kommerzieller Hinsicht war das Land durch die Anglo-Iranian Oil Company von großer Bedeutung für die Briten. Die militärische Rolle Großbritanniens in der Region ging allmählich auf die USA über. Ende der 40er Jahre schloß der Schah militärische Abkommen mit den USA, die die Grundlage einer engen Zusammenarbeit bildeten.

Fläche: 1 648 000 km²
Hauptstadt: Teheran

◁
*Schah Mohammed Reza Pahlewi und seine erste Frau.*

# Irland

Im 2. Weltkrieg verhielt sich Irland neutral, profitierte aber wirtschaftlich vom Krieg durch die Handelsbeziehungen zu Großbritannien. Trotzdem war die wirtschaftliche Situation gespannt, Autofahren war bereits seit 1943 wegen des Benzinmangels unmöglich, und viele Produkte des täglichen Bedarfs waren rationiert.
Die zunächst regierende Fianna Fáil und die oppositionelle Fine Gael blieben auch in den 40er Jahren die beherrschenden politischen Parteien.
Infolge der Schwäche Großbritanniens verschlechterte sich die Wirtschaftslage nach 1945 weiter. Im Oktober 1947 sah sich die Regierung deshalb gezwungen, eine Steuererhöhung vorzuschlagen.
Bei den Wahlen vom Februar 1948 zeigte sich, daß diese Maßnahme auf wenig Gegenliebe stieß. Fianna Fáil fiel auf 68 Sitze zurück. Alle Oppositionsparteien schlossen sich zu einer neuen Koalition mit John Costello (Fine Gael) als Premierminister zusammen. Eine der ersten Handlungen der neuen Regierung war die Vorlage eines Gesetzes, das Irland zur Republik außerhalb des britischen Commonwealth machte. Trotz der Ablehnung durch die Fianna Fáil wurde das Gesetz am 15. 12. 1948 verabschiedet.
Nordirland blieb unter britischer Verwaltung. Die Irisch-Republikanische Armee (IRA) war mit der faktischen Teilung Irlands in einen unabhängigen und in einen »von Großbritannien besetzten« Teil nicht einverstanden und ging in den 50er Jahren zu gewalttätigen Aktionen über.

Fläche: 70 283 km²
Hauptstadt: Dublin

◁
*Aufnahme von Präsident Eamon de Valera aus dem Jahre 1947.*

# Island

Fläche: 103 000 km²
Hauptstadt: Reykjavík

Als deutsche Truppen am 9. 4. 1940 die Operation »Weserübung« begannen und in kurzer Zeit Dänemark, das Mutterland der Insel, besetzten, stellten die Briten Island unter ihren Schutz. Im Juli 1941 besetzten amerikanische Truppen die Insel. Die isländische Regierung willigte trotz der formellen Neutralitätserklärung und einigem Widerspruch in der Bevölkerung ein. Die Insel diente den Alliierten als außerordentlich wichtiger Stützpunkt für die Seewege im Nordatlantik. 1944 beschlossen die 130 000 Isländer in einem Volksentscheid fast einstimmig, die konstitutionelle Bindung an die dänische Krone zu beenden. Island wurde einseitig zur Republik ausgerufen. Sveinn Björnsson wurde ihr erster Präsident. Dänemark erkannte diesen Schritt erst 1950 an.

Die Kriegsjahre hatten der Insel durch die Ausgaben der alliierten Soldaten großen Wohlstand gebracht. Trotzdem forderte die Regierung unter dem Einfluß der an ihr beteiligten Kommunisten unmittelbar nach der deutschen Kapitulation den Abzug der US-Truppen. 1946 gestand sie den Amerikanern die Beibehaltung des Marinestützpunkts Keflavik zu, der für die Verbindung mit den Besatzungstruppen in Deutschland dringend notwendig war. Der Konflikt über diese Angelegenheit führte schließlich zum Regierungsaustritt der Kommunisten. Die amerikanische Präsenz blieb noch jahrelang ein Streitpunkt. Umstritten war ebenfalls der Beschluß der Regierung, 1949 der NATO beizutreten. Da die Regierung aber auf die Bereitstellung eigener Truppen verzichtete und dem Bündnis nur Stützpunkte zur Verfügung stellte, stimmten schließlich nur etwa ein Viertel der Parlamentarier dagegen.

# Israel

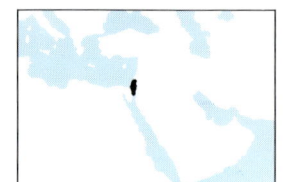

Fläche: 20 700 km²
Hauptstadt: Jerusalem

*Israel*
*S. 368–72*

*Einige prominente Zionisten, die am »Schwarzen Sabbat« 1946 nach Gewaltakten von Untergrundgruppen von den britischen Behörden verhaftet wurden. Die Aufnahme wurde einige Monate später gemacht. Von links nach rechts: Mosche Schertok, David Hacohen, Golda Meir, Mordechai Schatner, Itzak Greenbaum und Bernard Joseph (links).*

*Ein den britischen Behörden entkommenes Schiff mit illegalen Einwanderern (rechts).*

## Kampf um Einwanderung und Teilungsplan

Seit 1922 stand Palästina unter britischem Völkerbundsmandat. Im britischen Weißbuch vom 17. 5. 1939 war entgegen den Mandatsverpflichtungen die Gründung eines jüdischen Staates in Palästina ausgeschlossen worden (auch → S. 218). Für die Dauer von fünf Jahren sollten Einwanderung und Landankauf durch Juden einschneidend beschränkt werden. Ein arabischer Staat Palästina, in dem die Juden höchstens ein Drittel der Bevölkerung ausmachen dürften, sollte dann innerhalb von zehn Jahren unabhängig werden können. Die zionistischen Organisationen reagierten mit Empörung. Die Jewish Agency versuchte noch, die illegale Einwanderung von Juden zu organisieren, doch verhinderte die britische Marine die Ankunft von Schiffen mit Juden aus Europa soweit wie möglich. Dramatische Zwischenfälle waren die Folge. Am 15. 11. 1940 starben 240 Menschen, als das Einwanderungsschiff »Patria« im Hafen von Haifa sank.

Beim Ausbruch des 2. Weltkriegs hatte der Vorsitzender der zionistischen Weltorganisation, Chaim Weizmann, Großbritannien trotzdem Unterstützung zugesagt. 25 000 palästinensische Juden meldeten sich als Freiwillige zu den Streitkräften. Seit August 1944 bildeten sie eine besondere jüdische Brigade. Der Jischuw, die jüdische Gemeinschaft in Palästina, stellte seine erhöhte Agrar- und Industrieproduktion in den Dienst der alliierten Kriegsanstrengungen. Der Führer der palästinensischen Araber, Mohammed Amin el-Hussaini, suchte dagegen im nationalsozialistischen Deutschland Unterstützung für seinen Kampf gegen die Juden.

Nach dem Krieg sahen die Zionisten in der Rettung der Juden, die die Vernichtungslager überlebt hatten und jetzt als »displaced persons« in Lagern in Europa vegetierten, ihre größte Aufgabe. Die britische Regierung verweigerte ihnen die Erlaubnis zur Einwanderung. Die Hagana schleuste jedoch von französischen und italienischen Häfen aus zahlreiche Juden illegal nach Palästina ein. Diejeni-

### Zehn Jahre im Überblick

|  |  |
|---|---|
| 21. 2. 1947 | Die britische Regierung gibt bekannt, daß sie ihr Mandat beenden will. |
| 13. 5. 1947 | Die UNO setzt eine Kommission (UNSCOP) ein, die einen Vorschlag zur Lösung des Palästinaproblems erarbeitet. |
| 29. 11. 1947 | Die UNO billigt die Teilung Palästinas. |
| 14. 5. 1948 | David Ben Gurion ruft den Staat Israel aus. |
| 15. 5. 1948 | Die britischen Truppen ziehen ab. Arabische Armeen greifen Israel an. |
| 11. 6. bis 8. 7. 1948 | Erster Waffenstillstand. |
| 18. 7. bis | Zweiter Waffenstillstand. |
| 15. 10. 1948 | UN-Vermittler Folke Bernadotte soll einen dauerhaften Frieden zustande bringen. |
| 5. 1. 1949 | UN-Vermittler Ralph Bunche erreicht die Feuereinstellung. |
| 14. 2. 1949 | Erste Wahlen für die Knesset; Ben Gurion bildet eine Koalitionsregierung. |
| 16. 2. 1949 | Chaim Weizmann wird zum ersten Staatspräsidenten gewählt. |
| 16. 12. 1949 | Die Knesset erklärt Jerusalem zur Hauptstadt. |

*Fraueneinheit der Hagana im Juli 1948.*

gen, die durch die britische Seeblockade abgefangen wurden, wurden nach Zypern deportiert oder zurückgeschickt. Große Anteilnahme erweckten die Passagiere der »Exodus«, die sich weigerten, von Bord zu gehen, nachdem das Schiff im Juli 1947 nach Europa zurückgeschickt worden war.
US-Präsident Truman plädierte für die Einwanderung von 100 000 Juden nach Palästina. Auf seine Initiative untersuchte 1945/46 eine angloamerikanische Kommission die Palästinafrage. Sie unterstützte den Vorschlag Trumans. Doch der britische Außenminister Ernest Bevin hielt an dem Weißbuch von 1939 fest.
Jüdische Kampfgruppen sahen sich gezwungen, durch Gewaltakte Druck auf die britische Verwaltung auszuüben.
Auf arabischer Seite wuchs der Wunsch, durch die Errichtung eines unabhängigen arabischen Palästina das Problem der jüdischen Einwanderung endgültig aus der Welt zu schaffen. 1945 wurde unter der Schirmherrschaft der Arabischen Liga in Palästina eine Arabische Hohe Kommission gegründet. Mohammed Amin el-Hussaini agitierte von Cairo aus. Die Zerstrittenheit innerhalb des palästinensischen Lagers verhinderte jedoch ein erfolgversprechendes Vorgehen.
Am 21. 2. 1947 kündigte die britische Regierung unter dem Eindruck des jüdischen Widerstands an, daß sie beabsichtige, sich aus Palästina zurückzuziehen. Nach gründlicher Vorbereitung stimmte die UN-Vollversammlung der Teilung Palästinas in einen jüdischen und einen arabischen Staat am 29. 11. 1947 mit großer Mehrheit zu. Die arabischen Staaten und die palästinensischen Führer verwarfen den Plan. Militante Arabergruppen griffen jüdische Siedlungen an. Im Januar 1948 bildeten Söldner aus arabischen Staaten eine »Arab Liberation Army« unter Fauzi el Kaukji. Auch die reguläre Arabische Legion des transjordanischen Königs griff bereits vor der Ausrufung des Staates Israel in die Kämpfe ein.
Der schlecht ausgerüsteten jüdischen Selbstverteidigungstruppe Hagana gelang es in den ersten Monaten des Jahres 1948, fast alle belagerten jüdischen Siedlungen in Galiläa und in der Wüste Negev zu halten oder freizukämpfen. Anschließend wurden die Städte Safed, Tiberias, Haifa und Jaffa eingenommen.

## Der Unabhängigkeitskrieg 1948/49

Am 15. 5. 1948 verließen die letzten britischen Truppen Palästina. Am Tag zuvor hatte David Ben Gurion in Tel Aviv den Staat Israel ausgerufen. Er wurde sofort von den USA und der UdSSR anerkannt.
Für die arabischen Staaten bedeutete die Unabhängigkeitserklärung das Signal zum Angriff. Syrien und Irak marschierten in den Norden ein, während ägyptische Truppen in die Wüste Negev vorrückten. Die Arabische Legion Transjordaniens besetzte nach heftigen Kämpfen das jüdische Viertel der Altstadt Jerusalems.
Am 11. Juni wurde eine vierwöchige Waffenruhe vereinbart. Danach gelang es den Israelis, sich mit neuen Waffen, hauptsächlich aus der Tschechoslowakei und aus Frankreich, zu versorgen. Die jüdischen Kommandogruppen waren mittlerweile in die israelische Armee eingegliedert worden.
Als die Kampfhandlungen am 8. Juli wiederaufgenommen wurden, gingen die Israelis zur Offensive über. Am 18. Juli erreichte die UNO einen neuen Waffenstillstand. Der schwedische Diplomat Graf Folke Bernadotte wurde mit dem Auftrag in den Nahen Osten entsandt, einen dauerhaften Frieden zustande zu bringen. Seine Vorschläge führten in eine Sackgasse; obwohl sie vom Teilungsplan abwichen und die Juden benachteiligten, wurden sie auch von den Arabern abgelehnt. Am 17. 9. 1948 wurde der UN-Vermittler von jüdischen Extremisten ermordet. Mitte Oktober brachen die Kämpfe wieder aus. Die Israelis eroberten in der Wüste Negev die Stadt Beer Sheva (21. Oktober) und kesselten eine ägyptische Brigade ein.
Der Nachfolger Bernadottes als UN-Vermittler, Ralph Bunche, erreichte am 5. 1. 1949 eine Feuereinstellung. Verhandlungen über einen dauerhaften Waffenstillstand begannen kurz darauf auf Rhodos. Am 24. Februar unterzeichneten Ägypten und Israel ein entsprechendes Abkommen, in dem Ägypten auf den Negev verzichtete, der daraufhin von Israel vollständig besetzt wurde. Der Gazastreifen kam unter ägyptische Verwaltung. Auch mit Libanon (23. 3. 1949) und Jordanien (3. April) schloß Israel Waffenstillstandsabkommen. Jordanien behielt das von ihm besetzte Gebiet westlich des Jordan und Ost-Jerusalem; kurz darauf annektierte es diese Gebiete. Beim Waffenstillstandsabkommen mit Syrien (20. Juli) wurden entmilitarisierte Zonen festgelegt.
Der israelische Unabhängigkeitskrieg hatte zu einem Flüchtlingsstrom von etwa 600 000 Palästinensern geführt, von denen die meisten in Lagern in Jordanien und im Gazastreifen untergebracht wurden.
Die provisorische Regierung Israels unter David Ben Gurion schrieb für den 14. 2. 1949 Wahlen zum ersten Parlament, der Knesset, aus. Danach bildete Ben Gurion eine Koalition aus linken und religiösen Parteien. Die Knesset wählte am 16. Februar Chaim Weizmann zum ersten Staatspräsidenten Israels. Im Dezember 1949 wurde Jerusalem zur Hauptstadt ausgerufen.

*Chaim Weizmann*

*Aufnahme von Menachem Begin (in schwarzem Mantel) aus dem Jahre 1949; er stand an der Spitze der Untergrundorganisation Irgun Zwai Leumi.*

# Italien

Fläche: 301 225 km²
(bis 1945: 310 177 km²)
Hauptstadt: Rom

*König Victor Emanuel III.*

**Die Achse**
S. 105–23

*Papst Pius XII. inmitten von Bewohnern Roms nach einem amerikanischen Luftangriff im August 1943 (links).*

*Der Duce Benito Mussolini redet bei einer Kundgebung zur Zeit der »Republik von Salo« (rechts).*

## Mussolinis Sturz

Zu Beginn des 2. Weltkrieges blieb Italien neutral; erst nach der französischen Niederlage (1940) trat es in den Krieg ein. Sein erfolgloser Angriff auf Griechenland (1940) und die Mißerfolge in Nordafrika zeigten die militärische Schwäche von Hitlers wichtigstem Verbündeten. Der Winter 1942/43 brachte die endgültige Wende im Kriegsgeschehen. Die Schlachten von El Alamein und Stalingrad (auch → S. 202) bedeuteten, daß der Vormarsch der Achsenmächte ein Ende gefunden hatte.
Als Folge dieser Niederlagen nahm die Opposition im Inland zu. Bereits im April 1943 war ein gemeinsamer Rat aller im Widerstand tätigen Parteien gegründet worden. Inzwischen hatten Streiks und Widerstandsaktionen zu einer Krise für die Faschisten geführt. Im Juli landeten die Alliierten auf Sizilien. Der Faschistische Großrat beschloß am 25. 7., Mussolini abzusetzen und alle Machtbefugnisse wieder dem König zu übertragen. Dieser wiederum ernannte Marschall Badoglio zum Ministerpräsidenten. Mussolini wurde verhaftet. Die Alliierten, die im August 1943 in Quebec u. a. über das weitere Vorgehen in Italien berieten, machten auf Churchills Drängen die Ausschaltung des Faschismus zur Vorbedingung für eine Annäherung an oppositionelle Gruppen. Churchill setzte sein Vertrauen in die Monarchie, weil sie seines Erachtens allein eine kommunistische Revolution verhindern könne. König Victor Emanuel III. hatte jedoch viel Kredit verspielt, weil er, um seine eigenen Vorteile zu sichern, dem Faschismus nicht energisch entgegengetreten war.

## Besetzung und innerer Machtkampf

Am 3. 9. 1943 schloß Badoglio einen Waffenstillstand. Es folgte die deutsche Besetzung Italiens und die Befreiung Mussolinis (12. 9.). Dieser organisierte im deutsch besetzten Teil Italiens die Repubblica Sociale Italiana, hatte aber politisch keine Bedeutung mehr. König Victor Emanuel begab sich nach Brindisi unter alliierten Schutz. Länger als ein Jahr war Italien nun zweigeteilt und der Schauplatz heftiger Kampfhandlungen. Im besetzten Gebiet brach sofort der Streit um die politische Macht aus. Die in den Nationalen Befreiungskomitees (CLN) vereinigten antifaschistischen Parteien lehnten es ab, mit dem König und der Regierung Badoglio zusammenzuarbeiten. Auch unter den Alliierten gab es Meinungsverschiedenheiten: Churchill unterstützte den König, die Amerikaner dagegen waren bereit, ihn zugunsten einer Zusammenarbeit mit den CLN fallenzulassen. Nachdem die kommunistische KPI jedoch ebenfalls den König anerkannte, wurde am 21. 4. 1944 eine neue Regierung Badoglio gebildet, an der alle Parteien beteiligt waren. Nach der Befreiung Roms wurde sie unter amerikanischem Einfluß von einer neuen Regierung unter Ivanoe Bonomi abgelöst.
Im Dezember 1944 kam man überein, daß die CLN des Nordens die alliierte Militärregierung nach dem Ende des Krieges anerkennen würden. Als Gegenleistung verpflichteten sich die Alliierten, die Besetzung der lokalen und regionalen Ämter durch die CLN zu akzeptieren; die Regierung in Rom erklärte sich bereit, die CLN als ihre offizielle Vertretung im Norden anzuerkennen.
Im April 1945 brach der deutsche Widerstand zusammen. Mussolini wurde gefangengenommen und erschossen. Seine Leiche wurde auf einem Platz in Mailand aufgehängt. Die Periode des Faschismus in Italien war damit beendet.

## Der Friedensvertrag

Bei den Friedensverhandlungen spielten territoriale Fragen eine

### Zehn Jahre im Überblick

| | |
|---|---|
| 10. 6. 1940 | Italien erklärt den Alliierten den Krieg. |
| 27. 9. 1940 | Abschluß des Dreimächtepakts mit Deutschland und Japan. |
| 28. 10. 1940 | Italien beginnt den Krieg gegen Griechenland, der nur mit deutscher Hilfe beendet werden kann. |
| 10. 7. 1943 | Die Westalliierten landen auf Sizilien. |
| 25. 7. 1943 | Mussolini wird gefangengenommen; Badoglio bildet eine neue Regierung; König Victor Emanuel erhält alle Machtbefugnisse zurück. |
| 8. 9. 1943 | Ministerpräsident Pietro Badoglio bittet die Alliierten offiziell um einen Waffenstillstand. |
| 10. 9. 1943 | Deutsche Luftlandetruppen besetzen Rom. |
| 12. 9. 1943 | Mussolini wird befreit. Er gründet die faschistische Italienische Soziale Republik (»Republik von Salo«). |
| 21. 4. 1944 | Eine neue Regierung Badoglio wird gebildet, an der alle Parteien beteiligt sind. |
| 4. 6. 1944 | Alliierte Truppen erreichen Rom. |
| 28. 4. 1945 | Mussolini wird von Partisanen erschossen. |
| 1. 5. 1945 | Die deutschen Truppen in Italien unter SS-General Karl Wolff kapitulieren eigenmächtig. |
| 10. 12. 1945 | Alcide De Gasperi bildet eine Regierung. |
| 3. 6. 1946 | In einer Volksabstimmung entscheidet sich die italienische Bevölkerung für die Republik. |
| 10. 2. 1947 | Im Friedensvertrag mit Jugoslawien wird Triest zum Freistaat unter UN-Aufsicht erklärt. |
| 31. 5. 1947 | Die erste Nachkriegskoalition ohne kommunistische Beteiligung unter De Gasperi übernimmt die Regierung. |

entscheidende Rolle. Sowohl Italien als auch Jugoslawien beanspruchten die Stadt Triest und ihr Umland (auch → S. 385). Das umstrittene Gebiet wurde im Pariser Friedensvertrag vom 10. 2. 1947 in zwei Zonen aufgeteilt, eine unter

Italien 337

| Grunddaten | 1940 | 1943 | 1946 | 1949 |
|---|---|---|---|---|
| 1. Einwohnerzahl (in Mill.) | — | — | — | 46,7 |
| 4. Volkseinkommen (in Mill. Lire) | — | — | — | 5 909 |
| 6. Arbeitslosenquote (in % der berufsfähigen Bevölkerung) | — | — | 6,8 | 8,6 |
| 7. Geburtenziffer (in ‰) | 23,5 | 19,9 | 23 | 20,4 |
| 8. Sterbeziffer (in ‰) | 13,6 | 15,2 | 12,1 | 10,5 |
| 10. Jährlicher Energieverbrauch pro Einw. (in kg Ske) | — | — | — | 580 |
| 11. Einfuhr (in Mill. US-Dollar) | 666 | 753 | — | 1 510 |
| 12. Ausfuhr (in Mill. US-Dollar) | 381 | 426 | — | 1 110 |

*Bei ihrem Einzug in Palermo auf Sizilien werden die amerikanischen Truppen von der Bevölkerung gefeiert.*

jugoslawischer und eine unter britisch-amerikanischer Verwaltung. Eine endgültige Regelung wurde auf ein späteres Datum verschoben.

Mit Österreich gab es Meinungsverschiedenheiten über Südtirol, das nach dem 1. Weltkrieg Italien zugesprochen worden war. Es blieb bei dieser Regelung, und Italien versprach dafür, die Rechte der deutschsprachigen Minderheit zu garantieren. Dennoch sollte Südtirol noch jahrelang der Schauplatz gewalttätiger Aktionen von Südtirolern bleiben, die gegen die unzureichenden italienischen Zugeständnisse aufbegehrten.

Das zweite Problem bildeten die Kolonien. Italien verzichtete auf sein gesamtes Kolonialreich, auch auf die Kolonien, die es vor der Zeit des Faschismus schon besessen hatte.

Das dritte wichtige Problem war die Frage der Reparationen. Die Westalliierten sahen von Reparationsforderungen an Italien ab. Andere Länder, z. B. Albanien, die UdSSR oder Jugoslawien, waren dazu jedoch nicht bereit. Den überwiegenden Teil der zu zahlenden Beträge von 360 Mill. Dollar konnte Italien nur aufgrund amerikanischer Kredite und Schenkungen aufbringen.

## Die Nachkriegszeit

Nach dem Sturz des Faschismus im Juli 1943 hatten sich die politischen Parteien allmählich wieder reorganisiert, im Süden öffentlich, im Norden noch in der Illegalität. Die wichtigsten Parteien waren die Christdemokraten (DC), die Sozialisten (PSIUP), die Kommunisten (KPI) und die Aktionspartei (Pd'A).

Neben diesen Parteien spielten auch die alte Liberale Partei (PLI) und die Republikanische Partei (PRI) zunächst eine wichtige Rolle. Im Juni 1945 wurde die erste Friedensregierung gebildet, an der alle diese Parteien beteiligt waren. An ihrer Spitze stand Ferrucio Parri (Pd'A). Der Sozialist Pietro Nenni wurde stellvertretender Ministerpräsident, der Christdemokrat De Gasperi Außenminister und der Kommunist Togliatti Justizminister.

In dieser Koalition kam es schon bald zu Meinungsverschiedenheiten, u. a. über die zukünftige Rolle der Monarchie. Während dieser Phase entwickelten sich die Christdemokraten zur stärksten Partei. Im November entwarf die Regierung einen Plan für den Wiederaufbau der Wirtschaft. Er sah u. a. eine Abgabe auf Kapitalbesitz und die staatliche Zuweisung von Grundstoffen für die Industrie vor. Dieser Plan stieß nicht nur bei den konservativen Parteien, sondern auch bei den Alliierten auf Widerstand. Schließlich führte der außen- und innenpolitische Druck zum Sturz der Regierung.

Im Dezember kam die hauptsächlich von der DC getragene Regierung De Gasperi an die Macht. Mit Wirkung vom 1. 1. 1946 widerrief die Regierung die von den Alliierten gebilligte Besetzung von Verwaltungsposten im Norden durch CLN-Vertreter. Am 31. 3. desselben Jahres wurde die Hohe Kommission zur Bestrafung des Faschismus aufgehoben. Nach Gemeindewahlen im März fand im Juni eine Volksabstimmung statt, in der sich das italienische Volk für die Republik entschied. Victor Emanuels Sohn, Umberto II., der nach der Einnahme Roms durch die Alliierten (1944) zum Generalstatthalter ernannt worden war, dankte ab. Gleichzeitig wurde ein neues Parlament gewählt. Bei diesen Wahlen erhielten die DC 35% der Stimmen, die PSIUP über 20%, die KPI knapp 19%, die PLI 6,8% und die PRI 4,4%. Im Juli 1946 bildete De Gasperi seine zweite Regierung aus DC, PCI, PSIUP und PRI. PRI-Führer Graf Sforza wurde Außenminister.

Eine der wichtigsten Aufgaben nach dem Krieg war der Wiederaufbau der Wirtschaft. Im September 1945 gewährten die USA Italien den ersten Kredit in Höhe von 100 Millionen Dollar, der für den Ankauf von Lebensmitteln und Medikamenten bestimmt war. Die gesamte Darlehensschuld in den Jahren 1943–1947 belief sich auf rd. 2 Milliarden Dollar, deren Hauptanteil aus den USA stammte. Über die Grundlinie der Wirtschaftspolitik wurde heftig gestritten. Die liberale Option zielte auf

*Monumentalporträt von Palmiro Togliatti, mitgeführt von Demonstranten nach einem Attentat auf den Parteichef der KPI im Juli 1948.*

*Die konstituierende Sitzung des ersten Kabinetts De Gasperi (am Kopfende links); sechster von links ist der Sozialistenführer Pietro Nenni.*

die Wiederherstellung der freien Marktwirtschaft ohne jede staatliche Einflußnahme, auf Freihandel und niedrige Staatsausgaben. Die Alternative war eine Wirtschaftspolitik, die sich auf die Beibehaltung des großen Staatseinflusses richtete und damit auf Handelsbeschränkungen und Preiskontrollen. Die liberale Auffassung setzte sich schließlich weitgehend durch. Sie ließ die Inflation gewaltig steigen; es kam zu einer enormen Spekulation gegen die Lira. 1947 war die Notwendigkeit einer Änderung dieser Politik unübersehbar. Luigi Einaudi, der neue Finanzminister, konnte durch die Einführung einer scharfen Kreditkontrolle innerhalb von sechs Monaten die Inflation eindämmen und die Währung stabilisieren. Diese Entwicklung ging jedoch auf Kosten des industriellen Wiederaufbaus: Es kam zu einer starken Rezession, die erst 1948 durch die Marshallplan-Hilfe überwunden werden konnte.
1947 zerbrach die bis dahin zweitstärkste Partei, die sozialistische PSIUP, an der Frage der Zusammenarbeit mit den Kommunisten. Eine Minderheit bildete die sozialdemokratische PSDI, die Mehrheit (PSI) trat weiter für ein Bündnis mit der PCI ein. Nach der Spaltung konnte De Gasperi im Mai 1947 ein Kabinett ohne PCI und PSI bilden. Parallel zur Spaltung der Sozialisten zerfiel auch der mächtige, von der PCI beherrschte Gewerkschaftsbund CGIL in je eine kommunistische, sozialdemokratische und christliche Gewerkschaft. Bei den Wahlen 1948 erhielt die DC 48,5% der Stimmen und 305 der insgesamt 574 Sitze. Die gemeinsame Liste von PCI und PSI erlangte nur 31% der Stimmen. De Gasperi setzte die Koalition mit den Parteien der Mitte, PSDI, PLI und PRI, fort. 1949 wurden die Reorganisationsbemühungen der Nachkriegszeit mit dem NATO-Beitritt Italiens abgeschlossen.

# Italienisch-Somaliland

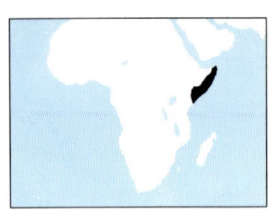

Fläche: 461 537 km²
Hauptstadt: Mogadischu

1936 wurde Italienisch-Somaliland mit Äthiopien zum Generalgouvernement Italienisch-Ostafrika zusammengeschlossen und einem Vizekönig unterstellt. Bei ihrem Feldzug zur Eroberung Äthiopiens besetzten die Briten das Gebiet im Februar 1941 nach kurzem Kampf innerhalb von zwei Wochen. Zum ersten Mal konnte sich im Somalvolk der organisierte Nationalismus freier entfalten. 1943 wurde der Somalische Jugendklub gegründet, der 1947 in Somalische Jugendliga umbenannt wurde und sich zur wichtigsten politischen Gruppierung entwickelte. Die Briten machten in der UNO den Vorschlag, Britisch- und Italienisch-Somaliland mit dem ebenfalls von Somal bewohnten Ogaden in Äthiopien zu einem unabhängigen somalischen Staat zu vereinigen. Von diesem Vorschlag kam man jedoch wieder ab. 1950 stellte die UNO Italienisch-Somaliland als Treuhandgebiet wieder unter italienische Verwaltung, knüpfte daran aber die Bedingung, daß das Land 1960 unabhängig werden sollte.

# Jamaika

Fläche: 11 680 km²
Hauptstadt: Kingston

▷

*Alexander Bustamante (mit weißen Haaren und weißer Fliege) führt einen Protestmarsch im Jahre 1946 an.*

Zu Beginn des Jahrzehnts herrschte wegen der schlechten wirtschaftlichen Lage und der Arbeitslosigkeit soziale Unruhe. Der 2. Weltkrieg hatte eine Belebung der gewerblichen Wirtschaft zur Folge. 1941 wurde den USA durch einen Pachtvertrag für 99 Jahre Gelände zur Errichtung von Militärstützpunkten überlassen. Die Stationierung amerikanischer Marine- und Luftstreitkräfte brachte Geld ins Land und verbesserte die wirtschaftliche Situation etwas. Durch den Mangel an Schiffsraum ging der Export (u. a. Bananen) jedoch zurück. Die Anwesenheit der Amerikaner fing den finanziellen Verlust zwar auf, änderte aber nichts an dem weiteren Abbau von Arbeitsplätzen; auch die Belebung der Zuckerproduktion schaffte kaum Abhilfe. Das Jahrzehnt war außerdem durch die Entstehung von politischen Parteien und Gewerkschaften gekennzeichnet. Alexander Bustamante und Norman Manley waren dabei die herausragenden Persönlichkeiten. Nach den Unruhen des Jahres 1938 gründete Manley die People's National Party (PNP). Ihr Ziel war es, Jamaika auf die Selbstverwaltung vorzubereiten. Bustamante übernahm durch die Gründung der Bustamante Industrial Trade Union (BITU) die Führung der Gewerkschaftsbewegung. Die Gewerkschaft unterstützte das Streben nach Selbstverwaltung. 1943 brach Bustamante jedoch alle Verbindungen zur PNP ab, indem er eine eigene Partei, die Jamaica Labour Party (JLP) gründete. Die Verfassung von 1944 beendete Jamaikas Status als Kronkolonie.

# Japan

Fläche: 368 589 km²
(bis 1945: 382 545 km²)
Hauptstadt: Tokio

### Krieg und Expansion

Seit 1937 befand sich Japan im Krieg mit China. Unter dem Eindruck der militärischen Erfolge Deutschlands im Frühjahr 1940 drängten Armeekreise auf ein Bündnis mit Deutschland. Darüber kam das Kabinett Jonai zu Fall, das bessere Beziehungen zu den USA wollte. Als Vertreter der Armee kam General Tojo in das neue, von Fumimaro Konoe geleitete Kabinett. Im September wurde mit Deutschland und Italien der Dreimächtepakt geschlossen. Durch diesen Pakt wollte Japan die USA isolieren, die UdSSR als möglichen Gegner neutralisieren, die europäischen Kolonien in Asien in seine »Großostasiatische Wohlstandssphäre« eingliedern und China von seinen Bündnispartnern trennen. Unmittelbar nach der deutschen Besetzung Frankreichs entsandte Japan Beobachter nach Tonkin, dem nördlichen Teil der französischen Kolonie Indochina. Drei Monate später, im September 1940, wurden mit Billigung des französischen Vichy-Regimes die ersten japanischen Armee-Einheiten in die-

Japan  339

| Grunddaten | 1940 | 1943 | 1946 | 1949 |
|---|---|---|---|---|
| 1. Einwohnerzahl (in Mill.) | 72,5 | — | 73,1 | 81,3 |
| 2. Urbanisationsgrad (in %) | 37,9 | — | 30,4 | — |
| 3. Berufstätige (in % der Gesamtbevölkerung) | — | — | — | 44,8 |
| 4. Volkseinkommen (in Mrd. Yen) | 27,2 | 41,6 | 297,2 | 2743 |
| 6. Arbeitslosenquote (in %) | — | — | — | 1 |
| 7. Geburtenziffer (in ‰) | 29,4 | 30,3 | 25,3 | 33,8 |
| 8. Sterbeziffer (in ‰) | 16,4 | 16,3 | 17,6 | 11,6 |
| 9. Lebenserwartung bei Neugeborenen (in Jahren) | | | | |
| Männer | — | — | 42,6 | 56,2 |
| Frauen | — | — | 51,1 | 59,6 |
| 10. Jährlicher Energieverbrauch pro Einw. (in kg Ske) | — | — | — | 760 |
| 11. Einfuhr (in Mill. US-Dollar) | 1 080 | — | 524 | 905 |
| 12. Ausfuhr (in Mill. US-Dollar) | 1 261 | — | 174 | 510 |
| 13. Einwohner pro Arzt | 1 200 | — | 1 200 | — |

ses Gebiet entsandt. China konnte nun nicht mehr vom Süden aus mit Waffen beliefert werden, und die militärische Expansion Japans in einem großen Teil Südostasiens begann. 1941 schloß Japan mit der UdSSR einen Nichtangriffspakt, um im Norden nicht bedroht zu werden. Im Sommer 1941 besetzten japanische Truppen den südlichen Teil Indochinas. Die USA reagierten auf diese Besetzung mit einem Exportembargo gegen Japan. Dadurch gingen fast 90% der japanischen Erdölimporte verloren. Nachdem es zwischen den beiden Ländern zu keiner Verständigung kam, griff die japanische Luftwaffe am 7. 12. 1941 die amerikanischen Marineeinheiten, die im Hafen von Pearl Harbor (Hawaii) lagen, an. Einige Stunden nach diesem Überfall wurde auch die amerikanische Basis auf den Philippinen durch einen Angriff der Japaner überrascht. Die dort stationierte Marineluftwaffe wurde fast gänzlich vernichtet. Am folgenden Tag wurden die britischen Schlachtschiffe »Prince of Wales« und »Repulse« in der Nähe von Malaya versenkt. Binnen kurzem hatte die japanische Armee nahezu ganz Südostasien besetzt. Um die britische Position weiter zu schwächen und Waffenlieferungen nach China unmöglich zu machen, drangen japanische Truppen in den Norden Birmas vor.

Japan wollte die besetzten Gebiete, wie vorher schon Korea und Taiwan, zur sogenannten »Großostasiatischen Wohlstandssphäre« zusammenfassen. Dabei sollte die Wirtschaft völlig den japanischen Bedürfnissen untergeordnet werden. Japan beutete die besetzten Gebiete zwar rücksichtslos aus; man versuchte jedoch nicht, den anderen Nationen die japanische Kultur aufzuzwingen. Um die Bevölkerung zu gewinnen, gaben sich die Japaner als Befreier von den ehemaligen Kolonialherren. Dadurch erhielt der Nationalismus starke Impulse. In vielen Gebieten versprachen die Japaner die Unabhängigkeit, um die oft schon seit vielen Jahren gerungen wurde, z. B. in Niederländisch-Indien.

### Gegenangriff der Alliierten und Kapitulation

Im Frühjahr 1942 begannen die Alliierten mit ihrem Gegenangriff. Die Vernichtung der japanischen Trägerflotte bei Midway, der westlichsten der Hawaii-Inseln, bedeutete den Umschwung auf dem pazifischen Kriegsschauplatz. Im Laufe des Jahres 1943 veränderten sich die Machtverhältnisse endgültig. Aufgrund neuer technischer Entwicklungen in der Rüstungsindustrie waren die Alliierten nun überlegen.

Daß Japan sich militärisch länger als das Deutsche Reich behaupten konnte, lag vor allem an der Entscheidung der Alliierten, zuerst Europa vom Nationalsozialismus zu befreien und erst dann alle militärischen Mittel gegen Japan zu richten. Seit Mitte 1944 wurde schließlich auch Japan ständig von amerikanischen Flugzeugen bombardiert. Im Frühjahr 1945 war Japan faktisch besiegt. Die amerikanische Entscheidung, im August 1945 auf Hiroshima und Nagasaki zwei Atombomben abzuwerfen, führte zur sofortigen Kapitulation des Landes.

In innenpolitischer Hinsicht blieb das Land während des 2. Weltkriegs stabil. General Tojo war von 1941 bis 1944 Ministerpräsident. Die militärischen Erfolge der Alliierten und besonders die Einnahme der Inseln Saipan und Iwo Jima führten zu einer Krise. Japan

### Zehn Jahre im Überblick

| | | |
|---|---|---|
| 16. 7. 1940 | Die Armee bringt das Kabinett Jonai zu Fall. |
| 23. 9. 1940 | Japanische Truppen marschieren mit französischer Zustimmung in Indochina ein. |
| 27. 9. 1940 | Abschluß des Dreimächtepakts mit Deutschland und Italien. |
| 18. 10. 1941 | General Tojo bildet ein Kabinett. |
| 7. 12. 1941 | Die japanische Luftwaffe greift die US-Pazifik-Flotte in Pearl Harbor an. |
| 8. 5. 1942 | Nach einer Seeschlacht in der Korallensee werden die Japaner zum Rückzug gezwungen. |
| 4. 6. 1942 | Beim Angriff auf Midway erleidet die japanische Flotte schwere Verluste. |
| 22. 7. 1944 | Tojo muß zurücktreten. Koiso Kuniaki wird Ministerpräsident. |
| 5. 4. 1945 | Kantaro Suzuki wird Ministerpräsident. |
| 6. 8. 1945 | Abwurf einer Atombombe auf Hiroshima. |
| 9. 8. 1945 | Abwurf einer Atombombe auf Nagasaki. |
| 14. 8. 1945 | Bedingungslose Kapitulation Japans. |
| 15. 8. 1945 | Kantaro Suzuki tritt zurück. Prinz Naruhiko wird sein Nachfolger. |
| 2. 9. 1945 | Außenminister Mamoru Schigemitsu und General Hirogiro Umezu unterzeichnen die bedingungslose Kapitulation. |
| 22. 5. 1946 | Schigeru Yoschida bildet ein konservatives Kabinett. |
| 25. 4. 1947 | Die Sozialdemokraten gewinnen die Wahlen. |
| 3. 5. 1947 | Die neue Verfassung tritt in Kraft. |

*Soldaten beten vor ihrem Weg an die Front zu den Ahnen des Kaisers: Symbol einer vom Militarismus geprägten Gesellschaft.*
◁

Pazifik I
S. 145–31

Pazifik II
S. 145–32

*Die verwüstete Innenstadt Hiroshimas nach der Explosion der Atombombe.*

*Der US-amerikanische General Douglas MacArthur (in brauner Uniform ganz vorn) war verantwortlich für die Veränderungen in der japanischen Gesellschaft nach dem Kriege. Die Aufnahme wurde anläßlich der Verleihung des Großkreuzes der französischen Ehrenlegion im Dezember 1946 in Tokio gemacht.*

wurde danach von den alliierten Luftstreitkräften, die von diesen Inseln aus operieren konnten, direkt bedroht. Tojo wurde zum Rücktritt gezwungen; General Koiso Kuniaki übernahm sein Amt. Nach der Einnahme von Okinawa im April 1945 mußte auch er das Feld räumen; sein Nachfolger wurde Admiral Kantaro Suzuki. Dieser ernannte Schigemori Togo, der den Frieden mit den Alliierten anstrebte, zum Außenminister. Am 14. 8. entschloß sich Japan unter dem Eindruck der beiden Atombombenabwürfe zur bedingungslosen Kapitulation. Man rechnete damit, daß Kaiser Hirohito den Thron behalten dürfe. Am 2. 9. 1945 wurde die Kapitulation an Bord des amerikanischen Schlachtschiffes »Missouri« in der Bucht von Tokio unterzeichnet.

### Unter amerikanischer Verwaltung

Der Krieg hatte das Land völlig verwüstet. Die Luftangriffe auf die Städte und die Industrieanlagen und der Abwurf von zwei Atombomben hatten schweren Schaden angerichtet Die Niederlage hatte das Volk demoralisiert. Führende Politiker mußten sich wegen Kriegsverbrechen vor einem internationalen Gerichtshof verantworten (auch → S. 192).
Die Alliierten beschlossen die Stationierung einer amerikanischen Besatzungsarmee und setzten eine gemeinsame Kontrollkommission ein. Oberbefehlshaber der amerikanischen Besatzungstruppe war General Douglas MacArthur. Die Reste der Waffenindustrie wurden demontiert, die Polizei wurde dezentralisiert, die Armee und paramilitärische Organisationen wurden aufgelöst und alte nationalistische Gruppierungen verboten.
1947 trat eine neue Verfassung nach westlichem Vorbild in Kraft. Presse- und Versammlungsfreiheit, das Recht zur Bildung von Gewerkschaften und die Menschenrechte wurden garantiert. Der Kaiser leugnete in einer Radiorede seine göttliche Abstammung und gab auch seinen Einfluß auf die Regierung auf (auch → S. 178).
Die japanische Landwirtschaft wurde nach dem Krieg völlig reorganisiert. Aller Grundbesitz, der seinem Eigentümer nicht auch als Wohnsitz diente, wurde beschlagnahmt. Der Besitz von mehr als 4 ha Ackerland je Familie wurde verboten. Die Pachtzinsen wurden beträchtlich herabgesetzt.
Auch die Industrie wurde neu strukturiert. Die Konzerne wurden zerschlagen. Gesetzliche Maßnahmen sollten Zweckverbände zwischen Banken, Industrieunternehmen und politischen Gruppierungen unterbinden. Trotzdem konnten viele industrielle Gruppen ihre Macht erhalten oder später zurückgewinnen. In den ersten fünf Jahren nach 1945 stand der Aufbau neuer Industrien im Mittelpunkt. So entstand das Fundament für die Entwicklung Japans zu einem der modernsten Industriestaaten.

# Jemen

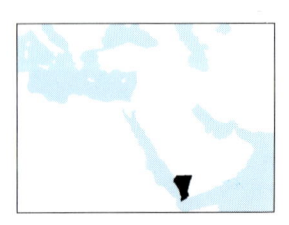

Fläche: 195 000 km²
Hauptstadt: Sana

Als Despot regierte Imam Jahja Hamid ad-Din das weitgehend von der Außenwelt abgeschlossene, verarmte Königreich. Er war der geistliche Führer der schiitischen Zaiditensekte, die sich auf die kriegerischen Stämme im jemenitischen Bergland stützte. Die Schafiiten, sunnitische Moslems, die hauptsächlich in der Küstenebene und in den Städten lebten, wurden schon seit Jahrhunderten von den zaiditischen Imamen unterdrückt. Der Jemen hatte eine nach strengen islamischen Rechtsnormen organisierte Gesellschaft.
Jemenitische Exilanten zumeist schafiitischer Abstammung, die nach Ägypten und Aden ausgewandert waren, gründeten in den 40er Jahren die Bewegung Freier Jemen, die eine Auflockerung des Staatssystems anstrebte. Ihre Anhängerschaft beschränkte sich zunächst auf eine kleine Gruppe von Intellektuellen. Im Februar 1948 wurde der Imam Jahja ermordet. Die konkurrierende Feudalfamilie al Wazir versuchte eine Machtübernahme, aber Jahjas Sohn, Imam Achmed Saif al-Islam, besiegte die Rebellen mit Hilfe seiner Bergstämme. Er stellte die königliche Alleinherrschaft wieder her, ließ Abdullah al-Wazir töten und gab die Stadt Sana zur Plünderung frei.

# Jordanien

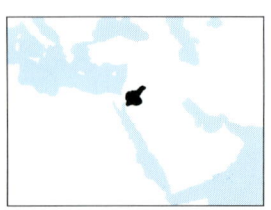

Fläche: 97 740 km²
Hauptstadt: Amman

Das Emirat Transjordanien war seit 1922 – nach der Abtrennung von Palästina – Mandatsgebiet des Völkerbundes unter britischer Verwaltung. Britische Truppen waren im Land stationiert. Die Außen-, Verteidigungs- und Finanzpolitik oblag zum großen Teil dem britischen Gesandten in Amman. Die Arabische Legion, die seit 1939 vom britischen General Glubb (Glubb Pascha) befehligt wurde, konnte als Teil der britischen Streitkräfte im Nahen Osten betrachtet werden. Sie wurde u. a. im Mai 1941 im Irak eingesetzt. Emir Abdullah aus dem ehemaligen haschemitischen Herrscherhaus von Mekka war ein verläßlicher Gefolgsmann Großbritanniens. 1946 wurde Transjordanien unabhängig. Der britische Einfluß blieb jedoch groß. Am 26. 5. 1947 ließ sich Abdullah zum König ausrufen. Nach einer Revision des britisch-transjordanischen Vertrages im März 1948 behielt Großbritannien im Königreich Luftstützpunkte. Transjordanien gehörte 1945 zu den Gründerstaaten der Arabischen Liga. Bereits vor der Proklamation des Staates Israel (14. 5. 1948) griff seine Arabische Legion in die Kämpfe im Gebiet von Jerusalem ein. Sie besetzte den Ostteil Jerusalems und die Hochländer nördlich und südlich der Stadt. Beim Waffenstillstand mit Israel am 3. 4. 1949 wurde die Demarkationslinie der von transjordanischen Truppen besetzten Gebiete festgelegt. Nachdem palästinensische Honoratioren ihn auf einem Kongreß in Jericho dazu aufgefordert hatten, gliederte König Abdullah am 24. 4. 1950 den eroberten Teil Palästinas seinem Königreich an. Der Name Transjordanien wurde in Haschemitisches Königreich Jordanien geändert.

Diese Annexion brachte Veränderungen für das Königreich mit sich. Die Bevölkerung wurde durch die Angliederung des fruchtbaren und dichtbesiedelten Westjordaniens und den Zustrom von Hunderttausenden palästinensischen Flüchtlingen verdoppelt. Zugleich wurde dadurch der Keim für Konflikte zwischen den königstreuen Beduinen im Osten und den großenteils städtischen, unter modernen Einflüssen stehenden Palästinensern gelegt. Ein großer Teil der arabischen Welt lehnte die Annexion ab und wandte sich auch gegen die vom König verfolgten »großsyrischen« Bestrebungen, die das Ziel hatten, Syrien, Jordanien und Palästina unter seinem haschemitischen Haus zu vereinigen. Abdullah strebte zugleich eine enge Zusammenarbeit mit dem ebenfalls haschemitischen Herrscher des Irak an. Der Verwirklichung seiner Pläne standen vor allem die Syrer im Wege, aber auch die Könige Ägyptens und Saudi-Arabiens. So geriet der jordanische König am Ende des Jahrzehnts innerhalb der arabischen Welt in eine isolierte Position. Am 20. 7. 1951 wurde Abdullah in Jerusalem von einem Palästinenser ermordet.

*König Abdullah (Mitte) 1949 bei einem Besuch in London. Links sein Großneffe, der irakische König Faisal (links).*

*Der Befehlshaber der »Arabischen Legion« Sir John Bagot Glubb (»Glubb Pascha«, links) 1948 im Gespräch mit einem Offizier (rechts).*

# Jugoslawien

### Besetzung und Widerstand

Nach Ausbruch des 2. Weltkriegs hatte sich Jugoslawien, trotz schwerer Bedenken, dem Deutschen Reich angenähert. Die militärischen Erfolge der Wehrmacht und die Losung einer »Neuordnung« Südosteuropas taten ein übriges. Am 25. 3. 1941 trat Jugoslawien dem Dreimächtepakt bei. Unmittelbar danach kam die Regierung durch einen Militärputsch des Fliegergenerals Simović zu Fall. Die Regentschaft Prinz Pauls wurde beendet und der 17jährige Kronprinz (als König Peter II.) für volljährig erklärt. Die UdSSR schloß mit Simović einen Freundschafts- und Beistandspakt. Am 6. 4. marschierte die deutsche Armee in Jugoslawien ein. Die Kapitulation folgte am 17. 4. Der König und sein Kabinett flüchteten nach London, wo eine jugoslawische Exilregierung gebildet wurde. Während der deutschen Besatzung wurde der Vielvölkerstaat Jugoslawien völlig zersplittert. Die Randgebiete Slowenien, Dalmatien, Makedonien u. a. wurden von den Achsenmächten und ihren Verbündeten annektiert. Kroatien wurde, erweitert um Bosnien und Herzegowina, unter Ante Pavelić, dem Führer der faschistischen Ustascha, ein selbständiger Staat. Montenegro wurde Königreich in Personalunion mit Italien. Der Rest des Landes wurde deutscher Militärverwaltung unterstellt. Der jugoslawische Widerstand gegen die Deutschen war stark zersplittert. Die einzelnen Gruppen bekämpften sich zudem gegenseitig. Die königstreuen Četnici wurden von den USA unterstützt. Nach dem deutschen Überfall auf die UdSSR (22. 6. 1941) gründete die illegale Kommunisti-

Fläche: 255 804 km²
(bis 1941: 247 542 km²)
Hauptstadt: Belgrad

◁

*Demonstration in Belgrad gegen den Beitritt Jugoslawiens zum Dreimächtepakt im März 1941.*

## Jugoslawien

*Aufnahme aus der Zeit des Partisanenkampfes gegen die deutsche Besatzung: Tito (rechts) mit Mitgliedern des nationalen Befreiungsrates in seinem geheimen Hauptquartier in Drvar.*

sche Partei Jugoslawiens unter Generalsekretär Josip Broz Tito die Nationale Befreiungsbewegung. Durch ihre gute Organisation und Disziplin war Titos Partisanenarmee, die von den Briten und der UdSSR unterstützt wurde, bald in weiten Teilen des Landes erfolgreich. Am 26. 11. 1942 wurde in Bihać der Antifaschistische Rat der Nationalen Befreiung Jugoslawiens (AVNOJ) als höchstes politisches Organ der kommunistischen Partisanenbewegung gegründet. Eine Anerkennung der jugoslawischen Exilregierung lehnte sie ab. Nach mühsamen Verhandlungen zwischen Tito und Šubašić, dem Ministerpräsidenten der Exilregierung in London, im Sommer 1944 einigten sich die beiden Parteien schließlich unter dem Druck der Alliierten über die Bildung einer gemeinsamen Regierung. Nachdem die Partisanen die Befreiung Jugoslawiens größtenteils aus eigener Kraft geschafft hatten, wurde am 7. 3. 1945 eine provisorische nationale Regierung unter Tito gebildet, in der die KP ihren Einfluß mehr und mehr ausbaute und Šubašić, der Außenminister geworden war, ausschaltete. Bei den allgemeinen Wahlen vom 11. 11. erhielt die von den Kommunisten kontrollierte Volksfront 96% der Stimmen. Das neue Parlament schaffte am 29. 11. die Monarchie ab.

### Ein kommunistischer Bundesstaat

In der neuen Verfassung, die am 31. 1. 1946 in Kraft trat, wurde Jugoslawien zu einer föderativ gegliederten Volksrepublik proklamiert. Der neue Bundesstaat umfaßte sechs Republiken (Serbien, Kroatien, Bosnien und Herzegowina, Slowenien, Makedonien und Montenegro) und zwei autonome Provinzen (Wojwodina und Kosovo-Metohija). Die neue Regierung brachte alle nichtkommunistischen Organisationen und Einrichtungen unter ihre Kontrolle. Neben politischen Prozessen gegen Führer von Vorkriegsparteien kam es auch zu Aktionen gegen die katholische Kirche. So wurde im Oktober 1946 der Erzbischof von Zagreb, Stepinac, der Kollaboration für schuldig erklärt und zu 16 Jahren Gefängnis verurteilt. Die Wirtschaft wurde zu einem zentral gelenkten System nach sowjetischem Modell umgewandelt. Im Januar 1949 begann der Staat mit der Zwangskollektivierung. Anfang der 50er Jahre gab er diese Politik wegen des Widerstands der Bauern und der schlechten Betriebsergebnisse wieder auf. Mit den USA und Großbritannien war Jugoslawien wegen der Triestfrage in Konflikt geraten. Im April 1945 hatten jugoslawische Truppen Triest besetzt, waren aber im Juni durch ein amerikanisch-britisches Ultimatum zum Rückzug gezwungen worden. Im Friedensvertrag mit Italien (10. 2. 1947) wurde Triest zum Freistaat erklärt. Erst in den 50er Jahren konnte der Konflikt beigelegt werden. In den ersten Jahren nach 1945 lehnte sich Jugoslawien stark an die UdSSR an.

### Konflikt mit der UdSSR

Die guten Beziehungen zur UdSSR trübten sich im Laufe der Jahre durch wachsende Meinungsverschiedenheiten. Stalin erwartete

### Zehn Jahre im Überblick

| | | |
|---|---|---|
| 25. | 3. 1941 | Jugoslawien tritt dem Dreimächtepakt bei. |
| 27. | 3. 1941 | Prinzregent Paul wird durch einen Militärputsch gestürzt, Prinz Peter wird König, General Dušan Simović Ministerpräsident. |
| 6. | 4. 1941 | Die deutsche Wehrmacht rückt in Jugoslawien ein. |
| 17. | 4. 1941 | Die Armee kapituliert; in London wird eine Exilregierung gebildet. |
| 26. | 11. 1942 | Partisanen gründen den Antifaschistischen Rat der Nationalen Befreiung unter Josip Broz (Tito). |
| 7. | 3. 1945 | Tito bildet eine vorläufige Regierung. |
| 12. | 4. 1945 | Ein Freundschaftsvertrag mit der UdSSR wird geschlossen. |
| 11. | 11. 1945 | Bei allgemeinen Wahlen erhält die kommunistische Einheitsfront 96% der Stimmen. |
| 29. | 11. 1945 | Das Parlament schafft die Monarchie ab und proklamiert die Föderative Volksrepublik Jugoslawien. |
| 29. | 9. 1949 | Die UdSSR kündigt den Freundschaftsvertrag mit Jugoslawien. |
| 26. | 12. 1949 | Ein Handelsabkommen mit Großbritannien wird geschlossen. |

von Jugoslawien, daß es sich wie die anderen osteuropäischen Bündnispartner den Interessen der UdSSR unterordnen würde. Tito wollte sich jedoch die sowjetische Bevormundung nicht gefallen lassen. Die Handelsbeziehungen stießen bei den Jugoslawen auf zunehmende Kritik, weil sie die UdSSR einseitig bevorteilten. 1948 kam es dann zum offenen Konflikt. Am 28. 6. wurde die Kommunistische Partei Jugoslawiens aus dem Kominform ausgeschlossen, offiziell aufgrund ideologischer Abweichungen. Die jugoslawischen Kommunisten wurden vom Kominform aufgerufen, ihre Parteiführung abzulösen. Doch Titos Politik wurde vom V. Parteitag (Juli 1948) eindeutig unterstützt. Unter dem Druck der Spannung wurden die Stalinisten aus der Partei ausgeschlossen. Die politische Isolation erreichte im September 1949 ihren Höhepunkt, als die UdSSR und ihre Bündnispartner die diplomatischen Beziehungen zu Jugoslawien abbrachen. Durch den Wirtschaftsboykott der Ostblockländer wurde Jugoslawien gezwungen, die Beziehungen zum Westen wieder zu verbessern. 1949 schloß Belgrad ein Handelsabkommen mit Großbritannien. Von den USA und Frankreich erhielt Jugoslawien Kredite und Waffenlieferungen. Innenpolitisch schlug Tito einen eigenen Weg zum Kommunismus ein und versuchte in seiner Theorie, die besonderen jugoslawischen Verhältnisse zu berücksichtigen.

*König Peter II. (in Uniform) an der Spitze der Exilregierung in London, Mai 1943.*

# Kanada

Als Dominion des britischen Commonwealth nahm Kanada 1939 von Anfang an am 2. Weltkrieg teil und leistete einen erheblichen Beitrag zur Kriegführung. Insgesamt waren eine Million kanadische Soldaten im Einsatz. Hauptsächlich wurden die kanadischen Verbände an den europäischen Fronten von ihren Stützpunkten in Großbritannien aus eingesetzt.

Die innenpolitischen Verhältnisse waren während des Krieges stabil. Premierminister William Mackenzie King bekleidete sein Amt bereits, von einigen kurzen Unterbrechungen abgesehen, seit 1921. Die Wahlen vom März 1940 brachten seiner Liberalen Partei eine bequeme Mehrheit im kanadischen Unterhaus. Bei den ersten Wahlen nach dem Krieg, im Juni 1945, verlor die Liberale Partei zwar stark, behielt aber trotzdem eine knappe Mehrheit.

Das Land zog viele europäische Emigranten an, so daß die Bevölkerung in den 40er Jahren rasch von 11,4 Millionen 1941 auf über 14 Millionen 1951 anwuchs.

Das Verhältnis zu Großbritannien erfuhr in diesem Jahrzehnt eine Wandlung. Einerseits erwachte ein eigenes Staatsbewußtsein, andererseits lehnte Kanada sich außenpolitisch an die USA an. 1949 wurde in Großbritannien der zweite British North America Act verabschiedet. Das kanadische Parlament hatte nun das alleinige Recht zur Änderung der Verfassung Kanadas, und das Land war dadurch im Rahmen des Commonwealth völlig selbständig. Die britische Kronkolonie Neufundland wurde 1949 zehnte Provinz Kanadas.

In der Nachkriegszeit leistete Kanada einen bedeutenden Beitrag zur atlantischen Zusammenarbeit. Wirtschaftlich richtete das Land seine Anstrengungen vor allem auf das alte Mutterland, das in einer schwierigen Lage war. Insgesamt hatten die kanadischen Hilfsleistungen für Großbritannien einen Wert von über 1 Milliarde Dollar. Kanada spielte außerdem eine Rolle bei der Verwirklichung des Marshallplans und bei der Gründung der NATO.

Innenpolitisch behielt die Liberale Partei ihre starke Stellung. 1948 trat Mackenzie King zurück. Sein Nachfolger wurde Louis Saint-Laurent; Lester B. Pearson wurde Außenminister. Die Position der Liberalen, die vor allem auf der günstigen Wirtschaftsentwicklung beruhte, wurde 1949 durch einen überzeugenden Wahlsieg bestätigt.

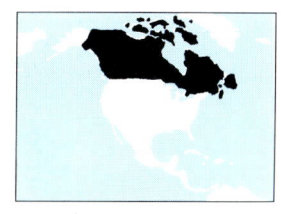

Fläche: 9 976 139 km²
Hauptstadt: Ottawa

◁
*Mehr als eine Million kanadischer Soldaten nahm auf der Seite der Alliierten am Krieg teil. Auf dem Foto die Ankunft einer kanadischen Einheit in Großbritannien im Juni 1940.*

# Kap Verde

Die Kolonie Kap Verde wurde vom portugiesischen Mutterland sehr vernachlässigt. Nach Abholzung der Wälder brachte der Boden nur geringe Erträge, so daß in den 40er Jahren ständig Hungersnot herrschte. 1940 bis 1948 starben Schätzungen zufolge 50 000 Menschen an Unterernährung. In der Stadt Praia (der späteren Hauptstadt) richteten die Portugiesen eine Hilfszentrale ein, die dazu beitragen sollte, die Hungersnot zu lindern. Die wichtigste Aufgabe dieser Stelle bestand freilich darin, daß man Arbeiter für Plantagen auf der Insel São Tomé anwarb. Viele Kapverder wanderten wegen der schlechten Wirtschaftslage aus, hauptsächlich in die USA, nach Senegal und Brasilien. Industrie und Fischfang sowie Bildungs- und Gesundheitswesen waren kaum entwickelt.

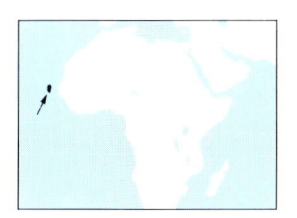

Fläche: 4033 km²
Hauptstadt: Praia

# Katar

Die wüstenähnliche Halbinsel Katar am Persischen Golf stand seit 1916 unter britischem Protektorat. Scheich Abdullah ibn Kasim, Oberhaupt der Familie al Thani, übte bis zu seinem Tod im Jahre 1949 eine absolutistische Herrschaft aus. Im Scheichtum galten die strengen Regeln der orthodoxen wahhabitischen Richtung innerhalb des Islam. Obgleich bereits 1939 Erdöl entdeckt worden war, begann erst 1949 die Förderung. Neben der Familie al Thani hatten vor allem britische Ölgesellschaften großen Anteil an der Ausbeutung des Erdöls. Die Bevölkerung, die hauptsächlich von Schafzucht und Perlenfischerei lebte, war arm und hatte kein Mitspracherecht in Staatsangelegenheiten. Auch als Ali ibn Abdullah 1949 Nachfolger seines Vaters wurde, blieb das Scheichtum ein absolutistisch regierter Feudalstaat.

Fläche: 11 000 km²
Hauptstadt: Doha

## 61. Die Macht der Partei

1945 glaubten viele, auch außerhalb der SPD, daß die »Einheit der Arbeiterklasse« die Machtergreifung Hitlers vielleicht hätte verhindern können. Doch während die Sozialdemokraten der SBZ im »Buchenwalder Manifest« von 1945 eine sozialistische Zukunft Deutschlands forderten, gaben Walter Ulbricht und die KPD zunächst die Parole aus: »Vollendung der bürgerlichen Revolution«. Ein Vereinigungsangebot des von Otto Grotewohl geleiteten Berliner Zentralausschusses der SPD lehnte die KPD Mitte 1945 ab.

Doch die Kommunisten änderten ihre Taktik bald. Als Wahlen in Österreich und Ungarn andeuteten, wie schwach ihre Position auch in Deutschland sein dürfte, drängten sie ihrerseits auf Vereinigung. Für den nötigen Nachdruck sorgten Verhaftungen von SPD-Funktionären, aber auch die Rivalität in der SPD zwischen Otto Grotewohl und Kurt Schumacher.

Nach dem Vereinigungsparteitag 1946 stärkte die KPD ihre Position innerhalb der SED kontinuierlich und dehnte ihre Vorherrschaft auf alle gesellschaftlichen Bereiche aus.

## 62. »Junkerland in Bauernhand«

Es war keine deutsche Idee gewesen, alle Betriebe in der SBZ über 100 ha Nutzfläche samt Inventar zu enteignen und an »Neubauern« zu verteilen. Die »Verordnungen über die Bodenreform« vom September 1945 waren eine Übersetzung aus dem Russischen und bereits in anderen Staaten zur Zerschlagung des konservativen und wirtschaftlich selbständigen Bauerntums erprobt.

Der Erfolg der Bodenreform war allerdings dürftig. Die zusammengestückelten Besitztümer der Neubauern waren oft viel zu klein, um eine Familie zu ernähren. Das Resultat: Bis 1950 hatten über 20 Prozent der Neubauern ihr Land verlassen und waren zum Teil in den Westen geflüchtet. Viele andere waren später schnell bereit, ihr »Gut« in die Produktionsgenossenschaft einzubringen.

Als propagandistisches Instrument war die Bodenreform gescheitert. Allerdings verstand es die SED sehr gut, die »armen kleinen« gegen die Mittel- und Großbauern auszuspielen und so das Klima für die Kollektivierung in den 50er Jahren zu verbessern.

**61. SBZ: Parteien**
a) J. R. Becher
b) W. Ulbricht
c) O. Grotewohl
d) FDGB-Sprecher
e) Reportage

**62. Bodenreform in der SBZ**
a) W. Ulbricht
b) Reportage
c) Reportage
d) Reportage

## 63. Sisyphosarbeit in der Fabrik

Es ist ein Wunder, allemal so groß wie unser Wirtschaftswunder, daß die DDR sich von jenem Kahlschlag erholte, den ihr der heutige Verbündete, die Sowjetunion, in den Jahren nach 1945 zufügte. Denn die Sowjets legten den Beschluß der Alliierten, die deutsche Rüstungsindustrie durch Demontagen auszuschalten und sich für erlittene Kriegsschäden in der eigenen Zone schadlos zu halten, wesentlich rigoroser aus als die Amerikaner und Engländer.

Kein seltenes Bild: Kaum hatten Arbeiter den gerade demontierten Betrieb aus den Resten notdürftig wieder in Gang gebracht, standen die Demontagekolonnen schon wieder zum Abbau bereit. Man schätzt, daß die Sowjets bis 1953 für annähernd 60 Milliarden Mark Anlagen und vor allem Waren aus der SBZ/DDR verschleppt haben, nicht eingerechnet jene Leistungen, die mit erbeuteten Banknoten bezahlt wurden. Der Wiederaufbau der Wirtschaft in der SBZ stand deshalb unter einem schlechten Stern. Ohne den unermüdlichen Einsatz der Arbeiter, hinter dem nicht selten brutaler Zwang stand, wäre er nicht in Gang gekommen.

## 64. Hinter dem Eisernen Vorhang

Kaum war Großdeutschland mit dem Plan gescheitert, die Welt unter seiner Knute zu vereinen, da wagten andere den Versuch.

Anders als viele sozialdemokratische oder bürgerliche Regimegegner, die in der Emigration keine politische Unterstützung fanden, hatten die Kommunisten in Moskau eine Zuflucht gefunden, von der aus sie politisch weiterarbeiten konnten. Die Folge: nach dem Krieg verfügten einzig sie über eine arbeitsfähige politische Organisation. Dies sollte sich vor allem in der sowjetischen Besatzungszone auszahlen.

Mit Unterstützung der sowjetischen Besatzungsmacht gelang es der KPD unter Walter Ulbricht schnell, das öffentliche Leben in der SBZ nach den Wünschen der Sowjets umzugestalten. Die Bodenreform und die Verstaatlichung der Industriebetriebe sowie die zentrale Planung aller Wirtschaftsbereiche durch die von Kommunisten kontrollierte SED schufen die Basis für die Eingliederung der SBZ/DDR in das »sozialistische Lager«. Weder schöne Worte noch Bruderküsse konnten darüber hinwegtäuschen, daß man den Begriff »Lager« bald wörtlich nehmen mußte.

**63. Aktivistenbewegung**
a) W. Ulbricht
b) A. Hennecke
c) F. Selbmann
d) J. Orlopp
e) F. Selbmann

**64. Marsch ins »Sozialistische Lager«**
a) W. Pieck
b) Reportage Frankfurt a. d. Oder
c) Interview
d) A. Hennecke

## 65. Ein kommunistischer Separatstaat ...

Obwohl die tatsächliche Entwicklung in der SBZ dem durch Meinungsverschiedenheiten der Westalliierten lange gehemmten Zusammenschluß der Westzonen stets weit voraus war, ließ man formell dem Westen den Vortritt.

Schon im Juni 1947 wurde mit der Deutschen Wirtschaftskommission eine Art provisorischer Zentralregierung der Sowjetischen Besatzungszone Deutschlands eingesetzt, ein halbes Jahr später der erste Deutsche Volkskongreß als Vorstufe eines Parlaments berufen. Der aus der Volkskongreßbewegung hervorgegangene Verfassungsentwurf ist älter als das Grundgesetz der Bundesrepublik Deutschland. Auch die Wahlen zum dritten Volkskongreß am 15./16. Mai 1949 gingen den ersten Bundestagswahlen um drei Monate voraus. Der auf dem Weg zur Gründung der DDR zur Schau getragene Pluralismus sucht an KZ-Erinnerungen anzuknüpfen oder suggeriert in der Gestalt des im »Nationalkomitee Freies Deutschland« »umerzogenen« ehemaligen Wehrmachtsoffiziers und späteren DDR-Gesundheitsministers Steidle (CDU) Parteienvielfalt.

## 66. ... mit gesamtdeutschem Anspruch?

Die DDR beansprucht zwar, »unser Volk von der Oder bis an die Ruhr und über den Rhein hinaus« zu vertreten, kann aber nicht vergessen machen, daß der »Volkskongreß, zu dem das deutsche Volk in allgemeinen Wahlen seine Vertreter entsandte«, nur die Stimmen von 66 Prozent der Wähler in der SBZ erhalten hatte. Trotz des schon damals verbreiteten Drucks zur offenen Stimmabgabe hatten über vier Millionen Wähler die Einheitsliste des »Demokratischen Blocks« abgelehnt, die unter der Devise »Für Einheit und gerechten Frieden« angetreten war.

Ob Stalin und die von der Sowjetunion in ihrer Besatzungszone seit 1945 eingesetzte deutsche kommunistische Führung jemals wirklich an eine Chance glaubten, ihre politischen Zukunftsabsichten in ganz Deutschland verwirklichen zu können, ist fraglich. Auf jeden Fall hat die Sowjetunion von Anfang an konsequent auf den Aufbau eines kommunistischen deutschen Staates in ihrem Herrschaftsbereich hingearbeitet – in einer Form, die es erlaubte, dem Westen Schuld und Vertragsbruch anzulasten.

**65. Gründung der DDR I**
a) H. Grüber
b) L. Steidle
c) A. Ackermann
d) W. Ulbricht

**66. Gründung der DDR II**
a) Reportage
b) W. Pieck
c) O. Grotewohl
d) W. Pieck

**61. SBZ: Parteien**
Ein Berliner Bezirksparteitag der KPD beschließt am 13. 4. 1946 die Vereinigung mit der SPD. Der umkränzte Stuhl erinnert an Ernst Thälmann.

**62. Bodenreform in der SBZ**
Das ehemalige Rittergut Helfenberg wird aufgeteilt.

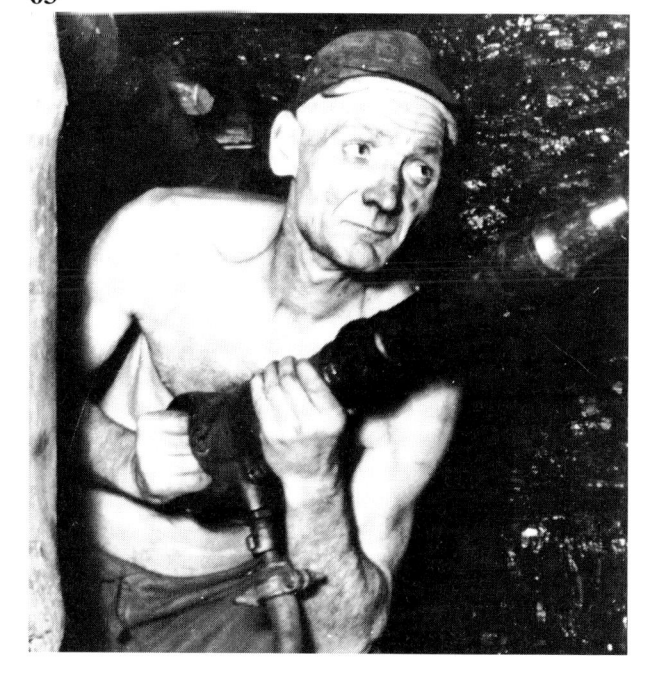

**63. Aktivistenbewegung**
Adolf Hennecke erzielte 387% der vorgeschriebenen Tagesnorm.

**64. Marsch ins »Sozialistische Lager«**
FDJ-Demonstranten bekräftigen die Freundschaft zur Sowjetunion.

**65. Gründung der DDR I**
Der 1. Deutsche Volkskongreß 1947 fordert die Bildung einer zentralen deutschen Regierung.

**66. Gründung der DDR II**
Der Staatspräsident der DDR, Wilhelm Pieck, schreitet mit Gattin am Tag seiner Vereidigung eine Ehrenkompanie der Volkspolizei ab.

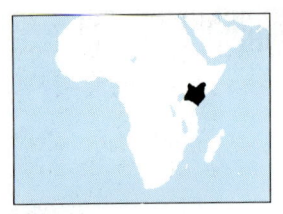

# Kenia

Fläche: 582 646 km²
Hauptstadt: Nairobi

Im 2. Weltkrieg wurde die britische Kolonie Kenia als Basis für den Kampf gegen die italienischen Streitkräfte in Äthiopien und Somaliland benutzt. Das brachte den weißen Siedlern im Hochland guten Absatz ihrer Erzeugnisse. Die Lage der schwarzen Bevölkerung wurde davon nicht beeinflußt. In Ansätzen entstanden oppositionelle Bewegungen. James Gishuru gründete 1944 die Kenya African Union (KAU). Sie war vor allem eine Organisation des Volkes der Kikuju und wollte das ausschließliche Recht der Weißen auf das fruchtbare Hochland abschaffen.

Nach dem 2. Weltkrieg kehrte 1946 Jomo Kenyatta aus Großbritannien zurück, wo er Anthropologie studiert hatte, und löste Gishuru als Vorsitzenden der KAU ab. Unter seiner Führung trug die KAU stark zum Anwachsen des Nationalbewußtseins und der Unabhängigkeitsbestrebungen in den 50er Jahren bei.

# Kolumbien

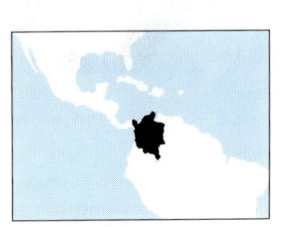

Fläche: 1 138 914 km²
Hauptstadt: Bogotá

Seit den 30er Jahren war die Regierungspolitik durch Kompromisse zwischen den klerikalen Konservativen und den antiklerikalen Liberalen gekennzeichnet. Staatspräsident Eduardo Santos Mentejo wurde von den Gemäßigten beider Parteien unterstützt. Während seiner Amtszeit (1938–1942) lehnte sich Kolumbien an die USA an. Santos war mehr an einem nationalen Konsens als an Reformen interessiert. Seine Regierung sorgte dennoch für verbesserte Landbaumethoden, industrielle Entwicklung und Ausweitung des Schulsystems. 1942 wurde in einem neuen Konkordat mit dem Vatikan die Trennung von Kirche und Staat vertieft, u. a. durch die Beendigung der kirchlichen Kontrolle des Schulunterrichts.
Nachfolger Santos' war Alfonso López, der schon einmal (1934 bis 1938) das Amt des Präsidenten innegehabt hatte. Seine zweite Amtszeit stand jedoch unter einem unglücklichen Stern. Die Fortsetzung der proalliierten Politik mit der Kriegserklärung an Deutschland Ende November 1943 erregte links wie rechts Widerspruch. Wirtschaftsprobleme, vor allem im Kaffeeanbau, beeinträchtigten die Situation noch. Nachdem Skandale in seiner Regierung und in seiner Familie bekannt geworden waren, trat Alfonso López am 7. 8. 1945 zurück.
Für den Rest seiner Amtszeit (bis August 1946) übernahm Alberto Lléras Camargo das Präsidentenamt. Er war bemüht, die nationale Einheit wiederherzustellen. Trotz der schwierigen innenpolitischen Verhältnisse konnten am 7. 8. 1946 Wahlen durchgeführt werden, die der konservative Mariano Ospina Pérez gewann. Aber auch er konnte als Präsident die Rivalität zwischen den extremen Linksliberalen und dem ultrarechten Flügel der Konservativen nicht eindämmen. Diese Gruppierungen trugen die Hauptschuld an der politischen Anarchie und dem Bürgerkrieg, in den das Land allmählich immer tiefer verwickelt wurde.
Vor diesem Hintergrund trat Kolumbien 1948 als Gastgeber der IX. panamerikanischen Konferenz auf, der Gründungskonferenz der OAS. Die Ermordung des Präsidentschaftskandidaten der Liberalen, Eliécer Gaitán, während dieser Konferenz führte zu einem Bürgerkrieg (»Violencia«), der rd. 200 000 Menschen das Leben kostete und bis weit in die 50er Jahre dauerte. Die Liberalen verzichteten wegen der Unruhen auf die Aufstellung eines Gegenkandidaten zu dem rechten Konservativen Laureano Gómez Castro, der am 27. 11. 1949 zum Präsidenten gewählt wurde.

# Korea

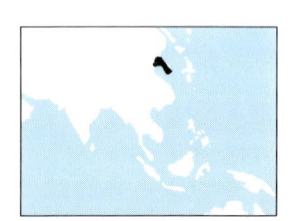

Fläche: 219 022 km²
Hauptstadt: Phyongyang und Soul

▷ *Demonstration in Soul für die USA und für die Aufstellung einer südkoreanischen Armee.*

Im russisch-japanischen Krieg (1904/05) wurde Korea von Japan besetzt und als Generalgouvernement Tschosen 1910 annektiert. Alle Versuche der Koreaner, auch nur in Ansätzen ihre Eigenständigkeit wiederzugewinnen, wurden brutal unterdrückt. Jede Äußerung einer koreanischen kulturellen Identität war verboten. Der Schulunterricht fand z. B. auf japanisch und nach japanischem Lehrplan statt. 1940 wurde Korea von Japan nicht mehr als Kolonie, sondern als integraler Bestandteil Japans betrachtet. Die Wirtschaft war schon früher den Interessen Japans untergeordnet worden. Zunächst wurde das Land als Reislieferant genutzt, um Japans schnell wachsende Bevölkerung zu ernähren. Seit 1930 beuteten große Industrieunternehmen und Banken die Rohstoffe des Nordens aus. Im Süden förderte die Regierung den Reisanbau als Monokultur. Die Ausbeutung wurde seit Kriegsbeginn noch intensiver. Mehr als 4 Millionen Koreaner mußten Zwangsarbeit für die Japaner leisten.
Die Koreaner konnten sich gegen das Unterdrückungssystem kaum wehren. Da eine Organisation praktisch unmöglich war, kam nur individueller Widerstand in Frage, der jedoch nur geringe Erfolge hatte. Viele paßten sich den Verhältnissen an, andere arbeiteten im Ausland politisch. Zu ihnen gehörten die späteren Präsidenten. Kim Il Sung lebte in der UdSSR, Syngman Rhee in den USA bzw. in China. Nach der japanischen Nie-

derlage 1945 wurden die im Land ansässigen Japaner vertrieben. Die seit 1919 wirkende Exilregierung wurde von den Alliierten vor allem unter dem Druck der UdSSR nicht anerkannt.

### Spaltung zwischen Norden und Süden

Gemäß den Beschlüssen der Potsdamer Konferenz vom Juli 1945 wurde das Land in zwei Interessensphären aufgeteilt. Am 9. 8. 1945 marschierte die UdSSR in den Norden des Landes ein, im September besetzten die USA den südlichen Teil des Landes. 1946 fanden Verhandlungen zwischen den beiden Besatzungsmächten über die Bildung einer gemeinsamen Regierung statt. Sie scheiterten jedoch an den gegensätzlichen Grundpositionen. Eine auf Initiative der USA gebildete UN-Kommission zur Kontrolle freier Wahlen durfte 1947 nicht nach Nordkorea einreisen, wo von der UdSSR bereits 1946 ein System von kommunistischen »Volkskomitees« gebildet und eine provisorische Regierung eingesetzt worden war. 1948 veranstalteten die USA im Süden freie Wahlen, und der konservative Syngman Rhee, bereits von 1919 bis 1939 Vorsitzender der koreanischen Exilregierung in Schanghai, rief im August die Republik Korea (Hauptstadt Soul) aus. Er verfolgte angesichts der Vielfalt von bis zu 205 Parteien und einer starken Opposition von rechts und links von Anfang an einen autoritären Regierungsstil. Im Gegenzug proklamierte Kim Il Sung am 11. 9. 1948 nun auch offiziell im Norden die Demokratische Volksrepublik Nordkorea (Hauptstadt: Phyongyang).

#### Zehn Jahre im Überblick

| | | |
|---|---|---|
| 9. 8. 1945 | | Sowjetische Truppen besetzen den Norden. |
| 8. 9. 1945 | | Amerikanische Truppen besetzen den Süden. |
| 19. 2. 1946 | | Kim Il Sung wird zum Vorsitzenden der Regierung Nordkoreas ernannt. |
| 12. 12. 1946 | | Bildung einer gesetzgebenden Nationalversammlung in Südkorea. |
| 5. 11. 1947 | | Die Vollversammlung der UNO nimmt eine Resolution über die Abhaltung freier Wahlen in ganz Korea unter UN-Aufsicht an. |
| 15. 8. 1948 | | In Soul wird die Republik Korea unter Syngman Rhee ausgerufen. |
| 11. 9. 1948 | | In Nordkorea wird die Demokratische Volksrepublik Korea ausgerufen. Kim Il Sung wird Ministerpräsident. |
| 27. 12. 1948 | | Die letzten sowjetischen Besatzungstruppen verlassen Nordkorea. |
| 15. 1. 1949 | | Die amerikanische Besatzungsarmee überträgt ihre Aufgaben der südkoreanischen Regierung. |

Bergbau und Industrie, die von den Japanern in diesem rohstoffreichen Gebiet gut entwickelt worden waren, sind in Nordkorea bereits 1946 verstaatlicht worden. Gleichzeitig war auch die Kollektivierung der Landwirtschaft erfolgt. Der Süden war dagegen bis 1945 überwiegend ein Agrargebiet geblieben, das – auch durch die Fluchtbewegung von Antikommunisten aus dem Norden – weitaus dichter besiedelt war als der Norden.
Nachdem bis zum Juni 1949 USA und UdSSR ihre Truppen aus Korea abgezogen hatten, kam es an der Demarkationslinie am 38. Breitengrad wiederholt zu kleineren und größeren bewaffneten Auseinandersetzungen, die 1950 in den Koreakrieg mündeten.

*Syngman Rhee (rechts) mit General Douglas MacArthur bei den Feierlichkeiten anläßlich der Gründung der Republik Südkorea im August 1948.*

# Kuba

Fulgencio Batista y Zaldívar war 1933 durch einen Putsch mit Duldung der USA an die Macht gekommen. Bis 1940 regierte er über Strohmänner. Weil sich Batista auf die 1940 verabschiedete, Reformen festlegende Verfassung berief, wurde er am 14. 7. 1940 mit großer Mehrheit zum Präsidenten gewählt. Batista stellte sich an die Spitze einer zivilen Koalition. Um die Kontrolle über die Streitkräfte nicht zu verlieren, übernahm er aber schon ein halbes Jahr später wieder den Oberbefehl über die Armee. Er beendete damit eine unsichere Situation, die besonders die USA im Hinblick auf den 2. Weltkrieg angesichts Kubas strategisch wichtiger Lage als unerwünscht erachteten. Der Weltkrieg trug dazu bei, daß sich die Wirtschaft Kubas in den 40er Jahren von einer Depression erholen konnte. Die USA kauften große Mengen Zukker zu relativ hohen Preisen. Amerikanische Militärstützpunkte regten u. a. die Entwicklung des Landes an. Bei den Wahlen 1944 siegte Ramón Grau San Martín. In seiner Amtszeit war er kaum mit politischen oder wirtschaftlichen Problemen konfrontiert. Am 1. 6. 1948 wurde Carlos Prío Socarrás, Senator und Mitglied von Graus Kabinett, mit großer Mehrheit zum Staatspräsidenten gewählt, aber weiterhin blieb Batista der starke Mann. Zum Ende des Jahrzehnts wurden die Korruption und die Arbeitslosigkeit erneut zu dringenden Problemen.

Fläche: 114 524 km²
Hauptstadt: Havanna

# Kuwait

Kuwait, seit 1899 ein britisches Protektorat, wurde von der Dynastie as-Sabah beherrscht. Großbritannien war für die Belange der Außen- und Finanzpolitik zuständig. Scheich Ahmad al Jaber as-Sabah (1921–1950) öffnete in den 30er Jahren seinen Wüstenstaat den westlichen Erdölgesellschaften. 1934 verlieh er der amerikanischen Gulf Oil Corporation und der britischen Anglo-Persian Oil Company eine Konzession. Sie bildeten zusammen die Kuwait Oil Company, die kurz vor Beginn des 2. Weltkriegs beachtliche Ölvorkommen, u. a. bei Burgan im Süden des Landes, entdeckte. Die Erschließung in großem Maßstab konnte jedoch erst nach dem Krieg beginnen. Die Erdölförderung veränderte den Charakter des kleinen Wüstenstaates binnen weniger Jahre drastisch. Der kleine Fischerhafen der Hauptstadt Kuwait wurde zu einem modernen Ölhafen umgestaltet. Man baute Straßen und verbesserte die Infrastruktur. 1950 starb Scheich Ahmad al Jaber. An seine Stelle trat Abdullah as-Salim as-Sabah aus der Familie as-Salim, einem Zweig der Sabah-Dynastie.

Fläche: 15 540 km²
Hauptstadt: Kuwait

# Libanon

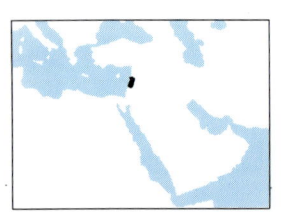

Fläche: 10 400 km²
Hauptstadt: Beirut

Bei Ausbruch des 2. Weltkriegs wurde im französischen Mandatsgebiet Libanon die partielle Selbstverwaltung außer Kraft gesetzt. Die französischen Behörden im Libanon verhielten sich loyal zum Frankreich der Vichy-Regierung. Nach einem kurzen Feldzug im Frühjahr 1941 konnten britische und französische Truppen jedoch für die Regierung der Freien Franzosen das Land besetzen. In ihrem Namen versprach General Georges Catroux dem Libanon die völlige Unabhängigkeit und die Beendigung des französischen Mandats. Bei den Parlamentswahlen von 1943 siegte der nationalistische Konstitutionelle Block mit großer Mehrheit. Der maronitische Christ Bischara al-Khoury wurde Staatspräsident und sein islamischer Bündnispartner Riad as-Solh Ministerpräsident. Es kam daraufhin mit Frankreich zu Auseinandersetzungen über die Unabhängigkeit. Erst unter Druck der Briten und der UNO verließen 1946 die letzten französischen Truppen das Land. Al-Khoury und as-Solh hatten 1943 nicht nur die Basis für die Unabhängigkeit geschaffen. Sie hatten zugleich in einem ungeschriebenen »Nationalpakt« das Gleichgewicht zwischen den verschiedenen religiösen Gemeinschaften geregelt, die in dem Land zusammenleben (maronitische, griechisch-orthodoxe, römisch-katholische und armenische Christen, Drusen und sunnitische und schiitische Moslems). Das Staatssystem gründete sich auf eine sorgfältige Verteilung der politischen Ämter unter diesen Gruppen. Das Amt des Staatspräsidenten sollte immer mit einem maronitischen Christen besetzt werden; Ministerpräsident sollte ein sunnitischer und Parlamentspräsident ein schiitischer Moslem sein. Christen und Moslems sollten im Parlament im Verhältnis 6:5 vertreten sein. Um die Freiheit der Religionsgruppen zu sichern, sollte eine Vereinigung mit anderen (islamischen) arabischen Staaten – gemeint war Syrien – ausgeschlossen sein. Auf der Grundlage einer ausdrücklichen Garantie der libanesischen Souveränität wurde das Land Mitglied der Arabischen Liga.

Am Krieg gegen Israel 1948 nahm der Libanon nur mit symbolischen Kontingenten teil. Allerdings mußte das Land viele palästinensische Flüchtlinge aufnehmen, was die sozialen Spannungen verstärkte. Ein Hauptproblem war, wie auch in den kommenden Jahrzehnten, der Anspruch Syriens auf das Gebiet des Libanon.

*General Georges Catroux*

# Liberia

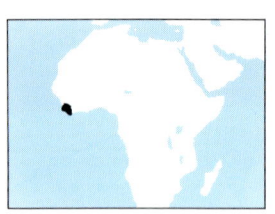

Fläche: 111 369 km²
Hauptstadt: Monrovia

Im unabhängigen Liberia wurde die Regierung seit der Gründung der Republik (1847) von Nachkommen freigelassener Negersklaven aus den USA gebildet. Diese Amerikoliberianer beherrschen seitdem die übrigen mehr als 95% der Bevölkerung. Großbritanniens dominierende Handelsstellung fand während des 2. Weltkriegs ein Ende. 1943 wurde die britische Währung von der amerikanischen ersetzt. 1942 hatten die USA einen Verteidigungsvertrag mit Liberia abgeschlossen. 1944 erklärte Liberia den Achsenmächten den Krieg. Im selben Jahr war William Tubman Präsident geworden. Er prägte mit seinem autoritären Regierungsstil die Politik Liberias für viele Jahre. Bis 1950 wurden neben der schon länger bestehenden Konzession für die Kautschukgesellschaft Firestone nur zwei weitere Konzessionen vergeben: an die Liberian Mining Company für den Abbau von Eisenerz und an die Liberia Company, die Kakaoplantagen anlegte. Tubman bemühte sich als erster Präsident um die Integration der einheimischen Liberianer in das politische Leben. Er änderte die Verfassung von 1847, so daß auch die binnenländischen Provinzen im Parlament vertreten waren. 1947 erhielten alle Bürger, einschließlich der Frauen, das Stimmrecht, vorausgesetzt, sie besaßen ein gewisses Haus- und Grundeigentum. Außerdem mußten sie Steuern gezahlt haben, um in den Genuß des Stimmrechtes zu kommen. In der Praxis blieb die Macht damit weitgehend in den Händen der Amerikoliberianer.

# Libyen

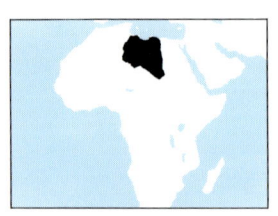

Fläche: 1 759 540 km²
Hauptstadt: Tripolis und Benghasi

▷ *Ein aus deutscher Hand zurückeroberter Flugplatz in der Umgebung von Tripolis. Im Vordergrund ein zerstörtes deutsches Transportflugzeug, im Hintergrund eine britische Militärkolonne.*

Libyen war 1911 nach dem Italienisch-Türkischen Krieg in italienischen Besitz geraten. Es dauerte jedoch noch bis 1934, ehe Mussolini die drei libyschen Gebiete Cyrenaica, Tripolitanien und Fezzan zur Kolonie Libia zusammenschließen konnte. Sofort nach dem Ausbruch des 2. Weltkrieges in Europa kam es an der libysch-ägyptischen Grenze zu Zusammenstößen zwischen Italienern und Briten. Mit dem Ziel, ein römisches Reich um das Mittelmeer (das »mare nostro«) bilden zu können, überschritten die Italiener am 13. 9. 1940 die ägyptische Grenze. Sie wurden, obgleich sie später durch das deutsche Afrikakorps unter

General Rommel erheblich verstärkt (14. 2. 1941) wurden, zweimal zurückgeschlagen, rückten aber jedesmal wieder vor, zuletzt sogar bis El Alamein, das nur 100 km von Cairo entfernt ist. Der entscheidende Gegenangriff der Alliierten unter General Montgomery (23. 10. 1942) vertrieb die Deutschen und Italiener letztlich aus Nordafrika. Von Westen rückten Soldaten des »Freien Frankreich« in den Fezzan ein.

Nach dem Krieg kamen die Provinzen Tripolitanien und Cyrenaica unter britische Verwaltung. Fezzan wurde der französischen Verwaltung von Südalgerien unterstellt. Die meisten italienischen Siedler in der Cyrenaica mußten das Land verlassen. Die Cyrenaica erhielt nach dem Krieg eine britische Verwaltung, in der auch einheimische Bevölkerungsgruppen, insbesondere die Senussi-Bruderschaft, Mitspracherecht bekamen. Die islamischen Senussi hatten im Krieg auf britischer Seite gekämpft und erhielten dafür die Zusage, daß sie nicht mehr unter italienische Herrschaft gestellt werden würden. In Tripolitanien wurde der italienische Verwaltungsapparat aufrechterhalten, und die italienischen Gesetze behielten zunächst nahezu unverändert ihre Gültigkeit. Die Cyrenaica war durch den Krieg stark in Mitleidenschaft gezogen worden. Durch den Abzug der italienischen Farmer waren die Anbauflächen verödet. Bewässerungssysteme und viele Küstenstraßen waren zerstört. Über die politische Zukunft des Landes herrschte Unsicherheit. Die im Vertrag von Paris vom 15. 2. 1947 vorgesehenen Bemühungen der Außenminister der Großen Vier waren ebenso erfolglos wie eine UN-Initiative. Daraufhin erteilte die britische Regierung Emir Mohammed Idris as-Senussi, dem geistlichen und weltlichen Oberhaupt der Senussi, die Zustimmung, die Unabhängigkeit der Cyrenaica in einer Föderation mit Tripolitanien zu proklamieren (1. 6. 1949). Am 11. 11. 1949 entschied sich die UN-Vollversammlung schließlich für die Gründung eines unabhängigen Königreichs Libyen unter Einschluß des Fezzan, das bis spätestens 1. 1. 1952 ausgerufen werden sollte.

# Liechtenstein

Nach dem 1. Weltkrieg hatte sich Liechtenstein, bis dahin eng verbunden mit Österreich, zunehmend an die Schweiz angelehnt. Dadurch wurde eine Einbeziehung des Fürstentums in den Krieg vermieden. Trotzdem war Liechtenstein in einer schwierigen Lage, da viele Einwohner des Landes noch immer enge Kontakte zu Österreich unterhielten. Nach dem österreichischen »Anschluß« an das Deutsche Reich wurden auch in Liechtenstein Stimmen laut, die den Anschluß an Deutschland forderten. Um Berlin nicht zu provozieren, ließ die Regierung in Vaduz nationalsozialistische Aktivitäten weitgehend zu. Nach dem Krieg kam es zu einer Reihe von Säuberungsaktionen gegen Personen, die man für den großen Einfluß Deutschlands auf die Regierungspolitik verantwortlich machte. Obwohl die Prozesse auch das Verhältnis zu den Alliierten verbessern sollten, konnte die widerrechtliche Enteignung der Besitzungen des Liechtensteiner Fürstenhauses in der ČSR nicht verhindert werden.

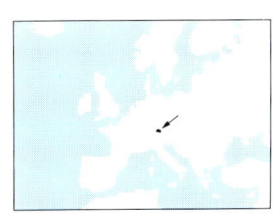

Fläche: 157 km²
Hauptstadt: Vaduz

# Luxemburg

Luxemburg wurde am 10. 5. 1940 besetzt und im August 1940 formell Teil des Deutschen Reiches. Es wurde dem Gau Moselland angegliedert. Großherzogin Charlotte und die Regierung gingen nach London ins Exil. Im September 1944 wurde das Land von den Alliierten befreit. Der Norden wurde jedoch im Winter 1944/45 durch die Ardennenoffensive (auch → S. 202) nochmals für einige Wochen Kriegsschauplatz.

Bei den Wahlen vom Oktober 1945 gewann die Parti Chrétien Social (PCS) 25 Sitze in der Kammer; auf die Sozialisten entfielen 11, auf die Liberalen 9 und auf die Kommunisten 5 Sitze. Der PCS-Politiker Pierre Dupong stellte eine Koalitionsregierung zusammen.

Im März 1947 bildete Dupong ein neues Kabinett, das überwiegend aus Mitgliedern seiner eigenen Partei bestand.

Am 5. 9. 1944 hatten die Exilregierungen von Luxemburg, den Niederlanden und Belgien in London die Bildung einer Zollunion beschlossen; die unterschiedlichen Verbrauchssteuern in den drei Ländern sollten aufeinander abgestimmt werden. Diese Union kam bis zum 1. 4. 1949 zustande. Am 15. 4. 1949 trat Luxemburg der NATO bei.

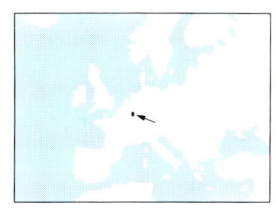

Fläche: 2586 km²
Hauptstadt: Luxemburg

◁
*Großherzogin Charlotte (Mitte) 1942 im Londoner Exil.*

# Madagaskar

Madagaskar war seit 1896 französisches Protektorat. 1940 entschied es sich dafür, das Vichy-Regime zu unterstützen. 1942 bekam die Insel für Großbritannien große strategische Bedeutung. Die Briten hatten im Kampf gegen die Japaner schwere Verluste erlitten und brauchten eine Basis, um den Seeweg um das Kap der Guten Hoffnung in Richtung Pazifik und Rotes Meer zu sichern. Zu diesem Zweck sollte vor allem die strategisch günstig gelegene Basis Diégo Suarez im Norden Madagaskars besetzt werden, die am 5. 5. 1942 angegriffen und am 7. 5. erobert wurde. Die Briten besetzten nach hartem Kampf im Herbst 1942 den Rest der Insel und übergaben sie 1943 den Freien Franzosen von General de Gaulle. Bei den ersten Wahlen nach dem Krieg 1945 wurden zwei madegassische Nationalisten ins französische Parlament gewählt. Die neue Verfassung der französischen Union machte 1946 aus Madagaskar ein überseeisches Territorium der Französischen Republik. Alle Madegassen erhielten die französische Staatsbürgerschaft. Das Stimmrecht war freilich einer kleinen, von der französi-

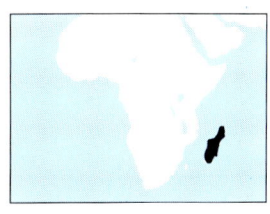

Fläche: 587 041 km²
Hauptstadt: Tananarive

# Malaya

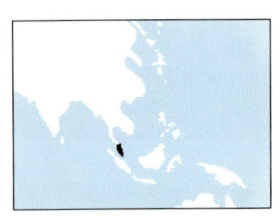

Fläche: 131 587 km²
Hauptstadt: Kuala Lumpur

Ende 1941 wurde die britische Kolonie Malaya von den Japanern besetzt und anschließend zusammen mit Sumatra verwaltet. Als 1945 das Land wieder von britischen Truppen besetzt wurde, waren die Gegensätze zwischen den verschiedenen Bevölkerungsgruppen, vor allem zwischen den Malaien und der starken Minderheit von Chinesen, offen ausgebrochen. Unter den Chinesen, die außer im Handel überwiegend als Arbeiter in Bergbaubetrieben und Plantagen tätig waren, hatten die Kommunisten großen Anhang. Sie waren die Träger einer nur gelegentlich erfolgreichen Guerillabewegung, die sich Malayan People's Anti-Japanese Army (MPAJA) nannte. Die malaiische Bevölkerungsmehrheit war an einer Wiederherstellung der Autorität ihrer Sultane und größerer innerer Autonomie als Vorstufe zur Unabhängigkeit interessiert. In den ersten Nachkriegsmonaten bildeten sich zahlreiche Organisationen, die diesen Wünschen Ausdruck gaben. So wurde bereits am 17. 8. 1945 die Malay Nationalist Party (MNP) gegründet, der die britische Militärverwaltung wohlwollend gegenüberstand.
Die von der britischen Regierung am 1. 4. 1946 gegründete Malaiische Union stieß bei politischen und völkischen Minderheiten auf Opposition. Der Protest richtete sich vor allem gegen die geplante Einführung einer Art von gemeinsamer malaiischer Staatsbürgerschaft.

Im Januar 1948 beschlossen die Briten und Vertreter der verschiedenen Parteien die Gründung des Malaiischen Bundes, der weiter unter britischer Oberhoheit stand und sich aus den 9 malaiischen Staaten und den britischen Niederlassungen Penang und Malakka zusammensetzte, Singapur mit seiner chinesischen Mehrheit aber nicht einschloß. Es entstand eine vorläufige Verfassung, die sowohl die Mehrheitsrechte der Malaien als auch die legitimen Interessen der anderen Bevölkerungsgruppen garantierte. Gegner der neuen Föderation waren vor allem die Chinesen und unter ihnen besonders die Kommunisten. Nach zahlreichen Streiks ergriff die Regierung 1948 Maßnahmen gegen die Malayan Communist Party (MCP), die im Gegensatz zu ihrem Namen fast nur aus Chinesen bestand. Als diese mit gewalttätigen Aktionen reagierte, rief die Bundesregierung im Juni 1948 den Notstand aus. Chinesische kommunistische Guerillagruppen versuchten, durch Angriffe auf Plantagen und Bergwerke die Wirtschaft zu schädigen und durch Attentate auf britische und malaiische Beamte die Regierung zu stürzen. Die Bestrebungen der MCP, mit Hilfe des Terrors die »malaiische« Volksrepublik zu errichten, scheiterten jedoch. Die Briten mußten aber bis weit in die 50er Jahre starke Gurkha-Einheiten gegen die Guerillas einsetzen. Sie wurden von australischen Truppen unterstützt.

▷ *Der spätere Regierungschef Tunku Abdul Rahman und seine Ehefrau 1947 im Garten ihres Palastes.*

# Malta

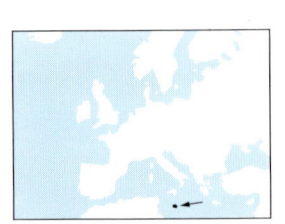

Fläche: 316 km²
Hauptstadt: Valletta

Die britische Kronkolonie Malta war im 2. Weltkrieg von großer strategischer Bedeutung.
Vor allem mit ihrer Luftwaffe kontrollierten die Briten seit Ende 1940 alle Schiffsbewegungen im zentralen Mittelmeer. Deutsche und italienische Konvois entlang der griechischen und tunesischen Küste wurden häufig angegriffen; die italienisch-deutsche Position in Nordafrika war ernsthaft bedroht. Das war für die Achsenmächte schließlich der Grund, eine Offensive gegen Malta einzuleiten. Von Januar bis Mai 1941 und von Oktober 1941 bis Ende 1942 war die Insel täglich das Ziel konzentrierter Luftangriffe, die über 1000 Opfer forderten. Bei den Luftkämpfen verloren die Briten 1000, die Deutschen 900 und die Italiener 500 Flugzeuge.
Im Frühjahr 1942 schien es, daß die Insel wegen Mangels an Nahrungsmitteln und Treibstoff fallen würde. Die deutsche Niederlage in Nordafrika, die sich im Oktober 1942 abzuzeichnen begann, brachte jedoch die Wende.
1943 wurde der Insel in Aussicht gestellt, die 1936 aufgehobene innere Selbstverwaltung wiederherzustellen. Am 22. 9. 1947 trat eine neue Verfassung in Kraft. Darin war die Einführung einer Gesetzgebenden Versammlung verankert, deren 40 Mitglieder in allgemeinen Wahlen bestimmt werden sollten. Daneben sollte ein Ministerrat aus dem Premierminister und höchstens sieben anderen Ministern gebildet werden. Verteidigung und Außenpolitik oblagen weiterhin dem britischen Gouverneur. Bei den Wahlen vom 25. 10. 1947 siegte die sozialistische Labour Party. Ihr Führer, P. Boffa, bildete ein Kabinett, das von 24 Parlamentariern unterstützt wurde. 1949 kam es in der Labour-Party zu einem Machtkampf. Boffa mußte seinem Stellvertreter Dom Mintoff weichen und gründete eine neue Partei, die Maltesische Arbeitspartei, die eine Koalition mit der Nationalistischen Partei einging.

# Mauritius

1810 war Mauritius zwar eine britische Kronkolonie geworden, der kulturelle Einfluß Frankreichs, das vorher die Insel beherrscht hatte, blieb jedoch stets spürbar, vor allem in der gesellschaftlichen Oberschicht. Die hauptsächlich als Arbeiter auf den Zuckerrohrplantagen tätigen Inder hatten so gut wie keine politischen Rechte. 1948 wurde eine neue Verfassung verkündet. Sie sah einen Gesetzgebenden Rat vor, von dessen 34 Mitgliedern 19 gewählt, 12 ernannt und 3 hauptamtlich tätig waren. Diese Verfassung hatte eine Verschiebung des politischen Kräfteverhältnisses zur Folge. Das neue Stimmrecht bedeutete, daß die französisch-mauritianische Oberschicht ihre Kontrolle über die Politik verlor und statt dessen die Inder an Einfluß gewannen. Bei den allgemeinen Wahlen für den ersten Gesetzgebenden Rat im August 1948 wurde dann auch nur ein Französisch-Mauritianer gewählt, während die Kreolen sieben und die Inder zehn Sitze erhielten.
Nachdem im Krieg der Zuckerrohranbau wegen der gestörten Transportmöglichkeiten eingeschränkt worden war, gewann er danach rasch wieder seine beherrschende Bedeutung für die Wirtschaft.

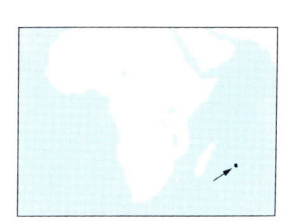

Fläche: 2045 km²
Hauptstadt: Port Louis

# Mexiko

Unter Staatspräsident Calles, der bis 1934 regierte, war Mexiko zu einem Ein-Parteien-Staat unter der Partido de la Revolución Mexicana (PRM) geworden. Nach Lázaro Cárdenas (1934–1940) war Manuel Ávila Camacho (1940–1946) Staatspräsident. 1942 erklärte Mexiko den Achsenmächten den Krieg.
Ab 1940 erlebte die Wirtschaft wegen der Kriegskonjunktur einen kräftigen Aufschwung. Hauptsächlich wurden landwirtschaftliche und industrielle Erzeugnisse für die USA produziert.
Der Krieg hatte dadurch wichtige Auswirkungen auf die mexikanische Wirtschaft. Eine davon war die starke Urbanisierung. Die Zahl der Großstädte stieg in den 40er Jahren von 4 auf 16. Die Industrieproduktion verdoppelte sich von 1939 bis 1951; auch der Export wurde beinahe verdoppelt. Damit ging ein großer Zustrom von US-amerikanischem Kapital einher. Gleichzeitig stiegen jedoch die Preise stark an, während das Lohnniveau niedrig blieb.
1946 wurde Miguel Alemán Valdes zum Staatspräsidenten gewählt. Vor diesen Wahlen nahm die größte Partei eine Namensänderung vor. Die PRM nannte sich seit 1946 Partido de la Revolución Institucional (PRI), um ihrem Streben nach Stabilität sichtbar Ausdruck zu verleihen. Die Regierung Alemán Valdes nahm ein ehrgeiziges Wirtschaftsprogramm in Angriff. Sie errichtete ausgedehnte Bewässerungssysteme und leistungsfähige Wasserkraftwerke und sorgte für den Ausbau des Bildungswesens. Ein Ergebnis ihrer Politik war auch, daß sich zwischen der kleinen Oberschicht und der breiten Unterschicht der Bevölkerung ein wirtschaftlich aktiver Mittelstand stärker entfalten konnte.

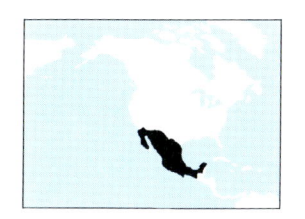

Fläche: 1 972 547 km²
Hauptstadt: Ciudad de México

*Staatspräsident Miguel Alemán Valdés (hinter dem Mikrophon) während seiner Antrittsrede 1946.*

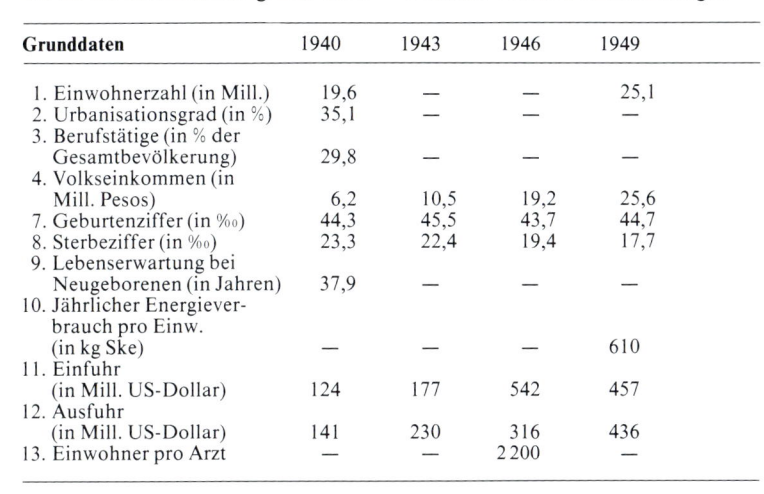

| Grunddaten | 1940 | 1943 | 1946 | 1949 |
|---|---|---|---|---|
| 1. Einwohnerzahl (in Mill.) | 19,6 | — | — | 25,1 |
| 2. Urbanisationsgrad (in %) | 35,1 | — | — | — |
| 3. Berufstätige (in % der Gesamtbevölkerung) | 29,8 | — | — | — |
| 4. Volkseinkommen (in Mill. Pesos) | 6,2 | 10,5 | 19,2 | 25,6 |
| 7. Geburtenziffer (in ‰) | 44,3 | 45,5 | 43,7 | 44,7 |
| 8. Sterbeziffer (in ‰) | 23,3 | 22,4 | 19,4 | 17,7 |
| 9. Lebenserwartung bei Neugeborenen (in Jahren) | 37,9 | — | — | — |
| 10. Jährlicher Energieverbrauch pro Einw. (in kg Ske) | — | — | — | 610 |
| 11. Einfuhr (in Mill. US-Dollar) | 124 | 177 | 542 | 457 |
| 12. Ausfuhr (in Mill. US-Dollar) | 141 | 230 | 316 | 436 |
| 13. Einwohner pro Arzt | — | — | 2 200 | — |

# Moçambique

Die portugiesische Kolonie Moçambique, bis in die 30er Jahre wirtschaftlich kaum erschlossen, profitierte vom 2. Weltkrieg: Von 1938 bis 1945 verdreifachte sich der Export. Nach dem Krieg versuchte Portugal, die Wirtschaft Moçambiques zum Nutzen des Mutterlandes weiterzuentwickeln. Zugleich nahm die weiße Bevölkerung stark zu. Der portugiesische Diktator Salazar betrachtete die Kolonie als »landwirtschaftliche Säule« des Mutterlandes. So wurden viele afrikanische Bauern gezwungen, Baumwolle anzupflanzen. Die gesamte Ernte wurde dann in Portugal verarbeitet. Dadurch wurde die Nahrungsmittelproduktion vernachlässigt.
Infolge der Unterdrückung durch die portugiesische Kolonialverwaltung wuchs die Unzufriedenheit der Afrikaner. Um 1945 äußerte sich dies noch vor allem in kulturell-literarischen Gruppen. 1947 kam es zum ersten Streik im Hafen von Lourenço Marques und auf den Plantagen des Umlandes. 1948 schlugen die Portugiesen in dieser Stadt einen Aufstand nieder. 1949 streikten die Hafen- und Bahnarbeiter.

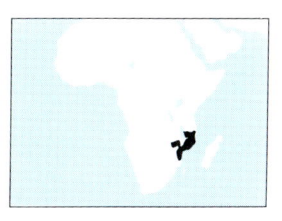

Fläche: 801 590 km²
Hauptstadt: Lourenço Marques

# Monaco

Fläche: 1,81 km²
Hauptstadt: Monaco

Während des 2. Weltkriegs wurde Monaco zunächst von französischen Truppen und ab 1942 von deutschen Einheiten besetzt. Die Befreiung erfolgte 1944 nach der Landung der amerikanischen Truppen in Südfrankreich. Monaco wurde kein selbständiges Mitglied der UNO, trat aber der UNESCO bei (1949). Zuvor war Monaco schon Mitglied der Internationalen Fernmelde-Union (ITU) geworden. Ein Grund dafür war gewiß der Betrieb des 1942 mit französischem Kapital gegründeten Senders Radio Monte Carlo, der seine Sendungen in immer mehr Sprachen ausstrahlte. Zu ständigen Reibereien mit Frankreich führten die Steuervorteile für französische Bürger oder für Firmen, die sich in Monaco niederließen.

Im Mai 1949 starb der regierende Fürst, Louis II., im Alter von 78 Jahren. Da es keinen legitimen Thronfolger gab, wurde der 25jährige Rainier III. sein Nachfolger. Rainier war der Sohn seiner 1920 legitimierten unehelichen Tochter Charlotte. Er wurde zu Beginn seiner Herrschaft mit einer Regierungskrise konfrontiert. Am 6. 12. 1949 kam die Regierung über die Frage der Entschädigung für Schäden durch französische Bomben vom August 1944 zu Fall. Neuwahlen brachten eine bürgerliche Koalitionsregierung.

# Mongolische Volksrepublik

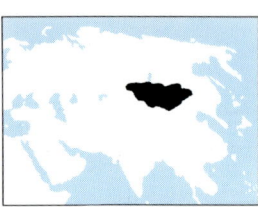

Fläche: 1 565 000 km²
Hauptstadt: Ulan Bator

▷
*Aufnahme vom Sommer 1939, als die sowjetische Rote Armee der Mongolei bei der Abwehr eines Angriffs der Japaner zu Hilfe kam. Rechts der sowjetische Oberbefehlshaber Georgii Schukow mit dem mongolischen Führer Korlin Tschojbalsan.*

Nachdem 1924 die Mongolische Volksrepublik ausgerufen worden war, geriet das Land nach der Ausschaltung von lamaistischer Hierarchie und traditionellen Stammesfürsten völlig unter den Einfluß der UdSSR. 1939 wehrten beide Länder einen japanischen Angriff auf den Osten des Landes ab.

1939 war nach einer Reihe von politischen Säuberungen der seit 1924 Regierung und Partei führende Korlin Tschojbalsan in seiner Machtposition unangefochten. Er konnte 1940 die Parteiführung an Jumschagin Zedenbal übertragen und blieb bis zu seinem Tod im Jahre 1952 Regierungschef. Tschojbalsan ordnete seine Politik völlig der UdSSR unter. Im Mittelpunkt stand zunächst das Bedürfnis der UdSSR, die Mongolei als einen stabilen Pufferstaat gegen einen etwaigen japanischen Angriff zu nutzen. Das erforderte den Aufbau einer starken mongolischen Armee. Von 1939 bis 1949 stand die innere Entwicklung des Landes im Zeichen dieser Bestrebungen. Die Mongolei wandte in dieser Zeit jährlich mindestens die Hälfte der Staatsausgaben für die Armee auf.

# Nauru

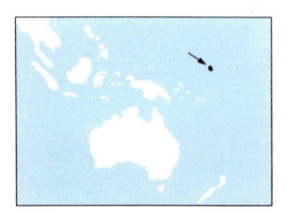

Fläche: 20,9 km²
Hauptstadt: Yaren

Nauru wurde seit 1919 von Australien, Großbritannien und Neuseeland als Völkerbundsmandat in fünfjährigem Wechsel verwaltet. Die großen Phosphatvorkommen und die strategisch günstige Lage veranlaßten 1942 die Japaner, die Insel zu besetzen. Sie setzten für den Phosphatabbau koreanische Zwangsarbeiter ein. Schwere Bombenangriffe auf die japanischen Nachschubtransporte führten zu Nahrungsmittelknappheit; daraufhin deportierten die Japaner 1200 Nauruaner auf die Truk-Inseln, wo ein großer Teil wegen der schlechten Lebensbedingungen starb.
Aber auch die auf Nauru zurückgebliebenen Einwohner, hauptsächlich der chinesische Bevölkerungsteil, litten in den letzten Kriegsjahren wegen der anhaltenden alliierten Blockade unter Nahrungsmittelmangel.

Am 13. 9. 1945 kapitulierte die Insel vor australischen Streitkräften. Am 1. 11. 1947 beschloß die UN-Vollversammlung, Nauru erneut als Treuhandgebiet der gemeinsamen Verwaltung von Australien, Neuseeland und Großbritannien zu unterstellen. In den Nachkriegsjahren kam es zu Spannungen, weil die Ureinwohner den Zustrom neuer Gruppen von chinesischen Arbeitern ablehnten.

# Nepal

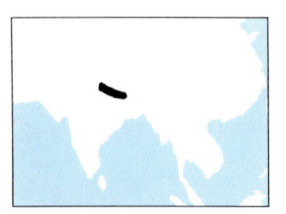

Fläche: 140 797 km²
Hauptstadt: Katmandu

Bis zum Ende des 2. Weltkriegs herrschte in dem wirtschaftlich rückständigen Land politische Stabilität unter der Rana-Dynastie, die das Amt des Ministerpräsidenten seit 1846 in Erbfolge innehatte. Die Ranas unterhielten enge Beziehungen zur britischen Regierung in Indien. So hatten sie der britischen Armee während des Krieges rd. 200 000 Gurkhas zur Verfügung gestellt. Viele dieser zurückgekehrten Kriegsveteranen waren in Indien von der nationalistischen Bewegung beeinflußt worden. Sie setzten sich für eine politische Lockerung ein, die der selbstherrlichen Position der Ranas ein Ende machen sollte. Auch die neue Regierung Indiens setzte die Ranas 1947 unter Druck. Sie forderte gleichfalls eine Liberalisierung als Vorbedingung für die formelle Anerkennung der Dynastie und drang auf eine neue Verfassung. Diese wurde im Januar 1948 von Premierminister Padma Shamsher verkündet. Mohan Shamsher, der Oberbefehlshaber der Armee, zwang Padma Shamsher jedoch zum Rücktritt und stellte die Einführung der neuen Verfassung zunächst zurück.

# Neuseeland

Im September 1939 begann auch für Neuseeland wegen der Mitgliedschaft im Commonwealth der 2. Weltkrieg. Anfangs verfügte Neuseeland nur über eine kleine Armee; sie bestand in den 30er Jahren aus 600 Berufssoldaten und einem 30 000 Mann starken Territorialheer. Angesichts der Bedrohung durch die Japaner baute das Land bis 1942 seine Streitkräfte auf 154 000 Soldaten aus, die z. T. in Nordafrika und Europa kämpften.
Der seit 1935 amtierenden Labour-Regierung, seit 1943 unter Peter Fraser, gelang es trotz der hohen Verteidigungsausgaben, eine erfolgreiche Stabilitätspolitik zu machen. Ihre Lohn- und Preispolitik war straff, und sie deckte die Kriegskosten durch Steuereinnahmen und Inlandskredite.
Neuseeland unterhielt Beziehungen zu Australien, vor allem in der Außen-, Verteidigungs- und Wirtschaftspolitik. Dies äußerte sich u. a. im Canberra-Pakt von 1944. Die während des Krieges mit den USA angeknüpften Kontakte wurden nach 1945 noch intensiviert.

Die USA waren wichtigster Sicherheitsgarant und ein bedeutender Handelspartner.
Nach 1945 war Neuseeland mehr als in den Vorkriegsjahren bereit, europäische Einwanderer aufzunehmen. Man sah darin eine Möglichkeit, einem denkbaren expansiven Druck bevölkerungsstarker asiatischer Länder begegnen zu können. Das Wirtschaftswachstum dauerte an; die Industrie, die während des Krieges die Vollbeschäftigung gesichert hatte, wurde nach 1945 noch vielfältiger. Es bestand

*Peter Fraser*

noch immer ein Bedarf an Arbeitskräften.
1949 fand die Regierungszeit der Labour Party ein Ende. Wachsende soziale Unruhe und innere Zerstrittenheit trugen zum Wahlsieg der konservativen National Party bei. Sie erlangte 46 der 80 Parlamentssitze, die Labour Party 34. Das Programm, dem die National Party diesen Wahlsieg verdankte, umfaßte u. a. die Regelung der Preisbildung durch Angebot und Nachfrage, eine beträchtliche Verringerung der Staatsausgaben und die Wiedereinführung von Körperstrafen für bestimmte Verbrechen. Neuer Premierminister wurde am 8. 12. Sidney Holland.

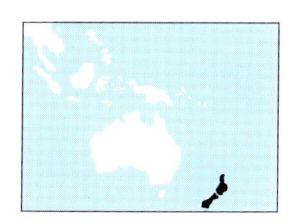

Fläche: 268 676 km²
Hauptstadt: Wellington

| Grunddaten | 1940 | 1943 | 1946 | 1949 |
|---|---|---|---|---|
| 1. Einwohnerzahl (in Mill.) | — | — | 1,7 | 1,87 |
| 4. Volkseinkommen (in Mill. Pfund Sterling) | 232,4 | 326,5 | 365,3 | 483 |
| 7. Geburtenziffer¹ (in ‰) | 21,2 | 19,7 | 25,3 | 25,0 |
| Maori-Bevölkerung | 47,0 | 45,8 | 56,9 | 44,5 |
| 8. Sterbeziffer¹ (in ‰) | 9,2 | 10,1 | 9,7 | 9,1 |
| Maori-Bevölkerung | 17,6 | 17,3 | 16,0 | 14,2 |
| 10. Jährl. Energieverbrauch pro Einw. (in kg Ske) | — | — | — | 2 360 |
| 11. Einfuhr (in Mill. US-Dollar) | 157 | 307 | 231 | 454 |
| 12. Ausfuhr (in Mill. US-Dollar) | 230 | 225 | 321 | 557 |

¹ ohne Maori-Bevölkerung

# Nicaragua

1936 kam Anastasio »Tacho« Somoza durch einen Staatsstreich an die Macht. 1937 wurde dies durch Wahlen legalisiert. Als Staatspräsident und Chef der Nationalgarde regierte er diktatorisch. Jede Opposition wurde unterdrückt. Durch Verfassungsmanipulationen wußte er seine Amtszeit bis 1946 auszudehnen. Die staatliche Wirtschaftspolitik und die Privatgeschäfte Somozas überschnitten sich in hohem Maße. In der Außenpolitik war er ein unbedingter Gefolgsmann der USA. 1945 versprach Somoza, daß

er und die Nationalgarde das Ergebnis der nächsten Präsidentschaftswahlen respektieren würden. 1947 wurde Leonardo Argüello mit Unterstützung der Liberalen und Konservativen zum Präsidenten gewählt. Er wollte eine unabhängigere Politik betreiben. Somoza setzte Argüello allerdings binnen Monatsfrist ab und machte seinen Onkel Victor Manuel Román y Reyes zu dessen Nachfolger. An der Armut der nicaraguanischen Bevölkerung änderte sich in dieser Zeit nichts.

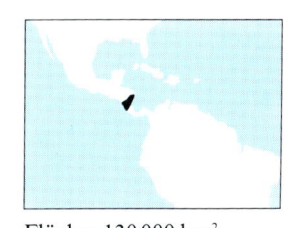

Fläche: 130 000 km²
Hauptstadt: Managua

*Anastasio »Tacho« Somoza, 1946.*

# Niederlande

## Unter deutscher Besatzung

Am 10. 5. 1940 wurden die Niederlande – für sie selber völlig überraschend – von deutschen Truppen angegriffen.
Königin Wilhelmina und das Kabinett De Geer gingen am 13. 5. ins Londoner Exil. Es wurde eine Exilregierung gebildet, die vom Sommer an Pieter Gerbrandy führte.
Am 15. 5. wurde in Rijsoord die Kapitulationsurkunde unterzeichnet.
Ende Mai richteten die Deutschen eine Zivilregierung ein. An ihrer Spitze stand Reichskommissar Ar-

thur Seyß-Inquart. Zunächst regte sich kein Widerstand gegen die deutschen Besetzer. Man erwartete ganz im Gegenteil, daß das Besatzungsregime »Ruhe und Ordnung« aufrechterhalten würde. Unterstützt wurden die Deutschen jedoch vor allem nach dem Mai 1940 von der Nationaal-Socialistische Beweging (NSB). Obwohl die Mitgliedschaft der NSB lediglich 1,5% der Bevölkerung umfaßte, wurde sie im Dezember die einzige zugelassene Partei. Mit ihrer Hilfe sollte in den Niederlanden ein nationalsozialistisches System eingerichtet werden. Neue, von NSB-Mitglie-

dern geleitete Organisationen wurden gegründet: Winterhilfe, Volksdienst, Arbeitsfront, Bauernstand, Berufsverbände und Kulturkammern. Die »neue Ordnung« wurde jedoch von immer weniger Niederländern akzeptiert. Viele Künstler und Schriftsteller und beinahe alle Ärzte weigerten sich, einer der von den Nationalsozialisten gegründeten Pflichtorganisationen beizutreten.
Die Wirtschaft wurde völlig den Erfordernissen der deutschen Kriegführung untergeordnet. Nach einem Jahr der Besetzung arbeiteten sieben von zehn niederländi-

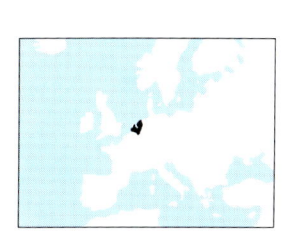

Fläche: 40 844 km²
Hauptstadt: Amsterdam

# Niederlande

*NSB-Führer Mussert während einer Kundgebung in Den Haag 1941. Hinter ihm von links nach rechts: SS-Chef Rauter, Generalleutnant Seyffardt und Reichskommissar Seyß-Inquart.*

| Grunddaten | 1940 | 1943 | 1946 | 1949 |
|---|---|---|---|---|
| 1. Einwohnerzahl (in Mill.) | — | — | 9,5 | 9,9 |
| 2. Urbanisationsgrad (in %) | — | — | 54,1 | — |
| 4. Volkseinkommen (in Mill. Gulden) | 5 264 | 5 635 | 9 326 | 14 150 |
| 6. Arbeitslosenquote (in % der berufsfähigen Bevölkerung) | — | — | — | 1,5 |
| 7. Geburtenziffer (in ‰) | 20,8 | 23,0 | 30,2 | 23,7 |
| 8. Sterbeziffer (in ‰) | 9,9 | 10,0 | 8,5 | 8,1 |
| 10. Jährlicher Energieverbrauch pro Einw. (in kg Ske) | — | — | — | 1 830 |
| 11. Einfuhr (in Mill. US-Dollar) | 544 | 225 | 889 | 1 845 |
| 12. Ausfuhr (in Mill. US-Dollar) | 349 | 344 | 308 | 1 312 |

*Königin Wilhelmina im Jahre 1945.*

schen Arbeitern an deutschen Aufträgen.
Anfang des Jahres 1941 begann die Deportation der niederländischen Juden. Die Arbeiter und Angestellten der Stadt Amsterdam gehörten zu den ersten in Europa, die gegen den antisemitischen Terror der Nationalsozialisten protestierten. Am 25. und 26. 2. 1941 legten sie die Arbeit nieder, nachdem der deutsche Polizeichef Rauter 425 Juden im Amsterdamer Ghetto hatte festnehmen und abtransportieren lassen. Von den 110 000 Juden, die über das Durchgangslager Westerbork in die Vernichtungslager geschafft wurden, überlebten nur 5000.
Nach der Niederlage von Stalingrad beriefen die Deutschen alle niederländischen Männer im Alter zwischen 16 und 35 Jahren zum Kriegsdienst ein. Viele tauchten unter. Zusammen mit den 20 000 untergetauchten Juden müssen über 350 000 Menschen die Zeit bis zum Kriegsende im Untergrund verbracht haben (auch → S. 182).
Das Scheitern der britischen Luftlandungen bei Arnheim im September 1944 hatte zur Folge, daß sich die Befreiung des nördlichen Teils der Niederlande bis zum Frühjahr 1945 verzögerte. Als die Deutschen am 6. 5. 1945 die Kapitulation unterzeichneten, hatte der 2. Weltkrieg 200 000 Niederländern das Leben gekostet, davon 20 000 in Niederländisch-Indien.
Weiter brachte der 2. Weltkrieg den Niederlanden den Verlust ihres südostasiatischen Kolonialreichs.
Die Besitzungen konnten gegen die japanischen Angriffe nicht gehalten werden. 1942 verlor Admiral Karel Doorman die Schlacht in der Javasee und fiel.
Die unter japanischer Besatzung aufgekommene Nationalbewegung brachte Indonesien nach langen Kämpfen 1949 endgültig die Unabhängigkeit (auch → S. 331). Sie wurde von Königin Juliana verliehen, die 1948 ihre Mutter Wilhelmina abgelöst hatte.
Es fiel den Niederländern nicht leicht, auf diese Kolonie zu verzichten. Zum einen war ihre wirtschaftliche Bedeutung erheblich. Zum anderen hatten viele eine enge Bindung an das Land, die auf jahrhundertelangen Beziehungen beruhte, und es war psychologisch schwer, Männer wie Achmed Sukarno und Mohammed Hatta als Verhandlungspartner zu akzeptieren, die man nach ihrem Verhalten in den Jahren 1942 bis 1945 als »Erzkollaborateure« ansah. Letztlich beugte man sich dem Druck der USA.

## Wirtschaftlicher Wiederaufbau und politische Erneuerung

Das Kabinett Schermerhorn, praktisch eine Allparteienregierung, die im Juni 1945 die Regierung Gerbrandy ablöste und schon bald den größten Teil der Aufgaben der Militärverwaltung (1944–1946) übernahm, sah es als vordringliche Aufgabe an, die zerstörte Wirtschaft wieder in Gang zu bringen. Dies sollte zunächst vor allem durch dirigistische Eingriffe des Staates erreicht werden. Im Oktober 1945 wurde ein Gesetz verabschiedet, das eine gelenkte Lohnpolitik ermöglichte.
Die Finanzen wurden unter Finanzminister Piet Lieftinck saniert, der eine Währungsreform durchführte und eine nivellierende Steuerpolitik verfolgte. Alle im Umlauf befindlichen Banknoten wurden für ungültig erklärt und mußten durch neue Geldscheine ersetzt werden. Damit wurde nicht nur überschüssige Kaufkraft abgeschöpft, sondern auch dem schwarzen Markt der Boden entzogen.
Mit dem Aufbau der Wirtschaft in großem Stil konnte erst auf der Grundlage der Marshallplanhilfe begonnen werden. Die 3,5 Milliarden Gulden, die die Niederlande in den Jahren 1947–1953 von den USA empfingen, ermöglichten es, die Lebensmittelversorgung wieder zu sichern und die schwer in Mitleidenschaft gezogene Industrie durch Investitionen zu stärken.
Großer Wert wurde auch auf eine neue Sozialgesetzgebung gelegt. Das »Notgesetz Drees« gab im

### Zehn Jahre im Überblick

- 10. 5. 1940 Deutsche Truppen überfallen das Land.
- 15. 5. 1940 Die niederländische Armee kapituliert.
- 8. 12. 1941 Die niederländische Exilregierung erklärt Japan den Krieg.
- 28. 2. 1942 Ende der Schlacht in der Javasee; die alliierte Flotte unter Konteradmiral Karel Doorman ist vernichtet.
- 8. 3. 1942 Die Kolonialtruppen auf Java ergeben sich.
- 17. 9. 1944 Die Schlacht um Arnheim beginnt.
- 6. 5. 1945 Die Deutschen unterzeichnen in Wageningen die Kapitulation.
- 24. 6. 1945 Das Kabinett Schermerhorn-Drees übernimmt die Regierung.
- 3. 7. 1946 Nach den Wahlen bildet Louis Beel ein neues Kabinett vor allem aus KVP und PvdA.
- 6. 9. 1948 Prinzessin Juliana folgt ihrer Mutter Wilhelmina als Königin.

Jahre 1947 allen Niederländern, die das 65. Lebensjahr erreicht hatten, das Recht auf eine Rente. Der Sozialdemokrat Willem Drees schuf, zuerst als Sozialminister und nach 1948 als Ministerpräsident, mit seiner Sozialgesetzgebung die Grundlage für den Versorgungsstaat. Ende der 40er Jahre zeigte sich im übrigen zunehmend die Neigung, die staatliche Lenkung der Wirtschaft zu lockern und das wirtschaftliche und gesellschaftliche System zu liberalisieren.
Kurz nach Kriegsende kam es zu Neugründungen von Parteien. Anfang 1946 wurde die sozialdemokratische Partij van de Arbeid (PvdA) gegründet, deren Ziel es war, zu einer breiten Volkspartei zu werden. Bei den Wahlen von 1946 wurde jedoch nicht die PvdA die stärkste Partei, sondern die konservative Katholieke Volks Partij (KVP). Die drei konfessionellen Parteien KVP, ARP und CHU erhielten zusammen mit der ebenfalls religiösen SGP 55 der insgesamt 100 Sitze. Die PvdA erhielt 29 Mandate. Unter Ministerpräsident Louis Beel kam eine sozialdemokratisch-katholische Koalition zustande.
Die NSB hatte man sofort nach dem Kriege verboten. Ihr Vorsitzender Anton Mussert und 32 weitere niederländische Nationalsozialisten waren zum Tode verurteilt und hingerichtet worden. Gegen die Masse der Kollaborateure wurden Entnazifizierungsverfahren durchgeführt.
Die Niederlande entschieden sich nach den Erfahrungen des 2. Weltkriegs und dem Verlust Indonesiens für das westliche Bündnis und wurden Mitglied der NATO.

*Politische Erneuerung: Gründungskongreß der PvdA im Februar 1946 (links).*

*Ministerpräsident Willem Drees in seinem Arbeitszimmer 1948 (rechts).*

# Niederländische Antillen

Auch die Niederländischen Antillen wurden in den 2. Weltkrieg verwickelt. Das Mutterland hatte ihnen wegen der mangelnden wirtschaftlichen Attraktivität bis zum Kriegsbeginn nur wenig Beachtung geschenkt. Die USA entdeckten den strategischen Wert der Inselgruppe schnell. Der Krieg brachte durch die Ausgaben alliierter Soldaten, Zivilisten und Diplomaten einen gewissen wirtschaftlichen Aufschwung. Wegen ihrer Ölraffinerien waren Aruba und Curaçao aber auch Angriffsziele für deutsche Unterseeboote. Für die Insel Curaçao hatte der Krieg die Ausweitung der Erdölproduktion zur Folge.
Selbständigkeitsbestrebungen wurden von der niederländischen Exilregierung gefördert. Die Rundfunkansprache Königin Wilhelminas vom 6. 12. 1942 spielte darauf an und stellte eine Neuordnung der Beziehungen in Aussicht. Für die Hauptinsel Curaçao stellte sich dabei vor allem die Frage der Autonomie. Dieser Gedanke wurde zum ersten Mal von der im Dezember 1944 gegründeten Demokratischen Partei geäußert. Der Wahlsieg dieser Partei im November 1945 führte zu einem Konflikt zwischen Gemäßigten und Fortschrittlicheren in der Katholischen Partei, der in einer Spaltung und der Gründung der Nationalen Volkspartei mündete.

Fläche: 961 km²
Hauptstadt: Willemstad

# Niederländisch-Neuguinea

1942 wurde Neuguinea größtenteils von Japan besetzt, das ein hartes Besatzungsregime errichtete. Eine kleine Gruppe von Soldaten der Königlichen Niederländischindischen Armee, die einen Guerillakrieg gegen die Japaner führte, und einige niederländische Verwaltungsbeamte, die im Dschungel untergetaucht waren und den Alliierten Informationen über die Japaner verschafften, wurden deshalb von der Papua-Bevölkerung in hohem Maße unterstützt. 1944 wurden die Japaner von den alliierten Streitkräften unter General MacArthur von Neuguinea vertrieben. Unabhängigkeitsbestrebungen gab es vor dem Kriege nicht. Nach dem 2. Weltkrieg aber entwickelten auch einige Papuas indonesisches Nationalbewußtsein. Dies führte zur Gründung der kleinen Partai Kemerdekaan Indonesia Irian (Irianische Partei für die Unabhängigkeit Indonesiens), die von Silas Paparé geleitet wurde. Sie hatte nur in der Hauptstadt Hollandia und in der Erdölwirtschaft einige Anhänger, die sich von einem Anschluß an das große Indonesien Vorteile versprachen. Ihre politische Bedeutung bestand nur darin, daß sie den Indonesiern, die die Insel Neuguinea Irian nennen, Argumente für den Wunsch nach einem Anschluß lieferte. Als die Niederlande 1949 auf Niederländisch-Indien verzichteten, galt dieser Verzicht nicht für West-Neuguinea, das den Namen Niederländisch-Neuguinea erhielt.

Fläche: 416 000 km²
Hauptstadt: Hollandia

# Nigeria

Fläche: 868 273 km²
Hauptstadt: Lagos

Die britischen Protektorate im Gebiet Nigerias, die zwischen 1862 und 1900 errichtet worden waren, wurden 1914 zu einer Kolonie zusammengefaßt. Die Verwaltung der Kolonie beruhte auf dem Prinzip des »indirect rule«, der Machtausübung mit Hilfe der Stammesfürsten, die von den Briten »beraten« und kontrolliert wurden. Daneben gab es einen beratenden Legislativrat, in den auch drei Nigerianer gewählt wurden. Bis 1938 wurden sie von der Nigeria National Democratic Party (NNDP) gestellt, die Herbert Macaulay, der Vater des nigerianischen Nationalismus, 1922 gegründet hatte. Die gemäßigte Haltung der NNDP führte dazu, daß sie ihre drei Sitze 1938 dem Nigerian Youth Movement (NYM) des Journalisten Nnamdi Azikiwe abtreten mußte. Im August 1944 schlossen sich die beiden Parteien zum National Council for Nigeria and the Cameroons (NCNC) zusammen. Macaulay wurde Vorsitzender und Azikiwe Generalsekretär der neuen Partei. Der zentrale Legislativrat in Lagos wurde mit den drei regionalen Versammlungen in Nord-, West- und Ostnigeria zusammengelegt. Der NCNC, dessen Führung Azikiwe nach dem Tod Macaulays 1946 übernahm, strebte die Vereinigung der Völker Nigerias in einem zentralistischen Staat an. Deshalb boykottierte der NCNC den neuen Legislativrat und forderte eine Verfassungsänderung. Dies wurde jedoch 1947 von den Briten zurückgewiesen.

Währenddessen hatte es wegen der sinkenden Realeinkommen für die schwarze Bevölkerung Unruhen gegeben. Es kam zu einem landesweiten Streik der Arbeiter bei der Eisenbahn, in den Häfen und bei der Post. Inzwischen formierten sich weitere Parteien, die meist weniger an einer starken Zentralregierung interessiert waren, sondern sich auf die Wünsche und Rechte der einzelnen Regionen konzentrierten. In Westnigeria wurde 1945 die Egbe Omo Oduduwa gegründet, eine Vorläuferorganisation der späteren Action Group (1951). Im Norden entstand der relativ konservative islamisch orientierte Northern People's Congress (NPC). Seine Leitung übernahm der mächtige Feudalherr (Sardauna) von Sokoto, Tafawa Balewa, der die regionale Autonomie anstrebte.

# Nordrhodesien

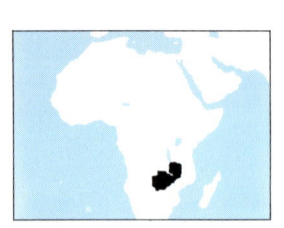

Fläche: 752 614 km²
Hauptstadt: Lusaka

Während des 2. Weltkriegs war Nordrhodesien wegen seiner Rohstoffe Kupfer und Kobalt für die Alliierten wichtig. Gleichzeitig wuchs die Unzufriedenheit mit der Kolonialherrschaft. So erzwangen 1940 die 22 000 afrikanischen Bergarbeiter durch Streiks eine Lohnerhöhung. Gewerkschaftsgründungen blieben für die Afrikaner verboten. Deshalb bildeten sie im Gebiet der Kupferminen »Welfare Societies«. 1946 schlossen sich diese Gruppen in Lusaka zur »Federation of Welfare Societies« zusammen. Als in Großbritannien nach dem Krieg die Labour Party regierte, gab das Mutterland die Erlaubnis, Gewerkschaften zu gründen. 1949 entstand die Northern Rhodesia African Mine Workers Union.

Inzwischen war die Federation of Welfare Societies 1948 zum African National Congress (ANC) unter Harry Nkumbula umgebildet worden.
Der ANC war gegen eine Föderation der beiden Teile Rhodesiens mit Nyasaland, weil er in der Föderation die Vorherrschaft Südrhodesiens mit seiner starken weißen Minderheit befürchtete.

# Norwegen

Fläche: 324 219 km²
Hauptstadt: Oslo

*Krieg gegen Norwegen S. 49–1*

## Zehn Jahre im Überblick

- 9. 4. 1940 Deutsche Truppen überfallen das Land.
- 2. 5. 1940 König Haakon VII. und seine Regierung verlassen das Land und begeben sich nach London ins Exil.
- 1. 2. 1942 Die Deutschen ernennen den norwegischen Nationalsozialisten Vidkun Quisling zum Ministerpräsidenten.
- 25. 10. 1944 Sowjetische Streitkräfte besetzen Nordnorwegen.
- 26. 6. 1945 Einar Gerhardsen bildet eine provisorische Regierung.
- 8. 10. 1945 Bei den Parlamentswahlen erlangen die Sozialdemokraten die absolute Mehrheit. Gerhardsen bildet ein ausschließlich aus Sozialdemokraten bestehendes Kabinett.
- 23. 10. 1945 Vidkun Quisling wird als Kriegsverbrecher und Kollaborateur hingerichtet.
- 10. 10. 1949 Bei den Wahlen vergrößert die Sozialdemokratische Arbeiterpartei von Ministerpräsident Einar Gerhardsen ihre Mehrheit im Parlament.

Zu Beginn des 2. Weltkriegs blieb Norwegen wie alle anderen skandinavischen Länder zunächst neutral. Am 9. 4. 1940 wurde es von deutschen Truppen überfallen. Der letzte militärische Widerstand wurde zwei Monate später aufgegeben. König und Regierung flohen. An der Spitze der norwegischen Exilregierung in London stand König Haakon VII.; Trygve Lie war Außenminister. Der Versuch des Führers der faschistischen Nationalen Sammlung, Vidkun Quisling, eine Kollaborationsregierung zu bilden, scheiterte zunächst am passiven Widerstand der anderen Parteien. Der deutsche Reichskommissar Josef Terboven bildete eine Zivilverwaltung, in der Anhänger

▷ *Feier anläßlich des Geburtstages von Adolf Hitler im besetzten Oslo 1944. Vorn links Vidkun Quisling, neben ihm Reichskommissar Josef Terboven.*

| Grunddaten | 1940 | 1943 | 1946 | 1949 |
|---|---|---|---|---|
| 1. Einwohnerzahl (in Mill.) | — | — | 3,1 | 3,2 |
| 2. Urbanisationsgrad (in %) | — | — | 28 | |
| 3. Berufstätige (in % der Gesamtbevölkerung) | — | — | 43,8 | — |
| 4. Bruttosozialprodukt (in Mill. Kronen) | 5 663 | 7 344 | 9 631 | 12 528 |
| 6. Arbeitslosenquote (in % der berufsfähigen Bevölkerung) | — | 0,1 | 2,0 | 0,8 |
| 7. Geburtenziffer (in ‰) | 16,1 | 18,9 | 22,6 | 19,5 |
| 8. Sterbeziffer (in ‰) | 10,9 | 10,4 | 9,4 | 9,0 |
| 10. Jährlicher Energieverbrauch pro Einw. (in kg Ske) | — | — | — | 3 930 |
| 11. Einfuhr (in Mill. US-Dollar) | 215 | 232 | 441 | 729 |
| 12. Ausfuhr (in Mill. US-Dollar) | 139 | 124 | 242 | 396 |
| 13. Einwohner pro Arzt | — | — | 1000 | — |

Quislings mitarbeiteten. Quisling selbst wurde erst im Februar 1942 zum Ministerpräsidenten ernannt. Die Pläne Quislings und seiner Partei, einen nationalsozialistischen Staat aufzubauen, waren jedoch nicht von Erfolg gekrönt. Auch Quislings Bemühungen, Freiwillige für die Ostfront anzuwerben, hatten nur begrenzten Erfolg: Insgesamt meldeten sich 7000 Norweger. Der norwegische Widerstand hingegen war sehr aktiv. Plänen zur Schaffung nationalsozialistischer Berufsorganisationen oder Verbände konnten sich vor allem die Kirchen und die Gewerkschaften mit Erfolg widersetzen. Im Herbst 1944 marschierten sowjetische Truppen in den Norden Norwegens ein. Sie trieben die deutsche Wehrmacht bis in die Gegend um Tromsö zurück. Der Rest Norwegens blieb bis zur Kapitulation der deutschen Wehrmacht im Mai 1945 besetzt.

König Haakon VII. bildete nach seiner Rückkehr eine provisorische Regierung, die sich aus ehemaligen Führern des Widerstandes zusammensetzte, mit dem Sozialdemokraten Einar Gerhardsen an der Spitze.

Im Oktober 1945 fanden Wahlen statt, aus denen die sozialdemokratische Arbeiterpartei mit absoluter Mehrheit als Sieger hervorging. Gerhardsen blieb bis 1951 Ministerpräsident. Eine der ersten Handlungen der neuen Regierung war die Verfolgung von Kriegsverbrechern und Kollaborateuren: 25 Norweger wurden zum Tode verurteilt und hingerichtet, 20 000 erhielten Gefängnisstrafen. Die Errichtung eines Sozialstaates nahm in dieser Zeit ihren Anfang. Die Grundlage dafür bot eine zunächst straffe Lenkung der öffentlichen und privaten Wirtschaft.

Das internationale Ansehen Norwegens wurde durch die Ernennung von Außenminister Trygve Lie zum ersten Generalsekretär der Vereinten Nationen im Jahre 1946 sehr gesteigert. Nach dem Krieg bemühte sich vor allem Schweden um eine enge Zusammenarbeit zwischen den skandinavischen Ländern. Das führte zur Gründung des Nordischen Rates, eines Organs zur Förderung der sozialen, wirtschaftlichen und kulturellen Zusammenarbeit. Die schwedischen Bestrebungen, diese Zusammenarbeit auf die Gebiete Verteidigung und Außenpolitik auszuweiten, stießen in Norwegen wegen seiner engen Beziehungen zu den USA und zu Großbritannien auf Ablehnung. 1949 war Norwegen einer der Gründerstaaten der NATO.

*Einar Gerhardsen (Norwegen), Hans Hedtoft (Dänemark) und Tage Erlander (Schweden; von links) bei einer Konferenz skandinavischer Regierungschefs.*
◁

# Nyasaland

Nyasaland war bereits seit 1891 britisches Protektorat. Seine Einwohner widersetzten sich der geplanten Verschmelzung des Landes mit den britischen Kolonien Süd- und Nordrhodesien. Die britische Kolonialmacht zeigte wenig Interesse für die Forderung nach vermehrten politischen Rechten sowie einer Verbesserung des Bildungswesens und der Arbeitsbedingungen der Saisonarbeiter. Aus Unzufriedenheit darüber kam es 1944 zur Gründung des NAC unter Levi Mumba. Der NAC war ein nachdrücklicher Gegner der Föderation. Die Möglichkeit zur politischen Mitsprache eröffnete sich 1948, als die Zahl der Vertreter im Legislativrat auf neun erhöht wurde und zum ersten Mal zwei Afrikaner und ein Asiate aufgenommen wurden. Die weißen Siedler in Nord- und Südrhodesien gaben 1949 ihre Pläne zu einer Verschmelzung mit Nyasaland auf. Sie begnügten sich mit der Forderung nach einer Föderation der drei Gebiete. Dagegen aber hatten die Nyasas und der NAC genauso viele Bedenken. Der in London praktizierende Arzt Hastings Banda leitete die zunächst erfolgreiche Protestdelegation des NAC. 1953 stimmte das Unterhaus jedoch einer Föderation zu.

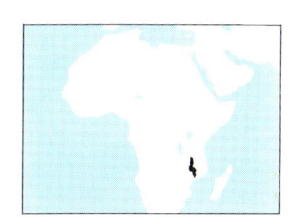

Fläche: 118 814 km²
Hauptstadt: Zomba

# Oman

Das Sultanat Oman und Maskat, das seit 1942 von Sultan Said Ibn Taimur absolutistisch regiert wurde, war schon seit 1890 britisches Protektorat. Oman war gänzlich von Großbritannien abhängig. Außerdem garantierte die Londoner Regierung die Position des Sultans, dem vor allem der Imam, das geistliche Oberhaupt, seine Stellung streitig machte. 1939 verlängerten die beiden Länder ihre Verträge über Freundschaft, Handel, Schiffahrt und Militärhilfe. Während des 2. Weltkriegs legten die Briten in Oman eine Kette von Flugplätzen an. Auch nach 1945 behielt Großbritannien seine strategische Stellung im Sultanat. Sultan Said isolierte sein Land völlig von der Außenwelt. Die Einfuhr westlicher Waren war verboten. Die Einhaltung der Scharia, des islamischen Rechtssystems, wurde genau überwacht. Schulen und medizinische Einrichtungen gab es kaum. Sklaverei war weit verbreitet. Im gebirgigen Binnenland Omans wahrten Stammesfürsten ihre faktische Autonomie.

Fläche: 212 457 km²
Hauptstadt: Maskat

*Die Wiedereroberung Manilas durch die Amerikaner forderte große Verluste. Nahezu die ganze Stadt wurde zerstört. Hier eine US-Patrouille beim Einmarsch im Februar 1945.*

Rennen um die Präsidentschaft wurde Manuel Roxas y Acuña von den USA unterstützt. Er war unter den Japanern Minister gewesen, hatte aber zugleich (seit 1943) Kontakte zu den amerikanischen Truppen unterhalten.
Der Wahlkampf führte zu einer Spaltung der Nationalistischen Partei Osmeñas. Roxas wurde Präsidentschaftskandidat der Liberalen Partei. Er gewann die Wahl am 4. 7. 1946. Die Hukbalahap, auch Huks genannt, nahm nach dem Krieg ihren Kampf gegen die Großgrundbesitzer wieder auf.

Nach und nach organisierte sie sich wieder in Luzón, dem wichtigsten Reisanbaugebiet. Luis Taruc wurde am 23. 4. 1946 mit fünf seiner Anhänger als Vertreter der Demokratischen Allianz ins Parlament gewählt. Nachdem die Huks zunehmend eine kommunistische Ideologie übernommen und terroristische Methoden entwickelt hatten, wurden ihre Abgeordneten 1947 aus dem Parlament ausgeschlossen.
Elpidio Quirino, der dem im April 1948 verstorbenen Manuel Roxas als Präsident gefolgt war, versuchte die Huks zur Aufgabe ihres Kampfes zu bewegen, indem er Sozialreformen versprach. Der Versuch scheiterte. Daraufhin wurde die Hukbalahap, die eine eigene Regierung gebildet, »Steuern« erpreßt und Land gewaltsam umverteilt hatte, bis 1950 weitgehend zerschlagen. Die Bewegung verlor ihren Rückhalt unter den Bauern vor allem durch das umfassende Sozialprogramm (Kreditgewährung, Ausbau von Straßen, Wasserversorgung, Schul- und Gesundheitswesen, Landzuweisung in schwächer besiedelten Gebieten) der Regierung. Entscheidend war, daß es der Armee unter Verteidigungsminister Ramón Magsaysay gelang, die Bauern, die zur Annahme der Regierungsangebote bereit waren, vor den Terroristen zu schützen. Die Entwicklung der vom Krieg geschädigten Wirtschaft stützte sich vor allem auf die großzügige Hilfe der USA, die auf diese Weise auch ihre eigenen wirtschaftlichen und sicherheitspolitischen Interessen sicherten. 1946 vereinbarten die beiden Länder für fünf Jahre freien Handelsverkehr. Danach sollten die Einfuhr- und Ausfuhrzölle schrittweise erhöht werden. Die Erfolge des wirtschaftlichen Wiederaufbaus waren vor allem deshalb begrenzt, weil es der von Korruption nicht freien Regierung nicht gelang, die sozialen Probleme in den Städten ähnlich gut zu lösen wie auf dem Land.

# Polen

Fläche: 312 677 km²
(bis 1939: 388 635 km²)
Hauptstadt: Warschau

▷ *Unter deutscher Besatzung: Straßenbild eines Ghettos, in das man die Juden getrieben hatte.*

## Die Teilung Polens

Mit dem deutsch-sowjetischen Nichtangriffspakt vom 23. 8. 1939 als Rückendeckung erhob Hitler

### Zehn Jahre im Überblick

| | | |
|---|---|---|
| 1. | 9. 1939 | Überfall deutscher Truppen. |
| 28. | 9. 1939 | Die letzten polnischen Truppen kapitulieren. |
| 23. | 6. 1941 | Deutsche Streitkräfte besetzen den von der UdSSR annektierten Teil Polens. |
| 19. | 4. 1943 | Aufstand der Juden im Warschauer Ghetto. |
| 26. | 4. 1943 | Die UdSSR bricht alle Beziehungen zur polnischen Exilregierung in London ab. |
| 4. | 7. 1943 | Ministerpräsident Sikorski kommt bei einem Flugzeugabsturz ums Leben. |
| 1. | 8. 1944 | Warschauer Aufstand gegen die Deutschen. |
| 17. | 1. 1945 | Sowjetische Truppen erobern Warschau. |
| 7. | 11. 1949 | Der sowjetische Marschall polnischer Abstammung Rokossowski wird zum Oberbefehlshaber der polnischen Armee und zum Kriegsminister ernannt. |

Ende August 1939 neuerlich Ansprüche auf Danzig und den Polnischen Korridor. Polen lehnte die deutschen Ansprüche ab und bemühte sich um französische und britische Sicherheitsgarantien. Am 1. 9. griff Hitler Polen an. Damit war der 2. Weltkrieg ausgebrochen. An 17. 9. besetzte die UdSSR die polnischen Ostgebiete. Schon am

Mehrheit, die Sozialisten (SPÖ) kamen auf 77 und die Kommunisten (KPÖ) auf 3 Sitze. Leopold Figl (ÖVP) wurde Bundeskanzler einer Regierung aus allen drei Parteien. Etwa vier Wochen später wurde Karl Renner zum ersten Bundespräsidenten gewählt.
Nachdem internationale, vor allem US-amerikanische Hilfsaktionen die ärgste Not gelindert hatten, machte der Wiederaufbau der Städte und der Wirtschaft sehr rasche Fortschritte. Dazu trug die Tatsache, daß die Regierung ohne Opposition handeln konnte, ebenso bei wie die Tatsache, daß Gewerkschaft und gewerbliche Wirtschaft zu einem partnerschaftlichen Verhältnis fanden. Nicht zuletzt aber hat auch der Marshallplan, an dem Österreich von Anfang an beteiligt war, eine wesentliche Rolle gespielt. Die Annahme des Marshallplans im Juli 1947 war der Hauptanlaß dafür, daß der einzige kommunistische Minister aus der Regierung ausschied. In der Opposition versuchte die KPÖ im Bunde mit einigen Linkssozialisten zwar auch eine innergewerkschaftliche Opposition aufzubauen, ihr Einfluß hielt sich aber meist in sehr engen Grenzen. Sie konnten es nicht verhindern, daß die Gewerkschaften im Jahr 1949 ebenso aus dem kommunistisch geführten Weltgewerkschaftsbund austraten wie diejenigen aller anderen demokratischen Länder.

### Die Große Koalition

Bei den zweiten Nationalratswahlen vom 9. 10. 1949 behauptete die ÖVP (77 Sitze) ihre führende Stellung vor der SPÖ (67 Sitze). Zu Lasten beider großen Parteien errang die rechtsgerichtete Wahlgemeinschaft der Unabhängigen, die sich vor allem an ehemalige Deutschnationale und Nationalsozialisten wandte, 16 Mandate. Die Kommunisten, zu denen ein Linkssozialist gestoßen war, erhöhten ihren Anteil nur von 4 auf 5 Sitze. Leopold Figl blieb Bundeskanzler, der Sozialist Adolf Schärf Vizekanzler. Das wichtigste außenpolitische Ereignis war für Österreich der Vertrag, den Außenminister Gruber mit seinem italienischen Amtskollegen De Gasperi am 5. 9. 1946 über die Zukunft Südtirols schloß. Österreich bestätigte die Zugehörigkeit des Gebietes zu Italien, verlangte aber Zusicherungen in bezug auf die Gleichberechtigung der deutschsprachigen Volksgruppe Südtirols in Kultur und Verwaltung. Im übrigen war das besetzte Land noch nicht Subjekt, sondern Objekt der internationalen Politik. In mehreren Konferenzen konnten die vier Großmächte keine Annäherung in bezug auf einen Friedensvertrag mit Österreich erreichen.
Am 26. 6. 1946 wurden die größten Banken und etwa 70 Betriebe der Schlüsselindustrien verstaatlicht. Neben der traditionsreichen Firma Österreichische Alpine Montangesellschaft (»Alpine«) in der Obersteiermark gehörten dazu vor allem Unternehmen aus dem früheren Besitz des Deutschen Reiches, die meist zwischen 1938 und 1945 entstanden waren, u. a. die Vereinigte Österreichische Eisen- und Stahlwerke AG (VÖEST) und die Stickstoffwerke in Linz, die Aluminiumhütte Ranshofen und die Chemiefaser Lenzing AG. Zum Staatssektor kamen auch die Bergwerksbetriebe und mehrere Maschinenbaufirmen.
Das wichtigste Phänomen der österreichischen Innenpolitik, ja der österreichischen Politik schlechthin, war die Große Koalition, zu der sich ÖVP und SPÖ unter dem Druck der allgemeinen Not unmittelbar nach Kriegsende gefunden hatten. Dieses Bündnis blieb für mehr als zwei Jahrzehnte die Grundlage der Politik. Es ist vielfach kritisiert worden. Der Zwang zum Kompromiß, der ihm innewohnte, ist immer wieder als lästig empfunden worden. Niemand konnte jemals damit rechnen, alles zu erreichen, was er wollte oder was er mit mehr oder weniger guten Gründen für richtig hielt. Aber kaum jemand mußte auch befürchten, daß die Politik ein Ergebnis brächte, das für ihn völlig unbefriedigend wäre. So kann man insgesamt feststellen, daß diese Koalition für das Land ein Segen war. Es ist höchst zweifelhaft, ob es ohne sie gelungen wäre, den Wiederaufbau des Landes so rasch zu meistern und in den 50er Jahren die volle Souveränität zurückzugewinnen.

*Außenminister Karl Gruber bei der Unterzeichnung des »Gruber-De Gasperi-Abkommens«.*

*Leopold Figl (sitzend) im Jahre 1949; hinter ihm von links nach rechts Staatssekretär Ferdinand Graf, Erziehungsminister Felix Hurdes und Landwirtschaftsminister Josef Kraus.*

# Panama

Die Präsidentschaftswahl vom Juni 1940 gewann der Führer der Konservativen, der deutschfreundliche Arnulfo Arías Madrid, gegen den von den Liberalen und Sozialisten unterstützten Ricardo Joaquín Alfaro. 1941 entwarf Arías eine Verfassung, durch die er sich umfassende Machtbefugnisse sicherte. Er verbot die Bewaffnung von amerikanischen Handelsschiffen, die unter panamesischer Flagge fuhren, mit der Begründung, daß sich die USA noch nicht im Kriegszustand mit den Achsenmächten befänden. Spannungen mit den USA entstanden aber vor allem durch die Höhe seiner Entschädigungsforderung für die Überlassung von Militärstützpunkten. Nachdem Arías im Oktober 1941 durch einen Staatsstreich abgesetzt worden war, verbesserte sich das Klima zwischen den beiden Staaten wieder. Der proamerikanische Präsident Ricardo Adolfo de la Guardia gestattete die Errichtung der Stützpunkte. In der Bevölkerung aber bestanden die antiamerikanischen Gefühle weiter. Sie wurden vor al-

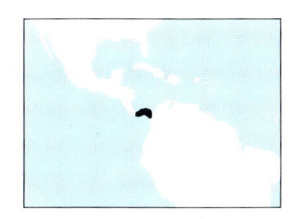

Fläche: 75 650 km²
Hauptstadt: Panama

*Ricardo Adolfo de la Guardia, Staatspräsident seit Oktober 1941.*

# Papua-Neuguinea

Fläche: 461 691 km²
Hauptstadt: Port Moresby

1942 landeten japanische Truppen bei Rabaul auf New Britain (Bismarckarchipel), das bis dahin die Hauptstadt des australischen Mandatsgebietes Neuguinea gewesen war. Der japanische Angriff zwang die australische Regierung, Neuguinea und die australische Kolonie Papua gemeinsam einer Militärverwaltung (ANGAU) zu unterstellen. Sitz dieser Verwaltung war für die Dauer des Krieges Port Moresby, die Hauptstadt von Papua.
Die Kämpfe auf Neuguinea gehörten zu den härtesten des 2. Weltkriegs. Den alliierten Einheiten, die um Port Moresby konzentriert waren, gelang es zunächst, den Vormarsch der Japaner zu stoppen; danach wurden die verlorengegangenen Gebiete mühsam zurückerobert. Ab 1944 waren alle wichtigen Gebiete von australischen und US-amerikanischen Einheiten besetzt.
Die einheimische Bevölkerung hatte unter den Kriegshandlungen schwer zu leiden. Soziale Entwurzelung und der Zusammenbruch der einheimischen Dorfwirtschaft waren die Folgen des Versuchs der ANGAU, die Papuas als Arbeitskräfte bei militärischen Projekten und auf den Kautschukplantagen im Westen einzusetzen.
Nach Kriegsende wurde im Jahr 1946 das ursprüngliche Völkerbundsmandat Neuguinea ein UN-Treuhandgebiet. Die UNO stimmte der gemeinsamen Verwaltung des neuen Trust Territory of New Guinea mit der Kolonie Papua durch Australien zu. Am 1. 7. 1949 wurde die Verwaltungsunion der beiden Gebiete im Papua and New-Guinea Act offiziell beglaubigt. Port Moresby wurde die Hauptstadt des neuen Territory of Papua and New Guinea.
Nach dem Krieg forcierte man die politische und administrative Erschließung. Die in Gang gekommene Entwicklung zur Selbstverwaltung ermöglichte 1951 die Schaffung einer Gesetzgebenden Versammlung.

# Paraguay

Fläche: 406 752 km²
Hauptstadt: Asunción

Staatspräsident José Estigarribia starb am 8. 9. 1940, einige Tage nachdem er eine neue, autoritäre Verfassung verkündet hatte, bei einem Flugzeugabsturz. Sein Nachfolger wurde Verteidigungsminister General Higinio Morínigo, der das Land bis 1948 als Diktator regierte. Kritiker wurden verhaftet oder flüchteten ins Ausland. Die Außenpolitik war von der Notwendigkeit bestimmt, gute Beziehungen zum deutschfreundlichen Nachbarn Argentinien zu unterhalten. Die diplomatischen Beziehungen zu den Achsenmächten waren zwar abgebrochen, jedoch deutsche Aktivitäten weiterhin zugelassen. Erst 1945 erklärte Paraguay den Achsenmächten den Krieg. Die USA unterstützten Morínigo mit der Einrichtung von Fonds und mit Krediten, die er zur Förderung der Wirtschaft, aber auch zur Absicherung seiner Position verwendete.
In der letzten Jahren von Morínigos Amtszeit trat die konservative Coloradopartei, die seit 1940 nicht mehr an der Macht war, wieder in den Vordergrund. Da man befürchtete, daß Morínigo versuchen würde, seine Amtszeit zu verlängern, wurde er am 3. 6. 1948 durch einen Staatsstreich, den die Colorados stützen, abgesetzt. Danach folgten Jahre des »Confusionismo«, der Verwirrung; Machtkämpfe in der Colorado-Partei bewirkten, daß sich fünf Präsidenten innerhalb von 15 Monaten ablösten.

# Peru

Fläche: 1 285 216 km²
Hauptstadt: Lima

▷ *Raúl Victor Haya de la Torre (Mitte), der Führer der APRA, im Gespräch mit zwei Besuchern aus den USA.*

1939 wurde Manuel Prado y Ugarteche von einer aus 12 Parteien bestehenden bürgerlichen Koalition zum Präsidenten gewählt. Unter seiner Regierung nahm das Land einen wirtschaftlichen Aufschwung. Außenpolitisch ging er 1941 als Sieger aus einem Grenzkrieg hervor, durch den Peru beinahe die Hälfte von Ecuador, das Amazonasgebiet, erhielt. Prado verwies viele Deutsche des Landes und stellte 20 000 Japaner unter Aufsicht. Er reorganisierte die Banco Italiano, die mehr als die Hälfte des peruanischen Bankwesens kontrollierte, und benannte sie in Banco de Crédito del Perú um. Nach dem japanischen Angriff auf Pearl Harbor brach Peru Anfang 1942 die diplomatischen Beziehungen zu den Achsenmächten ab. Es erklärte ihnen jedoch erst 1945 den Krieg. Die USA durften

einen Luftstützpunkt in Talara, im äußersten Nordwesten des Landes, errichten.
Hauptsächlich mit US-amerikanischer Unterstützung verbesserte Prado das Schulwesen, förderte die Gewerkschaften und bemühte sich, den Lebensstandard der Bevölkerung zu heben. Er modernisierte die Streitkräfte, förderte die Produktion von Kautschuk und anderen natürlichen Rohstoffen, nahm Projekte für den Bau von Wasserkraftwerken, Bewässerungsanlagen und Industriebetrieben in Angriff und ließ Autobahnen anlegen. Prados Politik wurde von den nachfolgenden Regierungen weitergeführt, so daß die Wirtschaft in den Nachkriegsjahren schnell expandierte. Zugleich wuchsen aber auch soziale und politische Spannungen.
Raúl Victor Haya de la Torre hatte 1942 in Mexiko die Alianza Popular Revolucionaria Americana (APRA) gegründet. Ziel dieser sozialistisch-antiimperialistischen Partei war es, die indianischen Bevölkerungsgruppen in das politische und wirtschaftliche Leben auf Kosten der Oberschicht zu integrieren. Währen der Amtszeit Prados blieb die APRA zwar verboten, die Innenpolitik wurde jedoch liberaler. Prado gestattete Haya de la Torre, aus dem mexikanischen Exil zurückzukehren und wieder am politischen Leben teilzunehmen. Dieser reorganisierte die APRA und benannte sie in Partido Popular (PP) um.
Bei den Wahlen im Jahr 1945 wurde José Luis Bustamente y Rivero, der für die in der PP vereinigten liberalen Parteien kandidierte, Prados Nachfolger im Präsidentenamt. Er regierte mit Unterstützung der Apristas, die jedoch von einer hartnäckigen Opposition aus Finanz- und Militärkreisen bedrängt wurden. Nach zwei Jahren eskalierten die Konflikte zwischen den Apristas und dem Militär. Durch einen Militärputsch unter General Manuel Odría wurde Bustamente 1948 gestürzt. Odría erklärte die Opposition für illegal, ließ mehrere Apristas verhaften und bildete ein Kabinett aus konservativen Militärs. Im gleichen Jahr wurde er Staatspräsident.

| Grunddaten | 1940 | 1943 | 1946 | 1949 |
|---|---|---|---|---|
| 1. Einwohnerzahl (in Mill.) | 6,2 | — | — | 7,8 |
| 2. Urbanisationsgrad (in %) | 35,4 | — | — | — |
| 3. Berufstätige (in % der Gesamtbevölkerung) | 40,6 | 40,1 | 40,4 | 40,7 |
| 4. Volkseinkommen (in Mill. Sol) | — | 2614 | 4274 | 9391 |
| 7. Geburtenziffer (in ‰) | 26,7 | 27,6 | 28,7 | 31,1 |
| 8. Sterbeziffer (in ‰) | 14,2 | 14,8 | 12,9 | 13 |
| 10. Jährlicher Energieverbrauch pro Einw. (in kg Ske) | — | — | — | 200 |
| 11. Einfuhr (in Mill. US-Dollar) | 51,9 | 69,2 | 119,9 | 167,1 |
| 12. Ausfuhr (in Mill. US-Dollar) | 64,8 | 70,7 | 150,0 | 148,9 |
| 13. Einwohner pro Arzt | — | — | 5500 | — |

*General Manuel Odría, der 1948 durch einen Staatsstreich an die Macht kam.*

# Philippinen

Die Philippinen hatten am 5. 11. 1936 die erste eigene, am amerikanischen Vorbild orientierte Verfassung bekommen. Nach dem japanischen Angriff auf Pearl Harbor (auch → S. 197) begann am 20. 12. 1941 die japanische Invasion auf den Philippinen. Am 2. 1. 1942 wurde die Hauptstadt Manila besetzt. Die amerikanischen und philippinischen Truppen zogen sich auf die nahegelegene Halbinsel Bataan und die Festungsinsel Corregidor in der Manilabucht zurück, mußten aber schließlich am 9. 4. bzw. 7. 5. kapitulieren. Staatspräsident Manuel Quezón und Vizepräsident Sergio Osmeña flüchteten nach Australien und anschließend in die USA, wo sie eine Exilregierung errichteten. Von den japanischen Besetzern wurde ein Exekutivrat eingerichtet, dem 30 Filipinos angehörten. Dieses Organ wurde im September 1943 durch die Nationalversammlung der »Unabhängigen Philippinischen Republik« ersetzt. Die Pläne Japans, das Land zum aktiven Partner in der »Großostasiatischen Wohlstandssphäre« zu machen, wurden durch die rücksichtslose Behandlung der Bevölkerung zunichte gemacht.
Die im Untergrund tätigen Guerillas bestanden aus geflüchteten amerikanischen und philippinischen Soldaten und der Hukbalahap (»Antijapanische Volksarmee«). Die Hukbalahap unter Luis Taruc und Castro Alejandrino war aus der Bauernorganisation der Vorkriegszeit hervorgegangen, die den Großgrundbesitz bekämpft hatte. Sie konnte ihren Machtbereich ausweiten; infolge des Guerillakriegs kontrollierte Japan schließlich nur 12 der 48 Provinzen.
Ende September 1944 verstärkten die Alliierten die Bombardierung japanischer Ziele. Am 20. Oktober wurde die Insel Leyte im Zentrum der Philippinen zurückerobert. Schwere Bombenangriffe und Straßenkämpfe führten zur Zerstörung großer Teile Manilas, das schließlich am 23. 2. 1945 zurückerobert war.
Am 4. 7. 1946 bekamen die Philippinen die volle Unabhängigkeit, die von den USA bereits vor dem Krieg zugesagt worden war. Im

**Zehn Jahre im Überblick**

20. 12. 1941 Japanische Invasion.
7. 5. 1942 Die amerikanischen und philippinischen Streitkräfte kapitulieren.
23. 2. 1945 Manila wird befreit.
4. 7. 1946 Die Philippinen erhalten die volle Unabhängigkeit; Manuel Roxas wird Präsident.
6. 3. 1948 Der Präsident erklärt die Hukbalahap-Bewegung für illegal.

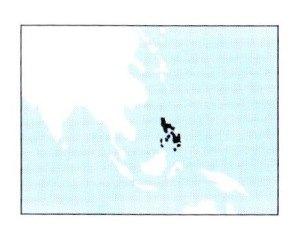

Fläche: 300 000 km²
Hauptstadt: Manila

| Grunddaten | 1940 | 1943 | 1946 | 1949 |
|---|---|---|---|---|
| 1. Einwohnerzahl (in Mill.) | — | — | — | 19,6 |
| 2. Urbanisationsgrad (in %) | — | — | — | 24,1 |
| 3. Berufstätige (in % der Gesamtbevölkerung) | — | — | — | 38,6 |
| 4. Volkseinkommen (in Mill. Pesos) | — | — | 2759 | 4630 |
| 5. Anteil des Bruttosozialprodukts in verschiedenen Bereichen | | | | |
| Landwirtschaft | — | — | — | 43 |
| Industrie | — | — | — | 14 |
| Handel und Dienstleistungen | — | — | — | 43 |
| 7. Geburtenziffer (in ‰) | 32,5 | — | 28,9 | 31,3 |
| 8. Sterbeziffer (in ‰) | 16,6 | — | — | — |
| 9. Lebenserwartung bei Neugeborenen (in Jahren) | — | — | 48,8 | — |
| 11. Einfuhr (in Mill. US-Dollar) | 134 | — | 294 | 569 |
| 12. Ausfuhr (in Mill. US-Dollar) | 118 | — | 64 | 254 |

*Manuel Roxas y Acuña wurde 1946 mit knapper Mehrheit zum ersten Präsidenten der selbständigen Republik der Philippinen gewählt.*

## 362 Polen

*Die Wiedereroberung Manilas durch die Amerikaner forderte große Verluste. Nahezu die ganze Stadt wurde zerstört. Hier eine US-Patrouille beim Einmarsch im Februar 1945.*

Rennen um die Präsidentschaft wurde Manuel Roxas y Acuña von den USA unterstützt. Er war unter den Japanern Minister gewesen, hatte aber zugleich (seit 1943) Kontakte zu den amerikanischen Truppen unterhalten.
Der Wahlkampf führte zu einer Spaltung der Nationalistischen Partei Osmeñas. Roxas wurde Präsidentschaftskandidat der Liberalen Partei. Er gewann die Wahl am 4. 7. 1946. Die Hukbalahap, auch Huks genannt, nahm nach dem Krieg ihren Kampf gegen die Großgrundbesitzer wieder auf.

Nach und nach organisierte sie sich wieder in Luzón, dem wichtigsten Reisanbaugebiet. Luis Taruc wurde am 23. 4. 1946 mit fünf seiner Anhänger als Vertreter der Demokratischen Allianz ins Parlament gewählt. Nachdem die Huks zunehmend eine kommunistische Ideologie übernommen und terroristische Methoden entwickelt hatten, wurden ihre Abgeordneten 1947 aus dem Parlament ausgeschlossen.
Elpidio Quirino, der dem im April 1948 verstorbenen Manuel Roxas als Präsident gefolgt war, versuchte

die Huks zur Aufgabe ihres Kampfes zu bewegen, indem er Sozialreformen versprach. Der Versuch scheiterte. Daraufhin wurde die Hukbalahap, die eine eigene Regierung gebildet, »Steuern« erpreßt und Land gewaltsam umverteilt hatte, bis 1950 weitgehend zerschlagen. Die Bewegung verlor ihren Rückhalt unter den Bauern vor allem durch das umfassende Sozialprogramm (Kreditgewährung, Ausbau von Straßen, Wasserversorgung, Schul- und Gesundheitswesen, Landzuweisung in schwächer besiedelten Gebieten) der Regierung. Entscheidend war, daß es der Armee unter Verteidigungsminister Ramón Magsaysay gelang, die Bauern, die zur Annahme der Regierungsangebote bereit waren, vor den Terroristen zu schützen. Die Entwicklung der vom Krieg geschädigten Wirtschaft stützte sich vor allem auf die großzügige Hilfe der USA, die auf diese Weise auch ihre eigenen wirtschaftlichen und sicherheitspolitischen Interessen sicherten. 1946 vereinbarten die beiden Länder für fünf Jahre freien Handelsverkehr. Danach sollten die Einfuhr- und Ausfuhrzölle schrittweise erhöht werden. Die Erfolge des wirtschaftlichen Wiederaufbaus waren vor allem deshalb begrenzt, weil es der von Korruption nicht freien Regierung nicht gelang, die sozialen Probleme in den Städten ähnlich gut zu lösen wie auf dem Land.

# Polen

Fläche: 312 677 km² (bis 1939: 388 635 km²)
Hauptstadt: Warschau

▷
*Unter deutscher Besatzung: Straßenbild eines Ghettos, in das man die Juden getrieben hatte.*

### Die Teilung Polens

Mit dem deutsch-sowjetischen Nichtangriffspakt vom 23. 8. 1939 als Rückendeckung erhob Hitler

**Zehn Jahre im Überblick**

- 1. 9. 1939 Überfall deutscher Truppen.
- 28. 9. 1939 Die letzten polnischen Truppen kapitulieren.
- 23. 6. 1941 Deutsche Streitkräfte besetzen den von der UdSSR annektierten Teil Polens.
- 19. 4. 1943 Aufstand der Juden im Warschauer Ghetto.
- 26. 4. 1943 Die UdSSR bricht alle Beziehungen zur polnischen Exilregierung in London ab.
- 4. 7. 1943 Ministerpräsident Sikorski kommt bei einem Flugzeugabsturz ums Leben.
- 1. 8. 1944 Warschauer Aufstand gegen die Deutschen.
- 17. 1. 1945 Sowjetische Truppen erobern Warschau.
- 7. 11. 1949 Der sowjetische Marschall polnischer Abstammung Rokossowski wird zum Oberbefehlshaber der polnischen Armee und zum Kriegsminister ernannt.

Ende August 1939 neuerlich Ansprüche auf Danzig und den Polnischen Korridor. Polen lehnte die deutschen Ansprüche ab und bemühte sich um französische und

britische Sicherheitsgarantien. Am 1. 9. griff Hitler Polen an. Damit war der 2. Weltkrieg ausgebrochen. An 17. 9. besetzte die UdSSR die polnischen Ostgebiete. Schon am

# Polen

18. nahm sie bei Brest-Litowsk Kontakt mit den deutschen Truppen auf. Am 27. 9. kapitulierten die Reste der polnischen Armee in Warschau.

Das polnische Staatsgebiet war nun aufgeteilt. Der sowjetische Anteil erstreckte sich westwärts bis zu den Flüssen Weichsel und Narew; der deutsche Anteil umfaßte das gesamte übrige Gebiet. Vor allem die 1919 an Polen gefallenen Provinzen wurden in das Deutsche Reich zurückgegliedert. Das restliche Gebiet, das »Generalgouvernement«, wurde dem Generalgouverneur Hans Frank unterstellt. Die von der UdSSR annektierten Gebiete wurden an die Unionsrepubliken Weißrußland und Ukraine, 1940 dann auch an Litauen angeschlossen.

Gut eineinhalb Jahre später wurden sie nach dem Angriff auf die UdSSR im Juni 1941 von deutschen Truppen besetzt.

In dem vom Deutschen Reich annektierten bzw. besetzten Gebiet wurde ein brutales Besatzungsregime geführt. 1,5 Mill. Polen wurden deportiert und 3 Mill. Juden vergast. Die polnische Kultur wurde so weit wie möglich zerschlagen (auch → S. 169).

## Exilregierungen

In Paris bildete sich im September 1939 eine polnische Exilregierung, in der General Władysław Sikorski Ministerpräsident und Kriegsminister war. Sikorski wurde Oberbefehlshaber einer neu aufgestellten polnischen Armee. Sie bestand teilweise aus polnischen Soldaten, die über Rumänien oder Ungarn nach Frankreich entkommen waren, und rekrutierte sich zum anderen Teil aus den 500 000 in Frankreich lebenden Polen. Diese polnische Armee kämpfte den gesamten Krieg hindurch auf westalliierter Seite an allen Fronten. Als Folge der französischen Niederlage verlegte die Regierung Sikorski ihren Sitz von Paris nach London. Nach Hitlers Angriff auf die UdSSR schloß die polnische Exilregierung mit der UdSSR einen militärischen Beistandsvertrag (30. 7. 1941) und einen Freundschaftsvertrag (4. 12. 1941). Es gab jedoch sofort Spannungen, als die UdSSR nicht alle polnischen Kriegsgefangenen freiließ. Als die polnische Regierung die Umstände des Todes von 4500 polnischen Offizieren, deren Leichen die Deutschen bei dem Ort Katyn gefunden hatten, vom Internationalen Roten Kreuz untersuchen lassen wollte, brach die UdSSR alle Beziehungen zu ihr ab (April 1943). Ministerpräsident Mikołajczyk, der nach dem Tode Si-

*Deutsches Propagandaplakat für das besetzte Polen 1944, als sich die Rote Armee näherte. Der Text lautet: »Wollt ihr es so weit kommen lassen, daß es Euren Kindern und Frauen so geht? Verteidigt Euch mit aller Kraft gegen den Bolschewismus!«*

| Grunddaten | 1940 | 1943 | 1946 | 1949 |
|---|---|---|---|---|
| 1. Einwohnerzahl (in Mill.) | — | — | 23,9 | 24,7 |
| 2. Urbanisationsgrad (in %) | — | — | 31,4 | 35,8 |
| 4. Volkseinkommen (in Mill. Złoty) | — | — | 14,7 | 18 |
| 7. Geburtenziffer (in ‰) | — | — | — | 24,9 |
| 8. Sterbeziffer (in ‰) | — | — | — | 11,6 |
| 9. Lebenserwartung bei Neugeborenen (in Jahren) | — | — | — | 55,6 |
| 10. Jährlicher Energieverbrauch pro Einw. (in kg Ske) | — | — | — | 1940 |
| 11. Einfuhr (in Mill. US-Dollar) | — | — | 146 | — |
| 12. Ausfuhr (in Mill. US-Dollar) | — | — | 127 | — |
| 13. Einwohner pro Arzt | — | — | 3 100 | — |

◁
*Die Karte läßt erkennen, wie stark sich die geographische (und politische) Lage Polens in den 40er Jahren änderte. 1939 wurde das Land zwischen dem Deutschen Reich und der UdSSR aufgeteilt, 1941 ganz von deutschen Truppen erobert. Nach dem Krieg wurden die Grenzen Polens weit nach Westen verschoben – zugunsten der UdSSR und zum Nachteil des besiegten Deutschland.*

- Polnische Grenze 1938
- Deutsche-sowjetische Teilungslinie 1939
- Polnische Grenze 1945
- Polnisches Gebiet vor dem zweiten Weltkrieg bis heute
- Von Polen annektiertes deutsches Gebiet 1945
- Von Polen an die UdSSR abgetretenes Gebiet 1945

*Sitzung der polnischen Exilregierung in London. Stehend der damalige Ministerpräsident Stanisław Mikołajczyk.*

*General Władysław Anders, einer der Führer der Einheiten, die Monte Cassino von den Deutschen zurückeroberten (links).*

*Władysław Gomułka (vorn) spielte eine wichtige Rolle im polnischen kommunistischen Widerstand und wurde später KP-Chef, hier bei einer Propaganda-Aktion für den Wiederaufbau (rechts).*

korskis im Juli 1943 an dessen Stelle getreten war, bemühte sich vergeblich um einen Ausgleich mit der Sowjetunion. Die sowjetische Regierung förderte vielmehr den »Bund polnischer Patrioten«, der in Moskau von polnischen Exilkommunisten gebildet worden war. Während die Rote Armee vordrang, wurde am 22. 7. 1944 durch das kommunistische »Polnische Komitee der Nationalen Befreiung« (PKWN), das sich in Lublin als provisorische Regierung einrichtete, eine sozialistische Verfassung verkündet. Unterdessen spielte sich in Warschau für die von der Exilregierung in Großbritannien unterstützte Widerstandsbewegung eine Tragödie ab. Am 1. 8. 1944 begann ein Aufstand, den die Londoner Exilregierung initiiert hatte, um einer Befreiung Warschaus durch die Rote Armee zuvorzukommen. Mit der Führung hatte man General Bór-Komorowski betraut. Die Rote Armee, die sich bereits der auf der anderen Seite der Weichsel liegenden Vorstadt Praga genähert hatte, enthielt sich jeglicher Hilfeleistungen. Der Aufstand wurde von deutschen Einheiten blutig zurückgeschlagen, die Stadt selbst in Schutt und Asche gelegt (auch → S. 172). Erst im Januar 1945 zog die Rote Armee in Warschau ein.

Die polnische Exilregierung in London hatte gegen die Vereinbarungen von Jalta und Teheran über die polnische Ostgrenze stets Widerstand geleistet, konnte sich aber nicht durchsetzen. Sie wurde von den Westmächten praktisch fallengelassen. In der 1945 gebildeten »Regierung der nationalen Einheit« hielten denn auch die Kommunisten sämtliche Schlüsselpositionen besetzt. Mikołajczyk wurde mit den Ämtern des Vizeministerpräsidenten und Landwirtschaftsministers abgespeist. Am 2. 8. 1945 erkannten die Großen Drei in Potsdam die neue polnische Regierung an. Sie erklärten, daß angestrebt werden müsse, so schnell wie möglich freie Wahlen durchzuführen, und daß die Oder-Neiße-Linie die polnische Westgrenze bilden solle. Aber erst am 19. 1. 1947 wurden Wahlen für eine neue Volksvertretung abgehalten. Die manipulierten Wahlen brachten einen Sieg für den kommunistischen »Nationalen Block«. Das neue Parlament wählte am 7. 2. Bolesław Bierut zum Staatspräsidenten. Ministerpräsident des neuen Kabinetts wurde Józef Cyrankiewicz. Ein aus acht Mitgliedern bestehender kommunistischer Staatsrat erhielt weitreichende Befugnisse. Als Mikołajczyk bedroht wurde und im Oktober 1947 nach Großbritannien flüchtete, war mit der Volkspartei (PSL) die einzige noch existierende Opposition ausgeschaltet. 1948 erfolgte der Zusammenschluß der Sozialistischen Partei mit der Kommunistischen Partei zur »Polnischen Vereinigten Arbeiterpartei« (PZPR). Seitdem bestand in Polen ein Einparteiensystem. Der Einfluß der UdSSR hatte sich konsolidiert. Im November 1949 wurde der sowjetische Marschall Konstantin Rokossowski zum Oberbefehlshaber der polnischen Armee und gleichzeitig zum Kriegsminister ernannt. Die sowjetische Machtposition kam auch in der Ausschaltung Gomułkas 1948 zum Ausdruck; der stellvertretende Ministerpräsident und Parteisekretär hatte einen zu nationalen Kurs verfolgt. Nach 1947 begann man die Landwirtschaft zu kollektivieren und die Industrie nach sowjetischem Muster zu organisieren.

# Portugal

Fläche: 92 082 km²
Hauptstadt: Lissabon

▷ *Staatspräsident Oscar Carmona bei den Feierlichkeiten aus Anlaß des Nationalfeiertages 1949.*

Portugal nahm unter dem autoritären Regime des Ministerpräsidenten Salazar nicht am 2. Weltkrieg teil. Es unterzeichnete 1940 einen Nichtangriffsvertrag mit Spanien. Im gleichen Jahr stellte Portugal die Bindung an die katholische Kirche wieder her. Die Trennung zwischen Staat und Kirche blieb zwar bestehen; die Kirche erhielt aber alle Privilegien und Besitzungen zurück und spielte erneut eine wichtige Rolle im Bildungswesen. Das Erziehungssystem der Kolonien wurde 1941 gänzlich der Mission unterstellt. 1943 gestattete Portugal den Alliierten, die Azoren für militärische Zwecke zu nutzen.

In wirtschaftlicher Hinsicht profitierte Portugal vom 2. Weltkrieg. Es unterhielt Handelsbeziehungen mit allen kriegführenden Ländern und erlitt keine Kriegsschäden. Besonders das portugiesische Wolfram war für die kriegführenden Mächte von großer Bedeutung. Durch das Fehlen von Importen und Konkurrenz erlebte Portugal eine gewisse Industrialisierung. Die Landwirtschaft stagnierte, weil das Regime auf die Entwicklung der Landwirtschaft in den Kolonien mehr Wert legte.

Der Lebensstandard der Industrie- und Landarbeiter blieb insgesamt niedrig. Das Bildungswesen war unzureichend entwickelt, die Zahl der Analphabeten groß. In den 40er Jahren kam es häufig zu Streiks und Demonstrationen; sogar Hungermärsche als Demonstration gegen die Lebensmittelknappheit fanden statt.

Die Diktatur Salazars ließ jedoch keine Opposition zu. Politische Organisationen waren verboten, und es herrschte eine weitreichende Zensur.

Außenpolitisch konnte das Regime Salazars nach dem 2. Weltkrieg einige Erfolge verzeichnen. Portugal wurde zwar auf Betreiben der Sowjetunion zunächst nicht in die UNO aufgenommen, erhielt aber Marshallplanhilfe und wurde Mitglied der OEEC (1948) und der NATO (1949).

# Portugiesisch-Guinea

Der Regierung in Lissabon ging es in Portugiesisch-Guinea lediglich darum, die Naturreichtümer der Kolonie zum Nutzen des Mutterlandes auszubeuten. Der portugiesische Diktator Salazar betrachtete die Kolonien als die »landwirtschaftliche Säule Portugals«. Die Armut veranlaßte viele Einwohner Guineas zur Abwanderung. Die Ausbeute, die Portugal aus dieser armen Kolonie zog, bestand vor allem aus den zwangsweise angebauten Erdnüssen, die die Portugiesen den afrikanischen Bauern zu niedrigen Preisen abkauften. Der intensive Erdnußanbau erschöpfte den Boden, so daß immer neue Flächen bebaut werden mußten. 1941 verlegte man die Hauptstadt von Bolama nach Bissau, damit die Metropole in der Nähe der Erdnußkulturen blieb. Nach dem 2. Weltkrieg kam die Wirtschaft unter die Kontrolle der Companhia União Fabril (CUF). 1950 zählte die Kolonie 510000 Menschen.

Fläche: 36125 km²
Hauptstadt: Bissau

# Portugiesisch-Indien

Portugiesisch-Indien bestand aus Goa und den Enklaven Damao, Diu, Dadra und Nagar Haveli. Diese portugiesischen Kolonien (seit 1510) waren unwichtig geworden und wurden vom Mutterland weitgehend vernachlässigt. Nachdem Indien 1947 unabhängig geworden war, bildete sich dort eine Bewegung, die danach strebte, die Enklaven dem indischen Hoheitsgebiet einzuverleiben. Dagegen gab es in Portugiesisch-Indien selbst kaum Wünsche nach einem Anschluß an Indien. Vier Jahrhunderte portugiesischer Kolonialherrschaft mit vielen Mischehen hatten zu engen Bindungen und zu einer weiten Verbreitung des katholischen Glaubens geführt, den die meisten Einwohner Portugiesisch-Indiens bei einem Anschluß an Indien gefährdet sahen. Außerdem waren sie zwar mit dem Zustand der Wirtschaft unzufrieden, in der neben der stagnierenden Landwirtschaft nur der Fischfang größere Bedeutung hatte, doch versprach ein Anschluß auch keine Besserung.

Fläche: 4183 km²
Hauptstadt: Goa

# Portugiesisch-Timor

Portugiesisch-Timor bestand aus dem Ostteil der Insel Timor und einer kleinen Enklave, Ocussi Ambeno, im niederländischen Westteil der Insel. Offiziell war das Mutterland Portugal im 2. Weltkrieg neutral; Australien und die Niederlande befürchteten aber, daß die Japaner das Gebiet wegen seiner strategischen Bedeutung besetzen würden. Die portugiesische Regierung hatte den Japanern überdies einen Flugdienst nach Portugiesisch-Timor gestattet. Um die Neutralität zu wahren, erhielten auch die Niederländer und die Australier dieses Recht. Als Portugal 1941 die Bitte Australiens um Besetzung ablehnte, landeten dennoch australische und niederländische Streitkräfte. Mit der Begründung, daß sich dort feindliche Truppen befänden, besetzten dann die Japaner 1942 Portugiesisch-Timor und richteten ein rigoroses Besatzungssystem ein. 1945 wurde Timor von den Amerikanern befreit. Der Ostteil fiel wieder an Portugal. Auch nach dem Krieg blieb die Kolonie schwach entwickelt.

Fläche: 14925 km²
Hauptstadt: Dili

# Ruanda-Urundi

Ruanda-Urundi, ein Teil der ehemaligen Kolonie Deutsch-Ostafrika, war 1919 vom Völkerbund als Mandatsgebiet Belgien anvertraut worden. Es regierte das Land mit Hilfe der einheimischen Monarchien. Im Interesse der Alliierten wurde seit 1940 die Gold- und Zinnproduktion drastisch erhöht. Außerdem sollten mehr Baumwolle und Kaffee für den Export angebaut werden. Die Kriegswirtschaft wurde jedoch durch eine katastrophale Lebensmittelverknappung beeinträchtigt. Zwischen 1943 und 1945 führten Mißernten in großen Teilen des Landes zu Hungersnot.

Die Saisonarbeit in Uganda und Tanganjika war eine traditionelle Ausweichmöglichkeit. Sie trug zusammen mit dem geringen Industrialisierungsgrad Ruanda-Urundis dazu bei, daß die Landflucht nicht überhand nahm. Obgleich sich die Bevölkerung der Städte im Laufe des Jahrzehnts verdoppelte, wohnten Ende 1949 noch keine 2% der Bevölkerung in den nach wie vor recht kleinen Städten.

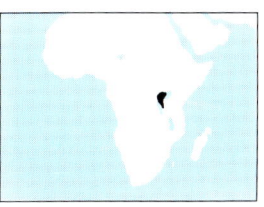

Fläche: 54172 km²
Hauptstadt: Usumbura

# Rumänien

Fläche: 237 500 km²
(bis 1940: 294 967 km²)
Hauptstadt: Bukarest

*König Carol II. beim Verlesen einer Erklärung in seinem Palast (1940).*

*Amerikanisches Plakat über die Luftangriffe auf die Ölraffinerie von Ploești. Das rumänische Erdöl war von großer Wichtigkeit für die deutsche Wehrmacht.*

## Die Diktatur Antonescus

Ende der 30er Jahre hatte sich Rumänien aus wirtschaftlichen Gründen an das Deutsche Reich angelehnt. Der rumänisch-deutsche Handelsvertrag von 1939 sicherte dem Deutschen Reich die Lieferung rumänischen Erdöls. Rumänien verlor durch massiven sowjetischen und deutschen Druck 1940 Bessarabien und die Nordbukowina an die UdSSR, den Großteil Siebenbürgens an Ungarn und die Süddobrudscha an Bulgarien (2. Wiener Schiedsspruch). Diese Gebietsabtretungen, durch die Rumänien binnen zwei Monaten ein Drittel seines Territoriums verlor, machten die Position König Carols II. unhaltbar. Am 6. 9. wurde er zugunsten seines Sohnes Michael zur Abdankung gezwungen.
Tatsächlicher Machthaber war General Ion Antonescu, der sich vor allem auf die Armee und konservative Kreise stützte, es aber zuließ, daß die faschistische Eiserne Garde ein Terrorregime errichtete. Als die Garde im Januar 1941 unter dem stellvertretenden Ministerpräsidenten Horia Sima einen Putschversuch unternahm, wurde sie von der Armee ausgeschaltet.
Die Militärdiktatur von Conducator (Führer) Antonescu ließ im allgemeinen die bestehenden sozialen und wirtschaftlichen Strukturen unangetastet. Der jüdische Bevölkerungsteil hatte unter brutalen antisemitischen Verfolgungen zu leiden. Von den 900 000 Juden, die bei Ausbruch des 2. Weltkriegs in Rumänien lebten, kamen 470 000 in polnischen Vernichtungslagern um.
Mit dem Beitritt zum Dreimächtepakt (23. 11. 1940) war Rumänien ein Bündnispartner des Deutschen Reiches geworden. Am 22. 6. 1941 beteiligte es sich am Angriff auf die UdSSR. Bessarabien und die nördliche Bukowina wurden zurückerobert, ebenso das Gebiet zwischen Dnjestr und Bug, das als »Transnistrien« Rumänien angegliedert wurde. Nach der Schlacht bei Stalingrad wurde Rumänien jedoch kriegsmüde. Die Unzufriedenheit mit der Regierung Antonescus wuchs außerdem, weil sich die wirtschaftliche Situation aufgrund der Ausbeutung durch die Deutschen und der Wirtschaftsblockade der Alliierten ständig verschlechterte. Rumänische Bemühungen, einen Separatfrieden mit den Westmächten zu schließen, bevor die heranrückende Rote Armee die Landesgrenzen erreichen würde, scheiterten an der Weigerung Großbritanniens und der USA, ohne die UdSSR zu verhandeln. Am 23. 8. 1944 stürzte König Michael das Regime Antonescu, der verhaftet und schließlich 1946 wegen Hochverrats hingerichtet wurde. Es wurde eine Koalitionsregierung unter General Constantin Sanatescu gebildet, in der auch die Kommunisten vertreten waren. Der Kampf gegen die UdSSR wurde eingestellt und am 25. 8. dem Deutschen Reich der Krieg erklärt. Entsprechend dem am 12. 9. 1944 geschlossenen Waffenstillstandsvertrag mit den Alliierten wurde Rumänien von der Roten Armee besetzt. Die die Territorialfragen betreffenden Klauseln des Waffenstillstandes wurden im Friedensvertrag vom 10. 2. 1947 bestätigt: Rumänien verlor Bessarabien und die nördliche Bukowina endgültig an die UdSSR, bekam aber Nordsiebenbürgen zurück.

## Der Aufstieg der Kommunistischen Partei

Die noch sehr schwache Kommunistische Partei Rumäniens vereinigte sich im Oktober 1944 mit den linken Flügeln der Sozialdemokraten und der Liberalen Partei sowie der »Ackermannsfront« unter Petru Groza zur »Demokratischen Volksfront«. Unter diesem Deckmantel dehnte die KP unter Gheorghiu-Dej, gestützt von der UdSSR, ihren Einfluß aus. Nachdem eine kommunistische Demonstration am 24. 2. 1945 in Bukarest zu blutigen Unruhen geführt hatte, griff die UdSSR ein. König Michael wurde gezwungen, eine Regierung der Demokratischen Volksfront zu ernennen. In der neuen Regierung unter Groza besetzten die Kommunisten die wichtigen Ämter des Innen- und des Justizministers. Die Westalliierten erkannten diese Regierung nicht an. Erst eine Regierung, in der auch je ein Vertreter der Bauernpartei und der Liberalen Partei zu finden waren, fand 1946 die Anerkennung des Westens. Die kontrollierten und manipulierten Wahlen vom 19. 11. 1946 brachten der Demokratischen Volksfront eine große Mehrheit. Nachdem die KP nun eine sichere Machtposition hatte, wurde die Opposition von Bauernpartei und Liberalen zerschlagen. Die So-

### Zehn Jahre im Überblick

| | | |
|---|---|---|
| 28. 6. 1940 | König Carol II. tritt Bessarabien und die nördliche Bukowina an die UdSSR ab. |
| 21. 8. 1940 | Rumänien tritt an Bulgarien die südliche Dobrudscha ab. |
| 30. 8. 1940 | Im 2. Wiener Schiedsspruch muß Rumänien zugunsten Ungarns auf Nordsiebenbürgen verzichten. |
| 6. 9. 1940 | König Carol II. dankt zugunsten seines Sohnes Michael ab. Tatsächlicher Machthaber ist General Ion Antonescu. |
| 22. 1. 1941 | Ein Putschversuch der faschistischen Eisernen Garde wird von der Armee vereitelt. |
| 22. 6. 1941 | Rumänen und Deutsche marschieren in Bessarabien und in die UdSSR ein. |
| 23. 8. 1944 | Sowjetische Truppen dringen in Rumänien ein. König Michael stürzt Regierungschef Antonescu. |
| 25. 8. 1944 | Nach der Bombardierung Bukarests durch die deutsche Luftwaffe erklärt Rumänien Deutschland den Krieg. |
| 12. 9. 1944 | Waffenstillstand mit den Alliierten. Besetzung durch sowjetische Truppen. |
| 6. 3. 1945 | Unter sowjetischem Druck ernennt König Michael eine Regierung unter Petru Groza. |
| 30. 12. 1947 | König Michael wird zur Abdankung gezwungen. Das Parlament ruft die Volksrepublik Rumänien aus. |

zialdemokratische Partei ging in der Kommunistischen Partei auf, die seitdem Vereinigte Arbeiterpartei heißt.
Der junge König Michael wurde am 30.12.1947 zur Abdankung gezwungen und ging ins Exil. Der Prozeß der politischen Umgestaltung wurde mit der Ausrufung der Volksrepublik Rumänien und der Annahme einer neuen Verfassung, der die Verfassung der UdSSR als Modell gedient hatte, abgeschlossen.

Bildungswesen, Kirchen und Kultur wurden nach und nach unter die völlige Kontrolle des Staates gebracht. Auch die Wirtschaft wurde dem Modell der UdSSR angeglichen. Es fand eine allgemeine Verstaatlichung statt. Unter Industrieminister Gheorghiu-Dej wurden hauptsächlich die Schwerindustrie und der Bergbau entwickelt. In der Landwirtschaft war der Großgrundbesitz bereits kurz nach dem Krieg zerschlagen worden. Von März 1949 an versuchte die Regierung mit Hilfe von Miliz und Armee, eine Kollektivierung der Landwirtschaft zu erzwingen, hatte damit aber wenig wirtschaftlichen Erfolg. In den 50er Jahren wurde diese Politik zeitweise wieder gelockert. Direkt nach dem 2. Weltkrieg waren komplette rumänische Fabriken und Industrieanlagen in die UdSSR transportiert worden. Danach wurden gemischte sowjetisch-rumänische Unternehmen (Sowroms) gegründet, u. a. Sowrompetrol und Sowromtransport. Dadurch kamen wichtige Sektoren der rumänischen Wirtschaft unter direkte Kontrolle der UdSSR. Der rumänische Handel richtete sich fast ausschließlich auf Osteuropa. 1949 war Rumänien einer der Gründerstaaten des Comecon.
Auch die rumänische Außenpolitik war völlig auf die der UdSSR abgestimmt. Am 4.2.1948 schloß Rumänien einen Freundschaftsvertrag mit der UdSSR. In der Kominform-Kampagne gegen Tito war Rumänien der wichtigste Ankläger. Nach dem Ausschluß Jugoslawiens aus dem Comecon wurde gewissermaßen als Belohnung der Sitz des Kominform von Belgrad nach Bukarest verlegt.

*1949 sieht man deutlich Zeichen für die Integration Rumäniens in den Ostblock. Hier eine Großdemonstration zum Gedenken an die Oktoberrevolution.*
◁

*Februar 1946: ein noch junger Nicolae Ceaușescu.*

# Salomonen

## Wachsende Unzufriedenheit nach 1945

Mit Ausnahme der beiden nördlichen Inseln Bougainville und Buka, die seit 1885 eine deutsche Kolonie waren und nach dem 1. Weltkrieg zum australischen Mandatsgebiet Neuguinea kamen, bildeten die Salomonen seit 1893 ein britisches Protektorat. Im Dezember 1941, nachdem der Weltkrieg auch den pazifischen Raum erfaßt hatte, evakuierte Großbritannien die Mehrheit der europäischen Bevölkerung. Ab Anfang Mai 1942 erfolgten japanische Landungen auf den Salomoninseln. Jedoch schon im August 1942 landeten amerikanische Marineinfanteristen auf der zu dem Archipel gehörenden Insel Guadalcanal. In der Folgezeit kam es zu schweren Gefechten zu Land und auf See. Nach vierzehnmonatigem hartem Kampf gelang es den Amerikanern, einen großen Teil des Salomonarchipels zu erobern. Auf den Shortlands und im Westteil von Choiseul konnten sich die Japaner jedoch bis zum Ende des Krieges behaupten.
Die Anwesenheit der US-Soldaten in den letzten Kriegsjahren hatte großen Einfluß auf die Inselbevölkerung. Während des Krieges waren die Amerikaner bereit, Dienstleistungen, Nahrungsmittel und Souvenirs großzügig zu bezahlen. Außerdem war Material aus militärischen Nachschublagern im Überfluß vorhanden, und die Bevölkerung kam mit der modernen Technik und mit westlichen Lebensformen in Berührung. Sie erwartete nach 1945 vergeblich politische und gesellschaftliche Veränderungen. Deshalb kam es 1948/49 zu Aufständen einheimischer Plantagenarbeiter, die blutig niedergeschlagen wurden. Unterdessen war auf Guadalcanal die neue Hauptstadt Honiara als Sitz der Kolonialverwaltung gebaut worden.

Fläche: 28 446 km²
Hauptstadt: Honiara

*Amerikanischer Soldatenfriedhof auf Guadalcanal, das nach großen Verlusten 1943 zurückerobert wurde.*

## 67. Vom »Anschluß« ...

Ernüchterung und stumme Ablehnung erfaßten Anfang der 40er Jahre immer weitere Kreise der österreichischen Bevölkerung. Der umjubelte Anschluß an das Großdeutsche Reich hatte die Alpenrepublik unheilvoll in den 2. Weltkrieg verstrickt, Tausende waren in Lagern verschwunden, als Soldaten gefallen.
Erst als der Zusammenbruch nicht mehr zu verhindern war, endlose Flüchtlingskolonnen nach Westen strömten und beinahe täglich amerikanische Bombenangriffe erfolgten, wurde Widerstand organisiert. Die Rote Armee überrannte rasch den schwachen »Südostwall«. Auch Jugoslawen und Westalliierte stießen auf österreichisches Gebiet vor. Nach sieben Tagen Kampf zogen sowjetische Truppen am 13. April 1945 im zerstörten Wien ein.
Bereits am 27. April wurde vor der Ruine des Parlaments unter der Aufsicht sowjetischer Soldaten die österreichische Nationalflagge gehißt. Obwohl erst am 8. Mai der Zweite Weltkrieg auch für Österreich endete, war das Land seit diesem Tage nach alliiertem Willen wieder eine eigene Republik, besetzt zwar und mit noch ungewisser Zukunft.

## 68. ... zur Republik

Mit der zweiten Republik begann 1945 eine neue Periode in der Geschichte Österreichs – ein Anfang ohne Illusionen. Zunächst stellte sich für die meisten Bürger die Frage des nackten Überlebens. Erst allmählich konnte man an den Wiederaufbau denken. Wohnung, Nahrung, Energie und Rohstoffe – diese Probleme überschatteten anfangs das Leben in den vier Besatzungszonen. Ein langfristiges Wiederaufbaukonzept konnte erst entworfen werden, als 1948 der Marshall-Plan für Österreich wirksam wurde.
ÖVP, SPÖ und KPÖ bestimmten die innenpolitische Auseinandersetzung, wobei die KPÖ trotz sowjetischer Unterstützung nur enttäuschende Wahlergebnisse erzielte. Bis 1950 versuchte die KPÖ erfolglos, eine Volksdemokratie zu erzwingen. Nicht zuletzt wegen ihrer Demontagepolitik distanzierte sich die Bevölkerung von der Sowjetunion und ihren alpenländischen Parteigängern.
Als sich der Ost-West-Gegensatz verschärfte, ließ Moskau die Verhandlungen über einen Staatsvertrag für die volle Souveränität Österreichs scheitern. In den 50er Jahren wurde dies anders.

**67. Österreich I**
a) A. Rosenberg
b) Volkssturm-Vereidigung
c) Luftangriffssignal, Durchsage, Sirene
d) BBC-Kommentar
e) Soldatensender »Annie«
f) Rundfunkmeldung
g) L. Figl

**68. Österreich II**
a) Reportage A. Karas
b) Wochenschaubericht
c) K. Renner
d) L. Figl
e) T. Innitzer

## 69. Im Weltkrieg isoliert ...

Wie durch ein Wunder hat die Schweiz den 2. Weltkrieg fast unversehrt überstanden. Der Vormarsch der Alliierten erlöste das Land vom Alptraum des drohenden Anschlusses an das Großdeutsche Reich.
Eingekeilt zwischen den Achsenmächten und Frankreich fand sich die Schweiz in einer schwierigen Lage. Seit dem deutschen Sieg über Frankreich war sie völlig isoliert und trotz ständiger Alarmbereitschaft ihrer Armee einem möglichen Angriff vermutlich eher hilflos ausgeliefert. War es überhaupt sinnvoll, die Alpenfestung zu verteidigen?
Die Deutschen sahen jedenfalls keinen militärischen Vorteil in einer Besetzung, zumal gerade eine unzerstörte Schweiz eine zuverlässige Verkehrsverbindung nach Italien gewährleistete.
Als Zuflucht für politisch Verfolgte wurde das Land zur letzten Hoffnung Tausender von Asylanten. Nicht immer waren sie willkommen und nicht wenige wurden wieder abgeschoben, wobei Furcht vor deutschen Repressalien und vor einer Begrenzung der Aufnahmefähigkeit gleichermaßen eine Rolle spielten.

## 70. ... danach international engagiert

Die Unabhängigkeit wahren und der Welt seine guten Dienste anbieten – für diese Formel entschied sich die schweizerische Neutralitätspolitik auch nach 1945. Bereits während des Weltkriegs hatte das Land über seine Diplomaten als neutraler Ansprechpartner der kriegführenden Parteien fungiert. Nach dem Zusammenbruch leistete die Schweiz humanitäre Hilfe, trat aber nicht der UNO bei, da man aufgrund der Erfahrungen mit dem Völkerbund glaubte, aus einer neutralen Sonderrolle heraus eigene und weltpolitische Interessen besser wahrnehmen zu können. Verwirklicht werden sollte dies durch engagierte Mitarbeit in nichtpolitischen Bereichen der UNO, deren europäische Organisationen in Genf und Bern ihren Sitz erhielten.
Innenpolitisch brachte 1949 eine Volksabstimmung die »Rückkehr zur direkten Demokratie«, durch die wieder alle Bundesgesetze und Beschlüsse einem Volksentscheid unterworfen werden können. Widersprüche zwischen föderalistischen Forderungen und Autonomiebestrebungen sowie dem Zwang zu einheitlichen staatlichen Regelungen prägten die innenpolitische Diskussion.

**69. Schweiz I**
a) »Eine Kompanie Soldaten«
b) H. Guisan
c) H. Guisan
d) Interview
e) Grenzwachen-Verhör
f) Fahnenehrung
g) H. Guisan, Guisan-Marsch

**70. Schweiz II**
a) T. Mann
b) M. Petitpierre
c) Nationalrat Deri
d) A. Piccard

## 71. In die Unabhängigkeit entlassen

Gespalten in zwei religiöse Lager, Hindus und Moslems, aber einig im Kampf gegen die englische Kolonialherrschaft, erzwang Indien 1947 die nationale Unabhängigkeit.
Unter Führung Mahatma Gandhis (1869–1948), der noch heute als Symbolfigur des passiven Widerstandes gilt, sollte zunächst nur der Status eines Dominion ertrotzt werden. Zunehmendes nationales Selbstbewußtsein, das in der UNO-Charta ausdrücklich bestätigte Selbstbestimmungsrecht der Völker und die militärische wie wirtschaftliche Schwäche der englischen Kolonialmacht bestärkten die Inder im Willen, ganz aus dem Empire auszuscheiden. Früher als andere europäische Länder erkannte England, daß die Zeit der Kolonialherrschaft unaufhaltsam zu Ende ging.
In zwei Staaten, Indien und Pakistan, sollten die verfeindeten Religionsgemeinschaften ihre Vorstellungen verwirklichen, dennoch wurden Minderheiten verfolgt und vertrieben. Bereits bei der Staatsgründung zeichneten sich die kommenden Konflikte der beiden streitbaren Nachbarn ab.

## 72. Die Gründung Israels

Heimkehr ins Land der Väter und nationale Wiedergeburt propagierte seit Ende des 19. Jahrhundert die zionistische Bewegung. In Palästina wollten die Juden eine neue Heimat finden, auf ein Leben in Frieden hofften sie vergebens.
Seit der jüdischen Massenflucht nach 1933 begegnete die palästinensische Bevökerung den Einwanderern mit zunehmender, oft gewalttätiger Ablehnung. Furcht vor einer jüdischen Mehrheit und blutige Auseinandersetzungen verhärteten die Positionen. Die englische Mandatsregierung entschied 1939, die Einwanderung der Verfolgten zu stoppen. Eine extremistische jüdische Minderheit forderte kompromißlos einen Judenstaat in ganz Palästina und setzte Gewalt gegen die gewaltsame Behinderung der Einwanderung.
England erkannte, daß seine Mandatspolitik gescheitert war. 1947 beschloß die UN-Vollversammlung eine Teilung Palästinas, was spontane arabische Aufstände auslöste. Mit der Staatsgründung Israels 1948 brach der erste Krieg um die Existenz des jungen Staates offen aus. Im Nahen Osten war ein Krisenherd entstanden.

**71. Indien/Pakistan**
a) Musik
b) J. Nehru
c) M. Dschinnah
d) J. Nehru

**72. Israel**
a) D. Ben Gurion
b) Mitteilung des Abstimmungsergebnisses
c) M. Jamali
d) Mitarbeiter von Graf F. Bernadotte
e) M. Sharett

**67. Österreich I**
*Das »Konzentrationslager« Mauthausen am Tag der Befreiung.*

**68. Österreich II**
*Viermächtestatus 1945–1955 – das heißt auch internationale Militärpolizei.*

**69. Schweiz I**
*Schweizer Rekruten an der Grenze.*

**70. Schweiz II**
*Markus Feldmann, Regierungspräsident, später Bundesrat.*

**71. Indien/Pakistan**
*Mahatma Gandhi*

**72. Israel**
*David Ben Gurion mit Soldaten der Hagana.*

Fläche: 60,57 km²
Hauptstadt: San Marino

▷ *Nach der Befreiung: Britische Offiziere im Gespräch mit Mitgliedern der Leibgarde des Gouverneurs.*

# San Marino

San Marino, die älteste bestehende Republik der Welt, konnte sich auch in den 40er Jahren italienischem Einfluß nicht entziehen. Ebenso wie in Italien hatte in San Marino 1923 eine faschistische Regierung die Macht übernommen. Sie ließ keine allgemeinen Wahlen mehr für den Großen Rat, das Parlament San Marinos, zu. Am 2. Weltkrieg war San Marino nicht beteiligt, hatte aber den Alliierten den Krieg erklärt. Der Vormarsch der Alliierten führte zum Sturz der Faschisten: Am 16. 8. 1943 übernahm eine Koalition von Sozialisten und Kommunisten die Macht. Sie stellten die traditionellen Institutionen wieder her und erlangten bei den Wahlen für den Großen Rat am 5. 9. eine Zweidrittelmehrheit.

Die neue Regierung stieß auf heftigen Widerstand der einheimischen Faschisten und mußte im November 1943 zulassen, daß deutsche Einheiten den Zwergstaat besetzten. Am 20. 9. des folgenden Jahres wurde San Marino endgültig befreit.

Erst danach konnte die Regierung ihre Amtsgeschäfte tatsächlich aufnehmen. Da das Wahlergebnis vom 11. 3. 1945 ihre Politik bestätigt hatte, führten Sozialisten und Kommunisten eine politische Säuberung durch. In den darauffolgenden Jahren trat eine Reihe von Reformen in Kraft. Die beiden Regenten wurden fortan nicht mehr durch das Los bestimmt, sondern direkt gewählt; außerdem wurde eine gründliche Agrarreform durchgeführt. Als Ergebnis dieser Politik behauptete sich die Regierung auch nach den Wahlen vom 27. 2. 1949 gegen die bürgerlichen Oppositionsparteien.

# Sansibar

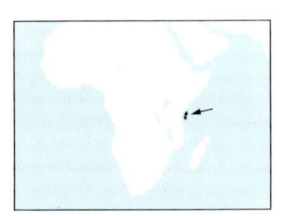

Fläche: 2643 km²
Hauptstadt: Sansibar

Unter der britischen Kolonialverwaltung (seit 1890) behauptete in Sansibar die arabische Minderheit (rd. 15% der Bevölkerung) ihre traditionelle Machtposition. Die Araber beherrschten das Geschäftsleben, die Plantagen und die Ausfuhr von Gewürznelken und Kokosprodukten. Die Afrikaner, denen eine Schulbildung oder Berufsausbildung nur in beschränktem Maße zugänglich war, stellten die Arbeitskräfte. Auch der Exekutiv- und der Legislativrat, Organe, die seit 1926 bestanden und von Sultan Chalifa bin Harub und dem britischen Residenten geleitet wurden, setzten sich aus ernannten Vertretern der Araber, Inder und Europäer zusammen. Erst 1946 wurde der erste Afrikaner in diese Verwaltungsorgane aufgenommen. Ein Jahr darauf wurde ein zweiter Afrikaner in den Legislativrat berufen. Seit Dezember 1944 bestanden auch Gemeinderäte.

# São Tomé und Príncipe

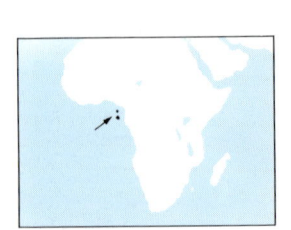

Fläche: 964 km²
Hauptstadt: São Tomé

São Tomé und Príncipe gehörten seit dem 16. Jahrhundert zum portugiesischen Kolonialimperium. Der portugiesischen Regierung war an der kleinen Kolonie wenig gelegen. Eine kleine Gruppe von weißen (hauptsächlich portugiesischen) Großgrundbesitzern hatte die Macht. Sie besaß etwa 93% der Anbauflächen. Auf den Inseln überwog die Landwirtschaft, besonders der Anbau von Kakao, Kaffee, Kokos- und Ölpalmen. Die Arbeitskräfte kamen aus anderen portugiesischen Kolonien. Hungersnöte zwangen beispielsweise in den 40er Jahren eine große Zahl Menschen von Kap Verde, als Lohnarbeiter nach São Tomé zu gehen. Schon 1940 widersetzte sich eine Gruppe junger Weißer und Mischlinge in Angola der Entsendung von angolanischen Arbeitern nach São Tomé. In den 40er Jahren wurden auch politische Gefangene auf die Insel deportiert, wo sie zusammen mit den Afrikanern auf den Plantagen arbeiten mußten.

# Sarawak

Im Verlaufe des 2. Weltkriegs wurde das britische Protektorat im Dezember 1941 von den Japanern besetzt. Erst am 11. 9. 1945 wurde es von australischen Truppen befreit.
Während des Krieges war beschlossen worden, Sarawak nach Kriegsende der britischen Krone zu unterstellen. Verhandlungspartner waren die britische Regierung und Sir Charles Vyner Brooke, der weiße Radja von Sarawak, dessen Großvater das Gebiet 1841 vom Sultan von Brunei geschenkt bekommen hatte. Der Radja forderte von Großbritannien eine Entschädigung von 1 Million Pfund. Am 6. 2. 1946 gab Vyner Brooke bekannt, daß er sein Fürstentum an die Briten abtreten wolle. Daraufhin wurde Sarawak am 1. 7. 1946 von Großbritannien übernommen und erhielt offiziell den Status einer Kronkolonie. Durch die Politik der britischen Kolonialverwaltung wurde vor allem die medizinische Versorgung in den folgenden Jahren erheblich verbessert.

Fläche: 124 449 km²
Hauptstadt: Kuching

# Saudi-Arabien

Obgleich das Königreich Saudi-Arabien im 2. Weltkrieg formell neutral blieb, bekundete König Abd ul-Aziz Ibn Saud seine Sympathie für die Sache der Alliierten, besonders nachdem die USA in den Krieg eingetreten waren. Sie unterstützten das Land, nicht zuletzt wegen der Ölvorkommen, großzügig. Im Februar 1945 vereinbarten der König und US-Präsident Roosevelt eine umfangreiche militärische Zusammenarbeit. Amerikanische Waffen und Militärberater kamen nach Saudi-Arabien, und die Amerikaner bauten bei Dhahran einen Luftstützpunkt. Nur in der Palästinafrage waren die beiden Länder uneinig. Saudi-Arabien, das 1945 zu den Gründerstaaten der Arabischen Liga gehörte, entsandte 1948 symbolisch eine Streitmacht nach Palästina. Nach 1945 begann in größerem Ausmaß die Erdölförderung. Nachdem bereits in den 30er Jahren Konzessionen an amerikanische Firmen vergeben worden waren, stellte sich nun heraus, daß das Königreich ein Viertel der bekannten Welt-Erdölreserven besaß. Die Arabian American Oil Company (ARAMCO), an der große amerikanische Ölgesellschaften (Esso, Mobil und Texaco) beteiligt waren, erschloß die Erdölquellen. Zugleich wurde eine moderne Infrastruktur geschaffen. Die Einnahmen aus der Ölindustrie sollten das Gesicht Saudi-Arabiens in den kommenden Jahrzehnten einschneidend verändern.

Fläche: 2 149 690 km²
Hauptstadt: Riad

# Schweden

Beim Ausbruch des Krieges erklärte Schweden seine strikte Neutralität. Die Bevölkerung bekräftigte dies bei den Wahlen vom Herbst 1940, die die Sozialdemokraten unter Per Albin Hansson gewannen. Schweden war nach der Besetzung Norwegens vom direkten Kontakt mit dem Westen abgeschlossen; der einzige Zugangsweg war der finnische Hafen Petsamo. Deshalb erlaubte man dem Deutschen Reich, Güter und Mannschaften über schwedisches Gebiet in das besetzte Norwegen zu transportieren, um die eigene Versorgung zu sichern. Während des Krieges war Schweden von der Einfuhr deutscher Steinkohle abhängig. Als Gegenleistung lieferte es dem Deutschen Reich Eisenerz. Als Deutschland im Sommer 1941 die UdSSR angriff und Finnland in den Krieg eintrat, sah sich die schwedische Regierung gezwungen, deutschen Truppen auch den Durchmarsch zur finnisch-russischen Front zu gestatten. Sie ließ es auch zu, daß sich eine kleine Gruppe von etwa 1000 Nationalsozialisten als Freiwillige am Krieg beteiligten. Als die Siegesaussichten der Deutschen schwanden und ein deutscher Überfall unwahrscheinlich wurde, kam es im September 1943 zum Abschluß eines Handelsvertrages zwischen Schweden und den Alliierten, der zugleich die Eisenerzlieferungen an Deutschland beschränkte.
1943 wurde den Deutschen auch das Recht zum freien Durchmarsch in das besetzte Norwegen entzogen. Außerdem wurden an den Grenzen Lager eingerichtet, in denen norwegische und dänische Widerstandskämpfer eine militärische Ausbildung erhielten. Im Herbst 1944, nach der Invasion in der Normandie, stellten die Schweden ihren Handel mit Deutschland schließlich völlig ein.
1946 wurde das Land gleichzeitig mit Island als einer der ersten neutralen Staaten in die UNO aufgenommen. Schweden bemühte sich sehr um die Stärkung des Nordischen Rates; in diesem Organ waren alle skandinavischen Länder vereinigt. Wiederholt versuchte Schweden, dem Rat auch eine verteidigungspolitische Aufgabe zuzuweisen. 1948, unter dem Einfluß des beginnenden Kalten Krieges, waren die Norweger und besonders auch die Dänen durchaus daran interessiert. 1949 kam es jedoch zu einem Konflikt zwischen Schweden und Norwegen. Schwe-

**Zehn Jahre im Überblick**

- 5. 8. 1943 Die Regierung zieht ihre Erlaubnis zum freien Durchmarsch deutscher Truppen an die finnisch-russische Front zurück.
- 7. 5. 1945 Abbruch der diplomatischen Beziehungen zu Deutschland.
- 26. 7. 1945 Die Kriegskoalition wird von einer sozialdemokratischen Regierung unter Per Albin Hansson abgelöst.
- 9. 11. 1946 Schweden wird als Mitglied in die UNO aufgenommen.
- 14. 1. 1949 Schweden und Norwegen können sich über den NATO-Beitritt nicht einigen. Im Gegensatz zu Norwegen und Dänemark bleibt Schweden außerhalb des NATO-Bündnisses.

Fläche: 449 964 km²
Hauptstadt: Stockholm

*Straßenbild in Stockholm kurz nach den Wahlen vom September 1948; im Hintergrund ein Transparent der Sozialdemokratischen Partei.*

den verlangte strikte Neutralität, während Norwegen nichts unternehmen wollte, was die Hilfe der USA in Notfällen in Frage stellen könnte. Deshalb blieben die schwedischen Pläne ohne Ergebnis. Norwegen wurde Mitgliedsstaat der NATO, zusammen mit Dänemark und Island; Schweden blieb, ebenso wie Finnland, bei seiner traditionellen Neutralität.
Nach dem Tode Ministerpräsident Hanssons wurde Tage Erlander 1946 sein Nachfolger. Er sollte für 23 Jahre Ministerpräsident einer sozialdemokratischen oder sozialdemokratisch geführten Regierung bleiben. Die Innenpolitik richtete sich mit großem Erfolg vor allem auf den Aufbau eines Wohlfahrtsstaates.

# Schweiz

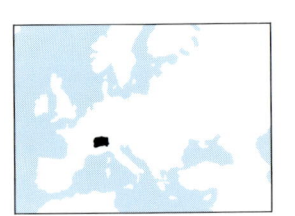

Fläche: 41 288 km²
Hauptstadt: Bern

*Schweiz I
S. 368–69*

### Das Dilemma der Neutralität und Unabhängigkeit

Ihre Neutralität, die die stets von übermächtigen Nachbarn umgebene Schweiz seit langem erklärt hatte und die vom Wiener Kongreß 1815 anerkannt worden war, haben die Schweizer und ihre Regierung nie als Ausdruck einer meinungslosen Gesinnungsneutralität verstanden. Sich von außenpolitischen Streitigkeiten und kriegerischen Auseinandersetzungen fernzuhalten, das sollte vielmehr stets allein ein Mittel zur Wahrung der eigenen Unabhängigkeit sein. Diese Haltung wurde in der Zeit zwischen den beiden Weltkriegen und während des 2. Weltkriegs selbst einer harten Prüfung ausgesetzt. Die Schweiz hatte sich nach dem 1. Weltkrieg darauf eingelassen, als Mitglied und Gastgeber des Völkerbundes Angehöriger einer internationalen Organisation zu sein, deren Ziel die Erhaltung des Friedens war. Dies schloß im Fall des italienischen Angriffs auf Äthiopien 1935 die Teilnahme an Sanktionsmaßnahmen (Ausfuhrverbot für kriegswichtige Waren) ein, die als ein Bruch der Neutralität angesehen wurden und darüber hinaus das Verhältnis zu einem mächtigen Nachbarn belasteten, zum faschistischen Italien, das im Untergrund eine intensive Propaganda für den Anschluß des Tessins mit seiner italienischsprachigen Bevölkerung an Italien betrieb. Anläßlich des spanischen Bürgerkriegs versuchte der aus dem Tessin stammende Bundesrat Guiseppe Motta, der die schweizerische Außenpolitik seit 1920 leitete, deshalb seit 1936 zur totalen Neutralität zurückzukehren. Dieser Bürgerkrieg wurde in seinem Kern von den meisten Beobachtern, nicht nur in der Schweiz, nicht in erster Linie als eine innere Auseinandersetzung, sondern vor allem als ein unerklärter Krieg zwischen der Sowjetunion einerseits und Italien und dem Deutschen Reich andererseits auf spanischem Boden verstanden. Neutralität in diesem Krieg bedeutete nicht nur das Vermeiden einer weiteren Belastung der ohnehin gespannten Beziehungen zu den Nachbarn Deutschland und Italien, sondern entsprach auch den Wünschen der großen nichtsozialistischen Mehrheit der schweizerischen Bevölkerung, bei der die spanische Volksfrontregierung keinerlei Sympathie genoß und andererseits die von Franco zur Schau getragene »Christlichkeit« im Vergleich zur erklärten Kirchenfeindlichkeit der Republikaner durchaus Beifall fand. Motta erreichte es, daß der Völkerbund am 14. 5. 1938 eine Resolution beschloß, in der er zur Kenntnis nahm, daß die Schweiz aufgrund ihrer immerwährenden und völkerrechtlich anerkannten Neutralität »künftig in keiner Weise mehr an der Durchführung der Paktbestimmungen über die Sanktionen« mitwirken werde.
Nach dem »Anschluß« Österreichs im März 1938 sah sich die Schweiz auf drei Seiten von den Achsenmächten eingeschlossen. Die Politik des Deutschen Reiches und Italiens stieß in der Schweiz auf wenig Sympathie. Dies beruhte z. T. auf dem provozierenden Auftreten kleiner Gruppen von Anhängern dieser beiden Länder innerhalb der Schweiz, aber auch auf der Empörung über die nationalsozialistischen Judenpogrome. Die Art und Weise, wie Österreich und besonders die Tschechoslowakei ihre Unabhängigkeit einbüßten, löste in der Schweiz gründliches Nachdenken über die eigene Situation aus und ließ den in linken und intellektuellen Kreisen weit verbreiteten Pazifismus zwischen März 1938 und März 1939 völlig zum Schweigen kommen. Als Bundesrat Hermann Obrecht unmittelbar nach der Annexion der Tschechoslowakei erklärte, daß jeder Angreifer mit einem Krieg zu rechnen habe und daß die Schweizer »nicht zuerst ins Ausland wallfahrten gehen« würden, fand er ungeteilten Beifall.
Dementsprechend teilte die Schweiz am Vorabend des 2. Weltkriegs, am 31. 8. 1939, ihren Nachbarn, Frankreich, dem Deutschen Reich und Italien, mit, daß sie ihre Neutralität selbst schützen werde. Am Tag vorher war auf Vorschlag von Bundesrat Rudolf Minger, dem Vorsteher des Militärdepartements (Verteidigungsminister), der Oberstkorpskommandant Henri Guisan zum General gewählt worden. Dieses Amt, das den militärischen Oberbefehl mit erheblichen innenpolitischen Vollmachten verbindet, kennt die Schweiz nur in Krisenzeiten. Ein großer Teil der Grenzübergänge wurde geschlossen, das Überfliegen schweizerischen Gebietes für ausländische Flugzeuge verboten. Am 1. 9. wurde die Generalmobilmachung verkündet. Binnen 48 Stunden versammelten sich über 400 000 Milizmänner, die ihre Waffen und, soweit sie Kavalleristen waren, ihre Pferde von zu Hause mitbrachten, bei ihren Truppenteilen. Der General mußte feststellen, daß Ausrüstung und Bewaffnung zwar dank der Arbeit von Minger hervorra-

*Die neutrale Schweiz war ein Zufluchtsort für zahlreiche Flüchtlinge. Die 1941 gemachte Aufnahme von Flüchtlingen, die die Grenze überqueren, wurde nicht veröffentlicht, um die Hilfsaktionen nicht zu gefährden.*

gend waren, daß es aber keinerlei Operationspläne für den Fall eines möglichen Angriffes gab. Dies wurde eiligst nachgeholt, und zwar sowohl für den Fall eines zu befürchtenden deutschen Einmarsches (»Fall Nord«) als auch für den nicht auszuschließenden Fall eines strategisch bedingten Durchzugs der französischen Armee (»Fall West«). Trotz der öffentlichen Berufung auf die eigene Widerstandskraft wurden im geheimen für den »Fall Nord« Absprachen mit der französischen Armee getroffen. Diese wurden nach dem Zusammenbruch Frankreichs im Juni 1940 hinfällig. Nun sah sich die Schweiz auf allen Seiten eingeschlossen.

Hinsichtlich des besten Weges zur Verteidigung der schweizerischen Unabhängigkeit standen sich zwei Denkschulen praktisch unversöhnlich gegenüber. Die eine wurde repräsentiert durch den General, die andere durch Bundesrat Marcel Pilet-Golaz, der nach dem Tod Mottas im Januar 1940 die Leitung des Politischen Departements (Außenministerium) übernommen hatte. Sie schloß die Mehrzahl der Bundesräte ein und sah die einzige Möglichkeit im weitgehenden Anpassen an deutsche Forderungen und Wünsche. Die Regierung wollte es vermeiden, durch ein deutliches Zurschaustellen der eigenen Wehrhaftigkeit die Deutschen zu provozieren. Guisan, der durch den Rücktritt Mingers Ende 1940 erheblich an Rückhalt in der Regierung verlor, war ebenfalls nicht daran interessiert, dem deutschen Diktator Vorwände für ein Eingreifen zu liefern. Er baute aber auf den Widerstandswillen der schweizerischen Bevölkerung und ergriff die dafür erforderlichen öffentlichen Maßnahmen. Unmittelbar nach der Niederlage Frankreichs hatte Pilet-Golaz am 25. 6. 1940 in einer Rundfunkansprache von der Notwendigkeit einer Anpassung an die neue Lage geredet. Er sprach von einer inneren Erneuerung, von der Notwendigkeit, vorwärtszuschauen, von der Mitwirkung beim Wiederaufbau der Welt. Gegenüber seinen Kollegen im Bundesrat erklärte er, er suche einen guten Grund, um die diplomatischen Beziehungen zu Großbritannien abzubrechen und die politische Orientierung gegenüber dem »neuen Europa« zu erleichtern. Obwohl im Volk die Zahl derer wuchs, die mutlos wurden oder gar die deutschen Erfolge bewunderten, gelang es ihm nicht, sein Ziel einer Aufhebung der Mobilmachung zu erreichen. Im Gegenzug konnte der General im »Rütlirapport« auf der historischen Bergwiese am 25. 7. 1940 dem Offizierskorps neue Sicherheit geben und auch im Volk den Widerstandswillen wieder steigern.

Guisan hatte inzwischen die große Chance erkannt, die ihre geographische Lage der Schweiz gab. Er entwarf die Verteidigungskonzeption des Réduit national (Nationale Zuflucht) und konnte die Regierung aufgrund des völlig defensiv erscheinenden Charakters dieser Maßnahme zur Zustimmung bewegen. Die Achsenmächte waren außerordentlich daran interessiert, daß die Transportwege durch die Schweiz, die ihnen vertraglich zugesichert waren, reibungslos zur Verfügung standen. Andere für die Versorgung Italiens mit kriegswichtigen Gütern verfügbare Eisenbahnlinien waren entweder zu lang (über den französischen Mont Cenis) oder ohnehin bereits überlastet (über den Brenner). So rollten täglich Tausende von Waggons durch die Tunnel unter Gotthard und Simplon. Der im Plan des Réduit national vorgesehene Ausbau der Innerschweiz zu einer Alpenfestung bedeutete, daß ein Angriff auf sie nicht nur die Bindung großer Streitkräfte und erhebliche Verluste zur Folge gehabt hätte, sondern auch mit der Zerstörung der Eisenbahntunnel verbunden gewesen wäre. Dieses Risiko wollte Hitler während des ganzen Krieges nicht eingehen, obwohl immer wieder auf unterer Ebene Angriffspläne geschmiedet wurden.

## Innenpolitik im Krieg

Die Schweiz stand bei Kriegsbeginn am Ende eines innenpolitisch und wirtschaftlich sehr kritischen Jahrzehnts. Die Weltwirtschaftskrise hatte auch in der Schweiz zur Schließung zahlreicher Betriebe und zur Massenarbeitslosigkeit geführt. Sie ließ die Touristen ausbleiben und die Fremdenindustrie zusammenbrechen. Auch die auf Viehzucht und Milchproduktion ausgerichtete Landwirtschaft der Berggebiete geriet in eine tiefe Krise. Der Ruf nach staatlichen Hilfsmaßnahmen und wirtschaftlicher Lenkung wurde immer lauter, und die Regierung kam ihm teilweise entgegen. Gleichzeitig wuchs sowohl auf der Linken wie auf der Rechten die Radikalisierung. Auf der Rechten sammelten sich »Fronten«, die z.T. faschistischen, auf jeden Fall aber autoritären Vorstellungen anhingen, zum Kampf gegen Parlamentarismus und Liberalismus. Für noch größer hielt die Mehrheit der Bevölkerung die Gefahr auf der Linken, wo außer den nie sehr starken Kommunisten auch die Mehrheit der Sozialdemokraten lange Zeit klassenkämpferischen und armeefeindlichen Parolen anhing. Unter dem Einfluß der Entwicklung im nationalsozialistischen Deutschland fand die Sozialdemokratie dann aber 1935 zur Absage an den Klassenkampf und zur

*General Henri Guisan*

### Zehn Jahre im Überblick

| | | |
|---|---|---|
| 19. 6. 1940 | Das 45. französische Armeekorps wird in der Schweiz interniert. |
| 25. 7. 1940 | General Guisan verkündet den Rütlirapport. |
| 18. 11. 1940 | Die Nationale Bewegung der Schweiz wird aufgelöst. |
| 26. 11. 1940 | Verbot der Kommunistischen Partei. |
| 16. 10. 1942 | Brotrationierung |
| 1. 11. 1942 | Milchrationierung |
| 31. 10. 1943 | Nationalratswahlen: Freisinnige 47 (−4), Katholisch-Konservative 43 (±0), Sozialdemokraten 56 (+11), Bauern-, Gewerbe und Bürgerpartei 22 (±0) Mandate. |
| 15. 12. 1943 | Ernst Nobs wird als erster Sozialdemokrat zum Bundesrat gewählt. |
| 1. 4. 1944 | Alliierte Flugzeuge bombardieren irrtümlich Schaffhausen. |
| 5. 11. 1944 | Die UdSSR verweigert die Aufnahme diplomatischer Beziehungen. Daraufhin tritt Bundesrat Pilet-Golaz am 10. 11. zurück. |
| 7. 5. 1945 | Verbot der NSDAP-Landesgruppe Schweiz. |
| 8. 5. 1945 | Auflösung der deutschen Gesandtschaft in Bern. |
| 20. 8. 1945 | Aufhebung der Mobilmachung; General Guisan kehrt ins Privatleben zurück. |
| 18. 3. 1946 | Die UdSSR stimmt der Aufnahme diplomatischer Beziehungen zu. |
| 26. 5. 1946 | Washingtoner Abkommen über deutsche Guthaben in der Schweiz. |
| 8. 11. 1946 | UNO übernimmt das Völkerbunds-Hauptquartier in Genf. |
| 8. 12. 1946 | Verwerfung der Initiative »Recht auf Arbeit« durch Volksabstimmung mit 525 366 gegen 124 792 Stimmen. |
| 19. 12. 1946 | Beitritt zu FAO und WHO. |
| 7. 7. 1947 | Annahme der Alters- und Hinterbliebenenversicherung (AHV) durch Volksabstimmung mit 862 036 gegen 215 496 Stimmen. |
| 8. 12. 1948 | Beitritt zur UNESCO. |

*Während des Krieges wurden die Grenzen sorgfältig kontrolliert; hier in der Nähe von Genf.*

Bejahung der bewaffneten Landesverteidigung. Die vor allem von Rudolf Minger betriebene Wiederaufrüstung trug erheblich zum Abbau der Arbeitslosigkeit bei. Für die ganze Wirtschaft richtungsweisend war der Abschluß eines Abkommens über den Arbeitsfrieden in der Metallindustrie 1937, das eine obligatorische Schiedsgerichtsbarkeit zwischen Arbeitgebern und Arbeitnehmern mit dem Verzicht auf Aussperrung und Streik verband.

Der Krieg führte dann zu einer allgemeinen wirtschaftlichen Belebung, die die sozialen Gegensätze weiter reduzierte. Entscheidend dafür war die Lohn- und Verdienstersatzordnung vom 20. 12. 1939, die den Lebensstandard der Wehrmänner und ihrer Familien sicherstellte.

In den gleichen Zusammenhang paßt die fortschreitende Umbildung des siebenköpfigen Bundesrates zu einer Regierung der Großen Koalition. Bereits seit der Wahl Rudolf Mingers 1930 war neben vier Freisinnigen und zwei Katholisch-Konservativen ein Politiker der Bauern-, Gewerbe- und Bürgerpartei vertreten. Als mit der Wahl des Zürchers Ernst Nobs als erstem Repräsentanten der Sozialdemokratie die Zahl der Freisinnigen auf drei zurückging, entsprach die Platzverteilung zwar noch nicht dem Kräfteverhältnis der Parteien – dies wurde erst 1959 erreicht –, doch hatte dieser Akt mehr als symbolische Bedeutung: Das Schweizer Volk war zusammengerückt.

Die Haltung gegenüber den Extremisten war konsequent. Die Landesleitung der NSDAP, die sich an die im »Gau Schweiz« wohnenden Reichsdeutschen wandte, war nach der Ermordung des Landesleiters Wilhelm Gustloff im Februar 1936 vorübergehend verboten worden. Sie wurde 1937 wieder zugelassen, nachdem die Führung von einem Angehörigen der deutschen Gesandtschaft übernommen worden war und die NSDAP damit hinreichend als ausländische »5. Kolonne« gekennzeichnet war. Die Nationale Bewegung der Schweiz (NBS), in der schweizerische Anhänger des Nationalsozialismus ein Sammelbecken für die »Fronten« gebildet hatten, wurde am 18. 11. 1940 verboten. Acht Tage später folgte das Verbot der ebenfalls als ausländische Agentur angesehenen kommunistischen Partei. Ihr Schicksal teilte am 27. 5. 1941 die Fédération Socialiste Suisse, eine linksradikale Absplitterung der Sozialdemokraten. Nicht verboten wurde allerdings eine Nachfolgeorganisation, die sogenannte Partei der Arbeit (PdA), die unter dem Eindruck des westlichen Bündnisses mit der Sowjetunion 1944 bei kantonalen Wahlen einige Erfolge erzielte. Die KP wurde im Februar 1945 im Zuge der schweizerischen Bemühungen um eine Normalisierung der Beziehungen zur UdSSR wieder zugelassen.

### Kriegsprobleme

Die Neutralität der Schweiz wurde von allen kriegführenden Staaten sehr geschätzt. Für mehr als 40 Länder stellte sie die »guten Dienste« ihrer Gesandtschaften bei der diplomatischen Vertretung der Interessen auf dem Territorium jeweiliger Feindstaaten zur Verfügung. Ihre Rolle als Sitz des Internationalen Roten Kreuzes war ebenso wichtig wie ihre Eigenschaft als Tätigkeitsfeld ausländischer Geheimdienste. Ihr eigener Nachrichtendienst arbeitete auf Weisung Guisans eng insbesondere mit Allan W. Dulles zusammen, der seit 1942 in der Gesandtschaft der USA in Bern das Office of Strategic Services leitete.

Auf dieser Grundlage gelang der Abschluß von Blockadeverträgen mit beiden Seiten, durch die die jeweiligen Blockademaßnahmen hinsichtlich der Schweiz insoweit aufgehoben wurden, daß ein Handel mit den am Krieg beteiligten Ländern trotz der totalen Einschließung der Schweiz durch die Achsenmächte in gewissem Umfang weiter möglich blieb.

Dennoch unterlag das tägliche Leben erheblichen Einschränkungen. Ab September 1939 wurde stufenweise eine Rationierung von Lebensmitteln und Verbrauchsgütern eingeführt. Nach einem von dem späteren Bundesrat Friedrich Traugott Wahlen entwickelten Plan wurden intensive Maßnahmen zur Ausweitung der Anbaufläche und zur Steigerung der landwirtschaftlichen Produktion eingeleitet. Der notwendige hohe Mobilisierungsgrad führte zur Einführung einer Arbeitsdienstpflicht. Zur Finanzierung der Kriegsmaßnahmen wurden Steuern erhöht und zwei Vermögensabgaben als »Wehropfer« vorgenommen. Auffallend ist, daß es trotz aller dieser Erschwerungen zu einer deutlichen Zunahme der Eheschließungen und der Geburten während der Kriegszeit kam. Eine zusätzliche Belastung, die aber von vielen als eine selbstverständliche Pflicht empfunden wurde, war die Handhabung der Asylpraxis. Mehr als 200 000 Flüchtlinge, vor allem Juden und andere Opfer des NS-Terrors, fanden in der Schweiz Zuflucht. Außerdem ließen sich 1940 umfangreiche französische Truppenteile in der Schweiz internieren. Zeitweise, vor allem im Herbst 1942, hielten viele Verantwortliche die Aufnahmefähigkeit der Schweiz für überfordert, so daß es zu restriktiven Maßnahmen kam, die auch zur Zurückweisung von Flüchtlingen führten. Dabei dürfte auch die Sorge vor deutschen Repressalien mitgespielt haben, während der Verdacht, daß einzelne der Verantwortlichen mit dem Nationalsozialismus sympathisierten, wohl unbegründet ist. Unter dem Druck der öffentlichen Meinung wurde die Aufnahmepraxis gemildert, vor allem da es 1943 immer deutlicher wurde, daß ein Sieg des Dritten Reiches keineswegs wahrscheinlich und ein Ende des Krieges absehbar war.

Auf eine deutsche Forderung hin führte die Schweiz im November 1940 die Verdunkelung ein. Die Deutschen machten geltend, daß das hell erleuchtete Land alliierten Bomberverbänden bei Nacht als Orientierungshilfe diene. Während die Abwehr alliierter Verletzungen des schweizerischen Luftraums in der Regel nur symbolischen Charakter hatte, setzte sich die Schweiz gegen Übergriffe der deutschen Luftwaffe vor allem im Frankreichfeldzug mit Energie zur Wehr. Die Deutschen forderten daraufhin vergeblich die Rückgabe von Messerschmitt-Jagdflugzeugen, die sie der Schweiz geliefert hatten. Fahrlässigkeiten und Irrtümer alliierter Piloten führten in der zweiten Hälfte des Krieges öfter zu Bombenabwürfen auf schweizerisches Gebiet. Am 1. 4. 1944 starben bei einem Angriff auf Schaffhausen 50 Menschen. Um nächtliche Fehlwürfe auszuschließen, hob die Schweiz im September 1944 die Verdunklung auf, ohne daß die Deutschen etwas dagegen unternehmen konnten.

Überhaupt stand die Schweiz gegen Ende des Krieges weniger unter dem Druck der Achsenmächte als vielmehr der Alliierten, die von ihr den Abbruch sämtlicher diplomatischen und wirtschaftlichen Beziehungen zum Dritten Reich forderten. Viele Schweizer hatten den Eindruck, daß dahinter ein Kreuzzugseifer stand, der nicht berücksichtigte, daß das kleine Land nach wie vor eingeschlossen und von einem nationalsozialistischen Verzweiflungsakt bedroht war.

## Die Nachkriegszeit

Innenpolitisch waren die Jahre nach 1945 durch die energische Fortsetzung der im Krieg betriebenen Wirtschafts- und Sozialpolitik gekennzeichnet. Im Mittelpunkt stand die umfassende Regelung der Alters- und Hinterbliebenenversorgung (AHV) im Jahr 1947. Zahlreiche bisher auf dem Verordnungswege geregelte Steuerungsmaßnahmen der Wirtschaft fanden ihre Verankerung in der Bundesverfassung bzw. durch Gesetze. Dadurch konnten größere Spannungen vermieden werden, als 1946/47 Initiativen der Linken zur Verankerung des Rechtes auf Arbeit in der Bundesverfassung bei Volksabstimmungen mit großer Mehrheit verworfen wurden.
Außenpolitisch stand zunächst die Normalisierung der Beziehung zur UdSSR und zu den USA im Vordergrund. Erst im März 1946 akzeptierte die UdSSR den schweizerischen Vorschlag zur Aufnahme diplomatischer Beziehungen. Als Konsequenz ihrer Neutralitätspolitik erkannte die Schweiz auch bereits am 17. 1. 1950 die Volksrepublik China diplomatisch an. Die Forderung nach Beschlagnahme und Auslieferung deutscher Vermögenswerte in der Schweiz als Bestandteil von Reparationsleistungen belastete das Verhältnis zu den USA aufs schwerste. Dabei war das Ansinnen in der schweizerischen Bevölkerung angesichts der Verbrechen des Nationalsozialismus durchaus nicht unpopulär. Die konservative Rechtsauffassung der Schweizer Regierung sah das Problem jedoch im Zusammenhang mit der Neutralitätspflicht zur gleichmäßigen Behandlung von Kriegsparteien und hielt daran fest, daß ein Zugriff auf Privateigentum nur dann möglich sei, wenn eine ausreichende Entschädigung geboten werden kann. Die USA scheuten nicht davor zurück, zur Durchsetzung ihrer Forderung schweizerische Guthaben in den USA zu blockieren. Die Regierung beugte sich dem Druck im Washingtoner Abkommen vom 26. 5. 1946, konnte aber immerhin das Prinzip der Entschädigung privater Ansprüche in dem Abkommen verankern. Durch ein Abkommen mit der Bundesrepublik Deutschland wurde die Angelegenheit im Jahre 1952 abschließend geregelt.
Mit 170 Millionen Schweizer Franken beteiligte sich das Land bis 1948 an zahlreichen internationalen Aktionen zum Wiederaufbau des vom Krieg in Mitleidenschaft gezogenen Europa. Davon kamen 25 Millionen Schweizer Franken Deutschland zugute. Dennoch wurde das schweizerische Verständnis von Neutralität im Ausland bis Ende der 40er Jahre immer wieder kritisiert.
Die Schweiz konnte sich nicht zum Beitritt zur UNO entschließen, da die Charta – im Unterschied zum Völkerbund – den Mitgliedern keine völlige Neutralität zugesteht. Sie entschied sich für ihre Neutralität, machte aber von der Möglichkeit eines Nichtmitglieds zur Mitarbeit in den Unterorganisationen im Sinne einer unpolitischen internationalen Solidarität Gebrauch. Entscheidend für die Ablehnung der Mitgliedschaft war neben der Tatsache, daß die UNO ihrem Wesen nach als das Ergebnis eines Kriegsbündnisses der Alliierten zu verstehen war, der Umstand, daß das Vetorecht der Großmächte und die Verbindlichkeit mancher Beschlüsse eine Preisgabe von Souveränitätsrechten, also eine Einschränkung der Unabhängigkeit, bedeuteten. Dessenungeachtet wurde die Schweiz in den Unterorganisationen zu einem außerordentlich geschätzten Mitglied. Zahlreiche dieser Organisationen behielten oder fanden ihren Sitz in Bern und vor allem in Genf, wo das ehemalige Hauptquartier des Völkerbundes zum zweiten Sitz der UNO wurde.
In ihrer Zustimmung zum Marshallplan 1947, die nicht mit der Annahme materieller Hilfe verbunden war, und dem anschließenden Beitritt zur Organisation für europäische wirtschaftliche Zusammenarbeit (OEEC) 1948 sah die Schweiz keinen Verstoß gegen ihre Neutralität, obwohl die Organisation von den USA als Mittel zur Eindämmung des sowjetischen Einflusses in Europa konzipiert war. Sie meldete ihren Neutralitätsvorbehalt an, lehnte jede übernationale Autorität des Zusammenschlusses ab, behielt sich für alle Beschlüsse, die schweizerische Interessen berühren, die Ratifikation vor und bewertete die Organisation ausschließlich als eine unpolitische Einrichtung zur Förderung des internationalen Handels- und Zahlungsverkehrs.
Als eine der letzten Maßnahmen des Jahrzehnts folgte die Schweiz einer Einladung der alliierten Hochkommissare und errichtete am 2. 12. 1949 eine diplomatische Mission in der Bundesrepublik Deutschland.

*Schweiz II*
*S. 368–70*

# Sierra Leone

Nach dem 2. Weltkrieg änderte Großbritannien seine Kolonialpolitik in Westafrika: Die britische Regierung kündigte an, daß die Kolonien die Selbstverwaltung erhalten würden.
Davon erwartete sich in Sierra Leone, dessen beide Teile (Kronkolonie und Protektorat) 1924 zu einem Verwaltungsgebiet zusammengefaßt wurden, besonders die kreolische Oberschicht, Nachkommen ehemaliger Sklaven, Vorteile. Sprachrohr dieser Erwartungen war vor allem die 1938 von I. T. A. Wallace-Johnson gegründete nationalistische African Youth League. 1945 beteiligte Wallace-Johnson sich an der Organisation des 5. panafrikanischen Kongresses in Manchester. Nach seiner Rückkehr nach Sierra Leone schloß er sich dem Nationalrat der Kolonie Sierra Leone (NCCSL) an. Diese neue Partei setzte sich dafür ein, daß die Kolonie in dem erweiterten Gesetzgebenden Rat die Mehrheit der Sitze erhalten solle. Doch der Verfassungsentwurf von 1947 sah vor, daß die Sitzemehrheit der wesentlich zahlreicheren Protektoratsbevölkerung zuerkannt wurde.

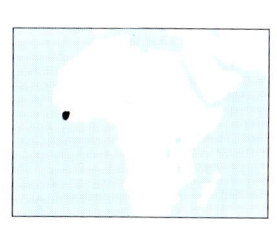

Fläche: 71 740 km²
Hauptstadt: Freetown

# Sikkim

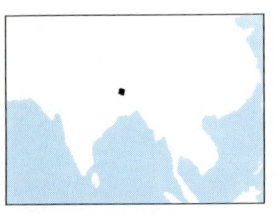

Fläche: 7107 km²
Hauptstadt: Gangtok

1890 hatte China formell seine Ansprüche auf die Oberhoheit über Sikkim aufgegeben. Das Land war britisches Protektorat geworden. In Gangtok wurde ein Political Officer eingesetzt, der die Innenpolitik kontrollierte. Bis 1947 blieb Sikkim ein vom Ausland abgeschlossener Feudalstaat.
Die Unabhängigkeit Indiens hatte auch für Sikkim Folgen. Die britische Schutzherrschaft ging auf Indien über; mehrere politische Parteien wurden gegründet. Sie schlossen sich im Dezember 1947 zum Sikkim State Congress zusammen. König Tashi Namgyal, der 1914 mit britischer Hilfe den Thron bestiegen hatte, widersetzte sich jedoch einer politischen und sozialen Liberalisierung. Anfang 1949 erreichten Protestaktionen des Sikkim State Congress ihren Höhepunkt. Am 9. 5. 1949 wurde daraufhin eine neue Regierung gebildet, in der auch drei Mitglieder des Sikkim State Congress vertreten waren. 1950 wurde Sikkim durch den Vertrag von Gangtok endgültig ein indisches Protektorat.

# Singapur

Fläche: 581 km²
Hauptstadt: Singapur

Seit Februar 1941 hatten die Briten Singapur, ihre größte Marinebasis im Fernen Osten, wegen der erwarteten japanischen Bedrohung verstärkt. Mit der Bombardierung Singapurs am 8. 12. 1941 eröffneten die Japaner ihren Angriff auf den Stützpunkt. Bereits im Januar 1942 mußten die britischen, australischen und britisch-indischen Truppen die malaiischen Staaten aufgeben und sich nach Singapur zurückziehen. Am 15. 2. 1942 kapitulierte General Wavell mit seinen Truppen. Erst im September 1945 wurde Singapur von den Briten zurückgewonnen.
Am 1. 4. 1946 erhielt Singapur den Status einer von der Malaiischen Union getrennten Kronkolonie.
Als Militärstützpunkt war Singapur weiterhin in Südostasien von großer strategischer Bedeutung. Außerdem verschafften Transitverkehr und Handel der britischen Regierung beträchtliche Einnahmen. Die Rassenkonflikte zwischen Malaien und Chinesen (80% der Bevölkerung) waren ein Anlaß für ständige Reibereien.

# Sowjetunion

Fläche: 22 402 200 km²
(1. 1. 1940: 21 510 000 km²)
Hauptstadt: Moskau

*Nach der traditionellen Truppenparade auf dem Roten Platz in Moskau zum Gedenken an die Oktoberrevolution zogen die Soldaten 1941 direkt an die Front (links). Die Rüstungsindustrie erhielt nach dem deutschen Angriff höchste Priorität. Hier werden angeblich durch Sammelaktionen finanzierte Panzer vorgestellt (rechts).*

Der feindlichen Haltung Hitlers versuchte die UdSSR durch eine Bündnispolitik mit westlichen Ländern zu begegnen, die jedoch zu keinem Ergebnis führte. Daraufhin beschloß die UdSSR, sich mit dem Deutschen Reich zu arrangieren. Die Verhandlungen der beiden Außenminister Molotow und von Ribbentrop führten am 23. 8. 1939 zu einem Nichtangriffspakt, der in einem geheimen Zusatzprotokoll die Abgrenzung der Einflußsphären in Osteuropa regelte.
Auf der Grundlage des Nichtangriffspaktes besetzte die UdSSR nach dem deutschen Angriff auf Polen am 17. 9. 1939 die Gebiete mit gemischter Bevölkerung, die von ihr als Westteile Weißrußlands und der Ukraine beansprucht wurden und bis dahin zu Polen gehört hatten. Estland, Lettland und Litauen wurden zum Abschluß militärischer Beistandsverträge gezwungen. Im Sommer 1940 wurden diese drei Staaten nach einer manipulierten Volksbefragung der UdSSR angegliedert. Terror und Massendeportationen folgten. Finnland aber weigerte sich, den Forderungen der UdSSR nachzukommen. Am 30. 11. 1939 gingen daraufhin sowjetische Truppen zum Angriff über. Der Völkerbund schloß die UdSSR wegen dieser Aggression aus. Der Winterkrieg, in dessen Verlauf die UdSSR auf unerwartet harten Widerstand stieß, wurde am 12. 3. 1940 mit dem Frieden von Moskau beendet. Der Verlust der Karelischen Landenge zwang Finnland, sich den Forderungen der UdSSR zu beugen. Es trat Gebiete in Karelien und am Ladogasee ab, behielt jedoch seine Unabhängigkeit. Am 26. 6. 1940 stellte die UdSSR schließlich Rumänien ein Ultimatum und forderte mit Erfolg Bessarabien und die nördliche Bukowina.
Der Pakt mit Deutschland führte zu einer wachsenden wirtschaftlichen Zusammenarbeit. Die UdSSR lieferte kriegswichtige Rohstoffe (Erdöl, Eisenerz und Getreide). Als Gegenleistung belieferte Deutschland die UdSSR mit Maschinen und Kriegsmaterial.
Meinungsverschiedenheiten mit dem Deutschen Reich betrafen vor allem die Verteilung der Einflußsphären auf dem Balkan. Die Gespräche, die Molotow dazu vom 12. bis 14. 11. 1940 in Berlin führte, blieben ergebnislos, zumal Hitler

bereits im Sommer desselben Jahres im Prinzip beschlossen hatte, die UdSSR anzugreifen.

## Der deutsche Überfall

In den frühen Morgenstunden des 22. 6. 1941 marschierten deutsche und mit ihnen verbündete Truppen auf breiter Front in die UdSSR ein. Der Angriff kam vom Zeitpunkt her überraschend, obwohl die sowjetische Regierung sich durchaus darüber klar war, daß der Konflikt auf die Dauer unvermeidlich war. So rückten die Deutschen in den ersten Wochen des Krieges schnell vor. Am 30. 6. 1941 wurde das staatliche Verteidigungskomitee (GKO) gegründet, dem Stalin, Molotow, Malenkow, Berija, Bulganin, Mikojan und Woroschilow angehörten. Es hatte absolutes Weisungsrecht gegenüber allen Regierungs- und Parteieinrichtungen, militärischen und anderen Organisationen, um die Kriegführung zu koordinieren. Damit wichtige Industrien nicht komplett in Feindeshand fielen, wurden zwischen Juli und November 1941 gut 1500 Betriebe hinter den Ural verlegt. Die Kohlenlager in Sibirien und die Erdölfelder im Wolgagebiet wurden verstärkt erschlossen. Von März 1942 an wies die wirtschaftliche Produktion ein konstantes Wachstum auf, das vor allem den unter großem Zwang erbrachten Anstrengungen der Bevölkerung zugeschrieben werden muß. Unter der Parole »alles für die Front« bekam die Kriegsindustrie absolute Priorität. Der ohnehin niedrige Lebensstandard der Bevölkerung sank dadurch noch mehr.

Die UdSSR erhielt in großem Umfang materielle Unterstützung von den Westalliierten. Vor allem die USA lieferten auf der Grundlage des Pacht- und Leihgesetzes auf dem Seeweg durch das Nordmeer und über Iran, Rüstungsgüter, Rohstoffe und Industrieprodukte. Während des Krieges machte die kommunistische Parteipropaganda nationalistischen Parolen Platz. Der 2. Weltkrieg wurde zum »Großen Vaterländischen Krieg« erklärt; die Bevölkerung war zur Verteidigung des »heiligen Rußland« aufgerufen. Die scharfe atheistische Propaganda wurde eingestellt, so daß sich auch die russisch-orthodoxe Kirche mit dem Kampf gegen den Feind identifizieren konnte. Im September 1943 erteilte der Staat nach 20 Jahren die Genehmigung zur Wahl eines neuen Patriarchen von Moskau.
Der Widerstand wurde am stärksten durch das Auftreten der Deutschen selbst gefördert. Vor allem in Gebieten, die die UdSSR erst 1939 und 1940 annektiert hatte, waren die Deutschen nach dem 22. 6. 1941 mitunter sogar als Befreier begrüßt worden. In vielen Gebieten, in denen sich auch nach 20jähriger Sowjetherrschaft ein ausgeprägter Nationalismus erhalten hatte, wie etwa in der Ukraine, bildeten sich antikommunistische Bewegungen, von denen einige bis lange nach dem Krieg aktiv blieben. Aber auch bei der großrussischen Bevölkerung stießen die Deutschen mitunter auf eine neutrale und abwartende Haltung. Die offizielle NS-Politik betrachtete die Slawen jedoch als »Untermenschen«, die gegenüber dem germanischen »Herrenvolk« minderwertig seien. Die einzige Funktion der Reichskommissariate Ostland (gebildet aus Estland, Lettland, Litauen und Weißrußland) und Ukraine war die Lieferung von Arbeitskräften, Lebensmitteln und Rohstoffen für die deutsche Wirtschaft. Die Deutschen förderten die Selbständig-

### Zehn Jahre im Überblick

| | | |
|---|---|---|
| 12. | 3. 1940 | Ende des Winterkriegs und Friede von Moskau zwischen Finnland und der UdSSR. |
| 28. | 6. 1940 | Rumänien tritt Bessarabien und die nördliche Bukowina an die UdSSR ab. |
| 22. | 6. 1941 | Deutscher Angriff auf die UdSSR. |
| 2. | 2. 1943 | Niederlage der deutschen Truppen bei Stalingrad. |
| 30. | 4. 1945 | Sowjetische Truppen erobern Berlin. |
| 15. | 3. 1946 | Der 4. Fünfjahrplan wird angenommen. |
| 19. | 3. 1946 | Staatsoberhaupt Michail Kalinin tritt aus gesundheitlichen Gründen zurück. Sein Nachfolger wird Nikolaj Schwernik. |
| 24. | 6. 1948 | Die UdSSR sperrt sämtliche Transportwege nach Berlin und unterbricht die Stromzufuhr zu den Westsektoren der Stadt. |
| 28. | 6. 1948 | Jugoslawien wird aus dem Kominform ausgeschlossen. |
| 25. | 1. 1949 | Die UdSSR gründet zusammen mit anderen osteuropäischen Ländern das Comecon. |
| 12. | 5. 1949 | Die Blockade Berlins wird aufgehoben. |

*Wurden die deutschen Truppen in einigen Landesteilen anfangs noch als Befreier gefeiert, so schlug die Stimmung wegen des Terrors gegen die Bevölkerung schnell um. Rechts die Exekution zweier Partisanen; links trauernde Angehörige bei den Leichen getöteter Familienmitglieder.*

*Sowjetisches Propagandaplakat: der strahlende Blick täuscht über die Härte des Krieges hinweg und die Aufschrift »Ruhm dem russischen Volk« appelliert an das Nationalgefühl.*

# Sowjetunion

*Stalin als Generalissimus der Sowjetunion.*

*Lebensraum im Osten*
S. 129–25

*Sowjetunion*
S. 105–22

*Stalingrad*
S. 129–26

▷
*Staudammbau am Dnjepr, eines der großen Projekte des 4. Fünfjahrplanes 1946–1950.*

keitsbestrebungen in keiner Weise; besondere Einsatzgruppen richteten mit Unterstützung von Kollaborateuren Blutbäder unter Juden und Zigeunern an (auch → S. 180). Als Reaktion entstanden ab Ende 1941 in den besetzten Gebieten Partisanengruppen.
Als die Deutschen nach der Niederlage von Stalingrad in die Defensive gezwungen worden waren, machten sie dann politische Zugeständnisse, die aber bei der Bevölkerung keine Resonanz mehr fanden. Im Herbst 1944 bildeten sowjetische Kriegsgefangene das »Komitee für die Befreiung der Völker Rußlands«, das mit zwei Divisionen unter General Andrej Wlassow auf deutscher Seite gegen die anrückenden Armeen der Alliierten kämpfte.
Der vollständige Sieg über das Deutsche Reich steigerte die Popularität Stalins vorübergehend beträchtlich. Die Schlacht bei Stalingrad hatte den Wendepunkt des 2. Weltkriegs gebildet (auch → S. 202). Im Sommer 1944 erreichten sowjetische Truppen den Balkan und vertrieben die Deutschen nacheinander aus Rumänien, Bulgarien und Ungarn. Die von der Roten Armee besetzten osteuropäischen Staaten erhielten kommunistische oder kommunistisch dominierte Regierungen, die von der UdSSR gesteuert waren.

## Der Wiederaufbau

Der Wiederaufbau der sowjetischen Wirtschaft stand im Zeichen des 4. Fünfjahrplans (1946–1950). Die Schwerindustrie hatte den Vorrang. Daneben sah der Plan den Bau von Wasserkraftwerken und die weitere Industrialisierung der östlichen Gebiete vor. Der schnelle Wiederaufbau wurde u. a. durch strenge Gesetze für die Arbeitsdisziplin, durch unbezahlte Überstunden und durch Zwangsarbeit erreicht. Auch die Reparationsleistungen aus dem besetzten Teil Deutschlands und den osteuropäischen Ländern trugen dazu bei.
Die Kolchosen waren während des Krieges vom Staat weniger intensiv kontrolliert worden. In einem Beschluß des Ministerrats der UdSSR vom 19. 9. 1946 wurden sie deshalb neu organisiert. Sie wurden unter die Aufsicht der Maschinen-Traktoren-Stationen und ihrer Parteiorganisationen gestellt. Im Mai 1947 begann die Regierung außerdem mit der Kollektivierung der Landwirtschaft in den Gebieten, die die UdSSR im und nach dem Krieg annektiert hatte.
In den Gebieten, die während des Krieges von den Deutschen besetzt waren, wurde die Autorität des Staates mit Terror und Unterdrückung wiederhergestellt. Millionen Menschen, unter ihnen hauptsächlich sowjetische Soldaten, die die Kriegsgefangenenlager überlebt hatten, wurden verhaftet und in den Arbeitslagern der Geheimpolizei (»Archipel GULAG«) interniert. Im und nach dem Krieg wurde eine Reihe von nichtrussischen Völkern in ihrer Gesamtheit nach Sibirien und Zentralasien deportiert, nachdem man sie, oft fälschlich, der Kollaboration bezichtigt hatte.
Innenpolitisch legte man großen Nachdruck auf den russischen Nationalismus; so war man im allgemeinen bestrebt, die nichtrussischen Völker endgültig zu russifizieren. Auch in Kultur und Wissenschaft wurde eine streng nationalistische Politik betrieben. Die Partei beherrschte alle Bereiche des kulturellen und intellektuellen Lebens und unterwarf sie dem Diktat des »Sozialistischen Realismus«. So wurden u. a. die Dichterin Anna Achmatova und die Komponisten Dimitrij Schostakowitsch und Sergej Prokofjew, denen man »Formalismus« und »mangelnden Parteigeist« vorwarf, scharf verurteilt. Für diese Kulturpolitik war der ZK-Sekretär Andrej Schdanow, der bis zu seinem plötzlichen Tod 1948 als möglicher Nachfolger Stalins galt, verantwortlich. Indessen vereinigte Stalin, dessen Mißtrauen ständig wuchs, die Ämter des ZK-Generalsekretärs, des Ministerpräsidenten und des Kriegsministers auf sich. Er übte eine absolute Diktatur aus, in der er allein die Politik bestimmte.

## Außenpolitik

Aus dem 2. Weltkrieg war die UdSSR als Weltmacht hervorgegangen. Die Außenpolitik wurde zunehmend durch das immer gespanntere Verhältnis zum Westen geprägt. Ursache für die Spannungen war der Versuch, den eigenen Machtbereich – das »sozialistische Lager« – auszuweiten und abzurunden. Einen ersten Höhepunkt erreichte der Konflikt mit der Blockade Berlins (auch → S. 255).
Um die Einigkeit des sozialistischen Lagers zu stärken, wurde im September 1947 das Informationsbüro der Kommunistischen und Arbeiterparteien (Kominform) als Nachfolgeorganisation der 1943 aufgelösten Komintern gegründet. Gleichzeitig weitete die UdSSR ihren politischen, militärischen und wirtschaftlichen Einfluß auf die Staaten Osteuropas aus. Die nationalen kommunistischen Parteien, die dort mit Hilfe der Roten Armee an die Macht gekommen waren, unterstanden der direkten Kontrolle Moskaus. Im Januar 1949 wurde der Rat für Gegenseitige Wirtschaftshilfe (Comecon) gegründet. Die Wirtschaftsbeziehungen zwischen der UdSSR und ihren Bündnispartnern basierten aber weiter auf Handelsverträgen, die die UdSSR in hohem Maße begünstigten. Diese wirtschaftliche Ausbeutung und der große Einfluß der UdSSR auf die Innenpolitik waren der Grund für den Bruch mit Jugoslawien im Juni 1948. Die KP Jugoslawiens wurde aus dem Kominform ausgeschlossen und ihr nationaler Weg zum Kommunismus scharf verurteilt.

# Spanien

## Nach dem Bürgerkrieg

Spaniens Wirtschaft hatte im Bürgerkrieg 1936–1939 schwere Schäden erlitten. Der 2. Weltkrieg erschwerte zudem den Wiederaufbau. 1940 war das spanische Volkseinkommen auf dem Stand von 1914; das Pro-Kopf-Einkommen bewegte sich sogar auf dem Niveau des 19. Jahrhunderts. Staatschef Franco entschied sich für ein dirigistisches Wirtschaftssystem, das von einem starken Streben nach Autarkie bestimmt war. Für eine weitgehende Kontrolle über Ein- und Ausfuhr sowie über Investitionen, Produktionsziffern und Preise hatte man das Nationale Industrieinstitut (INI) gegründet. Wegen der Ausschaltung der ausländischen Konkurrenz und durch die staatliche Preiskontrolle stiegen die Produktionskosten. Deshalb arbeiteten viele Betriebe ineffizient. Der Industrialisierungsprozeß verlief langsam. Ende der 40er Jahre hatte die spanische Industrie erst das Niveau der Zeit vor dem Bürgerkrieg erreicht. Auch die Landwirtschaft blieb schwach entwickelt.

Franco hatte 1939, als er als Caudillo an die Macht kam, ein faschistisches Regime errichtet. Gewerkschaften und politische Opposition waren verboten. Es herrschte eine weitreichende Zensur. Nur einige politische Gruppierungen, wie die Monarchisten und die rechte Falange, waren zugelassen. Die spanische Bevölkerung fügte sich dem neuen Regime und den schlechten wirtschaftlichen Umständen. Ein Versuch zu Guerilla-Aktionen gegen Francos Regime 1944/45 wurde schnell unterdrückt, u. a. weil die Bauern in den Pyrenäen die Widerstandskämpfer kaum unterstützten.

Franco sympathisierte zwar mit Hitler, weil dieser ihn im Bürgerkrieg unterstützt hatte, war aber nicht bereit, aktiv am 2. Weltkrieg teilzunehmen. Er hoffte allerdings, nach einem Sieg der Achsenmächte die französischen Kolonien in Nordafrika übernehmen zu können. Als Vorgriff darauf besetzte Spanien 1940 die internationale Zone von Tanger und gliederte sie Spanisch-Marokko an.

Eine direkte Kriegsteilnahme vermied Spanien. Lediglich ein Freiwilligenverband, die »Blaue Division«, kämpfte an der Ostfront. Als die Deutschen 1942 Frankreich vollständig besetzten, fürchtete man in Spanien, daß danach über Spanien Gibraltar erobert werden sollte. Hitler und seine Generäle hielten jedoch die Eröffnung einer neuen Front für zu kostspielig.

1941 beugte sich Spanien dem diplomatischen Druck der Alliierten: Es verbot deutschen Nachschubschiffen, die Kanarischen Inseln anzulaufen, um von dort aus die Versorgung deutscher U-Boote im Atlantischen Ozean sicherzustellen. 1944 erließen die USA trotzdem ein Ölembargo gegen Spanien. Im Mai 1944 erfüllte Spanien daraufhin alle Forderungen der Alliierten. Die Aktivitäten deutscher Agenten in Tanger wurden ebenso wie der Aufenthalt italienischer Schiffe in spanischen Häfen unterbunden.

## Politische Isolierung

Nach dem Krieg wurde Spanien von 1946 bis 1950 auf Empfehlung

### Zehn Jahre im Überblick

| | |
|---|---|
| 14. 6. 1940 | Spanische Truppen besetzen Tanger. |
| 29. 7. 1940 | Spanien und Portugal unterzeichnen einen Nichtangriffsvertrag. |
| 23. 10. 1940 | Franco trifft Hitler an der spanisch-französischen Grenze. |
| 18. 7. 1942 | Franco setzt ein Parlament, die Cortes, ein. |
| 7. 5. 1945 | Spanien bricht die diplomatischen Beziehungen zu Deutschland ab. |
| 11. 10. 1945 | Tanger wird wieder unter internationale Verwaltung gestellt. |
| 17. 1. 1946 | Die UNO verabschiedet eine Empfehlung an die Mitgliedstaaten, die Beziehungen zu Spanien abzubrechen. |
| 31. 3. 1947 | Franco führt formell die Monarchie wieder ein. |

Fläche: 504 782 km²
Hauptstadt: Madrid

*Im Dezember 1946 fand in Madrid eine Großdemonstration gegen die Einmischung der UNO in die inneren Angelegenheiten Spaniens statt. Die Bemühungen, durch Druck von außen in Spanien einen Demokratisierungsprozeß einzuleiten, hatten einen gegenteiligen Effekt: Die Position Francos wurde gefestigt.*
◁

*Mitglieder der Blauen Division auf dem Weg an die Ostfront im Juli 1941.*

| Grunddaten | 1940 | 1943 | 1946 | 1949 |
|---|---|---|---|---|
| 1. Einwohnerzahl (in Mill.) | 25,9 | — | — | 27,8 |
| 2. Urbanisationsgrad (in %) | 48,5 | — | — | — |
| 3. Berufstätige (in % der Gesamtbevölkerung) | 35,8 | — | — | — |
| 7. Geburtenziffer (in ‰) | 24,5 | 23 | 21,6 | 21,7 |
| 8. Sterbeziffer (in ‰) | 16,6 | 13,4 | 13,0 | 11,6 |
| 9. Lebenserwartung bei Neugeborenen (in Jahren) | 47,1 | — | — | — |
| 10. Jährlicher Energieverbrauch pro Einw. (in kg Ske) | — | — | — | 550 |
| 11. Einfuhr (in Mill. US-Dollar) | 203 | 297 | 302 | 454 |
| 12. Ausfuhr (in Mill. US-Dollar) | 129 | 287 | 266 | 380 |

*Franco im Parlament bei der Proklamation der neuen spanischen Verfassung am 29. 7. 1947.*

der UNO boykottiert. Es erhielt im Gegensatz zu Portugal keine Hilfe nach dem Marshall-Plan. Auch zur OEEC und zur NATO wurde Spanien nicht zugelassen. Franco hatte während des Krieges einige formal-demokratische Veränderungen eingeführt, u. a. in der Absicht, Spaniens Ansehen aufzuwerten. So war die spanische Staatsform von »totalitärer Staat« in »organische Demokratie« umbenannt und 1942 ein allerdings einflußloses, auf einer ständischen Sozialordnung beruhendes Parlament, die Cortes, eingerichtet worden. 1945 wurden auch bestimmte Grundrechte im Fuero de los Españoles verankert. Die UNO forderte 1946, daß das spanische Regime von einer durch demokratische Wahlen legitimierten Regierung abgelöst werden solle. Auf Empfehlung der UNO zogen fast alle Länder ihre Botschafter aus Madrid zurück. Frankreich schloß 1946 die Grenze zu Spanien. Diese Isolierung baute Franco jedoch ab, als das Land durch Gesetz zur katholischen Monarchie erklärt wurde. Dem stimmten in einer Volksabstimmung 12,6 von 16,2 Millionen Stimmberechtigten zu. Damit sicherte Franco sich die Unterstützung von Monarchisten und Kirche. 1948 öffnete Frankreich wieder die Grenzen; schon bald kam es zum Abschluß der ersten spanisch-französischen und spanisch-britischen Handelsabkommen. Der Beginn des Kalten Krieges und die strategisch günstige Lage Spaniens verbesserten gegen Ende des Jahrzehnts das diplomatische Klima wieder.

## Spanische Sahara

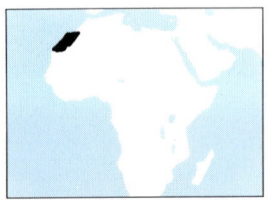

Fläche: 266 000 km²

Bis 1946 gehörten die Spanische Sahara und Ifni administrativ zu Spanisch-Marokko. Als nach dem 2. Weltkrieg in Marokko Unabhängigkeitsbewegungen entstanden, entschloß sich Spanien, die Spanische Sahara und Ifni getrennt zu verwalten, um diese Gebiete besser gegen das Unabhängigkeitsstreben in Nordafrika abschirmen zu können. 1946 wurden die Spanische Sahara und Ifni durch einen Erlaß zu einer gesonderten Kolonie unter der Bezeichnung Spanisch-Westafrika zusammengefaßt; die zentrale Verwaltung nahm ein Militärgouverneur in Ifni wahr. Die Spanische Sahara war ein karges Wüstengebiet. Die wichtigste Wirtschaftstätigkeit war die Viehzucht (Kamele und Ziegen). Von 1946 bis 1950 wurde das Gebiet von einer schwerwiegenden Dürrekatastrophe heimgesucht.
Der Umfang der Mineralvorkommen in der Spanischen Sahara war in den 40er Jahren noch unbekannt. Spanische Geologen entdeckten allerdings bereits 1947 Phosphat und Eisenerz.

## Spanisch-Guinea

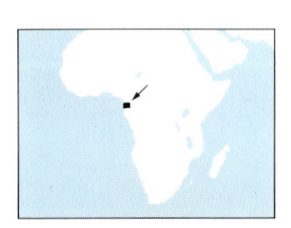

Fläche: 28 051 km²
Hauptstadt: Santa Isabel

Bis 1945 hatte sich nur auf der Insel Fernando Póo eine umfangreiche, von Europäern betriebene Plantagenwirtschaft für den Kakaoanbau entwickelt. Es wurden hauptsächlich nigerianische Saisonarbeiter beschäftigt. Nach 1945 versuchten die Spanier, auch auf dem Festland Spanisch-Guineas, in der Provinz Río Muni, die landwirtschaftliche Entwicklung in Gang zu bringen. Der Export von Kakao und Kaffee wurde subventioniert, und die Ein- und Ausfuhr wurde erleichtert. Eine Reihe von Gebieten, die afrikanischen Stämmen gehörten, wurden für die Ansiedlung spanischer Firmen erschlossen. Es wurden Straßen angelegt, und das Netz von Missionsstationen und Schulen wurde erweitert. Teilweise profitierten die Afrikaner von diesen Entwicklungen, wie etwa das Volk der Fang, das an der Grenze zu Kamerun lebte und Kaffee anbaute.

## Spanisch-Marokko

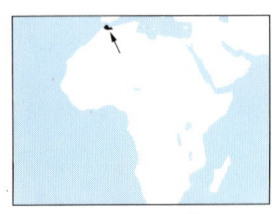

Fläche: 47 000 km²
Hauptstadt: Tetuan

Spanisch-Marokko war als Protektorat 1912 entstanden, als Frankreich die spanischen Interessen im Norden Marokkos anerkannte. Seit 1923 standen die Stadt Tanger und ihr Umland unter internationaler Verwaltung. Die Spanier unternahmen kaum Anstrengungen für die Entwicklung des Gebietes. Die Unterstützung General Francos durch islamische Truppen im Spanischen Bürgerkrieg (1936 bis 1939) hatte allerdings zur Folge, daß Spanien gegenüber der einheimischen Bevölkerung keine rigorose Kolonialpolitik führte.
1940 hoffte Franco, Spanien könne nach einem deutschen Sieg im 2. Weltkrieg seine Kolonialgebiete ausdehnen. Im Vorgriff darauf annektierte er 1940 die internationale Zone von Tanger und gliederte sie Spanisch-Marokko an. Nach dem Krieg kam Tanger jedoch wieder unter internationale Verwaltung.

# Südafrika

Im 2. Weltkrieg schloß sich Südafrika unter Ministerpräsident General Jan C. Smuts den Alliierten an und entsandte Truppen auf die Kriegsschauplätze. Dies stieß bei vielen Südafrikanern auf starke Opposition. Sogar ein Drittel der Mitglieder von Smuts' eigener Partei, der Vereinigten Partei (VP), plädierte, geführt von James Hertzog, dafür, daß Südafrika zumindest neutral bleiben sollte. Dieser Teil spaltete sich ab und bildete zusammen mit der Nationalen Partei (NP) die Opposition. Öffentlich für den Nationalsozialismus waren radikal antibritische Afrikaanderorganisationen wie die »Neue Ordnung« des Rechtsanwalts Oswald Pirow, eines ehemaligen Kriegsministers, und die Ossewabrandwag (Ochsenwagenbrandwache), an deren Spitze der spätere Ministerpräsident Balthazar J. Vorster stand, der von der Regierung während des 2. Weltkriegs interniert wurde. Ein weiterer künftiger Ministerpräsident Südafrikas, Henrik F. Verwoerd, wurde während des 2. Weltkriegs als Chefredakteur der Zeitung Die Transvaler wegen Antisemitismus verurteilt.

Ungeachtet der vor allem unter den Afrikaandern (in Südafrika geborene Weiße mit Afrikaans als Muttersprache) verbreiteten Ablehnung von Smuts Kriegsteilnahme und trotz der Abspaltung des VP-Flügels unter Hertzog entschied sich die Mehrheit der fast ausschließlich weißen Wähler am 26. 5. 1948 bei den ersten allgemeinen Wahlen nach dem Krieg für die Partei von Smuts. Die VP und ihr Bündnispartner, die Labour Party, erhielten gut 100 000 Stimmen mehr als die NP. Aufgrund des Mehrheitswahlsystems erhielt die NP jedoch die Mehrheit der Parlamentssitze: 79 gegenüber 65 für die VP. Der NP-Führer Daniel F. Malan bildete eine Regierung. Zum ersten Mal in der Geschichte der Union von Südafrika wurde eine politische Trennungslinie zwischen den englischsprachigen Weißen und den Afrikaandern deutlich.

Die Regierung Malan beschloß als erstes, die Afrikaander freizulassen, die während des 2. Weltkriegs wegen staatsgefährdender Aktivitäten verurteilt worden waren, und sie zu rehabilitieren.

Die NP hatte 1948 in ihrem Wahlkampf einen neuen Begriff in den Mittelpunkt gestellt: Apartheid. Er bedeutete die Trennung aller, auch der territorialen, Lebenssphären der Rassengruppen. Die NP erklärte den Wählern, nur durch diese Apartheid könne verhindert werden, daß die südafrikanischen Bevölkerungsgruppen miteinander verschmelzen und in einer Einheit aufgehen würden. Die Apartheid war somit ein logisches Resultat des Rassenbewußtseins der Afrikaander.

In der Praxis richtete sich die Apartheid auf den Schutz der weißen Minderheit und die Aufrechterhaltung ihrer privilegierten Stellung. Es wurden Gesetze verabschiedet, die den Zweck hatten, die asiatische Minderheit so zu diskriminieren, daß sie bereit sein würde, Südafrika zu verlassen. Andere Gesetze richteten sich gegen die sogenannten Farbigen (Mischlinge). Die Mehrzahl der Apartheidsgesetze aber richtete sich gegen die schwarze Mehrheit. Es wurden nicht nur Gesetze verabschiedet, die die traditionelle Rassentrennung bekräftigten, sondern auch Gesetze, die die territoriale Trennung verschärften und die Schwarzen in vielen Fällen zu Fremdlingen im eigenen Land machten. Um die Vormachtstellung der Afrikaander in der weißen Bevölkerungsgruppe zu sichern, wurde 1949 das Gesetz über die südafrikanische Staatsbürgerschaft verabschiedet, das die Möglichkeit abschaffte, daß weiße Bürger aus anderen Commonwealth-Ländern automatisch die südafrikanische Staatsbürgerschaft erhalten konnten. Dadurch wurde die englischsprachige weiße Bevölkerungsgruppe in eine Minderheitsposition gedrängt. 1949 wurden außerdem Mischehen verboten, und ein Jahr darauf trat das Immoralitätsgesetz in Kraft, das das bereits bestehende gesetzliche Verbot sexueller Beziehungen zwischen Weißen und Schwarzen auf die anderen nichtweißen Bevölkerungsgruppen ausweitete.

Die nicht im Parlament vertretenen Schwarzen, Mischlinge und Inder protestierten gegen diese Gesetze, wie sie schon vorher ihrer Unzufriedenheit über ihre Lage gelegentlich Ausdruck gegeben hatten. So war es 1943 zu Protestaktionen gegen die Erhöhung der Omnibusfahrpreise gekommen. Die afrikanischen Passagiere boykottierten die Busse – manche gingen jeden Tag rd. 25 km zu Fuß –, was zur Folge hatte, daß die Preiserhöhung zurückgenommen wurde. 1944 fand ein Boykott gegen das Paßgesetz statt; zwei Jahre später wurde ein großer Bergarbeiterstreik mit Polizeigewalt gebrochen.

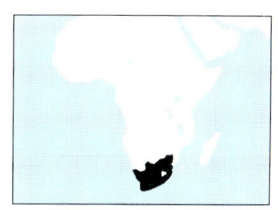

Fläche: 1 221 037 km²
Hauptstadt: Pretoria

Jan C. Smuts, bis 1948 Ministerpräsident, in seinem Garten in Kapstadt (1946).

# Sudan

Seit 1899 wurde der Sudan von Großbritannien und Ägypten als Kondominium gemeinsam verwaltet. 1943 entstanden die ersten politischen Parteien, die die Unabhängigkeit des Landes forderten, die relativ gemäßigte UMMA-Partei, die der traditionsreichen islamischen Bruderschaft der Mahdisten nahestand, und eine radikalere Gruppierung unter Ismail al-Azhari, aus der Anfang der 50er Jahre die Nationale Unions-Partei hervorging. Erstere suchte bei den Briten Unterstützung, letztere bei Ägypten. Um den Nationalisten entgegenzukommen, entschlossen sich die Briten, die Sudanesen in stärkerem Maße an der Verwaltung zu beteiligen. Zu diesem Zweck wurde 1944 ein Konsultativrat für den islamischen Norden eingerichtet, der aus dem Generalgouverneur und 28 Sudanesen bestand. Durch die Trennung des islamischen Nordens vom christlichen, mehr an Schwarzafrika orientierten Süden festigten die Briten ihre Kontrolle über das Land. Die Nationalisten forderten jedoch die Umwandlung des Konsultativrats in einen Legislativrat, in dem auch Vertreter des Südens Sitze haben sollten. 1948 wurde dieser Rat eingerichtet.

Fläche: 2 505 813 km²
Hauptstadt: Khartum

# Südrhodesien

Fläche: 390 580 km²
Hauptstadt: Salisbury

Südrhodesien hatte 1923 den Status einer Kolonie mit Selbstregierung erhalten. Der politische Einfluß war aber auf die Weißen beschränkt, die etwa 5% der Bevölkerung stellten. Der erste nennenswerte Widerstand regte sich in den 30er Jahren, als 1934 der Southern Rhodesia African National Congress (ANC) des Pfarrers Thompson Douglas Samkange, der besonders nach dem 2. Weltkrieg unter Aaron Jacha an Bedeutung gewann, gegründet wurde. Der ANC wandte sich besonders gegen Rassismus, Paßgesetze und Landraub; er forderte allgemeines Stimmrecht und den Schutz des afrikanischen Grundeigentums.
Premierminister Godfrey Huggins führte wie seine Vorgänger offiziell eine Politik der rassischen Partnerschaft, die praktisch die Vorherrschaft der Weißen festigte, indem sie sich vor allem bemühte, eine schwarze Ober- und Mittelschicht zur Mitarbeit zu gewinnen. 1946 wurden die ersten Realschulen für Schwarze gegründet.
Die wachsende Opposition der Schwarzen äußerte sich 1945, als das schwarze Eisenbahnpersonal erfolgreich streikte. Drei Jahre später folgte ein Generalstreik, den die African Voice Association (AVA) ausgerufen hatte. Gründer dieser Organisation war Benjamin B. Burumbo, der als der Vater des afrikanischen Nationalismus in Südrhodesien bezeichnet wird. Seit 1949 widersetzte sich die AVA auch der Ausweitung weißen Grundbesitzes durch Zwangsumsiedlung schwarzer Bauern in die ihnen zugewiesenen Reservate.

# Südwestafrika

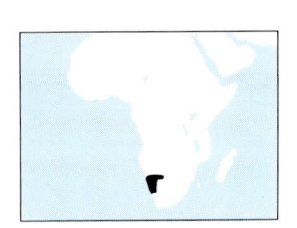

Fläche: 824 292 km²
Hauptstadt: Windhuk

Südwestafrika war nach dem 1. Weltkrieg als Mandatsgebiet des Völkerbundes unter südafrikanische Verwaltung gestellt worden. Pretoria verwaltete das Gebiet wie eine eigene Provinz und hatte dort bereits vor 1939 u. a. Reservate für die einheimische Bevölkerung eingerichtet.
Als das Völkerbundsmandat nach 1945 von der UNO übernommen und verändert werden sollte, weigerte sich Südafrika, die Vereinten Nationen als Rechtsnachfolger anzuerkennen. Es lehnte die Verpflichtung ab, Südwestafrika unter einheimischer Mehrheitsregierung in die Unabhängigkeit zu entlassen. Die Nationalpartei, die in Südafrika 1948 an die Macht kam, betrieb mit noch größerer Hartnäckigkeit die Annexion Südwestafrikas. 1949 wurde in Südafrika ein Gesetz verabschiedet, durch das Südwestafrika formell eingegliedert wurde und die weißen Südwestafrikaner eine Vertretung im südafrikanischen Parlament bekamen. Schrittweise wurde die Politik der Apartheid auf das Land übertragen. Nach 1945 nahm die wirtschaftliche Bedeutung Südwestafrikas stark zu, insbesondere durch die Ausfuhr von Mineralien. 1946 wurde die Tsumeb Corporation gegründet, die gegen Ende der 40er Jahre der weltgrößte Exporteur von Kupfer, Blei und Zink war.

# Surinam

Fläche: 163 265 km²
Hauptstadt: Paramaribo

Die niederländische Kolonie Surinam wurde wegen ihrer Bauxitvorkommen in den 2. Weltkrieg verwickelt. Die deutsche Marine versuchte, die Bauxitausfuhr zu blockieren. Deshalb wurden im November 1941 amerikanische Truppen zum Schutz der Kolonie nach Surinam entsandt.
Der deutsche Überfall auf die Niederlande war für Gouverneur Kielstra der Anlaß, in Surinam den Belagerungszustand auszurufen und sich diktatorische Vollmachten anzueignen. Nach der Rundfunkansprache Königin Wilhelminas aus dem Londoner Exil vom 6. 12. 1942, in der sie eine staatliche Neuorganisation versprach, wurde die Unie Suriname gegründet. Diese von den Kreolen, den Bewohnern afrikanischer Herkunft, beherrschte politische Organisation versuchte, das Autonomiestreben zu fördern. Der sich immer mehr zuspitzende Konflikt wurde erst 1944 durch die Entlassung Kielstras beendet.
Im Februar 1946 fanden die letzten Wahlen ohne die Beteiligung von Parteien statt. Danach wurden politische Parteien gegründet. Nach dem neuen Wahlgesetz von 1948 wurden am 30. 5. 1949 allgemeine Wahlen abgehalten. Die von protestantischen Kreolen dominierte Nationale Partij Suriname (NPS) gewann 13 der 21 Sitze in den neuen *Staten*, der Volksvertretung. Die VHP (Indische Fortschrittliche Reformpartei) erlangte sechs und die javanische KTPI zwei Sitze. Die NPS und die VHP bildeten die neue Regierung, die mehr Eigenständigkeit für die Kolonie forderte.

| Grunddaten | 1940 | 1943 | 1946 | 1949 |
|---|---|---|---|---|
| 1. Einwohnerzahl (in Mill.) | — | — | — | 0,2 |
| 7. Geburtenziffer (in ‰) | 33,1 | 30,9 | 34,7 | 34,4 |
| 8. Sterbeziffer (in ‰) | 12,9 | 14,9 | 14,5 | 11,9 |
| 11. Einfuhr (in Mill. US-Dollar) | 4,5 | 11,8 | 8,3 | 20,0 |
| 12. Ausfuhr (in Mill. US-Dollar) | 3,9 | 7,5 | 6,1 | 17,9 |
| 13. Einwohner pro Arzt | — | — | — | 2 800 |

# Swaziland

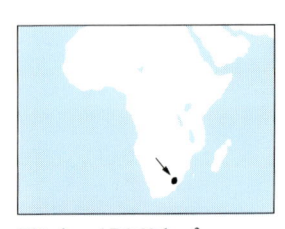

Fläche: 17 363 km²
Hauptstadt: Mbabane

Swaziland war seit 1906 britisches Protektorat. Das Land wurde von König Sobhusa II. in absolutistischer Weise regiert. Nach 1944 arbeitete die britische Kolonialverwaltung einige Reformen für das Verwaltungssystem aus. Sie wurden aber erst in den 50er Jahren verwirklicht.
Daß der Boden im Besitz der Weißen war, bedeutete eine große Benachteiligung für König Sobhusa und die Swazi. 1946 wurde die Lifa eingerichtet, ein Fonds der Swazi mit dem Zweck, Land von den Weißen zurückzukaufen.

# Syrien

Gegen die französische Mandatsverwaltung über Syrien (1920) richtete sich von Anfang an nationalistische Opposition. Besonders die Übertragung des Distrikts Alexandrette (Iskenderun) an die Türkei im Jahre 1939 führte zu schweren Unruhen.
Da der französische Hochkommissar sich im 2. Weltkrieg auf die Seite der Vichy-Regierung stellte, griffen die Alliierten 1941 das Land an. Britische Einheiten und Truppen des »Freien Frankreich« setzten General Georges Catroux als Hochkommissar in Syrien und Libanon ein. Er erklärte Syrien im Auftrage de Gaulles für unabhängig. Die Wahlen vom August 1943 brachten den Sieg des Nationalen Blocks. Präsident Schukri al-Kuwatli und seine Regierung übernahmen daraufhin von den Franzosen schrittweise die Verwaltung. Obwohl Syrien 1945 der UNO beigetreten war, weigerte sich Frankreich zunächst, seine Truppen sofort abzuziehen. Im Mai 1945 kam es zu massiven antifranzösischen Ausschreitungen. Daraufhin bombardierten die Franzosen Damaskus. Nachdem die USA und Großbritannien jedoch Druck ausgeübt hatten, verließen die letzten französischen Truppen im April 1946 das Land.
Nach dem Abzug der Franzosen waren die politischen Verhältnisse sehr instabil, da mit der Unabhängigkeit das gemeinsame Ziel erreicht worden war. Nun brachen die Gegensätze zwischen den verschiedenen Gruppierungen immer deutlicher auf.
Der gescheiterte Angriff auf Israel 1948/49 hatte für die Regierung in Damaskus einen starken Autoritätsschwund zur Folge. Am 30. 3. 1949 stürzte General Husni as-Sa'im Präsident Schukri al-Kuwatli. Dies war der Auftakt einer Reihe von Staatsstreichen, die in den 50er und 60er Jahren die syrische Politik prägten. Sa'im wurde noch im selben Jahr durch einen neuen Staatsstreich abgesetzt und ermordet. Schließlich ergriffen im Dezember 1949 die Obersten Fauzi Salu und Adib Schischakli die Macht.

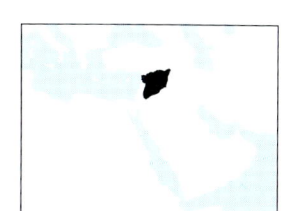

Fläche: 185 180 km²
Hauptstadt: Damaskus

# Taiwan

Nach dem 1. chinesisch-japanischen Krieg 1894/95 war Taiwan an Japan abgetreten worden. Japan betrachtete die Insel als strategischen Stützpunkt für Militäraktionen gegen das chinesische Festland.
Nach Ausbruch des 2. Weltkriegs wuchs die strategische Bedeutung noch. Seit Oktober 1944 jedoch, als die Alliierten mit der Rückeroberung der Philippinen begonnen hatten, wurde Taiwan Ziel amerikanischer Bombenangriffe. Nach Ende des 2. Weltkriegs kam Taiwan – zusammen mit den Pescadoresinseln – wieder als chinesische Provinz unter die Verwaltung der nationalchinesischen Regierung. Dies war bereits Ende 1943 zwischen Roosevelt, Churchill und Tschiang Kaischek auf der Cairoer Konferenz beschlossen und im Juli 1945 auf der Potsdamer Konferenz bestätigt worden.
Gegen die provisorische Regierung, die am 25. 10. 1945 auf Taiwan die Regierungsgeschäfte übernommen hatte, kam es am 28. 2. 1947 zu Massenprotesten der Bevölkerung. Die Truppen der Kuomintang bereiteten den Demonstrationen Anfang März ein blutiges Ende.
Am 22. 4. ersetzte die Kuomintang-Regierung die provisorische Verwaltung durch eine formelle Provinzialregierung unter Leitung eines Provinzgouverneurs. Hauptproblem Taiwans war die große Zahl von Flüchtlingen (bis Anfang 1950 zwei Millionen), die wegen des Bürgerkriegs vom chinesischen Festland kamen. Die Kuomintang-Regierung hatte sich nach dem Sieg der chinesischen Kommunisten auf dem Festland Anfang Dezember 1949 nach Taiwan begeben und sich in Taipeh als »vorläufiger« Hauptstadt der Chinesischen Republik niedergelassen. Das größte Problem wurde dann der Finanzbedarf der Kuomintang-Regierung, der die wirtschaftliche Leistungsfähigkeit Taiwans überstieg. Tschiang Kaischek bemühte sich von Anfang an erfolgreich um Finanz- und Militärhilfe aus den USA.

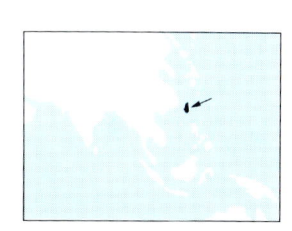

Fläche: 35 981 km²
Hauptstadt: Taipeh

◁
*Tschiang Kaischek (vorn) mit seinem Stab.*

# Tanganjika

Nach dem 1. Weltkrieg war die ehemalige deutsche Kolonie vom Völkerbund als Mandatsgebiet an Großbritannien übertragen worden. Die Briten behielten zunächst das deutsche Kolonialverwaltungssystem bei, das durch die Anstellung vieler Afrikaner in den unteren Verwaltungsfunktionen gekennzeichnet war. Das erklärt, daß bereits seit 1929 die erste Organisation afrikanischer Kolonialverwaltungsbeamter bestand, die Tanganyika African Association (TAA).
Nach dem 2. Weltkrieg wurden zum ersten Mal zwei Afrikaner in den Legislativrat berufen, die Häuptlinge David Makwaja und Abdiel Shangali.
1946 trat an die Stelle des Völkerbundmandats für Großbritannien die UN-Treuhandschaft. Im selben Jahr erklärten die britischen Behörden gegenüber dem UN-Treuhandschaftsrat, daß man die Selbstverwaltung anstreben und zu diesem Zweck auf eine Konsolidierung der traditionellen Stammesautoritäten hinarbeiten wolle.

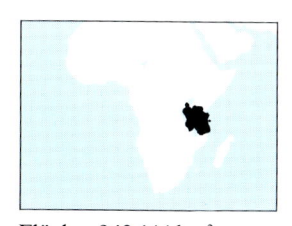

Fläche: 942 444 km²
Hauptstadt: Dar es Salaam

# Tanger

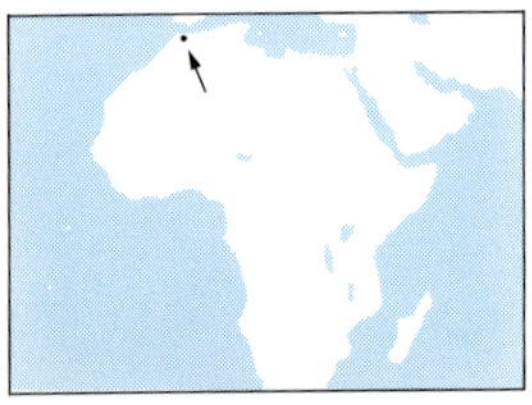

Fläche: 582 km²
Hauptstadt: Tanger

Tanger war eine international verwaltete Enklave in Spanisch-Marokko unter der Souveränität des Sultans in Rabat. Unter Ausnutzung der Kriegssituation besetzte Spanien am 14. 6. 1940 die internationale Zone. In der Folgezeit wurde Tanger allmählich in das Gebiet Spanisch-Marokkos integriert. Am 4. 10. 1940 wurde die internationale Verwaltung aufgehoben. 1943, als sich im Krieg eine Wende abzeichnete, forderten Großbritannien und die USA Spanien auf, die internationale Verwaltung wiederherzustellen. Nachdem die spanische Regierung zunächst nur der Schließung des deutschen Konsulats in Tanger zugestimmt hatte, mußte sie schließlich nachgeben. Im September 1945 zogen sich die spanischen Truppen aus der Stadt zurück. Am 11. 10. wurde die internationale Verwaltung wiederhergestellt. In den folgenden Jahren profitierte Tanger in hohem Maße von seinem freien Devisenmarkt: Die Stadt entwickelte sich zu einem Zentrum des internationalen Handels- und Zahlungsverkehrs.

# Thailand

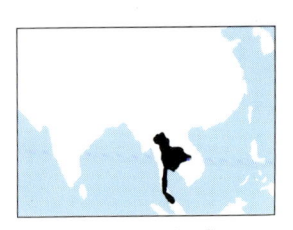

Fläche: 514 000 km²
Hauptstadt: Bangkok

*Regierungschef Pibul Songgram mit Frau und Tochter (1943).*

1938 kam Oberst Pibul Songgram an die Macht. Er verfolgte eine nationalistische Politik, die gegen die chinesische Bevölkerungsgruppe in Thailand und gegen die in Südostasien befindlichen Europäer gerichtet war. 1939 änderte er den Namen Siam in Thailand, um die Einheit aller Thais zum Ausdruck zu bringen. Im 2. Weltkrieg war Thailand zunächst mit Japan verbündet. Es annektierte 1941 nach einem Grenzkrieg gegen die französischen Truppen in Indonesien Teile von Laos und Kambodscha. Im Dezember 1941 gewährte die thailändische Regierung den japanischen Truppen Transitrechte für den Vorstoß nach Birma und Malaya und Stationierungsrechte. 1943 gelang es ihr außerdem, Gebiete in Birma und Malaya für Thailand zu erobern. Die diktatorische Regierung von Pibul Songgram ließ keine Opposition zu. Als sich 1944 eine japanische Niederlage abzeichnete, wurde Pibul Songgram abgesetzt. Nach einigen Kabinettsumbildungen wurde Pridi Phanomjong, der Führer der antifaschistischen Freie-Thai-Bewegung, Premierminister. Pridi wollte verhindern, daß die Alliierten Thailand als besiegten Feind behandelten. Indem die 1941 und 1943 mit japanischer Hilfe besetzten Gebiete zurückgegeben wurden, gelang es ihm, gute Beziehungen zu den USA zu knüpfen. Nach dem Sturz Pibul Songgrams folgten Jahre der politischen Unruhe. Wichtigster Machtfaktor war die Armee, die unter Pibul Songgrams Einfluß geblieben war. Anfang 1946 fanden allgemeine Wahlen statt, und die Regierung Pridi verkündete eine neue Verfassung, die den politischen Parteien mehr Bewegungsfreiheit verschaffte. Die Unruhe im Lande nahm jedoch weiter zu. Als König Rama VIII. am 9. 6. 1946 unter mysteriösen Umständen tot aufgefunden wurde – sein Nachfolger wurde Phumiphol Aduljadedsch als Rama IX. – und die Regierung nicht in der Lage war, eine glaubwürdige Erklärung dafür zu geben, wurde Pridi zum Rücktritt gezwungen. Danach konnten die Streitkräfte ihre Position so festigen, daß sie mit Unterstützung der USA im November 1947 selbst die Macht ergreifen konnten. Der an der Verschwörung beteiligte Pibul Songgram wurde nach einer kurzzeitigen Zwischenregierung im April 1948 erneut Regierungschef. Pridi flüchtete nach China.
Im Februar 1949 meuterten Marineinfanteristen, die die Rückkehr Pridis unterstützen wollten. Der Aufstand wurde jedoch niedergeschlagen.

# Tibet

Fläche: 1 221 600 km²
Hauptstadt: Lhasa

Im Februar 1940 kam, nach einem Interregnum seit 1933, der 14. Dalai Lama auf den Thron, der sechsjährige La Mu Ton Tschu. Damit begann das letzte Jahrzehnt, in dem Tibet ein unabhängiger Staat war. Auf der Konferenz von Simla 1914 hatte Großbritannien die Unabhängigkeit Tibets faktisch anerkannt; China aber weigerte sich, seine Ansprüche auf die Oberhoheit über Tibet aufzugeben. So gab Tschiang Kaischek Anfang 1941 den Auftrag zur Anlage einer neuen Nachschubroute, die von Südwestchina durch tibetanisches Gebiet nach Britisch-Indien führen sollte, ohne die Zustimmung Tibets einzuholen. Die britische Regierung machte jedoch einen Gegenvorschlag: Transporte militärischer und anderer Güter sollten über bereits bestehende Routen durch Tibet geleitet werden. Nach anfänglicher Weigerung Tibets wurde ein Kompromiß geschlossen: Tibet gestattete den Transport nichtmilitärischer Güter durch Privatunternehmer über sein Territorium. Die Anwesenheit chinesischer Funktionäre ließ Tibet jedoch nicht zu. Als Tschiang Kaischek aber darauf bestand, unterband Tibet Anfang 1943 alle Transporte. Auch spätere Versuche Chinas, Tibet in den politischen Rahmen der chinesischen Republik einzubeziehen, blieben erfolglos.
Auf den Zusammenbruch der chinesischen Kuomintang-Regierung 1949 reagierte Tibet sofort, indem es die chinesische Vertretung in Lhasa, zusammen mit einer Reihe chinesischer Händler, auswies. Bereits im November 1949 meldete Radio Peking, daß die chinesischen Kommunisten beabsichtigten, Tibet zu »befreien«. Anfang Oktober 1950 begann die chinesische Invasion. Tibet appellierte im November noch einmal vergeblich an die UNO. Im Frühjahr 1951 wurde das Land als »autonomes Gebiet« der Volksrepublik China angeschlossen.

# Tonga

Ebenso wie die benachbarten Inselgruppen wurde das britische Protektorat Tonga nach dem japanischen Überfall auf Pearl Harbor in das Kriegsgeschehen im pazifischen Raum einbezogen. 1942 wurde eine Nachschubbasis für die amerikanischen Truppen eingerichtet, die im Pazifik operierten. Nach dem Krieg blieb das 45 000 Einwohner zählende Königreich vor politischen und wirtschaftlichen Veränderungen bewahrt. Die größten Probleme, die das Land in der Nachkriegszeit bewältigen mußte, hingen mit einem heftigen Vulkanausbruch auf Niuafo'ou, der nördlichsten Insel, im September 1946 zusammen. Für die polynesischen Bewohner Tongas war der 10. 6. 1947 ein besonderer Festtag. An diesem Tag heirateten die beiden Söhne der seit 1918 regierenden Königin Salote, Prinz Tungi und Prinz Fatafehi Tu'ipelehake, nach traditionellem Ritus die Prinzessinnen Halaevalu Mata'ako und Melanaite Tupu-Mokufo.

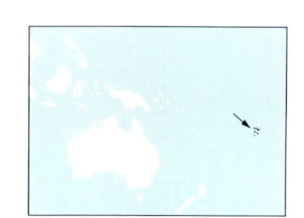

Fläche: 699 km²
Hauptstadt: Nukualofa

# Triest

Die von Italienern bewohnte Stadt Triest und ihr Umland waren bei der Auflösung Österreich-Ungarns nach dem 1. Weltkrieg durch den Vertrag von St.-Germain-en-Laye (10. 9. 1919) in den Besitz Italiens gelangt. Weil in Triest auch Slowenen lebten, fand diese Regelung im damaligen Königreich Jugoslawien keine Billigung.
Gegen Ende des 2. Weltkriegs wurde die Stadt von Titos Partisanen und den Westalliierten erobert. Nach dem Krieg erhoben sowohl Italien als auch Jugoslawien Ansprüche auf Triest. Der UN-Sicherheitsrat erklärte daraufhin die Stadt und ihr Umland zu einem »Freistaat«, der von einem Gouverneur verwaltet werden sollte. Die vier Großmächte konnten sich jedoch auf keinen Kandidaten für diese Position einigen. So blieb das Gebiet von Triest in zwei Zonen geteilt: die Zone A (die Stadt und ihr Umland mit einer vorwiegend italienischen Bevölkerung) und die Zone B (Nord-Istrien mit einer größtenteils slowenischen Bevölkerung).
Im März 1948, kurz vor Parlamentswahlen in Italien, als vor allem die USA zugunsten der Christdemokraten Partei ergriffen, unterstützten die Westmächte offen das italienische Recht auf Triest. Im September schlossen Italien und die Stadt Triest einen Wirtschaftsvertrag, durch den die Zone A in den Marshallplan einbezogen werden konnte. Die Lira wurde zum Zahlungsmittel in der Stadt, und der Haushalt Triests wurde von Rom kontrolliert. Die Jugoslawen trafen entsprechende Maßnahmen für die Zone B, indem sie die Zollgrenze zu Jugoslawien aufhoben und den Dinar als Zahlungsmittel einführten.
Im Juni 1948 fanden in der Stadt Wahlen statt, bei denen die Christdemokraten und andere Parteien, die für einen Verbleib bei Italien eintraten, siegten. Die Wahlen in der Zone B vom April 1950 wurden von der titoistischen Volksfront gewonnen.

Fläche: 831 km²
Hauptstadt: Triest

# Trinidad und Tobago

Der 2. Weltkrieg hatte auf die soziale und wirtschaftliche Entwicklung Trinidads großen Einfluß. Die Insel spielte eine erhebliche Rolle, weil sich dort die wichtigsten Marine- und Luftstützpunkte Britisch-Westindiens befanden. Dadurch war Trinidad ein Sammelplatz für Öltanker. Der Krieg führte zu einer Steigerung der Ölproduktion Trinidads und zu einer weiteren Modernisierung der Wirtschaft. Auf Tobago blieb dagegen die Landwirtschaft vorherrschend.
In den Kriegsjahren konnten sich die Gewerkschaften konsolidieren. Die Aussicht auf allgemeine Wahlen nach dem Krieg führte zur Gründung politischer Parteien, die in den meisten Fällen eng mit den Gewerkschaften verbunden waren. Die Wahlen von 1946 gewannen die Parteien der Mittelschicht. Hauptvertreter der zunächst zersplitterten, wenig erfolgreichen sozialreformerischen Arbeiterbewegung war der spätere Premierminister Eric Eustace Williams. Für Trinidad folgte eine weitere Zeit des Aufschwungs, besonders in der Erdölindustrie. Dadurch wurden allerdings die Wirtschafts- und die Staatseinnahmen in bedenklichem Maße von der Erdölausfuhr abhängig. Auch die Landwirtschaft stellte weiterhin einen bedeutenden Teil der Arbeitsplätze, besonders nach 1948, als sich der Zuckerrohranbau von der kriegsbedingten Krise erholt hatte. Tobago erlebte ebenfalls einen Aufschwung, u. a. durch den Tourismus.

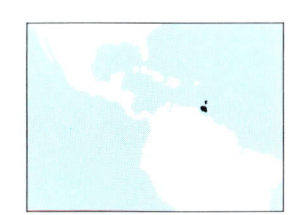

Fläche: 5128 km²
Hauptstadt: Port of Spain

# Tschechoslowakei

### Die Zerstückelung des Landes

Nachdem die Tschechoslowakei als Folge des Münchner Abkommens (29./30. 9. 1938) bereits das Sudetengebiet an Deutschland hatte abtreten müssen, fand im März 1939 die demokratische Tschechoslowakische Republik definitiv ihr Ende. Am 14. 3. rief die Slowakei auf deutschen Druck ihre Unabhängigkeit aus. Am 15. und 16. 3. 1939 besetzten deutsche Truppen das tschechische Gebiet, das als Reichsprotektorat Böhmen und Mähren unter Reichsprotektor von Neurath dem Deutschen Reich angegliedert wurde. Die Regierung von Präsident Emil Hácha spielte eine Marionettenrolle.
Ende September 1941 wurde Reinhard Heydrich zum amtierenden Reichsprotektor ernannt. Wegen der großen Bedeutung der tschechischen Industrie für die deutsche Kriegswirtschaft suchte die Protektoratsverwaltung die Unzufriedenheit der Bevölkerung nicht zu sehr zu provozieren. Das Besatzungsregime war hart, aber bei weitem nicht so brutal wie etwa in Polen und anderen östlichen Gebieten. Hauptopfer des Terrors waren auch hier die Juden. Im November 1941 wurde das »Muster-KZ« Theresienstadt errichtet. Von dort aus wurden Zehntausende Juden in polnische Vernichtungslager deportiert.
Die Exilregierung, die Präsident Edvard Beneš in London gebildet hatte, schickte Widerstands- und

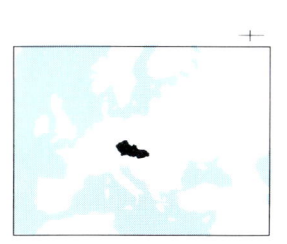

Fläche: 127 869 km²
Hauptstadt: Prag

# Tschechoslowakei

*Der deutsche Reichsprotektor Reinhard Heydrich (vorn rechts) betritt mit dem Reichsführer SS Heinrich Himmler (2. von links) die Prager Burg, auf der die deutsche Verwaltung ihr Hauptquartier hatte.*

*Unterzeichnung des tschechisch-sowjetischen Freundschaftsvertrages in Moskau 1943. Im Hintergrund von links nach rechts: Zdeněk Fierlinger, Kliment Woroschilow, Michail Kalinin, Edvard Beneš und Josif Stalin. Im Vordergrund unterschreibt Wjatscheslaw Molotow.*

Sabotagegruppen in das besetzte Gebiet. Am 27. 5. 1942 verübte eine dieser Gruppen ein Attentat auf Heydrich, der am 4. 6. seinen Verletzungen erlag.
Grausame Vergeltungsmaßnahmen der SS gipfelten in der völligen Vernichtung der Dörfer Lidice und Levzsaky. Danach herrschte unter dem neuen Reichsprotektor Wilhelm Frick während der restlichen Zeit der deutschen Besetzung relative Ruhe (auch → S. 171).
In der Slowakei hatte die Mehrheit der Bevölkerung ihre nationale Eigenständigkeit und ihren katholischen Glauben gegenüber der von den Tschechen beherrschten laizistischen Regierung immer betont und deshalb die Abtrennung unterstützt. Von einer echten Unabhängigkeit konnte jedoch keine Rede sein, weil die Slowakei durch den Schutzvertrag vom 23. 3. 1939 ein Satellitenstaat des Deutschen Reichs geworden war. Sie trat im November 1940 dem Dreimächtepakt bei und beteiligte sich an dem deutschen Angriff auf die UdSSR. Mit deutscher Unterstützung und mit Hilfe ihrer paramilitärischen »Hlinkagarde« regierte die Slowakische Volkspartei unter Josef Tiso. Als sich abzeichnete, daß das Deutsche Reich den Krieg verlieren würde, und die Deutschen zudem immer höhere Forderungen an die Wirtschaft stellten, nahm der Widerstand zu.

## Annäherung an die UdSSR

Die Exilregierung, deren Vertrauen in die westlichen Bündnispartner nach dem Münchner Abkommen erheblich geschwunden war, suchte während des Krieges eine Annäherung an die UdSSR. Exilpräsident Beneš, stark romantisch-slawophil gefärbt, lehnte sich völlig an die UdSSR an, stattete 1943 Moskau einen offiziellen Besuch ab und unterzeichnete einen Freundschaftsvertrag.
Anfang 1945 befreite die Rote Armee den größten Teil der Slowakei. Am Tage der Kapitulation kontrollierten deutsche Truppen nur noch ein kleines Gebiet um Prag. Unmittelbar nach dem Krieg wurden die gut 2 Millionen Sudetendeutschen mit Zustimmung der Alliierten aus dem Land vertrieben. Diese Aussiedlung geschah in chaotischer Weise und war mit exzessiven tschechischen Racheaktionen verbunden (auch → S. 185).
Entsprechend einer Vereinbarung zur Zusammenarbeit mit der KPČ ernannte Präsident Beneš eine provisorische Regierung unter Leitung des Sozialdemokraten Zdenek Fierlinger, die sich auf eine Koalition aller sieben zugelassenen Parteien stützte. Im Kaschauer Programm vom 5. 4. 1945, dem politischen Programm der KP, legte diese den Grundstein für ihre spätere Macht. Die Vertreibung der Deutschen, das Verbot eines Teils der bürgerlichen Parteien, die Verstaatlichung der Industrie und die Umorganisation der Armee nach sowjetischem Muster wurden festgelegt. Die relativ freien Wahlen vom 26. 5. 1946 brachten einen Sieg der KPČ, die mit 38% der Stimmen die stärkste Partei wurde. Parteivorsitzender Klement Gottwald wurde Ministerpräsident einer Koalitionsregierung, in der die Kommunisten die wichtigsten Ämter besetzten.

## Der kommunistische Staatsstreich

Die KP versuchte von da an, die bürgerlichen Kräfte um Präsident Beneš auszuschalten. Die Sowjetunion unterband im Juli 1947 die zunächst vorgesehene Beteiligung der Tschechoslowakei am Marshallplan. Im November 1947 scheiterte ein Versuch der KP, im slowakischen Nationalrat die Macht zu übernehmen; Anfang 1948 erreichte die Krise ihren Höhepunkt. Am 20. 2. boten zwölf Minister der nichtkommunistischen Regierungsmehrheit aus Protest ge-

### Zehn Jahre im Überblick

24. 11. 1940 Die Slowakei tritt dem Dreimächtepakt bei.
27. 9. 1941 Reinhard Heydrich wird zum amtierenden Reichsprotektor von Böhmen und Mähren ernannt.
27. 5. 1942 Attentat auf Heydrich.
12. 12. 1943 Exilpräsident Beneš besucht Moskau. Abschluß eines Freundschaftsvertrages.
26. 5. 1946 Die Kommunisten erlangen bei den Wahlen 114 der 300 Sitze.
20. 2. 1948 Zwölf nichtkommunistische Minister bieten aus Protest gegen die kommunistische Unterwanderung der Polizei ihren Rücktritt an.
10. 3. 1948 Jan Masaryk stirbt nach dem Sturz aus einem Fenster des Gebäudes des Außenministeriums.
7. 6. 1948 Präsident Beneš tritt nach seiner Weigerung, die neue Verfassung zu unterzeichnen, zurück.

| Grunddaten | 1940 | 1943 | 1946 | 1949 |
|---|---|---|---|---|
| 1. Einwohnerzahl (in Mill.) | — | — | 12,2 | 12,3 |
| 2. Urbanisationsgrad (in %) | — | — | 48,8 | — |
| 3. Berufstätige (in % der Gesamtbevölkerung) | — | — | 48,1 | — |
| 4. Volkseinkommen (in Mill. Kronen) | 45,4 | 60,77 | 155,9 | — |
| 7. Geburtenziffer (in ‰) | 20,6 | 21,5 | 22,7 | 22,1 |
| 8. Sterbeziffer (in ‰) | 14,0 | 14,1 | 14,0 | 11,7 |
| 10. Jährlicher Energieverbrauch pro Einw. (in kg Ske) | — | — | — | 2800 |
| 11. Einfuhr (in Mill. US-Dollar) | — | — | 206 | 788 |
| 12. Ausfuhr (in Mill. US-Dollar) | — | — | 287 | 806 |
| 13. Einwohner pro Arzt | — | — | 1200 | — |

gen die außerordentliche Beförderung von acht kommunistischen Polizeioffizieren ihren Rücktritt an. Die KPČ und die von ihr kontrollierten Organisationen versuchten mit allen möglichen Mitteln, den Präsidenten zur Ernennung einer überwiegend kommunistischen Regierung zu bewegen. Während Gruppen bewaffneter KP-Anhänger durch die Straßen Prags zogen, unterband die Polizei die Aktivitäten der anderen Parteien. Öffentliche Gebäude und Rundfunkstationen wurden besetzt und Dutzende von Menschen verhaftet. Die Ankunft des stellvertretenden sowjetischen Außenministers Walerian Sorin ließ die Spannungen noch zunehmen. Beneš befürchtete einen Konflikt mit der UdSSR. Am 25. 2. 1948 gab er dem Druck nach. Er ernannte eine neue Regierung unter Gottwald, in der die Kommunisten die absolute Mehrheit hatten. Der populäre Jan Masaryk, der in der neuen Regierung das Amt des Außenministers bekleidete, wurde am 10. 3. 1948 tot aufgefunden. Unmittelbar auf die Machtübernahme folgten umfangreiche Säuberungen. Ende Mai fanden Neuwahlen statt. Auf eine von der KPČ dominierte Einheitsliste entfielen gut 86% der Stimmen. Beneš weigerte sich, eine neue Verfassung zu unterzeichnen, in der die Führungsrolle der Partei verankert war, und trat am 7. 6. zurück. Im September desselben Jahres starb er. Gottwald wurde neuer Staatspräsident, und der kommunistische Gewerkschaftsführer Antonin Zápotocky übernahm das Amt des Ministerpräsidenten.

Unter der Führung Gottwalds und des Generalsekretärs Rudolf Slánský stabilisierte die Partei ihre Position im Land. Nachdem sich im Juni die Sozialdemokraten unter dem prokommunistischen Fierlinger mit der KPČ zusammengeschlossen hatten, wurde im September die bis dahin selbständige Kommunistische Partei der Slowakei in die KPČ eingegliedert. Die Wirtschaft der Tschechoslowakei wurde dem sowjetischen Modell angeglichen. Die Industrie, die bereits vor dem Februar 1948 größtenteils unter staatlicher Kontrolle war, wurde vollständig verstaatlicht. Der erste Fünfjahrplan (1949–1953) legte großen Nachdruck auf die Entwicklung der Schwerindustrie. Ende der 40er Jahre begann man mit der Verstaatlichung der Landwirtschaft.

*1946: Staatspräsident Beneš verleiht an einige sowjetische Marschälle hohe Auszeichnungen.*

# Tunesien

Seit 1883 war Tunesien ein französisches Protektorat. Der Bei von Tunis war eine französische Marionette. In Wirklichkeit regierte der französische Generalresident. Die 1934 gegründete Neo-Destur-Partei von Habib Bourguiba entwickelte sich jedoch zu einer einflußreichen nationalistischen Organisation. Bourguiba wurde zusammen mit anderen Führern der Partei verhaftet und nach Ausbruch des Krieges 1939 nach Frankreich deportiert. Als die Nationalsozialisten Vichy-Frankreich besetzten, wurden die Gefangenen den Italienern übergeben.
Mit der Niederlage Frankreichs zu Beginn des 2. Weltkriegs geriet auch Tunesien in den Machtbereich der Vichy-Regierung. Bizerta, Tunis und andere Häfen wurden von Deutschland und Italien als Nachschubhäfen für die Armeen in Libyen benutzt. Nach dem Sieg der Alliierten in Libyen wurde Tunesien 1942 ebenfalls zum Kriegsschauplatz, bis die Truppen der Achsenmächte in Nordafrika 1943 kapitulierten. Mittlerweile hatten die Italiener Bourguiba erlaubt, nach Tunesien zurückzukehren. Die Freien Franzosen übernahmen nun die Macht. Der regierende Bei, Sidi Monsef Pascha, wurde der Kollaboration mit den Achsenmächten beschuldigt und abgesetzt. Sidi Lamine wurde sein Nachfolger. Nach dem Krieg sahen die Nationalisten neue Chancen für politische Veränderungen. Frankreichs Maßnahmen zur Unterdrückung ihrer Aktivitäten veranlaßten Bourguiba im Jahr 1945, sich in Cairo niederzulassen.
1945 unterzeichnete der Bei einige Erlasse, durch die der Ministerrat und der Große Rat (ein gewähltes Organ mit paritätischer französischer und tunesischer Vertretung) reorganisiert wurden. Der Große Rat erhielt erweiterte Befugnisse. Auf einem Nationalkongreß im Jahre 1946 forderten die Nationalisten jedoch die volle Unabhängigkeit. Noch im selben Jahr bildete Mohammed Kaak einen Ministerrat, in den eine größere Zahl von gemäßigten tunesischen Führern aufgenommen wurde. Die Destur- und die Neo-Destur-Partei lehnten die Teilnahme ab. 1949 kehrte Bourguiba nach Tunesien zurück.

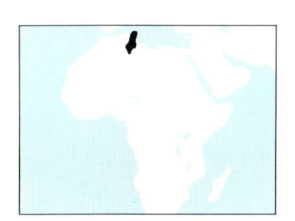

Fläche: 163 610 km$^2$
Hauptstadt: Tunis

# Türkei

Trotz des Freundschaftsvertrages mit Großbritannien und Frankreich vom 19. 10. 1939 blieb die Türkei im Zweiten Weltkrieg sehr lange neutral. Nach dem deutschen Vormarsch auf dem Balkan unterzeichnete die türkische Regierung im Juni 1941 einen Nichtangriffsvertrag mit dem Deutschen Reich. Ausschlaggebend für diesen Schritt waren die Befürchtungen der Türkei, daß die UdSSR Teile des Landes annektieren würde. Im gleichen Maße, wie sich die Überlegenheit der Alliierten abzeichnete,

| Grunddaten | 1940 | 1943 | 1946 | 1949 |
|---|---|---|---|---|
| 1. Einwohnerzahl (in Millionen) | 17,8 | — | 18,8 | 20,36 |
| 2. Urbanisationsgrad (in %) | 24,4 | — | 24,9 | — |
| 3. Berufstätige (in % der Gesamtbevölkerung) | — | — | 40,6 | — |
| 4. Volkseinkommen (in Mill. Lira) | — | 5 500 | 5 740 | 7 900 |
| 10. Jährlicher Energieverbrauch pro Einwohner (in kg Steinkohleeinheiten) | — | — | — | 260 |
| 11. Einfuhr (in Mill. US-Dollar) | 50,0 | 155,3 | 113,5 | 290,2 |
| 12. Ausfuhr (in Mill. US-Dollar) | 80,9 | 196,7 | 209,0 | 247,8 |

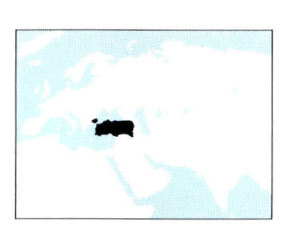

Fläche: 780 576 km$^2$
Hauptstadt: Ankara

suchte die Türkei eine größere Annäherung an die Westalliierten. Erst am 23. 2. 1945 erklärte die Türkei jedoch dem Deutschen Reich den Krieg.
Nach 1945 beanspruchte die UdSSR Gebiete im Nordosten der Türkei und Vorrechte an den Dardanellen und am Bosporus. Um diese Forderungen zu bekräftigen, wurde der Freundschaftsvertrag mit den Türken nicht verlängert. Die türkische Regierung suchte angesichts dieser sowjetischen Bedrohung den Schutz der Westmächte. Entsprechend der Truman-Doktrin leisteten die USA militärische, wirtschaftliche und technische Hilfe. Außerdem war die Türkei Nutznießer des Marshallplans. 1949 wurde sie in den Europarat aufgenommen.
Unter dem Druck der öffentlichen Meinung und der USA entschloß sich Staatspräsident Ismet Inönü 1945, ein Mehrparteiensystem zuzulassen. Der Belagerungszustand wurde aufgehoben. Die Aufhebung der Pressezensur gab Kritikern der Regierungspolitik die Möglichkeit, sich öffentlich zu äußern. Vor allem die Großgrundbesitzer und reichen Kaufleute lehnten den Staatsdirigismus ab und forderten ein System, das den Unternehmern mehr Entscheidungsfreiheit ließ. Die Opposition sammelte sich in der 1946 gegründeten Demokratischen Partei von Celal Bayar und Adnan Menderes.

▷ *Unterzeichnung des Deutsch-Türkischen Nichtangriffspaktes 1941.*

# Uganda

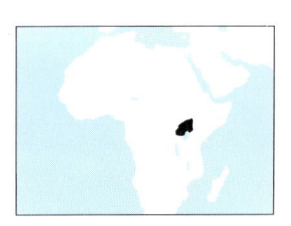

Fläche: 236 036 km²
Hauptstadt: Entebbe

Das britische Protektorat Uganda bestand aus dem Königreich Buganda, der reichsten und größten Provinz mit einer eigenen Regierung, und drei weiteren Provinzen, den Königreichen Bunjoro, Toro und Ankole.
Obwohl es in Uganda nur eine kleine Zahl von weißen Siedler gab – anders als im Nachbarland Kenia –, kontrollierten bis 1945 die Europäer den Legislativrat. Erst 1945 erhielten die drei kleineren Provinzen jeweils ein afrikanisches Mandat. Buganda hatte ein eigenes Parlament, das Lukiko. 1950 erhielten die Afrikaner ebenso viele Sitze wie Weiße und Asiaten zusammen. In den 40er Jahren kam es zu einer wachsenden Spannung zwischen der Kolonialverwaltung und den Häuptlingen, die den Kolonialbeamten ihre Befugnisse streitig machten. Die Häuptlinge gerieten zudem in Konflikt mit den Bauern, die sich von ihnen ausgebeutet fühlten.
Im Jahr 1949 gab es deshalb Unruhen. Die Bauern wandten sich an den König (Kabaka) Sir Edward Frederick Mutesa II. mit dem Ersuchen, die Macht der Häuptlinge einzuschränken.

# Ungarn

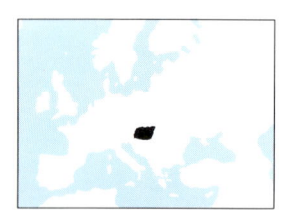

Fläche: 93 030 km²
Hauptstadt: Budapest

### Enge Beziehungen zu Deutschland

Seit 1920 regierte Admiral Miklós Horthy als Reichsverweser das Land. Er hatte sich außenpolitisch Deutschland und Italien angenähert. Die Außenpolitik stand völlig im Zeichen der Bemühungen um eine Revision des Vertrages von Trianon aus dem Jahre 1920, durch den 3,5 Millionen Ungarn außerhalb des ungarischen Staatsgebietes lebten. Diese Politik führte zur Rückgewinnung der Südslowakei und Nordsiebenbürgens. Im November 1940 trat Ungarn dem Dreimächtepakt bei. Die Annäherung äußerte sich auch in der Innenpolitik. Die Regierung erließ eine Reihe von Gesetzen, die die Studien- und Berufsmöglichkeiten der Juden einschränkten und Eheschließungen zwischen Juden und Christen verboten. Diese Gesetze sollten den rechtsradikalen Parteien den Wind aus den Segeln nehmen. Besonders die nationalsozialistischen Pfeilkreuzler von Ferenc Szálasi wurden von der Regierung als eine Bedrohung ihrer Position betrachtet.

Ministerpräsident Pál Telekis Außenpolitik war darauf gerichtet, Ungarn aus dem Krieg herauszuhalten. Als Horthy im Januar 1941 beschloß, trotz des ungarisch-jugo-

▷ *Zusammen mit Außenminister István Csáky studiert Ministerpräsident Pál Teleki (links) die Karte nach der Abtretung Nordsiebenbürgens durch Rumänien an Ungarn (1940).*

# Ungarn

## Zehn Jahre im Überblick

- 30. 8.. 1940 Ungarn bekommt von Rumänien die Souveränität über Nordsiebenbürgen.
- 20. 11. 1940 Ungarn tritt dem Dreimächtepakt bei.
- 27. 6. 1941 Ungarn erklärt der UdSSR den Krieg.
- 19. 3. 1944 Deutsche Truppen besetzen das Land.
- 22. 3. 1944 Die Deutschen ernennen Feldmarschall Döme Sztójay zum Regierungschef.
- 21. 12. 1944 In Debrecen wird unter sowjetischer Aufsicht eine provisorische Regierung eingesetzt.
- 18. 1. 1945 Die Debrecener Gegenregierung unterzeichnet in Moskau einen Waffenstillstand mit den Alliierten.
- 13. 2. 1945 Budapest wird von sowjetischen Truppen eingenommen.
- 1. 2. 1946 Die Nationalversammlung ruft die ungarische Republik aus.
- 29. 5. 1947 Ministerpräsident Ferenc Nagy wird zum Rücktritt gezwungen.
- 8. 2. 1949 Kardinal Mindszenty wird zu lebenslänglicher Haft verurteilt.

slawischen Freundschaftsvertrages vom Dezember 1940 an dem deutschen Angriff auf Jugoslawien mitzuwirken, beging Teleki Selbstmord.
1941 trat Ungarn an der Seite des Deutschen Reichs auch in den Krieg gegen die UdSSR ein. Im März 1942 wurde Ministerpräsident László Bárdossy, der nach Horthys Meinung einen zu deutschfreundlichen Kurs verfolgte, durch Miklós Kállay abgelöst. Seine Regierung nahm eine beträchtlich mildere Haltung gegenüber den Juden ein. Ungarn wurde in dieser Zeit ein Zufluchtsort für viele, die sich auf der Flucht befanden.
Als die ungarische 2. Armee, die unter General Jány in der UdSSR auf der Seite der Deutschen kämpfte, im Januar 1943 bei Woronesch am Don vernichtend geschlagen wurde, versuchte Kállay, Verbindung mit den westlichen Alliierten aufzunehmen. Am 19. 3. 1944 besetzte daraufhin die Wehrmacht das Land. Kállay wurde abgesetzt und durch den prodeutschen General Döme Sztójay ersetzt. Das hatte zur Folge, daß binnen weniger Monate des Sommers 1944 Hunderttausende von Juden in polnische Vernichtungslager deportiert wurden.
Als Horthy nun versuchte, aus dem Kriege auszuscheiden, wurde er von den Deutschen abgesetzt und deportiert. Sie brachten Ferenc Szálasi und dessen faschistische Pfeilkreuzlerpartei an die Macht. Nach einer zweimonatigen Belagerung wurde Budapest am 13. 2. 1945 von russischen Einheiten eingenommen, Anfang April waren

alle deutschen Truppen aus Ungarn vertrieben, und das Land wurde von der UdSSR besetzt.

## Die Machtübernahme der Kommunistischen Partei

Am 21. 12. 1944 war unter sowjetischer Aufsicht in Debrecen eine provisorische Regierung unter Béla Miklós gebildet worden, die auch von den Westalliierten anerkannt wurde. Sie basierte auf einer Koalition von Kommunisten, Sozialdemokraten, der Partei der kleinen Landwirte und der Nationalen Bauernpartei. Im Januar 1945 schloß diese Regierung einen Waffenstillstand mit den Alliierten, der durch den endgültigen Friedensvertrag vom Februar 1947 abgelöst wurde. Der Friedensvertrag brachte Ungarn außer der Verpflichtung zu hohen Reparationen an die UdSSR den erneuten Verlust der 1938–1940 zurückgewonnenen ungarischen Siedlungsgebiete.
Bei den Parlamentswahlen vom November 1945 erlangte die Partei der kleinen Landwirte beinahe 60% der Stimmen. Obwohl die Kommunistische Partei nur auf 17% kam, war sie auf Befehl des Vorsitzenden der Alliierten Kontrollkommission, des sowjetischen Marschalls Woroschilow, auch in der neuen Regierung vertreten. In diesem Kabinett, in dem Ferenc Nagy (Kleinlandwirtepartei) Ministerpräsident war, besetzten die Kommunisten den Posten des Innenministers und bekamen so den Polizeiapparat unter Kontrolle. Unterstützt durch die Anwesenheit der Roten Armee gelang es der Kommunistischen Partei, die anderen politischen Parteien allmählich auszuschalten. Einige ihrer führenden Vertreter wurden verhaftet und ermordet. Als Ministerpräsident Nagy am 29. 5. 1947 gezwungen wurde, sein Amt niederzulegen, hatte die KP praktisch die Macht übernommen. Im Juni 1948 wurde die Sozialdemokratische Partei zum Zusammenschluß mit den Kommunisten gezwungen. Bei den Bemühungen der KP, das Schulwesen unter ihre Kontrolle zu bekommen, kam es zu einem Konflikt zwischen dem Staat und der katholischen Kirche. Der Primas Ungarns, Joszef Kardinal

◁

*Der Führer der faschistischen Pfeilkreuzler, Ferenc Szálasi (links), begrüßt die Wache vor dem Kriegsministerium in Budapest im November 1944. In den letzten Kriegsmonaten war er als Ministerpräsident für erbarmungslosen Terror verantwortlich.*

| Grunddaten | 1940 | 1943 | 1946 | 1949 |
|---|---|---|---|---|
| 1. Einwohnerzahl (in Mill.) | 9,3 | — | — | 9,2 |
| 2. Urbanisationsgrad (in %) | 38,3 | — | — | 36,5 |
| 3. Berufstätige (in % der Gesamtbevölkerung) | 48,3 | — | — | 45,1 |
| 4. Volkseinkommen (in Mill. Pengö) | 6,7 | 15,4 | 13,6 | — |
| 7. Geburtenziffer (in ‰) | 20,0 | 18,4 | 18,7 | — |
| 8. Sterbeziffer (in ‰) | 14,3 | 13,5 | 15,0 | — |
| 9. Lebenserwartung bei Neugeborenen (in Jahren) | 54,9 | — | — | — |
| 10. Jährlicher Energieverbrauch pro Einw. (in kg SKE) | — | — | — | 940 |
| 11. Einfuhr (in Mill. US-Dollar) | 101 | 279 | 31 | — |
| 12. Ausfuhr (in Mill. US-Dollar) | 86 | 316 | 36 | — |
| 13. Einwohner pro Arzt | — | — | 950 | — |

*Saalschlacht aus den Tagen der Machtübernahme der Kommunistischen Partei 1947: Eine Versammlung der Freiheitspartei wird durch kommunistische Schlägertrupps beendet.*

# Uruguay

Fläche: 176 218 km²
Hauptstadt: Montevideo

Präsident Alfredo Baldomir (1938–1943) förderte während seiner Amtszeit die Wirtschaft. Außenpolitisch lehnte er sich an die USA an. Nach dem japanischen Angriff auf Pearl Harbor (7. 12. 1941) brach Uruguay die diplomatischen Beziehungen zu den Achsenmächten ab.
Der traditionelle Machtkampf zwischen den konservativen Blancos und den liberalen Colorados wurde unterdessen unvermindert fortgesetzt. Baldomir löste schließlich den Kongreß auf und regierte per Dekret weiter. Die Wahlen vom 29. 11. 1942 gewann der Liberale Juan José Amézaga, ein Gegner der Achsenmächte. Er war vom 1. 3. 1943 bis zum 1. 3. 1947 Präsident und setzte die Zusammenarbeit mit den USA fort.
Uruguays größtes Problem waren jedoch die Spannungen mit dem Argentinier Perón und dessen Gebietsansprüche. Argentinien blockierte Schiffe, die Getreide und Erdöl für Uruguay geladen hatten. Die USA kompensierten dies durch die Verschiffung von Getreide nach Uruguay und die Gewährung weiterer Kredite.
Bis zum Beginn des 2. Weltkriegs hatte Uruguay mit Inflation, Auslandsschulden und dem Mangel an Absatzgebieten für seine Fleisch- und Wollproduktion zu kämpfen. Während des Krieges und in der Nachkriegszeit stiegen jedoch die Woll- und Fleischpreise, so daß die Wirtschaft weitgehend saniert wurde.

# Vatikanstaat

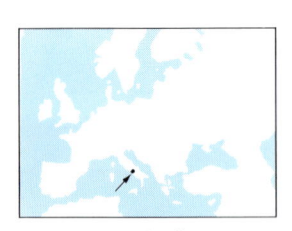

Fläche: 0,44 km²

*Der Petersplatz in Rom im September 1943: An der Grenze zum Vatikanstaat patrouillieren deutsche Fallschirmjäger.*

Die Rolle des Vatikans während des 2. Weltkriegs ist noch immer Gegenstand einer emotional geführten Diskussion. Kritiker werfen Papst Pius XII. vor, daß er nicht deutlich gegen die Verfolgung der Juden und die Kriegsverbrechen aller Seiten protestiert habe. Als zentrale Verwaltungsinstanz der römisch-katholischen Kirche war der Vatikan jedoch in die internationale Politik eingebunden und bestimmte seine Position mehr nach politischen als nach moralischen Kategorien. Aus diesem Grund war er während des 2. Weltkrieges auf Neutralität bedacht. Das machte den Vatikan zu einem Knotenpunkt für internationale Kontakte. Alle am Krieg beteiligten Parteien waren in irgendeiner Form beim Heiligen Stuhl vertreten und suchten den Papst zu beeinflussen. Das ließ Pius XII., selber Diplomat, in seinen öffentlichen Äußerungen noch vorsichtiger sein. Innerhalb der durch diese strikte Neutralität vorgegebenen Grenzen nutzte der Vatikan alle Möglichkeiten, das Kriegselend zu lindern. Persönliche Kontakte erwiesen sich bei der Hilfe für einzelne Gefangene als nützlich. Dank der Vermittlung des Vatikans konnten Tausende von Juden in römischen Kirchen und Klöstern untertauchen.
Angesichts der zunehmenden Stärke des Kommunismus setzte der Vatikan nach dem 2. Weltkrieg seinen Widerstand gegen diesen ideologischen Gegner fort. Durch die totalitären Ansprüche der Kommunisten auf traditionelle kirchliche Arbeitsgebiete wie Schul- und Gesundheitswesen und Sozialfürsorge geriet die römisch-katholische Kirche in Konflikt mit den Regierungen in Osteuropa, vor allem in Polen und Ungarn. In Italien intervenierte der Vatikan nach diesen Erfahrungen im Wahlkampf von 1948: Anhänger der Kommunistischen Partei wurden exkommuniziert, und ein Hirtenbrief rief zur Wahl der Christdemokraten auf.
In dem Konflikt, der im Nahen Osten um die Gründung des Staates Israel ausbrach, spielte der Vatikan eine umstrittene Rolle. In der Enzyklika *In multiplicibus* forderte der Papst die Internationalisierung der heiligen Stätten. Der Vatikan weigerte sich auch, den Staat Israel anzuerkennen.
In der Kirchenpolitik blieb der Vatikan recht konservativ. Pius XII. war allerdings zu einigen Zugeständnissen bereit. Am 23. 12. 1945 gab er die Ernennung von 32 neuen Kardinälen bekannt, durch die das Kardinalskollegium wieder auf seine volle Stärke (70) gebracht wurde und – zum ersten Mal in der Geschichte – die Italiener nicht mehr in der Mehrheit waren.

# Venezuela

Unter der Regierung von Staatspräsident Eleazar López Contreras (1935–1941) herrschte in Venezuela relativer Wohlstand. Nach den Wahlen vom Jahre 1940 wurde General Isaías Medina Angarita, ein Anhänger Contreras', dessen Nachfolger. Er lehnte sich außenpolitisch an die USA an und leitete in Ansätzen Reformen ein. So gestattete er die Organisation von Oppositionsparteien und erwies sich als ein Befürworter der Presse- und Meinungsfreiheit. Die Regierung Medina (1941–1945) zeichnete sich vor allem durch die Revision eines Erdölgesetzes aus, wodurch die Regierung einen größeren Anteil an den Gewinnen der Erdölfirmen erhielt.

López Contreras schaffte es nicht, die Demokratisierungstendenzen seines Nachfolgers zu verhindern. So bemühte er sich um die Unterstützung der konservativen Großgrundbesitzer und der Streitkräfte. Er verfolgte dabei die Absicht, ins Präsidentenamt zurückzukehren. Um sich auf nationaler und lokaler Ebene Rückhalt zu sichern, gründete Medina seinerseits die Partido Democrática de Venezuela (PDV). Er schien sich bis zum Januar 1945 gegen seine Gegner durchgesetzt zu haben. Am 19.10.1945 wurde er jedoch gestürzt. Junge Offiziere und die Acción Democrática unter Rómulo Betancourt versuchten, eine von gemäßigt linken Vorstellungen geprägte Politik durchzuführen. 1947 fanden die ersten Parlamentswahlen seit 1881 statt. Der Schriftsteller Rómulo Gallegos wurde mit großer Mehrheit zum Präsidenten gewählt. Bei seinem Amtsantritt im Februar 1948 sprach er sich für eine »völlige Demokratisierung« aus. Er überwarf sich jedoch mit seinen Verbündeten aus der Armee, die seine radikalen Veränderungstendenzen ablehnten. Am 24.11.1948 wurde die Regierung durch einen Militärputsch gestürzt und die Verfassung außer Kraft gesetzt.

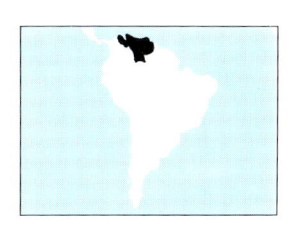

Fläche: 912 050 km²
Hauptstadt: Caracas

# Vereinigte Staaten von Amerika

## Ende des Isolationismus und Kriegsteilnahme

Der Kongreß hielt 1939 die USA zwar formell noch vom Kriegsgeschehen fern, Präsident Roosevelt aber bemühte sich zunehmend, vor allem Großbritannien zu unterstützen. Dies geschah ab 1941 vorwiegend nach dem Leih- und Pachtgesetz, von dem auch die UdSSR profitierte. Als Roosevelt durch die Verweigerung von Rohstofflieferungen dem expansionistischen Streben Japans Einhalt gebieten wollte, wurde am 7.12.1941 Pearl Harbor überfallen (auch → S. 197). Ein großer Teil der amerikanischen Marine im Stillen Ozean war vorübergehend ausgeschaltet. Kurz darauf erklärten Deutschland und Italien, die Bündnispartner Japans, den USA den Krieg.

Ab 1939 stimmten die USA ihre Wirtschaft auf die Kriegserfordernisse ab. Diese Umstellung hatte gleichzeitig zur Folge, daß die amerikanische Wirtschaft endlich die seit den 30er Jahren anhaltende Depression überwand. Ihre große Produktionskapazität setzte die USA in die Lage, den 2. Weltkrieg zu entscheiden. Nach der Landung der Alliierten im Juni 1944 in der Normandie kapitulierte das Deutsche Reich am 7./9.5.1945. In Ostasien wurde der Krieg durch die Atombombenabwürfe auf Hiroshima und Nagasaki beendet. Den Sieg von 1945, der an zwei Fronten erkämpft wurde, sollte Roosevelt nicht mehr erleben. Nachdem er 1944 zum vierten Mal zum Präsidenten gewählt worden war, starb er einige Monate nach seiner Vereidigung. Vizepräsident Harry S. Truman wurde sein Nachfolger.

Anders als nach dem 1. Weltkrieg zogen sich die USA nicht wieder aus der Weltpolitik zurück, obwohl sie ihre Streitkräfte sofort radikal abbauten. Die USA unterstützten die Hoffnung auf die Errichtung einer universellen Weltordnung, die die kollektive Sicherheit der beteiligten Länder gewährleisten sollte. Die Großmächte, ehemals Bündnispartner und jetzt im Sicherheitsrat der UNO vereinigt, sah man dabei als Garanten dieser neuen Ordnung. Die Gründungsversammlung fand ab April 1945 in San Francisco statt.

## Der Beginn des Kalten Krieges

Aber schon bald wurden die Konturen einer Welt sichtbar, die dem

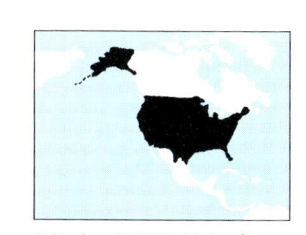

Fläche: 7 827 789 km²
Hauptstadt: Washington

USA
S. 105–21

### Zehn Jahre im Überblick

| | |
|---|---|
| 11. 3. 1941 | Das Leih- und Pachtgesetz (Lend Lease Act) wird von Präsident Roosevelt bestätigt. |
| 7. 12. 1941 | Angriff der japanischen Luftwaffe auf die amerikanische Marine in Pearl Harbor: Eintritt in den Krieg mit Japan, Deutschland und Italien. |
| 7. 11. 1944 | Roosevelt wird zum vierten Mal zum Präsidenten gewählt. |
| 11. 2. 1945 | Die Konferenz von Jalta wird mit einer Vereinbarung zwischen Stalin, Churchill und Roosevelt über die Aufteilung Deutschlands in militärische Zonen, die Teilnahme der UdSSR am Krieg gegen Japan und über die Gründung der UNO abgeschlossen. |
| 12. 4. 1945 | Tod Roosevelts. Vizepräsident Truman wird sein Nachfolger. |
| 6. 8. 1945 | Abwurf einer amerikanischen Atombombe auf Hiroshima |
| 20. 6. 1947 | Das Taft-Hartley Gesetz wird gegen Trumans Veto verabschiedet. |
| 14. 3. 1948 | Der Marshallplan wird vom Senat gebilligt. |
| 2. 11. 1948 | Wiederwahl Trumans. |
| 4. 4. 1949 | Die USA schließen mit elf anderen westlichen Ländern den Nordatlantikpakt (NATO). |

*Die beiden Präsidenten in den 40er Jahren: links Franklin D. Roosevelt, rechts sein Nachfolger Harry S. Truman.*

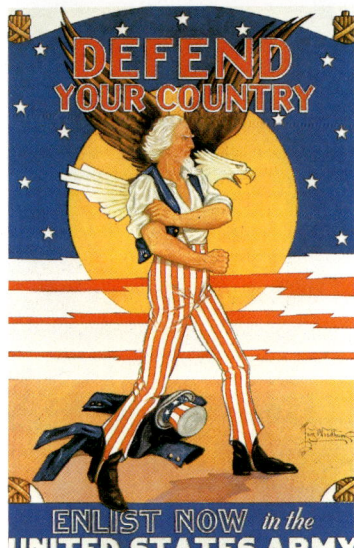

*Propaganda für die Kriegsanstrengungen: Aufruf zum Zeichnen von Kriegsanleihen und zur Meldung als Kriegsfreiwilliger.*

▷

*Nach dem Kriege erfaßte die USA eine große Streikwelle, die durch das Taft-Hartley-Gesetz eingedämmt wurde. Hier streikende Arbeitnehmer eines New Yorker Elektrizitätswerkes im Januar 1946.*

Die Einsetzung kommunistischer Regierungen in Osteuropa, das Unvermögen der Briten, die konservative Regierung Griechenlands in ihrem Kampf gegen die kommunistischen Partisanen ausreichend militärisch zu unterstützen, und die Gebietsansprüche der UdSSR gegen die Türkei führten zu einem wichtigen Schritt: Die USA verkündeten die »Truman-Doktrin«: Jedes Land, das von in- oder ausländischer Subversion durch bewaffnete totalitäre Minderheiten bedroht wurde, konnte auf die Unterstützung der USA zählen, wenn es darum ersuchte.

Das Engagement der USA beschränkte sich nicht auf den militärisch-strategischen Bereich. Truman und eine Gruppe von außenpolitischen Experten wie George Kennan, Dean Acheson, Averell Harriman und George Marshall erkannten, daß die beste Verteidigung Europas gegen die kommunistische Bedrohung ein wirtschaftlicher Aufbau sein würde. Ein umfassender Hilfsplan, der als der Marshallplan bekannt wurde, wurde 1947 angekündigt und in den darauffolgenden Jahren in enger Zusammenarbeit mit den Empfängerländern verwirklicht. Der Marshallplan hatte zwei Ziele: Er sollte Europa die Mittel für den Wiederaufbau der Wirtschaft zur Verfügung stellen und die einzelnen europäischen Staaten zu einer Zusammenarbeit beim Wiederaufbau veranlassen. Die zu diesem Zweck gegründete Organisation – die OEEC, die Organisation für europäische wirtschaftliche Zusammenarbeit – bewog die Teilnehmerländer dazu, die Probleme der Entwicklung und des Wiederaufbaus im europäischen Zusammenhang zu sehen. Hier wurde der Grundstein zur europäischen Einigung gelegt, die bald das von westlichen Truppen besetzte Deutschland einschloß.

Den bezeichnendsten Bruch mit der isolationistischen Vergangenheit vollzogen die USA durch die 1949 zusammen mit elf anderen Staaten gegründete Verteidigungsgemeinschaft des Nordatlantikpaktes (NATO). Die USA akzeptierten damit unumwunden die militärischen Folgen ihrer neuen Rolle in der Weltpolitik. Die geopolitische Grenze auf der Landkarte Europas war nun für lange Zeit festgelegt worden.

## Die Anfänge des McCarthyismus

Während sich das offizielle Amerika für das rüstete, was es als seine weltpolitische Aufgabe ansah, gab es auch noch ein »provinzielles« Amerika: Dieses Amerika empfand alle kulturellen und politischen Veränderungen unreflektiert als eine Bedrohung der eigenen Welt und ihrer Werte. Es versuchte, diesen Vormarsch des Fremden und Neuen aufzuhalten. Dazu kam noch die tiefe Enttäuschung vieler Amerikaner darüber, daß die UdSSR nicht, wie man gemeinsam mit Präsident Roosevelt naiverweise geglaubt hatte, ein Partner im Kampf für eine demokratische Weltordnung war. Die Aufdeckung intensiver kommunistischer Spionagetätigkeit schon während des Krieges tat ein übriges. Die Abwehrbewegung war auf einer breiten Front aktiv. Sie vereinigte sich unter dem Banner der »Loyalität« – der Treue zu »ihrem« Amerika. »Kommunismus« wurde unter diesem Vorzeichen zum Sammelbegriff für praktisch alle als beunruhigend empfundenen Ideen und Erkenntnisse auf wissenschaftlichem, politischem und kulturellem Gebiet. Die Bewegung war auch nicht frei von Antisemitismus und Antiintellektualismus. Der »Ausschuß für unamerikanische Umtriebe« im Abgeordnetenhaus machte sich zum Sprachrohr dieser Stimmung. 1947 kam ein weitverzweigtes Netz regionaler Loyalitätskommissionen zustande, vor denen sich im öffentlichen Dienst tätige Personen, die im Verdacht unloyaler oder zersetzender Aktivi-

amerikanischen Traum von Verhandlungsbereitschaft nicht entsprach. Die USA sahen sich einem »Partner« gegenüber, der das eroberte Gebiet nicht befreite, sondern in seinen Machtbereich einbezog. Daraufhin bemühten sie sich, die mit ihnen verbündeten oder durch sie vom Nationalsozialismus befreiten Länder zur Eindämmung der sowjetischen Expansion zu einem Bündnis zu vereinigen. Das sowjetische Vorgehen bedeutete den Beginn des Kalten Krieges.

| Grunddaten | 1940 | 1943 | 1946 | 1949 |
|---|---|---|---|---|
| 1. Einwohnerzahl (in Mill.) | 131,7 | — | — | 150,8 |
| 2. Urbanisationsgrad (in %) | 56,5 | — | — | — |
| 3. Berufstätige (in % der Gesamtbevölkerung) | 40,5 | 47,2 | 43,1 | 42,7 |
| 4. Volkseinkommen (in Mrd. US-Dollar) | 81,3 | 169,6 | 180,3 | 216,8 |
| 6. Arbeitslosenquote (in % der berufsfähigen Bevölkerung) | 14,6 | 1,9 | 3,9 | 5,5 |
| 7. Geburtenziffer (in ‰) | 17,9 | 21,5 | 23,3 | 23,9 |
| 8. Sterbeziffer (in ‰) | 10,7 | 10,9 | 10,0 | 9,7 |
| 9. Lebenserwartung bei Neugeborenen (in Jahren) | 61,6 | — | — | — |
| 10. Jährlicher Energieverbrauch pro Einw. (in kg Ske) | — | — | — | 7960 |
| 11. Einfuhr (in Mill. US-Dollar) | 2684 | 3409 | 4997 | 6696 |
| 12. Ausfuhr (in Mill. US-Dollar) | 4025 | 12996 | 9775 | 12074 |
| 13. Einwohner pro Arzt | — | — | — | 750 |

täten oder Auffassungen standen, rechtfertigen mußten. Auch wenn diese Versuche, mehr Wachsamkeit zum Schutz der Demokratie zu mobilisieren, oft über das Ziel hinausschossen, bewegten sie sich fast immer in einem streng rechtsstaatlichen Rahmen.
Als die Republikaner 1948 zum fünften Mal nacheinander die Präsidentschaftswahlen verloren, begannen auch sie, sich aus parteipolitischen Erwägungen dieser Zeitströmung zu nähern. Politische Neulinge konnten sich bei dieser Kampagne schnell einen Namen machen. Die bekanntesten Beispiele dafür sind Richard Nixon und Joseph McCarthy, der in den 50er Jahren als Vorsitzender des »Ausschusses zur Untersuchung unamerikanischer Umtriebe« zweifelhafte Berühmtheit erlangte. Das McCarran-Nixon-Gesetz aus dem Jahre 1950, das gegen Trumans Veto verabschiedet wurde, schrieb u. a. die Registrierung sämtlicher Mitglieder von kommunistischen Deckorganisationen vor und schloß Kommunisten grundsätzlich von der Anstellung in staatlichen Bereichen aus, die mit der nationalen Verteidigung zusammenhingen.

### Innenpolitische Veränderungen

Im Inneren hatte sich nach der gemeinsamen Kraftanstrengung in den Kriegsjahren das politisch-soziale Klima gewandelt. Nachdem Truman die Kontrollinstrumente der Kriegswirtschaft schon bald abgeschafft hatte, begannen die Preise wieder zu steigen, und es kam zunehmend zu Arbeitskämpfen.
Nach den Wahlen von 1946 sah sich Truman einer republikanischen Mehrheit im Kongreß gegenüber. Gegen Trumans Veto wurde 1947 das Taft-Hartley-Gesetz angenommen, das darauf abzielte, die Macht der Gewerkschaften zu beschneiden. Streiks wurden bestimmten Regeln unterworfen. Der Einfluß der Gewerkschaften auf das Arbeitsangebot wurde durch das Verbot der »Closed-Shop«-Vereinbarung unterbunden: Keine Gewerkschaft hatte mehr das ausschließliche Recht, in einem Betrieb die Arbeiter zu stellen. Die einzelnen Bundesstaaten erhielten außerdem das Recht, durch »Right to Work«-Gesetze einen Mißbrauch gewerkschaftlicher Tätigkeit zu begrenzen. Solche Gesetze erlaubten es den Arbeitgebern, ausschließlich unorganisierte Arbeiter einzustellen und so die Gewerkschaften aus ihrem Betrieb herauszuhalten. Auch Trumans Versuche, durch Sozialgesetze Probleme wie Arbeitsplatzbeschaffung, Wohnungsbau, Rassendiskriminierung auf dem Arbeitsmarkt und Armut anzugehen, stießen im Kongreß auf Widerstand. Er gab seinem Programm den Namen »Fair Deal«, ein Ausdruck seines Willens, an Roosevelts »New Deal« anzuknüpfen. Ein wesentlicher Fortschritt war die Aufhebung der Rassendiskriminierung in der Armee.

# Westsamoa

Westsamoa war seit 1919 ein Mandatsgebiet des Völkerbundes unter neuseeländischer Verwaltung. Die Stationierung eines großen Kontingents US-amerikanischer Soldaten im Jahre 1942 brachte eine gewisse wirtschaftliche Belebung und höhere Einkommen. Statt auf den Plantagen zu arbeiten, gingen viele Arbeitskräfte in das Baugewerbe oder zur Hafenarbeit.
Der neue Wohlstand ermutigte die einheimische Bevölkerung, eine Verbesserung ihrer politischen Stellung anzustreben. Die traditionelle Mau-Bewegung unterstützte die Forderung nach Beendigung der neuseeländischen Verwaltung. Im Dezember 1946 stimmte die UN-Vollversammlung dem Vorschlag zu, das ehemalige Mandatsgebiet des Völkerbundes in ein UN-Treuhandgebiet unter neuseeländischer Verwaltung umzuwandeln. Im Namen der Bevölkerung Samoas reichten daraufhin 46 Stammeshäuptlinge 1947 bei der UNO einen Antrag auf Selbstverwaltung ein. Neuseeland zeigte sich bereit, auf diese Bestrebungen einzugehen, und versprach Verfassungsänderungen, die Westsamoa einen neuen Status geben sollten. 1948 trat das Samoa Amendment Act in Kraft, das einen Hochkommissar und einen Rat für Westsamoa vorsah. Vertreter der einheimischen Bevölkerung erhielten Einfluß auf die lokale Verwaltung.

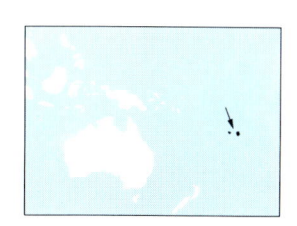

Fläche: 2842 km²
Hauptstadt: Apia

# Zypern

Der griechische Teil der Bevölkerung der britischen Kronkolonie Zypern (ungefähr 80%) forderte auch in den 40er Jahren Selbstbestimmung.
Darunter verstand er allerdings die Enosis, den Anschluß an Griechenland. Die türkische Minderheit auf der Insel wollte die Fortsetzung der britischen Präsenz oder aber ein Taksim, die Trennung in einen griechischen und einen türkischen Teil. Für Großbritannien selbst zeigte sich im 2. Weltkrieg die strategische Bedeutung Zyperns im östlichen Mittelmeer. Die Insel wurde ein Nachschub- und Ausbildungszentrum für die britischen Luftstreitkräfte in der Region.
1947 leitete Erzbischof Leontios eine griechisch-zyprische Delegation, die in London das Selbstbestimmungsrecht forderte. Ein britischer Entwurf für eine neue Verfassung der Insel wurde im darauffolgendem Jahr jedoch von der extrem nationalistischen griechischen Mehrheit der Verfassunggebenden Versammlung Zyperns abgelehnt, weil er die Möglichkeit eines Anschlusses an Griechenland völlig ausschloß.

Fläche: 9251 km²
Hauptstadt: Nicosia

| Grunddaten | 1940 | 1943 | 1946 | 1949 |
|---|---|---|---|---|
| 1. Einwohnerzahl (in Mill.) | — | — | 0,46 | — |
| 2. Urbanisationsgrad (in %) | — | — | 21,5 | — |
| 3. Berufstätige (in % der Gesamtbevölkerung) | — | — | 36,4 | — |
| 7. Geburtenziffer (in ‰) | 33,1 | 29,8 | 32,4 | 27,8 |
| 8. Sterbeziffer (in ‰) | 11,7 | 12,4 | 8,5 | 8,9 |
| 9. Lebenserwartung bei Neugeborenen (in Jahren) | — | — | — | 68,2 |
| 10. Jährlicher Energieverbrauch pro Einwohner (in kg Steinkohleeinheiten) | — | — | — | 270 |
| 11. Einfuhr (in Mill. US-Dollar) | 7,39 | 10,53 | 32,72 | 40,61 |
| 12. Ausfuhr (in Mill. US-Dollar) | 5,71 | 8,64 | 16,96 | 30,06 |
| 13. Einwohner pro Arzt | — | — | — | 1 300 |

# Register

Normal gesetzte Ziffern verweisen auf einfache Erwähnungen im Text.
**Fettgedruckte** Ziffern verweisen auf Seiten, auf denen das Stichwort ausführlicher behandelt wird.
*Kursiv* gesetzte Ziffern verweisen auf Abbildungen.
Ziffern nach Punkten (•) verweisen auf das Tonprogramm. Die erste Ziffer gibt die Seite, die zweite Ziffer die Nummer des entsprechenden Tonprogramms an. Das gleiche gilt bei den Tonverweisen. Auch hier verweisen die Ziffern auf Seite und Nummer des entsprechenden Tonprogramms.
Der Auch-Siehe-Verweis (auch → S. 000) verweist den Leser an Artikel, die das bei dem Verweis Gesagte weiter vertiefen.
K weist auf eine Karte zu dem entsprechenden Eintrag hin.

## A

Abbas, Ferhat 293
Abdullah, Ali ibn 343
Abdullah, König von Jordanien 101, 138, 140, 340, *341*
Abe, Nobujuko 12
Abessinienkrieg 196
Abetz, Otto 23
Abrial, Jean-Marie 17
Abu Kalam Azad 45
Acheson, Dean 63, 92, *140, 305*, 392
»Achse« 105
Acker, Achille van 83, 98, 101, 297
Ackermann, Anton •344-65
Adams, Grantley 296
Adelbert, Edward 79
Aden 290
Adenauer, Konrad 99, *135, 136, 146, 150,* 152, 224, 227, 228, 264, *265*, 313, 335, •145-35, •264-43, •264-46, •264-47, •264-48, •304-50
»Adlertag« 19
»Admiral Scheer« 22, 86
Aduljadedsch, Bhumibol 384
Afainvong, Kuang 130
Afghanistan 136, **290**
African National Congress → ANC
Aga Khan 71
Aguirra Cerda, Pedro 307
Ägypten 14, 20, 39, 63, 69, 84, 85, 102, 108, 136, 138, 140, 141, 142, **290-291**
Ahlener Programm 114
Ahmed Abdullah ibn Jahja, König des Jemen 126, 340
AHV (Alters- und Hinterbliebenenversorgung) 375
Aiken, Howard 243
Akademie der Wissenschaften 107
Akademie für Sprache und Dichtung 149
»Aktion Gewitter« 76
Aktivistenbewegung •344-63
Albanien 62, 77, 79, 98, 108, 110, 132, 142, 151, **292**
Albers, Hans •328-58
Al Capone *113*
Alechinsky, Pierre 258
Alejandrino, Castro 361
Aleksej, Metropolit von Leningrad 72
Alemán Valdés, Miguel 106, 351
Alexander, Harold 196
Alfaro, Ricardo Joaquin 359
Alfons XIII., König von Spanien 26, 27
Algerien 47, 50, 57, **292-293**
Allégret, Yves 273
Alliierte Konferenzen **208**, •145-34
Alliierter Kontrollrat 187, 236
Alltag im Krieg 167
Alters- und Hinterbliebenenversorgung → AHV
Altmeier, Peter 119
Amaya, Carmen 268
Ambrosio, Vittorio 34, 54
Amelunxen, Rudolf 108, 150
American Ballet Caravan 267
American Band of the Allied Expeditionary Forces 80
Amerika 130
»Amethyst« 148
Amézaga, Juan José 50
Ampère, André Marie 246
Amsterdamer Ghetto 354
ANC (African National Congress) 356
Anders, Władysław 33, *364*
Andersch, Alfred 262
Andersen, Hans Christian 267
Andersen, Lale 279, •65-11
Anderson, John 21
Anderson, Marian 53
Andersson, Arne 282
Andorra **293**
Andrew Sisters 279
Anglo-Iranian Oil Company 148, 333
Angola **293**
Anhalter Bahnhof *168*
Annet, Armand 46
Antarktis 126
Antisemitismus **179-188**
Antonescu, Ion 20, 23, 25, 30, 46, 53, *55,* 56, 58, 76, 102, 103, 366
Apartheid 381
Appel, Karel 258
Appleton, Edvard 123
Arabian American Oil Company → ARAMCO
Arabische Liga 77, 84, 99, 103, 106, 120, 121, 131, 223, **291**, 335, 340, 341, 348
Araki, Sadao 95
ARAMCO (Arabian American Oil Company) 371
Aranha, Oswaldo 38
Arbeiterpriester **177**
Arbenz Guzmán, Jacobo 78
Ardennenoffensive 80, 82, K**202**, 297, 349
Arévalo Bermejo, Juan José 80, 85, 327
Argenlieu, Georges d' 106
Argentinien 23, 58, 68, 69, 74, 85, 94, 96, 98, 99, 100, 101, 102, 103, 114, **293-294**
Argüello, Leonardo 117, 353
Arias, Arnulfo 131
»Arierparagraph« 174
»Ark Royal« 35
Arliss, Leslie 273
Armstrong, Louis 279
Arnim, Hans-Jürgen von 55, 57
Arnold, Karl 118, 150
Arosémena, Carlos Julio 121
Arroyo del Río, Carlos Alberto 316
Ashton, Frederick 266, 267
Asquith, Anthony 273
Asscher, Abraham 26
Astaire, Fred 268
Astor, Margaret *275*
Äthiopien 29, 93, **294**
Atlantik 46, **205**
Atlantik-Charta 33, 38, 61, 82, 105, 156, 158, 208, 211, 214, 217, 325
Atlantikwall 204, 255
Atombombe 91, 92, 106, 107, 198, 207, 209, 215, 339, •145-33
Atomdiplomatie **207**
Atomreaktor 119
atonale Musik 276
Attlee, Clement 92, 108, 117, 122, 142, 144, 203, 208, 209, 223, 299, 301, 325, *326,* 327
Auchinleck, Claude 196
Aufrüstung 232
Augsburg, Anita 66
»Augusta« 33
Aung San 216, *299*
Auriol, Vincent 106, 111, 113, 133, 135, 142, 152
Auschwitz 14, 15, 27, 33, 46, 55, 70, 71, 77, 78, 79, 82, 83, 88, 89, 95, 115, K*180,* **181**, 183
Australien 21, 34, 36, 39, 42, 46, 47, 57, 119, 142, **295**
Autant-Lara, Claude 273
Avalos, Eduardo 94
Avenol, Joseph 19, 20
Avila Camacho, Manuel 351
Azaña y Díez, Manuel 22
Azhari, Ismail al- 381
Azikiwe, Nnamdi 356
Azoren 62

## B

Babel, Isaak Emmanuilowitsch 27
Babilée, Jean 268
Bach, Johann Sebastian 267, 268
Bächler, Wolfgang 262
Bach-Zelewski, Erich von dem 75, 172
Backe, Herbert
Baden-Powell, Robert 25
Badoglio, Pietro 23, *59,* 60, 61, 62, 69, 73, 336
Baer, Buddy *30*

Bagrjanoff, Iwan 72
Bahamas **296**
Balafreij, Achmed 322
Balanchine, Georges 267
Baldomir, Alfredo 39, 50, 390
Balfour, Arthur James 218
Balkan 22, 27, 28, 29, 30, 34, 35, 77, 78
Ballet Society 267
Ballett → Tanz
Balser, Ewald •328-57
Baltische Staaten 17, 19
Balz, Bruno 279, 328
Ba Maw 59, 98, 299
Banda, Hastings 357
Banna, Hasan al 291
Bao Dai, Kaiser von Annam, Staatschef von Vietnam 93, 121, 125, 130, 132 142, 147, 153, *330*
Baranov, Lazar *151*
Barbados **299**
»Barbarossa« → »Fall Barbarossa«
Barber, Samuel 268
Barbirolli, John 276
Barclay, Edwin 57
Bardeen, John 244
Bárdossy, László 389
»Barham« 35
Baring, Evelyn 296
Barlog, Boleslaw 266
Barmer Theologische Erklärung 174, 177
Barrault, Jean-Louis 266
Barrow, Joseph Louis → Louis, Joe
Bartali, Gino *133*, 283
Barth, Karl 173, **174**, 177
Bartók, Béla 94, 268, 276, **277**, 280
Barwisch, Josef Franz 111
Barzani, Mullah Mustafa al 333
Basie, Count 278
Basutoland **296**
Batankovics, Istvan 141
Batista y Zaldivar, Fulgencio 19, 40, 347
Battle of Britain (Luftschlacht um England) 19, 20, 21, 49, 325, •49-4
Baty, Gaston 266
Baudouin, König der Belgier 298
Bauhaus 280
Bauma, Herma 281
Baukunst **254-257**
Bayar, Celal 388
Bebop **277**
Becher, Johannes R. 262, *329*, •328-59, •344-61
Bechet, Sidney 279
Beck, Ludwig 74, 166
Becker, Jacques 273
Becker, Maria •328-57
Beel, Louis 354, 355
Begin, Menachem 107, 116, 132, 220, *335*
Beiser, Trude 126
Belgien 12, 15, 16, 17, 22, 27, 32, 44, 47, 54, 55, 58, 73, 76, 79, 87, 91, 95, 96, 98, 100, 101, 110, 113, 123, 143, 146, 149, 152, 195, **296-298**
Belgisch-Kongo **298**
Belgrad 211
Bell, Greame 278
Belzec 40, 44, 89, 183
Benelux 76, 102, 122, 125
Beneš, Edvard 19, 66, 106, *132,* 135, 187, 385, *386, 387*
Ben Gurion, David 41, 101, *124,* 131, 141, 142, 219, 220, 334, 335, *369,* •368-72
Benjamin, Walter *21*
Beran, Jozef 147, 149, *178*
Berbuer, Karl 279, •328-56
Bergen-Belsen 56, 86, 93, 95
Bergius, Friedrich 142
Bergman, Ingrid 149, *275*
Bergson, Henri 25
Berija, Lawrentij 31, 377
Berlin 90, 91, 92, 107, 108, 110, 111, 118, 123, 130, 132, 133, 134, 135, 137, 138, 141, 146, 147, 148, 149, 151, 152, 168, •304-53, •304-54
Berlin, Irving 268

Berliner Blockade 157, 158, **225**, 227, 228, 305, 313, 378, •304-51, •304-52
Berliner Erklärung 223
Berliner Luftbrücke → Luftbrücke
Berliner Schule 62
Bernadotte, Graf Folke 84, 86, 131, 132, *135,* 141, 222, 223, 334, 335, •368-72
Bernstein, Leonard 267
Bertram, Adolf Kardinal 176
Besatzungspolitik **169-173**
Besatzungszonen 208
Betancourt, Rómulo 126
Betschuanaland 135, 147, **298**
Bevan, Aneurin 326
Beveridge, William 325
Bevin, Ernest 92, 98, *102,* 106, 108, 114, 117, *122, 143*, 213, 291, 326, *327,* 335, •304-50
Bhutan **299**
Bidault, Georges 76, *100, 102,* 106, 107, 114, 127, 152, *320*
Biddle, Francis 190
Bierut, Bolesław 114, 135, 362, 364
Bikini-Atoll *106,* 107
Billotte, Pierre 76
Birkenau 27, 55, 62, 75, 79, 181
Birkett, Norman 190
Birma 12, 38, 39, 40, 41, 50, 56, 59, 70, 72, 75, 80, 82, 86, 87, 98, 106, 121, 122, 125, 136, 141, 142, 146, 216, **299**
»Bismarck« 30
Bismarck, Otto von 167
Bizet, Georges 268
Bizone 113, 114, 115, 116, 117, 118, 119, 120, 121, 125, 126, 127, 131, *135,* 135, 136, 137, 138, 142, 146
Björnsson, Svein 73, 334
Blackett, Patrick 138
Blankers, Jan 282
Blankers-Koen, Fanny 249, 281, **282**, •248-42
Blanton, Jimmy 278
Blasetti, Alessandro 272
»Blaue Division« 379
Blücher, Franz 150
Blum, Léon 22, *111*, 133
Blunck, Hans Friedrich 259
Bock, Fedor von 34, 35, 38
Bock, Lorenz 134
Böckler, Hans 116, •264-43
Boden, Wilhelm 111
»Bodenreform« •344-62
Bodnaras, Emil 123
Bogart, Humphrey 274, *275*
Bohlen, Ludwig von 69
Böhmen und Mähren 34, 169, 385
Böll, Heinrich 168
Bollaert, Emile 132
Bolschoj-Ballett 267
Bolivien 20, 68, 74, 107, 113, **300**
Bondy, Curt •145-35
Bonhoeffer, Dietrich 86, 168, 173, 174, **177**
Bonomi, Ivanoe 61, 73, 336
Bop **278**
Borchert, Ernst Wilhelm •328-57
Borchert, Wolfgang 123, **260**, 262, 328
Boris III., König von Bulgarien 22, 60, 306
Bór-Komorowski, Tadeusz 75, 172, 364
Bormann, Martin *29,* 69, 77, 87, 129, 189, *195*
Bosch, Carl 15
Bosch, Robert *39*
Bose, Subhas Chandra 301
Botwinnik, Michail 131
Boulez, Pierre 276
Bourguiba, Habib 387
Boyd Orr, John 152
Braddock, James 283
Bradley, Omar 68, 123, 126, 149
Brandt, Karl 120, *191*
Braque, Georges 253
Brasilien 39, 95, 96, 115, **300**
Brattain, Walter 244
Brauchitsch, Walter von 36

Braun, Eva 87
Braun, Wernher von 207, 241
Brausewetter, Hans *64,* •65-11
Brecht, Bertolt 29, 61, 89, 259, 260, 263
Bredel, Willi 261
Breker, Arno 253
Breschnew, Leonid *47*
Bresson, Robert 273
Bretton Woods 234, 235, **239**
Briand-Kellogg-Pakt 191
Britische Zone 92, 93, 96, 99, 103, 107, 108, 110
Britisch-Guyana **301**
Britisch-Indien 14, 27, 32, 36, 40, 44, 45, 54, 55, 66, 70, 71, 74, 106, 107, 108, 111, 113, 114, 115, 116, 117, 118, 120, 215, 217, **301-302**
Britisch-Kamerun **303**
Britisch-Nordborneo 90, **303**
Britisch-Somaliland **303**
Britisch-Togoland **303**
Britten, Benjamin 277
Britting, Georg 262
Brooke, Alain 19, *325*
Brooke, Charles 100, 371
Brown, Lawrence 278
Broz, Josip → Tito
Brüsseler Pakt 213
Brüsseler Vertrag 236
Buchenwald 20, 76, 85, 86, 89, 169
Buhl, Vilhelm 47, 311
Buhlan, Bully *329*, •328-56
Bulganin, Nikolaj 31, 142, 377
Bulgarien 22, 25, 26, 27, 60, 66, 72, 95, 108, 109, 110, 117, 119, 120, 123, 148, 153, **306**
Bunche, Ralph 135, 140, 141, 142, 223, *303,* 334, 335
Bundesrepublik Deutschland 146, 147, 148, 149, 150, 151, 152, 153, **223-228**, •264-47, •264-48
Burckhardt, Carl Jacob 79
Burgdorf, Wilhelm 87
Burnham, Linden Forbes 301
Burumbo, Benjamin B. 382
Busch, Germán 300
Bustamante, Alexander 338
Bustamante y Rivero, José Luis 136, 361
Butler, Richard Austen 325
Byrnes, James *102,* 106, 114, 224, •248-37

## C

Cagney, James 274
Cairo, Konferenz von 84
Calderón, Rafael Angel 13, 311
Calles, Plutarco 351
Camus, Albert 266
Canaris, Wilhelm 23, 34, 72, 86, 166, 168
Canberra-Pakt 353
Capra, Frank 273, 274, 275
Cárdenas, Lázaro 351
CARE (Cooperation for American Remittances to Europe) **234**, 248
Carias Andino, Tiburcio 327
Carmona, Fragoso 141
Carmona, Oscar *364*
Carné, Marcel 272
Carol, René •328-56
Carol II., König von Rumänien 17, 18, 20, 30, *366*
Carossa, Hans 262
Castañeda Castro, Salvador 138, 317
Castellani, Renato 271
Castillaro, Guiseppe 61
Castillo, Ramón 58, 293, 294
Catroux, Georges *348,* 383
Cautio-Treuhandgesellschaft 269
Cavallero, Ugo 23, *33,* 54, 61
CDU (Christlich Demokratische Union) 91, 96, 99, 110, 116, 118, 127, 134, 135, 142, 149, 150, 264
Ceauşescu, Nicolae *367*
Cesbron, Gilbert 177
Ceylon 40, 51, 118, 126, 217, **307**

Cézanne, Paul 253
Chafa bin Harub 370
Chagall, Marc 253
Chalbaud, Carlos Delgado 137
Chamberlain, Arthur Neville 15, 21, 22, 325
Chamberlain, Houston Stewart 65
Chandler, Raymond 275
Chaplin, Charlie 23
Charles, Ezzard 283
Charlotte, Großherzogin von Luxemburg *349*
Chase, Lucia 267
Chelmno 89, 183
Chifley, Joseph 295
Chile 39, 47, 51, 69, 110, 121, 126, 127, 142, 149, **307–308**
China 13, 14, 15, 19, 20, 21, 22, 23, 26, 27, 30, 34, 35, 38, 41, 43, 45, 61, 63, 66, 71, 72, 73, 75, 79, 91, 95, 98, 100, 102, 103, 106, 107, 108, 110, 114, 116, 117, 118, 121, 123, 127, 130, 136, 137, 138, 140, 141, 142, 143, 146, 147, 148, 151, 152, 153, **308–310**, 🄺 310
Chisholm, Brock 133
Choltitz, Dietrich von 76
Christian, Charlie 278
Christian X., König von Dänemark 60, 311
Christian-Jaque 272, 273
Christlich Demokratische Union → CDU
Christlich-Soziale Union → CSU
Chruschtschow, Nikita 153
Churchill, Randolph 69, 72
Churchill, Winston 12, *13*, 15, 16, 17, *32*, 33, 41, 45, 49, *53*, 54, 57, 60, 61, 63, *66*, 68, 73, 74, 75, 77, 78, 80, *83*, 90, *91*, 92, 101, *104*, 105, 131, 157, 167, 186, 201, 203, 204, 205, 208, 209, 215, 223, 248, 295, 304, 314, *325*, 326, 327, 336, 383, 391, •49–4, •105–20, •105–21, •129–30, •145–32, •304–50
CIAM (Congrès internationaux d'architecture moderne) 255
Ciano, Galeazzo 25, 51, 54, 68
Clair, René 273
Clark, Mark 62
Clarke, Kenny 278
Claudel, Paul 266
Clausen, Fritz 311
Clay, Lucius D. *95*, 103, 108, 113, 115, 119, 126, *143*, 146, *224*, 225, 227, 304, •248–37, •304–52
Clément, René 273
Clement, Ricardo → Eichmann, Adolf
Clementis, Vladimir 127
Clercq, Staf de 27, 47, 172, *297*
Clouzot, Henri-Georges 272, 273
Cobb, Arnett 278
Cobra **258**
Cocteau, Jean 273
Cohen, David 26
Colette, Paul 33, 34
Collip, James Bertram 13
Colman, Ronald 274
Comecon 141, 142, 149, 235, 367
Comité Français de Libération Nationale 320
Como, Perry 279
Computer **243**
Congrès internationaux d'architecture moderne → CIAM
Convention People's Party → CPP
Cooper, Gary 274
Cooperation for American Remittances to Europe → CARE
Coppi, Fausto 283
Coppi, Hilde 60
Cori, Carl 123
Corinth, Lovis 253
Cori-Radnitz, Gerty 123
Corneille, Guillaume 258
Costa Rica 13, 69, 130, **311**
Costello, John 126, 136, 333
Coventry *48*
CPP (Convention People's Party) 323
Crabtree, Arthur 273
Cranz, Christl *26*
Crawford, Broderick 274
Crawford, Joan 274
Creech Jones, Arthur 118
Cripps, Richard Stafford 121, 301, 326
Crosby, Bing 274, 279
Csáky, István *388*
ČSR (Tschechoslowakei) 18, 34, 35, 41, 42, 66, 71, 102, 103, 106, 107, 110, 119, 122, 126, 127, 130, 131, 132, 135, 147, 148, 169, **385–387**
CSU (Christlich-Soziale Union) 118, 149, 196
Cuevas, George de las 268
Cunningham, Alan 26, 95, *131*
Cunningham, John 127
Curtin, John 34, 295
Curtiz, Michael 274
Cvetković, Dragiša 27
Cyrankiewicz, Josef 114, 364
Czerny, Carl 268
Cziffra, Geza von 270

D

Dachau 55, 63, 85, 89, 96, 324
Daladier, Edouard 13, 22
Dalai Lama 13
Dallapiccola, Luigi 276
Dálnoki, Miklós von 82
Daluege, Kurt 110
Dam, Hendrik 79
Damaskinos, Erzbischof von Athen 82, 94
Dänemark 47, 60, 62, 68, 74, 107, 116, 118, 122, 130, **311**
Daniélou, Jean 177
Darlan, Jean François 26, 40, 50, 51, 319, 320, 321
Darré, Walter 41
Darwin, Charles 65
»Das Reich« 14
Dassin, Jules 275
Davis, Harold 283
Davis, Miles 278
D-Day 72, *73*, 129, **204**, •129–27
DDR (Deutsche Demokratische Republik, 152, **223–228**, •344–65, •344–66
DDT **245**
Déat, Marcel 33, 34
Decoux, Jean 84
DEFA (Deutsche Film AG), 271, 272
De Gasperi, Alcide 86, 107, 113, 114, 117, 130, 131, 336, *337*, 338, 358
Degrelle, Léon *32*, 33, 297
Dehler, Thomas •264–46
Delannoy, Jean 272, 273
Delaunay, Robert 34
Delp, Alfred 168
Demontage 147, **233**, •248–39
Denis, Léon 16
Deportation **230**
»Der Blaue Reiter« 280
»Der Ruf« 116, 262
»De Ruyter« 39
Deutsch, Karl W. 246
Deutsche Demokratische Republik → DDR
Deutsche Film AG → DEFA
Deutsche Presse Agentur → DPA
Deutscher Gewerkschaftsbund → DGB
Deutsches Reich 12, 13, 14, 15, 17, 18, 19, 20, 21, 22, 23, 25, 26, 27, 28, 29, 30, 31, 32, 33, 34, 35, *36*, *38*, *39*, *40*, 41, 42, 43, 44, 45, 46, 47, 50, 51, 53, 54, 55, 56, 57, 58, 59, 60, 61, 62, 63, 66, 68, 69, 70, 71, 72, 73, 74, 75, 76, 77, 78, 79, 80, 82, 83, 84, 85, 86, 87, 90, •65–7, •89–16, •129–28, •129–29
Deutsche Wirtschaftskommission → DWK
Deutschland 90, 91, 93, 94, 95, 96, 98, 99, 100, 101, 102, 106, 107, 108, 109, 110, 111, 113, 114, 115, 116, 117, 120, 121, 122, 123, 125, 127, 130, 131, 132, 133, 136, 142, 143, 146, **312–316**, 🄺 314
Dewey, Thomas 79, 132, 137
DGB (Deutscher Gewerkschaftsbund) 116, 151
»dialektische Theologie« 174
Diaz Arosémena, Domingo 136, 149
Dickens, Charles 274
Dickinson, Emily 268
Diekmann, Bruno 149
Dietrich, Marlene 65, 279
Dietrich, Sepp 107
Dillard, Harrison 281
Dimitrow, Georgi 110, *112*, 123, 148, **306**
Dinnyés, Lajos 117, 120, 121, 123
Distler, Hugo 47
Ditzen, Rudolf → Fallada, Hans
Dix, Otto 253
Dixieland **278–279**
Döblin, Alfred 259, •89–14
Dodd, Thomas *190*
Dollfuß, Engelbert 194, 358
Dominikanische Republik 41, 117, **316**
Dönitz, Karl 46, 54, 57, 61, 87, 90, *109*, 189, •129–28, •129–29, •145–36
Doolittle, James H. 40
Doorman, Karel 39, 354
Dornberger, Walter 241
Dörpfeld, Wilhelm 15
Dorsey, Tommy 279
Dotremont, Christian 258
Douanet, Giulio 203
DP (Deutsche Partei) 116, 118, 149
DPA (Deutsche Presse Agentur) 118
Drees, Willem *355*
Dreimächtepakt 21, 27, 31, 61
Dresden 89, 192, *203*
Dritte Welt 214
Dschinnah, Mohammed Ali 56, 74, 116, 120, 135, 301, *302*, •368–71
Duarte, Eva (»Evita«) 96, *293*, 294
Duclos, Jacques *320*
»Duke of York« 66
Dulles, Allen W. 248, 374
Dullin, Charles 266
Dumbarton Oaks 211
Dundas, Charles 296
Dunham, Katherine 268
Dünkirchen 16, 17, 49, 195
Dupong, Pierre 349
Dutch Swing College Band *278*
Dutra, Enrico Gaspar 96, 300
Duvivier, Julien 273
DWK (Deutsche Wirtschaftskommission) 225

E

EAC (European Advisory Commission) 315, 323, 324
»Eagle« 45
EAM 69, 70
Earle, Willie 117
Eastern Fleet 40
Ebert, Friedrich 138, •304–54
Eboé, Felix 321
Eckart, Dietrich 65
Ecuador 38, 72, 96, 101, 107, 120, 121, 132, 135, **316**
Edelweißpiraten 51
Eden, Anthony 23, 62, 78, 80, 117, 186, 209, 325
Edertalsperre *161*, 163
EDES 69, 80, 323
Egk, Werner •328–55
Ehard, Hans, 111, *117*
Ehrenburg, Ilja 185
Eich, Günther 262, 328
Eichmann, Adolf **180**, 184
Einaudi, Luigi 131, 338
Einsatzgruppen-Prozeß 190
Einstein, Albert 185, 207, •145–33
Eisenhower, Dwight D. 43, 47, 50, 54, 59, 63, 72, 76, *79*, 90, 94, 105, 123, 126, 129, 131, 204, 314, 321, •129–27
Eisenstein, Sergej Michailowitsch 126, *127*, 269
Eiserner Vorhang 101, 157, **209**, 248
EKKA 323
El Alamein 49, 196, 336
ELAS 69, 80, 323, 324
Eldridge, Roy 278
Elektronik **243–244**
Elias, Alois 42
Elias, Hendrik 47
Eliot, Thomas Stearns 138, **261**, 266
Elizabeth, Prinzessin von England 119, *122*, 326
Ellington, Duke 277, **278**
El Salvador 138, *317*
»Endlösung der Judenfrage« → Judenvernichtung
Endrich, Felix 126
Energieversorgung **237–240**
Engel, Erich 270
Eniac 243
»Enola Gay« 92
Ensor, James 152
Entartete Kunst **253**
Entkolonialisierung **215–218**, 302, 327
Entnazifizierung 98, 101, 103, **191**, 314, •248–38
Entwicklungshilfe 214
Eppenhoff, Hermann 284
Erdöl 237, 333
Erhard, Ludwig 127, 227, 236, •264–44
Erlander, Tage *357*, 372
Erlanger, Joseph 78, 79
ERP (Europäisches Wiederaufbau-Programm) 225
Estigarribia, José 13, 21, 360
Estimé, Dumarsais 107, 327
Etter, Philipp *111*
Europäisches Wiederaufbau-Programm → ERP
Europäische Verteidigungsgemeinschaft → EVG
Europarat 149, **214**
Euthanasie 32, 165, 175
Evatt, Herbert 295
EVG (Europäische Verteidigungsgemeinschaft) 228
Ewell, Henry Norwood 281, 283
Exilliteratur **259–260**, •89–14
Exodus 119, 120, 121, 335
Eyskens, Gaston 149, 297

F

Fadden, Arthur 295
Fagerholm, Karl 133
Fahmi el Nukrashi, Machmud 138
»Fair Deal« 393
Faisal, König des Irak 341
Falkenhausen, Alexander Ernst von *16*, 17, 297
»Fall Barbarossa« 23, 29, 36, •129–25
»Fall Gelb« 16
»Fall Nord« 373
»Fall Weserübung« 12, 14, •49–1
»Fall West« 373
Falla, Manuel de 110
Fallada, Hans 114
Fanck, Arnold 270
Farnsworth, Edith 256
Farrell, Edelmiro 94, 101, 294
Faruk I., König von Ägypten 39, 290, 291
Fassbinder, Rainer Werner 279
Faulhaber, Michael 176
Faulkner, William 152, **261**
FDGB (Freier Deutscher Gewerkschaftsbund) 91, 100
FDJ (Freie Deutsche Jugend) 101
FDP (Freie Demokratische Partei Deutschlands) 116, 118, 138, 149, 150, 264
Fédération Socialiste Suisse 374
Fefer, Itzik 185
Feldmann, Markus *369*
Fellgiebel, Erich 75
Fellini, Federico 272
Fermi, Enrico 51
Feuchtwanger, Lion *88*, 89, 259, •89–14
Fianna Fáil 72, 126, 333
Fidschi **317**
Fields, W. C. *111*
Fierlinger, Zdenek *386*, 387
Figl, Leopold 96, 102, 110, 147, 151, 358, •368–67, •368–68
Figueres Ferrer, José 311
Film **268–275**, •65–10, •328–58
Filow, Bogdan 27, 306, •105–23
Fine Gael 126, 333
Finnland 12, 13, 14, 23, 31, 32, 42, 54, 69, 70, 73, 75, 77, 84, 100, 101, 111, 130, 132, 133, **317–318**
Fischer-Tropsch Verfahren **238**
Fisher, Geoffrey *82*
Fitzgerald, Francis Scott Key 23
»Fiume« 27
Flandin, Pierre 23, 26
Fleming, Alexander 94, *95*
Fletcher, Frank J. 200
Flick, Friedrich 100, 190
Flick-Prozeß 190, 192
Flossenbürg 86, 89
Flüchtlinge 168, 186, 187, •145–35
Fokine, Michail 45
Fontaine, Joan 274
Fonteyn, Margot 267
Ford, Henry 115
Ford, John 274
Forst, Willi 270
Forster, Albert 21
Fortner, Wolfgang 276, 328
Franck, César 267
Franco, Francisco 18, *22*, *23*, 46, 49, 62, 194, 372, 379, *380*
François-Poncet, André 143, 146
Frank, Anne **182**
Frank, Hans 100, 108, 109, 189, 363
Frank, Helmar 247
Frank, Karl Hermann 103
Frank, Margot 182
Frank, Otto 182
Frankreich 12, 13, 14, 15, 16, 17, 21, 22, 25, 26, 28, 29, 31, 33, 34, 40, 41, 44, 45, 46, 47, 50, 55, 56, 58, 59, 60, 62, 66, 68, 69, 71, 72, 73, 75, 76, 77, 78, 79, 80, 83, 91, 92, 93, 94, 98, 99, 100, 101, 102, 103, 105, 106, 108, 109, 110, 111, 113, 114, 116, 118, 120, 122, 123, 126, 127, 130, 133, 134, 135, 136, 138, 141, 142, 148, 152, 153, 195, **318–320**, •49–3, •105–19
Französisch-Äquatorialafrika 20, 22, **321**
Französische Zone 96, 108, 111, 117, 119, 134, 142, 146
Französisch-Indien **321**
Französisch-Kamerun **321**
Französisch-Marokko **321–322**
Französisch-Somaliland **322**
Französisch-Togo **322**
Französisch-Westafrika 21, **322**
Fraser, Peter *353*
Frederik IX., König von Dänemark 116, 130, *311*
Frei, Karl 281, 286
Freiburger Kreis 177
Freie Demokratische Partei Deutschlands → FDP
Freie Deutsche Jugend → FDJ
Freier Deutscher Gewerkschaftsbund → FDGB
Freie Universität 135
Freisler, Roland 75, 83, •89–15
Fremdarbeiter 167, **230**
Frick, Wilhelm 109, 189, 386
Friedeburg, Hans-Georg von *90*
Frings, Josef 96
Fritzsche, Hans 65, 109, 111, 189, •49–4
Fry, Christopher 266
Fuchs, Klaus 207
Fuero de los Españoles 380
Führerkult •65–7
Funk, Walther 109, 189
Furanghi, Ali 33
Furtwängler, Wilhelm •328–55
Furuhashi, Hironoshi 283
Fußball **283–284**, •65–12

G

Gabčik, Josef 171
Gabun 22
Gailani, Raschid Ali al- *332*
Gaitán, Eliécer 346
Galen, Clemens August Graf von 32, 89, 96, 101, 165, **175**, 176
Gallegos, Rómulo 123, 126, *137*
Gálvez, Juan Manuel 327
Gambia **323**
Gamelin, Maurice Gustave 22
Gandhi, Mahatma 12, *14*, 36, *45*, 54, 55, 71, 74, 86, *107*, 116, 125, 126, 141, **216**, 217, 301, 302, 368, *369*
Garbett, Cyril 134
Garson, Greer 274
GATT (Internationales Zoll- und Handelsabkommen) 234, 240
Gaulle, Charles de 16, 17, 19, 22, 23, 50, 53, *57*, 59, 71, 73, 76, 78, 79, 80, 83, 84, 93, 99, 105, 116, 223, 292, 318, 319, 320, 321, 349, 383, •49–3, •105–19
Gazzera, Pietro 31
Geheime Staatspolizei → Gestapo
Geiler, Karl 94
Geiselmord-Prozeß 190
»Gelb« → »Fall Gelb«
Generalgouvernement 51, 54, 55, 56, 58, 59, 62, 63, 70, 75, 77, 79, 170
Genet, Jean 266
Gentilhomme, Paul de 50
Georg II., König von Griechenland 29, 30, 34, 73, 101, 108, 109, 115, 324
George, Heinrich 109, 270
George VI., König von England 12, 132
George Edward Alexander Edmund, Herzog von Kent 45
Georgiew, Kimon 76
Gerbrandy, Pieter 353
Gerhardsen, Einar 356, *357*
German Mine Sweeping Administration → GMSA
Germi, Pietro 272
Gersdorff, Hans Christoph von 55
Gestapo (Geheime Staatspolizei) 164, 166, 169, 189
Ghazi Mohammed 115
Gheorghiu-Dej, Gheorghe 366, 367
Gide, André 123, **261**
Giehse, Therese *329*, •328–57
Gigurtu, Ioan 20
Gilbert, Alberto 69
Gilbert und Ellice-Inseln **323**
Gillespie, Dizzy 278
Gilliat, Sidney 273
Giraud, Henri Honoré 16, 40, 47, 50, 51, 53, 55, *57*, 58, 59, *104*, 320
Giraudoux, Jean 68, *69*, 266
Gishuru, James 346
GKO (Staatliches Verteidigungskomitee) 377
Glière, Reinhold 267
Glubb, John Bagot 340, *341*
GMSA (German Mine Sweeping Administration) 163
»Gneisenau« 17, 26, 27, 28, 39
Goddard, Robert 241
Gödecke, Heinz 167
Goebbels, Paul Joseph 14, *54*, 58, 65, *74*, 84, 88, 89, 161, 252, 259, 269, 270, 279, 283, 312, 313, •49–4, •65–8, •89–13, •89–16, •89–17, •129–26, •129–28, •145–34
Goeppert-Mayer, Maria 243
Goerdeler, Carl Friedrich 83, 89, 168
Goethe, Johann Wolfgang von 328
Góis Monteiro, Pedro Aurélio de 300
Goldene Palme **273**
Goldküste 101, **323**
Gómez Castro, Laureano 153, 346
Gomułka, Władysław 153, 364
Gonatas, Stylianos 108
Goodman, Benny 279
Gopal, Ram 268
Göring, Mmmy *191*
Göring, Hermann 12, 19, 20, 31, 32, 35, 46, 49, 65, 86, 87, 90, 93, *109*, *188*, *189*, 202, 203, 253, 258, 312, •129–25, •129–26, •145–36
Gort, John 16, 95
Gottschalk, Uwe, 35
Gottwald, Klement 106, 119, 126, 127, 132, 386, 387
Gouin, Félix 99
Gould, Morton 267
Graf, Ferdinand *359*
Graham, Martha 258
Grau San Martín, Ramón 72, 347
Green, Julien 266
Greenbaum, Itzak *334*
Greene, Graham 266
Greenstreet, Sidney *275*
»Greer« 33
Greese, Irma *95*
Griechenland 15, 25, 26, 29, 30, 34, 69, 70, 71, 73, 77, 78, 79, 80, 82, 83, 94, 96, 99, 101, 108, 109, 114, 115, 118, 120, 123, 131, 134, 136, 137, 138, 141, 142, 147, 152, **323–324**
Griffith, David Wark 133
Gromyko, Andrej Andrejewitsch 60, 101, 102, 142, 143, 210, •304–49
Grönland 34
Großbritannien 12, 13, 14, 15, 16, 18, 19, 20, 21, 22, 25, 26, 27, 28, 31, 32, 33, 34, 36, 38, 40, 41, 42, 45, 46, 47,

(Großbritannien, Fortsetzung) 51, 53, 56, 57, 60, 63, 66, 68, 69, 71, 73, 76, 78, 79, 82, 83, 90, 91, 92, 95, 98, 99, 100, 102, 103, 107, 108, 109, 111, 114, 115, 116, 117, 119, 120, 121, 122, 123, 125, 127, 130, 132, 133, 135, 137, 138, 142, 143, 146, 147, 150, 152, **325–327**, •49–4, •105–20
»Großostasiatische Wohlstandssphäre« 215, 216
Groß-Rosen 89
Grotewohl, Otto 94, *102*, 151, 228, 264, 313, *314*, 344, •344–61, •344–66
Gröttrup, Helmut 242
Groza, Petru 84, 130, 366
Gruber, Karl 115, 358, *359*
Grüber, Heirnich •344–65
Gründgens, Gustaf *191*, 262, *263*, 328
Grundgesetz *138*, 146, **226**
»Gruppe 47« 120, **262–263**
»Gruppe Ulbricht« 224
Guardia, Ricardo Adolfo de la *359*
Guatemala 78, 80, 85, **327**
Guderian, Heinz 16, 31, 36, 195
Guernica **257**
Guisan, Henri 19, 55, 372, *373*, 374, •368–69
Gustloff, Wilhelm 374
Gutt, Camille 22

## H

Haakon VII., König von Norwegen 14, 15, 356, 357
Haber, Fritz 15
Hácha, Emil 385
Hacohen, David *334*
Hadi, Ibrahim Abd el 138, 291
Haeften, Hans-Bernd von *88*, •89–15
Haeften, Werner von 166
Hägg, Gunder 282
Hahn, Otto 79, 242
Haile Selassie, Kaiser von Äthiopien *28*, 29, 294
Hainisch, Michael 13
Haiti 28, 107, **327**
Halder, Franz *46*
Halifax, Edward Frederick Lindley Earl of 18, 23
Hals, Frans 258
Hamer, Robert 274
Hammerstein, Oscar 56
Hammett, Dashiell 275
Hampton, Lionel 278
Hamsun, Knut 100
Hansen, Rolf 270
Hansson, Per Albin 109, 371
Harbig, Rudolf 69, **282**, •65–12
Hari Singh 122
Harlan, Veit 39, 65, 269, 270
Harnack, Arvid 51, 166, 169
Harriman, Averell 45, 62, 101, 130, 392, •145–34
Harris, Arthur T. 203
Hartenstein, Werner 46
Haschim Khan, Sidar 290
Hase, Paul von *75*
Hasenclever, Walter 17
Hatta, Mohammed 93, 126, 153, 215, 354
Haubach, Theodor 166
Hauptmann, Gerhard 106, **280**
Havilland, Olivia de 274
Hawaii 22
Hawks, Howard 274
Haya de la Torre, Raul Victor *360*, 361
Hedtoft, Hans 122, *311*, 357
»Heeresgruppe A« 202
»Heeresgruppe B« 202
»Heeresgruppe Don« 202
Hegel, Georg Wilhelm Friedrich 263
Heidegger, Martin 263
Heimatvertriebene **168**
Heine, Thomas Theodor 125
Heinemann, Gustav 174
Heino, Viljo 281, 282
Heist, Walter 262
Hemingway, Ernest 262
Henderson, Neville 51
Hennecke, Adolf *136*, *345*, •344–63
Henze, Hans Werner 276, 328
Herberger, Josef (»Sepp«) 284
Herbst, Jo •328–60
Herking, Ursula •328–60
Hertzog, Enrique 300
Hertzog, James 381
Herzl, Theodor 218
Heß, Rudolf, 29, 93, *109*, *188*, 189
Hesse, Hermann 111, *261*
Hessen 113
Heuss, Theodor 93, 138, *150*, 228, •264–43, •264–47
Heves, Georg Hevesy de 79
Heydrich, Reinhard 32, *34*, 35, 38, 41, 42, 98, **171**, 181, 385, *386*
Heyerdahl, Thor 116, 119
Hightower, Rosella 268
Hilbert, David 54
Hildesheim *162*, 163
Hilferding, Rudolf 26
Hilpert, Heinz 328
Himmler, Heinrich 14, 27, 42, 47, 54, 58, 62, 66, 78, 79, 83, 85, 86, 87, 90, 105, 166, 179, 180, 181, 187, *312*, *386*, •89–13, •89–18, •129–25
Hindemith, Paul 276, 328, •328–55
Hindenburg, Paul von 194
Hinnawi, Sami 149
»Hipper« 86
Hiranuma, Kitschiro 32
Hirohito, Kaiser von Japan 29, *38*, 92, 93, 98, 103, 106, *178*, 340
Hiroshima 58, *81*, *92*, *94*, 144, 145, 192, 198, 203, 207, 215, *339*, 391
Hitchcock, Alfred 274
Hitler, Adolf 12, *13*, 14, 15, 17, 18, *19*, 21, *22*, 23, 25, 27, 29, 30, 31, *33*, 36, 39, 40, 41, 42, 44, 46, 47, 49, 51, 53, 54, 55, 56, 57, 59, 61, 62, 63, 65, 66, 70, 71, 72, *74*, 76, 77, 82, 84, 85, 86, *87*, 105, 129, 156, 161, 165, 166, 167, 169, 170, 171, 172, 173, 174, 177, 179, 180, *194*, *195*, 212, 219, 232, 241, 256, 297, *312*, 313, *319*, *332*, 336, 358, 362, 363, 376, 379, •49–1, •49–3, •49–4, •49–5, •49–6, •89–13, •89–15, •89–16, •89–18, •105–23, •129–25
Hlond, August Kardinal 110
Hodges, Johnny 278
Hoegner, Wilhelm 94
Hoffmann, Johannes 123
Hoffmann, Kurt 270
Hofmann, Paul 96
Hofmann, Richard 284
Hölderlin, Friedrich 260
Holland, Sidney 153, 353
Holocaust → Judenvernichtung
Holzkohle 238
Honduras **327**
Honegger, Arthur 276
Hongkong 16, 18, 35, 36, 93, **330**
»Hood« 30
Hoover, Herbert Clark 234
Horinutschi, Kensuki 20
Horthy, Miklós von 56, 76, 78, 184, 388
Höß, Rudolf 15, *115*, 181, •145–36
Ho Tschi Minh 93, 98, *100*, 101, 110, 130, 218, 330, *331*
Houphouët-Boigny, Félix 322
Houssay, Bernardo 123
Hoxha, Enver 78, 98, 110, 292
Huber, Kurt 59
Huber, Max 79
Huch, Ricarda 123, •328–58
Huggins, Godfrey 382
Hull, Cordell 35, 62, 66, 95, •105–24
Hundhammer, Alois 264
Huntzinger, Charles 18, 318
Hurdes, Felix *359*
Hurley, Patrick *309*
Husaini, Hadsch Amin al- 29, 35, 136, 219, 334, 335
Husák, Gustav 107, 122
Husserl, Edmund 263
Huston, John 273, 274

## I

Ibáñez del Campo, Carlos 307
Iberische Halbinsel 35
Ibn Saud, König von Saudi-Arabien 102, 371
Idris as-Senussi, Mohammed 349
Igelhoff, Peter 279
IG-Farben 116, 133
IG-Farben-Prozeß 190, 192
Imrédy, Bela 100
IMT (Internationaler Militärgerichtshof) **188–193**
Indien 86, 120, 121, 123, 125, 126, 135, 148, 152, 215, 217, •368–71, auch → Britisch-Indien
Indochina 21, 32, 47, 55, 80, 84, 93, 94, 96, 98, 100, 101, 106, 113, 114, 121, 125, 127, 130, 132, 218, **330–331**
Indonesien 93, 94, 95, 96, 99, 100, 101, 102, 109, 110, 114, 115, 117, 119, 125, 126, 136, 138, 140, 153, 215, 217, **331–332**
Industrie 167
Infektionskrankheiten **245–246**
Inflation 236
Ingrid, Königin von Dänemark *311*
Innitzer, Theodor •368–68
Inönü, Ismet 27, 43, 66, 388
Internationaler Militärgerichtshof → IMT
Internationaler Währungsfond → IWF
Internationales Zoll- und Handelsabkommen → GATT
IRA (Irische Republikanische Armee) 46, 333
Irak 28, 29, 30, 53, 69, 110, 119, 122, 125, 126, 138, 140, 147, **332–333**
Iran 33, 34, 75, 101, 102, 115, 123, 141, 147, 148, **333**
Irgun Zwai Leumi 116, 119, 121, 123, 127, 130, 132, 220
Irische Republikanische Armee → IRA
Irland 72, 126, 136, 137, 143, **333**
Island 66, 73, 109, **334**
Ismay, Hastings Lionel *120*
Israel 131, 132, 135, 136, 138, 140, 141, 142, 143, 147, 149, 152, 153, **218–223**, **334–335**, •368–72
Italien 13, 14, 17, 19, 21, 22, 23, 25, 27, 33, 34, 36, 38, 50, 51, 54, 56, 59, 60, 61, 62, 63, 66, 68, 69, 71, 72, 73, 74, 77, 79, 86, 87, 95, 102, 103, 106, 107, 108, 110, 113, 114, 116, 117, 120, 125, 126, 127, 130, 131, 132, 133, 137, 146, 148, 149, **336–338**
Italienisch-Somaliland **338**
IWF (Internationaler Währungsfond) 109, 114, 119, 234, **239–240**

## J

Jaber as-Sabah, Ahmad al- 347
Jackson, Robert H. 107, 189
Jacquet, Illinois 278
Jagan, Cheddi 301
Jakobson, Leonid 267
Jalta 83, 156, 186, 201, 208, 223, 233, 313, 315
Jamaika **338**
James, Harry 279
Jannings, Emil 28
Jany, Alex 283
Japan 12, 13, 18, 19, 20, 21, 27, 28, 29, 30, 32, 33, 34, 35, 36, 38, 40, 56, 58, 69, 73, 75, 79, 90, 91, 92, 93, 94, 95, 96, 98, 99, 102, 103, 106, 108, 115, 116, 137, 145, 153, 215, **338–340**
Jarullin, Farid 267
Jary, Michael 279, 328
Jazz **277–279**
JCS 1067 191, 224, 225, 314
Jeanmaire, Renée (»Zizi«) 268
Jeanneret-Gris, Edouard → Le Corbusier
Jemen 126, **340**
Jennings, Humphrey 273
Jensen, Johannes H. D. 243, **261**
Jensen, Vilhelm 79
Jeschonnek, Hans 60
Jessner, Leopold 263
Jessup, Philip 140
Jewish Agency 219, 220, 221, 334
Jewish Council for Russian War Relief 186
Jigme Wangchuk, König von Bhutan 299
Jodl, Alfred, *33*, 46, *90*, 109, 189
Johnson, Hunter 268
Johnson, James 278
Johst, Hanns 259, •65–8
Joliot-Curie, Frédéric 98
Jones, Jennifer 274
Jordanien 147, **340–341**
Jorn, Asger 258
Joseph, Bernard *334*
Jouvet, Louis 266
Joyce, James 25, **280**
Judenvernichtung 32, 38, 89, 164, **179–188**, 194, 206, 220, 312, 313, 319, 358, •89–13
Jüdisches Antifaschistisches Komitee **185**
Jugoslawien 27, 28, 29, 31, 32, 34, 35, 58, 61, 62, 66, 69, 71, 72, 76, 78, 84, 90, 95, 96, 101, 102, 106, 107, 108, 109, 114, 121, 123, 132, 133, 148, 151, 152, **341–342**, 377
Juin, Alphonse 321, 322
Juliana, Königin der Niederlande *135*, 143, 354
»Junge Pioniere« 138
Jungmann, Joseph 177

## K

Kaak, Mohammed 387
Kabarett •328–60
Kaganowitsch, Lazar 185
»Kahlschlag« 263
Kaisen, Wilhelm 110, 121
Kaiser, Henri 231
Kaiser, Jacob 123, 224, 225, 264
Kaiser-Wilhelm-Gesellschaft 126
Kalinin, Michail *104*, 377, •105–22
Kállay, Miklós 70, 389
Kallio, Kyosti 23
Kaltenbrunner, Ernst 98, 109, *188*, 189
Kalter Krieg 157, 203, 207, 210, 213, 214, 217, 233
Kambodscha 85
Kanada 17, 21, 26, 60, 77, 133, 137, 138, 143, **343**
Kandinsky, Wassilij, 80, 253, **280**
Kap Verde **343**
Kardelj, Edvard *99*, 102
Károlyi, Graf Michael 71
Kaschmir 122, 125, 133, 140, 142
Kästner, Erich 262, *329*, •328–59
Katar **343**
Katyn 56
KAU (Kenya African Union) 346
Kaukji, Fausi el- 117, 335
Käutner, Helmut 270, 271, •328–58
Kazan, Elia, 274, 275
Keenan, Josef B. 106, 192
Keitel, Wilhelm *33*, 34, 46, 60, 90, 93, *109*, *188*, 189, •145–36
Kenia **346**
Kennan, George 392
Kennedy, John F. 59
Kenyatta, Jomo 346
Kern, Jerome 268
Kernphysik **242–243**
Kerr, Alfred 136
Kesselring, Albert 72, 84, 114, 116
Keynes, John Maynard 102, 239, *240*
Keyserling, Hermann Graf von 102
Khama, Seretse 135, 147, 298
Khama III., Häuptling der Bamangwato 298
Khan, Liaquat Ali 302
Khan, Shafaat Achmed 108
Khoury, Bischara al- 348
Kiefer, Adolph 283
Kim Il Sung 100, 135, 346, 347
King, Henry 274
King David Hotel *220*
Kingsley, John Donald 148
Kirchenfragen 100, 118, 119, 134, 137, **173–179**
Kirow-Ballett 267
Kirstein, Lincoln 267
Kisch, Egon Erwin 130
Klee, Paul 253, **280**
Kleinlandwirtepartei 389
Kleist, Paul von 32, 33
Klepper, Jochen *51*
Klingler, Werner 271
Kluge, Günther von 55, 74, 76
Knef, Hildegard •328–58
Knesset 334, 335
Kobelt, Karl *96*
Koch, Erich 31, 40
Koch, Robert 167
»Kohlenklau« 43, 167
Köhler, Erich 118, 265, •264–44, •264–47
Koiso, Kuniaki 215, 332, 339, 340
Kolarow, Vasil 148, *306*
Kolbe, Georg **280**
Kolbe, Maximilian 33
Kolbenheyer, Erwin Guido 259
Kolbenhoff, Walter 262
Kollwitz, Käthe 86
Kolumbien 63, 102, 107, 152, **346**
Kominform 132, 133, **211**, 212, 235, 367, 377, 378
Komintern **211**
Komitee der Nationalen Befreiung 75
Komitee »Freies Frankreich« 17, 18, 19, 20
Komitee für die Befreiung der Völker Rußlands 378
»Kom(m)ödchen« 328
Kommunistische Partei Chinas → KPCh
Kommunistische Partei der Sowjetunion → KPdSU
Kommunistische Partei Deutschlands → KPD
Kommunistische Partei Italiens → KPI
Kommunistische Partei Österreichs → KPÖ
Konoe, Fumimaro 19, 32, 34, 338
Konzentrationslager → KZ
Kopf, Hinrich Wilhelm 110
»Kopfgeld« 132
Korczak, Janusz *45*
Korea 95, 99, 100, 110, 131, 134, 135, 137, 142, 148, **346–347**
Koreakrieg 157, 228, 236, 347
Koroljow, Sergej 242
Korsika 50
Koryzis, Alexandros 25, 29
Kostow, Traitscho *153*, 306
Kotschinchina 130
Kóvacs, Béla 117
Kowa, Viktor de 269
KPCh (Kommunistische Partei Chinas) 308, **309**, 310
KPD (Kommunistische Partei Deutschlands) 92, 96, 116, 118, 146, 164, 344
KPdSU (Kommunistische Partei der Sowjetunion) 123, 141, 211, 212
KPI (Kommunistische Partei Italiens) 336, 337
KPÖ (Kommunistische Partei Österreichs) 358, 359, 368
Kramer, Josef *95*
Krauß, Werner 64, 270, •65–11
Kreisauer Kreis 41, 58, 60, 68, 177
Křenek, Ernst 276
Kreß, Willibald 284
Kreta 22, 90
Kreuder, Ernst 262
Kriegsopfer **198**
Kriegsverbrecherprozeß von Tokio **192**
Kriegswirtschaft **229–237**
»Kristallnacht« 179
Kristensen, Knud 122
Krupp von Bohlen und Halbach, Alfred 130, 133, 190
Krupp-Prozeß 190
Ku, Kim 100
Kuba 19, 40, 47, 72, 115, 132, **347**
Kube, Wilhelm 32, 62
Kubiš, Jan 171
Küchler, Georg von 38
Kuckhoff, Adam 60
Kukkonen, Antti 14
Kulturkrieg •65–7
Kuni, Naruhiko Higoschi 92, 94
Künneke, Evelyn •65–11
Kuomintang **308–309**, 310, 330
Kuwait **347**
Kuwait Oil Company 347
Kuzorra, Ernst 284
Kybernetik **246–247**
KZ (Konzentrationslager) 14, 15, 26, 27, 33, 41, 45, 46, 55, 56, 62, 63, 74, 75, 82, 83, 85, 86, 87, 90, 93, 95, 96, 98, 109, 114, 117, 164, 167, 168, 169, 172, 173, 175, 180, 181, 182, [K] 183, 184, 194, 220, 358

## L

La Beach, Lloyd 283
Labour Party **325–327**
Ladas, Christos 131
Lagerlöf, Selma 14
Lages, Willy *149*
Laguardia, Fiorello *307*
Lalo, Edouard 257
Lambethkonferenz 134
Lamine, Sidi 57
Lamprecht, Gerhard 269
La Mu Ton Tschu 13, 384
Lander, Harald 268
Lander, Margot 268
Landsteiner, Karl 58, 244
Langgässer, Elisabeth 262
Langhoff, Wolfgang *329*
Lanzi, Mario 282
Laos 148
»Lascaux« 21
Lasker, Emanuel *25*
Lasker-Schüler, Else 82
Lateinamerika 134
Laurel, José 62, 152
Laval, Pierre 22, 23, 33, 34, 40, 44, 47, 75, 78, 94, 318, 319
Lawrence, Geoffrey *190*
Lawrowskij, Leonid 267
LDPD (Liberal-Demokratische Partei Deutschlands) 91
Lean, David 274
Leander, Zarah •65–11
Leber, Julius 166, 168, *169*
Lebrun, Albert 18, 60
Leclerc, Philippe 76
Le Corbusier (Edouard Jeanneret-Gris) 254, 255, 256
Leeb, Wilhelm Ritter von 38
Lehár, Franz 136, **280**
Lehi 141
Leibowitz, René 276
Leichtathletik-Weltrekorde **287**
Leigh, Vivien *266*
Leih- und Pachtgesetz 391
Leip, Hans 279
Lemmer, Ernst 123
Lenin, Wladimir Iljitsch 194
Lenya, Lotte *276*
Leopold III., König der Belgier 15, 16, 73, 90, 91, 123, 152, 296, 297, *298*
Lescot, Elie 28, 327
Lessing, Gotthold Ephraim 263, 328
Leuschner, Wilhelm 166, 168
Ley, Robert 95, •65–7, •89–13, •89–15, •89–16, •105–24
Libanon 35, 63, 69, 142, 215, 218, **348**
Libby, Willard 150
Libera, Adalberto 256
Liberal-Demokratische Partei Deutschlands → LDPD
Liberia 57, **348**
Libertyschiffe **231**
Libyen **348–349**
Lichtenberg, Bernhard *63*
Lidice 42, **171**, 386
Lie, Trygve *99*, 115, 357, •304–49
Liebeneiner, Wolfgang 269, •328–57
Liechtenstein **349**
Lieder •65–9
Lieftinck, Piet 354
Lifar, Serge *267*
»Lili Marleen« **279**
Limón, José 268
Lin Biao 138
Lincke, Paul *108*
Linhares, José 300
Lissitzkij, El 36
List, Wilhelm 46
Lister, Sean 20
Literatur **259–263**, •328–59
Literaturnobelpreisträger **261**
Littleton, Humphrey 278
Litvak, Anatole 273
Litwinow, Maxim 35
Lléras Camargo, Alberto 346
Llopis, Rodolfo 114
Löbe, Paul *135*
Loew, Jacques 177
Lohmeyer, Wolfgang 262
Lohse, Erich 31

Londoner Abkommen 188
López, Alfonso 346
López, Pilar 268
Lorenzon, Robert 16
Loring, Eugene 267
Lorre, Peter *275*
Louis, Joe *30*, 132, **283**
Louis II., Fürst von Monaco 146, 352
Lubac, Henri 177
Lubitsch, Ernst 273, 274
Lubliner Komitee 172
Luciano, Charles (»Lucky«) 115
Lüdemann, Hermann 116, *117*, 149
Ludendorff, Erich 89
Ludwig, Emil •89–14
Luftbrücke 132, *133*, 142, 146, 157, **225**, 227, 235, 236
Luftfahrt 18, 78, 79, 127, 130
Luftkrieg 87, 89, 160, 161, 203, •89–16
Luftschlacht um England → Battle of Britain
Lu Han 153
Lukas, Paul 274
Lumière, Louis 132
Lunceford, Jimmie 277
Lupescu, Magda 30
Luter, Claude 278
Luxemburg **349**

## M

MacArthur, Douglas 40, 84, 85, *93*, 95, 96, 99, 116, 137, *144*, 178, 192, *340*, *347*, 355, •145–32
Macaulay, Herbert 356
Macdonald, Malcolm 13
Mackendrick, Alexander 274
Mackenzie King, William 17, 26, 137, 343
Macmillan, Harold 115
Madagaskar 41, 46, 47, 50, 118, **349–350**
»Madagaskarplan« 180
Maderna, Bruno 276
Madrid, Arnulfo Arias 359
Maeda, Tadashi 215
Maeterlinck, Maurice 146
Maetzig, Kurt 270, 271
Maggiorani, Lamberto *272*
Maginotlinie 195
Magsaysay, Ramón 362
Maher Pascha, Ali 291
Mahler, Gustav 328
Maier, Reinhold 111, *117*
Maillol, Aristide 77, **280**
Maisch, Herbert 269
Majdanek 74, 89, 96, 183
Makwaja, David 383
Malan, Daniel F. 131, 143, 381
Malaya 26, 38, **350**
Malayan People's Anti-Japanese Army → MPAJA
Malenkow, Georgij 31, 377
Malerei **257–258**
Malinowskij, Rodion Jakowlewitsch 184
Malta 121, 122, **350**
Mancheno, Carlos 120
Mandschurei 93, 194, 195
Manila 361, 362
Manley, Norman 338
Mann, Erika *259*
Mann, Heinrich 259, 260
Mann, Katja *259*
Mann, Klaus 146, 259, 260
Mann, Thomas 147, *259*, 260, 328, •89–14, •328–59, •368–70
Mannerheim, Carl Gustav von 13, 42, 54, 75, 100, 101, 317, 318
Mannheim, Karl 113
Manstein, Erich von 43, 153, 202
Mao Zedong 137, 140, 141, 143, 147, 151, 212, 213, 308, *309*, 310
Mapai-Partei 141
Marc, Franz 253
March, Frederic 274
Marciano, Rocky 283
Margaretha, Prinzessin von Dänemark *311*
Marian, Ferdinand *64*, 270, •65–10
Marie, André 133, 134
Mariemma 268
Marischka, Ernst 270
»Mark 1« 243
Maron, Karl •304–54
Märsche •65–9
»Marsch zum Meer« 216
Marshall, George Catlett *113*, 117, *121*, 140, 214, 224, 309, 392, •248–37
Marshallplan 117, 118, 119, 125, 130, 136, 157, 209, 210, 214, 225, **234–236**, 240, 248, 320, 326, 338, 343, 354, 358, 365, 368, 392
Martin, Frank 276
Martínez, Maximiliano Hernández *317*
Martinsen, Carl 83
Marx, Karl 263
Marx, Wilhelm 107
Masaryk, Jan 119, 127, 386, 387
Massine, Leonid 267
Matsuoka, Yosuke 18, 27, 32, 95
Mauriac, François 266
Mauritius **351**
Mauthausen 26, 87, 98, 117, *369*
Max-Planck-Gesellschaft 126
Maxwell Fyfe, David *190*
McCarey, Leo 274
McCarran-Nixon-Gesetz 393
McCarthy, Joseph 275, 393
McCloy, John 75, 146, *153*
McLeod, Norman Z. 274
McNarrey, Joseph Taggert 113, 115
MDRM (Mouvement Démocratique de la Rénovation Malgache) 350
»Me 262« 57, 66
Medina Angarita, Isaias 94
Medizin **244–245**
Meegeren, Han van 122, **258**
»Mein Kampf« 194
Meir, Golda *334*
Memelgebiet 169
Mendelssohn-Bartholdy, Felix 328
Menderes, Adnan 388
Menotti, Gian Carlo 268
Menzies, Robert 21, 36, *295*
Merkelbach, Benjamin 255
Messe, Giovanni 57
Messiaen, Olivier 276
Metaxas, Ioannis 25, 323
Mexiko 20, 21, 34, 56, 62, 106, **351**
Meyerinck, Hubert von •328–60
Michael I., König von Rumänien 20, 76, 123, 366, 367
Michalski, Theodore Picado 69, 311
Michoels, Solomon 185
Midway 120, 145, **200**, 201
Miegel, Agnes 259
Mierendorff, Carlo 66, 166
Mies van der Rohe, Ludwig 256
Mihailović, Draža 29, 76, 101, 107
Miklós, Bela 389
Mikojan, Anastas 31, 377
Mikołajczyk, Stanisław *79*, 123, 172, 209, 363, 364
Milch, Erhard 190
Militärische Kriegführung **159–163**
Milland, Ray 274
Mill Brothers 279
Mille, Agnes de 267
Miller, Arthur 266
Miller, Glenn, 80, 279, •328–56
Millerand, Alexandre 56
Milloss, Aurel von 268
Mills, Freddie *283*
Mindanao 82
Mindszenty, József Kardinal 130, 132, 138, 140, 141, 178, 389
Minger, Rudolf 372, 373, 374
Mission **176**
»Missouri« *200*, 340
Mistral, Gabriela 95, **261**
»Mit brennender Sorge« 175
Mitchell, Margaret 149
Mittelmeer 18, 19, 21, 23, 25, 26, 27, 28, 29, 35, 36, 38, 39, 41, 42, 43, 44, 45, 46, 47, 50, 51, 53, 54, 55, 56, 57, 61, 62, 63
Mix, Tom 21
Moçambique **351**
Model, Walther 76, 80, 202
Modern Dance **268**
Mohammed V. ben Jussuf, Sultan von Französisch-Marokko 321, *322*
Mohammed Reza Pahlewi, Schah von Persien 34, 75, 141, *333*
Möller, John Christmas 311
Molotow, Wjatscheslaw 22, 29, 41, 62, *102*, 106, 113, 114, *122*, 133, 135, 209, 235, 376, 377, *386*
Moltke, Helmuth James Graf von 41, 68, 177
Monaco 146, 152, **352**
Monard, Jacques 56
Monck-Mason Moore, Henry 307
Mondrian, Piet 69, 258, **280**
Mongolische Volksrepublik **352**
Monk, Thelonious 278
Monnet, Jean 14
Monsef Pascha, Sidi, Bei von Tunis 387
Montanunion 228
Montgomery, Bernard Law 45, 47, 59, 77, 85, 136, 196, 202, 291, *325*, 349
Montherlant, Henry de 266
Moore, Henry 257, *258*
Morgenthau, Henry *91*, 233, 248, 314
Morgenthau-Plan 234, 314
Morínigo, Higinio 60, 360
Motta, Guiseppe 372
Mountbatten, Louis 60, 100, *114*, 115, *120*, 301, 302, 327
Mountbatten, Philip 119, *122*
Mouvement Démocratique de la Rénovation Malgache → MDRM
MPAJA (Malayan People's Anti-Japanese Army) 350
»Mulberry« 73
Müller, Gebhard 134, •264–45
Müller, Ludwig 173, *176*
Müller, Paul 245
Mumba, Levi 357
Munch, Edvard *68*
»Münchner Abkommen« 187, 194
Munk, Kaj 68, 311
»Musashi« 78
Musik **276–279**, •65–9, •65–11, •328–55, •328–56
Musil, Robert 40
Mussert, Anton Andriaan 102, 355
Musset, Alfred de 266
Mussolini, Benito 13, 14, 15, 17, 21, 22, 25, *27*, *33*, 36, 44, 49, 50, 54, 56, 58, 59, *61*, *87*, 102, 105, 156, *194*, 196, 206, 291, 294, *336*, 348, •105–23
»Mutter Courage« 29
»Mutsu« 58

## N

»Nacht- und Nebelerlaß« 36
Nagasaki 92, 145, 192, 198, 203, 215, 339, 391
Nagumo, Tschuitschi 35
Nagy, Ferenc 117, 389
Nahas Pascha, Mustafa al 14, 291
Naher Osten 30, 31, 69, 91, 121, **218–223**
Naruhiko, Prinz von Japan 339
Narvik *48*
Naschimoto, Morisama 96
National Council for Nigeria and the Cameroons → NCNC
National Health Service → NHS
Nationalkomitee Freies Deutschland 59, 165
Nationalsozialistische Deutsche Arbeiterpartei → NSDAP
Nathan, Robert 98
NATO 138, 142, 143, 149, 213, 215, 236, 304, *305*, 311, 318, 320, 334, 343, 349, 357, 365, 371, 272, •304–50
Naturkatastrophen 115, 122, **163**
Nauru **352**
Nazimuddin, Khwaja 301, 302
NBS (Nationale Bewegung der Schweiz) 374
NCNC (National Council für Nigeria and the Cameroons) 356
Nehru, Jawaharlal 36, *45*, *107*, 108, 113, 120, *216*, 301, *302*, •368–71
Nenni, Pietro 110, 337
Neo-Destur-Partei 387
Neorealismus 271, **272**
Nepal **352**
Nernst, Walter 35
Neruda, Pablo 308
Nervi, Pierluigi 256
Nettelbeck, Joachim 167
Neubauer-Poser-Gruppe 169
Neuengamme 87, 89
Neuguinea 40, 43, 53, 56, 61, 71, 72, **360**
Neumann, Alfred 260
Neumann, Franz 304
Neurath, Konstantin von 34, 109, 171, 189, 385
Neuseeland 40, 153, **353**
»New Deal« 194, 393
New York City Ballet 267
Nguyen Van Xuan 132
NHS (National Health Service) 325, 326
Nicaragua 91, 117, 120, **353**
Nicola, Enrico de 106, 107
Niederlande 15, 16, 25, 26, 28, 30, 41, 51, 56, 69, 79, 102, 103, 122, 125, 135, 140, 143, **353–355**
Niederländische Antillen 39, **355**
Niederländisch-Indien 38, 39, 40, 60, 74, 77, 91, 92, 216
Niederländisch-Neuguinea **355**
Niedersachsen 110
Niemöller, Martin 89, 173, 174, **177**
Nietzsche, Friedrich 65
»Nieuwe Kerk« *176*
Nieuwenhuys, Constantin 258
Nigeria **356**
Nijinska, Bronislawa 267
Nikitschenko, Iola *190*
Nipkow, Paul 20
Nixon, Richard 393
Nkrumah, Kwame 323
Nkumbula, Harry 356
Nobelpreise 23, 78, 79, 94, 95, 111, 123, 138, 152, **261**
Nobs, Ernst *138*, 373, 374
Noguès, Auguste 321, *322*
Nolde, Emil 253
»Nord« → »Fall Nord«
Nordafrika 21, 55, •49–6
Nordrhodesien **356**
Nordwestdeutscher Rundfunk → NWDR
»Noronic« 150
Norwegen 13, 14, 15, 21, 23, 27, 39, 46, 62, 63, 68, 70, 79, 83, 90, 93, 100, 142, 147, 148, **356–357**, •49–1
»Notopfer Berlin« 136
NP (Nationale Partei) 381
NS-Besatzungspolitik •105–24
NSDAP (Nationalsozialistische Deutsche Arbeiterpartei) 90, 94, 165, 189, 194, 252, 358
NS-Kulturpolitik **251–254**, **269**
Nu, Thakin 122, 125, 299
Nuri as-Said 110, 140, 333
Nürnberger Prozeß 95, *97*, 98, 100, 107, 108, 109, 114, **188–193**, 313, •145–36
Nuschke, Otto 135
NWDR (Nordwestdeutscher Rundfunk) 125
Nyasaland **357**
Nygaardsvold, Johan 15

## O

Oahu 197
OAS (Organisation Amerikanischer Staaten) 130, 346
Oberkommando der Wehrmacht → OKW
Oder-Neiße-Linie 151, 364
Odría, Manuel 137, *361*
OEEC (Organization for European Economic Cooperation) **214**, 235, 340, 365
Office of Strategic Services 374
Ohlendorf, Otto 98, 190
»Ohm Krüger« 28
Ökumene **173–179**
OKW (Oberkommando der Wehrmacht) 13, 30, 129, 189
Olbricht, Friedrich 166
Olivier, Laurence *266*, 274
Olympio, Sylvanus *303*, 322
Olympische Sommerspiele 1948 281, **285–286**, •248–42
Olympische Winterspiele 1948 282, **285**
»Omaha-Beach« 72
Oman **357**
O'Neill, Eugene 266
Opel, Wilhelm von 131
»Operation Buffalo« 72
»Operation Dynamo« 16, 17
»Operation Herbstnebel« 80
»Operation Lightfoot« 196
»Operation Overlord« 57, 72
»Operation Sichelschnitt« 16
»Operation Torch« 47
Oppenheimer, J. Robert 113, •145–33
Opsomer, Isidor 113
Oradour-sur-Glane 73
Oranienburg 89
Organisation Amerikanischer Staaten → OAS
Organization for European Economic Cooperation → OEEC
Orlopp, Josef •344–63
Ortiz, Roberto 293, 294
Osborne, Margaret *281*
Oscars **274**
Oser, Erich → Plauen, E. O.
Osmeña, Sergio 83, 361, 362
Osorio, Oscar 138, 317
Ospina Peréz, Mariano 102, 107, 346
Ostafrika 17, 19, 20, 21, 25, 26, 27, 28, 29, 31, 35
Oster, Hans 168
Österreich 13, 15, 87, 90, 91, 92, 93, 94, 96, 98, 100, 102, 106, 107, 110,113, 115, 119, 121, 125, 131, 136, 141, 147, 148, 149, 151, 153, **358–359**, •368–67, •368–68
Österreichische Volkspartei → ÖVP
Osteuropa **209**
Ostfront 31, 32, 33, 34, 35, 36, 38, 40, 41, 42, 43, 44, 45, 46, 47, 50, 51, 53, 54, 55, 57, 58, 59, 60, 61, 62, 63, 66, 68, 69, 70, 71, 72, 73, 74, 75, 76, 77, 78, 79, 80, 82, 83, 84, 85, 86, 87, 90
Ostrowski, Otto 111
ÖVP (Österreichische Volkspartei) 96, 151, 368
Owens, Jesse 283

## P

Paasiviki, Juho Kusti 101, 318
Paderewski, Ignacy Jan 12, 31
Pagnol, Marcel 266
Pakistan 120, 121, 135, 141, 148, **217**, **301–302**, •368–71
Palästina 13, 23, 35, 39, 41, 69, 70, 92, 94, 95, 98, 99, 101, 102, 103, 106, 107, 108, 109, 110, 111, 113, 114, 115, 116, 117, 119, 120, 121, 122, 123, 125, 126, 127, 130, 131, 138, 153, 🄺 221, 334, 335
Palästina-Mandat **218–219**
Panama 123, 131, 136, 149, **359–360**
Pantschen-Lama 69
Papagos, Alexandros 141
Papandreou, Georgios 71, 78, *324*
Paparé, Silas 355
Papen, Franz von 109, 114, 189
Papua-Neuguinea **360**
Paraguay 13, 21, 60, **360**
Parchimer Fememord 181
Pariser Friedenskonferenz 107
Parker, Charlie 278
Parlamentarischer Rat *136*, 226, 264, •264–46
Partei der Arbeit → PdA
Partido de la Revolución Mexicana → PRM
Parti Populaire Algérien → PPA
Paryla, Karl *329*
Pasteur, Louis 245
Pathet Lao 331
»Patria« 334
»Patrick Henry« 31
Patterson, Robert 115
Patton, George Smith 59, 79, 80, 86, 96, 202
Pauker, Ana 122
Paul, Prinz von Jugoslawien 341, 342
Paul I., König von Griechenland 115, 120
Paul VI., Papst 178
Paul, Rudolf 120
Pauli, Wolfgang 95
Paulsen, Adolf •328–58
Paulus, Friedrich 23, 45, *52*, 53, 54, 129, 202
Pavelić, Ante 28, 56, 178, 341
Paz Estenssoro, Victor 300
Pazifik 36, 38, 40, 41, 42, 44, 45, 46, 47, 50, 51, 54, 55, 56, 57, 58, 59, 63, 69, 70, 73, 74, 75, 78, 79, 80, 82, 85, 86, 90, 91, 92, 93, 116, 119, •145–31, •145–32
PdA (Partei der Arbeit) 374
Pearl Harbor 🄺 **197**, 199, 200, 232, 295, 300, 308, 323, 339, 360, 361, 391
Pearson, Lester B. 343
PEEA 70
Peenemünde **241–242**
Penaranda, Enrique 300
Peron, Eva → Duarte
Perón, Juan Domingo 69, 74, 94, 96, 98, 100, 103, 142, 143, 293, 294
Peronismus **293**
Peru 38, 57, 90, 91, 122, 136, 137, **360–361**
Petacci, Clara *87*
Pétain, Philippe 16, 17, 18, 20, 22, 23, 25, 40, 75, 91, 92, 93, 130, 195, 259, 318, *319*, •105–19
Peter II., König von Jugoslawien 27, 28, 62, 69, 76, 341, *342*
Peters, Carl 167
Petiot, Marcel 101
Petit, Roland *268*
Petitpierre, Max 153, •368–70
Petkow, Nikola 117, 120
Petroleum Reserves Corporation 69
Pfitzner, Hans 146
Philip, Duke of Edinburgh 326, auch → Mountbatten, Philip
Philippinen 35, 36, 38, 40, 41, 62, 78, 82, 83, 84, 90, 91, 106, 130, 152, 215, 216, 217, **361–362**
Piacentini, Marcello 255
Pibul Songgram 36, 130, 384
Picasso, Pablo 253, *257*
Piccard, August •368–70
Pieck, Wilhelm *102*, *151*, *227*, *228*, *314*, 315, *345*, •344–64, •344–66
Pierlot, Hubert 15, 16, 17, 22, 83
Pignon, Léon 153
Pilet-Golaz, Marcel 373
Pinelli, Aldo von 279
Pitoeff, Georges 266
Pius XI., Papst 175
Pius XII., Papst 14, 15, 34, 59, 96, 109, 120, 136, 138, 141, 143, 148, 153, *175*, 176, 336, 390
Planck, Max *121*
Plastiras, Nikolaos 82
Plauen, E. O. (Erich Oser) 71
Plazza Lasso, Galo 132, 135, 316
Pohl, Oswald 122, 190
Pohl-Prozeß 190
»Pola« 27
Polen 12, 17, 34, 45, 53, 56, 58, 62, 68, 75, 78, 79, 82, 90, 93, 98, 106, 110, 114, 115, 121, 123, 138, 148, 152, 186, 187, 🄺 363, **362–364**
Polnische Vereinigte Arbeiterpartei → PZPR
Pon, Ben *234*
Ponce, Federico 78
Portugal 60, 72, 141, 148, **364–365**
Portugiesisch-Guinea **365**
Portugiesisch-Indien **365**
Portugiesisch-Timor **365**
Posener Rede 62
Postleitzahlen 68
Potsdam 91, 92, 156, 186, 187, 203, 207, 209, 223, 224, 313, 315, 364
Potter, H. C. 275
Pound, Ezra 87
Powell, Bud 278
PPA (Parti Populaire Algérien) 292, 293
»PQ17« 43
Prado y Ugarteche, Manuel 360, 361
Prasad, Radschendra *216*
Prestes, Luiz Carlos 300
Preysing, Konrad Graf von 96, *174*, 176
Pridi Phanomjong 384
Prien, Günther 27, 205
Priestley, John 266
Primus, Pearl 268
»Prince of Wales« 30, 33, 36, 339

»Prinz Eugen« 30, 31, 39, 107
Prío Socarrás, Carlos 132, 347
PRM (Partido de la Revolución Mexicana) 351
Probst, Christoph *54*
Profes, Anton 279
Prokofjew, Sergej 267, 276, 378
Propaganda •89–17, •89–18
Pünder, Hermann 127, •264–44
Purcell, Henry 268
Puschkin, Alexander 267
PZPR (Polnische Vereinigte Arbeiterpartei) 364

## Q

»Queen Elizabeth« 36
Quest, Hans •328–57
Queuille, Henri 135
Quezón, Manuel 35, 361
Quidde, Ludwig 27
Quirino, Elpidio 130, 152, 362
Quirnheim, Albrecht Mertz von 166
Quisling, Vidkun 14, 93, 356, 357, •49–1
Quit-India-Resolution 216
Qumran *149*

## R

Rabenalt, Arthur Maria 269
Rabi, Isaak Isodor 79
Rachmaninow, Sergej Wasiljewitisch 56, **280**
Racine, Jean 266
Radar **244**
Raddatz, Carl *271*
Radescu, Nicolai 79, 84
Radhakrischnan, Sarvapalli *216*
Raeder, Erich 54, *109*, 189
Rahman, Tunku Abdul *350*
Rahner, Karl 177
Rainier III., Prinz von Monaco 146, 352
Rajk, László 119, 147, 150, *151*, 152, 390
Rákosi, Matyas 147, 390
Ralov, Borge 268
Rama VIII., König von Thailand 106, 384
Ramadier, Paul 116, 122
Ramírez, Pedro 58, 69, 293
Rank, J. Arthur 273
Rassemblement Démocratique Africain → RDA
Rassemblement du Peuple Français 116
Rasse- und Siedlungshauptamts-Prozeß 190
Rassismus 103, 117, 171, 172, 206
Raumfahrt **241–242**
Ravensbrück 80, 89, 114, 171
Rawson, Arturo 58
RDA (Rassemblement Démocratique Africain) 322
Reed, Carol 273, 274
Reichenau, Walter von 38
Reichsprotektorat Böhmen und Mähren → Böhmen und Mähren
Reiff, Gaston *281*
Reinalter, Edy 126
Reinhardt, Max *63*, 263
Remarque, Erich Maria 259
Renger, Annemarie *265*
Renner, Karl 87, 90, 96, *358*, •368–68
»Repulse« 36
Reusch, Michael 281
Reuter, Ernst 118, 138, 140, 141, *143*, 225, 227, 304, *305*, •248–40, •304–52, •304–53, •304–54
Reynaud, Paul 14, 17, 318, •49–2
Rhee, Syngman 100, 131, 346, *347*
Riad as-Solh 348
Rías, Juan Antonio 51
Ribbentrop, Joachim von 13, 22, 73, 84, *109*, 184, *188*, 189, *332*, 376, •105–23
Richter, Hans Werner 248, *262*
Riefenstahl, Leni 89
Riisager, Knud Age 268
Rilke, Rainer Maria 260
Ríos Morales, Juan Antonio 39, *307*, 308
Ritter, Gerhard 177
Ritter, Karl 270
Roach, Max 278
Robbins, Jerome 267
Robertson, Brian H. 108, 126, 147, •248–39
Robinson, Sugar Ray 123
Robson, Mark 275
Roda Roda, Alexander 93
Rodgers, Richard 56
Rogers, Ginger 274
Röhm-Putsch 189, 194
Rohstoffe **229–230**
Rokossowskij, Konstantin Konstantinowitsch 53, 152, 172, 362, 364
Rolland, Romain 80
Romain, Jules 266
Román y Reyes, Victor Manuel 120, 353
Rommel, Erwin 16, 26, *27*, 28, 36, 38, 39, 41, 43, 47, *48*, 49, 51, 54, 55, 68, 72, 74, 78, 162, 168, 196, 204, 220, 291, 349, •49–6, •129–27
Roosevelt, Franklin Delano 13, 14, 17, 22, 25, 27, *32*, 33, *36*, 50, *53*, 54, 57, 60, 61, 63, 66, 74, 77, 79, 82, 86, 157, 186, 194, 196, 201, 204, 208, 209, 215, 233, 295, 313, 315, 321, 325, 383, *391*, •105–21, •145–31, •145–34
Rosario y Antonio 268
Rosenberg, Alfred 29, 31, 40, 63, 109, 189, •368–67
Rosenblueth, Arturo 247
Rossellini, Roberto 149, 271, 272
Rossen, Robert 274, 275
Rote Armee 172, 181, 186, 187, 202, 209, 212, 306, 312, 317, 364, 366
Rote Kapelle 45, 51, 60, **166**, 169
Roth, Paul Edwin *260*
Rothschild, Walter 218
Roxas y Acuña, Manuel 130, *361*, 362
»Royal Oak« 205
Ruanda-Urundi **365**
Rudenko, Roman *190*
Rühmann, Heinz 64, 270, •65–11
Rumänien 17, 20, 23, 25, 26, 30, 40, 46, 53, 59, 71, 76, 79, 84, 98, 99, 102, 103, 109, 110, 119, 121, 122, 123, 126, 127, 130, 142, 148, 186, **366**
Rundstedt, Gerd von 39, 68, 84, 85, 195, 202
Rüstungsindustrie 167, 230, 231
Rüstungswettlauf **207**
Rütlirapport 373
Ryti, Risto 13, 14, 23, 54, 73, 75, 317, 318

## S

SA (Sturmabteilung) 65, 189
Saarland 121, 122, 123, 125, 133, 320
Sacharow, Rostislaw 267
Sacher, Horst 247
Sachsenhausen 41, 87, 109
Sadler Wells 266
Sadr, Mohammed el 126
Saefkow-Gruppe 169
Said Ibn Taimur 357
Saif al-Islam, Achmed 340
Saint-Exupéry, Antoine de 75
Saint-Laurent, Louis 137, 343
Saipan 73
Saladrigas, Carlos 72
Salazar, Antonio Oliveira de 351, 364, 365
Salim as Sabah, Abdullah 347
Salomonen **367**
Salote, Königin von Tonga 385
Salu, Fauzi 383
Salzburger Festspiele 107
Samkange, Thompson Douglas 382
Sanatescu, Constantin 366
Sandberg, Willem 258
Sander, Maria 282
San Francisco 211
Sänger, Fritz 118
San Marino 60, 61, **370**
Sansibar **370**
Santis, Giuseppe de 272
Santos Mentejo, Eduardo 346
São Tomé und Príncipe **370**
Sarabhai, Mrinalini 268
Saraçoğlu, Sükrü 43
Saragat, Giuseppe 106, 113
Sarawak 100, **371**
Sartre, Jean Paul 58, 72, **263**, 266, 273
Sarubin, Georgij 115
Sauckel, Fritz 40, 68, *109*, 189, 230
Saudi-Arabien 69, **371**
Sauguet, Henri 267
SBZ (Sowjetische Besatzungszone) 91, 93, 94, 99, 100, 101, 102, 110, 119, 120, 121, 127, 130, 132, 133, 135, 136, 137, 138, 140, 141, 142, 148, 150, 151, 316, •344–61
Scavenius, Erik 311
Schacht, Hjalmar 116, 189
Schäffer, Fritz 94
Schärf, Adolf 358, 359
»Scharnhorst« 17, 26, 27, 39, 66
Schatner, Mordechai *334*
Schaub, Julius *87*
Schdanow, Andrej 378
Schellenberg, Walter 55
Schellow, Erich •328–58
Schertok, Mosche *334*
Scheu, Just •328–60
Schidehara, Kidschuru 94
Schigemitsu, Mamoru 56, *93*, 339
Schimada, Schigetavo 69
Schintoismus **178**
Schirach, Baldur von 19, *109*, 189, •65–8, •145–36
Schischakli, Adib 383
Schlabrendorff, Fabian von 55
Schlager **279**, •328–56
Schlemmer, Oscar 56
Schlunegger, Hedy 126
Schmeling, Max 64, 283, •65–12
Schmid, Carlo 100, *265*, •264–46
Schmidt, Hermann 247
Schmitz, Jupp 279, •328–56
Schnurre, Wolfdietrich 262, •328–59
Scholl, Hans und Sophie 54, *165*, 168
Schön, Helmut 58, 284
Schönberg, Arnold 276, 328, 329
Schönherr, Karl 55
Schostakowitsch, Dmitrij 63, 276, 378
Schratt, Katharina 15
Schroeder, Louise 117, *305*, •304–53, •304–54
Schukow, Georgij Konstantinowitsch 26, 34, 50, 87, 90, 110, 202, 352
Schukri al-Kuwatli 383
Schulenburg, Friedrich Werner Graf von der 168
Schulze, Norbert 279
Schulze-Boysen, Harro 51, 166, 169
Schumacher, Kurt 55, 94, 96, 103, 118, 149, 150, *152*, 224, 265, 344, •248–39, •264–43, •264–46, •264–47, •264–48, •304–53
Schuman, Robert 123, 133, 135, 141, 228
Schuman, William Howard 268
Schumann-Gruppe 169
Schuricke, Rudi 279, •328–56
Schuschnigg, Kurt von 358
Schutzstaffel → SS
Schwalber, Josef •264–46
Schwarzer Film 274, **275**
»Schwarzer Freitag« 194
»Schwarzer Sabbat« 106
Schwarzmarkt 168, **235**, •248–41
Schweden 13, 14, 18, 60, 77, 109, 135, **371–372**
Schweikart, Hans 269
Schweiz 25, 28, 29, 39, 40, 41, 46, 55, 59, 61, 63, 66, 70, 76, 77, 79, 84, 91, 96, 100, 101, 102, 110, 111, 136, 138, 141, 142, 153, **372–375**, •368–69, •368–70
Schwenn, Günther 279
Schwerin von Krosigk, Johann Ludwig (Lutz) Graf von 87, 90, •129–29
Schwerin von Schwanenfeld, Ulrich Graf •89–15
Schwernik, Nikolaj 377
Schwimm-Weltrekorde **287**
Schwitters, Kurt 125
Scobie, Ronald *324*
SD (Sicherheitsdienst) 171, 189
Seaborg, Glenn Theodore 242
SED (Sozialistische Einheitspartei Deutschlands) 102, 110, 135, 141, 211, 224, 227, 304, 313, 344
Seeiso, Mantsebo *296*
Seekrieg 22, 26, 27, 30, 33, 35, 36, 39, 41, 42, 43, 54, 66, 160, **161**, **205**
Seghers, Anna 259, 261, *262*
Selbmann, Fritz •344–63
Selpin, Herbert 269
Semmler, Johannes 125, 127
Sen, Lin 61
Senanayake, Stephen 307
»Sender Werwolf« •129–30
Senghor, Léopold Sedar 322
Sergejew, Konstantin 267
Seydlitz, Walther von 165
Seyß-Inquart, Arthur 18, 25, 109, 189, 353, 354, •65–7, •65–8, •105–24
Shahrir, Sutan 92, 95, 331, 332
Shakespeare, William 266, 268, 274, 328
Shangali, Abdi el 383
Sharett, Mosche •368–72
Shearer, Moira *267*
Shearer, Sybil 268
Shockley, William 244
»shoot-on-sight-order« 33
Sica, Vittorio de 272
Sicherheitsdienst → SD
Sidki Pascha, Ismail 291
Sidney, George 274
Sieber, Josef *64*
Sierra Leone **375**
Sihanouk, Norodom 330, 331
Sikkim **376**
Sikorski, Władisław *45*, 58, 59, 209, 363
Sima, Horia 366
Simantos, Georgios 324
Simeon II., König von Bulgarien 60, 306
Simović, Dušan 27, 28, 341, 342
»Simplicissimus« 125
Sinatra, Frank 279
Singapur 35, 39, 93, 101, 216, **376**
Sisavang Vong, König von Laos 330
Skandinavien 13, 14, 15, 16, 17, 22
Skibine, George 268
»Skorpion« 262
Skorzeny, Otto 61, 133
Slánský, Rudolf 127, 387
Slowakei 23, 76
Smuts, Jan C. 131, *381*
Soames, Michael 267
Sobhusa II., König von Swaziland 382
Sobibor 41, 89, 117, 183
Söderbaum, Kristina •65–10
Sofulis, Themistokles 96, 137, 141
Sokolowskij, Wassilij 127, *224*, 225
Sombart, Werner *29*
Somoza, Anastasio (»Tacho«) 353
Sorge, Richard *34*, 79
Soutine, Chaim 60
Souvanouvong, Prinz von Laos 330, 331
Sowjetische Besatzungszone → SBZ
Sowjetunion → UdSSR
Sozialdemokratische Partei Deutschlands → SPD
Soziale Marktwirtschaft 158, 227
Sozialistische Einheitspartei Deutschlands → SED
Sozialistische Partei Österreichs → SPÖ
Spaak, Paul-Henri 16, 22, 98, *99*, 101, 130, 235, 297, •304–49
Spanien 18, 23, 26, 31, 46, 62, 102, 110, 114, 120, 126, 134, **379–380**
Spanische Sahara **380**
Spanisch-Guinea **380**
Spanisch-Marokko **380**
SPD (Sozialdemokratische Partei Deutschlands) 90, 92, 94, 96, 100, 103, 110, 116, 118, 134, 138, 146, 149, 150, 304, 344
Speer, Albert 39, 89, 109, 189, **256**, 312, •129–29
Spencer Gasser, Herbert 78, 79
SPÖ (Sozialistische Partei Österreichs) 96, 151, 368
Sport 19, 26, 30, 31, 43, 50, 57, 58, 65, 73, 107, 118, 123, 126, 131, 132, 133, 134, **281–287**, •65–12, •248–42
Spruance, Raymond A. 200
»Sputnik 1« 241
SRP 149
SS (Schutzstaffel) 13, 56, 57, 61, 62, 65, 105, 171, 179, 180, 181, 182, 189, 230, 312
Staatliches Verteidigungskomitee → GKO
Stafford, Jo 279
Staiola, Enzo *272*
Stalder, Josef 281
Stalin, Josif 29, 31, 32, 33, 34, 45, 53, 55, 57, 61, 62, 63, 66, 78, *83*, 91, 133, *144*, 157, 161, 166, 172, 184, 185, 194, 199, 201, 203, 204, 207, 208, 209, 211, 212, 223, 232, 317, 342, 377, *378*, *386*, •105–22, •129–25
Stalingrad 45, 46, 47, [K] 50, 51, 53, 54, 65, 129, 201, **202**, 204, 325, 336, 354, 366, 377, 378, •129–26
Stampfli, Walter *66*
Staudte, Wolfgang 270, 328
Stauffenberg, Claus Graf Schenk von *74*, 89, 166, 313
Steidle, Luitpold •344–65
Stein, Walter 279
Steiner, George 89
Steinhoff, Hans 269
Steinkohle 238
Stepinac, Alois (Erzbischof von Zagreb) 108, 178, 342
Stern, Abraham 220
Stern, Otto 79
Sternheim, Carl 263
Stevens, George 274
Stewart, James 274
Stewart, Rex 278
Stillwell, Joseph W. 308, 309
Stock, Christian 113
Stone, Harlan 86
Strauss, Richard *150*, 276, **280**
Strawinskij, Igor 267, 276, **277**
Strayhorn, Billy 278
Streicher, Julius 109, 189
Strickland, Shirley 282
Strienz, Wilhelm •65–11
Stroop, Jürgen 182
Stukas 40
Stülpnagel, Karl Heinrich von 32, 72, 166
Stülpnagel, Otto von 34, 46
Stumpf, Hans-Jürgen 90
»Stunde Null« 261
Sturges, Preston 274
Sturmabteilung → SA
Südafrika 107, 119, 131, 140, 143, **381**
Sudan **381**
Sudetenland 169
Südostfront •49–5
Südrhodesien **382**
Südwestafrika **382**
Südweststaat •264–45
Suezkanalgesellschaft 142
Suhr, Otto 134, •304–54
Sukarno, Achmed 40, 77, 92, 93, *114*, 119, 126, 136, 153, **215**, 216, 218, 331, *332*, 354
Suner, Serrano 46
Sung, Tsuwen 91, 114
Surinam **382**
Suslow, Michail 123
Suzuki, Kantaro 339, 340
Swaziland **382**
Sweeny, Charles •145–33
Swing **277–278**
Syrien 31, 69, 90, 94, 142, 143, 147, 149, 215, 218, 348, **383**
Szakasits, Arpád 134
Szálasi, Ferenc 78, 388, *389*
Szepan, Fritz 284
Szilard, Leo 207
Sztójay, Döme 70, 76, 184, 384

## T

Tafawa Balewa, Abubakar 356
Taft-Hartley Gesetz 391, 393
Tagore, Rabindranath 32
Taiwan **383**
Takamatsu 93
Tamiris, Helen 268
Tanganjika **383**
Tanger 17, 22, 92, 93, 94, **384**
Tanz **266–268**
Taruc, Luis 361, 362
Taschi Namgyal, König von Sikkim 375
Tassigny, Jean de Lattre de 73
Tătărescu, Gheorghe 122
Tate, Buddy 278
Tati, Jacques 273
Tauber, Richard 125, **280**
Taylor, Chuck 123
Taylor, Maxwell D. 149
Tedder, Arthur 90
Teheran 63, 66, 156, 186, 209, 315
Teleki, Pál 28, *388*
Temple, William 41, 78
Terborch, Gerard 122
Terboven, Josef 15, 21, 39, *356*, •105–24
»Test Able« 106, 107
»Test Baker« 107
Thailand 36, 50, 106, 130, **384**
Thälmann, Ernst *76*, *345*
Théas, Pierre 177
Theater **263–266**, •328–57
Theresienstadt 90, 385
Thompson, Forsyth *296*
Thorez, Maurice 116, *320*
Thors, Olafur 109
Tibbet, Paul *92*, •145–33
Tibet 69, **384**
Tildy, Zoltán 99, 120, 133, 134
Timmermanns, Felix *113*
Timoschenko, Semjon 31, 34, 41
Tirol 102, 108
»Tirpitz« 62, 70, 79
Tiselius, Arne 138
Tiso, Josef 56, 386
Tito, Josip Broz 31, 66, 72, 76, 84, 101, 102, 109, 123, 158, 209, 211, **212**, 292, 306, *342*, 367
Titoismus 147, **212**, 306, 342
Tocqueville, Alexis de 156
Todt, Fritz 14, 39, 89, 256
Togliatti, Palmiro 70, 71, 133, *337*
Togo, Schigemori 340
Tojo, Hideki 19, *34*, 69, 93, 103, 137, •145–31
Tollenaere, Raymond *297*
Tonga **385**
»Totaler Krieg« 65, 167
Tourjansky, Viktor 269
Tourneur, Jacques 274
Transistor **244**
Transjordanien 101, 103, 142, 143, **218**
Treblinka 43, 44, 59, 89, 182, 183
Trepper, Leopold 166
Tresckow, Hans Henning von 55, 166
Triest 109, 127, **385**
Trinidad und Tobago **385**
Troost, Ludwig 256
Trotzki, Lew *20*, 56
Trujillo y Molina, Rafael Leonidas 41, 117, *316*
Truman, Harry S. 82, *86*, *91*, 92, 101, 109, *113*, 115, 116, 118, 123, 130, 131, 133, 134, 137, *140*, 141, 143, 144, 145, 146, 147, *148*, 150, 203, 207, *208*, 209, 221, 223, 225, *305*, 309, 335, 391, 393, •105–21, •145–32, •145–33, •145–34, •304–49, •304–50
Trumandoktrin 157, 209
Trümmerfilme 271, 328
Trümmerfrauen **232**
Tsaldaris, Konstantinos 101, 120, 137, 324
Tschechoslowakei → ČSR
Tscherkassow, Nikolaj 269
Tscherwenkow, Wylko *306*
Tschiang Kaischek 19, 61, 63, 91, 114, 123, 130, 140, 141, 143, 153, 210, 308, *309*, **310**, 383, 384
Tschojbalsan, Korlin *352*
Tschu En Lai → Zhou En Lai
Tubman, William 57, 348
Tudor, Anthony 267
Tunesien 57, 119, **387**
Türkei 19, 27, 31, 43, 58, 63, 66, 71, 75, 84, 100, 107, 133, **387–388**

## U

»U 47« 27, 205
»U 73« 45
»U 81« 35

»U 156« 46
»U 331« 35
»U 652« 33
Ubico, Jorge 327
Ucicky, Gustav 269
Udet, Ernst 28, *35*
UdSSR (Sowjetunion) 12, 13, 14, 22, 23, 25, 26, 27, 28, 29, 30, 31, 32, 33, 34, 35, 36, 41, 46, 47, 55, 56, 57, 59, 60, 61, 62, 63, 66, 69, 72, 73, 75, 77, 78, 79, 80, 83, 91, 92, 94, 99, 101, 107, 108, 110, 111, 113, 114, 115, 117, 119, 123, 126, 130, 136, 142, 146, 148, 150, 151, 153, 184, 187, 188, 215, 318, **376–378,** •105–22
UFA-Film GmbH 269, 270
Uganda **388**
Ulate Blanco, Otilio 311
Ulbricht, Walter 83, *102,* 151, *227,* 228, *314,* 315, 344, •129–30, •304–50, •344–61, •344–62, •344–63, •344–65
Umberto II., König von Italien 103, 337
Umezu, Yoschijiro 93
UMMA-Partei 381
Undset, Sigrid 147
UNESCO 95, 214
Ungarn 23, 28, 31, 33, 46, 70, 71, 74, 76, 78, 80, 82, 94, 99, 100, 103, 117, 119, 120, 121, 122, 123, 127, 130, 132, 133, 134, 138, 140, 141, 147, 149, 150, 152, 186, 188, **388–390**
United Nations Relief and Rehabilitation Administration → UNRRA
UNO (Vereinte Nationen) 91, 92, 93, 94, 95, 98, 99, 100, 102, 108, 110, 111, 115, 116, 118, 119, 120, 122, 130, 131, 133, 135, 138, 142, 143, 146, 148, 152, 153, 184, **210–215,** 217, 218, 221, 222, 240, 293, 394, 301, 304, *305,* 325, 327, 334, 335, 347, 360, 368, 371, •304–49
UNRRA (United Nations Relief and Rehabilitation Administration) 63, 119
UNSCOP 334
Unterhaltungsmusik **279**
»Unternehmen Burza« 172
»Unternehmen Rösselsprung« 72
»Unternehmen Seelöwe« 19, 21, 49
»Unternehmen Taifun« 34
UN-Treuhandgebiete 210, 213
UN-Vetos **210**
Urban, Adolf 284
Uruguay 23, 39, 50, 110, **390**
USA (Vereinigte Staaten von Amerika) 12, 14, 16, 17, 19, 20, 21, 22, 23, 25, 27, 31, 32, 33, 35, 40, 43, 45, 51, 53, 54, 56, 57, 58, 60, 61, 62, 63, 66, 68, 69, 74, 79, 80, 82, 83, 85, 92, 96, 98, 101, 103, 106, 107, 109, 110, 111, 113, 114, 115, 116, 117, 118, 123, 126, 127, 130, 131, 132, 133, 137, 140, 141, 142, 143, 145, 146, 147, 148, 149, 150, 152, 215, **391–393,** •105–21
US-Besatzungspolitik •248–37
US-Zone 93, 94, 96, 98, 99, 100, 101, 103, 106, 108, 110, 111

## V

V1 51, 73, **207**
V2 76, **207,** 242
Vaclík, Josef 171
Vafiadis, Markos 324
Valentin, Karl 126
Valera, Eamon de 72, *126,* 333
Valéry, Paul Ambroise 91
»Valiant« 36
Valois, Ninette de 266, 267
Van Allen, James Alfred 109
Vanderpoorten, Arthur 16
Vangsaae, Mona 268
Vargas, Getúlio 13, 95, **300**
Varèse, Edgar 276
Vatikan 14, 15, 34, 59, 96, 109, 120, 136, 138, 141, 143, 148, 153, 176, **390**
Veidt, Conrad 56
Velasco Ibarra, José María 72, 107, 316
Velde, Henry van de 256
Venezuela 94, 123, 126, 137, **391**
Venizelos, Sofoklis 71
Vereinigte Partei → VP
Vereinigte Staaten von Amerika → USA
Vereinte Nationen → UNO
Vergeltungswaffen → V-Waffen
Verkehrsunfälle **250**
Verlaine, Paul 72
Vermeer, Jan 122, 258
Vernichtungslager 40, 41, 43, 44, 56, 57, 59, 62, 77, 78, 89, 115, 179, 181, 182, 183, 334, 354, 366
Vertriebene **186–188**
Vichy-Regierung 21, 22, 23, 40, 47, 91, 216, 292, 318, 319, 321, 322, 330, 348, 349
Victor Emanuel III., König von Italien 54, 61, 69, 71, 72, 103, *336*
Victoryschiffe 231
Videla, Gabriel Gonzáles 142, 308
Viet-Minh 55, 330, 331
Vietnam 101, 110, 111, 147, 153, **330**
Villarroel, Gualberto 74, 107, 300
Vincent, Stenio 327
Virtanen, Arturi 95
Visconti, Luchino 271, 272
Vissers, Jos 286
Visser 't Hooft, Willem Adolf 177, 178, 179
»Vittorio Veneto« 27
Vleeschauwer, Albert de 22
»Voice of America« 146
Völkerbund 19, 20, 118, 211
Völkerbundsmandate **210**
Vo Nguyen Giap 80, 331
Vorster, Balthazar J. 381
VP (Vereinigte Partei) 381
V-Waffen (Vergeltungswaffen) **207**

## W

Wagner, Winifred 65, *249*
Währungsreform 132, 225, 227, 235, **236,** 313, •264–44
Wallace, Henri 69
Wallenberg, Raoul **184**
Waller, Fats 66
Waller, Friedrich 126
Walsh, Raoul 274
Walter, Fritz *284*
Wang Jingwei 14, 23
Wannsee-Konferenz 171, 181, 183, 313
Warschauer Aufstand 172
Warschauer Ghetto 44, *53,* 56, 57, 172, **182**
Warschauer Pakt 213, 215
Watters, Lu 278
WAV 149
Wavell, Archibald 26, 106, 162, 291, 301, 375
Webb, Beatrice 56
Webern, Anton von *93,* 276, **280**
Webster, Ben 278
Wedemeyer, Albert 309
Wegener, Paul •328–57
Weichmann, Elisabeth 89
Weidling, Helmuth 87
Weill, Kurt *276,* 328
Weißbuch-Politik **219–220**
»Weiße Rose« *54,* **165,** 168
»Weisung Nr. 4« 40
»Weisung Nr. 16« 19
»Weisung Nr. 21« 23
»Weisung Nr. 22« 25
»Weisung 46 a« 47
»Weisung Nr. 51« 63
Weizmann, Chaim 92, 131, *141,* 219, 220, 334, *335*
Weizsäcker, Ernst von 190, 192
Welles, Orson *274,* 275
Welles, Sumner 13
Wells, Herbert George 107
Weltbank 109, **239–240**
Weltkirchenrat 176, 178
Wenck, Walther 87
Werfel, Franz 93, •49–1
Wertheimer, Max 62
»Weserübung« → »Fall Weserübung«
»West« → »Fall West«
Westafrika 18
Westdeutschland 109, 118, 130, 134, 135, 140, 141, 142, 143, 146, 147
Westeuropa 125, 127, 130, 131, 136, 141, 146, 149
Westfront K 15, 16, 17, 18, 63, 72, 73, 74, 75, 76, 77, 78, 79, 80, 82, 84, 85, 86, 87, •49–2, •49–3
Westsamoa **393**
Westwall *160,* 163
Westzonen 93, 94, 95, 111, **223–228**
Weygand, Louis Maxime 16, 20, 195, *322*
Weyrauch, Wolfgang 263
Widerstand 89, **164–169, 169–173,** •89–15
Wiederaufbau **229–237,** 240
Wiedervereinigung 228
Wiener, Alexander S. 244
Wiener, Norbert 246, 247
Wilder, Billy 274
Wilder, Thornton 262, 266
Wilhelm II., letzter deutscher Kaiser *30*
»Wilhelm Gustloff« 83
Wilhelmina, Königin der Niederlande 16, 51, *135,* 331, 332, 353, *354,* 355
Wilhelmstraßen-Prozeß 143, 190, 192
Williams, Cootie 278
Williams, Ruth 135, 147, 298
Williams, Tennessee 266
Williams, Yvette 282
Willkie, Wendell 22
Wilson, Henry Maitland 30
Wilson, Teddy 278
Wingate, Charles Orde 70
Winkler, Gerhard 279
Wirtschaft **229–237**
Wirtschaftswunder 158
Wissenschaft 45, 119, 125
Witzleben, Erwin von 39, 168
Wlassow, Andrej 44, *55,* 79, 107
Wohleb, Leo 117, 119, 142, •264–45
Wolchkow, Alexander *190*
Wolf, Friedrich 261
Wolff, Karl Friedrich Otto 87, 336
Wölfflin, Leo *91*
»Wolfsschanze« 31, 33, 53, 74, 79, 166
Wolvecamp, Theo 258
»Wolverine« 27
Woolf, Virginia 27, **280**
Wörmann, Ernst 192

Woroschilow, Kliment 31, 34, 113, 337, *386,* 389
Wright, Orville 126
Wurm, Theophil 175
Württemberg-Baden 264
Württemberg-Hohenzollern 264
Wyler, William 274, 275
Wyman, Jane 274
Wyschinskij, Andrej 142, •304–49

## X

Xoxe, Koci 292
XS1 111

## Y

Yadin, Yigal 130
Yamamoto, Isoruku 56, 197, 200
Yonai, Mitsumasa 12
Yorck von Wartenburg, Peter Graf 68, 75, 177
Yoschida, Schigeru 103, 339
Young, Lester 278
Young, Loretta 274

## Z

Zachariadis, Nikos 324
Zahir Schah, Mohammed, König von Afghanistan 290
Zaim, Husni al 142, 147, 149, 383
Zápotocký, Antonín 132, 387
»Zara« 27
Zátopek, Emil **281**
Zavattini, Cesare 271, 272
Zedenbal, Jumschagin 352
Zeitzler, Kurt 46
Zentrumspartei 92, 116, 118, 150
Zhou Enlai 151, *309*
Zigeuner 184
Zimmermann, Bernd Alois 328
Ziolkowki, Konstantin 241
Zuckmayer, Carl 261, 328
Zuse, Konrad 243
Zwangsarbeit **230**
Zwanzigster Juli 1944 (20. Juli) 168, 176
Zweig, Stefan 39, *259,* 260
Zweiter Weltkrieg 156, 159, 163, 173, 179, **194–208,** K 201, K 206
Zwölftonsystem 276
Zyklon B 89
Zypern 147, **393**